湖北发展改革年鉴 2021

HUBEI FAZHAN GAIGE NIANJIAN

湖北省发展和改革委员会 编

线装书局

图书在版编目（CIP）数据

湖北发展改革年鉴. 2021 / 湖北省发展和改革委员会编. -- 北京 : 线装书局, 2021.10
ISBN 978-7-5120-4763-1

Ⅰ. ①湖… Ⅱ. ①湖… Ⅲ. ①改革开放－湖北－2021－年鉴 Ⅳ. ①D619.63-54

中国版本图书馆CIP数据核字(2021)第220903号

湖北发展改革年鉴 2021

HUBEI FAZHAN GAIGE NIANJIAN 2021

编　　者：湖北省发展和改革委员会
责任编辑：李　媛
出版发行：线装书局
　　　　　地　址：北京市丰台区方庄日月天地大厦B座17层（100078）
　　　　　电　话：010-58077126（发行部）010-58076938（总编室）
　　　　　网　址：www.zgxzsj.com
经　　销：新华书店
印　　制：武汉盛卯阳印刷有限公司
开　　本：889mm×1194mm　1/16
印　　张：42.5
字　　数：1617千字
版　　次：2021年10月第1版第1次印刷

线装书局官方微信

定　　价：320.00元

编 辑 说 明

《湖北发展改革年鉴》是经湖北省人民政府批准、由湖北省发展和改革委员会主编的记述全省经济社会发展改革的大型年度资料性工具书。《湖北发展改革年鉴》(2021 年卷)坚持以马克思列宁主义、毛泽东思想、邓小平理论、“三个代表”重要思想、科学发展观和习近平新时代中国特色社会主义思想为指导,全面系统、实事求是地记载了 2020 年湖北改革发展的基本情况与发展进程。本书立足服务湖北改革发展、服务大众、服务社会,为湖北经济社会发展提供基本资料和历史借鉴,充分发挥年鉴存史、资政、教育的功能。

本卷年鉴框架基本稳定,主体结构分为类目、分目、次分目、条目等层次。类目设置为年度关注、特载、经济社会发展与改革综述、产业经济、城乡建设、社会事业和人民生活、区域经济、地区经济和社会发展、企业改革与发展、附录 10 大部类。其中年度关注、特载为综合信息,经济社会发展与改革综述、产业经济、社会事业和人民生活、区域经济、地区经济和社会发展、企业改革与发展为分类信息,附录资料为附属信息,包括国民统计资料、经济法规、课题研究项目题录、湖北经济大事记,集中体现本部门年鉴特色。

本卷年鉴记述 2020 年内容,所采用的稿件、资料均由省直各单位和各市(州)发改委提供。年鉴中刊载的法规条文、会议文稿均来自公开出版的书刊或政府网站。因统计方法或其他原因,有关部门的个别数据若有差别,使用时请以湖北省统计局发布的数据为准。为便于读者查找使用,书前设目录,书后附全书内容索引,并附电子光盘。

《湖北发展改革年鉴》(2021 年卷)的编辑出版,得到了省直相关部门、全省发展改革系统、省内有关企业的大力支持与帮助,在此谨表示衷心的感谢。若有疏漏、差错之处,敬请读者批评指正。

《湖北发展改革年鉴》编辑部

2021 年 10 月

《湖北发展改革年鉴》编纂委员会

《湖北发展改革年鉴》编辑部

电　　话　027-87233062
地　　址　湖北省武汉市武昌区洪山路64号湖光大厦

湖北省发展和改革委员会

2020年4月6日，省委书记应勇、省长王晓东来省发改委参加国家发改委视频工作会议

出台重大政策

2020年，围绕中央支持湖北一揽子政策的贯彻落实，配合省政府办公厅研究制定108项重点工作清单；研究起草促进经济社会加快发展"30条"、扩大有效投资"22条"、优化营商环境"30条"、服务业疫后恢复"19条"、新基建三年行动计划、大健康产业若干措施、提振消费"30条"、"稳定汽车产业扩大汽车消费"等政策文件。

重大项目投资

全年共争取中央预算内投资277.1亿元，比2019年增长21%。发行企业债券36只共403.7亿元，发行规模全国第一；沿江高铁汉宜段、西十高铁湖北段、襄荆高铁、荆荆铁路4条重大铁路项目全面启动建设，注册资金1346亿元的长江沿岸铁路集团股份有限公司落户武汉；鄂州机场、荆州机场、棋盘洲长江公路大桥、武大高速等一批在建项目加快建设。

重大领域改革

推动优化营商环境"黄金30条"、"优化营商环境办法50条"、"十必须十不准"落地见效，对103个县（市、区）开展营商环境评价；印发《市场准入负面清单（2019年版）》，研究制定完善要素市场化配置体制机制、新时代加快完善社会主义市场经济体制的意见。

2020年3月18日，国家发改委副主任连维良来省发改委调研新冠疫情防控工作

2020年3月30日上午，入住湖北省发改委培训大厦的河南省第十一批援鄂医疗队圆满完成驰援湖北任务，集结返程

疫情防控成果

2020年，全省救治床位数117310张，隔离留观点4079个，隔离房间224864间；累计协调国家发改委调拨医用N95口罩465.98万只，医用外科口罩2087.92万只、非医用口罩600万只，推动13家医学检验公司开展P2实验室改造；累计指导发放价格临时补贴31.89亿元，惠及困难群众2332万人次。

推进动能转换

积极谋划武汉东湖综合性国家科学中心创建，推动5个重大科技基础设施项目进入国家发改委复审阶段，国家新一代人工智能创新发展试验区、华为长江鲲鹏生态创新中心等落户湖北，成功举办第十三届中国生物产业大会。

社会民生改善

“十三五”期间易地扶贫搬迁31.84万户、88.23万人的任务基本完成；开展消费扶贫，协调国家部委、单位直接采购全省农产品超过16亿元，帮助销售170亿元，37个贫困县建成主导产业54个，累计创建9个国家级农村产业融合发展示范园；共谋划公共卫生体系补短板项目2247个，规划总投资2545亿元。

2020年4月24日，省发改委召开党组理论学习中心组“脱贫攻坚”专题学习（扩大）会

基础设施建设

▲ 2020年8月18日，武汉城市圈环线高速公路大随至汉十段（孝感北段）通过交工验收，武汉城市圈环线高速全面贯通

▲ 2020年12月18日，棋盘洲长江公路大桥通过交工验收

▲ 2020年11月29日，青山长江大桥顺利通过交工验收即将通车

▲ 2020年11月26日，武汉江汉七桥主拱合龙

▲ 2020年12月29日，保康至神农架高速公路全线贯通。图为保康县后坪高铁新镇交通枢纽

▲ 荆州机场项目建设现场

▲ 襄州风电光伏总装机容量达80万千瓦。图为运行中的襄阳市襄州区峪山风电场

▲ 建设中的荆州煤炭铁水联运储配基地

▲ 2020年1月12日，汉江雅口航运枢纽通航

▲ 2020年7月14日，为减轻长湖防汛压力，引江济汉工程开始为长湖撇洪。图左为连接长湖的拾桥河道，右为引江济汉主干渠

先进性制造业

▲ 2020年9月3日，武汉开发区人工智能科技园全面建成

▲ 2020年11月20日，联想（武汉）产业基地厂房屋顶上建造安装的光伏太阳能板。9月，该基地通过工信部专家评审，获评“绿色工厂”

▲ 建设中的光谷联影医疗武汉总部基地项目

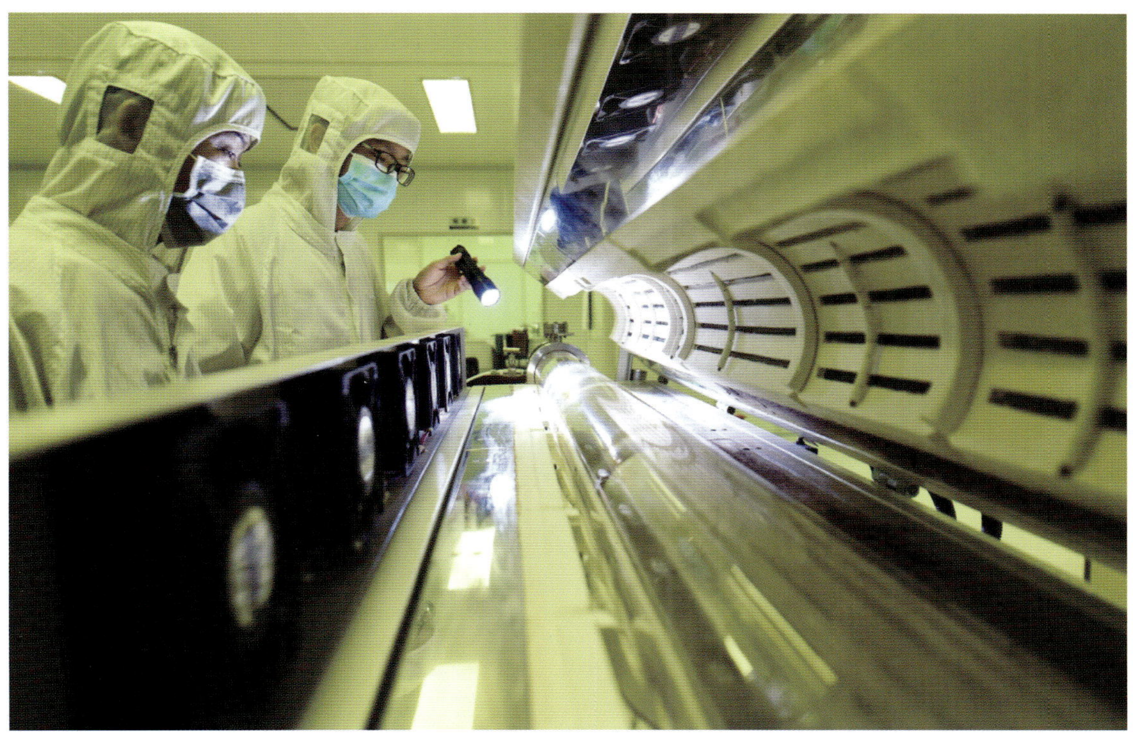

▲ 2020年8月3日，武汉尚赛光电科技有限公司自主研发生产OLED发光材料

▲ 2020年3月23日，武汉经济开发区东风本田二厂总装车间，疫情期间复工员工正在紧张装配车辆

▲ 2020年11月23日，广汽乘用车宜昌工厂冲刺3万辆整车年度目标

▲ 2020年8月7日，武汉华工激光工程有限公司加速产业链战略协同增加产能。图为工作人员正为即将出厂的激光打标机进行调试

▲ 武汉京东方10.5代生产线

社会民生

▲ 2020年8月19日，国内首家以建筑科技为主题的中国建筑科技馆在武汉东湖高新区开馆

▲ 2020年10月18日，省科技馆新馆项目建成

▲ 2020年1月8日，汉阳琴台美术馆项目建设现场

▲ 2020年11月2日，襄阳文化艺术中心项目竣工

▲　武汉雷神山医院项目于2020年1月25日开建，2月6日竣工。图为武汉雷神山医院项目建设现场

▲　武汉火神山医院项目于2020年1月23日开建，2月2日竣工。图为施工人员正在吊装拼装箱式板房

目 录

年度关注

特 载

经济社会发展与改革综述

产业经济

城乡建设

·水利建设·

·生态环境保护·

社会事业和人民生活

·科学技术·

·教育·

·卫生与健康·

·民政·

·人民生活·

区域经济

·区域协调发展·

·扶贫开发·

·对口援助合作·

·开发区建设·

·县域经济·

地区经济和社会发展

企业改革与发展

·国有资产管理·

·民营经济·

·企业选介·

附 录

·国民经济统计资料·

·经济法规·

·课题研究项目题录·

·2020 年湖北经济大事记·

·2020 年湖北省优化营商环境大事记·

湖 北 发 展 改 革 年 鉴

年度关注

2020年湖北经济10件大事

1. 湖北取得战疫、战洪、战贫三场大考的决定性成果

2020年，在党中央的坚强领导和全国人民的共同支持下，全省干部群众众志成城、顽强拼搏，打赢了阻击新冠肺炎疫情、汛情、消除贫困的三场大战。用3个月左右的时间取得武汉保卫战、湖北保卫战决定性成果，牢牢守住全国疫情防控第一道防线。面对新中国成立以来历史同期最大降雨量带来的严重汛情，全省大中型水库无一垮坝，大江大河干堤无一决口。5.8万剩余贫困人口全部脱贫，取得决胜全面小康的历史性成就。

2. 湖北启动2.3万亿元疫后重振十大工程

8月17日，湖北省正式发布疫后重振补短板强功能“十大工程”三年行动方案。未来三年，4572个重点项目将在全省开工建设，投资总额超过2.3万亿元，以解决湖北经济发展中的短板问题。这十大工程主要聚焦公共卫生体系、交通、水利、能源、新基建、冷链物流和应急储备设施、城市建设、产业园区提升、新一轮高标准农田建设、生态环境等十大领域。

3. 湖北成功举办中国5G+工业互联网大会

11月19—21日，2020中国5G+工业互联网大会在武汉举行。此次大会由工业和信息化部、湖北省人民政府共同主办，在中国光谷科技会展中心举行。大会围绕“智联万物、融创未来”主题，充分展示5G+工业互联网的发展前景，深入拓展数字经济与实体经济深度融合的发展路径。中共中央总书记、国家主席、中央军委主席习近平发来贺信，向大会的召开表示热烈祝贺。

4. 湖北A级旅游景区对全国游客免门票开放

湖北省启动实施“与爱同行 惠游湖北”活动：2020年8月8日至12月31日，全省所有A级旅游景区对全国游客免门票开放。历时近五个月，接待全国各地游客7300多万人次，有力推动了湖北旅游市场有序恢复。

5. 保神高速全线贯通，湖北实现“县县通高速”

12月29日，保康至神农架高速公路全线贯通。保神高速是通往神农架林区的首条高速公路，也是全省高速公路建设史上桥隧比最高的山区高速公路。该高速贯通标志着全省实现“县县通高速”。通车后，从保康县进入神农架林区将由3小时缩短为1小时。

6. 全球首款128层QLC三维闪存芯片在汉研发成功

4月13日，长江存储最新128层QLC 3D NAND闪存，宣布在武汉光谷研发成功，这是全球首款128层QLC闪存。该闪存拥有业界最高的存储密度、传输速度和单颗闪存芯片容量。

7. 宜都、武穴、棋盘洲和青山大桥相继通车

10月16日，湖北宜都长江大桥交付验收。桥面全长2761米，于2016年开工建设，总投资33.85亿元。10月27日，武穴长江大桥成功合龙。大桥是湖北省麻城至阳新高速公路的组成部分，也是国内第七大跨度斜拉索桥。11月1日，武汉第11座长江大桥—青山大桥顺利通过交工验收。该大桥是武汉四环线跨越长江的控制性工程之一，也是武汉四环线跨越长江的重要通道。12月18日，湖北棋盘洲长江公路大桥交工验收，标志着大桥全面建成。截至2020年底，湖北已建成通车和在建的长江大桥数量达到40座，数量仅次于重庆市，在全国排名第二。

8. 全省新增社会融资规模首破1万亿元

2020年，全省金融机构积极落实中央支持湖北经济社会发展一揽子金融政策，向因疫情而暂时遇困企业降费让利，支持全省抗击疫情和经济重振。湖北全年新增社会融资规模10433亿元，其中新增各项贷款7630亿元，金融机构全年向受困企业减免利息近8亿元，累计为33.31万笔贷款实施延期还本3423.1亿元，为45.3万笔贷款实施延期付息263.5亿元。

9. 国考水质断面全面消除劣Ⅴ类

湖北长江生态环境质量持续改善，截至“十三五”末，全省114个国考断面水质优良比例达到91.2%，较2015年提升11.4个百分点，劣Ⅴ类国控断面全面消除，超额完成规划目标任务。

10. 湖北发布“营商环境30条”

5月13日，全省印发《中共湖北省委省人民政府关于更大力度优化营商环境激发市场活力的若干措施》，全面对标国际国内一流营商环境，出台30条重点攻坚任务和硬措施，推动全省营商环境整体水平进入全国前列，努力把湖北打造成为发展环境最优，投资吸引力、地区核心竞争力和软实力最强的地区之一。大力弘扬服务市场主体“有呼必应、无事不扰”的“店小二”精神，为湖北疫后重振和高质量发展形成重要的体制支撑。

（廖志慧）

2020·年度综述

2020年，面对世纪疫情、罕见汛情、严峻复杂外部环境的多重冲击，在习近平总书记亲切关怀和党中央的坚强领导下，省委、省政府带领全省上下，深入贯彻习近平总书记考察湖北、参加湖北代表团审议时的重要讲话精神，众志成城、砥砺奋进，全省发改部门全力打好战疫、战洪、战贫三场硬仗，取得了疫情防控和经济社会发展“双胜利”。

2020年，全省完成生产总值43443.46亿元，比上年下降5.0%。全省城镇新增就业75.18万人，完成国家下达任务的167%，超额完成省政府年初制定的70万人目标，年末全省城镇登记失业率为3.35%。全省CPI比上年同期上涨2.7%，比全国平均高0.2个百分点，市场价格总水平运行基本平稳。畜肉价格影响CPI上涨2.32个百分点。固定资产投资、规模以上工业增加值、社会消费品零售总额、地方一般公共预算收入同比分别下降18.8%、6.1%、20.8%、25.9%。全省粮食总产量2727.43万吨，增长0.1%，连续8年稳定在500亿斤以上。年末全省规模以上工业企业达到15769家，规模以上工业增加值下降6.1%。全省服务业实现增加值2.23万亿元，比2019年下降3.8%，占GDP比重达到51.3%。城镇、农村常住居民人均可支配收入同比分别下降2.4%、0.5%。全省单位GDP能耗继续保持下降态势，年初确定的1%的下降目标顺利完成。

一、全力战疫情、保供应，取得疫情防控成果

面对突如其来的疫情，全省发改部门闻令而动、全力以赴投入疫情防控阻击战，为湖北保卫战、武汉保卫战取得决定性成果作出了重要贡献。坚持生命至上，千方百计建院增床，争取中央预算内资金支持火神山、雷神山医院建设，推进紧急救治场所和隔离留观点建设，从疫情初期的“一床难求”到最高峰时的全省救治床位数117310张，隔离留观点4079个，隔离房间224864间，较短时间内实现了从“人等床”到“床等人”的转变。坚持攻坚克难，千方百计推进医用物资生产供应和科技攻关，累计协调国家发改委调拨医用N95口罩465.98万只，医用外科口罩2087.92万只、非医用口罩600万只，推动13家医学检验公司开展P2实验室改造，为全省病毒核酸检测提供支持。坚持精准施策，千方百计保障能源供应，确保全省3774家重点医疗机构、防护物资生产企业用电用气需求。坚持民生为本，千方百计打好生活物资供应保障战，连续143天对生活必需品进行动态监测，采取有效措施确保粮油市场供应稳定，累计指导发放价格临时补贴31.89亿元，惠及困难群众2332万人次。湖北省发展改革委的价格监测中心被人社部、国家发改委、市场监管总局评为全国价格工作先进集体。积极做好河南援鄂医疗队的接待服务工作，先后组织313名党员干部组成13支工作队，下沉一线参加社区防疫工作。

二、全力强统筹、抓调度，经济恢复进度好于预期

研究制定分区分级分类分时有序推进复工复产实施方案，主动承担省指挥部企业服务组综合协调专班和重点项目专班工作。推进复工复产。坚持每日调度，建立专题会商、问题督办、实地督导、宣传引导四大机制，截至2020年6月底，全省“四上”企业复工率98.8%，中小企业复工率86.9%，5874个亿元以上续建项目应复尽复，仅用三个月时间赶上全国平均水平。扩大有效投资。谋划实施疫后重振补短板强功能“十大工程”，每季度召开投资项目现场会，推进政府投资项目“百日攻坚”、新开工项目“比晒亮”、“1+1+8”督导等专项行动，按照“能开则开、能早则早、能多则多、能快则快”要求，沿江高铁汉宜段、西十高铁湖北段、襄荆高铁、荆荆铁路4条重大铁路项目全面启动建设，注册资金1346亿元的长江沿岸铁路集团股份有限公司落户武汉；鄂州机场、荆州机场、棋盘洲长江公路大桥、武大高速等一批在建项目加快建设。全年共争取中央预算内投资277.1亿元，比2019年增长21%。发行企业债券37只共405.29亿元，发行规模全国第一。全年固定资产投资虽然同比下降18.8%，但降幅分别比前三季度、上半年、一季度收窄15.1、37.4、64个百分点。促进消费回补。制定出台提振消费“30条”“稳定汽车产业扩大汽车消费”等政策措施，全年社会消费品零售总额虽然同比下降20.8%，但降幅较一季度收窄24.1个百分点，其中12月份社会消费品零售总额同比增长0.2%，是年内首次转正。

三、全力抢机遇、出实策，实现“六稳”“六保”

聚焦“六稳”工作、“六保”任务，推动落实系列助企纾困政策，有效地保住了市场主体、稳住了就业。对上积极争取支持。第一时间研究提请中央支持的重大政策和重大事项。围绕中央支持湖北一揽子政策的贯彻落实，配合省政府办公厅研究制定108项重点工作清单，统筹负责中央政策、项目、资金争取和重大问题协调工作。

六个方面31条支持政策已落实27条，需要跨年度持续推进的4条总体进展顺利，为全省做好“六稳”“六保”发挥了重要作用。出台相应政策。先后研究起草促进经济社会加快发展“30条”、扩大有效投资“22条”、优化营商环境“30条”、服务业疫后恢复“19条”、新基建三年行动计划、大健康产业若干措施等政策文件，政策“组合拳”的效果不断显现，全省没有发生企业规模性倒闭、职工规模性失业和群众涉疫涉灾规模性上访，守牢了社会稳定底线。

四、全力优环境、转动能，疫后重振向好态势

持续优化营商环境。推动召开全省史上规格最高、规模最大的营商环境建设大会，推动优化营商环境“黄金30条”“优化营商环境办法50条”“十必须十不准”落地见效，对103个县（市、区）开展营商环境评价，全省营商环境明显改善，“店小二”精神深入人心，市场活跃度进一步提升。截至12月底全省市场主体达到571.35万户，同比增长5.4%。持续深化重点领域改革。印发《市场准入负面清单（2019年版）》，争取国家在全省开展放宽市场准入试点、民营经济示范城市建设，研究制定完善要素市场化配置体制机制、新时代加快完善社会主义市场经济体制的意见。持续推进动能转换。积极谋划武汉东湖综合性国家科学中心创建，推动5个重大科技基础设施项目进入国家发改委复审阶段，国家新一代人工智能创新发展试验区、华为长江鲲鹏生态创新中心等落户湖北，成功举办第十三届中国生物产业大会。全省高技术制造业增加值同比增长4.1%，高于规模以上工业增速10.2个百分点。持续推进长江经济带绿色发展。2018年、2019年国家警示片共计37个问题已完成33个，其余4个正按时有序推进。2020年完成沿江化工企业“关改搬转”71家，累计完成380家，“清废”“绿盾”行动交办的问题基本整改完成，长江流域禁捕工作深入推进。“十大战略性举措”中58项重大事项有序推进，91项重大项目累计完成投资7440.6亿元，占总投资的58.4%。

五、全力补短板、结硬账，兜住民生底线

始终坚持以人民为中心，坚决完成脱贫攻坚等硬任务，守住民生保障底线。脱贫攻坚任务如期完成。“十三五”期间易地扶贫搬迁31.84万户、88.23万人的任务基本完成，易地扶贫搬迁后续扶持力度不断加大。深入开展消费扶贫，协调国家部委、单位直接采购全省农产品超过16亿元，帮助销售170亿元。37个贫困县建成主导产业54个，累计创建9个国家级农村产业融合发展示范园。公共卫生体系“湖北样板”初见雏形。坚持应急谋远、标本兼治，全省共谋划公共卫生体系补短板项目2247个，规划总投资2545亿元，截至12月底，已开工建设项目1037个。能源粮食安全和保供稳价工作有力有序。粮食物价工作有了新进步，持续加强价格监测预警分析，做好猪肉、粮食等重要民生商品保供稳价工作。能源工作取得了新成效，积极争取增加三峡电能留鄂比例，迎峰度夏总体平稳。

（娄　强）

宜城市以“四好农村路”全国示范县（市）为抓手，全力推进农村公路建设，截至2020年底，全市农村公路通达里程3652公里。图为宜城市通往张自忠将军纪念园的双（泉）官（庄）路

湖 北 发 展 改 革 年 鉴

特　　载

02

政府工作报告

——2021年1月24日在湖北省第十三届人民代表大会第五次会议上

湖北省省长　王晓东

各位代表：

现在，我代表省人民政府向大会报告工作，请予审议，并请省政协委员和列席人员提出意见。

一、2020年和“十三五”工作回顾

2020年是湖北历史上极不平凡、极不容易、极其难忘的一年。千年梦想与百年目标交汇，世纪疫情与百年变局交织，挑战前所未有，斗争艰苦卓绝，成效好于预期。习近平总书记亲临我省考察指导疫情防控，亲自参加湖北代表团审议，亲自推动实施支持湖北一揽子政策，殷切寄语“三个一定能够”，始终是我们战胜一切艰难险阻的根本所在。一年来，在省委坚强领导下，我们深入贯彻党的十九大和十九届二中、三中、四中、五中全会精神，全面落实习近平总书记重要讲话和重要指示批示精神，克难奋进、砥砺实干，全力打好战疫、战洪、战贫三场硬仗，交出了疫情防控和经济社会发展双胜利的英雄答卷。

打赢了阻击新冠肺炎疫情的历史性大战。为保护人民生命安全，我们不惜一切代价。坚决落实党中央决策部署，毅然封城封省，付出巨大牺牲，用3个月左右的时间取得武汉保卫战、湖北保卫战决定性成果，牢牢守住了全国疫情防控第一道防线。涌现出一大批抗疫先进个人和集体，张定宇获得“人民英雄”国家荣誉称号。习近平总书记盛赞“英雄的城市”“英雄的人民”，伟大抗疫斗争铸就新时代湖北精神新高峰。

扛住了疫后恢复重振的历史性大考。全力应对百年不遇疫情、严重洪涝灾害和严峻外部环境的多重冲击，主要经济指标逐月逐季向好。地区生产总值恢复到上年的95%以上。进出口逆势增长8.8%。粮食再获丰收，总产量545.5亿斤。城镇新增就业75万人。市场主体净增29.39万户，办税市场主体净增22万户。新增规模以上工业企业1352家、境内上市公司9家。高新技术企业突破1万家。大疫大灾之年，没有发生企业规模性倒闭、职工规模性失业、涉疫涉灾群体规模性上访，稳住了经济基本盘，守住了民生和社会稳定底线，高质量发展有了新进展。

夺取了决胜全面小康的历史性成就。5.8万剩余贫困人口全部脱贫，荆楚儿女彻底告别绝对贫困。生态环境质量持续改善，国考水质断面全面消除劣Ⅴ类。政府债务、非法金融活动等风险得到有效控制。尽管受到疫情灾情重创，湖北没有拖全国后腿，三大攻坚战取得决定性成就，全面建成小康社会胜利在望。

过去的一年，困难挑战如泰山压顶，我们以非常之举应对非常之难，主要做了以下工作。

一是科学精准抓好疫情防控。面对突如其来的严重疫情，坚持人民至上、生命至上，坚定扛起“武汉胜则湖北胜、湖北胜则全国胜”的历史责任。按照省委“23245”防控部署，坚决抓实抓细疫情防控各项工作，迅速遏制了疫情蔓延势头。疫情一日不解除，防控一日不松懈。坚持“晴天带伞、撑伞避雨、打伞干活、修伞补强”，因时因势调整防控策略和应对举措，决定性成果不断巩固拓展。以严防输入为重点严防反弹，落实落细常态监测、“人物地”同防、多点触发等措施。累计开展核酸检测3780万例，对境外人员入境实行全流程闭环管理，对进口冷链食品实行全链条闭环式可追溯管控。自5月18日以来，连续8个多月没有新增本土确诊病例，安全的湖北得到广泛认可。

二是有力有序推动疫后重振。一季度经济出现断崖式下跌，这是改革开放以来没有过的。我们抱定“湖北决不能塌陷、武汉决不能滑落”的决心，全力抢时间、抢机遇、抢要素，做好“六稳”“六保”工作。着力解决企业资金、用工、用地、原材料等困难，推动产业链上下游、产供销、大中小企业同步恢复。到5月底，“四上”企业复工复产进度赶上全国。大疫之下，百业艰难。千方百计保住市场主体，精准实施减税降费、延期还本付息等规模性助企纾困措施。清单化推动中央一揽子支持政策落地。全年新增减税降费超过1000亿元，金融系统让利407亿元。新增社会融资规模首次突破1万亿元。普惠小微企业贷款余额增长26%。落实资金直达机制，使用进度整体比往年加快一个季度以上。盯紧9618个亿元以上项目开工建设。启动总投资2.3万亿元的疫后重振补短板强功能十大工程，其中公共卫生体系补短板项目已开工1037个。实施“与爱同行　惠游湖北”活动，390家A级景区免门票，4个多月接待游客7740万人次。直播带货、消费扶贫销售农特产品403亿元。扎实推进乡村振兴，守住了“三农”战略后院。面对新中国成立以来历史同期最大降雨量带来的汛情，众志成城做好防汛救灾工作，全省江河干堤、水库大坝未发生重大险情，总体灾害损失较2016年大幅下降。以危机倒逼转型，把“重启键”变成“升级键”。新一轮技改工程启动。长江沿岸铁路集团、华为长江鲲鹏等落户。高技术制造业增加值增长4.1%。全球首个超高通量核酸检测“火眼”实验室建成运行，全球首款新冠病毒灭活疫苗、全球首款128层QLC三维闪存芯片研发成功。专利申请量、授权量均创历史新高。数字经济迅猛发展。新建5G宏基站2.6万个。成功举办中国5G+工业互联网大会，习近平总书记发来贺信。

三是坚定不移深化改革开放。坚持用改革开放的办法破除体制机制障碍，激活发展内生动力。推动“优化营商环境30条”“十必须十不准”落地见效。开展常态化走访企业活动。纵深推进“放管服”改革，取消、调整省级行政许可事项30项，实现企业开办一日办结，行政审批办理时限压缩超过50%。要素市场化配置机制加快完善。财税、投融资、国资国企、农业农村、公共资源交易等领域改革纵深推进。湖北自贸区21项制度创新成果全国推广。宜昌、襄阳综合保税区获批设立。“楚贸通”“楚贸展”外贸数字化平台加快应用推广。开通12条国际货运定班航线。来鄂投资世界500强企业新增6家，达到320家。新签订央企投资项目合作协议172个，投资总额4636亿元。改革开放的步伐没有被逆风所阻、没有因疫情停顿，走得更加坚实有力。

四是千方百计增进民生福祉。大力压减公用经费和一般性支出，用于优先保基本民生，民生支出比重持续保持在75%以上。疫情冲击最直接的是就业，稳住了就业，就托住了民生。点对点输送70万人外出务工，带动717万人跨区域返岗就业，援企稳岗660万个次，开发扶贫公益岗位31.4万个。多渠道多方式帮助高校毕业生、退役军人等重点群体就业。更加重视保障困难群众基本生活，决不让经济下行冲击民生底线。扩大低保范围，发放价格临时补贴2332万人次，实施临时救助37.4万人次。养老金按时足额发放。完成棚户区改造4.9万套，农村危房改造实现动态清零。安全生产形势总体稳定。疫情之下，满足群众就医就学需求是重大考验。推行远程医疗、预约诊疗，扩大基本医保跨省异地就医住院费用直接结算范围。实施“双分诊、双缓冲”，5月起正常医疗秩序全面恢复。常用药和医用耗材价格大幅降低，减轻群众医药负担43.8亿元。药品安全形势稳定向好。线上教学广泛开展，高考、中考顺利举行，秋季学期全面正常开学。积极化解疫后综合症，社会大局保持稳定。

“十四五”规划编制、第七次人口普查顺利推进。国防动员和双拥共建深入开展。民族宗教、外事侨务、援藏援疆、老龄、妇女儿童、残疾人、慈善等事业实现新进步。司法、信访、保密、科普、审计、统计、人防、机关事务管理、地质、气象等工作取得新成效。

一年来，我们始终坚持把政治建设摆在首位，增强“四个意识”、坚定“四个自信”、做到“两个维护”，自觉把党的领导落实到政府工作各领域各方面各环节。依法全面履职尽责，更加注重运用法治推进疫情防控、优化营商环境、改进政务服务。自觉接受人大、政协监督及各方面监督，办理人大代表建议759件、政协提案743件。从严从实正风肃纪，在疫情防控主战场、疫后重振第一线、民生服务最前沿淬炼初心、锤炼作风，政府治理效能得到提升。

沧海横流，更显荆楚风采！回望过去一年，工作历程极其艰辛，成绩得来十分不易。历史将永远定格这些难忘的记忆：习近平总书记亲赴抗疫最前线，把党中央的深切关怀传递到每一个荆楚儿女心头；举国上下鼎力相助，给艰难中的湖北巨大支持；英雄的湖北人民展现出非凡勇气，焕发出一往无前的磅礴力量！经历大战大考洗礼，湖北人民更加发自内心拥护党中央、爱戴习近平总书记，对伟大祖国更加热爱，对我国社会主义制度更加自信。伟大抗疫精神必将化作浴火重生的澎湃动力，没有什么能够阻挡我们奋进的脚步！英雄的人民一定能够夺取新的伟大胜利！

各位代表！2020年是“十三五”收官之年。五年来，我们始终牢记嘱托、感恩奋进，坚定不移沿着习近平总书记指引的方向走深走实，办成了一系列影响深远的大事，解决了一系列事关全局的难题，取得了一系列令人振奋的成就，在爬坡过坎中书写了激越人心的奋斗篇章。这是综合实力大跨越的五年。地区生产总值迈上4万亿元大台阶，人均超过1万美元。全国文明城市增至10个。全国百强县增至7个。这是发展质效大提升的五年。服务业增加值占比超过50%。科技创新成就斐然。“光芯屏端网”产业集群加速崛起。市场主体增至571万户。长江经济带发展“双十”工程扎实推进，“四个三”重大生态工程全面完成。发展含金量、含新量、含绿量显著提升。这是发展条件大改善的五年。鄂北水资源配置一期、汉十高铁、天河机场三期等一批标志性工程建成投用。农村电网改造升级圆满完成。实现县县通高速、镇镇有垃圾污水处理设施、村村通硬化路。4G网络全覆盖，5G应用推广全国领先。这是改革开放大突破的五年。机构改革全面完成。省级行政审批事项大幅减少，非行政审批全部取消。政务服务实现“一网通办”，1380项便民服务“掌上办”。武汉营商环境进入全国第一方阵。湖北自贸区累计新增企业超过6万家。第七届世界军人运动会成功举办。这是民生福祉大提高的五年。城乡居民收入比2010年翻了一番。581万贫困人口稳定脱贫，完成31.84万户、88.23万人易地扶贫搬迁。累计新增城镇就业441.8万人。高等教育毛入学率提高到70%以上。社保五项参保人数达到1.1亿人次。“四馆三场两中心”公共文化设施网络实现城乡全覆盖。国民体质监测合格率提高到 92.4%。人均预期寿命预计提高 1.5 岁，达到 78 岁。站上新的历史起点，我们要踏平坎坷成大道，斗罢艰险又出发，奋力创造新时代更加辉煌的业绩！

各位代表！五年栉风沐雨、披荆斩棘，每一分收获都浸透着汗水、凝聚着心血，都是干出来的、拼出来的！成绩的取得，是以习近平同志为核心的党中央掌舵领航的结果，是习近平新时代中国特色社会主义思想科学指引的结果，是省委团结带领全省干部群众拼搏奋斗的结果。在此，我代表省人民政府，向全省各族人民，向人大代表、政协委员，向各民主党派、各人民团体和各界人士，向驻鄂人民解放军、武警官兵、中央驻鄂单位，致以崇高的敬意和衷心的感谢！在艰苦卓绝的疫情防控阻击战和疫后重振攻坚战中，湖北得到了全国人民、中央各部门、兄弟省区市和海内外朋友的关心支持。你们在危急关头为湖北拼过命、在艰难时刻对湖北拉一把，湖北人民永远铭记、永远感恩！

在总结成绩的同时，我们也清醒看到前进中的困难和挑战：一是发展不平衡不充分问题仍然突出。城乡、区域差距明显，经济创新力、产业竞争力不强，民营经济、县域经济、开放型经济发展不足，农业现代化水平不高，营商环境离市场主体期望仍有较大差距，民生领域还有不少薄弱环节，防范化解风险任务依然艰巨。二是经济恢复承压较重。消费复苏缓慢，投资增长后劲不足，中小微企业生存发展面临较多困难，财政收支矛盾更加尖锐，经济稳定恢复的基础还不牢固。三是政府治理现代化水平不高。干部队伍专业化能力亟待提升，形式主义、官僚主义问题依然存在，腐败现象时有发生。需要说明的是，受疫情影响，去年主要经济指标多数负增长，“十三五”规划部分目标如地区生产总值、固定资产投资等未能完成。我们一定直面问题，认真加以解决。

二、“十四五”发展目标任务

根据党的十九届五中全会和省委十一届八次全会精神，省政府编制了《湖北省国民经济和社会发展第十四个五年规划和二〇三五年远景目标纲要(草案)》，一并提请本次大会审查。

“十四五”时期是开启全面建设社会主义现代化新征程、实现第二个百年奋斗目标的头一个五年。中华民族伟大复兴战略全局与世界百年未有之大变局交织激荡，我省发展仍然处于重要战略机遇期。国内外环境发生深刻复杂变化，机遇和挑战之大都前所未有，但总体上机遇大于挑战。我省经济长期向好的基本面没有改变，多年积累的综合优势没有改变，在国家和区域发展中的重要地位没有改变，正处于战略机遇叠加期、政策红利释放期、发展布局优化期、蓄积势能进发期、省域治理提升期，依然大有可为。我们要增强忧患意识，坚定必胜信心，全力办好自己的事，以自身发展的确定性有效应对外部环境的不确定性，努力在危机中育先机、于变局中开新局。

“建成支点、走在前列、谱写新篇”，是习近平总书记赋予湖北的重大政治责任和光荣历史使命，是新阶段推动湖北高质量发展的“纲”和“魂”，必须一以贯之抓落实，一张蓝图干到底。锚定二O三五年远景目标，今后五年，要努力推动我省综合实力迈上新台阶、改革开放赢得新优势、社会文明程度达到新高度、生态文明建设取得新成效、民生福祉达到新水平、省域治理效能得到新提升，创新驱动发展走在全国前列，制造强省、质量强省建设加快突破，现代服务业提速升级，农业强省建设取得明显成效，中心城市和城市群发展能级进一步提升，县域经济、块状经济竞相发展，加快形成与战略支点相适应的综合实力和战略功能。经济总量跨越 6 万亿元，常住人口城镇化率达到 65%，居民人均可支配收入增长与经济增长基本同步。

实现上述目标任务，必须把握以下几点：

始终坚持党的全面领导。增强“四个意识”、坚定“四个自信”、做到“两个维护”，坚决在思想上政治上行动上同以习近平同志为核心的党中央保持高度一致。心怀国之大者，不断提高政治判断力、政治领悟力、政治执行力，善于用政治眼光观察和分析经济社会问题，真抓实干推动党中央决策部署和省委工作要求落地见效。

始终坚持以人民为中心。坚持发展为了人民、发展依靠人民、发展成果由人民共享，把人民利益作为定政策、作决策、干工作的根本出发点和落脚点，办好民生实事，促进社会公平，推动共同富裕，努力让人民群众生活更幸福更美好。

始终坚持新发展理念。抓牢发展第一要务，完整、准确、全面贯彻新发展理念，紧紧扭住高质量发展主题和供给侧结构性改革主线，服务构建新发展格局，积极融入共建“一带一路”、长江经济带发展、促进中部地区崛起等国家战略，推进“一主引领、两翼驱动、全域协同”区域发展布局，加快构建战略性新兴产业引领、先进制造业主导、现代服务业驱动的现代产业体系，建设数字湖北，着力打造国内大循环重要节点和国内国际双循环战略链接。

始终坚持改革开放创新。坚定不移吃“改革饭”、走“开放路”、打“创新牌”，着力破除深层次体制机制障碍，纵深推进营商环境革命，持续增强发展内生动力和活力，建设强大市场枢纽、内陆开放高地、科技创新高地，构筑新时代湖北发展战略优势。

始终坚持系统观念。强化前瞻性思考、全局性谋划、战略性布局、整体性推进，统筹疫情防控和经济社会发展、供给侧和需求侧、市场和政府、发展和安全，着力固根基、扬优势、补短板、强弱项，实现发展质量、结构、规模、速度、效益、安全相统一。

始终坚持推进政府治理现代化。全面落实省域治理现代化“1+1+11”制度体系，坚持依法行政、从严治政、科学理政，深入推进法治政府、廉洁政府、服务型政府建设，以高效能治理助推高质量发展、创造高品质生活。

三、2021 年重点工作

今年是我国现代化建设进程中具

有特殊重要性的一年，也是我省经济恢复重振的关键之年，做好政府工作意义重大。总体要求是：以习近平新时代中国特色社会主义思想为指导，全面贯彻党的十九大和十九届二中、三中、四中、五中全会以及中央经济工作会议精神，认真贯彻习近平总书记考察湖北、参加湖北代表团审议时的重要讲话精神，落实好省委十一届七次、八次全会和省委经济工作会议部署，坚持稳中求进工作总基调，立足新发展阶段，贯彻新发展理念，服务构建新发展格局，以推动高质量发展为主题，以深化供给侧结构性改革为主线，以改革创新为根本动力，以满足人民日益增长的美好生活需要为根本目的，注重需求侧管理，坚持系统观念，巩固拓展疫情防控和经济社会发展成果，更好统筹发展和安全，扎实做好“六稳”工作、全面落实“六保”任务，加快“建成支点、走在前列、谱写新篇”，确保“十四五”开好局、起好步，以优异成绩庆祝建党100周年。

经济社会发展的主要预期目标是：地区生产总值增长10%以上；城镇新增就业70万人以上，城镇调查失业率6%左右；居民消费价格涨幅3%左右；居民收入稳步增长；生态环境质量巩固提高，单位生产总值能耗降低2.5%左右，主要污染物排放量继续下降；粮食产量保持在500亿斤以上。

去年我省经济严重受创，今年要全力回归正常，不仅要把损失的部分补回来，还要力争把应有的增长追回来，确保开局漂亮、全年精彩。综合分析我省经济基本面和发展态势，考虑去年低基数因素和潜在增长率，把今年经济增长目标定在10%以上，是积极进取的，也是有较强支撑的。达成这一目标，将更充分展示湖北经济韧性、彰显我国制度优势。增长10%是底线要求，在实际工作中，要拿出“拼”“抢”“实”的状态和作风，在“稳”的前提和基础上奋力求“进”，尽最大努力去争取更好结果。

今年，要围绕服务构建新发展格局，坚持问题导向、目标导向和结果导向相结合，迈好第一步、见到新气象。重点做好以下工作。

（一）巩固经济持续回升态势。坚决把来之不易的经济向好势头保持好、巩固好，争取发展上的更大主动。

着力为市场主体纾困解难。对中小微企业继续“拉一把、扶一程”，帮助千千万万“经济细胞”活下去、留下来、发展好。保持援企惠企政策连续性，针对性出台新的精准支持举措，畅通政策传导机制。推进“减免缓退抵”政策落地，实行“免申即享”。依法整治涉企违规收费。持续清理拖欠企业账款。强化普惠金融服务，加大对民营和小微企业信贷支持。推进企业金融方舱服务常态化。

稳定和扩大就业。坚持就业优先政策，精准实施援企稳岗，促进创业带动就业、多渠道灵活就业。支持劳动密集型产业发展。统筹做好高校毕业生、退役军人、农民工、退捕渔民等重点群体就业工作。依法治理拖欠农民工工资问题。深化“6+1”劳务协作。确保城镇零就业家庭动态清零。扎实推进高职扩招和职业技能提升行动。推动“蓝领”评职称、涨待遇，让技能人才有干头、有奔头。

精准扩大有效投资。坚持资金、要素跟着项目走，服务、保障围绕项目转，能开则开、能早则早、能多则多、能快则快，全面推进疫后重振补短板强功能十大工程，全力抓好4274个亿元以上新开工项目落地。继续聚焦“五个根本解决”，推进一批重大交通、水利、能源等基础设施项目建设。铁路方面，加快建设十堰至西安高铁湖北段、沿江高铁武汉至宜昌段、呼南高铁襄阳至荆门段、荆门至荆州铁路，启动沿江高铁武汉至合肥段、武汉枢纽直通线等建设。公路方面，续建新建十巫高速、咸九高速咸宁段等项目。航空方面，建成湖北国际物流核心枢纽，加快武汉天河机场三跑道、襄阳机场飞行区改扩建等项目建设，推进咸宁机场等通用机场建设。水利方面，推进引江补汉、杜家台蓄滞洪区等工程。能源方面，加快建设陕北—湖北、金上—湖北特高压直流输电工程，推进新一轮城乡电网改造升级、随州电厂、鄂西页岩气勘探开发等项目。加强新型基础设施建设，扎实推进40个省级“点线心站台园”项目，抓好5G+智能制造、智慧交通、智慧物流等十大示范工程。推动央企加大在鄂投资力度。引导更多社会资本进入健康、文旅、体育等幸福产业。

加快释放消费潜力。提升传统消费能级，培育新型消费业态，尽快让消费热起来、经济活起来。支持武汉建设国际消费中心城市。改造提升步行街。推动夜间经济、假日经济、首店经济、免税经济发展。开展新一轮汽车、家电下乡和以旧换新。促进线上线下消费融合，支持直播电商、数字消费等发展，培育壮大本土电商企业和网货品牌，打造智慧街区、智慧商圈。大力引进世界知名和国内龙头商贸物流企业。支持汉口北建设武汉国际贸易城。精准实施“与爱同行 惠游湖北”活动。充分挖掘县乡消费潜力，推进县乡电子商务进农村全覆盖、农村生活消费服务中心全覆盖。加强楚菜、楚茶、楚酒等品牌建设和推广。做优做精78家老字号、100个荆楚优品。办好消费博览会、食品博览会、文化旅游博览会、大健康博览会等重点展会。开展“放心舒心消费在湖北”活动。

防范化解经济金融风险。强化底线思维，加强风险监测预警和处置，坚决守住不发生系统性风险底线。抓实化解政府隐性债务风险工作。支持地方中小银行深化改革，多渠道补充资本金。严厉打击非法集资。加强反垄断监管，防止资本无序扩张。促进房地产市场平稳健康发展。

（二）增强科技创新支撑能力。抓住科技创新这个关键变量，提高“钱变纸、纸变钱”能力，实现更多领域创新领先、发展领跑。

营造高品质创新生态。坚决打破制约创新的条条框框，全力为人才松绑、为科研清障、为创新加油。稳定增加财政科技投入，落实研发费用加计扣除政策，力争全社会研发投入1000亿元以上。扩大科技成果所有权或长期使用权改革试点，完善科研人员职务发明成果权益分享机制，系统推进科研评价、科研经费、科研分配等机制改革。推进大学校区、产业园区、城市社区“三区融合”，建设环大学创新经济带。持续开展“联百校、转千果”活动。争创国家科技成果转移转化示范区。深入开展“科技金融服务滴灌行动”。强化知识产权保护运用。创新之道，唯在得人。实施“楚才兴鄂”科创行动计划，培育和引进更多战略科技人才、科技领军人才、青年科技人才、高水平创新团队。推行重点项目“揭榜挂帅”，探索实行委托制、包干制、赛马制，让科技创新千里马竞相奔腾。

建设高层次创新平台。全力推进武汉创建全国科技创新中心、东湖综合性国家科学中心，高标准建设以东湖科学城为核心区的光谷科技创新大走廊。支持襄阳、宜昌打造区域创新中心。支持荆门、黄冈、孝感、黄石创建国家创新型试点城市。推动脉冲强磁场、精密重力测量等重大科技基础设施提升功能，新建生物医学成像等大科学装置。聚焦光电科学、空天科技、生物育种等领域，加快推进 6 个湖北实验室建设。争取光学、生物学等优势领域入列国家基础学科研究中心。抓好 33 个产业技术研究院建设。

培育高能级创新主体。实施高新技术企业“百千万”行动计划，支持 100 家创新型龙头企业做大做强、1000 家高新技术企业扩规提能，加快培育 1 万家高新技术后备企业。年内新增高新技术企业 1000 家以上。促进高新区提能升级、创新发展。支持十堰、恩施创建国家级高新区。支持规模以上工业企业建立高水平研发机构，牵头承担国家和省重大科技专项。强化产学研深度合作，组建 3—5 家平台型、网络型产业创新联合体。完善“双创”服务体系，推动大学科技园、科技企业孵化器、众创空间、星创天地专业化升级。持续开展院士专家企业行、“科技副总”服务中小微企业活动。

我们要充分发挥科教大省优势，做大做强国家战略科技力量的湖北盘子，为科技自立自强作出更大贡献。

（三）推动产业链供应链优化升级。深化供给侧结构性改革，着力补短板、锻长板，增强我省产业链供应链的韧性和竞争力。

实施产业链供应链提升工程。推行重点产业链链长制，培育集聚头部企业、链主企业。开展集成电路、新型显示、智能终端等重点产业链协同攻关，力争在光纤激光器、高端显示面板、高精度实时遥感、高端医疗装备等领域取得新突破。推动重点产业供应链平台建设。实施领军企业计划，加快培育单项冠军、隐形冠军和“小巨人”企业。持续实施中小企业成长工程，力争新增规模以上工业企业 1000 家以上。

实施战略性新兴产业倍增计划。加快四大国家战略性新兴产业集群和四大国家级产业基地建设。推进华星光电 t4、迈瑞医疗、华大智能制造、中国（湖北）网络视听产业园等重大项目建设。力促 43 个预增产值过 10 亿元的重点项目投产达产。力争“光芯屏端网”产业新增营业收入超过 1000 亿元。大力实施数字经济跃升工程，推动人工智能、大数据、物联网、区块链等与产业深度融合。加快“两区一基地”建设，建设一批数字经济示范区。支持武汉、襄阳创建国家级车联网先导区。支持宜昌建设区域数据中心集群和智能计算中心。数字决胜未来，我们要着力推动数字产业化、产业数字化，为湖北经济插上数字翅膀。

实施“技改提能、制造焕新”行动。保持制造业比重基本稳定。推进新一轮技术改造升级，技改投资占工业投资比重提高到 40%以上。推进三宁化工、华新水泥、新冶钢高炉炼铁产能置换等重大技改项目投产。建设智能化工厂、数字化车间。加快打造汽车、大健康、现代化工等万亿级产业集群。支持宜荆荆磷化工产业集群打造国家先进制造业集群。促进钢铁、有色、建材等原材料工业安全绿色高效发展。推动食品、纺织等消费品工业加快迈向中高端。深入开展质量提升行动，增强“湖北制造”品牌影响力。

实施现代服务业提速升级行动。加速先进制造业和生产性服务业深度融合，大力发展现代金融、现代物流、高端商务等生产性服务业，积极发展工业设计、工程设计、检验检测、认证验证等高技术服务业。完善现代流通体系，开展流通领域现代供应链体系建设试点，加快建设武汉阳逻港、宜昌白洋港等 5 个国家多式联运示范项目。加快长江中游航运中心建设，推动沿江港口整合升级、联动发展。大力发展“文旅+”，引进一批重点文旅企业，打造一批精品文旅项目，推进重大文旅综合体建设。

（四）促进区域协调发展。紧扣一体化和高质量，抓紧推动“一主引领、两翼驱动、全域协同”区域发展布局破题开篇。

加快都市圈城市群发展。出台区域发展布局总体意见及配套政策。实施国土空间规划和管控，优化重大基础设施、重大生产力和公共资源布局。支持武汉加快建设国家中心城市、长江经济带核心城市和国际化大都市。高标准建设东湖国家自主创新示范区、长江新区。完善武汉城市圈协同联动机制，推动优势产业链圈内延伸，建设城市圈大通道。支持武汉、孝感、鄂州、黄石、黄冈加快建设航空港经济综合实验区。支持武汉、咸宁、鄂州打造生态绿色发展区。支持武汉与仙桃、天门、潜江协同发展。推动“襄十随神”城市群以产业转型升级和先进制造业为重点打造高质量发展经济带，支持襄阳加快建设汉江流域中心城市、十堰创建国家级产业转型升级示范区、随州打造国家应急产业示范基地、神农架建成世界著名生态旅游目的地。推动“宜荆荆恩”城市群以绿色经济和战略性新兴产业为特色打造高质量发展经济带，支持宜昌加快建设长江中上游区域性中心城市、荆州建设国家级承接产业转移示范区、荆门建设全国通用航空产业综合示范区、恩施打造“两山”理论实践创新基地。

大力发展县域经济。创新经济强

县发展支持政策和评价机制，做实"百强进位、百强冲刺、百强储备"清单。加快发展块状经济、网状经济，支持112个重点成长型产业集群扩规提质，带动形成"一县一品""一业一品"。实施山川协作工程，推动结对县市开展产业协作。

加快推进新型城镇化。健全城乡融合发展体制机制，深化户籍制度改革，促进农业转移人口市民化，力争实现80万以上人口在城镇落户。实施城市更新行动，开工城镇老旧小区改造项目2601个，新建地下综合管廊50公里。抓好仙桃、天门、潜江等10个全国县城新型城镇化建设示范。启动县城品质提升三年行动。深入开展"擦亮小城镇"行动。安居才能乐业。加大保障性租赁住房供给，规范发展长租房市场，着力解决新市民、青年职工等群体住房困难问题。

深化区域战略合作。加强与周边省份战略联动，健全推动长江中游城市群一体化发展机制。主动对接京津冀协同发展、长三角一体化、粤港澳大湾区战略，承接产业转移和创新要素辐射。推进汉江生态经济带、三峡生态经济合作区、洞庭湖生态经济区、淮河生态经济带协同发展。促进省际毗邻地区交流合作。支持大别山等革命老区、民族地区发展。做好援藏援疆工作。深化京鄂对口协作。

（五）更大力度推进改革开放。推动深层次改革与高水平开放相互促进，为发展添动力、激活力、拓空间。

持续优化营商环境。营商环境好不好，市场主体的感受是第一标准。以市场主体需求为导向，弘扬"店小二"精神，着力打造市场化法治化国际化营商环境。深化"放管服"改革，围绕高效办成一件事，推进跨部门、跨层级、跨地区的流程再造与系统重构。加快政务服务"一网通办、一窗通办、一事联办、跨省通办"，拓展"鄂汇办"APP便民事项。全面实施市场准入负面清单制度。全面推行企业开办"一张表、一日办、零费用"，实现工程建设项目审批"80、60、40"目标。全面推行涉企经营许可告知承诺制，先发证后现场检查。全面推行"双随机、一公开"监管，进一次门、查多项事，对市场主体无事不扰，最大限度减少执法活动对企业正常生产经营的影响。推进社会信用体系建设。加强营商环境评价结果运用。依法平等保护产权和企业家合法权益。法治是最好的营商环境。要让"办事靠法治、不用找关系"成为社会共识，成为湖北营商环境的重要标志。

深化重点领域改革。扎实推进国企改革三年行动，稳妥有序推进混合所有制经营和国企战略重组。鼓励民营企业参与电力、电信、铁路等行业改革。开展民营经济示范城市创建。加强财政资金统筹整合，增强基层财力保障。深入推进要素市场化配置改革。推动武汉区域金融中心建设，大力引进总部金融机构和非银行金融机构，支持上交所中部基地、深交所湖北基地建设。扩大直接融资比重，提高上市公司质量，力争新增上市公司数量比上年翻番。构建"以亩产论英雄"集约节约用地新机制。推进政府投资项目远程异地评标常态化。深化供销社综合改革。

促进高水平对外开放。深入推进湖北自贸区改革创新，推动武汉片区扩容。建设武汉、宜昌、黄石跨境电商综合试验区。支持黄石、荆州、鄂州创建综合保税区。支持鄂州、襄阳、十堰申报航空口岸。实施外贸主体培育行动、外贸新业态发展工程，巩固防疫物资、农产品等出口势头。实施加工贸易三年倍增计划，制定"一县一业"外贸产业发展目录。推进服务贸易创新发展试点。健全外商投资促进和服务保护体系。深度融入"一带一路"，提升对外投资、对外承包工程质量效益。抢抓RCEP、中欧投资协定达成机遇，深化与东盟、欧盟、日韩等经贸合作。增强中欧班列（武汉）可持续运营能力。推进海峡两岸产业合作区建设。办好外交部湖北全球推介、上合组织民间友好论坛、世界500强对话湖北、华创会、台湾周、楚商大会等重大开放交流活动。

改革开放的力度有多大，发展的空间就有多大。改革开放让湖北的今天生机盎然，也必将使湖北的明天更加出彩。

（六）全面推进乡村振兴。坚持把解决好"三农"问题作为重中之重，牢牢把握工作重心的历史性转移，推动巩固拓展脱贫攻坚成果同乡村振兴有效衔接，促进农业高质高效、乡村宜居宜业、农民富裕富足。

提升农业产业化水平。深化农业供给侧结构性改革，加快建设农业产业强省。推动粮油、蔬菜、畜禽、水产、茶叶等全产业链发展，加快培育100家细分行业领军龙头企业、1000家成长型龙头企业。扎实推进农产品品牌培育三年行动，支持潜江龙虾、黄冈蕲艾、恩施硒茶、随州香菇等区域公用品牌加快发展，做强"中国荆楚味、湖北农产品"。支持荆门创建国家农业高新技术产业示范区。建设10个省级农村产业融合发展示范园。推动乡村旅游和休闲农业转型升级。产业兴才有农民富，把农业产业化的增值收益和就业岗位尽量留给农民，促进农民持续增收。

坚持不懈抓好农业生产。落实"米袋子""菜篮子"责任制。坚持藏粮于地、藏粮于技，坚决遏制耕地"非农化"、防止"非粮化"。规范耕地占补平衡，坚守耕地和永久基本农田保护红线，稳定粮食播种面积和产量。新建410万亩高标准农田。持续推进1800万亩优质特色稻生产区、1000万亩优质专用小麦优势区建设。继续抓好生猪恢复生产。深入开展科技兴农"515"行动，推进农业科技"五五工程"。全面实施现代种业提升工程，打造湖北优质种子品牌，建设"中国种都"。加强动植物疫病防控。

扎实推进农村改革和乡村建设。落实第二轮土地承包到期后再延长30年政策。稳慎推进农村宅基地制度改革。发展多种形式适度规模经营。培育农业新型经营主体，加强农业经理人和新型职业农民队伍建设。发展壮大新型农村集体经济。深入推进"三乡"工程。加强全域国土综合整治。加快农村水、电、路、气、网等基础设施提档升级。持续整治农村人居环境，因地制宜推进农村改厕、生活垃圾处理和污水治理。推动美丽乡村连线成片。加强传统村落、民族特色村寨保护与发展，留住乡韵、记住乡愁。推进乡村善治，涵育文明乡风、良好家风、淳朴民风。

巩固拓展脱贫攻坚成果。落实“四个不摘”，过渡期内保持主要帮扶政策总体稳定。今年帮扶投入只增不减，确保脱贫群众获得感只增不减。健全防止返贫动态监测和帮扶机制，加强易返贫致贫人口收入水平变化和“两不愁三保障”巩固情况常态化监测。继续扶持脱贫地区发展“一村一品”“一乡一业”，确保脱贫群众长期稳定受益。强化易地扶贫搬迁后续扶持，确保搬迁群众稳得住、有就业、逐步能致富。

（七）持续抓好污染防治和生态建设。坚持生态优先、绿色发展，在提升绿水青山“颜值”中做大金山银山“价值”。

深入推进长江大保护。把保护和修复长江生态环境摆在压倒性位置，严格落实《长江保护法》，深入实施长江经济带发展“双十”工程。持续抓好中央环保督察反馈问题、长江经济带生态环境警示片披露问题整改。大力抓好沿江化工企业“关改搬转治绿”、入河排污口整治。扎实推进长江、汉江干流湖北段十年禁渔。开展长江生物多样性调查。加强南水北调中线核心水源区保护。持续开展国土绿化。建设长江、汉江、清江生态廊道。支持神农架国家公园建设。我们要唱好新时代长江之歌，接力绘就绿满长江、水润荆楚的锦绣画卷。

改善环境质量。持续打好蓝天、碧水、净土保卫战，强化大气污染综合治理和联防联控，统筹水污染治理、水生态修复、水资源保护，推进土壤及地下水污染防治与修复。开展化肥农药减量增效行动、危险废物专项整治三年行动。统筹推进山水林田湖草等系统治理工程。实施湿地保护、湖泊清淤、河湖水系连通等生态修复行动。持续压实河湖长制，全面推行林长制。强化“三线一单”硬约束，实施生态环境分区管控。探索建立生态保护补偿、生态环境损害赔偿制度。筹办国际湿地公约缔约方大会。

推动绿色转型。铺好绿色发展底色，才能赢得永续发展未来。研究制定我省碳达峰方案，开展近零碳排放示范区建设。加快建设全国碳排放权注册登记结算系统。大力发展循环经济、低碳经济，培育壮大节能环保、清洁能源产业。推进绿色建筑、绿色工厂、绿色产品、绿色园区、绿色供应链建设。加强先进适用绿色技术和装备研发制造、产业化及示范应用。推行垃圾分类和减量化、资源化利用。深化县域节水型社会达标创建。探索生态产品价值实现机制。

（八）着力保障和改善民生。群众的事，再小也是大事。该花在民生上的钱，一分都不能省；该给老百姓办的事，再难也要办好。今年“三公”经费再压减5%，把更多资源向民生倾斜。

促进教育高质量发展。坚持立德树人，推动学生全面发展。更大力度推进义务教育均衡发展和城乡一体化，加强县城学校、乡镇寄宿制学校和小规模学校建设，提高进城务工人员子女在公办学校就读比例，健全教师工资待遇保障长效机制。实施第四期学前教育行动计划。鼓励高中阶段学校多样化发展，确保新高考平稳落地。实施职业教育“双高计划”和赋能提质专项行动，为青年打开更多成长成才的大门。分类推进高等学校“双一流”建设。着眼高质量发展需要，优化高校布局和学科设置。发展特殊教育、专门教育、社区教育和家庭教育。扎实推进校园安全整治三年行动。实现数字校园建设全覆盖。做好关心下一代工作。加快构建服务全民终身学习的教育体系。

提高全民健康水平。把保障人民健康放在优先发展的战略位置，为群众提供全方位全周期健康服务。全力打造疾控体系改革和公共卫生体系建设的“湖北样板”，健全“四体系一平台”，高标准建设“一中心四基地”。加强紧密型城市医联体和县域医共体建设，提升基层医疗卫生机构服务能力。加强基层全科医生培养。全面推进药品和医用耗材省级集中带量采购工作。实施影响群众健康突出问题“323”攻坚行动。深入推进“互联网+医疗健康”。实施中医药传承创新和基层中医药服务能力提升工程，打造李时珍中医药文化品牌。加强传染病、慢性病、职业病、地方病防控。推进残疾预防和精准康复。严格食品药品安全监管和疫苗生产质量管理。加大国家“学生饮用奶计划”推广力度。深入开展爱国卫生运动。提高优生优育服务水平，扩大婚检、孕检、产前筛查、新生儿筛查等基本项目免费检查服务。发展多种形式就近便捷托育服务，新增3岁以下婴幼儿托位2.2万个。促进全民健身与全民健康深度融合。扎实抓好东京奥运会、第十四届全国运动会、北京冬奥会三大备战。

完善社会保障体系。持续推进社保扩面提质。实施企业职工基本养老保险、工伤保险省级统筹。强化基本医保、大病保险和医疗救助三重保障功能，做实基本医保市级统筹。开展跨省异地就医门诊费用直接结算。推进农村特困供养服务机构改造提升三年行动。加强孤儿和事实无人抚养儿童保障。完善社会救助和保障标准与物价上涨挂钩联动机制。积极应对人口老龄化，加快建设居家社区机构相协调、医养康养相结合的养老服务体系，建设30个公办养老中心和养护院，建设一批城企联动普惠养老项目，为1万户特殊困难老年人家庭实施适老化改造。着力解决老年人运用智能技术困难，帮助老年人融入智慧社会。

优化公共文化服务。培育和践行社会主义核心价值观，深化文明创建，讲好湖北抗疫故事、疫后重振故事。推动基层文化场馆提档升级。建设群众身边的“15分钟文化体育圈”。开展荆楚“红色文艺轻骑兵”等文化惠民活动。实施公共数字文化建设工程。办好第十七届中国戏剧节、第四届湖北艺术节。推进媒体深度融合，实施全媒体传播工程，做强新型主流媒体。

促进新闻出版、广播影视、文学艺术、哲学社会科学繁荣发展。推进新型智库建设。加强考古工作和文物保护利用。保护弘扬传承长江文化。推进万里茶道申遗、长征国家文化公园（湖北段）、荆楚大遗址传承发展工程、革命文物保护利用示范区建设。支持荆州古城保护和功能疏散。支持孝感建设孝文化名城。

加强和创新社会治理。坚持治理重心下移、力量下沉、资源下倾，更大力度向基层放权赋能。深入推进市域社会治理现代化试点。深化街道管理体制改革。建强社区工作者队伍。推动党员干部下沉社区常态化长效化。规范发展社会组织。支持志愿服务和慈善事业健康发展。启动“八五”普法。强化矛盾纠纷排查化解，集中治理信访突出问题。实施安全生产专项整治三年行动，加强防汛抗旱、森林防灭火等工作。推进地质灾害综合防治体系重点省份建设。深化“雪亮工程”“智慧平安小区”建设。常态化开展扫黑除恶专项斗争。严打电信网络诈骗、涉毒涉赌等突出违法犯罪活动。建设更高水平的平安湖北，让城乡更安宁、群众更安乐。

全力支持国防和军队建设，加强国防教育、人民防空和国防动员能力建设，做好退役军人服务保障，推动军民融合深度发展，巩固促进军政军民团结。

当前，全球疫情加速蔓延，国内呈现多地局部暴发和零星散发状态，防控任务依然艰巨繁重。要严阵以待、严防死守，坚决堵住一切可能的漏洞。

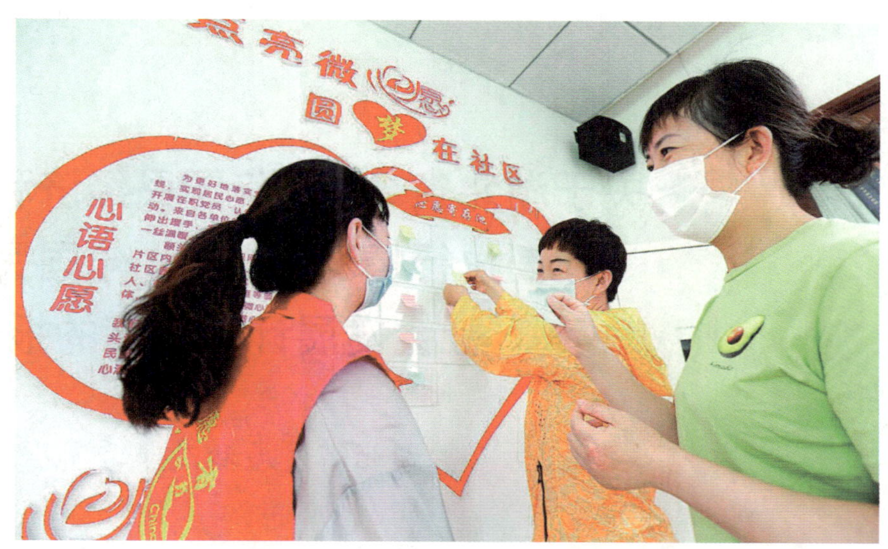

2020年7月1日，武汉市东西湖区吴家山街额头湾社区286名党员自愿认领群众的“微心愿”，共认领群众的“微心愿”996件

慎终如始抓好常态化科学精准防控，压实“四方责任”，严格落实“四早”要求，加强监测预警、核酸检测、隔离管控、消毒消杀、流调溯源等工作，引导群众合理有序出行，做好新冠疫苗免费接种工作，确保防控不松懈、疫情不反弹、发展不停步。

各位代表！今年发展形势复杂严峻程度不亚于去年。越是逆水行舟，越要一篙不松。各级政府要始终从讲政治的高度做好政府工作，把坚持和加强党的全面领导贯穿始终，把讲政治转化为内在主动，以实际行动践行“两个维护”。严格依宪施政、依法行政，开展法治政府建设示范创建活动。依法接受人大及其常委会的监督，自觉接受政协民主监督，主动接受社会和舆论监督。认真办理人大代表建议和政协提案。深化政务公开。坚持严的主基调不动摇，深入推进政府系统党风廉政建设和反腐败斗争。深入贯彻中央八项规定及其实施细则精神，持之以恒纠治形式主义、官僚主义。进一步精文简会，统筹规范督查检查考核，切实给基层减负、为实干撑腰、向发展聚力。以思想破冰引领发展突围，谋定后动、谋定快动，提升专业化能力，善于创造性落实。一切奔着解决问题去，奔着完成目标去，奔着达到效果去，说了的事都要算，定了的事马上办，干就努力干到最好。

各位代表！征途漫漫，惟有奋斗。让我们更加紧密团结在以习近平同志为核心的党中央周围，在省委坚强领导下，主动作为、奋发有为、担当善为，以优异成绩迎接建党100周年，为加快“建成支点、走在前列、谱写新篇”努力奋斗！

关于湖北省2020年国民经济和社会发展计划执行情况与2021年国民经济和社会发展计划草案的报告

湖北省发展和改革委员会

各位代表：

受省人民政府委托，现将湖北省2020年国民经济和社会发展计划执行情况与2021年国民经济和社会发展计划草案提请省十三届人大五次会议审议，并请省政协各位委员和列席人员提出意见。

一、2020年全省国民经济和社会发展计划执行情况

2020年是湖北历史上极不平凡、极不容易、极其难忘的一年。面对百年不遇的新冠肺炎疫情和新中国成立以来历史同期最大降雨量的汛情，全省各地各部门坚持以习近平新时代中国特色社会主义思想为指导，全面贯彻习近平总书记考察湖北、参加湖北代表团审议时的重要讲话精神，深入落实省委、省政府工作部署，认真执行省十三届人大三次、四次会议审议批准的各项工作措施，全力打好战疫、战洪、战贫三场硬仗，做好“六稳”工作、落实“六保”任务，挑战前所未有，斗争艰苦卓绝，成效好于预期，困难仍然很多。

（一）全力以赴抓疫情防控，武汉保卫战、湖北保卫战取得决定性成果

在习近平总书记亲自指挥、亲自部署和党中央坚强领导下，坚持人民至上、生命至上，创造性实施“23245”防控策略，千方百计救治患者，争分夺秒建院增床，严防死守阻断疫情传播，全面提升检测能力，在短时间内稳定局势、扭转局面，用1个多月时间初步遏制疫情蔓延势头，用3个月左右时间取得武汉保卫战、湖北保卫战决定性成果。构建常态化疫情防控与局部应急处置相结合的工作机制，抓好常态化监测、“人物地”同防、多点触发、闭环管理等工作，“晴天带伞”“撑伞避雨”“打伞干活”“修伞补强”，自5月18日以来，我省连续8个多月无新增本土确诊病例，群众生命健康安全得到有力保障。

（二）全力以赴抓疫后重振，经济社会加快全面恢复

坚持准确识变、科学应变、主动求变，在疫情得到初步控制后，不失时机推动复工复产，不折不扣落实党中央一揽子支持政策，出台促进经济社会加快发展“30条”、支持中小微企业“18条”、加快推进重大项目建设扩大有效投资“22条”、提振消费“30条”、支持服务业疫后恢复发展“19条”、加强省级重点项目服务保障“16条”、疫后重振补短板强功能“十大工程”等政策措施，加大企业帮扶力度，全力扩大市场需求，畅通经济循环，全省经济从一季度“按下暂停”到二季度“重启恢复”再到下半年“加快全面恢复”，主要经济指标逐月回升、逐季好转，走出“对勾型”复苏轨迹。制造业采购经理指数连续9个月在扩张区间运行，企业增值税开票金额连续9个月正增长，规模以上工业增加值单月增速连续8个月正增长，

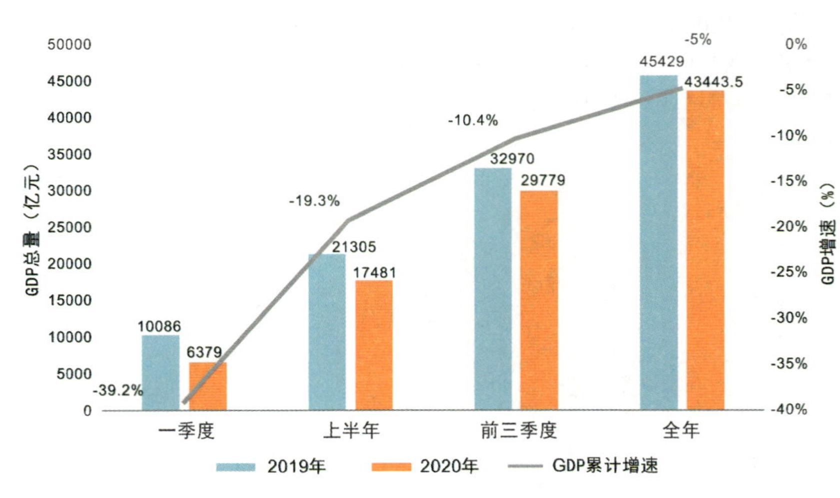

图2—1　2020年GDP完成情况

固定资产投资单月增速连续6个月两位数增长，农产品、医疗物资出口持续保持高速增长。新开工亿元以上项目3649个、10亿元以上项目323个，48个重大产业项目、415个省级重点建设项目超额完成年度投资计划。发行新增政府债券2095亿元，新增减税降费超过千亿元；新增各项贷款7630亿元，同比多增1422亿元；争取中央预算内投资277.1亿元，发行企业债券405.29亿元，同比分别增长21%和80%。汉宜线大福至仙桃城区支线，武汉城市圈环线高速公路大随至汉十段、宜鹤高速、建恩高速等高速公路，青山、宜都等长江大桥建成；荆门至荆州铁路、襄阳至荆门高铁开工建设，沿江高铁武汉至宜昌段、西安至十堰高铁湖北段建设工作全面启动。全年地区生产总值、固定资产投资、规模以上工业增加值、社会消费品零售总额、地方一般公共预算收入同比分别下降5%、18.8%、6.1%、20.8%、25.9%，降幅较一季度分别收窄34.2、64、39.7、24.1和21.7个百分点。

专栏1　疫后重振补短板强功能“十大工程”三年行动进展情况

行动计划	进展情况
公共卫生体系补短板工程	谋划项目2247个，估算总投资2545亿元，其中1037个项目已开工。同济医院国家重大公共卫生事件医学中心整体建设方案正在编制。华中科技大学同济医学院附属协和医院（金银湖院区）、省人民医院洪山院区、鄂西南（宜昌）、鄂西北（襄阳）等重大疫情救治基地已动工，鄂东（黄冈）实现主体结构封顶。
交通补短板工程	谋划项目435个，估算总投资3777亿元。武汉至大悟、武汉至阳新高速公路、鄂州花湖机场、宜昌三峡机场改扩建工程、武当山机场改扩建工程等230个项目已开工建设。
水利补短板工程	谋划项目127个，估算总投资1731亿元。黄冈华阳河西隔堤加固、黄石富水流域防洪系统治理工程、十堰市中心城区水资源配置工程等34个项目已开工建设。
能源提升工程	谋划项目29个，估算总投资1270亿元，20个项目已开工。三峡电能留鄂比例由18%提升至22%，新增电量约41亿千瓦时。黄冈大别山电厂二期3号机组、恩施江坪河水电站建成投运，近20万千瓦光伏项目并网发电。荆州煤炭铁水联运储配基地项目进入收尾阶段。地方政府3天储气能力建设任务完成。
新基建工程	谋划项目322个，估算总投资7478亿元。电信、移动、联通、铁塔5G基站，电信中部大数据中心、中金武汉数谷大数据中心、荆门至荆州铁路、智能网联汽车产业园、鄂州花湖机场智慧高速公路一期、武汉新港阳逻国际港西港区智慧港口、三峡东岳庙大数据中心、襄阳云计算扩容及大数据应用工程等171个项目已开工建设。
冷链物流和应急储备设施补短板工程	谋划项目130个，估算总投资427.6亿元。宜昌市国家骨干冷链物流基地、鄂东（黄冈）国家骨干冷链物流基地、孝感华中农产品国际冷链交易中心等74个冷链项目已开工。省级应急救援基地（黄冈、襄阳、宜昌）、黄石市应急物资储备中心、仙桃防护物资应急储备基地等14个储备设施项目开工建设。
城市补短板工程	谋划项目1883个，估算总投资2374.3亿元。521个项目已开工建设，包括165个老旧城区补短板项目、51个排水防涝补短板项目、68个污水收集处理补短板项目、39个生活垃圾收集处理补短板项目、49个供水供气补短板项目、6个地下综合管廊项目、143个道路交通项目。
产业园区提升工程	谋划项目316个，估算总投资2178亿元。武汉光谷精准医疗产业基地、武汉东湖高新区智造园基础设施及配套设施改造升级、襄阳经济技术开发区科技园区、孝感国家高新区激光产业园、随州市高新区随县创新科技产业园区、天门市芯创电子信息产业园、潜江南片智能制造聚集区基础设施建设、咸宁嘉鱼县经济开发区园区循环化改造等278个项目已开工建设。
新一轮高标准农田建设工程	谋划项目309个，估算总投资190亿元。2020年度高标准农田建设共完成356.07万亩。江陵县、孝昌县、安陆市、当阳市、长阳县进度较快，分别完成跨年度建设任务的72.6%、60%、59.9%、57.3%、52%。
生态环境补短板工程	谋划项目316个，估算总投资821亿元。武汉南湖水环境提升工程、孝感汈汉湖退垸还湖暨养殖污染治理工程、十堰百二河生态修复、仙桃市农村人居环境整治、神农架林区坪阡污水处理厂升级改造等180个项目已开工建设。

（三）全力以赴抓民生保障，社会大局保持稳定

立足前瞻性部署、系统性应对，及时出台稳就业“25 条”、促进高校毕业生就业创业“10 条”，实施最大力度失业保险稳岗返还。抗疫期间组织专列专车“点对点”输送 70 万人，带动 717 万人跨区域返岗就业。高标准举办全国“双创”活动周湖北会场活动，开展“双创”带动就业示范工程，带动 10.3 万人创业就业。全年城镇新增就业 75.18 万人，下半年以来月均新增就业 8.3 万人，基本恢复到往年平均水平。城镇调查失业率逐季下降。全年建成高标准农田 356.07 万亩，粮食总产 545.5 亿斤，连续 8 年稳定在 500 亿斤以上。全年城镇居民人均收入下降 2.4%，农村居民人均收入下降 0.5%。实施临时救助 37.4 万人次，城乡困难家庭应保尽保。加强重点农产品保供稳价，发放价格临时补贴 31.89 亿元，惠及 2332 万人次。全年居民消费价格指数上涨 2.7%，涨幅较一季度回落 3.4 个百分点。在落实精准防控措施前提下推动全面复学复课，39.5 万名考生顺利高考，1020 万名学生、幼儿顺利开学。第三期学前行动计划如期完成，学区化集团化办学已覆盖全省义务教育学校超 70%，超大班额基本消除。防汛救灾取得重大胜利，总体损失较 2016 年洪涝灾害下降 87%。

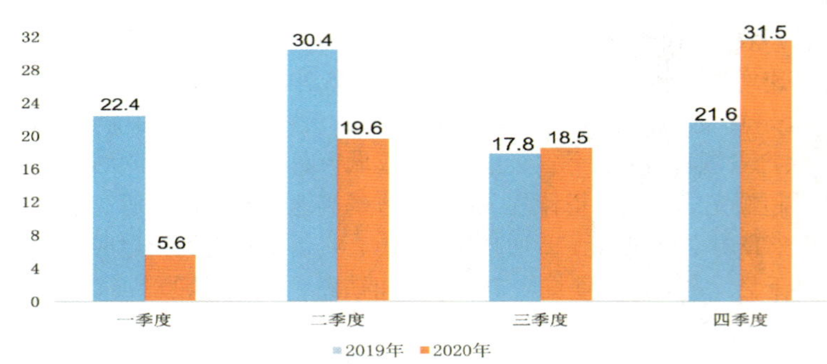

图 2—2　2020 年分季度城镇新增就业人数（万人）

专栏 2　优化公共服务进展情况

行动计划	进 展 情 况
公共教育	公办幼儿园新建 108 所、改扩建 135 所、改善办园条件 1032 所，扶持民办幼儿园 1436 所。义务教育改善办学条件 4658 所，普通高中改善办学条件 80 所，省属高校新增硕士点 14 个。
医疗卫生	全年累计争取公共卫生领域中央预算内投资 25.35 亿元。创建 83 个健康促进县（市、区）。县域医共体实现全覆盖。国家临床重点专科达到 98 个。创建 282 个“群众满意的乡镇卫生院”，创建数量和创建比例位居全国前三。
社会服务	支持 50 个社区和 100 个贫困村建设养老服务设施。武汉、宜昌、黄石、鄂州、咸宁、天门成功申报实施 13 个城企联动普惠养老项目。城乡社区居家养老服务设施覆盖率分别达到 95%和 65%，每千名老年人拥有养老床位 33.8 张。建立困难残疾人生活补贴和重度残疾人护理补贴制度。实施农村福利院“平安工程”“冬暖工程”。城镇及农村社区综合服务设施覆盖率分别达 100%、61.2%。
文化旅游	开展“与爱同行惠游湖北”活动，全省参加活动的 390 家 A 级旅游景区，累计接待全国各地游客 7740 万人次。成功创建第二批国家全域旅游示范区 5 家，数量居中部省份第一、全国前列。孝感安陆市碧山村、十堰市郧阳区龙韵村、鄂州市华容区武圣村等 27 个村入选第二批全国乡村旅游重点村，数量居全国第一。神农架国家级旅游度假区创建通过初审。

（四）全力以赴抓三大攻坚战，全面建成小康社会取得决定性成就

脱贫攻坚取得决定性成效，全省 581 万贫困人口全部脱贫、4821 个贫困村全部出列、37 个贫困县全部摘帽，全面完成 31.84 万户 88.23 万人易地扶贫搬迁任务，消除了绝对贫困和区域性整体贫困。实施公益岗位“倍增计划”，开发扶贫公益岗位 31.4 万个，帮助 204.8 万贫困劳动力外出务工，比 2019 年增长 7.8%。37 个贫困县全部纳入扶贫“832”平台，共认定扶贫产品 2.2 万个。发放扶贫小额信贷 55.05 亿元，41 万个扶贫项目全部开工，建档立卡贫困适龄儿童少年全部保障接受义务教育，贫困人口饮水安全问题基本解决。长江大保护十大标志性战役完成阶段性目标，长江经济带绿色发展十大战略性举措 58 个重大事项和 91 个重大项目全面实施，累计完成投资 7440.6 亿元。完成沿江化工企业“关改搬转”71 家，累计完成 380 家，“清废”“绿盾”行动交办问题基本整改完成。“四个三”重大生态工程圆满

收官。长江禁捕推进有力有序。长江干支流露天废弃矿山生态修复、三峡库区山水林田湖草系统治理工程深入实施。生态环境质量持续改善，国考断面水质优良比例达到 91.2%，劣Ⅴ类断面全面消除，地级以上城市空气质量优良天数比例达到 87.5%。重大风险防控有力有效，非法集资案件存量、增量实现双下降，法人网贷机构全部退出清零。银行业不良贷款率低于全国平均水平。无重大以上安全生产和食品药品安全事故发生。

专栏 3 “四个三”重大生态工程完成情况

行动计划	进 展 情 况
宜林荒山全复绿	共完成灭荒 209.12 万亩，超额完成三年行动方案计划任务。其中，2018 年完成 65.47 万亩，2019 年完成 80.15 万亩，2020 年完成 63.5 万亩。
乡镇生活污水处理厂全覆盖	共建设完成乡镇生活污水治理项目 897 个，其中新（改、扩）建污水处理厂 828 座、新建管网项目 69 个。乡镇新增生活污水处理能力 114 万吨/日，新建主支管网总长 11250 公里，达到设计规模的 124%。
城乡生活垃圾处理全达标	共建成生活垃圾处理设施 155 座，日处理能力达到 4.97 万吨，城市（含县城）生活垃圾无害化处理率达 100%；所有乡镇实现生活垃圾中转站全覆盖，建制镇生活垃圾无害化处理率达到 97.4%，超额完成三年行动目标任务；农村垃圾治理实现“五有”标准全达标。
“厕所革命”攻坚	建设完成农户无害化厕所 375.9 万户、农村公厕 29070 座、乡镇公厕 3974 座、城市公厕 4738 座、交通厕所 314 座、旅游厕所 3201 座，分别完成三年计划任务数的 112.3%、115.9%、121.5%、123.5%、120.7%、112.1%。

（五）全力以赴抓新动能培育，经济增长后劲不断增强

坚持高质量重振重建，千方百计争取国家部委和央企支持，高密度举办知名民企湖北行、华创会、跨国公司湖北行等推介活动，一批重大合作项目加快落地。四大国家级产业基地、四大国家级战略性新兴产业集群加快推进，全年高技术制造业增加值累计增长 4.1%，高于规模以上工业增速 10.2 个百分点；高新技术企业总数达到 10400 家，同比增长 31.8%。出台数字经济“13 条”，实施“上云用数赋智”行动计划，“两新一重”建设加快推进，全年建成 5G 宏基站 2.61 万个，累计建成 3.11 万个。中国 5G+工业互联网大会成功举办。武汉城市圈大通道开工建设。长江沿岸铁路集团股份公司、国家新一代人工智能创新发展试验区、区块链服务网络技术创新发展峰会全球永久会址、华为长江鲲鹏生态创新中心等落户武汉。设立新一代人工智能、先进存储等 13 个科技重大专项，发布 558 个重点研发计划项目、30 个“揭榜挂帅”科技项目。全年技术合同成交额达到 1687 亿元，同比增长 16%。

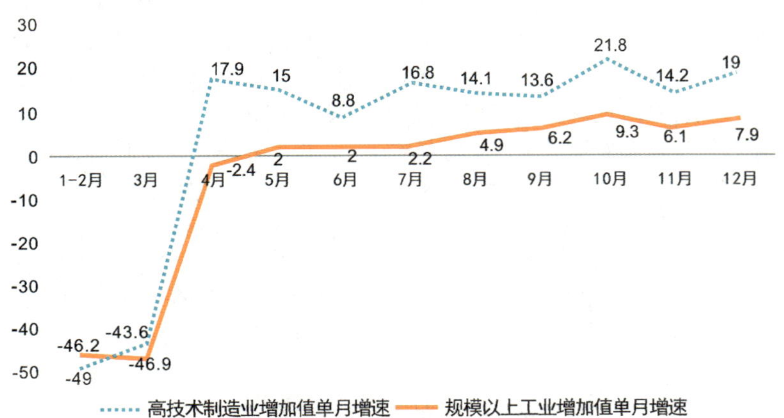

图 2—3　2020 年高技术制造业月度增速（%）

（六）全力以赴抓改革开放，经济发展活力有效释放

坚定不移把营商环境打造成我省疫后重振、浴火重生的金字招牌，出台优化营商环境“30 条”，常态化开展党员干部走访服务企业活动，当好有呼必应、无事不扰的“店小二”。完成全省 103 个县（市、区）营商环境评价全覆盖。在全国首批推行“证照分离”改革省域全覆盖。行政审批办理时限压缩超过 50%，企业开办“210”标准全面实行。全省各类市场主体比 2019 年底净增 29.39 万户，达到 571.35 万户，增长 5.42%。抢抓机遇、危中寻机，推动外贸进出口逆势增长，全年进出口、进口、出口总额同比分别增长 8.8%、9.1%、8.7%，分别高于全国 6.9、9.8 和 4.7 个百分点。仙桃防疫物资出口实现爆发式增长，随州创造农产品出口贸易“大洪山经验”，武汉、黄石跨境电商蓬勃发展，宜昌、襄阳综合保税区获批设立。

大疫大灾之年交出疫情防控和经济社会发展“双胜利”的英雄答卷，

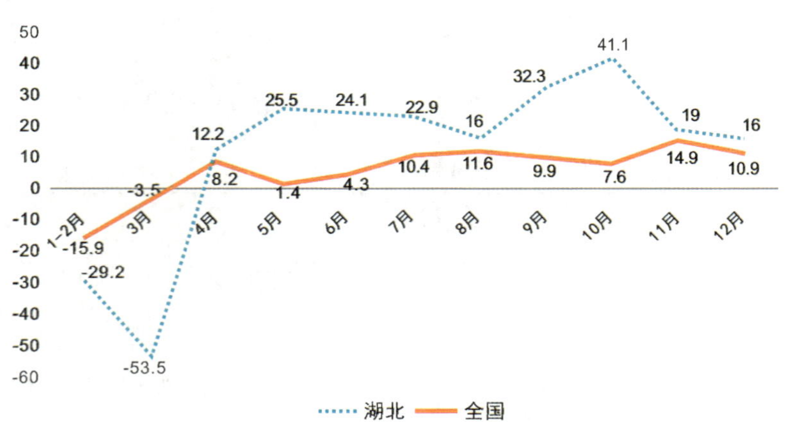

图 2—4　2020 年出口总额月度增速（%）

成绩得来十分不易，工作历程极为艰辛，宝贵经验弥足珍贵，根本在于习近平总书记的英明指挥和掌舵领航，根本在于党中央的坚强领导和科学应对，根本在于中国特色社会主义制度的强大生命力和显著优越性，是省委、省政府正确领导、精准施策的结果，是省人大、省政协鼎力支持、同舟共济的结果，是全省人民团结一心、奋力拼搏的结果。

在看到成绩的同时，也要清醒看到，面对突如其来疫情的严重冲击，2020 年省国民经济和社会发展计划主要预期目标难以完成，2021 年我省发展面临的困难仍然很多。一是疫情走势仍然是经济发展的重要变量。全球疫情扩散蔓延态势还在持续，对病毒传播规律尚未根本掌握，疫苗大规模使用、特效药物研发尚需时日，疫情走势仍存在高度不确定性，我省“外防输入”的压力很大。二是外部环境仍然是经济发展的重要挑战。世界经济形势依然复杂严峻，复苏不稳定不平衡。国内宏观政策将逐步回归常态，一些在疫情时期出台的临时性特殊应对政策将逐步退出。三是需求不振仍然是经济发展的重要难点。居民收入增长放缓，消费短期内难以恢复到疫情前水平。企业投资意愿不强，2020 年全省工业投资、民间投资增速仍分别低于投资平均水平 5.1 和 2.5 个百分点。小微企业经营仍然困难。四是风险应对仍然是经济发展的重要考量。财税、金融、就业、社保等方面将面临更大压力。对这些困难和问题，需要在 2021 年工作中认真分析研究，着力予以解决。

二、2021 年经济社会发展的总体要求和主要目标

（一）总体要求

以习近平新时代中国特色社会主义思想为指导，全面贯彻党的十九大和十九届二中、三中、四中、五中全会以及中央经济工作会议精神，认真贯彻习近平总书记考察湖北、参加湖北代表团审议时的重要讲话精神，落实好省委十一届七次、八次全会和省委经济工作会议部署，坚持稳中求进工作总基调，立足新发展阶段，贯彻新发展理念，服务构建新发展格局，以推动高质量发展为主题，以深化供给侧结构性改革为主线，以改革创新为根本动力，以满足人民日益增长的美好生活需要为根本目的，注重需求侧管理，坚持系统观念，巩固拓展疫情防控和经济社会发展成果，更好统筹发展和安全，扎实做好“六稳”工作，全面落实“六保”任务，加快“建成支点、走在前列、谱写新篇”，确保“十四五”开好局、起好步，以优异成绩庆祝建党 100 周年。

（二）主要预期目标

综合分析研判，2021 年主要预期目标安排为：地区生产总值增长 10% 以上；城镇新增就业 70 万人以上，城镇调查失业率 6%左右；居民消费价格涨幅 3%左右；居民收入稳步增长；生态环境质量巩固提高，单位生产总值能耗降低 2.5%左右，主要污染物排放量继续下降；粮食产量保持在 500 亿斤以上。

——关于经济增长目标。10%以上的目标增速，充分考虑了我省 2021 年疫后重振的特殊重要意义，充分考虑了 2020 年低基数因素和 2021 年发展支撑条件，有利于提振市场预期和全社会信心，有利于引导各方以更加积极进取的状态奋力拼搏，有利于为高质量的重振重建留有空间。

——关于就业目标。城镇新增就业 70 万人以上的目标，体现了稳就业的决心和就业优先的政策导向，充分考虑了 2021 年高校毕业生增加以及新成长劳动力、农村劳动力转移等在城镇就业的需要。城镇调查失业率 6%左右的目标，充分考虑了 2021 年宏观经济不确定性和我省经济仍处于恢复发展期的困难。

——关于居民收入增长。考虑到 2020 年基数因素，2021 年我省季度经济增速波动可能较大，居民收入增速难以与季度经济增速保持同步。2021 年居民收入目标表述为实现稳步增长，在实际工作中努力争取全年居民收入与经济增长基本同步。

——关于粮食产量目标。2021 年将粮食产量纳入主要目标，是落实党中央、国务院决策部署的要求。综合考虑全省粮食综合生产能力、近年来粮食产量等因素，2021 年粮食产量目标按保持在 500 亿斤以上安排。

三、2021 年经济社会发展的主要任务和措施

根据省委经济工作会议精神，按照省《政府工作报告》部署，围绕服务构建新发展格局开好局、起好步、见到新气象，以“拼”“抢”“实”的状态和作风实现“进”的目标，2021 年重点做好九个方面工作：

（一）在着力扩大内需上迈出新步伐、取得新成效

1. 千方百计扩大有效投资。抓好疫后重振补短板强功能“十大工程”，加强“两新一重”建设，实施“5G+”

智能制造、智慧交通等示范工程，力争新建5G宏基站3.5万个以上。争取鄂州花湖机场、陕北—湖北特高压等标志性工程顺利建成，争取沿江高铁、杜家台分蓄洪区蓄滞洪和安全建设工程等4274个亿元以上项目开工。把促进民间投资摆在更加突出位置，加强招商引资，常态化开展项目推介和政银企对接，用好政府和社会资本合作（PPP）、基础设施不动产公募基金（REITs）等工具，更大力度吸引社会资本。力争全省固定资产投资增长10%以上。

2. 千方百计拉动消费。精准实施“与爱同行 惠游湖北”活动，持续推动旅游与文化、康养、休闲等融合发展，放大相关优惠政策效应。深入开展“放心舒心消费在湖北”活动，实施“荆楚优品”创建工程，继续办好大健康博览会、中国食品博览会、中国国际汽车工业展览会等知名展会，筹办首届湖北消费博览会和湖北消费高峰论坛。推进夜经济发展。推动医疗、教育、体育、文博等线下服务消费加速“触网”。力争社会消费品零售总额增长15%左右。

3. 千方百计帮扶实体。抓好各项助企纾困政策落实，加强预期引导、政策协同，针对小微企业、困难行业、大学生就业等重点问题，提前储备政策举措和应对预案。争取中央在财力补助、金融信贷、投资项目、科技创新和产业发展、民生保障等方面继续给予我省倾斜支持。完善“金融服务方舱”机制，建设中小企业融资综合信用数字化应用平台，落实普惠小微企业贷款延期还本付息政策和信用贷款支持政策，力争全年新增贷款不低于7000亿元。

（二）在建设现代产业体系上迈出新步伐、取得新成效

1. 加快推进制造业高质量发展。抓好龙头支柱企业、成长型中小企业“双百”项目调度。组织实施“技改提能、制造焕新”新一轮技改行动，推动东风云峰整车、京东方显示面板、武生所疫苗等43个预增产值过10亿元的重点项目投产达产。压实“链长制”，选取新能源汽车动力电池、新能源和智能网联专用车、电子化学品、小品种药、原料药、高端玻璃、纺织服装新业态、纺织新材料、高档数控机床、绿色船舶、智能建造等成长性较好的细分领域，加强政策支持，推动产业做大做强。持续开展“万千百”质量提升系列行动。

2. 增强产业链供应链自主可控能力。实施产业基础再造工程，推动关键产业供应链多元化。实施战略性新兴产业倍增计划，加快推进国家存储器基地、华星光电t4、迈瑞医疗、华大智能制造等一批重大产业项目，力争全年高新技术产业增加值增速达到10%以上。开展集成电路、新型显示、智能终端等重点产业链协同攻关，力争在光纤激光器、高端显示面板、高精度实时遥感、高端医疗装备等领域取得新突破。实施数字经济跃升工程，推动人工智能、大数据、物联网、区块链等技术集成创新，与产业深度融合发展。创建国家大数据综合试验区，筹划建设一批数字经济示范区。

3. 加快现代服务业融合发展。加快实施现代服务业提速升级行动，继续实施服务业“五个一百”工程，推动与先进制造业、现代农业融合发展。持续推进武汉市国家服务业综合改革试点、服务贸易创新试点示范。瞄准产业转型升级关键环节和突出短板，有针对性地加强工业设计、软件信息、检验检测等高技术服务业发展。在工业互联网应用、柔性化定制、共享生产平台、农业信息化、新兴消费业态、城市治理等领域，开展一批创新试点示范。出台促进非接触经济发展的意见。大力发展健康、养老、育幼、家政、物业等“幸福产业”，推动生活性服务业向高品质和多样化升级。

专栏4　2021年拟推进的部分产业项目

地 区	项 目
武汉市	国家存储器基地、华星光电t4、中金数谷武汉大数据中心、东风岚图高端新能源乘用车。
黄石市	广合电路多高层精密线路板一、二期，宏和电子材料年产能3万吨电子级玻璃纤维超细纱开发与生产，东贝电器高效节能制冷压缩机智能制造。
十堰市	驰田汽车股份智慧新工厂、正和高端卡车车身、东风小康公司整体迁建。
襄阳市	襄阳卷烟厂易地技改、奥利斯5G智能装备制造及3C项目、际华三五四二年产1.2亿米高档印染面料等纺织品制造。
宜昌市	三宁化工酰胺及尼龙新材料、宜昌人福国际总部基地、安琪酵母绿色生产基地。
荆州市	能特科技年产900吨高级医药中间体搬改、丽康科技年产5万吨纺织染料、江汉建筑工程机械年产3000台套变频节能起重机械。
荆门市	亿纬动力第三产业园、玲珑轮胎年产1446万套高性能轮胎及配套、荆门国际内陆港公铁物流中心。
孝感市	华中光电军民融合产业园、华中农产品国际冷链交易中心、湖北三棵树年产100万吨涂料及配套建设项目。
鄂州市	湖北三安光电有限公司Ⅲ—Ⅴ族化合物半导体、容百锂年产7万吨锂电正极材料。
黄冈市	东瀚空港年产2000辆新能源专用车生产线、裕大华华立年产2万吨高档针织面料智能化染整生产线技改项目。

续表

地 区	项 目
咸宁市	湖北瑞能新能源汽车充电桩及智能家用电器生产基地、通城县光电摄像模组数字化智能生产建设项目、稳健医疗（嘉鱼）科技产业项目。
随州市	黄鹤楼酒业（随州）公司搬迁改造、金龙新材料新型 TPU 复合材料产业化项目、黄土关农文旅项目。
恩施州	达翔（恩施）电子信息、绿葱坡滑雪及高山运动度假小镇项目。
仙桃市	德盈年产 3.5 万吨非织造布防护材料及制品项目、健鼎（湖北）年产 320 万平方米高密度互连积层板和资源综合利用、锦盛辉煌年产 5 万吨非织造布及制品。
天门市	鸿硕年产 5760 万条讯号连接线及相关制品、优普生物医药农药中间体生产项目、龙腾时尚服装基地。
潜江市	潜江市金澳科技油品升级深加工、忠华集团 15 万锭生产线转移搬迁、中国小龙虾交易中心 · 中国虾谷项目。
神农架林区	神农架南展东扩西进冰雪运动基地、汇仁康养中心项目。

（三）在创新驱动发展上迈出新步伐、取得新成效

1. 强化平台搭建。积极推动武汉创建全国科技创新中心和东湖综合性国家科学中心，高标准建设以东湖科学城为核心的光谷科技创新大走廊。积极推进精密重力测量研究设施建设，提升脉冲强磁场设施功能，抓紧推动高端生物医学成像设施建设。推进 7 个湖北实验室建设。加快武汉生物技术研究院等 33 个产业技术研究院建设。积极谋划争取国家布局一批新的产业创新中心、制造业创新中心、技术创新中心。实施高新技术企业“百千万”行动计划。加强“投贷债补”各类金融工具联动，进一步提高金融支持科技创新的力度和水平。

2. 强化人才培育。组织实施“楚才兴鄂”科创行动计划。深化科技成果权属改革，建立以科技创新质量、贡献、绩效为导向的分类评价体系。加大财税政策支持力度，激励引导企业加大技术研发和人力资本投入，争取全社会研发经费投入超过 1000 亿元。每年选派 2000 名企业“科技特派员”“科技专员”“科技副总”，入驻企业帮助提升技术能力。加快建设专业化科技中介服务机构和技术经理人队伍，争取技术合同成交额增长 10%以上。

3. 强化技术攻关。开展集成电路、新型显示等重点产业链协同攻关，通过“揭榜挂帅”方式，力争攻克一批关键核心技术。组织实施“十百千万”科技引领行动，以人工智能、生物与生命健康、量子科学、区块链等未来产业为重点，加快原始创新积累突破。加强知识产权保护，实施高价值知识产权培育工程、知识产权运用示范工程等，力争每万人口高价值发明专利拥有量达到 4.8 件。

（四）在打造重要节点和战略链接上迈出新步伐、取得新成效

1. 强化交通“硬联通”。按照“增密、互通、提质”要求，加快完善铁路、公路、水运、航空网络，构建铁公水空设施互联、信息互享、标准互通、装备互换、便捷高效的集疏运体系。加快推进以“4+2”重大铁路项目、“米字型”“十通向”高铁枢纽网为主轴的铁路建设，以“双枢纽、多支线”为重点的航空基础设施建设，以“江海联运、水铁联运、水水直达、沿江捎带”为载体的水运建设，以“高速公路优化扩容、国省干线达标提质、农村道路通畅安全”为目标的公路建设，加速融入全国“1、2、3 小时”交通出行圈和全球“1、2、3 天”快货物流圈。

专栏 5　2021 年拟推进的部分基础设施项目

类 别	项 目
铁路项目	续建郑万高铁襄阳至万州段、安庆至九江高铁、黄冈至黄梅高铁、宜昌至郑万高铁联络线等项目，全线开工西安至十堰高铁湖北段、沿江高铁武汉至宜昌段、襄阳至荆门高铁、荆门至荆州铁路等项目，启动实施沿江高铁武汉至合肥段、武汉枢纽直通线等项目，开展沿江高铁宜昌至涪陵段、京九高铁阜阳至黄冈段等项目前期工作。
高速公路	续建赤壁长江公路大桥、监利至江陵高速东延段、十巫高速鲍峡至溢水段、麻安高速麻城东段、襄阳绕城高速南段、枣潜高速襄阳北段、鄂州花湖机场高速一期工程、十淅高速湖北段、宜来高速鹤峰东段、武大高速、武阳高速、武汉绕城高速改扩建、张南高速宣恩至咸丰段、呼北高速鄂湘界段、鄂黄第二过江通道等项目。推动安来高速渝鄂界段、利咸高速、建恩北高速、红安至沪蓉高速联络线、咸九高速咸宁段、孝汉应高速、宜来高速宜昌段、十巫高速郧西至鲍峡段、襄阳至南漳高速、武汉至天门高速、随州至信阳高速等项目实施。推进巴东至张家界高速公路沪蓉沪渝连接线项目前期工作。

续表

类 别	项　　目
水运项目	续建汉江雅口航运枢纽、武汉至安庆段6米水深航道整治、武汉阳逻国际港铁水联运二期、湖北荆州煤炭铁水联运储备基地一期工程、宜昌港主城港区白洋作业区二期、汉江孤山航电枢纽工程等项目。新开工襄阳市唐白河（唐河）航运开发工程、黄石港棋盘洲港区棋盘洲作业区三期工程等项目。
民航项目	建成鄂州花湖机场，续建武汉天河机场5号机坪改扩建等项目，新开工武汉天河机场三跑道配套机坪改扩建、武汉天河机场T2航站楼改造、襄阳机场飞行区改扩建、十堰竹山通用机场、宜昌枝江通用机场等项目，加快推进恩施机场迁建等项目前期工作。
能源项目	建成投运陕北—湖北特高压、宜昌枝城港煤炭储备等项目，加快推进川气东输二线、金澳科技荆州监利—潜江输油管道、潜江地下盐穴储气库一期、武汉一流城市电网、仙桃电厂、随州电厂、新能源汽车充电基础设施等项目建设，打造一批百万千瓦级风光电基地，积极做好川藏水电外送湖北工程、西气东输三线工程湖北段、抽水蓄能电站项目前期工作。

2. 完善功能“硬支撑”。加强与沿海沿边口岸的通关协作，推进货物“提前申报”“两步申报”通关模式。加快口岸、场站智能化、数字化升级。支持货运网络平台发展，推广多式联运“一单制”，加快阳逻国际港铁水联运二期工程等5个国家级多式联运示范项目建设，重点发展智能制造产业物流、信息技术产业物流、冷链物流、生物医药产业物流、食品加工产业物流等专业物流。推进汉口北等批发市场发展“生产基地+展销平台”模式，支持宜昌三峡物流园、襄阳樊西商贸集聚区等园区功能升级。

3. 提升开放“硬实力”。出台湖北自贸试验区深化改革创新若干措施和三年行动方案，积极争取武汉片区扩容。支持鄂州、荆州、黄石创建综合保税区。积极引进和培育头部外贸企业和骨干外贸网络，巩固农产品、医疗防疫物资、“宅经济”产品等出口势头，鼓励重点企业加强对关键设备、核心零部件和原材料的采购储备，力争全年进出口总额增长10%。健全重大外资项目协调推动机制，提升服务水平，力争实际使用外资增长15%左右。

（五）在实施“一主引领、两翼驱动、全域协同”区域发展布局上迈出新步伐、取得新成效

1. 统筹抓规划。研究制定推进“一主引领、两翼驱动、全域协同”区域发展布局的实施意见、三年行动计划和年度工作重点，并滚动实施。研究制定武汉城市圈、襄十随神城市群、宜荆荆恩城市群建设实施意见、三年行动方案和年度工作重点。

2. 协同建机制。加强省内协同发展，借鉴长三角一体化发展机制，建立推进区域发展布局实施工作领导机制和城市群建设工作协调机制。加强省际交流合作，协同建立推进长江中游城市群一体化发展的体制机制，推进汉江生态经济带、淮河生态经济带、三峡生态经济合作区、洞庭湖生态经济区、武陵山少数民族地区、大别山革命老区、省际毗邻地区等协同发展。切实抓好南水北调丹江口库区京鄂对口协作、援疆援藏等对口支援工作。

3. 强基固底板。加快推进以县城为重要载体的城镇化建设，制定“百强进位、百强冲刺、百强储备”清单，有效推进山川协作工程，大力发展块状经济、网状经济，推动112个重点成长型产业集群扩规提质，带动形成“一县一品”“一业一品”。实施县城品质提升三年行动。抓好仙桃、潜江、天门等10个新型城镇化示范县（市），提升基础设施和公共服务能力。实施城市更新行动，新开工2601个城镇老旧小区改造项目。深化户籍制度改革，扩大居住证涵盖的基本公共服务项目，力争实现80万以上人口在城镇落户。

（六）在全面深化改革上迈出新步伐、取得新成效

1. 打造一流营商环境。落实省委、省政府《关于以市场主体需求为导向打造一流营商环境的若干措施》，实施法治环境、市场环境、政务环境、开放环境等提升行动。持续开展营商环境正反典型的示范、警示。以高效办成一件事为目标，全面推进“一网通办、一窗通办、一事联办、跨省通办”集成改革提质增效。完善政务服务“好差评”机制，实现实名差评100%回访整改。推动政务服务向基层延伸，推广24小时自助服务。常态化开展走访服务企业活动，当好有呼必应、无事不扰的“店小二”。推行惠企政策“免申即享”，推动企业家参与涉企政策制定，培育弘扬企业家精神。建立营商环境问题投诉、处置、回应机制。持续开展营商环境评价，加强评价成果运用。

2. 优化要素配置。全面落实放宽市场准入政策措施。大力提升金融功能，加快建设武汉区域金融中心，支持上交所中部基地、深交所湖北基地建设，力争上市公司新增数量较上年翻一番。坚持节约集约用地，严格土地使用标准，以亩产论英雄，着力提高经济密度、提高投入产出效率。全面实施国企改革三年行动和武汉区域性国资国企综合改革试验，优化国有经济布局和结构调整，健全市场化经营机制，稳妥有序推进混合所有制改革。加力支持民营经济发展，依法平等保护民营企业产权和企业家权益。深化电力现货市场、油气供应等能源领域改革，提高能源利企惠民水平。加快培育数据要素市场。

专栏6 实施打造一流营商环境五大举措

类 别	工作举措
市场准入	推动“非禁即入”普遍落实，巩固企业开办“210”成果，实现企业注销“一网办理”，深化“证照分离”改革，实施“一企一证”“一业一证”改革试点，实现“一证准营、一码亮证”，全面推行通关一体化、“两步申报”“提前申报”等多种通关模式。探索实施评定分离改革，进一步规范招标行为，优化招投标服务。
政务服务	围绕高效办成一件事，推进“一网通办、一窗通办、一事联办、跨省通办”集成改革提质增效。持续深化工程项目审批改革，优化区域性统一评价；建立施工图分类审查制度，取消低风险项目施工图审查，实行告知承诺制和设计人员终身负责制；一般登记、抵押登记时间分别压缩至3个、2个工作日；全面推行水电气接入外线工程并联审批，推进施工检修向不停电作业模式转变，城市、农村不停电作业率分别提升至80%、70%以上。
降本减费	持续实施上市后备企业“金种子”“银种子”“科创板种子”计划，全面推广“科创贷”，开展“信易贷”，深化“银税贷”，拓展企业融资渠道；进一步降低企业融资、用工、物流税费、用能成本；年纳税平均次数减到6次以内，企业年平均纳税时间缩短至100小时以内；降低规范中介服务收费，促进服务收费市场化。
信用法治	扎实推进诚信建设，持续深入开展“新官不理旧账”、政府失信行为等专项治理，对依法作出的各类承诺和签订的合同全面兑现、履约；推进信用信息安全共享应用，鼓励和引导失信主体开展信用修复；实施容错机制清单化管理和“双随机一公开”监管，“进一次门、查多项事”；加强知识产权保护，强化对涉市场主体司法活动的法律监督，加强信用法治保障。
先行先试	开展典型经验复制推广工作；实施优化营商环境综合改革和单项改革先行区创建活动，支持地方先行先试，推进重点领域关键环节改革创新突破。

（七）在全面推进乡村振兴上迈出新步伐、取得新成效

1. 刻不容缓推进农业产业化。落实国家粮食安全战略，守住耕地保护红线，建成高标准农田410万亩，实施现代种业提升工程，确保农业稳产提质。围绕优质稻米、淡水产品（小龙虾）、生猪、家禽及蛋制品、茶叶、柑橘、蔬菜（食用菌）、油料、现代种业、道地药材等优势特色产业，推动产业链强链补链。加快建设生猪全产业链工厂。提升“中国荆楚味、湖北农产品”“荆楚大地好粮油”等品牌影响力。实施培育壮大龙头企业“十百千万”工程、科技服务农业“515”行动。开展首批省级农村产业融合发展示范园创建工作。扩大生产、供销、信用“三位一体”综合合作覆盖面。加快发展壮大农村集体经济，持续开展集体资产年度清查，完成全省建制村的新型集体经济组织组建和登记赋码，推行集体财务第三方代理制度，推进集体资产股份抵押贷款试点。

2. 实施乡村建设行动。接续推进农村人居环境整治提升行动，重点抓好改厕和污水、垃圾处理，加强农业面源污染治理。推进全域国土综合整治，加快形成一批新型城镇化、生态修复和乡村振兴相互协同的示范村镇。因地制宜推动农村水、电、路、气、通信、广播电视、物流等基础设施提档升级，推进数字乡村建设。深入实施“三乡工程”，完善农村金融服务体系，有序引导工商资本下乡，激发农村资源要素活力。落实“一村一辅警”，构建乡村共建共治共享的社会治理格局。

3. 做好巩固拓展脱贫攻坚成果同乡村振兴有效衔接。保持主要帮扶政策总体稳定，健全防止返贫动态监测和帮扶机制，巩固“两不愁三保障”，做好易地扶贫搬迁后续产业发展和公共服务设施建设工作。有效衔接乡村振兴，做好金融服务、土地支持、人才智力等政策衔接，支持脱贫县、脱贫村乡村特色产业发展壮大，促进脱贫人口稳定就业。建立农村低收入人口和脱贫县帮扶机制，坚持和完善“616”对口帮扶、定点帮扶、省内区域协作、社会力量参与帮扶的工作机制。

（八）在全面推动长江经济带发展上迈出新步伐、取得新成效

1. 深入打好污染防治攻坚战。坚决贯彻落实《长江保护法》，建立长江保护协调联动机制。加强国家长江经济带生态环境警示片问题整改。深入推进化工企业“关改搬转治绿”、城乡污水和黑臭水体治理、城乡垃圾无害化处理以及船舶港口、尾矿库、塑料等污染治理。开展工业炉窑大气污染专项治理、挥发性有机物综合治理、化肥农药减量增效行动、危险废物专项整治三年行动等。推进再生资源回收利用与环卫清运“两网”融合。全面推行林长制，持续开展国土绿化提质增效和汉江两岸造林绿化。推进以国家公园为主体的自然保护地体系和长江、汉江、清江生态廊道建设。落实长江、汉江干流湖北段十年禁渔。

2. 加快推动绿色低碳发展。优化长江经济带绿色发展十大战略性举措，强化投融资模式创新。在破解“化工围江”基础上，推动化工行业绿色安全发展。推进武汉绿色发展示范，创新长江经济带项目政银企合作和投融资模式，在鄂州、恩施等地加快建立生态产品价值实现机制。积极支持节能环保技术、装备、服务等绿色产业发展。鼓励金融机构将环境治理要求纳入业务流程，提升对中小微节能环

保企业的绿色金融专业服务水平。持续开展落后产能淘汰，大力发展循环经济和再制造产业，重点推进能源等13个行业清洁生产。加快建设用能权、排污权、碳排放权交易市场，完善能源消耗双控制度。推进太阳能、风能、生物质能、抽水蓄能等可再生能源开发利用。

专栏7　2021年拟推进的部分生态环保项目

行动计划	进展情况
长江区域生态环境系统整治	推进武汉市百里长江生态廊道、武汉市三湖三河水环境治理、武汉市光谷生态大走廊、宜昌市枝江马家店沿江片区生态综合治理、荆州市长江流域洪湖区域生态环境综合治理工程、黄石市两湖两港区域环境综合治理项目、鄂州市梁子湖绿色发展试点、咸宁市崇阳大市河白霓段生态治理、黄冈市蕲春檀林水土流失及生态修复等工程项目。
汉江生态经济带建设	推进汉江流域襄阳段生态保护和绿色发展、孝感市府河流域生态环境系统整治、随州市水生态综合治理（一期）、十堰房县水环境综合治理、荆门市竹皮河水生态修复江山水库综合整治、仙桃市排湖区域生态系统功能恢复、天门市杜桥湖综合治理、潜江市竹市河生态修复、神农架林区宋洛乡方解石矿区生态环境治理修复等工程项目。
清江流域绿色发展	推进宜昌市长阳龙舟坪片区生态环境系统整治示范、宜昌市兴山县香溪河流域峡口段岸线生态修复及环境综合治理、恩施州清江流域利川市三渡峡片区生态综合治理、恩施州来凤县生态修复及环境综合治理等工程项目。

（九）在保障改善民生上迈出新步伐、取得新成效

1.毫不放松抓好常态化疫情防控。不断完善常态化科学精准防控和局部应急处置相结合的工作机制，落实落细常态化监测、“人物地”同防、多点触发等防控举措，进一步加强冷链食品疫情防控工作，有序做好新冠疫苗免费接种工作，做到防控不松懈、疫情不反弹、发展不停步。

2. 落实就业优先政策。深入实施“我选湖北”计划、青年见习三年行动计划和职业技能提升行动，出台实施多渠道支持灵活就业的意见，统筹做好高校毕业生、农民工、退役军人、禁捕和退捕渔民、就业困难人员等重点群体就业创业工作，力争全省外出务工规模不低于上年，确保城镇零就业家庭动态清零。

3. 加大社会保障力度。持续推进社保扩面，实施企业职工基本养老保险、工伤保险省级统筹。稳步推进基本医疗保险市级统筹。推动改革完善社会救助制度。提升退役军人和其他优抚对象的保障水平。帮助1万户特殊困难老年人进行家庭适老化改造。

4. 提升公共服务水平。加快实施公共卫生体系补短板工程三年行动计划，持续打造疾控体系改革和公共卫生体系建设“湖北样板”。实施重大疾病和主要健康问题“323”攻坚行动。持续开展学前教育行动计划，加强县城学校、乡镇寄宿制学校和乡村小规模学校建设。加强城乡公共文化服务体系一体化建设，打造群众身边的“15分钟文化体育圈”。力争新增3岁以下婴幼儿托位数2.2万个。建设全省统一的志愿服务信息平台，推进志愿服务项目化运作，培育志愿服务工作品牌，加快健全志愿服务体系。

专栏8　2021年拟推进的部分社会事业项目

领　域	主要项目
教育	重点支持28个原国家扶贫开发工作重点县基础教育提质扩容，荆州松滋市职教中心、湖北汉江技师学院等一批中高职院校建设，应用性本科湖北文理学院、湖北理工学院等院校建设。加强中西部高校武汉工程大学、武汉纺织大学等建设，建强建优湖北医药学院、湖北第二师范学院和体音美等专业性院校。
卫生	重点支持4—5个省级区域医疗中心项目建设，加快武汉、襄阳、宜昌、黄冈等4地重大疫情救治基地项目建设，加快县级医院、疾病预防控制体系、妇女儿童健康服务能力建设。
文化旅游	支持神农架国家公园、咸宁嘉鱼珍湖国家湿地公园、荆门苏家垄国家考古遗址公园等重要自然遗产保护，支持恩施利川市、黄冈英山县等10个原国贫县旅游基础设施和公共服务设施建设，支持湖北广电传媒基地、省博物馆三期扩建工程、省戏曲剧院等重大项目建设。
体育	支持宜昌远安县、咸宁通山县等11个全民健身中心建设，支持天门市、荆门京山市、孝感安陆市、十堰丹江口市、宜昌五峰县等11个市县公共体育场馆设施建设，支持省足球运动管理中心足球场建设。
社会保障	重点支持30个公办养老中心、养护院建设，支持襄阳、宜昌、十堰、咸宁等市建设一批城企联动普惠养老项目。支持荆门、十堰竹溪、黄冈英山等地光荣院建设。支持黄冈麻城、荆州石首、宜昌宜都等地残疾人康复、托养及综合服务设施建设。建设一家省级退役军人就业创业综合性培训基地。

5. 守住重大风险底线。坚持底线思维，统筹发展和安全，健全风险监测预警和处置机制。坚持“开源、节流、优支”，减轻财政保障压力。建设地方金融风险防控数字化应用系统，提高地方法人金融机构经营管理水平，防范化解重大金融风险。加强重要生活物资保供稳价，落实价格补贴联动机制。因地制宜、多措并举，促进房地产市场平稳健康发展。持续推进煤电油气产供储销体系建设，推进城市供电能力提升工程。实施安全生产专项整治三年行动、食品安全放心工程十大攻坚行动。

2020 年省国民经济和社会发展主要目标完成情况预计及 2021 年目标

类别	序号	指标名称	计量单位	2020 年目标		2020 年完成预计		2021 年目标	
				绝对值	增长(%)	绝对值	增长(%)	绝对值	增长(%)
经济发展	1	地区生产总值(GDP)	亿元	—	7.5 左右	43443.5	-5	—	10 以上
	2	规模以上工业增加值	亿元	—	7.5 左右	—	-6.1	—	10 以上
	3	固定资产投资	亿元	—	10 左右	—	-18.8	—	10 以上
	4	社会消费品零售总额	亿元	—	10 左右	17984.9	-20.8	—	15 左右
	5	进出口总额	亿元	—	6 左右	4294.1	8.8	—	10 左右
	6	实际使用外资*	亿美元	—	—	105	-18.7	—	15 左右
	7	境外直接投资*	亿美元	—	—	20	2	—	5 左右
	8	地方一般公共预算收入	亿元	—	5	2511.5	-25.9	—	20
	9	全员劳动生产率	万元/人	—	10	11.3	-6.7	—	10 以上
	10	常住人口城镇化率	%	61	—	61**	—	61	—
创新驱动	11	研发经费投入增长*	%	—	—	-2	—	7	—
	12	每万人口高价值发明专利拥有量*	件	—	—	3.83**	—	4.8	—
	13	5G 用户普及率*	%	—	—	4.58	—	20	—
	14	千兆宽带用户普及率*	%	—	—	0.23	—	5	—
民生福祉	15	居民人均可支配收入	元	—	与经济增长基本同步	—	-2.4(城镇)	—	稳步增长
	16	城镇新增就业人数	万人	45	—	75.2	-0.5(农村)	70 以上	—
	17	城镇调查失业率*	%	—	—	—	—	6 左右	—
	18	居民消费价格指数	上年=100	103.5 左右	—	102.7	—	103 左右	—
	19	劳动年龄人口平均受教育年限	年	11.1	—	11.1	—	11.16	—
	20	每千人口执业(助理)医师数*	人	—	—	2.65	—	2.74	—
	21	基本养老保险参保人数*	万人	—	—	4086	—	4100	—
	22	每千人口 3 岁以下婴幼儿托位数*	个	—	—	0.3	—	0.67	—
	23	城镇老旧小区改造开工*	个	—	—	2532	—	2601	—
	24	人均预期寿命*	岁	—	—	78	—	78.1	—
绿色生态	25	万元地区生产总值能耗降低	%	1 左右	—	0.1	—	2.5 左右	—
	26	万元地区生产总值二氧化碳排放量降低	%	持续下降	—	—	—	完成国家下达目标	—

续表

类别	序号	指标名称	计量单位	2020 年目标		2020 年完成预计		2021 年目标	
				绝对值	增长(%)	绝对值	增长(%)	绝对值	增长(%)
绿色生态	27	地级及以上城市空气质量优良天数比率	%	75.2	—	87.5	—	完成国家下达目标	—
	28	地表水达到或好于Ⅲ类水体比例	%	89.8	—	91.2	—	完成国家下达目标	—
	29	化学需氧量排放量降低	%	9.9	—	13.8	—	完成国家下达目标	—
	30	氨氮排放量降低	%	10.2	—	13.6	—	完成国家下达目标	—
	31	二氧化硫排放量降低	%	20	—	27.3	—	完成国家下达目标	—
	32	氮氧化物排放量降低	%	20	—	24.5	—	完成国家下达目标	—
	33	森林覆盖率	%	42	—	42	—	42.1	—
安全保障	34	粮食产量*	亿斤	—	—	545.5	—	500 以上	—
	35	一次能源生产总量(含三峡)*	万吨标煤	—	—	5500	—	5000 以上	—

注：带*指标为 2021 年新增或有变化的指标，带**数据为 2019 年数据。第 29、30、31、32 项指标 2020 年预计完成情况是与 2015 年的相对值。

名词解释

1.“23245”防控策略：指抓住救治、阻隔两个关键环节，推进筛查甄别、小区（村）封闭式管理、公共区域管控三个全覆盖，构建数据信息、收治工作两个闭环，做到应隔尽隔、应收尽收、应检尽检、应治尽治四应四尽，强化医护力量、医用物资、生活物资、公共服务、社会稳定五个保障。

2.“人物地”同防：盯住“人”，指进一步完善入境人员和外省协查人员排查方案和工作流程；管住“物”，指持续加强冷链、市场等重点场所常态化监测，做好进口冷链食品和国际快件疫情防控；防住“地”，指抓实抓细重点场所、重点区域防控。

3.“两新一重”：“两新”指新型基础设施、新型城镇化，“一重”指交通、水利等重大工程。

4. 企业开办“210”标准：指 2 个环节（一表申请、一窗发放）、1 天内办结、零费用（免费赠送一套三枚公章）。

5.“万千百”质量提升系列行动：指推动 1 万家中小企业开展质量提升行动，支持 1000 家规模以上企业导入卓越绩效等先进质量管理模式，培育 100 家标杆企业。

6. 服务业“五个一百”工程：指持续滚动推进 100 个服务业重大建设项目、扶持 100 家服务业重点企业、打造 100 个服务业重点品牌、培养 100 名现代服务业领军人才、创建 100 个现代服务业发展示范园区。

7. 高新技术企业“百千万”行动计划：指支持 100 家创新型龙头企业做大做强、1000 家高新技术企业扩规提能、加快培育 10000 家高新技术后备企业。

8.“双随机一公开”：指在监管过程中随机抽取检查对象，随机选派执法检查人员，抽查情况及查处结果及时向社会公开。

9.“515”行动：指 5 名院士领衔，在鄂涉农高校、科研单位组建 15 个科技团队，对接联系 15 个县市，实施科技服务农业产业行动。

10.“三乡工程”：指以“市民下乡、能人回乡、企业兴乡”为抓手，扎实推动乡村振兴。

11.“323”攻坚行动：指针对心脑血管疾病、癌症、慢性呼吸系统疾病 3 类重大疾病，高血压、糖尿病 2 种基础性疾病，出生缺陷、儿童青少年近视、精神卫生 3 类突出公共卫生问题，加强预防、筛查、管理和治疗，降低患病率和疾病负担。

12. 食品安全放心工程十大攻坚行动：指风险评估和标准制定专项行动、农药兽药使用减量和产地环境净化行动、国产婴幼儿配方奶粉提升行动、校园食品安全守护行动、农村假冒伪劣食品治理行动、餐饮质量安全提升行动、保健食品行业专项清理整治行动、“优质粮食工程”行动、进口食品“国门守护”行动、“双安双创”示范引领行动。

2020年湖北省国民经济和社会发展统计公报

湖北省统计局　国家统计局湖北调查总队

2020年是新中国成立以来湖北历史上极不平凡、极不容易、极其难忘的一年。在以习近平同志为核心的党中央坚强领导下，全省上下众志成城、万众一心、攻坚克难，全力打好战疫、战洪、战贫三场硬仗，稳住了经济基本盘，兜住了民生底线，守牢了社会稳定底线，夺取了统筹疫情防控和经济社会发展的“双胜利”，全年经济在巨大的困难挑战面前实现复苏向好发展，交出了一份让全省人民引以为豪的英雄答卷。

一、综合

2020年，全省完成生产总值43443.46亿元，比上年下降5.0%。其中，第一产业完成增加值4131.91亿元，增速与上年持平；第二产业完成增加值17023.90亿元，下降7.4%；第三产业完成增加值22287.65亿元，下降3.8%。三次产业结构由2019年的8.4∶41.2∶50.4调整为9.5∶39.2∶51.3。在第三产业中，金融业、其他服务业增加值分别增长6.3%和3.2%。交通运输仓储和邮政业、批发和零售业、住宿和餐饮业、房地产业增加值分别下降16.5%、12.1%、23.7%、8.7%。

价格运行保持平稳。全省居民消费价格上涨2.7%，涨幅比上年回落0.4个百分点。其中，城市上涨2.5%，农村上涨3.5%。分类别看，八大类商品及服务价格“五涨三降”。其中，食品烟酒价格上涨9.3%，衣着价格下降0.3%，居住价格下降0.8%，生活用品及服务价格上涨0.1%，交通和通信价格下降3.5%，教育文化和娱乐价格上涨0.9%，医疗保健价格上涨2.2%，其他用品和服务价格上涨4.8%。全省工业生产者出厂价格下降0.9%，工业生产者购进价格下降1.6%。

市场主体不断发展。全省新登记市场主体73.10万户，其中，新登记私营企业22.62万户，新登记个体工商户49.13万户。

就业形势基本稳定。全省城镇新增就业75.18万人，超额完成全年目标任务。年末全省城镇登记失业率为3.35%。

劳动生产率保持平稳。全省全员劳动生产率预计为12.19万元/人，比上年下降5.2%。

脱贫攻坚成效明显。按照每人每年2300元（2010年不变价）的国家贫困线标准，5.8万剩余贫困人口全部脱

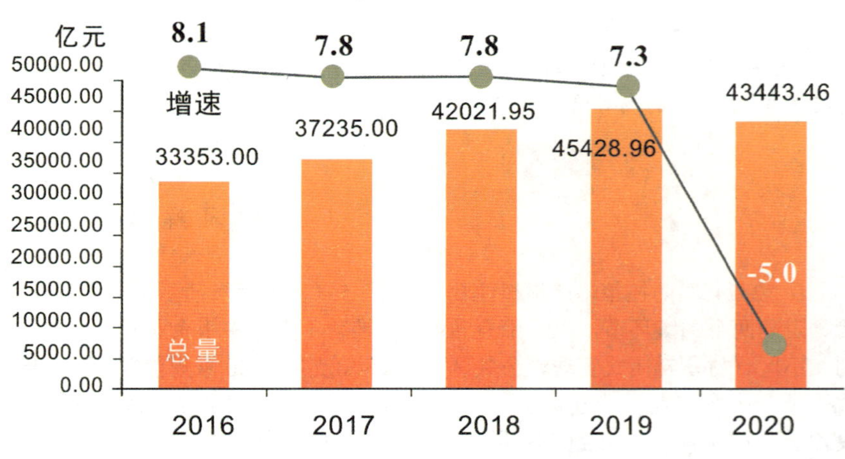

图2—5　2016—2020年湖北地区生产总值及其增速

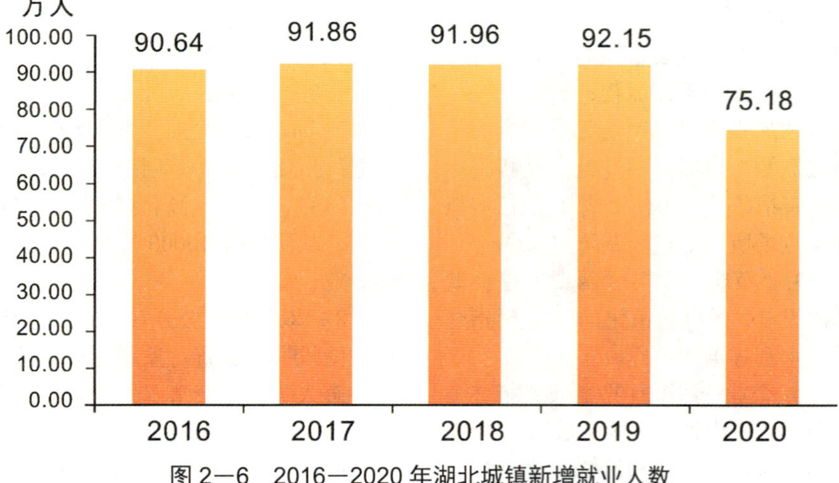

图2—6　2016—2020年湖北城镇新增就业人数

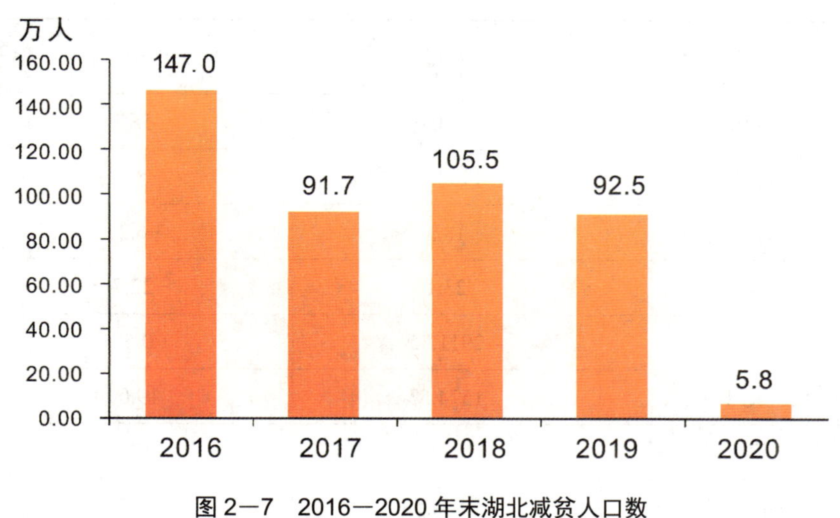

图 2—7　2016—2020 年末湖北减贫人口数

贫，贫困县全部摘帽，绝对贫困历史性消除。全年贫困地区农村居民人均可支配收入 13075 元，比上年增长 1.6%。

二、农业

全年全省农林牧渔业增加值 4358.69 亿元，按可比价格计算，比上年增长 0.3%。

粮食产能保持稳定。全省粮食总产量 2727.43 万吨，增长 0.1%，连续 8 年稳定在 500 亿斤以上；种植面积 4645.27 千公顷，增长 0.8%。

特色优势经济作物保持增长。油料产量 344.45 万吨，增长 9.7%；茶叶产量 36.08 万吨，增长 2.4%；园林水果产量 716.38 万吨，增长 8.4%。

畜类生产有所下降，禽类养殖保持稳定。生猪出栏 2631.12 万头，下降 17.5%；牛出栏 101.96 万头，下降 6.9%；羊出栏 532.68 万只，下降 13.5%；家禽出笼 59325.84 万只，下降 0.1%；禽蛋产量 193.09 万吨，增长 8.0%。

水产品生产形势趋稳，渔业生产基本持平。水产品总产量 467.88 万吨，微降 0.4%。

表 2—1　2020 年全省主要农产品产量

单位：万吨

产品名称	产量(万吨)	比上年增长(%)
粮食	2727.43	0.1
棉花	10.79	−24.9
油料	344.45	9.7
油菜籽	241.06	14.1
茶叶	36.08	2.4
园林水果(不含果用瓜)	716.38	8.4
蔬菜及食用菌	4119.37	0.8

三、工业和建筑业

年末全省规模以上工业企业达到 15769 家。全年全省规模以上工业增加值下降 6.1%。分经济类型看，国有及国有控股企业下降 1.6%；集体企业下降 12.4%；股份合作企业下降 31.9%；股份制企业下降 6.2%；外商及港澳台投资企业下降 6.7%；其他经济类型企业下降 9.3%。轻工业下降 7.2%；重工业下降 5.6%。分门类看，采矿业下降 16.0%，制造业下降 6.2%，电力、热力、燃气及水生产和供应业下降 2.5%。

表 2—2　2020 年全省规模以上工业主要产品产量及增速

产品名称	单位	产量	比上年增长(%)
白酒(折 65 度，商品量)	万千升	35.9	−42.9
啤酒	万千升	97.5	−11.8
卷烟	亿支	1330.5	4.5
布	亿米	43.1	−17.7

续表

产品名称	单位	产量	比上年增长(%)
硫酸(折 100%)	万吨	1330.5	5.7
农用氮、磷、钾化学肥料(折纯)	万吨	482.1	-8.9
化学药品原药	万吨	18.3	-6.2
中成药	万吨	23.1	-22.7
发电量	亿千瓦小时	2911.35	0.5
水电	亿千瓦小时	1574.53	19.0
水泥	万吨	10108.7	-12.8
平板玻璃	万重量箱	9584.5	-7.5
生铁	万吨	2727.4	-4.9
粗钢	万吨	3557.2	-1.5
钢材	万吨	3653.0	-2.2
十种有色金属	万吨	80.6	-6.1
精炼铜	万吨	51.2	-4.5
工业机器人	套	9857.0	-5.5
汽车	万辆	209.4	-6.0
新能源汽车	万辆	3.2	-48.4
发电机组	万千瓦	114.7	-4.7
锂离子电池	亿只	11.2	2.9
房间空气调节器	万台	1760.3	-18.0
微型计算机设备	万台	1720.0	35.4
显示器	万台	1457.3	-4.1
移动通信手持机	万台	2667.0	-32.0

高技术制造业增加值增长 4.1%，增速快于规模以上工业 10.2 个百分点，占规模以上工业增加值的比重达 10.2%。其中，计算机、通信和其他电子设备制造业增长 4.4%。

全年规模以上工业销售产值下降 7.7%，产品销售率为 97.3%，出口交货值下降 0.4%。全年规模以上工业企业实现利润 2519.0 亿元，下降 8.3%。

建筑业稳步发展。全年全省具有总承包和专业承包资质建筑企业完成总产值 16136.10 亿元，下降 5.0%；全年新签合同额 22055.89 亿元，增长 9.1%。

四、固定资产投资

全省完成固定资产投资（不含农户）下降 18.8%。按产业划分，一、二、三次产业投资分别下降 28.2%、23.8%、15.4%。分领域看，基础设施投资、工业投资和房地产开发投资分别下降 22.8%、23.9%和 4.4%。高技术制造业投资下降 9.4%，其中医药制造业、计算机及办公设备制造业投资分别增长 20.4%、14.7%。补短板强功能建设加快推进，电信、广播电视和卫星传输服务业投资增长 16.8%，卫生投资增长 65.8%，航空运输业投资增长 1.29 倍。

商品房销售面积 6587.83 万平方米，下降 23.4%；实现商品房销售额 6087.90 亿元，下降 21.5%。

全省亿元以上新开工项目 3649 个，下降 7.7%，亿元以上项目完成投资额下降 21.2%。

五、国内贸易

全年全省实现社会消费品零售总

额 17984.87 亿元，下降 20.8%。分城乡看，城镇实现零售额 15284.69 亿元，下降 20.9%；乡村实现零售额 2700.18 亿元，下降 20.8%。其中，限额以上企业(单位)实现消费品零售额 6592.93 亿元，下降 14.2%。

2020 年，全省网上零售额达到 2866.6 亿元，增长 1.6%，其中实物商品网上零售额 2448.9 亿元，增长 4.6%，占社会消费品零售总额的比重为 13.6%，比上年提高 1.8 个百分点。

六、对外经济

全年全省实现货物进出口总额 4294.1 亿元，增长 8.8%，其中，进口 1592.1 亿元，增长 9.1%；出口 2702.0 亿元，增长 8.7%。2020 年欧盟替代东盟跃升为湖北省第一大贸易伙伴，双边贸易值 595.2 亿元，增长 17.1%。

新批外商直接投资项目 296 个。全年实际使用外资 103.52 亿美元，下降 19.8%。欧亚部分国家在湖北投资逆势增长，德国、荷兰、新加坡投资分别增长 92.5%、27.3%、16.0%。全年高技术产业（制造业）实际使用外资 1.07 亿美元（商务部口径），下降 16.9%。

全年对外非金融类直接投资额 20.0 亿美元，增长 2.0%。对外承包工程完成营业额 64.15 亿美元，下降 3.0%。对外劳务合作派出各类劳务人员 12484 人次，增长 8.4%。

七、交通运输和邮电通信

年末全省公路总里程达 289960.44 公里，增长 0.3%；高速公路里程达 7229.81 公里，增长 5.4%。全年全省完成货物周转量 5295.68 亿吨公里，下降 13.9%；旅客周转量 612.42 亿人公里，下降 55.8%；港口完成货物吞吐量 3.80 亿吨，增长 23.9%。港口集装箱吞吐量 229 万标准箱，增长 9.8%。

全省邮政业务总量 471.77 亿元，增长 2.9%。其中，快递业务量 17.85 亿件，快递业务收入 178.69 亿元。全省电信业务总量 4204.91 亿元，增长 24.9%。长途光缆线路长度达到 3.21 万公里；移动电话交换机容量达 9043.50 万户；固定电话用户 481.61 万户；移动电话用户达到 5681.07 万户；全省

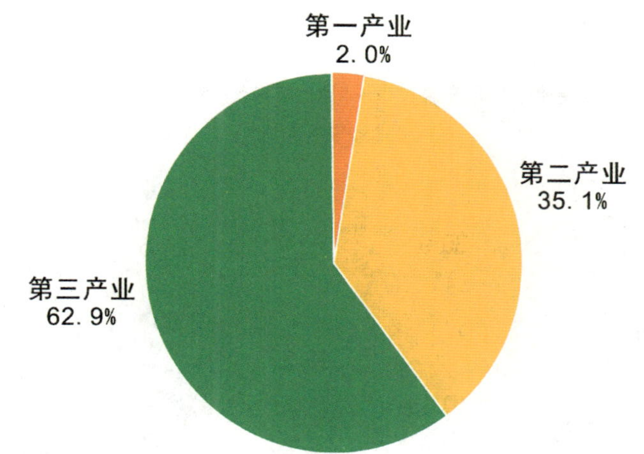

图 2—8　2020 年湖北三次产业投资占固定资产投资（不含农户）比重

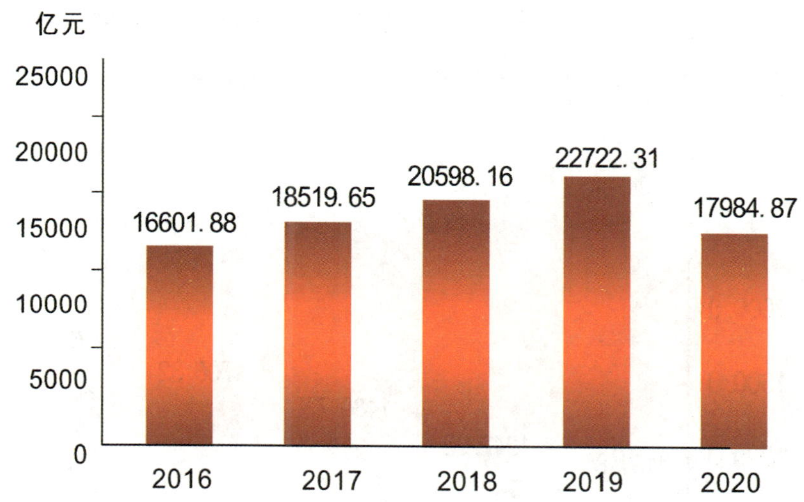

图 2—9　2016-2020 年湖北社会消费品零售总额

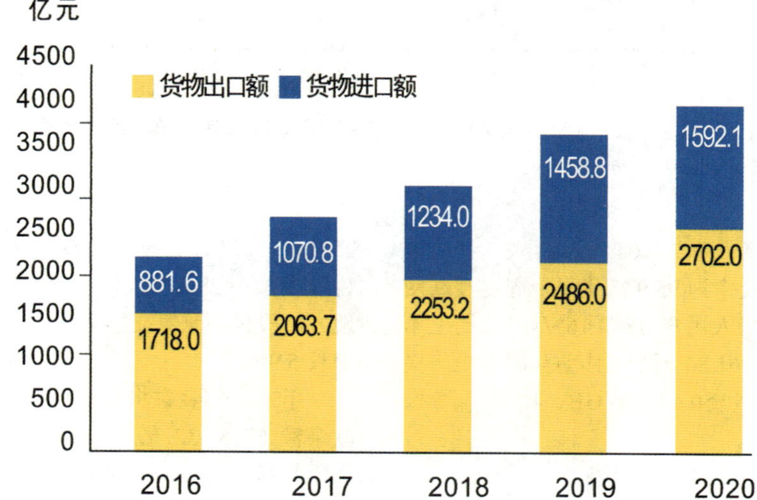

图 2—10　2016-2020 年湖北货物进出口总额

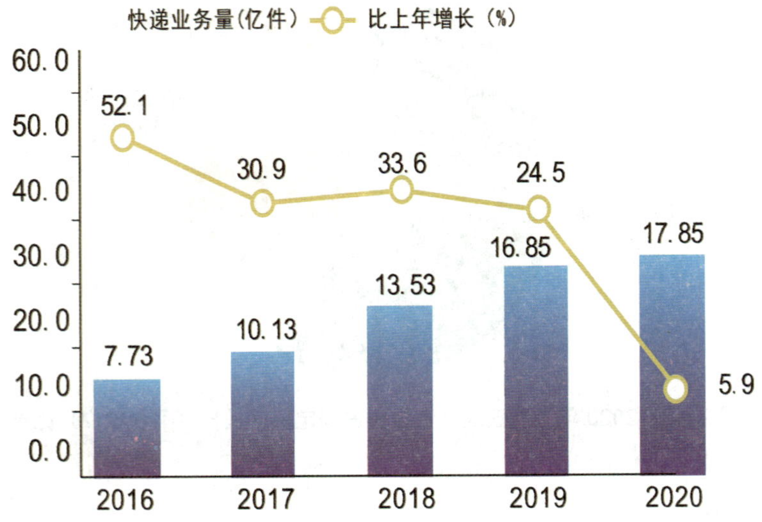

图 2—11　2016–2020 年湖北快递业务量及其增长速度

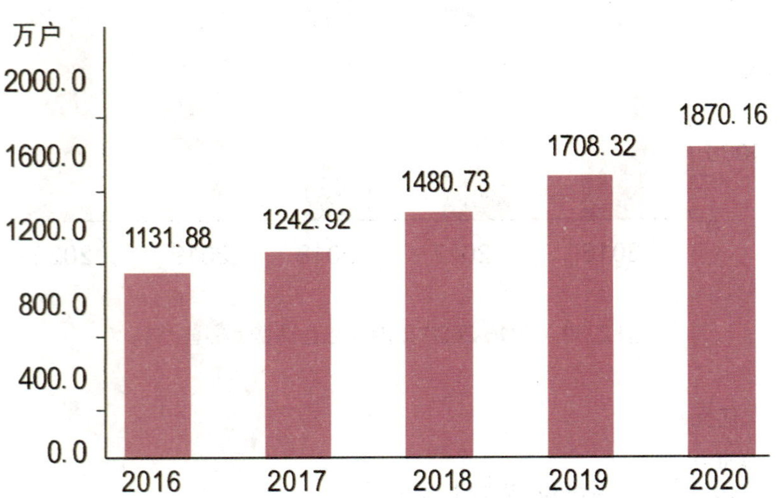

图 2—12　2016–2020 年湖北年末固定互联网宽带接入用户数

电话普及率为 104.0 部/百人，移动电话普及率为 95.9 部/百人；固定互联网宽带接入用户 1870.16 万户，比上年增加 161.84 万户；移动互联网用户接入流量 50.67 亿 GB，比上年增长 32.4%。

八、财政和金融

全年全省完成财政总收入 4580.89 亿元，下降 20.8%。其中，地方一般公共预算收入 2511.52 亿元，下降 25.9%。在地方一般公共预算收入中，税收收入 1923.4 亿元，下降 24.0%。地方一般公共预算支出 8439.04 亿元，增长 5.9%。

年末全省金融机构本外币各项存款余额 67159.32 亿元，增长 10.9%，比年初增加 6621.87 亿元。其中，住户存款 34144.37 亿元，增加 4170.57 亿元。金融机构人民币各项贷款余额 59872.13 亿元，增长 14.6%，比年初增加 7629.53 亿元。其中，住户贷款 18706.43 亿元，增加 2121.43 亿元；非金融企业及机关团体贷款 40165.08 亿元，增加 5613.34 亿元。

全年实现保费收入 1854.38 亿元，增长 7.3%。其中，财产险保费收入 370.25 亿元，下降 6.9%；人身险保费收入 1484.14 亿元，增长 11.5%。支付各类赔款及给付 518.15 亿元，增长 1.2%，其中，财产险赔付支出 218.15 亿元，增长 3.7%；人身险赔付支出 300.01 亿元，下降 0.6%。

九、教育和科学技术

2020 年，全省普通高等教育本专科招生 51.40 万人，在校生 161.69 万人，毕业生 40.18 万人；研究生招生 6.66 万人，在校研究生 17.88 万人，毕业生 4.53 万人；各类中等职业教育招生 15.23 万人，在校生 42.03 万人，毕业生 11.78 万人；普通高中招生 31.32 万人，在校生 89.19 万人，毕业生 27.41 万人；普通初中在校生 170.83 万人，小学在校生 380.85 万人，幼儿园在园幼儿 178.43 万人。

科学研究和技术开发取得新的成果。全年共登记重大科技成果 1553 项。其中，基础理论成果 54 项，应用技术成果 1447 项，软科学成果 52 项。全年共签订技术合同 39749 项，技术合同成交金额 1686.95 亿元，合同金额增长 16.4%。

2020 年末，全省共建有 246 家省级工程研究中心（工程实验室）、589 家省级企业技术中心。

全省共有国家级检验检测中心 33 个；累计有 15376 家企业通过 ISO9000 体系认证；企业获得强制性认证证书 10288 张。法定计量技术机构有 107 个，强制检定计量器具 151.54 万台件。

全省天气雷达观测站点 16 个，卫星云图接收站点 18 个。地震遥测台网 3 个，地震台站 52 个。

十、文化旅游、卫生和体育

2020 年末，全省共有国有艺术表演团体 87 个，群艺馆、文化馆 125 个，公共图书馆 115 个，博物馆 230 个。电影放映管理机构 103 个，放映单位 1797 个。广播电台 1 座，电视台 1 座，广播电视台82座，有线电视用户1203万户。广播节目综合人口覆盖率为99.86%，电视节目综合人口覆盖率为99.82%。全年出版全国性和省级报纸5.7亿份，各类期刊0.7亿册，图书2.8亿册。全年规模以上文化及相关产业企业营业收入3930.7亿元，下降1.2%。

全年共接待游客43729.64万人次，下降27.8%，旅游总收入4379.49亿元，下降36.8%。

全省共有医疗卫生机构35447家，其中医院1048家，基层医疗卫生机构33853家，专业公共卫生机构479家；全省共有卫生计生人员53.81万人，其中执业（助理）医师15.97万人，注册护士20.01万人；全省共有医疗卫生机构床位41.18万张，其中医院床位29.65万张，社区卫生服务机构床位1.63万张，卫生院床位8.16万张。全年总诊疗人次29457.34万人次，出院人数1027.45万人。

全年全省运动健儿在国际比赛中共获得冠军18项次、亚军7项次、季军7项次，其中奥运会项目最高水平比赛冠军19项次、亚军18项次、季军17项次；在各类全国比赛中，获冠军124项次、亚军92项次、第三名88项次，其中，全运会项目全国最高水平比赛中冠军19项次、亚军18项次、第三名17项次。全年销售体育彩票82.8亿元。

十一、居民生活和社会保障

全省城镇居民人均可支配收入36706元，下降2.4%；农村居民人均可支配收入16306元，下降0.5%。城镇居民人均消费支出22885元，下降13.4%；农村居民人均消费支出14473元，下降5.6%。

社会保障进一步加强。年末全省参加城镇职工基本养老保险1746.09万人，其中，在职职工1149.62万人，离退休人员596.47万人；参加城乡居民基本养老保险2368.86万人；参加职工基本医疗保险1136.93万人；参加城乡居民基本医疗保险4446.05万人；参加工伤保险752.43万人；参加生育保险645.88万人；参加失业保险人数651.31万人，年末领取失业保险金人数14.05万人。

全年全省城镇居民最低生活保障对象30.7万人，农村居民最低生活保障人数144.6万人，国家抚恤、补助各类优抚对象37.27万人。社会福利事业不断发展。年末全省养老机构1831家，城乡社区养老服务设施覆盖率分别达到97%和67%。全年销售社会福利彩票52.5亿元。

十二、节能降耗、资源环境

全省继续大力推进节能降耗工作，单位GDP能耗继续保持下降态势，年初确定的1%的下降目标顺利完成。

全省国有建设用地供应总量2.72万公顷，比上年下降13.79%。水资源总量1903.3亿立方米，增长210%。万元地区生产总值用水量76立方米，上升2.7%。万元工业增加值用水量56立方米，下降3.4%。

全省完成造林面积24.86万公顷，其中人工造林面积11.05万公顷，占全部造林面积的44.45%。森林抚育面积38.47万公顷。截至年底，全省国家级自然保护区22个。

全省主要河流的179个地表水水质监测断面中，水质优良为Ⅰ～Ⅲ类的占93.9%，水质较差为Ⅳ类、Ⅴ类的占6.1%，无水质污染严重为劣Ⅴ类的水质监测断面。全省主要湖泊、水库的32个水域中，水质优良为Ⅰ～Ⅲ类水域占62.5%，水质较差为Ⅳ类、Ⅴ类的占37.5%，无劣Ⅴ类水域。

在省内监测的13个地级及以上城市中，空气质量达标的城市占38.5%，未达标的城市占61.5%。细颗粒物（$PM_{2.5}$）未达标城市年平均浓度40微克/立方米，比上年下降11.1%。

全省平均气温为16.8℃，比常年上升0.4℃。

注：1. 本公报所列数据为统计快报数。

2.2020年开展第七次全国人口普查，相关数据预计将于2021年5月发布，公报中不再单独发布人口相关数据。

2020年湖北省环境质量状况

湖北省生态环境厅

综　述

2020年，是“十三五”规划的收官之年，是我省历史上极不平凡、极不容易、极其难忘的一年。在以习近平同志为核心的党中央坚强领导下，全省各地、各部门以习近平新时代中国特色社会主义思想为指导，深入贯彻习近平生态文明思想，全面落实党的十九大和十九届二中、三中、四中、五中全会精神，按照省委、省政府决策部署，团结拼搏，砥砺前行，顶住疫情、汛情两大压力，奋战抗疫、治污两大战场，统筹环保、发展两大工作，取得了抗击疫情的决定性成果，打赢了污染防治攻坚的阶段性收官之战，为全面建成小康社会和美丽湖北建设作出了积极贡献。

坚决打赢蓝天保卫战。大力推进重点行业污染深度治理，强力推进石化、化工、工业涂装、包装印刷和油品储运销挥发性有机物综合治理，2020年累计实施大气污染重点治理项目1800余个，全省所有单机装机容量20万千瓦以上火电燃煤机组基本完成超低排放改造，累计完成钢铁行业超低排放改造项目64个。加强移动源污染防治，建立健全机动车排放检验与维护制度，强化机动车排放检验机构监督管理，地级城市均已划定高排放非道路移动机械禁用区。继续加强秸秆禁烧管控，秸秆综合利用达91%以上。强化大气污染防治区域联防联控，组织开展重污染天气重点行业应急减排清单绩效分级，推动落实差异化管控措施，全年有效应对重污染天气9次，重污染天数同比明显减少。国家对我省2020年空气质量指标综合评价结果为优。

着力打好碧水保卫战。持续“一水一策”统筹推进流域综合整治，累计实施水污染物减排项目8274个，101家省级及以上工业集聚区基本建成污水处理设施；新（改、扩）建乡镇污水厂828座，基本实现乡镇生活污水处理全覆盖；214个地级及以上城市建成区黑臭水体全部完成整改销号。全面落实河湖长制和小微水体“一长两员”长效管护机制，清理非法占用河道岸线达9531.88公里，完成五大湖泊退垸（田、渔）还湖212.5平方公里。加强江河湖库水量调度管理，全省建立679个水工程生态基流监管名录，84个县域水资源承载能力不超载。全面完成“千吨万人”及乡镇级饮用水水源保护区划定。国家对我省2020年水环境质量指标综合评价结果为优。

稳步推进净土保卫战。完成重点行业企业用地土壤污染状况调查，初步摸清全省涉土壤污染重点行业企业数量、分布和环境风险情况。启动施行农用地分类管理制度，形成全省耕地土壤环境质量类别清单，97个县区明确了优先保护类、安全利用类和严格管控类耕地的面积、范围及边界。加强受污染耕地安全利用和严格管控，完成安全利用耕地面积139.9万亩、严格管控类面积14.4万亩，核算受污染耕地安全利用率达到94%以上。持续加强土壤污染源头管控，完成44个涉镉等重金属重点行业企业污染源整治。严格建设用地土壤环境风险管控，331宗疑似污染地块纳入全国污染地块土壤环境管理系统。强化污染地块再开发利用准入管理，核算受污染地块安全利用率达到100%。有序开展土壤污染治理修复，黄石土壤污染防治先行区成效显著，20个国家土壤污染治理与修复试点项目全面完成。

迎难而上战疫情。疫情发生后，针对急剧增长的医疗废物，及时启动区域应急协同处置机制。通过抢建专业处置设施，增加移动处置设施，改造工业危废窑炉，打通垃圾焚烧协同等措施，全面提升医疗废物收集、运输、暂存、处置和防护能力，及时无害化处置医疗废物。全省医疗废物处置能力从180吨/天提高到667.4吨/天，实现医疗废物“零库存”、环境安全“零事故”、工作人员“零感染”。对240多家定点医疗机构、1200多个隔离点、130多座污水处理设施实施多轮次、无死角、全覆盖现场检查，开展不间断应急监测。全省累计开展手工监测10763次，出动监管执法人员13万人次，累计检查单位56186家次，督促整改问题919个。加强疫情期间全省饮用水水源地水环境保护与水质监控，重点对武汉市全部19个县级以上水源地开展压茬式巡查督导，确保人民群众饮水安全。

积极应对气候变化。开展13个省级低碳社区试点评估。深入推进武汉和十堰2个国家适应气候型城市建设试点建设。联合多部门印发《关于开展“碳汇+”交易助推构建稳定脱贫长效机制试点工作的实施意见》，探索以碳汇交易助推构建长效稳定的低碳生态补偿机制。截至2020年底，湖北碳配额二级市场累计成交3.47亿吨，成交额81.39亿元。2020年纳入企业履约率继续保持100%。

持续推进生态文明建设。截至目前，全省成功创建12个国家生态文明建设示范市县、3个“绿水青山就是金山银山”实践创新基地，32个省级生态文明建设示范市县、620个省级生态乡镇、5317个省级生态村。以“绿盾”行动为载体，加大对各类自然保护地违法违规行为的查处力度，对自然保护区疑似问题进行全覆盖核查。开展2017—2019年自然保护区整改“回头看”检查，对8类焦点问题整改情况进行全面核查，指导和督促各地严肃查处破坏自然保护地生态环境突出问题。

加强生态环境保护督察与执法。紧盯重点难点问题，保持高压态势，实事求是推进环保督察整改，上半年组织对地方党委政府落实中央和省生态环境保护重大决策部署，生态环境质量改善情况，以及生态环境保护法律法规、标准政策、规划计划执行情况进行了现场监督检查并将检查情况进行了反馈。下半年分两批对17个市州开展了省生态环境保护督察“回头看”，实现省级督察“全覆盖”。2020年，全省各地生态环境部门共实施环境行政处罚案件1364件，罚款金额约2.1亿元。全省各级生态环境部门适用《环境保护法》四个配套办法和移送涉嫌犯罪案件数量共计180件。其中，实施按日连续处罚案件1件；实施查封扣押案件115件；实施限产、停产案件12件；实施移送行政拘留案件39起；移送涉嫌污染犯罪案件13起。

加强环保科研与宣传。2020年设置生态环保科研项目12个。制定出台《湖北省农村生活污水处理设施水污染物排放标准》、《湖北省印刷行业挥发性有机物排放标准》和《湖北省表面涂装（汽车制造业）挥发性有机化合物排放标准》等三项强制性地方标准。加强生态环境保护宣传，省生态环境厅共组织6场新闻发布会，及时向社会公众发布权威信息，通报生态环境保护政策措施、工作进展等情况，回应社会关注的热点问题。

有效防范化解环境风险。快速妥善处置9起突发环境事件。与省应急管理厅联合印发《关于做好生态环境和应急管理部门联动工作的意见》（鄂环发〔2020〕44号），建立废弃危险化学品等危险废物安全环保联动工作机制。修订《湖北省突发环境事件应急预案》并发布实施。完成157家重点尾矿库和全省县级以上饮用水源地应急预案编制备案，实现“一库一案、一源一案”。开展全省环境风险源调查，收集1535家重点风险企业（含尾矿库）基础信息。会同省应急管理厅开展了全省尾矿库风险隐患排查。

地表水环境质量

2020年，我省对74条主要河流的179个监测断面，17个湖泊、11座水库的32个水域进行了监测。

主要河流总体水质为优。179个河流断面中，Ⅰ~Ⅲ类水质断面占93.9%（Ⅰ类占10.1%、Ⅱ类占60.9%、Ⅲ类占22.9%），Ⅳ类占6.1%，无Ⅴ类和劣Ⅴ类断面；主要污染指标为化学需氧量、高锰酸盐指数、溶解氧和总磷。与2019年相比，其中Ⅰ~Ⅲ类断面比例上升2.8个百分点，劣Ⅴ类断面比例下降1.1个百分点。

主要湖库总体为轻度污染。32个湖库水域中，Ⅰ~Ⅲ类水域占62.5%（Ⅰ类占9.3%、Ⅱ类占18.8%、Ⅲ类占34.4%），Ⅳ类占28.1%，Ⅴ类占9.4%，无劣Ⅴ类水域；主要污染指标为总磷、化学需氧量和高锰酸盐指数。与2019年相比，主要湖库总体水质保持稳定，其中Ⅰ~Ⅲ类水域比例上升9.4个百分点，劣Ⅴ类比例无变化。

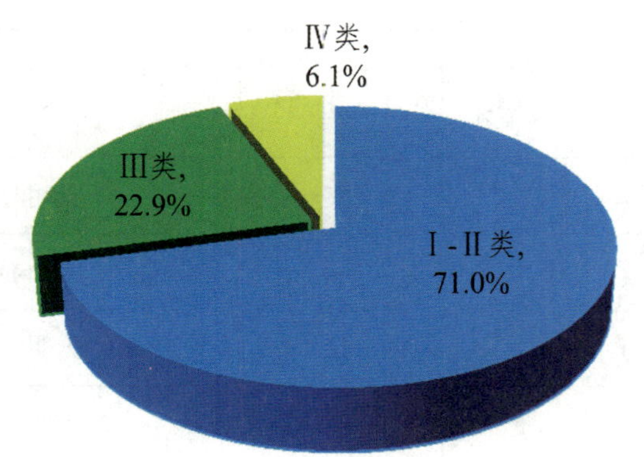

图2—13　2020年全省主要河流断面水质类别构成图

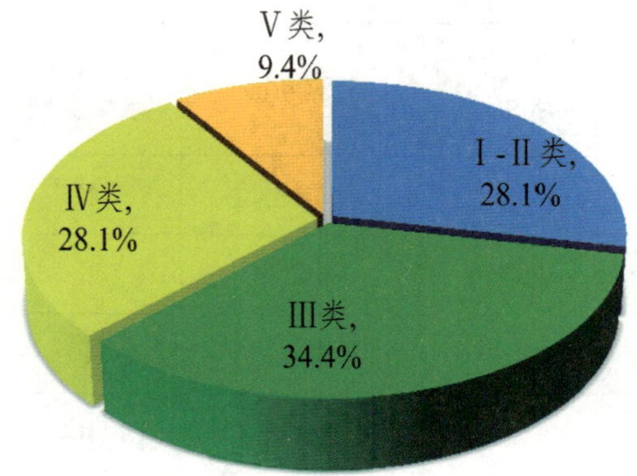

图2—14　2020年全省主要湖库水域水质类别构成图

（一）长江干流

长江干流总体水质为优。18个监测断面的水质均为Ⅱ类。与2019年相比，长江干流总体水质稳定在优。

表 2—3　2020 年全省长江干流水质状况

序号	断面所在地	监测断面	2019 年水质类别	2020 年水质类别	2020 年主要污染指标	交界断面	水质状况变化情况
1	恩施州	巫峡口	Ⅱ	Ⅱ	—	渝—鄂省界	无明显变化
2		黄腊石	Ⅱ	Ⅱ	—	恩施—宜昌市界	无明显变化
3	宜昌市	银杏沱	Ⅱ	Ⅱ	—	—	无明显变化
4		坝前木鱼岛	Ⅱ	Ⅱ	—	—	无明显变化
5		南津关	Ⅱ	Ⅱ	—	—	无明显变化
6		云池（白洋）	Ⅱ	Ⅱ	—	—	无明显变化
7	荆州市	砖瓦厂	Ⅱ	Ⅱ	—	宜昌—荆州市界	无明显变化
8		观音寺	Ⅱ	Ⅱ	—	—	无明显变化
9		柳口	Ⅱ	Ⅱ	—	—	无明显变化
10		调关	Ⅱ	Ⅱ	—	—	无明显变化
11		五岭子	Ⅱ	Ⅱ	—	—	无明显变化
12	武汉市	纱帽	Ⅱ	Ⅱ	—	荆州、咸宁—武汉市界	无明显变化
13		杨泗港	Ⅱ	Ⅱ	—	—	无明显变化
14		白浒山	Ⅱ	Ⅱ	—	—	无明显变化
15	鄂州市	燕矶	Ⅱ	Ⅱ	—	—	无明显变化
16	黄石市	三峡	Ⅱ	Ⅱ	—	鄂州—黄石市界	无明显变化
17		风波港	Ⅱ	Ⅱ	—	—	无明显变化
18	黄冈市	中官铺	Ⅱ	Ⅱ	—	鄂—赣省界	无明显变化

（二）汉江干流

汉江干流总体水质为优。20 个监测断面中，Ⅱ类占 95.0%，Ⅲ类占 5.0%。与 2019 年相比，汉江干流总体水质稳定在优。

表 2—4　2020 年全省汉江干流水质状况

序号	断面所在地	监测断面	2019 年水质类别	2020 年水质类别	2020 年主要污染指标	交界断面	水质状况变化情况
1	十堰市	羊尾	Ⅱ	Ⅱ	—	陕—鄂省界	无明显变化
2		陈家坡	Ⅱ	Ⅱ	—	—	无明显变化
3		蔡湾	Ⅰ	Ⅱ	—	—	无明显变化
4	襄阳市	沈湾	Ⅱ	Ⅱ	—	十堰—襄阳市界	无明显变化
5		仙人渡	Ⅰ	Ⅱ	—	—	无明显变化
6		白家湾	Ⅱ	Ⅱ	—	—	无明显变化
7		余家湖	Ⅱ	Ⅱ	—	—	无明显变化
8		郭安	Ⅱ	Ⅱ	—	—	无明显变化

续表

序号	断面所在地	监测断面	2019年水质类别	2020年水质类别	2020年主要污染指标	交界断面	水质状况变化情况
9	荆门市	转斗	Ⅱ	Ⅱ	—	襄阳—荆门市界	无明显变化
10		皇庄	Ⅱ	Ⅱ	—	—	无明显变化
11	天门市	罗汉闸	Ⅱ	Ⅱ	—	荆门—天门市界	无明显变化
12	潜江市	高石碑	Ⅱ	Ⅱ	—	—	无明显变化
13		泽口	Ⅱ	Ⅱ	—	—	无明显变化
14	天门市	岳口	Ⅱ	Ⅱ	—	—	无明显变化
15	仙桃市	汉南村	Ⅱ	Ⅱ	—	—	无明显变化
16	孝感市	石剅	Ⅱ	Ⅱ	—	天门、仙桃—孝感市界	无明显变化
17		小河	Ⅱ	Ⅱ	—	—	无明显变化
18	武汉市	新沟（郭家台）	Ⅱ	Ⅱ	—	孝感—武汉市界	无明显变化
19		宗关	Ⅱ	Ⅲ	—	—	有所下降
20		龙王庙	Ⅱ	Ⅱ	—	长江河口	无明显变化

（三）长江支流

长江支流总体水质为优。94个监测断面中，Ⅰ~Ⅲ类水质断面占92.6%（Ⅰ类占8.5%、Ⅱ类占56.4%、Ⅲ类占27.7%），Ⅳ类占7.4%，无Ⅴ类和劣Ⅴ类断面，主要污染指标为化学需氧量、溶解氧、高锰酸盐指数和总磷。

与2019年相比，长江支流总体水质保持稳定，Ⅰ~Ⅲ类断面比例上升2.2个百分点。12个断面水质好转，3个断面水质下降，79个断面水质保持稳定。

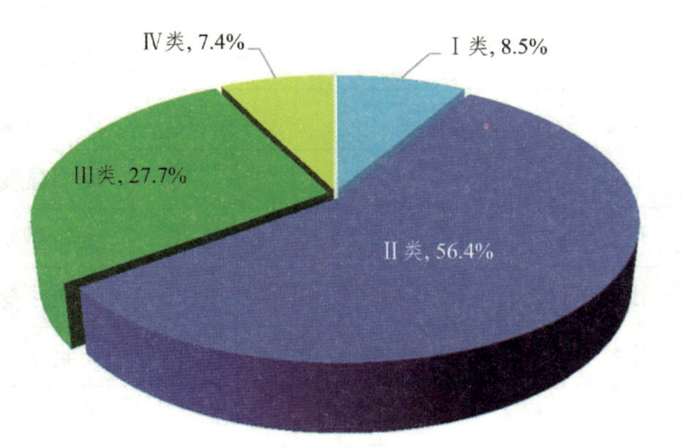

图2—15　长江支流断面水质类别构成图

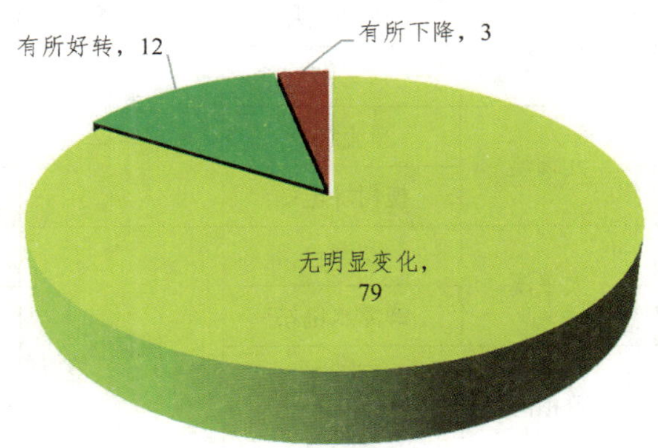

图2—16　长江支流断面水质变化情况统计图

（四）汉江支流

汉江支流总体水质为优。47个监测断面中，Ⅰ~Ⅲ类水质断面占91.5%（Ⅰ类占21.3%、Ⅱ类占40.4%、Ⅲ类占29.8%），Ⅳ类占8.5%，无Ⅴ类和劣Ⅴ类断面；主要污染指标为化学需氧量、溶解氧、高锰酸盐指数和总磷。

与2019年相比，汉江支流总体水质由良好上升为优，Ⅰ~Ⅲ类断面比例上升6.4个百分点，劣Ⅴ类断面比例下降4.3个百分点。10个断面水质好转，4个断面水质下降，33个断面水质保持稳定。其中，神定河口和泗河口断面水质明显好转，从劣Ⅴ类上升为Ⅳ类，孔湾断面水质明显好转，从Ⅴ类上升为Ⅲ类。

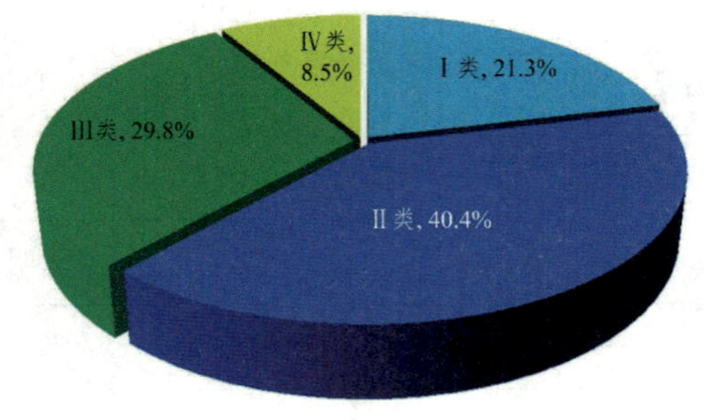

图 2—17　汉江支流断面水质类别构成图

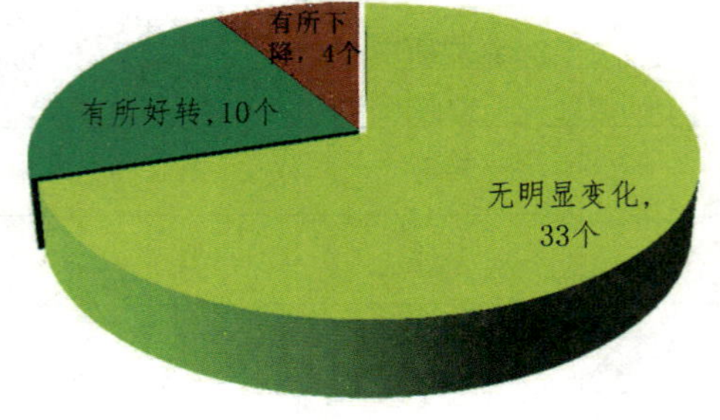

图 2—18　汉江支流断面水质变化情况统计图

（五）三峡库区干流及入库支流

2020 年三峡库区干流及支流总体水质为优。17 个监测断面水质均为Ⅱ类。水质符合功能区划标准的断面比例为 100%。与 2019 年相比所有断面水质稳定在优。

表 2—5　2020 年三峡库区干流及支流水质类别

序号	河流	断面名称	断面所在地	2019 年水质类别	2020 年水质类别	2020 年主要污染指标	水质状况变化情况
1	香溪河	泗湘溪	兴山县	Ⅱ	Ⅱ	—	无明显变化
2		长沙坝		Ⅱ	Ⅱ	—	无明显变化
3	长江	坝前木鱼岛	秭归县	Ⅱ	Ⅱ	—	无明显变化
4	青干河	陕西营码头		Ⅱ	Ⅱ	—	无明显变化
5		牌楼		Ⅱ	Ⅱ	—	无明显变化
6	吒溪河	彭家坡		Ⅱ	Ⅱ	—	无明显变化
7		野桑坪		Ⅱ	Ⅱ	—	无明显变化
8	童庄河	装卸码头		Ⅱ	Ⅱ	—	无明显变化
9		文化		Ⅱ	Ⅱ	—	无明显变化
10	九畹溪	漂流终点		Ⅱ	Ⅱ	—	无明显变化
11		槐树坪电站		Ⅰ	Ⅱ	—	无明显变化
12	太平溪	花犁包	夷陵区	Ⅱ	Ⅱ	—	无明显变化
13		蝉潭水电站		Ⅱ	Ⅱ	—	无明显变化
14	黄柏河	石碑滩		Ⅱ	Ⅱ	—	无明显变化
15		汤渡河		Ⅱ	Ⅱ	—	无明显变化
16	神农溪	罗坪	巴东县	Ⅱ	Ⅱ	—	无明显变化
17		神农洞		Ⅰ	Ⅱ	—	无明显变化

（六）丹江口库区干流及入库支流

丹江口库区干流及入库支流总体水质为优。24 个监测断面中，Ⅰ~Ⅲ类水质断面占91.7%（Ⅰ类占41.7%、Ⅱ类占 41.7%、Ⅲ类占 8.3%），Ⅳ类占8.3%；主要污染指标为化学需氧量和总磷。与 2019 年相比，神定河口和泗河口断面水质明显好转，天河口和双岔断面水质有所好转，剑河口断面水质有所下降。

表2—6　2020年丹江口库区干流及入库支流水质类别

序号	所在河流	断面名称	2019年水质类别	2020年水质类别	2020年主要污染指标	水质状况变化情况
1	汉江	羊尾	Ⅱ	Ⅱ	—	无明显变化
2		陈家坡	Ⅱ	Ⅱ	—	无明显变化
3		蔡湾	Ⅰ	Ⅱ	—	无明显变化
4	金钱河	玉皇滩	Ⅱ	Ⅰ	—	无明显变化
5		夹河	Ⅰ	Ⅰ	—	无明显变化
6	天河	水石门	Ⅰ	Ⅰ	—	无明显变化
7		天河口	Ⅲ	Ⅱ	—	有所好转
8	竹溪河	双岔	Ⅲ	Ⅱ	—	有所好转
9	堵河	界牌沟	Ⅱ	Ⅰ	—	无明显变化
10		焦家院	Ⅱ	Ⅰ	—	无明显变化
11	犟河	东湾桥	Ⅲ	Ⅲ	—	无明显变化
12	神定河	神定河口	劣Ⅴ	Ⅳ	总磷、COD	明显好转
13	泗河	泗河口	劣Ⅴ	Ⅳ	COD	明显好转
14	官山河	孙家湾	Ⅱ	Ⅱ	—	无明显变化
15	剑河	剑河口	Ⅱ	Ⅲ	—	有所下降
16	浪河	浪河口	Ⅱ	Ⅱ	—	无明显变化
17	滔河	王河电站	Ⅱ	Ⅱ	—	无明显变化
18	曲远河	青曲	Ⅰ	Ⅰ	—	无明显变化
19	淘谷河	淘谷河口	Ⅰ	Ⅱ	—	无明显变化
20	东河	东河口	Ⅱ	Ⅰ	—	无明显变化
21	汇湾河	新洲	Ⅱ	Ⅱ	—	无明显变化
22	官渡河	洛阳河九湖	Ⅱ	Ⅰ	—	无明显变化
23		潘口水库坝上	Ⅰ	Ⅰ	—	无明显变化
24	滔河	滔河水库	Ⅰ	Ⅰ	—	无明显变化

（七）主要湖泊

全省主要湖泊总体水质为轻度污染。17个省控湖泊的21个水域中，Ⅲ类水域占42.9%，Ⅳ类占42.9%，Ⅴ类占14.2%，无劣Ⅴ类水域；主要污染指标为总磷、化学需氧量和高锰酸盐指数。与2019年相比，Ⅲ类水域比例上升14.3个百分点。其中，斧头湖咸宁水域、涨渡湖、大冶内湖、保安湖、长湖荆州水域、汈汉湖和龙感湖水质有所好转，其余湖泊水质保持稳定。

21个湖泊水域中，5个水域营养状态级别为中营养，15个水域为轻度富营养，汤逊湖为中度富营养。

表2—7　2020年全省主要湖泊水质状况

序号	湖泊名称	湖泊所在地	2019年水质类别	2020年水质类别	2020年主要污染指标	营养状态级别	水质状况变化情况
1	汤逊湖	武汉市	Ⅴ	Ⅴ	总磷、COD	中度富营养	无明显变化
2	斧头湖	武汉市水域	Ⅲ	Ⅲ	—	轻度富营养	无明显变化
3		咸宁市水域	Ⅳ	Ⅲ	—	轻度富营养	有所好转

续表

序号	湖泊名称	湖泊所在地	2019年水质类别	2020年水质类别	2020年主要污染指标	营养状态级别	水质状况变化情况
4	后官湖	武汉市	Ⅳ	Ⅳ	COD	轻度富营养	无明显变化
5	涨渡湖		Ⅴ	Ⅳ	总磷	轻度富营养	有所好转
6	后湖		Ⅴ	Ⅴ	总磷、COD、高锰酸盐指数	轻度富营养	无明显变化
7	梁子湖	武汉市水域	Ⅲ	Ⅲ	—	中营养	无明显变化
8		鄂州市水域	Ⅲ	Ⅲ	—	轻度富营养	无明显变化
9	大冶湖	内湖	Ⅴ	Ⅳ	总磷、COD	轻度富营养	有所好转
10		外湖	Ⅳ	Ⅳ	总磷	轻度富营养	无明显变化
11	保安湖	黄石市	Ⅳ	Ⅲ	—	轻度富营养	有所好转
12	洪湖	荆州市	Ⅳ	Ⅳ	总磷、COD	轻度富营养	无明显变化
13	长湖	荆州市水域	Ⅴ	Ⅳ	总磷	轻度富营养	有所好转
14		荆门市水域	Ⅲ	Ⅲ	—	中营养	无明显变化
15	汈汊湖	孝感市	Ⅳ	Ⅲ	—	中营养	有所好转
16	鲁湖	武汉市	Ⅳ	Ⅳ	总磷	轻度富营养	无明显变化
17	西凉湖	咸宁市	Ⅲ	Ⅲ	—	中营养	无明显变化
18	网湖	黄石市	Ⅴ	Ⅴ	总磷	轻度富营养	无明显变化
19	龙感湖	黄冈市	Ⅴ	Ⅳ	总磷	轻度富营养	有所好转
20	黄盖湖	咸宁市	Ⅲ	Ⅲ	—	中营养	无明显变化
21	澴东湖	孝感市	Ⅳ	Ⅳ	总磷、COD	轻度富营养	无明显变化

（八）主要水库

主要水库总体水质为优。11座水库中，水质为Ⅰ~Ⅱ类的有9座，为Ⅲ类的有2座。与2019年相比，富水水库水质有所好转，徐家河水库水质有所下降，其余水库水质保持稳定。

11座水库中，漳河水库营养状态级别为贫营养，其余10座水库均为中营养。

表2—8　2020年全省主要水库水质状况

序号	水库名称	所在地区	2019年水质类别	2020年水质类别	2020年主要污染指标	营养状态级别	水质状况变化情况
1	浮桥河水库	黄冈市	Ⅱ	Ⅱ	—	中营养	无明显变化
2	白莲河水库		Ⅲ	Ⅲ	—	中营养	无明显变化
3	徐家河水库	随州市	Ⅱ	Ⅲ	—	中营养	有所下降
4	漳河水库	荆门市	Ⅱ	Ⅰ	—	贫营养	无明显变化
5	黄龙水库	十堰市	Ⅱ	Ⅱ	—	中营养	无明显变化
6	丹江口水库		Ⅱ	Ⅱ	—	中营养	无明显变化
7	陆水水库	咸宁市	Ⅱ	Ⅱ	—	中营养	无明显变化
8	隔河岩水库	宜昌市	Ⅰ	Ⅰ	—	中营养	无明显变化
9	富水水库	咸宁市	Ⅲ	Ⅱ	—	中营养	有所好转
10	王英水库	黄石市	Ⅰ	Ⅰ	—	中营养	无明显变化
11	洈水水库	荆州市	Ⅱ	Ⅱ	—	中营养	无明显变化

（九）重点城市饮用水源地水质

2020年，我省对13个重点城市辖区内34个集中式饮用水源地进行了监测。按《地表水环境质量标准》（GB 3838—2002）Ⅲ类标准评价，全省重点城市集中式饮用水源地达标率为

100%，与 2019 年相比，重点城市集中式饮用水源地达标率持平。

（十）县级城镇集中式饮用水源地水质

2020 年，我省对 13 个地市、3 个直管市及神农架林区 107 个县级城镇集中式饮用水源地进行了监测。按《地表水环境质量标准》（GB 3838—2002）和《地下水质量标准》（GB/T 14848—2017）的III类标准评价，全省县级城镇集中式饮用水源地达标率为 100%，与 2019 年持平。

环境空气质量

2020 年，按照《环境空气质量标准》（GB 3095—2012）评价，全省 17 个重点城市中神农架、恩施、咸宁、潜江、天门、仙桃、十堰、孝感、黄石 9 个城市空气质量达到二级标准，全省空气优良天数比例为 88.4%，其中达到优的天数比例为 33.5%、达到良的天数比例为 54.9%；可吸入颗粒物（PM10）、细颗粒物（PM2.5）、二氧化氮（NO2）、二氧化硫（SO2）四项污染物年均浓度与 2019 年相比分别下降 18.6%、16.7%、15.4%、11.1%，O3 日最大 8 小时第 90 百分位浓度和 CO 日均值第 95 百分位浓度与 2019 年相比分别下降 12%、7.1%。

（一）主要污染物年均浓度

2020 年，17 个重点城市 6 项主要污染物年均浓度按照国家空气质量二级标准评价，PM_{10} 年均浓度范围为 28~68μg/m³，平均为 57μg/m³，全省 17 个重点城市均未超过国家年均二级标准限值；$PM_{2.5}$ 年均浓度范围为 19~52μg/m³，平均为 35μg/m³，除神农架、恩施、咸宁、潜江、天门、仙桃、十堰、孝感、黄石 9 个城市外，全省其他 8 个城市均超过国家年均二级标准限值；O_3 日最大 8 小时第 90 百分位数浓度范围为 105~150μg/m³，平均为 139μg/m³，全省 17 个重点城市均未超过国家年均二级标准限值；NO_2 年均浓度范围为 7~36μg/m³，平均为 22μg/m³，全省 17 个重点城市均未超过国家年均二级标准限值。SO_2 年均浓度范围为 5~15μg/m³，平均为 8μg/m³，全省 17 个重点城市均未超过国家年均二级标准限值。CO 日均值第 95 百分位数浓度范围为 0.8~1.8mg/m³，平均为 1.3mg/m³，全省 17 个重点城市均未超过国家年均二级标准限值。

表 2—9　2020 年全省 17 个重点城市环境空气各项指标年均值浓度

城市名称	PM_{10} (μg/m³)	$PM_{2.5}$ (μg/m³)	O_3 (μg/m³)	NO_2 (μg/m³)	SO_2 (μg/m³)	CO (mg/m³)	超标污染物及超标倍数
武汉	58	37	150	36	8	1.2	$PM_{2.5}$(0.06)
黄石	63	35	150	30	15	1.5	—
十堰	54	33	135	21	6	1.3	—
宜昌	57	41	135	24	7	1.2	$PM_{2.5}$(0.17)
襄阳	68	52	142	27	11	1.3	$PM_{2.5}$(0.49)
鄂州	65	38	150	29	11	1.3	$PM_{2.5}$(0.09)
荆门	57	45	141	23	6	1.1	$PM_{2.5}$(0.29)
孝感	56	35	142	18	6	1.5	—
荆州	64	37	137	26	7	1.3	$PM_{2.5}$(0.06)
黄冈	61	36	149	22	10	1.2	$PM_{2.5}$(0.03)
咸宁	49	30	142	17	9	1.3	—
随州	59	37	142	19	6	1.2	$PM_{2.5}$(0.06)
恩施	45	27	110	18	7	0.8	—
仙桃	65	32	141	19	8	1.8	—
潜江	59	31	140	17	10	1.1	—
天门	56	32	146	17	8	1.6	—
神农架	28	19	105	7	5	0.9	—
13 市州	58	37	140	24	8	1.2	—
全省	57	35	139	22	8	1.3	—
年均值二级标准	70	35	160	40	60	4	—

注：CO 浓度为日均浓度的第 95 百分位数，O_3 浓度为日最大 8 小时平均值第 90 百分位。

（二）可吸入颗粒物（PM_{10}）年均浓度

2020 年，全省 17 个重点城市 PM_{10} 年均浓度值为 57μg/m³，与 2019 年（70μg/m³）相比下降 18.6%，与 2015 年（92μg/m³）相比下降 38.0%。纳入国家考核范围的 13 个城市 PM_{10} 年均浓度为 58μg/m³，与 2019 年（71μg/m³）相比下降 18.3%，与 2015 年（94μg/m³）相比下降 38.3%。

PM_{10} 年均浓度最高的 5 个城市依次为：襄阳、鄂州、仙桃、荆州和黄石；与 2019 年相比，17 个重点城市 PM_{10} 年均浓度相比均下降，降幅前 5 名的城市依次为：荆门、孝感、荆州、恩施、天门。

表 2—10　2020 年全省 17 个重点城市 PM_{10} 年均值浓度情况

排序	城市名称	PM_{10}(μg/m³)				
		2020 年	2019 年	2015 年	较 2019 年增减幅度	较 2015 年增减幅度
1	神农架	28	35	50	−20.0%	−44.0%
2	恩施	45	58	69	−22.4%	−34.8%
3	咸宁	49	56	85	−12.5%	−42.4%
4	十堰	54	68	82	−20.6%	−34.1%
5	孝感	56	73	104	−23.3%	−46.2%
5	天门	56	72	92	−22.2%	−39.1%
7	宜昌	57	73	101	−21.9%	−43.6%
7	荆门	57	75	106	−24.0%	−46.2%
9	武汉	58	71	98	−18.3%	−40.8%
10	随州	59	69	97	−14.5%	−39.2%
10	潜江	59	73	99	−19.2%	−40.4%
12	黄冈	61	73	80	−16.4%	−23.8%
13	黄石	63	71	96	−11.3%	−34.4%
14	荆州	64	83	104	−22.9%	−38.5%
15	鄂州	65	74	99	−12.2%	−34.3%
15	仙桃	65	75	108	−13.3%	−39.8%
17	襄阳	68	84	101	−19.0%	−32.7%
13 市州		58	71	94	−18.3%	−38.3%
全省		57	70	92	−18.6%	−38.0%

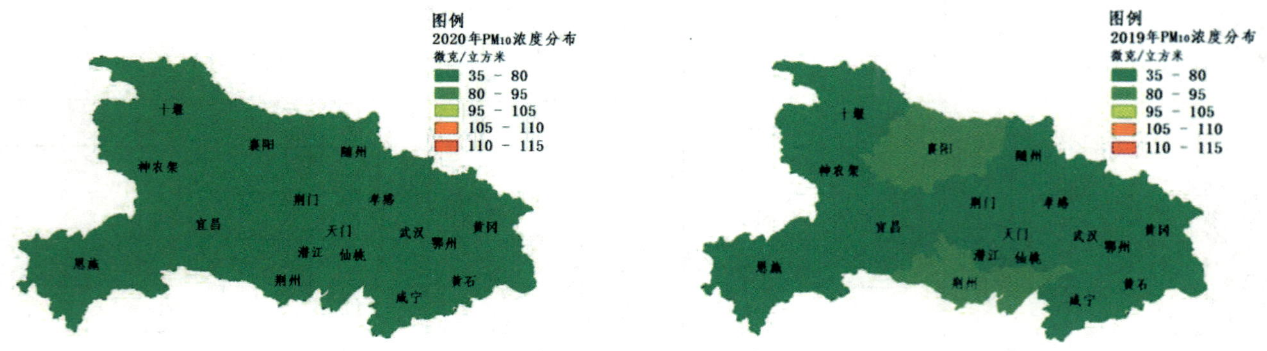

图 2—19　2020 年（左）与 2019 年（右）全省 PM_{10} 空间分布图

（三）细颗粒物（$PM_{2.5}$）年均浓度

2020年，全省17个重点城市$PM_{2.5}$年均浓度值为35μg/m³，与2019年（42μg/m³）相比下降16.7%，与2015年（61μg/m³）相比下降42.6%。纳入国家考核范围的13个城市$PM_{2.5}$年均浓度为37μg/m³，与2019年（44μg/m³）相比下降15.9%，与2015年（62μg/m³）相比下降40.3%。

$PM_{2.5}$年均浓度最高的5个城市依次为：襄阳、荆门、宜昌、鄂州、武汉与荆州、随州（并列）；与2019年相比，17个重点城市$PM_{2.5}$年均浓度相比均下降，其中降幅前5名的城市依次为：天门、潜江、宜昌、仙桃、荆门与荆州（并列）。

表2—11　2020年全省17个重点城市$PM_{2.5}$年均值浓度情况

排序	城市名称	$PM_{2.5}$(μg/m³)				
		2020年	2019年	2015年	较2019年增减幅度	较2015年增减幅度
1	神农架	19	21	35	−9.5%	−45.7%
2	恩施	27	32	49	−15.6%	−44.9%
3	咸宁	30	36	52	−16.7%	−42.3%
4	潜江	31	40	67	−22.5%	−53.7%
5	仙桃	32	40	60	−20.0%	−46.7%
5	天门	32	44	66	−27.3%	−51.5%
7	十堰	33	39	51	−15.4%	−35.3%
8	黄石	35	40	64	−12.5%	−45.3%
8	孝感	35	43	68	−18.6%	−48.5%
10	黄冈	36	40	56	−10.0%	−35.7%
11	武汉	37	45	67	−17.8%	−44.8%
11	荆州	37	46	67	−19.6%	−44.8%
11	随州	37	42	63	−11.9%	−41.3%
14	鄂州	38	42	65	−9.5%	−41.5%
15	宜昌	41	52	66	−21.2%	−37.9%
16	荆门	45	56	66	−19.6%	−31.8%
17	襄阳	52	60	72	−13.3%	−27.8%
13市州		37	44	62	−15.9%	−40.3%
全省		35	42	61	−16.7%	−42.6%

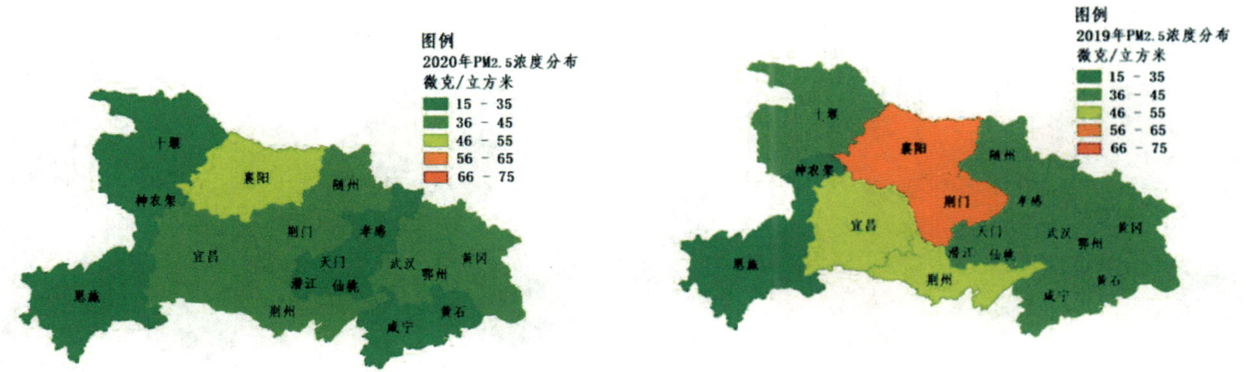

图2—20　2020年（左）与2019年（右）全省$PM_{2.5}$浓度空间分布情况

（四）臭氧（O_3）日最大 8 小时第 90 百分位浓度

2020 年，全省 17 个重点城市 O_3 日最大 8 小时第 90 百分位浓度为 139μg/m^3，与 2019 年（158μg/m^3）相比下降 12.0%，与 2015 年（134μg/m^3）相比提高 3.7%。纳入国家考核范围的 13 个城市 O_3 日最大 8 小时第 90 百分位浓度为 140μg/m^3，与 2019 年（161μg/m^3）相比下降 13.0%，与 2015 年（136μg/m^3）相比提高 2.9%。

O_3 日最大 8 小时第 90 百分位浓度最高的 5 个城市依次为：武汉、黄石、鄂州、黄冈、天门；与 2019 年相比，17 个重点城市 O_3 日最大 8 小时第 90 百分位浓度相比均下降，其中降幅前 5 名的城市依次为：武汉、孝感、宜昌、咸宁和荆州。

表 2—12　2020 年全省 17 个重点城市 O_3 浓度情况

排序	城市名称	O_3 日最大 8 小时第 90 百分位(μg/m^3)				
		2020 年	2019 年	2015 年	较 2019 年增减幅度	较 2015 年增减幅度
1	武汉	150	183	156	−18.0%	−3.8%
1	黄石	150	167	135	−10.2%	11.1%
1	鄂州	150	162	157	−7.4%	−4.5%
4	黄冈	149	167	150	−10.8%	−0.7%
5	天门	146	165	143	−11.5%	2.1%
6	襄阳	142	162	142	−12.3%	0.0%
6	孝感	142	171	142	−17.0%	0.0%
6	咸宁	142	170	159	−16.5%	−10.7%
6	随州	142	160	134	−11.2%	6.0%
10	荆门	141	161	125	−12.4%	12.8%
10	仙桃	141	162	97	−13.0%	45.4%
12	潜江	140	156	148	−10.3%	−5.4%
13	荆州	137	158	158	−13.3%	−13.3%
14	十堰	135	140	102	−3.6%	32.4%
14	宜昌	135	162	112	−16.7%	20.5%
16	恩施	110	126	102	−12.7%	7.8%
17	神农架	105	119	112	−11.8%	−6.3%
13 市州		140	161	136	−13.0%	2.9%
全省		139	158	134	−12.0%	3.7%

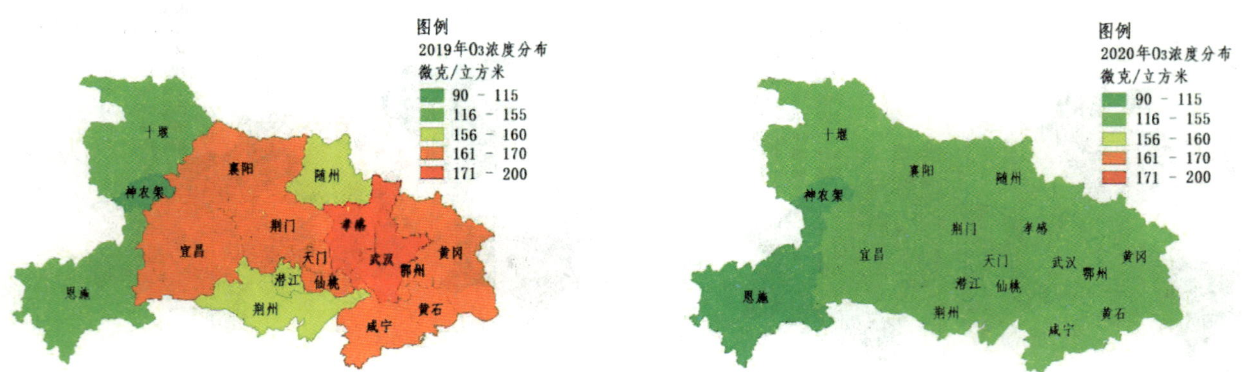

图 2—21　2020 年（左）与 2019 年（右）全省 O_3 浓度空间分布情况

（五）空气质量优良天数比例

2020 年，全省 17 个重点城市空气质量优良天数比例 88.4%，其中达到优的天数比例为 33.5%，达到良的天数比例为 54.9%；各城市空气质量优良天数比例在 74.9%（襄阳）～ 100%（神农架）之间。纳入国家考核范围的 13 个城市空气质量优良天数比例为 87.5%，其中达到优的天数比例为 30.8%，达到良的天数比例为 56.7%。

表 2—13 2020 年全省 17 个重点城市空气质量优良天数比例

排序	城市名称	优良天数比例(%)				
		2020 年	2019 年	2015 年	较 2019 年变化	较 2015 年变化
1	神农架	100	98.4	94.4	1.6	5.6
2	恩施	96.4	94.5	83.4	1.9	13.0
3	十堰	94.8	85.5	80.7	9.3	14.1
4	咸宁	94.0	78.6	74.0	15.4	20.0
5	黄石	89.9	78.4	71.2	11.5	18.7
6	天门	89.6	75.6	70.3	14.0	19.3
7	潜江	89.3	80.8	65.4	8.5	23.9
8	黄冈	88.5	80.0	74.2	8.5	14.3
9	孝感	87.9	74.5	65.1	13.4	22.8
10	鄂州	87.4	79.2	63.5	8.2	23.9
10	荆州	87.4	76.4	64.7	11.0	22.7
12	随州	87.2	77.0	72.4	10.2	14.8
13	仙桃	86.5	77.8	72.0	8.7	14.5
14	武汉	84.4	67.1	61.3	17.3	23.1
15	宜昌	84.2	68.8	72.1	15.4	12.1
16	荆门	80.3	65.2	66.0	15.1	14.3
17	襄阳	74.9	62.7	63.2	12.2	11.7
13 市州		87.5	76.0	70.1	11.5	17.4
全省		88.4	77.7	71.4	10.7	17.0

图 2—22 2020 年全省 17 个重点城市优良天数比例与去年相比情况

（六）环境空气质量综合指数排名

2020 年，全省 17 个重点城市按照《城市环境空气质量排名技术规定》进行排名，空气质量相对较好~相对较差依次是：神农架、恩施、咸宁、潜江、十堰、天门、孝感、随州、仙桃、宜昌、黄冈、荆州、荆门、武汉、鄂州、黄石和襄阳。

表 2—14　2020 年全省 17 个重点城市环境空气质量综合指数

排序	城市名称	综合指数	最大指数	主要污染物
1	神农架	2.08	0.66	O_3
2	恩施	2.87	0.77	$PM_{2.5}$
3	咸宁	3.34	0.89	O_3
4	潜江	3.48	0.89	$PM_{2.5}$
5	十堰	3.49	0.94	$PM_{2.5}$
6	天门	3.57	0.91	$PM_{2.5}$; O_3
7	孝感	3.62	1.00	$PM_{2.5}$
8	随州	3.67	1.06	$PM_{2.5}$
9	仙桃	3.78	0.93	PM_{10}
10	宜昌	3.84	1.17	$PM_{2.5}$
11	黄冈	3.85	1.03	$PM_{2.5}$
12	荆州	3.92	1.06	$PM_{2.5}$
13	荆门	3.94	1.29	$PM_{2.5}$
14	武汉	4.16	1.06	$PM_{2.5}$
15	鄂州	4.18	1.09	$PM_{2.5}$
16	黄石	4.22	1.00	$PM_{2.5}$
17	襄阳	4.53	1.49	$PM_{2.5}$

（七）重污染天气情况

2020 年我省共发生重污染天气 9 次（按三个及以上城市日 AQI>150 或一个及以上城市日 AQI>200 统计），累计天数为 15 天，依次为：襄阳（6 天）、荆门（2 天）、武汉（2 天）、鄂州（2 天）、仙桃（2 天）、宜昌（1 天），污染细颗粒物（$PM_{2.5}$）仍是导致我省重污染天气的首要污染物，其中细颗粒物导致的重污染天气全部发生在冬季。

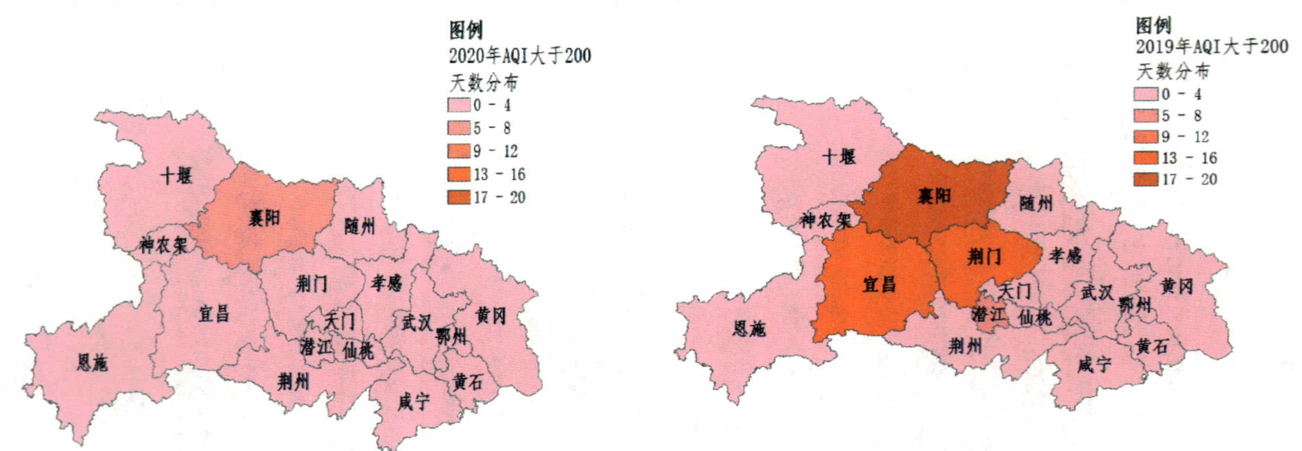

图 2—23　2020 年（左）与 2019 年（右）全省重度污染天数空间分布情况

土壤与地下水环境质量

一、土壤环境质量

2020 年对湖北省 17 个重点城市的 154 个风险监控点进行监测，无污染风险点位占全部点位的 79.9%，超风险筛选值未超风险管制值点位占全部点位的 20.1%，土壤环境质量总体良好，影响土壤环境质量的主要污染物是重金属，主要为镉、铜、镍等单一重金属指标。

二、地下水环境质量

2020 年，对全省“水十条”16 个考核点位开展了监测和评价，监测点位分布在武汉（3 个）、黄石（2 个）、宜昌（2 个）、襄阳（3 个）、荆州（1 个）、鄂州（1 个）、孝感（3 个）、咸宁（1 个）等。按《地下水质量标准》（GB/T 14848—2017）进行评价，Ⅱ类水占比为 12.5%，Ⅲ类水占比为 43.8%，Ⅳ类水占比为 25.0%，Ⅴ类水占比为 18.8%。从主要污染指标看，锰、铁、总硬度超 III 类比例较高，分别为 37.5%、31.3%和 18.8%。

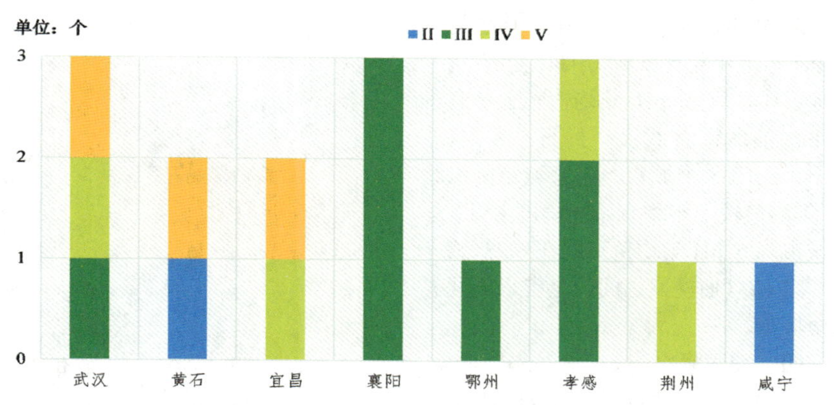

图 2—24　2020 年全省考核点位地下水水质状况图

降　水

一、降水总体状况

2020 年全省未出现酸雨城市。全省降水 pH 均值为 6.92，与上年相比，pH 值增加 0.11，酸雨频率下降 0.4 个百分点。2020 年发生酸性降雨的城市主要是湖北省东部的武汉和黄冈，中部的宜昌和襄阳，西部的恩施。

二、降水化学组成

2020 年降水离子组成中，起致酸作用的阴离子含量由高到低依次为：SO_4^{2-}>NO_3^->Cl^->F−，硫氧化物仍然是全省降水酸化的主要因素。2020 年我省 SO_4^{2-}浓度为 3.81mg/L，与上年（5.18mg/L）相比降低 26.4%。起酸性中和作用的阳离子含量由高到低依次为：Ca^{2+}>NH_4^+>Na^+>K^+>Mg^{2+}，碱性颗粒物中钙离子对酸雨中和作用最大。

表 2—15　2020 年全省降水质量及变化情况

城市	降水化学成份(mg/L)								
	SO_4^{2-}	NO_3^-	F^-	Cl^-	NH_4^+	Ca^{2+}	Mg^{2+}	Na^+	K^+
武汉	3.05	4.33	0.24	0.58	1.89	1.43	0.21	0.24	0.18
黄石	3.40	3.55	0.07	0.37	1.57	1.23	0.21	0.31	0.25
十堰	5.67	3.74	0.55	0.71	1.2	1.65	0.17	0.26	0.57
宜昌	2.36	2.98	0.29	0.54	0.6	1.12	0.18	0.16	0.15
襄阳	6.47	3.98	0.15	0.75	5.21	4.52	0.56	0.35	0.25
鄂州	3.28	2.83	0.07	0.41	0.30	2.91	0.35	0.82	0.19
荆门	1.99	2.49	0.20	0.54	0.95	3.04	0.11	0.15	0.41
孝感	3.42	3.51	—	3.73	0.42	—	—	—	—
荆州	5.42	2.7	0.06	1.71	1.62	3.67	0.53	0.51	0.24
黄冈	7.35	6.79	0.20	1.85	2.48	2.53	0.33	0.41	0.69
咸宁	2.76	1.5	0.31	0.66	1.24	0.35	0.27	0.3	0.28
随州	0.22	0.16	0.05	1.78	0.13	0.17	0.14	0.17	0.13
恩施	2.78	2.16	0.03	1.45	0.74	6.83	0.28	0.94	1.07
仙桃	3.84	2.82	0.01	3.14	—	—	—	—	—
潜江	4.94	1.77	0.32	0.98	1.78	3.88	0.39	1.27	0.96
天门	4.03	5.52	—	0.78	3.47	5.07	0.33	0.81	0.71
全省	3.81	3.18	0.18	1.25	1.57	2.74	0.29	0.48	0.43

三、降水 pH 值

2020 年，全省降水 pH 年均值为 6.92，与上年相比上升 0.11。全省 17 个地市中，降水 pH 年均值较上年有所下降的城市有武汉、黄石、襄阳、咸宁、天门 5 个城市，其余城市降水 pH 年均值较上年均有不同程度上升。各城市降水 pH 年均值范围在 6.28（咸宁）~7.67（仙桃）之间，全省未出现酸雨城市。

四、酸雨频次

2020 年，全省酸雨频率为 1.1%，与 2019 年（1.5%）相比下降 0.4 个百分点。全省有武汉、宜昌、襄阳、黄冈、恩施 5 个城市检出酸雨样品，酸雨频率在 0.3%（宜昌）~9.0%（武汉）之间。

五、酸雨区域分布特征

2020 年发生酸性降雨的城市主要是湖北省东部的武汉和黄冈，中部的宜昌和襄阳，西部的恩施，酸雨发生区域与上年相比北移，酸雨发生范围较上年相比略有减小。

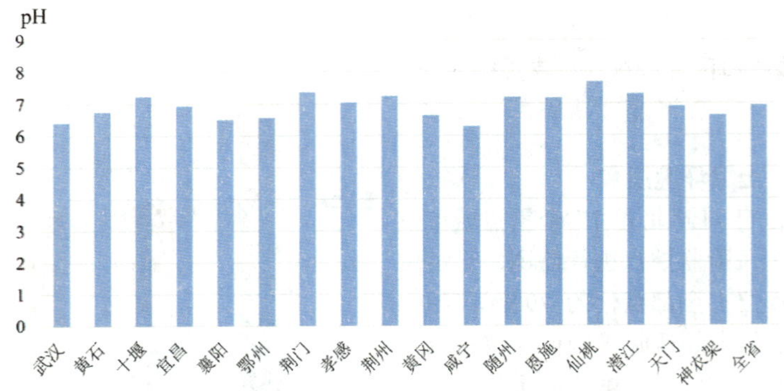

图 2—25　2020 年全省 17 个重点城市降水 pH 年均值

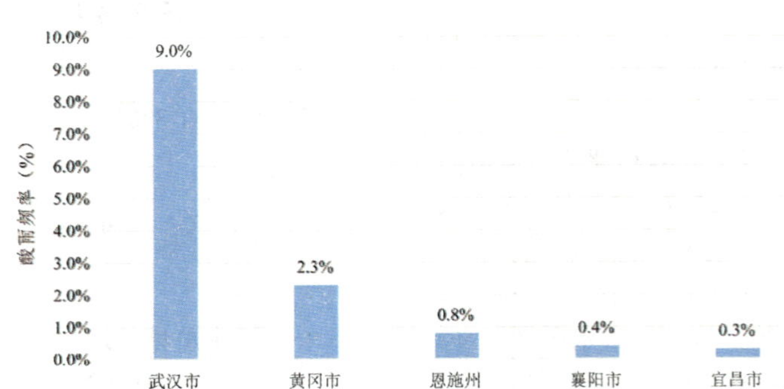

图 2—26　2020 年全省不同地市酸雨发生频率

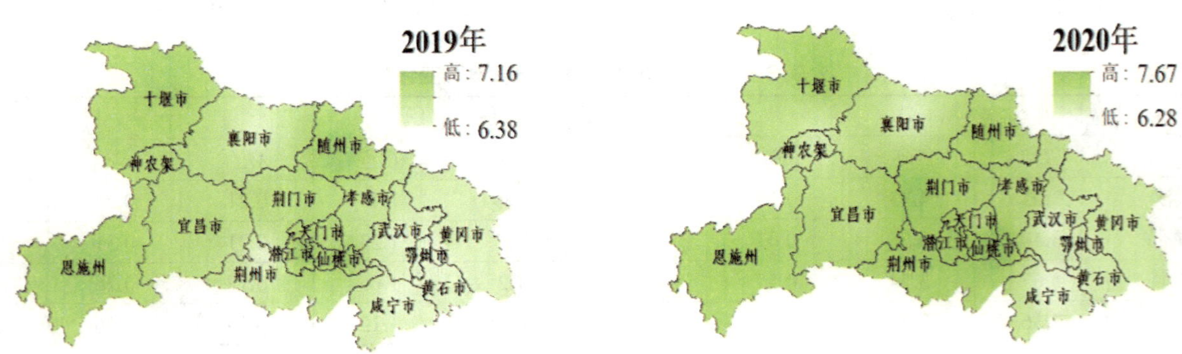

图 2—27　2019 年（左）与 2020 年（右）全省降水 pH 均值分布图

城市声环境

一、区域环境噪声

2020 年，全省 16 个城市（不包括神农架林区）有效区域环境噪声监测网格总数为 2369 个，监测网格覆盖面积 1337.7 平方千米。全省区域环境噪声平均等效声级范围为 50.5~62.1 分贝，平均值为 54.4 分贝。较 2019 年

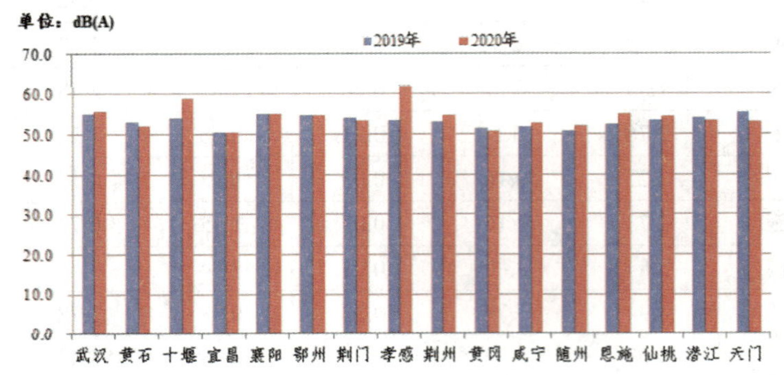

图 2—28　2020 年全省重点城市区域环境噪声平均等效声级年际比较图

上升 1.1 分贝。

与 2019 年相比，16 个城市中，昼间声环境质量等级变好的城市有天门，环境质量等级变差的有十堰、孝感、恩施，其余城市区域环境噪声等级保持稳定。

在影响城市声环境的各类噪声源中，生活噪声源占 70.3%，交通噪声源占 13.0%，工业噪声源占 9.0%，施工噪声源占 2.9%，其他噪声源占 4.9%。生活噪声源和交通噪声源仍是主要噪声源。

二、功能区环境噪声

2020 年，全省各类功能区共监测 1456 点次，昼间、夜间各 728 点次。各类功能区昼间达标 679 点次，占昼间监测点次的 93.3%；夜间达标 552 点次，占夜间监测点次的 75.8%。

总体上看，各类功能区噪声监测点位昼间达标率高于夜间。

三、道路交通噪声

2020 年，全省 16 个城市（不包括神农架林区）道路交通噪声有效点位 863 个，监测总路长为 1756.9 千米，平均路宽为 35.3 米，平均车流量为 1708 辆/小时。全省 16 个城市道路交通噪声等效声级范围为 60.5~71.5 分贝，平均值为 67.8 分贝。与 2019 年相比，16 个城市中，昼间声环境质量等级变好的城市为黄石、襄阳、荆州、黄冈、天门，变差的城市为随州、孝感、仙桃，其余城市道路交通噪声等级保持不变。

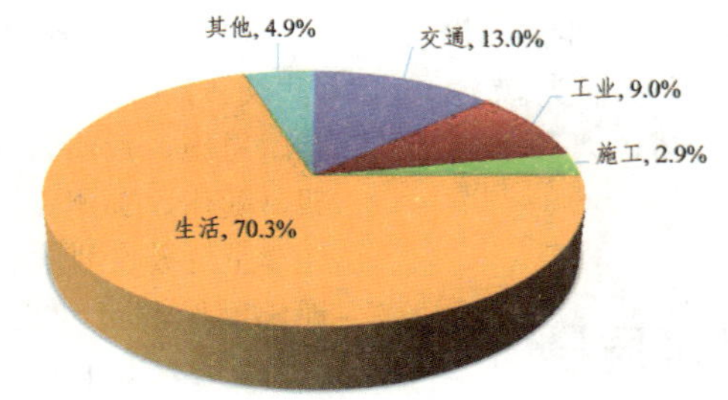

图 2—29　2020 年全省城市区域环境噪声声源构成占比

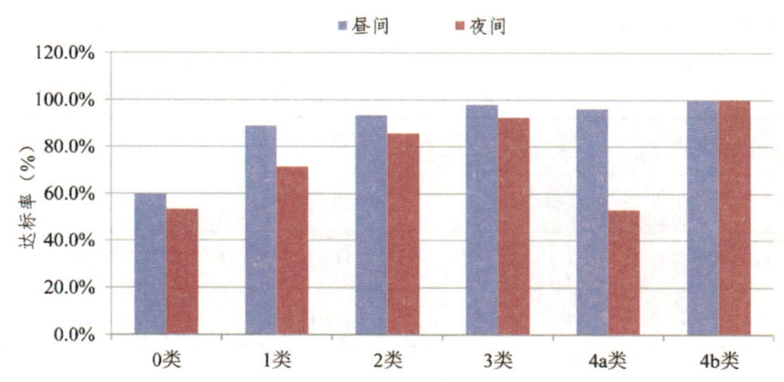

图 2—30　2020 年全省各类功能区监测点位达标率

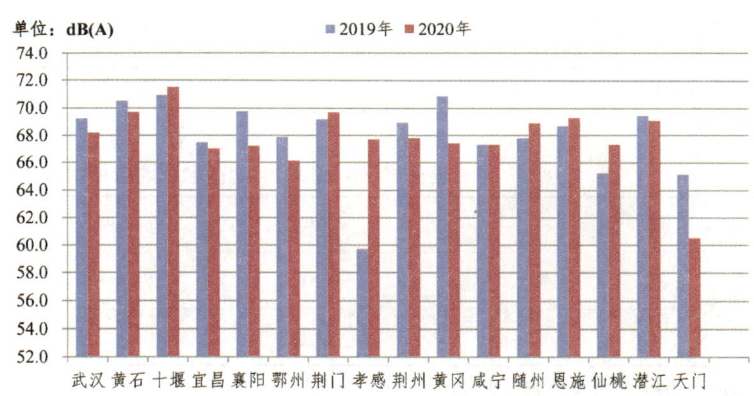

图 2—31　2020 年全省城市道路交通噪声昼间平均等效声级年际比较图

生态环境质量

2019 年，根据《生态环境状况评价技术规范》（HJ 192—2015），全省生态环境状况指数（EI）为 69.47，生态环境状况为良好（EI≥75 为优，55≤EI＜75 为良）。从各地区来看，神农架林区的生态环境状况最好，其指数为 81.06；然后依次为恩施州（77.37）、宜昌市（76.97）、十堰市（76.30），上述 4 个地区的生态环境状况等级均为“优”，占全省国土总面积的 38.83%。其余地区生态环境状况均为良，占全

图 2—32　2019 年全省各地市州生态环境状况指数分布图

省国土总面积的61.17%。生态环境状况指数最低的地区分别为潜江市（55.84）、天门市（56.01）和仙桃市（56.41）。

辐射环境质量

一、电离辐射

2020年，全省环境电离辐射水平处于本底涨落范围内。

15个电离辐射环境自动监测站（武汉、宜昌、襄阳、黄石、黄冈、孝感、恩施、荆州、荆门、十堰、神农架、随州、鄂州、潜江、咸宁）实时连续空气吸收剂量率和10个地级市陆地辐射监测点（武汉、十堰、襄阳、荆门、孝感、宜昌、黄石、黄冈、荆州、神农架）γ累积剂量处于当地天然本底涨落范围内。空气中天然放射性核素活度浓度处于本底水平，人工放射性核素活度浓度未见异常。

全省水体监测点16个，含13个饮用水水源地监测点、2个地表水监测点、1个地下水监测点。长江、汉江和重要湖泊（水库）、地下水中天然放射性核素活度浓度处于本底水平，人工放射性核素活度浓度未见异常。城市集中式饮用水水源地及地下饮用水中总α和总β活度浓度低于《生活饮用水卫生标准》（GB5749—2006）规定的指导值。

表2—16　2020年全省主要江河水系国控断面放射性核素活度浓度

监测项目	单位	n/m	范围
总α	Bq/L	4/4	0.0265~0.0458
总β	Bq/L	4/4	0.0928~0.111
铀	μg/L	4/4	1.06~1.25
钍	μg/L	4/4	0.0885~0.339
镭-226	mBq/L	4/4	1.615~7.27
锶-90	mBq/L	4/4	1.06~1.42
铯-137	mBq/L	4/4	0.30~0.37

注:n:高于MDC测值数,m:测值总数

表2—17　2020年全省水源地饮用水放射性核素活度浓度

监测项目	单位	n/m	范围
总α	Bq/L	26/26	0.0056~0.0947
总β	Bq/L	26/26	0.0585~0.1663

注:n:高于MDC测值数,m:测值总数

表2—18　2020年全省地下水放射性核素活度浓度

监测项目	单位	n/m	范围
总α	Bq/L	1/1	0.0267
总β	Bq/L	1/1	0.141
铀	μg/L	1/1	0.3
钍	μg/L	1/1	0.188
镭-226	mBq/L	0/1	4.1

注:n:高于MDC测值数,m:测值总数

全省土壤监测点14个，土壤中天然放射性核素活度浓度处于本底水平，人工放射性核素活度浓度未见异常。

表 2—19　2020 年全省土壤中γ核素监测结果

监测项目	单位	n/m	范围
铀-238	Bq/kg	15/15	27.5~52.3
钍-232	Bq/kg	15/15	33.3~62.5
镭-226	Bq/kg	15/15	12.7~53.4
钾-40	Bq/kg	15/15	266~783
铯-137	Bq/kg	6/15	0.67~2.45

注:n:高于 MDC 测值数,m:测值总数

二、电磁辐射

依据《电磁环境控制限值》(GB8702—2014)规定，2020 年我省 2 个国控点的电磁辐射水平远低于公众曝露控制限值；15 个自动监测省控点的环境电磁高频电场强度月均值远低于公众曝露控制限值 12V/m，环境工频（50Hz）电场强度月均值远低于公众曝露控制限值 4000V/m，环境工频（50Hz）磁感应强度月均值远低于公众曝露控制限值 100μT。

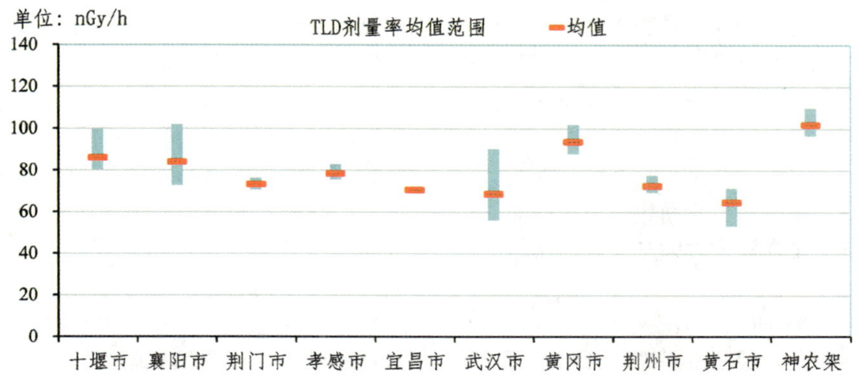

图 2—33　2020 年全省γ累积剂量监测结果示意图

污染减排与能源消耗

一、主要污染物减排

2020 年，全省四项主要污染物排放总量较 2015 年明显减少，全面完成国家下达我省的主要污染物总量减排任务。其中，二氧化硫、氮氧化物、化学需氧量、氨氮排放量较 2015 年分别下降 27.3%、24%、13.8%和 13.6%，累计分别实现重点工程减排量 14.5 万吨、12.6 万吨、19.1 万吨和 2.1 万吨。

二、能源消耗

2020 年，全省能源消费总量 16251.5 万吨标准煤，同比减少 1064.8 万吨；全省发电量 3036.7 亿千瓦时，同比增长 2.15%；全社会用电量 2144 亿千瓦时，同比减少 3.17%；天然气、水电、核电、风电等清洁能源消费量约占能源消费总量的 23.5%，同比上升 4.5 个百分点；清洁能源利用率达到 100%，是近几年最高水平。

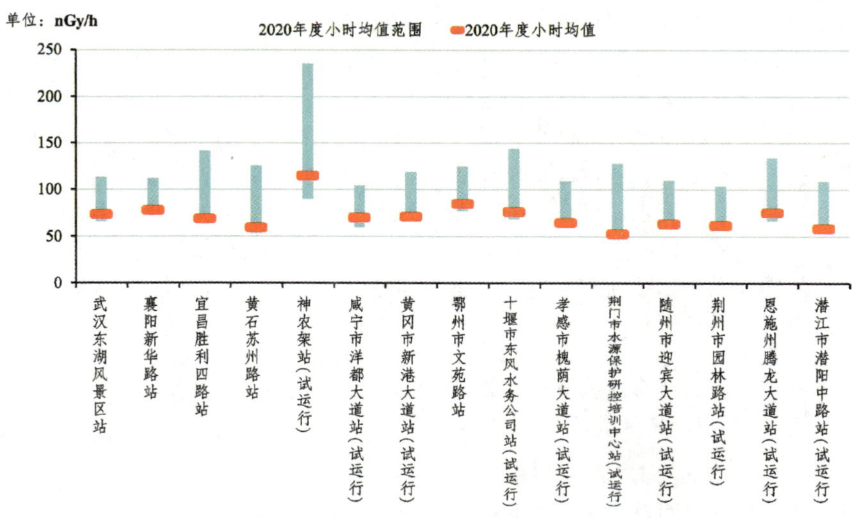

图 2—34　2020 年全省自动站空气吸收剂量率监测结果示意图

湖北省国民经济和社会发展第十四个五年规划和二〇三五年远景目标纲要

本纲要根据《中共湖北省委关于制定全省国民经济和社会发展第十四个五年规划和二〇三五年远景目标的建议》编制，主要阐明全省发展战略意图，明确政府工作重点，引导规范市场主体行为，是我省开启全面建设社会主义现代化新征程的宏伟蓝图，是全省人民加快“建成支点、走在前列、谱写新篇”的行动纲领。

第一章　全面建成小康社会开启全面建设社会主义现代化新征程

“十四五”时期是我省全面建成小康社会之后，乘势而上开启全面建设社会主义现代化新征程的第一个五年，也是谱写新时代湖北高质量发展新篇章的关键五年。进入新发展阶段，发展不平衡不充分仍然是我省最大的实际，抓发展仍然是第一要务，必须坚持以习近平新时代中国特色社会主义思想为指导，深入贯彻落实习近平总书记考察湖北、参加湖北代表团审议时的重要讲话精神，胸怀“两个大局”，贯彻新发展理念，服务构建新发展格局，加快“建成支点、走在前列、谱写新篇”进程，以疫后重振和高质量发展的实际成效体现湖北担当、展现湖北作为。

第一节　决胜全面建成小康社会取得决定性成就

“十三五”时期我省发展极不寻常、极不平凡。面对异常严峻复杂的外部环境和艰巨繁重的改革发展稳定任务，在以习近平同志为核心的党中央坚强领导下，省委、省政府团结带领全省人民深入学习贯彻习近平新时代中国特色社会主义思想，坚决贯彻落实党中央、国务院决策部署，全省经济社会发展取得新的重大成就。

综合实力提档升级。地区生产总值相继迈过3万亿元、4万亿元大关，人均地区生产总值突破1万美元。产业结构实现了由“二三一”到“三二一”的历史性转变。创新能力持续提高，数字经济蓬勃发展，“光芯屏端网”产业集群影响力明显提升。市场活力不断增强，市场主体达到571.35万户。基础设施建设实现大跨越，鄂北水资源配置工程一期、汉十高铁、天河机场三期等一批标志性项目建成投用，“四好农村路”建设和农村电网改造升级任务圆满完成。

脱贫攻坚取得历史性成就。全省581万贫困人口全部脱贫，37个贫困县全部摘帽，4821个贫困村全部出列，消除了绝对贫困和区域性整体贫困，易地扶贫搬迁安置31.84万户88.23万人，彻底改变了贫困地区面貌，改善了生产条件，提高了群众生活质量。

城乡区域发展更加协调。中心城市和城市群带动作用逐步增强，武汉市获批建设国家中心城市，武汉城市圈一体化进程加快。市州竞相发展，襄阳、宜昌加快建设省域副中心城市。城镇化质量不断提高，常住人口城镇化率达到59%。县域经济加快发展，全国县域综合发展百强县（市）增加到7个。乡村振兴战略大力推进，美丽乡村建设进展加快，城乡融合发展稳步推进。

改革开放持续深化。重点领域和关键环节改革纵深推进，优化营商环境取得积极进展，“互联网+放管服”改革成效显著，非行政许可审批事项全面取消，机构改革取得重大成效，省域治理效能明显提升。积极融入共建“一带一路”，对外开放不断扩大，货物进出口总额年均增长8.7%。

生态环境加快改善。长江大保护“双十工程”和“四个三”重大生态工程扎实推进，污染防治攻坚战和“绿满荆楚”行动取得明显成效，全省国考断面水质优良比例提高到91.2%，13个国考城市 $PM_{2.5}$ 平均浓度比2015年下降40.3%，全省森林覆盖率提高到42%。资源利用更加高效，单位生产总值能耗比2015年下降18%。实现河（湖）长制全覆盖，神农架国家公园体制试点顺利推进，丹江口库区一库清水持续北送。

社会事业全面进步。民生福祉不断增进，城镇累计新增就业441.8万人，城乡居民收入比2010年翻一番。卫生健康服务能力稳步提升，疾控体系改革步伐加快。教育事业全面发展。社会保障体系不断完善，基本养老保险参保率超过90%，医保覆盖面达到95%。保障性安居工程惠及700余万城乡居民。文化事业和文化产业繁荣发展，公共文化服务水平不断提升。第七届世界军人运动会成功举办，全国文明城市增加到10个。

疫情防控取得决定性成果。面对突如其来的新冠肺炎疫情，在习近平总书记亲自指挥、亲自部署和党中央坚强领导下，全省统筹推进疫情防控和经济社会发展，奋力打好疫情防控阻击战和疫后重振经济发展战、民生保卫战，武汉保卫战、湖北保卫战取得决定性成果，经济社会秩序全面加快恢复。英雄的武汉人民、湖北人民为阻断疫情蔓延作出了巨大牺牲，为全国抗疫斗争取得重大战略成果作出了湖北贡献，生动诠释了中国精神、中国力量、中国担当。

五年发展成就为我省开启全面建设社会主义现代化新征程奠定了坚实基础。受新冠肺炎疫情影响，“十三五”规划部分指标没有完成，但疫情影响的是我省经济发展的节奏而不是趋势，我省经济长期向好的基本面没有改变，多年积累的综合优势没有改变，在国家和区域发展中的重要地位没有改变。

第二节 新发展阶段面临的机遇和挑战

中华民族伟大复兴战略全局和世界百年未有之大变局历史性交汇、相互作用、相互激荡是最鲜明的时代特征。“十四五”时期，站在“两个一百年”奋斗目标历史交汇点上，我省仍然处于重要战略机遇期，但机遇和挑战都有新的发展变化。从国际看，世界百年未有之大变局加速演进，国际环境日趋复杂，不稳定性不确定性明显增加，新冠肺炎疫情影响广泛深远，经济全球化遭遇逆流，国际经济、科技、文化、安全、政治等格局都在发生深刻调整，世界进入动荡变革期。从国内看，我国已转向高质量发展阶段，制度优势显著，治理效能提升，社会大局稳定，经济长期向好，市场空间广阔，发展韧性强劲，以国内大循环为主体、国内国际双循环相互促进的新发展格局加快构建。

国内外环境深刻变化给我省带来新的机遇，也带来新的挑战。国际力量对比深刻调整，我国国际影响力、感召力、塑造力明显增强，有利于我省加快“走出去”参与全球价值链和市场布局，同时也面临对外贸易、跨境投资、国际合作等不确定性增加的挑战。新一轮科技革命和产业变革深入发展，我国大力推进科技创新催生新发展动能，有利于我省充分发挥产业基础和创新资源优势，加快发展以“光芯屏端网”为代表的新兴产业，补齐具有战略性、全局性的核心产业链，打造我省产业竞争新优势，同时也面临科技创新支撑不足、核心技术“卡脖子”等挑战。我国加快构建新发展格局，有利于我省发挥承东启西、连接南北的区位优势，在畅通产业循环、市场循环、经济社会循环中发挥更大作用，同时也面临国内区域板块竞争更加激烈的挑战。我省经济实力、科技实力不断增强，更有能力、更有条件应对各类风险挑战和解决突出问题，同时，发展不平衡不充分仍然是我省最大的实际，创新驱动能力不够强，开放型经济发展水平不够高，城乡区域发展不够协调，生态环境改善任重道远，民生保障还存在短板，社会治理还有弱项，作为全国疫情最重、管控时间最长、冲击影响最大的省份，疫后重振和高质量发展面临较多困难。

“十四五”时期，我省处于战略机遇叠加期、政策红利释放期、发展布局优化期、蓄积势能迸发期、省域治理提升期，机遇大于挑战，前景十分广阔。党中央支持湖北一揽子政策提供强力支撑，伟大抗疫精神正转化为推动发展的强大动力，全省上下要立足“两个大局”，深刻认识我省发展环境面临的新变化，增强机遇意识和风险意识，充分发挥湖北经济大省、科教大省、生态大省、农业大省优势，抢时间、抢机遇、抢要素，准确识变、科学应变、主动求变，保持战略定力，扎实办好自己的事，以自身发展的确定性应对外部环境的不确定性，努力在危机中育先机、于变局中开新局。

第三节 二〇三五年远景目标

中共湖北省委十一届八次全会描绘了未来五年以及到二〇三五年我省经济社会发展的宏伟蓝图。展望二〇三五年，我省将基本实现社会主义现代化。经济实力、科技实力、综合实力大幅跃升，人均生产总值达到中等发达经济体水平，新型工业化、信息化、城镇化、农业现代化基本实现，现代化经济体系基本建成，形成与建设成为中部地区崛起重要战略支点、在转变经济发展方式上走在全国前列相适应的综合实力和战略功能。科技创新能力大幅提升，跻身全国创新型省份前列。现代流通体系支撑有力，市场枢纽功能更为强劲。都市圈经济、县域经济、块状经济实力大幅增强，城乡区域发展差距进一步缩小。城乡居民素质和社会文明程度显著提升，文化软实力明显增强，基本公共服务实现均等化。中等收入群体比例明显提高，人民生活品质显著改善，共同富裕迈出坚实步伐。广泛形成绿色生产生活方式，生态环境根本好转，美丽湖北基本建成。省域治理体系和治理能力现代化基本实现，文明湖北、平安湖北、清廉湖北建设达到更高水平，法治湖北、法治政府、法治社会基本建成。

第四节 “十四五”时期经济社会发展总体要求

推动我省“十四五”经济社会发展，必须牢牢把握进入新发展阶段、贯彻新发展理念、构建新发展格局的丰富内涵和实践要求，切实贯彻落实好《中共湖北省委关于制定全省国民经济和社会发展第十四个五年规划和二〇三五年远景目标的建议》。

一、指导思想

高举中国特色社会主义伟大旗帜，深入贯彻党的十九大和十九届二中、三中、四中、五中全会精神，坚持以马克思列宁主义、毛泽东思想、邓小平理论、“三个代表”重要思想、科学发展观、习近平新时代中国特色社会主义思想为指导，肩负起习近平总书记和党中央赋予湖北的历史使命，统筹推进“五位一体”总体布局，协调推进“四个全面”战略布局，坚持新发展理念，坚持稳中求进工作总基调，以推动高质量发展为主题，以深化供给侧结构性改革为主线，以改革开放创新为根本动力，以满足人民日益增长的美好生活需要为根本目的，统筹发展和安全，加快建设现代化经济体系，服务构建新发展格局，打造国内大循环重要节点和国内国际双循环战略链接，推进省域治理现代化，实现经济行稳致远、社会安定和谐，努力把湖北建设成为中部地区崛起重要战略支点，在转变经济发展方式上走在全国前列，奋力谱写新时代湖北高质量发展新篇章，为全面建设社会主义现代化开好局、起好步。

二、基本原则

“十四五”时期我省经济社会发展必须遵循以下原则：

坚持党的全面领导。落实党把方向、谋大局、定政策、促改革的要求，完善各级党委领导经济工作体制机制，提高贯彻新发展理念、服务构建新发展格局的能力和水平，确保党中央决策部署不折不扣贯彻落实。

坚持以人民为中心。做到发展为了人民、发展依靠人民、发展成果由人民共享，办好民生实事，促进社会公平，不断实现人民对美好生活的向往，朝着共同富裕方向稳步迈进。

坚持新发展理念。更加坚定自觉地把创新、协调、绿色、开放、共享理念贯穿发展全过程和各领域，转变发展方式，努力实现更高质量、更有效率、更加公平、更可持续、更为安全的发展。

坚持改革开放创新。坚定不移吃“改革饭”、走“开放路”、打“创新牌”，推进更深层次改革、更高水平开放、更大力度创新，破除制约高质量发展、高品质生活、高效能治理的体制机制障碍，持续增强发展动力和活力。

坚持系统观念。强化前瞻性思考、全局性谋划、战略性布局、整体性推进，着力固根基、扬优势、补短板、强弱项，注重防范化解重大风险挑战，实现发展质量、结构、规模、速度、效益、安全相统一。

三、主要目标

锚定二O三五年远景目标，统筹考虑我省的发展阶段、环境、条件，今后五年努力实现以下主要目标：

综合实力迈上新台阶。全省经济总量跨越6万亿元。经济结构更加优化，现代产业体系基本建立，市场枢纽功能进一步增强，初步建成全国重要的科技创新中心、先进制造业中心、商贸物流中心和区域金融中心。研发经费投入不断增长，创新驱动发展走在全国前列。产业基础高级化、产业链现代化水平显著提升，制造强省、质量强省建设实现新突破。现代服务业提速升级，驱动能力明显增强。现代农业提质增效，农业强省建设取得明显成效。中心城市和城市群发展能级进一步提升，县域经济、块状经济竞相发展，城乡区域发展协调性不断增强。

改革开放赢得新优势。产权制度和要素市场化配置等重要领域、关键环节改革取得重大进展，市场化法治化国际化营商环境水平显著提升，努力建成审批事项最少、办事效率最高、投资环境最优、企业获得感最强的省份之一。开放型经济突破性发展，跨区域合作深度拓展，内陆开放新高地基本形成。

社会文明程度达到新高度。社会主义核心价值观更加深入人心，人民群众思想道德素质、科学文化素质和身心健康素质明显提高，诚信守法、向上向善的社会氛围更加浓厚。文化强省、体育强省建设持续深化，公共文化服务体系和文化产业体系更加健全，文化和旅游产业成为重要支柱产业，优秀文化产品不断涌现，文化软实力不断增强。

生态文明建设取得新成效。国土空间开发保护格局不断优化，“三江四屏千湖一平原”生态格局更加稳固，“水袋子”“旱包子”问题有效解决。长江经济带生态保护和绿色发展取得显著成效，资源能源利用效率大幅提高，主要污染物减排成效明显，生态环境持续改善，生态文明制度体系更加健全，城乡人居环境明显改善。

民生福祉达到新水平。实现更加充分更高质量就业，居民收入增长和经济增长基本同步，分配结构明显改善，中等收入群体持续扩大。基本公共服务均等化水平明显提高，多层次社会保障体系更加健全，全民受教育程度不断提升，疾控体系改革和公共卫生体系建设的“湖北样板”加快建成。脱贫攻坚成果巩固拓展，乡村振兴战略全面推进。

省域治理效能得到新提升。社会主义民主法治更加健全，社会公平正义进一步彰显。廉洁政府建设不断加强，行政效率和公信力显著提升。防范化解重大风险和应急处置能力明显增强，自然灾害防御水平明显提升。党建引领的共建共治共享的社会治理格局和自治法治德治相结合的基层治理体系基本形成，省域治理体制机制更加完善。

专栏1　“十四五”时期全省经济社会发展主要指标

类别	指标名称	2020年	2025年	年均增速[累计]	属性
经济发展	1. 地区生产总值增长（%）	—	—	6.5	预期性
	2. 全员劳动生产率增长（%）	—	—	>6.5	预期性
	3. 常住人口城镇化率（%）	59	65	—	预期性
创新驱动	4. 全社会研发经费投入增长（%）	—	—	>7	预期性
	5. 每万人口高价值发明专利拥有量（件）	3.83*	8	—	预期性
	6.数字经济核心产业增加值占地区生产总值比重(%)	—	10	—	预期性
民生福祉	7. 居民人均可支配收入增长（%）	—	—	与经济增长基本同步	预期性
	8. 城镇调查失业率（%）	—	—	＜6	预期性

续表

类别	指标名称	2020 年	2025 年	年均增速[累计]	属性
民生福祉	9. 劳动年龄人口平均受教育年限（年）	11.1	11.4	—	约束性
	10. 每千人口拥有执业（助理）医师数（人）	2.65	3.1	—	预期性
	11. 基本养老保险参保率（%）	90.7	95	—	预期性
	12. 每千人口拥有 3 岁以下婴幼儿托位数（个）	0.3	2.4	—	预期性
	13. 人均预期寿命（岁）	78	78.5	[0.5]	预期性
绿色生态	14. 单位地区生产总值能源消耗降低（%）	—	—	控制在国家下达指标内	约束性
	15. 单位地区生产总值二氧化碳排放降低（%）	—	—	控制在国家下达指标内	约束性
	16. 地级及以上城市空气质量优良天数比率（%）	达标	控制在国家下达指标内	—	约束性
	17. 地表水达到或好于III类水体比例（%）	达标	控制在国家下达指标内	—	约束性
	18. 森林覆盖率（%）	42	42.5	—	约束性
安全保障	19. 粮食综合生产能力（万吨）	>2500	>2500	—	约束性
	20. 能源综合生产能力（万吨标煤）	5500	6000	—	约束性

注:①[ ]内为 5 年累计数。②带*号的为 2019 年数据。③能源综合生产能力指煤炭、石油、天然气、非化石能源生产能力之和。

第二章 坚持创新第一动力 增强发展新动能

坚持把创新摆在事关发展全局的核心位置，围绕“四个面向”，深入实施科教兴省战略、人才强省战略、创新驱动发展战略，围绕产业链部署创新链，围绕创新链布局产业链，提高“钱变纸”“纸变钱”能力，加快建设科技强省。

第一节 加强区域创新体系建设

优化全省区域创新布局和创新要素配置，加快构建融通协作的区域创新共同体，释放协同创新聚变效应，打造具有全国重要影响力的全域创新体系。

一、打造科技创新策源地

以东湖国家自主创新示范区为核心，瞄准科技前沿，集中布局大科学装置，加快建设顶尖研究型大学，引进一批高水平科研机构和创新团队，建成一批前沿交叉研发平台，深度融入全球创新网络，争创武汉东湖综合性国家科学中心，建设具有全球影响力的科技创新策源地，将“中国光谷”打造成“世界光谷”。推动武汉创建国家科技创新中心，优化提升科技创新核心功能，支撑引领长江经济带、中部地区崛起等国家战略实施，加快打造全国战略性新兴产业集聚区、创新驱动发展示范区和长江中游协同创新的核心支撑区，提升湖北在国家战略科技力量布局中的地位。

二、建设基础研究重大平台

加强基础研究，优化学科布局和研发布局，完善共性基础技术供给体系，提升全省源头创新能力。谋划建设重大科技基础设施，强化设施布局的实用性和开放性，全面提升现有设施性能，推进新建设施的预研预制，实现更多“从 0 到 1”的突破。重组全省实验室体系，加快形成布局合理、治理高效、创新能力强的专业化分工格局，支撑全省重大产业和优势学科发展。面向重大战略需求，统筹高校、科研院所和企业优势科研力量，建设一批湖北实验室，争创国家实验室。加强与中国科学院、高校院所战略合作，加快中科院东湖科学中心等建设。

三、加强区域协同创新

围绕产业布局优化创新布局，加快建设若干创新特色突出、服务功能完备的创新发展示范区。高水平建设光谷科技创新大走廊，强化“光芯屏端网”、大健康等产业链创新链协同，带动鄂州、黄石、黄冈、咸宁创新发展，打造武汉城市圈创新共同体。推进襄阳建设汉江流域区域性创新中心，以汽车、装备等领域为突破口，搭建开放创新平台，完善创业服务体系，联动十堰、随州先进制造业创新发展。推动宜昌建设长江中上游区域性创新中心，以绿色化工、生物医药等产业为重点，建设若干共性技术研发和科技成果转化服务平台，联动荆州、荆门化工产业转型升级和绿色发展。布局建设一批创新型城市、创新型县（市）和新兴产业基地，建设环大学创新经济带、各级各类开发区等创新生态圈，完善创新服务和产业培育体系，探索各具特色的创新发展新路径，成为区域创新驱动发展的重要载体。

第二节 加快突破关键核心技术

坚持需求导向，聚焦全省重点产业的高端领域、关键环节，集中突破一批制约产业转型升级的关键核心技术，提高创新链整体效能。

一、推动关键核心技术攻关

打好关键核心技术攻坚战，探索形成社会主义市场经济条件下新型举国体制湖北路径。实施关键核心技术攻关工程，围绕三维存储芯片、硅光芯片、新型显示材料、高端医学影像设备等重点领域，加强产业链上下游协同，推动“临门一脚”关键技术产业化，实现率先突破。实施科技重大专项，以新能源和智能汽车、新一代信息技术、生物技术、装备制造、新材料、绿色环保等产业为重点，通过“揭榜挂帅”等方式，攻克一批“卡脖子”关键技术，填补国内空白。前瞻布局未来网络、量子信息、生命健康、生物育种、前沿材料、空天科技、海洋科技等领域，以应用开发牵引基础研究，推进颠覆性技术研发，抢占未来产业发展制高点。

二、推进自主创新产品应用

完善重大项目牵引的自主创新产品应用政策体系，建立更加弹性包容的创新技术准入制度，加速创新成果转化应用和国产化替代。实施国产化应用示范工程，加速国产芯片、软件、终端等产品在政府机关和金融、能源、通信等重点领域应用，推进自主产品在更多领域、更大范围形成创新生态。制定首台（套）重大技术装备支持政策，建立“首购首用”风险补偿机制。创新药物推荐目录管理，推动创新药物进入医疗保障体系。聚焦5G、人工智能（AI）、区块链、大数据、虚拟现实等技术创新应用，探索企业提需求、政府来搭台、协同建场景的模式，有序开放数字技术场景供给，打造5G+、AI+、区块链+等应用场景示范标杆。

第三节　强化企业创新主体地位

加快建立产学研深度融合的技术创新体系，支持大中小企业和各类主体融通创新，推动企业成为技术创新决策、研发投入、科研组织和成果转化的主体。

一、激励企业加大研发投入

全面落实鼓励创新的普惠性财税政策，加大企业研发投入加计扣除、研发设备加速折旧等政策落实力度。更多运用财政后补助、间接投入、税收优惠等方式，引导企业加大应用基础研究、技术研发与集成、成果中试熟化与产业化的研发投入。实施高新技术企业成长培育行动计划，优化认定工作机制，力争每年高新技术企业数量增长10%以上。深化企业与高校院所产学研合作，推动规模以上企业研发活动全覆盖。完善国有企业经营业绩考核办法，加大创新转型考核权重。支持创新型中小微企业成长为创新重要发源地。

二、支持企业建立高水平研发机构

促进各类创新要素向企业集聚，依托龙头企业建设一批既能开展基础研究，又能支撑产业创新的企业研究院，形成完善的技术创新体系。加强产业创新中心、制造业创新中心、技术创新中心、工程研究中心等产业创新平台建设，构建高效协作创新网络，推动关键核心技术攻关。组织产学研、上下游企业共建创新联合体，加强产业链协同创新，推进产学研用一体化。加快发展新型研发机构，健全技术创新需求市场发现机制，促进成果转化和产业孵化。支持企业建立海外研发中心、共建联合实验室和研发基地，加强创新合作国际化。

三、完善企业创新服务体系

着力打造“双创”升级版，健全服务企业创新创业的功能型平台。加快财政投入的科研基础设施向创新创业中小企业开放，推进大型科研仪器设备资源开放共享，探索建立设备仪器所有权与经营权分离机制，引入专业机构进行社会化服务。推进企业孵化器、众创空间、大学科技园建设，完善“双创”示范基地发展机制，加快向融通、精益、国际化方向发展。大力发展研究开发、技术评估、检验检测认证、科技咨询等科技服务。支持创新创业服务机构国际化发展，为企业引进人才、开展国际技术合作提供专业、便捷服务。

专栏2　创新平台建设工程

项目	进展情况
重大科技基础设施	提升脉冲强磁场、精密重力测量等重大基础设施性能和开放度，启动实施生物医学成像设施省部共建试点和武汉光源建设试点，对接国家布局，适时推进作物表型组学、农业微生物、磁阱型聚变中子源等重大科技基础设施建设。
湖北实验室	聚焦光电科学、先进存储、生物安全、空天信息、生命健康、智能制造、长江生态、现代农业、生物育种等优势特色领域，加快推进光谷实验室、珞珈实验室、江夏实验室、洪山实验室、东湖实验室、九龙湖实验室等建设，完善全省实验室体系。
关键核心技术创新平台	加快建设国家先进存储产业创新中心、国家信息光电子创新中心、国家数字化设计与制造创新中心。创建和布局50个省级及以上产业创新中心、制造业创新中心、技术创新中心和工程研究中心。
企业技术中心	每年支持50家以上行业骨干企业建立省级及以上企业技术中心。每年支持100家以上规模以上工业企业建立企校联合创新中心。
新型研发机构	支持建设500家面向市场的省级新型研发机构，推动投资多元化、运行模式多样化，提供多种形式的先进技术研发、成果转化和产业孵化等服务。
企业创新服务平台	建设1000家省级以上科技企业孵化器、众创空间、星创天地等，建立全链条创新服务体系。

第四节　释放人才创新创业活力

牢固确立人才引领发展的战略地位，贯彻尊重劳动、尊重知识、尊重人才、尊重创造方针，深化人才发展体制机制改革，围绕产业发展全方位培养、引进、用好人才，加快构筑创新创业人才高地。

一、加强高水平人才队伍培养

完善人才培养体系，以人才集聚促进产业发展，以产业发展集聚更多人才。尊重人才成长规律，培养造就一批具有国际水平的战略科技人才、科技领军人才、创新团队，构建完备的人才梯次结构。发挥重大科技计划和人才工程引导作用，打造一批高水平创新人才和团队，培养一批优秀青年科技人才后备军。加强博士后人才队伍建设，推进实施博士后人才倍增计划。充分发挥企业家在技术创新中的重要作用，优化企业家成长环境，加快培养具有国际视野、精通现代企业管理、具有创新精神的企业领军人才。大力弘扬工匠精神，实施知识更新工程、技能提升行动，培育、选拔一大批高水平工程师和高技能人才。

二、着力引进高层次人才

推行人才引进新模式，逐步由聚焦个人向聚焦团队转变。实施“楚才引领计划”，积极推进重大人才工程项目，重点支持企业引进培育一批核心技术人才、产业领军人才、高技能领军人才。着力引进全球诺贝尔奖获得者、院士等高端人才团队，支持其开展基础科学研究。探索以离岸创新基地、联合实验室等方式，柔性引进国内外高层次人才。创新招才引智工作机制，充分发挥企业主体作用，更好发挥驻外机构、群团和社会组织的桥梁纽带作用。滚动实施“我选湖北”计划，吸引优秀大学生在鄂就业创业。建立“楚才卡”制度，完善安居、子女教育、医疗、社保等人才保障政策，提升综合服务水平。

三、激励人才各展其能

大力弘扬新时代科学家精神，建立健全科研诚信制度和信用管理体系，着力营造风清气正的科研环境。创新人才评价机制，建立健全以创新能力、质量、实效、贡献为导向的科技人才评价体系，形成有利于科技人才潜心研究和创新的制度环境。注重个人评价和团队评价相结合，尊重和认可团队所有参与者的实际贡献。完善以知识、技能、管理等创新要素参与利益分配的激励机制，让各类人才得到合理回报。探索建立高校院所、研发机构、企业科研人员“双跨”机制，促进人才合理流动。

第五节　深入推进科技体制改革创新

深化全面创新改革试验，加快构建与创新驱动发展要求相适应的新体制、新模式，力争在科技成果转化、科技管理、科技金融、知识产权保护等领域取得新突破。

一、加速科技成果转化

创新科技成果转化机制，推进大学校区、产业园区、城市社区“三区融合”，加快科技成果就地转化。推进“联百校、转千果”科惠行动，建立市州与高校科技成果转化合作长效机制。全面落实职务科技成果转移转化激励制度，推进职务科技成果所有权和长期使用权改革。鼓励高校、科研院所设立技术转移机构、聘用技术经纪人，推进科技成果转移转化。推行财政科研项目成果限时就地转化制度。健全科技成果供需信息共享机制，加强与企业技术创新需求的有效对接。完善湖北技术交易大市场，打造“互联网+技术转移”服务平台，为科技成果转化提供全过程服务。

二、深化科技体制改革

加快科技治理体系建设，推动政府科技职能从“研发管理”向“创新服务”根本转变。持续稳定增加财政对创新领域的投入，优化科技投入结构，逐步加大基础研究和前沿科技研发投入力度。改进科技项目组织管理方式，建立面向需求的项目遴选机制、激励竞争的组织实施机制和精简高效的过程管理机制。改革和创新科研经费使用与管理方式，更大激发科研人员创新创造活力。探索建立以信任为前提的顶尖科学家负责制，赋予充分的人财物自主权和技术路线决定权。完善科技评价机制，深入推进科技“三评”制度改革，加快建立科学分类、合理多元的科研绩效评价机制。构建开放导向的科技创新合作机制，促进国际合作。加强科普工作，营造崇尚创新的社会氛围。

三、完善金融支持创新体系

实施科技金融服务“滴灌行动”，建立全链条、全周期的科技金融服务体系。加大天使投资力度，设立省级天使投资母基金，引导社会资本组建天使投资基金群，强化对创新成果在种子期、初创期的投入。完善和落实创业投资优惠政策，吸引更多创投机构落地湖北，投资湖北科技企业和科技成果转化项目。扩大科技金融信贷投放，加强“政投贷担保”协同，为科技型企业提供增值增信和融资服务。支持保险机构开展科技保险产品创新，探索开发科技企业创业保险，建设高水平武汉科技保险示范区。推动符合条件的科技企业在多层次资本市场融资。创新金融支持方式，探索为企业技术创新和成果转化提供股权债权相结合的融资服务模式。

四、加强知识产权保护应用

加大知识产权保护力度，加快构建司法审判、行政执法、多元调解、商事仲裁、法律服务、社会监督、行业自律为一体的知识产权多元保护体系。加强知识产权信用监管，建立知识产权侵权查处快速反应机制，推广知识产权民事、刑事、行政案件“三合一”审判，推动设立武汉知识产权法院。实施重点企业知识产权海外护航工程，探索建立知识产权涉外应对和援助机制。加强知识产权创造、运用、管理和服务，打造知识产权全领域、全链条、一站式公共服务平台。实施高价值知识产权培育工程、知识产权运用示范工程，大力创造基础型、原创型、高价值专利，强化知识产权对新兴产业培育的引领作用。

第三章　发展壮大实体经济
加快构建现代产业体系

坚持把发展经济着力点放在实体经济上，推进科技创新、现代金融、人力资源等要素向实体经济集聚协同，加快形成战略性新兴产业引领、先进制造业主导、现代服务业驱动的现代产业体系。

第一节　深入推进制造强省建设

保持制造业比重基本稳定，巩固壮大实体经济根基，加快发展先进制造业，推进产业基础高级化和产业链现代化，推动湖北制造向质量效率型、高端引领型转变，制造强省建设走在全国前列。

一、提升产业链供应链现代化水平

实施产业基础再造工程，补齐产业链供应链短板。以重点行业转型升级、重点领域创新发展需要为导向，聚焦市场需求量大、质量性能差距大、对外依赖程度高的核心基础零部件、核心电子元器件、工业基础软件、关键基础材料、先进基础工艺等，组织协同攻关和应用示范。

实施产业链提升工程，锻造产业链供应链长板。建立重点产业链“链长制”，分行业做好供应链顶层设计和精准施策，推动产业链优化升级。以信息网络、汽车及零部件、生物医药等产业链为重点，引导优势企业兼并重组，提升产业链控制力和主导能力。聚焦集成电路、新型显示、智能终端等产业链，加快补齐缺失环节，打造新兴产业链。建立产业链外迁风险预警和应对机制，提升产业链安全保障能力，留住核心企业和关键环节。

实施技改提能工程，推动产业链迈向中高端。全面推进新一轮技术改造升级，力争技改投资占工业投资比重达到45%以上。加快智能化改造，推进智能工厂和数字化车间建设，实现生产过程透明化、生产现场智能化、工厂运营管理现代化。推进绿色化改造，构建绿色制造体系，推动清洁生产，加快发展再制造产业。大力发展服务型制造，开展两业融合试点，推动先进制造业和现代服务业双向深度融合。

二、调整优化制造业结构

加快重点行业结构调整。发挥汽车整车产能和零部件配套优势，促进协同发展，打造万亿级汽车产业集群。优化装备产业体系，加强关键技术攻关，增强产业发展战略支撑能力。巩固钢铁、有色、化工、建材等原材料工业供给侧结构性改革成果，加快安全绿色高效发展，培育万亿级现代化工产业集群。推动食品、纺织等消费品工业增品种、提品质、创品牌，提高产品附加值。优化区域产业链布局，充分利用现有产业基础，积极承接国内外产业转移，推进老工业基地转型发展，着力打造产业名城。引导全省产业集聚区规划布局，支持产业转型升级示范区建设，加快建设一批主导产业特色鲜明、产业链供应链协同稳定的先进制造业集群。

三、提升“湖北制造”影响力

实施优质企业培育工程，增强湖北企业竞争力。着力培育和引进更多头部企业和有终端产品的企业，优化产业生态圈，带动上下游企业融通创新发展。大力发展“专精特新”企业，引导中小企业突出主业，专注细分市场，打造一批竞争力强、市场占有率高的“单项冠军”。充分发挥行业协会、产业联盟、中介机构的作用，加强交流合作，优化产业链分工协作体系，促进产业联动发展。

深入开展质量提升行动，提升湖北产品美誉度。大力推进质量强省建设，全面提升企业产品质量标准。完善质量基础设施，推进计量体系和检测认证体系建设，探索建立质量分级制度。深入推进标准化战略，加强行业标准体系建设，引导汽车、信息、装备、医药、化工等行业龙头企业，主动参与国际标准、国家标准和行业标准制定，提升行业话语权。营造良好品牌建设环境，推进产品品牌、企业品牌、集群品牌建设，引导企业加强品牌经营，逐步将技术优势、质量优势转化为品牌优势。

四、做大做强建筑业

以数字化、智能化建造技术为支撑，以新型建筑工业化为路径，促进建筑业与制造业深度融合，巩固建筑业支柱地位，打造“湖北建造”品牌，力争产业规模、质量保持全国前列。深化工程建造方式、组织实施方式、交易方式和造价管理方式改革。大力推广绿色建筑、智能建造，加快新技术、新工艺、新材料、新设备应用。提升建筑业国际影响力，鼓励建筑企业积极参与“一带一路”建设，充分发挥在鄂建筑业央企优势，发展对外承包工程投建营一体化模式，促进我省装备、技术、品牌、服务、标准“走出去”。

专栏3　重点行业转型升级方向

项目	进展情况
汽车	加速向高端化、电动化、智能化转型，充分发挥整车企业带动作用，完善零部件协同研发制造体系，提升新能源汽车比重和零部件本地配套比例，建立健全智能汽车创新发展体系，推进新能源与智能网联汽车产业基地建设，形成以“汉孝随襄十”汽车走廊为核心，宜昌、荆门、黄冈等地协同发展，具有国际影响力的万亿级汽车产业集群。
装备	加强重大技术装备攻关及产业化，大力发展关键部件、配套工艺设备，建立健全研发、检测、应用体系，促进首台套示范应用，提高装备精度、可靠性、稳定性和使用寿命，形成以武汉、襄阳、宜昌为核心，黄石、十堰、荆门、荆州、孝感、随州等地协同发展的产业布局，建成全国重要的先进装备制造基地。
化工	坚持园区化、绿色化、精细化发展，优化发展特种油和乙烯下游产业，改造提升磷化工、盐化工、煤化工等传统产业，大力发展高端精细化学品和化工新材料，优化沿江化工产业布局，重点在武汉、宜昌、荆门、襄阳、荆州、孝感、黄冈、潜江、仙桃布局建设一批绿色化、智能化的专业化工园区，打造万亿级现代化工产业集群。
建材	升级发展水泥、玻璃等传统优势行业，重点发展先进无机非金属材料、新型绿色建筑材料及制品、增强复合建筑材料，加快向节能环保、循环利用、生产服务型产业转变，推动形成以武汉、黄石为核心，咸宁、荆州、荆门、黄冈、随州等地协同发展的产业布局，打造国内领先的绿色建材产业集群。
冶金	巩固钢铁去产能成果，打造绿色智能钢厂，重点发展高端装备用关键材料。延伸有色金属产业链，重点发展用于新基建等的核心基础材料，以武汉、黄石、鄂州、咸宁为重点打造全国领先的高端冶金产业基地。

续表

项目	进　展　情　况
食品	依托品牌企业和地理标志产品，大力发展品牌休闲食品、绿色有机食品、功能性营养食品，提高农副产品深加工转化率、食品制造精细化率和产地初加工水平，以县域为重点建设一批特色食品工业园区，培育一批国内领先的产品、企业和品牌，打造全国知名的食品产业集群。
纺织服装	推动纺织服装与文化创意、时尚设计等融合，振兴汉派品牌，提升发展时尚服装产业，大力发展纺织新材料，以医疗卫生防护产品为重点发展产业用纺织品，形成以武汉、仙桃、孝感为核心，襄阳、黄石、鄂州、荆州、黄冈、天门等地协同发展的产业布局，打造国内一流的纺织服装产业集群。

第二节　发展壮大战略性新兴产业

实施战略性新兴产业倍增计划，推动形成要素优化配置和产业链高度配套的良好发展生态，促进产业由集聚发展向集群发展全面提升，打造产业转型升级新引擎。

一、打造具有国际竞争力的产业集群

推进集成电路、新型显示器件、下一代信息网络、生物医药等国家战略性新兴产业集群建设，着力培育具有国际竞争力的万亿级光电子信息、大健康产业集群。构建“光芯屏端网”纵向链合、横向协同的发展机制，突出“光”特色，做强“芯”核心，做大“屏”规模，强化“端”带动，优化“网”生态，发挥重大项目支撑引领作用，推动建立以武汉为核心，沿江城市分工协作的产业布局。加快生物产业从培育到壮大的转变，大力推进化学原料药、生物创新药、仿制药、疫苗、医疗器械等研发和产业化，推动精准医疗、智慧健康等前沿领域应用创新，打造形成以武汉国家生物产业基地为龙头，各区域生物产业园竞相发展的联动发展格局，建设全国生物经济先行示范区。

二、培育壮大新兴产业梯队

提升航空航天与北斗、新材料、高端装备、绿色环保、数字创意等新兴产业发展能级，加快形成接续有力、相互支撑、融合互动的产业梯队。大力培育航空航天与北斗产业，以空天地一体化为特色，推动卫星遥感、通信与导航融合化应用，加快建设武汉国家航天产业基地、荆门国家通航示范区，打造国内领先的航空航天与北斗产业集群。做大做强新材料产业，大力发展先进半导体材料、电子化工材料、高性能复合材料，加快工程应用和产业化，提升关键材料对重点产业发展的支撑能力。做强做优高端装备产业，研发推广精密数控机床、工业机器人、增材制造等智能制造装备，大力发展高技术船舶及海洋工程装备、轨道交通装备、能源装备，促进装备产业优化升级。加快发展绿色环保产业，以绿色低碳技术创新和应用为主攻方向，全面推进高效节能、先进环保和资源循环利用产业体系建设。推动数字创意产业发展壮大，巩固数字建造、数字设计、数字内容等领域优势，加快发展电竞、直播、短视频等新业态，建成特色鲜明的数字创意产业基地。

专栏4　打造“光芯屏端网”世界级产业集群

项目	进　展　情　况
光	巩固光纤光缆、光电器件、光通信系统、激光等领先优势，突破特种光纤、光电芯片、激光材料与器件等短板，强化标准和专利布局，打造世界一流的光通信及激光产业基地。
芯	集中力量和资源推进国家存储器基地建设，加快实现技术赶超和规模提升，建成全国先进存储“产业航母”。加快发展物联网芯片、北斗芯片等，补齐封装测试短板，完善产业创新体系和发展生态，打造全球知名的集成电路产业基地。
屏	充分发挥行业领军企业集聚效应，进一步做大面板产业规模，提升产业配套能力，加快柔性显示、Micro LED 等新技术研发和应用，打造全球新型显示技术创新和产业发展高地。
端	大力引进智能终端头部企业，重点发展智能手机、平板电脑、智能电视、可穿戴设备等终端产品，加强与芯片、显示、软件等产业协同发展，建成全国重要的智能终端生产基地。
网	以固移融合、云网融合为方向，加快发展 5G 等新一代移动通信、下一代互联网、云计算和物联网等领域网络设备，大力发展网络应用及服务、信息安全产品和服务，加快国家网络安全人才与创新基地建设，打造国内顶尖的信息网络产业集群。

第三节　加快发展现代服务业

以满足产业转型升级需求和人民美好生活需要为导向，大力发展现代服务业，加快构建优质高效、布局优化、竞争力强的服务业新体系，增强服务业的驱动能力。

一、全面提升服务业发展能级

实施现代服务业提速升级行动，培育现代服务业万千亿产业集群，服务业增加值迈上 3 万亿新台阶，对经济增长的贡献率稳步提升。围绕服务构建新发展格局，提升畅通经济循环的基础能力，加快建设全国重要的商贸物流中心和区域金融中心。围绕服务制造强省建设，着力打造具有全国影响力的研发设计和高端商务服务基地。围绕促进消费升级，加快建设世界知名文化旅游目的地、健康服务样板区。加快建设多层次服务经济中心，充分发挥中心城市优势，完善服务功能，增强辐射带动能力，促进服务业发展与新型工业化、城镇化良性互动。推动武汉高端服务业和高附加值服务环节加速集聚，加快提升襄阳、宜昌服务业层次和水平。促进中小城市对接中心城市服务资源改造提升传统产业，统筹发展城乡服务业。推进服务标准化、品牌化建设，持续推进“五个一百”工程，促进服务业发展要素和载体集聚联动发展。

二、推动生产性服务业融合化发展

加快生产服务、流通服务等生产性服务业向专业化和价值链高端延伸，推动现代服务业同先进制造业、现代农业深度融合，促进服务业不同领域间的协同融合。依托制造业集聚区布局生产性服务业，加快建设一批服务支撑平台，大力培育知识密集型生产性服务业集群。大力发展现代金融，实施地方法人金融机构增量提质行动，促进资本市场健康成长，支持武汉打造全国一流的科技金融创新中心、碳金融中心和金融后台服务基地。着力发展研发设计产业，做大做强工程勘察设计及工程总承包业务，建设一批国家级工业设计中心，推进武汉建设世界“设计之都”。加快发展高端商务服务，重点发展会计、审计、咨询、法律等专业服务，大力发展会展业和广告业，培育一批具有国际水平的全过程工程咨询企业。积极培育人力资源服务业，推进建设人力资源服务产业园，促进人力资源服务业集聚发展。

三、加快生活性服务业品质化发展

推动社会服务、居民服务等生活性服务业向高品质和多样化升级，以高质量的服务供给催生创造新的服务需求。加快发展健康、养老、育幼、文化、旅游、体育、家政、物业等服务业。加强公益性、基础性服务业供给，充分发挥市场主体作用，扩大社会服务有效供给，更好满足多层次、多元化需求。顺应生活方式转变和消费升级趋势，引导居民服务多样化发展，改善服务体验，提升服务品质。深入开展服务业质量提升行动，健全服务质量治理体系，提升消费满意度。

第四章　推动经济社会数字化转型　加快建设数字湖北

迎接数字时代，把数字牵引作为推动高质量发展的强劲动能，加快发展数字经济，建设数字社会、数字政府，以数字转型整体驱动生产方式、生活方式和治理方式变革。

第一节　打造数字经济新高地

实施数字经济跃升工程，加快突破数字经济新技术，推动数字经济和实体经济深度融合，赋能传统产业转型升级，催生新产业新业态新模式，着力打造全国数字经济新高地。

一、推进数字产业化

大力推动数字产业创新发展，加快形成数据驱动、应用带动产业发展新模式。着力发展软件和信息技术服务等基础产业，推进国产操作系统、数据库、工具软件、行业应用软件和信息安全软件研发应用，加快建设武汉中国软件特色名城，大力引进知名互联网企业在鄂设立总部或第二总部，着力打造国内互联网产业新增长极。培育壮大云计算、大数据、物联网、人工智能等新兴产业，推动传统信息技术企业向云计算服务商转型，加强大数据创新应用，提升物联网系统集成服务能力，加快人工智能软硬件技术突破，打造全国重要的大数据、人工智能技术创新和应用示范高地。布局区块链等前沿产业，推动区块链与人工智能、大数据、物联网等技术的深度融合，加快区块链技术创新、应用创新、模式创新，建设有全国影响力的区块链创新发展集聚区。

二、促进产业数字化

推动传统产业数字化转型，增强转型能力供给，促进企业联动转型、跨界合作。着力推进制造业数字化、网络化、智能化，开展智能制造试点示范，加快推广网络化协同制造、个性化定制、远程运维服务、众包众创等新模式。深入推进企业上云工程，加快设备联网上云、数据集成上云。完善工业互联网平台体系，推进“5G+工业互联网”融合应用，提升智造能力。支持龙头企业建设产业“数据中台”，以信息流促进上下游、产供销协同联动，打造跨越物理边界的“虚拟”产业园和产业集群。大力培育服务业新业态、新模式，加快移动互联网与生活服务的深度融合，探索“非接触经济”等线上服务新模式，推动共享出行、餐饮外卖、在线购物、新零售等领域产品智能化升级和商业模式创新。着力推进生产性服务业数字化发展，壮大智能设计、智慧物流、数字金融等新服务业态，培育发展共享经济。

三、营造良好数字生态

完善促进数字经济发展的政策体系，推动地方数字经济立法。探索数字化标准规范，完善数据产权保护机制。优化新产业、新业态的准入制度，健全触发式监管机制，构建多方协同治理体系，推动技术创新与商业模式创新互促互进。以国家和省级高新区、经开区为重点，建设一批数字经济示范园区，完善园区新型基础设施，丰富应用场景，推进数字化创新应用。完善网络与信息安全保障体系，加强重要信息系统网络安全防护，健全网络安全监测预警、应急处置的工作机制。加强数据知识产权保护，确保个人隐私和大数据安全。提升全民数字技能，实现信息服务全覆盖。

第二节　加快数字社会建设

加快数字技术在公共服务和社会治理领域的全面融合，建设智慧城市和数字乡村，构建生活便利、服务高效、管理智能的数字社会。

一、提供智慧便捷的公共服务

大力发展融合化在线教育，深化“三个课堂”应用，加快形成高质量线上教育资源供给。探索“互联网+”医疗健康服务，推进智慧医院、远程医疗建设，构建覆盖诊前、诊中和诊后的线上线下一体化医疗服务模式。推进智慧养老应用系统建设，加快发展远程看护、健康管理、康复照料等居家养老服务新模式。完善线上就业服务平台，提供线上职业培训、灵活就业供需对接、“共享用工”等就业服务。推进建立以社会保障卡为载体的“一卡通”服务模式。推动大数据与交通运输的深度融合，提升运输服务智能化、便捷化水平。加快发展智慧旅游，推动旅游景区建设数字化体验产品，丰富游客体验内容。

二、加快智慧城市建设

加强城市管理和服务体系智能化建设，因地制宜推动智慧城市发展。推进城市数据大脑建设，加强数据资源实时共享和业务系统互联互通，推动大数据在城市治理领域的应用创新。加快物联网技术在城市基础设施领域的应用，部署建设感知互联设施，推进基础设施智能化。加大信息资源开发共享力度，构建政企数字供应链，有力支撑城市应急、治理和服务。支持武汉、襄阳、宜昌加快建设新型智慧城市，加强智慧城市发展模式探索和创新。支持有条件的地市围绕政务服务、交通出行、文化旅游、健康养老、公共安全、社区治理等重点领域，实施一批智慧城市示范项目。探索推进城市间智慧运行系统的互联互通，建立跨部门、跨层级、跨区域的协同运行机制。

三、推进建设数字乡村

持续深化信息进村入户，打通已有分散建设的涉农信息系统，推进涉农信息资源共享开放、有效整合。加快农业智慧化改造，建设省级农业农村大数据平台，推动数字技术与农业装备、农机作业融合应用。以农作物大田监测、畜牧水产规模养殖、设施农业等为重点，加大农业物联网应用推广力度。探索建设基于卫星遥感、无人机、田间观测一体化的农业遥感应用体系。加快农村电子商务发展，促进农产品进城和工业品下乡，推进农业旅游和电子商务融合发展。推进信息化与乡村治理深度融合，提升乡村治理智能化、精细化、专业化水平。积极探索数字乡村建设新模式，创新城乡信息化融合发展体制机制，着力弥合城乡“数字鸿沟”。

第三节 提高政府数字化水平

以建设人民满意的服务型政府为目标，加快政府数字化转型，推进政府治理流程再造和模式优化，实现科学化决策、精准化治理和高效化服务。

一、加强数据资源开放共享

建设完善全省物理集中、动态更新的公共基础数据库和主题信息资源库，整合共享各部门业务数据，汇聚科研机构、公用事业单位、互联网企业等社会化数据，丰富数据资源。完善省大数据能力平台，提升数据资产管理、共享支撑和治理分析能力。扩大政务信息资源共享交换覆盖范围，制定政府数据开放管理办法，编制数据开放共享目录和标准，促进公共数据有序开放和规范管理。加快开放交通、教育、文化、食品药品安全、产品质量、计量标准、检验检测等数据，鼓励公众、企业和社会机构开发利用，提供多样化、创新性便民服务。

二、提升政务服务整体效能

持续优化全省一体化在线政务服务平台，积极探索引导式、场景化服务，推进线下服务网点与政务服务平台深度融合，形成功能互补、合一通办的政务服务模式。推进各级各部门业务办理系统与全省政务服务平台深度对接，加快政务服务向移动端“鄂汇办”延伸，拓展“鄂汇办”基层应用范围，实现从“网上办”到“指尖办”。加快服务热线平台资源整合，拓展全省统一的“12345”在线服务平台功能，由咨询向办事拓展延伸。深化网上政务服务能力评估，建立公众评价和第三方评估机制，强化效能监督。

三、提高政府数字化治理能力

加快构建以大数据为支撑的决策体系，建设一屏全览的综合展示可视化平台，打造科学决策“驾驶舱”。建立数字化智库，为政府决策提供专业支撑。加强网络民意大数据采集分析能力建设，实现政府决策问政于民、问需于民。完善政府数字化监管模式，推进监管系统与各平台互联互通，创新和完善协同监管方式。深化数字化治理重点应用，加快构建长江大保护、公共安全、重大项目、营商环境等智慧应用场景，推动政务数据关联分析、深度挖掘、智能研判，提升协同治理、精准治理效率。

第五章 打造强大市场枢纽 构建内陆开放新高地

积极服务构建新发展格局，把实施扩大内需战略同深化供给侧结构性改革结合起来，加快建设现代流通体系，促进内贸、外贸协调发展，打造国内大循环的重要节点和国内国际双循环的战略链接。

第一节 充分释放内需潜力

增强消费对经济发展的基础性作用，发挥投资对优化供给结构的关键作用，不断提升供给体系对国内需求的适配性，以高质量供给引领和创造新需求，促进供需良性互动。

一、促进消费扩容升级

顺应消费升级趋势，提高生产供给能力，完善促进消费体制机制，提升传统消费，培育新型消费，适当增加公共消费，全省社会消费品零售总额年均增长8%左右。开展品牌提升行动，在消费品领域积极推行高端品质认证，推进内外贸产品同线同标同质。加强自主品牌建设，保护和发展老字号品牌，推动品质消费、品牌消费。稳定和扩大汽车消费，推动汽车等消费品由购买管理向使用管理转变。持续改善居住品质，促进住房消费健康发展。持续改善城市商圈、农村电商网络等设施，培育壮大无接触交易等消费新模式，大力发展共享经济、微经济等新业态，促进线上线下消费融合发展。营造多元消费场景，发展夜间经济。丰富适合农村消费者的商品供给，促进大宗消费重点消费，扩大县域乡镇消费，激发农村消费潜力。发展服务消费，放宽服务消费领域市场准入。落实带薪休假制度，扩大节假日消费。支持建设武汉国际消费中心城市和襄阳、宜昌区域消费中心城市，打造一批以文化消费、旅游消费、养生消费为特色的消费示范试点城市。优化消费环境，深入开展“放心舒心消费在湖北”行动，推进消费维权集体诉讼和公益诉讼，加强消费者权益保护。

二、精准扩大有效投资

优化投资结构，提高投资效益，保持投资合理增长，提升长期综合竞争实力，全省固定资产投资年均增长8%左右。聚焦基础设施、市政工程、农业农村、生态保护、公共卫生、应急保障、防灾减灾、民生保障等既有需求又有空间的关键领域和薄弱环节，谋划布局一批强基础、增功能、利长远的重大工程与项目。提高投资有效性和精准性，推动企业设备更新和技术改造，扩大战略性新兴产业投资，推动产业结构和产业价值跃升。发挥政府投资撬动作用，激发民间投资活力，推动形成市场主导的投资内生增长机制。规范推广政府和社会资本合作（PPP）模式，推动各地常态化公开发布回报机制明确、商业潜力大的项目，吸引民间资本参与。盘活存量资产，稳妥开展基础设施领域不动产投资信托基金（REITs）试点等工作。按照“要素跟着项目走”的要求，用足用好资金、土地、能耗、环境等要素保障支持政策。提升投资便利化水平，推行区域性统一评价、标准地出让，促进投资项目快速落地。

第二节　建设现代流通体系

充分发挥产业基础和区位优势，加快建设现代化、高效率、低成本的流通网络，促进商品和服务跨区域流通，推动实现经济循环流转和产业关联畅通。

一、强化国内国际市场链接

加快打造内外联通、安全高效的贸易通道，提高通道承载能力和转运效率，扩大商贸流通的交换空间，推动生产和消费在更大范围内产生联系。加快内外贸监管体制、经营资质、质量标准、检验检疫、认证认可等方面衔接，促进内外贸一体化发展。完善民航国际航线、中欧班列（武汉）、江海联运航线等国际通道，依托交通集疏运体系打造中部陆海大通道，加强与国际市场的联系。依托沿长江、汉十等横向通道和京广、二广等纵向通道，加强与周边省份中心城市和国内主要经济区的经济联系。发展壮大跨境流通新业态，鼓励省内商贸流通企业布局境外营销网络，引进和培育一批具有国际竞争力的商贸流通龙头企业，促进出口贸易与产业升级良性互动，推动进口贸易和消费需求联动。

二、增强市场服务功能

优化市场布局、贸易方式，发挥商贸流通衔接产业链上下游的功能，实现从采购到生产再到消费等各环节的有机衔接，为促进供需匹配、效率提升、产业升级提供强大的市场支撑。培育壮大钢材、汽车零配件、建材、化工、纺织等一批生产资料交易市场，整合做强汉正街小商品市场、汉口北国际商品交易中心等一批消费品市场，改造提升一批综合性农产品批发市场。鼓励各类市场拓展标准制定、价格指数发布等功能，增强市场影响力。推动有条件的市场建立供应链服务平台，提升市场整合线上线下供求资源能力。加快大数据、物联网等技术应用，支持传统商贸流通企业逐步由单一贸易功能向信息、金融等综合性功能拓展，助力生产企业增强对市场需求的捕捉能力、快速响应能力和敏捷调整能力，促进生产效率提升。

三、打造高效物流体系

加强物流基础设施网络体系建设，推动物流降本增效，增强资源要素、商品、服务的流通中转和集聚辐射能力。围绕全省区域发展和产业布局，加快推进武汉、宜昌、襄阳、鄂州、十堰等城市建设国家级物流枢纽，布局建设一批省级物流枢纽。充分利用长江黄金水道，大力发展江海联运、水铁联运、水水直达、沿江捎带等现代物流。实施城乡高效配送专项行动，提高物流配送效率。改造提升农村物流基础设施，加强农产品物流骨干网络和农产品产地冷链物流体系建设，完善农村流通服务体系。加快国家和省级示范物流园区建设，加强标准化建设和绿色化发展，力争全省5A级物流企业增至30家。

专栏5　物流体系建设重点工程

项目	进　展　情　况
物流枢纽工程	推进陆港型、港口型、空港型、生产服务型、商贸服务型物流枢纽建设，建成5个国家级物流枢纽，培育5家左右枢纽建设运营标杆企业。
物流园区工程	建成5个国家级示范物流园区，布局建设10个左右省级示范物流园区。
冷链物流工程	建设武汉国家级骨干冷链物流基地，推进以襄阳、宜昌、黄石、黄冈、鄂州、十堰、荆门、荆州为重点的骨干冷链物流基地储备工程建设，实施县域冷链物流设施补短板项目。
城乡物流配送工程	建设公用型城市配送节点和社区配送设施，发展共同配送、统一配送、直接配送等现代化配送方式，鼓励企业在城乡和具备条件的村建立物流配送网点，力争所有社区、机关、学校、大中型企业、行政村设立末端配送网点。

第三节　全面提升对外开放水平

抢抓国家实施区域全面经济伙伴关系协定（RCEP）和中欧投资协定等重大机遇，实施更大范围、更宽领域、更深层次对外开放，建设更高水平开放型经济新体制，打造内陆开放新高地，切实提高经济外向度。

一、更大力度加快外贸发展

实施外贸主体培育行动，打造具有区域特色的外贸产业优势集群，实现货物贸易、服务贸易年均增长10%以上。加快外贸转型升级示范基地、传统优势产品出口基地和特色服务出口基地建设。进一步提升汽车、船舶、机电、化工、纺织服装等传统出口产品的附加值，扩大电子信息、智能制造、新材料等技术密集型产品出口，加快文化、中医药、调味品、防疫物资等特色产品出口，推动水产品、茶叶、食用菌、蜂蜜等优质农产品出口。优化国际市场布局，实施市场多元化战略，巩固欧美、日韩等市场优势，深耕东南亚市场，开拓中亚、非洲、拉美等新兴市场。优化进口商品结构，扩大能源资源、高端装备、先进技术、关键零部件和优质消费品进口。加快发展跨境电商、市场采购和外贸综合服务等新业态，创新发展服务贸易，培育外贸新动能。推进武汉新一轮全面深化服务贸易创新发展试点。

二、更深程度融入“一带一路”

积极对接双多边国际合作机制，更大力度组织参加“一带一路”国际合作高峰论坛、中国进口博览会，推动长江中上游地区与俄罗斯伏尔加河沿岸联邦区合作，打造区域开放合作的旗舰项目。切实推动境外产业园区发展，鼓励“中国—比利时科技园”“中俄—托木斯克木材工贸合作区”等创新发展，在哈萨克斯坦、菲律宾等国投资建设综合性产业园区。扩大国际产能和装备制造合作，拓展第三方市场合作。高质量服务国家总体外交，深入开展民间交往，持续深化友城合作，促进人文交流，增进民心相通，加强与“一带一路”国家多领域务实合作。提升中欧班列（武汉）市场化运作能力。积极探索与新疆共建丝绸之路经济带核心区重要支点，推进互利互补发展。强化“走出去”服务和监管，健全维护海外利益安全工作机制。

三、更高质量引进外资外智

坚持内外资企业一视同仁、平等对待，落实外商投资准入前国民待遇加负面清单管理制度，打造开放湖北国际形象。开展产业招商、主题招商和定向招商，重点引进行业龙头、“隐形冠军”、高科技企业，鼓励跨国公司在湖北设立总部、区域总部及功能性机构，支持外资企业设立研发中心、承担科技项目，吸引更多优秀人才、技术。办好光博会、华创会、台湾周、楚商大会、世界500强对话湖北等大型招商活动，持续扩大湖北全球影响力和吸引力。推动建设国际合作园，打造一批开放程度高、产业结构优、研发功能强的外资集聚园区。落实国家外商投资安全审查、不可靠实体清单等制度。

四、更高水平打造开放平台

推动湖北自贸试验区首创性、差异化改革，试行有利于促进跨境贸易便利化的外汇管理政策和贸易监管制度，扩大金融、科技、医疗、贸易和数字经济等领域开放。推广湖北自贸试验区改革创新成果，加强自贸试验区与省内经开区、高新区等联动发展。推进武汉片区扩容，推动设立襄阳、黄石、鄂州、荆州综合保税区和武汉天河机场保税物流中心（B型），高水平建设已有的综合保税区、保税物流中心和各类海关指定监管场地。全面提升口岸功能，推进“口岸+”建设，拓展和提升国际贸易“单一窗口”功能，推进口岸作业科技化、海关监督智能化、互联互通信息化、通关服务多元化。推动口岸提效降费，推进跨部门一次性联合查验，进一步压缩货物通关时间。积极推动鄂州、襄阳、十堰等空港口岸扩大开放。推动临空临港产业园区和现代国际物流园区建设，大力促进保税维修、研发设计、物流分拨、销售服务等业务，积极发展出口加工贸易和口岸经济。支持武汉、宜昌、鄂州、黄冈、黄石等地加快临空经济区建设。

第六章　优化区域发展布局
推进区域协调发展

主动服务和融入共建“一带一路”、长江经济带发展、中部地区崛起等国家战略，深度参与长江中游城市群建设，紧扣一体化和高质量发展要求，着力构建“一主引领、两翼驱动、全域协同”区域发展布局，加快构建全省高质量发展动力系统。

第一节　突出“一主引领”

坚持双向互动、融通发展，提升武汉城市发展能级，发挥武汉龙头引领作用，加快武汉城市圈同城化发展，辐射带动全省高质量发展。

一、支持武汉做大做强

支持武汉加快建设国家中心城市、长江经济带核心城市和国际化大都市，提升全国经济中心、科技创新中心、商贸物流中心、区域金融中心和国际交往中心功能，全面增强城市核心竞争力，更好服务国家战略、带动区域发展、参与全球分工。进一步优化城市空间布局，合理控制中心城区人口密度，推动城市发展方式由规模扩张向内涵提升转变。统筹山、水、路、岸、城等空间，科学规划、提升改造“两江四岸”，高标准规划建设武汉东湖高新区、武汉长江新区，推进郊区新城建设，拓展城市架构、完善城市形态、增强城市功能、提升都市风貌。大力发展头部经济、枢纽经济、信创经济、服务经济、流量经济，增强高端要素、优质产业、先进功能、规模人口的集聚承载能力，发挥对全省高质量发展的龙头引领和辐射带动作用。推动武汉与其他市州联动发展，探索建立利益分享机制。增强武汉总部经济、研发设计、销售市场等对全省产业发展、科技创新、对外开放的服务带动能力，推广“园外园”“飞地经济”等协作发展模式，推动资金、技术、劳动密集型产业在省内有序转移、联动发展。

二、打造武汉城市圈升级版

建立完善协同联动推进机制，制定同城化发展规划，以光谷科技创新大走廊、航空港经济综合实验区、武汉新港建设为抓手，推动形成城市功能互补、要素优化配置、产业分工协作、交通便捷顺畅、公共服务均衡、环境和谐宜居的现代化大武汉都市圈，加快武汉城市圈同城化发展。加强产业联动协同，推动武汉优势产业链向圈内城市延伸，逐步形成总部研发在中心、制造配套在周边、错位发展、梯度布局的城市圈产业分工体系。深入推进交通一体化，完善高速公路环线，推动干线铁路、城际铁路、市域（郊）铁路、城市轨道交通“四网”融合贯通，完善以轨道交通为骨干的1小时通勤圈。推进生态空间共建、环境协同治理，提升城市圈生态宜居水平。推动武汉教育、医疗、文化等优质资源与圈内城市共建共享。强化武汉城市圈对省内其他地区的辐射带动，推进“襄十随神”“宜荆荆恩”城市群与武汉城市圈的规划衔接、产业对接、优势互补和布局优化，实现联动发展。

推动武汉城市圈城市明确定位、完善功能、协同发展。支持黄石建设长江中游城市群区域中心城市，打造全国产业转型升级示范区、先进制造业基地。支持孝感建设武汉城市圈副中心，打造中部地区制造业发展新高地，中华孝文化名城。支持鄂州建设武汉城市圈同城化核心区城市，打造综合国际物流枢纽新城。支持黄冈建设大别山革命老区核心城市，打造武汉城市圈重要功能区、中国中医药健康城。支持咸宁打造特色产业增长极、转型发展示范区，建设自然生态公园城市。支持仙桃建设江汉平原明星城市，打造国家级富硒绿色食品供应基地、世界级非织造布应急防护物资供应储备基地。支持潜江建设全国生态宜居明星城市、全国资源枯竭型城市转型发展高质量示范区、全国农村一二三产业融合发展示范区。支持天门建设江汉平原明星城市，打造全省“四化同步”示范区，全国新型城镇化示范城市。

第二节　强化“两翼驱动”

坚持块状组团、扇面发展，强化规划引领，推动“襄十随神”“宜荆荆恩”城市群由点轴式向扇面式发展，推进群内基础设施互联互通、产业发展互促互补、生态环境共保联治、公共服务共建共享、开放合作携手共赢，加快一体化发展，加强“两翼”互动，打造支撑全省高质量发展的南北“两翼”。

一、建设“襄十随神”城市群

支持襄阳加快建设省域副中心城市、汉江流域中心城市和长江经济带重要绿色增长极，推动制造业创新发展和优化升级，打造国家智能制造基地、国家现代农业示范基地、全国性综合交通枢纽、区域性创新中心和市场枢纽，在中部同类城市中争当标兵，提升综合实力和区域辐射引领能力。支持十堰打造“两山”实践创新先行区、汽车产业重地、文旅康养胜地、鄂豫陕渝毗邻地区中心城市。支持随州建设桥接汉襄、融通鄂豫的“汉东明珠”城市，打造专汽之都、现代农港、谒祖圣地、风机名城。支持神农架林区建设示范国家公园，打造世界著名生态旅游目的地和全国生态文明示范区。

推动“襄十随神”城市群落实汉江生态经济带发展战略，打造全省高质量发展北部列阵，建设成为联结长江中游城市群和中原城市群、关中平原城市群的重要纽带。加快建设汉十、麻竹和襄荆城镇发展轴，推动丹河谷、竹房神、随枣等城镇密集区域组团式发展。协同建设城际快速通道和区域骨干通道，推进城市群交通一体化。以产业转型升级和先进制造业为重点，推动汽车、装备、食品等特色产业集聚发展、提档升级。立足汉江流域名山、秀水、人文等资源，打造以山水休闲、历史文化为特色的生态文化旅游带。推动生态文明共建，携手打造汉江绿色保护带。

二、建设“宜荆荆恩”城市群

支持宜昌加快建设省域副中心城市、长江中上游区域性中心城市和长江经济带绿色发展示范城市，提升战略性新兴产业和现代服务业发展能级，打造区域性先进制造业中心、交通物流中心、文化旅游中心、科教创新中心、现代服务中心，在长江沿岸同类城市中争当标兵，增强竞争力和区域辐射引领能力。支持荆州建设长江中游两湖平原中心城市，打造长江经济带绿色创新、江汉平原乡村振兴、国家承接产业转移、荆楚文化传承创新、现代综合交通物流五个示范区。支持荆门打造湖北高质量发展先行区，建设湖北中部中心城市。支持恩施州建设世界硒都·中国硒谷，打造“两山”实践创新基地、全国优质康养基地，创建国家级承接产业转移示范区、国家全域旅游示范区、全国民族团结进步示范区。

推动“宜荆荆恩”城市群落实长江经济带发展战略，打造全省高质量发展南部列阵，建设成为联结长江中游城市群和成渝地区双城经济圈的重要纽带。依托长江、清江、江汉运河等轴线，促进毗邻地区一体化发展，开展跨江合作，推动重点地区组团发展。依托长江综合交通立体走廊，加快建设城际快速通道，健全水运网络，打造多式联运示范，形成区域高效交通圈。以绿色经济和战略性新兴产业为特色，协同打造以绿色化工、生物医药、高端装备、食品为特色的产业集群。打好三峡、楚文化、民族文化“三张牌”，推进区域生态文化旅游协作联动，打造休闲度假胜地。加快长江、清江生态廊道建设，统筹生态空间协同保护。

第三节　促进“全域协同”

坚持点面支撑、多点发力，支持全省各地立足资源环境承载能力，发挥比较优势竞相发展，打造更多高质量发展增长极增长点，形成全域协同发展格局。

一、大力发展县域经济

支持县市依托特色资源和产业基础，聚焦农业产业化和先进制造业，因地制宜打造“一县一品”“一业一品”，形成100个特色鲜明、集中度高、关联性强、竞争力强的块状产业集群，实现块状经济在全省星罗棋布。积极承接产业转移，促进一二三产业融合发展，引导产业向县城、产业园区集聚，推动县域经济转型升级。建设一批经济强县，推进“百强进位、百强冲刺、百强储备”，力争全国百强县达到10个左右。坚持产业、文化、旅游、社区功能“四位一体”，强化企业主导、政府引导，规范发展一批产业特而强、功能聚而合、形态小而美、机制新而活的特色小镇。

二、加快特殊类型地区发展

聚焦重点区域、重点领域，完善政策措施，加快特殊类型地区发展。实施山川协作工程，高水平推进一批

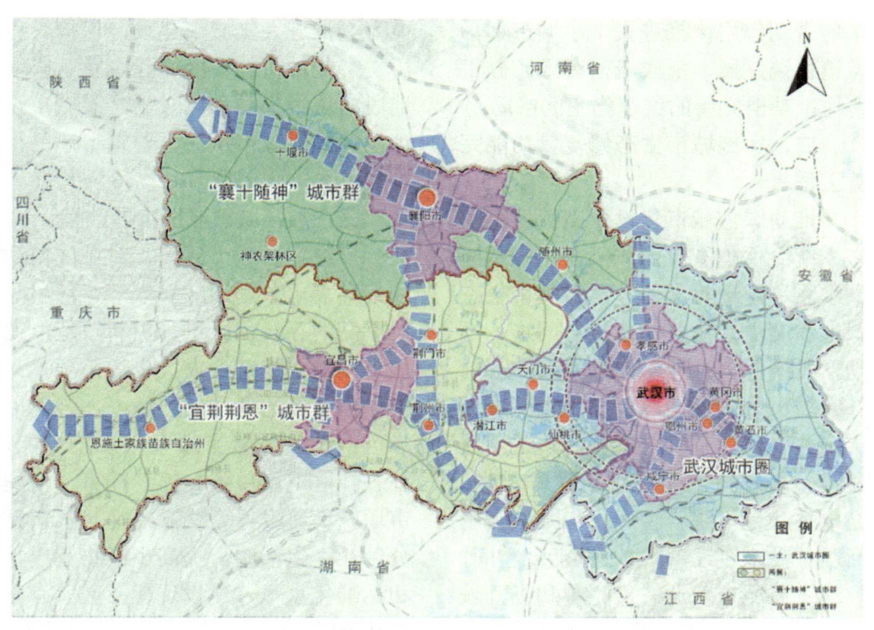

图 2—35 "一主引领、两翼驱动、全域协同" 区域发展布局示意图

合作项目，增强欠发达县（市）"造血"功能和自我发展能力。推动大别山革命老区、湘鄂渝黔革命老区等充分挖掘利用"红色""绿色"等资源，探索革命老区振兴发展新路径，支持黄冈市在大别山革命老区高质量发展中走在前列。推动民族地区聚力向心发展，提升民族地区经济社会发展水平，实现民族地区城乡居民人均可支配收入增速高于全省平均水平。推动老工业基地转型发展，促进各类资源型地区特色发展，加快转变生态退化地区发展方式，培育发展接续替代产业，完善可持续发展长效机制。

三、完善省域国土空间治理

细化落实主体功能区战略，优化重大基础设施、重大生产力和公共资源布局，逐步形成城市化地区、农产品主产区、生态功能区三大空间格局，实现人口、经济、资源环境的空间均衡。建立国土空间规划体系，发挥国土空间规划基础性作用，以国土空间规划统领各类空间利用，加强对相关专项规划的指导和约束，科学划定生态保护红线、永久基本农田、城镇开发边界，统筹布局生态、农业、城镇空间，形成全省国土空间开发保护"一张图"。支持城市化地区高效集聚经济和人口、保护基本农田和生态空间，全面促进生产要素向中心城市和城市群高效聚集，实现国土空间高质量开发。优化农业发展空间，完善管控体系和补偿机制，增强江汉平原、鄂北岗地等农产品主产区保障粮食安全和供应重要农产品的功能。支持生态功能区把发展重点放在保护生态环境、提供生态产品上，建立完善生态空间保护机制，因地制宜发展不影响生态功能的特色产业，增强人口就业能力并逐步有序向城镇转移。完善不同区域差异化土地供给政策，优先保障中心城市、城市群开发空间。建立资源环境承载能力监测预警长效机制，合理控制空间开发强度。深入开展全域国土综合整治。

第四节　深化省际战略合作

深入实施国家区域发展战略，完善区域协商合作机制，推动省际战略合作取得新进展，以区域一体化拓展湖北发展新优势。

一、推进长江中游城市群协同发展

积极倡导资源共享、服务共享、环境共享、利益共享，深化与湖南、江西等战略合作，在战略规划、产业发展、要素配置、生态保护、改革开放、市场监管等方面建立健全高效务实合作机制，共同推进长江中游城市群协同发展。依托沿江和京九、京广、二广发展轴线，共建中部地区新型城镇化连绵带。联手打造装备制造、汽车及交通运输设备制造、冶金、石化、家电、战略性新兴产业等优势产业集群，协同推进科技成果转移转化，共建重大科技创新平台，建设具有世界影响力的产业创新走廊。加快形成统一开放、竞争有序的商品和要素市场。积极推动建设以武汉、长沙、南昌为中心的"三角形、放射状"城际交通网络，加快实施长江航道整治工程，进一步提升省际公路通达能力，推进基础设施全面对接联网。协同推进长江水污染治理，共建幕阜山生态绿心，推动生态环境协同监管，打造共抓长江大保护典范。推进医疗、社保等基本公共服务异地便利共享，加强重大传染病联防联控，推动教育文化合作发展。支持商会、行业协会、创新联盟、研究会等开展跨区域多领域合作。

二、促进区域合作交流

全面对接京津冀协同发展、粤港澳大湾区建设、长三角一体化发展等国家区域重大战略，增强湖北承东启西、连接南北的纽带作用。深化与河南、陕西合作，携手推进汉江生态经济带绿色发展。推进淮河生态经济带、三峡生态经济合作区、洞庭湖生态经济区协同发展。深化湖北丹江口库区与北京、恩施州与杭州对口协作。推进大别山、湘鄂渝黔、湘鄂西革命老区和口子镇等省际毗邻地区交流合作，打造一批省际区域经济合作示范区。进一步做好对口援疆、援藏工作，支持新疆博州、双河市和西藏山南加快发展，推动对口支援向更深层次、更高质量、更可持续方向发展。

第七章　推进以人为核心的新型城镇化　提高城镇化发展质量

坚持以人的城镇化为核心，以提升质量为导向，全面提升大中城市品质，补齐县城短板弱项，引导小城镇发展，加快农业转移人口市民化，促进新型城镇化持续健康发展。

第一节　提升城市功能品质

坚持人民城市为人民，敬畏城市、

善待城市，转变城市发展方式，实施城市更新行动，加快建设宜居城市、韧性城市、智慧城市、绿色城市、人文城市，让人民群众在城市生活得更方便、更舒心、更美好。

一、完善城市空间结构

统筹城市规划、建设、管理，科学编制城市各类规划，促进各类规划协同，增强控制性详细规划的公开性和强制性，强化规划约束力。合理确定城市规模、人口密度、空间结构，统筹生产、生活、生态空间，协调旧城改造和新城新区、产业发展和居住功能、地上和地下空间开发利用，有序建设产城融合、职住平衡、生态宜居、交通便利的郊区新城，实现多中心、组团式发展。优化城镇体系，加强城市分工协作，有序疏解超大城市非核心功能，强化大城市对中小城市辐射带动作用，推进大中小城市和小城镇协调发展，形成疏密有致、分工协作、功能完善的城镇化空间格局。

二、实施城市生态修复、功能完善工程

推动绿色城市建设，完善城市生态系统，保护城市山体风貌，修复河湖水系和湿地等水体，建设城市生态绿地和廊道系统，构建慢行网络，推动形成绿色低碳的城市建设运营模式。补齐城市基础设施短板，优先发展城市公共交通，有序推进城市轨道交通建设，合理规划建设智能化停车场、充电桩和地下综合管廊，加强各类生活服务设施建设，增加公共活动空间，推动发展城市新业态，完善和提升城市功能。完善城市堤防、排水管渠、排涝除险、蓄水空间等设施，推广海绵城市建设模式，增强城市防洪排涝能力。推进人文城市建设，保护具有历史文化价值的街区、建筑及其影响地段的传统格局和风貌。开展城市设计，加强对城市风貌、建筑形态的控制和引导，塑造城市时代特色风貌。

三、加强城镇老旧小区改造

推进宜居城市建设，对城区内功能偏离需求、利用效率低下、环境品质不高的存量片区进行更新改造，使城市功能更加贴近人民生活需要，为市民创造舒适便利的环境。加强老旧小区改造，完善市政基础设施功能，补齐社区卫生服务、养老托育、便民市场、快递服务等设施短板，打造15分钟社区生活圈，提高小区物业质量和标准化水平，建设现代社区。有序推动老旧街区、老旧厂区、城中村改造。

专栏6　城市品质提升工程

项目	进　展　情　况
城市轨道交通工程	建成武汉城市轨道交通第四期建设规划项目，推动第五期建设规划实施。积极推进襄阳、宜昌等城市轨道交通建设。全省城市轨道交通运营里程超过600公里。
城市污水治理提质工程	市县建成区污水基本实现全收集、全处理。县以上城市生活污水处理厂全面达到一级A排放标准，污泥无害化处理处置率达到99%以上。县以上城市建成区黑臭水体基本消除。
城市生活垃圾分类及处理工程	地级及以上城市基本建成生活垃圾分类处理系统，县（市）建成区生活垃圾分类覆盖率不低于50%。地级市全部建成垃圾焚烧处理设施，城市生活垃圾无害化处理率达到100%，生活垃圾焚烧比例达到70%以上。
海绵城市建设工程	新建城区基本实现海绵城市建设全覆盖，设区城市建成区40%以上、其他城市建成区30%以上的面积达到海绵城市建设要求。
城镇老旧小区改造工程	重点改造小区水、电、气、路，支持有条件的楼栋加装电梯，完善提升小区及周边公共卫生、养老、托育、停车场、充电桩等公共服务设施，基本完成2000年底前建成的需改造城镇老旧小区改造任务。
城市地下综合管廊工程	开工建设城市地下综合管廊250公里以上，建成投运城市地下综合管廊400公里以上。

第二节　提高城市治理水平

树立“城市是生命体、有机体”理念，加强全生命周期管理，推动城市治理科学化、精细化、智能化，切实提高城市风险防控能力，满足市民多样化需求。

一、深化城市管理体制改革

建立健全党委政府统筹协调、各部门协同合作，指挥顺畅、运行高效的城市管理体系。坚持依法治理，运用法治思维和法治方式解决城市治理突出问题。促进城市管理的决策、执行与监督职能适当分离，推动城市管理执法重心下移。加强城市管理执法队伍建设，推进严格规范公正文明执法。完善城市治理效能考核机制，健全社会公众满意度评价和第三方考评机制。

二、创新城市治理方式

完善城市信息基础设施，充分运用新一代信息技术建设城市综合运行管理服务平台，加强对城市管理工作的统筹协调、指挥监督、综合评价，推进城市治理“一网统管”。推广市场化、社会化市政服务模式，引导各类社会主体参与城市管理。积极开展城市体检评估，系统治理“城市病”。从群众身边小事抓起，以绣花功夫加强城市精细化管理。支持武汉探索超大城市现代化治理新路子。

三、加强城市风险防控

推进韧性城市建设，健全防灾减灾备灾基础设施，加强人防工程建设，提升各类设施平战转换能力。提升交通物流、市政能源、信息通信等生命线系统的稳定性，超前规划布局应急救援和物资储备系统，提高城市抵御冲击和抗风险能力。全面梳理城市治理风险清单，健全城市安全运行管理机制，实现对风险的源头管控、过程监测、预报预警、应急处理和系统治理。

第三节　推进以县城为重要载体的城镇化建设

适应农村人口日益增加的到县城就近就业安家需求，加快以县城为重要载体的城镇化建设，提高县城综合承载能力，积极发展小城镇，推动县域人口集中、产业集聚、功能集成、要素集约。

一、全面提升县城功能

围绕公共服务设施提标扩面、环境卫生设施提级扩能、市政公用设施提档升级，开展县城品质提升行动，补齐县城短板弱项，提升县城公共设施和公共服务水平。加快县级医院提标扩能，推进县级疾控中心标准化建设，全面提升救治和预防能力。根据县城常住人口规模配置教育资源，新建或改扩建公办幼儿园和标准化义务教育学校，推进学校扩容增位，扩大职业教育资源供给。加强养老服务设施建设，扩充护理型床位。推进文化体育设施建设，完善公共文化和体育活动场所功能。推动污水处理厂提标扩能改造，实施管网雨污分流改造。建立无害化资源化垃圾处理系统，建设生活垃圾焚烧终端处理设施。新建改建迁建农贸市场，建设统一分拨中转的公共配送中心，加快布设智能快件箱，完善便民利民服务设施。发挥全国县城新型城镇化示范县市引领作用，推进建设一批宜居宜业的美丽县城。

二、积极推进小城镇建设

实施“擦亮小城镇”建设美丽城镇行动，发挥小城镇联结城乡作用。推动中心城市周边小城镇加强与大城市发展的统筹规划与功能配套，承接中心城区的产业转移，发展成为卫星城。推动经济基础较好的小城镇加快产业集聚发展，提升城镇综合承载能力，逐步发展成为小城市。推动具有特色资源和区位优势的小城镇，加强规划引导、市场化运作，建设一批资源加工、商贸物流特色产业名镇、旅游名镇和宜居新城。推动远离中心城市的小城镇，增强服务“三农”功能，发展成为服务农村、带动周边的综合性小城镇。深入推进经济发达镇行政管理体制改革。

第四节　加快农业转移人口市民化

健全农业转移人口市民化机制，加快农业转移人口在城镇落户，维护好农业转移人口基本权益，完善农业转移人口社会保障体系，提升新市民归属感。

一、加快农业转移人口在城镇落户

深化户籍制度改革，以城市存量农业转移人口为重点，不断放宽户籍准入限制，完善差别化落户政策。全面取消城区常住人口300万以下的城市落户限制，完善特大城市积分落户政策，确保社会保险缴纳年限和居住年限分数占主要比例。简化户籍迁移手续，优化户籍业务政务平台线上办理，实行省内户口迁移一地办结。扩大居住证涵盖的基本公共服务项目，推动非户籍常住人口享有与本地户籍人口同等的城镇基本公共服务，积极探索居住证和户籍制度并轨路径。完善财政转移支付和城镇新增建设用地规模与农业转移人口市民化挂钩机制，提高“人地钱”挂钩精准度。

二、健全农业转移人口社会保障体系

完善农业转移人口基本公共服务保障机制，全面提升农业转移人口市民化质量。提高农业转移人口基本医疗保险、基本养老保险参保率，推动社会保险关系转移接续。完善城乡基本医疗保险异地就医直接结算制度。保障随迁子女平等享有受教育权利。健全住房保障制度，将非户籍常住人口纳入保障性住房体系和公积金覆盖范围。完善农业转移人口公共就业服务政策，加强技术技能培训，提升新市民融入城市能力。保障进城落户农民土地承包权、宅基地使用权、集体收益分配权，鼓励依法自愿有偿转让。

三、提升新市民归属感

提高城市包容度，依托社区党群服务中心、群团组织、社会组织等，帮助农业转移人口及其随迁家属快速适应城市生产生活。适当提高各级党代会代表、人大代表、政协委员中农业转移人口比例。鼓励引导农业转移人口参与社区治理和服务，参加文化活动，增强主人翁意识，全面融入城市文明。

第八章　坚持农业农村优先发展　全面推进乡村振兴

全面实施乡村振兴战略，强化以工补农、以城带乡，推动形成工农互促、城乡互补、协调发展、共同繁荣的新型工农城乡关系，以农业产业化带动农业全面升级、农村全面进步、农民全面发展，加快推进农业农村现代化。

第一节　加快建设农业产业强省

坚持产业化、市场化，深化农业供给侧结构性改革，以培育壮大农业产业化龙头企业为抓手，以做大做强农产品品牌为突破口，强化农业科技创新支撑，大力发展农产品加工业，推进农村一二三产业融合发展，提升产业链价值链供应链，提高农业质量效益和竞争力，加快建设农业产业强省。

一、做大做强优势农产品

深入实施藏粮于地、藏粮于技战略，落实粮食安全省长责任制。严守耕地红线，坚决遏制耕地“非农化”、防止“非粮化”，确保永久基本农田数量、质量稳定。加强高标准农田建设，健全耕地休耕轮作制度，规范推广“稻渔”综合种养等稳粮增收模式，推进粮食稳产提质增效，粮食生产能力稳定在2500万吨以上。发展环保高效型畜牧业，提升疫病防控能力，强化生猪良种培育，提升生猪标准化养殖水平，推进生猪产业转型升级。推进水产绿色健康养殖，有序发展大水面生态渔业，稳步提高特色水产品种比重。推动油料扩面增效，发展高油酸菜籽油，在油茶、核桃、油橄榄适生区大力发展木本油料。因地制宜发展蔬菜、水果、茶叶、中药材、食用菌等优势特色农产品。坚持质量兴农、绿色兴农、品牌强农，加强绿色食品、有机农产品、地理标志农产品认证和管理，加快农业标准化生产示范推广，完善全链条农产品质量安全监管体系，有序扩大农产品追溯管理范围，探索推广“合格证+追溯码”管理模式。按照“有标采标、无标创标、全程贯标”要求，创响一批知名品牌，构建“区域公用品牌+企业产品品牌”的母子品牌模式，重点打造20个区域公用品牌、100个企业品牌和300个产品品牌。完善重要民生商品价格调控机制，保障市场供应和价格总体平稳。

二、促进农业全产业链融合

以“粮头食尾”“农头工尾”为抓手，推动农业从以单一的农副产品生产为主向科研、生产、加工、贸易、观光休闲旅游等全产业链拓展，农产品加工产值与农业总产值比重达到2.8∶1。统筹农产品初加工、精深加工和综合利用，推进农产品加工向产地下沉、与销区对接、向园区集中。围绕优质稻米、特色淡水品（小龙虾）、生猪、家禽及蛋制品、茶叶、现代种业、柑橘、蔬菜（食用菌）、油料、道地药材等主导产业，打造十大千（百）亿优势农业产业链。实施“互联网+”农产品出村进城工程，完善适应农产品网络销售的供应链体系、运营服务体系和支撑保障体系。大力发展民宿经济、景观农业、休闲康养、农耕文化体验等乡村旅游新业态，实施休闲农业和乡村旅游精品工程，创建一批美丽乡村（镇）、休闲农庄、休闲渔业综合体。推进农业现代化示范区和国家级农村产业融合先导区建设，打造50个省级农村产业融合发展示范园、100个省级现代农业产业园和100个农业产业强镇，创建一批全国“一村一品”示范村镇，培育一批产值过亿的特色产业专业村。

三、培育壮大新型农业经营主体

加快龙头企业与农业主导产业联动发展，实施农业产业化龙头企业“十百千万”工程，着力培育一批全产业链龙头企业，壮大一批科技型龙头企业，做强一批出口型龙头企业，建立高素质农业企业家队伍。支持骨干龙头企业瞄准行业细分领域，建设大型农业企业集团。在现代种业、精深加工、智慧农业等领域，引进一批头部企业。规范提升农民合作社，开展“村社共建”和联合社培育，推进农民合作社质量提升整县试点，全省农民合作社规范化率达到85%以上。加快培育一批规模适度、生产集约的家庭农场，每年创建省级示范家庭农场150个。鼓励龙头企业通过“公司+家庭农场”“公司+农民合作社+农户”等形式，将小农户纳入现代农业产业体系。积极发展农业产业化联合体，通过订单农业、入股分红、托管服务等方式，建立基地共建、资源共享的利益联结机制。健全农业专业化社会化服务体系，支持供销社、邮政、农业服务公司等面向小农户开展农资供应、土地托管、代耕代种等农业生产性服务，发展多种形式适度规模经营。

四、强化农业科技和装备支撑

坚持科技兴农，开展农业全产业链科技攻关，推动在绿色高效生产模式、智能农机装备、智慧农业、加工技术等领域取得重大突破。加强重点农产品种子库建设，提高农业良种化水平，打造现代种业新高地，建设种业强省。加快农业科技成果转化，构建多元互补、高效协同的农技推广体系，农业科技贡献率提高到63%以上。大力发展高效设施农业，提高水土肥利用率，推动农业节本增效提质。完善农机补贴政策，全面提高农业机械化水平，推动植保无人机、无人驾驶农机、农业机器人等在规模种养领域普遍应用，全省主要农作物耕种收综合机械化水平达到75%以上。

第二节　实施乡村建设行动

把乡村建设作为乡村振兴、推进农业农村现代化的重要载体，全域整治农村人居环境，补齐农村基础设施和公共服务短板，彰显乡村特色风貌，打造宜居、宜业、宜游、宜养的美丽乡村。

一、强化乡村建设规划引领

加强乡村建设规划管理，统筹县域城镇和村庄规划建设。适应村庄发展演变规律，科学规划布局乡村生产生活生态空间，因地制宜、分类推进村庄建设。加强村庄建设用地管理，严格乡村建设规划许可，规范乡村建设秩序。保护传统村落、民族特色村寨和乡村风貌，建成一批具有荆楚风貌的美丽乡村。提升农房设计水平和建设质量，提高农房抗灾能力，建设一批功能现代、风貌乡土、成本经济、结构安全、绿色环保的宜居型示范农房。

二、提升乡村宜居水平

持之以恒纵深推进美丽乡村建设，接续推进农村人居环境整治提升，打造美丽田园、绿色家园、幸福乐园。加强农村“厕所革命”与生活污水治理有机衔接，实现农村厕所粪污资源化利用全覆盖。全面开展农村垃圾整治行动，建立健全农村生活垃圾收运处置体系，因地制宜推行垃圾就地分类减量和资源化利用，提升农村有机生活垃圾利用水平。推进农村生活污水治理，因地制宜推广乡镇污水处理厂、微动力污水处理站、生态循环水网等多种治理模式，提升农村生活污水集中处理率。开展农村河湖水系综合整治，逐步消除农村黑臭水体。推广农业清洁生产方式，深入开展化肥农药减量行动，大力治理农业面源污染。持续开展乡村绿化美化，鼓励和支持有条件的地方整县整镇、连线成片建设美丽乡村。坚持建管并重，提档升级农村水、电、路、气、通信、广播电视、物流等基础设施，建立完善长效管护机制。推进县乡村公共服务一体化，把乡镇建成服务农民的区域中心。实施高素质农民培训计划，提高农民科技文化素质，培养造就新型农民队伍，推动乡村人才振兴。

三、完善乡村治理体系

健全党委领导、政府负责、社会协同、公众参与、法治保障的现代乡村社会治理体制。深入实施村党组织“红色头雁”计划，加强农村基层组织和干部队伍建设，建强村党支部战斗堡垒。深入实施村级事务阳光工程，加强法治乡村建设，充分发挥乡村熟人社会蕴含的道德力量，推进村民自治、基层法治、乡村德治有机结合，提高乡村治理水平。推进农村社区建设，完善农村网格化管理机制，持续开展以村民小组或自然村为基本单元的村民自治试点，推动乡村共建共治共享。加强农村精神文明建设，推进移风易俗，积极培育文明乡风、良好家风、淳朴民风。

专栏7 乡村振兴重大工程

项目	进展情况
粮食安全保障能力提升工程	加强粮食生产功能区、重要农产品生产保护区和特色农产品优势区建设，实施优质粮食工程、粮食应急储备保障中心建设工程、两江粮食物流（产业）园区节点建设工程，提升收储调控能力。
高标准农田建设工程	以47个粮食主产县（市、区）为重点，建成集中连片设施完善、旱涝保收、高产稳产的高标准农田4500万亩以上。
现代种业提升工程	推进种质资源保护利用、育种创新、品种测试评价、良种繁育等能力提升工程建设，培育壮大种业龙头企业，建设“武汉·中国种都”。
动植物保护能力提升工程	改造和建设一批动植物疫情及疫病监控中心（监测站）、区域中心、实验室。
农产品冷链物流设施建设工程	以县为单位，建设一批优质水产品、特色蔬菜水果、肉制品等农产品冷链物流设施，全省新增冷库库容185万吨。
农村产业融合发展工程	开展农村产业融合发展试点示范，推进一批国家级农村产业融合示范园建设，创建省级农村产业融合示范园50个。
农业品牌提升工程	做强“中国荆楚味、湖北农产品”区域公用品牌。做大做强“荆楚大地”、京山桥米等粮油品牌，宜昌宜红、恩施硒茶（恩施玉露、利川红）、赤壁青砖茶、武当道茶、英山云雾、襄阳高香茶等茶叶品牌，潜江龙虾等水产品品牌，大别山黑山羊等畜牧品牌，宜昌蜜橘、秭归脐橙、罗田板栗等水果品牌，洪湖莲藕、随州香菇、洪山菜薹等蔬菜品牌，蕲春蕲艾等中药材品牌。
农村人居环境整治工程	以县为单位，建设一批乡镇生活污水处理管网设施和城乡生活垃圾无害化处理设施。
农业面源污染治理及畜禽粪污资源化利用工程	加快建设一批农田面源污染防治、水产养殖污染防治等工程，整县推进一批畜禽粪污收集、贮存、处理、利用基础设施建设。

第三节 深化农村改革

深入推进农村改革，进一步激活农村资源要素，破除制约农业农村发展的制度障碍，激发强劲内生动力，增强农业农村发展活力。

一、健全城乡融合发展机制

树立城乡一盘棋理念，突出以工促农、以城带乡，构建促进城乡规划布局、要素配置、产业发展、基础设施、公共服务、生态保护等相互融合和协同发展的体制机制。建立健全有利于城乡要素合理配置的体制机制，坚决破除妨碍城乡要素自由流动和平等交换的体制机制壁垒，促进各类要素更多向乡村流动，为乡村振兴注入新动能。建立城市人才入乡激励机制，深入推进“三乡”工程，吸引有经济实力、有社会责任感、热爱家乡的企业、能人、市民下乡兴乡。积极探索实施农村集体经营性建设用地入市制度，建立公平合理的增值收益分配制度。完善乡村金融服务体系，建立工商资本入乡促进机制，稳步提高土地出让收入用于农业农村的比例，提高农业保险惠农水平。建立健全有利于城乡基本公共服务普惠共享的体制机制，推动公共服务向农村延伸、社会事业向农村覆盖，推进城乡基本公共服务标准统一、制度并轨。建立健全有利于城乡基础设施一体化发展的体制机制，把公共基础设施建设重点放在乡村，实现城乡基础设施统一规划、统一建设、统一管护。

二、深化农村土地制度改革

落实第二轮土地承包到期后再延长三十年政策。建立土地征收公共利益用地认定机制，缩小土地征收范围，维护被征地农民和农民集体权益。完善农村承包地“三权分置”制度，建立健全农村土地承包权依法自愿有偿转让机制。健全土地流转规范管理制度，强化规模经营管理服务，允许土地经营权入股从事农业产业化经营。稳慎推进农村宅基地制度改革，探索宅基地所有权、资格权、使用权分置实现形式，落实“一户一宅”规定，探索农房抵押、有偿使用、宅基地有偿退出等实现形式。允许村集体经济组织通过村庄整治、宅基地整理，以出租、入股、联营等方式盘活闲置农房和宅基地，推进闲置宅基地复垦试点。

三、深化农村集体产权制度改革

全面完成农村集体经营性资产股份合作制改革，有序开展集体成员身份确认、集体资产折股量化、集体经济组织登记赋码，推进农村资源变资产、资金变股金、农民变股东。探索将财政支农资金形成的资产折股量化为村级集体持有或参与经营分红。发展壮大新型农村集体经济，打造2000个集体经济强村。完善农村产权交易市场，建成全省统一联网的农村产权交易信息服务平台和省市县镇四级联动的农村产权交易体系。统筹推进小型农田水利设施产权制度、农业水价、粮食收储、农垦、供销合作社、农村信用社等改革。健全农业综合行政执法体系和运行机制。

第四节　实现巩固拓展脱贫攻坚成果同乡村振兴有效衔接

将巩固拓展脱贫攻坚成果放在突出位置，建立农村低收入人口和欠发达地区帮扶机制，健全乡村振兴领导体制和工作体系，推进脱贫地区乡村产业、人才、文化、生态、组织等全面振兴，确保脱贫地区经济活力和发展后劲明显增强。

一、巩固拓展脱贫攻坚成果

严格落实脱贫摘帽县“四个不摘”要求，保持财政投入力度总体稳定，接续推进脱贫地区发展。健全防止返贫动态监测和帮扶机制，完善防贫减贫大数据平台，持续跟踪脱贫人口收入支出情况和“两不愁三保障”巩固情况，对脱贫不稳定户、边缘易致贫户，以及因病因灾因意外事故等刚性支出较大或收入大幅缩减导致基本生活出现严重困难户，开展定期检查、动态管理，实施差异化帮扶政策。加大以工代赈投入力度，在农业农村基础设施建设中大力推广以工代赈方式。做好易地扶贫搬迁后续扶持工作，提升完善后续配套设施建设，因地制宜在搬迁地发展产业，确保搬迁群众稳得住、有就业、逐步能致富。加强扶贫项目资产管理和监督。健全农村低收入人口常态化帮扶机制，分层分类实施社会救助，织密兜牢丧失劳动能力人口基本生活保障底线。

二、提升脱贫地区整体发展水平

运用脱贫攻坚成功经验推动乡村振兴，推进脱贫攻坚与乡村振兴在规划、政策、产业、组织和人才等方面有效衔接。将脱贫摘帽地区发展纳入乡村振兴统一规划、一体推进，实现工作力量、组织保障、规划实施、项目建设、要素保障等有机结合。推动脱贫攻坚与乡村振兴在财政投入、金融服务、土地支持、人才智力支持等政策上有效衔接。支持脱贫地区乡村特色产业发展壮大，注重产业后续长期培育。统筹用好乡村公益岗位，促进脱贫人口稳定就业。把巩固拓展脱贫攻坚成果纳入实现党政领导班子和领导干部推进乡村振兴战略实绩考核范围，乡村振兴相关举措向脱贫地区倾斜，在脱贫县中集中支持一批乡村振兴重点帮扶县，增强内生发展能力。坚持和完善东西部协作、定点帮扶和省内区域协作、社会力量参与帮扶等机制，形成全社会广泛参与防止返贫的格局。

第九章　全面深化改革
构建高质量发展经济体制新优势

坚定不移深化市场化改革，充分发挥市场在资源配置中的决定性作用，更好发挥政府作用，推动有效市场和有为政府更好结合。

第一节　持续优化营商环境

坚持以市场主体为中心，以市场评价为第一原则，对标国内国际先进水平，纵深推进“放管服”改革，践行“有呼必应、无事不扰”服务理念，打造市场化法治化国际化的一流营商环境。

一、深化行政审批制度改革

无差别全面实施市场准入负面清单制度，推动“非禁即入”普遍落实，确保清单之外不得违规另设市场准入行政审批。聚焦市场主体关切，进一步精简行政许可事项。系统梳理可以由前置审批转为事中事后监管的许可事项，推动行政许可“能减尽减”。清理简并重复审批，严防变相审批。对所有涉企经营许可事项实行“证照分离”改革，推进“照后减证”“一业一证”，切实解决“准入不准营”问题。全面推行证明事项和涉企经营许可事项告知承诺制。巩固省定涉企行政事业性收费“零收费”成果，严格执行涉企收费清单、收费标准，加强涉企收费监督检查，确保清单之外无政府定价收费。

二、推进政务服务标准化、规范化、便利化

以高效办成一件事为目标，全面推行政务服务“一网通办、一窗通办、一事联办、跨省通办”，着力解决企业群众办事“多地跑、折返跑”问题，降低制度性交易成本。加快推进政务服务标准统一，实现全省同一事项无差别受理、同标准办理。梳理和再造政务服务流程，逐项制定完善办事指南和流程图并向社会公布，促进政务服务规范运作。加强跨地区、跨部门、跨层级业务协同和信息共享，推动更多政务服务事项“一件事一次办”，提升政务服务便利化水平。推动政务服务向基层延伸，实现更多高频事项就近办、马上办、自助办，全面提升政务服务覆盖度和便捷度。深化政务公开，以公开为常态、不公开为例外，全面推进决策、执行、管理、服务、结果公开，以公开促落实、促规范、促服务。

三、构建新型市场监管机制

坚持公正监管，完善以“双随机、一公开”监管为基本手段、以重点监管为补充、以信用监管为基础的新型监管机制，推进“互联网+监管”，使监管既“无事不扰”又“无处不在”。全面推行跨部门联合监管全覆盖、常态化，进一次门、查多项事。加强事中事后监管，探索与新业态新模式相适应的包容审慎监管方式，实施容错机制清单化管理。完善市场主体信用承诺、失信行为认定、失信联合惩戒、失信主体信用修复等机制，大力推进信用分级分类监管，对信用高、风险低的市场主体降低抽查比例、减少抽查频次。加强反垄断、价格、广告、合同等重点领域监管，强化要素市场监管，对疫苗、药品、特种设备、危险化学品等实行全覆盖严监管。强化竞争政策基础地位，健全公平竞争审查机制，加强和改进反垄断和反不正当竞争执法司法，提升市场综合监管能力。

四、健全优化营商环境长效机制

完善优化营商环境工作推进机制，聚焦市场主体反映的突出问题，定期调度、集中攻坚，实施清单管理，形成“发现问题—整改落实—成效检验”的工作闭环。完善常态化政企沟通联系机制，建立领导干部走访服务企业长效机制，健全企业家参与涉企政策制定机制，构建亲清政商关系。加强与行业协会商会的常态化联系，发挥其政策宣传、意见征集等桥梁纽带作用。优化营商环境司法服务保障机制，维护市场主体合法权益。依托营商环境投诉平台、全省非公企业投诉平台、“12345”热线等，优化受理、转办、督办、反馈、评价流程，推动企业群众诉求“接诉即办”。开展营商环境试点示范创建工程，以点带面推动营商环境关键领域突破创新。大力弘扬“店小二”精神，打造专业化、职业化、规范化的金牌“店小二”队伍，营造“人人是环境”的浓厚氛围。

第二节　激发市场主体活力

实施高标准市场体系建设行动，健全市场体系基础制度，毫不动摇巩固和发展公有制经济，毫不动摇鼓励、支持、引导非公有制经济发展，培育更有活力、创造力和竞争力的市场主体。

一、深化国资国企改革

坚定不移发展国有经济，加快国有经济布局优化和结构调整，做强做优做大国有资本和国有企业，增强国有经济竞争力、创新力、控制力、影响力、抗风险能力。以管资本为主加强国有资产监管，深化省级国有资本投资、运营公司改革，促进国有资产保值增值。强化国有企业主责主业。加快建设中国特色现代国有企业制度，把党的领导融入公司治理各环节，加快形成有效制衡的公司法人治理结构、灵活高效的市场化经营机制。分层分类深化国有企业混合所有制改革，鼓励国有企业推进市值管理，提高国有企业资本证券化率。开展充分竞争类省管企业领导人员管理体制机制改革试点。

二、大力发展民营经济

依法平等保护民营企业产权和企业家权益，完善促进中小微企业和个体工商户发展的法律环境和政策体系，促进非公有制经济健康发展和非公有制经济人士健康成长。在要素获取、准入许可、政府采购和招投标等方面对各类所有制企业平等对待，破除制约市场竞争的各类障碍和隐性壁垒。进一步畅通惠企政策传导机制，推行“免申即享”。完善民营企业融资增信支持体系，健全民营企业直接融资支持制度，增加面向中小企业的金融服务供给，支持发展民营银行、社区银行等中小金融机构。支持民营企业等社会资本参与国有企业混合所有制改革。鼓励民营企业参与重大国家战略实施。大力弘扬新时代企业家精神、楚商精神。

三、加快完善产权保护制度

坚持平等保护、全面保护、依法保护，进一步完善归属清晰、权责明确、保护严格、流转顺畅的现代产权制度，实现各种所有制经济依法平等使用生产要素、公平参与市场竞争。平等对待公有产权与非公有产权，消除对产权的所有制歧视，保护各种所有制经济合法权益。完善物权、债权、股权、知识产权等各类产权的地方性法律法规制度，形成清晰界定所有、占有、支配、使用、收益、处置等产权权能的完整制度。推进产权保护法治化，健全产权执法司法保护制度，依法严肃查处各类侵权行为，严格规范涉案财产处置的法律程序，防止选择性司法。

四、深化要素市场化配置改革

推进要素市场制度建设，健全要素市场运行机制，实现要素价格市场决定、流动自主有序、配置高效公平。深化土地管理制度改革，建立健全城乡统一的建设用地市场，盘活存量建设用地，加强土地集约化利用和精细化管理。健全统一规范的人力资源市场体系，完善技术技能评价制度，推进社会化职称评审，引导劳动力要素合理畅通有序流动。推进资本要素市场化配置，引导金融机构优化创新产品和服务，发展供应链金融，健全具有高度适应性、竞争力、普惠性的现代金融体系。加快发展技术要素市场，建立市场化社会化的科研成果评价制度，积极发展科技成果、专利等资产评估服务，推动科技成果资本化、产业化。培育发展数据要素市场，建立数据资源清单制度，创建国家大数据综合试验区，以政务数据依法公开带动各行业数据依法公开，释放数据要素市场红利。完善主要由市场决定要素价格机制。推进公共资源交易平台整合共享，拓展公共资源交易平台功能，支持各类所有制企业参与要素交易平台建设。

第三节　推进财税金融体制改革

加强财政资源统筹，完善中期财政规划管理。推进省市县各级财政事权与支出责任划分改革，理顺省以下政府间财政关系，增强基层公共服务保障能力。健全省以下转移支付体系，规范专项转移支付制度。深化预算管理制度改革，推进预算管理一体化，完善支出标准体系，强化预算约束和绩效管理。按照国家统一部署，深化税收制度改革，健全地方税体系，培植壮大地方财源，优化税收结构，提高税收收入质量。依法构建管理规范、责任清晰、公开透明、风险可控的政府举债融资机制。进一步优化金融有效支持实体经济的体制机制，改革优化政策性金融，壮大地方金融主体实力，积极引进各类法人金融机构，增强金融有效供给能力。提升金融科技水平，建成全省中小企业融资综合信用数字化应用系统，推动与全国“信易贷”平台互联互通。持续推进县域金融工程，大力发展普惠金融，积极发展线上业务。增强政府性融资担保机构增信服务功能，健全运作规范的地方金融组织体系。推动更多企业多渠道上市挂牌，支持区域性股权交易市场规范创新发展，提升直接融资比重。充分发挥政府引导基金撬动作用，大力发展创投风投等金融新业态。深化投贷联动试点。推进金融双向开放。

第十章　统筹推进新基建和传统基建健全现代化基础设施体系

以优化提升、协同联动发展为导向，统筹推进新型和传统基础设施建

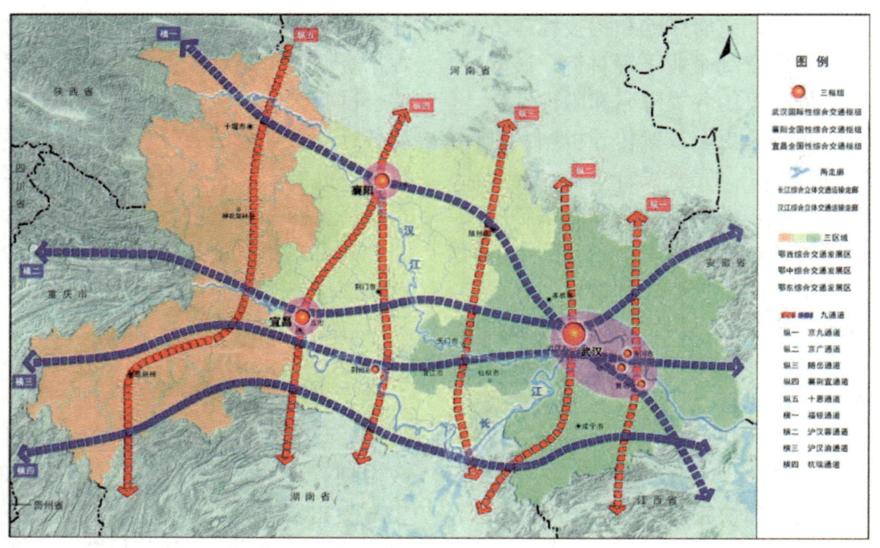

图 2—36　湖北省综合交通运输空间布局示意图

设，提升基础设施整体效能和服务水平，加快构建系统完备、高效实用、智能绿色、安全可靠的现代化基础设施体系，支撑经济社会高质量发展。

第一节　构建现代化综合交通运输体系

坚持交通发展为人民，围绕畅通通道、织密网络、提升服务、融合发展，完善“三枢纽、两走廊、三区域、九通道”综合交通运输格局，加快构建引领中部、辐射全国、通达世界的现代化综合交通运输体系，建设交通强国示范区，打造新时代九省通衢。

一、畅通对接国际国内综合运输通道

以干线铁路、高速公路、高等级航道为骨干，优化完善京九、京广、随岳、襄荆宜、十恩南北方向和福银、沪汉蓉、沪汉渝、杭瑞东西方向的“五纵四横”综合运输大通道，形成与长三角、京津冀、粤港澳、成渝等经济区大能力、高速化通达，与城镇发展轴、重要产业带有机衔接的综合运输通道布局。发挥黄金水道优势，提升水运主通道航运能力，着力深长江、畅汉江、缓解三峡瓶颈、打通南北通道，加强各类运输方式衔接，打造长江、汉江综合立体交通走廊。加快中欧班列（武汉）能力建设，构建国际铁路“干支结合、枢纽集散”的高效集疏运体系，打造中部连接丝绸之路经济带的陆上主通道。依托航空枢纽，大力拓展国际国内航线，形成覆盖全国、辐射全球的对外空中通道。

二、织密一体化综合交通运输网络

加快建设“一主两翼”中心城市高效连通的快速网、市州快速通达的干线网和城乡深度延伸的基础网，建成多层次、一体化综合交通运输网络。加快建设全省“四纵四横四斜”高铁骨架，推动形成武汉通达 10 个方向和襄阳、宜昌多向放射格局，高铁营业里程达到 3000 公里。加快实施一批货运支线铁路、铁路专用线，推动铁路进物流园区、港口、机场，实现铁路与重要节点无缝对接。有序实施一批市域（郊）铁路、城市轨道交通，进一步完善都市圈、城市群轨道交通网络。推进高速公路优化扩容，强化省际高速公路通道衔接，加密中心城市对外放射线和都市圈环线，力争高速公路通车里程达到 8000 公里。推进国省干线达标提质，高标准建设沿城镇和产业发展轴带支撑性通道，实施乡镇双通道工程，建设“四好农村路”，推进行政村双车道建设，构建乡村骨干网。加快水运提能增效，推进江汉平原水网连通工程，加快推进长江、汉江支流航道建设，完善内畅外联的水运网络。优化支线机场布局，大力发展通用航空，进一步完善机场布局体系。健全邮政普遍服务网络，促进邮政快递业健康发展。

三、打造便捷高效综合交通枢纽

打造武汉国际性综合交通枢纽，建设高水平的武汉长江中游航运中心、全国铁路路网中心、全国高速公路网重要枢纽、全国重要航空门户枢纽，强化国际交往、物流集散、中转服务功能，推动武汉空港、水港、铁路、公路一体化发展，建成通达国际、衔接高效、功能完善的综合交通枢纽。打造襄阳、宜昌全国性综合交通枢纽，增强襄阳汉江航运中心、公铁联运和能源运输枢纽功能，建成宜昌三峡综合交通运输体系，优化中转设施和集疏运网络，提升襄阳、宜昌在国家枢纽体系中的地位。推进一批区域性综合交通枢纽建设，辐射带动周边区域发展，发挥在交通运输网络中的节点作用。打造民航客货运门户“双枢纽”，提升武汉天河机场门户枢纽功能，建设鄂州机场国内一流专业航空货运枢纽、全球主要航空物流节点。加快推动长江沿线港口优化整合、联动发展，建设现代港口集群，将武汉新港打造成中部地区枢纽港。依托综合交通枢纽，大力发展临空、临港、临站等枢纽经济。

四、提升优质安全运输服务质量

发展人畅其行的客运服务体系，大力推动旅客联程联运，推行旅客运输“一票制”，加强不同运输方式间信息交换共享，提高城乡客运一体化发展水平，推动交通运输公共服务均等化，增强旅客出行体验感。建设物畅其流的货运服务体系，推进货物运输结构调整，创新运输组织模式，推行货物运输“一单制”，提升货物运输效率。大力发展多式联运，发挥各种运输方式比较优势，完善铁水、公铁、空铁、水水联运体系，做优做强多式联运服务品牌，推动湖北成为长江经济带多式联运发展的纽带。加快新技术推广应用，积极发展交通运输新业态新模式，打造充满未来感的体验式服务，满足日益增长的多样化、个性化出行需求。提高交通运输安全性和可靠性，构建交通运输应急风险防控体系。

专栏8　交通基础设施重大工程

项目	进 展 情 况
铁路跨越发展工程	建成郑万高铁襄阳至万州段、沿江高铁武汉至宜昌段、沿江高铁武汉至合肥段、呼南高铁襄阳至荆门段、西安至十堰高铁、荆门至荆州铁路、武汉枢纽直通线等。建设沿江高铁重庆至恩施至宜昌段、呼南高铁襄阳至常德段、京九高铁阜阳至黄冈段等。争取将武汉至贵阳高铁、武汉至南昌高铁、安康经十堰、襄阳、随州至合肥高铁、安康至恩施至张家界铁路、常德至岳阳至咸宁至南昌铁路、仙桃至洪湖至监利铁路等纳入国家规划。
公路扩容提质工程	贯通麻安、呼北、张南、安来等国家高速公路湖北段，完成京港澳高速鄂豫界至军山段等改扩建。建成武汉至大悟、武汉至阳新、鄂州机场高速一期工程、枣阳至石首、宜昌至来凤、赤壁长江大桥、鄂黄第二过江通道等。建设武汉都市圈环线、武汉经天门至宜昌、武汉至松滋、襄阳至宜昌、通山至武宁、随州至信阳等高速公路。推进G107湖北段、G207襄阳至荆州段、G316孝感至十堰段、G318武汉至宜昌段、G348武汉至宜昌段和G347武汉以东段等国省道提质改造。
水运提能增效工程	完成长江安庆至武汉段6米水深航道整治工程，实施长江武汉至宜昌段4.5米水深航道整治工程，建成三峡枢纽联运转运体系，配合国家深化三峡水运新通道前期论证。实施汉江航运能力提升工程，建成碾盘山、雅口、新集、孤山等汉江梯级枢纽，实施汉江蔡甸至兴隆段2000吨级航道整治工程，推进兴隆枢纽2000吨级船闸及王甫洲二线船闸工程。实施唐白河、松西河等航道提等升级工程，构建“唐白河—汉江—江汉运河—长江—松西河”航道，促进打通中部地区南向出海通道。
民航补短板工程	建成鄂州机场、武汉天河机场三跑道及配套设施，完成宜昌、襄阳机场改扩建，推进迁建恩施机场、新建咸宁机场、改扩建十堰机场等，开展荆门冷水机场军民合用前期工作。推进一批通用机场建设，建成麻城、石首、竹山、天门等通用机场，实现通航服务市州广覆盖。
综合交通枢纽提升工程	依托武汉西站、沿江高铁天河机场站、宜昌北站、荆门西站等，打造一批综合客运枢纽。实施湖北国际物流核心枢纽综合交通配套工程。
多式联运示范工程	实施武汉阳逻港、黄石新港、鄂州三江港、宜昌长江三峡枢纽等国家多式联运示范工程，推进襄阳港、荆州港、荆门港等一批多式联运项目。推动鄂州机场多式联运工程。启动省级示范工程建设。

第二节　提高能源安全保障能力

贯彻“四个革命、一个合作”能源安全新战略，以保障能源安全为首要任务，围绕多源、强网、增储、绿色、安全，完善能源产供储销体系，建设智慧能源系统，推进能源体制机制改革，实施能源发展“五千工程”，打造“三大枢纽”，全面构建清洁低碳、安全高效能源体系。

一、构建多元能源供应格局

坚持内增与外引相结合，形成多能互补的综合性生产供应格局。实施新能源倍增行动，打造百万千瓦级新能源基地，新增新能源装机千万千瓦以上，风电、光伏发电成为新增电力装机主体。做好水电保护性开发，支持生物质多元化高效利用，积极推进地热能、氢能等开发利用，做好以咸宁核电为重点的核电厂址保护。充分发挥火电基础性保障支撑作用，有序推进负荷中心及浩吉铁路沿线清洁高效电源建设。努力提高三峡电能湖北消纳比例。加强与能源资源大省、主要能源企业战略合作，新增省外电力输入规模千万千瓦以上，拓宽煤炭、油气资源供应渠道。建设鄂西国家级页岩气勘探开发综合示范区，推进荆州煤制天然气项目实施。

二、完善能源输送网络

加快完善能源输送通道和输配网络，充分应用现代信息技术，促进资源在更大范围内高效配置。打造全国电网联网枢纽，围绕增强外电消纳、省间联络、三峡留存、电源接入能力，加快实施“两线一点一网”，建成陕北—湖北特高压直流输电工程，推进川藏水电入鄂输电工程，优化三峡近区电网，全面提升城乡供电能力，建成“送受并举、东西互济、智能高效”的坚强电网，武汉城市电网达到世界一流水平。打造全国天然气管网枢纽，建设西气东输三线、川气东送二线，推进沿江LNG接收、储运、加注设施建设，构建“四纵三横一通道”天然气输送体系，加快省内天然气支线、联络线建设，建设三峡翻坝运输成品油管道、监利—潜江输油管道，新增油气管道里程1500公里。

三、增强能源储备能力

补齐能源储备短板，提升能源运行调节和风险防范能力。打造“两湖一江”煤炭物流枢纽，建设以荆州江陵为重点的大型煤炭储配基地，建立华中地区煤炭交易中心，改扩建企业现有储煤场地和设施，煤炭储备能力达到1600万吨。沿主干管道和长江集约化、规模化布局建设储气设施，构建以地下盐穴储气库、大中型LNG储罐为主，地方小型应急储气设施为辅的储气体系，形成潜江、武汉、黄冈三大储气基地，储气能力达到6.5亿立方米。提高火电机组灵活性和调节能力，有序推进抽水蓄能电站建设。加强储能技术装备等研发与应用，实施一批风光水火储一体化、源网荷储一体化示范项目。

四、提升能源服务效能

深化能源体制机制改革，全面提升能源服务质量。推进电力体制改革，完善中长期交易，加快现货市场建设，有序放开发用电计划。推进油气体制改革，推动管网设施公平开放，完善储气调峰辅助服务市场。健全可再生能源消纳保障机制、市场化推进机制。加强能源监测预警和需求侧管理，引导和激励用户参与系统调峰，细化完善能源保供应急预案。深入实施电能替代，提升煤炭、石油清洁化利用水平，推进天然气供气服务向乡镇延伸，实施“气化长江”工程。优化用能营商环境，提高用能侧智能化水平，获得电力便利化水平进入全国第一方阵，全面提升用气报装效率和服务水平。

专栏9　能源基础设施重大工程

项目	进 展 情 况
千万千瓦新能源工程	实施新能源倍增行动，加快推进风能、太阳能、生物质能开发利用，新增新能源装机千万千瓦以上。
千万千瓦外电输入工程	推进陕电入鄂、川藏水电入鄂，提高三峡电能湖北留存比例，争取省外电力输入1000万千瓦以上。
千亿元电网建设工程	建成陕北—湖北±800千伏特高压直流输电工程，荆门—武汉1000千伏交流输变电工程，一批500千伏、220千伏主网工程，加快配电网提档升级。
千公里油气管网工程	建成监利—潜江输油管道，建设三峡翻坝运输成品油管道，建设西气东输三线湖北段、川气东送二线湖北段，推进宜昌、咸宁、十堰、恩施等地天然气支线建设。
千万吨煤炭储备工程	建成荆州煤炭铁水联运储配基地、宜昌枝城港煤炭物流储备基地、宜昌港姚家岗煤炭专用码头储备工程等，推进汉江沙洋港煤炭储备基地建设。
天然气储气设施建设工程	建成潜江地下盐穴储气库一期、武汉白浒山LNG储配基地、黄冈LNG储气设施、黄石阳新LNG罐箱基地，推进应城地下盐穴储气库项目实施。

第三节　加强水利基础设施建设

践行“节水优先、空间均衡、系统治理、两手发力”的治水思路，加强水利防灾减灾能力建设，优化完善水资源配置格局，着力构建以自然河湖水系为基础、蓄引提调连通工程为框架的水利基础设施网络体系，解决旱包子、水袋子问题，全面提升水利支撑保障能力。

一、推进“江河湖库”系统治理

稳步推进长江、汉江河道治理，提升局部堤段防洪能力，维护河势稳定与防洪安全。加快推进洞庭湖四口水系综合整治，统筹解决荆南地区水患灾害。开展富水、府澴河、巴河等重要支流系统治理，重要支流堤防达到20—30年一遇防洪标准。推进洪湖东分块、杜家台等长江重要蓄滞洪区建设，有序推动长江一般蓄滞洪区建设。加强重点湖泊综合治理，推进湖泊退垸（田、渔）还湖，增强洪水调蓄能力。加强防洪薄弱环节建设，推进病险水库除险加固，加强重点流域和区域山洪灾害防治，提升区域防洪能力。

二、优化水资源配置

系统构建水资源配置格局，因地制宜建设一批水源和引调水工程，逐步增强水资源空间调配能力。加快重点水源工程建设，建设一批需求迫切的中小型水库，提高水资源调蓄能力。实施鄂北地区水资源配置二期、引江补汉等重大引调水工程，提升鄂北、鄂中丘陵区及江汉平原供水能力。推进大别山南麓水资源配置、鄂东南水资源配置等工程，缓解局部缺水区的用水困难。加大雨洪资源、再生水等非常规水源的开发利用力度。

三、提高重点区域排涝能力

加强区域应急排涝设施建设，完善“自排、调蓄、提排”相结合的综合治涝体系。推进长湖、洪湖区、斧头湖区、梁子湖区、富水网湖区等重点易涝区系统治理，加强渠道清淤及渠系建筑物整治，重点易涝区排涝能力达到10—20年一遇。加强对城市河湖、湿地等水体自然形态的保护和恢复，构建城市良性水循环系统，完善城市泄洪排水通道。稳步推进和实施排涝泵站更新改造工程，疏浚骨干排涝渠道，提高涝区排涝能力。

四、保障城乡供水安全

以粮食主产区、干旱易发区等为重点，因地制宜建设一批抗旱水源工程，加强集中式饮用水水源地保护，形成大中小微并举、丰枯多源互补的供水保障体系。推进大中型灌区续建配套与现代化改造，新建蕲水等大型灌区，实施灌区泵站更新改造工程，提高灌区效益和效率。推进襄阳、荆州、黄冈、鄂州、恩施等城市应急和备用水源建设，地级以上城市实现应急或备用水源全覆盖。完善城市供水结构，因地制宜推进污水再生利用设施建设，加强城镇雨水收集、处理和资源化利用。推进城乡供水一体化、区域供水规模化和工程运维专业化，进一步提高农村集中供水率、自来水普及率、水质达标率，提高农村供水安全保障水平。

专栏 10　水利基础设施重大工程

项目	进 展 情 况
防洪减灾工程	继续实施三峡后续工作规划河势控制及岸坡治理工程。建设姚家平等控制性枢纽，实施襄阳、荆门等汉江堤防综合整治与岸线保护工程，推进汉江中下游干流河道治理（含东荆河）。建设杜家台分蓄洪区蓄滞洪和安全建设工程、洪湖分蓄洪区东分块安全建设工程、华阳河蓄滞洪区工程等。推进汉北河、富水、府澴河、沮漳河、巴河、西水河等重要支流和四湖流域、梁子湖、斧头湖、大冶湖、花马湖等重点湖泊综合治理。
水资源配置工程	建设引江补汉、鄂北地区水资源配置二期、十堰市中心城区水资源配置、十堰市竹溪县南北水系连通等工程，加快推进引隆补水、一江三河水系连通等工程。
重点水源工程	推进黄荆口、潭口二库等中型水库建设。完成漳河、高关、温峡口、白莲河、白洋河等大中型水库除险加固。实施一批抗旱应急水源工程。
大中型灌区工程	新建蕲春蕲水灌区、浮桥河灌区等大型灌区，推进漳河水库灌区、东风渠灌区、王英水库灌区、泽口灌区、下内荆河灌区、高关水库灌区、颜家台灌区等大型灌区续建配套与现代化改造，实施一批中型灌区续建配套与节水改造。

第四节　系统布局新型基础设施

加快建设高速智能的信息基础设施，发展便捷智慧的融合基础设施，全面提升新型基础设施规模和能级，为经济社会数字化转型提供有力支撑。

一、加快构建新一代信息基础设施

建成高速宽带、无缝覆盖、智能适配的新一代信息网络，推动信息基础设施达到国内先进水平。统筹推进骨干网、城域网和接域网建设，加速光纤网络扩容，创建千兆城市。加快5G规模组网，实现武汉市全域和各市州主城区全覆盖，持续推进重点区域深度覆盖和功能性覆盖，提升县级城区覆盖率。建设省内互补、错位发展的大数据中心体系，推进“云上湖北”建设，推进建设一批高等级绿色云数据中心。发挥三峡地区清洁电能、安全区位等优势，支持宜昌建设区域数据中心集群和智能计算中心。打造新型物联网，在重点领域规模化部署低功耗、高精度的智能化传感器，实现大规模物物连接。构建湖北特色“智信、智管、智理”区块链应用服务生态，打造运营集中化、操作规范化、管理可视化的区块链能力平台。

二、加快推动融合基础设施发展

深度应用互联网、大数据、人工智能等技术，加强传统基础设施智能化改造，实现新型基础设施与传统基础设施融合发展。大力发展智慧交通，开展智慧高速公路试点，推进基于5G的车联网示范，提升“人、车、路、云”融合协同能力。建设智慧港口，推进港区5G建设和应用，打造智能化无人码头。建设智慧机场，推进人脸登机、智慧旅检、智能分拣、智慧运维管理等新技术运用。发展智慧能源，构建能源生产、输送、使用和储能协调互补的智慧能源系统。开展智慧水利建设，提升水利信息化水平，强化河湖智慧管理。推进市政基础设施信息化改造，加快建设新型智能感知设施，推进“一杆多用”。建设工业互联网，提高标识解析国家顶级节点（武汉）服务能力，完善工业互联网标识解析体系。

专栏 11　新型基础设施重大工程

项目	进 展 情 况
新网络	实施千兆光纤入户、万兆光纤进楼工程。建成13万个以上5G基站。建设长江经济带区域数据中心、中金武汉数谷、中国电信中部大数据中心等一批数据中心，加快襄阳云、三峡云计算基地发展。开展互联网协议第六版（IPv6）规划部署行动。实施智能化传感器规模化部署工程。建设湖北区块链服务网络。
新平台	支持龙头企业搭建20个左右企业级工业互联网平台，培育2到3个全国一流的跨行业、跨领域工业互联网平台。建设国家级智能网联汽车大数据平台、综合试验平台。打造人工智能协同创新中心，建设一批人工智能特色示范园区。建设武汉轨道交通线网信息化云平台。
新终端	建设武汉、襄阳、鄂州、随州等智能网联汽车示范项目。推进武汉新港智能化无人码头建设，建设黄石、荆州、宜昌、襄阳等智慧港口。建成武汉天河机场、鄂州机场等智慧机场。建设20万个以上新能源汽车充电桩。建设武汉等大中城市多功能杆、柱、桩等新型智能感知设施。

第十一章　坚持先进文化引领　提升湖北文化软实力

坚持马克思主义在意识形态领域的指导地位，坚定文化自信，坚持以社会主义核心价值观引领文化建设，围绕举旗帜、聚民心、育新人、兴文化、展形象的使命任务，推进文化强省建设，打造荆楚文化品牌，促进满足人民文化需求和增强人民精神力量相统一。

第一节　提高社会文明程度

深入开展习近平新时代中国特色社会主义思想学习教育，把社会主义核心价值观融入经济社会发展各方面，推动形成适应新时代要求的思想观念、精神面貌、文明风尚、行为规范。

一、推动理想信念教育常态化制度化

坚持不懈用习近平新时代中国特色社会主义思想武装党员、教育群众，学懂弄通做实习近平新时代中国特色社会主义思想。加强新时代理论宣传宣讲阵地建设。发挥“学习强国”学习平台引领作用，建好用好湖北分平台。把理想信念教育作为基础性工作、战略性任务，做到常态化开展、制度化推进。加强和改进学校思想政治教育，提升教师思想政治教育水平，完善青少年理想信念教育齐抓共管机制。加强党史、新中国史、改革开放史、社会主义发展史教育，加强爱国主义、集体主义、社会主义教育，持续讲好湖北抗疫故事和疫后重振故事，弘扬伟大抗疫精神等党和人民在各个历史时期奋斗中形成的伟大精神，引导树立正确的历史观、民族观、国家观、文化观，推动形成团结一心的精神纽带和自强不息的精神动力。加强马克思主义理论研究和建设，深化对重大理论问题、重大现实问题、重大实践经验的研究总结。推进哲学社会科学创新和智库高质量发展，加强青年马克思主义者培养，提升省新型智库成果转化率和贡献率。

二、巩固壮大主流思想舆论

坚持党管媒体原则，坚持团结稳定鼓劲、正面宣传为主，加快推进媒体深度融合，不断提高新闻舆论传播力、引导力、影响力、公信力。实施全媒体传播工程，以内容建设为根本、先进技术为支撑，做大做强省级主流媒体，支持市州媒体积极探索自身融合发展模式，建强用好县级融媒体中心，重点打造具有全国影响力的新闻客户端品牌，办好主流媒体特色新媒体品牌。健全新闻舆论工作机制，加强重大舆情和突发事件引导和处置。完善新闻发布制度，建强“湖北发布”平台。加强网络文明建设，建立健全网络综合治理体系，发展积极健康的网络文化。加强对外宣传，拓展对外宣传渠道。

三、提升公民文明素养

培育和践行社会主义核心价值观，以加强社会公德、职业道德、家庭美德、个人品德建设为着力点，深入推进公民道德建设，激励人们向上向善、孝老爱亲，忠于祖国、忠于人民。实施文明创建工程，深化群众性精神文明创建活动，广泛开展荆楚楷模、道德模范、身边好人等先进典型选树宣传活动，不断增强人们文明实践自觉、行为规范。健全志愿服务体系，拓展新时代文明实践中心建设，广泛开展志愿服务活动，使“我为人人、人人为我”在全社会蔚然成风。弘扬诚信文化，推进诚信建设。大力弘扬劳模精神、劳动精神、工匠精神，提倡艰苦奋斗、勤俭节约，开展以劳动创造幸福为主题的宣传教育。加强家庭、家教、家风建设，促进形成社会主义家庭文明新风尚。

第二节　推进文化事业发展

加强公共文化服务保障，推进城乡公共文化服务体系一体建设，广泛开展群众性文化活动，让人民享有更加充实、更为丰富、更高质量的精神文化生活。

一、完善公共文化服务体系

优化城乡文化资源配置，引导优质文化资源和文化服务更多地向农村倾斜，增加农村公共文化服务总量供给，促进城乡文化协调发展、共同繁荣。实施公共文化设施建设提档升级工程，推进公共文化服务标准化建设。创新实施文化惠民工程，加强特殊群体公共文化服务保障，打造长江讲坛、长江读书节、“文化力量·民间精彩”群众广场舞展演等一批公共文化品牌，常态化开展荆楚“红色文艺轻骑兵”“文化进万家”“书香荆楚·文化湖北”等活动。推进公共文化数字化建设，加强数字图书馆、数字文化馆、数字档案馆、数字博物馆、数字非遗展示馆、数字农家书屋等建设，打通各层级公共文化数字平台，打造公共文化数字资源库群。推进公共文化服务智能化、社会化发展，推动“群众点单”和“政府买单”更好对接，鼓励社会力量积极参与，全面提升乡镇影院、农村智能广播网等公共文化服务效能。加强宣传思想文化人才队伍建设。

二、繁荣文化作品创作生产

坚持为人民服务、为社会主义服务，坚持百花齐放、百家争鸣，全面繁荣新闻出版、广播影视、文学艺术事业。完善文学、戏剧、电影、广播、电视、音乐、舞蹈、美术等文化作品创作生产传播的引导激励机制。实施文艺作品质量提升工程，扶持大众文艺创作，加强现实题材创作，不断推出反映荆楚大地新时代新气象、讴歌人民新创造的文艺精品，创建一批大众文艺特色品牌。推动网络文学、网络音乐、网络剧、微电影、网络动漫等新兴文艺类型健康有序发展。加强文艺理论和评论工作。聚焦全面建成小康社会、抗击疫情、中国共产党成立 100 周年、党的二十大、新中国成立 75 周年等主题，及时推出一批高质量文艺作品。实施振兴武汉戏曲大码头工程，努力把武汉建成区域性戏曲文化中心。积极承办全国文化艺术节会活动，不断扩大湖北艺术节、湖北地方戏曲艺术节等重大文艺活动社会影响。加强对外文化交流，创新文明对话渠道和机制，打造“荆楚文化走世界”“荆楚文化丝路行”“五洲游客聚湖北”“荆楚文化导游说”等文化传播品牌，讲好中国故事、湖北故事。

三、推动荆楚文化传承创新

加强文物保护利用和文化传承创新，挖掘红色文化、长江文化、炎帝神农文化、楚文化、三国文化、青铜编钟文化、武当文化、少数民族文化等特色资源，推进优秀传统文化创造性转化和创新性发展，彰显荆风楚韵独特魅力。加强长江文明溯源研究，挖掘代表性文化符号，建设长江文化展示平台。实施荆楚大遗址传承发展工程，推进国家考古遗址公园、湖北省文化遗址公园建设，加强荆州古城疏散与保护。完善非物质文化遗产传承体系，抓好非物质文化遗产抢救性保护和生产性保护。实施传统工艺振兴工程和曲艺传承发展计划。加强武当山古建筑群、钟祥明显陵、唐崖土司遗址等世界文化遗产的保护利用。推进“万里茶道”、“关圣史迹”、黄石矿冶工业遗产申报世界文化遗产。推进长征国家文化公园（湖北段）建设，加强大别山区革命文物保护利用，办好“荆楚大地红旗飘”等一批革命文物精品展览。加强考古能力和考古学科建设，参与“考古中国”项目，创建长江文明传承创新示范区。推进武陵山区（鄂西南）土家族苗族文化生态保护实验区建设。加强古籍保护、研究和利用，推进《荆楚文库》编纂出版和数字化转化。做好地方志编纂，强化地情资源开发利用。

第三节　促进文化产业高质量发展

坚持把社会效益放在首位、社会效益和经济效益相统一，完善文化产业规划和政策，健全现代文化产业体系和市场体系，提升湖北文化产业竞争力。

一、发展壮大文化产业

实施文化产业数字化战略，加快发展新型文化企业、文化业态、文化消费模式，改造提升传统文化业态，推动文化产业全面转型升级，提高质量效益和竞争力。实施文化市场主体孵化培育工程，培育一批具有原创力和竞争力的创牌打“板”企业，新增上市文化企业 10 家以上。加快重点文化产业带建设，提升文化产业示范园区、广告产业园区建设水平。持续推动智慧广电 5G 建设，发展网络视听、数字出版、动漫游戏、创意设计等新兴产业，推动出版发行、影视制作、演出服务等传统产业转型升级。扶持发展小微文化企业创业基地，促进文化名家工作室、大学生创业工作室等新型主体加快发展。深入挖掘湖北特色文化元素，加强特色文化小镇、文化名村和特色街区建设，加强汉绣、楚式漆器等文化文物文创产品开发。办好华中图书交易会暨中国（武汉）期刊交易博览会等，打造一批知名度高、影响力大的湖北文化品牌。

二、推进文化和旅游融合发展

坚持以文塑旅、以旅彰文，推广“灵秀湖北”文旅形象。加大荆楚文化资源和旅游资源的挖掘、展示和传释力度，推出一批文化旅游特色品牌和线路，打造一批集文化创意、休闲度假于一体的文化旅游综合体，建设一批以景区景点、文博场馆、名镇名村、商业街区等为依托的文化旅游消费集聚区，培育一批具有特色主题的文化旅游融合品牌。举办中国（武汉）文化旅游博览会，打造“一江两山”旅游品牌，建设知名的文化旅游目的地和长江国际黄金旅游带。在巩固城市旅游、风景名胜旅游的基础上，大力发展红色旅游和乡村旅游，持续推进湖北旅游强县名镇名村创建。实施全域旅游示范区创建工程，建设一批世界级、国家级文化旅游景区和度假区，打造“一部手机游湖北”综合服务平台，构建覆盖全省的智慧旅游体系。积极创建国家级旅游休闲城市和街区及文化和旅游消费试点示范城市。

三、深化文化体制改革

建立健全党委领导、政府管理、行业自律、社会监督、企事业单位依法运营的文化管理体制机制。完善法人治理结构，加强行业组织建设。进一步深化国有文化单位改革，出台深化国有文艺院团改革的政策措施，推动公共文化馆、图书馆、博物馆、美术馆等进行理事会制度、委托运营等方面的创新探索。完善管人管事管资产管导向与管党建相统一的国有文化资产监管体制和长效机制，加强国有文化单位社会效益评价考核，指导推动各类文化企业牢牢把握正确导向。完善文化市场信用监管体系，深化文化市场综合执法改革，持续开展“扫黄打非”，营造良好的社会文化环境。

专栏 12　文化事业和文旅产业重点工程

项目	进展情况
公共文化服务提升工程	推进县级“五馆两场”建设，建设 15 分钟文化圈。推进谭鑫培大剧院、湖北省群艺馆新馆、湖北文学馆、长江演艺中心等建设。加强市县档案基础设施建设。实施公共文化人才队伍壮大工程，打造 100 支有影响力的社会文艺团队。
文化产业壮大工程	推进中国（湖北）广播电视媒体融合发展创新中心、中国东湖广播影视媒体基地、中国（湖北）网络视听产业园、武汉国际文化创意产业城、长江数字文化产业园、长江数字媒体城、武汉广电全媒体中心、汉江绿色印刷文化产业园、复兴之路文化科技园、光谷文化中心、枣阳汉文化产业园区等建设。
文化旅游品牌建设工程	打造武汉都市、长江三峡、神农秘境、世界遗产、浪漫楚风、智慧三国、大别山水、始祖炎帝、清江风情、健康养生、红色生态、平原水乡、四季赏花等文化旅游特色品牌。

第十二章　坚持生态优先绿色发展　建设美丽湖北

践行绿水青山就是金山银山理念，深入实施可持续发展战略，坚持节约优先、保护优先、自然恢复为主，守住自然生态安全边界，更加注重生态修复、环境保护、绿色发展的系统性、整体性、协同性，促进经济社会发展全面绿色转型，建设人与自然和谐共生的美丽湖北。

第一节　深入推进长江大保护

坚决把修复长江生态环境摆在压倒性位置，着力提高生态系统自我修复能力和稳定性，促进生态系统质量总体改善。

一、构建长江大保护长效机制

坚持共抓大保护、不搞大开发，加快构建全方位保护、全流域修复、全社会参与的长江生态共同体。健全

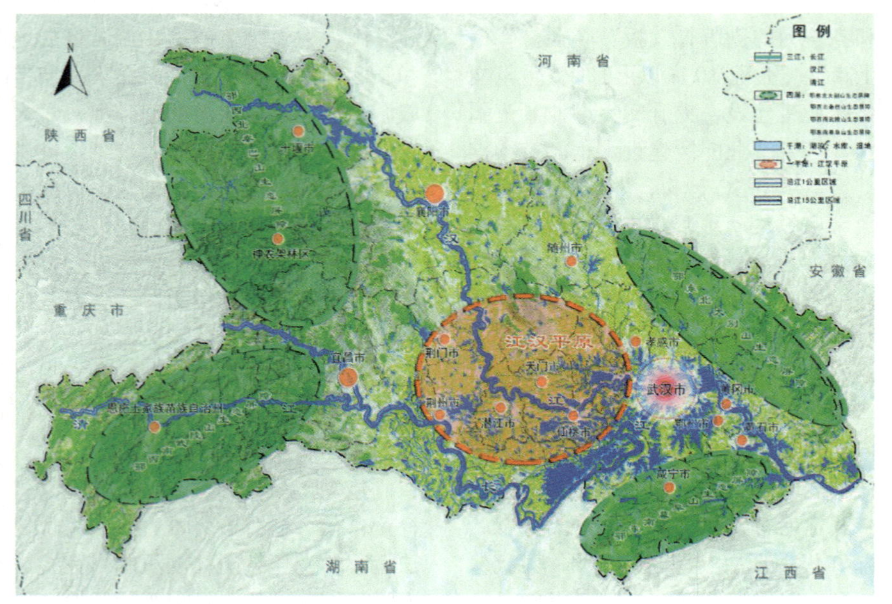

图 2—37　国土空间保护格局示意图

森林河流湖泊休养生息制度，实施长江流域重点水域禁捕退捕。深入推进沿江化工企业“关改搬转治绿”，促进化工企业安全环保达标升级、入园集群发展。持续推进长江“三磷”整治，加强磷石膏综合利用。推进重点地区区域性生态环境综合治理，强化工业、农业、生活、航运污染管控，巩固非法采砂、非法码头治理成果，严格岸线资源管理，抓好长江、汉江岸线“留白”“留绿”和功能恢复。健全入河排污口监管长效机制。建立健全长江流域江河湖泊生态用水保障机制，保证重要断面的生态流量，维护流域生态平衡。完善长江流域省际协商合作机制，推动设立长江生态法院，提升区域共治能力。

二、统筹山水林田湖草系统治理

坚持山水林田湖草是生命共同体理念，完善以“三江四屏千湖一平原”为骨架的生态安全屏障。加强江河湖库生态保护治理，推进湖泊清淤及综合治理，加强退化湿地保护修复，提升河湖、湿地生态系统稳定性。推进三峡库区、丹江口库区、神农架林区等重点生态功能区的保护和管理。持续开展国土绿化行动，加强天然林公益林建设，实施森林质量提升、退耕还林还草、土地综合整治等工程，科学推进石漠化、水土流失综合治理，建设长江、汉江、清江绿色生态廊道，提高全省森林覆盖率。全面推行林长制，保护森林资源。推进三峡地区、丹江口库区等山水林田湖草生态保护修复工程试点。加强尾矿库污染治理和历史遗留矿山生态修复，恢复矿区生态环境。推进黄石、鄂州、潜江、宜都等独立工矿区改造提升。

三、加强生物多样性保护

整合优化各类自然保护地，合理调整自然保护地范围并勘界立标，科学划定自然保护地功能分区，基本形成以神农架国家公园为主体、自然保护区为基础、各类自然公园为补充的自然保护地体系。强化重要自然生态系统、自然遗迹、自然景观和濒危物种种群保护。实施长江生物多样性保护工程，切实保护长江、汉江流域水生生物资源。加强珍稀濒危动植物和古树名木的拯救与保护，建设野生动物救护场所和繁育基地、国家重点保护野生动植物基因保存设施，完善野生动物疫源疫病监测防控体系。严厉打击非法野生动物交易。推进生态保护和修复支撑体系建设，加强外来物种管控，提高森林防火、病虫害防治能力，建设林木种质资源保存库、良种基地等设施。

专栏 13　生态保护和修复重大工程

项目	进展情况
四大屏障生态保护与修复工程	实施秦巴山区生物多样性保护与生态修复工程、大别山区水土保持与生态修复工程、武陵山区生物多样性保护工程、幕阜山区岩溶地区石漠化综合治理工程。
库区生态综合治理工程	以三峡库区及周边为重点，实施天然林保护、公益林建设、土地综合整治、水土流失治理等工程，探索开展库区消落带生态修复。实施丹江口库区水源地水土保持工程，封育保护、营造水源涵养林。
河湖湿地保护和修复工程	推进四湖流域、通顺河流域、府澴河等河湖水生态修复。实施汈汊湖、武湖、钟祥南湖等湖泊清淤及综合治理试点工程。开展洪湖、沉湖、网湖、龙感湖等湿地保护与修复。
历史遗留矿山生态修复工程	以建始、丹江口、阳新、十堰市郧阳区等地为重点，开展历史遗留露天矿山开采边坡综合整治。
自然保护地及野生动植物保护工程	以国家公园、国家级自然保护区、国家自然公园为重点，建设一批资源管护、科研监测、应急防灾等基础设施。实施江豚、金丝猴、麋鹿等珍稀濒危动物，以及钟萼木等珍稀濒危野生植物拯救保护工程。
林木种质资源保存利用工程	推进京山枫香皂荚、竹溪楠木、咸宁林木种质资源等异地保存库，以及神农架红桦、锐齿槲栎等原地保存库建设。

第二节 全面提升生态环境治理水平

坚持精准治污、科学治污、依法治污，继续开展污染防治行动，建立健全地上地下、陆水统筹的生态环境治理制度，切实提高水、空气、土壤等环境质量。

一、深入打好污染防治攻坚战

统筹推进“三水共治”，加强截污控源、清淤疏浚、调水引流，开展重点流域水环境综合治理，确保重点流域断面水质稳定达标，基本消除城市黑臭水体。推进河（湖）长制向小微水体延伸，构建小微水体治理管护长效机制。持续推进大气污染防治，加强细颗粒物和臭氧协同控制，推进重点行业挥发性有机物治理、工业炉窑综合整治和钢铁等行业超低排放改造，继续执行重点城市重点行业特别排放限值，加强机动车等移动源污染防治，基本消除重污染天气。大力推进土壤污染治理与修复，强化建设用地、农用地分类管理，严控重金属污染物排放。开展地下水污染修复试点，协同推进地表水与地下水、土壤与地下水、区域与场地污染防治。加强白色污染治理和农业农村面源污染防治。开展“无废城市”建设试点，推进固体废物源头减量和资源化利用。完成人口密集区危险化学品生产企业搬迁改造。重视环境激素、抗生素、全氟化合物等新污染物治理。

二、补齐环境基础设施短板

完善生活污水收集处理设施体系，提升污水收集处理效能，推进污水管网全覆盖，加快推进污泥无害化处置和资源化利用。建立完善生活垃圾分类收运体系，全面提升垃圾焚烧处理能力，统筹建设焚烧飞灰处置设施。加强危险废物、医疗废物收集处理设施和转运处置体系建设，无害化处置率达到100%。提升工业园区环境基础设施水平，推广集中供气供热或建设清洁低碳能源中心，推进再生水循环利用基础设施建设，加强污染治理设施运行维护。

三、建立健全生态环境保护制度

建立健全以排污许可制为核心的企业环境管理制度，开展排污许可证与环评融合试点，深化企业环保信用评价。建立健全“污染者付费+第三方治理”等机制，推动环境治理向市场化、专业化、产业化发展，健全价格收费机制，推进排污权、用能权、用水权、碳排放权市场化交易。落实生态环境保护督察制度，统筹推进生态环境突出问题整改。严格生态环境保护目标责任考核，完善环境保护、节能减排约束性指标管理，持续开展领导干部自然资源资产离任审计，实行生态环境损害责任终身追究制。落实生态环境损害赔偿制度，完善生态环境公益诉讼制度，加大环境公益诉讼力度。完善环境法规和标准体系，健全污染防治区域联动机制。

第三节 大力推进绿色低碳发展

加快构建以产业生态化和生态产业化为主体的生态经济体系，全面提高资源利用效率，倡导简约适度、绿色低碳的生活方式，探索协同推进生态优先和绿色发展的新路径。

一、加快建立生态产品价值实现机制

健全自然资源产权制度，推进自然资源统一调查监测和统一确权登记，探索建立生态服务价值核算体系。建立生态保护补偿配套制度体系，实施森林、湿地、水流等重要自然生态系统保护补偿，健全重点生态功能区、自然保护地转移支付制度，鼓励区域间通过协商谈判等方式建立重要流域、重要湖泊、大型引调水工程生态保护补偿机制，完善市场化、多元化的生态保护补偿机制。科学利用林地资源，推进木本粮油和林下经济产业发展。加快推动武汉绿色发展示范、三峡地区绿色发展，支持鄂州等地开展生态产品价值实现机制试点。实施南水北调中线工程水源区生态保护协作工程，推动建设“两山”实践创新基地，探索生态产品价值实现路径。

二、推动资源节约绿色发展

推进资源总量管理、科学配置、全面节约、循环利用，完善能源、水资源、建设用地总量和强度双控机制。加快优化产业结构，推进工业、建筑、交通、公共机构、数字基础设施等重点领域和重点用能单位能效提升。科学制定用水定额并动态调整，实施全民节水行动。深入推进农业水价综合改革，配套建设计量设施，健全节水激励机制。严格土地使用标准，健全自然资源节约集约高效利用评估考核奖惩机制，加快推进城镇低效用地再开发，全面提高土地、矿产资源开发保护利用水平，单位GDP地耗下降到626亩/亿元。大力发展循环经济，推进重点行业和重要领域绿色化改造，重化工业园区全部完成循环化改造。加快构建废旧物资循环利用体系，推进快递包装绿色转型，加强太阳能光伏组件、动力蓄电池等新品种废弃物回收利用，提升餐厨垃圾、建筑垃圾、污泥等废物资源化利用水平。稳妥推进车用乙醇汽油使用。推进国家级资源综合利用基地建设。支持谷城等建设国家绿色产业示范基地。加快发展绿色金融，支持绿色技术创新，着力打造中部绿色技术创新引领区。推进钢铁、电力等行业低碳发展，开展碳排放达峰和碳中和路径研究，明确碳排放达峰时间表和路径图，支持有条件的地方提前达峰。实施近零碳排放区示范工程、“碳汇+”交易工程，推进碳惠荆楚工程建设，建成全国碳排放权注册登记系统。

三、加快形成绿色生活方式

深入开展节约型机关、绿色家庭、绿色学校、绿色社区、绿色出行、绿色商场、绿色建筑等绿色生活创建行动。严格绿色产品标准、认证、标识制度，推广节能家电、高效照明产品、节水器具、绿色建材等绿色产品。加大政府绿色采购力度，优先采购或强制采购节能产品、环境标志产品。严格执行“禁限塑”规定，加强不可降解塑料使用限制，推广可降解替代产品。继续减少一次性商品使用，遏制过度包装。开展粮食节约行动，持续推进“光盘行动”，坚决制止餐饮浪费等行为，在全社会营造浪费可耻、节约为荣氛围。

第十三章　全面提升人口素质 促进人的全面发展

加快构建服务全民终身学习的现代教育体系、全方位全周期的卫生健康保障体系，着力增强人民科学文化和健康素质，不断提升人的全面发展能力。

第一节　加快推进教育现代化

全面贯彻党的教育方针，优先发展教育事业，坚持教育公益性原则，深化教育改革，促进教育公平，推动高质量教育体系建设，加快建设教育强省。

一、落实立德树人根本任务

坚持为党育人、为国育才，大力实施新时代立德树人工程，完善立德树人体制机制，培育德智体美劳全面发展的社会主义建设者和接班人。构建大中小幼一体化德育教育体系，深入推进幼儿“起点阅读”、中小学“朝读经典”，加强网络环境下的德育工作，深化“三全育人”综合改革，办好思想政治理论课。重视青少年身体素质和心理健康教育，全面加强和改进学校体育和美育工作，深入实施健康校园行动和学校美育浸润计划。健全学校家庭社会协同育人机制，广泛开展社会实践和劳动教育，增强学生文明素养、社会责任感和实践本领。

二、建设高质量教育体系

推进学前教育公益普惠发展，构建覆盖城乡、布局合理的学前教育公共服务体系。推动义务教育优质均衡发展，加强县城学校、乡镇寄宿制学校和乡村小规模学校建设，推行学区制集团化办学。推动高中阶段教育普及多样化发展，加强普通高中标准化建设，支持特色高中建设。推进职业教育融合融通发展，深化职普融通、产教融合、校企合作，加强职业教育“双高”建设，开展职业教育赋能提质专项行动，着力推行企业新型学徒制、现代学徒制，大力培养技术技能人才，增强职业教育与产业发展的适配性。推动高等教育特色一流发展，合理配置资源，优化高等教育发展规模、类型、层次、学科和空间布局，规划建设高质量大学城。完善省部共建、省市共建机制，分类推进高等教育“双一流”建设，支持在鄂部委属高校提升核心竞争力，支持省属高校实现一流学科重点突破，建设一批高水平应用型大学，建强建优一批医学院校、师范院校和体音美等专业院校，加快培养理工农医类专业紧缺人才，形成与高质量发展有效匹配的高等教育发展格局。完善终身教育体系，建设湖北省全民终身学习公共服务平台，加快建设湖北教育学分银行。建成覆盖全省的终身学习网络和区域性学习中心，办好湖北开放大学。支持发展特殊教育、民族教育、专门教育和社区教育。加大国家通用语言文字推广力度。

三、深化教育体制改革

稳步推进考试招生制度改革。完善教师培养和发展体系，加强师德师风建设，提升教师教书育人能力素质。实施湖北教师教育振兴行动计划，加大省级公费师范生培养力度，健全城乡统一的中小学教师补充机制，全面实行中小学教师“县管校聘”，提高教师待遇。深入推进教育评价改革，着力破除“五唯”顽瘴痼疾，加强教育督导，提高教育治理能力和水平。深化民办教育分类管理改革，支持和规范民办教育发展，规范校外培训机构。实施智慧教育建设工程，促进信息技术与学校教育深度融合。

专栏 14　教育现代化重点工程

项目	进　展　情　况
学前教育公益普惠工程	新建和改扩建公办幼儿园500所以上。每个乡镇（街道）至少办好一所独立建制、财政拨款、园舍独立的公办中心幼儿园。公办幼儿园和普惠性民办幼儿园在园幼儿占比达到80%以上。
基础教育提质扩容工程	每个县（市、区）至少新建一所标准化小学或初中，每个乡镇改扩建一所标准化小学或初中，实现优质均衡发展的县（市、区）占比达到40%。每个县（市、区）至少改造好1所薄弱普通高中。
职业教育产教融合工程	支持8所国家级“双高”院校建设，推进省级“双高”项目建设，建成20所省级高水平高等职业学校和50个专业（群），建设30所以上省级高水平中等职业学校和90个以上专业（群）。开展国家产教融合型试点城市建设。
高等教育内涵式发展工程	推动武汉大学、华中科技大学等7所高校加快世界一流大学和一流学科建设，推动湖北大学、武汉科技大学等17所高校加快国内一流大学和一流学科建设。建设一批应用技术特色鲜明的地方本科高校和一批服务湖北战略性新兴产业发展需求的优势特色学科，培养创新型、应用型、技能型人才。
智慧教育建设工程	实施教育信息化2.0行动计划，建设一批教育信息化示范区、示范校。

第二节　全面提升全民健康水平

贯彻预防为主的方针，坚持把人民健康放在优先发展的战略地位，深化大健康理念，织牢织密公共卫生防护网，推进健康湖北建设，全方位全周期保障人民健康。

一、打造疾控体系改革和公共卫生体系建设“湖北样板”

坚持防治结合、联防联控、群防群控，加快疾病预防控制体系改革和公共卫生体系建设。改革完善疾病预防控制、应急医疗救治、基层医疗卫生服务、公共卫生应急物资保障等体系，优化公共卫生应急管理体系运行机制，增强重大突发公共卫生事件应对处置能力，努力建成国家疾病预防控制体系改革和公共卫生体系建设示范区。健全各级疾病预防控制网络，建设公共卫生应急管理信息平台，提升监测预警、风险评估、流行病学调查、检验检测、应急处置等能力，推进市县级“120”指挥中心独立运行，建立直属急救站点，提升可转换ICU收治能力。落实医疗机构公共卫生责任，创新医防协同机制，制定公共卫生责任清单，完善公共卫生服务项目。加强公共卫生人才培养，组建平战结合的高水平重大疫情救治专业技术队伍。

二、深化医药卫生体制改革

坚持基本医疗卫生事业公益属性，加快优质医疗资源合理扩容和区域均衡布局，构建优质高效的医疗卫生服务体系。加大公立医疗卫生机构建设力度，支持中央在鄂医院创建国家医学中心、中央和省属高水平医院创建国家区域医疗中心和国家临床医学研究中心，推进临床重点专科体系建设。分片分区建设省级区域医疗中心，推动大型综合性医院多院区、差异化、均质化发展，引导部省属医院向医疗资源薄弱地区下沉。加强市（州）现有医院建设，加快县级医院提标扩能。加强城市医疗联合体建设，全面推进县域医共体建设。巩固完善基层医疗卫生服务体系，强化基层公共卫生体系和社区卫生服务机构公益性，加强乡镇卫生院、社区卫生服务中心（站）、村卫生室建设。加快建设分级诊疗体系和现代医院管理制度，改革完善全民医保制度、药品供应保障制度和综合监管制度。加强公立医院建设和管理考核，强化医疗质量管理。支持社会办医。推广“互联网+医疗健康”服务，加快基层医疗服务信息化建设，推进远程医疗。

三、加强中医药传承创新

坚持中西医并重，完善中医药发展统筹协调机制，加强传承创新，建设中医药强省。加强中医名院、名科、名医和名药、名企建设，努力创建中医药湖北品牌。发挥中医药在疾病预防、治疗、康复中的重要作用，推动中医药深度融入公共卫生体系，推进中西医临床协同，提升中医药特色康复能力。健全中医药服务体系，提升基层中医药服务能力，加强市县中医医院建设，实现全省乡镇卫生院、社区卫生服务中心国医堂和县中医医院治未病科全覆盖。大力扶持优质中药材、道地药材生产，促进中药质量提升，推进中医药产业发展。

四、健全全民健身服务体系

全面落实全民健身国家战略，转变体育发展方式，推进群众体育社会化、竞技体育市场化、体育产业一体化，构建更高水平的全民健身公共服务体系，加快体育强省建设步伐。推进公共体育服务体系建设，新建和改扩建县市级“一场两馆”、乡镇（街道）运动中心、村（社区）文体广场等项目，补齐公共体育场地设施短板。全面推进公共体育设施、学校和企事业单位体育场地设施向社会开放，落实低免服务政策。实施新全民健身示范工程，推动公共健身设施向乡镇（街道）、社区、企业、学校等延伸拓展，全力打造城市社区10分钟健身圈。普及科学健身知识，积极推广居家健身、工间操等简便易行的健身方式，推动全民健身生活化。开展居民体质监测，推广“体医结合”“运动处方”等疾病管理与健康服务新模式。大力发展竞技体育，支持职业体育发展。构建现代体育产业体系，加快体育健身休闲、竞赛表演、用品制造、培训产业发展，培育体育龙头企业。开展国家级、省级体育消费城市试点，推动体育消费扩容升级。推进实施国家冰雪运动“南展”战略，大力发展冰雪运动。打造高价值品牌赛事，办好十六届省运会，积极备战参战奥运会和十四届、十五届全运会。

五、广泛开展爱国卫生运动

坚持把健康融入所有政策，建立健康管理体系，促进全民养成文明健康生活方式。聚焦心脑血管疾病、糖尿病、高血压和青少年近视等重大疾病和健康问题，实施影响群众健康突出问题攻坚行动。深入实施健康知识普及、合理膳食等重大行动，树立良好饮食风尚。全面禁止食用野生动物。落实控烟行动，公共内部空间全面禁止吸烟。提升健康教育、慢病管理和残疾康复服务质量，加强精神卫生服务体系建设。加强职业病防治体系建设，改善劳动安全卫生条件。大力推进国家卫生城镇创建，加快爱国卫生与基层治理融合，推动爱国卫生运动融入群众日常生活。

专栏15　健康湖北建设重点工程

项目	进展情况
疾病预防控制体系建设工程	加强省市县三级疾病预防控制机构基础设施建设和设备配置，提升病原体快速检测、疫情发现、现场处置能力。
应急医疗救治体系建设工程	争创1—2家国家级重大传染病救治基地和紧急医学救援基地。建成鄂中（武汉）、鄂西北（襄阳）、鄂西南（宜昌）、鄂东（黄冈）重大疫情救治基地，推动各市（州）建设传染病医院或相对独立的综合性医院（或中医医院）传染病区，提升64个县（市）级医院传染病监测和诊治能力。
基层防控体系建设工程	推动乡镇卫生院和社区卫生服务中心规范建设发热门诊（诊室），配置移动医疗卫生服务车和设备设施，推动村卫生室和社区卫生服务站配备智能健康服务包。
院前急救体系建设工程	推动各市（州）中心城区打造10分钟急救圈，武汉市新城区打造12分钟急救圈，其他市（州）非中心城区打造15分钟急救圈，县市打造30分钟急救圈。

续表

项目	进　展　情　况
医疗机构高质量发展工程	争创1家国家医学中心和2—3家国家区域医疗中心，建设4—5所省级区域医疗中心。推动人口过百万县市或经济百强县市至少建设一所三甲医院。
妇幼健康保障工程	推进妇幼保健机构、妇产医院、儿童医院和综合医院产科、儿科建设。
中医药传承创新工程	建设省中医院中医药传承创新中心，争创1—2家国家级中西医结合“旗舰”医院，建设一批中医药特色优势突出的中医医院，争创1—2家中医医院建设国家传染病防治基地。
新全民健身示范工程	打造全民健身便利化体育运动中心。每个县市建成“一场两馆”，力争全民健身中心乡镇全覆盖。建设武汉“两江四岸”百里长江生态长廊健身工程。加快智慧场馆设施建设。

第三节　促进人口长期均衡发展

落实积极应对人口老龄化国家战略，保障妇女儿童合法权益，促进青年优先发展，构建老年友好社会环境，推动人口与经济社会协调发展。

一、提高优生优育服务水平

落实优生政策，增强生育政策包容性。降低生育、养育、教育成本。做好计划生育特殊家庭关怀关爱工作。扩大婚检、孕检、产前筛查和新生儿筛查等服务供给能力，提高服务水平，降低婴幼儿死亡率，降低出生缺陷。加快普惠托育服务体系建设，推进托幼一体化模式，加大对社区托育服务支持力度，发展多种形式的就近便捷托育服务，提高托育服务供给水平。

二、促进妇女儿童发展和家庭建设

全面贯彻落实男女平等基本国策，完善妇女特殊保护与关爱服务体系，保障妇女平等获得就学就业、婚姻财产和参与社会事务等权利，提高城乡妇女“两癌”检查覆盖率，统筹推进城乡、区域、群体之间妇女的同步均衡发展。开展农村留守妇女关爱服务模式建设示范试点。落实儿童优先原则，提高儿童整体素质，促进各类儿童保障服务均等化发展。健全留守、困境儿童关爱保护体系，完善困境儿童分类救助保障政策。推进以市州儿童福利机构为主体的区域性孤儿集中养育，健全孤儿养育标准自然增长机制，完善孤儿基本生活、医疗、教育等保障制度。开展县级未成年人救助保护中心建设示范试点，逐步实现全覆盖。深入实施家家幸福安康工程，完善支持家庭发展的法规政策，构建覆盖城乡的家庭教育指导服务体系，引导社会专业力量提供多样化关爱服务。

三、促进青年优先发展

加强思想政治引领，分类开展青年思想教育，突出实践体验，开展“青年好声音”系列网络文化行动，引导青年积极传播正能量。发挥青年生力军作用，实施青年技能人才培育计划、青年拔尖人才培养计划，不断深化博士服务团工作。实施青年志愿者行动，推进大学生志愿服务“西部计划”、关爱农民工子女和助残“阳光行动”、青年志愿服务“社区计划”，开展本禹志愿服务队创建，积极引导青年成为注册志愿者。服务青年健康成长，实施青年就业“翼计划”，为大学生创业提供资金扶持。实施“希望伴飞计划”，对受疫情影响、留守儿童等有心理疏导需要的青少年提供个性化、精准化、专业化的心理疏导服务，提高青少年自我心理疏导能力和抗挫适应能力。切实维护青少年合法权益，鼓励和支持法律服务机构、社会组织、事业单位等依法为未成年人提供公益性法律服务和援助。鼓励引导青年人才到艰苦地区和基层一线建功立业。

四、构建老年友好社会环境

加快构建养老、孝老、敬老政策体系和社会环境，推动养老事业和养老产业协同发展。健全基本养老服务体系，发展普惠性养老服务和互助性养老，支持家庭承担养老功能，培育养老新业态，构建居家社区机构相协调、医养康养相结合的养老服务体系，全省养老机构护理型床位占比达到60%。加强社区养老服务设施建设，鼓励社会机构兴办“智慧+”社区居家托老服务中心。落实养老服务税费、土地、金融等各项优惠扶持政策，完善养老机构建设运营补贴制度，全面放开养老服务市场，支持养老机构社会化发展。加强老年失能预防与干预，基本实现65岁以上老年人健康体检全覆盖。保障老年人福利，探索建立失能失智老年人长期照护服务制度。推动农村养老服务提质升级，全面建立农村留守老年人定期巡访制度。健全养老服务综合监管制度，大力开展养老护理人员职业技能培训，建立养老服务褒扬机制和惩戒制度。大力发展老年教育，开展老年人智能技术教育，加强老年大学和老年学校建设。积极开发老龄资源，发展银发经济。

专栏16　养老服务重点工程

项目	进　展　情　况
社区养老服务设施补齐工程	新（改、扩）建500个街道（乡镇）综合性社区养老服务设施，所有城市市辖区街道和有条件的乡镇至少建设1处综合性社区养老服务设施，社区日间照料机构覆盖率达到100%。
特困人员供养服务机构改造工程	新（改、扩）建特困人员供养服务机构，每个县（市、区）至少建设1处县级失能特困人员供养服务机构，每个市州建设1所失智老人养护院或设置失智老人养护专区。
养老设施急救能力提升工程	支持市级养老设施增设公共卫生应急能力模块，配置应急救援设备包。

第十四章　提高居民收入水平 完善社会保障体系

积极回应人民群众新期待，坚持就业优先，健全多层次社会保障体系，扎实推进共同富裕，不断增强人民群众获得感、幸福感、安全感。

第一节　提高就业质量和居民收入水平

实施更加积极的就业政策，健全有利于实现更充分更高质量就业的促进机制，健全劳动关系协调机制，逐步形成合理有序的收入分配格局。

一、实施就业优先政策

健全就业优先促进机制，建立就业影响评估机制，构建全方位公共就业服务体系，提升就业信息服务水平和覆盖面，推进就业扩面提质。促进人力资源服务业发展，规范人力资源市场秩序。坚决纠正和防止就业歧视，营造公平就业制度环境。深入实施高校毕业生就业创业促进计划和基层成长计划，实施青年见习计划，强化失业青年帮扶。依法优先安置退役军人，加强退役军人适应性培训、职业培训和终身职业教育，促进退役军人更高质量就业。开展春风行动，积极引导农村劳动力有序外出就业、就地就近就业。强化下岗失业人员托底帮扶，统筹做好特殊群体和困难人员就业援助，扩大公益性就业岗位安置。加大监察执法力度，切实维护农民工劳动报酬权益。支持企业稳定岗位，扩大失业保险稳岗返还政策受益面，支持开展在岗培训，加强用工服务保障。健全创业带动就业机制，加大创业优惠政策落实力度，推进创业孵化基地规范化建设，加快发展众创空间，引导支持返乡创业，营造良好的创业环境。支持多渠道灵活就业，支持和规范发展新就业形态，强化对灵活就业人员的就业服务和权益保障。健全劳动者能力素质提升机制，开展大规模职业技能培训，深化技能人才评价改革，规范专项职业能力考核。

二、促进居民收入稳步增长

坚持按劳分配为主体、多种分配方式并存，深化收入分配制度改革，实现居民收入增长和经济增长基本同步，农村居民收入增速高于城镇居民。增加劳动者特别是一线劳动者劳动报酬，提高劳动报酬在初次分配中的比重。合理调节城乡、区域、不同群体间分配关系。推行企业工资集体协商制度，完善企业薪酬调查和信息发布制度。深化国有企业工资决定机制改革，完善事业单位绩效工资政策。健全职工工资正常增长机制，拓宽居民劳动收入和财产性收入渠道。增加低收入者收入，扩大中等收入群体，健全最低工资标准调整机制。加大税收、社保、转移支付等再次分配的调节力度，提高精准性。

专栏 17　促进就业重点工程

项目	进展情况
公共实训基地建设工程	建设国家级高技能人才培训基地 15 个、省级高技能人才培训基地 50 个，世界技能大赛国家级集训基地 5 个、省级示范集训基地 20 个。建成 200 个制造业公共实训基地。
零工市场建设工程	建成一批相对集中的零工市场，每个县市区城区至少建设 1 个零工市场。
返乡入乡创业园改造工程	改造 17 个返乡入乡创业园区（基地）、60 个返乡入乡创业孵化中心和 200 个返乡入乡创业一条街。
就业保障服务建设工程	建设 30 个县级就业和社会保障服务中心、500 个乡镇级就业和社会保障服务站。

第二节　完善社会保障体系

坚持应保尽保，按照兜底线、织密网、建机制的要求，全面建成覆盖全民、统筹城乡、公平统一、可持续的多层次社会保障体系。

一、健全社会保险制度

完善城镇职工和城乡居民基本养老保险制度体系，实施企业养老保险基金省级统收统支，对接基本养老保险全国统筹，增强养老保险制度可持续性。大力发展企业年金、职业年金、个人储蓄性养老保险和商业养老保险。健全基本养老、基本医疗保险筹资和待遇合理调整机制，稳步提升基本养老保险待遇水平，实施公平适度的基本医疗保险待遇保障。推动基本医疗保险、失业保险、工伤保险省级统筹，健全重大疾病医疗保险和救助制度。完善医疗保险制度，持续推进医保支付方式改革，建立健全职工基本医疗保险门诊共济保障机制。落实异地就医直接结算，探索建立长期护理保险制度和新业态从业人员职业伤害保障制度。探索对新就业形态更加友好的社会保险经办服务模式。

二、提高退役军人服务和保障水平

完善退役安置制度，推进“阳光安置”方式，探索“直通车”安置方式，提高安置质量、促进人岗相适。加大社会优待力度，落实退役军人和优抚对象优待政策。深入推进“双拥在基层”活动，落实随军家属就业和子女教育优待政策。建立统筹平衡的抚恤优待量化标准体系，逐步消除抚恤优待制度城乡差异，健全抚恤优待补助标准自然增长机制。完善英烈荣誉保护协调机制，加强烈士纪念设施建设、修缮和管护，健全烈士祭扫制度和礼仪规范。健全权益维护机制，维护退役军人和其他优抚对象的合法权益。加强各级退役军人服务中心（站）建设。

三、健全社会救助服务体系

建立健全以基本生活救助、专项社会救助、急难社会救助为主体，社会力量参与为补充，分层分类的救助制度体系。完善最低生活保障制度，规范基本生活救助标准调整机制，落实社会救助和保障标准与物价上涨挂钩的联动机制。推进市县级救助管理站提档升级，建立健全快速响应、个案会商“救急难”工作机制，加强临时救助和生活无着流浪乞讨人员救助。完善特困人员认定条件，落实特困人员救助供养政策，实现有集中供养意愿的特困人员全部集中供养，分散供养特困人员全面实行委托照料服务。大力弘扬人道、博爱、奉献精神和慈善文化，创新慈善模式，完善慈善组织管理、资金使用、活动流程等相关法规政策，提高慈善事业的社会参与度。完善殡葬服务体系，加快殡仪服务设施改造升级，推动形成绿色、文明、节地、生态的殡葬方式。

四、提高残疾人自我发展能力

加强残疾预防，健全残疾人关爱服务体系，完善帮扶残疾人社会福利制度。完善残疾人就业支持体系，健全困难残疾人生活补贴和重度残疾人护理补贴制度，完善动态调整机制。统筹推进城乡公共场所无障碍服务，加强公共服务场所信息化无障碍设施建设。支持康复辅具产业发展。实施智力和精神障碍及重度残疾人日间托养照料阳光家园建设工程，实现各市州至少拥有1所公共精神卫生福利机构。加快县级以上残疾人康复中心、托养中心及综合服务设施建设。加强公办自闭症儿童康复、教育学校建设，提高残疾人受教育水平。

第三节　健全住房保障体系

坚持“房子是用来住的、不是用来炒的”定位，加快建立多主体供给、多渠道保障、租购并举的住房制度，让全体人民住有所居、安居宜居。

一、加强保障性住房供给

实行实物配租和租赁补贴并举，加快构建以保障性租赁住房和共有产权住房为主的城镇住房保障体系。扩大保障性住房供给，进一步完善住房公积金缴存使用和管理机制，支持人口净流入的大城市以需定供筹建保障性租赁住房、发展共有产权住房，其他城市加大商品房配建公租房力度，鼓励探索利用集体建设用地按照规划建设租赁住房。进一步规范公租房管理，推进政府购买公租房运营管理服务，提升公租房运营管理专业化、规范化水平。

二、促进房地产市场平稳健康发展

保持房地产市场调控政策的延续性和稳定性，落实房地产市场平稳健康发展长效机制。强化属地政府主体责任，因地制宜精准施策、综合施策，加强房地产市场风险监测预警和排查，促进住房市场供需长期平衡。规范发展住房租赁市场，鼓励住房租赁企业规模化、专业化发展。加强房地产市场监管，严肃查处各类违法违规行为，规范房地产市场秩序。

三、提升住房质量和居住品质

丰富商品住宅人性化设计，满足居民差异化需求。完善成品住宅标准体系，推广标准化设计、工厂化生产、装配化施工、一体化装修的住宅建设模式。推动节能环保新型建材应用，建设绿色住宅。大力推进老旧小区改造，推动建设安全健康、设施完善、管理有序的完整居住社区。加强物业监管，提升物业服务管理品质。

第十五章　推进省域治理现代化　提升社会治理水平

坚持系统治理、依法治理、综合治理、源头治理，加快省域治理体制机制创新，构建系统完备、科学规范、运行有效的制度体系，形成推进省域治理现代化的共治同心圆，推动省域治理体系和治理能力现代化建设迈入全国第一方阵。

第一节　发展社会主义民主政治

坚持人民主体地位，健全民主制度，丰富民主形式，拓宽民主渠道，巩固和发展生动活泼、安定团结的政治局面，凝聚省域治理的最大共识。

一、坚持和完善人民代表大会制度

围绕全面贯彻落实党中央决策部署和中共湖北省委工作要求，支持和保证人大及其常委会依法行使立法权、监督权、决定权、选举任免权，发挥人大及其常委会在立法工作中的主导作用。健全人大对“一府一委两院”监督制度，推进人大预算审查监督重点向支出预算和政策拓展，健全国有资产管理、政府债务管理、审计查出突出问题整改定期向人大报告制度。健全人大讨论决定重大事项协调机制和各级政府重大决策出台前向本级人大报告制度。健全人大组织制度、选举制度和议事规则，完善论证、评估、评议、听证制度。加强“两个机关”建设，更好发挥人大代表主体作用，建立健全支持和保障人大代表依法履职制度，密切人大代表和人民群众的联系。深化街道（乡镇）人大组织机构、运行机制建设。

二、构建协商民主体系

完善支持民主党派和无党派人士履行职能方法，健全民主党派省委会向中共湖北省委提出建议制度。加强人民政协专门协商机构建设，规范协商内容，丰富协商形式，完善协商规则，提高协商能力，健全发扬民主和增进团结相互贯通、建言资政和凝聚共识双向发力的程序机制。统筹推进政党协商、人大协商、政府协商、政协协商、人民团体协商、基层协商以及社会组织协商，构建程序合理、环节完整的协商民主体系，完善协商于决策之前和决策实施之中的落实机制，推进有事多商量、有事好商量、有事会商量。发挥政协制度优势和人才智力优势，提高政治协商、民主监督、参政议政水平，更好凝聚共识。完善“协商在一线”平台，推动政协协商与基层协商有效衔接。

三、巩固和发展最广泛的爱国统一战线

完善中共湖北省委“双月”座谈会制度，落实省领导带头联系党外代表人士制度，健全党外代表人士队伍建设制度。坚持和完善大统战工作格局，铸牢中华民族共同体意识，支持各民主党派省委会加强中国特色社会主义参政党建设，全面贯彻党的民族政策和宗教工作基本方针，加强对党外知识分子、非公有制经济人士、新的社会阶层人士的团结引导工作，广泛汇聚港澳台同胞和海外侨胞的智慧和力量，巩固和发展大团结大联合局面。全面贯彻党的对台大政方针，加强对台工作，推动鄂台各领域交流和融合发展。充分发挥工会、共青团、妇联等人民团体作用，完善联系广泛、服务群众的群团工作体系。

四、健全充满活力的基层群众自治制度

健全基层群众自我管理、自我服务、自我教育、自我监督的制度体系，依法实行民主选举、民主协商、民主决策、民主管理、民主监督。依托议事会、恳谈会、理事会、听证会等形式，组织居民群众说事议事主事，推进基层直接民主制度化、规范化、程序化。推进基层群众性自治组织规范化建设，健全特别法人制度，依法厘清权责边界。充分发挥自治章程、村规民约、居民公约等在基层治理中的作用，推广积分制管理经验，提高居民参与基层治理的积极性。健全以职工代表大会为基本形式的企事业单位民主管理制度，探索企业职工参与管理的有效方式。

第二节　提升依法治省能力

深入贯彻习近平法治思想，坚持立法、执法、司法、守法等各环节共同发力，提升依法治理效能，加快法治湖北建设进程，使法治成为湖北发展核心竞争力的重要标志。

一、维护宪法法律权威

坚持宪法法律至上，健全法律面前人人平等保障机制，坚决维护国家法制统一、尊严、权威。注重各项法规制度同宪法法律的衔接协调，加强备案审查制度和能力建设。严格执行宪法宣誓制度，推动宪法宣传教育全覆盖，普及宪法知识，弘扬宪法精神。推进民法典贯彻实施，更好保障人民权益。

二、提高地方立法质量和效率

完善党委领导、人大主导、政府依托、各方参与的立法工作格局，推进科学立法、民主立法、依法立法。健全立法工作机制，加强立项论证评估及立法后评估，拓宽社会各方有序参与立法的途径和方式。构建立法修法快速反应机制，加强经济发展、公共卫生、生态环保、民生保障、营商环境等领域地方立法，做好地方性法规、规章和规范性文件的立改废释。坚持立法和改革相衔接相促进，以良法促进发展、保障善治。加强规范性文件备案审查。完善法规实施报告制度，全面推动地方性法规进入执法、融入司法、列入普法。

三、提高依法行政水平

优化政府职责体系和组织结构，全面推行政府权力清单和责任清单制度并实行动态管理，推进政府机构、职能、权限、程序、责任法定化，打造依法办事的法治环境。优化行政决策、行政执行、行政组织、行政监督体制，严格落实重大行政决策程序制度。深化行政执法体制改革，严格落实行政执法公示、执法全过程记录、重大执法决定法制审核“三项制度”，规范行政执法自由裁量权。健全行政执法与刑事司法衔接机制，建立行政执法监督发现问题线索移送纪检监察机关工作机制。完善法治政府建设推进机制，加强法治督察，加大食品药品、公共卫生、生态环境、安全生产、劳动保障、野生动物保护等关系群众切身利益的重点领域执法力度。

四、完善法律实施监督机制

加大对法律法规实施的监督力度，完善刑事、民事、行政、公益诉讼等监督体系，保证行政权、监察权、审判权、检察权得到依法正确行使，保证公民、法人和其他组织合法权益得到切实保障。深化司法责任制综合配套改革，提高司法质量、效率和公信力。严格落实领导干部干预司法活动等责任追究制度。健全执法司法制约监督机制，构建内部监督管理体系。推进行政复议体制改革，强化行政复议监督功能。深化法治社会建设，加大全民普法力度，加强青少年法治教育，落实“谁执法谁普法”责任制，提升普法工作针对性、时效性。抓住关键少数，推动领导干部带头尊法学法守法用法，提高运用法治思维和法治方式深化改革、推动发展的能力。建成覆盖城乡、便捷高效、均等普惠的现代公共法律服务体系，健全街道（乡镇）、社区（村）法律顾问制度，深化法律援助制度改革，完善司法救助制度。

第三节　坚持和完善党和国家监督体系

坚持和完善监督制度体系，增强监督严肃性、协同性、有效性，形成决策科学、执行坚决、监督有力的权力运行机制，提升运用制度和法律法规治理的能力。

一、完善监督体制机制

压实全面从严治党主体责任、监督责任，完善领导班子内部监督制度，加强对“一把手”监督和同级监督，完善任职回避、定期轮岗、任中审计、离任审计等制度。深化纪检监察体制改革，加强上级纪委监委对下级纪委监委的领导，完善巡视巡察整改、督察落实情况报告制度。强化政治监督，推进纪律监督、监察监督、派驻监督、巡视巡察监督全面覆盖和统筹衔接，健全人大监督、民主监督、行政监督、司法监督、群众监督、舆论监督制度，发挥审计监督、统计监督作用，推进党的监督与其他监督贯通融合。

二、健全权力配置和运行制约机制

完善用制度管权、管事、管人的长效机制，对权力进行科学规范、有效监督。坚持权责法定，健全“分事行权、分岗设权、分级授权”制度，规范工作流程，强化权力制约。坚持权责透明，推动用权公开，建立权力运行可查询、可追溯的反馈机制。坚持权责统一，盯紧权力运行各个环节，完善发现问题、纠正偏差、精准问责有效机制。

三、健全一体推进不敢腐、不能腐、不想腐体制机制

全面推进清廉湖北建设。把严的主基调长期坚持下去，始终保持惩治腐败高压态势，坚持受贿行贿一起查，坚决查处政治问题和经济问题交织的腐败案件，坚决整治群众身边的微腐败，一体推进追逃防逃追赃，深度参与反腐败国际治理，持续强化不敢腐的震慑。加强审批监管、执法司法、工程建设、资源开发、金融信贷、公共资源交易、公共财政支出等重点领域的专项监督检查，深化以案促改、以案促建，推进监督机制改革和制度建设，不断扎牢不能腐的笼子。深入开展党纪国法宣传教育“十进十建”活动，引导党员干部加强党性锻炼，不断增强不想腐的自觉。把教育、监督、查处、问责、整改、建制等治理措施贯通起来，形成一体推进不敢腐、不能腐、不想腐的湖北方案。坚持严管和厚爱结合、激励和约束并重，健全激励机制和容错纠错机制，充分调动干事创业的积极性。

第四节 构建社会治理现代化格局

按照社会治理的核心是人、重心在城乡社区、关键是体制机制创新的总要求，推进市域社会治理现代化，健全城乡基层治理体系，构建共建共治共享的社会治理格局，实现政府治理同社会调节、居民自治良性互动。

一、健全党建引领的城乡基层社会治理体系

坚持党建引领、重心下移、力量下沉、资源下沉，做强街道（乡镇）、夯实社区（村），构建公共服务圈、群众自治圈、社会共治圈，提高城乡基层治理社会化、法治化、智能化、专业化水平。全面推行“街道吹哨、部门报到，社区吹哨、党员报到”制度，提升街道党（工）委统筹协调、综合管理能力，增强社区党组织政治功能和战斗力，完善居民小区治理机制。强化乡镇党委“龙头”作用，建立健全以村党组织为领导、村民自治组织和村务监督组织为基础、集体经济组织和农民合作组织为纽带、其他经济社会组织为补充的村级组织体系，减轻基层特别是村级组织负担，建立整顿软弱涣散村党组织长效机制。健全区域化党建工作机制，完善党建带群建制度，扩大楼宇、商圈、园区、市场和互联网行业等新兴领域党的组织覆盖和工作覆盖。

二、深化街道管理体制改革

完善街道职能定位，实施街道权责清单和职责准入制度，推动街道工作重心向基层党组织建设和公共管理、公共服务、公共安全转移。健全街道党的“大工委”制度。调整优化街道党政机构设置和职能配置，依法明确街道执法主体地位，赋予街道规划参与权、综合管理权、对区域内事关群众利益的重大决策和重大项目的建议权以及应急状态下的必要权能。推进延伸派驻机构体制改革，统筹设置党群服务中心、社区网格管理综合服务中心、综合执法中心等街道直属事业单位。按照权随事转、人随事转、钱随事转的原则，推进人员编制资源向街道倾斜，建立与街道履行职能相适应的财政保障体制。

三、提升社区治理能力

优化社区治理架构，健全社区党组织领导下的社区居委会与业主委员会、物业服务企业三方协同联动机制。完善社区工作事项准入制度，厘清社区依法履行和协助基层政府工作事务清单。完善社区服务功能，健全各类网格“多网合一”运行机制，推进落实“一居（村）一警（辅警）”，构建网格化管理、精细化服务、信息化支撑、开放共享的基层管理服务平台。提升社区网格化管理服务水平，建立“网格发现、社区呼叫、分级响应、协同处理”机制。有序推进城市社区党组织书记事业岗位管理，建设社会化、职业化、专业化、规范化的城市社区工作者队伍。鼓励有条件的地方建立社会组织孵化培育机制，建强志愿服务队伍，形成社区、社会组织、社会工作者、社区志愿者、社区慈善资源“五社”联动服务格局。加强物业服务企业党组织建设，推进“红色物业”发展，推广“红色业主委员会”模式，探索在无物业管理的老旧小区成立公益性物业服务企业或依托居委会组织居民实行自治服务管理。充分发挥家庭家教家风在基层社会治理中的作用，推动营造良好社会风尚、维护社会和谐安定。

专栏 18 基层社会治理建设重点工程

项目	进展情况
基层党组织建设工程	推行“网格+党建”模式，积极探索小区（片区）功能型党支部、网格党支部、楼栋党小组等基层党组织建设，实现基层党的组织和工作全覆盖。
综合服务设施建设工程	优化党群服务中心功能，推进社区网格管理综合服务中心标准化建设，提升综治中心服务水平，因地制宜组建综合执法中心。实施城乡社区综合服务设施提档升级工程，实现综合服务设施全覆盖。
基层社会治理队伍建设工程	健全科学规范的城市社区党组织书记选聘、流动和退出机制。建立城市社区专职工作人员区（市）统一招聘、街道统一管理、社区统一使用制度，健全职业发展、教育培训、薪酬管理、考核评价等制度，城市社区工作者持社会工作者职业水平证书人数占比达到50%以上。
社会协同共治能力建设工程	培育发展社区生活服务类、公益慈善类、居民互助类、社会矛盾纠纷调节类、维护基层治安类、参与基层治理类等社会组织，城市社区平均拥有10个以上、农村社区平均拥有5个以上社区社会组织。加强街道（乡镇）社会工作和志愿服务站建设，培育志愿服务品牌。

第十六章 统筹发展和安全 创造和谐稳定的发展环境

全面贯彻落实总体国家安全观，统筹传统安全和非传统安全，把安全发展贯穿经济社会发展各领域和全过程，防范化解影响高质量发展的各类风险，推动稳增长和防风险长期均衡，建设更高水平平安湖北。

第一节 加强国家安全体系和能力建设

坚持政治安全、人民安全、国家利益至上有机统一，加强国家安全体系和能力建设，统筹推进各领域国家安全，创造和谐稳定的发展环境。

一、健全国家安全制度体系

完善集中统一、高效权威的国家安全领导体制，落实党委（党组）国家安全责任制，把维护国家安全与改革发展稳定同谋划、同部署、同检查、同考核。建立健全重点领域国家安全工作协调机制，加强研究会商，贯彻落实国家安全政策。建立健全国家安全风险研判、防控协同、防范化解机制，加强对各类风险排查评估预警。推进国家安全法律法规实施，建立国家安全审查监管事项清单管理制度和协调机制，强化国家安全执法。落实公共安全基础设施与重大项目同步设计、施工、验收和交付使用制度。

二、坚决捍卫政治安全

把维护国家政治安全特别是政权安全、制度安全放在第一位，严密防范和严厉打击敌对势力渗透、破坏、颠覆、分裂活动，保持对暴恐活动严打高压态势。加强新闻舆论、社科理论、文化文艺等意识形态重点阵地建设和管理，完善网络舆情监测研判和联动处置机制，建设具有强大凝聚力和引领力的社会主义意识形态。加强经济民生社会领域热点舆情引导管控，确保不引发重大恶性事件并向政治安全领域传导转化。

三、巩固国家安全人民防线

健全全省国家安全人民防线组织体系，完善重点领域人民防线工作机制。深入开展全民国家安全教育日活动，落实大中小学国家安全教育要求，加强国家安全教育实践基地建设，普及国家安全相关法律法规，增强全民国家安全意识。服务国家重大战略需求，大力支持国防和军队现代化建设，加快国防科技工业转型升级，加强军地科技协同创新，推动重点区域、重点领域、新兴领域协调发展。完善国防动员体系，强化全民国防教育，巩固军政军民团结。

第二节　防范化解重点领域风险

坚持底线思维，强化关键环节管控，加强重点领域风险排查，提高风险防范化解的前瞻性、系统性、协同性，确保不发生系统性区域性风险。

一、加强社会风险防范

坚持和发展新时代“枫桥经验”，畅通和规范群众诉求表达、利益协调、权益保障通道，构建源头防控、排查梳理、纠纷化解、应急处置的社会矛盾综合治理机制。深入推进信访制度改革和工作机制创新，大力推行阳光信访、责任信访、法治信访，推动群众合理诉求依法及时就地解决。坚持领导干部接访下访包案制度，完善风险隐患排查治理和矛盾纠纷省市县乡四级联排化解机制，加强房地产、集资融资、劳动社保等突出问题的排查预警。完善社会安全风险评估机制，加强对重要领域、重大改革、重大工程、重大项目、重大决策的安全风险评估。健全人民调解、行政调解、司法调解衔接联动的“大调解”体系，完善调解、信访、仲裁、行政裁决、行政复议、诉讼等社会矛盾纠纷多元预防调处化解综合机制，加快推进一站式多元解纷和诉讼服务体系建设，努力将矛盾化解在基层。健全社会心理服务体系和危机干预机制，塑造自尊自信、理性平和、积极向上的社会心态。

二、防范化解经济领域重大风险

推进自主可控技术攻关和储备，加强产业竞争力调查和评价，增强产业链供应链抗冲击能力。健全金融风险预防、预警、处置、问责制度体系，实施防范化解金融风险全链条管理，建设全省地方金融风险防控数字化应用系统，完善存款保险制度，严密防范流动性风险，有效防范化解信用风险，着力防控影子银行业务风险。加强地方金融法治建设，严厉打击非法金融活动。强化政府债务预算和限额管理，规范举债融资行为。规范发展地方融资平台公司，防范化解地方政府隐性债务风险。

三、加强生态环境风险防控

系统构建全过程、多层次生态环境风险防范体系，把生态环境风险纳入常态化管理。强化重点行业重点领域风险管控，加强核与辐射、重金属、化学品、持久性有机物等行业环境风险管理，加强工业集聚区风险防范。开展重点区域、流域、行业环境风险调查，推进重点企业和有毒有害气体环境风险预警体系建设，强化危险化学品突发环境事件监控预警。开展环境与健康风险评估，加强哨点监测，建立应对损害群众健康的突出环境问题的管控体系。

第三节　强化公共安全保障

把保护人民生命安全摆在首位，着力维护社会安全，健全公共安全体制机制，全面提高公共安全保障能力。

一、强化安全生产管理

坚持党政同责、一岗双责、齐抓共管、失职追责，全面落实“三个责任”。深化应急管理综合执法改革，加强安全生产监管执法。严格执行生产安全事故责任追究制度。深入推进安全生产专项整治，坚决遏制危险化学品、矿山、建筑施工、特种设备、交通、消防等重特大安全事故，维护校园安全、景区安全。推动企业安全生产标准化建设，加强重大危险源在线监测预警。推动消防站、消防供水、消防通信、消防装备等基础设施建设，完善消防安全责任制，开展高层建筑、地下空间等重点场所消防安全整治。强制推进高危行业安全生产责任保险。加大安全生产宣传教育培训力度。

二、提升自然灾害防治能力

坚持以防为主、防抗救相结合，发挥地质、气象等作用，全面提高抵御自然灾害的综合防范能力。加强各涉灾部门的协调联动，完善军队和武警部队参与抢险救灾的应急协调机制，严格落实防灾减灾救灾责任。优化灾害监测站点布局，强化监测基础设施建设，完善综合立体气象观测系统及专业气象观测网络，提升灾害预报预测和风险预警能力。加强自然灾害风险管控和防御工程建设，推进地质灾害综合防治体系重点省份建设，强化技术防灾，有效防范暴雨、洪涝、干旱、大风、森林火灾和地震、滑坡、泥石流等灾害。推动应急避难设施一体化建设，完善应急避难场所生活设施。在重点城市和地震易发区开展活动断层探测和房屋设施加固。扩大巨灾保险试点，完善灾害救助和灾后恢复重建机制。

三、严格食品药品安全监管

坚持“最严谨标准、最严格监管、最严厉处罚、最严肃问责”标准，健全食品药品安全监管法规体系，推进食品药品监管体制机制改革创新和依法治理。深入开展食品安全放心工程建设攻坚行动，严把食品安全前端，加强农产品质量安全风险评估，严格进口食品准入管理，加强冷链物流监管，构建线上线下食品安全监管新模式，推动危害食品安全的制假售假行为“直接入刑”。实施药品监管科学行动计划，提高疫苗、血液制品检定能力和药品、医疗器械、化妆品检验检测能力，构建药品安全检验、监测、追溯体系。健全食品药品安全全过程、全链条监管和跨地区跨部门协调联动机制，加强监管队伍能力建设，推动监管力量向基层下沉，鼓励社会监督、舆论监督，打造食品药品安全社会共治体系。

四、提高生物安全治理能力

建立重大传染病和生物安全风险防控责任机制，完善与常态化防控相适应的领导体系，增强监测预警、疫情救治、风险防控能力。完善菌毒种管理体系，推进省级菌毒种保藏中心建设。加强农业转基因生物安全管理，加快推进农业植物新品种保护，有效防止外来有害生物入侵与跨境传播。加强基因生物技术管理，保护生物遗传资源，确保实验室生物安全，防范生物恐怖袭击。加强生物安全领域人才队伍建设，着力培养病原学鉴定、现场流行病学调查、实验室检测等专业型人才，提升生物安全领域基础前沿创新能力。

五、推进社会治安防控体系现代化

坚持专群结合、群防群治，加快建设立体化、智能化、社会化、实战化的社会治安防控体系，增强社会治安防控的整体性、协同性、精准性。健全扫黑除恶长效工作机制，定期开展社会治安重点地区、重点问题排查整治专项行动。创建打击犯罪新机制，提升打击网络犯罪等新型犯罪和跨区域犯罪能力。推进社会面智能安防、“雪亮工程”建设，构建预防和减少犯罪体系。加强智慧公安、公安基础设施、公安装备建设，提升警务能力现代化水平。加强基层司法所建设，优化监狱和戒毒所布局，健全社区矫正机制，全面推进刑罚执行一体化建设。深化平安创建活动。

第四节　加强应急管理体系和能力建设

建立和完善高效应对全灾种的大应急组织管理体系，强化应急管理技术支撑，建强应急救援队伍，推进应急管理体系和能力现代化。

一、提升应急救援能力

建立统一高效的应急指挥体系，完善应急指挥协调联动机制，按照“统一指挥、分级负责”的原则，明晰职责边界和责权界线。完善应急预案体系，加强应急预案评估、演练和动态管理。建立常态化的应急资源普查机制，健全预警信息统一发布制度，建设综合风险监测预警中心及人工智能计算中心，实现安全风险有效监测、及时预警。完善应急基础设施，增强航空应急救援能力，建设国家华中区域应急物资供应链中心及集配中心、国家华中区域应急救援中心和鄂东南、鄂西北、鄂西南等省级应急救援基地。实施应急装备现代化计划，推进应急装备高端化、智能化、标准化、系列化、成套化发展。加强应急管理学科建设，培养一批专业救援队伍，建立综合性救援力量与地方专业队伍、社会救援力量、驻鄂部队及驻在地武警部队共训共练、合作救援机制。建立健全应急产品和应急服务标准体系，加快培育应急产业，推进随州、赤壁等国家级应急产业示范基地建设，打造应急装备制造特色品牌。

二、健全应急物资保障体系

建立资源共享、配备合理、储备充足、管理高效、输送快捷、保障有力的全过程多层次应急物资保障体系。健全应急物资采购制度和储备标准，完善应急物资储备品种、规模、结构，建立政府储备和社会储备、实物储备和产能储备有机结合的物资储备机制。优化重要应急物资产能保障和区域布局，积极推进“中心库+区域库+前置库”应急物资储备体系建设。健全应急物资共用共享和协调机制，实现重要应急物资的集中管理、统一调拨、统一配送。完善应急物资运输保障体系，推进铁水公空多式联运的应急物资立体投放模式。健全救灾款物等社会捐赠规范管理机制。

三、提高社会动员能力

健全应急响应社会动员机制和社会共治共享应急制度，建立和完善应急救援社会化有偿服务和应急资源征用补偿机制。开展社会应急救援力量摸底调查，加强社会应急救援力量分级分类管理。完善社会动员应急预案，强化日常应急管理中的社会参与意识，壮大应急志愿者队伍。夯实基层应急管理组织，制定基层应急能力建设标准，提升乡镇（街道）、社区（村）应急保障能力。加强应急文化建设，开展应急科普教育，加强日常应急知识培训和演练，提升公众应急避险和自救互救技能。完善突发事件新闻发布制度，把握舆论引导主动权。

第十七章　强化规划实施保障

坚持党的全面领导，健全政策协调机制，完善规划实施机制，更好履行各级政府职责，充分激发各类市场主体的活力和创造力，最大程度凝聚各方面力量，形成全省人民建设社会主义现代化的强大合力。

第一节　全面加强党的领导

坚持党总揽全局、协调各方作用，以党的政治建设为统领，完善党领导经济社会发展战略、研究重大方针政策的工作机制，健全上下贯通、执行有力的组织体系，切实增强各级党组织的政治领导力、思想引领力、群众组织力、社会号召力。省人民政府要将本规划确定的发展目标、主要指标以及重大政策、重要改革任务、重大工程项目分解落实到各地区、各部门、各年度，确保规划有效实施。加强规划宣传，推进信息公开，增强公众对规划的认识和了解，调动群团组织、民主党派、工商联以及无党派人士的积极性、主动性和创造性，激发全社会参与规划实施的主人翁意识，动员和引导全社会力量共同推进规划落实。

第二节 健全政策协调机制

按照规划确定的目标任务，研究制定财政、金融、投资、产业、土地、环保等相关配套政策，加强各项政策协调配合。完善经济监测预警、调控政策，强化短期调控政策和长期发展政策的有机结合。坚持“项目跟着规划走，要素跟着项目走”，健全重大工程项目空间保障机制，将国民经济和社会发展规划确定的目标任务和重点项目落实到空间布局中。加强财政预算与规划实施的衔接协调，中期财政规划和年度预算要结合本规划提出的目标任务，合理安排支出规模和结构，年度预算安排要优先考虑本规划实施的年度需要。

第三节 完善规划实施机制

强化本规划对全省经济社会发展的统领作用。省级空间规划、专项规划、区域规划和各市州规划要切实贯彻本规划的战略意图和主要任务，确保各级各类规划在总体要求上保持一致、空间配置上相互协调、时序安排上科学有序，形成各类规划定位清晰、功能互补、统一衔接的规划体系。创新和改进统计工作，充分利用各类信息和数据资源，提高规划实施监测分析的及时性、全面性和准确性。开展规划实施动态监测、中期评估和总结评估，中期评估和总结评估情况按程序提请省委常委会审议，并依法向省人大常务委员会报告规划实施情况，自觉接受人大监督。根据需要适时调整规划实施重点、政策举措及保障机制。加大实施考核力度。发挥监察机关和审计机关对推进规划实施的监督作用，发挥新闻媒体、群团组织的桥梁和监督作用，促进各级各类规划的有效实施。建立重大政策举措、重大改革任务、重大工程项目督导评估机制。

实现全省“十四五”规划和二O三五年远景目标，使命光荣、任务艰巨。全省人民要更加紧密团结在以习近平同志为核心的党中央周围，牢记嘱托、感恩奋进，解放思想、开拓创新，同心同德、顽强奋斗，夺取全面建设社会主义现代化新胜利！

名词解释

1. 长江大保护“双十工程”：打好沿江化工企业“关改搬转”、城市黑臭水体整治、农业面源污染整治等湖北长江大保护十大标志性战役，推进长江经济带绿色发展十大战略性举措（加快发展绿色产业、构建综合立体绿色交通走廊、推进绿色宜居城镇建设、实施园区循环发展引领行动、开展绿色发展示范、探索“两山”理念实践路径、建设长江国际黄金旅游带核心区、大力发展绿色金融、支持绿色交易平台发展、倡导绿色生活方式和消费模式等）。

2. “四个三”重大生态工程：我省从2017年底开始，三年内全力推进“厕所革命”、精准灭荒、乡镇生活污水治理和城乡生活垃圾无害化处理工程。

3. “三江四屏千湖一平原”：三江为长江、汉江、清江。四屏为鄂东北大别山区、鄂西北秦巴山区、鄂西南武陵山区、鄂东南幕阜山区四个生态屏障。千湖为全省各类湖、库、湿地。一平原为江汉平原。

4. “四个面向”：面向世界科技前沿、面向经济主战场、面向国家重大需求、面向人民生命健康。

5. “钱变纸”：将资金投入转化为科技成果的知识创新过程。

6. “纸变钱”：将科技成果转化为经济效益的产业创新过程。

7. 科技“三评”：项目评审、人才评价、机构评估。

8. 服务业“五个一百”：推进100个服务业重大项目建设，扶持100家服务业重点企业，打造100个服务业重点品牌，培养100名现代服务业领军人才，创建100个现代服务业发展示范区。

9. “三个课堂”：专递课堂、名师课堂和名校网络课堂。

10. 三枢纽、两走廊、三区域、九通道：三枢纽是指打造武汉国际性综合交通枢纽和襄阳、宜昌全国性综合交通枢纽；两走廊是指打造长江、汉江综合交通运输走廊；三区域是指打造鄂西、鄂中、鄂东三个交通发展示范区；九通道是指优化完善南北方向京九、京广、随岳、襄荆宜、十恩和东西方向福银、沪汉蓉、沪汉渝、杭瑞的“五纵四横”综合运输大通道。

11. 四个革命、一个合作：四个革命是指推动能源消费革命，抑制不合理能源消费；推动能源供给革命，建立多元供给体系；推动能源技术革命，带动产业升级；推动能源体制革命，打通能源发展快车道。一个合作是指全方位加强国际合作，实现开放条件下能源安全。

12. 两湖一江：湖北、湖南、江

西三省。

13. 五千工程、三大枢纽：五千工程是指建设千万千瓦新能源工程、千万千瓦外电输入工程、千亿元电网建设工程、千公里油气管网工程、千万吨煤炭储备工程；三大枢纽是指打造全国电网联网枢纽、全国天然气管网枢纽、“两湖一江”煤炭物流枢纽。

14. 四纵三横一通道：四纵三横是指建设完善南北方向西气东输二线、西气东输三线、淮武线、新疆煤制气外输和东西方向忠武线、川气东送一线、川气东送二线等七条经过湖北的国家干线天然气长输管道。一通道是指打造长江水运 LNG 通道。

15. “人地钱”挂钩：财政转移支付与农业转移人口市民化挂钩、城镇建设用地新增指标与农业转移人口落户数挂钩、基建投资安排与农业转移人口市民化挂钩。

16. “十百千万”工程：围绕 10 个优势农业产业，重点培育 100 家细分行业冠军龙头企业、1000 家成长型龙头企业，带动 1000 万农户增收，全地域全环节全产业链建设优势农业产业集群，带动农民参与农业产业链价值链，分享更多经济利益。

17. “双随机、一公开”监管：在监管过程中随机抽取检查对象，随机选派执法检查人员，抽查情况及查处结果及时向社会公开。

18. 县级公共文化服务“五馆两场”：县级公共图书馆、文化馆、博物馆、非遗展示馆、方志馆，以及县级国有文艺院团的排练场、演出剧场。

19. 三水共治：水污染治理、水生态修复、水资源保护。

20. 无废城市：以创新、协调、绿色、开放、共享的新发展理念为引领，通过形成绿色发展方式和生活方式，持续推进固体废物源头减量和资源化利用，最大限度减少填埋量，将固体废物环境影响降至最低的城市发展模式。

21. 近零碳排放区示范工程：在一定区域范围内，通过能源、产业、建筑、交通、废弃物处理、生态等多领域技术措施的集成应用和管理机制的创新实践，实现该区域内碳排放快速降低并逐步趋近零的综合性示范工程。

22. “碳汇+”交易工程：在现有碳排放权交易基础上通过制度创新，探索将光伏碳减排、林业碳汇、湿地碳汇、沼气碳减排等纳入交易主体，引导控排企业通过抵消机制优先购买“碳汇+”项目，以市场机制实现生态价值补偿。

23. “三全育人”综合改革：全员育人、全程育人、全方位育人综合改革。

24. 职业教育“双高”建设：2019 年 3 月，教育部、财政部围绕办好新时代职业教育，提出实施中国特色高水平高职学校和专业建设计划。

25. 高等教育“双一流”建设：建设世界一流大学和一流学科。

26. “五唯”顽瘴痼疾：唯分数、唯升学、唯文凭、唯论文、唯帽子等顽瘴痼疾。

27. 体育“一场两馆”建设：体育场和体育馆、游泳馆建设。

28. 一府一委两院：人民政府、监察委员会、人民法院、人民检察院。

29. 人大“两个机关”建设：使各级人大及其常委会成为全面担负起宪法法律赋予的各项职责的工作机关，成为同人民群众保持密切联系的代表机关。

30. 安全生产管理“三个责任”：安全生产管理中的政府督促责任、部门监管责任、企业主体责任。

31. “雪亮工程”：以县、乡、村三级综治中心为指挥平台、以综治信息化为支撑、以网格化管理为基础、以公共安全视频监控联网应用为重点的“群众性治安防控工程”。

湖 北 发 展 改 革 年 鉴

经济社会发展与改革综述

03

湖北经济地理概述

地理位置与面积

【地理位置与面积】 湖北省位于中华人民共和国的中部，简称鄂。地跨北纬29°01′53″~33°6′47″、东经108°21′42″~116°07′50″。东邻安徽，南界江西、湖南，西连重庆，西北与陕西接壤，北与河南毗邻。东西长约740千米，南北宽约470千米。全省总面积18.59万平方千米。最东端是黄梅县，最西端是利川市，最南端是来凤县，最北端是郧西县。

【地势地貌】 全省地势大致为东、西、北三面环山，中间低平，略呈向南敞开的不完整盆地。在全省总面积中，山地占56%，丘陵占24%，平原湖区占20%。

山地。全省山地大致分为四大块。西北山地为秦岭东延部分和大巴山的东段。秦岭东延部分称武当山脉，呈北西—南东走向，群山叠嶂，岭脊海拔一般在1000米以上，最高处为武当山天柱峰，海拔1612.1米。大巴山东段由神农架、荆山、巫山组成，森林茂密，河谷幽深。神农架最高峰为神农顶，海拔3106.2米，素有“华中第一峰”之称。荆山呈北西—南东走向，其地势向南趋降为海拔250~500米的丘陵地带。巫山地质复杂，水流侵蚀作用强烈，一般相对高度在700~1500米之间，局部达2000余米。长江自西向东横贯其间，形成雄奇壮美的长江三峡，水利资源极其丰富。西南山地为云贵高原的东北延伸部分，主要有大娄山和武陵山，呈北东—南西走向，一般海拔高度700~1000米，最高处狮子垴海拔2152米。东北山地为绵亘于豫、鄂、皖边境的桐柏—大别山脉，呈北西—南东走向。桐柏山主峰太白顶海拔1140米，大别山主峰天堂寨海拔1729.13米。东南山地为蜿蜒于湘、鄂、赣边境的幕阜山脉，略呈西南—东北走向，主峰老鸦尖海拔1656.7米。

丘陵。全省丘陵主要分布在两大区域，一为鄂中丘陵，一为鄂东北丘陵。鄂中丘陵包括荆山与大别山之间的江汉河谷丘陵，大洪山与桐柏山之间的涢水流域丘陵。鄂东北丘陵以低丘为主，地势起伏较小，丘间沟谷开阔，土层较厚，宜农宜林。

平原。省内主要平原为江汉平原和鄂东沿江平原。江汉平原由长江及其支流汉江冲积而成，是比较典型的河积湖积平原，面积4万余平方千米，整个地势由西北微向东南倾斜，地面平坦，湖泊密布，河网交织。大部分地面海拔20~100米。鄂东沿江平原也是江湖冲积平原，主要分布在嘉鱼至黄梅沿长江一带，为长江中游平原的组成部分。这一带注入长江的支流短小，河口三角洲面积狭窄，加之河间地带河湖交错，夹有残山低丘，因而平原面积收缩，远不及江汉平原平坦宽阔。

河流与湖泊

【概况】 湖北省境内除长江、汉江干流外，省内各级河流河长5千米以上的有4230条，河流总长6.1万千米，其中流域面积50平方千米以上河流1232条，长约4万千米。长江自西向东，流贯省内26个县市，西起巴东县鳊鱼溪河口入境，东至黄梅滨江出境。境内的长江支流有汉水、沮水、漳水、清江、东荆河、陆水、滠水、倒水、举水、巴水、浠水、富水等。其中汉水为长江中游最大支流，在湖北省境内由西北趋东南，流经13个县市，由陕西白河县将军河进入湖北省郧西县，至武汉汇入长江。

湖北素有“千湖之省”之称。境内湖泊主要分布在江汉平原上。有天然湖泊755个，湖泊水面面积合计2706.851平方千米。水面面积100平方千米以上的湖泊有洪湖、长湖、梁子湖、斧头湖。水面面积1平方千米以上的湖泊有231个。

气　候

【概况】 湖北省地处亚热带，位于典型的季风区内。全省除高山地区外，大部分为亚热带季风性湿润气候，光能充足，热量丰富，无霜期长，降水充沛，雨热同季。全省大部分地区太阳年辐射总量为85~114千卡/平方厘米，多年平均实际日照时数为1100~2150小时。其地域分布是鄂东北向鄂西南递减。其季节分布是夏季最多，冬季最少，春秋两季因地而异。全省年平均气温15℃~17℃，大部分地区冬冷、夏热，春季气温多变，秋季气温下降迅速。一年之中，1月最冷，大部分地区平均气温2℃~4℃；7月最热，除高山地区外，平均气温27℃~29℃，极端最高气温可达40℃以上。全省无霜期在230~300天之间，各地平均降水量在800~1600毫米之间。降水地域分布呈由南向北递减趋势，鄂西南最多达 1400~1600 毫米，鄂西北最少为 800~1000 毫米。降水量分布有明显的季节变化，一般是夏季最多，冬季最少，全省夏季雨量在 300~700 毫米之间，冬季雨量在 30~190 毫米之间。6 月中旬至 7 月中旬雨最多，强度最大，是湖北的梅雨期。

植物及动物资源

【概况】 全省天然分布维管植物 292 科 1571 属 6292 种。其中苔藓植物 51 科 114 属 216 种，蕨类植物 41 科 102 属 426 种，裸子植物 9 科 29 属 100 种，被子植物 191 科 1326 属 5550 种。其中天然分布的国家重点保护野生植物 51 种（其中国家Ⅰ级保护的 8 种，Ⅱ级保护的 43 种），如水杉、银杏、红豆杉、南方红豆杉、伯乐树（钟萼木）、珙桐、光叶珙桐、莼菜、鹅掌楸、水青树、喜树、金钱松等。列入《中国珍稀濒危保护植物名录》（第一册）的天然分布珍稀濒危植物 63 种，占全国总种数的 16.24%。湖北省是“活化石”水杉的原产地，闻名世界的“水杉王”就生长在恩施州的利川市；国家Ⅰ级保护植物珙桐在神农架国家公园、五峰后河、宣恩七姊妹山国家级自然保护区等地成群落分布。

湖北省在动物地理区划系统中属东泽界、华中区。全省有野生脊椎动物 893 种，其中兽类 121 种，鸟类 456 种，爬行类 62 种，两栖类 48 种，鱼类 206 种。其中属于国家和湖北省重点保护的野生动物有 258 种（国家重点保护的 112 种，其中国家Ⅰ级保护的 23 种，Ⅱ级保护的 89 种；省重点保护的 146 种），如金丝猴、麋鹿、白鹤、白头鹤、中华鲟等都是闻名世界的珍稀保护动物。黄梅县、石首市被中国野生动物保护协会分别命名为“中国白头鹤之乡”和“中国麋鹿之乡”。全省鱼苗资源丰富，长江干流主要产卵场 36 处，其中半数以上在湖北境内。

地质矿产

【概况】 根据自然资源部已确认数据，全省已发现 150 个矿种（不含亚矿种，下同），其中已查明资源储量矿种 91 个，分别占全国已发现 173 个矿种和已查明 162 个矿种的 86.7%和 56.2%。已发现但尚未查明资源储量的矿种有 59 种。在查明资源储量的非油气类矿产中，钛矿（金红石）、磷矿、溴、碘、白云岩（建筑用白云岩）、石榴子石、泥灰岩、累托石粘土等 8 种矿产保有资源储量居全国之首，铌、锂（LiCl）、锶、硒及盐矿等 22 种矿产的资源储量居全国的第 2~5 位，熔剂用灰岩、重晶石、长石、石膏及饰面用石材等 26 种矿产的保有资源储量居全国的第 6~10 位。湖北省铁、铜资源较为丰富，磷矿、岩盐、石膏、水泥用石灰岩、饰面用石材为优势矿产。高磷铁矿、钒、钛（金红石）、累托石粘土为潜在优势矿产，硅质原料、饰面石材等前景较好，绿松石、百鹤玉、菊花石等颇具地方特色。全省共发现非油气类固体矿产地 2051 处。其中，大型 189 处，中型 351 处，小型及小矿 1511 处，主要以小型及小矿规模为主。主要矿产资源集中度较高，铁、铜、岩金、银、石墨、磷、硫、芒硝、石膏、水泥用灰岩、岩盐、天然卤水等主要矿产 80% 以上资源储量分布在大中型矿区（矿床）。

（省自然资源厅、省文化和旅游厅）

经济运行

国民经济布局

【国民经济布局】 2020 年，全省大力实施区域协调发展战略。加快武汉城市圈同城化发展，以城际铁路、高速公路等为主的“一小时通勤圈”基本形成，武汉城市圈大通道开工建设。两翼城市群产业联动发展，推进产业错位布局和特色化发展，形成以襄十随汽车及零部件、宜荆荆磷化工、宜都生物医药、枣阳摩擦片等为代表的一批重点产业集群。不断完善县城综合功能，引导农村人口向县城和集镇集聚，县域常住人口城镇化率由 2015 年的 47.8%提高至 2020 年的 52.7%。扎实推进农村人居环境整治，加快美丽宜居村庄建设步伐，8 个县（市）入选“全国村庄清洁行动先进县”。加大新动能培育。一批重大合作项目加快落地。四大国家级产业基地、四大国家级战略性新兴产业集群加快推进，出台数字经济“13 条”，实施“上云用数赋智”行动计划，“两新一重”建设加快推进，全年建成 5G 宏基站 2.61 万个，累计建成 3.11 万个。

【经济结构调整】 一、加快传统产业转型升级。聚焦新一代信息技术、生物、高端装备等六大产业，持续推进“万企万亿技改工程”，支持传统产业设备更新、智能化改造、产品升级等重大技术改造项目，引导和支持土地、金融、创新、人才等要素向传统产业改造提升集聚。加快重点园区、重点企业循环化改造，巩固沿江化工及造纸行业专项整治成果。二、加快发展战略性新兴产业。加快推进国家存储器、网络安全人才与创新、新能源与智能网联汽车、航天产业四大国家级产业基地建设和集成电路、新型显示器件、下一代信息网络、生物医药四大国家级战略性新兴产业集群建设。长江存储 64 层三维闪存芯片量产，京东方 10.5 代线、华星光电 T4 生产线点亮运行。截至 2020 年末，高新技术企业总数达到 10400 家，同比增长 31.8%。出台数字经济“13 条”，实施“上云用数赋智”行动计划。国家新一代人工智能创新发展试验区、区块链服务网络技术创新发展峰会全球永久会址、华为长江鲲鹏生态创新中心等落户武汉。三、加快推进产业融合发展。实施服务业“三千亿元产业培育工程”，加快推进先进制造业与服务业深度融合。组建“湖北省军民科技协同创新促进中心”，开展军民科技协同创新研发和科技军民融合金融创新工作，设立军民融合领域重大科技创新专项。大力推动信息技术融合应用，长飞光纤 5G+工业互联网平台获工信部集成创新试点示范项目。

（赵静　李真真　李冬霞）

农业和农村经济

【概况】 2020 年，全省农业农村经济克服疫情和洪涝灾害影响，保持相对稳定。全年全省农林牧渔业增加值 4358.69 亿元，按可比价格计算，比上年增长 0.3%。粮食产能保持稳定。全省粮食总产量 2727.43 万吨，增长 0.1%，连续 8 年稳定在 500 亿斤以上；种植面积 4645.27 千公顷，增长 0.8%。特色优势经济作物保持增长。油料产量 344.45 万吨，增长 9.7%；茶叶产量 36.08 万吨，增长 2.4%；园林水果产量 716.38 万吨，增长 8.4%。畜类生产有所下降，禽类养殖保持稳定。生猪出栏 2631.12 万头，下降 17.5%；牛出栏 101.96 万头，下降 6.9%；羊出栏 532.68 万只，下降 13.5%；家禽出笼 59325.84 万只，下降 0.1%；禽蛋产量 193.09 万吨，增长 8.0%。水产品生产形势趋稳，渔业生产基本持平。水产品总产量 467.88 万吨，微降 0.4%。

【农业产业发展】 深入推进国家农村产业融合发展示范园创建和建设工作，宜昌五峰、十堰郧阳、黄石阳新、黄冈麻城 4 个示范园被认定为第二批国家农村产业融合发展示范园。围绕农业“十大千（百）亿产业链”建设，安排省预算内投资 7100 万元，支持特色农业发展、农村产业融合发展项目等建设，积极培育农业产业化龙头企业，加快推进农业现代化。围绕重要农产品保障战略，研究出台《增强油料供给保障能力促进产业高质量发展若干措施》。

【农村基础设施建设】 水利基础设施方面，加快推进纳入国家 172 项重大节水供水项目的 5 个重点工程，重点易涝地区外排泵站建设等水利补短板四大工程基本完成，全省的防洪排涝能力进一步提高。围绕全省生产、生活、生态用水需要和防汛抗旱要求，积极谋划一批重大水利工程，成功争取将鄂北水资源配置二期工程等 9 个重大水利工程纳入国家 150 项重大水利工程实施方案，总投资 1208 亿元，占 150 项重大水利工程总投资的 8.9%。积极推进水利补短板强功能三年行动，建立项目审批绿色通道，优化审批程序，提高审批效率。农业农村基础设施方面，全年争取中央预算内投资 6.95 亿元，支持建成高标准农田 340 万亩，有效提升全省粮食安全保障能力。争取中央预算内投资 0.83 亿元，支持 13 个现代农业支撑体系项目建设，有效推动全省现代种业、动植物保护能力提升。绿色发展方面，全年争取中央预算内投资 6.13 亿元，支持推进畜禽粪污资源化利用、农村人居环境整治、农业面源污染等项目建设，改善全省

2020 年 5 月 19 日，荆州区弥市镇炮台村夏粮收割

农村生态环境。加快推进生态保护与修复，做好石漠化治理、森林防火、湿地保护与修复等工作。推动全省“四个三重大生态工程”建设任务全面超额完成，有效弥补了城乡生态环境治理短板，促进了城乡协调发展。

【规划编制】 结合全省“十四五”规划编制工作，加强与国家发改委的沟通对接，会同科研院所深入开展调查研究，广泛听取各方意见，谋划全省“十四五”农业农村发展总体思路、重点项目和重要举措。会同农发行湖北分行印发《湖北省乡村振兴战略项目融资规划（2020—2022年）》，完善金融支农体系建设，引导资金向农业农村聚集，强化乡村振兴战略要素支撑。

（余修志　郑玮玮）

鄂产海洋油气装备专精特。2020年8月13日，荆州四机赛瓦公司员工正在调试即将出厂的海洋钻井设备

工业经济

【概况】 2020年末，全省规模以上工业企业达到15769家，全年全省规模以上工业增加值下降6.1%。分经济类型看，国有及国有控股企业下降1.6%；集体企业下降12.4%；股份合作企业下降31.9%；股份制企业下降6.2%；外商及港澳台投资企业下降6.7%；其他经济类型企业下降9.3%。轻工业下降7.2%；重工业下降5.6%。分门类看，采矿业下降16.0%，制造业下降6.2%，电力、热力、燃气及水生产和供应业下降2.5%。高技术制造业增加值增长4.1%，增速快于规模以上工业10.2个百分点，占规模以上工业增加值的比重达10.2%。其中，计算机、通信和其他电子设备制造业增长4.4%。全年规模以上工业销售产值下降7.7%，产品销售率为97.3%，出口交货值下降0.4%。全年规模以上工业企业实现利润2519.0亿元，下降8.3%。建筑业稳步发展。全年全省具有总承包和专业承包资质建筑企业完成总产值16136.10亿元，下降5.0%；全年新签合同额22055.89亿元，增长9.1%。

【推动制造业高质量发展】 编写“十四五”构建全省现代产业体系研究报告，起草《湖北工业企业疫情影响分析及政策建议》《湖北“十四五”重点产业发展研究报告》等。组织开展疫后汽车产业发展专题调研，研究出台《关于稳定汽车产业扩大汽车消费若干措施的通知》。落实中央支持湖北发展一揽子政策，争取国家下达中央预算内投资计划12.3亿元，重点支持全省传统产业技术改造、制造业核心竞争力和产业转型升级示范区建设。巩固钢铁去产能成果，会同省直部门暂停钢铁项目产能置换方案公告和备案，核实处置“地条钢”举报信息。做好2020年云上中国品博会工作，深入推进品牌强省建设。

【推进老工业基地振兴】 积极争取中央预算内投资，支持老工业基地调整改造。指导7个老工业城市编制《推动老工业城市制造业竞争优势重构、打造产业名城工作方案》和《推动老工业城市工业遗产保护利用、打造“生活秀带”工作方案》，按时上报国家发改委参与评估。落实国务院督查激励事项，指导襄阳、仙桃创建国家产业转型升级示范区和示范园区。

【加快资源型地区转型】 组织5个资源型城市开展资源型城市可持续发展评估。组织宜都市、铁山区、潜江市、大冶市四个独立工矿区修编改造搬迁方案，充实备选项目。指导鄂城区、钟祥市争取纳入独立工矿区改造搬迁工程支持范围，争取黄石市纳入采煤沉陷区综合治理工程支持范围。

（冉　毅）

服务业

【概况】 “十三五”时期，全省服务业增加值年均增长6.4%，与全国基本持平；增加值由1万亿迈上2万亿台阶，疫后服务业加速重振，2020年达到2.23万亿元；占GDP比重继2015年超过第二产业后，2019年首次突破50%，2020年进一步提升至51.3%。五年来，服务业贡献了全省一半以上的税收、80%以上的市场主体和40%以上的城乡就业，在经济发展中的主体作用进一步提升。

2020年，全省服务业实现增加值2.23万亿元，比上年下降3.8%，占GDP比重达到51.3%，占比较上年度提高1.3个百分点，规模居全国第9

位、中部第2位。围绕促进服务业疫后重振，研究制定服务业规划政策。深入开展服务业重大政策、重大改革、重大项目研究工作，提出了“十四五”服务业发展规划征求意见稿。制定了《关于加快疫后湖北服务业恢复发展的若干意见》《湖北省完善废旧家电回收处理体系推动家电更新消费的三年行动计划（2020—2022年）》《湖北省服务业改革开放发展实施意见》等系列政策文件。

【重点行业】“三千亿元产业培育工程”加快推进。2020年，全省形成2万亿元以上规模的产业1个（商贸服务业），7千亿元产业2个（旅游服务业和房地产业），3千亿元产业4个（金融业、现代物流业、商务服务业、健康养老和家庭服务业），接近3千亿元产业3个（研发设计服务业、软件和信息服务业、文化体育服务业）。2020年，全省商贸服务业实现营业收入18398亿元，网上零售额达到2866.6亿元，增长1.6%。武汉市加快建设国际消费中心城市步伐，重塑“货到汉口活”优势。文化产业蓬勃发展，从“2020中国文化产业系列综合指数”看，湖北省位列前十，排第7位。武昌·长江文化创意设计产业园纳入第二批国家级文化产业示范园区创建名单。湖北旅游景区综合效益不断提升，全省全年共接待游客43729.64万人次，下降27.8%；旅游总收入4379.49亿元，下降36.8%。湖北省文化旅游投资集团入选“全国旅游集团20强”。全省金融业实现增加值3027.37亿元，占GDP的比重为6.97%；全省共有银行业、保险业、证券业法人机构167家，地方金融组织1082家。全省社会物流总收入实现5757.36亿元，物流业成本持续降低，社会物流总费用占GDP的12.3%，较上年下降1.96个百分点，低于全国平均水平2.4个百分点，软件和信息技术服务业逆势增长，全省软件企业实现主营业务收入2471亿元，其中软件业务收入2024亿元，仍居中部第一。

【现代服务业综合改革试验】2020年，武汉市积极争取国家改革试点，获批建设港口型国家物流枢纽城市、东湖科技保险创新示范区、武汉经济技术开发区“两业融合”国家试点、跨境电商B2B出口监管试点等。武汉获评全省服务业发展突出贡献市（州），武昌、洪山、江汉、硚口等4区获评全省服务业发展突出贡献区（县）。加快推进线上线下消费融合，组织实施百星百亿助力武汉、直播采购节、欢购节等系列活动，全市规模以上快递企业、互联网生活、互联网广告服务业营业收入分别增长13.3%、105.3%和61%，国内数字经济百强企业超四成落户武汉。加快引进全国、全球服务业龙头企业，推动迈瑞医疗全球第二总部、霍尼韦尔新兴市场中国总部、腾讯数字产业总部、新希望华中区域总部、浪潮集团华中总部，阿里巴巴华中总部等落户武汉。加快推进“五个一百”工程，武汉市共有国家级现代服务业示范园区19个，省级现代服务业集聚示范区10个，市级现代服务业集聚区31个，省服务业重点企业62家，省服务业重点品牌38个。

【武汉市服务外包】2020年，武汉市实现服务外包合同执行额33.32亿美元，其中，在岸合同执行金额23.87亿美元，同比增长12.19%；离岸外包合同执行额9.45亿美元，同比增长12.41%。ITO、BPO、KPO合同执行额占比分别为62.23%、11.55%、26.22%。离岸业务发包来源国家和地区达76个，发包执行额居前3位的是中国香港、美国、菲律宾。

（陈志雄）

现代物流业

【概况】2020年，全省社会物流总额83272.89亿元，按可比价格计算，比上年下降10.87%；货物运输周转量6103.39亿吨公里；社会物流总费用5345.51亿元，按可比价格计算，比上年下降18.19%；社会物流总费用与GDP的比率为12.30%，连续6年持续下降，比上年同期下降1.95个百分点，低于全国同期水平2.4个百分点；物流业总收入从4851.28亿元增至5757.36亿元，按可比价格计算，比上年下降20.22%；物流业增加值2788亿元。

表3—1 湖北省“十三五”时期物流业主要指标完成情况

指标	2015年	2016年	2017年	2018年	2019年	2020年	年均增长率（%）
社会物流总额（亿元）	77138	86425	87028	87368	93433	83273	2.63
社会物流总费用（亿元）	5218	4964	5440	5746	6534	5346	9.59
物流费用总额/GDP（%）	17.6	15.37	14.90	14.60	14.26	12.30	–
物流业增加值（亿元）	2310	2527	2836	3001	3420	2788	10.61
货物运输量（亿吨）	16.04	16.51	19.08	20.37	22.1	16.04	10.21
货运周转量（亿吨公里）	5902	6160	6590	6605	7238	6103	5.52

注：年均增长率是剔除2020年后的数据。

2020 年 11 月 12 日，圆通快递分拨中心，智能分拣线快速分拣包裹

【物流基础设施】　全省“五纵四横”综合交通运输大通道基本形成。截至 2020 年底，全省铁路总里程 5259 公里，其中高速铁路 1639 公里；内河航道里程 8796 公里，其中三级及以上高等级航道 2090 公里；公路总里程 29.6 万公里，其中高速公路 7230 公里；民航机场 11 个，其中民用机场 6 个、通用机场 5 个；油气管道里程 7494 公里。武汉、黄石、宜昌和鄂州等地 5 个项目列入国家多式联运示范工程，数量居全国第一。

【物流市场主体】　物流市场主体数量逐步壮大，物流行业资源整合和主体培育步伐加快，初步形成了一批所有制多元化、服务网络化和管理现代化的物流企业。截至 2020 年底，全省工商注册登记的物流企业超过 3 万家，通过国家认证的 A 级物流企业 711 家，其中 5A 级 18 家。顺丰速运、京东物流、中国邮政、德邦物流等知名物流企业布局荆楚。全省共有 200 亩以上物流园区 300 个，其中 2 家国家示范物流园区（武汉东西湖保税物流园和宜昌三峡物流园）、8 家省级示范物流园区。

【物流服务网络】　武汉、襄阳、宜昌、鄂州、十堰入选国家物流枢纽承载城市，武汉、宜昌港口型物流枢纽获批国家物流枢纽建设名单，山绿农产品集团获批国家首批骨干冷链物流基地。目前，全省建成各类物流园区 200 多个，其中武汉东西湖综合物流园、宜昌三峡物流园入选国家示范物流园区。全省邮政快递服务网络快速完善，城乡邮政、快递营业网点超过 14000 个，快递网点乡镇覆盖率 100%。

【物流业领域】　一、航空运输。2020 年，湖北机场集团天河机场实现货邮吞吐量 18.9 万吨，同比减少 22.1%，国际货运业务实现 5 万吨，同比减少 19.8%。中欧班列（汉新欧），2020 年，班列发运总量达到 230 列，18920 标箱，实载率 100%，货值约 74.82 亿元，排全国第 13 名。其中去程发运 122 列：南线（土耳其方向）去程 119 列，9726 标箱；北线（俄罗斯莫斯科方向）去程 3 列，282 标箱。回程发运 108 列：南线回程班列 61 列，5034 标箱；木材回程 47 列，3878 标箱。2020 年增开了基辅、“日本—武汉—欧洲”海铁联运国际物流新通道等新线路，进一步完善了欧洲网络布局。二、快递服务。2020 年，全省快递服务企业业务量累计完成 17.85 亿件，同比增长 5.94%；业务收入累计完成 178.69 亿元，同比增长 2.76%。其中，同城业务量累计完成 2.71 亿件，同比下降 7.37%；异地业务量累计完成 15.06 亿件，同比增长 9.40%；国际及港澳台业务量累计完成 785.88 万件，同比下降 49.82%。港口运行，2020 年，全省完成货物吞吐量 37976 万标箱，同比增长 23.9%；完成集装箱吞吐量 229 万标箱，同比增长 9.8%。

（刘孟辉）

交通运输

【概况】　截至 2020 年底，全省公路通车总里程 289960 公里，公路密度 155.49 公里/百平方公里。高速公路里程达 7229.81 公里，新增高速公路里程 370 公里，增长 5.4%。全省完成公路客运量 2.2 亿人次、旅客周转量 131.6 亿人公里，比上年分别下降 68.8%、66.4%；公路货运量 11.4 亿吨、货物周转量 1639.9 亿吨公里，比上年分别下降 20.3%、27.7%。完成水路客运量 232.9 万人、旅客周转量 10075.2 万人公里，比上年分别下降 63.1%、78.8%；水路货运量 40713 万吨，比上年增长 3.8%，货物周转量 2739.9 亿吨公里，比上年下降 6.9%。完成港口货物吞吐量 3.8 亿吨，比上年增长 23.9%；集装箱吞吐量 229 万标箱，比上年增长 9.8%。全年全省完成货物周转量 5295.68 亿吨公里，下降 13.9%；旅客周转量 612.42 亿人公里，下降 55.8%；完成公路水路固定资产投资 1016.4 亿元。新改建农村公路 28555 公里。全省内河航道通航里程 8667 公里。改善三级及以上航道 52 公里，高等航道里程达 2090 公里。港口完成货物吞吐量 3.80 亿吨，增长 23.9%。港口集装箱吞吐量 229 万标准箱，增长 9.8%。

2020年10月16日，宜都长江大桥通过交工验收

【民航公路水运项目】 鄂州机场、棋盘洲长江公路大桥、武汉至大悟高速公路、汉江孤山航电枢纽工程等一批在建项目加快建设。谋划推动襄阳至宜昌高速公路、利川至咸丰高速公路、汉江兴隆至蔡甸段航道整治、恩施机场迁建等一批项目。审批（核准）了竹山通用机场、鄂黄第二过江通道、襄阳至南漳高速公路、荆州港观音寺油库码头等一批重大项目。全年新增高速公路370公里，新增支线机场1座。

【新型基础设施建设】 按照省委、省政府部署，省发改委牵头编制了《湖北省新型基础设施建设三年行动方案（2020—2022年）》。履行新型基础设施建设工作联席会议办公室职责，建立了联席会议制度、联络员制度，协调推进全省新型基础设施建设。积极与中国电信对接，推动中国电信与省政府签署战略合作协议，争取中国电信智能产业研究院、中国电信中部大数据中心等落户湖北。与国开行湖北分行合作，出台《支持新型基础设施融资的若干措施》，引导金融机构加大对新基建项目信贷支持。多次召开专题推进会议，分析5G建设情况，协调解决基站选址、用电等问题。全省已建成5G宏站2.7万个，5G网络基本实现武汉市四环内中心城区、四环外新城区城关区域全覆盖，其他市州中心城区室外连续覆盖，县城及乡镇、重大场所重点覆盖。

【政策支持】 民航局、中国电信集团公司分别与省政府签署了《关于加快推进湖北民航业高质量发展战略合作协议》《关于加快以5G引领提升湖北新型基础设施建设能力推动“数字湖北建设”战略合作框架协议》。国家发改委印发《长江干线过江通道布局规划》，巴东长江公路二桥、武汉双柳长江大桥等一批过江通道纳入其中。争取民航局批复了武汉天河机场新一轮总体规划。

【规划编制】 12月17日，民航局计划司与湖北省发改委联合启动了武汉客货“双枢纽”规划编制工作，谋划未来全省民航高质量发展。认真开展“十四五”规划研究，启动“十四五”民航、新型基础设施、交通战备规划编制工作。

（曹晓寒）

铁路建设

【概况】 截至2020年底，全省铁路营业里程约5259公里、居全国第13名，其中高铁约1639公里、居全国第11名，与铁路发达省份差距进一步缩小。2020年，全省铁路建设完成投资约170亿元，城市轨道交通建设完成投资约306亿元。

【重大项目建设】 加快推进重大项目开工。9月、11月荆门至荆州铁路、襄阳至荆门高铁襄阳东站引入工程分别开工建设；12月，沿江高铁武汉至宜昌段、西安至十堰高铁湖北段建设动员大会召开，4个重大铁路项目建设工作年内全面启动。城市轨道交通顺利推进。武汉枢纽直通线、沿江高铁武汉至合肥段已完成可研评审。4月初，黄黄高铁、安九高铁等10个续建铁路项目和武汉城市轨道交通5号线、8号线二期等10个城市轨道交通项目全部复工达产。汉宜线大福至仙桃城区支线铁路建成通车；武汉城市轨道交通8号线二期、11号线三期葛店段均已年底通车运营。汉十高铁建成通车已累计发送旅客1000万人以上。推进运输结构调整，发展多式联运。一批疏港铁路正在加快建设，阳逻港铁水联运二期工程在办理相关手续；白洋港疏港铁路进行路基、桥梁工程施工。宜昌茅坪港疏港铁路，先开段已于7月份开工建设，全线已于11月份开工建设。

【铁路规划编制】 编制全省铁路“十四五”发展规划，积极争取国家相关部门将沿江高铁宜昌至涪陵段、京九高铁阜阳至黄冈段、武汉至贵阳高铁、武汉至南昌高铁、安恩张铁路等一批事关全省铁路建设长远发展的重大项目纳入规划。沿江高铁宜昌至涪陵段、京九高铁阜阳至黄冈段已完成勘察设计招标，并启动预可研工作。积极争取国家发改委支持武汉城市轨道交通四期规划调整工作；大力推进宜昌城市轨道交通一期建设规划修编工作。

【资金支持】 抢抓中央支持湖北一揽子政策的机遇，积极争取国家在中央预算内资金安排，成功争取长江经济带绿色发展专项资金2.5亿元、中西部铁路专项资金15亿元。这是全省首次争取到中西部铁路专项资金，且额度位居全国前列，极大地缓解了地方筹资压力。

【长江沿岸铁路集团落户武汉】 12月20日，长江沿岸铁路集团股份有限公司揭牌暨沿江高铁武汉至宜昌段、西安至十堰高铁湖北段建设动员大会在武汉召开。长江沿岸铁路集团股份有限公司，由国家铁路集团与湖北等沿江6省市共同出资设立，总部设在武汉，负责统筹沿江高铁和铁路货运基础设施建设，以及资产经营管理、投融资改革等工作。

【启动沿江高铁汉宜段西十高铁湖北段建设工作】 12月20日，沿江高铁汉宜段西十高铁湖北段建设工作全面启动。其中，沿江高铁武汉至宜昌段，东起汉口站，经汉川、天门、荆门至宜昌，全长约313公里，总投资约522亿元。西安至十堰高铁，自西安东站引出，经商洛、郧西至十堰东站，全长约257公里，总投资约477亿元，其中湖北段全长约86公里，总投资约134亿元。

（焦　建）

能源建设

【概况】 2020年，全省能源消费总量1.625亿吨标煤，比上年下降6.2%。全社会用电量2144亿千瓦时，比上年下降3.17%，全省夏季、冬季最大用电负荷分别达到4065.4、3972万千瓦，未发生拉闸限电现象。发电量3036.7亿千瓦时，增长2.15%，剔除三峡发电量，全省发电量1923.78亿千瓦时，下降4.24%。

截至2020年底，全省发电装机8273万千瓦（含三峡2240万千瓦），其中水电3757万千瓦，占45.4%；火电3316万千瓦，占40%；风电502万千瓦，占6.1%；太阳能698万千瓦，占8.4%。煤炭储备能力1100万吨。油气管道总里程7400公里，天然气储备能力3.82亿立方米。

【能源设施建设】 制定《湖北省疫后重振补短板强功能能源提升工程三年行动实施方案（2020—2022年）》，全年完成能源重大项目投资384亿元。电力方面，“两线一点一网”取得新进展。陕北至湖北±800千伏特高压直流工程湖北段开工建设，金沙江上游水电—湖北特高压输电工程纳入国家“十四五”能源规划，恩施东、十卧线等5大关键500千伏电网工程，86项220千伏和110千伏输变电工程接续投运，武汉世界一流城市电网建设全面启动。江坪河水电站、大别山电厂二期工程投运，襄阳燃机进入收尾阶段，仙桃电厂进入主体工程建设。高质量完成光伏扶贫收官工作，建成5646个总装机123万千瓦的光伏扶贫项目，带动3700个贫困村、26.75万户建档立卡贫困户脱贫。全年新增发电装机411万千瓦，其中风电、光伏发电装机172万千瓦。煤炭方面，华中最大的煤炭中转平台荆州煤炭铁水联运储配基地一期工程建成，新增煤炭储备能力305万吨。油气方面，宜昌力能储气库、武汉安山储气库扩建、川气东送黄梅压气站扩能改造、孝感—大悟（广水）天然气管道建成，中石化潜江地下盐穴储气库、宜昌三峡翻坝成品油管道、金澳科技监利—潜江输油管道开工建设，新增储气能力3300万立方米、天然气管道60公里。

【资金支持】 积极争取国家政策项目资金支持。国家明确2020年三峡增发电量50%留湖北消纳，与湖北平均购电成本相比，全年可形成价差空间约8.2亿元。争取国家新增湖北自用煤电规划建设规模170万千瓦，400万千瓦风电、光伏项目纳入全国2020年平价上网项目名单。争取国家同意全省39个总装机248万千瓦风电项目并网截止时间延后半年，20年可获得补贴资金140亿元。争取中央预算内投资3.88亿元支持湖北应急储气设施、煤炭储备能力建设和农网改造升级。

【能源战略合作】 加强与陕西省、国家电网签署三方合作协议，联合推进陕武直流和配套电源建设，与国家能源集团、华能集团、三峡集团、中石化等一批能源央企签订战略合作协议，加大对鄂资源供应支持和在鄂项目投资建设力度。与陕煤集团签署战略合作框架协议，助力湖北用煤企业降低成本、保障湖北煤炭供应。

【能源改革】 深化电力体制改革。2020年市场化交易电量和降电费总额分别达到686亿千瓦时和7.95亿元，分别较2019年增长10%和70%，市场主体数由1574户升至2788户，电力市场体系不断完善。2个增量配电改革试点项目建成投运。积极推动电力现货市场建设，起草完成《湖北省电力现货市场建设实施方案》。优化营商环境。制定并印发《关于提升获得电力便利化水平 优化用电营商环境的实施方案》，实行获得电力“321服务”、获得用气“310服务”，高、低压用户平均接电时间分别压减至34.16天、1.45天。

【能源装备产业】 实施“龙头+产业链+集群”发展战略，制定印发《关于进一步推动能源科技装备产业加快发展的通知》，重点打造发电装备、智能电网及输配电装备、新能源装备、油气钻采与加工装备、节能环保装备及储能六大产业链。

【能源安全监管】 煤炭方面，加大对十堰、荆门和恩施等地6处煤矿开展安全生产检查，督促逐条整改。开展煤矿爆炸物品、煤矿瓦斯防治等专项整治，针对关闭退出煤矿、长期停工停产煤矿制定安全防范措施。电力方面，完成1条500KV输电线路线下树障、4条220KV输电线路电杆“孤岛”安全隐患整治，督促统调电厂制氢站、氨区等重大危险源管控措施落实，推进大面积停电应急预案修编，排查各类电力建设工程772项，发现安全隐患1109个，完成整改1032个，限期整改77个。油气方面，开展油气管道安全检查25次，排查整治风险隐患17处，组织企业对油气管道670处高后果区进行风险识别更新并完善管控措施。

（吴际纬）

高新技术产业

【概况】 2016—2020年，高技术产业增加值由5574.5亿元增至8684.1亿元，增长55.8%。2020年，全省高技术制造业增加值增长4.1%，增速快于规模以上工业10.2个百分点，占规模以上工业增加值的比重达10.2%。2016—2020年，全省电子信息产业实现主营业务收入由4281亿元增加至6549亿元，增长52.9%。湖北省初步形成了新一代信息技术、生物、高端装备等产业集群，其中集成电路、新型显示器件、下一代信息网络和生物医药等四个产业集群入选国家战略性新兴产业集群，数量与上海市并列第一。

【重点领域】 一、集成电路产业。设计、制造、封装材料等产业链相关企业有200余家，IDM方面代表性企业有武汉新芯、长江存储，芯片设计代表性企业有海思光电子、联发科，封装测试代表性企业有方晶电子，原材料代表性企业有鼎龙控股、兴发化工等。二、新型显示产业。企业有48家，产业链相关企业有300余家。显示面板代表性企业有武汉华星光电、武汉天马微电子、武汉京东方。红外显示器件代表性企业有高德红外。显示器件生产设备代表性企业有华工激光、帝尔激光。激光器龙头企业有锐科激光、华日激光、安扬激光。显示器件测试设备代表性企业有武汉精测电子。显示器件移动终端代表性企业有联想武汉。三、信息网络产业。产业链相关企业有1848家，长飞、烽火等百亿级企业7家，规模以上企业138家，位居全国高新区第四。光纤光缆代表性企业有长飞光纤、烽火通信，是国内光通信领域创新能力最强的企业之一，在国内市场占有率超过20%。光电子器件与专用集成电路代表性企业有光迅科技、海思光电子、飞思灵等重点芯片企业；5G代表性企业有中国信科集团、虹信公司；信息网络终端代表性企业有烽火通信、华为、中兴通讯、联想、小米、珞珈德毅；网络应用和运营服务的代表性企业有烽火集成、理工光科、长江通信、武汉佰钧成。四、生物医药产业。产业链相关企业有2000余家，其中包括美国辉瑞、德国费森尤斯卡比等世界500强企业，人福医药集团、国药控股2家百亿企业，以及药明康德、华大基因、联影医疗、明德生物、安翰科技等一批国内行业领军企业。五、高端装备产业。激光装备领域集聚企业150余家，形成了包括激光器、激光系统及设备、激光服务在内的完整产业，激光加工设备国内市场占有率达50%；智能制造装备、海工装备及高技术船舶、航空航天装备等领域形成较强竞争优势，数控超长插齿机产品填补国内空白，快舟1号A固体商业火箭实现一箭双星发射，自主设计研制的国产大型水陆两栖飞机AG600成功水上首飞，海洋固井机打破了国外技术封锁。六、新材料产业。全省形成了以高性能结构材料、新型无机非金属材料、电子信息材料等为代表的优势领域，拥有硅钢、冷轧汽车用钢、特种钢等多个生产基地；建设了宜昌石墨烯产业研究院、中国航天华中石墨烯产业基地等平台载体，加速石墨烯材料研发和产业化。七、新能源汽车。以襄阳为主要集聚地，从事新能源汽车研发和生产的企业及院所40多家，拥有近200项专利和实用技术，逐步发展了以整车研发、生产（纯电动、插电式混合动力公交车、市政环卫车等新能源商用车）—检测基地（国家动力电池检测中心、东风新能源汽车检测线）—动力电池—驱动、控制系统—充电器生产和充电辅助系统—教育（培训）基地—示范运行—推广应用—售后服务等较为完整的产业链。

【创新平台建设】 2020年，湖北已建或在建国家重大科技基础设施3个，拥有国家研究中心1个、国家重点实验室27个。科研平台共享建设持续加强。省大型科学仪器设备共享平台入网单位546家，入网仪器8837台，仪器原值52亿元。产业创新平台建设加速推进。国家先进存储产业创新中心、国家信息光电子创新中心、国家数字化设计与制造创新中心先后落户湖北。现有国家工程研究中心4家，国家工程实验室5家、国家地方联合工程研究中心（工程实验室）32家、国家企业技术中心58家，为提升全省产业创新能力和核心竞争力提供了有力支撑。

【高新技术成果】《科技日报》公布的35项“卡脖子”技术中，全省在芯片、激光雷达、操作系统、燃料电池关键材料等10余项关键核心技术取得突破。其中，研制出的国内首款商用100G硅光收发芯片，填补了国内硅光芯片和相干光收发器产业化空白；研发量产的国内首颗40纳米高精度消费类北斗导航定位芯片；基于Linux内核自主开发的Deepin个人电脑操作系统，已是全国乃至全球知名操作系统之一；氢能燃料电池核心零部件膜电极性能达到全球领先水平，市场占有率排名全球第六，仅次于美国戈尔、3M等国际巨头。

（周子繁）

固定资产投资

【概况】 2020年，全省固定资产投资(不含农户) 下降18.8%。按产业划分，一、二、三次产业投资分别下降28.2%、23.8%、15.4%。分领域看，基础设施投资、工业投资和房地产开发投资分别下降22.8%、23.9%和4.4%。高技术制造业投资下降9.4%，其中医药制造业、计算机及办公设备制造业投资分别增长20.4%、14.7%。补短板强功能建设加快推进，电信、广播电视和卫星传输服务业投资增长16.8%，卫生投资增长65.8%，航空运输业投资增长1.29倍。商品房销售面积6587.83万平方米，下降23.4%；实现商品房销售额 6087.90 亿元，下降 21.5%。

【民间投资】 2020 年，受疫情影响，民间投资全年同比下降 21.3%，降幅累计收窄 61.3 个百分点；民间投资占全部投资比重为 59.8%，高于全国 4.1 个百分点。制造业民间投资下降 26.0%，降幅比 1—11 月收窄 4.2 个百分点。

【高技术产业投资】 2020 年，全省高技术制造业投资同比下降 9.4%，高于制造业投资 14.5 个百分点，占工业投资比重提升至 20.5%，同比提升 3.3 个百分点，显示全省投资结构技术含量提升和新兴产业发展后劲增强。其中，医药制造业、信息化学品制造业、计算机及办公设备制造业受疫情期间疾病治疗和居家办公等需求上升带动投资逆势上升，同比分别增长 20.4%、24.6%、14.7%。

【基础设施投资】 2020 年全省基础设施投资同比下降 22.8%，降幅累计收窄 61.6 个百分点。传统基础设施投资回升较快，交通运输业投资同比下降 9.5%，快于全省投资增速 9.3 个百分点，特别是湖北国际物流核心枢纽项目进入快速建设期，推动航空运输业投资增长 128.7%；新基建投资不断发力，5G 技术的应用普及推动电信广播电视和卫星传输服务业投资同比增长 16.8%；疫后非接触经济、快递电商等行业不断升温，邮政业投资实现 76.2% 的高速增长。

【房地产开发投资】 在“房住不炒”政策主基调下，房地产“三道红线”融资监管新规的出台从严控制房企有息债务增长，加上销售增速的放缓，房地产市场供给主体积极性下降。2020 年，全省房地产开发投资同比下降 4.4%。

【项目建设】 2020 年，省委、省政府督办的 48 个重大产业项目、415 个省级重点项目分别完成 242.5 亿元、2879.0 亿元，均超额完成全年投资计划。全年争取中央预算内投资同比增长 21.2%，安排中央预算内投资项目 2750 个，总投资 1861.6 亿元；发行地方政府专项债项目 818 个、发行债券 1530 亿元，带动完成投资 7266 亿元。谋划推动疫后重振补短板强功能“十大工程”项目 6114 个、总投资 2.3 万亿元，已开工 2770 个，完成投资 3782 亿元。全省通过政务服务网共申报审批项目 54529 个、总投资 77585.25 亿元，分别同比增长 29.91%、31.54%。

【PPP 检测服务平台】 2020 年，通过 PPP 平台全生命周期管理监测服务平台向社会公开重点项目 221 个、项目总投资 2157.53 亿元，可供社会资本主体、金融机构等进行实时查询。加强平台与“信用湖北”的互联互通，对接省公共资源交易平台、信用平台等，建立联合奖惩信用红黑名单，推动政府及社会公众对 PPP 市场主体信用信息的共享，促进全省 PPP 市场环境的健康发展。截至 2020 年 12 月底，全省在库项目 802 个、总投资 8864.70 亿元，已落地项目 296 个、总投资 3973.83 亿元，项目总规模和落地项目个数持续保持在全国第一方阵。

（樊喜珍　黎辉）

消费市场

【概况】 2020 年，新冠肺炎疫情对全省消费市场造成严重冲击。省委、省政府统筹推进疫情防控和经济社会发展，扎实做好“六稳”工作，全面落实“六保”任务，有序推进复工复产复商复市，全省消费市场稳步复苏。自 4 月开始，批发、零售、住宿、餐饮四大行业逐季恢复，全年销售额（营业额）同比分别下降 10.4%、13.4%、24.3%、20.8%，降幅比一季度分别收窄 27.4、30.5、32.9、34.8 个百分点。全年全省实现社会消费品零售总额 17984.87 亿元，比上年下降 20.8%，全年累计降幅较一季度收窄 24.1 个百分点，12 月增速实现年内首次由负转正。

城乡消费市场结构持续优化。在农村居民收入增长、线上消费渠道向农村市场下沉以及农村消费市场环境改善等因素的带动下，农村市场消费潜力持续释放，2020 年，全省农村居民人均消费支出达到 14473 元，城乡居民人均消费差距下降到 36.8%，比全国平均水平低 12.4 个百分点。全省城镇、农村居民每百户汽车拥有量为 38 辆和 25 辆，城镇、农村居民每百户空调机拥有量为 170 台和 94 台。

网上零售规模持续扩大。网上零售等新兴供给方式快速发展，2020 年全省实物商品网上零售额 2448.9 亿元，占社会消费品零售总额的比重为 13.6%，对社会消费品零售总额增长的贡献率达到 57.5%。新兴零售业态快速增长促进了快递物流行业的加速发展，2020 年全省快递业务量达到 17.85 亿件，全省邮政业务总量 471.77 亿元。

新兴消费领域供应增加。限额以上吃、穿、用类商品零售额保持稳定增长，2020 年全省限额以上粮油食品类、饮料类、日用品类商品零售额比上年仅下降 5.3、6.5、8.6 个百分点，较好地发挥了“稳定器”的作用。旅游市场方面，2020 年全省拥有 A 级景区 472 个，星级饭店 425 家，旅行社 1253 家。文化娱乐市场方面，2020 年全省共有国有艺术表演团体 87 个，群艺馆、文化馆 125 个，公共图书馆 115 个，博物馆 230 个，电影放映管理机构 103 个，放映单位 1797 个。医疗卫生方面，2020 年全省共有医院 1048 家，医疗卫生机构床位 41.18 万张。

消费恢复支撑较稳。就业形势总体稳定，2020 年全省城镇新增就业 75.18 万人，超额完成全年目标任务。收入降幅持续收窄，全年全省城镇和农村居民人均可支配收入分别为 36706 元和 16306 元，分别下降 2.4% 和 0.5%，降幅比一季度分别收窄 9.4 和 9.7 个百分点。市场物价涨势温和，2020 年全省居民消费价格指数上涨 2.7%。

【出台消费政策】 制定《省人民政府

市民消费提振经济。2020 年 8 月 1 日，武汉永旺梦乐城金银潭店内，许多消费者在逛街购物

关于印发提振消费促进经济稳定增长若干措施的通知》《省人民政府办公厅关于印发应对疫情影响进一步促进商业消费若干措施的通知》《省人民政府办公厅关于印发支持文化旅游产业恢复振兴若干措施的通知》《省人民政府办公厅关于印发“与爱同行 惠游湖北”活动实施方案的通知》《省委办公厅 省政府办公厅关于印发〈湖北省新型基础设施建设三年行动方案(2020—2022年)〉的通知》《省人民政府办公厅关于促进全民健身和体育消费 推动体育产业高质量发展的实施意见》等一系列政策文件，加强政策宣传解读，回应群众关切，积极引导社会预期。

【开展消费对接活动】 联席会议成员单位开展全省农产品、工业品产销对接。省商务厅举办了全省消费促进系列活动暨“2020 武汉购”消费促进系列活动启动仪式，开展“六月欢购节”活动，组织全省重点商圈、特色商街、商业企业、品牌企业在六月份集中促销让利。省供销社通过“购销对接会”“直播带货”“秒杀团购”等促销形式，创造电商消费场景，集中开展了“为农打 CALL 拼单东宝”“助力湖北县长大联播”等系列活动。省经信厅联合省财政厅、省科技厅、省发改委做好新能源汽车推广应用补助资金和充电基础设施奖励清算申报工作。省财政厅联合省扶贫办、省供销社、省总工会等部门进一步推进政府采购支持消费扶贫。

【优化消费环境】 联席会议成员单位出台“优化营商环境 30 条”和“十必须十不准”，大力弘扬“店小二”精神。省市场监管局出台了《关于做好优化消费环境相关工作的通知》，优化市场监管执法，规范市场秩序。省公安厅因城施策放宽通行时段限制，出台政策方便机动车临时停车。武汉海关积极为武汉市申报免税店提供政策咨询和合理化建议。

（杨文亮）

价　格

【居民消费价格指数（CPI）运行情况】 2020 年，全省 CPI 比上年同期上涨 2.7%，比全国平均高 0.2 个百分点，并列全国第 7 位、中部六省第 3 位，市场价格总水平运行基本平稳。其中，城市上涨 2.5%，农村上涨 3.5%。食品价格结构性上涨特征明显，畜肉价格影响 CPI 上涨 2.32 个百分点（猪肉影响 1.90 个百分点），翘尾影响约 2.1 个百分点；食品、非食品价格较 2019 年分别上涨 12.3%、0.2%，分别拉动 CPI 上涨约 2.58、0.17 个百分点。

粮油价格走势平稳。稻、麦价格保持稳定，豆、菜油价差持续扩大，优质优价特征较为明显。粮食价格总体稳定，环比连续 4 个月持平，全年较上年同期上涨 1.3%。受生猪存栏持续增加影响，饲料需求逐步加大，推动大豆、玉米价格持续上涨。12 月当月玉米均价 2.67 元/公斤，环比、同比分别上涨 3.89%、25.35%。油菜籽供需偏紧，菜籽油价格呈震荡偏强走势。

生猪、猪肉价格高位运行。生猪产能逐步恢复，猪肉价格短期有所回落，但整体涨幅依然较高。10 月同比自上年 3 月连续 19 个月上涨以来首次转为下降，降幅为 3.9%，11 月当月下降 14.2%，12 月当月转涨 8.7%，全年比上年同期上涨 55.2%，高于全国平均水平 5.5 个百分点，影响 CPI 上涨 1.9 个百分点；12 月当月，生猪、仔猪出场价格分别为 33.81 元/公斤、94.7 元/公斤，环比涨跌幅分别为 12.4%、−5.46%，同比涨幅分别为 1.02%、4.44%；精瘦肉、腿夹肉、肋排每 500 克均价分别为 29.29 元、24.61 元、31.9 元，较上月同期分别上涨 4.91%、9.77%、1.62%；与上年同期相比，涨跌幅分别为−3.37%、−6.25%、2.74%。

鸡鸭等禽类、牛羊肉等其他肉类替代品价格总体相对平稳。市场消费秩序总体比较平稳。

蔬菜价格波动较大。1 月、2 月，全省鲜菜价格环比分别上涨 11.4%、27.8%，影响 CPI 上涨 0.3、0.8 个百分点。天气转暖加上应季蔬菜陆续上市，蔬菜价格季节性明显。3—6 月环比分别下降 10.0%、12.6%、16.9%、4.7%，影响 CPI 下降 0.3、0.4、0.5、0.1 个百分点。7 月全省多地遭受洪涝灾害，蔬菜生产受到较大影响，8 月天气炎热少雨，本地蔬菜生产尚未完全恢复，蔬菜大多从外地运来，运输及储存成本增加，总体供应依然偏紧，各市州鲜菜价格整体上涨明显。鲜菜价格 7、

8月环比上涨23.6%、4.3%。9月鲜菜价格环比下降2.5%，影响CPI下降0.07个百分点；10月鲜菜价格环比上涨1.7%，影响CPI上涨0.05个百分点；11月鲜菜价格转降，环比下降9.1%,影响CPI下降约0.26个百分点；同比上涨10.6%,影响CPI上涨约0.25个百分点；12月鲜菜价格环比、同比分别上涨7.9%、11.2%，全年比上年上涨9.6%,影响CPI上涨0.26个百分点，高于全国平均水平2.5个百分点。12月，监测的13种蔬菜月均价每500克3.18元，环比、同比涨幅分别为8.9%、7.07%。

鲜瓜果价格持续回落。4月以来，鲜瓜果价格连续5个月下降，9月、10月环比分别上涨6.7%、0.4%，影响CPI上涨0.1、0.01个百分点；11月环比与上月持平；12月环比上涨1.1%，影响CPI上涨约0.02个百分点；同比涨幅自连续11个月低于上年同期后，首次高于2019年同期，12月同比上涨2.9%，全年比上年下降13.0%，降幅高于全国平均水平1.9个百分点。12月，苹果、香蕉、梨每500克价格分别为5.47元、3.15元、3.84元，环比涨跌幅分别为0.55%、-1.87%、3.78%。同比分别下降3.01%、5.97%、2.95%。

农资价格总体平稳。受原料价格上涨、环保督查更加严格等因素影响，农药、化肥等市场供应总体不足，但价格走势整体较为平稳。12月，全省农资价格环比、同比分别上涨0.2%、3.1%。全年比上年上涨6.4%，其中复合肥料、磷肥、杀菌剂、杀虫剂、氮肥涨跌幅分别为3.0%、0.5%、0.4%、0.2%、-1.7%。

服务等领域价格与全国平均水平持平。2020年，全省服务价格比上年上涨0.3%，低于全国平均水平0.3个百分点；医疗服务价格上涨2.4%，高于全国平均水平0.1个百分点；居住价格下降0.8%，降幅大于全国平均水平0.4个百分点；交通通信价格下降3.5%，降幅与全国平均水平持平。全省旅游价格同比6—12月分别下降0.1%、0.6%、0.9%、1.8%、1.5%、2.4%、3.2%。8月8日启动“与爱同行 惠游湖北”系列活动以来，全省400家A级旅游景区对全国游客免门票开放，旅游消费需求持续改善。全省景点门票价格12月同比下降62.2%，影响价格总水平下降0.08个百分点；全年较上年下降25.6%，影响价格总水平下降0.04个百分点。

【工业生产者出厂价格指数（PPI）运行情况】 2020年，工业生产稳定恢复，市场需求持续回暖，工业生产者价格保持平稳。全省工业生产者价格（PPI）较上年下降0.9%，较全国平均水平收窄0.9个百分点，列全国第8位、中部第3位；工业生产者购进价格（IPI）累计下降1.6%，跌幅较全国平均水平小0.7个百分点，列全国第12位、中部第4位。行业增长特征相对明显，工业部分价格有所改善。

（汪辛欣　罗亦金）

金　融

【概况】 截至2020年末，全省本外币各项贷款余额达到59872亿元，同比增长14.6%，高于全国贷款增速2.12个百分点；全年新增贷款7629.5亿元，居中部第1、全国第6，超过年初目标（6800亿元）830亿元。其中，全国性银行在鄂分支行新增贷款5499亿元，超过年初目标499亿元；地方法人银行新增贷款2175亿元，超过年初目标375亿元。

贷款结构持续优化。截至2020年末，全省制造业贷款余额4592亿元，比年初新增838.5亿元，同比增长22.3%。普惠领域及薄弱环节金融服务明显增强，普惠小微企业贷款余额4764亿元，同比增长26%，同比提高6.6个百分点；贫困地区贷款余额1060亿元，同比增长16.3%；产业带动精准扶贫贷款同比增长49.7%，高于各项贷款增速35.1个百分点。房地产贷款余额19369.9亿元，比年初新增1400.6亿元，同比增长7.8%，低于全部贷款增速6.8个百分点。

融资成本显著下行。截至2020年末，全省18家全国性银行分支行对贷款内部转移定价（FTP）进行减点。其中，一年期以内贷款利率2.86%，比上年末下降55BP；普惠小微企业一年期以内贷款利率2.23%，比上年末下降85BP。2020年12月，全省新发放企业贷款加权平均利率4.37%，同比下降0.78个百分点，处于近十年来的低位。其中，新发放普惠小微企业贷款加权平均利率5.38%，同比下降0.74个百分点。

货币政策工具有效运用。充分运用人民银行疫情防控专项再贷款政策、再贷款再贴现专用额度和普惠性再贷款再贴现政策，加大对全省疫情防控和复工复产的金融支持。截至2020年末，合计发放优惠利率贷款1336亿元，惠及企业14万户，近6成资金用于支持涉农及小微企业领域；运用“普惠小微企业贷款延期支持工具”延期贷款本金287.8亿元，向地方法人银行提供激励资金2.87亿元，惠及4.2万户企业；运用“普惠小微企业信用贷款支持计划”支持发放信用贷款128.65亿元，向地方法人银行提供优惠资金51.4亿元，惠及5.8万户。

【金融服务实体经济】 保持信贷总量合理增长。信贷投放和社会融资规模增速与经济增速基本匹配；引导和督促金融机构合理安排信贷投放，保持对疫后经济恢复的必要支持力度；积极拓宽社会融资渠道，努力满足重点项目和市场主体的有效融资需求。持续做好民营小微企业的金融支持工作。通过引导金融机构加大对民营小微企业的资金投入、开展商业银行小微企业金融服务能力提升工程、鼓励银行加强与地方信用信息综合服务平台或市场化征信机构的合作等举措，进一步提高小微企业首贷户和信用贷款比重，增加制造业中长期贷款。有效衔接脱贫攻坚与乡村振兴金融服务。保证金融扶贫政策、工作和责任落实的延续性，实现稳定脱贫和可持续发展。促进企业综合融资成本稳中有降。落实好利率市场化改革政策，进一步推进贷款市场报价利率（LPR）的运用；加强利率行业自律管理，维护辖内存款竞争秩序；完善金融风险分担补偿机制，引导各方资金降低企业的融资成本。进一步优化金融营商环境。推动出台湖北省金融营商环境评价指标体系，促进各项金融政策的有效落实。

【金融改革创新】 推动绿色金融发展。研究设计全省统一的绿色金融认定标准和专项统计制度；推动环境违法违规、企业污染排放、节能减排及绿色矿山建设等信息纳入信用信息平台，推动政府和机构的环境信息强制披露；积极支持湖北建设全国碳排放权注册登记系统数据中心，鼓励金融机构创新配套的绿色金融产品和服务。促进科技金融发展。聚集武汉城市圈科技金融创新及东湖高新区科技创新重点任务，出台加强和改进科技创新金融服务的实施意见；支持武汉科技保险示范区高水平建设，扩大专利权抵押融资、科技企业股权融资等科技金融产品及服务创新规模；深化投贷联动试点工作，促进形成“投贷债补”联动的金融支持科技创新格局。支持武汉提升金融能力。结合武汉经济和产业结构特点，积极研究特色化金融发展路径；持续增强武汉要素市场对金融资源的聚集和辐射带动能力；发挥金融政策、财税政策和产业政策的合力，不断优化金融生态环境。

【企业债券融资】 2020 年，全省企业债券的申报规模和核准（注册）规模在全国继续保持前位，发行规模占全国发行总规模的位次达到历史新高。其中，全省新申报企业债券 51 只近 848.1 亿元；获得核准（注册）企业债券 44 只 570.09 亿元；发行企业债券 37 只 405.29 亿元，占全国发行规模的 10.32%，居全国第 1 位。截至 2020 年底，全省存量债券共 195 只，规模共计 1659.09 亿元，占全国存量债券总规模的 7.31%，全国排名第 3 位。

2020 年，全省企业债券进一步拓展了申报发行范围。全省共申报创新品种债券 31 只规模共计 666.01 亿元，占全省申报总量的 79%，创新品种债券申报超过 2/3。其中，疫情防控（借新还旧）债券 20 只 161.01 亿元，优质债券 4 只 430 亿元，城市停车场专项债券 2 只 11 亿元，绿色债券 2 只 35 亿元，项目收益债券 1 只 11 亿元，小微企业扶持债券 1 只 10 亿元，县城新型城镇化建设专项债券 1 只 8 亿元。全省共发行创新品种 13 只规模 161.5 亿元，占全省发行总量的 40%，绿色债券 9 只 100.02 亿元，项目收益债券 1 只 10 亿元，地下综合管廊债券 1 只 3.3 亿元，停车场建设专项债券 1 只 18 亿元，可续期债券 1 只 30 亿元。

【天风证券、长江证券入围全国“十佳”】 12 月 28 日，国家发改委公布 2019 年度企业债券主承销商和信用评级机构信用评价结果，全国 26 家主承销商获评 A 类，天风证券、长江证券两家湖北券商入围全国“十佳”。

（周　莉）

重点项目建设

【概况】 2020 年，省级重点项目完成投资 2879 亿元，完成年度投资计划的 128.7%，超额完成年度目标。十堰、宜昌、荆门、孝感、鄂州、咸宁、随州、仙桃、天门、潜江、神农架等 11 个市（林区）开工率 100%。武汉、十堰、宜昌、荆门、孝感、鄂州、咸宁、随州、恩施、天门、潜江等 11 个市州完成投资超过年度计划。

表 3—2　2020 年 1—12 月份省级重点建设计划执行情况表（按行业类别分）

类　别	项目个数	总投资（元）	全年计划投资（元）	完成投资（元）
合计	415	156158454	22365429	28790260
一、产业类	227	65247915	9871915	13522208
（一）先进制造业	131	45938672	6722915	10640540
（二）现代服务业	83	17364850	2679000	2542568
（三）产业融合	13	1944393	470000	339100
二、重大基础设施类	100	61276137	8028444	8277011
（一）交通运输类	75	55068719	6672661	6794542
1. 公路路网	50	27343520	4201662	4415268
（1）高速公路及桥梁	37	25213704	3722800	3771301
（2）国道、省道改造	13	2129816	478862	643967

续表

类　　别	项目个数	总投资（元）	全年计划投资（元）	完成投资（元）
2. 铁路	14	23927010	1666500	1479728
3. 水运航电	7	1590278	293499	227933
4. 航空	4	2207911	511000	671613
（二）能源类	20	4669005	1080783	1137819
1. 电源	18	4486463	995783	1076189
2、油气管道	2	182542	85000	61630
（三）水利类	5	1538413	275000	344650
三、生态类	23	5536963	968000	1282389
四、民生类	65	24097439	3497070	5708652
（一）市政设施类	32	20324520	2704500	4682673
（一）社会事业类	33	3772919	792570	1025979

重点工程项目

一、产业类（227 项）

（一）先进制造业（131 项）

1. 国家存储器基地（一期）项目，项目地址在武汉东湖开发区，全年计划投资 500000 万元，实际投资 2410876 万元，完成计划 482.2%。

2. 天马第 6 代 LTPSAMOLED 生产线二期项目，项目地址在武汉东湖开发区，全年计划投资 400000 万元，实际投资 653628 万元，完成计划 163.4%。

3. 华星光电第 6 代柔性 LTPS—AMOLED 显示面板生产线项目，项目地址在武汉东湖开发区，全年计划投资 200000 万元，实际投资 678676 万元，完成计划 339.3%。

4. 东风汽车集团股份有限公司乘用车扩建项目，项目地址在武汉开发区，全年计划投资 200000 万元，实际投资 429356 万元，完成计划 214.7%。

5. 浙江吉利汽车有限公司武汉分公司年产 15 万辆乘用车项目，项目地址在武汉开发区，全年计划投资 100000 万元，实际投资 574237 万元，完成计划 574.2%。

6. 吉利飞行汽车项目，项目地址在武汉市汉南区，全年计划投资 30000 万元，实际投资 151022 万元，完成计划 503.4%。

7. 武汉高世代薄膜晶体管液晶显示器件（TFT—LCD）项目，项目地址在武汉市东西湖区，全年计划投资 500000 万元，实际投资 745049 万元，完成计划 149%。

8. 蒙牛华中低温乳品工厂项目，项目地址在武汉市东西湖区，全年计划投资 50000 万元，实际投资 82131 万元，完成计划 164.3%。

9. 翰宇药业高端制剂生产及生物药研发项目，项目地址在武汉市黄陂区，全年计划投资 100000 万元，实际投资 56047 万元，完成计划 56%。

10. 高端公路市政养护车及高空作业车相关零配件项目，项目地址在武汉市黄陂区，全年计划投资 40000 万元，实际投资 50476 万元，完成计划 126.2%。

11. 武汉国家航天产业基地项目，项目地址在武汉市新洲区，全年计划投资 200000 万元，实际投资 482217 万元，完成计划 241.1%。

12. 宝龙达电脑及电子产品生产项目，项目地址在武汉市东西湖区，全年计划投资 200000 万元，实际投资 0 万元，完成计划 0%。

13. 东湖实验室项目，项目地址在武汉市东湖开发区，全年计划投资 0 万元，实际投资 0 万元，完成计划 0%。

14. 东风新能源汽车电驱动和燃料电池动力总成相关部件生产项目，项目地址在武汉经济技术开发区，全年计划投资 37000 万元，实际投资 0 万元，完成计划 0%。

15.12 英寸晶圆流片再生（LVG 晶圆再生）项目，项目地址在黄石市经济技术开发区，全年计划投资 10000 万元，实际投资 15700 万元，完成计划 157%。

16. 新冶钢综合环保技改项目，项目地址在黄石市西塞山区，全年计划投资 50000 万元，实际投资 70571 万元，完成计划 141.1%。

17. 仿古新型铝型材生产项目，项目地址在黄石市大冶市，全年计划投资 40000 万元，实际投资 43755 万元，完成计划 109.4%。

18. 华新水泥股份有限公司黄石年产 285 万吨熟料水泥生产线项目，项目地址在黄石市阳新县，全年计划投资 50000 万元，实际投资 46537 万元，完成计划 93.1%。

19. 广合电路多高层精密线路板一、二期项目，项目地址在黄石市开发区·铁山区，全年计划投资 20000 万元，实际投资 52636 万元，完成计划 263.2%。

20. 年产能 30000 吨电子级玻璃纤维超细纱开发与生产项目，项目地址在黄石市开发区·铁山区，全年计划投资 10000 万元，实际投资 29430 万元，完成计划 294.3%。

21.40 万吨高纯阴极铜清洁生产项目，项目地址在黄石市新港（物流）工业园区，全年计划投资 250000 万元，实际投资 121972 万元，完成计划 48.8%。

22. 湖北海越麦芽 25 万吨（一期 12.5 万吨）麦芽生产线项目，项目地址在黄石市阳新县，全年计划投资 20000 万元，实际投资 15269 万元，完成计划 76.3%。

23. 优科绿色精密制造项目，项目地址在黄石新港（物流）工业园区，全年计划投资 35000 万元，实际投资 0 万元，完成计划 0%。

24. 宝钢新港二期（退城环保搬迁改造）工程项目，项目地址在黄石新港（物流）工业园区，全年计划投资 17500 万元，实际投资 9416 万元，完成计划 53.8%。

25. 华新（阳新）亿吨机制砂石绿色生产线项目，项目地址在黄石市阳新县，全年计划投资 50000 万元，实际投资 2000 万元，完成计划 4%。

26. 正和高端卡车车身项目，项目地址在十堰市茅箭区，全年计划投资 40000 万元，实际投资 38960 万元，完成计划 97.4%。

27. 东风小康有限公司整体迁建项目，项目地址在十堰经济技术开发区，全年计划投资 40000 万元，实际投资 30685 万元，完成计划 76.7%。

28. 十堰市吉神汽车有限公司年产 1 万辆智能房车项目，项目地址在十堰经济技术开发区，全年计划投资 20000 万元，实际投资 23150 万元，完成计划 115.8%。

29. 驰田汽车股份智慧新工厂项目，项目地址在十堰市茅箭区，全年计划投资 20000 万元，实际投资 54860 万元，完成计划 274.3%。

30. 十堰市迅捷安应急装备产业园项目，项目地址在十堰市茅箭区，全年计划投资 20000 万元，实际投资 45565 万元，完成计划 227.8%。

31. 鄂西北绿色板材生产基地项目，项目地址在十堰市郧西县，全年计划投资 100000 万元，实际投资 27099 万元，完成计划 27.1%。

32. 东风德纳新能源电动车桥建设项目，项目地址在襄阳市高新区，全年计划投资 30000 万元，实际投资 34584 万元，完成计划 115.3%。

33. 东风海博（襄阳）新能源车用动力电池系统总成生产基地项目，项目地址在襄阳市高新区，全年计划投资 30000 万元，实际投资 40150 万元，完成计划 133.8%。

34. 湖北微硕电子磁性材料生产基地项目，项目地址在襄阳市高新区，全年计划投资 35000 万元，实际投资 47035 万元，完成计划 134.4%。

35. 襄阳振华宇科科技有限公司智能手机、上网卡等消费电子项目，项目地址在襄阳市高新区，全年计划投资 35000 万元，实际投资 43815 万元，完成计划 125.2%。

36. 湖北科德年产智能仓储设备 8000 台（套）生产项目，项目地址在襄阳市襄州区，全年计划投资 30000 万元，实际投资 43938 万元，完成计划 146.5%。

37. 襄阳长源朗弘科技有限公司汽车发动机核心零部件加工制造项目，项目地址在襄阳市老河口市，全年计划投资 20000 万元，实际投资 34763 万元，完成计划 173.8%。

38. 襄阳奥利斯智能装备科技有限公司智能装备制造及智能家居生产项目，项目地址在襄阳市高新区，全年计划投资 30000 万元，实际投资 49095 万元，完成计划 163.7%。

39. 东风汽车股份有限公司铸造分公司搬迁改造项目，项目地址在襄阳市高新区，全年计划投资 50000 万元，实际投资 29533 万元，完成计划 59.1%。

40. 东风电驱动系统有限公司电子工厂搬迁项目，项目地址在襄阳市东津新区，全年计划投资 30000 万元，实际投资 15527 万元，完成计划 51.8%。

41. 国太阳科技有限公司机器人及自动化装备项目，项目地址在襄阳市东津新区，全年计划投资 15000 万元，实际投资 17846 万元，完成计划 119%。

42. 程力新富专用车及专用车底盘生产项目，项目地址在襄阳市东津新区，全年计划投资 30000 万元，实际投资 30015 万元，完成计划 100.1%。

43. 庆达高德红外军民融合项目，项目地址在襄阳市襄城区，全年计划投资 10000 万元，实际投资 26890 万元，完成计划 268.9%。

44. 湖北金环绿色纤维有限公司年产 10 万吨绿色生物基纤维素项目，项目地址在襄阳市樊城区，全年计划投资 20000 万元，实际投资 21305 万元，完成计划 106.5%。

45. 航宇嘉泰飞机设备有限公司民用航空座椅项目，项目地址在襄阳市樊城区，全年计划投资 10000 万元，实际投资 17467 万元，完成计划 174.7%。

46. 际华三五四二纺织有限公司年产 1.2 亿米高档印染面料等纺织品项目，项目地址在襄阳市襄州区，全年计划投资 30000 万元，实际投资 50611 万元，完成计划 168.7%。

47. 湖北啸创汽车科技有限公司汽车配套加工项目，项目地址在襄阳市枣阳市，全年计划投资 83000 万元，实际投资 0 万元，完成计划 0%。

48. 湖北爱信莱恩汽车科技有限公司半固态铸造生产项目，项目地址在襄阳市枣阳市，全年计划投资 50000 万元，实际投资 66066 万元，完成计划 132.1%。

49. 湖北港利制冷配件有限公司 8000 万套制冷配件生产项目，项目地址在襄阳市枣阳市，全年计划投资 30000 万元，实际投资 47148 万元，完成计划 157.2%。

50. 中车交通汉江捷运装备总部

基地项目，项目地址在襄阳市宜城市，全年计划投资50000万元，实际投资47247万元，完成计划94.5%。

51. 顺博铝合金湖北有限公司废铝资源综合利用项目，项目地址在襄阳市老河口市，全年计划投资45500万元，实际投资49661万元，完成计划109.1%。

52. 湖北名泰农机有限公司农机装备生产二期项目，项目地址在襄阳市南漳县，全年计划投资20000万元，实际投资45395万元，完成计划227%。

53. 骆驼集团资源循环襄阳有限公司5万吨动力锂电池回收及梯次利用项目，项目地址在襄阳市谷城县，全年计划投资30000万元，实际投资30173万元，完成计划100.6%。

54. 三环（谷城）高端汽车车桥有限公司数字化轻量高端前桥总装生产线项目，项目地址在襄阳市谷城县，全年计划投资10000万元，实际投资23212万元，完成计划232.1%。

55. 湖北卫东化工股份有限公司9千万发管雷、1.6万吨炸药等民用起爆产品生产项目，项目地址在襄阳市南漳县，全年计划投资30000万元，实际投资492万元，完成计划1.6%。

56. 正威精密铸件生产项目，项目地址在襄阳市东津新区，全年计划投资10000万元，实际投资0万元，完成计划0%。

57. 国网300万支绝缘子生产项目，项目地址在襄阳市高新区，全年计划投资10000万元，实际投资9363万元，完成计划93.6%。

58. 湖北联昌新材料有限公司年产6万吨含氟精细材料、医药中间体项目，项目地址在宜昌市枝江市，全年计划投资15000万元，实际投资12639万元，完成计划84.3%。

59. 有机硅新材料国家地方联合工程研究中心项目，项目地址在宜昌市猇亭区，全年计划投资12000万元，实际投资19780万元，完成计划164.8%。

60. 三峡卷烟厂易地搬迁技改及原料库建设项目，项目地址在宜昌市夷陵区，全年计划投资13000万元，实际投资7863万元，完成计划60.5%。

61. 宜昌宝业装配式建筑生产基地项目，项目地址在宜昌市伍家岗区，全年计划投资21000万元，实际投资22405万元，完成计划106.7%。

62. 湖北三江航天江河化工科技有限公司商业航天动力总装基地项目，项目地址在宜昌市远安县高新区，全年计划投资30000万元，实际投资30150万元，完成计划100.5%。

63. 宜昌人福白洋原料药生产基地项目，项目地址在宜昌市高新区，全年计划投资10000万元，实际投资14090万元，完成计划140.9%。

64. 年产1000吨节能环保光引发剂TPO及配套原料项目，项目地址在宜昌市高新区，全年计划投资20000万元，实际投资27882万元，完成计划139.4%。

65. 喹啉、双胺等精细化学品生产项目，项目地址在宜昌市高新区，全年计划投资20000万元，实际投资43511万元，完成计划217.6%。

66. 东阳光创新药、仿制药一期项目，项目地址在宜昌市宜都市，全年计划投资35000万元，实际投资28187万元，完成计划80.5%。

67. 宜都年产15000吨紫外线吸收剂项目，项目地址在宜昌市宜都市，全年计划投资14000万元，实际投资11598万元，完成计划82.8%。

68. 陶瓷电容及原材料生产加工项目，项目地址在宜昌市宜都市，全年计划投资35000万元，实际投资37696万元，完成计划107.7%。

69. 煤气化节能技术改造升级项目，项目地址在宜昌市宜都市，全年计划投资56000万元，实际投资84153万元，完成计划150.3%。

70. 合成氨原料结构调整及联产60万吨/年乙二醇（一期）项目，项目地址在宜昌市枝江市，全年计划投资80000万元，实际投资78697万元，完成计划98.4%。

71. 宜昌恒友化工股份有限公司高端精细化工产业园项目，项目地址在宜昌市枝江市，全年计划投资10000万元，实际投资4500万元，完成计划45%。

72. 枝江市年产10万吨塑料管材管件项目，项目地址在宜昌市枝江市，全年计划投资20000万元，实际投资36658万元，完成计划183.3%。

73. 宜昌海诗特医疗用品有限公司年产5亿只一次性医用口罩项目，项目地址在宜昌市枝江市，全年计划投资40000万元，实际投资51765万元，完成计划129.4%。

74. 当阳市凌云集团定制化幕墙项目，项目地址在宜昌市当阳市，全年计划投资20000万元，实际投资24371万元，完成计划121.9%。

75. 当阳市鸿阳新材料科技有限公司年产5万吨干湿法纺制再生纤维素纤维莱赛尔项目，项目地址在宜昌市当阳市，全年计划投资20000万元，实际投资35515万元，完成计划177.6%。

76. 五方光电蓝玻璃红外截止滤光片及生物识别滤光片生产中心项目，项目地址在荆州市开发区，全年计划投资15000万元，实际投资0万元，完成计划0%。

77. 荆州三才堂精细化工产品搬迁改造升级项目，项目地址在荆州市开发区，全年计划投资15000万元，实际投资0万元，完成计划0%。

78. 丽康科技年产5万吨纺织染料项目，项目地址在荆州市松滋市，全年计划投资20000万元，实际投资19210万元，完成计划96.1%。

79. 年产900吨高级医药中间体搬改项目，项目地址在荆州市开发区，全年计划投资67915万元，实际投资46545万元，完成计划68.5%。

80. 年产2万吨动植物蛋白肽生产基地项目，项目地址在荆州市开发区，全年计划投资30000万元，实际投资0万元，完成计划0%。

81. 山鹰华中纸业有限公司年产220万吨高档包装纸板项目，项目地址在荆州市公安县，全年计划投资380000万元，实际投资95803万元，完成计划25.2%。

82. 海太欧林定制办公家具生产项目，项目地址在荆门市东宝区，全

十堰郧阳区大运整车生产二期项目

年计划投资 40000 万元，实际投资 57225 万元，完成计划 143.1%。

83. 技联志成智慧电能制造项目，项目地址在荆门市东宝区，全年计划投资 20000 万元，实际投资 23235 万元，完成计划 116.2%。

84. 荆门年产 1446 万套高性能轮胎及配套项目，项目地址在荆门高新区·掇刀区，全年计划投资 50000 万元，实际投资 223988 万元，完成计划 448%。

85. 东方雨虹环保防水材料研发生产项目，项目地址在荆门高新区·掇刀区，全年计划投资 20000 万元，实际投资 20020 万元，完成计划 100.1%。

86. 润都制药高端医药原料药生产基地项目，项目地址在荆门高新区·掇刀区，全年计划投资 40000 万元，实际投资 94741 万元，完成计划 236.9%。

87. 循环再造动力电池用三元正极材料项目，项目地址在荆门高新区·掇刀区，全年计划投资 20000 万元，实际投资 46740 万元，完成计划 233.7%。

88. 亿伟动力 6GWh 高比能磷酸铁锂储能电池项目，项目地址在荆门高新区·掇刀区，全年计划投资 20000 万元，实际投资 93043 万元，完成计划 465.2%。

89. 年产 30 万吨纳米钙系列产品项目，项目地址在荆门市京山市，全年计划投资 25000 万元，实际投资 30616 万元，完成计划 122.5%。

90. 和承汽车用橡胶密封条生产项目，项目地址在荆门市京山市，全年计划投资 25000 万元，实际投资 31939 万元，完成计划 127.8%。

91. 忠厚乳业 18 万吨/年含乳饮料生产项目，项目地址在荆门市钟祥市，全年计划投资 30000 万元，实际投资 53001 万元，完成计划 176.7%。

92.30 万吨/年轻量化玻璃包装材料项目，项目地址在荆门市沙洋县，全年计划投资 15000 万元，实际投资 17190 万元，完成计划 114.6%。

93. 中顺年产 30 万吨生活用纸项目，项目地址在孝感市孝南区，全年计划投资 20000 万元，实际投资 32173 万元，完成计划 160.9%。

94. 汉川永强西克曼智能家居新工厂项目，项目地址在孝感市汉川市，全年计划投资 20000 万元，实际投资 49958 万元，完成计划 249.8%。

95. 聚烯烃新型环保材料项目，项目地址在孝感市汉川市，全年计划投资 20000 万元，实际投资 26008 万元，完成计划 130%。

96. 云图控股食品软包装生产项目，项目地址在孝感市应城市，全年计划投资 30000 万元，实际投资 33700 万元，完成计划 112.3%。

97. 年产 9.6 万吨精密机械加工件项目，项目地址在孝感市高新区，全年计划投资 18000 万元，实际投资 18005 万元，完成计划 100%。

98. 华中光电军民融合产业园项目，项目地址在孝感市高新区，全年计划投资 20000 万元，实际投资 21326 万元，完成计划 106.6%。

99. 大悟军民融合产业园项目，项目地址在孝感市大悟县，全年计划投资 20000 万元，实际投资 24940 万元，完成计划 124.7%。

100. 丽邦纸业新建年产 30 万吨生活用纸项目，项目地址在孝感市孝南区，全年计划投资 15000 万元，实际投资 25759 万元，完成计划 171.7%。

101. 全成信年产 180 万平方米高精密多层印刷电路板建设项目，项目地址在孝感市孝昌县，全年计划投资 20000 万元，实际投资 24690 万元，完成计划 123.5%。

102. 湖北三安光电有限公司Ⅲ—Ⅴ族化合物半导体项目，项目地址在鄂州市葛店开发区，全年计划投资 188000 万元，实际投资 230014 万元，完成计划 122.3%。

103. 年产 7 万吨锂电正极材料项目，项目地址在鄂州市葛店开发区，全年计划投资 40000 万元，实际投资 21600 万元，完成计划 54%。

104. 普路福汽车零部件制造项目，项目地址在鄂州市鄂城区，全年计划投资 10000 万元，实际投资 12870 万元，完成计划 128.7%。

105. 中船重工 712 所氢氧燃料电池项目，项目地址在黄冈市黄冈产业园，全年计划投资 30000 万元，实际投资 5368 万元，完成计划 17.9%。

106. 顾家家居华中（黄冈）基地项目，项目地址在黄冈市黄冈产业园，全年计划投资 20000 万元，实际投资 0 万元，完成计划 0%。

107. 宇星水钻生产（二期）项目，项目地址在黄冈市黄梅县，全年计划投资 50000 万元，实际投资 4317 万元，完成计划 8.6%。

108. 湖北崇阳卫材应急物资生产储备基地项目，项目地址在咸宁市崇阳县，全年计划投资 30000 万元，实际投资 68445 万元，完成计划 228.2%。

109. 敏实汽车零部件制造项目，项目地址在咸宁市咸安区，全年计划投资 30000 万元，实际投资 33831 万元，完成计划 112.8%。

110. 佳顺轮胎年产 300 万条全钢胎项目，项目地址在咸宁市高新区，全年计划投资 40000 万元，实际投资 44459 万元，完成计划 111.1%。

111. 新能源汽车充电桩及智能家用电器生产基地项目，项目地址在咸宁市高新区，全年计划投资30000万元，实际投资49420万元，完成计划164.7%。

112. 天成麻业年产万吨天然功能纺织材料项目，项目地址在咸宁市咸安区，全年计划投资30000万元，实际投资34120万元，完成计划113.7%。

113.万津实业电子玻璃生产项目，项目地址在咸宁市赤壁市，全年计划投资50000万元，实际投资120011万元，完成计划240%。

114. 通城县光电摄像模组数字化智能生产项目，项目地址在咸宁市通城县，全年计划投资30000万元，实际投资30000万元，完成计划100%。

115. 智能门窗产业基地（一期）项目，项目地址在咸宁市赤壁市，全年计划投资30000万元，实际投资53179万元，完成计划177.3%。

116. 黄鹤楼酒业（随州）公司搬迁改造项目，项目地址在随州市高新区，全年计划投资20000万元，实际投资20352万元，完成计划101.8%。

117. 新建年产300万吨世硒原高端饮用项目，项目地址在恩施州鹤峰县，全年计划投资20000万元，实际投资0万元，完成计划0%。

118. 达翔（恩施）电子信息项目，项目地址在恩施州恩施高新区，全年计划投资20000万元，实际投资19036万元，完成计划95.2%。

119. 波顿年产18000吨香精香料项目，项目地址在仙桃市龙华山办事处，全年计划投资30000万元，实际投资3573万元，完成计划11.9%。

120. 健鼎（湖北）高密度互连积层板和资源综合利用项目，项目地址在仙桃市工业园，全年计划投资50000万元，实际投资44800万元，完成计划89.6%。

121. 锦盛辉煌年产5万吨非织造布及制品项目，项目地址在仙桃市，全年计划投资20000万元，实际投资11150万元，完成计划55.8%。

122. 仙桃市裕灌双孢菇现代化种植加工项目，项目地址在仙桃市，全年计划投资60000万元，实际投资9956万元，完成计划16.6%。

123. 湖北卓尔天龙医疗纺织科技有限公司医用卫材及延伸生活消费品制造项目，项目地址在天门市小板镇，全年计划投资20000万元，实际投资48293万元，完成计划241.5%。

124. 湖北鸿硕年产5760万条讯号连接线及相关制品项目，项目地址在天门市天门工业园，全年计划投资40000万元，实际投资29476万元，完成计划73.7%。

125. 天门汉派服装基地项目，项目地址在天门市天门工业园，全年计划投资35000万元，实际投资24728万元，完成计划70.7%。

126. 天门吉星生物制剂研发与销售生产线项目，项目地址在天门市岳口工业园，全年计划投资30000万元，实际投资38542万元，完成计划128.5%。

127. 天门振宇年产2800吨精细化工产品生产线项目，项目地址在天门市岳口工业园，全年计划投资30000万元，实际投资37979万元，完成计划126.6%。

128. 潜江市安井食品华中基地项目，项目地址在潜江市杨市工业园，全年计划投资20000万元，实际投资17161万元，完成计划85.8%。

129. 潜江市金澳科技油品升级深加工项目，项目地址在潜江市经济开发区，全年计划投资60000万元，实际投资105443万元，完成计划175.7%。

130. 忠华集团15万锭生产线转移搬迁项目，项目地址在潜江市园林工业园，全年计划投资30000万元，实际投资65706万元，完成计划219%。

131. 晶瑞湖北年产20.5万吨电子级微电子材料项目，项目地址在潜江市江汉盐化工业园，全年计划投资20000万元，实际投资12745万元，完成计划63.7%。

（二）现代服务业（83项）

1. 上海韵达总部经济和电商基地项目，项目地址在武汉市蔡甸区，全年计划投资18000万元，实际投资25825万元，完成计划143.5%。

2. 武汉蔡甸综合物流港项目，项目地址在武汉市蔡甸区，全年计划投资20000万元，实际投资24050万元，完成计划120.3%。

3.国家网络安全基地孵化器项目，项目地址在武汉市东西湖区，全年计划投资50000万元，实际投资33782万元，完成计划67.6%。

4. 武汉经济技术开发区人工智能科技园项目，项目地址在武汉经济开发区，全年计划投资100000万元，实际投资79715万元，完成计划79.7%。

5. 圣泽捷通物流基地项目，项目地址在武汉开发区，全年计划投资60000万元，实际投资9320万元，完成计划15.5%。

6. 优炫信息安全产业园项目，项目地址在武汉市蔡甸区，全年计划投资30000万元，实际投资36309万元，完成计划121%。

7.中金数谷武汉大数据中心项目，项目地址在武汉市东西湖区，全年计划投资300000万元，实际投资110180万元，完成计划36.7%。

8. 阳逻国际港集装箱铁水联运二期项目，项目地址在武汉市新洲区，全年计划投资50000万元，实际投资0万元，完成计划0%。

9. 武汉天河机场保税物流中心（B型）及配套项目，项目地址在武汉市，全年计划投资20000万元，实际投资0万元，完成计划0%。

10. 长江文创产业园项目，项目地址在武汉市东湖高新区，全年计划投资40000万元，实际投资64114万元，完成计划160.3%。

11.数字认证武汉研发运营中心项目，项目地址在武汉市东西湖区，全年计划投资20000万元，实际投资14785万元，完成计划73.9%。

12. 天融信网络安全创新园项目，项目地址在武汉市东西湖区，全年计划投资20000万元，实际投资16525万元，完成计划82.6%。

13. 黄石市科技创新中心项目，项目地址在黄石市开发区·铁山区，全年计划投资20000万元，实际投资22041万元，完成计划110.2%。

14. 黄石市园博园提档升级改造项目，项目地址在黄石市开发区·铁山区，全年计划投资90000万元，实际投资34228万元，完成计划38%。

15. 发网物流科技产业应用园项目，项目地址在黄石市黄石港区，全年计划投资12000万元，实际投资5300万元，完成计划44.2%。

16. 湖北海虹物流园二期项目，项目地址在黄石市大冶市，全年计划投资15000万元，实际投资15200万元，完成计划101.3%。

17. 黄石传化诚通公路港项目，项目地址在黄石市下陆区，全年计划投资10000万元，实际投资10913万元，完成计划109.1%。

18. 西商冷链物流园项目，项目地址在黄石市阳新县，全年计划投资13000万元，实际投资1904万元，完成计划14.6%。

19. 竹山县通济沟省级示范物流园区项目，项目地址在十堰市竹山县，全年计划投资20000万元，实际投资26163万元，完成计划130.8%。

20. 供销云仓十堰电商产业园项目，项目地址在十堰市茅箭区，全年计划投资40000万元，实际投资45925万元，完成计划114.8%。

21. 伟光汇通汉水九歌文化旅游康养项目，项目地址在十堰市郧阳区，全年计划投资40000万元，实际投资63797万元，完成计划159.5%。

22. 襄阳综保区一期出口加工区项目，项目地址在襄阳市高新区，全年计划投资65000万元，实际投资70050万元，完成计划107.8%。

23. 襄阳汽车试验场四期扩建及智能网联小镇项目，项目地址在襄阳市高新区，全年计划投资40000万元，实际投资74274万元，完成计划185.7%。

24. 襄阳高新创意产业园项目，项目地址在襄阳市高新区，全年计划投资45000万元，实际投资52711万元，完成计划117.1%。

25. 洄湖水乡影视休闲区项目，项目地址在襄阳市襄城区，全年计划投资20000万元，实际投资21629万元，完成计划108.1%。

26. 中农联·鄂西北农产品交易中心项目，项目地址在襄阳市宜城市，全年计划投资25000万元，实际投资26283万元，完成计划105.1%。

27. 东津新区产城融合起步区基础设施配套工程项目，项目地址在襄阳市东津新区，全年计划投资30000万元，实际投资36725万元，完成计划122.4%。

28. 无人机制造产业园项目，项目地址在襄阳市高新区，全年计划投资40000万元，实际投资10968万元，完成计划27.4%。

29. 苏宁襄阳智慧零售电子商务项目（一期），项目地址在襄阳市高新区，全年计划投资50000万元，实际投资64645万元，完成计划129.3%。

30. 智慧谷创业园项目，项目地址在宜昌高新区，全年计划投资30000万元，实际投资33400万元，完成计划111.3%。

31. 关公文化小镇项目，项目地址在宜昌市当阳市，全年计划投资21000万元，实际投资10198万元，完成计划48.6%。

32. 兴山县乡村振兴试验区文旅康养示范工程项目，项目地址在宜昌市兴山县，全年计划投资40000万元，实际投资40326万元，完成计划100.8%。

33. 民大宜牧绿色食品加工生产冷冻存储项目，项目地址在宜昌市夷陵区，全年计划投资0万元，实际投资0万元，完成计划0%。

34. 郢城遗址保护和利用修复工程项目，项目地址在荆州市文旅区，全年计划投资15000万元，实际投资128万元，完成计划0.9%。

35. 新农鄂湘边（松滋）现代农贸城项目，项目地址在荆州市松滋市，全年计划投资30000万元，实际投资29001万元，完成计划96.7%。

36. 沙市婴童装产业园项目，项目地址在荆州市沙市区，全年计划投资20000万元，实际投资0万元，完成计划0%。

37. 中农联荆州农业高新技术产业城（中农绿城）项目，项目地址在荆州市高新区，全年计划投资50000万元，实际投资9821万元，完成计划19.6%。

38. 粮棉油加工及物流科技产业园项目，项目地址在荆州市江陵县，全年计划投资10000万元，实际投资1200万元，完成计划12%。

39. 石首桃花山“桃源小镇”项目，项目地址在荆州市石首市，全年计划投资20000万元，实际投资15197万元，完成计划76%。

40. 荆州海洋世界三期项目，项目地址在荆州市沙市区，全年计划投资70000万元，实际投资0万元，完成计划0%。

41. 弘业现代物流产业园项目，项目地址在荆门市东宝区，全年计划投资25000万元，实际投资44563万元，完成计划178.3%。

42. 申通快递荆门物流基地项目，项目地址在荆门市高新区·掇刀区，全年计划投资20000万元，实际投资22879万元，完成计划114.4%。

43. 中农联—钟祥鄂中农特产品电商物流商贸城项目，项目地址在荆门市钟祥市，全年计划投资40000万元，实际投资61020万元，完成计划152.6%。

44. 荆门国际内陆港公铁物流中心项目，项目地址在荆门市，全年计划投资50000万元，实际投资78068万元，完成计划156.1%。

45. 科创人才服务总部项目，项目地址在荆门市漳河新区，全年计划投资20000万元，实际投资26344万元，完成计划131.7%。

46. 飞行服务中心项目，项目地址在荆门市漳河新区，全年计划投资10000万元，实际投资10073万元，完成计划100.7%。

47. 苏宁易购电商产业园暨华中总部项目，项目地址在孝感市临空经济区，全年计划投资25000万元，实际投资7330万元，完成计划29.3%。

48. 孝感协丰外商产业园项目，项

目地址在孝感市高新区，全年计划投资30000万元，实际投资30729万元，完成计划102.4%。

49. 孝感临空经济区生态智慧新城天河智谷产业园一期项目，项目地址在孝感市临空经济区，全年计划投资30000万元，实际投资8339万元，完成计划27.8%。

50. 佳兆业·空港凤凰科技城首开区项目，项目地址在孝感市临空经济区，全年计划投资20000万元，实际投资24836万元，完成计划124.2%。

51. 保利天河国际旅游区（首期）项目，项目地址在孝感市临空经济区，全年计划投资30000万元，实际投资61601万元，完成计划205.3%。

52. 汉正服装城智慧衣谷4.0项目，项目地址在孝感市汉川市，全年计划投资30000万元，实际投资28800万元，完成计划96%。

53. 桃花驿文创中心一期项目，项目地址在孝感市孝南区，全年计划投资30000万元，实际投资32120万元，完成计划107.1%。

54. 中辉·室内水乐园旅游项目，项目地址在孝感市汉川市，全年计划投资30000万元，实际投资28974万元，完成计划96.6%。

55. 富春杭加新材料及网营物联网智慧供应基地项目，项目地址在孝感市汉川市，全年计划投资10000万元，实际投资1145万元，完成计划11.5%。

56. 鄂州市葛店开发区光谷联合科技城项目，项目地址在鄂州市葛店开发区，全年计划投资30000万元，实际投资41518万元，完成计划138.4%。

57. 红莲湖大数据云计算产业园项目，项目地址在鄂州市华容区，全年计划投资10000万元，实际投资9804万元，完成计划98%。

58. 鄂州长江现代物流产业集聚示范区·现代物流园项目，项目地址在鄂州市华容区，全年计划投资10000万元，实际投资16848万元，完成计划168.5%。

59. 亮剑大别山军事文化旅游区项目，项目地址在黄冈市红安县，全年计划投资12000万元，实际投资0万元，完成计划0%。

60. 中国诗经文旅康养综合体项目，项目地址在咸宁市嘉鱼县，全年计划投资20000万元，实际投资33561万元，完成计划167.8%。

61. 咸宁公路港项目，项目地址在咸宁市咸安区，全年计划投资12000万元，实际投资12000万元，完成计划100%。

62. 梓山湖恒大养生谷项目，项目地址在咸宁市咸安区，全年计划投资35000万元，实际投资57522万元，完成计划164.3%。

63. 咸宁梓山湖长岛生态文化旅游项目，项目地址在咸宁市咸安区，全年计划投资50000万元，实际投资113831万元，完成计划227.7%。

64. 羊楼洞文化旅游（世界茶业第一古镇·欧亚万里茶道源）项目，项目地址在咸宁市赤壁市，全年计划投资50000万元，实际投资36294万元，完成计划72.6%。

65. 通城万雅国际跨贸港项目，项目地址在咸宁市通城县，全年计划投资30000万元，实际投资65800万元，完成计划219.3%。

66. 湖北尚禾生态农业旅游项目，项目地址在咸宁市崇阳县，全年计划投资30000万元，实际投资34592万元，完成计划115.3%。

67. 通山县南林桥双创产业园基础设施 项目，项目地址在咸宁市通山县，全年计划投资30000万元，实际投资49004万元，完成计划163.3%。

68. 华夏幸福嘉鱼产业新城基础设施项目，项目地址在咸宁市嘉鱼县，全年计划投资30000万元，实际投资40929万元，完成计划136.4%。

69. 随县桐柏太白顶神农漂流景区项目，项目地址在随州市随县，全年计划投资20000万元，实际投资20895万元，完成计划104.5%。

70. 利川市生物医药产业园项目，项目地址在恩施州利川市，全年计划投资20000万元，实际投资29888万元，完成计划149.4%。

71. 恩施青云崖文化旅游一期项目，项目地址在恩施州恩施市，全年计划投资20000万元，实际投资23926万元，完成计划119.6%。

72. 清江红花峡峰林景区项目，项目地址在恩施州恩施市，全年计划投资15000万元，实际投资12656万元，完成计划84.4%。

73. 建始县高坪镇青花田园综合体项目，项目地址在恩施州建始县，全年计划投资10000万元，实际投资16300万元，完成计划163%。

74. 恩施绿葱坡滑雪及高山运动度假区项目，项目地址在恩施州巴东县，全年计划投资20000万元，实际投资30630万元，完成计划153.2%。

75. 利川市龙船水乡景区提档升级项目，项目地址在恩施州利川市，全年计划投资10000万元，实际投资15018万元，完成计划150.2%。

76. 野三关高山硒养旅游度假区建设项目，项目地址在恩施州巴东县，全年计划投资20000万元，实际投资44308万元，完成计划221.5%。

77. 恩施大峡谷景区5A+建设项目，项目地址在恩施州恩施市，全年计划投资8000万元，实际投资16215万元，完成计划202.7%。

78. 坪坝营天目湾景区、白河谷景区综合开发项目，项目地址在恩施州咸丰县，全年计划投资3000万元，实际投资0万元，完成计划0%。

79. 仙桃高新区启动区智能制造产业综合体及装备制造产业园项目，项目地址在仙桃高新区，全年计划投资100000万元，实际投资105485万元，完成计划105.5%。

80. 仙桃市沔阳文化旅游项目，项目地址在仙桃市，全年计划投资30000万元，实际投资38356万元，完成计划127.9%。

81. 荆楚云天旅游综合体项目，项目地址在仙桃市排湖风景区，全年计划投资20000万元，实际投资19800万元，完成计划99%。

82. 中国小龙虾交易中心·中国虾谷项目，项目地址在潜江市后湖管理区，全年计划投资10000万元，实际投资 49235 万元，完成计划 492.4%。

83. 神农架新华森林康养小镇一期项目，项目地址在神农架林区，全年计划投资 15000 万元，实际投资 4700 万元，完成计划 31.3%。

（三）产业融合（13 项）

1. 楚天香妆芳香产业中心项目，项目地址在黄石市大冶市，全年计划投资 80000 万元，实际投资 61801 万元，完成计划 77.3%。

2. 三峡茶旅融合项目（一期），项目地址在宜昌市夷陵区，全年计划投资 20000 万元，实际投资 28497 万元，完成计划 142.5%。

3. 国宝桥米精深加工一体化生产项目，项目地址在荆门市京山市，全年计划投资 25000 万元，实际投资 46155 万元，完成计划 184.6%。

4. 众兴菌业年产 2 万吨双孢蘑菇工厂生产项目，项目地址在孝感市云梦县，全年计划投资 20000 万元，实际投资 21338 万元，完成计划 106.7%。

5. 中新开维年出栏 60 万头生猪养殖项目，项目地址在鄂州市鄂城区，全年计划投资 20000 万元，实际投资 9871 万元，完成计划 49.4%。

6. 中粮家佳康湖北黄冈产业园生猪屠宰及肉制品深加工项目，项目地址在黄冈市黄州区，全年计划投资 10000 万元，实际投资 9566 万元，完成计划 95.7%。

7. 湖北中豚生态农牧发展有限公司生态养殖项目，项目地址在黄冈市麻城市，全年计划投资 15000 万元，实际投资 8396 万元，完成计划 56%。

8. 崇阳县 50 万头生猪产业链项目，项目地址在咸宁市崇阳县，全年计划投资 30000 万元，实际投资 43753 万元，完成计划 145.8%。

9. 雷竹笋保鲜及深加工项目，项目地址在咸宁市崇阳县全年计划投资 30000 万元，实际投资 32258 万元，完成计划 107.5%。

10. 品源深加工及食品工业生态观光项目，项目地址在随州市高新区全年计划投资 10000 万元，实际投资 10500 万元，完成计划 105%。

11. 仙桃市无纺布产城融合项目，项目地址在仙桃市彭场镇全年计划投资 150000 万元，实际投资 27362 万元，完成计划 18.2%。

12. 卓尔文旅集团湖北返湾湖国家湿地公园修复暨曹禺文化旅游城，潜江市 50000 万元，实际投资 38995 万元，完成计划 78%。

13. 道地中药材种植及产品开发，神农架林区 10000 万元，实际投资 608 万元，完成计划 6.1%。

二、重大基础设施类（100 项）

（一）交通运输类项目（75 项）

公路路网（50 项）

（1）高速公路及桥梁（37 项）

1. 武汉硚口至孝感高速公路二期项目，项目地址在武汉市、孝感市，全年计划投资 80000 万元，实际投资 117306 万元，完成计划 146.6%。

2. 武汉至阳新高速公路武汉段项目，项目地址在武汉市，全年计划投资 150000 万元，实际投资 166965 万元，完成计划 111.3%。

3. 武汉至大悟高速公路武汉至河口段项目，项目地址在武汉市，全年计划投资 350000 万元，实际投资 446212 万元，完成计划 127.5%。

4. 武汉绕城高速公路中洲至北湖段改扩建项目，项目地址在武汉市，全年计划投资 100000 万元，实际投资 0 万元，完成计划 0%。

5.武汉四环线北湖至建设段项目，项目地址在武汉市青山区，全年计划投资 54000 万元，实际投资 45068 万元，完成计划 83.5%。

6. 武汉四环线武湖至吴家山段项目，项目地址在武汉市黄陂区、东西湖区，全年计划投资 120000 万元，实际投资 121500 万元，完成计划 101.3%。

7. 新港高速双柳长江大桥及接线工程项目，项目地址在武汉市、鄂州市，全年计划投资 0 万元，实际投资 0 万元，完成计划 0%。

8. 武汉至天门高速公路武汉至汉川段项目，项目地址在武汉市、孝感市，全年计划投资 0 万元，实际投资 0 万元，完成计划 0%。

9. 武汉至阳新高速公路黄石段项目，项目地址在黄石市，全年计划投资 261800 万元，实际投资 268095 万元，完成计划 102.4%。

10. 十堰至巫溪高速公路鲍峡至溢水段项目，项目地址在十堰市，全年计划投资 380000 万元，实际投资 412593 万元，完成计划 108.6%。

11. 十堰至淅川高速湖北段项目，项目地址在十堰市，全年计划投资 220000 万元，实际投资 58179 万元，完成计划 26.4%。

12. 枣阳至潜江高速公路襄阳北段项目，项目地址在襄阳市，全年计划投资 30000 万元，实际投资 55919 万元，完成计划 186.4%。

13. 枣阳至潜江高速公路襄阳南段项目，项目地址在襄阳市，全年计划投资 10000 万元，实际投资 28604

2020 年，江汉七桥（解放大道——汉阳大道）工程

2020年11月29日,宣恩至鹤峰高速公路通车

万元，完成计划286%。

14. 保康至神农架高速公路项目，项目地址在襄阳市、神农架，全年计划投资115000万元，实际投资148515万元，完成计划129.1%。

15. 襄阳绕城高速公路南段项目，项目地址在襄阳市，全年计划投资19000万元，实际投资36844万元，完成计划193.9%。

16. 呼北高速公路宜都（全幅河）至鄂湘界段项目，项目地址在宜昌市，全年计划投资65000万元，实际投资53210万元，完成计划81.9%。

17. 三峡翻坝江北高速公路项目，项目地址在宜昌市夷陵区，全年计划投资128000万元，实际投资146518万元，完成计划114.5%。

18. 宜来高速宜昌段项目，项目地址在宜昌市五峰县、宜都市，全年计划投资50000万元，实际投资0万元，完成计划0%。

19. 沙公高速杨家厂至孟家溪段项目，项目地址在荆州市，全年计划投资70000万元，实际投资66200万元，完成计划94.6%。

20. 监利至江陵高速公路东延段项目，项目地址在荆州市，全年计划投资354000万元，实际投资337798万元，完成计划95.4%。

21. 武汉至阳新高速公路鄂州段项目，项目地址在鄂州市，全年计划投资100000万元，实际投资189499万元，完成计划189.5%。

22. 鄂州至咸宁高速公路项目，项目地址在鄂州市，全年计划投资310000万元，实际投资305662万元，完成计划98.6%。

23. 鄂州机场高速公路一期工程项目，项目地址在鄂州市临空经济区，全年计划投资15000万元，实际投资36058万元，完成计划240.4%。

24. 武大高速大悟段项目，项目地址在孝感市大悟县，全年计划投资60000万元，实际投资80894万元，完成计划134.8%。

25. 孝汉应高速（福银至武荆高速段）项目，项目地址在孝感市孝南区、云梦县、汉川市，全年计划投资5000万元，实际投资0万元，完成计划0%。

26. 武汉城市圈环线高速公路大随至汉十段项目，项目地址在孝感市、随州市，全年计划投资20000万元，实际投资26190万元，完成计划131%。

27. 麻城至安康高速公路麻城东段项目，项目地址在黄冈市，全年计划投资90000万元，实际投资30939万元，完成计划34.4%。

28. 蕲春至太湖高速公路蕲春西段项目，项目地址在黄冈市，全年计划投资80000万元，实际投资73823万元，完成计划92.3%。

29. 燕矶长江大桥项目，项目地址在黄冈市黄州区、鄂州市鄂城区，全年计划投资100000万元，实际投资0万元，完成计划0%。

30. 宜都至来凤高速公路鹤峰东段项目，项目地址在恩施州，全年计划投资50000万元，实际投资209343万元，完成计划418.7%。

31. 张家界至南充高速公路宣恩（李家河）至咸丰段项目，项目地址在恩施州，全年计划投资30000万元，实际投资0万元，完成计划0%。

32. 安来高速渝鄂界至建始段项目，项目地址在恩施州建始县，全年计划投资10000万元，实际投资0万元，完成计划0%。

33. 棋盘洲长江公路大桥项目，项目地址在黄石市，全年计划投资43000万元，实际投资25800万元，完成计划60%。

34. 武穴长江公路大桥项目，项目地址在黄冈市黄石市，全年计划投资95000万元，实际投资145661万元，完成计划153.3%。

35. 白洋长江公路大桥项目，项目地址在宜昌市，全年计划投资38000万元，实际投资58089万元，完成计划152.9%。

36. 赤壁长江公路大桥项目，项目地址在咸宁市赤壁市，全年计划投资110000万元，实际投资57257万元，完成计划52.1%。

37. 咸宁（通山）至九江（永武）高速公路咸宁段项目，项目地址在咸宁市通山县，全年计划投资10000万元，实际投资22560万元，完成计划225.6%。

（2）国道、省道改造（13项）

1. G347新洲段（内园滩至红岭）改建项目，项目地址在武汉市新洲区，全年计划投资30000万元，实际投资95014万元，完成计划316.7%。

2. S203阳新棋盘洲至富池段改建项目，项目地址在黄石市阳新县，全年计划投资37000万元，实际投资20440万元，完成计划55.2%。

3. G316河谷汉江公路大桥及接线工程项目，项目地址在襄阳市老河口市、谷城县，全年计划投资30000万元，实际投资33619万元，完成计划 112.1%。

4. G346 宜城市汉江二桥及接线工程项目，项目地址在襄阳市宜城市，全年计划投资 47862 万元，实际投资 51970 万元，完成计划 108.6%。

5. G348 国道当阳市谢花桥至夷陵区鸦鹊岭段改建项目，项目地址在宜昌市当阳市夷陵区，全年计划投资 14000 万元，实际投资 31850 万元，完成计划 227.5%。

6. G207 国道公安县埠河至南平段改建项目，项目地址在荆州市公安县，全年计划投资 80000 万元，实际投资 57400 万元，完成计划 71.8%。

7. G347 国道京山郑李至钟祥东桥段改建 项目，项目地址在荆门市京山市，全年计划投资 25000 万元，实际投资 43318 万元，完成计划 173.3%。

8. G346 国道大悟县河口至城关段改扩建 项目，项目地址在孝感市大悟县，全年计划投资 15000 万元，实际投资 27209 万元，完成计划 181.4%。

9. G107 国道孝感市肖港至张公堤段改建项目，项目地址在孝感市孝南区，全年计划投资 40000 万元，实际投资 75704 万元，完成计划 189.3%。

10.107 国道咸安绕城段改建工程项目，项目地址在咸宁市咸安区，全年计划投资 50000 万元，实际投资 65178 万元，完成计划 130.4%。

11. G346、G240 随州城区段及浪河至何店段改建项目，项目地址在随州市高新区，全年计划投资 20000 万元，实际投资 21079 万元，完成计划 105.4%。

12. G240 淮河至随阳店公路工程随县柳林至周家湾段改扩建项目，项目地址在随州市随县，全年计划投资 30000 万元，实际投资 24950 万元，完成计划 83.2%。

13. S203 鄂州段（鄂州机场快速通道）项目，项目地址在鄂州市鄂城区，全年计划投资 60000 万元，实际投资 96236 万元，完成计划 160.4%。

铁路（14 项）

1. 武汉新港江北铁路香炉山至黄州段 项目，项目地址在武汉市、黄冈市，全年计划投资 140000 万元，实际投资 100000 万元，完成计划 71.4%。

2. 沿江高铁武汉至宜昌段项目，项目地址在武汉市孝感市、天门市、荆门市、宜昌市，全年计划投资 20000 万元，实际投资 0 万元，完成计划 0%。

3. 武汉枢纽直通线项目，项目地址在武汉市、孝感市，全年计划投资 0 万元，实际投资 0 万元，完成计划 0%。

4. 沿江高铁武汉至合肥段项目，项目地址在武汉市、黄冈市，全年计划投资 0 万元，实际投资 0 万元，完成计划 0%。

5. 西安至十堰高铁项目，项目地址在十堰市，全年计划投资 20000 万元，实际投资 0 万元，完成计划 0%。

6. 郑州至万州铁路湖北段项目，项目地址在襄阳市、宜昌市、恩施州、神农架，全年计划投资 500000 万元，实际投资 580000 万元，完成计划 116%。

7.呼南高铁襄阳至荆门高铁项目，项目地址在襄阳市、荆门市，全年计划投资 20000 万元，实际投资 0 万元，完成计划 0%。

8.三峡枢纽茅坪港疏港铁路项目，项目地址在宜昌市秭归县、宜都市，全年计划投资 52500 万元，实际投资 25000 万元，完成计划 47.6%。

9. 宜昌至郑万高铁联络线项目，项目地址在宜昌市，全年计划投资 150000 万元，实际投资 110000 万元，完成计划 73.3%。

10. 荆州港车阳河港区疏港铁路（焦柳铁路至松滋车阳河）项目，项目地址在荆州松滋市宜都市，全年计划投资 0 万元，实际投资 0 万元，完成计划 0%。

11. 荆门至荆州铁路项目，项目地址在荆门市、荆州市，全年计划投资 50000 万元，实际投资 0 万元，完成计划 0%。

12. 安庆至九江铁路湖北段项目，项目地址在黄冈市黄梅县，全年计划投资 300000 万元，实际投资 200000 万元，完成计划 66.7%。

13. 黄冈至黄梅高速铁路 项目，项目地址在黄冈市黄梅县、浠水县，全年计划投资 350000 万元，实际投资 400000.万元，完成计划 114.3%。

14. 汉宜线大福至仙桃城区支线项目，项目地址在仙桃市，全年计划投资 64000 万元，实际投资 64728 万元，完成计划 101.1%。

水运航电（7 项）

1. 黄石市砂石集并中心黄颡口港区项目，项目地址在黄石市阳新县，全年计划投资 30000 万元，实际投资 14900 万元，完成计划 49.7%。

2. 黄石阳新富水航运开发工程项目，项目地址在黄石市阳新县，全年计划投资 10000 万元，实际投资 5020 万元，完成计划 50.2%。

3. 黄石港棋盘洲港区棋盘洲作业区三期工程项目，项目地址在黄石市新港（物流）工业园区，全年计划投资 25000 万元，实际投资 8259 万元，完成计划 33%。

4. 汉江孤山航电枢纽工程（郧西）项目，项目地址在十堰市郧西县，全年计划投资 30000 万元，实际投资 24273 万元，完成计划 80.9%。

5. 汉江雅口航运枢纽（宜城）项目，项目地址在襄阳市宜城市，全年计划投资 55000 万元，实际投资 57258 万元，完成计划 104.1%。

6. 荆州港江陵港区郝穴作业区国强通用码头项目，项目地址在荆州市江陵县，全年计划投资 13499 万元，实际投资 5512 万元，完成计划 40.8%。

7. 荆州煤炭铁水联运储配基地一期工程项目，项目地址在荆州市江陵县，全年计划投资 130000 万元，实际投资 112711 万元，完成计划 86.7%。

航空（4 项）

1. 武汉天河国际机场第三跑道及配套设施建设工程项目，项目地址在武汉市，全年计划投资 0 万元，实际投资 0 万元，完成计划 0%。

2. 荆州民用机场项目，项目地址在荆州市沙市区，全年计划投资 46000 万元，实际投资 47470 万元，完成计划 103.2%。

3. 鄂州民用机场项目，项目地址

在鄂州市鄂城区，全年计划投资450000万元，实际投资593724万元，完成计划131.9%。

4. 三峡机场游客服务中心及站前交通配套项目，项目地址在宜昌市猇亭区，全年计划投资15000万元，实际投资30419万元，完成计划202.8%。

（二）能源类项目（20项）

电源（18项）

1. 千子山循环经济产业园生活垃圾焚烧发电厂项目，项目地址在武汉市蔡甸区，全年计划投资55783万元，实际投资31481万元，完成计划56.4%。

2. 陕北—湖北±800千伏特高压直流输电工程项目，项目地址在武汉、黄冈、随州、孝感，全年计划投资115000万元，实际投资393159万元，完成计划341.9%。

3. 汉江白河（夹河）水电站（郧西）项目，项目地址在十堰市郧西县，全年计划投资30000万元，实际投资20621万元，完成计划68.7%。

4. 协和襄州峪山风电场二期项目，项目地址在襄阳市襄州区，全年计划投资20000万元，实际投资35828万元，完成计划179.1%。

5. 湖北华电襄阳樊城燃机一期热电联产项目，项目地址在襄阳市樊城区，全年计划投资60000万元，实际投资31885万元，完成计划53.1%。

6. 汉江新集水电站（襄阳）项目，项目地址在襄阳市襄城区、樊城区、谷城县、老河口市，全年计划投资150000万元，实际投资39930万元，完成计划26.6%。

7. 宜昌长阳云台荒风电场项目，项目地址在宜昌市长阳县，全年计划投资20000万元，实际投资13712万元，完成计划68.6%。

8. 中节能五峰牛庄风电场项目，项目地址在宜昌市五峰县，全年计划投资40000万元，实际投资41155万元，完成计划102.9%。

9. 华润沙洋马良风电场项目，项目地址在荆门市沙洋县，全年计划投资20000万元，实际投资67635万元，完成计划338.2%。

10. 丰华应城东岗风电场项目，项目地址在孝感市应城市，全年计划投资30000万元，实际投资26760万元，完成计划89.2%。

11.黄冈大别山发电有限责任公司二期2×660MW扩建工程项目，项目地址在黄冈市麻城市，全年计划投资50000万元，实际投资0万元，完成计划0%。

12. 华润随县风电场项目，项目地址在随州市随县，全年计划投资80000万元，实际投资82111万元，完成计划102.6%。

13. 华润广水市京桥龙门风电场项目，项目地址在随州市广水市，全年计划投资20000万元，实际投资22558万元，完成计划112.8%。

14. 国家能源集团随州火电项目，项目地址在随州市曾都区，全年计划投资40000万元，实际投资39698万元，完成计划99.2%。

15. 鹤峰县江坪河电站项目，项目地址在恩施州鹤峰县，全年计划投资42000万元，实际投资49393万元，完成计划117.6%。

16. 华润仙桃电厂项目，项目地址在仙桃市，全年计划投资100000万元，实际投资67542万元，完成计划67.5%。

17. 远景天门胡市风电场项目，项目地址在天门市，全年计划投资59000万元，实际投资52119万元，完成计划88.3%。

18. 国家电投潜江浩口、积玉口风电场项目，项目地址在潜江市，全年计划投资64000万元，实际投资60602万元，完成计划94.7%。

油气管道（2项）

1.监利—潜江输油管道工程项目，项目地址在荆州市监利县、潜江市，全年计划投资70000万元，实际投资25480万元，完成计划36.4%。

2. 潜江市江汉盐穴天然气储气库一期项目，项目地址在潜江市，全年计划投资15000万元，实际投资36150万元，完成计划241%。

（三）水利类（5项）

1. 十堰市中心城区水资源配置工程项目，项目地址在十堰市，全年计划投资20000万元，实际投资43638万元，完成计划218.2%。

2. 洪湖东分块蓄滞洪区蓄洪工程项目，项目地址在荆州市洪湖市，全年计划投资40000万元，实际投资41819万元，完成计划104.5%。

3. 碾盘山水利水电枢纽（钟祥）项目，项目地址在荆门市钟祥市，全年计划投资170000万元，实际投资183383万元，完成计划107.9%。

4. 安陆市“引徐济安”工程项目，项目地址在孝感市安陆市，全年计划投资30000万元，实际投资62114万元，完成计划207%。

5. 恩施州车坝河水库引水工程项

2020年引江济汉工程拾桥河枢纽项目

目，项目地址在恩施州恩施市，全年计划投资15000万元，实际投资13696万元，完成计划91.3%。

三、生态类（23项）

1. 南湖水环境提升工程（EPC）项目，项目地址在武汉市洪山区、东湖开发区，全年计划投资80000万元，实际投资94911万元，完成计划118.6%。

2. 黄孝河、机场河水环境综合治理二期项目，项目地址在武汉市江岸、江汉区，全年计划投资100000万元，实际投资150470万元，完成计划150.5%。

3. 马影河综合整治一期项目，项目地址在武汉开发区，全年计划投资100000万元，实际投资71534万元，完成计划71.5%。

4. 光大（黄石）静脉产业园项目，项目地址在黄石市下陆区，全年计划投资20000万元，实际投资22909万元，完成计划114.5%。

5. 阳新县静脉产业园项目，项目地址在黄石市阳新县，全年计划投资10000万元，实际投资0万元，完成计划0%。

6. 十堰百二河生态修复项目，项目地址在十堰市，全年计划投资80000万元，实际投资52348万元，完成计划65.4%。

7. 当阳市沮漳河流域生态修复（一期）项目，项目地址在宜昌市当阳市，全年计划投资40000万元，实际投资64711万元，完成计划161.8%。

8. 宜昌工业废物集中处置中心项目，项目地址在宜昌市宜都市，全年计划投资20000万元，实际投资11559万元，完成计划57.8%。

9. 当阳市城西生态片区（一期）项目，项目地址在宜昌市当阳市，全年计划投资21000万元，实际投资46082万元，完成计划219.4%。

10. 当阳市金牛能源环保科技有限公司年处理10万吨废矿物油项目，项目地址在宜昌市当阳市，全年计划投资10000万元，实际投资24397万元，完成计划244%。

2020年7月31日，在武汉市江夏区庙山开发区，中铁科工集团轨道交通装备有限公司再制造的一台盾构机即将交付用户，装备供给武汉、杭州、合肥、福州等城市地铁隧道施工单位

11.金茂华中表面处理循环经济产业园项目，项目地址在荆州市开发区，全年计划投资35000万元，实际投资3562万元，完成计划10.2%。

12. 荆州环长湖湿地修复项目，项目地址在荆州市文旅区，全年计划投资60000万元，实际投资107057万元，完成计划178.4%。

13. 柳林洲生态修复项目，项目地址在荆州市沙市区，全年计划投资10000万元，实际投资0万元，完成计划0%。

14. 荆门市中心城区生活垃圾焚烧处置项目，项目地址在荆门市高新区·掇刀区，全年计划投资32000万元，实际投资38981万元，完成计划121.8%。

15. 鄂州市航空都市区水环境综合整治项目，项目地址在鄂州市鄂城区，全年计划投资30000万元，实际投资22500万元，完成计划75%。

16. 樊口区域沿江路及江滩环境综合整治项目，项目地址在鄂州市鄂城区，全年计划投资60000万元，实际投资68000万元，完成计划113.3%。

17. 老濆河综合治理项目，项目地址在孝感市孝南区，全年计划投资130000万元，实际投资279047万元，完成计划214.7%。

18. 孝感市静脉产业园项目，项目地址在孝感市孝南区，全年计划投资30000万元，实际投资24125万元，完成计划80.4%。

19. 雷溪河整治二期及蕲河整治项目，项目地址在黄冈市蕲春县，全年计划投资30000万元，实际投资38500万元，完成计划128.3%。

20. 浠水河生态综合整治项目，项目地址在黄冈市浠水县，全年计划投资10000万元，实际投资36877万元，完成计划368.8%。

21. 武穴市江河湖库连通及水环境治理工程项目，项目地址在黄冈市武穴市，全年计划投资10000万元，实际投资505万元，完成计划5.1%。

22. 咸宁市大洲湖生态示范区项目，项目地址在咸宁市高新区，全年计划投资30000万元，实际投资83232万元，完成计划277.4%。

23. 嘉鱼县滨江生态提升示范工程项目，项目地址在咸宁市嘉鱼县，全年计划投资20000万元，实际投资41082万元，完成计划205.4%。

四、民生类（65项）

（一）市政设施类（32项）

1. 江汉七桥（解放大道—汉阳大

道）工程项目，项目地址在武汉市，全年计划投资70000万元，实际投资86512万元，完成计划123.6%。

2. 江南中心绿道武九铁路北环线综合管廊（友谊大道—建设十路）项目，项目地址在武汉市，全年计划投资50000万元，实际投资177324万元，完成计划354.6%。

3. 武昌生态文化长廊工程（友谊大道—建设十路）项目，项目地址在武汉市，全年计划投资50000万元，实际投资61446万元，完成计划122.9%。

4. 前川中环线项目，项目地址在武汉市，全年计划投资100000万元，实际投资127174万元，完成计划127.2%。

5. 武汉市轨道交通5号线项目，项目地址在武汉市，全年计划投资350000万元，实际投资795178万元，完成计划227.2%。

6. 武汉市轨道交通8号线二期项目，项目地址在武汉市，全年计划投资200000万元，实际投资236125万元，完成计划118.1%。

7. 武汉市轨道交通6号线二期项目，项目地址在武汉市，全年计划投资120000万元，实际投资193862万元，完成计划161.6%。

8.武汉市轨道交通11号线葛店段项目，项目地址在鄂州市，全年计划投资38000万元，实际投资86226万元，完成计划226.9%。

9.武汉市轨道交通11号线东段二期项目，项目地址在武汉市，全年计划投资200000万元，实际投资318192万元，完成计划159.1%。

10. 武汉市轨道交通11号线三期首开段项目，项目地址在武汉市，全年计划投资100000万元，实际投资198911万元，完成计划198.9%。

11. 武汉市轨道交通汉南线项目，项目地址在武汉市，全年计划投资350000万元，实际投资639903万元，完成计划182.8%。

12. 武汉市轨道交通12号线武昌段项目，项目地址在武汉市，全年计划投资50000万元，实际投资131305万元，完成计划262.6%。

13.武汉市轨道交通19号线项目，项目地址在武汉市，全年计划投资50000万元，实际投资234192万元，完成计划468.4%。

14. 武汉市轨道交通前川线项目，项目地址在武汉市，全年计划投资50000万元，实际投资255098万元，完成计划510.2%。

15. 新天南路及地下综合管廊项目，项目地址在武汉市，全年计划投资50000万元，实际投资42234万元，完成计划84.5%。

16. 黄石现代有轨电车一期项目，项目地址在黄石市，全年计划投资30000万元，实际投资32003万元，完成计划106.7%。

17. 襄阳市环线提速改造项目，项目地址在襄阳市，全年计划投资104000万元，实际投资119979万元，完成计划115.4%。

18. 襄阳市东西轴线快速路项目，项目地址在襄阳市，全年计划投资270000万元，实际投资209164万元，完成计划77.5%。

19. 襄阳市樊西综合管廊一期项目，项目地址在襄阳市，全年计划投资25000万元，实际投资21501万元，完成计划86%。

20. 襄阳东津新镇基础设施配套工程项目，项目地址在襄阳市东津新区，全年计划投资50000万元，实际投资58499万元，完成计划117%。

21. 宜昌市港窑路（桔乡路—峡州大道）项目，项目地址在宜昌市西陵区，全年计划投资21000万元，实际投资42179万元，完成计划200.9%。

22. 宜昌市港窑路夷陵区段道路项目，项目地址在宜昌市夷陵区，全年计划投资28000万元，实际投资48799万元，完成计划174.3%。

23. 江城大道下段（夷桥路—伍家岗长江大桥）项目，项目地址在宜昌市点军区，全年计划投资38500万元，实际投资35754万元，完成计划92.9%。

24. 宜昌市沿江大道延伸段项目，项目地址在宜昌市，全年计划投资21000万元，实际投资22242万元，完成计划105.9%。

25. 城北快速路引江济汉渠—上海大道段项目，项目地址在荆州市，全年计划投资126000万元，实际投资203314万元，完成计划161.4%。

26. 荆山大道罗汉山隧道项目，项目地址在荆门市，全年计划投资14000万元，实际投资16863万元，完成计划120.5%。

27. 武西高铁孝感西站联络线（孝感市孝云大道长兴三路延伸段）项目，项目地址在孝感市孝南区，全年计划投资50000万元，实际投资89000万元，完成计划178%。

28. 孝感市东部新区道路项目，项目地址在孝感市高新区，全年计划投

2020年12月13日，投资33亿元的孤山航电枢纽工程3台机组并网发电

资24000万元，实际投资24377万元，完成计划101.6%。

29. 安陆市西城新区基础设施建设项目，项目地址在孝感市安陆市，全年计划投资20000万元，实际投资34562万元，完成计划172.8%。

30. 孝感城区供水保障工程项目，项目地址在孝感市孝南区，全年计划投资20000万元，实际投资25300万元，完成计划126.5%。

31. 将军大道（孙权大道~保税区）道路项目，项目地址在鄂州市临空经济区，全年计划投资15000万元，实际投资72560万元，完成计划483.7%。

32. 湖北药姑山中医药健康科技产业园（特色小镇）基础设施项目，项目地址在咸宁市通城县，全年计划投资20000万元，实际投资42895万元，完成计划214.5%。

（二）社会事业类（33项）

1. 武汉市红十字会医院（北区）扩建项目，项目地址在武汉市江汉区，全年计划投资10000万元，实际投资0万元，完成计划0%。

2. 武汉大学人民医院洪山院区建设项目，项目地址在武汉市洪山区，全年计划投资15000万元，实际投资28512万元，完成计划190.1%。

3. 武汉儿童医院西院暨武汉经济技术开发区（汉南区）妇幼保健院项目，项目地址在武汉开发区，全年计划投资30000万元，实际投资31251万元，完成计划104.2%。

4. 湖北广电传媒大厦项目，项目地址在武汉市东湖高新区，全年计划投资70000万元，实际投资99691万元，完成计划142.4%。

5. 东西湖文化中心项目，项目地址在武汉市东西湖区，全年计划投资50000万元，实际投资92481万元，完成计划185%。

6. 武汉大学重离子医学中心暨汉南区人民医院改扩建项目，项目地址在武汉经开区，全年计划投资20000万元，实际投资66963万元，完成计划334.8%。

7.黄石市花湖水厂二期扩建项目，项目地址在黄石市黄石港区，全年计划投资10000万元，实际投资10090万元，完成计划100.9%。

8. 黄石市第二医院职业病综合大楼及颐养楼项目，项目地址在黄石市黄石港区，全年计划投资10000万元，实际投资13600万元，完成计划136%。

9. 黄石市第五医院门诊医技楼项目，项目地址在黄石市下陆区，全年计划投资10000万元，实际投资10000万元，完成计划100%。

10. 十堰青少年户外培训基地项目，项目地址在十堰市张湾区，全年计划投资50000万元，实际投资74541万元，完成计划149.1%。

11. 十堰广电传媒中心项目，项目地址在十堰市张湾区，全年计划投资10000万元，实际投资12987万元，完成计划129.9%。

12. 襄阳市中医医院（东津新区院区）一期工程项目，项目地址在襄阳市，全年计划投资10000万元，实际投资5255万元，完成计划52.6%。

13. 湖北文理学院迁建项目，项目地址在襄阳市襄城区，全年计划投资30000万元，实际投资40879万元，完成计划136.3%。

14. 宜昌市中医医院门急诊综合大楼项目，项目地址在宜昌市伍家岗区，全年计划投资5000万元，实际投资3460万元，完成计划69.2%。

15. 秭归县人民医院金缸城院区项目，项目地址在宜昌市秭归县，全年计划投资20000万元，实际投资21345万元，完成计划106.7%。

16. 湖北航空学院项目，项目地址在宜昌市点军区，全年计划投资20000万元，实际投资44195万元，完成计划221%。

17. 长江艺术工程职业学院新校区项目，项目地址在荆州市文旅区，全年计划投资40000万元，实际投资57238万元，完成计划143.1%。

18. 复兴之路爱国主义教育基地项目，项目地址在荆州市文旅区，全年计划投资50000万元，实际投资0万元，完成计划0%。

19. 荆门市传染病医院项目，项目地址在荆门市，全年计划投资3000万元，实际投资3299万元，完成计划110%。

20. 荆门市重大疫情防控救治基地项目，项目地址在荆门市，全年计划投资2000万元，实际投资2268万元，完成计划113.4%。

21. 湖北省第三届（荆门）园博园项目，项目地址在荆门市漳河新区，全年计划投资50000万元，实际投资39748万元，完成计划79.5%。

22. 荆门技师学院整体搬迁项目，项目地址在荆门市漳河新区，全年计划投资10000万元，实际投资18865万元，完成计划188.7%。

23. 孝南区妇幼保健院异地新建项目，项目地址在孝感市孝南区，全年计划投资10000万元，实际投资10000万元，完成计划100%。

24. 美加职业学院项目，项目地址在孝感市临空经济区，全年计划投资30000万元，实际投资61222万元，完成计划204.1%。

25. 鄂东（黄冈）重大疫情救治基地项目，项目地址在黄冈市黄州区，全年计划投资20000万元，实际投资11112万元，完成计划55.6%。

26. 武穴市第一人民医院传染病大楼项目，项目地址在黄冈市武穴市，全年计划投资6000万元，实际投资4987万元，完成计划83.1%。

27. 咸宁市第二人民医院项目，项目地址在咸宁市，全年计划投资16000万元，实际投资10790万元，完成计划67.4%。

28. 崇阳县传染病救治项目，项目地址在咸宁市崇阳县，全年计划投资30000万元，实际投资54661万元，完成计划182.2%。

29. 武昌首义学院嘉鱼校区项目，项目地址在咸宁市嘉鱼县，全年计划投资30000万元，实际投资46263万元，完成计划154.2%。

30. 随州市妇幼保健院（暨随州市儿童医院）建设项目，项目地址在随州市曾都区，全年计划投资18000万元，实际投资19286万元，完成计划107.1%。

31. 咸丰县综合客运枢纽项目，项目地址在恩施州咸丰县，全年计划投资30000万元，实际投资23426万元，完成计划78.1%。

32. 天门市第一人民医院汇侨分院建设项目，项目地址在天门市，全年计划投资23570万元，实际投资38464万元，完成计划163.2%。

33. 东荆新区路网项目，项目地址在潜江市，全年计划投资54000万元，实际投资69100万元，完成计划128%。

（朱 晖）

对外经济

【概况】 2020年，湖北省外贸进出口突破4000亿，创历史新高，总额为4294.1亿元，同比增长8.8%。其中，出口2702.0亿元，同比增长8.7%；进口1592.1亿元，同比增长9.1%。进出口、出口、进口增幅分别高于全国6.9、4.7和9.8个百分点，进出口增速位列全国第11位，出口增速位列全国第10位，进口增速位列全国第12位。

【利用外资】 2020年，全省新设立外商投资项目296个，同比下降33.6%；合同外资金额141.7亿美元，同比下降12.8%；实际使用外资103.5亿美元，同比下降19.8%。从一、二、三产业结构看，合同外资占比分别为0.04%、67.35%、32.6%。

【对外投资】 2020年，全省企业对境外实体经济和新兴产业的投资保持较好的增长速度，房地产等非理性投资趋势得到有效遏制，武汉当代、华新水泥等企业向实体经济和新兴产业投资，整体结构更加优化，质量不断提升。全省全年非金融类对外直接投资实际完成额20.0亿美元，同比增长2.0%。全年备案境外投资项目54个，总投资额7.38亿美元，其中中方投资额6.88亿美元。主要流向中国香港、开曼群岛、新加坡、美国等地区，主要投向科技研发、医药、文化体育、制造加工等行业。

【利用国外贷款】 2020年，国务院新批湖北国外贷款项目4个，贷款总额约11亿美元。其中，湖北省应对新冠肺炎疫情项目、长江中游（武汉）智慧物流枢纽项目分别利用新开行贷款5亿、3.5亿美元，湖北宜昌市长江经济带乡村绿色振兴先行区综合示范项目利用亚行贷款2亿美元，湖北安全、可持续、智慧农业项目新增世行贷款0.5亿美元。

【利用外债】 2020年，国家发改委新批湖北省利用外债项目14个，外债规模约合31.68亿美元，较上年增长38%。其中，国际商业贷款项目6个，境外发行债券项目8个，主要涉及医药、交通、食品等行业。

【农产品配额】 2020年，国家发改委下达湖北省粮食进口关税配额17.77万吨，惠及粮食生产企业42家，比上年增加7家；下达棉花进口关税配额40237吨，惠及棉纺织企业48家，比上年增加4家。

【进口设备免税】 2020年，共办理鼓励类外商投资项目进口设备减免税确认6个，涉及投资总额36.45亿人民币，用汇总额2.96亿美元。

（李 莎）

社会建设

政策法规

【优化营商环境】 研究制定了《关于更大力度优化营商环境激发市场活力的若干措施》《弘扬“店小二”精神“十必须十不准”》《2020年全省优化营商环境重点任务清单》等一系列政策文件。指导各地各部门研究制定了贯彻落实“黄金30条”的具体实施方案，先后精选出两批共31项优化营商环境典型经验在全省复制推广。启动了全省103个县市区营商环境评价工作，组织武汉、襄阳、宜昌、黄石四市参加国家营商环境评价，实现以评促改、以评促优。围绕“黄金30条”、《弘扬“店小二”精神“十必须十不准”》等主题，召开了6场新闻发布会，在湖北日报荆楚网开设弘扬“店小二”精神专栏，在省政府门户网站设置政企互动（营商环境投诉）平台，编印专题工作简报30期。

【“放管服”改革】 进一步精简行政审批事项，2020年纳入投资项目在线审批监管平台的审批事项由2015年的507项减少至94项。在省一体化政务服务平台发布政务服务事项和公共服务事项办事指南77项，实现全程网办、无收费。印发了《省发改委行政许可事项缩减办理时限的通知》《省发改委行政许可事项缩减申请材料的通知》，行政许可事项办理时限缩短50%，项目核准的申请材料规划选址、用地预审合二为一。全委政务服务事项（29大项中含2个子项，共30项）在省通用审批平台实现一窗通办、不见面审批，实现按时签收、办件和及时回复群众诉求。

【法治机关建设】 完成了2020年立法工作任务，研究起草了《湖北省优化营商环境办法》，自10月1日起施行。全委推进《湖北开发区条例》立法工作和“着眼‘规划+条例’打出湖北实施乡村振兴战略组合拳”，分别获评2020年“湖北省十大法治事件”和“湖北省十大法治创新案例”。完成规范性文件合法性审查和廉洁性评估12件。清理65名工作人员行政执法资格并换发新证，进一步提升行政执法队伍素质。大力推进落实全委行政执法公示、执法全过程记录、重大执法决定法制审核等“三项制度”，制定了行政执法“三项制度”事项目录流程。依法依规办理各类行政复议案6件、行政诉讼案6件，出具各类法律意见书70余份。

（彭 峰）

社会事业

【概况】 2020年，积极贯彻落实中央支持湖北一揽子政策。全年社会领域共争取中央预算内投资36.3696亿元，其中，卫生领域争取中央预算内投资18.054亿元，超原计划9.9亿元的8.154亿元。2020年，中央预算内投资项目523个、省预算内投资项目91个；中央预算内投资项目开工率98.27%、投资到位率100%、投资完成率46.5%、投资支付率72.4%，省预算内投资项目开工率96.7%、投资完成率86.25%、投资支付率75.81%，推进省级重点项目54个，项目开工率84%，年度计划投资完成率80.3%。

【隔离救治场所建设】 2020年，全省救治床位由疫情前的6487张增加到高峰时期的117310张，武汉市建设方舱医院32家、实际床位34375张，全省征用建设隔离点4079个、房间224864间，实现“一床难求”向“床等人”的重大转变。疫情期间共争取中央预算内投资3批次专项7.3亿元，下达省预算内投资4.6亿元补助隔离救治场所建设。

【公共卫生补短板政策】 针对全省疾病预防控制和公共卫生体系建设短板，省委十一届七次全会通过《中共湖北省委湖北省人民政府关于推进疾病预防控制体系改革和公共卫生体系建设的意见》，制定完善公共卫生领域“1+N”政策体系。出台《湖北省疫后重振补短板强功能公共卫生体系补短板工程三年行动实施方案（2020—2022年）》《关于加强公共卫生防控救治和应急物资保障能力建设实施方案》《湖北省优化社会办医疗机构跨部门审批工作实施方案》等系列政策文件。

【改革试点】 积极对接国家社会领域“补强提”相关专项行动和工作部署，争取改革试点。国家产教融合型城市、企业建设试点稳步推进，襄阳成功入围国家产教融合型城市建设试点，首期争取中央预算内专项补助资金5000万元；武汉华星光电技术有限公司作为国家产教融合型企业，已推荐到国家发改委。社会足球场地设施建设专项行动扎实开展，荆州、襄阳已列入国家专项行动试点（第二批），累计争取到位中央预算内投资6100万元。“十三五”期间全省共完成社会足球场地1091片（国家指标1000片），超额完成目标任务。

【项目监管】 2020年，在全委创新开展政府投资项目绩效评价工作，通过招投标方式聘请第三方机构，率先对2019、2020年教育领域政府投资项目实施绩效评价，完成对全省17个市（州）、直管市、神农架林区实地评估工作，形成各地市评估报告。深入开展推进重大项目建设扩大有效投资工作“1+1+8”联系督导工作，服务指导项目谋划，疏解治理投资堵点，推动襄阳市中央、省预算内投资项目加快实施。

【规划编制与评估】 配合编制《湖北省妇女发展规划（2021—2030年）》《湖北省中长期青年发展规划》《长征国家文化公园（湖北段）建设保护规划》等相关领域专项规划10篇；完成《湖北省“十三五”推进基本公共服务均等化规划》总结评估报告，完成3岁以下婴幼儿照护服务、长征国家文化公园、中医药传承发展等评估。配合省政府教育督导室、卫健委等部门开展教育职责实地督查、养老项目执行情况、妇女儿童发展规划实施情况等监督检查。

（瞿淑艳）

就 业

【概况】 2020年，全省上下贯彻落实省委、省政府“稳就业”“保就业”政策措施，加快推动中央支持湖北发展的一揽子政策落实、落地，全省就业局势企稳回暖、逐季好转。全年全省城镇新增就业75.18万人，完成国家下达任务的167%，超额完成省政府年初制定的70万人目标，年末全省城镇登记失业率为3.35%。城镇失业人员再就业26.12万人，就业困难人员就业17.35万人。实施失业保险提标扩围，为14.05万人发放失业保险金11.54亿元，为11.7万名参保失业人员发放失业补助金 3.17 亿元。潜江市等地高效平稳完成失业补助金集中申领发放。

2020 年，省政府出台稳就业 25 条、促进高校毕业生就业创业 10 条、鼓励和支持多渠道灵活就业 18 条。省发改委起草了《贯彻落实中央支持湖北一揽子政策重点任务清单》，明确 108 条工作举措和责任、时限要求。全年共争取中央预算内投资 277.1 亿元（同比增长 21.2%），安排中央预算内投资项目 2750 个，总投资 1861.6 亿元。全年共发行地方政府专项债项目 818 个、发行债券 1530 亿元，带动完成投资 7266 亿元。

加快推进企业复工复产。全省 5880 个亿元以上项目应复尽复。相关部门制定“免、减、缓、返、补”组合政策。省人社厅、省财政厅、省税务局免征企业养老、失业、工伤保险费 503.28 亿元，省医保局减半征收职工医保费 42.65 亿元。失业保险稳岗返还对参保企业全覆盖，全年返还 34.16 亿元，同比增长 181.85%，受惠企业 16.29 万家次，稳定岗位 659.89 万个次。武汉、襄阳、鄂州等地实施“不见面”“无申享”将稳岗返还资金直达企业。疫情防控期间，对 1628 家（次）“停不得”等企业给予吸纳就业补贴 1.09 亿元。全力保障重点企业用工，仙桃市开展急招工为日产防护服 5 万套提供支撑，荆门市对规模以上企业实施每周用工监测，黄石市等地组建产业用工联盟，随州市等地成立企业包保服务专班，孝感市组织线下“赶集式”招聘服务企业用工。

积极拓展就业岗位。全省招录公务员 8803 名，较上年增长 20%，分两批招录选调生 1200 名。省委编办核准全省招录用编 10000 名，促进大学生等群体就业。省委组织部、省人社厅组织发布事业单位公开招聘岗位 4 万余个，其中面向应届高校毕业生约 2.8 万个，“三支一扶”计划招募 2000 名。省政府国资委指导省级出资企业全年招录应届高校毕业生近 3000 人，提供农民工灵活就业岗位 8 万余个。省扶贫办指导扶贫龙头企业、扶贫车间为 4.7 万名贫困劳动力提供就业岗位。省交通运输厅在 124 对高速公路服务区优先招聘 2000 余名当地人员。省文旅厅开展“与爱同行 惠游湖北”活动促进文旅产业恢复发展、保就业。省总工会与上海、江苏、浙江等省市联合开展“助力荆楚 共创未来”就业专场活动。省商务厅开展“小店经济”促进行动、指导家政企业对口协作，提供就业岗位。宜昌市建立“零散工”就业服务驿站支持灵活就业。神农架林区鼓励国家公园管理局等单位提供就业机会。推进“就业服务不打烊、网上服务不停歇”，组织实施人力资源服务行业促就业“十项服务”等行动，人力资源服务行业全年服务超 1000 万人次，服务用人单位超 50 万家次。

2020 年 6 月 1 日，“留下来，一起创”2020 夏季武汉市高校毕业生首场线下招聘会在江汉大学举行

【重点群体就业】 省教育厅组织落实全国 124 所高校与湖北高校结对“一帮一”帮扶，开展“湖北百校联动”招聘活动，省属高校硕士招生 1.86 万人、增长 65%，专升本招生约 4 万人、增长 200%，大学毕业生参军入伍 4981 人，截至 2020 年 9 月 1 日，毕业生就业率为 79.64%。向 2020 届全体高校毕业生发放求职创业补贴 6.15 亿元，实施湖北高校毕业生就业促进行动，组织“百日千万网络招聘”等线上招聘活动，举办各类线上招聘会 666 场，提供就业岗位近 159 万个，达成就业意向 11.4 万人，实名制帮扶 9.11 万名离校未就业高校毕业生实现就业。省工商联组织“知名民企湖北行”活动，专项推进大学生就业。省农业农村厅推动新型农业主体吸纳返乡留乡农民工，通过农村人居环境整治等吸纳 2.5 万余名农村工匠和劳动力。咸宁市对登记求职高校毕业生作出“1131 承诺”，即 1 个月内推荐就业、1 年内 3 次以上就业指导、3 次以上的岗位推荐、1 次免费培训。大力促进农村劳动力转移就业和就地就近就业，组织“点对点”输送 70.5 万人，带动 717 万人跨区域返岗就业。荆州市成批次开通赴粤务工专列、组织市外返岗 76.36 万人。深化与东部 6 省市“6+1”劳务协作机制，扩大贫困劳动力外出就业机会，204.8 万名贫困劳动力外出务工。恩施州圆满完成杭州恩施东西部扶贫劳务协作目标。荆门市整合 8 个部门资源开发公益性岗位安置 1.2 万名贫困劳动力。实施退捕渔民安置保障集中攻坚，转产就业率达到 99.9%，荆州、宜昌、咸宁、天门等 15 个市州达到 100%。

【产教融合基础设施建设】 2020 年，积极争取国家发改委产教融合专项中央预算内投资 7.8 亿元，用于支持全省

13所高校、10所中等职业学校产教融合基础设施建设。争取公共实训基地专项中央预算内投资7840万元，争取额度位列全国各省区市首位，用于支持咸宁市、荆州市、阳新县、远安县等4个公共实训基地建设。全年安排省预算内投资6500万元，用于支持全省高等教育及职业教育发展示范工程和基层就业和社会保障服务设施建设。

【“双创”基地建设】 2020年，共争取中央预算内投资2500万元，安排省预算内投资3000万元，推进全省“双创”基地建设。积极开展社会服务领域双创带动就业示范，在家政服务、家电回收、乡村旅游、养老托育等领域，遴选40家企业开展双创带动就业示范工作，促成32家示范企业与阿里、京东、百度、美团等知名互联网平台合作，打造“互联网+创业单元”就业新模式，带动全省10.3万名重点群体创业就业。3月~12月，全省双创示范基地内180余个创新创业平台，均免费向大学生、退伍军人和返乡农民工开放，不低于一定比例场地并提供全链条服务保障，先后支持3000多人创业。深入推进“我兴楚乡、创在湖北”返乡创业行动计划，认定返乡创业示范县10个、示范园区25个、示范项目80个，新增返乡创业4.89万人，带动就业14.2万人。黄冈市深入实施能人回乡、教授回乡“千人计划”，成功吸引5452人返乡创业，新签约创业项目1132个。十堰市对省级返乡创业示范园给予市级配套奖励30万元。宜昌市创新创业担保贷款“1300”模式，发放创业担保贷款快速大幅增长。省人社厅会同省教育厅、省财政厅、团省委连续9年实施湖北省大学生创业扶持项目，对1150个项目分别给予2万~20万元无偿扶持，组织发放创业担保贷款达到创纪录的116.26亿元，创历史新高。省市场监管局稳步推进“证照分离”改革，降低创业就业制度性成本。省残联实施残疾人创业扶持“双百工程”。省妇联实施“华夏巾帼贷”帮助“妇字号”融资。团省委推出“青创贷”支持青年创业。省人社厅、省退役军人厅、团省委等部门分别举办“创业湖北”大学生创业大赛、“军创杯”退役军人创业创新大赛、“创青春”大学生创业计划竞赛等活动。

（凡丽绒）

收入分配

【概况】 2020年，全省地区生产总值达4万亿元，人均GDP超过1万美元，城乡居民收入比2010年翻了一番。受各方面因素影响，湖北省居民人均可支配收入27881元，比全国居民人均可支配收入32189元少4308元，居全国第16位，比上年下降1.55%，低于全国增速6.25%。

【城镇常住居民人均收入】 2020年，全省城镇常住居民人均可支配收入36706元，比上年下降2.4%，其中工资性收入20071元，经营净收入4728元，分别较上年下降3.6%、11.5%；财产净收入3470元，转移净收入8436元，分别较上年增长5.1%、3.5%。全省城镇常住居民人均可支配收入水平比全国平均水平43834元低7128元，增速比全国低5.9个百分点。

表3—3　全省城镇常住居民人均收入情况

单位：元

指标	2019年	2020年	增速（%）
人均可支配收入	37601	36706	−2.4
其中：工资性收入	20811	20071	−3.6
经营性收入	5341	4728	−11.5
财产性收入	3302	3470	5.1
转移性收入	8148	8436	3.5

从城镇可支配收入构成看，工资性收入和经营性收入下降，反映经营主体受疫情影响较大，带动城镇常住居民收入下降，转移性收入和财产性收入逆势增长，对稳定城镇常住居民收入起到了缓冲作用。转移净收入增长反映了保底政策出台得比较及时，如上调养老金和退休金标准，增加社会救济、临时救助等。

【农村常住居民人均收入】 2020年，全省农村常住居民人均可支配收入16306元，比上年下降0.5%，其中工资性收入5272元，经营净收入6745元，分别较上年下降1.5%和0.9%；财产净收入214元，转移净收入4075元，分别较上年增长1.8%和1.4%。全省农村常住居民人均可支配收入水平比全国平均水平17131元低825元，增速比全国低7.4个百分点。

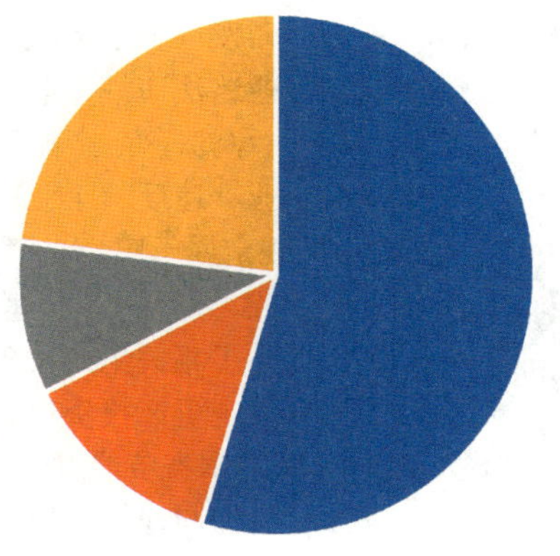

图 3—1　2020 年全省城镇常住居民人均可支配收入构成

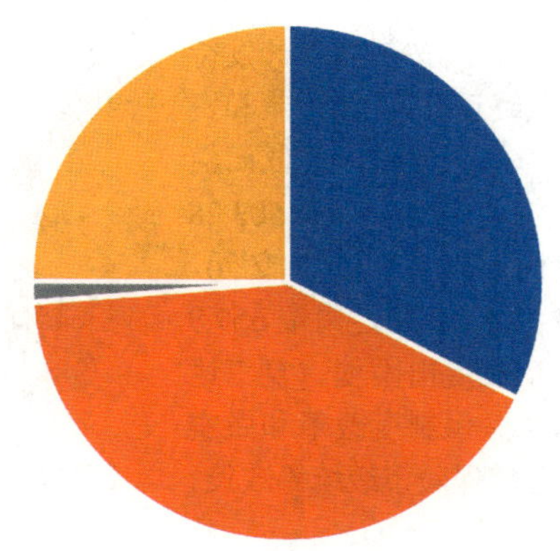

图 3—2　2020 年全省农村常住居民人均可支配收入构成

表 3—4　全省农村常住居民人均收入情况

单位：元

指标	2019 年	2020 年	增速（%）
人均可支配收入	16391	16306	-0.5
其中：工资性收入	5353	5272	-1.5
经营性收入	6808	6745	-0.9
财产性收入	211	214	1.8
转移性收入	4020	4075	1.4
比重（可支配收入=100）	—	—	—
工资性收入	32.7	32.3	—
经营性收入	41.5	41.4	—
财产性收入	1.3	1.3	—
转移性收入	24.5	25.0	—

（王　辉）

社会保障

【概况】 2020 年，全省 1746.09 万人参加城镇职工基本养老保险，其中，在职职工 1149.62 万人，离退休人员 596.47 万人。参加城乡居民基本养老保险 2368.86 万人。参加城镇职工基本医疗保险 1136.93 万人。参加城乡居民基本医疗保险 4446.05 万人。参加工伤保险 752.43 万人。参加生育保险 645.88 万人。参加失业保险人数 651.31 万人，年末领取失业保险金人数 14.05 万人。全省城镇居民最低生活保障对象 30.7 万人，农村居民最低生活保障对象 144.6 万人，国家抚恤、补助各类优抚对象 37.27 万人。全省养老机构 1831 家，城乡社区养老服务设施覆盖率分别达到 97%和 67%。企业退休人员基本养老金实现 16 年增，机关事业单位同步 5 年增，城乡居民基础养老金最低标准达到每人每月 108 元。

【推进社保扩面】 积极扩大社保、医保覆盖面。2020 年，全省养老保险参保人数 4114.95 万人，失业保险参保人数 651.31 万人，工伤保险参保人数 752.43 万人，462.7 万建档立卡贫困人员全部纳入养老保险范围，为 158.66 万建档立卡贫困人员代缴城乡养老保险费 1.78 亿元，退捕渔民 100%参加养老保险。实施失业保险提标扩围，失业金标准提高到最低工资的 90%，全年共为 14.05 万人发放失业保险金 11.54 亿元，为 74.76 万人次发放价格临时补贴 2.24 亿元，为 11.7 万人发放失业补助金 3.17 亿元。全省基本医保参保人数 5582.98 万人，5627732 名建档立卡的农村贫困人口全部纳入基本医保范围。

【社保制度改革】 出台企业职工养老保险、工伤保险省级统筹配套政策。正式上线运行企保基金省级统收统支信息系统，机事保 220 万人纳入参保运行，24万“中人”按新办法计发待遇。实施“免减缓返补”。让政策和资金以最快速度、最简流程、最低门槛直达企业，共为企业减免社保费503.28亿元，拨付稳岗返还资金34.2亿元，惠及企业16.3万家次，稳定岗位659.9万个次，帮助企业走出困境、复工达产。出台了深化医保制度改革和做实城乡居民基本医疗保险市级统筹政策。

【助力疫情防控】 出台“两个确保”政策。确保患者不因费用问题影响就医，确保收治医院不因费用问题影响救治。紧急预拨专项救治金30.48亿元，提前清算2019年医保基金、预付上半年预算额度116.53亿元。将火神山、雷神山医院等纳入医保定点。对救治急需药品和检测项目先挂网后审核、先使用后申报，保障救治机构正常运转。降低核酸检测价格。核酸检测由180元/次降至80元/次，抗体检测由50元/项降至25元/项，降幅分别达到56%和50%，节约费用约24亿元。优化医保经办服务。紧急建成全省互联网医保服务平台和智慧医保APP，配套出台医疗服务价格和医保支付政策。完善重症慢病保障措施，扩大定点药店至1676家。简化转诊手续，延长门诊慢病处方药量，建立“社区+街道+职能部门+药店”联动机制。出台新冠费用结算办法，审核结算72.73万人次、20.65亿元。支持企业复工复产。全省共减征42.65亿元、涉及企业19.88万户、参保人员473.38万人；缓缴10.54亿元，涉及企业1.68万户，有力推动了复工复产。

【改革试点】 推进武汉市DRG国家试点工作。全市77家医疗机构开展试点（57个三级、16个二级和4个一级医疗机构），已完成46家定点医疗机构2017—2019年住院病案数据采集和初步清理，采集住院病案数据317.53万条，住院医保结算清单102万份。武汉市在30个DRG国家试点城市中排名第一。积极推荐宜昌、荆州列为DIP国家试点，确定十堰、黄冈等地为按病种分值付费省级试点地区，遴选应城市、黄梅县、鹤峰县等开展县域医共体支付方式综合改革试点。

（耿红兵）

资源节约和环境保护

【概况】 “十三五”时期，国家下达湖北能耗增量控制目标2500万吨标准煤，单位GDP能耗降低目标16%。湖北省认真落实党中央、国务院决策部署，把能源消耗总量和强度“双控”作为转变发展方式、建设生态文明、促进绿色发展的重要抓手，采取有效措施，推动能源消耗总量和强度“双控”工作取得积极成效。2020年，全省能耗总量16251万吨标准煤，单位GDP能耗比上年下降1.2%。“十三五”期间，全省单位GDP能耗累计下降18%，完成国家下达目标任务的113.9%（下降16%）。能源消费总量增长775万吨，未超过2500万吨标准煤的能耗增量控制目标，能源消耗增长得到有效控制。

【强化节能目标责任】 省委、省政府审议印发《关于构建现代环境治理体系的实施意见》，省人大审议发布《湖北大气污染防治条例（修订）》、《湖北省实施〈中华人民共和国节约能源法〉实施办法》，省政府印发《湖北省打赢蓝天保卫战行动计划（2018—2020年）》《湖北省应对气候变化和节能“十三五”规划》《“十三五”节能减排综合性工作方案》等文件。制定能源消费总量和强度双控目标，纳入全省国民经济和社会发展年度计划管理。综合考虑经济发展水平、产业结构、资源环境禀赋、重大项目能耗需求等因素，将“十三五”及年度能源消费总量和强度双控目标分解到各市（州）人民政府、有关行业主管部门和重点用能单位。加强节能形势分析，对目标进度滞后的地区实行提醒约谈和现场督办；组织年度目标评价考核并通报考核结果，落实奖惩措施。

【调整优化产业结构】 一、淘汰落后产能。印发《关于依法依规推动工模具钢行业违法违规产能退出的通知》，对纳入“淘汰落后产能”目录的8家钢铁企业、违反《工业产品生产许可条例》规定属于应当注销情形的15家水泥企业，办理了生产许可证注销手续，拆除了相关生产设备。二、严格落实《固定资产投资项目节能审查办法》，制定本省节能审查实施办法，建立项目能评与地方节能“双控”目标挂钩机制，推进能评行政审批标准化，将能评纳入投资项目在线审批监管平台，开展项目能评实施情况“双随机、一公开”监督检查。“十三五”期间，省级办理固定资产投资项目节能审查158项。三、因地制宜发展风电、光伏、生物质能等新能源。截至2020年底，全省新能源发电装机达到1309.3万千瓦，比2015年底（246.24万千瓦）增长4.3倍。其中，风电增长2.7倍，光伏发电增长13倍，生物质发电增长0.7倍。全省可再生能源装机（含水电）占全省发电总装机的61.2%，其中新能源装机占全省发电总装机的15.83%，比2015年（3.85%）增加12个百分点。全省新能源发电量183.46亿千瓦时，比2015年（57.93亿千瓦时）增长2.2倍。

【加强重点领域节能】 一、强化工业领域节能。2020年，全省规模以上工业企业单位增加值能耗同比下降4.3%，“十三五”累计下降21.98%，超额完成“十三五”目标任务。“十三五”期间，对全省钢铁、有色、建材、化工等“两高”行业的699家企业实施国家重大工业节能专项监察，倒逼企业节能降碳，引导企业加快实施节能环保技术改造，进一步提升主要工业产品单位能耗水平。支持企业推广应用节能减排先进适用技术，推荐4家企业申报国家“能效之星”产品和节能技术装备，推荐4项技术申报国家鼓励发展的工业节能技术，推荐2家企业获得国家第二批绿色数据中心先进适用技术产品目录，组织实施能效“领跑者”计划。组织开展节能技术服务，推动节能服务产业发展。二、加强建筑领域节能。“十三五”期间，全省新建民用建筑全部执行国家和全省现行节能标准，新增建筑节能能力384.50万吨标准煤，完成规划目标任务的104.63%。新增节能建筑34469.54万平方米，完成规划目标任务的156.68%。绿色建筑得到规模化发展，全省共有558个项目获得绿色建筑标识，总建筑面积6951.04万平方米。2020年，全省绿色建筑占新建建筑的比例达到50%以上。推动既有建筑节能改造，“十三五”期间，全省共完成既有建筑节能改造1954.66万平方米，完成规划目标任务的195.47%。其中，既有居住建筑节能改造876.02万平方米，既有公共建筑节能改造1078.90万平方米，分别完成规划目标任务的175.20%、215.78%。全省新增可再生能源建筑应用面积11088.99万平方米，完成规划目标任务的138.61%。绿色建材应用方面，全省散装水泥供应量35362.11万吨，预拌混凝土供应量41536.27万立方米，预拌砂浆供应量1649.44万吨，分别完成规划目标任务的104.01%、129.80%、299.90%。“十三五”期间，共有101家企业的产品获得绿色建材评价标识。三、推进交通领域节能。加强绿色交通规划引领和顶层设计，出台《湖北长江经济带综合立体绿色交通走廊建设专项规划》，印发《关于全面深入推进绿色交通发展的实施方案》。进一步调整运输结构，贯彻落实交通运输部等9部委关于运输结构调整三年行动计划的通知精神，出台《省人民政府办公厅关于推进全省多式联运发展的实施意见》，5个项目分三批先后入选国家多式联运示范工程项目，数量位居全国前列。进一步完善港口集疏运体系，已建成疏港铁路10条、全省“十三五”疏港公路累计完成路基231.0公里，累计完成路面164.2公里，累计完成总投资45.4亿元。积极拓展江海直达航线，不断巩固江海联运。积极发展城市绿色货运配送，4个城市被纳入城市绿色货运配送示范工程创建城市。“十三五”城市公交机动化出行比例呈现上升趋势，全省各地较2016年均有明显提升。所有13个地级以上城市公交占机动化出行比例均达到40%以上，新能源和清洁能源（电动、LNG动力）船舶保有量比2016年有所增长，城市公交和城市物流配送领域新能源车数量较2016年增长明显。截至2020年底，全省已有216个港口泊位具备岸电设施，比上年增加56个。绿色公路建设快速推进，出台《湖北省美丽公路经济带建设指南》，指导各地高标准创建“畅安舒美”美丽公路经济带和美丽农村路。四、加强公共机构节能。全省2016年至2020年公共机构能源资源消费总量分别为127.97万吨、124.39万吨、121.09万吨、118.65万吨、112.18万吨标准煤，公共机构能源消费总量呈逐年递减趋势。2020年全省公共机构人均能耗177.51千克/标准煤，单位建筑面积能耗11.86千克/标准煤，人均用水25.33吨，分别较2015年下降15.31%、13.05 %、15.06 %。从总体上看，能源消费结构以传统能源为主，新能源和可再生能源应用比例逐年增加，较好完成公共机构能源资源消费进度目标任务。组织开展节约型示范单位创建，截至2020年底，共成功创建167家国家级节约型公共机构示范单位和243家（含3家省级能效领跑者）湖北省公共机构节能示范单位，12家示范单位成功创建国家级公共机构能效领跑者，806家创建成湖北省公共机构节水型单位。全省各级公共机构积极组织实施节能改造，投入节能经费7.6亿元，改造既有建筑围护结构226.65万平方米，260余家单位建设了节能监管系统，实施太阳能热水、太阳能光电利用等项目486个，推广应用高效照明产品140余万件。

【**支持节能产业发展**】 一、落实价税政策。落实居民阶梯电价及差别电价、惩罚性电价、水泥及电解铝等行业阶梯电价政策，利用电力价格的杠杆作用，积极推动节能减排、淘汰落后产能工作。落实节能环保增值税优惠政策。“十三五”期间，全省落实节能环保增值税优惠近90亿元。二、试点示范引领。“十三五”期间，争取中央节能减排补助资金89.63亿元，支持全省新能源汽车推广应用、循环经济试点建设以及新能源公交车运营等工作。安排省预算内资金、财政专项资金22.73亿元，支持低碳经济发展、建筑节能、新能源汽车推广应用、绿色节能示范项目、能源计量体系建设、淘汰落后产能、沿江化工企业“关改搬转”等项目建设。三、引领市场导向。组织电机、变压器、风机、空调、冰箱、电视等节能产品申报国家“能效之星”，组织申报国家鼓励发展的工业节能技术装备，推荐企业入选国家第二批绿色数据中心先进适用技术产品目录，引导和推动高效节能技术装备的推广应用。制定年度有序用电方案，科学合理调度全省电力，优先安排风电、光伏等可再生能源发电计划，全面完成电力需求侧管理年度计划任务。“十三五”期间，省级组织开展两次用能权交易，累计成交190.5万吨标准煤，成交金额1.093亿元。

【**强化节能基础建设**】 严格贯彻落实《中华人民共和国节约能源法》及相关配套法规，强化标准的制定、实施、监督，发布《湖北省建筑节能产品、技术、新型墙材推广应用和淘汰目录》，出台《湖北省低能耗居住建筑节能设计标准》《绿色建筑设计与工程验收标准》《湖北省太阳能建筑应用一体化图集》《外墙外保温节能装饰复合板系统施工工法》等建筑节能地方标准体系。实施《节约型公共机构分类创建导则》《节约型公共机构能效领跑者评价细则》省级地方标准。组织实施重点用能单位“百千万”行动，推进重点用能单位能耗在线监测系统省级平台建设，按时完成建设任务。组织开展燃煤锅炉能效提升工程，开展特种设备安全专项整治、锅炉能效普查和能效测试，不断提升锅炉节能、环保水平。

【**加强节能管理和宣传**】 围绕全省节能“双控”目标，加强“百千万”重点用能单位管理，随机抽取70家钢铁、建材、化工等重点耗能行业企业和20家高校、三甲医院，开展专项监察。推进重点用能单位能源计量审查。完成167家重点用能企业能源计量材料审查，完成200家重点用能企业能源计量审查工作。认真开展能效标识产品监督检查。“十三五”以来，对全省52家能效标识备案生产企业监督检查实现了全覆盖。积极推进重点用能行业能效“领跑者”创建，阳新娲石水泥、湖北华新水泥（武穴）有限公司、华新水泥（阳新）有限公司和湖北三宁化工股份有限公司被工信部和市场监管总局评为重点用能行业能效“领跑者”。围绕“绿水青山、节能增效”主题，开展节能宣传周活动，宣传节能法规标准，普及生态文明、绿色发展理念和知识，推动形成崇尚节约、合理消费与低碳环保的社会风尚。

（陈 欣）

社会信用体系建设

【信用信息平台】 全省社会信用信息服务平台与44家省行业主管部门、88个市州县的信用信息汇集系统联通，实现了信用信息归集、共享和服务。平台已覆盖7220万自然人、913万法人和其他组织基本信息，归集23.2亿条信用记录，与国家信用平台共享数据量位居全国前列。12月11日，湖北省在国家2020年信用信息共享支撑中小微企业融资和“放管服”改革现场观摩视频会上取得第5名的成绩，荣获国家“信用信息标准平台”的表彰。

【信用公开公示】 印发《省信用办关于开展规范“双公示”信息报送专项治理活动的通知》，集中开展规范“双公示”信息报送专项治理活动。“双公示”数据合格率从2019年第三方评估时的19%提升到2020年的92%。

【信用联合奖惩】 推动信用奖惩的规范化，严格遵照法律法规记录和公示不良信用记录。依托省信用平台开发联合奖惩管理系统，推动国家发布的系列联合奖惩备忘录在全省落地落实。组织26家省直部门实施国家发布的联合奖惩备忘录措施清单梳理维护，累计向国家发改委报送4万余个联合奖惩案例。“信用中国（湖北）”网站共发布22万个红黑名单。

【试点示范】 围绕信用承诺、信用修复、失信联合惩戒、信用大数据开发利用等重点工作，在武汉、宜昌、咸宁组织开展信用建设和信用监管试点示范基础上，积极支持荆门市依法依规出台信用制度规定，开展信用惠民工作的试点示范，推动各市州社会信用体系建设工作。

【推进“信易贷”模式】 印发了《省信用办关于宜昌创新推进“信易贷”典型案例的通报》，组织各地各有关部门通过“信易贷”推进降低企业融资成本工作。武汉、襄阳、宜昌、荆州、荆门、黄冈等六市已建成“信易贷”平台。截至10月末，全省信用贷款余额5203.49亿元，较年初增长28.31%，贷款余额和增速均居全国第6名。疫情期间主动服务中小微企业，进行信用核查2.7万次；积极将信用信息推送给人行系统，支持信用查及贷款审核7.7万次。

（任洪丞）

国民经济动员

【概况】 2020年，根据《国务院关于支持湖北省经济社会发展一揽子政策的意见》，配合省委军民融合办研究上报了“关于支持湖北军民融合发展的重点举措”。开展省军民融合发展、省国民经济动员发展“十三五”规划评估和省国民经济动员发展“十四五”规划编制工作。谋划重大政策、重大项目、重点工程，遴选了先进激光装备产业化等重大示范项目。研究提出湖北省军事后勤军民融合发展重点区域建设思路，制定了《省发改委建设军事后勤军民融合发展重点区域责任分解方案》，对涉及全省发改系统责任事项进行分解落实。积极参与疫情防控。30个经济动员中心和15支专业保障队伍依托企业生产、采购、运输、捐赠药品和医疗器械等防疫物资以及米面油等生活物资，有力保障了火神山、雷神山等医疗单位的紧迫物资需求。

【重大项目】 协调军民融合重点项目落地。高德红外、海创电子、汉光科技等3个产业化能力建设项目取得进展。东湖实验室、火箭发动机关键原材料等8个融合特色明显的产业化项目，已纳入国家联合共建项目清单，建设实施方案已报国家发改委审定。分解下达2020年军民融合产业发展试点建设省预算内固定资产投资计划，并推动项目建设任务全部落实。推动设立湖北省融发投资基金，协调基金支持先进制造、光通信等优势产业和高端装备、核心部件、先进材料等细分领域项目。现储备项目97个，重点跟进项目37个，航天万山、武汉客车、梦芯科技等3个项目已经完成投资，钧恒科技等项目已完成立项并推进详细尽调，抓紧开展相关投决程序。

【经济动员基础与能力建设】 推进装备部某工厂底盘及机电液压修理线建设工程等2020年军队重点项目建设，协同北部战区与华中光电技术研究所717所、武汉船用机械有限公司等8家军工单位签订战时装备维修保障合同。在医疗救援、装备维修、航天侦察、测绘导航、核应急救援等领域新建5支新质动员力量，修订动员预案，开展训练演练，提升综合保障能力。依托湖北建材（水泥）应急保障动员中心组织开展全省国民经济动员队伍训练演练，完善应急应战保障方（预）案，全面提升经济动员中心综合保障能力和应急应战水平。

（张如军）

体制改革

综　述

【推动营商环境持续改善】 一、完善营商环境制度体系。省委省政府先后出台了《关于更大力度优化营商环境激发市场活力的若干措施》简称（“黄金 30 条”）《弘扬“店小二”精神“十必须十不准”》《湖北省优化营商环境办法》《2020 年全省优化营商环境重点任务清单》。二、推动“一网通办”等关键领域改革。企业注销便利化成为全国第一个在全域范围内深化简易注销改革的试点省份，公示时间由 45 天压缩到 20 天；“证照分离”改革成为全国第一批实行全覆盖的试点省份；推动政务服务事项“五级 118 同”，率先在全国将政务服务事项标准化梳理延伸至乡村两级；襄阳市区域性统一评价作为典型经验在全国推广复制；宜昌市推行“六多合一”改革受到国务院办公厅通报表扬。三、推进工程建设项目审批制度改革。全省工建审批系统基本实现了统一审批流程、统一信息数据平台、统一审批管理体系、统一监管方式，全省共有 17103 个项目已在线审批，“获得用水 321 服务”“获得用气 310 服务”及项目审批“80、60、40”的改革目标基本实现。武汉、襄阳、宜昌市中心城区改革范围内的政府投资项目从申报立项到竣工验收，审批时间压缩至 80 个工作日内，一般社会投资项目压缩至 60 个工作日以内，带方案出让用地的社会投资项目及小型社会投资项目压缩至 40 个工作日以内。

【推进所有制改革】 一、完善国有资本授权经营体制。优化出资人代表机构履职方式，出台了《湖北省政府国资委授权放权清单（2020 年版）》。分类开展授权放权，对 8 户商业一类企业、2 户国有资本投资运营公司的 2020 年度工资总额预算实行备案制管理，对 5 户商业二类企业实行审核制管理，工资总额管理方式由单一的审核制向审核制与备案制并重转变。有序推行经理层成员任期制和契约化管理，制定了《关于开展充分竞争类省管企业领导人员管理体制改革试点工作的意见》，明确在长江财险、中南建筑设计院、长江产业基金公司率先实现经理层成员全面实行任期管理试点。完善监督监管体系，16 户省出资企业集团公司、230 户省出资二级子企业、71 户市州出资企业建立了主要负责人任组长的违规经营投资责任追究工作领导小组，明确了承担责任追究工作的部门。二、统筹国有企业退休人员社会化管理。全省移交的国有企业退休人员为 95.87 万人，全省国有企业退休人员社会化管理工作主体移交任务基本完成，全省移交完成率为 97.9%、人事档案移交完成率为 81.62%、党组织关系转移完成率为 86.92%、管理服务职能移交完成率为 97.24%。在鄂央企、省属国企、市州县属国企完成率分别为 98.15%、97.36%、97.35%。三、推进国有资本投资、运营公司改革试点。省人民政府印发《湖北省推进国有资本投资、运营公司改革试点实施方案》明确将湖北省兴楚国有资产经营管理有限公司改组为国有资本运营公司，将湖北省交通投资集团有限公司改组为国有资本投资公司。四、基本完成剥离国有企业办社会职能。2020 年基本完成企业办教育、医疗、消防等机构的改革处置，企业办市政、社区管理完成移交，全省“三供一业”分离移交总体完成率为 98.30%。五、支持民营企业发展。省政府先后出台了应对新型冠状病毒肺炎疫情支持中小微企业共渡难关措施、支持中小微企业共渡难关稳定发展的若干措施、修订全省实施《中小企业促进法》实施办法，支持民营企业改革发展。加强涉企违规收费整治，重点针对涉企行政事业性和经营服务性收费、社会中介机构和协会商会收费、港口和铁公路等物流收费、银行等金融机构收费以及水电气等公用事业和转供电收费等 5 个重点领域和关键环节开展检查。六、建立全省非公有制企业投诉服务中心。7 月 1 日，正式上线湖北省非公有制企业投诉服务平台（APP 联企 e 站）。出台了《湖北省营商环境问题投诉联动处理办法》，将省非公有制企业投诉服务平台纳入到全省统一的营商环境投诉平台。全年投诉服务平台注册用户 12.01 万户，其中，认证企业 11 万家，认证商协会 706 家，认证律师 391 名，认证律所 165 家，注册量、点击率稳步提升。

【深化财税金融体制改革】 一、大力推进税费改革。持续推进减税降费，新增减税降费超过 1000 亿元。推进资源税改革，提请省人大常委会审议通过《关于资源税具体适用税率标准、计征方式及免征减征办法的决定》。二、深化财政体制改革。推进省以下财政事权与支出责任划分改革，出台了自然资源、生态环境、国防等分领域财政事权与支出责任划分改革方案，完成教育、科技、交通运输等领域财政事权相关支出划转工作，进一步理顺政府间财政关系。建立特殊转移支付直达机制，搭建直达资金监控平台，

2020年通过直达资金平台下达资金2884亿元。推进省以下收入划分改革，完成交通违法跨省异地缴罚收入省以下划分改革，明确全省交通违法跨省异地缴罚收入省与市县分享比例和结算办法。三、推进国有金融资本管理改革。报请省政府出台了《省级国有金融资本出资人管理暂行规定》，明确了省级国有金融资本管理思路、权责边界、办事程序。完成湖北银行等4家金融企业的股权划转移交，支持湖北银行增资扩股、省农信社开展新一轮改革等。四、推进社会保障制度改革。制定了企业养老保险省级统收统支制度实施方案及其配套政策文件，持续推进工伤保险省级统筹工作，逐步完善失业保险省级统筹制度，全面做实城乡居民医保市级统筹。推进建立国有资本划转和企业职工养老保险基金缺口弥补结合的运行机制，增强企业职工养老保险制度的可持续性。五、深化政府采购制度改革。报请省政府同意印发《湖北省深化政府采购制度改革工作方案》，将9个省级贫困县新纳入“扶贫832平台”，将市县政府采购支持消费扶贫情况纳入扶贫成效考核，全省预算单位采购订单总额和供应商销售总额均居全国第一位；开展政府采购意向公开，全省有577家单位公开了2176个采购项目、共143亿元的采购意向信息。六、深化预算管理改革。加大预算编报改革，完善支出标准体系，推进预算管理一体化建设，预算管理一体化系统上线运行，初步实现从项目立项、预算编制和批复、资金申请、资金拨付到项目结束的全程管理，以及资金使用的跟踪监管。全面实施预算绩效管理。健全完善“5+1”制度体系，对绩效评估、绩效目标管理、绩效运行监控、绩效评价和结果应用等5大环节进行全面规范，建立了绩效评价结果与预算安排和政策调整挂钩机制。七、推进权责发生制政府综合财务报告制度改革。2020年省本级、17个市州、99个县市区及部分乡镇开展了2019年度政府财务报告编制工作，政府部门财务报告编制完成率、政府综合财务报告编制完成率均达到100%。八、深入推进货物贸易外汇收支便利化试点改革。进一步简化业务办理程序，提高外汇资金结算效率，取消特殊退汇业务登记。放宽业务办理条件，解决市场主体实际困难，放宽具有出口背景的国内外汇贷款购汇偿还。推广“互联网+”模式，创新科技金融服务手段，推广电子单证和线上收付汇，推动跨境金融区块链服务平台推广运行，2020年有8家银行通过区块链平台为21家企业办理353笔贸易融资业务，金额合计9915万美元。湖北向国家争取贸易外汇收支便利化试点资格正式获批，出台开展贸易外汇收支便利化试点的指导意见并正式开始试点，2020年共通过便利化试点政策办理外汇收支83笔，金额累计达1770万美元。

【推动要素市场化配置改革】 一、研究制定要素市场化改革配套政策。印发了《关于构建更加完善的要素市场化配置体制机制的实施意见》，组织编制武汉市要素市场化配置综合改革试点方案，积极争取将其纳入全国综合改革试点范围。制定了《湖北省土地征收工作程序暂行规定》，进一步落实被征地村集体和农民的知情权、参与权和监督权。撰写了《农村集体经营性建设用地入市增值收益分配机制调研报告》。二、推动自然资源资产所有权委托代理机制试点。制定了自然资源资产产权制度改革工作责任分工，明确开展全民所有自然资源资产所有权委托代理机制试点的改革方向和责任者。编制了《湖北省全民所有自然资源资产所有权分级委托代理机制试点实施方案（初稿）》。积极争取国家支持，自然资源部已初步明确将湖北省列入全国8个自然资源资产所有权委托代理机制试点省份之一。三、完善企业职工养老保险省级统筹。出台了《关于完善企业职工基本养老保险省级统筹制度的通知》（鄂政发〔2020〕25号），省级统收统支子信息系统开发完成试运行。制定了《湖北省工伤保险基金省级统筹实施意见》。扩大失业保险覆盖范围，全省为12.7万人发放失业保险金9.44亿元，为59311名参保失业人员发放失业补助金1.73亿元，为73.32万人次发放价格临时补贴2.22亿元。四、完善专家选拔管理制度。研究制定《关于加强新时代专家队伍建设的意见（稿）》，全面落实“稳就业25条”，千方百计扩大省内就业，已完成全年目标任务45万人的122%。五、加大人才支持力度。2020年，全省首批选派了239名“科技副总”，为接收企业解决技术难题214个；促成科技成果转化100个；为企业培训3597人次，引进人才158名，达成项目合作协议164个，合作协议成交额8677.99万元。六、实施大数据发展行动计划。认定大数据企业190多家，6家大数据企业成功申报国家大数据试点示范项目。支持光谷云村、左岭大数据产业基地、武汉临空港大数据产业园、襄阳云谷等的产业载体建设，推动武钢、中金、腾龙、楚天云、中移动、北斗导航大数据中心等一批重大项目建设落地。制定了《“一芯两带三区”区域和产业发展布局统计监测体系》，构建一套共有40多个指标的统计监测指标体系。七、推进建筑工程造价改革。积极推进住建部批复湖北鄂州民用机场工程项目开展工程造价管理改革试点，形成鄂州机场项目计量计价规则和整套的BIM模型搭建标准，为施工单位深化细化模型提供指导。落实市场竞争形成价格机制，对预计投资额约为7000万的2标段最高投标限价尝试不采用定额计价的模式。积极推进住建部批复的全省国有资金投资的房屋建筑、市政公用工程项目进行工程造价改革试点。加强工程施工合同履约和价款支付监管，防止工程建设领域腐败和农民工工资拖欠等问题，编制了《湖北省建设工程施工过程结算暂行办法》（征求意见稿）。八、推进诚信建设制度化。省发改委印发《湖北省2020年社会信用体系建设工作要点》，组织开展对《湖北省社会信用信息管理条例》评估，推进了全省行业领域信用制度建设。

【深化电力体制改革】 推进电力市场体系建设，制定了《湖北省2020年电力市场化交易实施方案》。全面放开用户电压等级限制，用户年用量起点由2000万千瓦时降至500万千瓦时，用户准入由核准制改为注册制，全省电力市场主体数达到4339户，是2019年的2.6倍。持续开展电力市场化交易，省内交易电量达到706亿千瓦时，比上年增长13%，为市场让利8.4亿元，较上年增长75%。加快推动交易机构独立运行，推进湖北交易中心股份制改造，将国网公司持股比例由70%降至40%左右。股改方案已获国务院国资委批准。有序放开发用电计划。建立优先发电制度，编制全省电力电量总体平衡方案，取消火电企业年度发电总量计划，火电市场化交易电量占火电发电总量比重达70%。稳步做好配售电市场改革，分类推进增量配电网试点，开展售电市场创新服务，在全国首创售电公司履约保险，有效降低售电公司财务成本，获得市场广泛好评。2020年，全省注册售电企业107家（民营企业占比70%）。

供给侧结构性改革

【巩固化解过剩产能】 2020年，全省压减过剩钢铁产能338万吨，淘汰落后钢铁产能476万吨，提前两年超额完成国家下达任务。共查处“地条钢”企业16家，取缔非法产能约180万吨。推进煤炭行业化解过剩产能，明确年度煤矿关闭退出名单。严格煤矿关闭退出程序，确保关闭退出到位和安全稳定。严格验收标准，省市县三级对照煤矿关闭退出标准认真组织验收。认真核实产能，严防不符合规定的产能纳入到去产能任务量。全省“十三五”期间共关闭退出煤矿298处，退出产能2043万吨。

【分类指导房地产去库存】 稳妥实施房地产市场平稳健康发展长效机制方案，抓好“一城一策”试点工作。建立了房地产市场调控部门会商制度和市场信息定期发布制度，落实房地产市场监测月报制度，加强动态监测和预警提示，坚持因城施策、多措并举，促进房地产市场平稳健康发展。截至2020年末，全省商品住房库存面积7272.8万平方米，平均去化周期约12.9个月。全省房地产投资稳步增长，市场运行总体平稳。

【推进实体经济去杠杆】 加强信贷政策支持，积极开展多层次政银企对接活动。截至2020年末，全省金融机构本外币各项贷款余额5.99万亿元，增长14.6%。实施“上市公司倍增计划”，2018年至2020年，新增境内上市公司18家，境内上市公司总数达到115家。坚决打好防范化解金融风险攻坚战，2019年湖北省被国务院认定为全国五个防范化解金融风险、营造诚实守信金融生态环境、维护良好金融秩序、健全金融消费者权益保护机制成效较好的地方之一。

【降低企业成本】 印发《关于进一步降低企业成本增强经济发展新动能的意见》《关于印发湖北省企业减负降本政策（2019年）的通知》，全省连续出台了四轮降成本政策措施，累计降低企业成本近5000亿元。为应对疫情影响，出台促进经济社会加快发展“30条”，支持中小微企业“18条”、“15条”等措施，帮助企业复工复产。率先成为实行省定涉企行政事业性收费“零收费”的省份之一，清单内涉企行政事业性收费28项，政府定价涉企经营服务性收费10项。

【重点领域补短板】 抓好水利基础设施、高标准农田、农村公路及公路安防、乡镇生活污水处理等补短板四大工程。易涝地区12处重点外排泵站新增排涝能力1823立方米每秒，五大湖泊堤防整治共加固湖堤356公里，14条入江重要支流治理累计新建、加固堤防2050公里，1280座小型水库除险加固共恢复库容2300万立方米。“路路安”生命防护“455”工程建设全面完成目标，处治安全隐患里程96640公里，路网安全通畅保障水平显著提高。出台了《湖北省疫后重振补短板强功能“十大工程”三年行动方案（2020—2022年）》，截至2020年末，滚动谋划“十大工程”项目6114个，总投资2.3万亿元，开工率45%。

（刘永禄　杨帆）

行政审批制度改革

【“放管服”改革】 全省实现企业开办“210”服务目标（2个环节、1天办结、零费用免费赠送一套公章），基本实现一般登记5个工作日内、抵押登记3个工作日内办结，工程项目审批改革加速推进，武汉、襄阳、宜昌主城区基本实现“80、60、40”的改革任务，实施施工图分类审查改革，低风险工程免于施工图审查，一般工程采用承诺制办理施工许可。

【推进“一网通办”】 截至2020年底，全省可网办率达99.39%，1473项政务服务高频事项可通过“鄂汇办”办理，建成省市县乡村五级覆盖的政务服务网。推进建立以“互联网+监管”平台为支撑、信用监管为基础、“双随机一公开”监管为基本手段、重点监管为补充的新型监管体系，加强事中事后监管。

（彭　峰）

企业上市

【概况】 2020年，全省8家公司在境内首发上市，凯瑞德迁址荆门，东贝集团成功B股转A股，境内上市公司总数115家；新增运鸿国际、福禄控股2家境外上市公司，境外上市公司总数26家。全年全省新增共同药业等22家报会报审企业，新增康农种业等48家报辅企业；新增2家新三板精选层挂牌企业，2家在审，4家在辅；新增四板挂牌企业311家；累计确定省级重点上市后备“金种子”企业126家、“科创板种子”企业53家、“银种子”企业348家。

2020—2021年度上市后备“金种子”企业名单

（有效期至2021年12月31日）

武汉（48家）
武汉回盛生物科技股份有限公司
汇绿生态科技集团股份有限公司
汉口银行股份有限公司
恒信汽车集团股份有限公司
格瑞拓动力股份有限公司
武汉里得电力科技股份有限公司
武汉谦诚桩工科技股份有限公司
武汉中科通达高新技术股份有限公司
武汉华康世纪医疗股份有限公司
武汉金东方智能景观股份有限公司
奥山实业（湖北）有限公司
武汉福禄网络科技有限公司
武汉当代恒居生活服务有限公司
大成科创基础建设股份有限公司
尚格会展股份有限公司
武汉康圣达医学检验所有限公司
武汉璟泓科技股份有限公司
风脉能源（武汉）股份有限公司
湖北君集水处理有限公司
武汉长利玻璃（汉南）有限公司
武汉欧亚达商业控股集团有限公司
中南工程咨询设计股份有限公司
武汉三相电力科技有限公司
武汉有机实业有限公司
武汉亿童文教股份有限公司
湖北三环汽车电器有限公司
武汉猫人云商科技有限公司
武汉微派网络科技有限公司
湖北交投智能检测股份有限公司
武汉天源环保股份有限公司
武汉芳笛环保股份有限公司
武汉新华扬生物股份有限公司
武汉赛维尔生物科技有限公司
武汉生之源生物科技股份有限公司
武汉友芝友医疗科技股份有限公司
千里马机械供应链股份有限公司
武汉天虹环保产业股份有限公司
中浩紫云科技股份有限公司
武汉微创光电股份有限公司
合建卡特工业股份有限公司
武汉昱升光器件有限公司
湖北泰跃卫星技术发展股份有限公司
湖北普罗劳格科技股份有限公司
武汉科迪智能环境股份有限公司
武汉润泽鸿业医疗科技有限公司
武汉九生堂生物科技股份有限公司
武汉奥绿新生物科技股份有限公司
湖北华鼎团膳管理股份有限公司

襄阳（6家）
湖北共同药业股份有限公司
襄阳博亚精工装备股份有限公司
襄阳国铁机电股份有限公司
金鹰重型工程机械有限公司
华中药业股份有限公司
襄阳光瑞汽车零部件有限公司

宜昌（8家）
湖北均瑶大健康饮品股份有限公司
湖北恒安芙林药业股份有限公司
湖北华强科技有限责任公司
宜昌东阳光长江药业股份有限公司
宜昌恒友化工股份有限公司
湖北一致魔芋生物科技股份有限公司
湖北东田光电材料科技有限公司
湖北三宁化工股份有限公司

黄石（5家）
湖北奥莱斯轮胎有限公司
湖北朗天新特药有限公司
湖北远大生命科学与技术有限责任公司
黄石山力科技股份有限公司
湖北迪峰换热器股份有限公司

荆州（4家）
湖北亿钧耀能新材股份公司
湖北丽源科技股份有限公司
荆州市江汉精细化工有限公司
湖北江汉建筑工程机械有限公司

十堰（5家）
驰田汽车股份有限公司
十堰市泰祥实业股份有限公司
正和汽车科技（十堰）股份有限公司
十堰市倍力汽车管业有限公司
十堰同创传动技术有限公司

孝感（5家）
湖北中一科技股份有限公司
湖北祥源新材科技股份有限公司
湖北午时药业股份有限公司
湖北优尼科光电技术股份有限公司
湖北神丹健康食品有限公司

荆门（5家）
湖北固润科技股份有限公司
湖北鄂中生态工程股份有限公司
湖北康沁药业股份有限公司
湖北航特装备制造股份有限公司
湖北百科亨迪药业有限公司

随州（4家）
湖北犇星新材料股份有限公司
湖北毅兴智能装备股份有限公司
湖北金龙新材料股份有限公司
湖北三峰透平装备股份有限公司

鄂州（1家）
湖北老鬼生物科技有限公司

黄冈（2家）
湖北祥云（集团）化工股份有限公司
湖北省宏源药业科技股份有限公司

咸宁（2家）
湖北平安电工材料有限公司
湖北三赢兴电子科技有限公司

恩施（1家）
湖北省鄂旅投旅游发展股份有限公司

仙桃（2家）
湖北新蓝天新材料股份有限公司
湖北词源教育投资管理有限公司

潜江（1家）
潜江方圆钛白有限公司

天门（1家）
湖北益泰药业股份有限公司

2020—2021年度新增上市后备“金种子”

（有效期至2021年12月31日）

武汉（12家）
东风汽车集团股份有限公司
湖北银行股份有限公司
湖北金旭农业发展股份有限公司
武汉木仓科技股份有限公司
武汉珈创生物技术股份有限公司
武汉理工数字传播工程有限公司
武汉盛为芯科技有限公司
武汉安扬激光技术有限责任公司
武汉奋进智能机器有限公司
武汉中科锐择光电科技有限公司
武汉嘉晨汽车技术有限公司
湖北盛齐安生物科技股份有限公司

襄阳（2家）
湖北荆洪生物科技股份有限公司
湖北凌晟药业有限公司

宜昌（3家）
湖北宏裕新型包材股份有限公司
湖北康农种业股份有限公司
湖北汇富纳米材料股份有限公司

黄石（1家）
上达电子（黄石）股份有限公司

荆州（1家）
洪湖市一泰科技有限公司

十堰（1家）
湖北华阳汽车变速系统股份有限公司

孝感（1家）
湖北福星生物科技有限公司

黄冈（1家）
湖北迅达药业股份有限公司

咸宁（1家）
咸宁海威复合材料制品有限公司

恩施（2家）
恩施徕福硒业有限公司
湖北咿呀医疗投资管理股份有限公司

仙桃（1家）
湖北绿色家园材料技术股份有限公司

（柳　菁）

市场监督管理

概　述

【概况】 2020年，全省全力以赴应对疫情大考。保障市场价格基本稳定。面对疫情初期武汉生活必需品、防疫物资大幅涨价的情况，迅速启动应急价格监管机制，召集中百仓储、中商超市、武商超市等武汉市内大型商超负责人进行价格政策提醒告诫，严禁囤积居奇、哄抬物价。强化政策支撑指导，在全国率先出台《疫情防控期间价格违法行为认定与处理的指导意见》，指导全省市场监管系统依法开展疫情期间价格监管执法。保障防疫物资质量安全。严把防护用品质量关，调集各方技术力量，开展防疫物资、

2020 年 12 月 4 日,全省"双安双创"工作现场会在咸宁市召开

生活必需品等产品应急监督抽查 2365 批次、日用生活必需品 540 批次、捐赠用品质量检验 745 批次，检定校准红外测温仪、医用设备 1.9 万余台（件），检验医疗机构、隔离点特种设备近 4000 台（套）。印发《全省口罩产业质量提升工作方案》，在全省开展口罩产业提升行动，重点扶持企业 19 家、对标提质 35 家、指导服务 136 家。保障重要防疫物资生产供应。根据省疫情防控指挥部紧急安排，省市场监管局牵头负责口罩、酒精、消毒液等防护用品生产供应工作。指导天猫、京东、拼多多、美团、饿了么等平台企业推行"线上采购、线下配送"模式，专门开通针对湖北民用的口罩销售渠道，保障群众防疫需求。加大防疫物资生产能力，协调安排 360 余家消杀用品原料、包材、成品生产企业复工复产，协调帮助企业解决复工困难，满足社会防疫物资需求。保障群众基本生活需求，指导美团率先在武汉试点推行"无接触配送"模式，制定《无接触配送服务规范》，有关做法在全省全国得以推广应用。保障援鄂医疗队餐饮安全，全省各级市场监管部门对 598 个供餐单位重点监管，协调餐饮企业供餐 2201 万份（其中免费爱心餐 54.2 万份），有力保障了近 4 万名援鄂医疗人员餐饮安全，做到"零感染、零投诉、零事故"。全力服务市场主体复工复产和常态化疫情防控。强化应急审批，推行"网上办""不见面"服务，疫情期间全省市场监管系统办理各类市场主体登记业务 59293 件。出台支持复工复产措施，印发《关于支持企业有序复工复产的通知》《关于强化市场监管服务助推企业复工复产的通知》等系列文件，开设防疫急需用品应急审批通道、设立许可证延办"宽限期"、加强食品供应保障服务、标准计量支撑、审慎监管执法等 9 条措施，服务湖北经济社会疫后重振。

优化营商环境。报请国家市场监管总局批准在鄂试点商事制度"五项改革"，全省出台激发市场主体活力"16 条措施"、"证照分离"改革全覆盖和部门联合"双随机、一公开"监管实施办法。在湖北自贸试验区试行的"一照通""智慧办"等四项改革被省政府向全省推广。全省全年新登记市场主体 73.1 万户，市场主体总量达 571.35 万户、注册资本（金）13.18 万亿元，比上年底分别增长 5.42%和 15.09%。推进准入退出"双向便利"。企业开办全面实现"一个窗口、一张表，一日办结零收费"，全省内资企业网办率升至 87%。简易注销公告时间由 45 天压缩到 20 天，申报材料精简 40%以上。实现部门联合"双随机、一公开"监管常态化。开发上线全省统一"双随机、一公开"监管平台，全省各级 2061 个部门注册使用，省直 26 个部门参与，累计发起双随机抽查 5290 项，其中部门联合抽查 820 项。全省市场监管部门完成 8.14 万户市场主体抽查和结果公示。深化信用监管。企业信用信息共享交换平台注册部门 5306 个，交换信息 6388 万条。联合惩戒有序推进，6293 户企业被列入严重违法失信名单，7219 名失信被执行人受到任职资格限制。加强市场主体信用修复，移出经营异常名录和严重违法失信企业名单 3.19 万户。推进依法治理。清理法规规章规范性文件 110 件，其中宣布失效 56 件，予以修改 7 件，继续有效 47 件。制发实施行政处罚裁量权适用规则和首次轻微违法容错清单，免罚事项增至 50 项。省市场监管局推出的包容审慎监管措施入选"湖北省十大法治事件"，"一照通"平台和"协同执法办案系统"获中国信息产业商会"智慧市场监管最佳创新驱动实践奖"。

严守"四大安全"底线。加强食品安全监管。实施食品安全十大攻坚行动，深入推进"双安双创"建设，21 个县市区获"湖北省食品安全示范县"称号。推动设立全国首个食品安全政府奖"湖北省食品安全突出贡献政府奖"。实施食品小作坊提升壮大行动，食品小作坊 100%建档立卡、生产许可持证率上升至 88%。在全国率先开展放心食品销售公开承诺活动，7233 家超市作出承诺。深入开展校园食品安全守护行动，全省学校食堂"明厨亮灶"建设覆盖率达到 100%。全年抽检食品 23.47 万批次，合格率达 97.71%。加强药品安全监管。开展"两品一械"监督检查，整改隐患问题 2543 个，查办案件 1590 件，药品抽检合格率为 99.23%。推动两个化学一类创新药成功上市，实现全省该类药物获批"零"的突破。加强特种设备安全监管。检查特种设备生产使用单位 2.3 万家，整改隐患 8670 处，指导企业开展应急演练 600 余次。全省在用电梯投保率超过 30%，气瓶充装站信息化管理覆盖率超过60%。组织省级产品质量监督抽查6700批次，查处不合格产品456批次。

开展质量提升行动。持续开展质量和品牌提升行动。“万千百”质量提升行动服务企业1.34万家，为企业降本增收超10亿元。评定第八届“长江质量奖”，5家企业（组织）获评正奖，5家企业（组织）获提名奖。探索推进“湖北名优”公共品牌体系建设，启动品牌提升三年行动，成功举办第二届湖北地理标志大会暨品牌培育创新大赛、“我喜爱的湖北品牌”电视大赛，22家企业登上中国品牌价值评价榜，13件地理标志入选中欧地理标志协定保护名录。全省立项评审标准209项、制修订发布地方标准85项、废止37项。发布《管道检测机器人校准规范》等13项地方计量技术规范。组织专家深入1303家中小企业开展计量帮扶，解决问题3500个。加强质量基础设施建设。全国第一个国家非织造布产品质量监督检验中心（湖北）建设进展顺利，国家市场监管总局开辟绿色通道对武汉大学A3实验室开展认可评审并授予实验室认可证书。国家金刚石工具质检中心（湖北）获批成立，国家燃料电池汽车质量监督检验中心获批筹建，中南大区恒温恒湿实验楼等一批质量基础设施加快建设。加强知识产权保护。年专利申请、授权总量大幅增长，增幅分别达19.64%和48.91%，创历史新高。有效商标注册66.5万件、新注册地理标志商标33件，分别比上年增长21.63%和26.92%。

维护市场经济秩序。维护公平竞争秩序。全面推进公平竞争审查制度落实，累计审查清理政策措施文件3.4万件，修改740件、废止2269件。出台《湖北省经营者合规经营指引》，开展“公平竞争执法2020行动”，查处垄断和不正当竞争案件2442件，案值6166万元。加强涉企收费检查。围绕行政事业单位、行业协会商会、转供电等5个重点领域，检查单位6439家，查处价格案件268件，实施经济制裁9640余万元。加强广告、合同和网络交易监管。监测各类广告161万条次，查办广告违法案件935件。查纠格式合同条款658条。监测网络平台内网店13万家，发现相关线索4417条。依法保护消费者合法权益。联合28个部门开展“放心消费在湖北”活动。“湖北消费维权政企协作平台”和“互联网+在线和解”平台上线运行。全省12315平台和消委系统处理消费者咨询投诉举报93.4万件，为消费者挽回经济损失1.9亿元。深入开展执法专项行动。先后开展打击假冒伪劣、打传规直、扫黑除恶、长江禁捕打非断链、野生动物及制品、“知识产权铁拳”等系列专项执法行动。全年查办各类违法案件2.24万件，案值3.67亿元，移送司法机关62件。大要案件数居全国市场监管系统前列，18件入选国家市场监督管理总局典型案例。打击侵权假冒工作位列全国绩效考核综合排名第1档。

市场监管“放管服”改革

【“证照分离”改革全覆盖试点】 2020年，深入贯彻落实《优化营商环境条例》，报请省政府印发《湖北省“证照分离”改革全覆盖试点工作实施方案》。11月4日，省政府召开全省“证照分离”改革全覆盖试点工作电视电话会议，部署推进“证照分离”改革工作，副省长张文兵出席会议并讲话。湖北省成为全国第四个全域试点“证照分离”改革的省份，襄阳、黄石、荆门、十堰等地的7项市场监管改革典型经验被省营商环境办在全省推广，鄂州商事制度改革获国务院办公厅通报表扬。

【“一事联办”“一照通”改革】 统筹推进政务服务“一事联办”和“一照通”改革，将“我要开饭店”作为场景化“一事联办”服务试点在全省市场监管系统推进运行。进一步深化“一照通”改革，上线运行全省“一照通”平台，实现后续审批证照全部通过平台对外展示，推动市场监管部门涉企证照同办。企业开办全面实现“一个窗口、一张表，一日办结零收费”，全省内资企业网办率上升至87%。襄阳、黄冈上线运行“智慧办”平台，咸宁“一网通办”被省政务办推荐为市级样本。

【深化企业开办“210”标准】 省市场监管局、省政务管理办、省公安厅、省人社厅、湖北国税局、人行武汉分行联合印发《关于全面推行企业开办“210”标准的通知》，自8月1日起，将设立登记时限压缩至0.5个工作日内，公章刻制、申领发票、社保登记实现同步办理并在0.5个工作日内办结，全面启动免费刻制公章服务，实现全省企业开办程序、材料、时限标准化、规范化。

【检验检测机构资质认定改革】 印发《关于进一步推进检验检测机构资质认定改革的实施意见（试行）》，推进检验检测机构资质认定信息化、便民化，在中国（湖北）自由贸易试验区的检验检测机构资质认定推行告知承诺制，实施先发证后审核。通过深化改革，检验检测资质认定一般审批程序由法定的20个工作日压减到7个工作日。全年完成检验检测机构资质认定924家。

【深化食品生产许可改革】 主动探索优化食品生产许可审批流程和管理措施，印发《优化省级食品许可管理流程规范》等配套文件，进一步优化食品许可审批流程，压减申报材料和时限。印发《湖北省食盐定点生产企业核发食品生产许可证工作实施方案》，切实加强食盐生产企业的质量安全监管，保证全省食盐定点生产企业按期完成核发食品生产许可证工作。全年完成省级食品生产许可审批215件。

【市场监管“智慧审批一张网”建设】 将省、市、县三级市场监管部门实施的食品、重要工业产品、特种设备、计量、广告、药品、医疗器械、化妆品、检验检测8大类行政审批业务全部科学融合到一套信息化系统，实现全省市场监管部门审批事项办理“全程网办、一网通办、业务互联、数据互通”，成为全国市场监管部门首个实现一套系统管审批的省份。

【市场监管“一照通”平台建设】 以营业执照为载体，将市场监管部门产生的营业执照、行政许可等相关证照信息进行汇集、整合、关联，形成“一照通”二维码，公众可通过微信扫描营业执照上的二维码获取市场主体相关证照信息。湖北省“一照通”平台获得国家信息产业商会“智慧市场监管最佳创新驱动实践奖”。

质量技术监督管理

【“万千百”质量提升工程】 2020年，推进“万千百”质量提升工程，省市两级累计投入经费4255万元，开展质量提升活动99项，累计服务企业13368家；举办培训180场次，解决企业生产一线质量问题3089个，为企业带来经济效益超10亿元。组织实施26个“万千百”省级质量提升示范项目，服务企业2239家，举办培训、现场诊断活动157场次，培养质量专业人才6675人，解决质量问题1422个，创造经济效益5亿元。

【第八届湖北省长江质量奖评选表彰】 充分发挥长江质量奖的示范引领作用，开展评比表彰活动，报请省政府印发《省人民政府关于颁发第八届长江质量奖的决定》，授予中国船舶重工集团公司第七一九研究所、华中科技大学同济医学院附属同济医院、格力电器（武汉）有限公司、湖北凯龙化工集团股份有限公司、宜昌人福药业有限责任公司“湖北省第八届长江质量奖”，授予荆门宏图特种飞行器制造有限公司、航宇救生装备有限公司、湖北黄商集团股份有限公司、骆驼集团股份有限公司、宜昌长机科技有限责任公司“湖北省第八届长江质量奖提名奖”。

【品牌建设】 开展品牌研究、培育、宣传和推广工作，以品牌体系支撑高质量发展体系，鼓励行业品牌、地区集群品牌发展，支持培育湖北名品、名企、名店、名景、名街、名镇、名家、名匠、优质工程、优秀传统文化等系列特色和行业品牌，倡导做大做强做精“湖北名优”公共品牌。支持推荐湖北品牌参与中国品牌日活动，鼓励企业或地区参与品牌价值评价，发布品牌建设年度报告，强化品牌发展的内生动能，扩大品牌的影响力知名度，“光谷”“荆品名门”“恩施玉露”“潜江小龙虾”“洪湖莲藕”“蕲艾”“随州香菇”等区域和产品品牌经济社会效益持续增强。

【标准示范引领】 成立省市场监管局标准技术审评中心，主要承担地方标准立项、评审、复核、复审职能。创新开展地方标准制修订工作，制定《湖北省专业标准化技术委员会管理办法》《2020年湖北省地方标准立项指南》，下达省级地方标准立项计划242项。开展湖北省道地中药材标准化研究，成立湖北省道地药材标准化工作组，规范和引领湖北省中药材健康发展。加强地方标准备案管理，废止37项省级地方标准，新发布85项省级地方标准。

【计量服务引领科技创新】 湖北省计量测试研究院获评为湖北省“高新技术企业”、武汉市科技“小巨人”企业认证，申报筹建的国家市场监管重点实验室（光电信息检测技术）顺利进入复评阶段。光电子中心“产业技术基础公共服务平台”建设通过国家工信部三年期复核，在全国市场监管系统内唯一入选国家技术标准创新基地（民航）成员单位。完成计量科技计划项目验收3项、新获授权实用新型专利4项、软件著作权3项。“75000kN多功能减隔震试验平台关键技术研究与应用”科研课题获评为湖北省科学技术进步二等奖。

【电子信息产品检验检测】 省电子产品质量监督检验研究院全年完成工程类检测、软件类测评、节能类测试、产品类检测等367个项目检验检测任务。“湖北省人民政府办公厅省政务管理办公室业务信息化工程第三方软件测评服务项目”完成初验进入终验阶段。顺利完成国家市场监管总局无线路由器、计算机零部件120个批次的合格率调查任务。电磁兼容检测公共服务平台建设投入运行，81个大项、573个参数顺利通过资质认定扩项评审。

重点领域监督管理

【食品生产安全专项整治】 2020年，印发《湖北省固体饮料等10类食品专项整治方案》，有针对性地开展集中专项整治，将固体饮料、其他酒、蜜饯、水果制品、水产制品和其他食品6类食品列为湖北省整治重点，检查固体饮料等10类食品生产企业1698家次，发现问题97家，抽检样品312批，其中不合格产品6批次，责令整改31家，立案查处5起，罚没款11.66万元。印发《湖北省肉制品生产监督检查方案》，省市县市场监管部门三级联动对全省肉制品生产企业和肉制品加工小作坊进行全覆盖监督检查，检查肉制品生产企业441家、肉制品加工小作坊392家，抽考企业主要负责人347人、食品安全管理人员467人，发现问题283家，责令整改255家，责令停产8家，立案查处14家。印发《关于扎实推进保健食品行业专项清理整治行动工作的通知》，推进保健食品行业专项清理整治行动，对20家保健食品生产企业开展体系检查，查处保健食品相关违法案件24起，案值0.9万元，罚没款2.96万元。

【“双安双创”示范创建】 制定《湖北省实施“双安双创”示范引领行动方案》，突出“十大重点”，实施“六大工程”，推进全省域“双安双创”。制定《湖北省食品安全示范县创建工作指南》地方标准，指导县市区开展省级食品安全示范创建工作，实现示范创建规范化、标准化。完成省级第二批“双安双创”综合评议，报请省政府授予21个县市区“湖北省食品安全示范县”、20个县市区“湖北省农产品质量安全县”称号。

【进口冷链食品常态化疫情防控】 开发运行“鄂冷链”进口冷链食品信息化追溯平台，实行“人物地”全环节精准追溯防控，对全省6001家食品冷库开展冷库贮存条件、追溯管理和质量安全规范化开展全面检查。加强进口冷链食品常态化疫情防控，针对海关总署和其他省市通报的新冠病毒核酸阳性冷冻食品信息，及时收集分析，迅速组织排查。全省市场监管系统先后开展涉疫进口冷链食品专项市场排查20余次，出动执法人员20.83万人次，累计清查并妥善处理各类问题冷链食品492.32吨。

2020年12月10日，“鄂冷链”冷链食品追溯系统正式上线运行，省市场监管局党组书记、局长邹贤启（前右二）出席上线仪式，为首张鄂冷链码赋码

【生猪产品加工经营环节监管】 印发《关于进一步加强生猪产品加工经营环节监管工作的通知》，严厉打击非法采购、加工、制售来源不明、检验检疫票证不全、无法提供非洲猪瘟检测报告等违法行为，确保生猪产品加工经营环节质量安全监管。印发《关于加强冷藏冷冻食品质量安全管理的通知》，加强冷藏冷冻食品在贮存、运输过程中的质量安全监管。4月，省市场监管局派出督导组赴武汉、孝感、随州、鄂州、宜昌、恩施、黄石、黄冈、咸宁等地开展实地督导，推进生猪产品“两证两章一报告”制度落实。

【农村食品安全专项整治】 聚焦农村过期、“三无”、“山寨”食品等突出问题，围绕“五个一”（即查缴一批假冒伪劣食品，取缔一批“黑窝点”，移送一批违法案件，严惩一批违法犯罪分子，曝光一批典型案例）要求，集中组织开展整治行动。全省市场监管系统共出动执法人员8.72万人次，检查食品生产经营主体8.97万户次，检查批发市场、集贸市场等各类市场5331个次，抽检食品3.66万批次，发现不合格食品738批次，取缔无证无照生产经营主体149个，收缴假冒伪劣食品1.3万公斤，查处假冒伪劣食品案件538件、货值83.8万元，罚没款486万元。

【校园食品安全守护行动】 开展校园食品安全守护行动，春季排查复学复课学校2278所，抽检食品和食品相关产品881批次，排查发现问题902个，下达责令整改通知书218份，约谈责任人员66人，立案查处使用过期食品违法行为6起，没收过期食品54公斤；秋季排查发现学校及周边食品安全问题3012个，下达责令整改通知书1495份，约谈责任人员290人，立案查处使用过期食品违法行为34起，没收过期食品239.1公斤，罚款8.4万元。

【食品安全抽检监测】 全省全年完成食品抽检240110批次，发现不合格食品5418批次，不合格率2.26%。完成全年抽检任务的119%，达到4.07批次/千人，高于市场监管总局规定的3批次/千人要求。其中，评价性抽检4000批次，合格3963批次，合格率98.95%。市县农产品专项抽检60412批次，不合格食品1222批次，不合格率2.02%。

【特种设备登记管理】 全省特种设备总量539580台（气瓶和压力管道另外统计），居全国第九，约占全国特种设备总量的3%。其中，锅炉9925台，压力容器109699台，电梯288630台，起重机械92496台，客运索道32条，大型游乐设施1035台，场（厂）内专用机动车 37763 辆。另有压力管道25762.3千米，气瓶6432772只。

【特种设备检验检测】 全年完成特种设备产品安全性能制造监检34459台件，安装监检38772台件，改造维修监检1781台件，进口特种设备到岸监督检验14台件。开展承压类特种设备定期检验37122台件，机电类特种设备定期检验的应检314531台（辆）。

【重点工业产品质量监督抽查】 制定《2020年产品质量省级监督抽查计划》，涵盖疫情防控产品、农业生产资料、电子电器、电工及材料、机械及安防产品、建筑装饰装修材料、轻工产品、危险化学品和食品相关产品等九类182种产品。组织开展省级产品质量监督抽查6700批次，检出456批次不合格产品，不合格产品检出率为8.0%。完成风险监测抽样检测任务355批次，全部向有关市州和省直相关部门进行通报。对国家、省级监督抽查严重不合格的624批次产品及其生产企业进行处理督办。

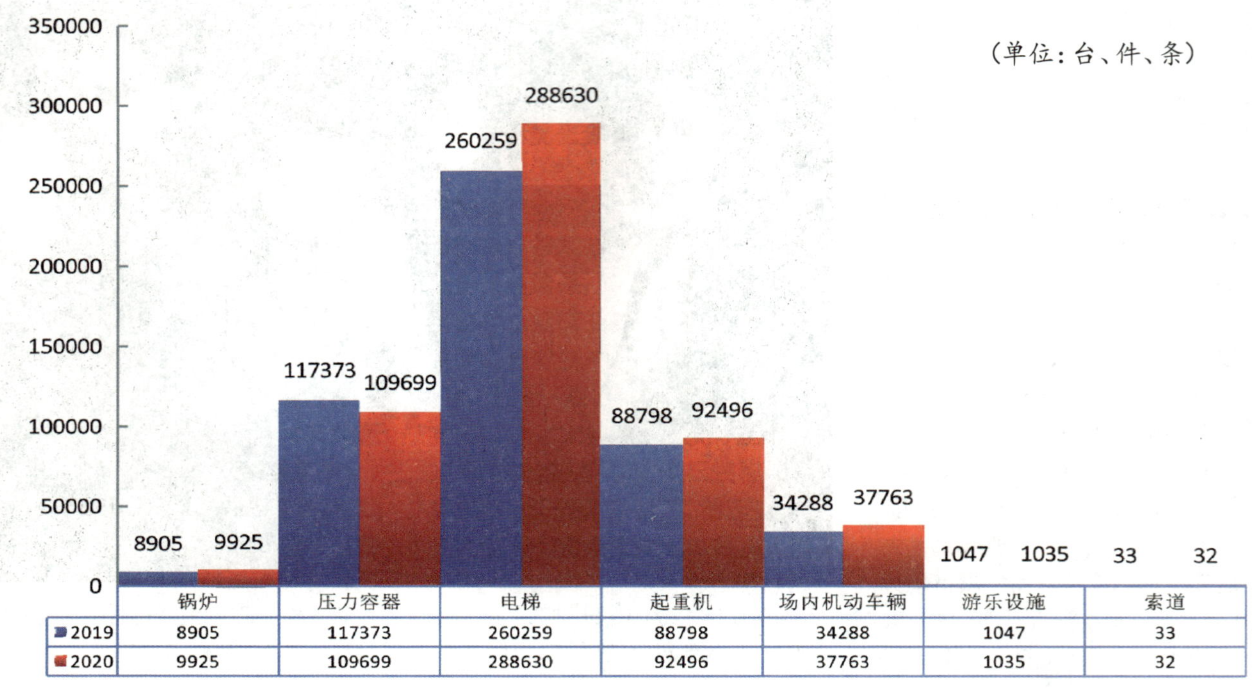

	锅炉	压力容器	电梯	起重机	场内机动车辆	游乐设施	索道
2019	8905	117373	260259	88798	34288	1047	33
2020	9925	109699	288630	92496	37763	1035	32

图 3—3　湖北省 2020 年与 2019 年特种设备数量对比图（不含气瓶、管道数量）

市场监管与执法

【包容审慎监管】 2020 年，完善轻微违法行为容错机制，动态调整首次轻微违法行为容错清单。在 2019 年首次推出轻微违法经营行为免罚清单的基础上，于 6 月推出 2020 版容错清单，将免罚事项由原来的 36 项增至 50 项。

【“长江禁捕、打非断链”行动】 印发《打击市场销售长江流域重点水域非法捕捞渔获物专项行动方案》，派出 18 个督导检查组重点围绕“六查六看”“八个严禁”开展全域督查，确保行动取得实效。联合省法院、省检察院等五部门发布《关于严厉打击非法捕捞违法犯罪的通告》。营造浓厚氛围，在各类市场和餐饮服务场所显著位置张贴《禁售通告》23 万余张，组织相关市场主体签订《禁售承诺书》24 万余份，通过各类媒体发布新闻、宣传标语、海报、公益广告等 6.5 万余篇（条、次）。全省市场监管系统累计出动执法人员 45.9 万人次，检查各类市场主体 79.5 万家次，督促整改问题 7697 个，查办案件 212 件，曝光典型案例 12 件。督促下架“地笼网”1071 套，违禁鱼钩、鱼串 2157 副，没收非法销售的翻板钩、锚钩、地笼等禁用渔具 1174 副（个），收缴毒饵 800 瓶（盒、包、袋），向农业农村等部门移送非法销售渔获物、出售禁用渔具、毒饵等违法案件线索 35 条。开展餐饮环节检查整治，严查采购、加工无法提供合法来源凭证水产品经营行为，禁止在店堂内外招牌和菜谱上出现江鲜、江鱼、野生鱼等字样菜品。全年检查餐饮服务单位 46.93 万家次，其中，督促整改未落实进货查验记录问题 284 家，查处加工制作无法提供合法来源凭证 115 家。

【“双随机、一公开”监管】 扎实开展“双随机、一公开”监管，全省市场监管系统完成抽查并公示检查结果企业 5.13 万户、个体 2.62 万户、农专 0.39 万户，分别占对应市场主体总数比例为 3.90%、0.67%、3.99%，超额完成年度目标任务。

【信用约束和联合惩戒】 通过国家企业信用信息公示系统公示人民法院冻结股权或其他投资权益等信息 8642 条，重大税收违法案件及当事人信息 354 条，对 7219 名老赖实施任职资格限制。

【落实公平竞争审查制度】 联合省发展改革委、省财政厅、省商务厅转发《市场监管总局等四部门关于开展妨碍统一市场和公平竞争的政策措施清理工作的通知》，清理规章、规范性文件和其他政策措施 8350 件，其中对 515 件政策措施实施废止、修改以及适用例外规定继续保留。

【反垄断执法】 在全省组织开展“公平竞争执法 2020”行动，以落实公平竞争审查制度，加强反垄断执法为重点，开展系列公平竞争执法行动，维护公平竞争的市场环境。加大执法办案力度，对某地二手车交易市场达成垄断协议行为，依法实施行政处罚 19.52 万元。

【反不正当竞争执法】 印发《关于进一步加强反不正当竞争执法工作的通

知》，以政府关注、社会关切、群众关心的不正当竞争的突出问题为整治重点，聚焦防疫物资、商业促销、医药购销与医疗服务、互联网和电子商务等行业领域，依法查处反不正当竞争案件211件，有力规范市场竞争行为，促进经济健康发展。

【网络市场监管专项行动】　充分发挥省网络市场监管联席会议制度作用，与13个成员单位联合印发《2020网络市场监管专项行动（网剑行动）方案》，严厉打击网络市场突出问题，营造公平有序的网络市场环境。结合市场监管部门实际，部署开展网络野生动植物保护、网络长江禁捕、网络销售和宣传“特供”“专供”标识商品信息等10余项整治行动，查处网络交易违法案件422起。

消费者权益保护

【优化消费环境建设】　2020年，印发《关于做好优化消费环境相关工作的通知》，从实施消费品和服务业质量提升行动、培育和发展“湖北名优”品牌、促进农产品转型提质、优化市场监管执法、加强特种设备安全管控、完善投诉渠道提升维权效能、加强消费维权站建设等十大重点领域，指定针对性的优化措施，进一步释放消费潜力，营造舒心的消费环境，助力打赢全省疫后重振民生保卫战和经济发展战。

【开展消费环境评价工作】　完善指标体系，委托第三方专业评估机构，从消费供给、消费环境、消费维权3个一级指标、16个二级指标、24个三级指标，对全省16个城市2019年度开展消费者满意度评价测评，客观、公正反映各地放心消费创建成效。通过测评，襄阳、随州、荆门、十堰、恩施排名前五。

【湖北消费维权政企协作平台开通】　9月，湖北消费维权政企协作平台在荆门、十堰开通试运行，10月底，在全省推广运行。该平台的建立，实现全省12315平台与企业维权站的互通互联，畅通了政府监管服务与企业主动维权的互动渠道。截至年底，平台内已录入维权站信息2000余家，和解消费纠纷700余件。

【12315指挥中心建设】　探索职业索赔案件处理机制，通过快速抓取相关举报信息，筛选疑似职业索赔人信息，并与各地市场监管部门共享《情况分析》，提高职业举报投诉处置时效。开辟消费维权数据通报专页，每日通报市州接诉量、办理量、办结率。加强12315平台建设，优化12315模块，完善自动统计、分析、查询和业务督办功能，推动12315平台信息化、智能化。

【12315数据分析应用】　全年制定12315数据分析报告46期，发布春节、国庆、中秋、“双11”等重点时点消费提示8期，缺陷信息月报12期。疫情期间，坚持24小时应急值守，密切监测口罩、防护服、额温枪等防疫物资以及米面油肉蛋菜等生活必需品的投诉举报情况，建立哄抬价格等违法举报线索台账，及时为市场监管执法提供案件线索。全年全省12315平台接收咨询投诉举报88.22万件，为消费者挽回经济损失1.3亿元，其中，咨询55.20万件、投诉22.73万件、举报10.29万件，分别占12315诉求总量的62.56%、25.77%和11.67%。

（李　义）

物价管理

价格改革

【“放管服”价格改革】　2020年，统筹考虑机构改革后部门职责变化和新版《中央定价目录》衔接，提出了第四轮《湖北省定价目录》修订建议，通过国家初审、省政府审核和国家发改委审批，新版定价目录于2021年3月1日起执行，修改后全省保留政府定价27项，且70%授权地方政府管理。继续巩固省定涉企行政事业性零收费成果，两次调整《湖北省实行政府定价的收费标准清单》，做到定价目录外无政府定价，收费标准清单外无政府定费。开展了“十三五”全省价格改革落实情况评估工作。

【农业水价综合改革】 落实国家农业水价综合改革有效灌溉面积应改尽改要求，重新核定全省农业水价综合改革总目标任务为4038.3万亩，并将新增1000万亩面积分解到县市区。按照“先建机制，后建工程”的原则，会同省农业厅等四部门制定出台《湖北省农业水价综合改革2020年度实施计划》，明确全年改革目标任务，组织各地以大中型灌区节水改造项目、高标准农田建设项目为重点，将具体任务细化到市县或灌区，落实到具体地块。

【用水超定额累进加价改革】 联合省住建厅、省水利厅出台《关于印发建立健全城镇非居民用水超定额累进加价制度实施意见的通知》，用水水量原则上分为3档，第一档为计划内用水，按现行供水价格执行，不加价；第二档为超用水计划50%以内；第三档为超用水计划50%以上，加价标准分别按当地自来水价格的1.5倍、2倍收取水费。对“两高一剩”(高能耗、高污染、产能严重过剩）等行业，实行更高的加价标准。

【输配电价和销售电价调整】 印发《关于湖北电网2020—2022年输配电价和销售电价有关事项的通知》，2021年1月1日起降低全省大工业用电电度电价0.005元/千瓦时，基本电价按最大需量、变压器容量计算，分别降低9.5%和10.7%，年降低市场主体用电成本13.19亿元。

【完善峰谷分时电价政策】 自2021年1月1日起，峰、平、谷时段由高峰6个小时、平段10个小时、低谷8个小时重新划分为高峰（含尖峰）、平段、低谷各8个小时，根据电网实际负荷分布调整具体时段。尖峰时段价格倍率按1.8倍设置（原高峰倍率），高峰时段价格倍率由1.8倍调整为1.49倍，低谷时段倍率保持0.48倍不变。停止执行用电高峰季节电价政策。

【落实降低企业用电成本政策】 印发《关于实施灵活水电气价格政策支持中小微企业抗击疫情影响共渡难关的通知》（鄂发改价管〔2020〕40号）等文件，自2020年2月1日至12月31日，全省除高耗能行业电力用户外工商业企业，在计收电费时，统一按原到户电价水平的95%结算。单独争取全省化肥生产企业执行该项政策。全年预计降低企业用电成本约26.96亿元。同时实施支持性两部制电价政策，放宽容（需）量电价计费方式变更周期、减容（暂停）期限，降低相关企业用电成本约16.86亿元。

【实施阶段性降低用水、用天然气价格优惠政策】 2020年1月1日—9月30日，全省中小微企业工业用水、用天然气价格均下调10%，经各级防控指挥部核定相关在营保供企业可同等享受，其他中小微企业用水、用天然气价格政策，由市、州、县人民政府根据价格管理权限，结合当地实际确定。天然气省内短途管输价格自3月1日起降低5%，支持企业复工复产。1月1日—9月30日，全省非居民用天然气用气量约14.4亿立方，降低企业用气成本约5亿元；企业用水量约2.1亿立方，降低企业用水成本0.4亿元。

价格调控

【市场价格调控】 2020年，发挥市场价格调控联席会议牵头协调作用，积极协调各部门依职能做好疫情防控常态化形势下保供稳价工作。重要节点提前做好猪肉、粮食等重要民生商品保供稳价准备。落实价格补贴联动机制，全省发放价格临时补贴31.89亿元，惠及困难人群2332万余人次，为1.67万人增发放一次性价格补贴187.63万元，为21万余人增发1300余万元生活物资，缓解物价上涨对困难群众基本生活的影响。落实全省冻猪肉储备投放协调组织，会同省商务厅对各地冻猪肉储备工作进行指导，做好应急防范准备。推进砂石市场供应保障和价格稳定工作，制定出台全省《关于促进砂石行业健康有序发展的实施方案》，保障全省重点项目建设需求。

【规范收费管理政策】 落实国家免收收费公路车辆通行费、阶段性减免部分征信服务收费、降低港口收费标准等疫情期间优惠政策。核定非免疫规划疫苗储存运输费。配合优化调整高速公路车辆通行费。先后提出10条高速公路收费标准建议，其中2条进行了第三方评估。配合交通部门落实国家要求，开展高速公路车辆通行费货车收费标准优化调整实施效果评估。加强疫情期间学费管理。会同教育等部门提出疫情期间学费住宿费收费要求。会同省新闻出版局完成我省2020年秋季、2021年春季中小学教科书、教辅材料零售价格核定工作。完善残疾人就业保障金制度。经省政府同意，会同财政、民政、人社、国税、残联印发《湖北省完善残疾人就业保障金制度 更好促进残疾人就业的实施方案》。持续完善全省景区门票价格形成机制，推动降低票价，完成全省政府定价景区价格成本监审（调查）、价格评估工作。累计全省107家政府定价景区（点）门票进行了降价或免费开放。落实“与爱同行 惠游湖北”省内A级旅游景区阶段性免票活动。配合有关部门一起做好涉企收费政策审计、口岸收费检查等相关工作。做好省政协重点就降低和规范涉企收费政策落实情况、省优化营商环境督查专题调研工作。

【价格成本监审】 2020年，全省共完成成本监审（调查）项目110项，涉及电网输配电、热电联产、天然气管输及城市配气、农业供水、污水处理、城市公交及出租车、旅游景区、学前教育、养老服务等10多个行业，核减了大量不应计入定价成本的费用，积极推动监审成果应用。2020年，通过运用天然气管道输气成本监审成果，重新核定管输价格、实施阶段性灵活用气价格，降低企业用气成本逾5.6亿元；通过运用湖北电网第二监管周期（2016—2018年）输配电成本监审成果，实施阶段性降价、完善峰谷电价、下调电网基本电价等措施，降低全省用户用电成本59亿元。加强成本监审制度建设。完善《湖北省政府制定价格成本监审工作规程》，建立了事前会商机制，强化了事中集体审议，健全了结果公开制度。围绕强化农业供水成本约束，减轻农民不合理水费支出，全面推进农业水价综合改革，制定出台了《湖北省农业末级渠系供水定价成本监审办法》。

（汪辛欣　罗亦金　罗群林）

价格基础工作

【价格监测预警与分析】 2020年，落实国家和省级22项价格监测报告制度，共上报各类价格数据90万余条。针对新冠肺炎疫情和汛情开展价格应急监测预警。在全省范围内对疫情相关粮油肉禽蛋奶菜等重要民生商品开展日监测日报告，共上报每日市场价格情况报告143篇，主要生活物资价格调控快报59篇。参与研究制定执行居民主要生活物资不高于上年同期价格水平，猪肉价格不高于同期全国36个大中城市平均水平等价格调控政策。从7月6日至8月7日开展汛期应急监测，密切监测重要民生商品的市场供应和价格变化，并对防汛物资和新冠肺炎防疫用品开展价格监测调查巡视。加强粮食市场价格监测分析，掌握粮食市场生产形势和价格变化情况。截至8月底，全省纳入统计范围内的收购主体，累计收购小麦30.81亿斤，同比增加1.48亿斤。

【价格认定】 2020年，全省价格认定机构共办理各类价格认定事项9388件，标的金额20.74亿元，其中：涉嫌违纪案件215件，金额4.75亿元；涉嫌刑事案件8149件，金额5.68亿元；涉及行政事项718件，金额8.73亿元；价格争议纠纷调解29件，金额2202.47万元。全省共办理复核案件75件，标的金额47.39万元。省级共办理价格认定事项74件，标的金额8509.27万元。

【农产品成本调查】 按照《农产品成本调查管理办法》，开展农产品成本收益调查，全面完成了主要粮食、油料、经济作物、食品，以及常用蔬菜、副食品6大类32个品种的种养成本收益常规调查、直报调查、预测调查，全省农户2020年度种植意向和购买农资、存售粮情况等专项调查，组织指导有关市县完成了湖北特色农产品成本收益调查，农产品成本调查品种目录规定品种调查率100%，为加强宏观调控，完善农业保险、农业补贴、农业价格等政策提供了数据支撑。

（余晶晶　黄元元　罗群林）

财政与税收

综　述

【概况】 2020年，全省各级财政部门深入贯彻落实习近平新时代中国特色社会主义思想、习近平总书记重要讲话和指示批示精神，紧紧围绕中央和省委、省政府决策部署，积极履职尽责，强化财力保障，全力攻坚克难，打好疫情防控、防汛救灾、疫后重振三场硬仗，奋力夺取疫情防控和经济社会发展“双胜利”。全年全省地方一般公共预算收入完成2512亿元，税收占比达到76.6%；全省地方一般公共预算支出完成8443亿元，增长5.9%。国务院连续4年通报表扬湖北财政管理工作。

保障防控救治。疫情期间，筹措资金20.65亿元，落实患者救治“零负担”政策。筹措资金建设雷神山、火神山、36家方舱医院，累计增加救治床位数115386个。出台支持医院运行政策，安排19亿元对医院因疫情减收给予补助，安排4亿元对委省属医院新增贷款给予适当贴息；建立政府采购“绿色通道”，安排资金保障一线医院医疗设备购置，提升救治能力。武汉市投入14.7亿元开展全面核酸检测，累计检测989.9万人。筹措资金53.7亿元落实中央临时性工作补助等政策，对援鄂医疗队员增加发放一次性慰问补助和生活补助。筹集资金30

亿元对参与防控的社区工作者、公安干警等8类人员给予补助。建立“特殊通道”，让“救命钱”第一时间抵达一线，确保不因财政资金问题影响疫情防控、耽误患者救治。

支持物资保供。强化资金保障，安排26.25亿元用于医药物资企业开展收储、调配，安排1.55亿元专项资金补助重点企业设备购置，支持企业开足马力扩能生产。强化政策保障，出台应纳税所得额扣除、补贴员工加班工资、减免车辆通行费等财税措施；积极发挥牵头作用，帮助企业精准对接372.32亿元专项优惠贷款，争取中央财政贴息4.68亿元，惠及944家企业，贴息后平均利率仅1.26%。强化机制保障，实行先预拨后清算、先调度后结算和政府兜底收储等政策，破解资金周转压力大等问题，解除企业后顾之忧。

保障基本民生。持续加大资金投入力度，筹集社会救助资金124亿元，支持适度扩大低保、临时救助政策范围，及时将符合条件的受疫情影响困难群众纳入保障范围，落实生活物资救助和增发救助金政策，阶段性提高价格临时补贴标准，保障疫情期间困难群众基本生活。投入2.48亿元资金，实施物流配送、鲜蛋收储财政补助政策，对粮油、蔬菜等生活物资供应企业给予补贴或贷款贴息，推动重点生活物资供需平衡、价格稳定。实施临时电价补贴、降低担保费率和再担保费、承租国有经营用房租金减免等政策，帮助中小微企业顺利渡过难关。

保障财政正常运转。全额动用各级预备费和预算稳定调节基金，省级一般性支出再压减65亿元，收回结转结余资金64亿元，全力保防控、保运行。加强市县财政运行监控，实行“定期报告+重点关注”，对确有困难的市县，通过“按日按需”调度库款等方式重点帮助，全年分48次调度资金4653亿元、最高超调规模超过600亿元。压实各级主体责任，开展市县预算合规性审核、落实基本公共服务地方支出标准备案制。

【落实落细惠企财税政策】 落实阶段性减税降费政策，推进减、免、缓、退、抵各项政策落实到位，全年新增减税降费超过1000亿元。综合运用融资担保、创业担保贷款贴息、普惠存贷奖补、政府采购合同融资等政策工具，缓解企业融资困难，政府性融资担保机构在保余额增长41%，拨付全省政府性融资担保业务奖补资金1亿元。安排5000万元风险补偿金，支持“楚贸贷”业务开展。加大政府采购扶持中小微企业力度，全年授予中小微企业政府采购合同827.4亿元，占采购规模的83.86%。投入30亿元支持服务业回暖重振，开展“与爱同行 惠游湖北”活动，全省393家A级旅游景区全部免费开放。投入10亿元乘用车购置补贴提振汽车消费，筹集资金发放消费券。积极服务“全国知名企业湖北行”活动，达成投资项目41个，合同总额达1228.8亿元。安排6.1亿元专项资金，支持出口转内销和外贸企业转型，助推进出口总值实现增长。

2020年3月9日，全省财政系统疫情防控工作视频会议在武汉召开

【多措并举重振市场信心】 投入30亿元支持服务业回暖重振，开展"与爱同行、惠游湖北"活动，全省393家A级旅游景区全部免费开放。投入10亿元乘用车购置补贴提振汽车消费，筹集资金发放消费券。积极服务"全国知名企业湖北行"活动，达成投资项目41个，合同总额达1228.8亿元。安排6.1亿元专项资金，支持出口转内销和外贸企业转型，助推进出口总值实现两位数增长。

【支持重点领域】 支持扩大有效投资。筹集资金688亿元支持高铁、高速公路、水利枢纽、长江航运和农村电网改造等省委、省政府确定的重大战略规划、重点项目的实施，充分发挥投资对经济的拉动作用。聚焦疫后重振补短板强功能“十大工程”谋划重点项目，加快债券资金发行使用，尽快形成实物工作量。全年发行政府债券2095亿元，较2019年增加693.3亿元，支持全省3816个重点项目建设，财政部门拨付进度达100%，以高水平投资和项目建设稳住了经济基本盘。规范PPP项目管理，严把项目“入库关”，全省累计入库项目424个、投资规模6960亿元，全年入库项目23个，清理出库项目19个。加大外贷项目储备、申报和实施力度，用好用活国际金融组织贷款，成功争取并强力推进新开发银行35亿元紧急援助贷款项目和中央财政4.5亿元统还资金，全省外贷利费减免额为81.29万美元、多边贷赠款规模为54.09亿美元，分别居全国第一、第二。

支持新动能转换。安排专项资金9.9亿元，支持实施制造业设备更新、智能化改造等重大技改项目。继续做实新旧动能转换引导基金，推动“光芯屏端网”、大健康等战略性产业发展。安排县域高质量发展奖励资金10.14亿元，扩大县域引导基金出资规模到60亿元，引导撬动社会资本支持市县重大招商引资项目、传统产业改造升级和新兴产业培育。落实“科创20条”，加强自主创新能力源头供给，支持重大科技基础设施等建设，推进武汉建设综合性国家产业创新中心。突出新旧动能转换引导基金的政策定位，盯紧“卡脖子”关键核心技术，支持长江存储、华星光电、京东方等重点项目建设。

支持生态文明建设。出台《关于财政支持生态文明建设助推湖北高质量发展的意见》，完善财政支持生态文明制度体系。全省全年污染防治资金投入超260亿元。统筹资金41亿元，助力林业生态文明建设。筹资23.19亿元，扎实推进长江三峡地区山水林田湖草系统修复与整体保护。统筹中央和省级资金7.28亿元，支持引导各地完善流域横向生态保护补偿机制，全省覆盖率达80%以上。积极对接国家绿色基金，支持组建全国碳排放权注册登记联建机构，构建多元化环境治理投入机制。坚决扛稳长江禁捕政治责任，全省落实补助资金41.28亿元，支持完成16818艘渔船上岸拆解任务，确保长江流域生态安全。

【推进脱贫攻坚和乡村振兴】 2020年，全省累计投入财政专项扶贫资金231亿元，指导37个贫困县整合资金255亿元，确保底线不破、后墙不倒，剩余5.8万贫困人口全部脱贫出列。指导县市动态调整扶贫项目库，确保资金项目安排与应对疫情相衔接、与脱贫攻坚相适应。财政专项扶贫资金绩效考评荣获财政部“八连A”。推进政府采购支持消费扶贫，全省在全国“扶贫832平台”上农副产品销售总额18亿元、采购总额9.4亿元、贫困地区供应商入驻数量2982家，均位列全国第一。

建立财政支持农业疫后重振政策体系，加大财政贷款贴息、农业信贷担保等扶持力度。2020年，统筹资金117亿元，支持重点项目建设和重大支农项目实施，促进农业转型升级。筹措50亿元，支持库区移民安置和后期扶持政策。用好易地扶贫搬迁城乡建设用地增减挂钩节余指标和补充耕地指标交易政策，全年交易土地指标10.31万亩，交易金额314亿元。

2020年，统筹中央和省级农村综合改革转移支付10.44亿元，支持348个行政村开展美丽乡村建设试点。筹资10亿元确保农村厕所革命三年攻坚计划顺利完成。安排4.9亿元支持各地开展农村公益事业建设，改善农村人居环境。统筹安排3.336亿元，支持发展新型村级集体经济。加强基层财政监管能力建设，规范化财政所创建达标率89.3%。

【保障社会民生】 2020年，全省民生支出6780亿元，增长7.7%，民生支出占一般公共预算支出的比重为80.3%，连续7年持续保持在75%以上。其中，全省卫生健康支出1020亿元，增长69.4%，社会保障和就业支出1419亿元，增长12%，两项支出占一般公共预算支出的比重达28.9%。

支持防汛救灾和灾后重建。面对新中国成立以来历史同期最大降雨量引发的汛情，多渠道筹集资金55亿元，对受灾严重和防汛任务重的市县实行先预拨、后清算，及时有力保障了防汛救灾和灾后重建的资金需求。筹措资金10.95亿元，支持开展自然灾害防治体系建设。

实施积极就业创业政策。筹措就业资金35.7亿元、职业技能提升行动资金37.7亿元，支持稳就业政策落实。深入落实稳就业“25条”，加强对高校毕业生、农村转移劳动力、退役军人、退捕渔民等群体就业帮扶工作。扩大失业保险保障范围，提高失业保险金标准，阶段性实施失业补助金政策，保障失业人员基本生活。拨付创业担保贷款贴息资金4.36亿元，新增创业担保贷款125.35亿元、较上年增长1.85倍，创业担保贷款余额达171.66亿元、较上年增长1.24倍。

健全社会保障制度。筹集企业职工养老保险转移支付和中央调剂金594亿元，确保企业离退休人员基本养老金按时足额发放。企业退休人员基本养老金实现16连增，机关事业单位连续5年同步调整，稳步提高退休人员待遇水平。筹集城乡居民养老保险补助资金94亿元，将城乡居民基本养老保险基础养老金标准提高到每人每月108元。推进建立国有资本划转和企业职工养老保险基金缺口弥补结合的运行机制，增强企业职工养老保险制度的可持续性。

支持打造公共卫生体系建设“湖北样板”。统筹抗疫特别国债等资金358亿元用于支持公共卫生补短板等基础设施建设和疫情防控相关支出。持续加大公共卫生投入力度，基本公共卫生服务补助标准提高到人均不低于74元，新增部分全部落实到乡村和城市社区，扎实推进健康湖北建设。完善城乡居民医保筹资机制，城乡居民医保人均财政补助标准达到每人每年不低于550元。

财政管理体制改革

【推进省以下财税体制改革】 2020年，持续深化省以下财政事权与支出责任划分改革，出台自然资源、生态环境、交通运输、国防等分领域财政事权与支出责任划分改革方案，完成教育、科技等领域财政事权相关支出划转工作，进一步理顺政府间财政关系。完善增值税留抵退税调库工作机制，完成跨省异地非现场交通缴罚收入省以下划分改革，推进资源税立法改革，研究提出全省资源税具体适用税率标准、计征方式及免征减征办法的建议。支持县域经济高质量发展，加大对县域经济发展的激励力度，安排资金10.14亿元，对进入全国县域经济百强、全省县域经济工作考核成绩突出、招商引资新引进项目成效好、税收质量高的县市给予重点奖励。设立100亿元的县域产业发展引导基金，发挥省级政府投资基金作用，引导、撬动更多人才、项目、资金等核心要素向县域聚集，优化县域产业结构，促进县域经济高质量发展。

【深化预算管理制度改革】 出台《省属高等院校建设类项目支出预算编制标准（试行）》和《省级信息化类项目类支出预算编制标准（试行）》，明确分地区、分类别建设项目支出标准，推动项目支出定额标准体系建设。完善预算评审机制，充分发挥投资评审在预算管理中的定量基础和技术支撑作用，促进部门预算编制合理性和准确性。省级评审项目92个，送审金额20.66亿元，审减9.39亿元，审减率45.45%。有序推进预算管理一体化改革，全流程整合预算编制、执行、决算、会计核算等财政业务，涉及302类信息资源、45亿多条数据，实现数据融合贯通。

【加强直达资金管理】 省级将各项直达资金“一竿子插到底”，建立常态化监督机制，加强对市县分配、拨付和使用直达资金情况的监控分析，破解分配迟缓、截留挪用等问题。全年直达资金支出1641亿元，进度为92.1%，省级下达时间平均只有3天。各地实行预算单独下达，资金单独调拨，资金来源单独列示，预算指标系统单独标识，建立直达资金的专门台账。依托资金监控系统，跟踪监督直达资金预算分解下达、资金支付、惠企利民补助发放全过程。

【深化政府采购制度改革】 印发《湖北省深化政府采购制度改革工作方案》，推动政府采购制度公开透明。全年全省政府采购规模986.64亿元。全省统一实行《湖北省政府集中采购目录及标准》，对采购进口产品审核实行“一事一报”，采购国产产品占比达到98.03%。开展政府采购意向公开试点，实行政府采购“黑名单”制度，营造公平竞争的政府采购市场环境。

【深化政府性融资担保体系改革】 完善“4321”新型政银担风险分担机制，引导担保机构做优主业。2020年省级财政落实政府性融资担保机构对下业务奖补资金2.14亿元，省农担公司年末在保项目5570笔，在保余额51.49亿元，同比增长0.82倍，全年支持小微企业和三农主体户数增长0.53倍，省再担保集团在保项目突破2万笔，达到20902笔，在保余额182.36亿元，同比增长1.7倍，全年支持小微企业和三农主体户数增长2.3倍。

【推进国有金融资本管理改革】 印发《省级国有金融资本出资人职责暂行规定》，对省级国有金融资本由省财政厅采取直接管理和委托管理两种管理方式，并根据需要实时调整，动态管理，市县参照执行。对湖北银行、省联社、省农担公司和省再担保集团等4家金融企业由省财政厅直接管理，并完成股权划转和工作交接；对长江证券、省担保集团、武汉光谷产权交易所等11家金融企业和省长江经济带产业引导基金、省级股权投资引导基金等5只基金，由省财政厅采取委托管理方式，委托其他部门或机构管理。

教育投入

【推进学前教育与义务教育】 2020年，省级财政筹措资金10.7亿元，用于扩大全省普惠性学前教育资源，推动各地深化学前教育体制机制改革、健全完善公办幼儿园生均拨款和幼儿资助制度，落实第三期学前教育三年行动计划要求。

2020年，省级财政筹措资金77.9亿元，惠及义务教育阶段在校学生551万人，落实城乡义务教育公用经费补助、校舍维修、学生“两免一补”等政策。筹措资金11.5亿元，深入推进义务教育薄弱环节改善与能力提升工程，着力解决义务教育“大班额”、乡村小规模学校建设等方面存在的问题，改善义务教育基本办学条件。

【支持教师队伍建设】 2020年，省级财政筹措资金13亿元，继续实施农村义务教育学校教师统招统派新机制、农村骨干教师补助、“三区”教师人才、银龄讲学计划等工作，为农村教育学校补充新鲜血液，为农村教育学校留住骨干力量；筹措资金1.3亿元，用于国家级教师培训计划和省级教师培训计划，提高教师整体素质水平。

【推进普通高中与职业教育发展】 2020年，省级财政筹措资金3.4亿元，支持全省薄弱高中加强基础设施建设，改善普通高中办学条件；筹措资金2.8亿元，对高中贫困生给予助学资助；筹措资金1.3亿元，对全省建档立卡的家庭经济困难高中学生免除学杂费。

2020年，筹措资金47亿元，继续支持实施职业教育质量提升计划，推动职业教育提质增效，加强“双师型”教师队伍建设，落实省属公办高职院校生均拨款政策，引导和激励各级政府加大对职业教育投入保障力度，推进职业教育提质升级。

【支持本科高校发展】 完善高校预算拨款制度，筹措资金112亿元，落实省属本科高校生均拨款政策，建立“双一流”奖补资金动态调整和专项资金重点支持机制，继续实施捐赠收入财政配比政策，推动湖北省高校“双一流”建设取得实效。推进省部共建机制落地，省政府与中央部委共建湖北大学、武汉科技大学等省属高校，进一步提升高校的办学水平和综合实力。

支农建设

【支持脱贫攻坚】 2020年，全省累计投入财政专项扶贫资金231亿元，指导37个贫困县统筹整合财政涉农资金254.8亿元，争取中央脱贫攻坚补短板综合财力补助资金6.7亿元。配合安排地方政府债券资金23.2亿元，支持易地扶贫搬迁及后续扶持工作。用好易地扶贫搬迁城乡建设用地增减挂钩节余指标和补充耕地指标交易政策。68个项目县累计交易土地指标8批次共10.8万亩，交易金额达328.8亿元。落实“三个新增”要求，对9个深度贫困县每县倾斜安排7500万元，对507个深度贫困村每村倾斜安排50万元。落实“四个不摘”要求，对28个国定贫困县保持政策不变、资金增幅不减。持续强化监管，充分发挥扶贫资金动态监控优势，建立通报约谈机制，实时监控全省376亿元扶贫资金的安排及使用情况。持续开展扶贫资金监管领域腐败和作风问题专项治理行动。

【支持农业疫后灾后重建】 一、确保粮食和重要农产品有效供给。保障国家粮食安全。落实“藏粮于地、藏粮于技”战略，拨付耕地地力保护、农机购置、农业保费等补贴资金69.6亿元。统筹高标准农田建设资金46.7亿元，支持新建高标准农田272万亩，修复灾毁农田14.8万亩。拨付资金4.1亿元，支持开展油菜休耕轮作试点及化肥减量增效示范退化耕地治理。二、保障农产品有效供给。应对疫情第一时间出台农业经营主体“黄金10条”、农业产业化龙头企业“黄金15条”，紧急拨付资金0.9亿元，对蔬菜抢收、抢种补种的生产主体给予适当补贴，对鲜鸡蛋、小龙虾收储提供贷款担保和财政贴息支持，帮助农业经营主体复工复产纾困。三、支持生猪稳产保供。拨付资金5.8亿元，支持各地积极开展非洲猪瘟、禽流感等动物疫病防治，对478家种猪场及年出栏500头以上的规模猪场给予短期贷款贴息，落实中央财政对进入全国排名前500名县进行奖励的政策，筹措2.2亿元生猪调出大县奖励资金，支持县级人民政府推进本县生猪生产、流通和产业发展。

推进农业供给侧改革。一、支持农业产业发展。省财政筹措资金超过10亿元，重点支持2个优势特色产业集群、3个国家现代农业产业园、14个农业产业强镇建设，支持贫困地区因地制宜推进优势特色产业发展，加快打造农业产业平台，培育区域农业公共品牌。二、支持农业经营主体培育。统筹资金4.2亿元，对新型农业经营主体的贷款给予贴息支持，完善农业信贷担保体系，积极推广“农担抗疫信用贷”，缓解农业经营主体融资难融资贵问题。拨付资金3亿元，依托家庭农场、农民合作社集中建设农产品仓储保鲜冷链设施，解决农产品生产的“最后一公里”问题。拨付资金2.1亿元，支持县市集中连片开展农业生产社会化服务，促进小农户与现代农业发展有机衔接。拨付资金0.7亿元，开展职业农民培训，探索线上线下融合方式培训农村电商人才。三、支持农业科技创新。统筹资金2.4亿元，整合华农、中科院油料所、省农科院等科研资源，重点支持农业科技创新行动、院士专家“515”科技服务行动，集中开展水稻、油菜等作物科技协同攻关。

支持改善农村人居环境。落实财政奖补资金28.59亿元，用于改善农村人居环境和支持农村公益事业发展。其中：落实10.44亿元，采取以奖代补方式支持全省348个试点村开展美丽乡村建设试点；统筹落实中央和省级财政奖补资金10亿元，支持市县开展农村“厕所革命”；落实4.81亿元，支持农村公益事业项目建设；落实3.34亿元，支持834个行政村发展村级集体经济。

【支持水利重点领域改革】 支持重大水利项目建设。统筹资金16.5亿元，支持鄂北工程一期、碾盘山水利枢纽、荆江分蓄洪区、洪湖东分块、引徐济安等重大项目建设，支持完成“十三五”农村饮水安全巩固提升工程建设。争取中央水利发展资金33.5亿元，支持中小河流治理、中型灌区建设、水系连通及农村水系综合整治、小型水库建设等重点项目建设。按照疫后重振十大补短板行动方案，拟定新一轮水利补短板资金筹措方案。统筹中央灾后财力补助资金4.7亿元，支持具备条件的重点水利补短板项目先行动工建设。统筹水资源费3.2亿元，落实对市县的返还政策，支持饮用水水源地保护、水生态修复、水资源保护等项目建设。

支持水利事业改革发展。统筹资金支持小水电清理退出评估，按照先退出后补偿的原则，对神农架国家公园范围内小水电清理退出给予补助。拨付资金1.5亿元，支持开展河湖确权划界和河湖管理。统筹资金0.97亿元，支持节水型社会建设和农业水价综合改革。筹措防汛资金2.3亿元，支持安全度汛、防汛抢险、水利设施水毁修复。筹措资金45.4亿元，支持移民安置区基础设施建设和特色产业发展。

民生保障

【落实社会保障投入政策】 2020年，积极主动对接中央一揽子支持政策，争取中央财政支持；调整优化支出结构，足额落实省级投入政策；督促市县落实主体责任，统筹各级补助资金，确保社会保障政策落实到位。2020年，中央财政补助全省社会保障资金1532亿元，比上年增加551亿元，增长56%，增量和增幅上涨。全省财政社会保障支出达到2439亿元，比上年增加570亿元，增长31%，占全省财政支出的29%。社会保险基金支出稳步增长，全省基金收入4302亿元，同比下降2%；支出4148亿元，同比增长5%。

【完善社会保障扶贫政策】 继续安排农村低保、五保精准扶贫补助资金22亿元，支持市县精准扶贫保障兜底。加强农村低保制度与扶贫开发政策的有效衔接，全省农村最低生活保障标准达到5707元/人·年，农村特困供养标准达到10764元/人·年，均高于国家扶贫标准线。严格执行参保补贴、医疗保障政策，加大对贫困县医疗救助支持力度，指导市县落实农村贫困人口基本医疗经费保障政策，减轻贫困人口医疗负担。

【落实保障性安居工程资金筹措政策】 筹措城镇保障性安居工程资金29.8亿元，支持全省城市棚户区改造47580套、公租房建设5531套、老旧小区改造34.5万户，发放租赁补贴惠及21363户。继续支持武汉市住房租赁市场试点工作，总结试点工作中取得的经验，形成高起点、可复制、可推广的试点成果。支持市县因城施策规范有序发展住房租赁市场。

【实施积极就业创业政策】 加大资金统筹力度，筹措就业资金35.7亿元、职业技能提升行动资金37.7亿元，指导市县统筹就业补助资金、失业保险基金、职业技能提升行动资金等相关资金，支持各项稳就业政策落实。配合出台应对疫情稳就业“25条”，加大对高校毕业生、农村转移劳动力、就业困难人员、退役军人、退捕渔民等群体就业帮扶工作。大力推进职业技能提升行动，加大失业人员、农民工等职业技能培训力度。支持多渠道灵活就业。扩大失业保险保障范围，失业金标准提高到最低工资的90%，发放失业保险金11.5亿元、失业补助金3.2亿元。

【加大困难群众生活救助】 持续加大资金投入力度，筹措社会救助资金124亿元，支持各地落实低保、特困人员救助供养、临时救助、流浪乞讨人员救助和孤儿基本生活保障等政策。督促市县落实主体责任，统筹各级各类社会救助资金，织密织牢基本民生保障安全网。加强疫情防控期间困难群众救助帮扶，落实生活物资救助和增发救助金政策，强化困难群众兜底保障。阶段性将价格临时补贴标准提高1倍，并扩大保障范围。阶段性将困难残疾人生活补贴和重度残疾人护理补贴提高到每人每月100元和150元，惠及47万生活困难残疾人和68万重度残疾人。

【推动社会福利事业发展】 落实养老服务业支持政策和经济困难老年人养老服务补贴制度。加大福彩公益金支持养老服务力度，落实养老机构建设和运营补贴制度，增加养老服务有效供给。顺利完成第四批中央财政支持居家和社区养老服务改革试点地区验收，争取襄阳市、荆州市、黄冈市成为第五批中央财政支持居家和社区养老服务改革试点地区。推进残疾儿童康复救助制度，实现贫困重度残疾人家庭无障碍设施改造全覆盖。落实事实无人抚养儿童基本生活补贴制度，健全农村留守老人、儿童关爱服务体系，提升社会基本服务水平。支持城乡公益性公墓建设管理，促进全省殡葬改革事业发展。

【推进健康湖北建设】 建立稳定的公共卫生事业投入机制，完善政府投入、分级负责的公共卫生经费保障机制，持续加大公共卫生投入力度。筹集基本公共卫生补助资金38亿元，各级财政补助标准提高到人均不低于74元，新增5元全部落实到乡村和城市社区，用于疫情防控。加大重大传染病防控经费投入，做好国家扩大免疫规划和精神卫生等疾病防治，提高城乡居民健康保障水平。持续深化公立医院综合改革，推进分级诊疗制度、药品供应保障制度，支持各地探索多种形式的医疗联合体、医共体建设，建立优质高效的医疗卫生服务体系。推进基层医疗卫生机构综合改革，实施国家基本药物制度。支持中医药传承创新发展。改革完善全科医生培养与使用激励机制，支持卫生健康人才队伍建设。

【深化医疗保障制度改革】 完善城乡居民医保筹资机制，城乡居民医保人均财政补助标准提高30元，达到每人每年不低于550元。筹集城乡居民医保补助资金196亿元，支持落实居民医保待遇保障，提高政策范围内住院支付比例。巩固大病保险保障水平，降低并统一大病保险起付线，加大贫困人口倾斜支付力度。按照制度政策统一、基金统收统支、管理服务一体的标准，全面做实城乡居民医保市级统筹。全省医疗保险参保率达到95%，职工和居民医保住院患者政策范围内报销比例分别达到80%和68%。筹集医疗救助资金18亿元，资助困难群众参加医疗保险，加强重特大疾病医疗救助。安排武汉市职工医保基金缺口专项补助50亿元，确保职工医保基金平稳运行。

政府采购

【政府采购支持消费扶贫】 2020年，印发《关于落实（湖北省消费扶贫行动实施方案）进一步推进政府采购支持消费扶贫的通知》，明确预算单位预留当年消费农副产品总额的15%，专门通过“扶贫832平台”采购农副产品。优先引导采购贫困地区农副产品，优先支持采购贫困地区物业公司的物业服务，优先鼓励工会组织实施购买贫困地区农副产品行动。2020年，全省在全国“扶贫832平台”上注册的预算单位达21641家，累计采购金额9.42亿元，居全国第一位。全省入驻平台的供应商达2982家，排全国第一位。供应商通过平台销售农副产品17.97亿元，稳居全国第一位。

【政府采购合同融资】 印发《湖北省政府采购合同融资实施方案》。制定合理的业务管理流程及规范，简化贷款审批程序，为融资中小企业提供快捷简便的专业服务。根据中小企业的融资需求，在不超过政府采购合同金额的融资限额内实行应贷尽贷，原则上不再要求企业提供除自然人保证以外任何形式的担保，降低融资准入门槛。对开展线上融资业务的中小企业，融资利率原则上比同期同类企业流动资金贷款利率低20%以上，不另行收取任何费用和附加其他任何条件，降低中小企业融资成本。截至2020年底，全省累计开展政府采购合同融资业务520笔，参与融资的合同金额15.2亿元，实际完成贷款9.8亿元，惠及中小企业437家。

【落实政府采购扶持中小企业发展政策】 督促各部门预留年度政府采购项目预算总额的30%以上，专门面向中小企业采购。鼓励大中型企业与小型、微型企业组成联合体共同参加政府采购活动，给予符合条件的联合体3%的价格扣除。2020年，全省授予中小微企业合同834.6亿元，占采购规模的83.7 %。鼓励政府采购本国货物、工程和服务，严格进口产品采购审核。2020年，全省授予国内企业采购合同金额为978.1亿元，占采购规模的98%。

（李子昂）

税　务

【税收收入】 全年累计完成各项税收收入4221.64亿元（含海关代征增值税、消费税，未扣减出口退税），比上年下降19.43%。其中，税务部门组织收入4068.31亿元，减少1025.89亿元，下降20.14%；海关代征完成153.33亿元，增加8亿元，增长5.50%；办理出口退税168.18亿元，减少41.43亿元，下降19.77%。

税收收入特点与分析：依托主要经济指标持续好转，全省税收收入降幅由一季度的−47.2%，收窄至全年的−20.1%，全年入库税收收入4068.3亿元，体量恢复至同期八成。主体税种中，增值税下降26.8%，比三季度末收窄1.2个百分点；消费税下降1.2%，接近2019年水平；企业所得税、个人所得税分别下降14%、6.6%。分地区看，仙桃市在纺织产业带动下税收增长6.5%，武汉市税收降幅由上半年的−33.6%收窄至全年的−20.5%。

【社会保险费和非税收入】 2020年，征收入库社保费1846.94亿元，完成社保费预算116.77%，其中，企业职工基本养老保险费840.91亿元。为企业减轻社保费负担545.93亿元，为18.51万户企业阶段性减免社保费461.95亿元，落实降低社会保险费率政策减少企业缴费83.98亿元。职业年金收入80.38亿元。非税收入（含工会经费）累计完成218.1亿元。其中，教育费附加等7个已征项目累计完成137.68亿元，下降16.22%，减收26.66亿元；10个新划转项目累计完成80.14亿元，增长4.41%，增收3.39亿元。

【税收法治建设】 组织编制公布全省三级5类910个执法主体的权责清单、权责事项信息表和权责事项运行流程图。制定三项制度实施方案和配套办法，形成“1+3+N”的制度体系。制发《关于预防化解税务行政争议工作的通知》，进一步提高涉税争议化解效率。制发《湖北省税务系统行政复议工作规程》，为基层复议案件办理提供有效指引，全省共受理复议案件45件，办结41件。

【税收政策落实】 汇编《湖北省关于抗击疫情助力经济社会稳定发展的42个税费政策要点》《湖北省关于抗击疫情的税费政策答疑60问》等税费政策宣传培训“套餐”，总字数63万字。对省有关部门起草的疫情防控财税支持政策、支持中小企业共渡难关政策措施等50余份文件提出意见建议100余条。健全税费优惠政策落地落细工作机制，开展税收政策解读和减税降费政策评估。先后研究提出14条拟向中央争取的税收政策建议和2条税收征管措施。

【税种管理】 做好优化增值税优惠政策落实试点工作，做好二手车经销、电影等行业和小微金融增值税优惠政策落实。争取特批湖北延长企业所得税汇算清缴一个月，18万户企业享受减免税优惠，减免税405.74亿元，同比下降10.28%。个人所得税累计受理申报386万人、办理退税189万人，单日最高受理申报19万人、办理退税12万人。

【办税缴费服务】 落实优化税收营商环境、纳税人满意度、便民办税春风行动，全省“非接触式办税”比率达90%以上，基本形成“网上办税为主、自助办税为辅、实体办税兜底”办税缴费新格局。正常出口退税平均办理时间压缩至4个工作日以内，出口退（免）税无纸化办理比例达97%。深化银税互动，为小微企业发放信用贷款378.02亿元。围绕省政府“黄金30条”提出19项落实举措。对标对表落实全省优化营商环境80条重点任务。领导干部走访企业29万户，协调解决涉税问题12297个。开通PC版和微信版湖北税务12366智能咨询系统，累计受理咨询28万个。办理完成人大代表

2020年5月20日，湖北省税务局与广东省税务局联合举办“助力企业复工复产产业链智联平台”视频连线活动

2020年10月26日，国家税务总局湖北省税务局举行“线上银税互动”合作签约活动

建议和政协委员提案47件，其中主（承）办件9件、会办件38件。

【征收管理】 创新推行“容缺办”和网上申领发票、邮政免费寄递服务，共为57.53万户次纳税人免费寄递发票2.75亿份。试行“税邮云仓”，在武汉市将8个网上申领发票办理点集成为1个“云仓”。全面推广电子普通发票，开票户数、份数、金额逆势大幅上扬，专票电子化推广开局平稳。以纳税服务、税源管理、风险管理三位一体为主要内容的转变征管方式试点工作，在25个县区税务局取得实质性成效。

【税务稽查】 全年检查4499户，查补税收收入24.2亿元，入库税收收入24.03亿元。查处涉及虚开骗税企业1609户，初步认定虚开和接受虚开增值税专用发票10万份，打虚涉案金额212.45亿元，税额8.76亿元，微视频《税剑斩黑恶》获第八届亚洲微电影优秀作品奖。税务公安联合侦办案源686户，抓捕犯罪嫌疑人296人，促使133人投案自首，进一步压缩虚开骗税团伙生存空间。进一步规范涉税举报程序，省局受理税收违法检举案件202件，全部按规定进行处理。依法公布税收“黑名单”案件266件，并推送联合惩戒。

【税务监管】 推广应用新实名办税系统，进一步强化实名验证功能。扎口推送风险任务19.7万户次，查补入库收入33.9亿元，形成以“轻松填”“减免清”“预警快”“票控全”为代表的增值税信息化管理服务体系。探索施行网络化远程集中分析新模式，完成全省1586户千户集团成员企业风险事项分析复核。全面推行征管质量5C监控评价工作，形成省市局监控评价、县区局应对提升的运行格局。

【电子税务建设】 实施“金税四期”工程，推动“以数治税”，打造智慧税务。全方位升级电子税务局，完成无CA登录改造工作，持续提升电子税务局和移动APP办税体验，全省“非接触式办税”网上申报98%以上。完成“湖北税务助力企业复工复产信息平台”的部署、调试等工作。

【税收经济分析】 全系统向省新冠肺炎疫情防控指挥部和省发改委提供企业复工复产情况64期，向党委政府提供企业复工复产分析报告445篇，获党政领导批示159篇。多部门联合打造复工复产分析“达产通”、经济运行分析的“税眼通”。打造“税收眼睛看经济”分析品牌，将“达产税务指数”转化升级为“经济运行强度”。

【大数据和风险管理】 建立“1+3+N”制度体系，统一全省税务系统岗责配置和工作流程，促进税收大数据和风险管理工作规范化、制度化、标准化发展。梳理风险分析识别指标，提高风险识别精准度。做好数据对业务的支撑，强化数据分析在全流程风险管理中的核心驱动作用，强化第三方政务信息获取能力，提高协同治税水平。

【国际税收】 参与3起反避税全国联查案件和1起跨省单边预约定价，做好联查案件的配合工作。发现避税嫌疑企业8户，已转入案头分析环节。为6户次境外投资者办理递延纳税手续，递延税款707.03万元。

（王　猛）

湖 北 发 展 改 革 年 鉴

产 业 经 济

04

农　业

综　述

【概况】 2020年，全省粮食生猪生产稳定。粮食播种面积464.5万公顷，总产272.7亿公斤，产量连续8年稳定在250亿公斤以上。累计出栏生猪3054万头，生猪和能繁母猪存栏数分别为2380万头和232万头，分别实现11个月和13个月连续增长，达到2017年末的92.3%和91.1%。产业扶贫决战收官。坚持以特色产业发展夯实脱贫攻坚根基，37个贫困县形成54个扶贫主导产业，创建28个省级以上特色农产品优势区，94%的建档立卡贫困户参与到产业扶贫之中，超过68%的贫困人口依靠产业发展实现脱贫。特色经济逆势增长。“高效菜园、精品果园、生态茶园、道地药园”规模达到5.33万公顷。“虾稻共作、稻渔种养”模式达到48.67万公顷，“粮经饲”统筹面积13.33万公顷以上。组织开展“拼单带货”等网络营销，农产品销售好于常年。农产品出口总额142.7亿元，比上年增23%，高于全国平均水平。乡村产业活力增强。新增国家级农业产业强镇5个、农村产业融合发展示范园4个。休闲农业和乡村旅游加快复苏，年接待游客量5500万人次，综合收入174亿元。农民合作社、家庭农场和农业社会化服务组织超过21万家。绿色发展成效明显。坚决打好长江禁捕攻坚战，渔船回收率100%，渔民转产安置率99.5%，参保率100%，提前三个月完成国家核定任务。持续推进绿色生产，全省绿色防控覆盖面积突破233.33万公顷，畜禽粪污综合利用率达到86.8%，秸秆综合利用率保持在90%以上，农药使用量比上年下降10%，农产品质量安全总体合格率稳定在98.5%以上。改善人居环境。农村人居环境整治三年行动圆满收官，农村卫生厕所普及率达87.6%，无害化厕所普及率已达75.2%；建成乡镇垃圾中转站1872座，99.6%的行政村垃圾治理达到“五有”标准；897个乡镇生活污水处理厂全面建成运行，生活污水治理设施实现乡镇全覆盖，200多万乡镇居民和周边村民受益。推进农村改革扎实。持续开展农村承包地确权登记颁证“回头看”，全省家庭承包耕地流转面积达到160万公顷(流转率38.6%)。稳步推进农村集体产权制度改革，核实集体资产1760.6亿元、集体土地1450.82万公顷。着力扶持村级集体经济发展，全省91.9%的行政村成立经济合作组织，村集体经济总收入达到236.1亿元。

种植业

【概况】 2020年，湖北省粮食生产连续稳定在2500万吨以上，粮食生产再获丰收。协调解决春耕期间“人车技物钱”等要素，以省政府办公厅名义印发“稳定粮食生产若干措施”，在疫情防控最吃紧的阶段，主动调减早稻面积、扩大中稻、玉米和旱杂粮面积，组织开展抗灾救灾和改种补种，全年粮食播种面积4645.28千公顷、总产2727.44万吨，同比实现“双增”。蔬菜保供平稳有序。坚持一手抓生产、一手保供应，2020年3月下旬蔬菜积压清零，4月中旬播种面积回归正常。以创建高效菜园和推广“三增三减”健康栽培技术为重点，统筹抓好蔬菜“五区”生产，全年蔬菜和食用菌面积产量分别为1302.65千公顷、4119.37

全省持续落实最严格的耕地保护制度。图为荆门市东宝区石桥驿镇小麦生产基地

万吨，同比持平略增。油料作物扩面增产。大力开发冬闲田，推广油菜“345”模式，全年夏收油菜面积、总产分别达到1034.34千公顷、241.04万吨，单产连续2年突破2250公斤/公顷，面积接近2015年水平，总产创历史新高。高油酸油菜产业化开发步伐加快。果茶桑药优中显强。以绿色高质高效行动为抓手，推进生态茶园、精品果园、道地药园建设，提升生产质效。开展国际茶日、“边疆行”等系列线上线下宣传推介活动，产销形势好于预期，果茶药桑总面积、产量、产值实现“三增”。

（省农业农村厅种植业管理处）

【粮食生产】 2020年，湖北省粮食面积、产量“双增”，单产略减。全年全省粮食种植面积4645.28千公顷，总产2727.44万吨，分别比上年扩大36.67千公顷，增产2.45万吨，单产5871.41公斤/公顷，比上年降低41.41公斤/公顷。一、夏粮面积、总产、单产“三增”。全省夏粮播种面积1276.06千公顷，总产471.96万吨，单产3698.55公斤/公顷，分别比上年扩大22.31千公顷，增产14.96万吨，提高53.48公斤/公顷。其中，小麦面积1031.38千公顷，总产400.66万吨，单产3884.74公斤/公顷，分别扩大13.63千公顷，增产9.98万吨，提高46.08公斤/公顷；夏收薯类面积220.1千公顷，总产66.03万吨，单产3000.14公斤/公顷，分别扩大10.94千公顷，减产5.37万吨，提高99.97公斤/公顷。二、水稻面积、产量、单产略减。全省水稻种植面积2280.73千公顷，总产1864.35万吨，单产8174.4公斤/公顷，较上年分别略减6.03千公顷、12.7万吨、34.05公斤/公顷。其中，早稻面积122.44千公顷，总产68.29万吨，单产5577.67公斤/公顷，分别减少20.09千公顷，减产15.96万吨，降低333.39公斤/公顷；中稻面积1998.97千公顷，总产1687.35万吨，单产8441.08公斤/公顷，分别扩大21.95千公顷，增产9.3万吨，降低46.7公斤/公顷；晚稻面积159.33千公顷，总产108.71万吨，单产6823.11公斤/公顷，分别减少7.88千公顷，减产6.05万吨，降低40.53公斤/公顷。三、玉米面积、产量“双增”，单产略减。全省玉米种植面积752.01千公顷，总产311.55万吨，单产4142.94公斤/公顷，分别比上年扩大24.48千公顷，增产4.33万吨，降低79.84公斤/公顷。四、秋杂粮面积、产量基本持平略减。秋收豆类面积231.67千公顷，产量37.26万吨，分别扩大9.31千公顷，增产1.13万吨；秋收薯类面积99.13千公顷，产量40.29万吨，分别减少14.18千公顷，减产5.49万吨；高粱、谷子等其他小谷物面积5.69千公顷，产量2.06万吨，分别比上年扩大0.79千公顷，增产0.26万吨。

【油菜生产】 油菜总产创历史新高。2020年，全省夏收油菜1034.34千公顷，较上年增94.03千公顷，增幅10.4%；单产2330.38公斤/公顷，较上年增78公斤/公顷，增幅3.5%；油菜籽总产241.04万吨，较上年增29.69万吨，增幅14%，面积增加近10年来最多，总产、单产均创历史新高。粮油兼丰模式持续拓展。油稻轮作主产区域水稻单产高于对照10%左右，增粮300公斤/公顷左右。99.2千公顷轮作区增粮2.5万吨以上。2020年湖北省持续加大稻田油菜扩种力度，粮油兼丰模式持续拓展。高油酸油菜跨越发展。2020年高油酸油菜面积发展到13.33千公顷，比上年扩大5.6倍，收购高油酸油菜籽3.5万吨，加工生产高油酸菜籽油1.2万吨。高油酸油菜在全国率先实现产业化开发，探索出差异化发展新路径。2020年9月27日，高油酸菜籽油团体标准及产业发展研讨会成功举办，正式发布《高油酸菜籽油团体标准》。轮作试点项目成效显著。近两年来，油菜轮作试点项目成为推动油菜扩面增效、恢复性发展的核心举措。2019年、2020年两年争取中央支持4.4亿元，已在全省61个县（市、区）的573个乡镇实施，带动全省油菜扩面146.67千公顷以上。加大油菜产业扶贫倾斜支持，在16个贫困县组织实施轮作试点项目，落实支持资金4800万元，较上年增加1800万元。适度规模经营加快发展。2020年国家下达湖北省油菜轮作试点任务232.5千公顷，比上年增加22.5千公顷。轮作试点项目支持新型经营主体1349个，承担任务53.33千公顷，比上年分别增加4.7%、44.4%，新型经营主体的加快发展促进了油菜生产方式现代化转变，支撑油菜持续发展动力十足。绿色发展模式持续提升。组织实施油菜绿色高效“345”模式，连续4年列为湖北省农业主推技术，全年推广应用237.33千公顷，扩大示范免耕飞播稻草全量还田等技术模式。通过推广优良品种、缓控释肥及全程机械化作业，促进单产提升。组织制定油菜轮作技术指导意见，推进油菜产业科技服务“515”行动，强化农科教结合，加快油菜科技协同推广。在油菜生产关键节点、灾害影响时节，及时组织发布技术指导意见、防灾减灾措施10多次。品牌宣传持续加力。推出复工复产高质量发展看湖北油菜系列报道；宣传报道 “云赏花”、油菜夏收及产销情况；完成湖北菜籽油公共品牌登记注册申请受理工作。抓住广东省助力湖北农产品销售机遇，推荐5家湖北菜籽油企业对接广东市场，协调5家菜籽油龙头企业30多个产品抱团参加第18届农交会，合力打造公共区域品牌。

【棉花生产】 全省棉花生产总体呈现“三减”，即面积减、单产减、总产减。全省棉花生产继续受粮棉比较效益低的影响，2020年全省棉花种植面积129.7千公顷，比2019年面积162.8千公顷减少了33.1千公顷，减幅20.3%。全省棉花单产831.7公斤/公顷，比2019年单产882公斤/公顷减少50.3公斤/公顷，减幅5.7%。全省棉花总产10.8万吨，占全国总产量1.8%，比2019年总产14.4万吨减少3.6万吨，减幅25%。气候条件差于往年。2020年气候条件不佳，整体上不利于棉花生长，生产前期、中期及后期都受到不同程度的气象灾害影响，相比2019年后期遭遇干旱及早衰，生产形势更差。棉花期货市场行情触底后强势恢复，受新冠肺炎疫情、美国飓风、印巴虫害、中美紧张关系以及年底大量海外纺织品订单转向国内等诸多因素影响，中国棉花价格经历了前半年跌入谷底，后半年强势恢复的过程，年底基本恢复到2019年水平。全省棉花市场行情转好。2020年湖北省新棉采摘上市后，本地籽棉收购价格在6.0～6.8元/公斤之间，以6.4元/公斤为主。比上年5.6～6.0元/公斤涨0.4～0.8元/公斤，各地收购积极性较高。

（省农业农村厅种植业管理处）

【蔬菜生产】 蔬菜产业稳定发展。2020年，全省蔬菜产业积极应对新冠肺炎疫情、灾害天气频发、世界经济深度衰退等影响，坚持“稳量优品添绿提质增效”工作思路，以供给侧结构性改革为主线，扎实推进抗疫保供、抗灾复产，巩固提升蔬菜产业扶贫质效，主动融入“双循环”发展新战略，推动全省蔬菜产业高质量发展。2020年，全省蔬菜及食用菌播种面积2930.96千公顷，产量4119.37万吨。比2019年分别增90.11千公顷、32.66万吨，增幅分别为3.55%、0.80%。全省示范推广蔬菜“三增三减”健康栽培技术，开展“高效菜园”建设，着力培育“三型”产业（资源节约型、生态友好型、优质高效型），引领产业结构调优、生产方式调绿、菜园效益提升，取得新成效。

【食用菌生产】 产业发展稳中有升。全省食用菌干鲜产量45.20万吨，一产产值130.74亿元，同比增9.22%。据海关统计数据，全省食用菌出口创汇53.9亿元，占全省农产品出口总额的35.44%，同比增11.83%。

（周雄祥　熊立水）

【马铃薯生产】 2020年，全省马铃薯种植面积242.73千公顷，再创历史新高，比上年增加6.07千公顷，增幅2.6%；平均单产3150公斤/公顷（按5∶1折原粮，下同），比上年增加43.5公斤/公顷，增幅1.4%；总产量76.4万吨，比上年增加2.9万吨，增幅4.0%。其中，夏收马铃薯220.1千公顷，比上年增加10.93千公顷，增幅5.2%；平均单产3000公斤/公顷，比上年增加99公斤/公顷，增幅3.4%；总产量66.0万吨，比上年增加5.4万吨，增幅8.9%。秋马铃薯22.6千公顷，比上年下降4.87千公顷，降幅17.7%；平均单产4600.5公斤/公顷，比上年下降75公斤/公顷，降幅1.6%；总产量10.4万吨，比上年下降2.4万吨，降幅19.0%。

市场主体壮大。主产区和优势区大力推进马铃薯产业融合发展，延长产业链，提升价值链，扩宽增收链。据统计，全省从事马铃薯生产、加工、营销的企业、专业合作社、家庭农场近700家，订单生产面积近33.3千公顷。其中，主产区恩施州228家，占全省1/3，规模以上企业达到16家、省级农业产业化龙头企业3家。

品牌效益提升。恩施州着力打造“恩施土豆”区域公用品牌，形成了公用品牌和企业品牌“双牌经营模式”。“恩施小土豆”创造单一网上平台销售吉尼斯世界纪录，在湖北首届地理标志大会暨品牌培育创新大赛中获得金奖。2020年6月，“恩施土豆”成功注册“国家地理标志证明商标”。随着品牌影响力逐步扩大，马铃薯产业效益显著提升。“恩施硒土豆”已卖向全国，连续三年成为国内销售火爆的“网红土豆”。

【茶叶生产】 2020年，全省茶叶生产发展稳定。茶园总面积358.4千公顷，其中采摘面积273.9千公顷，干毛茶总产量36.08万吨，茶叶农业产值194亿元。与2019年相比，总面积增加10.7千公顷，增幅3.1%；采摘面积增加9.1公顷，增幅3.4%；干毛茶总产量增加0.83万吨，增幅2.35%；农业产值增加16亿元，增幅8.99%。针对突发新冠肺炎疫情，全省上下，战疫情，保春耕，多措并举推进茶产业复工复产。通过将茶叶纳入物资保供范围、工会现金券促销、“832”等平台销售对接、金融机构融资对接、专家在线服务等一系列组合拳，以及全国人民和众多企事业单位“搭把手，拉一把”，湖北春茶顺利渡过难关，产销形势好于预期。

科技示范。依托特色产业发展、茶叶“三增三减”健康栽培协同推广、现代农业科技创新等项目实施，全面推进茶叶科技推广。全省主推生态茶园建设及加工集成技术，在保康、竹山、秭归、五峰、恩施等地办示范点14个，建设生态茶园15.7千公顷。机采茶树鲜叶加工技术及关键装备、茶园病虫害绿色防控及农残消减的新产品创制与应用均获得省科技进步奖二等奖。

重大茶事。2020年5月21日，为迎接世界首个“国际茶日”举办了“鄂有好茶，礼谢天下”系列云活动，召开了“湖北茶产业线上发展机遇研讨会”。7月20日，欧盟理事会决定正式签署中欧地理标志协定，英山云雾茶、宜都宜红茶、伍家台贡茶、赤壁青砖茶、襄阳高香茶等5款湖北茶产品入选该协定。8月16日至22日，成功举办“湖北名优茶·健康边疆行”活动，组织省内茶企再次抱团征战内蒙古市场。为促进茶产业高质量发展，湖北省出台《湖北省促进茶产业发展条例》，并于9月24日向社会公开征求意见。10月11日，在福建省举办的2020年全国茶叶加工（精制）职业技能竞赛总决赛中，湖北代表队荣获“全国优秀团体奖”，总成绩居全国第五名、中部六省市第一名的优异成绩。2020年11月18日，在第十六届中国茶业经济年会上，湖北14县、7家企业入选2020年度中国茶业百强县和中国茶业百强企业。12月8日，为感谢蒙古国疫情期间“千里送羊”的深情厚谊，组织2000份宜红茶和2万份青砖茶回赠蒙古国。12月10日至11日，“万里茶道联合申遗城市联席会议”在武汉召开。

【水果生产】 2020年，全省水果总面积400.6千公顷，比上年增加20千公顷，增幅5.2%，总产量716.38万吨，比上年增加55万吨，增幅8.3%，总产值272亿，增幅为6.7%。受2020年年初新冠肺炎疫情影响，应季水果销量、价格双双降低，农资、人工缺口较大，春管技术滞后，当年水果产量及品质受到一定影响。主要对中晚熟柑橘造成较大冲击，全省约7万吨晚熟柑橘销售受到新冠肺炎疫情影响而滞销。一季度晚熟柑橘价格下降2元/公斤，降幅达50%，4月后逐步恢复并稳步上升到6元/公斤。桃4～6元/公斤左右，较上年同期下降20%；砂梨均价3～5元，较上年降低1元/公斤，降幅20%左右，优质砂梨品种翠玉、翠冠、黄金等均价5元/公斤，与上年持平。大棚葡萄均价10元/公斤，露地葡萄均价3元/公斤，较上年下降1元/公斤。秋季早熟柑橘上市，果园销售均价为1.3元/公斤，比上年2.6元/公斤，销售均价降低了1.3元/公斤，降幅50%。

技术推广。2020年3月份陆续发布《新冠疫情下湖北省柑橘春季管理技术要点》《新冠疫情下湖北省猕猴桃春季管理技术要点》《新冠疫情下湖北省桃树春季管理技术要点》，同时组织专家线上直播技术指导，在抖音平台发布“战疫情，保春耕”系列短视频，为柑橘、猕猴桃水果种植户提供技术指导和帮扶。主推柑橘优质高效栽培集成技术。创建精品果园示范园16个，建设精品果园1.39万公顷。实施水果科技创新项目和园艺作物“三增三减”重大技术协同推广项目，针对柑橘、桃产业高质量发展落实“515”院士专家科技服务行动。“湖北三峡蜜橘产业集群”被纳入农业农村部2020年优势特色产业集群批准建设名单。

品牌宣传。京东、淘宝、苏宁、拼多多、抖音、快手等网络平台在疫情期间发起援助，开辟湖北扶贫消费专区，开展了“买光湖北货”行动、“谢谢你为湖北拼单”公益直播、“中国荆楚味、湖北农产品”促销活动；“厅长、市长为枣阳黄桃直播带货”等，缓解湖北省水果滞销难题。宜昌市从8月开始宣传推介宜昌蜜桔，在呼和浩特、北京、青岛、上海等地举办推介活动，其中夷陵“宜昌蜜桔”推介会在太原、哈尔滨、沈阳等地举办。

（金天云）

2020年5月12日，孝昌县陡山乡陆中村加快推进高标准农田复工建设

【中药材生产】 2020年，全省中药材面积269.8千公顷，中药材产值125亿元。

科技示范。道地药园绿色高质高效生产集成技术列入湖北省2020年农业主推技术，在利川市、夷陵区、麻城市、蕲春县、罗田县、英山县、房县、郧西县、潜江市、天门市等10个县（市、区）实施，涉及蕲艾、荆半夏、天麻、菊花、苍术、虎杖、黄连、大黄等八种药材，创建道地药园绿色高质高效生产集成技术试验示范基地333公顷，示范推广12.31千公顷，示范区公顷平均增收5055元，新增效益6221万元。

道地药园示范园创建。2020年，在蕲春县、麻城市、房县、潜江市、神农架林区等县（市、区）创建道地药园示范园230公顷，建设道地药园7.14千公顷，其中蕲春蕲艾2.41千公顷，麻城菊花1.67千公顷，房县虎杖、北柴胡1.73千公顷，潜江半夏1千公顷，神农架综合品种0.33千公顷。

2020年，蕲春县蕲艾成功入围农业农村部第三批“中国特色农产品优势区”，蕲春国家现代农业（蕲艾）产业园成功入选农业农村部“2020年国家现代农业产业园创建名单”，三年投资1亿元。通城县金刚藤产业纳入农业农村部绿色高质高效创建活动，投入资金300万元。2020年9月在潜江举办全省道地药材“一县一品”现场观摩交流会，道地药材“一县一品”的11个县（市、区）主管部门具体负责人及种植示范户共计60多人参会。

【蚕桑生产】 2020年，全省桑园面积稳定在20.7千公顷，桑蚕发种量9.5万张，桑蚕茧总产量3540吨，鲜茧均价30元/公斤，蚕茧总产值1.1亿元。柞蚕放养面积1.7千公顷，放养量590千克，柞蚕茧总产量134吨，柞蚕茧价格50元/公斤，柞蚕茧总产值670万元。

科技示范推广。以南漳、随县、英山和罗田等产区为重点，在全省开展蚕桑省力高效生产技术示范推广，建设小蚕共育室、养蚕大棚，配置生产机械设备与器具，集成蚕桑新品种、新技术和新机具，推进统一饲养，实现绿色生产，提高桑园产量、蚕茧质量和综合效益。办示范样板点4个，每个示范点桑园规模33.3公顷，全省引导辐射桑园面积5.3千公顷，示范基地亩桑产值4000元以上，蚕农劳动效率提高20%，每张蚕种饲养成本降低30%，蚕茧增产10%，节本增收320元。

（省农业农村厅种植业管理处）

【种子品种管理】　加强试验管理，提升品种筛选效率。围绕“转方式、调结构”，优化试验组别设置，新开设了再生稻、虾稻、麦茬稻、节水耐旱稻、青贮玉米、早播夏大豆等组别试验。2020年，全省组织实施水稻、小麦、玉米、棉花、大豆等5种作物64组品种区域试验，622个试点（次），664个参试品种。其中，联合体试验和绿色通道试验27组，参试品种278个。完善品种标准，助推审定品种提档升级。坚持“以绿色发展为引领，以种性安全为核心”，对高产稳产、绿色优质、特殊专用等品种分类管理，修订水稻、玉米、小麦、棉花和大豆5种主要农作物的品种审定标准。2020年，全省审定5种作物162个新品种。审定的水稻、小麦品种，绿色品种占比比上年增长16个百分点，优质品种占比比上年增长39个百分点。加强引种备案，满足生产多样化需求。根据《种子法》和《主要农作物品种审定办法》规定，建立同一适宜生态区省际的品种试验数据共享机制，开展同一适宜生态区主要农作物审定品种引种备案工作，简化品种市场准入。2020年，全省发布两批引种备案公告，引种备案131个品种。其中水稻品种49个，玉米品种76个，小麦品种1个，大豆品种5个。规范品种登记，满足农产品消费升级。统一品种登记受理审查尺度，进一步优化审查程序，做到“一站式”服务，确保品种登记通道畅通。与申请单位对接，开展宣传培训，依托QQ、微信等新媒体点对点服务，及时答疑解惑，提升品种登记服务效率和服务水平。依托国家试验鉴定平台，结合品种展示，开展登记品种符合性验证，重点做好油菜、马铃薯、甘薯、西（甜）瓜等作物的跟踪评价。2020年，全省共有9批111个品种通过品种登记审查，170个品种完成登记公告，涉及粮、油、果、菜、茶5大类14种登记作物。

（彭贤力　王新刚　付玲）

【耕地质量建设与管理】　推进耕地质量监测。完善全省耕地质量长期定位监测网络，长期定位监测点达到1273个，其中部省级点76个，布设密度0.4万公顷/点，监测点覆盖湖北省平原、丘陵、山区地形的耕地八大主要土壤类型，涉及20多种耕作制度。根据《农业农村部办公厅关于做好2020年退化耕地治理与耕地质量等级调查评价工作的通知》（农办建〔2020〕4号）要求，组织编制《湖北省2020年退化耕地治理与耕地质量等级评价项目实施方案》。组织5个耕地土壤酸化治理试点项目县，优化集成一批土壤改良、地力培肥、治理修复技术模式，每县开展耕地土壤酸化治理试点示范0.13万公顷以上。

【高效农业用水】　夯实节水监测基础。以10个国家级土壤墒情监测县市为重点开展墒情监测测报，各墒情监测站每月10日、25日开展两次土壤墒情测报，按时向农业农村部上报湖北省土壤墒情简报。开展节水技术推广应用。在以专业合作社组织为主体，打造智能水肥一体化产业园，发展智能配肥终端。研究制定实施方案，相关项目县市（区）整合资金，选择1000个合作社、家庭农场和种植大户示范基地，示范推广蓄水保墒、集雨补灌、垄作沟灌、测墒节灌、水肥一体化等水肥高效利用技术。

（湖北省耕地质量与肥料工作总站）

【病虫防控】　抓好重大病虫害防治，全省累计防治面积约0.29亿公顷次，粮食病虫草鼠危害损失率控制在2%，挽回粮食损失82.56亿斤，玉米草地贪夜蛾发生面积8万公顷，比上年减少近1/4，损失率0.19%。无一例重大植物疫情恶性传播蔓延事件。

【推广绿色防控技术】　全省以粮食作物和优势特色经济作物为重点，建立106个省级绿色防控示范区，大力推广健康栽培、生态控制、生物防治、理化诱控、蜜蜂授粉等化学农药替代和促增产技术，全省绿色防控覆盖率达41.8%。2020年农业部公布94个全国农作物病虫害绿色防控示范县，湖北省有6个。全省农药使用量（商品）降至4.32万吨，比2019年减少1400吨，已连续7年实现逐年下降。

（张占英　周华众　徐荣钦）

林　业

【概况】　2020年，全省林业积极推进国土绿化、资源管护、生态修复等工作，加快林业治理体系和治理能力现代化，开创全省林业高质量发展新局面取得新进展。全年完成人工造林11.19万公顷、封山育林8.52万公顷，新增省级森林城市5个，省级森林城镇21个。林草业总产值3842.49亿元，其中含草原总产值12.24亿元、林业产业年总产值3830.25亿元，由于新冠肺炎疫情的影响，除林业产业第二产值和第三产业产值外，林业第一产业产值同比增长6.56%左右，其中第一产业产值1370.99亿元、第二产业产值1198.38亿元、第三产业产值1260.88亿元。为决胜全面建成小康社会、打赢精准脱贫攻坚战、实现“十三五”目标作出林业新贡献。

【林产工业】　2020年，全省林业和草原产业年总产值3842.49亿元，除草原的林业产业总产值3830.25亿元，其中第一产业产值1370.99亿元、第二产业产值1198.38亿元、第三产业产值1260.88亿元。全年全省木材产量231.61万立方米，其中针叶木材46.58万立方米，原木185.86万立方米、薪材45.75万立方米。大径竹3268.97万根，其中：毛竹2454.86万根、其他竹材814.11万根，小杂竹9.14万吨，竹产业年总产值67.96亿元。主要木竹加工产品包括锯材、人造板、木竹地板等三大类，林产品分别为：锯材年产量251.41万立方米，其中普通锯材229.32万立方米、特种锯材22.1万立方米；人造板产量681.8万立方米，其中胶合板293.75万立方米、纤维板324.32万立方米、刨花板44.79万立方米、细木工板等其他人造板18.93万立方米。木竹地板2791.39万平方米，包括实木地板170.69万平方米、实木复合木地板664.61万平方米、强化木地板1755.21万平方米、竹地板132.68万平方米、其他木地板68.21万平方米。主要林产化工产品有松香类产品1.09万吨，其中：松香1.003万吨、松香深加工产品919吨。2020年重点工作开展建立信息平台。将全省464家林业产业化龙头企业全部纳入网络信息平台，进行摸底调查。走访服务企业。局领导带队，先后对27家企业和林业合作社开展走访服务，分类指导解决44个问题。拓宽购销渠道。收集整理100多家林业企业库存情况，与各电商对接，做好湖北特色农（林）产品销售对接服务。争取金融支持。与省农发行联合将6个林业产业项目拟融资15.3亿元上报给国家林草局和国家农发行作为重点产业项目储备。与省发改委、省财政厅衔接，加强全省油茶新造示范林、低产林改造项目的调查摸底和项目储备工作。开展2019年林业产业专项资金项目绩效评估。编制全省“十四五”木本油料规划和山桐子产业专项规划，发展油茶产业。对全省各县市林业产业发展和产业扶贫进行考核评分。

【主要经济林产品】 2020年，全省主要经济林产品总量年末实有种植面积142.77万公顷、产量846.97万吨。主要产品有水果、干果、林产饮料、林产调料、森林食品、木本药材、木本油料、林产工业原料等八大类，经济林产品生产情况分别为：水果产量678.49万吨，年末实有种植面积47.51万公顷；干果产量41.91万吨，年末实有种植面积31.2万公顷，其中：栗面积27.68万公顷、产量38.08万吨，干重枣面积8367公顷、产量1.17万吨，松子面积2398公顷、产量288吨。林产饮料产品32.62万吨；林产调料产品2982吨；森林食品28.65万吨、其中竹笋干1.99万吨；森林药材27.29万吨，年末实有种植面积18.09万公顷，其中：杜仲面积2.94万公顷、产量1.42万吨；木本油料33.1万吨，年末实有种植面积45.97万公顷，其中油茶籽22.18万吨、年末实有种植面积28.8万公顷，核桃10.42万吨、年末实有种植面积15.19万公顷，油用牡丹籽2448吨、年末实有种植面积5244公顷，油橄榄面积144公顷、产量2688吨。其他木本油料2353公顷、年末实有种植面积11875公顷；林产工业原料4.61万吨；鲜草5500吨。

【森林旅游和康养休闲】 2020年，全省全年林业草原旅游与康养休闲产业共接待游客1.8亿人次，旅游收入824.37亿元。林业旅游与康养休闲产业直接带动的其他产业产值1000.67亿元，其中林业草原旅游1.43亿人次、收入655.58亿元、直接带动的其他产业产值799.17亿元；林业草原康养休闲3671.22亿人次、收入158.79亿元、直接带动的其他产业产值201.5亿元。

【林木种苗花卉产业】 2020年，林木育种与育苗总产值92.1亿元，其中林木育种12.48亿元、林木育苗79.62亿元。花卉及其他观赏植物种植176.71亿元。

【林业生态和产业扶贫】 2020年，全省天保工程生态护林员35880人，管护面积302.47万公顷，管护经费1.36亿元，公益林生态护林员18185人，管护面积200.61万公顷，管护经费7828.43万元。建档立卡贫困人口生态护林员67537人，管护面积646.54万公顷，管护经费2.42亿元。其中：中央扶贫资金选聘生态护林员65457人，管护面积628.41万公顷，管护经费2.35亿元，地方扶贫资金选聘生态护林员2080人，管护面积18.13万公顷，管护经费654.82万元。其他生态护林员3407人，管护面积52.45万公顷，管护经费4702.93万元。

2020年，实施退耕还林落实补助资金1.0062亿元；实施退耕还湿工程落实资金0.65亿元，其中贫困地区占44.61%；实施湿地生态保护与修复项目51个，投入资金1.33亿元，其中贫困地区占45.48%。发展林业生态产业助力脱贫攻坚。依托精准灭荒、新一轮退耕还林等工程，基本实现贫困县（市）人均一亩经济林的目标；石漠化治理的20个实施县市中18个为贫困县市，吸纳贫困群众参与，增加劳务收入。发展林业特色产业扶贫。指导帮助27家龙头企业解决问题44个，新建改建特色经济林和林下经济等基地1.59万公顷，启动“绿水青山就是金山银山”示范县创建。开展对口帮扶支援扶贫，牵头协调定点帮扶单位落实帮扶鹤峰县资金1.06亿元；扶持鹤峰县白鹿村发展猕猴桃、茶叶和林下种养等产业，巩固脱贫攻坚成果；落实消费扶贫资金1600万元。

【木本油料产业】 2020年，湖北省木本油料产量33.1万吨，年末实有种植面积45.97万公顷，其中油茶籽22.18万吨、年末实有种植面积28.8万公顷，核桃10.42万吨、年末实有种植面积15.19万公顷，油用牡丹籽2448吨、年末实有种植面积5244公顷，油橄榄面积144公顷、产量2688吨。其他木本油料2353公顷、年末实有种植面积11875公顷。当年新造油茶林面积8268公顷、当年低产林改造的油茶面积16768公顷，年末实有油茶定点苗圃个数34个，全省定点苗圃面积264公顷，油茶苗木产量3849.54万株，其中：一年生苗木产量1725.08万株、二年以上留床苗木产量1582.46万株。全年油茶产业投资4.25亿元，其中：中央财政投资1.05亿元、地方财政配套1976万元，国内贷款1500万元、其他社会资金1.75亿元、自筹资金1.10亿元。全省油茶籽产量22.18万吨、茶油产量3.67万吨。全省规模以上油茶产业加工企业51个、年产值73.88亿元。年末实有核桃定点苗圃个数19个，全省定点核桃苗圃面积180公顷，新培育核桃苗414.3万株，全省核桃干总产量11.42万吨，核桃油产量2732吨。当年新育苗油用牡丹3430万株，油橄榄33万株，山桐子1600万株，规模以上核桃油产业加工企业4个。

2020年，全省林下经济经营利用

面积2308万亩，国家级林下经济示范基地23个，从事林下经济专业合作组织达到1300个。全省林下经济产值569.16亿元。

【资金与计划管理】 2020年，全省中央和省级林业投资530939万元（其中：中央投资340597万元，省级投资190342万元），圆满完成年初确定的49亿元的目标任务，比2019年（484725万元）增长9.53%。其中，安排贫困地区中央和省级林业投入32.55亿元，占全省林业总投资的62.59%，全面完成加大贫困地区林业项目投入的目标。争取生态护林员补助资金、天然林保护补助资金、公益林补偿资金和退耕还林补助资金等，全面完成落实林业惠民政策资金的目标。

（彭锦云）

畜牧业

【概况】 2020年，湖北省生猪出栏2631.12万头，同比下降17.5%，存栏2161.46万头，同比增长33.6%，能繁母猪存栏220.68万头，同比增长35.8%。牛、羊、禽出栏量分别为101.96万头、532.68万只、59325.84万只，比上年分别下降6.90%、13.50%、0.10%。存栏量分别为242.08万头、533.26万只和38289.98万只，比上年分别下降0.40%、3.60%和增长5.7%。受生猪产能下降影响，全省肉类总产量307.10万吨，比上年下降11.82%；禽蛋193.09万吨，比上年增长8.0%，奶13.39万吨，比上年增长0.1%。

【畜牧产业纾困】 积极采取措施，应对新冠肺炎疫情对全省畜牧产业特别是生猪、蛋鸡、牛奶等产业造成的不利影响，推动出台了《湖北省人民政府办公厅关于支持新型农业经营主体纾困的通知》，对养殖主体给予金融、保险、补贴、用地等方面的政策支持，帮助养殖企业渡过难关，稳定全省畜牧业生产。

【生猪稳产保供】 推进大型生猪养殖场项目落实，跟踪服务正大、金龙、牧原等15家大型生猪养殖企业，及时反映和协调解决相关困难，推动生猪扩产重大项目落地，恢复生猪产能。召开全省生猪稳产保供及非洲猪瘟防控电视电话会议，压实地方政府主体责任，严格按照《湖北省生猪稳产保供目标任务考核方案》要求，对各市州目标任务完成情况进行考核。2020年生猪存栏2161.46万头，比上年增长33.6%，超额完成国家下达的目标任务。对各地生猪生产数据实行周、月调度，分析“猪周期”走势规律，及时研判后期生猪走势，提供生猪生产预警信息服务。

【草食畜牧业】 持续开展牛羊养殖新技术、新模式推广，《牛床场一体化养殖技术》作为全省农业主推技术在全省推广。深入推动牛羊地方品种的开发利用，培育挖掘优良品种的发展潜力，通过品牌创建、产品创新等手段有效提升养殖效益和市场竞争力。枝江市牛郎山夷陵牛雪花牛肉在首届“中国牛·优质牛肉品鉴大会”上荣获最具特色奖和最具效益奖。

【家禽提质增效】 在全省范围内推广蛋鸡“124”、生态养鸡“553”标准化养殖模式，全省蛋鸡标准化养殖占比达60%以上。有序开展旧鸡场提档升级、鸡粪资源化利用和蛋鸡无抗养殖技术指导服务，改造后鸡场粪污资源化利用率达95%以上，单场10万只以上的规模蛋鸡养殖企业无抗养殖比例达80%以上。通过线上线下结合的方式服务养殖企业，开展家禽技术培训51次，培训人数5018人。组织开展家禽及蛋制品产业链生产调研，通过线上填报、线下考察、专题座谈等方式，摸清生产情况，形成家禽及蛋制品产业链发展意见思路。

【推动产业援藏】 2020年5月13日—17日，省农业发展中心联合省家禽业协会，组织12人的考察团赴西藏山南市实地考察。6月13日，全国深化对口援藏扶贫工作现场会上，全省蛋鸡养殖企业武汉宏农农牧有限公司与山南市人民政府正式签约，拟在山南投资5亿元建设养殖规模120万的西藏规模最大的现代化、数字化藏鸡养殖企业。2020年项目启动建设，将于2021年5月正式投入运行。

【畜禽品种资源保护】 积极推进全省地方畜禽品种种质资源保护，科学开展遗传基因保种工作，确保种质资源不丢失。对监利猪、清平猪、阳新猪和湖北白猪等地方猪开展冻精制作及异地备份保种工作，制作符合《畜禽细胞与胚胎冷冻保种技术规范》标准要求的0.5ml细管冻精监利猪1132支、清平猪1006支、阳新猪1068支和湖北白猪1036支，有效促进了地方畜禽种质资源保护高质量发展。

【优质种牛育种】 湖北省优质种牛育种中心在仙桃注册成立了湖北庚源惠科技有限责任公司，以公司化模式开展场区内日常管理。从新西兰引进了250头纯种西门塔尔和夏洛莱牛，积极做好牛群日常饲养管理和遗传育种工作，并开展同期发情实验，配种率达90%。

【牛品种改良】 全省共有50个县（市、区）开展牛品种改良工作，共有牛品种改良技术人员380人。全年种公牛站新增良种公牛9头，经评审专家现场评定均为特级，存栏良种公牛达到56头，涵盖了西门塔尔、夏洛莱、娟姗、摩拉、尼里、地中海等品种，年产冻精27万支，可改良母牛13万头以上。全省累计冻配改良牛13.2万头，举办牛品种改良技术培训班15期，开展现场技术服务20场次。

【蜂业管理】 完成2019年度中央财政转移支付资金项目绩效自评工作和2019年度神农架林区、五峰县、鹤峰县的畜牧产业扶贫调研数据再次核实工作。配合中国蜜蜂研究所完成10个批次蜂蜜兽药残留监控抽样工作。组织撰写特色畜牧养殖业（蜂业）发展规划。

2020 年 12 月 2 日,首届中国牛·优质牛肉品鉴大会在北京市召开,来自宜昌市的夷陵牛雪花牛肉荣获最具特色奖和最具效益奖两项大奖

【蜂产业纾困】 联合省养蜂学会积极应对新冠肺炎疫情影响。开展我省因转地放蜂滞留外省蜂业从业人员的调查工作，及时收集全省蜂农转地、春繁、蜂产品流通以及企业复工复产情况和困难信息；撰写《关于各地实施分级防控后我省蜂业从业人员转地放蜂受阻的情况汇报》，及时向上级反映。于 2020 年 3 月 8 日正式公布《省指挥部生活物资保障专班关于将蜂产品纳入农商互联重点支持农产品范围的通知》，将蜂产品（蜜蜂、蜂王浆、蜂花粉、蜂胶和蜂蛹等）纳入农商互联重点支持农产品范围，运输蜂产品及包装、托盘相关物资的车辆在全省防疫期间执行“绿色通道”政策。

【蜂业质量提升行动】 完成 2019 年度鹤峰、来凤和巴东 3 个县的项目总结验收工作，建设完成总面积近 200 亩、年产蜂王可达 5000 只以上生产能力的武陵山区中蜂良种繁育基地；建设发展 4 个中蜂养殖标准化示范场，实现每个中蜂养殖标准化示范场饲养中蜂 80 群以上，年生产中蜂蜜 450 公斤以上；在培育区域优质蜂产品公共品牌方面，完成注册地方性优质蜂产品品牌 4 个，提升了区域公共品牌影响力。在咸丰、来凤和巴东 3 个贫困县开展 2020 年蜂业质量提升行动项目，制定省级和县级相关实施方案，督导项目实施；梳理总结湖北省实施蜂业质量提升行动三年来整体进展情况及主要成效，及时提交 2020 年蜂业质量提升行动项目实施阶段性进展情况汇报。

【奶业生产概况】 2020 年，全省奶牛存栏 3.5 万头，奶产量 11.5 万吨。100 头以上的规模场（户）15 个，机械化挤奶 100%。全省乳品加工企业 13 家，鲜奶处理能力在 50 吨以上的乳品加工企业有 13 家，日处理能力 3960 吨。

【奶牛生产性能测定】 受新冠肺炎疫情和洪涝灾害的影响，全省奶牛养殖场不同程度受损，进而影响到我省奶牛生产性能测定（DHI）工作的顺利开展。2020 年，参加 DHI 的奶牛场有 11 个（含 2 个奶水牛场），占全省规模化奶牛场的 80%以上；检测奶牛 1.03 万头，检测样品 4.8 万头份，开展牧场服务 32 场次，并及时向中国奶牛数据中心上报数据。2020 年，全省奶牛单产达到 7.9 吨，平均乳脂率为 3.84%，平均乳蛋白率为 3.44%；平均体细胞数为 33 万个/ml。湖北省 DHI 中心还承担定点牧场数据检测调查表数据收集上报工作，并按时完成每季度定点牧场农机监测数据收集上报工作。

【畜禽粪污资源化利用与推广】 持续开展畜禽养殖废弃物资源化利用整县推进行动，指导各地制定好养殖场“一场一策”方案；督促 38 个国家整县推进项目县填报项目计划和项目进度，及时掌握各地养殖场粪污治理配套设施建设情况和粪污利用情况，并委托省农科院畜牧兽医研究所开展资源化利用第三方评估工作，通过目标考核推动各地完成资源化利用工作。

【重大动物疫病防控】 全省猪瘟、口蹄疫、禽流感、高致病性猪蓝耳病、羊小反刍兽疫、鸡新城疫六种重大动物疫病全部实现“应免尽免”。据有关抽样监测数据显示，2020 年，全省口蹄疫 O 型和 A 型抗体合格率分别为 90.4%、83.9%；H5 和 H7 亚型禽流感抗体合格率分别为 96.8%、96.7%；猪瘟抗体合格率 92.4%；高致病性猪蓝耳病抗体合格率 90.2%；新城疫抗体合格率 93.5%；小反刍兽疫抗体合格率 89.3%。免疫效果全部高于农业农村部规定的指标。

【规模养殖场“先打后补”政策落实】 省农业农村厅、省农业发展中心、省财政厅联合发文出台了“先打后补”实施方案（鄂农发〔2020〕11 号）文件，明确了规模养殖场“先打后补”补助的对象、标准和程序。2020 年，全省符合“先打后补”政策的规模养殖场约 14000 家，兑付“先打后补”补助资金 7000 余万元。

【血吸虫防治工作】 印发《2020 年湖北省家畜血吸虫病监测计划》。全省 48 个疫区县（市、区）共监测家畜 11.5 万头只；预防性投药家畜 14.5 万头（只）次。应对洪涝灾害对家畜血防工作提出的新挑战，调剂应急物资库存，对重点地区和受灾严重地区投入血防药品 600 件约 50 万元，并及时进行技术指导，不断推动畜间血吸虫病从传播到阻断、消除进程。对武汉市江岸区、鄂州市华容区等12个县（区）和宜昌市、襄阳市开展血吸虫病消除达标评估工作，12个县（区）和两个市均达血吸虫病消除标准。

【羊布病防控工作】 依托省级农业主推项目《羊布鲁氏菌病区域净化技术》，以4家省部级“动物疫病净化创建场”、宜昌市夷陵区和当阳市2个率先通过了省级达标升级考核的净化区为示范，通过样板示范带动全省94个县（市、区）推进羊布鲁氏菌病净化工作。全省共对47689个羊场进行采样，采集并检测羊血清126.38万份，检出阳性705份，检出104个阳性场，个体阳性率0.06%，群体阳性率0.22%，扑杀并无害化处理阳性羊及同群羊1816只。宜昌市羊布鲁氏菌病区域净化示范区建设项目通过了部级专家组的中期评估。组织29个相关县市开展人间网报布病病例和关联养殖场的流行病学调查。调查显示，85.4%（35/41）的人间病例与羊养殖从业相关，接触途径主要为饲养、放牧、接生、屠宰、贩运等，提示应加强布病知识宣传及对羊的移动监管。

【非洲猪瘟防控工作】 3月3日，神农架林区发生野猪非洲猪瘟疫情后，按照省政府领导的要求，省农业发展中心迅速派出技术骨干赶赴现场，开展应急处置和流行病学调查工作，指导神农架林区迅速启动非洲猪瘟疫情Ⅱ级应急响应，采取封锁、巡（排）查、消毒、免疫、监（检）测等综合性防控措施，稳定控制了野猪非洲猪瘟疫情。4月9日至10日，经专家现场评估验收，并报请农业农村部批准，自2020年4月11日零时起解除神农架林区野猪非洲猪瘟疫区封锁。根据万勇副省长的指示精神，就利川市、孝南区等地检测出非洲猪瘟病毒阳性事件，开展紧急流行病学调查工作。流调组通过现场采样、检查检疫证、查看检测报告、查阅出入库资料、访谈有关人员等方式，基本查清染疫产品来源以及可能存在的风险点，并提出相关处置建议。

【执业兽医资格考试】 11月，全国执业兽医考试湖北考区实现计算机化考试。为确保机考平稳顺利，省考区办协调多部门制定应急预案，考前组织开展各项演练。成立了湖北考区新冠肺炎防疫领导小组，多措并举，严防严控新冠肺炎疫情。考区办复审后有效考生1162人，考试当天实到1070人，缺考率7.92%，未发生一起泄密舞弊事件。

【畜产品品质提升行动】 在罗田县、大悟县、沙洋县、丹江口市、宣恩县、兴山县、赤壁市，荆州区、公安县、谷城县等10个重点县（市、区）全面推行“监管网格化，责任可追究；评估常态化，风险可管控；服务多维化，安全可保障”的畜产品安全监管模式。通过省级督促指导、县级自查、市级检查推荐，以上县（市、区）被列为2020年度畜产品品质提升行动合格县市名单，贫困县占比50%。

【产地、屠宰检疫】 组织启用全国统一样式的动物检疫专用章，严格执行产地检疫申报制度和15个检疫规程，引入第三方实验室检测为检疫服务，严格查验H7N9流感、布病、非洲猪瘟等实验室检测报告，产地检疫申报受理率100%。配合国家疫控中心完成国家与省级电子出证系统对接，全省对接数据无异常，电子出证、车辆备案、公路检查站信息推送顺畅。2020年5月，按照农业农村部开展无纸化出具动物检疫合格证明（动物B证）试点要求，在宜昌全市推行试用“智慧兽医”云平台电子出证系统，得到国家疾控中心领导肯定；与省农业农村厅联合发文启用“智慧兽医”系统。严把屠宰入场查验关、检疫申报关、违禁药物监管关、检疫出证关、无害化处理监督关和防疫巡查关等“六关”，屠宰检疫率达100%。2020年，全省出具动物检疫合格证明408.698万张；检疫出栏生猪1963.5万头、家禽4.94亿羽。

【无害化处理监管】 落实2019年度无害化处理补助16328万元；全年处理病死猪203.2万头，预拨补助9600万元。鼓励无害化处理场兼并重组，将“湖北省畜禽无害化处理信息监管平台”整合到“智慧兽医”系统，进一步规范病死猪无害化处理及信息统计等工作，发挥大数据作用。对动物无害化处理中心和收集点环境样品中监测到非洲猪瘟病毒核酸阳性的情况，组织专班开展流行病学调查，综合评估风险并妥善处理。

【屠宰企业标准化创建】 按照农业农村部《全国生猪屠宰标准化建设实施方案》开展生猪屠宰厂标准化建设，促进行业转型升级，提升屠宰行业规模化、机械化、标准化生产水平的要求，跟踪指导督导武汉、宜昌、黄冈、黄石等地屠宰企业标准化创建工作。经过省市现场评查，推荐武汉双汇和枝江嵘昌肉联两家企业参加农业农村部评审；武汉双汇已经通过专家评审。

（动监处供稿）

水产业

【概况】 2020年，受疫情、汛情、长江汉江等重点水域禁捕退捕的影响，水产品总产量、养殖面积均略有所下降。全省水产养殖面积789万亩，同比减1.07%；水产品总产量467.9万吨，同比减0.34%，连续25年保持全国第一淡水大省地位；渔业经济总产值2757亿元，同比增2.31%，其中渔业产值1156亿元（不含苗种），比上年增0.35%，占全省大农业产值的15.8%；渔民人均纯收入20297元。

推广绿色模式。积极开展渔业基础设施改造，大力推广稻渔综合种养、池塘养殖尾水治理、工厂化循环水养殖、“零排放”圈养、流道养殖、集装箱养殖等绿色生态养殖模式。截至2020年，累计改造池塘超过200万亩，发展稻渔综合种养面积735万亩，居全国第一。创建国家级稻渔综合种养示范区8家，池塘养殖尾水治理面积60余万亩，“零排放”圈养703个，流道养殖601条，集装箱养殖60个。

开展特色养殖。坚持“一鱼一产业”发展战略，成功打造了小龙虾、鳝鳅、河蟹三大“百亿元”产业，小龙虾产量98.2万吨，占全国总产量41%；黄鳝产量13.4万吨，占全国43.5%，黄颡鱼产量13.7万吨，占全国24.2%，均居全国第一；河蟹产量15万吨，占全国19.2%，居全国第二。

推动产业融合。2020年，现有国家级龙头企业9家，省级57家，水产加工企业251家，各类水产批发市场318个，水产品加工和流通服务业产值达1158亿元。水产加工产品涵盖11大系列100多个产品，加工能力181万吨。水产电子商务蓬勃发展，线上年交易额超过50亿元。创建全国休闲渔业示范基地29家，休闲渔业总产值达到115.3亿元。

加大品牌建设。“潜江龙虾”、“洪湖清水”大闸蟹、“武昌鱼”、“监利黄鳝”、“荆州鱼糕”等品牌享誉全国，“潜江龙虾”区域公用品牌价值227.9亿元，位列全国龙虾区域公用品牌第一。2020年，“潜江龙虾”产品出口欧美、日韩、澳大利亚等30多个国家和地区，出口创汇连续16年全国第一。我省集聚荆州市“中国淡水渔业第一市”资源，着力打造“荆州鱼糕”区域公用品牌。

【示范创建】 2020年，累计创建部级水产健康养殖示范场300多家，国家级水产种质资源保护区66个，水产品质量抽检合格率稳定在99%以上，产地水产品抽检合格率连续9年保持100%。建成现代渔业示范基地74个，建设高标准生产基地55万亩，创建国家级健康养殖示范县6家。

【渔业科技】 推动科技成果。湖北省水产技术推广总站参与的《池塘工程化循环水养殖模式示范推广》获得第五届范蠡科学技术奖科技推广类一等奖；参与的《水产品质量安全追溯体系构建与推广应用》获得第五届范蠡科学技术奖科技推广类一等奖。站专家牵头制定的《稻渔综合种养技术规范 第四部 虾稻（克氏原螯虾）》标准作为中华人民共和国水产行业标准正式发布实施；站专家主编的《虾稻优质高效绿色生产模式与技术》由湖北科学技术出版社于2020年2月正式出版。湖北省水产科学研究所、国家大宗淡水鱼产业技术体系武汉综合试验站获2020年度优秀；同时获得“十三五”大宗淡水鱼产业技术体系优秀综合试验站。

开展科技攻关。针对全省小龙虾产业瓶颈问题，组织开展“稻虾憨”模式和“七钱虾”养殖技术研究攻关行动，促进小龙虾养殖技术提档升级。参与湖北省科技创新专项重大项目《虾—稻高效养殖与质量安全控制关键技术研发》；正式出版技术专著《虾稻优质高效绿色生产模式与技术》。参与《“双水双绿”模式示范和推广》项目，建设示范基地25个，总面积20000多亩；培训种养农户超过1000人次；带动经济产值4亿以上；参与《黄鳝高质高效养殖技术研究与集成示范项目》，建设示范基地5个，培训渔民超过500人次。列入省科技厅重大攻关项目的“蛹肽蛋白悬浮活性饲料驯养良种鳜提升品质关键技术研究”进展顺利。

加大示范推广。引进新品种养殖与示范推广，实现科技创新与区域协同发展，加快产业联动及传统产业升级改造，实现经济效益最大化，有力促进产业发展。在全省打造、建设核心示范样板基地37个，示范推广面积337万亩，培训人数5000人次以上，农民满意度达98%以上。组织示范县市养殖户、贫困县养殖户开展引进新品种活动8次，引进新品种4个，引进总数量921万尾，带动周边养殖户自发引进养殖1.8亿尾，辐射推广面积14万亩。新品种在生长速度、抗病力、市场消费等方面的优势特点，带来养殖效益比同类品种养殖高15.5%。

荆州区弥市镇双马村双柳树稻虾连作田基地，重点建设集稻渔综合种养、小龙虾深加工等于一体的现代农业产业示范园

【疫病防控】 病害测报。开展鲤春病毒血症（SVC）、克氏原螯虾白斑综合征（WSD）、鲫造血器官坏死病（CyHV—2）、草鱼出血病（GCRV）等7种重大水生动物疫病专项监测，在151个监测点上，共监测养殖面积35万亩，监测养殖品种19个，采集样品155个，监测到12种养殖对象发病。

病害防控。4月份省内部分地区暴发黄颡鱼病害，大部分患病鱼呈现常见的细菌性疾病典型症状，如“头穿孔”、腹水、腐皮等。涉及荆州、宜昌、孝感、潜江、武汉等5个地市8个县区，发病面积1.6万亩。经专家组现场查看、病样采集和实验室诊断分析，确诊系细菌感染，为常规性多发疾病。通过采取专家会商、制定技术措施、成立工作专班开展巡回指导等措施，成功遏制病害，恢复正常生产。

减量用药。大力开展健康养殖和规范用药宣传，融合水产养殖用药减量试点成果，在荆州、武汉、黄冈、荆门等10个市新增示范推广基地15个，利用“荆楚农时课”，邀请相关专家开展鱼病防控技术培训工作，深入基层开展水产养殖规范用药科普下乡活动。开展水产养殖主要病原微生物耐药性普查，针对51株病菌，完成8种国标渔药的最小抑菌浓度测定。

中草药制剂隐患排查。在全省开展水产用中草药制剂使用情况及含有化学药品和违禁药物的隐患排查，先后抽取宜昌、荆州、仙桃、孝感、荆门、天门6个地市12个县（市、区）的32个健康养殖示范场和21个水产用兽医销售门店，采集中草药制剂样品55个，分别进行了孔雀石绿、诺氟沙星、恩诺沙星、拟除虫菊酯类等指标的实验室监测。

【推进长江禁捕退捕】 创新开展长江野生鱼繁育驯化，联合中国水产科学研究院长江水产研究所、华中农业大学、湖北省水产科学研究所、武汉市农业科学研究院水产所、宜昌三江渔业有限公司、湖北省长吻鮠良种场等科研院所和养殖企业开展中华沙塘鳢、大鳍鳠、铜鱼、长江刀鲚、长春鳊、长吻鮠等6种长江野生鱼类人工驯化繁育科技攻关，制定了实施方案，召开了推进会，计划用三年时间，建立4个繁育基地、4个养殖驯化基地和3个推广示范基地，为长江大保护和农民增收提效提供新的产业门路。大力开展长江退捕渔民转产转业培训，编写培训教材，举办7期退捕渔民转产培训班和2期护渔员培训班，累计培训退捕渔民1100余人。

（郑先荣　易兵）

农业产业化

【概况】 2020年，市州级以上农业产业化龙头企业3639家，其中国家级62家，省级865家。全省规模以上农产品加工企业主营业务收入1.08万亿元。

2020年11月5日，保康县马桥镇尧治河村采取“公司+合作社+农户”方式发展菊花种植产业化

推动乡村产业高质量发展。强化规划牵引，编制《湖北省农业产业化暨农产品加工业“十四五”发展规划》，突出十大产业、谋划六大工程。培育龙头引领。开展国家级龙头企业监测工作，增补9家业态新、效益好、带动能力强的企业。推进农业招商引资，在第十七届中国武汉农业博览会开幕式上，33个农业招商引资现场签约，意向金额868.68亿元。推进项目建设。争取中央项目资金3.4亿元，建设农业产业强镇和小龙虾、柑橘优势产业集群。组织实施现代园区产业链项目，支持企业改造升级。围绕“生产+加工+科技”，推进80家省级现代农业产业园建设。围绕优质稻米、菜籽油、小龙虾、茶叶、柑橘等镇域县域主导产业，建设仓储保鲜、分级、包装等初加工，发展精深加工，打造乡村产业发展高地。培育典型、宣传推广。针对休闲农业经营困境，建立休闲农业微信群和推荐平台，在线上推介200多家精品农庄、1000多个乡村旅游景点和精品线路。

【特色乡土产业】 培育1600多个一村一品村镇；19个村镇被新评为全国一村一品示范村镇，数量居全国前列，总数达到144个。襄州区龙王镇等6个乡镇、夷陵区小溪塔街道办仓屋榜村等5个村入选2020年全国乡村特色产业十亿元镇亿元村名单。建设三峡蜜橘、湖北小龙虾两个优势特色产业集群。举办全省茶叶加工（精制）职业技能竞赛暨全国大赛湖北省初赛，遴选5名选手参加全国大赛，夺得中部五省第一名、团体总成绩第五名，5名参赛选手全部获奖，2名选手荣获“全国农业技术能手”荣誉。荆楚刺绣精彩亮相2020首届全国乡村手工艺（刺绣）大赛，湖北省选手独揽大赛“最佳创意奖”，并获“优秀奖”四名，省农业农村厅获“优秀组织奖”。

【休闲农业】 全省有国家级休闲农业示范县13个、示范点19个，“中国美丽休闲乡村”33个、“中国美丽田园”10个、省级休闲农业示范点240家。全年接待游客6500万人次，综合收入达205亿元。10个乡村入选中国美丽乡村并被农业农村部向全国发布，推荐20条全国乡村旅游精品线路，先后有5条线路入选《中国美丽休闲乡村精品旅游线路》。

【农村创业创新】 发动龙头企业、创新农业新业态、开发公益岗位，协调发放创业担保贷款10.7亿元，全力帮助197万返乡留乡农民工就地就近就业。举办“激情创新创业，梦圆乡村振兴”农村创新创业项目创意大赛，选拔推介一批优秀创新创业项目和人才，激发农村创新创业活力，促进返乡留乡农民工就地就近就业。5个县市区被评为第三批全国农村创业创新典型县，3名个人被评为第四批全国农村创业创新优秀带头人。

【农村产业融合】 2020年，省级现代农业产业园创建单位80个、省级农业产业化联合体81个，建设45个省级农业产业化（农产品加工）园区，推动农业深度融合。农业产业强镇工作成效优异，推荐5个强镇申报认定全国农业产业强镇；新增14个农业产业强镇建设单位，合计达到38个。

【支持企业复工复产】 协调金融机构支持。召开农业重点龙头企业座谈会，协调中国银行为龙头企业提供70亿元信贷额度。农行湖北省分行推出了“季节性收购贷款”，解决龙头企业在农副产品收购旺季的资金需求，竭力解决企业融资难题。省农担公司推出无抵押纯信用担保产品——“农担抗疫信用贷”和推广“楚联贷”产品，将更多龙头企业纳入疫情防控重点保障企业名单，落实60余亿元专项优惠贷款。推动出台“省级以上龙头企业500万元以内贷款，实行免抵押信用贷款”政策，将农业企业融资担保费率优惠至0.5%以内。争取1.6亿元贷款贴息资金，为337家龙头企业降低融资成本。协调人行武汉分行实施“金融稳保百千万”工程，推荐省级优先保障30家、重点保障300家龙头企业。协调省地方金融局建设“企业金融服务方舱”，对受疫情影响，经营出现暂时困难的龙头企业提供保护性金融支持。

（农业农村厅乡村产业发展处）

农业机械化

【概况】 2020年，全省农机化发展迈进了高级阶段，全省主要农作物耕种收综合机械化水平达71.3%。其中，水稻耕种收综合机械化水平达到85.6%，油菜耕种收机械化水平达69%，均位居全国前列。举办现场活动，推广“云上课堂”，制作推送农机技术视频，培训农民机手超100万人次。建成北斗农机信息化智能管理系统，在大型农机具上安装各类北斗农机终端近1.9万台套，农机信息化水平不断提升。

【农机技术服务】 3月下旬，省农业发展中心在荆州市举办全省“百万农机促春耕”系列云活动，首次以“现场作业示范+云上经验交流+线上媒体推广”的方式，掀起春耕生产热潮。4月中旬，在天门市开展“农机科技助力春耕生产”活动，现场作业示范、专家地头解说、机手实地培训，以农机科技抢抓农时、服务春耕，活动情况被中央电视台新闻联播报道。5月中旬，在钟祥市举办小麦机收“第一镰”活动。10月，在监利市举办以“粮食减损收获”为主题的秋季农机化专家技术服务活动。11月，在通山县举办乡村振兴荆楚行暨湖北省农机化技术推广“田间日”活动。在夏收、秋收等关键时节，组派农机现场技术服务团队，分赴襄阳、孝感、随州等稻麦主产区，“送机具、送技术、送人才”到田间地头，夯实粮食丰收基础。

【组织科技攻关】 省农业发展中心联合省科技厅、华中农业大学，合力开展板栗机械化采收关键技术与装备科技攻关，取得重要成果。攻关团队共制定3套板栗采收技术路线，试制板栗采收机样机，3种样机先后通过了适应性试验和田间试验。试验显示，样机都能较顺利地采收板栗，设计总体方案可行，技术路线合理，采收效率是人工的3倍以上。

【搭建转化平台】 省农业发展中心依托湖北省农业机械化科技创新联合会，协调湖北省农机总公司组建“湖北省智能农机装备创新中心”，创新中心将通过“公司+联盟”的组织模式，解决关键材料、核心制造工艺与薄弱环节农机装备供给问题，搭建农机院校、科研院所、研发企业成果转化的桥梁，持续引领湖北省农机装备高质量发展。

2020年12月3–4日，全省第五届农机职业技能竞赛颁奖仪式在钟祥市举办

【农机技能培训】 充分利用抖音、湖北电视台垄上频道等平台，进行网上培训，推广“云上课堂”，重点就无人机植保、水稻机插秧及侧深施肥等实用技术和秸秆综合处理、保护性耕作等绿色生态技术开展线上培训。全年共推送农机技术视频33部，视频点击量累计超过100万次，仅“湖北农业事业”抖音号，技术培训视频累计点击量就超过了23万人次。12月，联合省人社厅、省总工会等七家单位共同举办第五届“湖北工匠杯”农机职业技能竞赛，95名农机精英汇聚钟祥参与角逐，竞赛科目包括农机修理工技能竞赛和农用无人机挑战赛等。在潍坊举办的第三届全国农业行业职业技能大赛农机修理工技能竞赛中，全省3名参赛选手分获“全国农业技术能手”“优秀选手奖”和成绩优异证书。

【农机信息化】 推广安装农机北斗终端，广泛用于农业机械自动导航、作业监测、粮食测产等各方面，使农机具成为农业大数据采集终端，运用大数据、云计算形成数字化地图，探索农机自动化精准化作业。截至2020年底，全省累计安装北斗终端18980台套，其中安装北斗终端在拖拉机上11819台套、插秧机339台套、稻麦收割机5104台套、玉米收割机5台套、其他收割机4台套、无人机1695台套、自走式喷杆喷雾机14台套。建立了全省北斗农机信息化智能管理系统，累计监测作业面积4267.40万亩。

（郑先荣　易兵）

工　业

综　述

【工业经济运行状况】 2020年，全省规模以上工业增加值自5月起连续8个月实现月度正增长，全年累计下降6.1%，工业经济秩序加快恢复，复苏势头持续巩固、好于预期。支柱产业复元加快。41个工业大类行业中有8个行业实现正增长。汽车行业增长势头向好，全年累计下降5.2%，生产汽车209.4万辆，居全国第4位；烟草行业稳定增长，增加值全年累计增长6.0%；电力、化工、纺织、钢铁加快恢复，增加值全年累计分别下降2.2%、4.4%、1.4%、5.7%，降幅均低于全省平均水平。新兴产业支撑明显。全省高技术制造业增加值累计增长4.1%，占工业比重达10.2%，首次突破10%以上，同比提升0.7个百分点；其中，医药、电子设备、仪器仪表制造业分别增长1.1%、4.4%、14.6%；微型计算机设备、平板电脑、光电子器件产品产量分别增长35.4%、66.6%、10.3%。市州增长持续恢复。17个市（州）增幅持续回升，其中，武汉（-6.9%），支撑了全省工业走势；恩施（9.7%）全年实现正增长；仙桃（-3.8%）、十堰（-3.8%）、潜江（-4.4%）、宜昌（-5%）、黄石（-5%）、孝感（-5.3%）、咸宁（-5.5%）、黄冈（-5.9%）降幅低

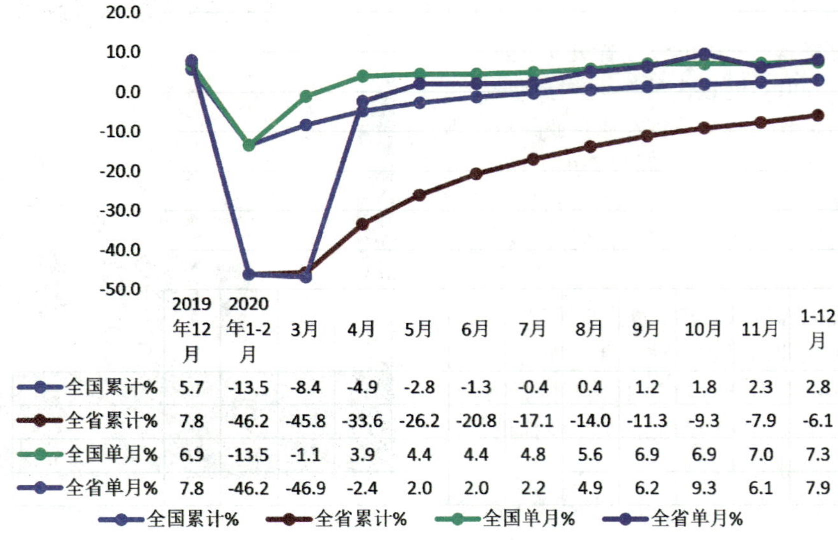

	2019年12月	2020年1-2月	3月	4月	5月	6月	7月	8月	9月	10月	11月	1-12月
全国累计%	5.7	-13.5	-8.4	-4.9	-2.8	-1.3	-0.4	0.4	1.2	1.8	2.3	2.8
全省累计%	7.8	-46.2	-45.8	-33.6	-26.2	-20.8	-17.1	-14.0	-11.3	-9.3	-7.9	-6.1
全国单月%	6.9	-13.5	-1.1	3.9	4.4	4.4	4.8	5.6	6.9	6.9	7.0	7.3
全省单月%	7.8	-46.2	-46.9	-2.4	2.0	2.0	2.2	4.9	6.2	9.3	6.1	7.9

图4—1　全国和全省规模以上工业增加值增速走势图

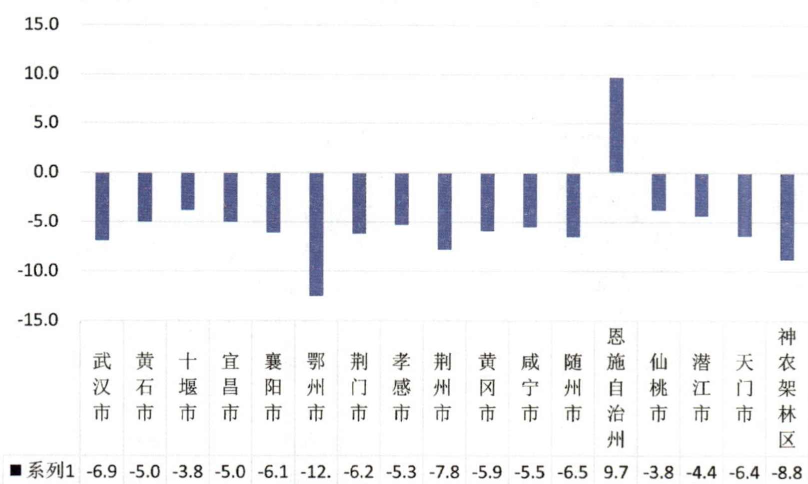

图 4—2　全省各地区 2020 年规模以上工业增加值增速（%）

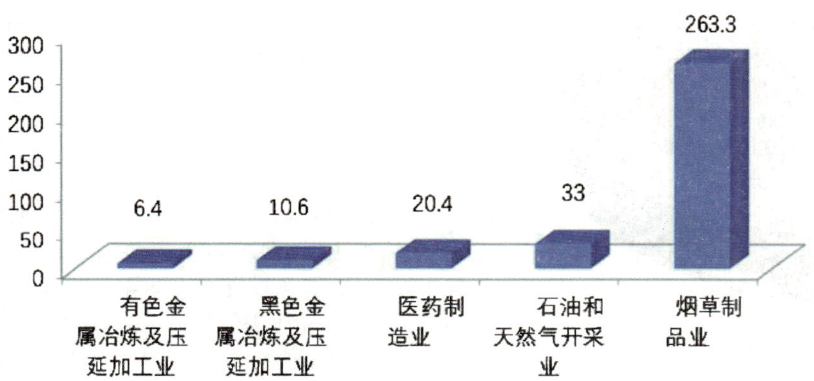

图 4—3　2020 年 1-12 月全省部分行业投资增速（%）

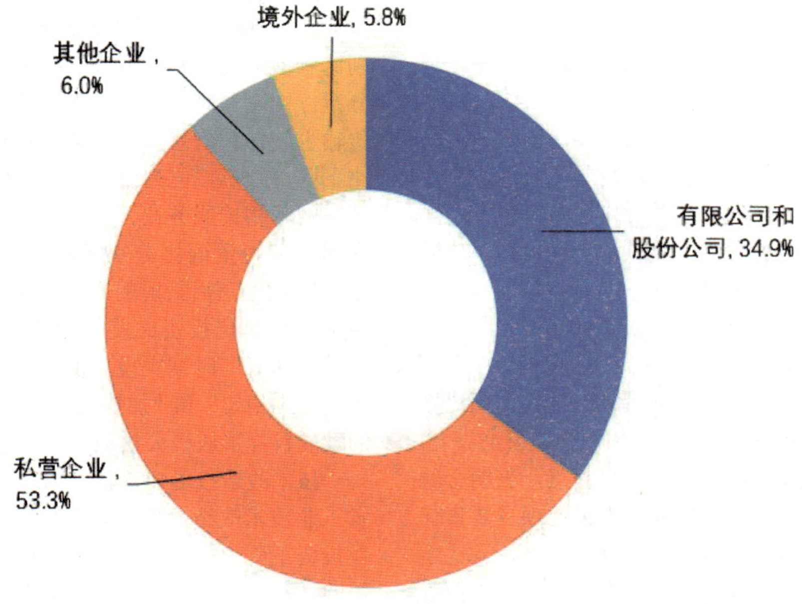

图 4—4　2020 年 1-12 月全省各经济类型企业投资额占比

于全省平均水平。质量效益持续改善。全省规模以上工业实现营业收入 40743.5 亿元，同比下降 9.1%，总量居全国第 9 位；实现利润总额 2519 亿元，同比下降 8.3%；营业收入利润率 6.18%，高于全国 0.1 个百分点，居全国第 13 位；百元营收成本 83.65 元，低于全国 0.24 元。

总量稳步回升，恢复增长行业增多。2020 年 1—12 月，全省工业投资同比下降 23.9%，降幅比前三季度收窄 14.7 个百分点，降幅与全国平均水平的差距由第一季度 63.9 个百分点收缩至 24 个百分点。工业三大门类投资降幅全部收窄，其中制造业投资同比下降 24.5%，降幅比前三季度收窄 14.3 个百分点。工业 41 大类中恢复增长的行业增加至 5 个，分别是烟草制品业投资增长 263.3%；石油和天然气开采业投资增长 33%；医药制造业投资增长 20.4%；黑色金属冶炼及压延加工业投资增长 10.6%；有色金属冶炼及压延加工业投资增长 6.4%。

内资企业和私企投资发挥主导作用。2020 年 1—12 月，内资企业投资同比下降 23.4%，降幅比前三季度收窄 15 个百分点，其中私营企业投资同比下降 15.5%，降幅比前三季度收窄 18.6 个百分点，好于工业企业 8.4 个百分点。内资企业相对境外企业投资额有所提升，占全省工业投资额的 94.2%，同比提升 0.7 个百分点。私营企业投资占全省工业投资比重达 53.3%，同比提升 5.3 个百分点，私企已成为湖北省工业经济的重要力量。

投资结构趋于优化，高新产业比重提升。2020 年 1—12 月，作为“光芯屏端网”代表的计算机、通信和其他电子设备制造业投资恢复至去年同期的 95%，总量位列全省工业大类第一，占工业投资的 11.9%，同比提升 2.4 个百分点。高技术制造业投资同比下降 9.4%，好于制造业 14.5 个百分点，降幅比前三季度收窄 17.6 个百分点；高技术制造业投资占工业投资比重提升至 20.5%，同比提升 3.3 个百分点，显示湖北省投资结构技术含量提升和新兴产业发展后劲增强。其中，

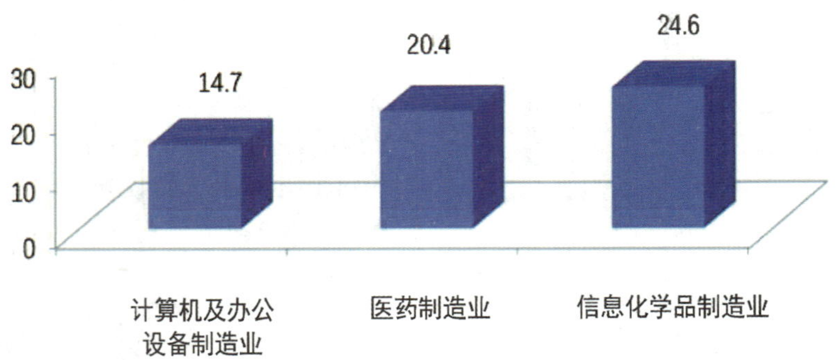

图 4—5　2020 年 1-12 月全省部分高技术制造业投资累计增速(%)

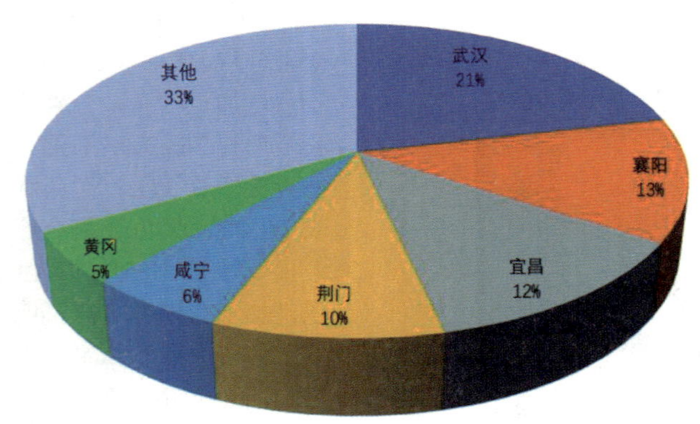

图 4—6　2020 年 1-12 月部分地区工业投资额占全省比重

医药制造业、信息化学品制造业、计算机及办公设备制造业受疫情期间疾病治疗和居家办公等需求上升带动投资逆势上升，同比分别增长 20.4%、24.6%、14.7%。

市州稳步恢复，全域协同有所改善。2020 年 1—12 月，16 个市州工业投资降幅较前三季度全部收窄，收窄幅度在 10—20 个百分点左右，显示各市州呈稳步恢复态势。有 9 个市州工业投资增速好于全省平均水平，分别是恩施州、十堰、天门、武汉、黄冈、黄石、宜昌、荆门和咸宁。武汉自解封后恢复态势明显，1—12 月工业投资同比下降 20.4%，降幅较前三季度收窄 14.6 个百分点，投资额占全省比重由第一季度的 13.2%提升至 21.5%。襄阳、宜昌工业投资占全省的比重分别为 12.8%、12.3%。湖北省着力优化区域投资布局，虽然部分市州工业规模较小，但始终保持追赶奋进态势，“全域协同”投资布局趋于改善。其中，有 11 个市州占全省工业投资比重较前三季度有所提升，分别是潜江、天门、荆门、黄冈、十堰、随州、恩施州、荆州、鄂州、宜昌和神农架。

资金来源结构改善，国内贷款增长较快。为缓解项目融资难题，湖北省积极搭建产融合作平台，推动金融机构加大对工业领域支持力度，成效初现。2020 年 1—12 月，湖北省工业投资来源于本年资金 7059.6 亿元，同比下降 17%，好于工业投资 6.9 个百分点。国内贷款 665.2 亿元，同比增长 42.1%，占本年来源资金 9.4%，占比同比提升 3.9 个百分点，表明金融机构加大了对湖北省工业项目要素保障力度。利用外资 60.8 亿元，同比增长 21.4%，凸显外资对湖北省工业投资信心增强。

全省工业投资跌幅高于全国。2020 年 1—12 月，全国工业投资实现增长 0.1%，湖北省工业投资下降 23.9%，两者相差 24 个百分点；全省工业投资占固定资产投资比重为 37.4%，较上年下降 2.3 个百分点。从工业三大门类看，湖北省除采矿业投资增速高于全国平均水平 2.8 个百分点外，制造业、电力、燃气及水的生产和供应业投资增速分别比全国平均水平低 22.3、37.5 个百分点。从工业 41 大类行业看，湖北省第一大产业汽车制造业投资同比下降 30.3%，与全国该行业相差 17.9 个百分点；湖北省计算机、通信和其他电子设备制造业投资同比下降 5%，而全国该行业实现同比增长 12.5%，两者相差 17.5 个百分点；湖北省医药制造业投资同比增长 20.4%，而全国该行业投资同比增长 28.4%，两者相差 8 个百分点。

制造业和信息业投资乏力。2020 年，湖北省固定资产投资大幅下滑，其中制造业和信息业投资下滑明显，严重影响工业发展后劲。1—12 月，全省制造业投资同比下降 24.5%，降幅比全省固定资产投资高 5.7 个百分点，差距呈扩大趋势。在 19 大门类各行业固定资产投资中，作为实体经济主体的制造业投资增速位列第 13 位，同期卫生和社会工作、租赁和商务服务业投资同比分别增长 49.5%、6.5%；建筑业、房地产业、金融业投资增速分别比制造业高 20.8、14.9、12.5 个百分点；同时与制造业密切相关的信息传输、软件和信息技术服务业投资同比下降 33.5%，位列倒数第一，其中互联网和相关服务业、软件和信息技术服务业投资同比分别下降 53.9%、66.7%。增速落后折射的是制造业及其相关的信息化投资比重及地位下降，对“十四五”时期实现“保持制造业比重基本稳定”和“加快数字化发展”的发展目标形成极大挑战。

技术改造投资疲软。1—12 月，全省工业技术改造投资下降 28.3%，工业投资下降 23.9%，两者差距由上半年的 1.7 个百分点扩大到 4.4 个百分点，改变了以前年度技术改造投资好

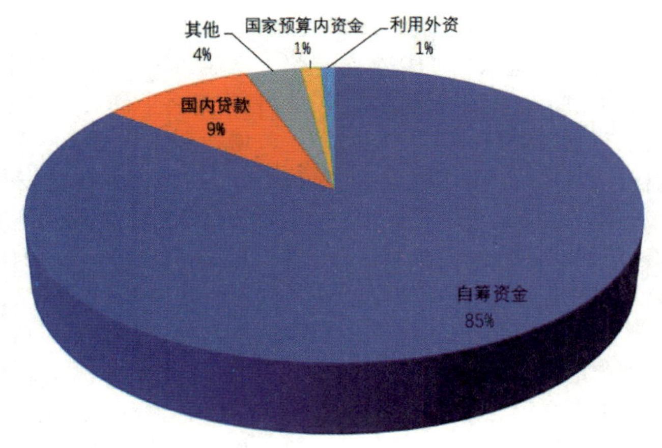

图4—7　2020年1-12月全省本年来源资金中各渠道资金占比

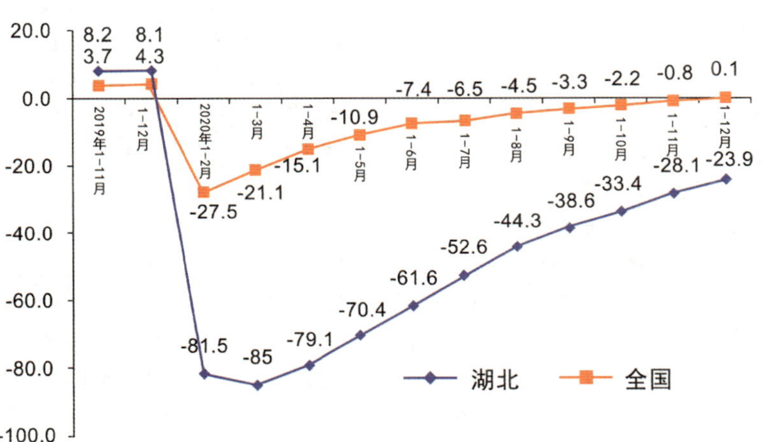

图4—8　全省与全国各月工业投资累计增速(%)

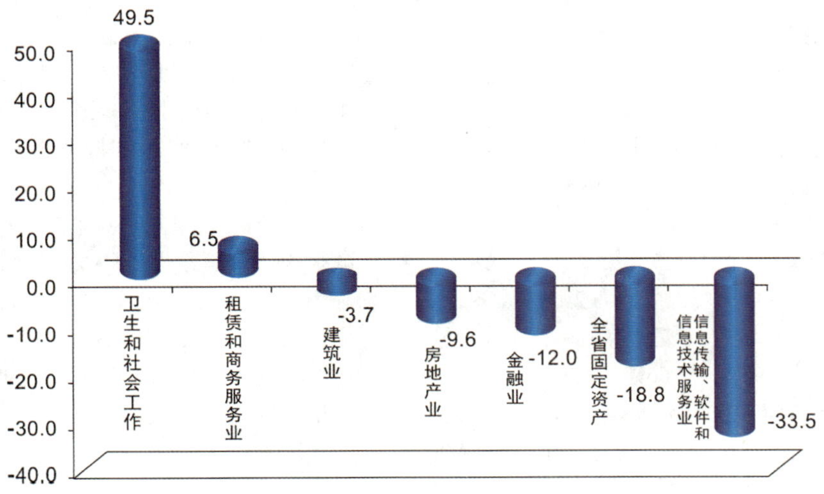

图4—9　2020年1—12月全省制造业及其他行业固定资产投资增速(%)

于工业投资的局面；同时工业技术改造投资占工业投资比重下滑，由上年同期43.7%下降至40.9%，下降2.8个百分点，与上海、江苏、安徽等省市50%以上占比差距较大。

【工业产品出口】 2020年，湖北省进出口总值4294.1亿元人民币，比上年增长8.8%，创历史新高。2020年，湖北省民营企业进出口2554.7亿元，增长20.9%，占全省外贸总值的59.5%，成为稳外贸的重要力量。2020年，湖北省出口机电产品1269.2亿元，占全省出口总值的47%，其中出口集成电路75.1亿元，增长30.8%。同期，湖北省出口劳动密集型产品694.7亿元，占25.7%，其中出口包括口罩在内的纺织制品290.9亿元，增长332.9%；出口包括防护服在内的服装227.5亿元，增长25.8%。湖北省出口农产品152.1亿元，增长12.3%，其中出口罐头增长114.4%。机电产品进口增长较快，消费品进口大幅增长。2020年，湖北省进口机电产品1082.7亿元，增长14.2%，占全省进口总值的68%，其中进口半导体制造设备264亿元，增长25.8%；进口集成电路229亿元，增长22%。同期，湖北省进口消费品46.4亿元，增长45.3%，其中进口服装4.2亿元、增长616.9%。

【产业发展】 一、扎实推进产业政策工作。优化培育体系，打造细分行业隐形冠军。组织推荐国家第五批制造业单项冠军申报，择优推荐15家重点冲击“国家队”，获批6家，总数达22家，居中部第二。开展了第四批省级隐形冠军认定和第一批复核工作，累计认定省级隐形冠军示范企业196家，科技小巨人企业353家。开展隐形冠军企业强链稳链补链专项培训活动，参加培训企业700余家。二、推动落后产能有序退出。出台了《2020年度湖北省利用综合标准依法依规推动落后产能退出工作方案》，完善了省级淘汰落后产能工作机制；做好迎接国务院重点工业行业综合督查检查工作，督导组对湖北省淘汰落后产能工作总体肯定；严格规范验收，组织开展京兰水泥集团等企业淘汰落后产能检查验收工作。三、强化创新驱动，实现工业设计赋能。举办第五届“楚天杯”工业设计大赛，克服高校停课、企业活动减少等不利影响，大赛征集了大量作品，共决出金奖9个、银奖18个和优秀奖58个。圆满完成2020中国国际工业设计博览会组织工作，搭建湖北展区面积超1000平方米。组织2020年省级工业设计中心申报和2018年复核工作，新认定21家，复核通过20家。持续推进工业设计研究院培育工作。四、加快推进服务型制造。启动湖北省服务型制造发展实施方案编制工作，赴浙江等省份和省内部分市州开展专题调研。组织服务型制造示范企业（项目、平台）参与中国服务型制造大会、服务型制造专题讲座等活动，促进多种模式融合发展。四、培育产业集群。按照省委、省政府《关于推进“一主引领、两翼驱动、全域协同”区域发展布局的实施意见》《关于加快全省县域经济高质量发展的意见》要求，开展县域产业集群发展调研，研究促进县域块状产业集群发展有关政策，促进相关产业集约集聚发展。五、大力弘扬工业文化。认真组织申报第四批国家工业遗产，二三四八蒲纺总厂、湖北省赵李桥茶厂和葛洲坝水利枢纽入选名单，湖北省国家工业遗产增至8处，居全国前列。积极配合有关部门发展文化产业，助力文化企业疫后重振，引导文化产业转型升级。六、有序开展产业转移。参与工信部《产业发展与转移指导目录》修订。贯彻落实中西部地区产业转移座谈会精神，配合完成《关于推动制造业产业转移的指导意见（征求意见稿）》相关工作。组织部分市州经信部门、园区及企业代表30余人参加2020中国（郑州）产业转移活动。

【煤电调运保障】 2020年，全省统调电厂累计调运电煤4314.4万吨，减少1269.8万吨左右，降幅22.7%。其中通过铁路调入电煤2599.4万吨，同比减少274.1万吨，降幅9.5%，占调入总量的60.3%；浩吉铁路调入322.6万吨；“海进江”完成1604.4万吨，减少867.5万吨，占调入总量的37.2%。全省电煤调运“铁水双驱”态势基本稳定，“海进江”调入量和占比首次出现下降，浩吉铁路开通对全省电煤运输结构带来的影响显现。全省电煤中长期合同签约量3471万吨，签约量占采购量比例为77.9%；合同履约量2821万吨，履约率81.3%。因受春季疫情、夏季汛情、冬季电煤资源及运力紧张等多重影响，电煤全年消耗量减少近20%，造成履约率下降。

2020年，全省统调电厂电煤库存长期保持在25天耗用标准以上，度夏、度冬高峰前均超过30天，分别达到554.6万吨、520.3万吨。进入12月中旬后，出现全国性电煤资源和运力紧张，电煤库存在年末迅速下降至354.5万吨。12月份，全省火电企业电煤日耗量突破22万、23万吨，月耗煤量首破600万吨，达到637万吨，电煤日耗、月耗均创历史新高。

积极做好综合运输协调工作。加强与国铁集团和供鄂煤炭发运量大的相关路局工作衔接，解决省内企业煤炭运输问题。积极组织火电企业走访陕西寻求支持，协调国家发改委、能源局、国铁集团，加强对湖北电煤资源和运力支持，为湖北紧急调运电煤。面对持续低温雨雪冰冻天气，督导企业做好电煤接卸组织，未出现大的电煤重车积压现象，确保全省电煤运行保持在安全区间。

（张　猛）

【电力生产与供应】 2020年，全省全社会用电量累计2144.18亿千瓦时，比上年下降3.17%，降幅较1—11月环比收窄1.7个百分点。第一、二、三产业和城乡居民用电分别为22.88、1299.21、382.78、439.31亿千瓦时，比上年分别增长0.95%、−3.66%、−6.99%、1.80%。2020年，工业用电量1269.83亿千瓦时，比上年下降3.38%。制造业用电量954.09亿千瓦时，比上年下降2.55%。四大高耗能行业用电520.53亿千瓦时，比上年下降5.64%，其中化学制品、非金属、黑色金属、有色金属累计用电增速分别为3.83%、−1.04%、−10.60%、−24.59%。第三产业8个主要行业中信息传输业、租赁服务业和金融业累计增速为正，增速分别为16.06%、4.45%和1.22%。房地产业、批发和零售业、住宿和餐饮业累计用电增速分别为−7.22%、−11.76%、−16.24%。

截至2020年12月底，全省发电总装机容量8272.72万千瓦（含三峡2240万千瓦），其中，水电3756.82万千瓦，占45.41%；火电3316.43万千瓦，占40.09%；风电501.91万千瓦，占6.07%；太阳能697.56万千瓦，占8.43%。

截至2020年12月底，全省发电量3036.7亿千瓦时，同比增长2.15%。三峡电厂发电量1112.92亿千瓦时，同比增长15.47%。剔除三峡发电量，全省发电量1923.78亿千瓦时，同比下降4.24%。其中，水电534.3亿千瓦时，同比增长35.91%；火电1243.09亿千瓦时，同比下降16.31%；风电81.81亿千瓦时，同比增长10.81%；太阳能64.57亿千瓦时，同比增长13.77%。剔除三峡，统调电厂发电量1560.62亿千瓦时，同比下降8.9%。其中，水电407.11亿千瓦时，同比增长28.74%；火电1103.28亿千瓦时，同比下降18.53%；风电30.49亿千瓦时，同比增长6.62%；太阳能19.74亿千瓦时，同比增长41.22%。全省非统调电厂发电量363.16亿千瓦时，同比增加67.23亿千瓦时，增长22.72%。

2020年，全省发电设备平均利用小时3779小时，比上年减少77小时，其中，水电4437小时，比上年增加745小时；火电3851小时，比上年减少942小时；风电1881小时，比上年减少79小时；太阳能980小时，比上年减少46小时。统调电厂发电设备平均利用小时4112小时，比上年减少164小时。其中，水电4592小时，比上年增加686小时；火电3888小时，比上年减少1090小时。

（冯　岩）

【工业节能和资源综合利用】 工业节能。2020年，全省规模以上工业企业

2020 年 12 月，由国网湖北省电力有限公司投资建设的±800 千伏陕北—湖北特高压直流线路湖北段全线贯通

单位增加值能耗同比下降 4.3%，“十三五”累计下降 21.98%，提前一年完成“十三五”目标任务，工业能源资源利用效率水平进一步提高。对钢铁、铜冶炼、铁合金、硫酸等行业 50 家高耗能企业实施节能专项监察，主要工业产品单位产品能耗水平进一步提升。开展工业节能诊断服务行动，组织 14 家第三方节能诊断服务机构对全省 99 家企业实施节能诊断服务，搭建服务平台，鼓励和引导企业加快实施节能技术改造，提升全省工业能耗水平。推广应用先进节能技术，推荐 2 家企业申请 2020 年国家工业节能技术装备和“能效之星”产品，推荐 3 家企业申请申报 2020 年度全国重点用能行业能效“领跑者”，推广先进节能技术产品。组织开展“节能服务进企业”、节能宣传周等活动，将先进节能技术与绿色制造工艺引入工业企业。

资源综合利用。推进黄石、襄阳和宜昌工业资源综合利用基地建设，培育一批行业骨干企业，提高资源综合利用效率。加强废钢铁、废有色金属、废塑料、废轮胎、废纸、建筑垃圾和废弃电器电子产品等再生资源产业规范化管理，推荐 14 家企业申报国家规范性公告。推动新能源汽车动力蓄电池回收利用体系试点工作，培育一批动力蓄电池回收利用骨干企业，指导格林美（武汉）城市矿产循环产业园开发有限公司申报新能源汽车废旧动力蓄电池综合利用行业规范准入公告。组织实施《湖北省新能源汽车动力蓄电池回收利用试点实施方案》，依托中国铁塔、格林美、骆驼电池等骨干企业搭建湖北省动力蓄电池回收利用溯源综合管理平台，构建动力蓄电池回收体系和循环利用，督促企业加快履行溯源和回收责任。组织召开深化电子电器生产者责任试点视频会议，完善建立产品全生命周期生产者责任延伸管理体系。

绿色制造体系建设。引导工业企业开发绿色产品、创建绿色工厂、打造绿色供应链、建设绿色工业园区，构建工业绿色制造体系。按照工信部统一部署，2020 组织推荐国家第五批绿色制造体系申报工作。截至 2020 年底，53 家工厂、33 个产品、6 家供应链管理企业、2 个工业园区被列入国家绿色制造名单。

【企业减负】 2020 年全国企业负担地区调查评估报告显示，湖北省企业负担指数 0.985，位列全国第五。湖北省共有涉企行政事业性收费项目 27 项，政府性基金 20 项，全部为中央批准设立。2020 年，全省为企业累计新增减税降费 948 亿元。分税费看，新增减税 420 亿元，新增降费 528 亿元。

持续推动减税降负。一、进一步完善工作机制。疫情发生后湖北省财政部门成立了减税降费工作专班，研究提出支持湖北省疫后发展的税费政策建议。加强统筹谋划，制定《2020 年湖北省减税降费工作实施方案》，进一步明确工作目标、任务清单、路线图。省财政及时修订了湖北省收费基金目录清单，并在省财政厅官方网站上更新了《湖北省政府性基金目录清单》《湖北省行政事业性收费目录清单》《湖北省涉企行政事业性收费目录清单》，接受社会监督，做到“清单之外无收费”。二、及时出台相关政策。2020 年，省政府共出台 9 项惠企政策。湖北省为帮助企业复工复产疫后重振先后出台了《省人民政府办公厅关于印发湖北省防控新型冠状病毒感染肺炎疫情财税支持政策的通知》（鄂政办发〔2020〕4 号）等六项政策；为推进项目建设出台了《省人民政府关于加快推进重大项目建设着力扩大有效投资的若干意见》（鄂政发〔2020〕8 号）；为缓解企业融资难融资贵问题出台了《省人民政府办公厅关于印发加大金融支持助力实体经济发展若干措施的通知》（鄂政办发〔2020〕20 号）。省直部门及时出台配套措施贯彻落实中央和省委工作部署，推动政策落实。三、规范涉企收费行为。开展涉企收费“双随机、一公开”监督检查，主要围绕涉企行政事业性和经营服务性收费、社会中介机构和协会商会收费、港口和铁路等物流收费、银行等金融机构收费和水、电、气等公用事业收费等 5 个重点领域开展检查。2020 年，全省涉企收费（含转供电）已检查单位 6152 家，发现涉嫌违规案件 297 件，涉嫌违规金额 7227.29 万元，共查处涉企收费违法案件 235 件，经济制裁总额 8547.04 万元，其中退还 5537.22 万元，罚款 1166.72 万元，没收 1843.09 万元。

清理拖欠账款。2020 年，全省共清理拖欠民营企业中小企业账款 14.51 亿元，已清偿账款 12.51 亿元，清偿进度 86.25%；无分歧欠款 12.15 亿元，已全部清零；在中央联络组支持下，共清理央企拖欠湖北省 38 家民营企业中小企业账款 356 笔，已清欠账款 6.11 亿元。受理企业投诉电话 136 个，及时核实处理各类问题线索、举报信息 43 条。

切实降低企业成本。一、全面降低中小微企业融资成本。落实财政金融联动政策，支持新冠肺炎疫情防控重点企业降低融资成本。截至 5 月底，落实疫情防控重点保障企业优惠贷款 402.43 亿元，惠及 1048 家企业。实施普惠小微首贷省级奖补，加大创业担保贷款财政贴息力度，促进复工复产稳岗就业，全年全省创业担保贷款余额达 140 亿元。11 月末，湖北省金融机构累计为受疫情影响的小微企业 33.31 万笔贷款实施延期还本 3423.1 亿元，为 45.3 万笔贷款实施延期付息 263.5 亿元。二、全面降低企业用工和房租负担。湖北省将中小微企业三险（职工养老保险、失业保险、工伤保险）缴费免征政策延长到年底，2—10 月，全省共减免企业社会保险费 368.7 亿元，稳岗返还失业保险费 26.1 亿元。湖北省落实房租“减三免六”政策，有效应对疫情的冲击，全省国有企业对中小微企业共计减免租金 10.74 亿元。三、全面推进物流降本增效。积极推进运输调整结构，推进大宗货物公转水、公转铁，安排长江港航建设发展专项资金 2.8 亿元支持港口基础设施建设，安排民航业发展专项资金 4.74 亿元支持航空货运发展。2020 年全省共减免高速公路通行费 80 亿元。四、降低制度性交易成本。出台了优化营商环境“黄金 30 条”及其 80 项任务清单，大力弘扬“有呼必应、无事不扰”的“店小二”精神，制定了“十必须十不准”，推动全省上下形成了竞相优化营商环境的良好态势。进一步简化相关审批流程，小微企业贷款平均办理环节精简到 5 个，办理时间压缩至 7.15 天。对尚未完全具备招标发包条件的工程建设项目，建立了“容缺受理、后置补齐”机制。

【中小企业与民营经济】 根据疫情给中小企业特别是小微企业带来的困难和冲击，出台了《省人民政府办公厅关于印发应对新型冠状病毒肺炎疫情支持中小微企业共渡难关有关政策措施的通知》（鄂政办发〔2020〕5 号），《省人民政府办公厅关于印发支持中小微企业共渡难关稳定发展的若干措施》（政办发〔2020〕24 号），从加大资金支持、促进降本减负、优化服务环境等方面提出应对新冠肺炎疫情支持中小微企业共渡难关和复工复产有关政策措施。2020 年 9 月 24 日，省第十三届人大常委会第十八次会议审议并通过了《湖北省实施<中华人民共和国中小企业促进法>办法》，自 2021 年 1 月 1 日起施行，为促进湖北省中小企业发展提供制度保障。

2020 年，全省新登记市场主体 73.10 万户，其中：新登记私营企业 22.62 万户，新登记个体工商户 49.13 万户。截至 2020 年底，全省共有市场主体 571.35 万户，比 2019 年底增加 29.39 万户，增幅 5.42%；其中：私营企业 137.21 万户，增加 15.41 万户，增幅 12.66%；个体工商户 415.34 万户，增加 18.93 万户，增幅 4.78%。2020 年，湖北省共有 19 家民营企业入围中国民营企业 500 强，入围企业数量比 2019 年增加 1 家，位居全国第七、中部第一；13 家企业入围制造业民营企业 500 强，比上年增加 1 家，居全国第九、中部第二；4 家企业入选服务业民营企业 100 强，与上年持平，居全国第九、中部第一。

2020 年，全省民营经济增加值 22944.65 亿元，占 GDP 比重 52.8%。全省规模以上民营工业企业达到 15047 家，占规模以上工业企业总数的 95.4%，实现增加值占规模以上工业比重达到 71.0%，实现营业收入占比 74.6%，实现利润总额占比 70.2%，是全省工业的主体和支撑力量。2020 年，全省民营企业税收收入 2560.22 亿元（含海关代征），占全省税收收入总额 4221.64 亿元的 60.65%。全省全年城镇新增就业 75.18 万人，其中民营企业吸纳新增就业为主导。民营企业服务社会，社会责任意识不断增强，积极参加扶贫、教育、医疗、捐赠等公益慈善事业。新冠肺炎疫情暴发后，广大民营企业和民营企业家主动承担社会责任，直接参与防控工作、踊跃捐款捐物、全力保障生产供应，为夺取疫情防控和经济社会发展“双胜利”作出了突出的贡献。

（省中小企业服务中心）

装备制造业

【概况】 2020 年，全省装备制造企业规模以上工业增加值增速呈回升态势，由一季度−57.2%、上半年−23.3 回升到−5.1%，高于全省工业 1 个百分点，占全省工业比重的 33.1%。仪器仪表制造业，计算机、通信和其他电子设备制造业实现正增长，分别增长 14.6%、4.4%。汽车制造业表现突出，2020 年汽车产量 209.4 万辆，居全国第四位。

2020 年，全省装备制造业实现主营业务收入 15414.2 亿元，增速由一季度−52%、上半年−21.8% 回升到−5.7%，高于全省工业 3.4 个百分点。除计算机、通信和其他电子设备制造业外，装备制造业其余各子行业均为负增长。全省装备制造业实现利润总额 764.2 亿元，下降 18.3%。其中，铁路、船舶、航空航天和其他运输设备制造业增长 10%，仪器仪表制造业增长 8.9%。全省汽车制造业主营业务收入 6531.2 亿元，占全国 8%。

【装备制造】 装备制造企业积极发挥技术优势，全力以赴投入疫情防控工作。一、测温预警装备广泛用于抗疫一线。华中数控股份有限公司“红外热成像智能体温检测系统”，6 米距离测温分辨率达 0.05℃；高德红外“全自动红外体温检测告警系统”全力保障疫情防控需求，广泛应用于全国各地机场、车站、医院、地铁站、学校等人流密集的公共场所；武汉库柏特科技有限公司研发的防疫机器人，通过热成像测量体温，柔性机械臂精准消毒。二、口罩生产线开足马力保障一线需求。华中数控2月完成口罩机研发、实验与量产，一次性医用儿童、成人口罩两种规格生产装备，单台设备日产口罩量14万只以上。东风设备制造有限公司4天时间设计出智能平面口罩生产线、智能N95口罩生产线，15天时间生产制造和调试出首批智能平面口罩生产线。三、防疫专用车驰援疫情防控第一线。湖北程力集团生产近1000辆负压救护车、医疗废弃物转运车、疫情消毒车、应急抢险车、核酸取样检测车等，100余台消毒车出口阿联酋等国家和地区，驰援全国及国际疫情防控第一线。

【创新引领】 创新体系建设持续推进。2020年，湖北省规模以上企业创新指数达到110.63，高于全国平均水平。中铁科工集团有限公司、武汉锐科光纤激光技术股份有限公司入围2020年国家技术创新示范企业名单。一批面向装备制造业重点领域前沿技术和共性关键技术的省级创新中心有序推进，湖北省农业机械总公司牵头申报培育的“湖北省智能农机装备创新中心”、高德红外股份有限公司牵头申报培育的“湖北省微机电与传感制造业创新中心”、齐星汽车车身股份有限公司牵头申报培育的“湖北省移动应急装备制造业创新中心”入围2020年度省级制造业创新中心培育对象。

质量品牌打造不断提升。武汉帝尔激光科技股份有限公司，被工信部评为“单项冠军示范企业”；武汉重型机床集团有限公司“数控超重型立式车床”、中铁工程机械研究设计院有限公司“架桥机”被工信部确定为单项冠军产品。武汉首颗“虹云·武汉号”卫星由航天科工空间工程发展有限公司承造，也是国内首颗低轨宽带通信技术验证卫星，作为“虹云工程”的第一步，未来将实现全球连续、无缝覆盖宽带卫星互联网接入。

重大装备研发有所突破。中铁科工集团自主研发的悬挂式单轨列车在“空轨”试验线路成功完成无人驾驶试验，“空轨”试验线路全长800多米，是湖北省首条空轨试验线，无人驾驶系统具有全部商用功能。由航空工业特飞所自主研制的“领雁”AG50轻型运动飞机首飞成功，在国内首次把汽车行业常用造型设计技术应用于飞机设计领域。

【产业基础】 标准制定提升互联互通。由武汉华中数控股份有限公司联合数控系统、数控机床厂商、高校和科研机构、机床厂商等制定的数控机床互联通讯协议的标准（草案）在相关行业企业中推广，涉及领域包括国内机床制造、汽车零部件加工、3C加工等，应用1000余台套，对推动国内数控行业自主可控，打破国外垄断具有积极意义。

示范应用带动装备升级。东风汽车零部件（集团）有限公司活塞轴瓦分公司联合高等院校、科研院所等完成乘用车双离合变速器换挡毂高精度复合加工生产线示范工程，进一步提升国产高精度五轴车铣复合加工中心可靠性，提高关键零部件加工质量和加工效率，降低制造成本，为乘用车双离合变速器核心装备升级换代提供国产设备保障能力。

新兴技术突破传统制造。针对大型关键复杂构件的制造难度大、合格率低、成本高等技术难题，武汉天昱制造联合武汉重型集团有限公司、华中科技大学等国内院校企业首创微铸锻铣磨合一体化核金属3D打印关键技术，研制出世界首台最大锻件微铸锻铣同步超短流程制造装备，开创出功能复合单机制造大型复杂锻件的新模式，同时突破传统锻件均匀性与增材制造疲劳性能难题。

智能制造推动高质量发展。加强产学研用对接，开展“荆楚院士行”“智能制造进园区”活动。连续5年开展智能制造试点示范专项评选，在机械、汽车、医药、电子、食品、纺织等多个行业遴选157家智能制造试点示范企业（国家级12家、省级145家），带动全省一千多家企业实施智能化改造。通过智能制造试点示范，湖北省一批行业龙头企业在研发设计、生产装备、流程管理、物流配送、能源管理等关键环节的智能化水平明显提升，产业链得到有效协同与整合。

【重大项目】 重大项目开工建设。华大智造是全球自主研发并量产临床高通量基因测序仪的三家企业之一，公司投资24亿元建设的智能制造及研发基地将成为重要的基因测序仪智能化生产基地、基因测序仪配套试剂及芯片生产基地，以及高端智能化设备研

2020年，航天重工研制的5G网络智能无人驾驶矿用车

究中心。

重大项目有序推进。总投资375亿元的武汉国家航天产业基地、投资50亿元的中车交通汉江捷运装备总部基地、投资13亿元的国太阳科技有限公司机器人及自动化装备、投资10.2亿元的湖北三江航天江河化工科技有限公司商业航天动力总装基地、投资10亿元的航宇嘉泰飞机设备有限公司民用航空座椅项目、投资10亿元的鄂州铠尔慷智能装备制造项目、湖北科德投资8.7亿元年产智能仓储设备8000台（套）项目、投资10亿元的十堰市迅捷安应急装备产业园等重大项目有序推进。

重大项目建成投产。总投资50亿元的联影武汉总部基地一期已正式启用，研发制造出业内首台五合一车载医学影像中心“长征”，和我国首台超高场动物磁共振uMR 9.4T，其多项核心参数首次冲破“天花板”——最大梯度强度达1000mT/m，最大梯度爬升率达9000T/m/s，同时攻克了最大4倍SNR提升低温探头技术。其主要应用于小鼠、兔、小型猴等小型动物磁共振成像，助力动物模型的病理学和药理学研究，为转化医学提供重要科研平台。

（张武华）

冶金工业

【概况】 2020年，冶金行业增加值增速比上年上升-1.1%，其中，钢铁行业比上年上升-5.7%，有色行业比上年上升5.9%。根据省冶金工业协会数据，2020年全省钢铁行业，生铁产量2645.5万吨，比上年上升-1.5%；粗钢产量3522.4万吨，比上年上升-1.3%；钢材产量3437.9万吨，比上年上升-1.8%。2020年全省有色行业，精炼铜产量51万吨，比上年上升-4.3%；铜材产量20.7万吨，比上年上升4%；电解铝产量5.6万吨，比上年上升0.5%；铅产量12.3万吨，比上年上升-19.3%。铁合金年产量为5.9万吨，比上年上升-16.1%。

2020年，冶金行业主营业务收入2754.5亿元，比上年上升-12.5%；全行业实现利润84.1亿元，逆势同比增长3%。其中钢铁行业主营业务收入1940.2亿元，比上年上升-16.5%；实现利润74.8亿元，比上年增长6.5%；有色行业主营业务收入814.4亿元，比上年上升-1.2%；实现利润9.3亿元，比上年增长-19%。铁合金行业主营业务收入10.4亿元，比上年上升-14.4%；全行业亏损2764.2万元，比上年降低17.4%。

（张梦龙）

纺织工业

【概况】 纺织工业是湖北的传统支柱产业和重要民生产业，也是推动文化创意、引领生活方式的时尚产业和外向型经济发展、商业模式创新的先导产业。全省已形成了较为完善的产业体系，涵盖纺织业、纺织服装服饰业、皮革毛皮羽毛及其制品和制鞋业、化学纤维制造业等行业。2020年，全省纺织工业规模以上企业营业收入实现2783亿元，同比下降8%，较一季度大幅收窄44.4个百分点。在医护产品增长拉动下，全省纺织工业实现利润179.6亿元，同比增长37%。其中，细分行业纺织业实现利润139.1亿元，同比增长76.1 %。全年纺织、服装出口合计530.6亿元，占全省出口总额的19.6%，其中医疗防疫物资出口实现跨越式增长，为湖北省外贸逆势飘红、提升产业国际竞争力和支持全球抗疫发挥了重要作用。

【“三品”战略】 全行业持续开展“增品种、提品质、创品牌”活动，主要产品市场占有率稳步提升。2020年，全省纱产量269.8万吨位居全国第五位，布产量43.3亿米位居全国第四位，非织造布产量52.53万吨居全国第五位。乔万尼、爱帝、猫人、佐尔美入选工信部重点跟踪培育纺织服装品牌企业。宜昌太平鸟成功入选工信部首批纺织服装创意设计试点示范园区（平台）。美尔雅等被列入疫情防控重点保障物资生产企业名单。际华三五四二高级技师被评为湖北省技术能手。

【技术创新】 一批基础性研究取得重大突破。“高品质汉麻纺织品全生产链关键技术与产业化应用”等一批科技成果荣获湖北省科学技术奖等奖励。企业技术创新能力显著提升。枫树线业等被评为湖北省技术创新示范企业。天舒纺织的精梳紧密赛络纺智能纺织、稳健医疗（天门）的全棉水刺无纺布棉柔巾智能生产线、福临花纺织的高档纯棉精梳纺纱智能生产线等项目被评为湖北省智能制造试点示范项目。企业通过技术创新核心竞争力不断增强。德永盛纺织等被工信部评为全国专精特新“小巨人”企业。新阳特种纤维、博韬合纤、优布非织造布等被评为省级专精特新“小巨人”企业。际华三五四二、稳健医疗（黄冈）、中森医疗、名仁纺织等被评为湖北省第四批支柱产业细分领域隐形冠军企业。

【产业集聚】 服装产业集群化发展趋势明显，形成了武汉女装、靓仔休闲男装、黄石商务男装、沙市针织及婴童装、潜江户外运动装、黄冈蚕丝绸等服装特色产业集群。武汉市黄陂区服装产业集群、谷城县纺织智能制造产业集群、孝感市（高新区、汉川）纺织服装产业集群、咸宁市咸安区苎麻纺织产业集群等13家纺织产业集群确定为湖北省重点成长型产业集群。仙桃市被授予“中国县域产业集群竞争力百强”和全国唯一“中国非织造布产业名城”称号，被商务部授予“国家外贸产业转型升级基地（非织造布）”称号，被中国医药保健品进出口商会授予“中国医用非织造布生产/出口基地”称号，产品涵盖医用防护、土工建筑、卫生用品、航空航天等32大类130多个品种，2020年，非织造布产业实现产值446.87亿元，实现出口193.12亿元，新冠肺炎疫情期间，承担全省和全国的防护物资保供任务，提供了省防疫指挥部80%的保供量，为保障湖北省抗疫斗争、供应全国、服务全球作出了重要贡献。荆州市沙市区金色童年小镇、天门时尚服装小镇分别依托童装和休闲男装产业发展，被评为省级特色小镇。

【行业发展环境】 天门市通过实施“百企百亿技改”工程、“困难企业盘活”工程等，并出台一系列惠企政策，持续深入开展服务工业企业“百日亲商”主题活动，营造了良好的发展环境，吸引更多的纺织企业回流落户天门，全市共有服装企业1500余家，生产各类服装年产销量7亿余件（套），年销售额93.65亿元，吸纳就业人员32100人。咸宁市坚持规划引领，实施创新驱动工程，补足产业链条，2020年全市新增200家上云企业中，纺织服装企业就有31家。襄阳市深化“百名干部进百企”活动，组织企业参与产销、银企对接会，帮助银河纺织、泰明实业、金环公司等企业签订了各类购销合同及供应协议。

（邓　龙）

电子信息产业

【概况】 2020年，全省实现主营业务收入6549亿元，恢复到上年的96.43%，其中电子信息制造业主营业务收入4525亿元，恢复到上年的96.4%。电子信息制造业实现工业增加值1218亿元，恢复到上年的96.2%；实现利润总额212亿元，恢复到上年的95.3%。受疫情冲击，电子信息制造业的主营业务收入同比增幅始终为负数，但逐月收窄趋势比较明显，整体呈现出平稳恢复增长的态势。电子信息制造业主要产品微型计算机设备、平板电脑、光电子器件保持快速增长，增幅分别达到35.4%、66.6%、10.3%。行业从业人员年平均人数38.16万人，比上年下降2.5%。

【重大项目建设】 2020年，全省电子信息制造业固定资产投资进一步加大。国家存储器基地项目加快建设，产品研发和量产取得积极进展；总投资385亿元的武汉华星光电技术有限公司T4项目，主要生产1.36—15.6英寸高分辨率柔性AMOLED显示模组，是国内第一条主攻折叠屏的6代柔性AMOLED显示面板生产线，2019年底一期投产，实现向全球品牌客户量产出货，折叠屏出货量目前全球第二，二期、三期正在加快设备搬入和调试，预计2021年达到4.5万张设计产能；总投资约460亿元的武汉京东方光电科技有限公司10.5代薄膜晶体管液晶显示器件生产线项目，厂房建设装修工程如期完工并在2019年12月实现量产，后期购入的设备正抓紧进行搬入安装和调试，整体建设项目按预期释放产能，全年实现主营业务收入30亿元；总投资265亿元的武汉天马微电子有限公司第6代OLED显示面板扩产项目，2020年9月开始投产，计划2021年完成20亿元追加投资后，预计9月份实现全面投产。

【科技创新】 加大研发投入，围绕产业核心关键技术的突破积极开展技术创新和科技成果产业化，产业竞争能力得到有效提升。武汉的“国家信息光电子制造业创新中心”和“国家数字化设计与制造创新中心”均取得了一系列科研成果，研发产品的性能指标达到国际先进水平。除北京、上海外，武汉是全国第三个拥有两个国家级制造业创新中心的城市，成为湖北省招商引资的亮丽“名片”。2020年，在国家和湖北省的技术发明或科学技术进步等方面作出重要贡献。武汉锐科光纤激光技术股份有限公司董事长兼总经理闫大鹏博士获湖北省科学技术突出贡献奖；武汉大学等高校以及烽火通信科技股份有限公司、武汉新芯集成电路制造有限公司、武汉高德红外股份有限公司、武汉高芯科技有限公司、武汉光迅科技股份有限公司、中国信息通信科技集团有限公司等多家企业，独立或参与研发的电子信息项目共获湖北省自然科学一等奖1个、技术发明三等奖1个、科技进步一等奖4个、二等奖6个、三等奖7个；武汉依迅电子信息技术有限公司、湖北展朋新材料股份有限公司等两家企业获湖北省科技型中小企业创新奖。华中科技大学独立研发的1个电子信息项目拟获国家自然科学二等奖；华中科技大学、武汉大学共同参与研发的1个电子信息项目拟获国家科技进步一等奖；武汉华中数控股份有限公司、武汉大学、立得空间信息技术股份有限公司、武大吉奥信息技术有限公司、中国地质大学（武汉）等分别参与研发的5个电子信息项目拟获国家科技进步二等奖。

【重点领域龙头企业】 电子信息制造业重点领域取得了突破性进展。在集成电路领域，以长江存储科技有限责任公司（以下简称长江存储）、烽火科技集团有限公司、新芯、高德红外、武汉精测电子集团股份有限公司等为代表的骨干企业不断壮大，带动上下游配套产业协同发展和产业集聚；在

2020年，武汉京东方主体厂房

新型显示领域，国内显示三巨头齐聚武汉，中小尺寸显示产业规模在全国领先，华星光电T3项目和京东方生产线项目建成后已开始增长发力，华星光电T4项目和天马6代线扩产项目部分追加投资计划在2021年全面实现量产达产；在光通信领域，形成了以武汉为核心，在孝感、荆州、潜江、黄石等地均有分布的特色鲜明、差异化发展的产业集聚区，拥有了较为完备的涵盖预制棒、光纤光缆、光电子芯片、微电子芯片、光传输、光接入、光配线等各个细分环节和领域的光通信产业链和创新链；推动光伏、锂离子电池、印制电路板等行业规范建设和智慧健康养老产业发展。中信科集团、湖北凯乐科技股份有限公司、骆驼集团股份有限公司、长飞光纤光缆股份有限公司等4家企业被评为2020年（第34届）中国电子信息百强企业；长飞、武汉光迅、瀛通通讯股份有限公司、湖北科普达高分子材料股份有限公司、泰晶科技股份有限公司等5家企业被评为2020年（第33届）中国电子元件百强企业；长飞、武汉昱升光电股份有限公司被工业和信息化部确定为2020年制造业与互联网融合发展试点示范企业；武汉帝尔激光科技股份有限公司被工信部评为“单项冠军示范企业”；荆门格林美新材料有限公司“超细钴粉”获单项冠军产品。2020年，有6家电子信息制造企业销售产值过百亿，凯乐科技、华星光电、骆驼集团、鸿富锦精密工业（武汉）有限公司、摩托罗拉（武汉）移动技术通信有限公司、中信科集团分别达到115亿元、126亿元、131亿元、221亿元、346亿元、432亿元。

【对外贸易】 2020年，进出口贸易在全省各行业中继续保持领先地位，具有重要支撑作用。虽然行业出口主要受疫情影响出现明显下滑，但行业进口仍大幅增长。电子信息制造业进入全省进口、出口前20名企业的进口、出口总额占全省各行业进口、出口总额的比例分别在43%和18%以上，对外贸易总额占全省各行业总额的27.93%。有11家电子信息制造企业名列全省进口前20名（其中有7家位居前10名），累计进口100.77亿美元，同比增长11.82%，高出全省外贸进口总额比上年增幅3.02个百分点，占全省外贸进口总额的43.77%，比上年高出1.16个百分点，其中，华星光电、摩托罗拉、武汉光迅累计进口同比增幅分别是617.1%、44%、37%；有9家电子信息制造企业名列全省出口前20名（其中有7家位居前7名），累计出口72.61亿美元，比上年增长-18.68%，占全省外贸出口总额的18.59%，出口总额同比及在全省占比分别下降了15个百分点和6.23个百分点，其中，联想移动通信贸易（武汉）有限公司、富士康累计出口比上年增幅分别是-37.2%、-23.9%。全省各行业出口过亿美元的企业53家，电子信息制造企业就有16家(其中7家位居前7名)，联想、富士康、摩托罗拉（武汉）移动技术运营中心有限公司、摩托罗拉、武汉烽火国际技术有限责任公司、冠捷显示科技（武汉）有限公司、新芯、格林美、长飞全年累计出口创汇分别名列全省出口企业的第一、第二、第三、第四、第五、第六、第七、第十一、第十九位。湖北省出口电子产品主要有：智能手机、集成电路、平板微型计算机、印制电路等。

【市州产业】 自年初新冠肺炎疫情暴发后，省委省政府高度重视疫后重振工作，积极出台助力经济发展、为企业解难纾困的各项政策措施，加大产业发展扶持力度，加速推进集成电路产业发展和武汉国家存储器基地等重大项目建设，推动产业经济内外循环稳步增长。各市州产业经济运行总体保持稳步恢复的良好态势。武汉重点推进“一芯片三面板”等重大项目投产达效，努力打造“光芯屏端网”万亿级产业集群；襄阳在消费电子领域、宜昌在新型电子材料领域、荆州在电子信息机电产品及电子器件领域、荆门在动力储能电池领域、黄石在印制电路板领域通过采取招商引资、企业培育和科技创新等举措，推动电子信息制造业发展不断扩大产业规模、提升发展质量；黄冈武穴市加快推进电子信息产业发展，通过精准招商，打造“武穴电子信息产业园”。武汉市电子信息制造业主营业务收入占全省总额69.12%，有效发明专利前十的企业中有4家，分别是：华星光电、烽火通信、武汉华星光电半导体显示技术有限公司、长江存储。各市州电子信息制造业受疫情影响全年主营业务收入均出现小幅下滑，仍有6个市州收入超过百亿，武汉、荆州、襄阳、荆门、宜昌、孝感分别达到3128亿元、288亿元、224亿元、184亿元、151亿元、137亿元以上。

【“光芯屏端网”集群建设】 省委省政府高度重视“光芯屏端网”万亿级产业集群建设工作，大力发展以集成电路为代表的新一代信息技术产业。切实做好“一芯片三面板”等重大项目建设指导工作，出台鼓励产业发展相关优惠政策，引导存储器产业与光通信、新型显示、智能终端等优势产业融合发展；主动担当作为，当好项目建设服务的“店小二”，全力服务重大项目建设。超前谋划重大项目，提升产业发展新动能，尽快形成产业发展集群效应，特色鲜明的“光芯屏端网”产业集群初具雏形。

【抗击疫情复工复产】 2020年，全省上下投入疫情防控工作，省内检测人体温度的电子设备产品的需求出现了巨大缺口，积极联系工信部电子司及兄弟省市相关部门，协助解决红外体温检测仪短缺问题，为全省疫情防控严格体温检测、甄别疑似患者提供重要的装备器材保障；在全省加快推进企业复工复产中，积极落实惠企政策帮助企业解难纾困，做好各种要素保障，协调解决了中信科集团、长江存储、华星光电、天马、高德红外等60多家电子信息企业人员返岗、交通运输、流动资金等困难和问题，先后协调200多家电子信息产业链配套企业复工复产；深入分析研究疫情对全省电子信息产业的影响，并向省委省政府提出了疫后重振的产业政策建议，推进了全省电子信息制造业产业发展快速恢复。

【产业链配套建设】 围绕创新能力提升，加快推进创新平台建设。以省政府名义正式向工信部提出申请，恳请工信部尽快批准新芯创建国家级半导体三维集成制造业创新中心；充分利用长江存储、华星光电、天马、京东方、华为技术有限公司等骨干企业在湖北的生产布局，积极引进产业链上下游配套企业，围绕武汉国家存储器基地已有50余家国际知名半导体设备企业（包括全球前十半导体设备商）、150余家半导体原材料和零部件企业在武汉设立子公司、分公司、办事处或在湖北省内设立生产基地。

（鲁德保）

电力工业

【概况】 2020年，全省发供电企业面对突发疫情和历史罕见洪涝灾害，忠于职守，精心组织，积极应对，电网运行总体平衡，电力供应安全可靠。截至年底，全省全口径发电装机容量8272.72万千瓦，居全国第12位，较2019年增长5.22%；全年发电量3036.7亿千瓦时，居全国第10位，比上年增长2.15%；全社会用电量2144.18亿千瓦时，居全国第14位，比上年下降3.17%，其中工业用电量1269.83亿千瓦时，比上年下降3.38%。

截至2020年底，湖北电网110千伏及以上在运交流变电站（含开关站）1146座，110千伏及以上架空输电线路2560条，线路长度5.1万公里。湖北电网负责运维换流站7座，运维跨区电网设备规模居国家电网第一。

表4—1 2020年湖北电网规模一览表

指标名称	计量单位	2019年	2020年	增幅（%）
全口径发电设备装机容量合计	万千瓦	7862.06	8272.72	5.22
水电	万千瓦	3678.51	3756.82	2.13
火电	万千瓦	3156.83	3316.43	5.06
风电	万千瓦	405.28	501.91	23.84
太阳能发电	万千瓦	621.43	697.56	12.25
110–1000千伏公用变电站合计	座	1126	1139	1.15
110千伏	座	892	903	1.23
220千伏	座	206	207	0.49
500千伏	座	27	28	3.70
1000千伏	座	1	1	0.00
110–1000千伏公用变压器容量合计	万千伏安	17765	18674	5.12
110千伏	万千伏安	6296	6425	2.05
220千伏	万千伏安	6298	6457	2.52
500千伏	万千伏安	4571	5192	13.59
1000千伏	万千伏安	600	600	0.00
110–1000千伏输电线路回路长度合计	千米	53045	55977	5.53
110千伏	千米	24003	25828	7.60
220千伏	千米	15905	16587	4.29
500千伏	千米	9974	10400	4.26
±500千伏	千米	1798	1798	0.00
±800千伏	千米	1185	1185	0.00
1000千伏	千米	180	180	0.00

说明：(1) 全口径发电设备装机容量栏目中，“火电”包含生物质发电和垃圾发电；(2) 500千伏变电站座数不包含开关站和龙泉、江陵之外的换流站；(3) 输电线路统计包括架空线路和电缆线路。

【电力建设】 2020年，全省新增装机容量较2019年增长5.22%，增速下降1.01个百分点，新增机组主要包括江坪河2台22.50万千瓦水电机组、夹河关4台4.50万千瓦水电机组、孤山3台4.50万千瓦水电机组、大别山二期2台66万千瓦火电机组以及一批风电、太阳能等新能源装机。全省发电装机仍以水电、火电为主，电源结构呈现水火电并举、其他新能源占有一定份额的特点，但水火电发电装机占比呈下降趋势，2015年两者占比超过97%，随后逐年下降，截至2019年降至86.94%，2020年继续下降至85.5%。2020年，全省水、火电装机占比均较2019年下降，而新能源装机略有增长，风电、太阳能装机占比较2019年分别提高0.92和0.53个百分点，全省电源结构进一步优化。

2020年，湖北电网投资继续保持合理规模。全年完成投资170.6亿元，其中，完成10千伏及以下配电网改造建设投资61.85亿元。陕北—湖北特高压直流工程（湖北段）线路全线贯通，500千伏十卧线等一批重点工程按期投运，累计投产110千伏及以上输电线路1735公里、变电容量896万千伏安。新一轮农网改造升级工程通过国家电网公司预验收。渝鄂直流背靠背联网工程获得国家优质工程金奖。截至2020年，湖北电网500千伏及以上网架形成1个中部主框架、2个西电东送大通道及1个受端双环网格局；与河南、湖南、江西、重庆电网分别通过4回、3回、3回及4回500千伏交流线路联网；与华东、广东电网分别通过4回、1回±500千伏直流联网；通过荆门—南阳—晋东南1000千伏特高压交流线路与华北电网相联。经过不断投资建设改造，湖北电网已成为全面承接特高压输送电能、以500千伏电网为骨干、以220千伏电网为主体、110千伏电网覆盖全省城乡的现代化大电网、智能化大电网，供电能力和供电质量进一步提高。

【电力生产】 2020年，全口径发电量增长2.15%，较上年下降2.12个百分点，电力生产及调度虽受疫情影响，但总体情况稳定。全年，三峡电厂发电量比上年增长15.47%。不含三峡，全省水电发电量同比增长35.91%。火电发电量比上年下降16.31%，风电和太阳能发电均呈两位数增长。

表4—2　2020年湖北省发电量情况一览

单位：亿千瓦时

发电量	2019年	2020年	增幅（%）
全口径合计	2972.87	3036.70	2.15
水电	1356.98	1647.22	21.39
其中：三峡	963.86	1112.92	15.47
火电	1485.31	1243.09	-16.31
风电	73.83	81.81	10.81
太阳能发电	56.76	64.57	13.77
全口径（不含三峡）	2009.01	1923.78	-4.24
统调（不含三峡）	1713.09	1560.62	-8.90
水电（不含三峡）	316.23	407.11	28.74
火电	1354.28	1103.28	-18.53
非统调电厂	295.93	363.16	22.72
水电	76.88	127.19	65.43
火电	131.03	139.81	6.70
风电	45.23	51.32	13.46
太阳能发电	42.78	44.84	4.81

2020年，湖北各主要流域来水均较2019年同期偏多，其中长江干流、清江流域、汉江流域分别较2019年同期偏多35.65%、180.03%、2.47%。调度机构精心安排水电出力，确保水电在发挥保供、顶峰等作用同时不弃水。主力水电厂中，三峡电厂发电同比增长15.47%，葛洲坝电厂同比下降2.57%，其他水电厂同比均大幅增长。非统调水电厂发电同比增长65.43%。

表 4—3　2020 年全省主力水电厂发电情况一览

单位:亿千瓦时

指 标	2019 年	2020 年	增幅（%）
主力水电厂发电量合计	1239.13	1451.91	17.17
三峡电厂	963.86	1112.92	15.47
葛洲坝电厂	189.45	184.59	-2.57
水布垭电厂	22.70	49.77	119.25
隔河岩电厂	18.35	38.23	108.34
高坝洲电厂	6.49	11.45	76.41
丹江口电厂	29.03	41.20	41.93
黄龙滩电厂	9.25	13.75	48.66

全省火电厂发电量比上年下降 16.31%。其中，统调火电厂发电下降 18.53%。主要受新冠疫情影响 2020 年调度总用电量下降，以及 2020 年水电发电量大幅增长。全年统调火电机组平均利用小时数 3888 小时，较 2019 年减少 1090 小时。

【电力供应】 2020 年，湖北电网 500 千伏及以上网架保持 2019 年格局。湖北电网以 220 千伏电网为主要供电网络，并依托 500 千伏变电站逐步实现分片区运行。110 千伏电网以 220 千伏电网为中心，实现分片分区运行，向配电网络和用户供电。2020 年，全省用电客户 2801.73 万户。其中，居民客户 2521.92 万户，大工业客户 2.75 万户，一般工商业客户 163.37 万户，其他客户 113.69 万户。

【电力消费】 2020 年，受疫情和罕见洪涝灾害影响，全省全社会用电量同比下降 3.17%。其中，第一产业、城乡居民用电量同比分别增长 0.95%和 1.80%；第二、第三产业用电量比上年分别增长-3.66%、-6.99%。8 月 5 日，全省调度最大用电负荷和日用电量双创历史新高，用电负荷达到 4065.4 万千瓦，较历史最大值增长 2.83%；日用电量达到 8.52 亿千瓦时，较历史最大值增长 1.43%。

2020 年，工业用电量 1269.83 亿千瓦时，比上年下降 3.38%。制造业用电量 954.09 亿千瓦时，比上年下降 2.55%。四大高耗能行业用电 520.53 亿千瓦时，比上年下降 5.64%。其中，化学制品、非金属、黑色金属、有色金属累计用电增速分别为 3.83%、−1.04%、−10.60%、−24.59%。

2020 年，第三产业 8 个主要行业中信息传输业、租赁服务业和金融业累计增速为正，增速分别为 16.06%、4.45%和 1.22%。房地产业、批发和零售业、住宿和餐饮业累计用电增速分别为−7.22%、−11.76%、−16.24%。

表 4—4　2020 年全省全社会用电构成情况一览

指 标	单 位	2019 年	2020 年	增 幅（%）
全社会用电量	亿千瓦时	2214.30	2144.18	-3.17
第一产业用电量	亿千瓦时	22.67	22.88	0.95
第二产业用电量	亿千瓦时	1348.54	1299.21	-3.66
第三产业用电量	亿千瓦时	411.54	382.78	-6.99
城乡居民生活用电	亿千瓦时	431.56	439.31	1.80
城 市	亿千瓦时	285.53	277.59	-2.78
乡 村	亿千瓦时	146.03	161.71	10.74
人均用电量	千瓦时/人	3735.96	3712.70	-0.62
人均生活用电	千瓦时/人	728.12	760.67	4.47

说明：根据 2019 年湖北省统计公报与全国第七次人口普查 1 数据，2019 年常住人口 5927 万，2020 年常住人口 5575 万。

2020年，全省14个用电统计地区全社会用电中，除十堰、荆州、黄冈、随州、恩施5个地区小幅增长外，其他9个地区全部下降。从工业用电看，14个地区有12个均不同程度下降。武汉市全社会用电下降7.58%，工业用电下降4.58%，可见突发疫情造成的影响。

表4—5 2020年全省各地区用电情况一览

单位：亿千瓦时

地区	全社会用电量		其中：工业用电量	
	合计	同比%	合计	同比%
全省	2144.18	−3.17	1269.83	−3.38
武汉	568.79	−7.58	270.67	−4.58
黄石	144.80	−2.37	111.00	−2.79
十堰	104.12	0.96	62.23	−1.43
宜昌	225.00	−3.87	169.77	−4.23
襄阳	160.34	−2.68	94.48	−3.99
鄂州	70.57	−4.40	53.80	−5.98
荆门	105.91	−3.30	73.30	−3.12
孝感	139.01	−4.69	86.50	−6.20
荆州	245.01	1.97	134.63	−0.18
黄冈	141.60	1.30	77.22	0.91
咸宁	93.41	−4.00	55.19	−6.35
随州	46.51	1.21	24.28	1.48
恩施	55.58	1.69	14.69	−8.46
神农架	1.86	−9.98	0.39	−12.47

说明：荆州用电量包含天门、仙桃、潜江三市的用电量。

【电力环保】 认真贯彻落实可再生能源法，继续推进优先发电优先用电计划改革，全面放开新能源和可再生能源发电计划，在优先发电权安排上支持大容量、高效率大型火电机组。科学安排火电最小开机方式，确保全年全省无弃水弃光弃风现象发生，全额收购风电、太阳能电量134.95亿千瓦时。鼓励在役中小火电机组向大型高效率机组转让发电量计划，落实关停机组发电权转让，全年落实转让电量10.39亿千瓦时。发电行业为全省节能减排作出了应有贡献。

【抗疫保电成果】 疫情期间，国网湖北省电力有限公司完成全省204个重要用户电力配套设施新建改造工程，三天三夜为雷神山医院通电，五天五夜为火神山医院通电，以最快速度打通全省各医疗救治场所供电保障“生命线”，确保了全省高峰时期3774家疫情防控指挥场所、定点医院等重要用户可靠供电。累计投入保电人员112.1万人次、车辆20.9万辆次，为打赢新冠肺炎疫情防控的湖北保卫战、武汉保卫战作出了巨大贡献。疫情形势向好后，该公司积极服务“六稳”“六保”大局，全面落实国家电网公司服务疫情防控和经济社会发展7批59项措施，贯彻国家阶段性降价政策，减少企业用电成本43.37亿元，高峰时期130余万用户欠费未停电，累计向社会提供就业岗位4876个。

（吕莎 杨倞）

煤炭工业

【煤炭去产能】 2020年，研究制定全省30万吨/年以下煤矿分类处置方案。部署2020年煤矿关闭退出工作，指导地方严格按照程序和关闭退出方案组织煤矿关闭退出，确保关闭退出期间安全稳定。做好产能置换指标交易工作，帮助15处煤矿完成产能置换交易，督促省煤投加快与亿华交易合同的履行，落实关闭煤矿交易资金。积极协调财政部湖北煤监局、省自然资源厅做好关闭退出煤矿的剩余资源价款退还工作。热情接待上访人员90余人次。赴荆门市、恩施州等地对去产能关闭退出煤矿开展“回头看”，督促当地落实监管部门，加大巡查力度，严防关闭退出煤矿“死灰复燃”。

【煤炭安全管理】印发《省煤炭电力安全生产专委会2020年工作要点》，认真安排部署年度安全生产工作。根据机构改革调整成员单位和职责分工，向省政府办公厅报送《关于调整省煤炭电力安全生产专委会组成单位和职责的请示》，进一步明确各成员单位的安全职责和工作任务。督促专委会各成员单位落实部门安全生产监督管理职责，指导煤炭电力企业切实加强安全管理，严格履行好主体责任。加强各成员单位间的沟通协调，建立月信息报送机制，每月按时收集安全生产工作信息并及时向省安委办报送。印发《省能源局关于做好煤矿安全生产有关工作的通知》（鄂能源煤炭〔2020〕10号），指导煤矿企业做好疫情防控和复工复产。编制煤炭行业突发事件应急预案和应急保障预案，提高煤炭行业应对突发事件能力。“两会”和重大节假日期间，加强值班值守，确保安全信息畅通。下发《省能源局关于加强汛期煤炭安全生产工作的通知》，指导各地汛期煤矿安全生产工作。组织煤矿企业负责人、技术人员培训新版《煤矿安全质量标准化标准及考核评级办法》，促进煤矿各项安全措施落实落地。

【煤矿专项整治】制定《湖北省煤炭电力安全专项整治三年行动计划实施方案》，下发《湖北省能源局煤矿安全专项整治三年行动具体工作安排》，将煤矿三年行动任务具体化，把专项整治落到实处。开展煤矿安全生产专项检查，对十堰、荆门和恩施等市州6处煤矿开展安全生产检查，针对检查发现的安全隐患，督促有关地方和企业逐条整改，消除安全隐患。与煤矿安全监察部门开展联合（交叉）执法，检查指导地方政府和煤矿企业做好煤矿安全生产工作，提高煤矿安全监管人员执法水平，全面提升煤矿安全保障条件。认真吸取煤矿重大事故教训，分别开展煤矿爆炸物品、煤矿瓦斯防治等专项整治，针对关闭退出煤矿、长期停工停产煤矿制定防范措施，切实吸取事故教训，严防重特大事故发生。按照安全生产专项整治三年行动“两个清单”要求，指导各地和煤矿企业按照“两个清单”要求建立风险和隐患清单。

【煤炭供应保障】制定煤炭保障能力提升工程三年行动方案，进一步提升铁水联运储配基地等煤炭保障能力，其中荆州煤炭储备基地一期已建成，新增静态储备能力305万吨，全省已形成1100万吨煤炭储备能力。加强煤炭储备能力建设中央预算内资金调度和三年行动方案中项目调度。2020年有宜昌港务集团煤炭物流储备基地升级改造工程等3个煤炭储备能力提升改扩建项目争取到中央预算内投资10.915万元。到2021年建成后将新增储备能力199万吨。积极协调与陕西煤业化工集团有限责任公司合作，争取煤炭资源保障。组织相关需煤企业和武汉铁路局召开座谈会，请省政府函请国家铁路局总公司协调调整浩吉铁路运价，并向国家发改委汇报并请求协调浩吉铁路运价下调之合理区间。积极与国家发改委和武汉海关衔接，协调解决省内用煤企业进口煤需求。

（曾　军）

石油化学工业

【概况】2020年，新冠肺炎疫情叠加低油价，石化行业遭遇的挑战和冲击前所未有，全省规模以上石化行业增加值增长-4.4%，高于当年全省工业1.7个百分点。主营业务收入比上年下降12.9%、利润比上年下降6.8%，出口贸易逆市增长，完成出口贸易额45.1亿美元，比上年增长2.3%。

2020年，全省石油化学工业实现销售收入4641亿元，下降12.9%，规模居全国第7位、中部第2位，其中：石油和天然气开采业实现主营业务收入61.2亿元，比上年下降22.5%；石油加工、炼焦和核燃料加工业实现主营业务收入562.6亿元，比上年下降17.8%；化学原料和化学制品制造业实现主营业务收入3127.7亿元，比上年下降12.2%；橡胶和塑料制品业实现主营业务收入889.5亿元，比上年下降11.5%。

全省石油化学工业实现利润219.6亿元，比上年下降6.8%，增速高于全省工业1.5个百分点，行业利润率4.73%。其中：石油和天然气开采业亏损12.1亿元，比上年增长87.1%；石油加工、炼焦和核燃料加工业实现利润2.1亿元，比上年下降57%；化学原料和化学制品制造业实现利润174.4亿元，比上年下降2.6%；橡胶和塑料制品业实现利润55.2亿元，比上年下降4.8%。

【石化行业技术改造升级】2020年，全省化工行业技术改造投资69.4亿元，与2016年相比，增长67.7%。石化产业清洁生产和绿色发展成效显著，经营状况和盈利能力明显改善，转型升级和创新动能持续增强。

高端化改造。推进化工行业标准化、品质化建设，引领化工企业提品质、优品种、创品牌，持续提升有效供给水平。荆门市着力优化磷化工产品结构，全市磷化工产品中高浓度磷复肥产品占比超过70%。三宁化工立足现有已内酰胺、乙二醇产能，投资180亿元，发展下游涤纶、尼龙6（66）产品，向化纤纺织延伸，打通化工到纺织产业链条。中韩石化投资45亿元实施乙烯脱瓶颈改造，助力中韩石化进入百万吨乙烯规模行列。兴发集团通过技术改造开发出微电子和有机硅新材料，向国内12英寸晶圆厂稳定供货，打破国外垄断。

智能化改造。推进化工行业与工业互联网、5G、人工智能、区块链等融合化改造，着力培育智能工厂和数字化车间。祥云化工建设基础设施、生产控制优化、生产管理、运营管控、分析决策、体系建设等共35套信息系统智能化平台，实施内外互联的信息管理服务，构建数据通源、

2020 年，湖北三宁公司乙二醇建设项目

虚实融合、智能制造的生态系统，提升了企业生产运营效率和整体管理水平。恒友化工运用工业互联网技术，将五氯吡啶装置出料和混料包装等工序改为全自动化生产线，生产效率大幅提高，产品含量由 98%提高至 99%，国内市场占有率跃升至 70%，成为行业隐形冠军。三宁化工采用数字化交付、自动巡检、人员定位、智能装置、无人机、视频成像、无线监测等智能设备和先进技术，打造具有行业特色的5G+工业互联网融合应用的“智慧工厂”，为湖北省传统产业转型升级提供了示范，获评国家级智能制造企业。

绿色化改造。实施清洁生产技术改造，支持化工企业应用减污、节水、节能等先进工艺技术和装备进行改造，降低污染排放，提升清洁生产水平。安道麦投资 50 多亿元，引入全球最先进的数字智能化管理系统、废水废气处理工艺、生产工艺和先进产品，淘汰落后产品和产能，引入“高效、低毒”植保品种，投产后主要产品全球市场占有率将超 50%。三宁化工投资 1.5 亿元，采用“非均相氨肟化—溶剂重排”绿色新工艺对一期装置进行技术升级改造，同类装置建设占地面积减少、能耗分别降低了 1/3。

【“关改搬转”工作】 2020 年计划完成沿江化工企业“关改搬转”任务清单企业 119 家，实际完成 149 家，部分可在 2025 年前完成的企业提前到 2020 年完成。全省累计完成沿江化工企业“关改搬转”任务清单企业 380 家，超额完成第一阶段即 2020 年底前计划完成任务清单企业 347 家目标任务。湖北省破解“化工围江”、推动产业绿色转型的经验和做法得到中央媒体聚焦报道。8 月 14 日，中央电视台《新闻联播》头条新闻《深入践行“两山”理念走绿色发展之路》。

一批化工企业通过“关改搬转”实现了转型升级和绿色发展。三宁化工淘汰工艺相对落后的尿素生产线，利用先进的水煤浆加压气化节能环保技术，建设合成氨原料结构调整及联产 60 万吨/年乙二醇项目，实现从煤炭到乙二醇产品的高效清洁转化。公司总能耗下降 18.39 万吨标准煤，减排废水 1 万吨。荆州能特公司实施兼并重组，投资 8.8 亿元新建生产线，高级医药中间体年产量从 250 吨扩大到 900 吨，产品数量增至 9 个，年销售 12 亿元。湖北山水化工加大科技投入，调整产品结构，淘汰高能耗、高污染的电石法 EPVC 糊树脂生产工艺，对现有离子膜烧碱生产装置通过陶瓷膜过滤、膜法除硝等工艺升级改造，新建年产食品级 5 万吨离子膜烧碱，产品附加值大幅提高。依托烧碱项目副产品氯气，新建农药和医药中间体项目，促进企业从传统氯碱化工向精细化工转变。

【行业发展】 严格实施产能置换，严控磷铵等化工过剩行业新增产能。按照《湖北省磷铵等化工过剩行业产能置换实施办法》（鄂经信原材料〔2019〕86 号）要求，2020 年对襄阳泽东化工、鄂中生态等 2 家企业 10 万吨/年工业级磷酸一铵项目实施产能置换，全省未新增磷铵产能，在省内外、行业内产生积极影响。

（桂　展）

建材工业

【概况】 2020 年，省内建材行业形势不断向好，全行业增加值增速比上年上升-10.1%。其中 12 月增速为 8.2%，占规模以上工业比重 8.1%。自 6 月份由负转正后持续提高。根据省建材联合会提供数据，疫情之下主要建材产品生产总体平稳，水泥熟料产量 5983.69 万吨，比上年上升-6.1%；水泥产量 10108.69 万吨，比上年上升-12.77%；平板玻璃产量 9584.53 万重量箱，与上年基本持平。

2020 年一季度受疫情影响，省内多数水泥、混凝土生产企业较长时间处于停产状态，产量整体影响较大，多数材料价格未有明显调整，二季度起陆续恢复正常。二到四季度水泥均价为 430 元/吨，同比上升-16 元/吨，混凝土 C30 均价为 445 元/方，同比上升-14 元/方，部分品种砂石价格下跌后整体趋于平稳状态。

2020 年，湖北省建材工业虽受到较大冲击，但仍实现营业收入 3266.6 亿元，比上年上升-15%；实现利润 245.21 亿元，比上年上升 17.1%，降幅比一季度收窄 77 个百分点。

表 4—6　2020 年湖北省主要建材产品产量

产品名称	计量单位	全年产量	增长率（%）
水泥	万吨	5983.69	−6.10
水泥熟料	万吨	10108.69	−12.77
商品混凝土	立方米	103975407.64	−9.22
水泥排水管	千米	12349.89	−22.50
水泥压力管	千米	201.60	−37.80
水泥电杆	万根	108.74	−17.02
水泥混凝土桩	万米	1823.84	−9.90
平板玻璃	万重量箱	9584.53	−7.50
钢化玻璃	万平方米	2513.07	−12.63
夹层玻璃	万平方米	496.85	1.28
中空玻璃	万平方米	504.87	−42.64
玻璃纤维纱	万吨	0.77	23.21
沥青和改性沥青防水卷材	万平方米	21330.22	35.47
砖	万块	4024100.95	−23.64
瓦	万片	103168.89	−34.28
大理石板材	万平方米	2651.05	−23.63
花岗石板材	万平方米	21644.11	−23.94

【重点企业运行情况】　湖北省作为疫情汛情重灾区，2020 年省内重点企业积极开展疫情防控和复工复产，运行情况平稳。华新水泥公司全年实现营业收入 293.57 亿元，完成年度预算的 101.2%。两大重点项目—万吨线项目点火投产，阳新亿吨机制砂石项目和沿江矿山生态修复工程开工。葛洲坝水泥集体重点项目实现营业收入 1126.11 亿元，创下历史新高，净利润 37.64 亿元，比上年增长 13.08%。长利玻璃转型升级，在长利北海工业园建设光伏玻璃生产线，全年营业收入 23.03 亿元。

【化解过剩产能】　2020 年，全省 57 条水泥窑线累计错峰 6059.92 天，减少熟料产量 1936.62 万吨，累计减少燃煤消耗 209.48 万吨，减少二氧化碳排放量 1668.11 万吨，减少氮氧化物排放量 1.94 万吨，减少二氧化硫排放量 0.38 万吨，有效化解了产能过剩，最大程度的降低了疫情等因素对湖北水泥工业发展的影响，为湖北省打好蓝天保卫战作出了应有的贡献，实现了社会效益和生态效益的共同提升。

（张梦龙）

医药工业

【概况】　2020 年，省委省政府高度重视医药产业发展，不断优化产业发展环境，面对新冠肺炎疫情，全省医药产业全力保障防疫医疗物资的生产、供应，积极推进产业链协同复工复产和稳定运行，有力促进全省医药产业持续健康发展，全省医药产业呈现平稳发展态势。

产业发展运行态势平稳。2020 年，受新冠肺炎疫情影响，全省规模以上医药制造业营业收入 1132.4 亿元，下降 4.3%，下降幅度低于全省工业 4.8 个百分点；利润 133 亿元，增长 4%，高于全省工业 12.3 个百分点；医药制造工业增加值由负转正，全年增长 1.1%，高于全省工业 7.2 个百分点。调度了 40 家重点生产企业，一、抗疫药品、产业链关键原料药及重要医疗救治设备生产企业因市场需求旺、复工复产早，增长幅度大，武汉协卓公司收入增幅达 17 倍，华大生物科技（武汉）有限公司收入增幅 12 倍，武汉中旗医疗收入增长 1.5 倍，武汉健民大鹏药业公司收入增长 50%，国药集团中联有限公司收入增长 11%。二、进入国家药品集中采购平台产品销售大增。武汉大安制药有限公司靶向制剂产品氟比洛芬酯注射液是我国首批通过质量和疗效一致性评价的药品，入选国家组织药品集中采购，全年销售量增长 100%，销售收入 2.3 亿元。湖北一半天制药有限公司生产的全国独家创新药，不含亚硫酸盐复方氨基酸注射液 18AA—V—SF 产品，进入国家谈判医保药品目录后，全年销售收入 4.5 亿元，增幅 300 倍。三、大宗原料药生产企业因疫情影响，出口受

2020 年，远大生命科学武汉有限公司获国家重大新药科技立项支持和“疫情防控重点保障企业”称号。图为公司重点实验室

阻和需求下降，降幅较大，其中益泰药业收入下降 23.6%、宏源药业下降 19.4%、华中药业下降 9%、亨迪药业下降 6%。四、处方药、血液制品和检测试剂因医疗机构采购量下降，生产企业收入降幅相对较大，其中处方药生产企业朗天药业（湖北）、湖北凤凰白云山药业、武汉爱民制药降幅 50%左右；血液制品生产企业国药集团武汉血液制品公司下降 12%；检测试剂生产企业武汉中帜生物下降 15%。五、中药 OTC（非处方药）受疫情影响与去年同期销售收入下降 10%左右。

销售收入过亿元重点产品增多。2020 年，全省医药产业培育了一批知名大品种，化学原料药销售收入过亿元单产品从 24 个增至 33 个，其中，过 5 亿元品种 3 个（远大弘元氨基酸、亨迪药业布洛芬、广济药业维生素 B2），过 10 亿元品种 1 个（宜昌东阳光硫氰酸红霉素）；药品制剂销售收入过 1 亿元单产品从 60 个增至 82 个，其中，过 5 亿元品种 4 个［李时珍医药集团麝香祛痛搽剂、马应龙药业马应龙麝香痔疮膏、武汉生物制品研究所肠道病毒 71 型灭活疫苗（Vero 细胞）、远大医药重酒石酸去甲肾上腺素注射液］，过 10 亿元品种 4 个（人福医药注射用盐酸瑞芬太尼、枸橼酸舒芬太尼注射液、宜昌东阳光集团磷酸奥司他韦胶囊和磷酸奥司他韦颗粒）；医疗器械过亿元产品 7 个，过 5 亿元和 10 亿元产品各 1 个是新型冠状病毒 2019—nCoV 核酸检测试剂盒（荧光 PCR 法），分别是武汉明德生物科技股份有限公司和华大生物科技（武汉）有限公司。武汉健民大鹏药业体外培育牛黄销售收入 5 亿元，宜昌东阳光药业集团人工培育冬虫夏草销售收入 24.5 亿元。

【产业发展特色】 重点企业发展加快。2020 年，全省有 17 家医药企业进入全国医药工业 500 强，人福医药集团位列全国医药工业百强榜单 29 名。武汉远大弘元股份有限公司评为国家级专精特新“小巨人”企业。马应龙药业集团互联网+医+药线上线下智能融合服务项目和武汉国灸科技公司基于 5G 的人体智能空调医疗健康云平台项目获批国家信息消费试点示范项目。湖北亨迪药业等 5 家企业被评为省级细分领域隐形冠军示范企业；武汉健民大鹏药业等 9 家企业被评为省级科技“小巨人”企业；武汉人福等 13 家企业被评为省级专精特新“小巨人”企业。健民集团叶开泰国药（随州）有限公司智能医药生产车间项目获批湖北省智能制造试点示范项目。宜昌东阳光长江药业等 9 家医药企业被认定为省信息化和工业化融合试点示范企业。奥美医疗用品股份有限公司的医用敷料智能工厂入选湖北人工智能十大优秀应用案例。

重点项目建设提速。2020 年医药制造业完成投资比上年增长 20.4%。宜昌人福投资 2 亿元的冻干制剂国际标准生产基地项目，健民集团投资 2 亿元的智能提取车间，奥美医疗投资 12 亿元的医用非织造品项目，瑞孚信湖北药业投资 10 亿元的高端原料药生产项目，恒安芙林投资 2 亿元的中药配方颗粒智能制造项目建成投产；联影医疗累计投资 50 亿元的“联影医疗武汉总部基地”一期工程主体部分完成，近 800 名员工正式入驻；远大医药投资 150 亿元的钇 90 树脂微球技术攻关及国产化项目、投资 2.4 亿元的小品种药集中供应保障能力建设项目，迈瑞医疗投资 24 亿元的武汉研究院项目，宜昌人福投资 10 亿元的白洋原料药生产基地项目、投资 8 亿元的国际药物研究中心项目，汉瑞药业投资 10 亿元的高端原料药生产基地项目开工建设。

产业集聚后劲增强。一批区域特色产业基地建设加快，武汉创建生物医药及医疗器械产业集群，引领长江中游产业集聚发展，打造“世界·武汉生物医药及医疗器械产业集群”，已聚集医疗器械生产企业 500 余家，位居全国经开区首位，主要包括医学影像设备、激光设备、植入性高端器械、人工智能大健康和临床诊断试剂五大重点领域。集聚了 4 位诺奖得主、27 位国内外院士等海内外高层次人才团队。武汉光谷生物城已形成以生物医药、生物医学工程、生物农业、精准诊疗、智慧医疗、生物服务为特色的产业集群，区内聚集医药企业 2000 多家，综合实力位列全国 108 个生物产业园区第三名。武汉国家生物产业基地加快生命健康园规划建设，完成生命健康园先导区 490 亩用地规划；完成前沿生物产业园的选址，开发建设光谷生物城智慧园区系统。仙桃市已形成纱布类和无纺布类医用材料生产产业集群，有生产 II 类医用卫生材料及敷料的医疗器械企业 40 多家，彭场镇是全国最大的无纺布制品加工及出口基地。孝感是全省高端病理设备制造中心。宜昌是全省高端口腔医疗产业聚集区和在省内具有较大规模的精准医疗设备产业聚集区。

智慧医疗器械蓬勃发展。全省所有三甲医院都开展了远程医疗服务，正在向乡和村延伸。智能远程医疗器械为武汉保卫战提供了“坚甲利刃”，形成了在一线临床救治和后方远程支持相结合的协同救治模式。武汉中旗心电网络平台在医联体成功应用，推动了三级医院优质资源下沉，促进了分级诊疗和双向转诊。迈瑞“迅影”远程超声系统已经布局湖北省二十余家定点救治医院。武汉总部联影智慧医疗云已连接全国19个省市1700多家医疗机构，覆盖人群超过1亿人，在湖北省襄阳、当阳、石首建设分级诊疗体系，助力“小病不出乡，大病不出县”。武汉华大正在推进智造远程超声机器人远程诊疗系统建设。武汉兰丁医学高科技有限公司正在推进建设“Landing”诊断机器人和云诊断服务平台。

道地中药材产业化推进加快。武汉爱民制药股份有限公司以湖北李时珍药物研究院为依托牵头组建湖北省现代中药制造业创新中心战略联盟，申报培育湖北省现代中药制造业创新中心已纳入第四批省级制造业创新中心培育项目。国药集团中联有限公司依托现有产业基础，组建国药集团（中联）湖北道地药材研究院，推进道地中药材规范化基地建设和产业化精深加工。李时珍医药集团、一正药业、辰美中药等3家企业纳入全省中药配方颗粒试点企业，加快推进中药材资源优势转化为经济优势。

【科技创新】 全省医药产品创新取得重大突破。2020年，全省新药研发有重大突破，共获批18个新药文号，位居全国前列，其中2个1类创新药，分别是宜昌人福的注射用苯磺酸瑞马唑仑和宜昌东阳光长江药业的磷酸依米他韦胶囊，注射用苯磺酸瑞马唑仑是30年首个麻醉1类新药。2020年全省新增医疗器械产品注册证326个，其中三类产品注册证29个，二类产品注册证297个，一类产品备案2691个。全省疫苗产业的创新能力大幅提升，国药集团中国生物武汉生物制品研究所与中科院武汉病毒所联合研发的疫苗是全国首批获得临床试验批件的新冠病毒灭活疫苗，并已获批附条件上市许可，进入大规模生产。武汉有13家企业开展检测试剂盒产品研发、注册和生产，3家企业的5个检测试剂产品通过国家应急审批，10余个产品获得欧盟CE或美国FDA认证，12家独立医学实验室提供检测服务近200万人份。武汉华大基因公司的新型冠状病毒检测试剂盒和DNBSEQ—T7测序系统是首批获准上市的新冠病毒检测产品，2019—nCoV核酸检测试剂盒拥有目前全国最好的灵敏度。武汉华大智造生产的DNBSEQ—T7是全球通量最高、单位成本最低的基因测序仪，实现了基因测序仪核心技术自主创新和国产化。中帜生物是国内首家推出病原体核酸RNA多重检测和快速检测试剂盒的IVD高新技术企业，是国内唯一一家获得两种不同方法学新冠病毒核酸检测产品注册证的企业，其中新冠核酸快速检测试剂盒可在1小时内完成新冠病毒核酸检测，是国内第一个开发并完成注册的新冠病毒核酸快速检测试剂盒。友芝友生物新冠重组蛋白疫苗申报临床，华大吉诺因新冠疫苗完成动物实验。武汉联影已取得14款cFDA注册证，有13款软件产品、1款CT产品和2款DR产品已经在汉拿到了产品注册证书，已获得知识产权专利73件，完成75件软件著作权登记。

仿制药一致性评价速度加快。截至2020年底，全省新增20个一致性评价品种，共有11家企业38个品种正式通过仿制药一致性评价，新增数和通过数均排名全国前列。

创新体系不断完善。2020年，全省新增省部共建国家重点实验室1个，省重点实验室13个，省级产业技术研究院5家，省级工程技术研究中心60家。健民药业集团股份有限公司被认定为国家级企业技术中心。新冠肺炎疫情期间，光谷生物城诞生了首个高通量火眼实验室。

（王　琳）

食品工业

【概况】 2020年，受新冠肺炎疫情影响，全省规模以上食品工业企业完成工业增加值比上年下降6.9%。子行业中，仅烟草制造业比上年增长6%。全省规模以上食品工业企业实现主营业务收入5657亿元，比上年下降11.4%，下降幅度高于全省工业2.3个百分点；利润408.5亿元，比上年下降12.9%，分别占全省工业的13.88%、16.2%。其中：农副食品加工、食品制造业、酒、饮料和精制茶制造业、烟草制品业分别完成主营业务收入3210亿元、860亿元、796亿元、792亿元。

【重大行动战略】 着力提高食品产品的供给质量，满足消费升级需求，推动产业转型升级。增品种方面，天门市充分利用市内现有企业优势和市场资源，支持三兴食品（酱鸭）、精畅食品（饼干）、元淼食品（糍粑、炒米）、松之乡（皮蛋）、千千鹤源（盐蛋）、富民食品（鹌鹑蛋）、爱思乡（皮蛋）、怡田饮品（纯净水）、岳口汉江食品（牛肉酱）等企业，顺应消费者多样化、个性化需求趋势，找准细分市场，着力发展休闲食品产业，不断提升产品品质和品牌竞争力。提品质方面，劲牌公司升级原酒酿造246个控制工序和参数，开展98项技术研发，其中“白酒低产高级醇优良酵母筛选育种及应用研究”等3项技术成果被鉴定为国际领先水平。创品牌方面，恩施利用富硒资源高位推进品牌创建工作，已形成富硒茶、富硒烟叶、硒虫草和食用菌等十大富硒产业，培育了“恩施玉露”富硒茶、“思乐”富硒肉制品、“大山鼎”富硒蔬菜、“清江源”富硒低毒烟叶等四大产业品牌，恩施玉露、恩施富硒茶公共品牌价值达到18.07亿元和15.18亿元。

2020年，嘉必优生物技术（武汉）股份有限公司、泛亚（武汉）食品科技有限公司被评为省级细分领域隐形冠军示范企业，湖北紫鑫生物科技有限公司、武汉中粮食品科技有限公司、孝感麻糖米酒有限责任公司等9家企业被评为省级科技小巨人。第29届中国食品博览会暨2020食品工业“三品”成果展上，湖北省共有35个优秀成果入选线上云展区，线下展的68家成果中湖北有3家优秀成果入选。

【特色产业】 大力推进食品特色产业园区建设，引导“专、精、特”企业聚集融合，推进资源型产业和上下游产业链相互衔接，推动食品加工业集中、集约、集群发展，形成了完整的产业链和特色产业园区。咸宁市依托红牛、今麦郎、奥瑞金等龙头企业，重点打造功能饮料、植物蛋白饮料、果蔬汁饮料和茶饮料等健康功能饮品，完善“一瓶水”产业链。潜江市重点支持好彩头、虾乡食品等一批企业优化生产线，扩充产能；安井食品、周黑鸭等一批上市企业落户建设，发挥引领辐射作用；交投莱克、柳伍水产、虾皇、楚虾王等小龙虾加工龙头企业集聚产业园，集群效应凸显。黄冈市加快推进伊利酸奶华中生产基地、黄州区农副产品加工产业园、融园食品产业园、新南食品产业园、同一食品华莱士产业园、麻城农特产品加工产业基地等特色产业园区建设。2020年在全省114个重点成长型产业集群中，食品产业集群达24个，占总数的21%。

【创新驱动】 食品龙头企业加强了产学研合作。潜江市支持重点龙头企业建设湖北省克氏原螯虾工程技术研究中心、湖北省功能性食品添加剂工程技术研究中心、湖北省校企共建调味食品研发中心、湖北小龙虾产业技术研院，围绕产业发展关键核心技术和共性问题开展多方位研究。科技研发平台的快速发展，有力促进了企业核心关键技术研发和产业化。湖北尝香思“优质高产大豆新品种选育”、华山水产“虾壳甲壳素及壳蛋白精细加工转化关键技术及高值化应用”项目入选湖北省技术创新专项重大项目；湖北盛利食品有限公司“复合生物保鲜剂淡水鱼保鲜加工及风味调控技术中试”项目获省级科技成果转化立项。

加快5G、人工智能、工业互联网与食品等传统产业加速融合，新业态、新模式赋能转型升级。湖北米婆婆生物科技公司近年来投资6000多万，通过数字化、智能化的升级改造，实现从人工到智能化的转型，开创了湖北省米酒行业智能化产业发展的新模式。运用新一代互联网、电子商务等现代营销手段，打造理念超前、规模较大、设备现代、技术先进，辐射带动能力强大的电子商务示范平台。良品铺子投资8000万建设大数据系统，打通了设计研发、生产供应、仓储物流等全产业链，数据流的聚合极大提升企业要素竞争的水平和效率，积极开拓线上线下两种销售渠道，充分利用淘宝、苏宁、抖音等网上购物平台直播卖货，使该公司与同行业的竞争已经脱离了中低端区域，成为休闲食品行业的领军企业。

【重大项目】 持续通过技术改造推进产业向智能化、高端化、绿色化、融合化发展。武汉市食品行业组织实施了湖北中烟、光明乳业、维他奶、双汇、中粮科技等9个重大技改项目，总投资43.6亿元。其中，湖北中烟东西湖异地技改项目10月竣工投产，设计产能150万箱/年，新产业园成为亚洲技术设施最先进，产能最大的单体产业园区。蒙牛高科乳制品武汉有限责任公司总投资15亿元，建设15条低温乳品生产线，项目一期建设就成为亚洲最先进乳制品酸奶工厂，华中区域生产智能制造示范基地。黄石劲酒集团健康白酒智能制造示范车间、湖北黄冈伊利乳业智能制造、正大（襄阳）公司生鲜肉食品智能化加工和萧氏茶业名优茶智能等一批全省乃至全国领先的智能工厂相继投产。劲酒集团总投资100亿元，分别在黄石建设20万吨健康白酒产业园项目、劲酒循环利用项目已完成投资16亿元；预计新增工业产值60亿元。潜江聚一虾食品有限公司总投资5亿元，建设年产10万吨小龙虾加工基地建设项目将于今年投产。湖北国宝桥米有限公司总投资7亿元建设年产20万吨桥米智能化生产线，20万吨稻谷储存仓库等一批项目已于2020年开工建设。

（陈　萍）

船舶工业

【概况】 2020年，湖北省船舶工业完成工业总产出581.2亿元（含科研院所数据），比上年下降6.7%；实现主营业务收入542.1亿元，比上年下降0.5%。2020年，全省造船完工316.7万载重吨，较上年增加87.9%；新承接订单132.3万载重吨，较上年减少63.3%；手持订单545.4万载重吨，较上年减少14.8%。全省船舶产品出口金额9.3亿美元，较上年增加55.0%，出口船舶主要集中在武船重工集团、武汉船机公司等企业。

【行业发展】 全行业大力推进科技开发与技术进步。在新产品研发与建造方面，32.5万吨矿砂船、广东海事局3000吨级大型航标船、2000方挖泥船等各型各类船舶顺利完工交付；21万吨散货船、13300吨甲板运输船、全球首艘10万吨级智慧养殖工船、3500吨浮船吊、3000吨综合执法船等一批重大项目正在建造中；国内首个50吨波浪补偿吊机，打破国外垄断，填补国内空白；306自升式海上勘探平台项目是国内目前最高效的勘探试验平台之一，其技术水平达到国际先进水平，在青岛基地完工交付；1200吨风电安装起重机、烟台打捞局1000吨打捞工程船起重机以及天津中睦700吨和200吨风电安装起重机等重大项目顺利完工；武汉船机公司研制的首条2500TEU集装箱船配套的电动锚绞机研制完成，顺利通过船检、会检；首台200型喷水推进装置向新型特种船艇配套发展；首套电动深井泵系统产品，装备上海鼎衡船务9000吨化学品船；首船套透平货油泵系统应用项目的安装调试及海试验收，赢得了船东、船厂的一致认可。

2020 年 8 月 20 日，中国船舶武船集团北船重工建造的 32.5 万吨矿砂船 10 号船试航凯旋

由武汉船机公司牵头，武汉理工大学等单位参研的“船用配套设备智能集成与远程运维关键技术研究”顺利通过答辩，武船重工集团牵头的绿色生态环保船工程顶层研究、船体表面精细高效减阻综合技术研究等绿色生态环保船工程专项得到评审认可。2020 年，湖北船舶工业申请专利 300 余项，全年授权专利 347 项；形成科技报告 87 篇，完成科技成果鉴定 11 项，申报国家科研项目 8 项，新获批省部级以上科研课题 6 项，获省部级及以上科学技术奖 10 余项；编制发布标准 11 项，其中国际标准 3 项、国家标准 1 项、军工行业标准 5 项、船舶行业标准 2 项。

【行业管理】 2020 年，全省船舶行业坚持安全第一、市场主导、质量优先，按照“保行业基本稳定、促高附加值增长、抓示范亮点项目、推智能制造发展”的发展思路，不断探索创新示范、践行新发展理念，引导疫后重振；以直达末端管、突出重点抓、丰富手段宣为三股缆切实强化行业管理。从突破关键技术、补齐产业链和激发市场活力等三个方面谋划推进全省船舶产业绿色智能发展，积极推进绿色新能源船舶试点示范区创建工作。

（许正山）

国防科技工业

【概况】 2020 年，受新冠肺炎疫情影响，湖北国防科技工业在一季度经济指标出现断崖式下降（比上年下降 54.03%）的情况下，统筹做好疫情防控和复工复产，全年全行业（军工、民船、民爆、民口配套）实现总产出 1728.17 亿元，比上年下降 0.98%，呈现企稳向好发展态势。全行业安全保密形势稳定，无重特大安全生产事故、重大失泄密事件发生。

【国防科技工业发展】 一、深化科技协同创新。大力推进军地协同创新，探索建立空间信息产业技术联盟，推进高分湖北中心建设分中心，拓展和完善高分数据应用体系建设；协同推进“省技术交易大市场”建设，扩展科技协同创新服务窗口。加快推进军民两用科技成果转化应用，2020 年共征集军民两用科技成果转化项目 107 项、技术需求项目 47 项，并组织开展对接活动。推动资源要素共享，持续推进军民科技成果转化及资源开放共享，全系统 94 个实验室的 1000 余台（套）仪器设备在省科学仪器设备协作共用网上发布共享信息。2020 年，全行业荣获湖北省科学技术奖 23 项，其中，获突出贡献奖 1 人，技术发明奖 3 项；另有 19 项成果分获科技进步、技术发明、科技成果推广、中小企业创新奖。二、培育通用航空产业。组织开展《湖北省航空航天产业“十四五”发展规划》编制工作，并通过专家评审。为打造贯穿创新链、产业链、价值链的通用航空产业发展生态系统，促进全省航空产业高质量发展，指导成立湖北省通用航空产业联盟，联盟由卓尔宇航集团联合湖北蔚蓝通用航空科技股份有限公司等 9 家单位共同发起成立。三、推进商业航天发展。2020 年，武汉国家航天产业基地加快建设。行云二号 01 星（命名为“武汉号”）、02 星成功入轨，各项实验取得预期效果。航天三江首次圆满完成世界上直径最大、国内推力最大的固体发动机（FG—67）全装药状态试车。基于大型固体发动机、新型液体发动机技术的快舟-21 正在进行总体方案论证和关键技术攻关。4 月，湖北航天技术研究院总体设计所申报的“航天动力先进技术湖北省重点实验室”获得批复成立。航天 42 所研制的排氢燃烧点火装置系列产品，为长征五号 B 火箭首飞成功提供了重要保障。四、加快产业园区建设。湖北省级示范基地共有 12 家，武汉国家航天产业基地、荆门航空产业园等园区建设加快推进，各示范基地产业规模稳步提升，呈现良好发展势头。产业集聚效应进一步凸显，武汉网安基地聚集了以奇安信、天融信、中金数据为代表的网安产业、大数据产业、信息技术产业项目 60 多个；武汉未来科技城初步形成了集成电路、数字经济和智能服务三大产业研发集群。

【民爆器材行业】 2020 年，全省民爆行业经济运行总体保持平稳。民爆生产企业完成工业生产总值 22.70 亿元，比上年下降 4.78%；生产工业炸药 17.61 万吨，比上年下降 8.38%；生产工业雷管 1797 万发，比上年下降 23.34%；生产工业索类火工品 1.31 亿米，比上年下降 7.75%；实现利润 2.86 亿元，比上年下降 17.9%。民爆销售企业实现销售收入 7.23 亿元，比上年下降 11.97%；销售工业炸药 7.75 万吨，比上年下降 13.41%；销售工业雷管 1661 万发，比上年下降 10.60%；销售工业索类火工品 972 万米，比上年下降 13.68%；实现利润 4795 万元，比上年增长 10.84%。全省民爆行业牢固树立和强化安全生产的“红线”意识，全面落实“安全第一，预防为主，综合治理”的方针，强化安全生产主体责任，深入开展安全生产监督检查，努力推进安全文化建设，全面提升本质安全，保持了良好的发展态势，未发现火灾、人员伤亡、民爆物品丢失、被盗等安全事故。

（罗金钢）

金融业

综　述

【概况】 2020年，湖北省新增贷款 7630 亿元，新增额居全国第六、中部第一位；贷款余额比上年增长 14.6%，较 2019 年同期提高 0.55 个百分点。12 月末，湖北省本外币各项存款余额 6.72 万亿元，同比增长 10.9%，略高于全国增速，比年初增加 6621.9 亿元，同比多增 2175.5 亿元；贷款余额 5.99 万亿元，同比增长 14.6%，增速连续 5 个月高于全国，比年初增加 7629.5 亿元，同比多增 1422.3 亿元，圆满完成年初目标任务。

信贷结构持续优化。从总量上看，中央支持湖北一揽子金融政策落实情况良好，各项贷款稳步增长，前 11 月已完成全年新增 6800 元的信贷目标。从贷款投向看，12 月末，湖北省制造业贷款余额 4591.8 亿元，同比增长 22.3%，连续 9 个月增速超 20%。普惠小微企业贷款余额 4717 亿元，同比增长 26.8%，实体经济和重点领域支持力度不断加大。此外，房地产调控长效机制建设效果逐渐显现，房地产贷款增速显著回落。12 月末，湖北省房地产开发贷款 6190.2 亿元，同比增长 5.6%，较 2019 年同期回落 4.3 个百分点。购房贷款同比增长 10.4%，增速同比回落 4.7 个百分点。

结构性货币政策工具有效助企纾困。截至 12 月末，湖北省运用再贷款再贴现政策工具发放优惠利率贷款 1336.3 亿元，惠及企业 14.18 万户，加权平均利率 4.04%。12 月末，湖北省金融机构累计为 33.31 万笔贷款实施延期还本 3423.1 亿元，为 45.3 万笔贷款实施延期付息 263.5 亿元。6—12 月，湖北省地方法人银行普惠小微贷款本金累计延期率达 73.1%。湖北省七批“普惠小微企业贷款延期支持工具”惠及企业 4.2 万户。新增普惠小微信用贷款占比显著提高。四批“普惠小微企业信用贷款支持计划”惠及企业 5.8 万户。

金融机构贷款利率显著下行。2020 年，企业贷款利率不断下行。12 月末，新发放企业贷款加权平均利率为 4.37%，同比下降 0.78 个百分点。分企业类型看，小微企业新发放贷款利率降幅最为显著。12 月末，全省大型、中型、小型、微型企业新发放贷款利率分别为 3.96%、4.75%、4.66%、4.84%，分别较年初下降 85 个 bp、70 个 bp、94 个 bp 和 194 个 bp。从期限结构看，6 个月以内和 6 个月到 1 年加权平均利率降幅最大，分别较年初下降 73 个 bp、58 个 bp。

金融精准扶贫圆满收官。聚焦产业扶贫和深度贫困地区脱贫攻坚等重点领域，切实加大信贷支持力度，帮助贫困地区提升内生发展动能。截至 2020 年 9 月末，全省产业带动精准扶贫贷款余额 767 亿元，同比增长 58.7%，高于全省各项贷款增幅 44.9 个百分点；全省深度贫困地区（原 9 个深度贫困县）各项贷款余额 1205 亿元，同比增长 16.3%，高于全省各项贷款增幅 2.5 个百分点。在金融支持稳企业保就业工作中突出农业农村市场主体保障地位，利用普惠小微企业贷款延期支持工具和信用贷款支持计划，引导金融机构为贫困地区有需求、有困难的市场主体办理贷款延期还本付息、发放信用贷款。截至 2020 年 9 月末，金融机构共为 7 万户贫困户办理扶贫小额信贷延期还本付息 30.9 亿元，为 1.1 万余户涉农市场主体发放普惠小微信用贷款 8.3 亿元。

【金融服务实体经济】 保持信贷总量合理增长。保持信贷投放和社会融资规模增速同名义经济增速基本匹配。认真研判辖区与经济发展相适应的信贷供给水平，密切关注部分支持政策退出后形成的“空窗期”，灵活运用各类货币政策工具和窗口指导，引导和督促金融机构合理安排信贷投放，保持对疫后经济恢复的必要支持力度。积极拓宽社会融资渠道，努力满足重点项目和市场主体的有效融资需求。

持续做好民营小微企业的金融支持工作。在两项支持实体企业金融优惠工具延续期内，确保优惠政策实施标准和要求保持不变，继续借助结构性货币政策工具，引导金融机构加大对民营小微企业的资金投入。开展商业银行小微企业金融服务能力提升工程，改善银行内部资源配置和完善考核激励，强化科技手段的运用，加快形成银行敢贷、愿贷、会贷的长效机制。鼓励银行加强与地方信用信息综合服务平台、市场化征信机构的合作，利用“数字信用”综合评价小微企业实际风险水平，减少对抵押担保的依赖。大力推广供应链票据和应收账款确权，支持产业链上下游小微企业融资；全面做好资产和权利担保统一登记工作，助力企业获得担保融资。通过上述举措，进一步提高小微企业首贷户和信用贷款比重，增加制造业中长期贷款。

有效衔接脱贫攻坚与乡村振兴金融服务。保证金融扶贫政策、工作和责任落实的延续性，实现稳定脱贫和可持续发展。具体工作包括：推动省农信联社改革，完善治理结构，做强一批县域中小法人金融机构；构建县域银企对接平台，明确每家金融机构至少支持一个县域产业主体；鼓励金融机构采用大数据分析系统，创新金融产品和服务，培育中小企业信用主体；每个县市建立一种特色化风险分担模式，引导金融资源投入；建立金融服务乡村振兴评价指标体系，通过差异化监管强化政策激励和约束。

促进企业综合融资成本稳中有降。落实好利率市场化改革政策，进一步推进贷款市场报价利率（LPR）的运用，巩固 LPR 改革成果，督促金融机构将 LPR 内嵌到内部转移定价（FTP）中去。加强利率行业自律管理，维护辖内存款竞争秩序，督促金融机构加快落实贷款年化利率明示。完善金融风险分担补偿机制，引导各方资金降低企业的融资成本。

进一步优化金融营商环境。将其作为优化湖北营商环境的重要内容，推动出台湖北省金融营商环境评价指标体系，各方合力促进各项金融政策的有效落实。

【金融改革创新】 推动绿色金融发展。研究设计全省统一的绿色金融认定标准和专项统计制度；探索开展绿色信贷业绩评价，将评价结果纳入央行评级，引导金融机构加大绿色领域投入；推动环境违法违规、企业污染排放、节能减排及绿色矿山建设等信息纳入信用信息平台，推动政府和机构的环境信息强制披露；积极支持湖北建设全国碳排放权注册登记系统数据中心，鼓励金融机构创新配套的绿色金融产品和服务。

促进科技金融发展。聚集武汉城市圈科技金融创新及东湖高新区科技创新重点任务，出台加强和改进科技创新金融服务的实施意见；支持武汉科技保险示范区高水平建设，扩大专利权抵押融资、科技企业股权融资等科技金融产品及服务创新规模；深化投贷联动试点工作，促进形成“投贷债补”联动的金融支持科技创新格局。

支持武汉提升金融能力。结合武汉经济和产业结构特点，积极研究特色化金融发展路径；持续增强武汉要素市场对金融资源的聚集和辐射带动能力；努力发挥金融政策、财税政策和产业政策的合力，不断优化金融生态环境，支持传统金融机构做大做强，吸引和培育各类新型金融业态，进一步提升武汉金融资源配置功能。

【防范化解金融风险】 持续强化风险监测预警体系。不断完善风险监测手段，综合运用央行评级、存款保险差别费率、压力测试、大型企业风险监测等工具，构建快速掌握风险信息、高效分析风险情况、准确评估风险趋势的信息系统。运用好风险指数度量监测评估体系研究成果，进一步强化风险识别预警能力。对各类风险进行全方位排查，区分存量和增量，找准最突出的风险点，明确处置重点和优先序。加强风险外溢性评估，在防范个体微观风险和道德风险的基础上，坚决防范好系统性风险、宏观风险和社会风险。充分发挥湖北省金融委办公室的协调机制作用，进一步增强风险防控合力。

防范化解中小法人银行风险。全面摸清地方法人银行风险底数，并掌握其动态风险状况，在处置中坚持稳

2020 年 7 月 30 日，湖北省“科技金融服务滴灌行动”启动暨首期投融资对接会在武汉举行

中求进、市场化、法治化以及在线修复等原则，压实金融机构特别是机构股东的主体责任、地方政府的属地责任以及监管部门的监管责任。

加强重点领域风险防控。落实好房地产贷款集中度管理。做好辖区金融控股公司准入管理，引导存量企业在过渡期内有序调整。督促地方法人金融机构做好资管新规过渡期整改工作，推动行业转型升级。贯彻《中国人民银行金融消费权益保护办法》，对侵害金融消费者合法权益的行为“零容忍”。严厉打击非法金融活动，保持对跨境赌博和电信诈骗、非法银行卡买卖、地下钱庄的高压监管态势。

【金融服务与管理】 持续改进全省支付管理和服务。坚持“两个不减、两个加强”的总体要求，持续提高银行账户服务和管理水平，压实支付服务机构主体责任，进一步推进跨境赌博和电信网络诈骗的整治活动；加强非银行支付机构全生命周期管理；持续加大执法检查力度，打击治理支付市场中的违法违规行为；支持推广运用“云闪付”，加快移动支付便民场景建设，努力消除支付领域的“数字鸿沟”，保障老年群体的支付需求。

优化征信服务管理。加快信用体系建设，指导市州年底前全面建成中小微企业信用信息平台。加强应收账款融资服务平台的推广应用，尽快实现市州政府采购系统与平台对接全覆盖。加强征信信息特别是个人信息的保护，确保辖区征信系统和市场化征信机构的数据信息安全。加强信用评级市场、征信市场管理，对评级机构开展全面检查。

持续加强外汇和跨境人民币管理服务。深入推进外汇管理改革开放，探索本外币账户优化管理，整合现行外汇账户功能；积极推进贸易外汇收支便利化试点建设，继续推广跨境区块链平台应用；放宽资本项目外汇资金结汇使用限制，推广资本项目收入支付便利化和外债便利化试点的开展。推动“宏观审慎+微观监管”两位一体管理框架在湖北省落地实施，防范跨境资金流动风险，以“零容忍”的态度严厉打击外汇领域违法违规行为。加强跨境人民币政策的宣传和推广，聚集本省对外贸易投资活跃的重点企业，提升商业银行人民币国际使用的服务能力和积极性。

加强央行管理职能。全面落实金融基础数据统计、地方金融组织统计、资管产品统计、全口径房地产融资统计等专项统计。聚焦我省基础性前沿性重大课题，深入研究绿色发展、科技金融、养老金融等问题。指导辖内金融机构持续健康发展金融科技，打造线上线下一体化的“适老”金融服务。推动省内金融机构贯彻落实金融科技领域核心标准。坚持把整治拒收现金作为“一把手”工程和重要民生工程常抓不懈。建设好二代国库会计数据集中系统，提高国库会计核算质量，确保国库资金和国库系统运行安全。持续加强反洗钱监管合作，完善反洗钱联席会议督办制度，探索对特定非金融机构开展反洗钱联合监管。

（熊　源）

银行业

【概况】 截至2020年末，全省共有银行业机构201家。其中，开发性金融机构和政策性银行3家，国有大型商业银行6家，股份制商业银行12家，城市商业银行2家，民营银行1家，农村商业银行77家，农村信用社1家，村镇银行66家，贷款公司2家，外资银行10家，金融资产管理公司4家，信托公司2家，金融租赁公司3家，企业集团财务公司11家，消费金融公司1家。银行业机构体系总体保持稳定，股份制商业银行、外资银行、非银机构数量均居中部前列。

截至2020年末，全省银行业资产总额86756.15亿元，较年初增加7596.40亿元，同比增长9.60%；负债总额84223.68亿元，较年初增加7576.19亿元，同比增长9.88%。各项贷款余额59872.13亿元，同比增长14.60%，全年新增贷款7629.53亿元，同比多增1422.32亿元；各项存款余额67159.32亿元，同比增长7.9%，全年新增存款6621.87亿元，同比多增2175.51亿元。

【服务实体经济】 全面落实中央支持湖北“一揽子”政策，充分发挥金融逆周期调节作用，加大信贷投放力度，降低综合融资成本，帮助市场主体纾困解难，有力地支持了湖北经济社会发展、疫情防控和疫后重建工作。全年超额完成了6800亿元新增贷款目标，累计为企业实施延期还本付息超3600亿元，累计减免利息和手续费超36亿元。

保障重点领域金融需求。围绕“一带一路”、长江经济带等国家重大发展战略和湖北“一主引领、两翼驱动、全域协同”区域发展布局，大力支持重点项目和重大工程建设，加大对先进制造业、战略性新兴产业等领域的信贷投放力度。截至2020年末，全省基础设施建设贷款余额超过1.4万亿元；制造业贷款余额同比增速高于全国11.77个百分点。做好产业链协同复工复产金融服务，全省银行机构为产业链核心企业提供总体用信支持超过1.2万亿元，为产业链上下游企业提供融资支持超过4000亿元。

支持小微企业发展。加大小微企业信贷投放力度，提高审批效率。截至2020年末，全省银行业国标口径小微企业贷款余额1.48万亿元，较年初增加1688.9亿元；贷款户数78.66万户，较年初增加15.84万户。各银行机构单列普惠小微企业信贷计划完成率超150%。截至2020年末，全省普惠型小微企业贷款同比增长26.9%，大幅超出各项贷款平均增速，普惠小微企业贷款平均利率较年初下降超1个百分点。深入开展“百行进万企”融资对接工作，对接企业超过18万户。“银税互动”业务由线下服务向线上服务升级，受惠企业覆盖面居全国前列。截至2020年末，全省“银税互动”小

从 2020 年 11 月 28 日起，中国人民银行授权参加存款保险的湖北省金融机构启用存款保险标识

微企业贷款余额 312.86 亿元，较年初增加 134.25 亿元；贷款户数 3.98 万户，较年初增加 1.37 万户。小微企业“无还本续贷”贷款余额 271.18 亿元，较年初增长 23.98%。

推进“三农”金融服务和精准扶贫。截至 2020 年末，全省涉农贷款余额 1.43 万亿元，同比增长 12.39%，增速高于全国平均水平 1.69 个百分点。推进扶贫小额信贷落实，截至 2020 年末，全省扶贫小额贷款累计发放达 280 亿元；通过执行延期还本、展期、续贷和调整还款计划等方式，支持扶贫小额贷款超过 45 亿元，惠及建档立卡贫困户超过 10 万户。聚焦辖内 9 个深度，增加金融供给，截至 2020 年末，9 个深度贫困县贷款余额比年初增加近 150 亿元，实现深度贫困县各项贷款总体增速高于全省各项贷款增速目标。

【银行业风险防控】 加强防控信用风险。截至 2020 年末，全省银行业不良贷款率 1.64%，低于全国平均水平 0.3 个百分点。做实资产质量，严格压降逾贷比至 100%以下。建立新发放贷款质量监测机制，严控新增不良，加强金融机构大额风险监测和防控。健全债委会运行机制，维护金融机构债权，帮助重点企业集团化险纾困。加强信用风险前瞻性防控，加大拨备计提力度，全省银行业拨备覆盖率 174.78%，风险抵补能力增强。辖内银行业灵活采取重组、转让、核销、清收等方式处置不良贷款，推动不良资产处置。

防范化解法人机构风险。开展风险排查，进一步摸清信用风险底数。遵循“一行一策”原则，召开专题会议，下发风险提示书，实地协调地方政府履行风险处置责任；商请地方法院“一案一审”，提高司法处置呆坏账效率，合力攻坚化险。提升流动性风险管理能力，定期召开加强流动性风险管理座谈会，预测、研判流动性风险状况，调整资产负债结构，丰富管理工具，提升管理能力。按季开展流动性压力测试和半年一次应急演练，查找流动性日常管理和应急管理中薄弱环节，全面提升管理能力。全省银行业中小法人机构流动性比例 89.37%，同比提高 1.55 个百分点。引导辖内法人银行从审慎、长远发展考虑，加大利润留存，进一步加大内源性资本补充力度；支持银行多渠道补充资本。推动银行机构存量理财及资产整改，信托公司超额完成融资类和通道类信托业务压降任务。

妥善处置重点领域风险。坚持遏制地方政府隐性债务增量，稳妥处置存量隐性债务风险。严格落实“房住不炒”“一城一策”要求，监测全省及武汉市房地产市场融资情况。加强网贷借贷风险专项整治，4 月末，全省纳入专项整治 147 家网贷机构全部清退，提前完成了专项整治阶段性目标，成为全国第 16 个公告机构出清的省份。在营法人网贷机构全部清退后，坚持整治工作力度不放松，迅速调研摸清停业机构风险底数，明确所有机构的后续处置路径和存量机构后续处置责任。

开展市场乱象整治。以落实疫情防控和支持企业复产复工政策为核心，以整治市场乱象“回头看”为主线，严格落实机构和责任人“双罚”。持续开展对非法使用“银行”名义违法吸收公众存款、违法发放贷款的排查和处置力度，规范经营行为，加强内控管理，防止从业人员违规参与各类集资活动，开展账户、信息监测，及时发现和报告异常交易。持续保持案防高压态势；开展打击非法集资、防范“非法校园贷”宣传教育。

【银行业改革创新】 完善公司治理机制。健全“三会一层”组织架构，整改高管缺位等问题。落实“三会一层”管理责任，开展董监高履职评估，强调董事会对重大关联交易的审核责任以及监事会的监督责任，落实薪酬延期支付制度。严格进行公司治理评估，将公司治理评估与股东股权和关联交易专项排查、案防评估、现场检查等工作相结合，推动改进薄弱环节，完善制度流程，严防利益输送。

深化管理体制改革。积极做好省政府的参谋助手和省政府与银保监会之间的桥梁，协助配合制定改革方案和后续实施，及时报告沟通工作进展和重要情况。推动初步形成了地方政府专项债、农信社稳定发展基金、流动性互助基金、省联社帮扶资金、市县政府支持资产等“五位一体”的制度安排。按照“强化行政管理、强化服务职能”的原则，制定了改革后机构履职的 12 项“正面清单”和 8 项

"负面清单"，推动理顺管理体制、厘清职责边界。

推动业务创新发展。各银行业机构改变服务理念和经营方式，深化投贷联动和全周期金融服务，创新金融产品，通过"债权+股权"、"信贷+保险"、"表内+表外"等方式缓解初创期、成长期企业融资难题，推动科技金融纵深发展。贯彻落实习近平总书记"共抓大保护，不搞大开发"讲话精神，在业务经营管理中贯彻绿色信贷导向，为涉及绿色环保、生态农业、技术改造、产业升级的企业或项目开辟绿色审批通道。开展淘汰落后产能、"两高一剩"存量处置工作，将长江经济带发展中产能过剩项目和授信审批、资金拨付管理等有机结合。积极创新绿色金融模式及产品，满足区域内生态修复等资金需求。

（陈晓珞）

保险业

【概况】 2020年，全省共有各级保险公司4153家。其中，保险总公司4家，省级分公司79家（财产险公司35家、人身险公司44家），中心支公司523家，支公司1186家，营业部401家，营销服务部1953家，专属机构7家。全年新增1家财产险省级分公司（前海联合湖北分公司）、1家人身险省级分公司（平安健康湖北分公司）、7家中心支公司、59家支公司，减少9家营业部、98家营销服务部。另外，全省共有专业保险中介法人机构55家（与上年持平），保险中介分支机构1253家（新增31家），兼业代理持证机构367家（减少68家）。

2020年，全省保险业累计实现原保险保费收入（以下简称"保费收入"）1854.38亿元，中部排第2位，较上年同期持平，全国排第10位，较上年同期下降1位；保费收入同比增长7.28%，高于全国平均水平1.15个百分点，中部排第3位，较上年同期下降2位，全国排第12位，较上年同期下降9位。其中，财产险公司实现保费收入437.97亿元；保费收入同比下降4.56%，低于全国平均水平8.92个百分点。人身险公司实现保费收入1416.41亿元，保费收入同比增长11.56%。

2020年，全省车险保费收入275.56亿元，同比下降7.89%；家财险保费收入3.95亿元，同比增长6.43%；工程险保费收入7.03亿元，同比增长52.78%；责任险保费收入27.56亿元，同比增长16.51%；信用险保费收入3.11亿元，同比增长55.58%；船舶险保费收入1.45亿元，同比增长18.02%；农业险保费收入22亿元，同比增长33.83%；寿险保费收入1095.28亿元，同比增长12.34%；健康险保费收入346.7亿元，同比增长11.11%。

2020年，全省财产险公司非车险业务累计实现保费收入162.41亿元，同比增长1.67%，高于全省财产险公司总保费同比增速6.23个百分点；保费收入占财产险公司总保费的比重为37.08%，较上年同期上升2.27个百分点。人身险公司续期业务累计实现保费收入780.74亿元，同比增长11.99%，高于全省人身险公司总保费同比增速0.43个百分点；保费收入占人身险公司总保费的比重为55.12%，较上年同期上升0.21个百分点。人身险公司保户投资款和投连险独立账户本年新增交费264.39亿元，同比下降30.9%，占比15.73%，较上年同期下降7.43个百分点。

2020年，保险业渗透力持续增强，全省保险深度为4.27%，较上年提高0.5个百分点；保险密度为3210.91元/人，较上年增加294.48元/人。商业保险已深度融入到社会民生的各个方面，丰富了社会安全保障网的层次，保险补偿功能有效发挥，全年累计赔付支出520.25亿元，同比增长1.39%。其中，财产险公司赔款支出259.96亿元，同比增长2.05%；人身险公司赔付支出260.29亿元，同比增长0.74%。从重点险种看，企财险赔款支出7.7亿元，同比增长16.89%；家财险赔款支出1.69亿元，同比增长22.82%；信用险赔款支出3.08亿元，同比增长31.33%；保证险赔款支出21.59亿元，同比增长84.16%；农业险赔款支出14.22亿元，同比增长20.6%；健康险赔付支出125.46亿元，同比增长13.19%。

（陈晓珞）

证券业

【概况】 2020年，在中央支持湖北一揽子政策和资本市场注册制改革的双重利好下，湖北通过IPO新增上市公司8家，1家上市公司成功由B股转A股，上市成绩为近年最好。截至2020年底，湖北共有上市公司114家，上市公司数量位居全国第十一位。其中，主板公司69家，科创板4家，中小板17家，创业板24家。2020年，全省新增新三板挂牌公司5家，2家新三板挂牌公司晋级精选层并成功公开发行股份，均在全国首批行列。截至2020年底，湖北共有新三板挂牌公司294家，全国排名第七。区域性股权市场挂牌公司总数达到5594家，挂牌公司数量位居全国前列。

上市公司质量持续提升。2020年，湖北资本市场全面落实国务院《关于进一步提高上市公司质量的意见》，制定上市公司质量提升行动方案，上市公司董监高合规意识得到不断强化。利用湖北疫后经济恢复的政策窗口期和资本市场深化改革的机遇期，支持湖北上市公司通过绿色通道开展再融资、并购重组，以扩大主业，实现高质量发展。2020年，上市公司实现融资851.56亿元，股权融资424.84亿元，债权融资426.72亿元。其中，约64%的股权融资金额投入到计算机、通信和其他设备制造业以及医药制造业，进一步促进了湖北优势产业的发展；约50%的债券融资金额投入到金融行业，有力支持了湖北区域金融中心建设。

直接融资总额保持高位。2020年，湖北资本市场实现直接融资1962.32亿元，比上年下降8.71%，股权融资492.25亿元，比上年下降45.28%，债权融资 1470.07 亿元，比上年下降 18.45%。剔除政府债 446 亿元影响后，湖北企业从资本市场直接融资 1516.32 亿元，受益于资本市场支持政策，湖北企业交易所债券直接融资首次突破千亿元大关，达到 1024.07 亿元，比上年上升 34.49%。首发融资 58.18 亿元，比上年增长 98.91%；新三板实现融资 10.85 亿元，比上年上升 86.75%。区域性股权市场直接融资 56.56 亿元，与 2019 年持平。

【证券期货行业】 2020 年，全省新增 6 家证券分公司和 3 家期货分公司。截至 2020 年末，全省证券经营机构共有 448 家，其中，证券公司 2 家，证券营业部 377 家，证券分公司 59 家；证券投资咨询公司 1 家、分公司 9 家。截至 2020 年末，全省共有期货经营机构 67 家，其中 2 家期货公司，44 家期货营业部，21 家期货分公司。截至 2020 年末，全省证券账户数达到 1113.78 万户，期货账户数达到 25.92 万户，分别比上年增长 7.27% 和 19.26%。

证券法人机构发展稳中提质。截至 2020 年末，长江证券和天风证券两家证券公司总资产为 1268.14 亿元和 681.50 亿元，分别同比增长 22.44%和 39.15%。长江证券分类评价从 C 类 CCC 级重回 A 类 A 级，业务布局不断延伸；天风证券再次获得 A 类评级，成功收购恒泰证券股权，顺利完成配股融资，净资本较 2019 年末增加 30 亿元，资本实力持续增强。

法人机构盈利能力稳中向好。截至 2020 年末，2 家证券公司累计代理证券交易总额 15.4 万亿元，同比增长 34.38%，实现营业收入 97.67 亿元、净利润 25.51 亿元，同比分别增长 11.03%、29.29%。2 家期货公司实现手续费收入 4478.06 万元，实现净利润 1979.79 万元，分别同比增长 14.93% 和 91.23%。

【基金行业】 截至 2020 年底，湖北共有投资基金分公司 4 家；独立基金销售机构 2 家。已登记私募基金管理人 383 家，共管理备案私募基金 806 只，管理基金净值总规模 1752 亿元。私募基金管理人数量全国排名第十位。截至 2020 年末，已登记私募基金中，证券类 106 家（占比 27.68%），管理基金 330 只，管理基金净值规模 89.49 亿元；股权、创投类 272 家（占比 71.02%），管理基金 440 只，管理基金净值规模 1677.21 亿元；其他类 5 家（占比 1.31%），管理基金 36 只，管理基金净值规模 77.10 亿元；管理基金规模在 100 亿元以上的机构有 2 家，为湖北省长江经济带产业基金管理有限公司和湖北长江招银产业基金管理有限公司。

【防范化解风险】 股票质押风险持续压降。压实大股东主体责任，推动高比例质押大股东通过协议转让股份、司法拍卖、引入战略投资者、发债等方式降低质押比例，探索多种路径推动上市公司质押风险化解。截至 12 月底，辖区股票质押高比例公司数量由 8 家降至 4 家，较上年最高时的 20 家下降达 80%。

高风险上市公司数量持续减少。充分发挥省政府及相关部门、地市州政府、湖北证监局加上市公司的“3+1”风险防控协作机制作用，推动地方政府落实属地责任，截至 12 月底，辖区高风险、次高风险公司数量由 24 家降至 16 家，降幅为 33%。

债券违约风险及时化解。按照债券类别和回售时间，建立台账，加强监测，做好风险预警和政策指导。2020 年，完成 44 只债券风险排查，发现辖区 7 只债券存在违约风险，通过督促发行人落实偿债资金、压实受托管理人责任。

证券期货机构风险整体可控。强化疫中疫后流动性风险管控，推动长江证券、天风证券分别发行 100 亿元、70 亿元金融债补充资本。建立常态化风险跟踪机制，及时发现并督促辖区证券投资咨询机构股权代持问题。加快推进资管业务规范整改，截至 12 月底，辖区证券公司及其子公司已累计完成整改 136 只，规模合计 515.28 亿元，期货公司已于 2020 年全部完成整改。顺利推进新时代证券和国盛证券在湖北分支机构的托管工作。对 29 家私募机构、4 家新三板挂牌公司、武汉股权托管交易中心开展现场检查，跟踪推动存量风险化解，全年未新增重大风险。

【证券业支持疫后经济重振】 下发《关于切实做好疫情防控和保障平稳运营工作的通知》，部署相关工作。指导辖区证券期货机构制定开市预案及应急保障措施，确保 4 家证券期货公司如期顺利开市。督导证券期货机构采取非现场方式保障基本金融服务。及时更新上市公司复工复产台账，指导医药、公用事业、防疫物资生产类上市公司先期恢复生产。省内上市公司于 5 月初全面实现复工复产。7 月底向证监会报送《关于支持湖北疫后经济重振政策建议的报告》，提出“完善绿色通道制度、增加湖北企业直接融资业绩指标弹性、放宽再融资政策”等九条政策建议和五类请求支持项目，基本得到证监会的支持和采纳。加强对行业机构支持指导，推动长江证券、天风证券发行债券 172 亿元、240 亿元，补充流动性渡过难关，协调长江证券申请证券基金托管资格。推动设立湖北新旧动能转换 ETF 基金，加快湖北新旧动能转换、国有企业改革和资本市场建设。推动设立生猪期货交割库，提升企业风险管理能力，助力全省生猪产业链升级优化。积极推动上交所公益基金会 2020 年度“所局联动、携手扶贫”教育扶贫项目连续第四年落地利川，项目金额 100 万元。

（张诗琪）

交通运输和邮政业

公路水路运输

【概况】 截至2020年底，全省公路通车总里程289960公里，公路密度155.49公里/百平方公里。2020年，全省完成公路水路固定资产投资1016.4亿元。新增高速公路里程370公里。新改建农村公路28555公里。全省内河航道通航里程8667公里。改善三级及以上航道52公里，高等航道里程达2090公里。

疫情防控交通运输保障。2020年上半年，省交通运输厅作为省疫情防控指挥部交通保障专班牵头单位，统筹铁、水、公、空、邮、管和省公安交管等单位，履职尽责、统筹兼顾，制定交通运输专项政策12项，实施“多线管控合一”查验模式，设置“进鄂物资中转调运站”，完成上级临时交办的重要交通运输保障事项239件，做到应急物资保畅、专项运输保通、运输服务保优、包保社区保稳。

公路水路运输。2020年，全省完成公路客运量2.2亿人次、旅客周转量131.6亿人公里，比上年分别下降68.8%、66.4%；公路货运量11.4亿吨、货物周转量1639.9亿吨公里，比上年分别下降20.3%、27.7%。完成水路客运量232.9万人、旅客周转量10075.2万人公里，比上年分别下降63.1%、78.8%；水路货运量40713万吨，比上年增长3.8%，货物周转量2739.9亿吨公里，比上年下降6.9%。完成港口货物吞吐量3.8亿吨，比上年增长23.9%；集装箱吞吐量229万标箱，比上年增长9.8%。

运输服务保障。城市出行服务优化便捷度提升，微循环公交、定制公交等多元化个性化公交模式不断推出。全省新开通公交微循环500余条，定制公交700余条，定制公交车1500余辆。城市公共交通一卡通地级以上城市公交覆盖率、常住人口100万以上城市建成区公交站点500米覆盖率均达到100%。武汉完成国家公交都市创建目标，襄阳、宜昌成功入选第三批创建城市。多式联运加快发展，武汉阳逻港铁水联运示范工程通过验收，黄石等3个国家多式联运示范项目基本实现常态化运营。多式联运通道网络构建升级，阳逻国际港开出首单铁矿砂铁水联运业务；新开通日本—武汉—欧洲水铁联运国际中转新通道。农村物流畅通高效创新发展，农村三级物流节点体系基本建成，农村综合运输服务站433个。

安全应急管理。2020年，制定湖北省交通运输安全生产专项整治三年行动工作方案，细化任务清单77项。重点开展汽车客运站、旅游客运、危货运输等专项整治。组织开展公路水路自然灾害综合风险普查试点工作，3个试点县区审核质量通过率排列全国第一。“路路安”生命防护“455”工程建设提前超额完成目标，路网安全通畅保障水平显著提高。全省建成县区级养护应急中心50个，形成省市县三级公路交通应急物资储备基地网络体系。普通公路储备各类应急装备2720台套。

创新转型发展。着力实施“长江大保护”行动，长江干线共取缔各类码头1211个，汉江、清江共取缔各类码头（砂场、砂站）599个。武汉、宜昌水上化学品洗舱站基本建成。全省船舶污染物港口接收设施基本实现全覆盖、全衔接。大力推广清洁能源应用，纯电动公交车数量大幅增加，海川2号等LNG动力船舶投入运营。交通云数据中心投入使用，交通运输数据资源整合取得新进展，智慧交通“四

2020年，武汉高新大道与三环线互通及武广高铁线项目

2020年8月29日，荆州港李埠港区一期综合码头工程通过竣工验收

通工程”（行业通、部门通、区域通、社会通）列入省委新基建三年行动方案，电子巡航试点、电子航道图建设加快推进，道路运输四级协同系统上线运行。打造“互联网+”便捷交通，全省公交刷卡率接近50%，武汉市列入全国首批“智慧交通”示范城市。秭归长江公路大桥获国际桥梁大会(IBC)古斯塔夫斯·林德撒尔奖。

行业治理能力。平稳有序推进职能调整、人员安置等工作，湖北省公路、运输、港航3个事业发展中心机构明确为副厅级单位；完成6个高速公路管理处机构划转和7000余名相关人员信息移交工作。省交通运输厅建立“全面统筹的科学决策机制、规范有序的高效运行机制、务实细致的后勤保障机制、奖罚分明的落实问责机制”四大机制。制定优化交通运输营商环境措施16条。省级政务服务事项全部实现网上办理，均实现“最多跑一次”。44项便民服务事项对接“鄂汇办”。创新监管方式，加强信用监管，开展公路水运建设市场信用评价。

（甘惠萍）

【普通公路】 2020年，全省普通公路完成固定资产投资509.9亿元。建成一级公路677.1公里、二级公路1165.1公里，完成新改建农村公路28555公里。普通国省道二级以上公路总里程23387公里，由“十二五”的73%提升至85%。

干线公路建设。创新工作机制，采取统筹调度、分类督导、技术服务等多种方式加强重点项目督办。纳入省重大建设项目开工22个，已开工建设20个，完成路基324公里、路面165公里；集中开工项目75个，实质性开工项目59个，完成路基426公里、路面79公里。完成2019年度全省公路设计企业信用评价工作。对2019年度一、二级公路及独立桥隧建设项目的204家施工企业进行综合评价，对全省施工企业进行信用评价，对全省国省干线公路建设项目开展质量安全服务专项整治亮剑行动，并公开通报、立查立改，市场秩序进一步规范。

“四好农村路”建设。2020年，新改建农村公路28555公里，其中完成农村公路提档升级工程19280公里，创建美丽农村路13812公里。开展农村公路管理养护体制改革试点创建，湖北省被列为省级试点，潜江市、丹江口市、宜都市、南漳县、钟祥市、红安县被列为县级试点。开展“四好农村路”示范乡镇创建，完成2019年度农村公路建设质量检测工作，开展农村公路危桥核查工作。组织全省“四好农村路”示范乡镇考评验收工作。新增“四好农村路”示范乡镇55个。“十三五”期间，创建全国示范县8个、省级示范县26个、示范乡镇100个。

养护服务管理。组织召开迎国评推进会，明确工作标准，落实责任分工，制定整改及督办项目清单。完成公路大修1011公里、中修1873公里，预防性养护全面加强，国省干线公路PQI值85.36，为“十三五”时期最好水平。建成公路服务设施75个，建成交通厕所51个，外观标志标识统一更新，养护基础管理工作规范统一、闭合完整。加强公路日常养护管理，及时分解2020年国省干线公路小修保养资金（包括考核资金1.5亿元）。组织开展公路日常养护管理评价工作，促进日常养护工作规范化、制度化、经常化。加大美丽公路经济带创建力度，建成美丽公路经济带3719公里，宜昌市“美丽宜道”、咸宁市“咸宁风景道”、十堰市“环库生态旅游公路”等形成规模效应。“十三五”期间，建成55个普通公路养护（应急）中心、236个标准化养护管理站、344个普通公路服务区及停车休息区，209国道十堰段“畅安舒美”示范公路创建工程获中国公路养护工程奖。

安全管理。全面启动并推进公路桥梁“三年消危”行动，完成17个市州上报的6509座（国省干线1535座、农村公路4974座）危旧桥梁改造项目核查及改造方式咨询工作，核定5289座（国省干线1083座、农村公路4206座）危旧桥梁纳入“三年消危行动”项目库。实施1244座，其中完工855座（含跨年度项目）、在建389座。启动公路隧道整治提质、公路桥梁安全防护和连续长陡下坡路段安全通行能力专项行动，完成公路安全防护工程15178公里、灾害整治工程224公里、隧道出入口整治179座。汛期，全省组织维修、抢通受损普通国省干线公路1096处、农村公路11170条。巩固推进治超联合执法常态化制度化和路域环境专项整治，检测货车217.42万辆，治理违法超限车辆3.1万辆，卸转货物66.09万吨。查处侵害公路违法行为3187起（违法超限运输除外），拆除违章建筑1365处，清理非公路标志20834块，清理公路堆积物20501处，清理占道经营8470处。

行业发展。普通公路发展“十四五”规划编制文本初步形成。提前布局研究“十四五”国省道项目，研究国道项目327个7340公里、省道项目830个15629公里、其他公路730个

9193公里。参与部省“十四五”项目库对接，梳理研究一级公路552个8839公里、二级公路项目930个17388公里。新组建的省公路事业发展中心挂牌成立，中心职能和内设机构建议方案修订完善上报省编办。

（姜元洪）

【高速公路】 2020年，全省高速公路完成固定资产投资372.39亿元。新增高速公路370公里，高速公路通车里程达7230公里。建成武汉市四环线北湖至建设段等12个项目（含宜昌白洋长江公路大桥、棋盘洲长江公路大桥等3座长江大桥），加快推进武汉至阳新高速公路黄石段、鄂州至咸宁高速公路等25个续建项目，新开工建设呼北高速公路宜都至鄂湘界段、张南高速公路宣恩至咸丰段等5个项目161公里。

疫情防控保障。迅速成立疫情防控应急领导小组，按照前期“内防扩散、外防输出”、后期“外防输入、内防反弹”总体要求，统筹抓好联防联控和应急运输保畅、统筹交通封控和民生服务保障、统筹疫情防控和行业复工复产、经济社会发展“三个统筹”，近7000人全程坚守在交通防控最前沿。积极配合卫健、公安等部门，全力做好站口封控、车辆消毒、人员测温、场所消杀、发热人员移送等各项工作。疫情紧急防控期间，消毒车辆551万余辆次、检测体温1169万余人次。协调相关部门落实“多线管控合一”和“一断三不断”“三不一优先”要求，各收费站开设防疫车辆“绿色通道”，实行24小时现场值守服务，各路政管理机构全程护送、无缝对接，重点保障“四类物资”“四类人员”应急运输，先后执行护送450余人次、697车次，累计保障238万辆防疫运输车辆、1626万吨防疫物资快进快出。

联网收费运营。全年完成通行费收入207.54亿元，按可比通行费计算（5月6日—12月31日），比上年增长3.42%。巩固深化取消省界收费站工作成果，组织修订标准化收费站建设指导意见和考评细则，完成主线收费站外里程清查核实，完善高速公路差异化收费政策，收费管理体系逐步更新升级。持续强化收费站保通保畅，督促各管理单位建立收费站分级分类监测机制，定期定时梳理排查拥堵缓行站点，对严重拥堵收费站单位负责人集中约谈督办，部分收费站常态化拥堵现象明显缓解。严格落实经营服务能力审查，武汉南四环、老谷高速等9个项目、444公里路段顺利并网开通。

养护管理。全年完成养护货币工程量24.56亿元，路网优良路率100%，PQI均值达95.08，较上年提高0.76。圆满完成“十三五”全国干线公路养护管理评价迎检工作。督促各路段落实“公路隧道提质升级”“公路桥梁防护能力提升”“连续长陡下坡整治”三大专项行动要求，累计投入1.26亿元，完成隧道提质升级333道294948延米、桥梁安防能力提升545座72634延米、长陡下坡整治10处。开展独柱墩桥梁抗倾覆评估及加固改造、跨江跨峡谷悬索桥（斜拉桥）等专项排查，加强“公跨铁”立交桥养护管理。实现路面技术状况检测全覆盖，完成273座桥梁、16座隧道技术状况抽检，部级挂牌督办的整改路段通过复核销号。

服务区服务质量。全年新建和改造“星级厕所”60座。新建“司机之家”8对，2019年建成的6对“司机之家”通过交通运输部验收。健全完善服务区“企业自检、行业巡检、第三方暗访检查”相结合的常态化检查考核体系。推行重点服务区、重大节假日驻点管理制度。《高速公路服务区服务设施规范》《高速公路服务区管理规范》列入省质量技术监督局2021年标准立项计划。

路政执法。修订全省高速公路入口称重检测工作实施方案。开展大件运输车辆违法通行专项整治行动，查处违法超限车辆1612辆，实施行政处罚29起、卸载120辆，责令补办超限许可98辆，入口货车超限率降至0.17%。进一步优化大件运输办理流程。开展路域环境治理“百日攻坚”专项行动，制止侵占路产路权违法行为183起。“四基四化”扎实推进，“一站两营房”收尾配套基本完成。结合疫情防控常态化新形势，创新“线上普法+线下送法”宣传新路径。武黄支队鄂东长江大桥桥下空间违建整治事件获2019年“湖北省十大法治事件”提名奖。

行业改革。高速公路运营体制改革按期实施，顺利完成高速公路收费养护人员划转移交。配合省交通运输厅推进高速公路行政职能回归过渡，进一步梳理规范行政许可、行政处罚、行政强制办理流程，做好日常行业监督。

安全管理。开展“安全生产月”“安全生产楚天行”等活动。启用高速公路安全问题隐患填报系统，排查整治重点隐患88处，完成治理81处。督导推进宜巴高速公路核桃树大桥、铜矿岭隧道病害处治，加强重大安全隐患整治跟踪问效。制定33类122项风险隐患排查表，有效处置山体滑坡等突发险情42起。

（胡永霞）

【运管物流】 2020年，全省站场建设完成投资67亿元。其中，客运站场建设完成投资9亿元、货运物流设施建设完成投资58亿元。建成恩施东升客运站、宜城市高速汽车客运站等四级以上客运站10个，孝感西客运换乘中心、南漳县汽车客运中心站等项目进入收尾阶段。建成大随通物流园、武汉捷利现代物流园、荆门通旺达物流园（一期）等货运物流项目9个。“十三五”期间，建成四级及以上等级汽车客运站60个、物流园区（中心）项目51个、贫困地区农村综合运输服务站61个。

疫情防控运输物流保障。疫情期间（2—6月），全省从139家道路客运企业抽调应急客车运力8975辆，从174家道路货运企业抽调应急货车运力1451辆，确保应急运力随用随调。确定184家汽车维修点，全力保障应急运输车辆“健康”行驶。截至6月18日，发送道路客运“点对点、一站式”包车1.62万趟次，运送返岗务工人员41万人次。5个中转调运站接转应急物资5300吨、未计重物资近20

万件。

道路运输领域改革。建立道路客运转型升级联系点，推进高质量发展。陆续上线定制客运线路20余条，累计订单超过10万单。湖北赤湾东方物流公司、武汉大道物流公司、荆州鑫泰达物流公司等3个甩挂运输试点项目通过验收。危货电子运单企业覆盖率100%。汽车维修电子健康档案系统推广延伸，全年上传维修记录220万余条、上传率近45%，出具汽车维修竣工出厂合格证45万余张。在宜昌市试点基础上，14个市州推广使用交通运输部货运驾驶员免费网络继续教育平台。

城市公共交通发展。全省初步形成以轨道交通、快速公交、常规公交为主体，出租汽车等其他出行方式为补充的城市公共交通体系。所有地级以上城市、省直管城市和部分县（市、区）实现交通一卡通互联互通全覆盖。10余个城市实现城市公交车辆纯电动化，城市公交和网约出租车电动化比例不断提升。网络预约出租汽车稳步发展，56家平台公司、3万余台车辆、8万余人取得相关运营资格。巡游出租汽车经营权有偿使用费全面取消。

行业新型监管。组织开展道路运输“三大专项整治”行动，规范接驳运输行为。全省具备“三检合一”功能的检测检验机构达到175家，实现省内异地检测。全省3555家二类以上维修企业全部安装对接汽车维修电子健康档案系统。加强与交管等部门数据共享，配合文旅部门开展旅游行业安全暗访。全年派出暗访组8组，暗访运输企业33家，发现问题隐患54处，已全部整改。2020年，全省运用五种形态实施闭环处理，“两客一危”车辆驾驶员接受批评教育20624人次，经济处罚4256人次，停班学习478人次，辞退开除26人，联合惩戒3人；对“两客一危”企业通报253起，约谈48起，整改614起，处罚12起。未发生重大及以上安全责任事故。

（罗丽萍）

【港航海事】 2020年，全省内河航道通航总里程8666.9公里，港口38个，渡口1531处。全省港航建设完成投资66.7亿元，新增港口吞吐能力4600余万吨，改善三级以上高等级航道52公里。新增航运企业7家。完成港口集装箱吞吐量229.3万标箱、汽车滚装量90.5万辆，其中武汉港完成港口集装箱吞吐量196.2万标箱、商品汽车滚装79.7万辆。

疫情防控运输保障。疫情封控期间，协调解决武钢、中韩石化原料供应和产成品运输、省市重点养殖企业饲料“断粮”等燃眉之急，保障方舱医院建筑钢材、重点生产生活物资抵港转运。疫情期间转运各类物资1044万吨，集装箱8万标箱，防疫物资近3万吨。

港航建设。2020年全省共有12个港口项目建成。陆水二期航道整治工程基本完工。雅口航运枢纽主体一期土建工程完工，在进行二期工程建设，船闸试运行；孤山航电枢纽3台机组并网发电，在进行二期施工。江陵港区兴润综合码头改扩建工程、荆州港松滋港区车阳河综合码头二期工程、荆州港郝穴港区荆州煤炭铁水联运储配基地一期工程5#—6#泊位、宜昌白洋二期工程等港口项目建成。

长江大保护。2020年对再清查再整治中发现的22个码头全部拆除完毕；完成8个码头港口岸线手续补办申报；宜昌港、黄石港、钟祥港规划修编完成并获批。交通运输部19个岸电建设任务全部完成。全省设置固定污染物接收设施3724个，移动接收设施144艘（辆）。武汉、宜昌2座水上化学品洗舱站建成运营。宜昌、鄂州2个LNG码头开工建设。港口自身环保设施整改达标并取得明显成效。

水运转型升级。武汉阳逻港铁水联运二期工程开建。武汉开通“孝感—东北”铁水联运专列。花山港首次承揽纸浆“散改集”“铁水联运”业务。华中最大的煤炭铁水联运项目——荆州煤储基地开港试运营。武汉至日本集装箱江海直航航线疫后迅速复航，并实现班轮化运转。“日本—武汉—欧洲”集装箱铁水联运国际中转新通道开通。武汉至徐州、至淮安2条集装箱班轮航线相继开通。1300客位新能源纯电动游轮开建。国内首艘300客位全电动长江游船“君旅号”首航。1140标箱江海直达集装箱示范船——湖北造“汉海5号”试航。汉江流域最大的集装箱船——阳光66号集装箱船首航。武汉航运交易所完成交易额75.9亿元，比上年增长4.26%；新增铁矿石运输综合运价、长江煤炭运输综合运价2项航运指数，发布国内首个长江（内河）航运标准合同。

水上安全监管。开展水路交通安全大检查、水路交通危险品存储和运输安全检查、长期逃避海事监管船舶检查等各类专项行动，摸排船舶状态8330艘，查改隐患118个。印发《港口危险货物安全“十条规定”警示函》，开展港口危货安全“专家会诊”，对武汉、黄冈、荆州、仙桃、潜江、黄石、鄂州、宜昌8个地区的26个危险货物港口企业（含1个租用码头企业）、5个水路危险货物运输企业、9个港口行政管理部门开展安全整治专项检查，查处各类问题293个。特大洪水期间，全力保障长江、汉江危化品油库码头、荆州螺山船闸等关键点位汛期安全。开展安全生产宣讲活动、事故警示教育活动、渡工免费安全培训活动等。加快推进巡航救助一体化建设，推进建设应急搜救指挥船1艘、趸船11艘、工作艇15艘。

船舶船员和船检管理。2020年，全省检验登记船舶8837艘，503.9万总吨，172.8万千瓦；新建（改建）船舶审图402套，检验船舶7632艘次、617.8万总吨。其中，建造检验538艘次、55.1万总吨，比上年分别增长25%和39%；营运检验7094艘次、562.7万总吨，比上年分别下降4%和9%，主要是受新冠肺炎疫情影响、部分船东停运不报检；船用产品检验6265件(台)，件数为上年的3.8倍。组织船员培训37期1155人、船员考试29期1208人、船检培训3期371人。聘请第三方专业技术机构对市州船检机构船舶审图和建造检验质量进行监督抽查，提升船检履职能力。

（宋华财）

铁路运输

【概况】 2020年，中国铁路武汉局集团有限公司聚焦交通强国、铁路先行，围绕“五个确保、五个见实效”目标任务，取得了好于预期的成效。坚决把疫情防控作为首要政治任务，全力维护铁路大动脉安全畅通，科学精准抓好铁路站车防疫，为武汉保卫战、湖北保卫战取得决定性成果作出了贡献。坚持以市场为导向，动态调整客运能力供给，深入实施货运增量行动。落实党中央“六稳”“六保”决策部署，对接湖北疫后重振十大工程，按照保开通、保在建、保开工的顺序，安全优质、科学有序推进铁路建设，宜万线新建高坪站、仙桃城际开通运营，浩吉引入襄阳北联络线等34个项目建成投产，沿江高铁武汉至宜昌段、西安至十堰高铁等5个重大项目开工建设，发挥了铁路建设投资在湖北疫后重振中的拉动作用。

抗击新冠肺炎疫情。2020年，顺利完成确保铁路运输安全畅通、打赢铁路疫情防控阻击战、抓好职工卫生防疫三大目标任务。第一时间响应党中央关于武汉封城、全面管控人员外流的决策，关闭105个客站，停运407列图定始发列车。抗疫湖北保卫战、武汉保卫战期间，统筹运力安排，抢运援鄂医护人员1.2万人次、防疫物资7.5万吨；为10支援鄂医疗队、1073名医护人员提供食宿服务；抓好站车防疫和铁路通道管控，协助排查旅客列车182趟次、旅客20527名、铁路从业人员2012名；全力救治患病职工及家属，对确诊、疑似、发热、密接“四类”人员实行百分百集中收治和隔离观察；科学精准抓好内部防控，对15类主要行车工种实行集中管理，同步优化生产组织，划小作业单元，精简上岗人数，实现生产聚集性疫情“零发生”，全面阻断疫情借铁路的传播与扩散，确保了钢铁动脉畅通。全力抓好患病职工救治，做到“应收尽收、应治尽治”。发放防疫物资和药品637万件、生活物资1000多吨，投入375万元帮扶救助患病和困难职工1169户。先后有12个先进集体、34名先进个人获得省部级以上表彰，其中1个集体、2名个人受到国家表彰。

安全生产。坚持以高铁和旅客列车安全为核心，持续加强和改进安全工作。突出抓好安全管理标准化规范化。重新界定全员安全生产岗位职责，优化考核项点、量化任务和审批权限，每月考评公示，督导履职尽责。推进站段标准化规范化建设，建立起1个实施意见、10个专业实施方案制度体系。梳理发布现有管理制度873项，促进制度管理更加规范。沿线安全环境整治取得阶段性成果。巩固高铁安全环境治理成果，健全完善路地联动、综合治理长效工作机制，坚决防止问题反弹。全面排查整治普铁安全隐患，发现问题17668处，逐个督导整治，铁路红线范围内隐患问题全部整治完成。与鄂豫皖湘赣5省24个地市签订《安全环境综合治理工作备忘录》，促成湖北省建立新体制下护路联防管理机构，协调召开全省普铁安全隐患综合治理推进会议、全省铁路护路联防工作会议，路地联合整治沿线安全环境的工作格局进一步加强、工作合力进一步提升。全力打赢了防洪硬仗。有效应对14轮大范围的强降雨、3倍于常年的降雨量，排查整治防洪重点地段837处，科学处理水害330处。推进防洪三项基础建设，实施复旧、预抢、应急工程199处，安设险情报警告知牌6395处。强化集团公司应急指挥中心作用发挥，优化站段安全生产指挥中心功能，构建形成了“路局、站段、现场”三级应急处置组织体系。整合11个专业系统38项高铁应急预案，建成应急指挥中心与现场的图像传输系统，常态化开展跨专业多场景应急演练，应急处置能力得到有效提升。开展隧道隐患排查整治，完成549座683公里隧道敲击检查，发现衬砌空洞、渗漏水等问题11658处，已整治2123处。强化施工安全管控，梳理研判72项营业线、41项邻近营业线施工安全风险关键点，强化干部盯控和监督检查，对动基础施工一律提级盯控把关。升级施工信息管理系统，实现施工计划全流程管控、全要素监督。强化LKJ数据管理，分析研判数据提报、换装、发布等7项关键风险，

2020年12月12日，日本货物首乘中欧班列（武汉）前往欧洲

制定数据对规检查等5项长效卡控措施，确保数据完整准确。提升行车设备质量，每月开行动态检测车平推检查，每季实现普铁线路检查全覆盖，有效保障了行车设备质量。整合11个专业系统38项高铁应急预案，建成应急指挥中心与现场的图像传输系统，常态化开展跨专业多场景应急演练，应急处置能力得到有效提升。

客货运输。大力实施稳货补客，全面完成了年度调整经营目标。发挥地处全国路网中部区位优势，推进襄阳北、武汉北编组站扩能改造，强化站区联劳，服务保障能力进一步提升。襄阳北、武汉北编组站日最高办理列车分别达到29359车、24093车。优化枢纽运输方案，压缩天兴洲大桥滠武线动车组通过对数，调整武汉枢纽天窗设置，进一步释放武汉枢纽通道能力。抓住调图契机，优化客车开行线条，压缩武汉至广州、福州方向部分高铁旅途时间，开行标杆车4对，进一步便捷人民群众出行。实施普速线电子客票应用，组织开行汉口至北京西间高铁快运专列，取得了较好社会效益和经济效益。提升“慢火车”开行品质，联合地方政府推动车底升级。紧盯大宗货物运量兑现，保持与99家大客户常态对接，力保协议运量落地。支持地方企业复工复产，非常时期组织开行中欧班列、中亚汽车班列。走访管内2314家企业，增加运输金属矿石174万吨、粮食153.7万吨、化肥96.7万吨。协调鄂豫两省“公转铁”补贴，促成武汉市将铁水联运补贴由500元/TEU提高到750元/TEU。大力发展多式联运，积极扩大集装箱办理能力，建成大花岭、马庄两个二级物流基地，新开办明港、小林等34个集装箱办理点。开好铁水联运、铁海联运班列，铁水联运、敞顶箱运量分别增长42%、41%。2020年完成旅客发送量9044万人、超预期值1438万人，完成货物发送量8001万吨、超预期值69万吨，完成运输收入201亿元、超预期值20.5亿元。分界口保持畅通，周时同比压缩2.9%，货车旅速46.1公里/小时、同比提高10.6%。

经营管理。充分发挥全面预算管理对资源优化配置的指引作用，制定下发6大方面41条增收节支创效措施，积极消化疫情影响。在确保运输安全、满足生产组织的基础上，以恢复和提高原有设备设施性能和生产能力为目标，按照轻重缓急顺序，合理安排投资计划，累计压缩大修投资11.5亿元。坚持优化生产组织，结合运量变化实际，大力压减日常运营、机车运行、机辆检修、供水供电、业务外包等相关支出，全方位挖掘节支降耗空间和潜力。累计实现动车组及和谐机车检修节支3.5亿元、服务性外包节支1亿元、生产性外包节支1.45亿元。坚持从严从简、厉行节约原则，削减一切非必要、非急需、非刚性支出，间管费节支率达到13%、节支1.6亿元。积极开展物资清查和报废物资处置，实现销售收入1.31亿元、账外物资盘盈入库4.11亿元。优化物资库存结构，压减库存1.65亿元。用好用足湖北省系列优惠政策，取得社保减免、稳岗补贴、防疫专项补助、以工代训、开车补贴、税收减免等政策优惠15.1亿元，扩大直购电份额和需量法计费节支2.7亿元。实施经营业绩、经济责任、建设资金、工程造价、专项审计等71项审计，实现增收节支3124.8万元。全年完成运输营业收入611.6亿元、超考核指标139亿元；非运输业务收入87.3亿元，综合创效8.85亿元。

企业改革。健全党委会、董事会、总经理办公会重大事项决策机制。优化调整生产力布局和劳动力组织。调整武汉地区直属客运站布局，促使区域客运管理资源布局更加合理。实施车务系统岗位改革，修订技术规章、管理办法，顺利实施岗位职名合并。规范岗位定员标准，推进17项劳动组织改革，合计减员1226人。推进铁路资产资本化股权化证券化，所属金鹰重型工程机械有限公司完成了股份制改造，首次公开募股申请资料提交深圳证券交易所审查。支持沪汉蓉公司开展不动产投资信托基金试点，拓宽了盘活铁路存量资产、促进投资良性循环的渠道。2020年，获全国优秀质量管理小组2个，全国质量信得过班组2个，20项QC小组获全国铁道行业优秀质量小组。2020年共向铁道企协推荐现代化管理创新成果5项，其中获一等奖1个，二等奖2个，三等奖2个，获全国铁道行业企业文化建设成果二等奖1个。

铁路建设。加快湖北“4+2”等铁路重点项目推进，充分发挥铁路投资的拉动作用。完成基本建设投资165.5亿元、更改大修投资64.5亿元。新开工武汉北编组站四场、六场等项目36个，更改项目24个，投产涉铁项目28个。长江沿岸铁路集团股份有限公司落户武汉，湖北“4+2”重大铁路建设项目有序推进落实。其中，武汉东站普速场、宜万铁路新开高坪站、仙桃城际开通运营，郜营站改及襄郜联络线建设等重点施工顺利完成；郑万高铁湖北段、安庆至九江铁路湖北段、黄冈至黄梅铁路、新港江北铁路香炉山至黄州段、宜昌至郑万高铁联络线等项目加快推进；推动西安至十堰铁路、襄阳至常德铁路襄阳至荆门段、沿江高铁武汉至宜昌段、荆门至荆州铁路等建设项目的前期工作。

【首批湖北籍大学生搭乘高铁返京】 6月6日，101名湖北籍大学生和12名带队老师在武汉站搭乘G516次高速列车返京回校复课。该批返校复课的大学生全部来自北京大学，是湖北省恢复交通第一批返京返校的学生。

【国铁集团与湖北省举行会谈共商推进湖北铁路建设高质量发展】 6月12日上午，中国国家铁路集团有限公司董事长、党组书记陆东福和副总经理、党组成员李文新、黄民与湖北省委书记应勇，省委副书记、省长王晓东，省委常委、常务副省长黄楚平，省委常委、武汉市委书记王忠林，副省长曹广晶等在武汉举行会谈，共商推进湖北铁路建设高质量发展的措施。湖北省政府与国铁集团签署了相关合作框架协议和关于推进湖北铁路建设发展的会谈纪要。国铁集团将进一步加大对湖北复工复产和铁路项目规划建设的支持力度，充分考虑湖北经济社会发展的长期需求，持续完善路网规划，支持长江沿岸铁路集团落户武汉，统筹谋划江铁、公铁、空铁等多式联运，增强沿江大通道客货运能力，提升湖北“连接东西、辐射南北”地位，强化武汉交通枢纽功能，将湖北打造成为长江经济带重要枢纽。

【宜万铁路高坪站正式开通运营】 10月1日，宜万铁路高坪站正式开通运营。高坪站位于沪汉蓉通道之宜万铁路中段，东距巴东站26.9公里，西距建始站39公里，是宜万铁路开通运营十周年来增设的一个四等客运站，也是宜万铁路恩施州境内第5座车站，在该站乘车可直达武汉、恩施、利川、重庆、成都、南昌、郑州等地。车站按照50万人次的年吞吐量设计，辐射周边重庆、湖北两地，带动一小时车程范围内的2个国家4A级景区、3个国家3A级景区、3个特色小镇的旅游业发展，为巴东、建始、巫山三县12个乡镇60多万群众出行带来便利。

【高铁快运助力“双11”电商节】 11月11日6时，武汉站首趟装运着183件电商快件的高铁列车驶向昆明。集团公司联合中铁快运武汉分公司日均综合运用高铁载客动车组129列、有预留车厢的高铁载客动车组5列、高铁快件动车组1列、普速旅客列车行李车23列装运电商快件，总体运力资源投放创历年新高。从11月1日至12月28日，每天从汉口至北京西往返开行1对高铁货运专列。高铁动车组每天凌晨5时分别从汉口、北京西两站始发，当天10时后抵达目的地。

【长江沿岸铁路集团股份有限公司落户武汉】 12月20日上午，中国国家铁路集团有限公司董事长、党组书记陆东福和副总经理、党组成员郭竹学与湖北省委书记应勇，省委副书记、省长王晓东，省委常委、常务副省长黄楚平，省委常委、武汉市委书记王忠林，副省长曹广晶，武汉市市长周先旺等在武汉出席长江沿岸铁路集团股份有限公司揭牌暨沿江高铁武汉至宜昌段、西安至十堰高铁湖北段建设动员大会。陆东福与应勇共同为长江沿岸铁路集团股份有限公司揭牌。长江沿岸铁路集团股份有限公司由国家铁路集团与四川、重庆、湖北、安徽、江苏和上海等沿江6省市共同出资设立，总部设在武汉，负责统筹沿江高铁和铁路货运基础设施建设，以及资产经营管理、投融资改革等工作。长江铁路公司注册资本1346亿元，当前阶段拟建铁路项目里程2015公里，投资估算4614亿元。

【武仙城际铁路正式开通运营】 12月26日10时50分，D5202次动车从仙桃站首发开往武汉站，武汉至仙桃城际铁路正式开通。武仙城际铁路是湖北省继武汉至咸宁、武汉至黄石、武汉至黄冈、武汉至孝感等四条城际铁路开通运营后的第五条城际铁路。武仙城际铁路于2018年10月全线开工，2020年6月底建设完工。该条线路自汉宜铁路汉川站至天门南站间的大福村接轨引至仙桃站，新修路段近17公里，共用汉宜铁路71公里，从仙桃到汉口全程88公里，标准等级为双线城际铁路，设计行车速度200公里/小时，也是全国首条采用EPC模式建设的城际铁路。

航空运输

【概况】 2020年，湖北机场集团稳妥有力推进复工复产，1月武汉机场新版总规获批，3月2日，下辖恩施机场、襄阳机场顺利复航，4月8日武汉机场、神农架机场顺利复航，至此，湖北机场集团下辖干支机场全部完成复航。9月，武汉机场国内客流全面恢复，首条国际航线复航，货邮吞吐量实现正增长。

2020年，武汉机场完成旅客吞吐量1280.2万人次、货邮吞吐量18.94万吨、航班起降11.12万架次，分别为上年的47.2%、77.9%、55.0%。恩施机场全年完成旅客吞吐量93.3万人次，货邮吞吐量594吨，运输起降8667架次，分别为上年的65.38%、36.44%、77.39%。襄阳机场全年完成旅客吞吐量121.5万人次、货邮吞吐量2849.3吨、运输起降13501架次，分别为上年的63.95%、100.02%、73.95%。神农架机场全年共完成旅客吞吐量16476人次，运输起降348架次，分别为上年的37.07%、38.75%。

【航线网络恢复运营】 截至2020年底，在汉运营航空公司41家，执管在汉运力73架。武汉机场国内客运于9月11日恢复至上年同期水平；9月16日起，陆续恢复/新开武汉到西昌、博乐、舟山、衢州等国内客运航线，以及首尔、新加坡、澳门和伊斯兰堡等国际及地区定期客运航线。同时，武汉机场抢抓医疗物资出口机遇，大力开发“客改货”、全货机业务，二季度货运量已恢复至疫前水平，全年新开10条国际及地区定期货运航线，开通36个国际“客改货”航点，连通全球五大洲，充分发挥了机场开放平台、空中通道、服务窗口和辐射带动作用。全年恢复及新开国内外航点98个，国内外航线147条。恩施机场执行航线17条、航点21个，襄阳机场航线执行23条、航点31个，神农架机场执行航线2条、航点6个，基本覆盖国内主要省会城市。荆州机场于2020年底建成投用，2021年1月正式开航，并开通直飞上海、广州、深圳、海口、成都、杭州、西安、贵阳等地航线。

【重大项目建设】 新建荆州机场，总投资约12.98亿元，拥有1条2600米Ч45米跑道，1条垂直联络道，6个机位站坪，1座13800平方米航站楼，顺利于12月30日通过竣工验收。通航后，东连吴越、南及潇湘、西通巴蜀、北驰中原，成为长江经济带航空运输的重要节点，具有重要的战略枢纽地位。新建国际货物出港货运库（C4国际库），总投资约1.7亿元，占地3万平方米，于12月8日通过竣工验

2020 年 4 月 8 日，天河机场复航后首架国际商业货运航班起飞

收。投用后，实现进出口货物分流，有效防控货物混流带来的疫情传播风险，提高安全裕度和工作效率，货物处理能力预计可达 24 万吨/年。新建武汉机场航空物流服务中心，总投资 1.5 亿元，占地 3 万平方米，于 12 月 28 日通过竣工验收。投用后，办公区已收悉 36 家企业办公用房入驻申请，将为 2030 年武汉机场航空货运量 80 万吨发展提供“一站式”服务。

【产业发展】 以武汉机场航空物流作为产业布局转型升级的突破点，加快提升航空物流综合保障能力和临空经济带动能力。积极开通客改货及临时包机，满足市场需求，全年共计执飞客改货及临时货运包机 471 架次，运输货量近 7300 吨；新增国际货运航班机组核酸检测、住宿隔离等服务，累计保障 236 架次 1574 人次；大力发展跨境电商，新增国际快件及跨境电商 9710、9810 业务，全年保障全货机航班近 5000 架次，同比增长 126.9%；进出口货物总量达 936 万票，同比增长近 5 倍，实现货值 4.1 亿元。启用肉类口岸，并进境首批澳大利亚羊肉 36.8 吨；重启进境食用水生动物业务并实现常态化运营，运送马尼拉进口鲜活鳝鱼 728.2 吨；推进国内—国际空空中转业务，新增昆明—武汉—马尼拉鲜花中转服务，保障鲜花产品 101.5 吨；启动京东陆转航业务，初步开通杭州、成都两条线路，累计保障京东快件 11305 件 66.4 吨。

（张巍匀）

邮　政

【概况】 2020 年，全省邮政快递业实现逆势增长，全年业务总量和业务收入分别完成 471.77 亿元和 276.41 亿元，比上年增长 2.89%和 1.42%；我省快递业务量和业务收入分别完成 17.85 亿件和 178.69 亿元，比上年分别增长 5.94%和 2.76%。服务 50 亿以上人次，支撑网上零售额超过 1500 亿元。服务满意度不断提高，行业运行平稳顺畅，没有发生安全生产事故，绿色发展水平持续提升，在经济社会发展中的作用不断增强。

【疫情防控与疫后经济重振】 全省邮政、快递企业承运、寄递疫情防控物资累计运输疫情防控物资 31.15 万吨、发运车辆 8.04 万辆次，其中全省的口罩主要由邮政、快递企业运递。省疫情防控指挥部出台了《关于保障邮政快递基本服务运行的通知》，督导邮政快递企业严格落实防护措施。疫情期间，全省行业累计收寄邮件、快件 8010 万件，投递邮件、快件 1.29 亿件。10 月，全省快递业务量实现 2020 年以来累计同比增长率首次转负为正，11 月，全省邮政业、快递业累计业务量、收均实现正增长。积极推动疫情期间各项惠企政策落到实处，累计助力企业减税降费 3.47 亿元，获就业补贴 506 万元，获其他资金支持 733 万元。

【行业人才队伍建设】 联合省人社厅出台了《湖北省工程系列快递工程专业技术职务任职资格申报评审条件(试行)》《关于加强快递从业人员职业技能提升工作的通知》，完成了 2020 年快递工程专业职称认定工作；累计培训快递小哥 8182 人次，争取政府专项补贴资金 147.9 万元。大力推进关心关爱快递小哥工作，全省行业组织关爱慰问活动 228 场，设立爱心驿站等各类服务阵地 624 处。

【邮政服务创新】 积极推进商邮协同发展，与省商务厅、省邮政公司签订三方协议，不断拓宽业务领域。推动省邮政分公司分别与顺丰、京东、中通、圆通、申通、韵达、百世、极兔等 8 家主要品牌快递企业签署合作协议，目前邮快合作已覆盖我省 51 个县(区)、167 个乡镇、634 个建制村，累计代投快件到村 104 万件，代收快件 3.4 万件。拓宽和深化政务服务，警邮、税邮、政邮合作在全省市级层面实现 100%全覆盖的基础上，逐步往区县延伸。持续推进邮政综合服务平台建设，区县覆盖率 74%，政邮合作累计覆盖区县数量 76 个，区县覆盖率 72%，实现与省级政务系统全对接、市级政务大厅全覆盖。税邮合作网点区县覆盖率 90%。

【推进“快递进村、快递进厂、快递出海”工程】 推动将“快递进村”写入省政府工作报告，印发全省“快递进村”三年行动方案，推广交邮、交快、快快、快商、快电等合作模式，在快递“乡乡有网点”的基础上，快递服

中通快递鄂西北分拣结算中心（襄阳樊城）

务进村达到77.48%。形成快递服务现代农业金牌项目3个，农村地区收投快件4.78亿件。推进“快递进厂”，全省“快递进厂”服务制造业带动快递业务量2.96亿件，带动快递业务收入8.45亿元，支撑全省纺织、造纸、印刷、汽车、食品、计算机等制造业产值达148亿元，支撑服务安琪酵母、汉川童车、东风汽车、全棉时代、杰士邦等一系列制造业知名品牌。推动“快递出海”，中欧班列（武汉）首次测试运邮，为全省国际邮件陆路运输通道迈出坚实一步；加快建成武汉天河机场国际快件监管中心，提升了跨境电商快件时效。

【基础设施建设】 2020年，积极落实西部和农村地区局所改造项目和省财政补助资金2000万元的农村邮政普遍服务项目，改造农村网点、投递处理场地137处，购置电动三轮车、投递及邮运车辆756台。全省累计布放智能快件箱1.38万组，建成城市末端公共服务站点3736个。湖北国际物流核心枢纽等重大基础设施取得关键进展。

【行业绿色发展】 湖北邮政快递业实施“9791”工程，联合省发改委、经济和信息化厅、生态环境厅、住房和城乡建设厅、商务厅、市场监管局等部门共同推动快递包装绿色治理。联合省住建厅发布“绿色快递、人人有为”倡议书。全省45毫米以下“瘦身胶带”封装比例达到95%、电商快件不再二次包装率81%、可循环中转袋使用率72%、累计新增429个设置标准包装废弃物回收装置的邮政快递网点。

【邮政扶贫】 2020年，全省邮政快递业助力脐橙、蕲艾、莲藕、小龙虾等43个名优农产品外销，带动快递业务量近6000万件，形成快递业务收入5.5亿元，带动农业产值100亿元，直接、间接带动就业人数14万人；45个“一市一品”精品项目实现农产品销售额3.65亿元，邮政企业直接采购25个品种农产品1509吨，采购金额1850万元。积极开展消费扶贫，2020年全省邮政管理部门及组织邮政快递企业直接购买贫困地区农产品金额达839万元。

（乔　杨）

信息业

网络安全

【网络安全防控】 全省网络安全应急处置工作机制进一步健全完善，关键信息基础设施保护能力强化提升，重点提升政府部门、医疗机构网站和健康码的防护协同应急处置能力。加强网络安全态势感知，会同有关部门开展网络安全隐患排查和攻防演练，做好网络安全监测预警和通报处置等工作，疫情期间，对政府、医疗卫生、新闻等3000多个重点网站和关键信息基础设施进行检测，发现并督促整改各类网络安全漏洞3702个，组织技术力量成功抵御法轮功等境外反动组织网络攻击1580次。全年未发生重大网络安全事件，网络空间总体安全平稳。

【国家网安基地建设】 省委省政府高度重视国家网安基地建设，成立省网安基地建设工作领导小组并召开第一次会议。3月26日，省委书记应勇到网安基地调研指导，强调"要做实网络安全基地平台，大力培养网络安全人才，吸引相关企业落户。"基地各方面发展进一步提速。武汉大学、华中科技大学网安学院顺利开学，1400余名师生入驻基地。面向社会开展网络安全、政策法规和技术培训，累计培训5万余人。举办基地推介招商活动，签约项目资金达78.5亿元。网络安全产业不断壮大，截至2020年底基地注册企业114家，签约项目62个，总投资额1437亿元，国内网络安全50强企业近半落户基地。成功举办网络安全人才培养高峰论坛、"黄鹤杯"峰会、网安大讲堂系列活动，基地影响进一步扩大。

【网络安全宣传】 2020年湖北省国家网络安全宣传周期间，全省共开展各类网络安全活动200余场，100多万群众参与和体验，3000万人次观看网络安全科普电影和视频。省委常委、时任襄阳市委书记李乐成，省委常委、省委宣传部部长许正中出席国家网络安全宣传周活动。举办了第十三届全国大学生信息安全竞赛、第五届全省网络空间安全实践能力大赛等活动，全社会网络安全意识进一步增强。

信息化建设

【网络基础设施建设】 网络强省推进力度进一步加大。2020年，湖北全面布局"智慧湖北"和"光网城市"建设工程，加快推进4G深度覆盖、5G网络部署、IPv6部署建设，制定推进北斗卫星导航系统应用、促进区块链技术应用和产业生态健康有序发展。截至2020年11月底，全省互联网宽带接入端口数量达到3197.2万个，同比增长5%，高于全国1.8个百分点；全省新增5G宏基站19897个，累计建成5G宏基站26972个，超额完成今年1.9万个建设目标。全省城区、县城、乡镇4G覆盖率达到100%。

提升工业互联网顶级节点汇聚能力。建成了全国第一批400G互联带宽的武汉国家级互联网骨干直联点,上线工业互联网标识解析国家顶级节点(武汉)。顶级节点标识注册量达到19.7亿个，平均日解析量18万次，在全国五大顶级节点中排名第3。依托顶级节点优势，建设13个行业级、区域级二级节点。部署43个企业节点，涉及汽车、光通信、新能源、装备制造等重点行业。

争取国家部委9.1亿元工业互联网创新发展项目落户湖北。秭归县等4个县（市、区）被中央网信办确定为国家级数字乡村建设试点；推进全省区块链公共服务基础设施建设布局，湖北成为继浙江、北京、福建后，第4个官宣启动区块链服务网络（BSN）主干网建设的省份；襄阳、宜昌作为湖北首批试点城市，正式启动区块链服务网络（BSN）政务专网建设。

【数字政府建设】 推进数字政府建设，出台《湖北省数字政府建设总体规划（2020－2022年）》，推动《湖北省政务数据资源应用管理办法》立法，加快政务云、大数据能力平台建设管理。推动政务外网覆盖"省市县乡村"五级，横向接入111家省直单位，纵向接入17个市州，120个区县，1477个乡镇（街道）、27118个村（社区）。构建统一身份认证、电子证照、电子印章、智能终端，实现"一窗通办"。2020年9月上线运行全省统一受理平台，实现省级事项办理1892个，上线比例88.7%。全省48个省直部门的167个政务服务系统，共打通132个系统，打通比例79.5%。构建实现全省市县乡村事项"五级48同"；通过业务流程再造，数据共享、材料共享共用实现窗口无差别跨域受理，多事项联审联批，达到"一事联办"、"跨省通办"。

电子证照数据资源丰富完善，汇聚2.2亿证照数据，覆盖国家证照类型402类，省级证照类型450类。签章证照覆盖类型253类，按证照工程标准制作49类。14类应用可跨省跨地区调用，配置了138个跨省事项对应的证照材料清单，实现其中8类证照的跨省应用减材料支撑。对外发布证照应用服务2000万次，其中省内1600万次，省外400万次。

数字抗疫成效显著。省大数据能力平台支向国家共享健康码及核酸检测数据1.8亿条，覆盖全省全部发码人员，实现与全国31个省、直辖市、自治区数据互通，实现与河南、安徽等20余个省、市、自治区健康码互认，截至2020年底，共发放健康码5100余万个，累计扫码4.5亿余条。

【数字经济发展】 打造数字经济发展新引擎，聚焦数字经济新业态，非接触经济、区块链基础设施等领域。建成国内首个数字经济监测平台，六维度动态展示湖北5G、工业互联网、企业上云、两化融合、区块链、大数据等行业分布、区域分布、全国排名等信息，为领导决策提供可视化数据服务。出台"数字经济13条"政策措施和实施细则，省财政每年拿出近1.4亿元资金对数字经济发展进行奖补。印发《湖北省新一代人工智能发展总体规划（2020—2030年）》，推进人工智能与湖北经济社会发展深度融合，构建人工智能创新生态体系。印发《关于加快实施"上云用数赋智"促进新经济发展的行动计划（2020－2022年）》，推动互联网、大数据、人工智能和实体经济深度融合。组织召开数字经济宣贯会，遴选发布137家工业互联网服务资源池名单。推进工业技术软件化开源社区改版升级，800多项服务资源入库，180万行开源软件代码免费共享。举办全国信创产业千人大会和成果展，创建国家级信息技术应用创新"两基地一中心"，推动信创适配基地落户湖北。

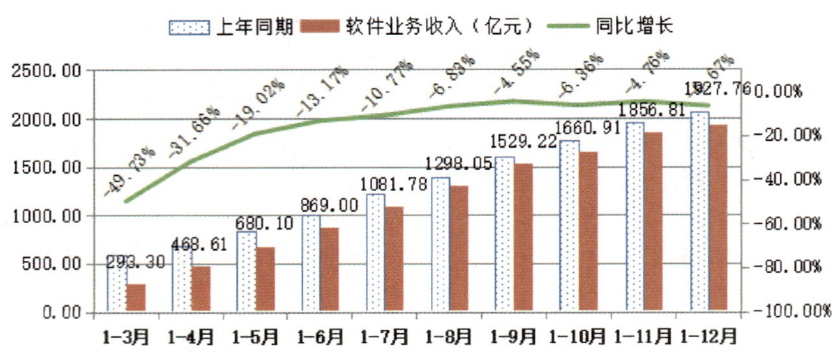

图4—10　湖北省2020年软件业务收入逐月统计图

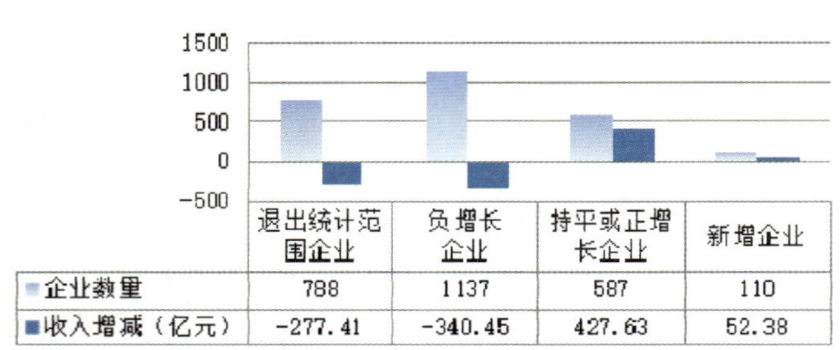

	退出统计范围企业	负增长企业	持平或正增长企业	新增企业
企业数量	788	1137	587	110
收入增减（亿元）	-277.41	-340.45	427.63	52.38

图4—11　软件业务收入增减形势对比

筹办首届中国5G+工业互联网大会，助力湖北疫后重振和经济社会发展。开幕式上，习近平总书记专门发来贺信、国务院副总理刘鹤宣读贺信并讲话。200余名院士、顶级专家作主旨演讲，16个重量级产业项目签约落户，总金额189.22亿元。成功引进中国信息通信研究院中部基地、中国工业互联网研究院湖北分院和国家工业大数据中心湖北分中心等三家“国家队”研发机构。

【信息技术创新】 围绕国家战略，信息技术创新不断突破。2020年，全省积极推进信息光电子、数字化设计与制造2个国家级和10个省级制造业创新中心建设运营。搭建高标准技术创新平台，强化基础研究，提升原始创新能力。新设省级科技重大专项，紧盯“光芯屏端网”，聚焦半导体与集成电路、新一代信息技术、人工智能、网联汽车、激光、智能建造等重点产业领域，围绕产业链打造高度关联的技术创新项目链，瞄准重大科技需求和关键技术难题，集中攻关、加速突破。湖北关键核心技术突破初见成效，相继涌现出万瓦级光纤激光、华为海思400G光电模块、虹信5G天线、工业机器人等一批国际国内领先的科技创新成果，全球首款128层QLC三维闪存芯片研发成功。

【数字赋能疫后重振】 成功举办“网络公益扶贫联盟”湖北大会，支持湖北乡村振兴。中央网信办副主任杨小伟，省委常委、省委宣传部部长许正中，副省长肖菊华等出席大会并讲话。200家国内外知名网信企业、省内有关单位及网信企业代表近300人参加活动，现场举行了网信企业支持湖北省数字乡村建设项目签约仪式，达成合作项目50个，协议资金约30亿元。策划举办“2020全国网络媒体助力湖北疫后重振系列活动”，人民网、新华网等全国30多家知名新媒体和商业网站为湖北“发声”，为湖北人民“拼单”。开展“百企万岗网信企业大学生就业招聘月”活动，为湖北大学生提供岗位1.8万余个。召开全省网络扶贫现场推进会，协调投入资金近2亿元，实施15个对口帮扶项目，组织直播带货、电商销售达173亿元，促进了全省疫后重振和经济社会发展。

（徐金华）

软件和信息服务业

【概况】 2020年，湖北省纳入统计软件企业1834家，比2019年减少678家；软件行业从业人员42.29万人，减少7.6万人。全省2020年软件业务收入1927.76亿元，同比下降6.67%；利润总额192亿元，同比下降15.01%；软件业务出口3.59亿美元，同比下降2.70%。湖北省软件业务收入在全国位次由第10位退居第12位，但仍保持中部第一位。

【软件企业发展】 全省软件企业大范围受损。2019年统计在册的2512户软件企业中，有788户在2020年退出软件业年报统计范围，包括注销、吊销企业，以及主营业务收入未达到500万元的企业、软件业务收入占比未达到30%的企业等；剩余1724户软件企业，有1137户2020年软件业务收入为负增长，只有587户与2019年基本持平或实现正增长。2020年新纳入统计软件企业110户，软件业务收入52.38亿元，远无法弥补退出统计范围软件企业造成的损失（788户，277.41亿元）。

截至2020年12月31日，湖北省通过ITSS符合性评估的企业共220家，名列全国第六。湖北省推荐上报的8个信息消费项目入选工信部《2020年新型信息消费示范项目名单》，数量仅次于北京，居全国第二。2020年全国工业APP和信息消费大赛，湖北省推荐的“一部手机游湖北”全域智慧文旅综合服务平台等4个项目获信息消费应用创新奖，数量居全国第一；“汽车行业智能工厂及建筑设施设备运维管理工业APP”等2个项目获工业APP优秀解决方案奖，数量居全国第四。总获奖数量全国第三，占全国获奖项目总数的8.7%。

【信息服务新业态】 疫情防控特殊时期，信息服务新业态新模式不断涌现。在线办公助力恢复生产运行，远程教育实现“停课不停学”，电子商务为中小企业平稳度过疫情创造条件，培育出“云逛街”“云旅游”“云阅读”等一大批新型信息消费模式，“网上办、掌上办、预约办”成为信息技术惠民服务新常态。湖北楚天云湖北省疫情防控大数据分析平台、武汉小药药基于互联网的疫情防控医药流通综合服务解决方案、武汉楚精灵基于人工智能的新型冠状病毒肺炎（2019—nCoV）云诊断及在线测评平台等三个项目纳入工信部防疫大数据产品和解决方案示范项目予以推广。武汉斗鱼直播举办的“助力湖北品牌，我为湖北买买买”抗疫公益活动产生了3000余万的销售额；宁美互联举办了女王节、品智节、天猫家装节，攀升科技举办了直播秀、周年庆等一系列线上销售活动，直接拉动线上PC消费约5亿元。疫情期间，微派、手盟、卓迅互动等游戏开发运营服务企业软件业务收入有较大幅度增长，复工复产后，游戏娱乐领域迅速降温，工业互联网、行业应用软件、智慧城市等领域的信息技术服务市场逐渐升温，以游戏、娱乐领域业务为主的软件企业向生产领域信息技术服务转型。

【信息技术应用创新】 全省围绕“两基地一园一中心”（国家级信创适配基地、信创人才培养基地、信创产业园、基础软件研发中心）开展信创产业培育发展工作，在产品适配、产业聚集、技术攻关等方面持续发力。以中国信科为代表的16家优秀集成商入围国家名录。国家级信创适配基地4000平米新场地已完成验收。对用户单位业务系统在国产平台中无法支持的问题进行了集中技术攻关，积累了大量实践经验，为党政机关和国有企业公文处理系统国产化替代工作的不断深入做好扎实的技术储备。

（张彬兵）

人工智能产业

【概况】 2020年，全省聚焦共性关键技术突破、加快技术成果转化，围绕人工智能产业链创新链，积极拓展应用场景、加速赋能实体经济，积极发展新一代人工智能，基本形成了以武汉为研发龙头，襄阳、宜昌等地示范应用竞相发展的产业布局。2020年，全省拥有人工智能相关企业数量295家，人工智能核心产业规模达160亿元，相关产业规模超过1000亿元。全省人工智能人才数量5700人，累计申请专利数量1736件。

【政策引导】 《湖北省新一代人工智能发展总体规划（2020—2030年）》提出，到2022年，人工智能核心产业规模超过200亿元，带动相关产业规模达到1500亿元。初步形成人工智能服务和引领全省经济高质量发展格局；到2025年，人工智能核心产业规模超过600亿元，带动相关产业规模达到6000亿元；到2030年，人工智能核心产业规模达到1800亿元，带动相关产业规模达到1.2万亿元，形成50家以上国内有影响力的人工智能企业。

《关于加快发展数字经济培育新的经济增长点的若干政策措施》提出，大力发展人工智能等新兴产业，支持武汉等地建设国家新一代人工智能创新发展试验区和创新应用先导区，推动人工智能在民生、经济、政务等领域的示范性应用，并对承担国家、省级人工智能揭榜挂帅任务的企业提供奖补。支持企业参加人工智能与实体经济深度融合创新等领域的国家级试点示范。

谋划人工智能重点项目库，总投资规模达529.95亿元。编制人工智能产业链行动计划，推动产业链创新链协同建设。编制2020年全省招商引资工作方案中的人工智能产业招商指南，吸引优质人工智能领军企业及其上下游配套企业落户湖北。

【创新引领】 湖北省设立人工智能基金9个以上，总金额达600亿元左右，支持科研机构与企业进行人工智能技术创新。围绕城市建设、社会发展、工业制造、医疗健康、资源环保等重点领域，征集、遴选湖北省人工智能十大优秀应用案例，并在湖北智造专题会议上进行发布推介。高标准做好承担国家新一代人工智能产业创新重点任务揭榜工作企业的跟踪服务，其中武汉精测电子集团股份有限公司、易瓦特科技股份公司最终获评为优胜单位。

表4—7　2020年湖北省人工智能十大优秀应用案例

案例名称	申报单位
基于北斗大数据的智慧环卫综合监管云平台	武汉依迅北斗时空技术股份有限公司
易小博智能客服平台	易小博（武汉）科技有限公司
应用于学校的全自动红外热成像测温告警系统	武汉高德红外股份有限公司
基于深度学习技术的WPS智能校对解决方案	武汉金山办公软件有限公司

续表

案例名称	申报单位
医用敷料智能工厂	奥美医疗用品股份有限公司
应用于地铁、火车站的全自动红外热成像测温告警系统	武汉高德红外股份有限公司
智慧园区综合解决方案	武汉虹信技术服务有限责任公司
新一代城市轨道交通工程结构监测与安全评估系统	武汉智慧地铁科技有限公司
新型显示面板产线产品质量智能管理平台	武汉精测电子集团股份有限公司
多模态融合 AI 情绪研判平台	武汉烽火信息集成技术有限公司

【产业生态】 成立湖北省人工智能产业创新联盟，联盟由湖北人工智能领域软硬件产品企业、应用企业、投资机构、高校院所等共同发起组建，聚焦重点领域，推进人工智能与经济社会发展深度融合，搭建人工智能产业发展公共服务平台，整合全产业链资源，促进人工智能科技成果和资源积累与转化，打造良好的产业生态，加快推动全省人工智能产业高质量发展。会员单位已超过 50 家。通过“东湖国际人工智能高峰会议”“2020 年湖北省人工智能产学研合作与发展论坛”“湖北省新一代人工智能战略研讨会”“武汉科技成果转化人工智能专场活动”“人工智能推动第四次工业革命专题演讲”等一系列活动的开展，提升公众对智能产品的接受度，促进传统产业智能化改造升级。联合工信部电子一所主办“2020 创客中国”人工智能中小企业创新创业大赛总决赛，帮助湖北企业发现优秀人才。

（王驿东）

大数据产业

【概况】 2020 年，湖北省已认定大数据企业 300 家，其中 165 家纳入了软件业统计范围，数量占全省软件企业的 9.2%，2020 年软件业务收入 276.3 亿元，比上年增长 7.5%。2020 年，湖北省电信业务收入 453.2 亿元，其中，数据中心业务、云计算、大数据等固定增值业务收入 47 亿元，比上年增长 16.7%。大数据产业初具规模。湖北省企业在大数据产业链各环节均有分布，在基础设施层、数据管理层和数据应用层集聚了烽火科技、光庭信息、武大吉奥、达梦数据库、开目信息等一批创新能力较强的企业。

【产业载体】 产业载体逐渐完善。以光谷云村、左岭大数据产业基地、武汉临空港大数据产业园、襄阳云谷等为代表的产业载体，已经成为全省大数据产业的核心力量。宜昌围绕三峡（宜昌）大数据产业园、智慧城市物联网产业园、东软智慧产业园、三峡大数据中心、紫阳大数据中心“三园两中心”，加快发展大数据产业。“襄阳云谷”成为襄阳新名片，华为、IBM、中移动、锦云中国等大型项目落户襄阳。

【数据中心建设】 数据中心建设快速发展。武钢大数据产业园、国家网安基地中金数谷大数据中心、光谷腾龙大数据中心等为代表的一大批数据中心在武汉布局，武汉人工智能计算中心启动建设，襄阳云计算中心和宜昌三峡大数据中心加快运营，以武汉、襄阳、宜昌的“一主两副”协同发展格局初步形成。湖北省在用数据中心超过 80 个，在用机架数（以 2.5kW 为一个标准机架）10.8 万架，居中部六省之首。

【数据创新应用】 数据创新应用持续深化。省内龙头企业积极开展大数据应用，在装备、汽车、电子、化工等重点行业建成 15 个重点工业互联网平台。宝武钢铁、华新水泥等平台集成

2020 年 11 月 30 日，全球数字贸易大会暨第十一届汉交会开幕

创新应用获评工信部2020年工业互联网试点示范项目。武汉依迅北斗时空技术股份有限公司“基于北斗区块链的智能体温监测与健康追溯检测平台”等10个大数据行业应用获评2020年湖北省第一批大数据应用十大优秀案例，艾普工华科技（武汉）有限公司“面向智能制造的工业大数据服务平台”等7个大数据项目入选工信部2020年大数据产业发展试点示范项目。

【招商引智】 开放合作强化招商引智。湖北省与阿里巴巴、腾讯、华为、浪潮、中国电子等国内知名大数据服务企业以及中国信息通信研究院、中国工业互联网研究院等智库单位签订战略合作协议，阿里巴巴华中总部、华为长江鲲鹏、浪潮华中总部、小米总部二期、中国电子云全球总部等一批重大项目相继落地建设。

（刘　婕）

制造业与互联网融合

【概况】 2020年，省政府出台了《关于加快发展数字经济培育新的经济增长点的若干政策》，省级财政每年实施1.4亿元对湖北省数字经济发展进行奖励支持；制定《促进“互联网+政务服务”实施意见》《关于加快实施“上云用数赋智”促进新经济发展的行动计划》《关于加快推进全省新型城市基础设施建设的实施意见》等意见措施，并完成《湖北省数字经济发展“十四五”规划》初稿。成功举办2020中国5G+工业互联网大会，习近平总书记专门发来贺信，国务院副总理刘鹤视频连线宣读贺信并讲话。200余名院士、顶级专家作主旨演讲，线下2万余名嘉宾观众参加，线上各平台累计在线直播观看数超过1300万。联合国家信息中心举办了“首届区块链服务网络（BSN）全球技术创新发展峰会暨湖北区块链技术创新大会”，150万人次观看了会议直播，受到省政府领导高度肯定，并成功争取“首届区块链服务网络（BSN）全球技术创新发展峰会全球永久会址”落户湖北。

建立健全产业联盟。湖北5G产业联盟、工业互联网产业联盟湖北分联盟、人工智能产业联盟、武汉汉阳造人工智能研究院先后成立；“中国信息通信研究院中部基地”“中国工业互联网研究院湖北分院”和“国家工业大数据中心湖北分中心”正式揭牌；湖北工业技术软件化开源社区改版升级，800多项服务资源入库，180万行开源软件代码免费共享。国家、省级产业联盟、技术研究平台和创新技术资源的强强集结，为湖北数字经济发展提供强有力的支撑。

开展精准招商。推动省政府与华为、浪潮、中国电子、中国电力、中国能源、中国移动、中国电信等数字经济重点企业签订战略合作协议，助力湖北疫后重振；举办湖北文旅产业长三角（上海）招商引资推介会，共签订22个实体项目，签约金额达622.24亿元；2020中国5G+工业互联网大会共有16个重量级产业项目签约落户，总金额189.22亿元；协调推进深圳四块科技在武汉投资建设分布式云存储数据中心，争取南威科技、商汤科技、智度智链、浪潮等公司落户湖北。

【网络基础】 大力推进5G网络建设。全年新建5G宏基站26126个，全省5G宏基站累计超3.1万个，基站数量居中部第一。5G套餐用户达1352万户。5G网络基本实现武汉市主城区室外全覆盖，其他市州主城区室外连续覆盖，县城及乡镇重点区域覆盖。

不断深化提速降费。全省互联网光纤接入（FTTH/O）端口达到2903万个；百兆及以上宽带接入用户累计达到1624万户，占比总用户数87.2%；互联网出省带宽达36.6Tbps；IPv6活跃用户数和流量规模持续提升；全省移动流量平均资费为4.2元/G，同比降幅22.9%；企业宽带和专线平均资费降幅分别为24.6%、36.1%。

持续推进电信普遍服务试点。完成2019年普服试点项目建设验收，全省303个试点行政村新建317个4G基站。推进2020年普服试点项目招标，争取中央财政补助资金12876万元，占2020年全国普服资金的三分之一，全省1042个试点行政村新建1073个4G基站，预计2021年8月全部完工。全省行政村通光纤、4G覆盖率均达到100%。

积极改造工业互联网内外网。全省工业互联网高质量外网接入企业数超过1.25万家；组织运营企业与工业企业合作开展5G内网改造，湖北三宁化工、中信科虹信、长飞光纤光缆、宝武鄂城钢铁5G智慧工厂等项目已经建设完成，襄阳东风等20余个工业互联网内网（或园区）改造项目正加紧建设。

提升工业互联网数据汇聚能力。顶级节点标识注册量达20.96亿，平均日解析量18.4万次，在全国五大顶级节点中排名第3。依托顶级节点优势，建设13个行业级、区域级二级节点。在汽车、光通信、新能源、装备制造等重点行业部署43个企业节点；在装备、汽车、电子、化工等重点行业建成15个企业级工业互联网平台。

【行业应用】 实施“云行荆楚”行动。2020年开展上云培训3场，累计培训19场，共培训企业技术人员超4000人次；引进华为、浪潮、京东、用友等优质云服务商为湖北省企业上云提供安全可靠的支撑服务；构建涵盖4个领域17个方向的湖北工业互联网服务资源池，137家单位入围湖北省工业互联网服务资源池，本土企业超过90%，为企业上云和制造业数字化、网络化、智能化转型升级提供丰富的硬件、软件和集成等服务；在省级工业转型升级资金中安排5%用于“万企上云”工程，调动了中小企业“上云用云”的积极性。截至2020年底，全省上云企业达到3.2万家，平均为企业提升运维效率达30%以上，节省IT投入成本50%以上。

培育行业两化融合应用。培育以武钢、东风、长飞为代表的5G+工业互联网十大优秀应用案例，推荐上报

26个国家级工业互联网、制造业与互联网融合试点示范项目；遴选180家省级两化融合试点示范企业，初步形成一批典型应用示范案例。全省参加两化融合对标诊断企业3300余家，新增300家；通过贯标评定企业386家，新增158家。贯标工作全国排名第9。

完善数字经济监测体系。建设国内首个数字经济监测平台，从六个维度动态展示湖北省5G、工业互联网、企业上云、两化融合、区块链、大数据等行业分布、区域分布、全国排名等信息，为领导决策提供可视化数据服务。目前总平台已搭建完成，部分数据实现交换，平台基本功能初步实现，计划在17个市州搭建子平台，形成全省统一的数字经济监测体系。

（李志涛）

电信业

【概况】 2020年，全省电信业务总量突破4000亿元大关，达到4205亿元，比上年增长24.9%；电信业务收入累计完成453.2亿元，比上年上升2.9%。固定互联网宽带接入用户总数达到1870.2万户，比上年增长9.5%；4G移动电话用户达到4615.4万户，比上年增长2.7%；光纤用户渗透率达到95.3%，高于全国1.3个百分点。互联网宽带接入端口数量达到3221.4万个，比上年增长5.2%，其中，光纤接入端口数占比总端口数超九成；移动电话基站达到32.5万个，比上年增长7.3%。百兆及以上宽带接入用户占比86.8%，按期完成部KPI任务指标；企业宽带和专线平均资费较2019年底分别下降24.6%、36.1%，圆满完成国务院政府工作报告中的降费目标。IPv6基础设施全面就绪；数据中心机架数量超过10万个；开通互联网L根镜像服务器，汇聚广东、四川等省份及境外域名解析数据，网间互联质量保持全国领先。

【新冠肺炎疫情防控通信服务保障】 2020年，面对疫情，全省通信行业人员36小时完成火神山医院网络覆盖，24小时完成雷神山医院网络部署，为防疫指挥、城市运行等部门和500多家医疗机构及方舱医院、隔离点提供全方位、高质量的通信保障，确保5680万移动电话用户和1800万固定宽带用户网络不中断、服务不掉线、质量不降低。积极运用通信大数据精准支撑疫情防控，大力推广“5G+智慧医疗”并实现规模使用，组织开展惠及340余万人的“助教助学”专项行动，为4987万用户开通了欠费缓停机服务，发送应急公益短信超过200亿条，创造性地使用智能语音随访系统帮助社区防疫排查2000余万人次。

【新型数字基础设施建设】 5G网络建设加快推进。推动出台《湖北省新型信息基础设施建设三年行动方案（2020—2022年）》等一系列支持5G发展的政策措施，将向5G网络建设分三年补贴6亿元；推动实施《建筑物移动通信基础设施建设标准》；扎实推进5G基站供电“转改直”工作，节省电费4600余万元；组建省内各市州通信行业共建共享管理办公室，支撑加快5G网络建设；加快推动1769个疑难站址落地，着力解决5G基站选址难、进场施工难等问题。截至2020年底，全省新开通5G宏站2.61万个，累计达到3.1万个，超额完成中央一揽子支持政策中支持湖北建成1.8万个5G基站的目标，5G用户达到1500万，处于全国第一方阵。

工业互联网创新发展成效明显。基本建成体系完备的工业互联网标识解析系统，国家顶级节点（武汉）标识注册量超过22亿，在全国位居第三，接入15个二级节点、79个企业节点，建成递归节点1个。加快升级改造工业互联网内外网，全省工业互联网高质量外网接入企业数超过1.25万家，宜昌三宁化工等一批“5G+工业互联网”优秀项目加快建设。两个项目入选2020年制造业高质量发展专项，“工业互联网·湖北武汉”产业示范基地取得实质性进展。中国5G+工业互联网大会在武汉成功举办。省级工业互联网安全监测与态势感知平台上线运行，主动探测工业通信协议超过120种、工业资产产品超过300种，处置工业企业安全事件75.4万起。

网络扶贫攻坚扎实推进。完成第五批电信普遍服务试点项目303个行政村的竣工验收，抓紧推进第六批1042个行政村的项目建设任务，全省行政村4G覆盖率、通光纤率均达100%。全年为104万建档立卡贫困户减免通信费近3亿元。

【行业监管与服务】 会同6部门联合整治商务楼宇宽带接入市场；组织签订《湖北省电信运营商规范校园营销自律公约》，校园电信市场秩序在高校开学期间平稳有序；加大“谢绝来电”服务推广力度，推进垃圾信息治理，全年核查处置骚扰电话举报1.8万余件，关停骚扰电话号码16.3万个，拦截垃圾短信9000万条；积极做好行风建设和纠风工作，以携号转网服务为重点，开展覆盖所有市州的专项检查，问责43人次，全省用户携转自由度明显提升，累计214万人次成功携转，位居全国第一，占全国累计携转量的11%，占全省移动电话用户总量的3.8%；稳步推进12300申诉属地化工作，着力提升12300热线服务能力，接通率提升至91.7%，全年有效申诉量较2019年下降5.28%。

【互联网管理与网络信息安全】 互联网行业基础管理不断夯实。网站备案两率保持99%以上；率先完成非经营性互联网信息服务备案年度审核工作，清理和注销僵尸网站2.2万个；扎实推进“扫黄打非”等专项行动，依法关闭涉黄涉赌等违法网站528个。

网络安全防护能力持续提升。完善全省信息通信行业关键信息基础设施安全防护体系，开展行业信息系统摸底并进行定级备案审核工作；累计处置各类网络安全事件700余万起，封堵恶意程序、链接近4000万次。2020年，全省网络运行总体平稳，未发生重大网络安全事件。

电信网络诈骗防范治理纵深推进。

累计抽取省内电信企业 341.2 万条电话入网数据，电话实名制两率均达 99.5%，双双超出工信部规定的 98%要求；建立湖北省信息通信行业防范治理电信网络诈骗不良信息信用共享机制，累计处置涉诈电话 41.4 万个、涉诈短信 53.3 万条。

网络与数据安全保障深入开展。持续开展 APP 专项整治，深化用户个人信息保护，坚决做好数据安全工作；加强对电信企业数据安全防护工作实地检查，督促电信企业整改并全面落实工作要求。全省通信和互联网行业全年未发生重大数据泄露事件。

（牛泽亚）

商贸流通和服务业

综　述

【概况】 2020 年，全省实现社会消费品零售总额 17984.87 亿元，累计比上年下降 20.8%。按经营单位所在地分，城镇消费品零售额 15284.69 亿元，比上年下降 20.9%，乡村消费品零售额 2700.18 亿元，比上年下降 20.8%。按消费类型分，商品零售 15796.68 亿元，比上年下降 20.7%，餐饮收入 2188.19 亿元，比上年下降 22.2%。新型消费备受青睐，全省实物商品网上零售额 2448.9 亿元，比上年增长 4.6%。消费升级趋势明显，限额以上照相器材、能效等级 1 级和 2 级家电音响器材、智能手机商品零售额分别增长 51.6%、17.3%和 18.8%。按商品类别分，汽车、石油、家电家具等大宗商品零售合计限额以上占比 39.71%，粮油食品、日用品类等生活类商品零售合计限额以上占比 40.77%。

内贸流通

【概况】 出台《应对疫情影响进一步促进商业消费若干措施》（鄂政办发〔2020〕31 号），推动商业消费提质扩容。印发《湖北省商务系统 2020 年消费促进工作方案》（鄂商务发〔2020〕18 号），统一部署全年全省促消费工作。指导武汉市启动仲夏消费季活动，组织 22 家重点企业带头促销让利逾 15 亿元。在全省范围内开展“2020 年全国消费促进月”活动，全省 17 个市州组织开展 1180 场次促消费活动，参与企业 1930 家，销售超过 58 亿元。支持各市州通过发放消费券等形式对冲疫情影响，促进消费回补和潜力释放，其中武汉市投放 5 亿元，撬动消费达 80.71 亿元，综合撬动比例达 1∶16.5，取得明显成效。

【打造消费平台】 支持武汉市创建国际消费中心城市，指导武汉市商务局制定了《武汉市国际消费中心城市培育建设实施方案》，经省政府批准后上报商务部。成功举办第 29 届中国食品博览会，会期共有 145821 人次参观，其中专业观众（采购商）12520 人次；成交 64.35 亿元。展会同期，成功举办第四届中国（中部）酒业博览会。

【大宗商品交易市场建设】 指导各地按照“一个中心、多个交易平台，一个平台、多种交易模式”的发展方向，引导交易中心积极发挥在大宗商品交易上的综合优势，吸引、集聚其他交易平台并加强合作，平台建设顺利推进。

【品牌连锁运营】 印发《开展便利店品牌化连锁化三年行动实施方案》，提升便利店品牌化连锁化水平，织密便利店网络，提高便民服务质量。推动有家、中百罗森等品牌连锁便利店自建或依托第三方物流，实施共同配送、集中配送，提高配送效率。全省共有门店数在 10 家以上的品牌连锁便利企业 48 家，连锁门店约 5500 个。

【推动农商互联】 充分发挥中央财政资金效益，从农产品产后商品化处理设施建设、农产品冷链物流体系建设、农产品供应链末端惠民工程建设、提升农产品标准化和品牌化水平、重点步行街线上线下融合的智慧实体门店建设等五个方面予以支持，推进全省农产品供应链创新与应用，完善农产品现代供应链体系建设，惠农惠民，提高农产品流通效率。

（戴　辉）

供销合作商业

【概况】 2020 年，湖北省供销社全系统年度经济运行 V 型回升，实现购销总额 6662 亿元，比上年增长 23.5%，汇总利润 14.92 亿元，比上年增长 3.76%。在全国系统年度综合业绩考核中，省供销社继续保持全国第二名位次，荣获优胜单位一等奖，受到全国通报表彰。

【供销战疫】 新冠肺炎疫情期间，湖北省供销社机关全体干部职工实现零感染、零确诊、零疑似、零隔离。在疫情防控中，省社建立“日调度”应急工作机制。充分利用“一省包一市”对口帮扶机制，主动联系全国总社及 23 个外省市社，“点对点、一站式”送给基层。武汉市社包保 22 个社区。在保供稳价中，组织建成 96 家县级应急储备中心。仙桃中和、十堰华西等供销农产品大市场，荆门东方百货、十堰新合作等供销超市，武汉、荆州、房县等供销电商党员干部职工累计储备蔬菜、粮油等生活物资 79 万吨，完成农产品上行促销 191.4 亿元、6.2 亿公斤，帮助农户有效解决“菜压田、鱼压塘、禽压棚、猪压栏”问题。在春耕供应中，全省供销农资储备量比上年同期增加 20%以上，市场供应能力达 145 万吨，市场供应率达 69%。带动促销湖北茶叶、小龙虾、香菇等重点滞销农产品 1.02 亿公斤、33.5 亿元。争取抗疫优惠政策资金 67.93 亿元，34.71 亿元普惠金融资金支持实体经济，推动 171 个项目挤进中央和省级项目库。

【供销综合改革】 坚持分类指导，加大复制推广力度。开展五年综合改革评估总结，向全国总社、省委改革办呈报了专题总结评估报告，得到了全国总社和省委、省政府领导的批示肯定。先后召开组织、服务、经营、机制体制“四个”创新暨资产建档立卡数据库建设现场会，复制推广典型经验。加强土地托管，提供“六统一”服务的土地托管面积达 799.5 万亩，比上年增长 66.9%；全年帮助农民销售农产品突破千亿元，比上年增长 42.3%；推进 2.4 万家村级综合服务社提质升级，新创星级综合服务社 784 家。突出两网融合，扎实推进经营创新。建成县级电商运营中心 84 个、电商产业园 24 个、农村电商服务站 2.9 万个，全年实现电商销售额 632.5 亿元，比上年增长 50.6%，增速居全国系统前列；线下发展连锁配送企业 314 家、配送中心 502 个、商品交易市场 244 个，冷储能力达 20 万吨。做强县级社，县域销售总额、营业总收入分别占全省系统 69.7%和 53.4%，两项指标均比改革前提高了 20 个百分点；潜江、枝江等 7 个县级社获评“2019 年度全国系统百强县级社”，入选数量为历年之最。恢复重建基层社，乡镇覆盖率达 99.6%，“四有”基层社 384 家，标杆基层社 190 家。领办创办农民专业合作社 10214 家，省级以上示范合作社 772 家。新评选的标杆基层社和农民专业示范社数量分别位居全国第三位和第一位。

推进社企、社资分开，扎实推进机制创新。完善省社资产公司投资营运机制，建立出资企业经营预算、重大投资项目审批备案等制度；组织省直资产清理，全面建立社有资产建档立卡动态数据库；突破结构之困，加快社企成长；重视监事会制度建设，推进“监审合一”全覆盖，规范委派董监事。强化系统综合业绩、出资企业年度目标“两项”考核。

【扶贫“832”平台】 2020 年，全省供销社系统积极推进 1354 家企业、14841 种商品入驻“扶贫 832”平台，销售全省 37 个贫困县农产品 17.52 亿元，省级销售额排名湖北稳居第一。线上线下设立扶贫专柜专区 1087 个。推进疫后农产品上行常态化，全省 37 个贫困县购销农产品总额 669.6 亿元。推动建立东西部消费扶贫机制，浙江销售恩施州农副产品 17.8 亿元。持续扎实做好驻村帮扶。恩施州在“832 平台”扶贫产品销售总额在全国地市州排名第一，恩施市销售额在全国各县市排名第二。

【推动复工复产】 截至 2020 年底，湖北省供销社全系统共制定出台供销“六稳”“六保”行动方案 25 条。落实支持湖北一揽子政策减支增收 1.44 亿元。召开经济形势分析会，指导企业提高经济运行质量和服务水平。持续压减负债存量控规模、深化内部改革增效益，积极稳妥降低企业杠杆率。持续推进项目“两库”。推动 37 个冷链物流及农产品市场改造项目纳入中央和省重点项目，其中 3 个纳入全省服务业“五个一百”工程；29 个再生资源

2020 年 12 月 3 日—6 日，举办第 29 届中国食品博览会暨中国(武汉)国际食品交易会

回收利用项目被推荐到国家发改委；1+89个县级应急物资储备中心项目推荐入围全国总社“新网工程”项目评审。国家发改委支持山绿集团的加工项目资金已到位，正式开工。推进银丰冷链物流项目和惠侬集团32个武汉菜市场改造项目。

全省供销系统主动与京东、阿里、顺丰、恒大、卓尔、邮政、电信、联通、铁塔及总社中农、惠农、新合作等实力企业对接交流，开展“网上农产品直销”和“时令农产品预订”。推进格林美公司与省再生集团合作。加强与国开行等金融机构合作，编制融资规划。组织参加中国进博会、武汉中国食品博览会等，开展“丰收集市”“年货购”等消费扶贫促销活动。累计举办或参与各类产销对接活动526场(次)，意向成交额8.4亿元。

（肖思晨）

2020年10月19日，第三届中国粮食交易大会在福建省福州市开幕，全省共组织200余家粮油企业、836款粮油产品和24款粮机设备参展，并在主展馆举办“荆楚大地”好粮油湖北专场推介活动。省政协副主席王红玲（右二）参加专场推介活动

粮食商业

【概况】 2020年，全省纳入统计的各类粮食经营主体收购粮食1293.9万吨，比上年减少162.1万吨；销售粮食2586.2万吨，比上年增加29.1万吨。全省各类粮油经营企业收购食用油及折料油11.67万吨，比上年减少3.78万吨；收购油菜籽28.3万吨，比上年减少5.17万吨。按照“周边保武汉、统筹保市州”总体思路，迅速制定应急保供联动方案，第一时间启动领导包片督办和日监测日报告机制，每周进行监测分析调度；在省防指统一指挥下，与商务、财政、中储粮密切配合，主动与武汉市三大国有商超对接，形成保供合力。疫情期间，紧急投放80万吨托市粮，限时限价成交25万吨地方储备，为加工企业提供充足粮源，组织省内435家粮油企业作出“不涨价”承诺，确保了全省粮油量足价稳质优，受到国家发改委、国家粮食和物资储备局、省委省政府领导同志肯定和表扬，省粮食局先后两次在全国粮食和物资储备系统作典型发言。扎实推进粮食收储制度改革。着力改革完善地方储备粮管理体制机制，起草了《湖北省加强地方粮食储备安全管理若干措施》，经省委常委会、省政府常务会审议通过，由省两办印发；修订完善《湖北省地方储备粮管理办法》；会同省财政厅、中储粮、农发行等部门（单位）制定《关于加强我省地方储备粮与中央储备粮协同运作工作的通知》；确定襄阳、荆州、黄冈、咸宁、随州等地7家试点企业，启动省级战略储备粮油集中管理试点工作。认真执行国家粮食收购政策，在全国率先启动小麦托市收购，收购托市小麦3.15亿斤；积极引导市场化收购，占比98%以上。加强粮食流通统计，开展收获粮食品质测报，引导调整种植结构、适时适价售粮，实现“优粮优价”。

【粮食流通基础工作】 推动粮食应急储备保障中心建设。抢抓中央一揽子支持政策机遇，主动谋划推动粮食应急储备保障中心建设，纳入省委省政府重点任务清单和补短板“十大工程”。市县发改（粮食）部门积极组织申报应急补短板建设项目，完善建设方案和实施方案。全省谋划项目183个，开工项目44个，完成投资9.9亿元，占3年计划总投资的35.5%。推动粮食基础设施建设。安排补助资金1.04亿元，以省级储备粮承储企业为重点，建设改造准低温（低温）仓容14.3亿斤。会同省发改委争取粮食安全保障调控和应急设施中央预算内投资1.2亿元，安排项目11个，总投资10.3亿元。推动应急体系建设。整合粮油市场监测、粮食交易信息服务、粮食流通统计信息职能，依托粮食应急储备保障中心、“放心粮油”市场网络、粮食应急加工和供应企业等主体，加强粮油市场监测软硬件建设，探索部门信息互通共享机制，不断提升粮食安全风险监测和分析预警效能。组织武汉、黄冈、孝感、襄阳和随州等市开展气象灾害Ⅲ级应急演练，指导各地粮食部门和相关企业熟悉粮食应急响应流程，检验应急响应能力，培养锻炼粮食应急队伍。

【粮食产业】 持续实施“优质粮食工程”。拨付2019年度项目资金9.8亿元，争取专项资金2.8亿元；40家企业被国家局、农发行认定为“优质粮食工程”重点示范信贷支持企业，争取资金和认定数量居全国第一。大力实施“中国好粮油”行动计划，开展“荆楚好粮油”产品遴选和复审，全省86个粮油产品入选，17个产品被评为“中国好粮油”，荆楚粮油公司籼米等4项标准荣获粮油产品企业标准“领跑者”称号。充分发挥粮食产后服务中心功能，应对长时间阴雨天气给秋粮收购带来的影响，烘干粮食89亿斤，减少潜在损失24亿多元。强化为企服务。统筹常态化疫情防控和粮食经济疫后重振，出台贯彻落实促进经济社会加快发展若干政策18条具体措施，走访联系服务企业，积极争取并拨付粮食增储、应急加工供应、助企纾困等各类补贴资金1.85亿元。加强产销合作和宣传。组织全省粮油产品、粮机设备参加第三届全国粮食交易大会，在福州举办“荆楚大地”好粮油产品专场推介活动。精心组织“荆楚大地”好粮油回馈“最美天使”等援鄂人员活动，免费寄赠湖北精品粮油10多万份，致敬致谢4.7万多名逆行出征、无私奉献的援鄂英雄，宣传推介“荆楚好粮油”产品。

【粮食流通监管】 积极推行“双随机一公开”，采取联合监管，强化信用监管，探索“互联网+监管”，用好“12325”粮食流通监管热线，5起涉粮投诉举报案件全部按时办结，查处率100%。认真抓好政策性粮食库存数量和质量大清查发现问题整改，并组织开展“回头看”，巩固大清查成果。积极配合中央纪委国家监委调查摸排湖北省国有粮库。针对调查组反馈的问题，会同省发改委制定整改方案。组织编写《国有粮库问题摸排检查指引》，指导各地对照摸排整改。建立局领导包片督办、每周调度机制，推动重点地区117个立行立改问题基本整改销号。加强粮食收购入库和销售出库质量管理，明确必检项目，落实检验制度；执行省级储备粮油年度轮换计划，完成质量验收工作，省级政策性粮食出入库检验率100%。强化军粮质量监管，组织军地联合质量检查，军粮质量合格率100%。常态化开展“两个安全”隐患检查和整改落实，推广实施网格化管理和绿色科学储粮新技术，推动仓储管理规范化、精细化，安全粮食比例95%以上。

（岳忠军）

盐业流通

【概况】 2020年，在国家工信部备案，经湖北省经济和信息化厅审核通过的省级食盐定点批发企业1家，食盐定点生产企业9家，多品种盐定点生产企业1家，市州级食盐定点批发企业18家。

2020年，湖北盐业集团有限公司共销售各类盐204816.37吨，其中小包装食盐155214.57吨，食品加工用盐29021.31吨，工业盐20580.49吨，主营业务收入5.68亿元。2020年省内7家重点食盐定点生产企业共生产原盐394.57万吨，其中食盐135.96万吨，实现销售收入13.10亿元。

表4—8 2020年省内7家重点食盐定点生产企业情况

企业名称	原盐产量（万吨）	原盐销量（万吨）	食盐产量（万吨）	销售收入（亿元）
湖北蓝天盐化有限公司	40.47	40.96	25.83	1.74
孝感广盐华源制盐有限公司	114.5	136.65	33	5.33
久大（应城）盐矿有限公司	60.23	64.49	24.21	1.79
久大（应城）制盐有限公司	62.38	65.28	44.7	3.04
中盐长江盐化有限公司	16.99	17.27	13.71	1.20
中盐枣阳盐化有限公司	33.2	6.15	0.66	8.79
中石化江汉盐化工湖北有限公司	327.77	330.8	142.11	21.89

【食盐加碘】 《食盐加碘消除碘缺乏危害管理条例》（国务院163号令）规定全国实施全民食盐加碘政策。《湖北省盐业体制改革实施方案》（鄂政发〔2016〕80号）规定，全省应确保合格碘盐覆盖率在95%以上。2020年，湖北盐业集团有限公司小包装食用盐销售155214.57吨，其中未加碘小包装食用盐销售3132.15吨。

【抗疫保供】 2020年新冠肺炎疫情期间，省内定点生产企业和批发企业克服困难坚持生产、保障供应，履行了全省食盐抗疫保供的社会责任。孝感广盐华源制盐有限公司是湖北省疫情防控保障企业，在疫情期间坚持生产不停工。2020年3月，疫情稍有缓解，省内10家定点生产企业即在地方政府的指导下组织全面复工复产，保障了盐源的稳定供应。湖北盐业集团有限公司作为省级食盐定点批发企业先后被国家发改委和湖北省发改委确定为疫情防控重点保障企业，一手抓防疫，一手抓保供，统筹安排全省食盐的生产和调运。截至4月，湖北盐业集团有限公司在全省共安排食盐保供配送值守人员19472人次，合计供应各类食盐近40000吨，其中配送

湖北盐业集团黄冈分公司职工在 2020 年疫情期间加班加点保障供应

小包装食盐 35000 余吨。

【食盐储备】 按照《湖北省省级食盐储备管理暂行办法》（鄂经信规〔2017〕51 号）要求，湖北省食盐政府储备规模暂定为 4 万吨。湖北盐业集团有限公司遵循布局合理、有效应急的原则在武汉、襄阳、宜昌、恩施、十堰、黄冈、孝感设立了七大中心储备库，承担了储备总量 75%，共计 30000 吨的食盐政府储备任务。中盐长江盐化有限公司和湖北广盐华源制盐有限公司分别承担 5000 吨食盐政府储备任务。

（阮高翔）

烟草专卖

【专卖打假破网】 2020 年，湖北省烟草专卖局共查处各类涉烟违法案件 21816 起，比上年下降 26.1%，其中假冒卷烟案件 5596 起、走私烟案件 108 起、非法流通卷烟案件 1.61 万起。查获非法卷烟 24317 万支，比上年上年增长 1.84%，其中假冒卷烟 4306 万支、走私烟 108 万支、非法流通卷烟 19903 万支。涉烟违法案件案（标）值 2.06 亿元。全年办理涉烟重大案件 131 起，比上年增加 5 起；打击涉烟违法分子 323 人，其中判刑 137 人、拘留 186 人。省公安厅、省烟草专卖局督办案件 19 起，公安部、国家烟草专卖局督办案件 4 起，督办案件总数同比上年增加 3 起。

2020 年，湖北省“双打”领导小组在全国率先将烟草部门纳入成员单位，对省卷烟市场整顿领导小组及办公室成员进行调整，在建立健全 16 个执法协作机制的基础上，与长江航运公安局建立打击长江干线湖北段水域涉烟违法犯罪活动联合工作机制，开创了联合打击内河流域涉烟犯罪新格局。针对涉烟违法犯罪活动流动性更强、地域性更广的特点，深入推进省内外 12 个打假协作区工作制度化、常态化，组织召开“鄂豫陕”卷烟打假区域协作联席会议，加强与河南、广东、广西、云南等重点省份的协作，推动省内外打假协作常态化、制度化。烟草数据情报中心建设向公安部门延伸，12 月 23 日，设在武汉市公安局的“打击涉烟违法犯罪研判室”正式动工。湖北烟草大数据武汉情报中心综合运用烟草专网、公安警网和互联外网，分析发现涉烟违法经营网络团伙 19 个 577 人，追溯匿名邮购寄递卷烟人员真实身份 463 人次，分析锁定全省重点违规经营户 1261 户次，研判重大案件线索 28 次，向省内外推送物流寄递涉烟有效情报 46 例。

【专卖市场监管】 将“双随机、一公开”作为市场监管的基本手段和普遍方式，2020 年全省双随机抽查零售户 4.91 万户，抽查比例 23.23%，检查结果公开率 100%，发现并处理各类违法违规问题 982 个，及时在国家“互联网+监管”平台、烟草行业“互联网+监管”平台和省局门户网站公示公开双随机抽查结果、行政处罚结果等信息 6.5 万余条。全面使用 APCD 工作法数据分析功能，共开展“APCD”重点检查 5.93 万户次，查处违法违规户数 2856 户，命中率 4.88%。严格落实国家局电子烟市场专项检查行动部署，共检查电子烟实体店 3124 家，联合约谈互联网销售平台、大型连锁企业 132 家，关停电子烟生产企业 4 家，清除电子烟销售网络链接 201 条，清理自媒体 2 家、违规广告 66 条、违法公众号 81 个，湖北红安县烟草专卖局联合县市场监管部门查处了全省首起向未成年人出售电子烟案。

【行政许可管理】 稳步推进“一网通办”工作，推广使用烟草行业及湖北省一体化在线政务服务平台，全面落地“5 日许可”，共办理零售证各类申请 73384 份，其中通过网上申办 17174 份，占比 23.4%。对中小学周边“红线内”的 1926 家持证户和无证户进行清理整顿。

【内部专卖管理监督】 着力构建规范卷烟经营长效机制，打造废弃烟草专卖品监管闭环，编写《湖北烟草内部专卖管理监督工作手册》，出台《湖北省烟草专卖局治理真烟异常流动专项管控办法（试行）》，全省累计真烟外流 2761.69 万支，销毁报废烟机设备 54 台（套），处置废弃烟叶废弃物 10180.699 吨。推进卷烟零售客户信用体系建设，全省 17 家单位均将卷烟零售户违法违规经营等行为纳入客户档级管理，采取降档、控档、停供、限供等措施，正式运行处理6745户次。

【烟叶生产收购管理】 2020年，全省烟叶种植49.17万亩，收购烟叶108.4万担。着力推进现代烟草农业建设，构建“在建、完工、竣工、新申报”的水源工程援建项目分类管理机制，2020年4个在建水源工程项目，实现了1个完工、3个主体完工；4个完工项目实现了3个竣工验收；2个新申报项目完成省级审查。对全省烟农专业合作进行全面分类清理，将原有45个合作社整合至30个，利川柏杨、房县九道、秭归磨坪、保康黄金叶4个烟农专业合作社顺利通过“五好示范社”省级验收。2020年烟农售烟总收入14.73亿元，烤烟烟农户均售烟收入7.79万元，同比增加1700元，烟农种烟效益持续提升。全省烟农多元产业净收入2.16亿元，户均增收1.2万元，比上年分别增长25.6%、30.7%。

【卷烟营销与网络建设】 2020年，全省疫情严管期间，对政府定点民生商超保障性供货。4月底，全省客户访销面恢复至96.88%，零售客户开门比例达到98.32%。确定了以“金叶阳光”“知音同行”两大流通品牌为纽带，“直营终端、合作终端、加盟终端、数据终端、功能终端、普通终端”六类终端为架构的终端生态体系。建立终端推进情况月度报送机制，加强“云POS”系统推广运用，全年已上线云POS系统现代终端23131户，覆盖面54.73%；新建现代终端12494户，累计建成现代终端41608户，现代终端占比已达19.51%。

（刘冠华）

电子商务

【概况】 2020年，全省网上零售额达到2866.6亿元，增长1.6%，其中实物商品网上零售额2448.9亿元，增长4.6%，占社会消费品零售总额的比重为13.6%，比上年提高1.8个百分点。2020年上半年，全省各地累计直播带货超过20万场，参与直播商品的网上零售额突破70亿元。字节跳动（抖音）在全省13个市州开展“湖北重启·抖来助力—市长带你看湖北”直播活动，阿里举办天猫互动城618湖北专场活动，京东开展了为期一个月的“买光湖北货”活动，快手与央视合作开展3次助力湖北公益直播活动。

【“双示范”创建和评价】 为充分发挥示范企业和示范基地在吸引产业聚集、促进电子商务应用和模式创新等方面的示范引领作用，印发《省商务厅关于开展2020—2021年度电子商务示范企业和示范基地创建工作的通知》，评选出示范基地20家、示范企业70家。葛店电商基地、和艺电商产业园被商务部评定为国家级电商示范基地，全省拥有国家级电商示范基地数量位居中部第一。推荐武汉攀升鼎承科技有限公司入选第二批商务部数字商务企业，目前我省商务部数字商务企业达到4家。

【电商人才队伍建设】 启动湖北省电子商务精准扶贫领头人培养计划，邀请中国国际电子商务中心、武汉大学等院校电商专家教授、大型电商平台及优秀电商企业代表进行授课，重点覆盖随州随县、黄冈红安县和罗田县、咸宁通城县、孝感应城市、襄阳谷城县、宜昌秭归县、恩施鹤峰县、荆州监利市、荆门钟祥市和沙洋县等9个市（州）、40个县（市、区），实际参训学员1243人。

生活服务业

【楚菜产业发展】 2020年，建立楚菜联席会议工作机制，编制印发了《2020年楚菜创新发展工作要点》。举办第三届楚菜美食博览会，同期举办了楚菜产业发展大会、“工匠杯”楚菜职业技能大赛，发布21道楚菜标准，签约项目4个，意向金额1000万元，89家媒体全程报道。

【家政服务业】 建立省级家政服务业厅际联席会议制度，印发行动计划，明确责任分工；推动家政诚信体系建设，开展“诚信家政服务楚天行”活动；指导家政扶贫对接工作，阳新县、恩施州列入国家中心城市家政服务劳务对接贫困县，18家企业列入“百城万村”家政扶贫示范企业；利用联合国开发计划署扶贫资金开展家政扶贫培训。

【提升从业技能水平】 协同组织家政服务、摄影、美发、美容、婚庆主持、沐浴保健等生活服务业职业技能大赛。

（戴　辉）

2020年8月14日，黄石市华新水泥厂文创“夜经济”吸引市民消费

对外经济贸易

综　述

【概况】 2020年，省商务厅积极应对国内外经济形势的深刻变化，推动省政府制定实施稳外贸相关文件，推动对外贸易稳定增长、提质增效。全年外贸进出口4294.1亿元，外贸规模首次迈上4000亿元大关。新设立外商投资项目296个，合同外资金额141.7亿美元；实际使用外资（全省统计口径）103.5亿美元，比上年下降19.8%；外商直接投资（商务部统计口径）为16.8亿美元，比上年下降29.9%。对外承包工程企业完成营业额64.1亿美元，比上年下降3.0%，新签合同额179.0亿美元，比上年增长7.6%；非金融类对外直接投资实际投资额20.0亿美元，比上年增长2.0%。进出口货运量1447.4万吨，比上年下降5.1%；航空口岸出入境26.6万人次，比上年下降92.3%。

货物贸易

【概况】 2020年，全省实现进出口总值4294.1亿元人民币，增长8.8%。其中，出口2702亿元，增长8.7%；进口1592.1亿元，增长9.1%。进出口、出口、进口增速分别高于全国平均水平6.9个、4.7个和9.8个百分点。深入贯彻中央“一揽子”政策，参与起草《关于推进全省对外贸易创新发展的若干措施》《应对疫情影响进一步做好稳外贸稳外资工作若干措施》《进一步做好稳外贸稳外资工作的若干措施》《关于稳定和拓展我省外贸出口渠道的若干措施》，出台《关于做好外贸外资外经企业分区分级分类分时复工复产的工作方案》，持续开展“连促”活动，形成稳外贸强大合力。成立省农产品出口融资服务专班和厅农产品出口工作专班，有针对性地解决农产品出口企业融资难题。医疗物资和农产品出口拉动了外贸增长，起到了托底稳盘的关键作用。

【贸易平台建设】 完成“楚贸展”线上平台建设，密集举办12场“荆楚云展”和“荆楚优品出口转内销展销周”系列活动，组织参加两届网上广交会，成功策划国家进出口商会“来鄂送暖冬”活动，企业抓订单效果超过预期。

【跨境电商综试区】 加快推进外贸综合服务全覆盖工程，成功申报武汉二手车出口试点以及宜昌跨境电商综试区、市场采购贸易方式试点，实现跨境电商进出口、市场采购贸易方式出口成倍增长，新业态在疫情背景下大放异彩。

服务贸易

【概况】 2020年，全省服务贸易进出口总额80.3亿美元，进口55.4亿美元，出口24.9亿美元，居全国第十二，中部第一。其中服务外包合同额76.92亿美元，比上年增长16.35%，执行额40.70亿美元，比上年增长16.34%。

服务贸易创新发展试点。指导武汉市认真总结第二轮试点工作，积极上报创新经验和典型案例，5个案例入选国务院“最佳实践案例”。会同武汉市修订完善第三轮试点方案，已经省政府同意报商务部备案。制定省直单位责任分工表，拟报请省政府同意印发。

服务外包转型升级。优化顶层设计，拟制印发了省级《关于推动服务外包加快转型升级的实施意见》，明确阶段性发展目标和重要任务。加强工作督导，及时通报各市州服务外包数据。抢抓发展机遇，支持襄阳、宜昌申报新一轮国家服务外包示范城市。

服务贸易基础工作。加强政策宣传和业务培训。开展全省服务外包和技术贸易专题线上培训。推进技术贸易管理便利化提升。在省级登记的技术贸易企业和合同信息迁移到注册地所在的市州商务主管部门及武汉自贸片区。

【2020服贸会湖北省主题日活动在北京举行】 9月5日下午，服贸会湖北交易团在北京举办了湖北省主题日活动。湖北主题日活动以“开放 共享 启航——荆楚服务双循环新征程”为主题。武汉、襄阳、宜昌分别在现场作了会展招商、文化旅游、国际旅游专题推介。在项目签约环节，共有16个企业与湖北签署战略合作协议，涉及生物医药开发、跨境电商、区块链合作、智库咨询等服务贸易领域。交易成果46项，总成交额约17.25亿美元，湖北省主题日被组委会评为优秀活动。

企业出口和主要市场

【概况】 2020年，欧盟、美国、东盟是湖北省前三大贸易伙伴，全年进出口额分别为595.2亿元、571.5亿元、

554.5 亿元，分别增长 17.1%、22.8%、-5.6%，对前 3 大贸易伙伴的进出口值占全省贸易总值的 40.1%。对日本进出口 371.4 亿元，增长 9.5%；对中国香港地区进出口 302.7 亿元，增长 21.2%；对韩国进出口 295.1 亿元，增长 25.1%；对中国台湾地区进出口 258.8 亿元，增长 35.1%。对“一带一路”沿线国家进出口 1183.3 亿元，增长 22.4%，高于全省整体增速 9.3 个百分点，占全省外贸总值的 30%，比重提高 2.3 个百分点。

表 4—9　2020 年出口前 20 家企业情况

金额单位：万美元

企业名称	累计出口	增幅±%
联想移动通信贸易（武汉）有限公司	227990	−37.2
鸿富锦精密工业（武汉）有限公司	145416	−23.9
摩托罗拉（武汉）移动技术运营中心有限公司	74381	7.5
摩托罗拉（武汉）移动技术通信有限公司	71706	531.4
武汉烽火国际技术有限责任公司	64152	1.7
冠捷显示科技（武汉）有限公司	52065	22.0
武汉新芯集成电路制造有限公司	41653	−5.6
武汉新宁物流有限公司	31504	732.1
汉口北进出口服务有限公司	31378	1768.2
华大生物科技（武汉）有限公司	28425	15317.5
荆门市格林美新材料有限公司	26899	40.4
武汉钢铁有限公司	26087	−4.2
湖北祥云（集团）化工股份有限公司	25964	−1.1
仙桃新发塑料制品有限公司	25870	357.5
大冶特殊钢有限公司	25376	700.3
武汉协卓联合贸易有限公司	25004	611.0
湖北裕民防护用品有限公司	23563	793.8
标致雪铁龙（武汉）管理有限公司	23145	−7.2
长飞光纤光缆股份有限公司	21690	12.5
湖北万里防护用品有限公司	20552	1783.1

外贸结构

【概况】 2020 年，全省以一般贸易方式进出口 3246.5 亿元，增长 5.7%，占全省进出口的 75.6%。其中出口 2035.7 亿元，增长 4.2%；进口 1210.8 亿元，增长 8.2%。以加工贸易方式进出口 524.3 亿元，下降 11.2%，占 12.2%。贸易新业态蓬勃发展，市场采购出口增长 269.1%；跨境电商进出口增长 67.1%。

民营企业占比提升。全省民营企业进出口 2554.7 亿元，增长 20.9%，占全省外贸总值的 59.5%，比重较上年提升 5.9 个百分点，成为稳外贸的重要力量。其中，出口 1920.9 亿元，增长 18.2%；进口 633.8 亿元，增长 29.9%。国有企业进出口 885.3 亿元，下降 0.2%，占 20.6%。外商投资企业进出口 848.1 亿元，下降 8.7%，占 19.8%。

武汉市进出口增幅超全省平均水平。武汉市进出口总值 2704.3 亿元，增长 10.8%，超过全省平均水平 2 个百分点，占全省外贸总值的 63%。其中，出口 1421.7 亿元，增长 4.3%；进口 1282.6 亿元，增长 19%。

医用防疫物资出口强势增长，农产品出口增长较快。全省出口机电产品 1269.2 亿元，下降 2.4%，占全省出口总值的 47%，其中出口自动数据处理设备及其零部件 209.6 亿元，增长 3.7%；出口手机 175.3 亿元，下降 12.1%；出口集成电路 75.1 亿元，增长30.8%。出口医用防疫物资423亿元，增长近8.8倍，占全省出口总额15.7%，其中，出口口罩245亿元，增长15倍；出口防护服132.7亿元，增长3倍。出口农产品152.1亿元，增长12.3%，其中出口罐头增长114.4%。

机电产品进口增长较快，消费品进口大幅增长。全省进口机电产品1082.7亿元，增长14.2%，占全省进口总值的68%，其中进口半导体制造设备264亿元，增长25.8%；进口集成电路229亿元，增长22%。进口消费品46.4亿元，增长45.3%；其中进口肉类9亿元、增长333.9%，进口服装4.2亿元、增长616.9%。进口农产品45.8亿元、增长27.4%，其中进口大豆12.2亿元、增长40.5%。

表4—10　2020年利用外资分产业、行业情况

金额单位：万美元

类别		项目（企业）个数		合同外资金额		实际使用外资	
		累计	增幅%	累计	增幅%	累计	增幅%
总计		296	−33.63	1416901	−12.79	1035189	−19.80
分产业	第一产业	5	−37.5	586	−99.76	2721	−5.06
	第二产业	51	−62.5	954353	50.88	556719	−18.96
	第三产业	240	−20.53	461962	−38.42	475749	−20.83
分行业	农、林、牧、渔业	5	−44.44	728	−99.7	2721	−5.06
	采矿业	0	−100	0	−100	0	—
	制造业	39	−66.95	864268	72.91	505133	−18.93
	电力、热力、燃气及水生产和供应业	8	−33.33	68735	115.65	36158	−37.97
	建筑业	5	−16.67	23136	−77.05	15428	174.96
	批发和零售业	49	−46.74	68004	−6.17	90039	94.79
	交通运输、仓储和邮政业	5	−50	18406	174.14	39997	−15.27
	住宿和餐饮业	7	−30	302	−90.45	468	−95.32
	信息传输、软件和信息技术服务业	23	−50	28722	−58.02	61247	58.37
	金融业	4	−87.5	5887	−80.1	1679	−62.31
	房地产业	9	0	10364	−90.3	101807	−59.60
	租赁和商务服务业	45	25	137415	−68.75	125047	−22.59
	科学研究和技术服务业	81	153.13	150069	636.86	41304	173.53
	水利、环境和公共设施管理业	2	100	435	−81	6767	−57.36
	居民服务、修理和其他服务业	2	−71.43	305	—	0	−100.00
	教育	1	−75	1	—	0	−100.00
	卫生和社会工作	1	−83.33	35438	2542.65	1454	1325.33
	文化、体育和娱乐业	10	−33.33	4686	402.25	5940	−38.71

利用外资

【概况】 2020年，全省新批外商投资项目296个，比上年下降33.63%；合同外资金额141.69亿美元，比上年下降12.79%；实际使用外资金额103.52亿美元，比上年下降19.8%。2020年全省实际使用省外资金9197亿元，比上年下降8.59%。招商引资亿元以上签约项目4446个，比上年下降2.01%，亿元以上签约项目总金额27565亿元，比上年下降20.48%，亿元以上开工项目2803个，比上年下降12.13%，亿元以上开工项目计划投资额8852亿元，比上年下降21.31%。

表4—11　2020年吸收外商直接投资分国别（地区）情况

金额单位：万美元

国别（地区）	项目数	合同外资额		实际金额	
		1—12月	增幅±%	1—12月	增幅±%
总计	296	1416901	−12.79	1035189	−19.80
中国香港地区	110	1277560	11.48	475887	−29.14
新加坡	12	21600	59.15	107484	15.98
日本	12	9089	1.25	80510	−29.43
中国台湾地区	58	13307	−46.86	24647	−26.48
荷兰	2	4229	−78.13	18689	27.34
美国	12	3888	−88.92	10570	−62.23
墨西哥	0	580	1900.00	9682	−44.85
德国	2	7231	229.58	8379	92.53
中国澳门地区	5	682	1523.81	8026	−17.19
法国	1	224	−95.96	6899	−62.33

注：按实际金额大小排序（前十位）

【2020中国—北欧经贸合作论坛暨湖北省新产业项目合作对接会】 省政府依托第三届进博会平台于11月6日在上海举办2020中国—北欧经贸合作论坛暨湖北省新产业项目合作对接会，芬兰、冰岛、挪威、丹麦、瑞典、比利时、法罗群岛、韩国忠清北道等国家和地区驻华使节以及中国欧盟商会、沃尔沃集团、百胜中国、康宁公司、达能中国、丸红株式会社、诺基亚、康士伯数据、宜家、林德等知名国际商协会和跨国企业代表出席活动，32个重点项目在活动中签约。

【中国发展高层论坛携手湖北暨跨国企业湖北行活动】 11月23日至25日，中国发展高层论坛携手湖北暨跨国企业湖北行活动在武汉、孝感两地举行。本次活动由中国发展高层论坛、湖北省人民政府共同主办，中国发展研究基金会、湖北省商务厅承办，吸引了罗氏制药、宝洁、高通、美国科恩集团、西门子、福特汽车、蒂森克虏伯（中国）、CJ中国、武田中国、宜家中国等来自欧洲、美国、日本、韩国等国家和地区的200余名知名跨国企业代表参加。活动向跨国企业宣传推介湖北疫后重振发展情况、营商环境以及湖北自贸试验区重点产业、重点项目，加快推进在谈项目落户湖北，吸引更多跨国企业关注湖北、投资湖北、支持湖北，助力湖北疫后重振和高质量发展。

对外经济技术合作

【概况】 2020年，全省对外承包工程新签合同额179亿美元，连续七个月保持增长，居全国第二，中西部首位，比上年增长7.6%；完成营业额64.1亿美元，居全国第五，中西部首位，比上年下降3%，好于全国平均9.8%的降幅水平。重大工程项目支撑效果明显，新签合同额1亿美元及以上项目36个，较上年同期增加3个，合同金额148亿美元，占全省总额的82.7%。葛洲坝、二航局、中电建湖北工程积极实践以BOT、PPP等模式承揽国际工程，葛洲坝、湖北工建等工程企业积极开展境外经贸合作园区投资、建设、招商工作，带动国内更多行业“抱团走出去”。

【对外投资】 2020年，全省地方企业非金融类对外实际投资额11.8亿美元，比上年增长9.9%，主要流向制造业、租赁和商务服务业、批发和零售业，行业投资额9.8亿美元，占全省对外实际投资总量的83%，其中制造业投资6.8亿美元，比上年增长68.8%，主要流向生物医药、建材、食品加工和计算机通信等领域。对实体经济和新兴产业的投资仍然保持较快的增长速度，房地产等非理性投资趋势得到有效遏制。以武汉当代、华新水泥等为代表的地方企业更加注重向制造业投资，整体结构更加优化，质量不断提升。

【对外援助】 湖北工建集团获得援老挝人民革命青年团中央活动中心项目工程总承包任务，合同金额6144万元人民币，打破了2005年以来全省地方企业承担援外成套工程总承包项目“零纪录”。累计执行的援外项目共10个，建设规模总计25.4亿元人民币。

【“一带一路”建设】 2020年，全省地方企业对“一带一路”沿线21个国家实际投资4.3亿美元，比上年增长36.5%，占全省总额的36.4%，超全国平均水平20.2个百分点；在沿线国家承包工程新签合同额123.7亿美元，完成营业额50.9亿美元，分别占全省总额的69.1%、79.4%，超全国平均水平13.7、21个百分点，新签15亿美元以上3个特大项目分布在孟加拉、印尼和土耳其等“一带一路”国家。

【助力境外项目复工复产】 密切关注有关国别疫情形势、管控措施、投资税收政策等，并积极向企业宣传，指导企业及时采取措施有效应对。扎实开展“连促”活动，深入重点市州和葛洲坝、中建三局、华新水泥等20余家对外投资合作企业调研，掌握重点项目进展情况，协调解决企业困难和问题。积极争取驻外使领馆经商参处（室）、民航总局以及兄弟省市商务、口岸部门支持，积极组织协调境外项目急需人员、物资出境问题，帮助企业境外业务稳定发展。

口岸管理

【概况】 2020年，全省进出口货运量总计1447.45万吨，比上年下降5.1%；出入境人员26.65万人次，比上年下降92.3%。受疫情影响，武汉天河机场航空口岸客运航班直至9月份才正式复航，出入境客运航班、人员流量锐减；另一方面，运送防疫物资为主的国际航空货运逆势增长，累计开通国际货运定班航线12条，航空货运运量8.5万吨，国际货运飞机1864架次，比上年增长257.8%。武汉港水运口岸自5月份恢复近洋国际直航业务后，至日本的集装箱航线开启了班轮化运营，全年直接出入境船舶41艘次，创历史新高，口岸验放量居长江中上游水运口岸首位。中欧班列（武汉）全年共发运215列、20192标箱，6月16日开行首趟直达乌克兰的“武汉—基辅”线路，6月18日实现中欧班列首次运邮出境。国际多式联运通道进一步拓展，日本—武汉—欧洲集装箱海铁联运国际中转新通道正式开通。

【口岸疫情防控】 建立了全省口岸疫情防控和运行保障协调机制，制定了防控方案。疫情（武汉封城）期间共保障出入境航班257架次，运送旅客23259人次、货物719吨；完成60批次外国撤侨包机及12批次滞留海外人员返汉包机保障任务。口岸查验部门建立起协作机制，边检与海关形成“关检双保险”，全年共推送数据信息近7万条，配合开展数据核查1000余人次、航班600余架次。

【口岸开放】 恩施机场对外开放列入国家2020年度口岸开放审理计划，已正式申请对外开放。武汉港获批扩大开放的花山港区、汉南经开港区口岸设施建设基本完成，完成省级预验收。宜昌综保区获批并通过验收，天河机场进境肉类指定监管场地通过国家验收。湖北国际物流核心枢纽项目（鄂州机场）口岸设施规划进一步细化和明确。

【优化口岸营商环境】 统筹部署口岸提效降费行动，会同武汉海关报送了贯彻落实省委优化营商环境“30条”工作任务实施方案，牵头组织省发改委、财政厅等7部门开展了清理规范口岸收费行动。引入第三方专业机构，开展口岸营商环境评估，以评促改，提升全省跨境贸易便利化水平。持续开展减免查验没有问题进出口集装箱吊装、移位、仓储费用试点工作，2020年共减免查验没有问题集装箱12452箱、减免费用764万元，惠及外贸企业694家。研究制定了全省促进综保区及B型保税物流中心高质量发展专项行动计划，提升了运营绩效，全省综保区、B型保税物流中心一线进出口值分别为275.47亿元、16.1亿元，比上年增长57.3%、152.3%。

（戴　辉）

海　关

【概况】 2020年，湖北省进出口总值在主要经济指标中率先恢复正增长，逆势创下新高，达到4294.1亿元人民币，比上年同期增长8.8%，进出口总体增速、出口增速、进口增速分别高于全国平均水平6.9个、4.7个和9.8个百分点，进出口增速位列全国第11位，表现出了强大的发展韧性和后劲。

【通关监管】 深化通关领域改革，有序推进“两步申报”“两段准入”，先后实施进口“船边直提”、出口“抵港直装”，口岸通关更加便捷高效。推进物流一体化智能监管，实现关区进出口转关自动审核、自动放行，各类监管作业场所之间货物自由流转。推进行邮监管模式改革，实现旅客行李物品顺势智能化监管，进出境邮递物品“智能—电子—集约”监管，“快件作业无纸化”创新举措在全省复制推广。主动创新查验方式，在风险评估的基础上对一般工业品的进口目的地事中查验指令实施“远程视频查验”模式，极大提高查验效率，该模式被列为湖北省优化营商环境16条典型经验之一。

【税收征管】 全面落实税收优惠政策，推广汇总征税、减免税数据ERP联网申报、自报自缴等便利措施，支持长江存储、京东方等企业享受减免税政策，2020年累计减免税款20.7亿元，帮助企业渡过难关。创新税收担保方式，积极推动TCL集团财务公司担保试点范围扩大至武汉关区，武汉华星光电半导体有限公司等3家企业享受改革红利，节约财务成本约2600万元；持续运用“一保多用”担保管理叠加财务公司担保、关税保证保险等担保模式；扩大进境修理物品一体化担保改革范围，将试点企业扩大至关区一般信用以上的所有企业，有效减低企业融资成本。开展原产地证书智能化审核试点，构建“居家申领+多点自助打印+窗口寄证”三合一原产地证书申领模式，最大程度实现“不见面审批”，2020年关区办理出口原产地签证5.8万份，签证货值39.6亿美元。

【查缉走私】 全力推进“国门利剑2020”联合专项行动，全年刑事案件立案28起，案值6771.2万元；行政案件立案178起，案值2.4亿元。严厉打击“洋垃圾”走私，组织开展“蓝天2020”专项行动，查获涉嫌伪报进口固体废物1.3吨。严防医疗物资非法出境，侦办非法出口医疗物资案件8起；向市场监管部门、省市公安机关移交涉嫌假冒伪劣医疗物资案件2起，案值1.5亿元。打击野生动物、象牙等濒危物种及其制品走私，查获涉嫌走私象牙等濒危物种及其制品11.9千克。打击农产品走私，查证走私冻品、香菇近50吨。打击涉枪涉毒走私，查获疑似非火药动力枪支7支，走私大麻、麻果等毒品近3千克。打击重点涉税商品走私，刑事立案12起、行政立案24起，其中侦办的“9.17”跨境电商走私案入选海关总署2020年海关打击走私十大典型案例。

【企业管理和稽查】 推进“证照分离”“注销便利化”改革，实现海关企业注册登记“网上办”“一次办”，2020年，共办理报关企业注册登记68家次，收发货人注册登记2833家次，企业注销502家次。加大认证企业培育力度，组织实施企业认证37家，新增高级认证企业9家、一般认证企业3家。积极参与湖北省社会信用体系建设，实施守信联合激励和失信联合惩戒，关区高级认证企业和失信企业分别作为“红名单”和“黑名单”企业维护至湖北省企业信用信息汇集系统，现有失信企业42家，为中部海关最少。切实履行稽核查后续监管职责，稳步推进“多查合一”改革，落实主动披露政策；开发“智慧核查”模块，通过远程核查代替实地核查，进一步提高核查效率。2020年，关区稽查作业有效率79.44%，稽查追补税款5300.9万元，追补税额创历史新高；完成核查作业293起，增长18%。

【卫生检疫】 强化进口冷链货物和高风险非冷链集装箱货物监管，完善疫情防控和各项监管工作的中长期协调机制，健全“人物地”同防的联防联控机制，有效扎紧防控闭环。2020年累计监管进出境飞机3563架次，检出新冠病毒核酸阳性53例，防疫成果持续巩固，机关和一线干部职工零感染。加强口岸卫生监督和传染病防控。2020年办理口岸卫生许可证核发93批次，开展卫生监督抽检824批次、日常监管2857次，捕获病媒生物2580只。强化技术支撑，完成出入境人员监测体检1.4万人次，艾滋病监测1.3万人次，发现传染病74例；实施预防接种1.9万人次，签发预防接种证书5320份，全年未出现过接种安全事故。做好特殊物品监管，办理特殊物品出入境检疫审批727批次，增长71.5%。

【动植物检疫】 积极防范进境动植物疫情和外来物种入侵，密切关注境内外动植物疫情动态，开展口岸及周边外来物种和病虫害监测，加强进境高风险动植物及其产品检疫后续监管，2020年非贸渠道截获外来入侵物种20批次，截获植物有害生物2024种次。做好非洲猪瘟常态化防控，及时修订关区非洲猪瘟防控应急预案，督促养殖企业落实供港活猪饲养、运输等全链条防疫主体责任，监督口岸运营单位健全联防制度，对来自疫区国家（地区）货物、航班和旅客等实施重点布控和查验，截获疫区猪肉产品8.2千克。服务扩大农产品出口，指导企业主动应对技术性贸易壁垒，培育拓展国际市场，实现湖北省柑橘、蜜柚、活鲟鱼首次出口白俄罗斯、哈萨克斯坦，动植物产品出口目的国增长至23个。助力优质种质“引进来”，支持进口鸡苗14万只，有力保障企业复工复产。

【进出口食品安全】 开展进口商品风险监测工作。成立进口商品风险监测工作组，建立7Ч24小时值班机制，制定相关制度文件40余份；深入业务现场开展指导督导，通过桌面推演、集中培训、视频学习、现场实操、应急演练等多种方式，组织开展专题培训，全面提升一线干部职工能力水平；成立风险研判专家小组，对重点国家（地区）、重点商品进行风险分析，形成并发布风险信息200余条。开展口岸环节进口冷链食品预防性消毒工作，组织、指导冷链食品进口商、海关查验场所经营单位做好口岸环节被抽中的进口冷链食品集装箱内壁和货物外包装的预防性全面消毒处理工作，严防疫情输入风险。保障农产品出口，2020年全省出口农产品152.1亿元，增长12.3%，创历史新高，其中，食用菌及其制品出口88.7亿元，茶叶出口14亿

武汉海关开辟绿色通道保障防疫物资快速通关

元；出口农产品品种 501 种，较去年增加 79 种。

【商品检验】 保障进口防疫物资快速通关，助力湖北省联防联控指挥部社会捐赠组出台《关于应对新型冠状病毒感染肺炎疫情防控期间接收境外捐赠物资通关、检验的工作流程》，搭建捐赠人、受赠人、海关和药监部门之间的高效沟通渠道，畅通涉证医疗器械补办放行证明手续环节，保障快速送达救治一线。加强出口防疫物资质量安全监管，多次赴出口企业集中地开展法定检验政策宣讲，联合省市部门开展防疫物资市场秩序整治和质量提升专项行动，维护防疫物资出口良好秩序。

创新进出口商品检验模式，推行“出口航空煤油合格评定”新模式，企业从申报到出口的时间压缩至 1 天以内；对进口矿产品实行“先放后检”，平均验放时长由 15 天缩短至 1 小时；优化大宗商品重量鉴定模式，通关时间平均缩短 20 天以上。推进进出口商品质量安全风险监测点建设，以武汉海关技术中心为依托，建成轻纺类、危险货物及其包装类商品 2 个二级风险监测点，聚焦进出口消费品和防疫物资质量安全，对室内装饰装修材料、润滑油、电器电子产品、口罩等四大类商品开展风险监测，共抽检样品 100 批次，保障进出口商品质量安全。

【优化口岸营商环境】 以“更高通关效率、更低通关费用、更优通关服务”为标准，打造一流口岸营商环境，制定实施 50 条具体措施，得到应勇书记批示肯定并在全省推广。提高通关效率，固化疫情防控中形成的“绿色通道”、零延时验放等举措，持续压缩整体通关时间。2020 年 12 月湖北省进、出口整体通关时间分别较 2017 年压缩 71.95%、92.36%，超额完成国务院“到 2021 年底整体通关时间比 2017 年压缩一半”目标任务。简化业务流程，试行“综保区保税物流货物触发申报新模式”，申报要素由 212 项减少到 125 项，节约人力成本 30%；实行“网上办，不见面”办公方式，为企业开展线上归类、规范申报等业务答疑。全面落实口岸收费一站式阳光价格，扩大免除查验没有问题外贸企业吊装移位仓储费用使用范围。

【助推扩大开放】 结合湖北省各区域、各市州开放条件和实际需求，为开放平台通道的申报、建设和运营提供全流程指导，着力完善网络、拓展功能，助力打造内陆开放新高地。建好口岸，支持花山港、汉南经开港、荆州港、恩施机场、黄冈唐家渡港区、十堰武当山机场等口岸开放工作，助推鄂州、襄阳等口岸纳入国家口岸发展“十四五”规划，指导武汉港等口岸扩大开放。建好平台，依托长江黄金水道、中欧班列、航空口岸完善多式联运体系，融入“一带一路”网络；创新推动进境肉类、冰鲜水产品、水果、粮食、汽车等口岸“五合一”集约化管理。建好枢纽，支持天河机场新增国际货运航线，创新顺丰机场“快件智能分拣”模式，助力打造空港客货运输“双枢纽”。建好区域，制定实施支持综保区发展 11 条措施，全力争取宜昌综保区 1 月获批、12 月验收，襄阳和黄石综保区启动审批程序。

（柯卫申）

文化与旅游业

综　述

【概况】 2020 年，全省文化和旅游系统统筹推进文化和旅游行业常态化疫情防控和疫后重振、高质量发展，成效好于预期。面对新冠肺炎疫情，迅速采取“六项措施”，有效防止疫情通过文化和旅游活动传播扩散，完成援鄂医疗队服务保障专班等 7 个专班工作任务，组织 1.3 万余名滞留境外团队游客和 2 万余名滞留省外团队游客安全返回，创作生产抗疫主题艺术作品 2000 余件，创新推出“方舱书屋”和线上“书香战疫”“群文战疫”等活动。准确把握疫情防控形势的阶段性变化，推进文化和旅游行业复工复产复业，细化具有文化和旅游行业特点、针对性强的常态化疫情防控举措，争取政策、资金、项目支持，推动文化和旅游行业实现从“按下暂停”到“重启恢复”再到“加快全面恢复”的三级跳。截至年底，全省 A 级景区、旅

2020 年 12 月 22 日，竹溪县龙王垭茶文化旅游区正式被省文化和旅游厅评定为国家 4A 级旅游景区

行社、星级饭店复工率分别达到 91.6%、90.9%、94.4%，均高于全国平均水平。

精心策划“与爱同行 惠游湖北”活动。全省 390 家 A 级景区累计接待游客 7740 万人次，较上年增长 19.2%；旅行社组接团游客 1764 万人次，是上年的 2.41 倍，充分展示湖北感恩重情和健康安全的良好形象，推动湖北实现由旅游输出地向目的地的跨越式转变，确保 10 多万人的就业，带动全省限额以上批发、零售、住宿、餐饮、交通等行业营业额降幅环比逐月收窄、先后恢复正增长。

加大对文旅各领域扶持。对接国家重大战略和省委、省政府重大部署，推进行业扶贫与定点扶贫，支持全省 37 个贫困县各类专项资金 4.3 亿元，推动巴东县顺利摘帽出列、驻点村贫困人口全部脱贫。对接中央支持湖北一揽子政策最大限度地向文化和旅游领域倾斜，组织开展“送政策、帮企业；送服务、解难题”活动，推动金融机构向文化和旅游产业新增融资授信 800 亿元，协调暂退旅游服务质量保证金 1.7 亿元，争取相关机构为文化和旅游企业延长或减免保费 4—6 个月、网络接入使用费 1.3 亿元，全年调度重大文化和旅游项目 354 个、总投资 6015.3 亿元。持续优化文化和旅游领域营商环境，深入开展扫黑除恶专项斗争、安全隐患排查治理和市场秩序集中整治，文化和旅游行业全年无重大安全事故和游客投诉事件发生。

文化和旅游各项工作呈现新亮点。《天使日记》入选中国民族歌剧传承发展工程重点扶持剧目，廉政小戏《明心正道看镜鉴》在全省巡演引起强烈反响。基层综合文化服务中心三年行动和旅游厕所新三年建设任务圆满完成，文化和旅游志愿服务项目在全国大赛中综合成绩位居全国前列。随州枣树林春秋曾国贵族墓地入选 2019 年度“全国十大考古新发现”，天门石家河遗址入选 2020 年度“考古中国”五项重大考古新成果之一；2 项展览分别荣获全国博物馆陈列展览十大精品推介特别奖、精品奖，创历史最好成绩。2 个非遗项目保护工作被评为全国优秀实践案例。地方志“两全目标”任务如期完成，中指组向省政府发来贺信。武汉、宜昌入选首批国家文化和旅游消费示范、试点城市，襄阳入选第四批全国旅游标准化示范单位，恩施州腾龙洞景区晋级国家 5A 级景区。5 个县（市、区）成功创建国家全域旅游示范区，居中部首位；新入选全国乡村旅游重点村 27 家，居全国第一。“夜游湖北”成为旅游新亮点，武汉进入 2020 年夜经济影响力十强城市。首届中国（武汉）文化旅游博览会成功获批，“云·游中国”湖北系列宣传活动有声有色，“一部手机游湖北”上线试运行。

文化事业

【湖北省文物局挂牌仪式举行】 9 月 11 日下午，湖北省文物局挂牌仪式在湖北省文化和旅游厅机关大楼举行。文化和旅游部党组成员、国家文物局党组书记、局长刘玉珠出席，副省长张文兵讲话。

【随州枣树林墓地入选“中国六大考古新发现”】 1 月 10 日，2019 年“中国六大考古新发现”在中国社会科学院考古学论坛上揭晓，湖北随州枣树林春秋曾国贵族墓地入选，出土大批西汉简牍的荆州胡家草场墓地获入围奖，创下湖北省“中国六大考古新发现”评选最好纪录。自 2002 年以来，湖北省有 6 个项目入选年度“中国六大考古新发现”，分别是：枣阳九连墩墓地（2002 年）、随州叶家山西周墓地（2011 年）、随州文峰塔东周曾国墓地（2013 年）、天门石家河新石器时代遗址（2016 年）、京山苏家垄周代遗址（2017 年）、沙洋城河新石器时代遗址（2018 年），数量位居全国前列。

【全省第八批全国重点文物保护单位保护范围和建设控制地带公布】 6 月 2 日，湖北省人民政府印发通知公布 25 处全省第八批全国重点文物保护单位保护范围和建设控制地带，并对广德寺多宝塔保护范围和建设控制地带进行更新核定。要求全省各地、各有关部门切实履行文物保护责任，统筹文物周边区域空间功能和用地安排。

【湖北省新时代考古学建设共同体暨长江文明考古研究院成立】 12 月 29 日，

湖北省新时代考古学建设共同体暨长江文明考古研究院成立大会在武汉大学举行。该共同体由湖北省教育厅、湖北省文化和旅游厅、武汉大学、在鄂相关高校及湖北省考古文博单位统筹力量共同组建，旨在运用系统思维推进新时代高校考古专业建设，努力建设成为政府、高校、地方、企业之间，围绕高质量考古学专业建设的资源汇聚平台、联动发展平台、质量提升平台和立德树人平台。由武汉大学与湖北省文化和旅游厅共建长江文明考古研究院，在双方组成的理事会指导下具体开展建设工作。首任名誉院长、学术委员会主任和院长、常务副院长分别由樊锦诗、冯天瑜、刘礼堂、余西云担任。

【武汉大学田野考古实践教学基地揭牌】 10月18日，武汉大学田野考古实践教学基地揭牌仪式在襄阳市凤凰咀遗址举行。该基地由武汉大学联合湖北省文物考古研究所、襄阳市博物馆、襄州区博物馆建立，将作为武汉大学考古系未来长期的实习地点，为武汉大学考古系学生提供系统掌握田野考古主要环节的基本技能，包括全覆盖调查及其分析方法、考古测绘、考古勘探、探方发掘、田野考古信息系统软件的运用、考古资料的整理、考古报告的编写等。

【湖北博物馆两个项目获2020全国革命文物保护利用十佳案例】 12月11日，2020全国革命文物保护利用十佳案例宣传推介活动终评会在北京举行。湖北省是全国唯一有两个展览项目被推介为2020全国革命文物保护利用十佳案例的省份。其中，武汉革命博物馆“弘扬抗疫精神 传承红色基因——武汉革命博物馆抗疫物证的收藏保护和利用”项目是唯一以抗击新冠肺炎疫情为主题的项目，共征集到抗疫物证13447件（套）；辛亥革命博物馆“武汉上空的鹰——纪念苏联空军志愿队特展”，是国内首个反映苏联空军志愿队武汉空战的专题展，共集中展出文物、资料100余件和历史照片200余幅，展示苏联空军志愿队在武汉抗击日本侵略者的英勇事迹。

【“华章重现——曾世家文物特展”】 9月12日起，“华章重现——曾世家文物特展”在湖北省博物馆开展。该展览精选叶家山、苏家垄、文峰塔等重要曾国遗址出土的青铜器，共分“始封江汉”“汉东大国”“左右楚王”“华章重现”四个单元，呈现西周早期到战国中期的曾国青铜文化面貌。此次展览展出2019年中国政府从日本追索回来“曾伯克父”青铜器群。这是中国在国际文物市场成功制止非法交易、通过跨国追索回归中国的价值最高的一批文物。

【2020年“文化和自然遗产日” 非遗宣传展示活动“云游非遗·影像展”暨“首届荆楚非遗购物节”启动】 6月11日，由湖北省文化和旅游厅主办的2020年“文化和自然遗产日”非遗宣传展示活动“云游非遗·影像展”暨“首届荆楚非遗购物节”启动仪式在省图书馆举行网络直播。2020年“文化和自然遗产日”非遗宣传展示活动的主题是“非遗传承 健康生活”，重点聚焦非遗在人民大众健康生活中发挥的重要作用，宣传非遗在防控新冠肺炎疫情人民战争中发挥的积极作用。“云游非遗·影像展”，集中介绍全省部分传统体育类、传统餐饮类、传统医药类等22个非遗重点项目，展示抗疫中的湖北非遗力量和优秀非遗抗疫作品。“首届荆楚非遗购物节”，湖北省139个非遗项目在阿里、京东、拼多多等多家电商平台，开设201家店铺，2000余种非遗产品线上出售。多家电商平台支持疫情重灾区湖北，淘宝开辟“物乘黄鹤来”湖北非遗专场，京东、拼多多开设“湖北非遗馆”。省广播电视台“直播精选”商城设立非遗购物专区，着力打造“荆楚非遗购物节”品牌。

【第四届湖北地方戏曲艺术节】 11月3日至23日，第四届湖北地方戏曲艺术节暨“颂祖国、奔小康”小戏展演举行。展演期间，全省51台（出）新创戏曲作品轮番上演，线下惠民2万余人次，长江云携全省云平台等线上展播吸引观众2000多万人次。同时，遴选出38出新创小戏深入基层开展惠民演出和进景区演出活动。

【“湖北省美术创作重点项目扶持工程”2020年度优秀作品展】 10月29日至11月8日，“湖北省美术创作重点项目扶持工程”2020年度优秀作品展在湖北美术馆举办，共展出100件优秀作品。展出作品紧扣时代脉搏、贴近群众生活，种类丰富、题材广泛、贴近生活、格调高雅，尤其是聚焦“全面小康”“抗击疫情”等题材的创

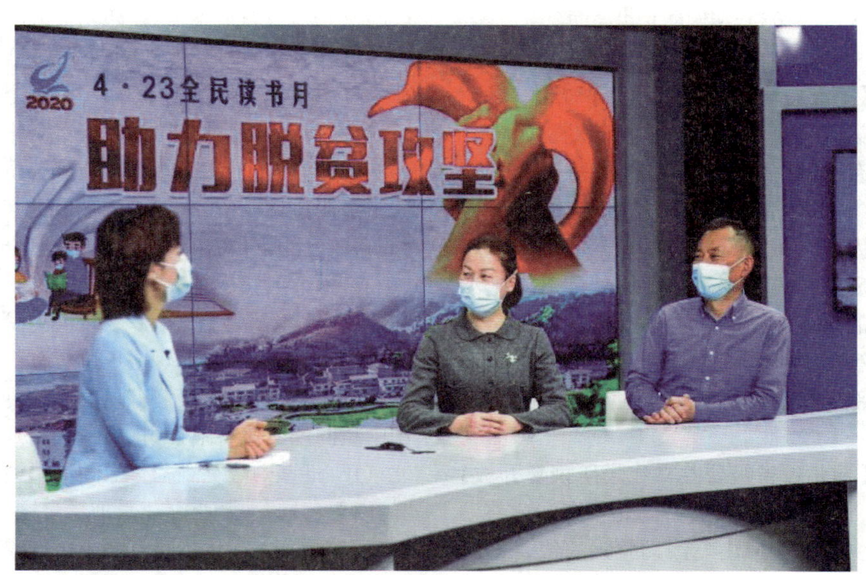

2020年4月23日，湖北省文化全民阅读读书月活动正式启动

作，具有独特的艺术魅力和鲜明的时代特色。

【廉政小戏专场《明心正道看镜鉴》开演】 9月9日，廉政小戏专场《明心正道看镜鉴》在洪山礼堂首演。该戏是省纪委监委、省委宣传部指导，省文化和旅游厅具体组织，省京剧院、省戏曲艺术剧院、武汉楚剧院和省花鼓戏艺术研究院等4个戏曲院团精心打造的一台廉政戏曲作品，以京剧、汉剧、楚剧、花鼓戏、黄梅戏等5个戏曲剧种，创作排演《特别考试》《天网》《正名》《审牛》《昨日重来》5出廉政小戏，通过身边小故事，宣传廉政铁纪律，阐明初心大道理，朴实的表演，精美的唱腔，赢得观众阵阵掌声。首演结束后，9月10日至12日，该戏为省直机关、国企、高校、社区的党员干部连演3场。9月下旬至10月，开展全省巡演。

【湖北戏曲亮相2020年戏曲百戏（昆山）盛典】 10月17日至19日，湖北省荆州花鼓戏《站花墙》和郧剧《白蛇传·游湖》等7出折子戏组成的湖北折子戏专场亮相2020年戏曲百戏（昆山）盛典，展示湖北戏曲传承发展新成果。自2018年百戏（昆山）盛典举办以来，湖北省共组织20个地方戏曲剧种（3台大戏和17出折子戏）先后参演，全面展现湖北地方戏曲百花齐放、争奇斗艳的生动局面。

【第五届全省群众广场舞】 7月，发动第五届全省群众广场舞活动。全省共有3400多支广场舞团队、8万多群众参加展演，线上线下观众达500多万人次。根据网络投票和专家评审，从反映抗疫、讴歌时代、展现百姓生活的众多作品中，评出一等奖12个、二等奖14个、三等奖8个。9月28日，部分获奖作品在宣恩县进行集中展演。

【湖北省省级公共文化场所恢复开放】 6月14日，随着湖北省突发公共卫生应急响应由二级调整为三级，省博物馆、省图书馆、辛亥革命武昌起义纪念馆、湖北美术馆、省群艺馆等五家省级公共文化场馆恢复开放，社会公众通过预约方式有序进馆参观。

2020年10月25日，十堰市房县文化馆及社区文艺分会演员，房县“九月九”黄酒开酿文艺演出—土城镇黄酒村

【湖北剧目“走出去”和“引进来”签约仪式举办】 10月15日，湖北剧目“走出去”和“引进来”签约仪式在武汉举办。签约仪式上，北京保利剧院与湖北省京剧院就京剧《徐九经升官记》《大保国·探皇陵·二进宫》，广州大剧院与省歌剧舞剧院就歌剧《天使日记》《洪湖赤卫队》，山东省演艺集团与湖北省戏曲艺术剧院、武汉楚剧院就楚剧《大别山人》《万里茶道》，四川大剧院与长江人民艺术剧院就话剧《张富清》《一心向党》等达成签约意向，共18个“走出去”剧目现场签约。武汉市文化和旅游局与北京保利剧院管理有限公司就引进明星话剧《浮士德》、明星话剧《戏台》、音乐剧《剧院魅影》以及第十二届艺术节上获文华大奖的舞剧《永不消失的电波》等优秀剧目，以及中央民族乐团、郎朗钢琴独奏等项目达成合作意向；宜昌艾肯营销策划有限公司与厦门中鱼同创文化有限公司（中鱼剧场）、北京开心麻花演艺经纪有限公司就引进“闽南舞台剧”、开心麻花系列舞台剧，一起来（武汉）文化传媒有限公司与成都麦知文化传媒有限公司就引进大型儿童魔幻舞台剧《冰雪奇缘》达成合作意向，共计10个“引进来”项目现场签约。

（黄康胜）

文化产业园区

【概况】 全省共有国家级文化产业试验园区1家。省级文化产业试验园区29家，其中武汉14家，十堰2家，襄阳3家，宜昌6家，黄冈1家，仙桃1家，天门1家，恩施1家。

【武昌·长江文化创意设计产业园】 产业园是国家级文化产业试验园区，也是全省文化产业发展的领军性园区。2020年，园区内入驻企业1674家，其中文化企业1361家，营业收入14.7亿元，规模以上文化企业63家，营业收入11.7亿元。园区内1家企业被文化和旅游部评为国家文化产业示范基地，24家园区及企业获湖北省文化产业示范园区及示范基地称号。园区文化创意与工程设计深度融合，产业特色鲜明、聚集效应明显，知音传媒、湖北日报传媒、湖北广电等众多省级大型文化企业在园区内形成产业集聚效应，资产总额逾200亿元。

园区总体空间结构形成“一城三带一谷”的文化产业融合发展空间格局，其中：“一城”即武昌古城，“三带”为武昌滨江文化景观带、楚河汉街文化旅游带、东湖西岸文化传媒带，“一谷”即中科·武大智谷。武昌古城秉承“城市更新”理念，加强武昌古城改造建设和保护性开发。探索“景区+街区+社区”发展模式，对照国家5A级景区标准，打造“大黄鹤楼—武昌古城历史风貌旅游区”；以文化创意产业为核心，植入以创意设计、影视动漫、出版融合、VR/AR内容制作、数字会展等为代表的新型文化体验和服务业态，重点新建蛇山以北文旅融合及创意产业集聚区，连通已建成的首义历史文化风貌区，将武昌古城建设成为武汉历史之城启动与展示区，推动古城赋能新生。武昌滨江文化景观带立足“当代之城”，重点围绕长江主轴规划实施，推进武昌百里沿江生态文化长廊建设。联通山体、水系和历史遗存，承接滨江商务区人流和功能，优化沿江生态景观，打造兼具交通、观景、游憩综合功能的世界级滨水景观大道和城市中轴文明景观带。楚河汉街文化旅游带对标国家4A级景区的创建，加大以楚河汉街为中心的商业、文化和生态资源的整合力度，深入挖掘武汉人文历史与城市性格，通过空间延展、风貌提升、业态升级、活动设计和夜经济优化，打造武汉城市文旅消费核心区。东湖西岸文化传媒带在东湖西岸，依托设计产业园区和高等学府的集聚优势，以传媒设计为核心，培育提升发展数字出版、网络视听为基础的新出版产业；加快发展以影视媒体、艺术设计、文创设计、动漫设计为支撑的创意设计产业，凸显虹吸效应，聚集一批优秀的传媒、文创、设计的企事业单位，打造高品质的传媒、文创、设计产业集聚带。中科武大智谷依托珞珈山、小洪山及东湖山水景观资源优势，整合中科院武汉分院、武汉大学等科教文化优势资源，以“文化+科技”融合为导向，重点建设珞珈文创小镇、小洪山科学城、八一路大学创新创业特色街区等项目，打造成武昌区创新园区建设的标杆和文化科技融合示范区。

（胡双喜）

旅游业

【“与爱同行 惠游湖北”活动】 为加快旅游业恢复振兴，畅通经济循环，省委、省政府大力开展“与爱同行 惠游湖北”活动，实施20亿元资金支持全省A级旅游景区，8月8日至12月31日期间对全国游客免门票开放、奖励旅行社“引客入鄂”。省文化和旅游厅发布了十大文旅品牌、二十条精品线路和一批旅游打卡地，推动全省专业艺术院团和文艺小分队、系列非遗宣传展示进景区展演展示展销，组织开展荆楚“红色文艺轻骑兵”云演季、“同唱一首歌·喜迎八方客”快闪等系列活动。活动期间，全省参加活动的390家A级景区累计接待游客7740万人次，较上年同期增长19.2%；旅行社组接团游客累计1764万人次，较上年同期增长141%；受活动带动，全省同期共接待游客33019万人次、实现旅游收入3474亿元，较上年同期分别增长18.49%、10.38%；全省全年共接待游客43729万人次、实现旅游收入4379亿元，分别恢复至上年的72.17%和63.22%。根据全国旅游监管服务平台统计数据显示，湖北组团游客数量全国第三，签订电子合同的游客数全国第一。

【旅游品牌创建】 指导各地开展全域旅游示范区创建，通山县、神农架林区、英山县、远安县和利川市等5家创建单位通过文化和旅游部验收，获“国家全域旅游示范区”称号，湖北省国家全域旅游示范区数量为全国并列第一，中部之最。验收评定省级全域旅游示范区4家。开展A级旅游景区和旅游度假区创建，恩施州腾龙洞景区成功创建为国家5A级旅游景区，全省5A级旅游景区达13家，居全国前列；荆州古城历史文化旅游区通过5A级旅游景区景观质量评审；全省新晋4A级旅游景区12家，省级旅游度假区5家。促进乡村旅游发展，27个村入选全国乡村旅游重点村，数量居全国第一；报请省政府命名湖北旅游名镇10个、旅游名村20个、旅游名街5个；新增荆楚文旅名县创建单位5家。

【旅游优质服务】 组织各地开展礼赞伟大祖国、礼让外省宾朋、礼聘形象代言、礼敬英雄人民“四礼”活动，展示荆楚文明风尚，展现湖北良好形象。全省263支文旅志愿服务队，9070名志愿者在各A级旅游景区服务，惠及114.66万群众。开展“质量月”活动，倡导企业提供优质服务。印发全省

2020年8月7日，23个省份的72名援鄂医疗代表在武汉黄鹤楼公园游览

旅游行业质量服务提示清单和优质服务承诺，积极向企业倡导以优质服务举措回馈全国人民，推动旅游业疫后加快重振和高质量发展。指导省旅游协会旅游饭店分会制定印发《制止餐饮浪费行为倡议书》，由全省星级饭店带头开展反对餐饮浪费社会宣传，倡导游客自觉抵制餐饮浪费，争做文明游客。

（刘　方）

2020 年 2 月 19 日，湖北省图书馆方舱书屋进驻武汉体育运动学校体育馆方舱

出版印刷发行

【概况】 2020 年，全省共有出版物发行单位 5307 家，其中，批发企业 666 家，零售企业 4641 家，网点数 11663 个，行业总资产 566.03 亿元，从业人员 59006 人，实现销售收入 539.12 亿元。以湖北省新华书店为主的国有发行单位，注重社会效益，擦亮新华书店品牌，新建和改建了一批重点卖场，成为城乡、社区重要的文化地标。全省共有印刷企业 3280 家，年产值 501 亿元，利润总额 40 亿元，从业人员 10 万人。2020 年，全省有 7 家企业入选全国百强印刷企业，入选数量居中部地区前列。武汉新鸿业印务有限公司被评为全国十佳创新印刷企业。

【主题宣传出版】 围绕学习宣传贯彻习近平新时代中国特色社会主义思想，聚焦抗疫、脱贫攻坚、全面建设小康社会和建党 100 周年等主题，策划主题出版物 70 余种，7 种（其中抗疫题材 5 种）入选中宣部主题出版重点选题，入选数列全国第二位。20 个期刊主题宣传优秀选题项目受中宣部出版局扶持，获资助资金 150 万元。《马克思主义大辞典》《“一带一路”大百科》等大型主题出版图书成功译介至欧洲。组织编习近平总书记关于湖北抗击新冠肺炎疫情和经济社会发展的重要讲话、批示，与人民出版社合作出版此书的相关工作稳步推进。《习近平谈治国理政》第三卷全省发行量达 138 万余册，位居全国第七位；10851 万册中小学教材发行在疫情防控的情况下实现“课前到书，人手一册”。

【精品创作出版】 《张富清系列图书·父亲原本是英雄》等 4 种图书荣获第十二届“少数民族文学创作骏马奖”，获奖数量居全国各省区市首位。图书《焰火》继荣获中宣部“五个一工程奖”后，又入选年度“中国好书”；4 种图书入选“中国好书”月榜，在省级出版单位中位居第一。

【重大出版工程】 18 个项目入选 2020 年度国家出版基金资助项目，资助金额达 1049 万元。《<百年百部中国儿童图画书经典书系>融媒体出版物》入选国家 2020 年度数字出版精品遴选推荐计划。《楚史》（英文版）等 3 个项目入选“经典中国”国际出版工程。湖北知音动漫有限公司等两家单位的 3 部作品入选 2020 年“原动力”中国原创动漫出版扶持计划。《荆楚文库》编纂出版稳步推进。累计出版（含付印）图书 222 种 318 册，制作播出《荆楚文库·书人书事》电视专题片（第 5 辑）7 集。

【报刊核验】 2020 年完成省内 14 家出版社、122 种报纸、416 种期刊、3280 家印刷企业、5307 家发行单位的集中核验，完成全省 202 家新闻单位、7810 名新闻记者证换证工作。

【省委书记应勇向全省干部群众推荐四本图书】 9 月 28 日，在“书香满荆楚　阅读助小康”2020 年湖北省全民阅读活动周云启动仪式上。湖北省委书记应勇给全省干部群众推荐了四本图书—《习近平谈治国理政（第三卷）》《大国攻坚：决胜 2020》《抗疫英雄谱》和《新基建：数字时代的新结构性力量》。这是全省自 2012 年以来连续第九年开展省委书记荐书活动。

【版权示范工作】 武汉斗鱼网络科技有限公司等 3 家单位、武汉智谷科技开发建设有限公司分获国家级版权示范单位和示范园区称号。劲佳包装有限公司、三峡日报社等 10 家单位被评为省级版权示范单位、宜昌云计算孵化器等 2 家园区被评为省级版权示范园区。

【举办第七届全省印刷行业职业技能大赛】 全省共有 41 家企业和 4 所院校的 300 多人参加了平版制版、数字印刷、印后装订三个工种的线上理论培训和理论考试以及实操比赛。98 名选手分获一、二、三等奖、“湖北省印刷行业技术能手”荣誉。全省多名选手在 2020 年第七届全国印刷行业职业技能大赛中取得了优异成绩。

（梁莹雪）

广播电视电影

【主题宣传】 深入学习宣传贯彻习近

平新时代中国特色社会主义思想和党的十九届五中全会精神，统筹指导全省广电系统集中开设“新时代 新作为 新篇章”“牢记嘱托 主动作为 奋发有为”等专题专栏；广泛宣传荆楚大地学习贯彻全会精神、奋力起跑“十四五”的生动实践，12 月 9 日央视《新闻联播》报道省广电局“村村讲村村响 五中全会在乡村”首场示范宣讲活动。集中开展“决胜全面小康·决战脱贫攻坚”主题采访，合计播发相关消息 5200 多条、系列报道 1900 多篇、融媒体传播 10000 多项、专题片 250 多个。精心组织全国“两会”宣传，湖北广播电视台创新性开启新闻“众筹”，倡导成立全国首个“区块链新闻编辑部”，6 次获中宣部、国家广电总局表扬。统筹指导各级各类广电媒体平台，把党的声音第一时间完整准确传递到千家万户，大力宣传中央对湖北支持政策，充分报道疫后重振、灾后重建和高质量发展各项工作举措，营造良好舆论氛围。

【广电产业发展】 加快推进全省广电网络整合发展，加强对 39 个市、州、县开展 3 轮 50 次实地调研督导。加速中国（湖北）网络视听产业园建设，举办“智汇光谷 视听逐梦”启动仪式，构建线上线下“六大功能平台”，起草促进网络视听产业繁荣发展意见；建立园区建设发展联席会议制度，成立由光谷创意、字节跳动等产业基地、头部企业组成的联合体议事机构，艺画开天、尚德机构等企业落户，福禄控股成为疫后湖北互联网企业境外上市第一股。加紧中国（湖北）广播电视媒体融合发展创新中心建设，中宣部副部长、国家广电总局党组书记、局长聂辰席在汉为“创新中心”授牌。

【广电技术创新】 积极推进中国（武汉）智慧广电产业园和广电 5G 重点实验室创建申报工作，武汉纳入首批广电 5G 建设试点城市，防疫期间全球首例广电 5G 应用在武汉投入实战。大力推进高清电视建设，省台电视频道和地市级台电视主频道实现高清化。争取“搭把手、拉一把”政策措施，中国广电拟投资 2 亿元在武汉建设第二网管中心，与湖北广电网络公司合作搭建工业互联网网络安全公共服务平台。主动参与国家新基建和省“十大工程”，研究制定“十四五”5G 新基建项目规划，一批广电重点项目入库。

【广电公共服务】 中央无线数字化覆盖工程、应急广播省级平台建成开播使用，“村村响”“户户通”、无线数字化覆盖等列入省美丽乡村建设、市（州）党政领导班子年度政绩目标考核、县（市、区）域文明指数测评等指标体系。新增投入 2223 万元在 11 个深度贫困县实施应急广播体系建设；争取国家投入 2360 万元、地方配套 1040 万元，实施贫困县广电基础设施建设；按每村 2 万元标准补助恩施四县市 587 个行政村，实施广播器材配置工程；争取 780 万元专项资金，帮扶“616 工程”对口地区、贫困地区广播电视事业发展。投入 50 万元帮扶定点扶贫县 10 个重点贫困村发展产业，牵头 15 家省直单位共同帮扶蕲春县巩固脱贫摘帽成果；投入 100 万元帮扶驻点潜江市老堤村完善基础设施，引进企业入驻援建厂房，提升脱贫攻坚质量。利川中波转播台被中宣部等表彰为第八届全国服务农民、服务基层文化建设先进集体。

【广电精品创作】 部署推进建党百年主题重点电视剧、纪录片、动画片、网络视听节目精品生产；建成运行全省节目交流共享平台，汇聚节目 1096 个、8000 余分钟；整合资金 800 万元，扶持优秀广播电视节目 17 个、网络视听节目 75 个、公益广告 144 件。《警惕“指尖上”的形式主义》获第三十届中国新闻奖一等奖，《我爱你中国》《戏码头》获第 26 届电视文艺“星光奖”提名奖；《本色》《我们在一起》《阳台里的武汉》等 15 部作品获总局 2020 年季度推优，远超去年同期；重点抗疫纪录片《金银潭实拍 80 天》获 2020“金红棉”中国故事优秀纪录长片奖，全网播出后话题阅读量 4.17 亿，播放量破 3100 万。《花繁叶茂》《创业年代》等 6 部电视剧在央一黄或一线卫视黄金档热播，《红房子》《花繁叶茂》《不惑之年》获总局和省文艺精品创作扶持 360 万元。组织开展“决战决胜脱贫攻坚 小康路上一个不少”网络视听作品推优、分享活动，网络动画剧《灵笼》获“金龙奖”“金海豚奖”最佳动画片奖，入选总局“视听中国——美丽中国”海外播映活动并获资金扶持。

（谌振世）

【电影精品创作】 严把影视创作导向，坚持以人民为中心，聚焦现实，聚焦时代，聚焦人民，突出主题创作，策划创作《中国医生》《武汉日夜》《一起走过》《江城子·在武汉》《火神山》5 部重点抗疫题材电影，推出《白云生处》《青云之梦》《山路十八湾》等扶贫题材电影，推出展现优秀传统文化的戏曲电影《东坡》。

【电影作品】 2020 年，湖北拍摄完成的电影共 9 部，其中故事影片 7 部，动画影片 2 部；通过备案公示的电影共 44 部，其中故事影片 39 部，动画影片 2 部，纪录影片 2 部，科教影片 1 部。故事影片《我为你牺牲》获第 15 届中美电影节“金天使”奖、“2020 国防军事电影盛典”优秀影片和第 18 届俄罗斯国际军事电影节“金剑奖”，并初评入围第 18 届中国电影华表奖；故事影片《穿越时空的呼唤》获第 17 届平壤国际电影节组委会特别奖，并入围第 22 届上海国际电影节电影频道传媒关注单元；戏曲电影《东坡》获第 33 届中国电影金鸡奖提名。

【电影院恢复开放】 全省电影院于 2020 年 7 月 20 日全面恢复开放营业，全年恢复开放影院 433 家。新建影院 34 家，影厅 240 个，座位 31094 个，新增乡镇影院 4 家 13 个厅，实现票房收入 8.38 亿元，位列全国第九。

表 4—12 2018–2020 年湖北电影院建设数据情况

年份	影院数（座）	银幕数（块）	新增银幕（块）	银幕数增幅（%）
2018	409	2418	290	13.63
2019	447	2610	192	7.9%
2020	433	2700	240	3.45%

【电影市场】 全年电影票房收入 8.38 亿元（含服务费），同比下降 70.61%；放映场次 159.75 万场，同比下降 60.43%；观影人次 2397.29 万，同比下降 70.74%。

表 4—13 2020 年湖北省电影票房总信息

年份	放映场（万）	观影人数（万）	票房（亿元）
2020	159.75	2397.29	8.38
2019	403.75	8193.34	28.51
同比（%）	-60.43%	-70.74%	-70.61%

表 4—14 2020 年湖北地区票房前十的影院

序号	影院名称	票房（万元）	增长	平均票价（元）
1	湖北武汉市万达影城汉街店	1564.54	-66.05%	42.57
2	武汉武商摩尔国际电影城	1503.55	-70.41%	35.38
3	巨幕影城（武汉光谷广场资本大厦店）	1248.10	-63.23%	34.89
4	武汉中影天河影城	1244.56	-69.08%	34.19
5	华谊兄弟武汉光谷天地影院	970.53	-64.44%	40.19
6	武汉武商众圆摩尔国际电影城	923.85	-73.81%	34.75
7	武汉美逸影城荟聚店	897.04	-66.82%	43.05
8	湖北荆州市万达影城武德路店	860.85	-70.08%	40.79
9	湖北省武汉博纳国际电影城	848.74	-75.80%	36.53
10	武汉金逸影城	811.00	-74.15%	38.97

【影视产业】 优化影视企业发展软环境，完善产业配套和扶持政策，支持影视企业开展多业态、异业态的联合重组。统筹规划影视产业布局，组建“东湖影视基地”产业聚集区，全年引进 20 家电影企业入驻湖北。

【电影专资】 2020 年，征收电影专资 567 万元，全额上缴国库。按政策及时退还 85 家影院所缴电影专资 57.1 万元。统筹安排国家电影专资 4769 万元，对影院纾困及常态化疫情防控、放映国产影片、乡镇试点电影院建设、重点电影项目、电影产业链条等给予资助。

【公益电影放映】 11 条农村院线共更换 646 套播放器、112 套投影机，农村电影放映监管平台进行了升级、更新，全年累计放映农村公益电影 27.9 万场，观影人数 302.9 万，新片大片逐步进入农村流动放映。开展“决胜脱贫攻坚、共享健康湖北”优秀国产电影展映活动，组织脱贫攻坚专题电影进机关、进企业、进社区、进农村、进学校、进军营，开展“拥抱幸福生活、共享健康湖北”爱国卫生教育系列活动，播放公共卫生科教片、健康扶贫宣传片等 5 万场次，推广普及公共卫生安全和疫情防控相关法律法规。“荆楚红色文艺轻骑兵”电影放映小分队常态化组织开展公益电影放映活动，先后为特殊教育学校、福利院、敬老院定期送爱心电影 1000 多场次。

【电影交流】 第十五届华语青年电影周在武汉举办，征集完整剧本 416 部，集中放映 40 余部优秀影片，举办线下映后交流活动 22 场次，扶持一批本土优秀青年电影作品和演员，策划和推介一批武汉题材影片。举办 2020 国家大剧院国际歌剧电影展、俄罗斯舞台艺术影像展、日本戏剧影像展、2020 年法国电影展映、武汉国际动画艺术节等活动，共展映国内外优秀影片近百场次。

（刘 曦）

湖北发展改革年鉴

城乡建设

05

规划与建设

城乡规划

【省级国土空间规划编制】 2020年，推进省级国土空间规划编制工作。主动衔接省国民经济和社会发展“十四五”规划，收集、对接省直部门重大项目的空间需求。在全国率先出台省级国土空间规划管理文件《省人民政府办公厅关于印发全省国土空间规划编制与实施的若干措施的通知》（鄂政办函〔2020〕31号）。完成《资源环境承载能力和国土空间开发适宜性评价》、《国土空间开发保护现状与风险评估》等17项重大专题研究，编制形成规划文本成果。上报生态保护红线和自然保护地评估优化成果，编制总体进度与国家保持一致。《省级国土空间规划》基本编制完成，核心内容纳入省“十四五”规划报告，武鄂同城、一主引领、两翼驱动等研究成果为省委、省政府重大决策提供参考，《规划》创新性的提出了项目库等管控制度。

【市县国土空间规划编制】 加强技术指导，组织推进市县国土空间规划编制。对全域范围内国土空间开发保护作出总体安排和综合部署，推进形成上下衔接的统一国土空间规划体系。印发《关于做好市县国土空间规划有关工作的通知》（鄂空间规划办〔2020〕10号），有效指导各地规划编制工作，确保市县国土空间规划按国家规定时间编制完成。

【村庄规划编制】 坚持试点先行，有序推进村庄规划编制。推进美丽乡村示范村村庄规划编制，已有68个县（市、区）完成村庄分类布局规划，试点村庄规划编制完成1510个。研究起草《湖北省村庄规划编制技术指南》（试行）和《村庄规划实用手册》。赴咸宁、宜昌等地开展村庄规划调研，形成专题调研报告。对拟划入搬迁撤并类村庄的村民意见征集情况进行摸底自查。

【规划实施监督】 依法依规做好土地利用总体规划修改审查工作。2020年共审查土地利用总体规划实施评估报告53件，修改及局部调整93件。落实耕地保护督察整改任务，分类制定政策，2019年限期整改问题整改率达98.3%。

（文良渊）

第二批省级擦亮小城镇试点：襄阳市南漳县东巩镇

城市建设

【概况】 2020年，编制《湖北省城市建设领域补短板项目谋划工作指引（试行）》。全年入库项目4395个，总投资测算11419.9亿元。拟定《湖北省疫后重振补短板强功能城市补短板工程三年行动实施方案（2020—2022年）》城市补短板部分内容，筛选出城市补短板项目清单。全省共谋划补短板项目1484个，估算总投资2409.81亿元，其中城市基础设施2295.96亿元，公共体育设施113.85亿元。根据补短板三年行动方案，在城建项目谋划信息平台中增加“十大工程”版块，组建全省城市建设重大项目工作专班，建立月调度工作机制，收集各地好的经验做法，加大宣传力度。截至2020年底，全省城市补短板工程总共谋划项目2986个，估算总投资5713亿元；其中上报至省政府的入库项目数1878

个，估算总投资 2433 亿元，已开工 564 个，开工率 30%。

【城镇老旧小区改造】　截至 2020 年底，2019 年纳入中央补助支持的城镇老旧小区改造项目全部开工，完工小区 1249 个，完工率 93.28%；2020 年纳入中央补助支持的城镇老旧小区改造项目已全部开工，完工小区 815 个，完工率 32.19%。修订完善《湖北省城镇老旧小区改造工作指南（试行）》，形成《湖北省城镇老旧小区改造工作指南（第二版）》。印发《关于加强城镇老旧小区改造风险防范工作的通知》。规范申报流程，印发《关于规范城镇老旧小区改造计划申报工作的通知》，进一步明确申报范围、申报原则、申报时间、申报材料、申报要求 5 个方面的要求。下发《关于加快推进全省城镇老旧小区改造工作的实施意见》。2020 年，全省城镇老旧小区改造共争取中央支持资金 55.28 亿元。其中，获得中央财政专项资金 16.31 亿元，获得中央预算内投资 38.97 亿元。先后与国开行、建设银行、兴业银行、工商银行、光大银行对接，并签订合作协议，安排老旧小区改造为重点的城市基础设施建设授信额度近 6000 亿元，初步建立了政府与金融机构合作工作机制。截至 2020 年底，全省 2019 年中央补助资金项目已开工小区 1339 个，涉及 272471 户。按小区数统计，开工率为 100%。累计完成投资 374682.33 万元，占预计总投资额的 76.98%。2020 年，全省中央补助资金项目惠及 345193 户。按小区数统计，开工率为 100%。累计完成投资 365072.15 万元，占预计总投资额的 43.83%。结合《湖北省新型基础设施建设三年行动方案(2020—2022 年)》，搭建城市信息模型（CIM）平台，同步推动完整社区建设、老旧小区改造与推动智慧城市建设。重点实施城镇老旧小区改造全过程信息化管控，做到建设进度可视化、工程档案数字化、地下管线模型化、改造效果可视化、后期运营智慧化。年内湖北省城镇老旧小区改造信息化平台已完成试点城市信息采集。统筹推进城市居住社区补短板、绿色社区创建与城镇老旧小区改造工作，建立信息平台。湖北省城镇老旧小区工作被住建部推荐全国借鉴。收集各地上报的老旧小区改造“小故事”112 条，形成《湖北省城镇老旧小区改造小故事》，同步在省住建厅官网、湖北日报手机客户端发布。

【生态环境建设】　加强城镇污水处理。会同省生态环境厅、省发改委印发《湖北省城镇污水处理提质增效行动实施方案》，印发《关于做好 2020 年城镇污水处理提质增效重点工作的通知》，部署安排城市排水管网排查、污水处理提质增效实施方案制定工作任务。截至 2020 年底，全省完成市政污水收集管网排查 1500 多公里，新建、改造污水收集管网 400 多公里。整治各类直排口 108 个，消除污水管网覆盖空白区 13 平方公里。全省 137 个城市（县城）生活污水处理厂基本完成一级 A 提标改造工程。全省城市污水处理率达到 95.8%。加大城市黑臭水体整治。《湖北省 2020 年城市黑臭水体整治环境保护专项行动实施方案》印发实施，建立省级黑臭水体治理排查工作组，组织开展黑臭水体整治完成情况自查。截至 2020 年底，全省 12 个地级以上城市建成区已排查出的 214 个黑臭水体，完成整治任务。加快海绵城市建设。全年全省新开工海绵城市建设覆盖区域约 111 平方公里，完成投资 57 亿元。组织各设市城市开展 2020 年度海绵城市建设情况评估，按照国家海绵城市评价标准评估，已达到海绵城市建设标准的建成区面积为 520 平方公里，约占城市建成区总面积的 20%。其中，武汉市作为海绵城市试点，取得良好社会效应和环境效应。

【市政基础设施建设】　2020 年，开展人行道净化和自行车专用道建设，全省人行道净化和自行车专用道试点项目共计 36 个，已开工 30 个，开工率 83.33%。加强城市桥梁护栏升级改造，年内，全省 69 座城市桥梁护栏隐患全部完成改造。推进城市地下综合管廊开工建设，全年全省开工建设项目 26 个，里程 55.6 公里。开工建设城市地下综合管廊 440 公里，建成管廊 300 公里，完成投资额 230 亿元。入廊管线总里程 400 多公里。其中，十堰市自 2015 年入选全国首批 10 个地下综合管廊试点城市以来，累计建成管廊、管沟、缆线 247 公里，形成覆盖主城区的地下综合管廊网络体系。探索新型基础设施建设，以城市供水、老旧小区改造信息化建设为切入点，推动传统基础设施智能化、信息化和智慧水务、智慧市政等重点项目。

【城镇供水管理】　2020 年，全省城镇供水法制进一步健全，水质监测、管理高效规范。国家供水应急救援中心华中基地落户武汉并顺利推进，城市供水统一服务热线“96510”全省运行，组建“湖北省城镇供水新闻中心”。截至 2020 年底，公共供水普及率为 98.23%。保障疫情期间供水安全，实行水质检测定期公开制度，指导水源地巡查，加大检测频次，建立供水督导周报制度。下发《关于做好湖北省 2020 年全国城市节约用水宣传周工作的通知》。按照住建部水质督查工作要求，完成湖北省兴山县、秭归县、房县、长阳土家族自治县等共 8 个县的全部公共供水厂和 2 个管网点水质抽样检测，水质采样工作基本完成。为进一步加强二次供水管理，完善二次供水工程建设标准，印发《湖北省城镇二次供水工程技术导则》。加快推进湖北省新型城市基础设施建设下发《关于做好全省城镇供水信息系统填报工作的通知》，督促各地组织城镇供水企业进行基础数据填报，及时掌握全省供水基本情况。协调国家供水应急救援中心华中基地建设，协同省发改委、省财政厅争取资金保障。7 月 21 日，启动供水重大事故应急预案，应急抢险救援队驰援恩施，协调黄石、荆门等地组织 13 台供水抢修、运水车辆赶赴灾区，组织对恩施城区供水开展应急救援。

【城镇燃气安全管理】　2020 年，全省燃气领域安全形势平稳，全年天然气供气量为 625935.94 万立方米、液化石油气供气总量 309099.25 吨，城镇燃气普及率为 97.77%。持续开展安全生产专项整治三年行动，建立专项整治领导小组，编制实施方案，建立联络员和调度制度，每月对各地专项整治情况调度梳理。印发《关于深刻吸取沈海高速浙江温岭段“6·13”重大液化气槽罐车爆炸事故教训切实做好全省城镇燃气安全生产工作的通知》，狠抓企业主体责任落实。印发《关于做好疫情防控期间燃气安全保供工作的紧急通知》，督导企业落实疫情防控和安全保供主体责任。加强企业内部疫情防控，推动用户网上办理业务，加强安全用气宣传。制定《湖北省燃气行业新冠肺炎防控和燃气保供工作实施方案》，为全省行业疫情防控和保供提供指引。制定《2020 年全省城镇燃气安全生产隐患大排查大整治行动方案》，开展安全隐患大排查大整治行动。组织对全省 17 个市州 75 家液化气站安全生产情况进行暗访督查，发现隐患 727 个，其中一般隐患 697 个，重大隐患 30 个，下达执法建议书 71 份。全年全省城镇燃气行业排查隐患 13486 个，完成督导检查 1307 次，行政处罚 57 次，责令停产整改企业 27 家，关闭取缔企业 32 家，罚款 88.13 万元，移送司法机关 9 人，约谈警示企业 62 家，联合惩戒企业 12 家。

【城市排水防涝】 2020 年，全省共排查出城市重要易渍水点 310 多处，疏捞、维护排水管渠 6100 余公里，调试检修排渍泵站 140 余座。全省城市建成区现有排水管道 36061 公里，较“十二五”末增加 8943 公里，其中雨污合流管网 7271 公里，较“十二五”末减少 3996 公里；雨水管道 15149 公里，较“十二五”末增加 7658 公里。

城市管理

【城市管理执法体制改革】 2020 年，按照中央关于综合执法体制改革的总要求，将省城市管理执法监督局调整为厅机关内设机构，更名为城市管理执法监督处。全省所辖 12 个市均成立城市管理执法委员会，纳入政府组成部门；103 个县市区均成立了城市管理执法局，97 个属于行政单位，纳入政府组成部门，6 个属于参公事业单位，全省城管体制改革总体框架基本落定。推进综合执法，指导各地做实“大城管”，建立健全城市管理综合协调机制。各地清理执法事项，形成“集中执法”与“专业执法”相结合的“1+N”模式，整合市政公用、市容环卫、园林绿化及城市管理执法职责。其中，黄冈市城管执法部门实施六部委关于集中行使 5 方面 16 项行政处罚权试点改革工作，涉及执法权 300 多项。鄂州市将文化、文物、出版、广播电视、电影、旅游市场、体育等领域行政处罚权及相应行政强制权划转至城市管理执法部门，扩大综合执法范围。健全法规制度。指导各地修订生活垃圾、户外广告、拆违控违、车辆停放、景观照明、桥梁隧道等重点领域法规规章。出台《湖北省餐厨垃圾管理办法》，起草《湖北省城乡生活垃圾管理条例》。全年全省已出台城市管理领域地方性法规及政府规章 60 余件。推动执法力量下沉。按照省委省政府进一步推进城市基层治理体系和治理能力现代化的部署安排，持续深化街道管理体制改革，根据“依法下放、宜放则放”和“编随事走、人随编走、费随人走”的原则，推动城管部门管理权限、编制、人员下放街道，组建统一的综合行政执法中心，在法定授权范围内，以街道名义开展执法工作，并接受县（市、区）职能部门的业务指导和监督。将住建领域 158 项审批服务执法等权限形成权责清单下放街道，赋予街道规划参与权、综合管理权和对区域内事关群众利益的重大决策和重大项目的建议权。

【创新城市治理】 强化城市管理综合统筹，指导各地发挥“大城管”平台指挥协调作用，拓展城市综合管理责任体系，实现城市综合管理检查范围全覆盖。健全逐级考评督办机制，全省城市管理考评采取省考市（州）、市考县（市、区）、县（市、区）考乡镇街道的方式逐级实施。省级城市管理检查考评按照省委对市州党政领导班子和领导干部政绩目标与履职尽责考核要求组织开展，邀请第三方机构每年组织 4 次暗访，开展市民满意度测评。推进城管信息化建设，指导各地按照“边建设、边

武汉改造老旧农贸市场。图为武汉市武昌区的宏祥路生鲜市场改造而成的“沙湖边市集”

完善”“先联网、后提升”的原则，加快推进城市综合管理服务平台建设，下发全省城市综合管理服务平台建设联网工作方案。7月，全省12个设区市全部提前完成与国家平台的联网对接任务，实现市级数字城管平台与国家城市综合管理服务平台互访。与北京数字政通签订合作协议，无偿为省住建厅搭建省级城市综合管理服务平台，已完成第一期总体框架搭建，实现与各市州数字城管平台的单点登录功能。推动全省数字城管全覆盖，截至2020年底，基本建成数字化城市管理信息平台。推动有条件的地区数字城管向智慧城管升级，省级开发运行湖北垃圾治理监管平台、城市管理暗访监督平台，实现覆盖全省的垃圾终端设施建设项目进度全周期监管、城管暗访考核问题的全流程反馈整改。其中，武汉市智慧城管一期项目获得国家住建部“智慧住建”优秀案例奖和2020银川国际智慧城市博览会“社会治理与服务成就奖”。

【市容市貌整治】 2020年，开展城乡环境卫生整治，指导各地开展环境卫生大扫除，落实生产生活场所的环境整治，突出清理死角，建立台账，逐项整改。指导各地聚焦户外广告、停车秩序、架空管线、渣土扬尘、油烟噪音、拆违控违、养犬管理等开展专项整治和治理。落实省委省政府关于加强地摊经济管理要求，疫情期间，指导各地有序放开马路市场，满足群众生活需要。复工复产阶段，要求各地出台支持地摊经济的有关措施。对占道、出店、地摊等经营形式进行规范引导，包容管理，科学设置临时便民服务点，采取划定时间边界、地域边界、行为边界等措施，维护环境卫生秩序。联合公安、交通、生态环境、卫生等部门加强执法巡查，防止“一放就乱”问题出现。在2020年度城市管理考核明查和暗访指标中，将占道出店经营的内容进行了调整，不纳入检查考评范围，但对做好防疫、卫生和安全工作提出了明确要求。

村镇建设

【农村危房改造】 积极推进脱贫攻坚农村危房改造。集中攻坚动态新增和因灾受损任务，对2020年动态新增2314户和因灾受损1474户，建立旬调度机制，组织由厅领导带队12个督导组到各地开展督办。4—6月，对189.5万建档立卡贫困户，逐户进行了现场定位核验住房安全，下发《住房安全认定通知书》，确保每户贫困户住房安全。推进问题一体整改，对中央专项巡视和国家脱贫攻坚成效考核反馈的问题，逐条审核研究整改，确保各类问题清零销号。省住建厅、省扶贫办和省财政厅联合印发《关于深化问题整改做好住房安全有保障查漏补缺工作的通知》，全面查漏补缺，巩固脱贫攻坚成果。启动对全省所有行政村房屋安全隐患进行排查整治，探索建立常态化农村房屋建设管理制度，对动态新增贫困户农村危房，实施应改尽改。

【乡镇生活污水治理】 2020年，实施乡镇生活污水治理信息平台二期建设，运用大数据信息技术，调整管理考核模式，实现“一张网”统揽运营管理，实现了污水厂进出水水质全天候监测，建立数字化运营考核机制。每日通报各地污水处理设施运行数据，确保污水处理设施稳定运行。

【“擦亮小城镇”行动】 2020年，擦亮小城镇”建设美丽城镇行动被纳入省委省政府重点工作。年初，省住建厅对50个试点镇开展“擦亮小城镇”建设美丽城镇行动评估考核，总结试点经验，督办工作进展。9月，围绕补齐规划、公共环境、基础设施、公共服务、城镇风貌、产业发展、治理水平等城镇建设的七个短板，报请省政府出台《湖北省“擦亮小城镇”建设美丽城镇三年行动实施方案》，“擦亮小城镇”建设美丽城镇被纳入《全省国民经济和社会发展第十四个五年规划和二〇三五年远景目标的建议》。10月底，组织召开全省推进美丽城镇建设仙桃市现场会，加快推进美丽城镇建设。

【传统村落挂牌保护】 2020年，全省统一样式、统一标准，统一组织全面开展传统村落挂牌保护。截至12月10日，全省206个中国传统村落完成挂牌工作。组织开展传统村落信息核实录入，有序建设中国传统村落数字博物馆。加强项目争取，恩施州被列为全国传统村落集中连片保护利用示范市，获得中央奖补资金1.5亿元。组织有关专家开展传统村落保护调研指导。

【农村房屋通用图集推广使用】 2020年，全省加快农村房屋通用图集推广使用。督促各地编制完善本区域农房图集，对14个农房图集编制推广工作成效较好的给予以奖代补。结合乡村振兴战略和美丽乡村建设，在宜昌、罗田试点创新农房图集推广方式，群众建房扫“二维码”领取农房图集，自由选择特色民居图集、施工图纸，引导建设具有传统文化底蕴的美丽农房。

建筑业

【概况】 2020年，全省具有总承包和专业承包资质建筑企业完成总产值16136.10亿元，同比下降5.0%，较前三季度降幅分别收窄44.1%、16.4%和6.1%，居全国第四。全省建成装配式建筑产业基地64个、在建16个。新建装配式建筑项目面积1412.73万平方米，完成年度目标任务750万平方米的188%。新签合同额22055.89亿元，同比增长9.1%，实现逆势增长。

【装配式建筑】 2020年，全省新开工建设装配式建筑面积1412.73万平方米，同比增长80.8%。全省装配式建筑从业企业80余家，建设生产基地80个，预制混凝土结构、钢结构和木结构体系生产基地分别是 44 家、33 家、3 家，满足了推广地区市场需求。年内，引进国内外先进生产设备，改造升级，提高出产率。落实驻厂监造要求，严格进场验收，保证构件部品质量。武汉、宜昌成功申报国家级装配式建筑范例城市，成功申报国家级 1 个园区类产业基地、6 个企业类产业基地、3 个首批范例项目。

【工程质量安全】 2020 年，全省共监督房屋建筑工程 3.1 万项、4.66 亿平方米，监督市政工程 826 项。“两书”（新建项目授权书、承诺书）签订率、“一牌”（竣工工程永久性标牌）设置率均为 100%。全省建设工程呈现高质量发展上升趋势，全年共创鲁班奖 8 项，国家优质工程奖 15 项，均创历史最好成绩。全年共接到各地上报房屋市政工程生产安全事故 28 起，死亡 36 人，其中较大事故 2 起，死亡 9 人。全省建筑施工企业安管人员考核合格取证 47050 人，特种作业人员考核合格取证 31890 人。工程质量问题信访处置办理案件 73 件，全省涉质量信访处理率 98.91%。

【公共设施平战两用改造试点】 省住建厅编制《推进公共设施平战两用改革试点工作方案》，成立公共设施平战两用改造专家组，研究大型公共建筑改造条件、改造要求等。联合相关部门印发《关于推进公共设施平战两用改造试点工作的通知》。组织中南建筑设计院、中信建筑设计研究总院等单位编制《大型公共设施平战两用设计和施工规范》，会同专家研究标准编制工作，提升标准质量。指导武汉市城建局编制《既有大型公共建筑应对公共卫生事件平战两用改造设计导则》《新建大型公共建筑应对公共卫生事件平战两用设计导则》，印发全省执行。推进项目试点，组织各市州住建部门根据本地区公共设施改造条件和改造需求申报试点，组织专家组遴选确定了 11 个公共设施平战两用改造试点项目。督促指导武汉、宜昌、襄阳、十堰、孝感、仙桃、黄冈等市州加快改造试点项目的立项、设计和建设工作。年内，武汉市 5 个试点项目完成改造设计和应急转换预案，其中武汉国利华通工业园等 2 个项目已启动改造，2 个项目初步具备应急转换条件；宜昌市体育中心、十堰青少年户外培训基地 2 个项目完成方案设计。

2020 年国优奖精选——中国地质大学图书馆仰视图（东北角）

【建筑节能与绿色建筑】 2020 年，持续开展绿色建筑标识评价工作，全省新增 128 个绿色建筑标识项目，建筑面积 1512 万平方米。印发《关于加强和改善绿色建筑与节能管理工作的通知》，明确建设单位为建筑节能首要责任，对可再生能源建筑应用、加强绿色建筑和节能工程验收、民用建筑能效测评、推广应用绿色建材等工作进行调整规范。组织专家对《绿色建筑设计与工程验收标准》进行修订。修订全省《低能耗居住建筑节能设计标准》地方标准，新编制湖北省《被动式超低能耗（居住）绿色建筑节能设计标准》，进一步完善全省建筑节能和绿色建筑标准体系。

【历史文化名城保护】 2020 年，省住建厅、省文旅厅组织开展《湖北省历史文化名城名镇名村保护条例》立法相关工作，形成条例草案，纳入省人大 2021 年立法计划。组织制定《湖北省历史建筑测绘建档操作手册》，明确历史建筑测绘建档及保护图则要求，有效指导地方开展测绘建档工作。组织对武汉、襄阳、荆州、随州、钟祥五个国家历史文化名城进行调研评估工作，配合住建部做好对荆州历史文化名城保护的检查工作。组织对全省特大型及大型城市雕塑建设情况进行了排查梳理，截至 2020 年底，全省有特大型城市雕塑八处，大型城市雕塑二十八处。联合省发改委、省自然资源厅、省文旅厅印发《关于进一步加强城市历史文化保护与建筑风貌管理的通知》，加强城市历史文化保护工作和城市建筑风貌管理。

（吴绵胜　钱璟）

土地和住房

土地管理

【概况】 2020年，全省土地总面积27890.61万亩，其中耕地7853.09万亩，占土地总面积的28.16%；园地717.85万亩，占土地总面积的2.57%；林地12874.69万亩，占土地总面积的46.16%；草地415.62万亩，占土地总面积的1.49%；城镇村及工矿用地2015.54万亩，占土地总面积的7.23%；交通运输用地467.68万亩，占土地总面积的1.67%；水域及水利设施用地3070.31万亩，占土地总面积的11.01%；其他土地475.83万亩，占土地总面积的1.71%。

2020年，全省批地42万亩、供地41万亩，实现“双增长”，省级307个重点项目用地全部落实，土地出让收入达3937.34亿元，同比增长45.89%。推进节约集约高效用地，形成土地使用总体管控原则和标准，分别消化处置批而未供、闲置土地18.46万亩、8.42万亩，单位GDP地耗提前一年完成国家下达任务。出台耕地保护15条硬措施，完成违建别墅清查整治、耕地保护督察限期整改，排查农村乱占耕地建房44.09万宗、27.62万亩。统筹实施244个生态修复项目，新增15家国家绿色矿山，建成5个国家绿色矿业示范区。全省第三次国土调查、生态保护红线评估调整基本完成，结构布局有效优化，为当前和长远留下空间。推进土地、矿产、信息化三大集成改造，197项审批事项全部“一网通办”，48项服务事项“最多跑一次”。水电气接入全面实现并联审批。

2020年，全省供应建设用地11192宗、面积40.73万亩。有偿出让土地面积占总供地面积的55.28%，共计7499宗，面积22.51万亩，同比增长6.72%。土地出让总价款3937.34亿元，同比增长45.89%。推行新增工业用地“标准地”出让制度，全省17个市（州）均出台“标准地”出让配套文件，襄阳、宜昌、恩施实现“拿地即开工”“交地即发证”。全年全省累计出让“标准地”256宗，出让面积17191.93亩，占全省工业用地出让面积的17.89%，超出省政府确定目标任务的149%。做好企业改制土地资产处置，全年处置5家企业改制土地资产。做好军用资产协调移交工作，为驻鄂部队49宗土地资产确权办证。落实军地土地置换工作。

【耕地保护监督】 2020年，全省现有耕地面积7853.09万亩，占全省土地总面积的28.16%；其中水田面积3971.81万亩，占耕地总面积的50.58%，旱地面积3162.17万亩，占耕地总面积的40.27%，水浇地面积719.12万亩，占耕地总面积的9.16%。全省平均耕地质量等别是5.40等，远高于全国9.95等的平均等别，居全国平均等别第一位，优等地面积3165.76万亩，占全省耕地评定总面积的40.24%，占全国优等地的一半多。

严守耕地保护红线。健全保护长效机制，提请省政府出台《省人民政府关于落实最严格耕地保护制度的通知》（鄂政电〔2020〕3号），就加强全省耕地保护工作，坚决制止耕地“非农化”提出15条硬措施。开展责任目标考核，组织完成省级耕地保护责任目标自查报告并上报国家，开展2019年度市（州）人民政府耕地保护责任目标自查评估工作，细化完善2020年度市（州）领导班子考核耕地保护责任指标评分标准。建立激励约束机制，联合印发《关于加强耕地保护有关事项的通知》（鄂自然资函〔2020〕620号），依据耕地保护责任目标考核结果，对耕地保护工作成效突出的地方予以激励，对耕地保护工作不力的地方予以惩戒问责。

永久基本农田保护。全面落实永久基本农田特殊保护制度，坚守永久基本农田5888万亩红线。强化永久基本农田对各类建设布局的约束和引导，严格控制占用城市周边永久基本农田。严格落实自然资源部关于建设项目占用永久基本农田的审核标准，从严控制占用面积和补划标准，完成71个占用永久基本农田的重大建设项目的踏勘论证工作，涉及永久基本农田面积4.67万亩。组织各地对永久基本农田划定不实情况进行摸底。完成差别化保护调研，测算2035年（目标年）湖北省耕地保有量和永久基本农田保护任务目标。

耕地占补平衡管理。强化占补平衡管理，联合出台《湖北省补充耕地省级统筹办法》（鄂自然资发〔2020〕33号），充实省级指标库来源，规范省级统筹程序。按照“占一补一、占优补优、占水田补水田”要求，2020年全省落实占补共挂钩634个建设用地项目，涉及耕地数量6.68万亩、水田3.5万亩、粮食产能7388万公斤，全面落实占补平衡任务。全年申请占补指标省级统筹涉及耕地数量0.8941万亩，水田规模0.5319万亩，粮食产能986万公斤，保障了省级以上重大项目用地落实占补。全年报备案地方投资补充耕地项目共775个。组织各地开展耕地资源质量评价，构建全省耕地资源质量分类指标体系。全年实施完成“提质改造”和“旱改水”项目共100个，提质改造耕地4.97万亩，其中改造水田面积3310.79公顷，有效提升耕地质量和增加水田规模。开展专项问题清理。对44个国家级重点建设项目采取承诺制落实耕地占补平衡的，全面督促彻底补充到位，共涉及耕地数量1577.22公顷，水田规模2708.50公顷、粮食产能3192.77万公斤。对全省2020年9月30日之前各地借支省耕地占补指标或申请省级统筹未缴费的项目进行全面梳理并提出处置意见，截至2020年底已补缴耕地开垦费1.66亿。对照2019年例行督察发现本省设施农用地、临时用地、农村道路占永久基本农田问题清单，督导地方完成3042个问题项目核实整改，整改到位率99.6%。

设施农用地管理。出台规范用地政策，联合印发《关于进一步规范设施农业用地管理有关问题的通知》（鄂自然资规〔2020〕4号），明确设施农业用地范围、规模，指导地方加强设施农业用地备案和监管。针对全省目前设施农用地备案和监管存在的问题和矛盾，开展政策效果调研。强化用地动态监管，组织各市县开展设施农用地项目上图入库工作，统一纳入自然资源“一张图”监管，全年共上图入库项目2020个，面积2.58万亩。

土地征收征用管理。规范土地征收行为，印发《湖北省土地征收工作程序暂行规定》（鄂自然资发〔2020〕38号），将土地征收细分为15个具体环节，合理保障被征地农村集体经济组织和被征地农民合法权益。研究成片开发标准，建立区片地价数据。

【不动产统一登记】 推进农村不动产权籍调查、确权登记发证工作。2020年，全省宅基地使用权确权登记完成权籍调查1233.83万宗，完成房地一体权籍调查1022.70万宗，已登记发证849.68万宗。全省集体建设用地使用权确权登记完成权籍调查16.69万宗，已登记发证8.98万宗，其中已发不动产权证2.32万宗。做好易地扶贫搬迁安置住房不动产登记工作。全省不动产登记“申请、受理、审核、登簿、领证”5个环节全部整合为申请受理和交费领证2个环节，并在2019年全省已实现一般登记、抵押登记业务办理时间5个工作日以内的基础上，将抵押登记压缩在3个工作日内办结。组织开展全省不动产登记第三方评估工作，全年累计抽选139个样本，覆盖全省96个不动产登记中心，覆盖率达91.4%。提请省编办印发《省委编办关于农村土地承包经营权登记工作职责划转的通知》（鄂编办文〔2020〕45号），将省农业农村厅承担的“农村土地承包经营权登记工作”职责划入省自然资源厅。

【国土空间用途管制】 深化建设用地审批制度改革。开展用地审批“清零”行动和审批流程“集成再造”，推进建设用地流程再造，开展集中审批、智能化审查，落实报件质量“一季度一通报”制度。全年审批建设用地2508宗、面积42亩，创近5年新高。省级核发建设用地预审和选址意见书56份。实行分级分类保障用地计划，实现全省415重点项目和补短板“十大工程”用地应保尽保，尤其是国务院批准重大基础设施项目53个、面积10.9万亩，比2019年增长140%。

开展用地服务“店小二”专项行动。印发《湖北省自然资源厅服务全省重点项目用地“土保姆”行动方案》（鄂自然资函〔2020〕140号）。全省系统服务企业“有呼必应、无事不扰”，梳理企业在批、征、供、用等方面的问题2751个，解决用地问题2659个，解决率96.66%，上报省级正研究解决问题92个。全年批准建设用地2508宗，总面积42万亩，同比增长52.17%，鄂州机场、当远铁路、新建安庆至九江铁路（湖北段）等53个重点项目获得国务院批准用地，面积10.91万亩，同比增长130.66%。疫后重振补短板强功能“十大工程”项目用地需求应保尽保。实行“金牌店小二”全周期服务。

水电气接入外线工程并联审批。对水电气外线工程涉及的审批内容，由“串联审批”改为“并联审批”，联合印发《关于实行水电气接入外线工程并联审批有关事项的通知》（鄂自然资发〔2020〕22号），全面部署并联审批工作。全省17个市（州）已完成水电气接入外线工程并联审批模块建设，实现中心城区线上线下并联审批。

维护被征地农民权益。完善征地信息公开平台建设，全年主动公开征地政府信息2106件（除密件），办理依申请公开征地信息276件。

【国土空间生态修复】 系统谋划山水林田湖草生态修复重大工程。完成全省国土空间生态修复“十四五”规划编制研究，启动全省国土空间生态修复规划（2021—2035年）编制工作。开展完成中央重点生态保护修复资金项目储备库入库申报，择优推荐汉江生态经济带（襄阳段）生态保护修复工程等4个山水林田湖草系统修复项目。推进湖北长江三峡地区山水林田湖草生态保护修复工程试点，工程试点累计开工项目63个，开工率100%；到位资金85.74亿元，占实施规划总投资103.22亿元的83.08%。其中夷陵区黄柏河流域环境治理工程、枝江市金湖湿地生态修复项目快速推进，修复效果较为显著。

矿山生态修复。基本完成节约集约示范省创建矿山地质环境恢复治理任务，累计完成1207个矿山治理，治理面积13.68万亩。重点推进长江干支流废弃露天矿山生态修复，协调省财政配套省级资金3550万元，持续强化项目调度和监管，完成修复面积占总体目标任务的85%。加快推进中央财政资金历史项目后续工作，会同省财政厅完成武汉市示范工程项目调整。完成历史遗留废弃矿山生态修复项目中央储备库申报和省级项目库建设，遴选首批17个项目纳入省级项目库，优选4个项目申请纳入中央储备库，申请资金1.2亿元。开展完成全省矿山地质环境问题专项整治。做好矿山地质环境恢复治理备用金退还和基金建设管理。

建设用地增减挂钩。2020 年，全省增减挂钩建设用地项目验收 260 个，生成指标 25.5 万亩；工矿废弃地复垦利用建新使用 0.31 万亩。改进增减挂钩节余指标交易管理，下放管理权限，省内交易由各市（州）人民政府负责，交易资金缴入省级交易平台的归集帐户；全年共交易 4900 亩，交易金额 15 亿元。争取跨省调剂指标 1.21 万亩，调剂资金 36.3 亿。清理解决历史遗留问题，将耕地保护督察、往年土地例行督查、增减挂钩清查整改发现的问题进行一体整改，督察问题整改率达 100%。

【土地节约集约利用】 启动《湖北省产业用地目录和用地标准》编制工作。印发《关于大力盘活存量建设用地服务高质量发展若干措施的通知》（鄂政办发〔2020〕30 号），实行“招商地图”“地等项目”管理，指导各地分类定向处置。加强统筹存量消化与新增计划指标使用。2020 年消化批而未供土地 18.46 万亩，消化比例 22.81%；处置闲置土地 8.42 万亩，处置比例 60.05%，均已完成自然资源部下达的 15%的任务。单位 GDP 地耗下降，2020 年全省单位 GDP 地耗水平为 783 亩/亿元，同比下降 110.94 亩/亿元，下降率为 12.41%。全省“十三五”单位 GDP 地耗下降率 34.48%，超额完成国家“十三五”期间设定的 22%的目标。

（刘丹里）

住房保障

【棚户区改造】 2020 年，全省新开工目标任务 4.79 万套，已开工 4.89 万套，开工率 102.06%；棚改项目基本建成目标任务 5.54 万套，已基本建成 6.69 万套，基本建成率 120.78%；租赁补贴发放目标任务 2.13 万户，已发放租赁补贴 3.09 万户，完成率 144.68%。武汉市荣获国务院 2019 年度棚改工作激励表彰。全省已发行棚改专项债 515 亿元。配合发改、财政部门核实下达安居工程基础配套设施建设中央预算内投资 11.8 亿元、中央财政城镇保障性安居工程专项资金 5.5 亿元。积极争取两行棚改贷款支持，先后争取两行新增发放融资贷款 90.78 亿元。制定《2019 年度市州党政领导班子政绩目标考核住房保障工作考核评价细则》，将棚改目标完成情况和公租房小区管理群众满意度测评纳入考评体系。争取省政府对 2019 年度棚户区改造工作激励支持的市州县予以表彰，并在省级以奖代补资金中安排 1000 万元予以奖励。

【公租房政府购买服务国家试点】 2020 年，进一步推进政府购买公租房运营管理服务试点工作。在做好武汉、襄阳、宜昌、孝感、远安五个国家级试点城市经验总结的基础上，新增咸宁市为国家级试点城市。6 个国家级试点城市共选定 27 个项目，17312 套公租房进行试点工作。抓好黄石、鄂州、荆门、黄冈等 18 个省级试点市县的政府购买公租房运营管理服务的试点工作。下发《关于进一步推进政府购买公租房运营管理服务试点工作的通知》，不断完善政府购买服务体制机制，健全公租房管理长效机制，推广试点成果。

【全国公租房信息系统贯标联网】 6 月 9 日，省住建厅、省建行联合印发《2020 年湖北省公租房信息系统贯标和联网接入工作实施方案》，对工作目标、实施范围、职责分工等方面进行明确。6 月 19 日，组织参加住建部全国公租房信息系统视频培训会。召开全省公租房信息系统贯标联网布置会，对全年贯标工作提出明确要求。截至 12 月底，全省 17 个市州已全部实现数据上线联网。督促各地加快信息数据录入，完成录入政府投资公租房房源（含盘活房源）39.75 万套，完成率 91%；已完成录入保障家庭 27.48 万户。

【公租房小区规范管理评价】 按照《湖北省公租房小区规范管理评价办法（试行）》要求，制定《关于开展全省公租房小区规范管理评价工作的通知》，提出将评价结果作为省委组织部 2020 年对市州党政领导班子政绩目标考核依据，采取县市自评、市州评价、省级抽评方式对全省公租房小区规范管理工作进行评价。9 月 17 日，制发《湖北省公租房小区规范管理第三方评价及住户满意度调查实施方案》，对全省 17 个市州的 50 个公租房小区开展评价

武汉园博园东路风光

工作，发放满意度调查表4797份，形成评价报告18份。通过评价，参评的50个小区中有30个小区评价结果为优秀，18个小区为优良，2个小区为达标。

公积金管理

【概况】 2020年，全省新增归集住房公积金927.38亿元，同比增长8.68%，全省累计缴存总额达到6577.39亿元，缴存余额3022.17亿元；新增住房公积金提取额552.35亿元，同比增长7.61%，累计提取总额3555.22亿元。新增个人住房公积金贷款额668.96亿元，同比增长28.58%，累计贷款总额达到4209.96亿元，贷款余额2491.1亿元，个贷率82.43%。

【“扩面工程行动”】 重点瞄准新市民、灵活就业人员、非公单位职工3类群体推进“扩面工程行动计划”实施。各地将住房公积金扩面与支持经济社会发展为企业减负相结合，采取有效措施推进“扩面工程行动计划”实施，切实扩大制度惠及面。2020年，全省住房公积金新开户单位11958家，新开户职工516780人。

【公积金政策】 助企纾困政策。认真落实助企纾困政策，帮助企业复工复产。截至6月底，全省累计缓缴企业9504个，累计缓缴职工人数66.14万人，累计缓缴金额13.57亿元。累计降比例缴存企业920个，累计降比例缴存职工98702人，累计减少缴存金额1.02亿元；累计停缴企业2499个，累计停缴职工20.83万人，累计停缴金额3.3亿元。受疫情影响不作逾期处理贷款39385笔，不作逾期处理贷款余额92.3亿元。

调整使用政策。进一步提高租房提取额度，缓解受疫情影响职工的租房压力，受疫情影响提高租房提取金额45005人，累计提高租房提取金额6430.09万元。因城施策调整贷款政策，武汉、宜昌等城市提高最高贷款额度加大支持职工购房力度。制订老旧小区加装电梯提取住房公积金政策，支持老旧小区改造，改善职工住房条件。

【公积金信息化建设】 稳步推进综合服务平台建设。组织完成孝感、咸宁、潜江综合服务平台验收工作。积极推动各地与省市场监管局企业开办专区系统对接，加快推进住房公积金单位缴存登记一网通办。督促各市州中心完成规定的3项业务“跨省通办”任务。各地不断完善住房公积金综合服务平台功能，拓展网站、微信、手机APP、12329服务热线等业务办理渠道，推进公积金业务“零接触”办理。其中，随州推进公积金业务“零材料办”、鄂州开展公积金“e心办”，网上服务水平明显提升。

房地产业

【概况】 2020年，全省完成房地产开发投资4888.87亿元，同比下降4.4%，较前三季度、上半年分别收窄12.6和34.3个百分点。完成投资绝对值在全国排名第九、中部六省排名第三，与上年持平。单月投资同比增幅从7月起由负转正，7—12月完成投资3284.36亿元，同比增长30.7%。1—12月，全省房地产新开工面积8452.55万平方米，同比下降2.9%；房地产税收收入676亿元，同比下降30.1%，较上半年收窄15.2个百分点；房地产税收占全部税收的16.6%，比重较上半年提高1.3个百分点。

【房地产市场调控】 省人民政府办公厅印发《关于促进建筑业和房地产市场平稳健康发展措施的通知》，在房地产方面提出了适当优化预售管理、土地出让、金融信贷、审批服务等方面17条具体措施，缓解企业因疫情面临的经营压力，推动企业复工复产。加强与财政、自然资源、税务、金融等部门会商，定期共享供地、信贷、税收、销售等数据信息，强化政策协同联动。利用全省房地产大数据监测平台，加强房地产市场动态监测预警，向武汉、襄阳、黄石、荆门、孝感市、天门6市下发预警提示。督促武汉市抓好“一城一策”试点，武汉市制定了房地产市场长效机制实施方案和细则，为精准实施调控提供决策依据。出台《关于支持房地产开发企业复工复产确保我市房地产市场平稳健康发展的六条措施》《关于应对新冠肺炎疫情做好商品房交付有关工作的指导意见》政策，确保“三稳”目标落实到位。推进省“十四五”住房发展规划编制工作，完成征求意见稿。督促各地编制实施“十四五”住房发展规划。加强房屋网签备案工作，召开城市房屋交易网签备案及联网工作座谈会，督促各地推进数据联网、数据更新及历史数据整改工作，提升网签备案数据质量。印发《关于开展房地产开发、中介及物业服务市场秩序专项整治工作的通知》，结合住建系统扫黑除恶专项斗争“行业清源”行动，开展市场秩序专项整治。全省共查处开发企业91家、中介机构545家、物业企业41家。通过省政府网、厅网站、湖北日报等向社会集中公布了一批28家各地查处的违法违规企业名单。

【物业服务管理】 印发《关于〈湖北省住宅小区、办公建筑新型冠状病毒肺炎疫情防控工作指南〉的通知》，编制全省住宅小区、办公建筑新型冠状病毒肺炎疫情防控工作指南；率先提出住宅小区实施封闭管理的要求。加大对参与疫情防控的物业企业给予财政补助。全省对3982家物业服务企业共补助资金25402万元。坚持党建引领、深化拓展“红色物业”，推进省、市、县三级成立物业行业党委。截至2020年底，全省17个市州已有16个成立了物业行业党委，武汉、黄石、黄冈、孝感、随州等地实现了市县两级物业行业党委全覆盖。会同省委组织部推进物业管理全覆盖。截至2020年底，各市州上报城市住宅小区总数35670个，其中专业化管理、单位自管、业主自治、街道社区托管等各类小区共计31320个。全省物业住宅小区成立业主委员会12592个。

【住房租赁市场】 支持武汉市完成国家年度试点任务，指导宜昌、襄阳、十堰3个省级试点城市做好试点工作。加快试点补助资金拨付进度。2020年，武汉市印发了《关于允许商业和办公用房等存量房改造为租赁住房的通知》，4—11月共向12家租赁企业累计拨付试点补助资金6.47亿元，12月底，向6个项目拨付资金2.38亿元。2019—2020年累计拨付资金10.39亿元。截至2020年底，武汉市备案223家住房租赁企业（国企10家），运营规模达到1000套（间）或3万平方米以上的机构化企业20家；推动16个国有土地试点项目投入运营，5个集体土地建设租赁住房试点项目开工建设，全年建设筹集租赁住房10.23万套（间）；在全国率先联合打造了“互联网+租赁+金融”综合服务平台，累计核验房源68.17万套，合同备案36.66万笔。督促各地开展市场秩序整治行动，规范住房租赁市场秩序。

【房屋征收与补偿】 推进省国有土地上房屋征收与补偿管理信息系统建设，建立国有土地上房屋征收与补偿监测制度，完善了计划管理、征收管理、机构管理等工作的信息化建设，实时上报、分类汇总、深度查询和分析统计，保障了各地市数据的共享交换。参与信访接待和矛盾纠纷化解工作。督促市（区、县）有关部门对接信访人，积极化解矛盾。指导省征收专委会研究编写《湖北省国有土地上工业企业征迁评估操作指引》。

（吴绵胜　钱璟）

水利建设

【概况】 2020年，全省争取中央和省级水利投资146.79亿元。其中中央投资113.99亿元，省级财政专项资金32.8亿元。中央投资包括中央水利发展资金33.55亿元，用于中小河流治理、重点中型灌区建设、小型水库除险加固等项目建设；中央预算内投资28.08亿元，用于重大引调水、蓄滞洪区建设、重点区域排涝能力建设等项目；中央大中型水库移民后扶资金28.58亿元，三峡后续资金21.41亿元，中央水利救灾资金2.37亿元。省级财政专项资金用于中央项目省级配套16.81亿元，用于农村饮水安全、引徐济安工程等项目5亿元，用于农村小型水利设施管护改革、水资源费返还7.82亿元，大中水库库区基金投入2.3亿元，其他补助资金0.87亿元。

富河下游干流（阳新段）防洪二期工程

（冯　鑫）

堤防加固整治

【中小河流治理】 加强中小河流治理项目建设。定期督办中小河流治理项目建设进度，年度下达中小河流中央投资

12.48 亿元，分解到武汉、黄石、十堰等 16 个地市州 89 个项目，项目基本完工，完成投资 11.84 亿元，中央投资完成率 95%，完成综合治理河长 779 公里。

（聂华彬）

【重要支流治理】 2020 年，国家有关部委下达湖北省主要支流治理项目投资计划 10.2 亿元，涉及孝感府澴河二期防洪治理工程、汉江堤防加固重点工程荆门一期段、恩施沅江酉水干流重点河段防洪治理工程（宣恩段、来凤段）、利川市乌江流域郁江干流上段忠路河段近期防护工程 5 个项目，到位资金 6.45 亿元（其中中央配套 4.75 亿元、地方配套 1.71 亿元）。截至 2020 年底，完成投资 6.62 亿元。完成主要建设内容：治理河长 8.08 公里，护岸护坡 33.6 公里，疏浚河道 3.25 公里、整治建筑物 41 处（座）。完成主要工程量：土方 51.80 万方、石方 29.14 万方、砼 12.92 万方。

（欧阳秀英）

南水北调中线汉江中下游治理工程建设

【概况】 丹江口水库平均入库径流量为 388 亿立方米，南水北调中线工程首期调水 95 亿立方米。国家兴建汉江中下游四项治理工程：兴隆水利枢纽筑坝，行成汉江回水 76.4 公里，缓解调水对汉江中下游的影响；引江济汉工程年引 31 亿立方米长江水为汉江下游补水；改造汉江部分闸站，保障农田灌溉；整治汉江局部航道，通畅汉江区间航运。

截至 2020 年底，汉江中下游治理工程累计完成投资 112.01 亿元，占批复总投资 98%，占累计下达投资计划的 98%。其中，兴隆水利枢纽 34.24 亿元，引江济汉工程 67.66 亿元，部分闸站改造工程 5.14 亿元，局部航道整治 4.61 亿元，汉江中下游文物保护 0.36 亿元。

【兴隆水利枢纽工程电站】 截至 2020 年底，兴隆水利枢纽工程电站完成发电量 2.41 亿千瓦时，完成年度计划发电量 1.85 亿千瓦时的 130%，超额完成全年发电任务；船闸年累计过船数 7052 艘；枢纽库区内灌溉水源保证率在 100%以上，水位保证率达到 90%。

【引江济汉工程】 截至 2020 年底，引江济汉工程已累计调水 232.55 亿立方米，其中向汉江补水 184.06 亿立方米，向长湖、东荆河补水 45.22 亿立方米，向荆州古城护城河补水 3.27 亿立方米，有效缓解了汉江中下游生产生活用水矛盾，改善了长湖等流域和荆州古城生态环境。通航方面，累计通航船舶 42802 艘次，船舶总吨 3207 万吨。其中，2020 年通航船舶 6852 艘次，船舶总吨 573 万吨。

（袁静 谢录静 郑艳霞 朱树娥）

农村饮水安全

【概况】 2020 年，督促引导有关县市自筹资金 2.05 亿元，巩固提升 50.32 万农村人口饮水安全水平，守住饮水基本安全底线。推进农村饮水提标升级工程建设。将 79 个农村饮水提标升级工程纳入全省疫后重振补短板强功能三年行动方案。2020 年度 11 个重点项目完成投资 6.4 亿元，进一步改善供水人口 105 万。截至 2020 年底，全省农村集中供水率、自来水普及率分别达 96.8%、94.7%。加快编制“十四五”农村供水保障规划。

【农村供水安全】 督促各地对各类水厂封闭管理，落实防疫措施，加密水源巡查和水质检测；强化常态化值班值守，及时协调解决部分水厂消毒品等物资短缺问题，全省农村供水总体平稳有序，国务院联防联控机制新闻发布会介绍了湖北农村抗疫情、保供水的做法成效。积极做好抗洪涝保供水工作，8 月底前水毁工程均恢复正常供水。

【农村供水管护】 严格落实行政主体、行业监管、供水单位运维“三个责任”，进一步健全完善管理机构、管理办法、维护经费“三项制度”。组织完成千人以上农村供水工程名录采集，发放饮水安全用水户服务监督“明白卡”。组织修订完善县级和规模以上农村供水工程应急预案。2020 年，全省农村千吨万人饮用水水源保护区划定工作全部完成，农村供水水质达标率再创新高。深入组织开展农村供水规范化示范水厂遴选活动，有 4 个农村水厂入围全国农村供水规范化水厂榜单。大力推进农村集中供水水费收缴，截至 2020 年 12 月底，全省农村集中供水工程收费处数占比、水费收缴率分别达到 98.8%、94.8%，超水利部下达目标 3.8、4.8 个百分点。

（包严方）

浠水县白莲河水厂被水利部遴选为 2020 年全国农村供水规范化水厂。该水厂建成于 2013 年，日供水规模 5.69 万吨，惠及 60 余万人

农村水利

【灌区建设管理及灌溉试验工作】 大中型灌区建设管理工作。2020年，积极组织各地完成70处重点中型灌区实施方案审批。加大督办力度，全省中型灌区超前完成年度目标。扎实推进漳河等9处大型灌区续建配套与现代化改造和中型灌区2021—2022年度续建配套与节水改造项目前期工作，建立项目库，指导蕲春县蕲水灌区做好新建（扩建）大型灌区项目前期工作。推进全省灌区、泵站标准化规范化管理创建，全省大中型灌区均制定了标准化规范化管理实施方案，指导漳河、王英、东风渠等灌区创建省级标准化规范化管理单位。选取白马径、排湖、彭家湾等泵站，启动标准化、规范化建设管理试点。2020年，全面完成国有水管单位管理的5万亩以上大中型灌区骨干渠系和国有水管单位管理的大中型泵站的划界工作。

灌溉试验工作。2020年，全省农田水灌溉利用系数为0.528，超额达到“十三五”末国家确定的目标值。各试验站积极做好气象观测，结合区域实际，做好基础试验工作，漳河灌溉试验中心站以节水减排、水稻养殖等方面着手，深入研究，形成相关可研报告；宜昌市东风渠灌溉试验站与三峡大学合作，对柑橘需水量进行分析。

【农业水价综合改革】 健全用水管理机制。严格落实农业用水总量控制和定额管理，将农业用水作为水资源刚性约束的重要方面。建立大中型灌区用水许可制度，全省393个大中型灌区完成了用水许可工作，其中大型灌区40个，重点中型灌区128个，一般中型灌区225个。科学分配农业初始水权，根据农业用水总量控制和农业用水定额，全省82个县市区将农业用水总量控制指标，自上而下逐级分配到县、乡镇、村或农民用水合作组织，有条件的地区分配到户，农业水权制度不断完善。

钟祥碾盘山工程移民安置点

健全工程管护机制。省水利厅、省发改委、省财政厅、省农业农村厅联合印发《关于加强农田水利工程建后管护的指导意见》，进一步厘清机构改革后各部门工作职责，对农田水利工程产权确权、建立管护制度、明确管护主体、落实管护责任和管护资金等方面进一步明确。同时将农田水利工程运行管护监管纳入2020年度《湖北省实施乡村振兴战略市县领导班子和领导干部考核》，进一步压实地方政府责任。加强工程运行管护监管，健全省、市、县三级排查网络，将农田水利工程运行管护监管纳入省水利厅重点工作监督范围和水利精准扶贫暗访，组织开展多批次的监督检查。采取列问题清单、建整改台账、向地方反馈整改建议等措施，督促抓好问题整改。

健全水价形成机制。重新修订《湖北省末级渠系供水定价成本监审办法》（鄂发改成本〔2020〕491号），指导各地开展成本监审，合理制定农业用水价格。截止年底，全省121个灌区已重新核定或调整水价到运行维护水平，149个灌区供水成本监审程序已完成，92个一般中型灌区开展并完成农业水价供水成本调查或测算。

健全奖补机制。全省各地积极探索农业用水精准补贴和节水奖励机制，建立健全与节水成效、调价幅度、财力状况相匹配的农业用水精准补贴机制。全省改革县市区均制定出台了符合本地实际的精准补贴和节水奖励办法。省财政积极统筹中央及省级财政资金共计7658万元，支持县市区农业水价综合改革工作，有力地调动了各地改革的积极性。襄州、宜都、沙洋、仙桃等20个县市区自筹670.09万元，对种粮农户、新型农业经营主体、农民用水者协会和水管单位实行精准补贴，在全省率先实现节水和用水户负担不增“双赢”局面。

加强水价改革工作宣传培训。举办全省县市区农业水价改革综合培训班，省级四部门分别就职责内容进行了授课培训。《湖北日报》《中国水利报》和人民网、荆楚网多次宣传农业水价综合改革工作。建立了改革进展月调度制度，每月汇总改革情况，对改革进度滞后的县市区，发改和水利部门双通报双督办机制。各地人民政府积极落实改革主体责任，结合当地农业水价综合改革实际制定具体改革实施计划或落实方案，按照“因地制宜、试点带路、稳步推进”原则，加速推进改革进程。全省2020年计划新增566.38万亩改革目标超额完成，累计实现改革面积593.74万亩。

（李　丽）

生态环境保护

综　述

【概况】 2020 年，全省坚持以习近平新时代中国特色社会主义思想为指导，深入践行习近平生态文明思想，奋战抗疫、治污两大战场，统筹生态环保、经济发展两大工作，圆满完成污染防治攻坚战阶段性目标任务。全省 13 个国考城市 PM2.5 累计均值 37 微克/立方米、较 2015 年下降 40.3%，平均优良天数比例 87.5%、较 2015 年提升 17.4 个百分点，重污染天数比率 0.3%、较 2015 年 4.1%大幅下降；全省 114 个国考断面水质优良比例 91.2%、较基准年提升 11.4 个百分点，无劣Ⅴ类和Ⅴ类，地级及以上城市建成区黑臭水体消除比例达到 100%；“十三五”累计完成 5299 个建制村环境综合整治，受污染耕地安全利用率、污染地块安全利用率分别为 94%、100%；二氧化硫、氮氧化物、化学需氧量、氨氮四项主要污染物排放量较 2019 年分别下降 27.3%、24.0%、13.8%、13.6%。

2020 年疫情期间，省生态环境科学研究院“涉疫环境防控冲锋队”深入华南海鲜市场开展病毒传播环境阻控及次生风险防控研究

生态环境保护督察与防控

【生态环境保护督察体制建设】 建立由省生态环境保护监察专员、省委生态环境保护督察办公室、区域生态环境监察专员办公室构成的省级生态环境监察体系。在全国率先出台《关于配合保障中央生态环境保护督察工作的具体措施》和《湖北省生态环境保护督察实施办法》，构建配合保障中央生态环境保护督察工作长效机制，完善省生态环境保护督察体系，压实全省各地各部门生态环境保护责任，为依法开展省生态环境保护督察、不断夯实生态环境保护政治责任、推动生态环境治理体系和治理能力现代化提供重要制度保障。

【生态环境保护督察整改】 2016 年中央第一轮生态环境保护督察反馈意见整改，共 84 个整改任务，已完成整改 71 个，其他 13 个正在按时序进度推进。2018 年中央生态环境保护督察“回头看”及专项督察反馈意见整改，共 49 个整改任务，已完成整改 27 个，其他 22 个正在按时序进度推进。2016 年中央第一轮生态环境保护督察共交办群众信访件 1925 件，已办结 1904 件，其他 21 件正在推进办理。2018 年中央生态环境保护督察“回头看”及专项督察共交办群众信访件 2850 件，已办结 2607 件，其他 243 件正在推进办理。2018 年省级第一轮生态环境保护督察反馈意见整改，共 871 个整改任务，已完成整改 724 个，其他 147 个正在按时序进度推进。2018 年省级第一轮生态环境保护督察共交办群众信访件 3827 件，已办结 3788 件，其他 39 件正在推进办理。2020 年省级环保督察“回头看”共交办群众信访件 6829 件，已办结 5674 件，其他 1155 件正在推进办理。

【第一轮省生态环境保护督察“回头看”】 按照省委、省政府的统一安排，2020 年组成 5 个督察组分两批于 9 月、12 月对全省 17 个市、州、直管市、神农架林区开展第一轮省生态环境保护督察“回头看”。围绕例行督察整改、重点整改任务进展、生态环境保护长效机制建设、污染防治攻坚战等重点任务完成及整改过程中的形式主义、官僚主义问题开展督察。督察中，坚持做到“三个聚焦”，即聚焦打赢污染防治攻坚战，推动经济高质量发展；聚焦解决生态环境突出问题，推动环境幸福指数提升；聚焦提升环境要素支撑，推动打造良好的营商环境，助力复工复产和经济重振。

【生态环境保护督察信息公开】 在全国率先探索实行省、市两级以新闻发布会形式公布中央生态环境保护督察反馈问题整改情况，配合省政府召开2020年上半年全省中央生态环境保护督察整改推进情况新闻发布会，对发布会有关内容及时在湖北电视台、湖北日报等主要新闻媒体进行宣传报道。同时，对湖北省中央生态环境保护督察“回头看”及长江保护与湖泊开发专项督察反馈意见整改工作进展情况、湖北省中央生态环境保护督察“回头看”及长江保护与湖泊开发专项督察移交生态环境损害问题处理、省级环保督察第一轮第三批移交的生态环境损害问题问责处理情况及开展省级第一轮环保督察“回头看”工作，在湖北日报、湖北省政府网等主要媒体进行公开，提高人民群众的知晓率和参与度，接受社会监督。其中，中央生态环境保护督察“回头看”及长江保护与湖泊开发专项督察移交生态环境损害问题责任追究，共问责 143 人，涉及厅局级干部 17 人，县处级干部 99 人，乡科级及以下人员 27 人。省级第三批移送移交生态环境损害问题责任追究，共问责 67 人，涉及县处级干部 22 人，科级及以下干部 45 人。

【加大疫情防控生态环境保护】 针对疫情急剧增长的医疗废物，及时启动区域应急协同处置机制，通过抢建专业处置设施，增加移动处置设施，改造工业危废窑炉，打通垃圾焚烧协同等措施，全面提升医疗废物收集、运输、暂存、处置和防护能力，及时无害化处置医疗废物。全省医疗废物处置能力从180吨/天提高到667.4吨/天，实现医疗废物“零库存”、环境安全“零事故”、工作人员“零感染”。对 240 多家定点医疗机构、1200 多个隔离点、130 多座污水处理设施实施全覆盖现场检查，开展不间断应急监测。全省累计开展手工监测 10763 次，出动监管执法人员 13 万人次，累计检查单位 56186 家次，督促整改问题 919 个，确保全省生态环境质量未受疫情影响。

【强化生态环境风险防控】 修订发布《湖北省突发环境事件应急预案》，完成 157 家重点尾矿库和全省县级以上饮用水源地应急预案编制备案。推进化工园区有毒有害气体预警体系和跨省流域上下游突发水污染事件联防联控机制建设。开展跨省流域河流基础信息收集梳理，已调度全省 56 个跨省河流下游临界设区的地级市城市水源地基础信息和 137 个跨省江河的县级以上饮用水源地基础信息。开展全省环境风险源调查，已收集 1535 家重点风险企业（含尾矿库）基础信息。按照“平战结合、分区分级、属地管理、区域联动”的思路，建成了以省环境监测中心站为中心，武汉、黄石、荆州、宜昌、襄阳五大区域联动的“1+5”生态环境应急监测网络体系。持续开展应急培训演练，提高应急处置能力。全覆盖开展核与辐射安全监管，完成 78 家省管和 1849 家市管核利用单位现场监督检查，连续 10 年实现辐射安全零事故。做好舆情监测收集引导工作，全年生态环境领域舆情态势总体平稳，解决了一批群众身边的生态环境问题。

生态省建设

【生态文明示范创建】 大力推进生态省建设战略，实施《湖北生态省建设规划纲要（2014—2030 年）》中期评估，保障生态省建设顺利推进。丹江口市获国家第四批“绿水青山就是金山银山”实践创新基地，竹溪县、崇阳县、巴东县创成第四批国家生态文明建设示范县，新增咸宁市、利川市、房县、英山县、建始县、来凤县 6 个省级生态文明建设示范市县。截至2020年底，全省共创建 3 个“绿水青山就是金山银山”实践创新基地，12 个国家生态文明建设示范市县，32 个省级生态文明建设示范区，620 个省级生态乡镇和 5317 个省级生态村，生态文明示范创建工作稳居全国第一方阵。全省申报的武汉绿色江城环保服务中心、劲牌有限公司在 2018-2019 年绿色中国年度人物评选活动中获得民间

改造后的武汉市黄家湖西路“口袋公园”全景

行动组和企业责任组提名奖。

【生物多样性保护】 选取湖北大老岭国家级自然保护区和后河国家级自然保护区开展生物多样性调查、观测与评估。以“5? 22 国际生物多样性日”为载体，开展“生态文明：共建地球生命共同体”为主题的系列活动。通过武汉广播电视台文体频道、见微直播、斗鱼等媒体平台同步直播了主题宣传活动，共有约 180 万网民和电视观众收看，营造了全社会保护生物多样性的氛围。

环境影响评价

【深化环评“放管服”改革】 加大全省开发区建设项目环境影响评价改革力度，进一步调整建设项目环评文件审批权限，提升环评审查审批效率，拓展环评审批正面清单行业类别，将造纸和纸制品业等 11 大类 15 小类行业项目环境影响登记表备案纳入豁免管理，将医药制造业等 13 大类 32 小类行业纳入环评告知承诺制试点范围，试点时间截止 2021 年 12 月 31 日。大力发扬“店小二”精神，营造良好营商环境，全力服务疫后经济重振。环评审批由“三个一批”拓展到“四个一批”，累计对 8939 个项目实行环评豁免、告知承诺、优化服务和简化审批。

【严格生态环境准入】 积极推进专项规划和开发区扩区调区规划环评，完成汉江潜江港、钟祥港、沙洋港等一批重点港区规划环评审查。实施“三线一单”生态环境分区管控体系，划定优先保护、重点管控和一般管控三大类共 1076 个生态环境管控单元。严格执行《湖北长江经济带发展负面清单实施细则（试行）》，强化规划环评与项目环评联动，对不符合政策规定的项目不予受理审批。强化环评文件质量管理，开展 2020 年度全省建设项目和产业园区规划环评文件质量专项检查，对 2 家环评文件编制单位及 5 名编制人员予以通报批评和失信记分，对 2 家建设单位予以通报批评。强化事中事后监管，按期完成 33 个行业的排污许可清理整顿和 91 个行业的排污许可发证登记工作。

长江大保护

【概况】 2020 年，长江大保护十大标志性战役顺利收官，长江生态环境得到有效改善，湖北长江、汉江干流国考断面水质全部为优，支流总体水质良好。全省完成沿江化工关改搬转企业 405 家。取缔长江干线各类非法码头 1211 个。实施禁采、禁捕、禁养，建成河道采砂管理执法基地 33 个，移送非法采砂入刑案件 22 起。关停搬迁禁养区畜禽养殖场（户）12838 家，拆除围栏围网养殖 127.6 万亩。排查流域总面积 11212 平方公里、岸线总长度 4808 公里长江入河排污口。全面清理整治“千吨万人”水源地问题 950 个、清废问题点位 666 个，完成黑臭水体整治 214 个，完成 54 座尾矿库闭库治理。实施“厂网河一体化”系统治理，新建、改造乡镇污水处理厂 828 座，实现乡镇污水处理全覆盖，137 座城市生活污水处理厂完成提标改造；全省 2853 艘 400 总吨及以上船舶污染防治设施改造全部完成，建成船舶污染物固定接收设施 3724 个、泊位标准岸电设施 216 个。

【推进长江生态修复】 全省完成 1233 个废弃矿山恢复治理、矿山复绿面积 7.37 万亩。留白增绿修复岸线生态，腾退岸线 149.8 公里，长江岸滩岸线生态复绿面积 856 万平方米；开展三年宜林荒山全绿化行动，长江两岸完成造林绿化 75.4 万亩。长江禁捕退捕初战告捷，长江干流、汉江干流和 83 个保护区共回收处置渔船 16818 艘，上岸渔民 32226 人，累计完成发放退捕渔民补助资金 15.62 亿元。

污染防治

【大气污染防治】 持续优化产业空间布局，累计搬迁城区重污染企业 30 家，完成“散乱污”企业排查和分类整治。大力推进火电、钢铁行业超低排放改造、挥发性有机物综合治理和工业炉窑整治，实施钢铁行业超低排放改造项目 64 个，全省所有单机装机容量 20 万千瓦以上火电燃煤机组完成超低排放改造。大力淘汰和改造燃煤小锅炉，积极推广应用清洁能源，非化石能源占比明显提升。加大移动源污染治理，加快老旧机动车淘汰，建立完善机动车排放检验与维护制度，加强机动车排放检验机构监督管理，17 个地市均已划定高排放非道路移动机械禁用区。全面加强秸秆禁烧管控，大力推广秸秆综合利用。2020 年有效应对重污染天气 9 次，重污染天数同比明显减少。

【水污染防治】 以工业、生活、农业、航运污染“四源齐控”为主线，坚持推进“水环境、水资源、水生态”协同共治。全面落实河湖长制和小微水体“一长两员”长效管护机制，清理非法占用河道岸线达 9531.88 公里，完成五大湖泊退垸（田、渔）还湖 212.5 平方公里。加强江河湖库水量调度管理，全省建立 679 个水工程生态基流监管名录，84 个县域水资源承载能力不超载。全面完成“千吨万人”集中式饮用水水源地划定，工作进度居全国前列。县级以上饮用水水源地水质达标率 100%。2019 年度最严格水资源管理制度考核获得水利部 2500 万元资金激励。累计完成 131 座县城及以上污水处理厂提标改造，新（改、扩）建乡镇污水厂 828 座，基本实现乡镇污水处理全覆盖；101 家省级及以上工业集聚区建成污水处理设施，实现“一园一档”；城市建成区 214 个黑臭水体全部整治销号。大力推进船舶污染物接收转运处置设施建设，全省完成船舶污染物固定接收设施 3724 个，移动接收设施 159 艘（辆），船舶污染物港口接收设施全覆盖。

【土壤污染防治】 深化土壤污染防治制度体系建设，如期完成全省农产品产地土壤重金属普查、农用地土壤污染状况详查、重点行业企业用地调查，完成17个市州和97个县（市、区）耕地类别划分工作，加大44个涉镉等重金属重点行业企业污染源整治。2020年，全省完成安全利用耕地面积139.9万亩、严格管控类面积14.4万亩，受污染耕地安全利用率达到94%。强化建设用地污染风险管控，107个县（市、区）建立疑似污染地块名单，342宗地块纳入国家污染地块土壤环境系统管理，受污染地块安全利用率达到100%。

应对气候变化

【概况】 加强重点领域温室气体排放控制，推动调整优化产业结构，推进能源结构低碳化发展，不断增加碳汇。组织对2019年各地市碳强度下降目标完成情况进行考核，武汉、襄阳、宜昌、黄石、荆门、鄂州、十堰评为“优秀”。分解并下达市州2020年单位地区生产总值二氧化碳排放下降目标。2020年，湖北省单位GDP二氧化碳排放强度比2015年下降约19.7%，完成了国家下达湖北的“十三五”期间碳强度下降19.5%目标任务。

【低碳试点】 全省开展13个省级低碳社区试点评估，武汉东湖高新当代社区、武汉新洲区仓埠周铺村评价为优秀。推进武汉和十堰国家适应气候型城市建设试点建设。积极探索低碳发展新模式，印发《湖北省近零碳排放区示范工程实施方案》，围绕城镇、园区、社区、校园和商区探索近零碳发展新机制、新模式。省生态环境厅、省农业农村厅、省扶贫办、省能源局、省林业局联合印发《关于开展“碳汇+”交易助推构建稳定脱贫长效机制试点工作的实施意见》，探索以碳汇交易助推乡村振兴的长效稳定生态补偿机制。

湖北省低碳社区试点名单

所属地市	社区名称	所属地市	社区名称
武汉市	江欣苑社区	咸宁市	车站路社区
	当代社区	当代社区	清泉社区
	周铺村社区	鄂州市	万秀社区
襄阳市	埠口社区	孝感市	西王社区
宜昌市	郑家榜社区	郑家榜社区	百合社区
	双路村社区	双路村社区	邱聂连片社区
	白龙井社区	天门市	健康社区
荆门市	季河社区	—	—

【碳排放权交易市场】 2020年，纳入企业履约率继续保持100%，控排企业二氧化碳排放年均下降约2%，企业通过碳市场获取减排收益累计超过6亿元，利用市场机制促进节能减碳效果明显。截至2020年12月31日，湖北碳配额二级市场累计成交3.47亿吨，成交额81.39亿元，交易规模、连续性、引进社会资金量等指标继续位居全国前列。及时研判疫情影响，出台交易手续费减免政策支持企业复工复产，实施期间共减免交易手续费566万元。加快推进全国碳排放权注册登记系统建设，系统已具备上线运行条件。

【规划编制与重大项目谋划】 开展湖北省“十四五”应对气候变化思路研究和规划编制工作，研究提出控制温室气体排放重点领域、重点区域、适应气候变化等方面的主要任务。策划和遴选了全国碳排放权注册登记系统建设和“碳惠荆楚”项目。启动省级碳达峰行动方案研究工作。

生态文明体制创新

【推动生态文明体制改革】 2020年度生态文明体制改革19个年度项目全面达到序时进度。研究起草《湖北省关于构建现代环境治理体系的实施意见》《湖北省医疗废物管理办法》《湖北省生态环境保护综合行政执法事项目录清单》。发布《湖北省清江流域水环境保护条例》《湖北省汉江流域水环境保护条例》。研究制定并组织实施《建立南水北调中线水源区生态保护协作体制机制实施方案》，建立省厅级协调联席会议制度。制定出台《湖北省委和省政府机关有关部门生态环境保护责任清单》。全省环保监测监察垂直管理改革基本完成，综合执法改革职责整合和队伍组建到位。

【推进生态损害赔偿制度改革】 制定出台《湖北省生态环境损害赔偿磋商办法（试行）》《湖北省生态环境损害修复管理办法（试行）》《湖北省生态环境损害鉴定评估工作规程（试行）》《湖北省生态环境损害鉴定评估专家库管理办法（试行）》等四项配套制度；省高级人民法院制定并印发《湖北省高级人民法院关于贯彻执行<湖北省生态损害赔偿制度改革实施方案>的实施意见（试行）》；联合印发《湖北省生态环境损害赔偿资金管理办法（试行）》。指导、督促相关符合条件的机构申报创建生态环境损害鉴定评估机构。全省现有生态环境损害鉴定评估机构4家，分别是湖北省环境科学研究院、湖北晶恒检测有限公司、武汉大学、中国地质大学，其中湖北省环境科学研究院、湖北晶恒检测有限公司获省司法厅颁发的司法鉴定许可证，武汉大学、中国地质大学入选生态环境部生态环境损害鉴定评估推荐机构名录（第三批）。湖北省环境科学研究院拥有“污染物性质鉴别”等六大专业领域的鉴定资质，在全国同类机构中处于领先水平。截至2020年底，各市州共发起案件135件，涉案金额1.6亿元。

【推进生态保护补偿】 全省安排2020年度中央、省级资金7.28亿元，引导激励市县探索推进流域横向生态补偿，76个县（市、区）初步建立流域横向生态保护补偿机制。持续开展环境空气质量生态补偿，2019-2020年省级财政共奖励各有关地区环境空气质量生态资金约1.19亿元、扣缴0.34亿元。推进排污权交易改革，2020年全省组织排污权交易50场，总成交金额10264万元，成交企业数量937家。制订《湖北省关于构建市场导向的绿色技术创新体系的实施方案》，积极推动建设示范工程。修订了《湖北省环境信用评价办法》，完成了湖北省企业环境信用评价信息系统升级，将5358家企业纳入评价系统，对企业的约束和鼓励作用明显增强。

生态环境监管能力建设

【提升环境监测能力】 加强监测数据质量管理，制定印发《湖北省生态环境监测数据弄虚作假行为调查处理办法(试行)》，对监测数据弄虚作假行为调查处理工作进行规范。进一步完善全省生态环境监测网络，加大环境决策与污染治理，新增8座工业园区大气自动监测站、1座港口大气自动监测站、2座大气边界站，为地方配备6台大气走航车、1台单颗粒气溶胶飞行时间质谱仪。落实国家长江经济带水质自动监测站建设要求，完成30座水站新建和27站水站升级改造任务。

【增强生态环境执法效能】 严格环境监督执法正面清单分类管理制度，1594家企业（项目）进入清单，落实“不停产、不限产、不检查、不打扰”。对正面清单内企业（项目）共开展10884次非现场检查，发现并督促整改问题82个，依法减免轻微违法行为处罚15次。加强疫后可能反弹的行业企业环境监管，对6项重点任务确定的5493个点位和3个重点行业确定的210家化工、制药、陶瓷企业实行专项帮扶检查。深入全省200多家企业走访，开展送政策、送技术、送金融、送信息等“四送服务”，116家企业存在的331个生态环境得到整改帮扶。推进生态环境执法大练兵，湖北省生态环境厅获评2020年全国生态环境保护执法大练兵省级进步单位。2020年，全省共立案1571件，实施环境行政处罚案件1364件，罚款金额约2.1亿元。

【强化环境科技支撑】 全年投入约4025万元开展各类平台和能力建设，建成湖北省环境质量改善决策支撑平台、“三线一单”信息化管理平台、3个大气移动观测平台等一批重点平台。11月，以华中农业大学、省生态环科院为依托单位建设的“国家环境保护土壤健康诊断与绿色修复重点实验室”获生态环境部批准建设。省生态环科院实验室检测能力全面提升，拥有大中型仪器设备148台（套），CMA检测资质涵盖环境相关的九大类1746项，为省内可检项目最多的环境类检测机构。科研成果高效产出，省生态环科院2020年共发表各类科技论文26篇，“新冠肺炎疫情医疗废物应急管理与处置关键技术”“废塑料精细分类高效分选技术与再生利用管理体系”两个项目获“2020年中国循环经济协会科学技术奖”二等奖，“湖北新时代治水兴水战略研究”获“湖北发展研究奖（2018-2019年）”二等奖。

【加大生态环境绿色宣教】 突出抓好习近平生态文明思想学习宣传，培育弘扬先进生态文化。制订落实《全省生态环境系统新闻发布工作制度》，进一步提高全省生态环境新闻发布工作专业化、制度化、规范化水平。持续深入开展“美丽中国，我是行动者”主题实践活动，积极组织开展新时代生态环境志愿服务活动，结合“六五世界环境日”等重要节点，组织策划实施形式多样的全省宣传教育活动，组织制订《厅市联办省级主场活动指南》。督促全省“四类设施”开放工作落实，促进社会公众生态文明理念和环保知识普及。

（赵　佳）

湖 北 发 展 改 革 年 鉴

社会事业和人民生活

06

科学技术

综 述

【概况】“十三五”全省科技创新规划多项指标实现大幅提升。全省全社会R&D投入由561.7亿元增至957.88亿元，R&D人员由22.1万人增至28.55万人，科研机构由2245家增至3678家，万人发明专利拥有量由4.3件增至12.4件，高新技术产业增加值由5028.94亿元增至8684.1亿元，高新技术企业由3317家增至10404家，技术合同成交额由830.1亿元增至1687亿元，分别增长70.5%、29.2%、63.8%、188.4%、72.7%、213.7%、103.2%。湖北区域科技创新能力由全国第10位提高到第8位。全省科技进步贡献率由“十二五”末的53.8%提高到2020年的60.33%。

组织优势科研力量，冲锋科技战疫主战场。围绕“为临床救治服务，为科学防控服务”中心任务，建立全天候、闭环式战时工作机制，构建部省联动、专班协作、专家会商三个协同工作体系，通过科学研究、临床应用、生产研发全链条设计，组织全省科技人员和防控一线合力抗疫。第一时间启动应急科研攻关，推动实现“率先确定并分离新冠病毒毒株、率先拿到灭活疫苗临床试验批件、率先形成解剖观察报告、率先支持恢复者血浆临床研究”“四个率先”，取得两种疗法、三药三方、六种临床诊疗经验，研发的十五种检验检测产品上市，组织十六项信息技术在防疫一线应用推广。

对接国家政策支持，助力复工复产见实效。积极对接党中央支持湖北一揽子政策，省政府办公厅出台《加快推进科技创新促进经济稳定增长若干措施》，落实科技部支持湖北若干举措，与科技部开展新一轮部省会商，科技部“科技重大专项”“科技助力经济2020”“百城百园”经费支持超过23亿元；国家中非创新合作中心、国家应用数学中心、武汉国家新一代人工智能创新发展试验区、中国一智利ICT联合实验室等一大批重大科技创新平台基地落户湖北；湖北省入列科技部“100+N”开放协同创新体系首批试点省份；全国科技活动周在湖北举办开幕式分会场和闭幕式。

推进全域科技创新，构建区域创新新格局。加快推进武汉创建具有全国影响力的科技创新中心，打造区域科技创新高地的核心区、战略性新兴产业的集聚区。加快规划建设“光谷科技创新大走廊”，打造长江经济带发展动力最强劲的创新驱动增长极之一。推进荆门、黄冈、孝感、黄石等市创建国家创新型试点城市，培育枝江等6市创建国家创新型县市，支持建设两批共27个省级创新型县市。十堰、恩施积极申建国家高新区，谷城、宜城和黄石西塞山加快创建省级高新区。启动省级乡村振兴科技创新示范基地建设工作，首批支持建设50家，基本覆盖省内主要农业产业和主要涉农县市区。支持宜都、石首等地新建10个省级可持续发展实验区。

加强基础科学研究，提高原始创新策源力。推进以东湖科学城为核心区集中布局建设一批具有国际领先水平的科技创新平台。推进第四代同步辐射光源、生物医学成像等重大科技基础设施开展预研预制。谋划推进高水平实验室建设，聚焦光电科学、生物安全、生物育种、空天科技等领域，省委、省政府批准组建光谷实验室、珞

2020年湖北省科技活动周启动仪式

珈实验室、洪山实验室、江夏实验室等6家湖北实验室。湖北省出资9000万元参与设立国家自然科学基金区域联合基金，将省自然科学基金规模扩大至8000万元，全省科技人员全年共争取国家自然科学基金项目2435项，经费达到14.53亿元。立项支持省级创新群体41个，省级杰出青年项目61项。

改革科研组织模式，推进研发转化一体化。坚持围绕产业链部署创新链，围绕创新链布局产业链，聚焦全省“光芯屏端网”、生物医药、先进制造、现代农业等重点产业创新需求，按照“区域集中、技术集成、资源集约、企业集聚、产业集群”的要求，建立科技创新服务产业高质量发展“五个一”工作机制，推动重点领域项目、基地、人才、资金一体化配置，设立13个省级科技重大专项，发布558个重点研发计划项目和30个“揭榜挂帅”科技项目；新建5家产业创新联合体、5家产业技术研究院、10家专业型研究所、331家企校联合创新中心、27家科技成果中试研究基地，为产业基础高级化和产业链现代化提供系统性支撑。

优化企业培育机制，增强创新发展新动能。省政府办公厅出台《进一步优化高新技术企业认定服务的措施》，推行高企认定申报常态化、服务便利化、工作一体化。制定《湖北省支持科技型企业开展研发活动实施方案》《湖北省推进规上企业建立研发机构行动方案》，激励企业提高技术创新能力。2020年全省组织申报高新技术企业5566家，其中4986家通过专家评审，同比增长60%，全省高新技术企业总数达到10404家，同比增长31.8%；培育7439家企业纳入国家科技型中小企业库，同比增长97%，其中3221家享受研发费用加计扣除55.95亿元。

创新成果转化机制，打造转化服务新品牌。推进建立“省长推动、厅长搭台、校长带货、市长引智”机制，组织开展13场“联百校、转千果”科技成果云推介和进市州系列活动，累计吸引1300多万人在线关注和参与，

湖北省政府与中国科学院签署科技合作协议和“美丽中国专项”示范省项目合作协议

得到省委、省政府领导充分肯定。进一步优化“科惠网”服务功能，加快推进湖北技术交易大市场建设，制定《湖北省技术转移示范机构管理办法》，出台《关于促进大学科技园创新发展的实施办法》，推进构建线上线下融合、覆盖大院大所大企、联动省市县三级的科技成果转化一站多点服务体系。2020年，全省技术合同成交额达到1687亿元，同比增长16.4%。

激发科技人才活力，实行引用育留新举措。加大科技人才引育力度，新获批国家级外国专家项目29项，新认定省级引智创新示范基地11家，新引进国外高端专家218名，新培育省级双创战略团队61个。优化外国人来鄂审批服务，省政府授予15名外国专家“编钟奖”。强化科技人才精准选派，新选派“三区人才”427名、省级科技特派员530名深入农业农村一线开展科技服务。科技部启动实施科技人员服务企业专项行动·湖北专项，已组织300名来自全国的科技人才对接服务湖北省高新技术企业和科技型中小企业。

聚焦优化营商环境，当好创新服务“店小二”。制定优化科技营商环境14条举措，推行“一网通办、一事联办”，深化科技领域“放权、松绑、减负、清障”。组织实施“科技金融服务滴灌行动”，与14家金融机构签订战略合作协议，协同76家金融机构、创投机构、担保机构，为省内9700多家高新技术企业和科技型中小企业提供投融资服务。省创投引导基金新设3支子基金，规模达到10亿元，联合省市平台出资5亿元参股国家科技重大专项成果转化基金。深化开放合作创新，通过“线上+线下”方式与瑞士、芬兰、韩国等国家开展科技交流，组织开展中俄技术对接专场、国际激光峰会等“中俄创新年”系列活动。组织开展“科技创新政策法规集中宣传月”系列活动，通过“云直播”，分级分类推送“政策工具包”。加强科学技术普及，全省科技活动周期间共开展1149项科普活动，参与人数超过1100万人次。

区域创新发展

【创建全国科技创新中心和综合性国家科学中心】 7月16日、7月22日，湖北省分别与中国科学院、科技部开展院省会商、部省会商，中国科学院明确提出支持武汉建设综合性国家科学中心，科技部明确表示将加强对武汉创建全国科技创新中心的指导和支

持。12 月 1—2 日，省委十一届八次全会审议通过《中共湖北省委关于制定全省国民经济和社会发展第十四个五年规划和二〇三五年远景目标的建议》，明确提出“十四五”时期“加快建设科技强省，争创武汉东湖综合性国家科学中心，初步建成全国重要的科技创新中心，创新驱动发展走在全国前列”的战略目标。

【布局建设光谷科技创新大走廊】 光谷科技创新大走廊以东湖科学城为核心，辐射带动鄂州、黄石、黄冈、咸宁科技创新、产业升级和人才集聚，加快武汉城市圈同城化、一体化发展，将形成“一核一轴三带多组团”空间布局。“一核”为东湖科学城，强化源头创新，打造光谷科技创新大走廊核心动力源，产出重大科技创新成果。“一轴”为创新产业联动轴，串联武鄂黄黄咸城市主要功能板块和重要创新平台。“三带”为光电子信息、大健康、智能三条创新产业带，打造“光芯屏端网”、生命健康等多个万亿级产业集群，同步推进创新型产业集群化发展。“多组团”为区域内多个科技、产业园区，鄂州、黄石、黄冈、咸宁重点承接东湖科学城成果转化和产业转移，开展协同创新，为光谷科技创新大走廊产业创新发展提供支撑。

作为光谷科技创新大走廊的核心，东湖科学城重点布局建设光谷、珞珈、洪山、江夏等一批高水平实验室，争创国家实验室；建设和提升精密重力测量、脉冲强磁场、生物医学成像、武汉光源等重大科技基础设施，加快布局超算中心、数据中心、分布式计算平台等算力基础设施和一批基础科学研究中心，建设交叉前沿研究平台和新型研发机构，推进高校“双一流”建设，加强战略性、前瞻性、基础性研究，打造原始创新战略策源地；大力支持中国信科、锐科激光、华为、长江存储、华大基因、人福医药、科大讯飞等硬科技龙头企业加快发展，发展壮大一批创新型产业，培育量子科学、脑科学等一批未来产业。

全力打造具有国际竞争力的光谷科技创新大走廊，将其建设为世界级科技产业创新策源地、国家科技创新中心和武汉东湖综合性国家科学中心核心承载区、长江中游城市群协同发展先行区、湖北高质量发展引领区。

【创新型城市建设】 中国科学技术信息研究所发布的《国家创新型城市创新能力评价报告（2020）》数据显示，全省武汉、襄阳、宜昌国家级创新型城市建设成效显著，其中，武汉市创新能力全国排名第 5 位，襄阳市创新能力全国排名第 51 位，宜昌市创新能力全国排名第 54 位。武汉、襄阳、宜昌作为科教资源富集型、产业技术创新型城市典范，湖北省各地市建设标杆，有效带动了全省经济社会高质量发展。

2020 年，武汉市现有各类科技创新平台 1819 家，其中国家级 134 家、省级 981 家、市级 704 家。深入推进产业技术研究院改革发展，新建氢能与燃料电池、数字建造、中科固废 3 家产业技术研究院，产业技术研究院累计达到 22 家。疫情期间，武汉地区科研单位第一时间完成毒株采样和病毒基因测序，新冠疫苗研发进度居世界前列，一批新技术、新产品在临床医疗、社区防控中大显身手。在科技部的大力支持下，武汉国家新一代人工智能创新发展试验区建设方案通过科技部专家论证并于 9 月 3 日获得正式批复，启动建设人工智能计算中心。长江存储公司“128 层三维存储器”项目获科技部支持，86 个项目获科技部“科技助力经济 2020”重点专项，新冠病毒疫苗研发及产业化等 4 个重点项目列入科技部“百城百园”行动计划。

2020 年，武汉市委、市政府印发了《院士专家引领十大高端产业发展行动计划（2020—2025）》。完成“光谷科技创新大走廊”规划编制工作，东湖实验室核心区 9 万平方米研发大楼 11 月底竣工；不断完善脉冲强磁场、P4 实验室功能；加快推进精密重力测量、生物医学成像、人类遗传资源样本库等重大科技基础设施建设；积极谋划武汉光源、农业微生物、作物表型组学、磁阱型聚变中子源、超算中心等重大科技基础设施建设；支持在汉高校院所和龙头企业申报人与动物共患传染病、移植医学、精细爆破等国家重点实验室，组织创建智能芯片、人工智能、数字制造与设计等国家技术创新中心和麻醉、传染病、医学影像等国家临床医学研究中心。

襄阳市以《襄阳市科技创新驱动高质量发展三年行动计划（2018—2020 年）》为主线，不断强化创新基础能力建设、创新战略支撑能力建设和创新驱动能力建设，连续十年被省委、省政府评为全省科技创新综合考评先进市。北航襄阳航空研究院获批为湖北航空装备产业技术研究院，襄阳华中大研究院获批省级成果转化中试研究基地，襄城区跻身湖北省首批“三区”（大学校区、园区、社区）融合创新试点，襄城区、樊城区获批省级可持续

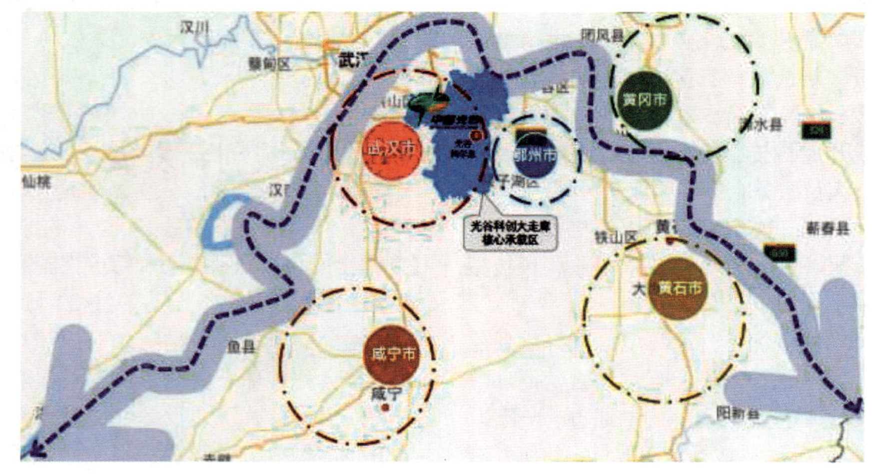

光谷科创大走廊规划概念示意图

发展实验区，新增省级乡村振兴科技示范基地2家、省级星创天地6家、省级企校联合创新中心26家。新增高企106家，总数达到642家，748家企业进入科技部科技型中小企业库。汉江科联网二期建设加快推进，实现了全部服务事项在线办理。组织评选首批10名首席技术专家，519名科经专员活跃在全市生产创新一线。高标准推进“十四五”科技规划编制工作，谋划了科技创新领域重大项目128个，总投资达1429.5亿元。

2020年，宜昌市扎实推进科技创新工作，再次荣获省委省政府科技创新综合考评优秀等次，猇亭区、远安县、枝江市、宜都市、夷陵区、当阳市6个县市区位列全省县市区科技创新综合实力前20强，全市科技创新体系建设逐步健全、科技创新环境不断优化、科技创新能力显著增强。新增省级重点实验室1家（智慧长江与水电科学湖北省重点实验室）、省级产业研究院1家（湖北省传感物联产业技术研究院）、省级企校联合创新中心50家、市级工程技术研究中心24家、市级企校联合创新中心117家、市级重点实验室10家，其中“湖北省磷化工产业技术研究院”被评为优秀省级产业技术研究院。新增国家级众创空间3家（枝江市大学生创业中心、醉三峡众创空间、启迪之星（宜昌）基地），省级星创天地7家，市级科技企业孵化器2家、市级众创空间5家、市级科技企业加速器1家，市级星创天地22家，孵化面积100多万平方米，在孵企业总数超过1400家，创造就业岗位3万多个。筹办“联百校、转千果”科技成果云推介系列活动，52项技术需求被现场认领。4家企业中试基地纳入省级备案。全市技术合同认定登记3783项，成交额147亿元。

科研人员在武汉P4实验室研究新冠肺炎病毒灭活疫苗

【创新型县（市、区）建设】 2020年，13个县（市、区）获批建设省级创新型县（市、区）建设单位。其中，枣阳市、黄州区、东宝区、咸安区、天门市、夷陵区、云梦县、石首市、汉川市、房县、江陵县11地，以科技支撑产业发展为建设主题；丹江口市、保康县，以科技支撑生态文明为建设主题。截至目前，我省共有国家创新型县（市）3家、省级创新型县（市、区）27家，构建了国家和省级同创、在建在育共存，示范先行、梯次培育、有序推进的县域创新驱动发展新格局。

【武汉创建国家新一代人工智能创新发展试验区】 8月28日，国家科技部正式发文批复《武汉市建设国家新一代人工智能创新发展试验区方案》，支持武汉市建设国家新一代人工智能创新发展试验区。

高新技术产业

【概况】 2020年，全省高新技术产业完成增加值8684.1亿元，占GDP比重达19.99%。

【高新技术领域关键核心技术攻关】 2020年，面向先进制造、光电子信息、新材料、新能源汽车、交通、现代服务等重点技术领域，全年共立项支持“5G端到端分组切片网络关键技术及设备研制”“基于光场调控的激光精密微细制造装备研发及应用示范”等5个湖北省重大科技项目和174个湖北省重点研发项目，支持经费1.9亿元。产学研用融合创新不断深入，一批重大创新成果不断涌现。长江存储科技有限责任公司成功研制业内首款128层QLC规格的3D NAND闪存，已在多家控制器厂商SSD等终端存储产品上通过验证；航天科工火箭技术有限公司研制的快舟一号甲运载火箭“一箭双星”成功发射；武汉纺织大学徐卫林教授团队完成嫦娥五号探测器“织物版”五星红旗的研制，并在月球成功展示。

华中科技大学牵头申报的“国家智能设计与数控技术创新中心”通过科技部专家论证。配合科技部完成大冶市、西塞山区火炬特色产业基地调

2020 华创会湖北科技走进俄罗斯专场活动

研。宜昌高新区生物医药特色产业基地、荆州开发区汽车及零部件特色产业基地获批建设国家级特色产业基地。积极推进创新型产业集群试点，印发实施《关于深入推进创新型产业集群高质量发展的意见》。

【高新技术企业培育】 2020 年，省政府办公厅出台《进一步优化高新技术企业认定服务的措施》（鄂政办函〔2020〕33 号），推进建立联席会议制度、加强多部门工作联动，推行高企认定申报常态化、服务便利化、工作一体化。全年共组织申报高新技术企业 5566 家，其中 4816 家企业已在国家认定办备案公示，同比增长近 55%，全省高企总数达 10404 家，同比增长 31.8%，超额完成“十三五”科技创新规划目标。

【科技创业企业培育】 2020 年，全省入选国家科技型中小企业库 7439 家，同比增长 97%。3221 家享受研发费用加计扣除 55.95 亿元。与地方评价工作机构合作开展在线培训等活动，帮助企业解决政策享受过程中的痛点难点问题，入库企业投入研发经费 12.01 亿元，并依托全国科技型中小企业信息服务平台，全流程网上办理科技型中小企业评价，实现“不见面”“零跑腿”。

表 6—1 2020 年湖北省科技型中小企业评价入库各地分布一览表

地区	数量(家)	地区	数量(家)
武汉	2443	黄冈	393
襄阳	748	咸宁	266
宜昌	870	随州	52
黄石	409	恩施	111
十堰	586	仙桃	61
荆州	446	潜江	19
荆门	400	天门	52
鄂州	202	神农架	3
孝感	378	–	–
合计		7439	

2020 年，全省新增国家级科技企业孵化器 9 家，国家级科技企业孵化器达到 63 家，省级科技企业孵化器达到 219 家，在孵企业超过 20000 家。2020 年，全省国家级众创空间达到 83 家，省级以上众创空间达到 346 家。

【高新技术产业园区建设】 十堰、恩施积极争创国家高新区，枝江、宜城等地积极申建省级高新区。2020 年，全省共有 12 家国家高新区，数量居全国第四位，有 20 家省级高新区，基本形成了沿长江经济带、汉江生态经济带布局的高新技术产业带。

2020 年，科技部火炬中心公布国家高新区最新评价结果，东湖高新区综合排名位居全国第四，其中知识创造和技术创新能力排名位居全国第二。咸宁、黄冈、荆门等高新区排名实现大幅提升，荆门高新区综合排名实现大幅进步，从 2015 年的第 100 位，稳步跃居至 2019 年的第 58 位；咸宁高新区综合排名上升 10 位，至全国第 106 位，当年增幅位居全省首位；荆州、潜江、黄石大冶湖三家高新区首次纳入评价。

表6—2　2020年湖北省科技型中小企业评价入库各地分布一览表

高新区名称	综合排名	高新区名称	综合排名
北京中关村	1	合肥高新区	6
深圳高新区	2	广州高新区	7
上海张江	3	成都高新区	8
武汉东湖高新区	4	西安高新区	9
苏州工业园	5	杭州高新区	10

科技成果转化

【技术合同登记】 2020年，全省共登记技术合同39749项，成交额1686.97亿元，同比增长16.4%，全省技术合同成交额持续10年稳步增长。在“四技”合同中，技术开发、技术转让、技术咨询、技术服务分别为356.71亿元（占比21.1%，增长28.7%）、25.42亿元（占比1.5%，下降53.2%）、141.50亿元（占比8.4%，增长10.7%）、1163.31亿元（占比68.9%，增长17.5%）。

【技术转移示范机构】 2020年，全省国家级技术转移示范机构总数达20家，居全国第七、中部第一；省级技术转移示范机构总数达79家；新认定27家省级科技成果转化中试研究基地。

2020年湖北省科普讲解大赛

科学技术普及

【2020年湖北科技活动周】 8月23日，2020年全国科技活动周启动式在湖北武汉设立分会场，分会场主场地设在武汉规划展示馆。湖北科技活动周从科技抗疫成效展示、科技创新成就展示、体验美好生活活动和科技助力脱贫攻坚四个方面，设立启动式、科普惠民、科普赛事、科艺、科普云课堂、科普云展示、市州联动、闭幕式8大版块，从多个层面开展500多场科普活动，同步开通网络直播、云端展馆和在线课堂，举办科普场馆、高校及科研院所重点实验室开放等系列活动，全方位展示湖北科技抗疫成果和科技创新成就。

【“云上”科普活动】 2020年湖北科技活动周开展“云上”科普系列活动，公众通过网络在线直播平台、网上展览馆、微信公众号展播等多种途径和方式，在线了解科技活动周实况并参与相关科技、科普活动。

【科普讲解大赛】 8月11—26日，省科技厅举办湖北省暨武汉市科普讲解大赛。本次讲解大赛围绕“科技战疫创新强国”主题，涵盖新型冠状病毒感染性肺炎防治知识、VR、医学、光学、物理学等多个领域。“科技战疫、中国力量”“北斗这么牛，到底有啥用？”“火星上的风和水”“说说酒精那些事儿”不同主题的讲解展现出参赛选手对科学知识的深刻认知和对科普事业的热爱。在2020年全国科普讲解大赛中，获得1个一等奖、3个二等奖、4个优秀奖的优异成绩。中南民族大学李琳荣获一等奖并被授予“全国十佳科普使者”称号；海军工程大学付天晖、中南民族大学杨凯伦、省公众气象服务中心敖仕锦荣获二等奖；华中科技大学胡玥、湖北医药学院王悦等4人获优秀奖；省科技厅获优秀组织奖，创历史最好成绩。

教　育

学前教育与高中教育

【概况】 2020年，全省共有幼儿园9265所，比上年增加340所；招生60.88万人，比上年增加4.07万人，增长7.17%；在园幼儿（包括学前班）178.43万人，比上年增加0.64万人，增长0.36%。学前教育三年毛入园率89%，高于全国平均水平3.8个百分点。幼儿园有教职工20.91万人，增加0.84万人，比上年增长4.19%，其中，园长和教师共计10.27万人，增加4113人，比上年增长4.17%。

2020年,全省普通高中536所,比上年增加4所。招生31.32万人,比上年增加1.18万人,比上年增长3.92%；在校生89.17万人，比上年增加3.95万人，增长4.64%；毕业生27.4万人，比上年减少117人，减少0.04%。高中阶段教育毛入学率92.3%,与上年持平，高于全国平均水平1.1个百分点，实现全面普及。全省普通高中有专任教师6.85万人，与上年增加1568人，增长2.34%；生师比为13.02 ∶ 1，专任教师学历合格率为98.63%。

【学前教育公益普惠发展】 统筹资金支持各地扩大普惠性资源，支持各地新建、改扩建公办园，认定奖补普惠性民办园。会同省财政厅建立全省普惠性民办幼儿园生均财政补助制度，明确每生每年不低于200元的标准。深入推进城镇小区配套幼儿园治理工作，会同相关厅局制定建设管理办法。督促各地以县为单位分类逐园明确整改举措，依托全国学前教育管理信息系统，通过约谈提醒、定期通报、实地调研等，实施销号管理，加强调度指导。开展民办幼儿园的审批及办园等情况核查工作，督促、指导各地进一步依法依规做好幼儿园审批和普惠性民办园认定工作。

【中考招生录取】 2020年，全省参加中考考生为51.67万人。下达普通高中招生计划32.35万人，录取普通高中学生31.25万人、中职学生14.03万余人（不含技工学校）；五年一贯制和“3+2”分段制考生1.86万人。

【普通高考】 4月20日，省新冠肺炎疫情防控指挥部发布公告，根据教育部公告要求，经综合研判、审慎研究并报教育部同意，湖北省2020年普通高考时间为7月7—8日。7月7—8日，普通高考顺利举行，这是新冠肺炎疫情发生以来，全省范围内规模最大的一次有组织的集体性活动。全省共有39.47万人报考，其中全国统考30.82万人、技能高考7.19万人、高职单招类1.46万人，外省户籍随迁子女考生10 503人。全省94个县（市、区）共设考点309个、考场14 108个（其中普通考场13 036个、备用隔离考场1 072个）。招生计划37.41万人，其中本科17.19万人,高职高专20.22万人，含高职扩招录取1.25万人；实际录取新生38.44万人,其中本科17.69万人，高职高专20.75万人，招生录取工作平稳顺利完成。2020年第二次开展高职扩招工作，录取高职新生1.25万人。

【高考招生改革】 根据教育部和湖北省教育综合改革的部署，开展2021年高考改革方案的推行工作。成立工作专班，明确工作任务和责任，确定工作进程，多次组织专题研讨，提出招生录取工作方案草案，高考综合信息服务平台建设已进入上线试运行阶段，

2020年9月，新建天门市实验初级中学开学

为高考综合改革平稳落地打下坚实基础。12 月 25 日，省高等学校招生委员会印发《湖北省 2021 年普通高校考试招生和录取工作实施方案》。实施方案明确 2021 年湖北省普通高等学校招生考试实行“3+1+2”模式，包括全国统一高考和普通高中学业水平选择性考试，满分 750 分。全国统一高考科目为语文、数学、外语 3 门，普通高中学业水平选择性考试科目为物理、历史、思想政治、地理、化学、生物学 6 门，由考生在物理、历史 2 门中选择 1 门为首选科目，每门满分 100 分，以原始分计入考生高考总成绩；在思想政治、地理、化学、生物学 4 门中选择 2 门为再选科目，每门满分 100 分，以等级分计入考生高考总成绩。统一高考科目使用全国卷，普通高中学业水平选择性考试科目由湖北省自主命题。

【普通高考专业统考】 美术学、设计学类全省统考报名 1.8 万人。音乐学类考生 3559 人，舞蹈学类考生 1782 人，广播电视编导专业考生 3 142 人，播音与主持艺术考生 4070 人，表演专业考生 1888 人，服装表演专业考生 438 人。

【艺术专业校考】 2020 年全省艺术类专业招生共有 17 所院校组织校考，组织专业校考 62 个专业（类别），报名考生约 13 万人，涉及 31 个省（直辖市、自治区）。省教育厅党组书记、厅长陶宏召开会议专题研究部署艺术校考工作。省招委主任、副省长肖菊华听取省教育厅关于 2020 年艺术类专业校考工作专题汇报。省新冠肺炎疫情防控指挥部签批同意《艺术类校考工作方案》。17 所艺术类专业招生院校中 1 所学校取消专业校考，调整为采用统考成绩录取；2 所学校取消省内生源专业校考，调整为采用统考成绩录取，保留外省生源校考，延迟至高考后举行；2 所学校保留校考，延迟至高考后举行；12 所学校将现场校考调整为线上视频考试。

2020 年 7 月 2 日，丹江口市第十二届中小学体音美教师教学基本功（技能）决赛在该市徐家沟小学拉开帷幕，来自全市的 42 名教师参加决赛。图为美术教师进行绘画比赛

【普通高考体育专业素质测试】 受疫情影响，经省新冠肺炎疫情防控指挥部同意，原定 4 月举行的普通高考体育专业素质测试延期至 7 月 9—21 日，决定取消 2020 年普通高考体育专业素质测试中的 800 米项目。全省报考人数为 12 789 人，比上年增加 1 596 人，设湖北大学 1 个考点。

【技能高考】 受疫情影响，经省新冠肺炎疫情防控指挥部同意，原定 4 月举行的技能高考延迟至 7 月 9—20 日举行。全省报名总人数为 72 140 人。各专业类别分别由武汉船舶职业技术学院、武汉职业技术学院、武汉铁路职业技术学院、武汉城市职业学院、襄阳职业技术学院、湖北交通职业技术学院 6 所高职院校组考，2020 年首次开展技能操作考试设立分考点试点，计算机类专业在三峡职业技术学院设立分考点，由武汉职业技术学院统一命题、统一部署安排，分考点具体组织实施。

【普通高中学业水平合格性考试】 受疫情影响，普通高中学业水平合格性考试延期至 11 月 6—8 日举行。此次考试是自 1977 年恢复高考制度以来规模最大的一次教育考试。考试涉及高中 2018 级、2019 级两个年级，首次实现语文、数学、外语、思想政治、历史、地理、物理、化学、生物学 9 门科目全科开考，全省共有 470 所普通高中学校报名参加考试，报名约 58 万人，报考约 258 万科次。全省共设 96 个考区、340 个考点。

义务教育

【概况】 2020 年，全省有小学 5386 所，比上年减少 19 所；招生 62.71 万人，比上年减少 3.07 万人，同比减少 4.67%；在校生 380.85 万人，比上年增加 4.27 万人，同比增长 1.16%；小学毕业生 57.93 万人，比上年增加 1.78 万人，同比增长 3.17%。小学适龄人口入学率为 100%，小学生辍学率 0.03%。

全省共有普通初中学校 2114 所，比上年增加 34 所；招生 58.11 万人，比上年增加 1.58 万人，同比增长 2.8%；在校生 170.83 万人，比上年增加 5.47 万人，同比增长 3.31%；初中毕业学生 52.68 万人，比上年增加 5.61 人，同比增长 5.43%。初中阶段适龄人口入学率为 100%，初中学生辍学率为 0.13%；初中毕业生升学率为 94.46，其中升入普通高中的升学率为 59.45%。

全省有小学教职工 19.88 万人，比上年增加 1128 人。专任教师 20.98 万人，比上年增加 1486 人；生师比为 18.15 ∶ 1，教师学历合格率达 99.97%。全省普通中学教职工 26.35 万人，比上年增加 6937 人；专任教师 20.35 万人，比上年增加 3479 人。其中，初中专任教师13.5万人，比上年增加1911人；生师比为12.65∶1，教师学历合格率达99.65%。

全省小学校舍建筑面积3164万平方米，比上年增加51.62万平方米；生均校舍面积8.31平方米，比上年增加0.04平方米；危房面积4.84万平方米，比上年减少1.57万平方米。全省普通中学校舍面积4866.71万平方米，比上年增加194.19万平方米；生均校舍面积达18.72平方米，比上年增加0.07平方米；危房面积10.35万平方米，比上年减少1.48万平方米。

【中小学德育】 突出德育实效。落实党中央、国务院关于基础教育改革发展和思政课改革创新的决策部署，开展理想信念、社会主义核心价值观、中华优秀传统文化、生态文明和心理健康教育。全面落实《中小学德育工作指南》，将德育教师培训列入省培计划，推进中小学校园文化“一校一品”建设，开展中小学德育工作典型案例评选。持续开展中华优秀传统文化教育和爱国主义教育。继续推广“朝读经典”“起点阅读” 这一“双读”品牌教育活动，组织经典诵读展演、大赛以及“我们的节日”等一系列教育活动。在全省中小学开展"学习新思想，做好接班人”主题教育活动。开展“少年传承中华传统美德”系列活动。丰富立德铸魂载体。开展抗疫精神宣传教育，部署德育学堂21期，心理咨询微课11期，家庭教育直播课14期。秋季开学时做好“开学第一课”组织工作。紧急开通心理支持热线和网络辅导服务，华中师范大学开通心理援助热线平台，积极为各级各类学校学生及其家长提供疫情相关的心理援助热线和网络支持服务。开展“一对一”的思想引导、心理疏导和学习生活指导。扎实推进校外教育。组织开展中央彩票公益金支持校外教育和研学实践教育项目申报，获得教育部项目支持资金3 507.7万元，推动全省校外教育和研学实践教育蓬勃开展。在崇阳县召开现场推进会，推广宜昌、崇阳等地经验模式。指导做好彩票公益金支持校外教育项目绩效评价。加强协同育人。在全省开展家庭教育主题宣传活动，评选全省“家风家教实践基地”30个。会同省文明办开展了全国文明校园、“新时代好少年”评选推荐活动。会同省妇联开展了“把爱带回家”关爱活动和“暑期儿童关爱服务云启动”活动等。会同团省委加强团教协作，推进团、队改革，开展少先队辅导员素质展示活动。

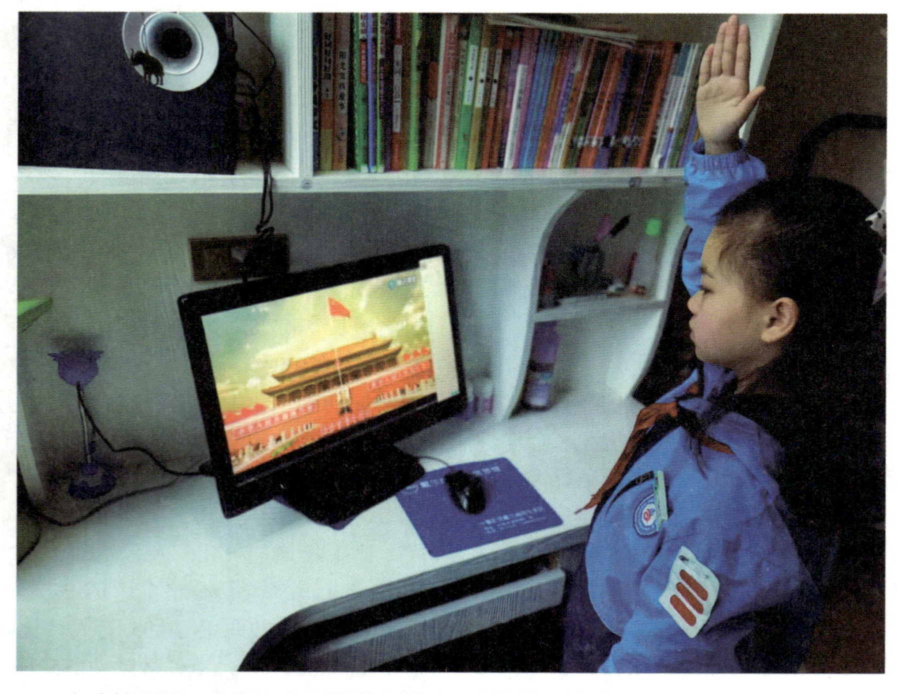

在疫情期间，十堰市茅箭区学生通过网络停课不停学

【义务教育优质均衡发展】 对在2019年度县域义务教育均衡发展国家复查中校际综合差异系数不达标的4个县（市、区）进行通报，点对点向其所在的市级人民政府发送整改通知，督促各县（市、区）切实整改，巩固均衡成果。组织部分省督学对宜昌市西陵区义务教育优质均衡发展情况进行调研。在调研的基础上，组成评估组于2020年11月16—18日对西陵区义务教育优质均衡发展进行省级督导评估。在西陵区召开现场会，组织17个市（州）及部分县（市、区）现场观摩培训，正式启动全省县域义务教育优质均衡发展督导评估工作。

【义务教育教学改革】 省委省政府印发《关于深化教育教学改革全面提高义务教育质量的若干措施》，提出20条贯彻落实的措施。指导各地落实《中共中央国务院关于深化教育教学改革全面提高义务教育质量的意见》（中发〔2019〕26号）文件要求，深化义务教育教育教学改革，规范民办义务教育学校招生行为，保障随迁子女入学，落实教育优待政策。2020年，义务教育新生120万人，其中小学一年级62.7万人，初中七年级58.1万人，保障17.5万随迁子女入学，6 398名一线医护人员子女享受义务教育入学优待政策。

【控辍保学】 组织实施控辍保学专项行动，强化“双线”控辍工作机制，落实“一县一案”工作要求。通过大数据比对，对34 189名建档立卡疑似辍学学生逐一进行核实，通过县级全面自查、市州核查、省级抽查，疑似信息全部核实销号。截至2020年年底，全省义务教育阶段辍学儿童减至1人；根据国家对湖北省34个县（市、区）扶贫普查情况，没有发现建档立卡贫困户子女辍学情况。

【特殊教育】 2020年，全省有特殊教育学校88所，比上年增加3所。招收残疾儿童（包括随班就读学生，下同）4444人，比上年减少1105人；在校残疾儿童18871人，比上年增加97人；残疾儿童毕业2889人，比上年增加1165人。教职工2216人，比上年增加54人，比上年增长2.5%；专任教师4950人，比上年增加61人，比上年增长3.23%。

【民族教育】 全面总结“十三五”民族教育，加强经费和项目支持，加强民族项目管理，持续开展绩效评价。“十三五”期间，10个民族县共落实城乡义务教育保障经费41.19亿元，其中，中央和省补助资金41.12亿元。民族地区适龄儿童、少年入学率达到100%，初中三年巩固率、适龄残疾儿童、少年入学率稳步提高。努力创建民族团结进步教育示范单位，武汉市一中等3所内高班学校被评为国家级民族团结进步示范。内地班学生100%实现混班教学，混合住宿率逐步提高。从2020年起，省政府将内地西藏新疆班生均公用经费标准由1万元提高到1.6万元。严格执行国家和省经费管理政策，针对2019年绩效评价指导整改。

【学校体育】 坚持健康第一教育理念，统筹疫情常态化条件下学校体育和校园足球工作，阳光体育活动蓬勃开展。举办湖北省第十四中学生运动会，按照常态化条件下学校体育竞赛的要求，分批次、零观众等形式，前后历时30天，组织田径等9个项目第十五届中学生运动会，直接受益学生3 000余人次。印发“关于在常态化疫情防控下加强学校体育的工作提示”，指导各地和学校落实体育时间，做好近视防控工作，禁止不戴口罩参加体育活动。举办校园足球系列活动。印发校园足球夏令营活动通知，采取分批分期的形式，组织全青少年校园夏令营13个组别活动，累计1 300余人次参加活动。遴选校园足球特色学校。印发关于做好2020年青少年校园足球特色学校、试点县（区）和“满天星”训练营创建工作的通知，遴选推荐全国校园足球特色122余所以及1个试点县和1个满天星训练营。积极参加全国赛事。组织大中学生排球、乒乓球、健美操等项目代表队参加第十四届全国学生运动会预赛。承办全国青少年校园足球夏令营（第一营区）活动在央视一台新闻联播播出，得到教育部高度肯定，

【艺术教育】 为适应新冠肺炎疫情防控需要，及时调整学校艺术教育展示交流的方式和方法，落实学校艺术教育“勤练、学会、常赛和常展”的要求。开展线上戏曲“冬令营”。为普及戏曲知识，弘扬优秀传统戏曲艺术，以中国传统节日—春节为契机，在2021年寒假期间开展中小学生线上戏曲冬令营活动。本次活动以中小学校为单位组织，将学校艺术教育课堂通过互联网延伸至家庭，发挥电视、网络等媒体作用，开展戏曲学唱体验活动，集中展示和交流中小学生传承中华优秀戏曲艺术成果，增进中小学生对戏曲艺术的了解和体验。

【语言文字研究服务】 协助国家语委组建以湖北方言调查专家为主体的“战疫语言服务团”。帮助外地援鄂医疗队解决医患沟通的方言障碍问题，用语言学专业知识助力湖北抗击新冠肺炎疫情。此工作获中共中央政治局委员、国务院副总理孙春兰肯定，教育部给予表扬。协调华中师范大学国家语言文字推广基地组建师资团队，对口支援四川省凉山州昭觉县开展教师国家通用语言文字能力提升在线示范培训。完成了湖北省2020年普通话普及情况抽样调查。组织全省111名管理人员和调查员，按期完成教育部、国家语委2020年全国普通话普及情况抽样调查。组织对基层干部群众开展普通话培训。组织对恩施市白杨坪乡洞下槽村进行推普扶贫，线下培训200人（合作社工作人员及村干部100人，夜校村民100人），线上培训121人。做好普通话培训测试。印发《关于在疫情防控下统筹做好普通话水平测试工作的办法》，启动全省普通话水平测试复测工作。截至12月31日，已有55个测试站按防控要求经审批后恢复测试工作，全省全年累计测试157 949人次。做好普通话证书便民服务。为急需普通话等级证书的3 400余名考生用快递寄送证书，采用线上提供材料、审核材料的方式为82名考生补办普通话水平等级证书，给30个测试站寄送补办证书，给43个测试站寄送证书。完成了对襄阳市、孝感市、恩施自治州、黄冈市、咸宁市、武汉商贸职院、湖北中医药大学等10个测试站点机房升级改造的验收。召开全省普通话水平测试系统管理员培训会议，79人参加了培训。召开全省测试工作会议，举办第34、35期测试员培训班，核查全国各地教师资格认定的普通话水平登记证书的真伪共300多份。

【义务教育能力提升项目建设】 推进义务教育能力提升工作，落实专项资金43.7亿元，支持4568所学校建成校舍117.8万平方米，购置设备价值6.6亿元。统筹落实长效机制资金8.26亿元，支持1493所农村中小学校改造校舍92.50万平方米，修建围墙16.93万延米。统筹落实3.29亿元，支持70所普通高中建设校舍31.4万平方米，购置设施设备0.85亿元。全省义务教育学校和普通高中办学条件持续改善。

【学生营养改善计划】 召开全省农村义务教育学生营养改善计划工作推进会暨全省学校后勤工作年度会议，传达全国教育大会精神、全国学生营养改善计划贵州会议精神和全省教育大会精神，学习《学校食品安全和营养健康管理规定》，总结2018年工作，部署下阶段重点工作。强化资金安全。清理2018年度学生营养改善计划专项资金使用情况，做好结算工作，并对清理过程中发现的问题及时发函、督促整改，确保资金安全。结合交叉检查工作，采取县级自查、省级抽查的方式，分组深入8个试点县，了解学生营养改善计划实施情况。强化队伍培训。组织各级培训40余次，培训人员5 000余人，重点培训食品安全、营

养配餐、资金管理等。印发《关于进一步做好“国家学生饮用奶计划”宣传推广工作的通知》，召集部分市县区及学校代表召开“国家学生饮用奶计划”工作座谈会，推动“学生饮用奶计划”深入实施，完成省政府工作报告确定的目标任务。

2020 年 1—4 月，湖北警官学院师生积极参加疫情防控工作

职业教育与成人教育

【概况】 2020 年，全省有中等职业学校 263 所（不含技工学校，下同）；招生 15.29 万人，比上年增加 7332 人，增长 5.06%；在校生 42.03 万人，比上年增加 2.84 万人，增长 7.25%；毕业生 11.78 万人，比上年增加 1 039 人，比上年增长 0.89%。

中等职业学校有教职工 2.6 万人，专任教师 2.09 万人，生师比为 20.09 ∶ 1，专任教师学历合格率为92.44%。校园占地面积 1390.96 万平方米，生均 33.09 平方米；校舍建筑面积 771.67 万平方米，生均 19.7 平方米，其中教学及辅助用房 348.65 万平方米；拥有图书 940.67 万册，生均图书 22.38 册；教学仪器设备总值为 279 399.61 万元，比上年增加 24 363.28 万元，生均教学仪器设备值为 6647.18 元，比上年增加 139.66 元。

全省有高等职业学校 59 所；招生 21.52 万人，比上年增加 2.92 万人；在校生 57.04 万人，比上年增加 8.2 万人；毕业生 15.04 万人，比上年增加 9146 人。高等职业学校有教职工 3.21 万人，专任教师 2.27 万人。

2020 年，全省有职业技术培训学校 299 所，比上年减少 151 所，有 17.37 万人注册在校学习，比上年增加 4587 人，增长 2.717%；毕业 16.84 万人，比上年增加 1400 人，比上年减少 0.84%。职业技术培训学校教职工 5344 人，其中，专任教师 3542 人。

2020 年，全省成人高等学校 14 所，67 所普通高等学校举办成人高等教育。成人高等教育招生 17.02 万人，比上年增加 5.72 万人，比上年增长 50.63%；成人高等教育在校生 31.12 万人，比上年增加 8.17 万人，比上年增长 35.37%；成人高等教育毕业生 9.22 万人，比上年增加 1.69 万人，比上年增长 22.37%。成人高等学校教职工 427 人，比上年减少 551 人；成人高校专任教师 276 人，比上年减少 401 人。5 所高校举办网络教育，网络本科招生 2.92 万人，毕业生 2.62 万人，在校生 10.57 万人；网络专科招生 3.29 万人，毕业生 7.29 万人，在校生 13.35 万人。

【推进学生证书培训】 省教育厅持续扩大“1+X”证书试点规模，先后组织三批次试点申报工作，共 191 所学校申报参加试点（其中普通本科高校 32 所，高职高专 53 所，中等职业学校 106 所，分别占各类学校数量的比例为 47%、87%、39%）。省教育厅加强与培训评价组织沟通协调，先后组织 73 家教育部认可的职业培训评价组织、194 所院校召开系列线上视频对接会 80 次，促进校企直接对接 1190 余场，近 5000 名院校的专业负责人或骨干教师参加了洽谈对接活动。加强试点工作业务培训，先后三次组织试点院校领导及教务管理干部培训班，共培训 880 人次。明确把 X 证书等级标准与专业人才培养方案有机衔接作为试点重心，要求试点院校将证书培训内容有机融入专业人才培养方案，优化课程设置和教学内容，统筹教学组织与实施，深化教学方式方法改革。截至 2020 年底，共有 28.7 万在校生参加“1+X”证书试点，位居全国第二，10.8 万名学生参加了职业技能证书培训，参加考证人员 1.5 万人，通过考核 1.01 万人。开展社会人员技能培训。全省职业院校不断发挥教育资源优势，积极为社会、企业、转岗人员提供技术技能培训。2020 年，全省职业院校共开展社会培训服务 217 万人，促进了社会就业。

【高职院校扩招】 省教育厅会同省直七部门联合印发了 2020 年高职单招和扩招专项工作方案。协调做好高职单招和扩招报名、志愿填报、考试、招生录取等各项工作。协调省财政厅，落实省级高职扩招生均经费 1.8 亿元。2020 年扩招任务和高职单招稳定有序高质量完成。2020 年实际录取高等职业教育专科人数 25.11 万人，其中录取退役军人 3798 人，失业人员、农民工、新型职业农民等 6245 人。

【中等职业教育】 通过公布中职招生资质学校名单，规范中等职业教育招生管理，实施中等职业学校质量提升计划，加强中等职业学校基本建设，增强中等职业学校吸引力。2020年，中等职业学校（不含技工学校）招生达到15.23万人，比上年增加7332人，比上年增长5.06%。

【职业教育立交桥制度】 落实职业教育分类招生考试改革，继续推行“知识+技能”的招生考试改革，配合有关单位继续做好2020年技能高考工作。面向社会公布2020年五年制高职招生目录，组织五年制高职招生工作。2020年，全省有8.4万名中职学校毕业生升入高等学校学习，占当年中职毕业生数的70%，基本满足了中职毕业生的升学愿望。大力开展政校行企联合招生。鼓励各地结合产业发展、招商引资、服务民生等需要，根据地方政府、行业部门和企业的委托，组织职业院校开展政校行企联合培养技术技能型人才工作，“一村多名大学生计划”录取5500人，“一线劳动者培养计划”录取2000人。

【职业教育专业布局调整】 对接湖北重点产业，围绕湖北省“光芯屏端网”等十大重点产业生产力布局，2020年推动各职业院校加快专业布局调整步伐，推动武汉职业技术学院成立信创产业学院、武汉铁路职业技术学院成立高铁产业学院、武汉城市职院成立华为鲲鹏产业学院等，主动服务重点产业发展技术技能人才需要。2020年新增高职专业点191个。

【职业教育“双高计划”建设】 实施“中国特色高水平职业院校和专业建设计划”（简称“双高计划”），推动办学资源向优质学校汇聚，向创新强、改革力度大的学校倾斜。完成入选国家“双高计划”的8所院校建设方案完善及备案工作，安排专项建设资金1.12亿元。组织编制新一轮中等职业学校建设计划，121所中职学校入围2020—2022年重点建设中职学校名单，安排中等职业教育专项资金5.08亿元，支持重点中职学校建设，引导各地进一步加大投入，改善中职基础办学条件。组织完成省级品牌特色专业验收工作，共认定省级品牌和特色专业87个。

【产教融合】 组织开展第三批“现代学徒制”改革试点验收，进一步完善招生招工一体化，工学结合，校企双主体育人、双导师教学的人才培养模式。继续推动职业教育集团化办学，湖北省7个职业教育集团入选教育部首批示范性职教集团培育单位，总数居全国第七位。大力推进订单培养等人才培养模式改革，促进职业院校毕业生直接对接就业岗位。

【高等学历继续教育管理】 加强事中事后监管，完成校外教学站点2019年度年检工作，全省及外省高校在鄂设置的179个成人高等教育函授站、56个现代远程教育校外学习中心（点）予以备案公布；开展全省高校高等学历继续教育2020年拟招生专业填报；在全省高校开展2019年度高等学校继续教育发展报告工作。

【成人高考】 2020年全省成人高考报名采取网上报名、网上资格审核、网上确认和网上缴费的方式，网上照片采用了活体检测技术，增加拍摄上传诚信短视频，除采用大数据比对考生户籍信息外，还增加了学籍比对、部分资格证书比对、防止考生弄虚作假和中介组织考生违规报考。全省共报名165890人，其中报考专升本86044人，高起本7653人，高起专72193人。总人数较上年增加11630人，比上年增长7.5%，这是全省成人高考报名人数连续第四年大幅增长。武汉市人数最多，达45549人，襄阳市、宜昌市、荆州市、黄冈市报名人数均过万人。全省共设32个考区、145个考点、5673个考场。全省成人高校招生下达计划140766人，实际录取142606人。

【自学考试】 根据教育部《关于2020年上半年全国高等教育自学考试延期举行时间安排的公告》精神，经省新冠肺炎疫情防控指挥部同意，湖北省原定于4月10—12日的高等教育自学考试推迟到7月31日至8月2日举行。下半年全国高等教育自学考试于10月16—18日举行。全年自学考试统考总报考20.63万人次、70.81万科次，相比上年分别减少41.99%、38.17%；8月自考设考点44个，10月自考设考点110个。全省注册社会新生15642人，与上年相比减少3.6%。助学班注册新生2.49万人，与上年相比下降61.14%，其中全日制12551人，降幅26.55%，非全日制12349人，降幅73.72%。在疫情期间，为更好满足考生需求，扩大自考考生服务平台移动端APP使用全覆盖，考生可以通过手机客户端实现注册确认、考试报名、考场查询、成绩查询等多项功能；分别在5月、7月、9月、11月办理了课程免考，系首次一年办理四次课程免考，共计18109科次，其中学历证书免考932科次，非学历证书免考17 177科次，累计办理转考2242人，其中省内转考1896人、32144科次，省际转考346人、1333科次；分别在6月、7月、9月办理自考毕业审核，系首次一年内办理三次毕业审核，共审核办理自考毕业证书34375份，其中本科23516份、专科10862份。

高等教育

【概况】 2020年，高等教育规模稳步发展，高等教育毛入学率71.9%，比上年提高0.8个百分点，高于全国平均水平17.5个百分点。高等教育全面进入普及化阶段。

学校数。2020年，全省有普通高等学校129所，普通高校学校数居全国第四。其中，按办学层次分：本科院校68所（含独立学院17所），高职高专院校61所。按管理体制分：部委属高校8所，地方高校121所。按办学体制分：公办高校86所，民办高校43所（独立设置普通本科高校15所、独立学院17所，高职高专院校11所）。按区域布局分：在武汉市的高校有83所，市（州）高校46所。另有成人高等学校14所。全省具有研究生培养资格的单位 56 所，其中普通高等学校 29 所，军事院校、党校及科研机构 27 所。学生数。研究生：全省招收研究生 6.66 万人，比上年增加 11597 人，其中，博士生 0.72 万人，硕士生 5.94 万人。在学研究生 17.88 万人，比上年增加 1.84 万人，在学研究生总数居全国第四位，其中，博士生 3.06 万人，硕士生 14.82 万人。毕业研究生 4.53 人，其中，博士生 0.46 万人，硕士生 4.07 万人。本专科生：高等学校共招收本科、高职（专科）学生 68.42 万人。其中，普通高等教育招生 51.4 万人，比上年增加 5.4 万人，比上年增长 11.75%；成人高等教育招生 17.02 万人，比上年增加 5.72 万人，增长 50.63%。高等教育本科、高职（专科）在校生 192.81 万人。其中，普通高等教育在校生 161.69 万人，居全国第五，比上年增加 11.61 万人，增长 7.73%（其中普通本科在校生 93.4 万人，比上年增加 4.05 万人，比上年增长 4.53%）；成人高等教育在校生 31.12 万人，比上年增加 8.17 万人，增长 35.37%。高等教育共毕业学生 49.4 万人。其中普通高等教育毕业 40.18 万人，比上年增加 1.81 人，比上年增长 4.72%；成人高等教育毕业生 9.22 万人，比上年增加 1.69 万人，比上年增长 22.37%。

教职工数。全省高等学校有教职工 13.23 万人。其中，普通高等学校 13.52 万人，比上年增加 3508 人；成人高等学校 427 人，比上年减少 551 人。高等学校专任教师 8.9 万人，其中普通高校专任教师 8.88 万人，成人高校专任教师 276 人。

办学条件。全省高等学校拥有产权的占地面积 9253.32 万平方米，校舍建筑面积 4931.39 万平方米，教学及辅助用房 2106.86 万平方米，学校藏书 14487.77 万册，教学仪器设备总值 322.36 亿元。其中，普通高校占地面积 9227.83 万平方米，校舍建筑面积 4916.88 万平方米，教学及辅助用房 2101.73 万平方米，学校藏书 14426.68 万册，教学仪器设备总值 322.01 亿元。

【高校设置】 完成湖北健康职业学院设置和江汉大学文理学院转设工作；推进湖北民族大学科技学院等 3 所独立学院的转设报审工作；湖北广播电视大学、武汉市广播电视大学更名开放大学；指导湖北航空学院、美佳职业学院做好筹设审批的有关工作；做好湖北青年职业学院改制、武汉长江工程职业学院与省工业经济学校合并改制等有关工作。

【普通“专升本”】 稳妥开展普通“专升本”工作，积极向教育部争取支持，教育部下达湖北省“专升本”招生计划 3.8 万人，为 2019 年招生规模的 3.1 倍，普通“专升本”招生高校扩大至 51 所，招生专业增至 657 个，分别比上年增加 45%、103%。精心组织实施。6 月 18 日，印发湖北省“专升本”工作通知。全省 117 所高校 50 324 名考生报考，51 所招生高校共录取 39 393 人“专升本”考生、2048 人专本联合培养项目，共计 41441 人，其中，首次实施建档立卡贫困家庭毕业生“专升本”专项计划，录取毕业生 2 617 人，录取退役大学生士兵 523 人，较好完成国家有关特殊群体”专升本”招生任务，招生计划基本圆满完成。

2020 年 6 月 20 日，一场特殊的毕业典礼在武汉大学举行

【实施一流本科专业“双万计划”】 完成年度一流本科专业建设点遴选工作，经教育部高等学校教学指导委员会评议推荐，教育部认定我省 32 所高校国家级一流本科专业建设点 219 个，其中省属本科高校获批 106 个。省教育厅确定 65 所高校省级一级本科专业建设点 299 个，其中省属本科高校获批 222 个。

【实施一流本科课程“双万计划”】 2020 年 11 月，教育部公布首批国家级一流本科课程认定结果，全省 32 所高校 369 门课程被认定。其中线上一流课程 162 门、虚拟仿真实验教学一流课程 44 门、线下一流课程 96 门、线上线下混合式一流课程 64 门、社会实践一流课程 3 门。省教育厅认定 62 所高校 514 门省级一流本科课程，其中线上一流课程 139 门、虚拟仿真实验教学一流课程 120 门、线下一流课程 167 门、线上线下混合式一流课程 66 门、社会实践一流课程 22 门。

【调整优化专业结构】 省教育厅以社会需求为导向，围绕全省新兴产业和支柱产业，结合高校办学特色，落实学科专业结构优化调整机制，统筹规划省属高校年度本科专业设置工作，不断优化专业类型结构。2020 年 7 月，经教育部批准，全省高校新增备案第二学士学位专业 172 个。2020 年度，我省高校新增备案本科专业 121 个，新增国家控制本科专业 8 个，新增设置目录外专业 3 个，调整学位授予门类本科专业 5 个，撤销本科专业 44 个。

全省68所普通高校共设置376种本科专业3474个专业点。

【硕士研究生考试】 2020年，全省共有162851人报考硕士研究生考试，比上年增加18764人，增幅为13.02%，报名人数连续三年增幅超过10%。报考湖北省招生单位的考生有194042人，比上年增加29916人，增幅为18.2%。全省报名人数居前三位的是：华中科技大学9818人，武汉理工大学9599，武汉大学8788人。报考招生单位人数居前三位的是：华中师范大学29598人、华中科技大学22364人、武汉大学21506人。全省共设45个报考点，新增14个报考点（7个高校，7个考试机构）。受疫情影响，报请省教育厅同意，湖北省硕士研究生考试成绩公布时间由原定的2月11日延迟到2月21日。共有19.4万名考生报考我省46个硕士研究生招生单位，实际录取硕士研究生5.96万人，其中，全日制5.07万人，非全日制0.86万人。共有1.3万人报考我省19个博士研究生招生单位，录取6 967人。

【大学生就业】 2020年，全省高校毕业生45万人，省教育厅积极应对新冠肺炎疫情影响，全力以赴推进高校毕业生就业，确保2020届高校毕业生就业稳定。省政府印发稳就业“25条”、促进高校毕业生就业创业“10条”。中央教育工作领导小组秘书组《通报》《教育工作情况》，及教育部《简报》专题刊发湖北省文件和工作做法。2020年，省属高校全日制硕士招生1.86万人、比上年增长65%，普通“专升本”招生约4万人，比上年增长200%，普通本科招生计划增加3500人。扩大普通“专升本”举办高校规模至51所、比上年增长46%。2020年公务员招录8800人、比上年增长20%，选调生招录1200人、比上年增长50%，事业单位招聘3万人以上，比上年增长15%。农村学校教师招聘1.13万人（含特岗教师4600人，比上年增长53%），“三支一扶”2000人、比上年增长25%，西部计划803人，增长100%。基层教师、医技人员、社区（村）专职工作者等招聘2万人。全省128所高校全覆盖配备网上就业工作平台，完善就业信息共享发布机制，优化网上宣讲、面试、签约、派遣办理等程序。开展“湖北百校联动”“我选湖北·春回荆楚”等线上线下招聘活动。争取教育部支持，实施全国高校与湖北高校就业创业“一帮一”行动，分两批次组织全国124所高校与湖北省高校结对，签订帮扶协议，在共享就业岗位及渠道、指导服务等方面建立“六共”工作机制。

【大学生创业】 实施“湖北省大学生创业示范基地建设计划”，认定武汉大学等12所高校为“2020年湖北省大学生创业示范基地”。武汉工程大学、三峡大学被省政府认定为“省级双创示范基地”，湖北汽车工业学院、湖北交通职业学院被省政府认定为“省级双创基地”。开展第七届“长江学子”大学生就业创业人物事迹征集宣传活动，选树宣传100名开拓创新类、自主创业类、基层就业类、应征入伍类四种就业创业典型。举办湖北省“互联网+”大学生创新创业大赛、大学生文化创意作品评选等活动，挖掘宣传大学生创新创业先进典型，充分发挥示范引领作用。

【湖北省普通高校招收国际学生】 2020年，湖北省共有42所高校（含高职院校）招收了来自5大洲173个国家16875人次的国际学生。其中，来自“一带一路”沿线国家的留学生总数16000人次，占留学生总人次77.40%。

按留学时间统计：湖北高校招收的国际学生以三个月以上的长期国际学生为主，数量达16 067人，占国际学生总数的95.2%；高职高专院校长期国际学生129人，占该类高校国际学生总数的97.3%。

按留学类型统计：湖北省高校招收国际学生涵盖了12个学科门类。12个学科门类中：第一，医学类4694人，占总数的27.8%；第二，工学类4017人，占总数的23.8%；第三，文学类2691人，占总数的15.9%。长期生中，汉语言类1906人，占长期生数的11.3%。

按留学层次统计：湖北省高校招收国际学生学历生总数14774人，占国际学生总数87.5%。学历生中：专科层次42人，占学历生的0.28%；本科层次8831人，占学历生的59.8%；硕士研究生3367人，占学历生的22.8%；博士研究生2534人，占学历生的17.2%。

按生源地域统计：全省高校国际学生生源国达173个，比上年减少10个。其中，来自于亚洲的9 859人，非洲5744人，欧洲677人，美洲489人，大洋洲106人。国际学生数超过500人的生源国共有6个，分别为：巴基斯坦（2211人）、印度（1 228人）、孟加拉国（852人）、印度尼西亚（767人）、坦桑尼亚（690人）、韩国（519人）。

按接收院校统计：湖北省共有42所高校招收了国际学生，8所部委院校招收的国际学生数10176人，占国际学生总数60.3%。国际学生数超过500人的高校有11所，分别为：华中科技大学（2755人）、武汉大学（2 655人）、华中师范大学（1250人）、武汉理工大学（1209人）、中国地质大学（1110人）、三峡大学（1089人）、长江大学（1012人）、湖北工业大学（811人）、华中农业大学（555人）、湖北医药学院（530人）。

【普通高校港澳台学生互招与教师聘用】 16所高校招收1836名港澳台生，其中香港657人、澳门506人、台湾673人；15所高校聘用了133名港澳台教师，其中香港21人、澳门2人、台湾110人。向澳门大学推荐259名2020届高中毕业生，其中10人被录取并获得澳门大学“湖北省医护人员子女奖学金”；武汉市常青第一学校对港澳交流优秀案例入选教育部港澳台办《内地与港澳姊妹学校平台工作交流手册》。

（邓　辉）

卫生与健康

综　述

【概况】 2020年，全省卫生健康系统坚持把人民生命安全和身体健康放在首位，以疫情防控工作为重点，统筹疫情防控和卫生健康事业发展，经受住了疫情严峻考验，改革发展取得积极成效。截至2020年底，全省共有医疗卫生机构35447家，其中医院1048家（综合医院560家，中医类医院149家，专科医院326家，护理院13家），基层医疗卫生机构33852家（其中卫生院1143家、社区卫生服务机构1145家、村卫生室23199家，门诊部895家，诊所、卫生所、医务室等其他基层医疗机构7470家），专业公共卫生机构479家。与上年相比，全省医院总数同比增加14家，同比增幅为1.35%。在全省1048家医院中，公立医院397家，民营医院651家，与上年同期相比，民营医院增加11家，同比增幅为1.72%。全省基层医疗卫生机构数量保持稳定，同比波动在1%以内。专业公共卫生机构数量略有减少，同比减少1.84%。

全省卫生人员总数53.83万人，其中卫生技术人员42.88万人，执业（助理）医师15.99万人，注册护士20.01万人。与上年同期相比，全省卫生人员总数增加0.85万人，同比增幅为1.6%。其中卫生技术人员增幅为2.2%，执业（助理）医师增幅为3.12%；注册护士同比增幅为2.16%。

全省医疗卫生机构床位数41.14万张，其中医院床位29.66万张，社区卫生服务机构床位1.58万张，卫生院床位8.15万张。与上年同期相比，全省总床位数增长1.21%，全省医院床位增长1.85%；社区卫生服务机构床位减少1.82%；卫生院床位减少0.35%；妇幼保健机构床位增长1.72%。全省每千人口床位数由2019年的6.86张增加到2020年的7.12张。

全省各级各类民营医疗机构总数为14594家，其中医院651家。民营医疗机构床位数达6.29万张，其中民营医院床位6.01万张。与上年同期相比，全省民营医院增加11家，同比增幅为1.72%。民营医院床位同比增长4.88%。

【新冠肺炎疫情防控取得决定性成果】

迅速研判疫情。1月1日，发现多名肺炎病例的华南海鲜批发市场休市后，对武汉市公共场所，特别是农贸市场进一步加强防病指导和环境卫生管理。1月2日，中科院武汉病毒所确定了该新型冠状病毒全基因组序列，于1月5日率先成功分离到了合适的病毒毒株，1月9日完成国家病毒资源库入库及标准化保藏，1月12日作为国家卫健委指定机构之一向世界卫生组织提交了病毒序列。专家组认为，本次不明原因的病毒性肺炎病例的病原体初步判定为新型冠状病毒。

启动突发公共卫生事件II级应急响应。1月20日在武汉实地考察后的国家卫健委高级别专家组组长钟南山代表专家组通报，新冠肺炎“人传人”。同日，武汉市召开新型冠状病毒感染的肺炎疫情防控指挥部工作会议，武汉市成立市新型冠状病毒感染的肺炎疫情防控指挥部，指挥部下设应急保障、宣传、交通、市场、医疗救治、疫情防控、社区、综合8个工作小组。1月20日至21日，世界卫生组织派

全省卫生健康系统集中开展为期100天的“大培训、大练兵、大督查”活动

出专家组赴武汉市实地考察，双方就病毒传染性、重症病例和传染源等问题进行了坦诚交流，确认疫情传播途径出现“人传人”以及医务人员感染；世卫组织赞赏中方主动通报疫情信息和分享病毒基因序列以及愿进一步分享防控、诊疗等技术方案和诊断试剂、引物等。1月21日，国家卫健委发布1号公告，将新型冠状病毒感染的肺炎纳入《中华人民共和国传染病防治法》规定的乙类传染病，并采取甲类传染病的预防、控制措施。1月22日，湖北省委办公厅、省政府办公厅发出通知，成立由省委书记、省长任指挥长的湖北省新型冠状病毒感染的肺炎疫情防控指挥部，并成立专班统筹组织协调。同日2时40分，湖北省政府网站发布《湖北省人民政府关于加强新型冠状病毒感染的肺炎防控工作的通告》，启动突发公共卫生事件II级应急响应，从严格实行属地管理制度、严格实施隔离措施、加强社会面防控、严格疫情报告制度、加强医疗机构管理、做好物资保障工作、维护社会稳定七个方面做出规定。

启动湖北省重大突发公共卫生事件I级响应。1月23日10时起，武汉全市公交地铁、轮渡、长途客运停运，机场火车站离汉通道暂时关闭，全省全面打响抗击新冠肺炎疫情的防控人民战争、总体战、阻击战。1月24日，陆军、海军、空军三所军医大学各抽调150人，组建支援湖北地区应对新型冠状病毒感染的肺炎疫情医疗队，携带大批医疗物资于除夕夜抵达武汉。同日中午，湖北省新型冠状病毒感染的肺炎疫情防控指挥部发布通告，针对当前新型冠状病毒感染的肺炎疫情防控形势，决定启动湖北省重大突发公共卫生事件I级响应，并采取加强人员流动管理措施，最大限度阻断了疫情传播扩散渠道。

实施“四类人员”分类收治隔离疫情防控出现好转。1月25日（农历正月初一），国家卫生健康委派出重症医学专家加强对患者救治的临床指导，组建6支共1230人的医疗救治队驰援武汉，同时召集6支后备梯队随时待命，上海、广东、军队3支医疗队到达武汉投入工作。同日，武汉市防疫指挥部举行调度会，决定在武汉蔡甸火神山医院之外，半个月之内再建一所“小汤山医院”—武汉雷神山医院，新增床位1300张。1月26日，由6家在京委属委管医院组建的一支121人编制的国家援鄂抗疫医疗队和中南大学湘雅医院五位护理专家组到达武汉。1月27日，受习近平总书记委托，中共中央政治局常委、国务院总理、中央应对新型冠状病毒感染肺炎疫情工作领导小组组长李克强赴武汉考察指导疫情防控工作，中央赴湖北指导组抵达武汉。1月28日，中共中央政治局委员、国务院副总理孙春兰率中央指导组听取湖北省疫情防控工作情况汇报。2月1日，全省新型冠状病毒感染肺炎疫情防控调度工作电视电话会议召开，武汉新冠肺炎防控指挥部下达紧急通知，对确诊患者、疑似患者、发热患者、密切接触者“四类人员”进行分类集中收治和隔离，成为武汉市抗击新冠肺炎疫情的重要转折点。2月2日武汉火神山医院正式交付人民军队医务工作者。同日下午，湖北省新型冠状病毒感染肺炎疫情防控指挥部召开指挥长会议，强调要坚决贯彻落实习近平总书记一系列重要指示精神，认真落实孙春兰副总理在省防控指挥部检查指导时的有关工作要求，进一步细化实化各项疫情防控措施。同日，武汉市新型肺炎防控指挥部发布通告：对拒绝配合隔离者将强制执行。2月3日，中央指导组到武汉市指挥部部署社区“四类人员”分类集中管理，组织开展“攻坚战”。同日晚，武昌区洪山体育馆、江汉区武汉国际会展中心、东西湖区武汉客厅首批3家方舱医院连夜启动改建，要求在48小时内改建完成。2月4日，武汉再启动新建11座方舱医院，可提供床位万余张。2月5日，武汉市卫健委发布通知，各定点收治医院从即日起，原则上只能收治确诊的重症病例和危重症病例，以及疑似的危重症病例。同日，省政府新闻办公室召开第15场新型冠状病毒感染的肺炎疫情防控工作新闻发布会，武汉市有132家集中隔离点，12771张床位，对确诊患者、疑似患者、发热患者、密切接触者4类人员分类集中收治隔离，已集中隔离各类人员5425人，居家隔离20629人。同日晚，首批三家方舱医院陆续开始收治病人。武汉基本上以每1.5天新建一座方舱医院的速度，共建成16所方舱医院。2月6日，武汉市召开社区排查电视电话会议进行部署，开展不落一户、不漏一人拉网式排查，全市421万户中，共排查出确诊和疑似患者6326人。2月8日，武汉雷神山医院交付使用，并收治首批患者；武汉火神山医院接收新一批新冠肺炎确诊患者。2月10日下午，习近平总书记在北京地坛医院远程诊疗中心，通过视频连线武汉市收治新冠肺炎患者的金银潭医院、协和医院、火神山医院。同日，国家卫生健康委建立省际对口支援湖北省除武汉以外地市新冠肺炎医疗救治工作机制，统筹安排19个省份对口支援湖北省除武汉市16个市州及县级市。2月11日，世界卫生组织总干事谭德塞在瑞士日内瓦宣布，将新型冠状病毒感染的肺炎命名为“COVID－19”。

疫情防控保障有力持续向好。2月16日省防控指挥部调整组成人员及职责分工，省防控指挥部下设办公室和综合组、医疗救治与疾控组、物资与市场保障组、宣传组、社会稳定组5个工作组。同日，省疫情防控指挥部发布进一步强化新冠肺炎疫情防控的通告要求，城乡所有村组、社区、小区、居民点实行24小时最严格的封闭式管理；严管外来车辆，非必需不进出；严管外来人员，非必要不入内；严管住户外出，药品和必需生活物品等可采取集中采购配送等方式进行。2月16日，武汉市新增病例收治实现日清日结。2月17日国家在已派出3万多名医务人员的基础上，根据救治需要再增派医疗力量支援。同日，武汉市再次发起为期三天的清底大排查，发现居家确诊患者1275人、疑似患者1436人、密切接触者9105人。在阻击新冠肺炎疫情期间，全省卫生健康系统认真贯彻落实总书记重要讲话、重要指示批示精神和党中央决策部署，在省委、省政府及各级党委、政府的组织领导下，全面落实“23245”防控策略，认真落实“早发现、早报告、早隔离、早治疗”“四早”防控要求，采取最全面最严格最彻底措施，遏制疫情扩散蔓延势头。全面落实集中患者、集中专家、集中资源、集中救治的“四集中”救治措施，千方百计建院增床，坚持中西医结合、中西药并用，全力救治感染患者，最大程度提高治愈率、降低病亡率。武汉市治疗新冠肺炎的定点医院，从最初的第一批2家医院增加到第五批共计48家医院。30多天内，武汉市各类医疗机构筹集了2.6万张床位。从全国调集167辆负压救护车，抽调医务人员、社区干部和公安干警等组成转运队，边排查、边收治、边清零，24小时昼夜奋战，至2月16日武汉市新增病例收治实现日清日结。2月12日至19日，武汉市共安排转运收治确诊患者23131人，做到了存量清零。医用防护服日调度供应量从1月27日前的日均2.1万件，增加到峰值2月29日的27万件；N95口罩日调度供应量从1月27日前的日均7.2万只，增加到峰值3月1日的56.2万只，做到了医疗物资动态保障3天、救治药品标配10天、医疗设备按标准应配尽配、成品粮油储备30天。截至2月29日，武汉市定点医院床位、方舱医院床位、隔离点床位三类床位均实现“床等人”。

疫情防控取得阶段性成果。3月1日，武汉硚口武体方舱医院首家休舱。3月10日，武汉洪山体育馆方舱医院最后休舱，至此，武汉市16家方舱医院全部休舱。从首家方舱医院投用至休舱，一共历时35天，16家方舱医院累计收治1.2万余人，谱写了人类公共卫生防疫史上的奇迹。3月13日，武汉市实现新增疑似病例首次“清零”。3月17日各地援鄂医疗队开始有序撤离。3月18日，武汉市实现新增确诊病例首次“清零”。3月22日国家卫健委联合湖北省新冠肺炎疫情防控指挥部开展了湖北省疫情防控“疾控大培训”活动。3月25日零时，武汉市以外地区解除离鄂通道管控。4月8日零时，武汉市解除离汉离鄂通道管控措施，封城历经76天、1814个小时，取得了阻击新冠肺炎疫情武汉保卫战、湖北保卫战决定性进展。4月15日，最后一支撤离的援鄂医疗队北京协和医院医疗队踏上返程之旅。4月18日，全省市县疫情等级评估均为低风险。4月24日，全省实现重症和危重症患者“清零”。4月26日，武汉市在院新冠肺炎患者“清零”。

疫情防控成果进一步巩固。在全省疫情防控取得阶段性成果转入常态化防控后，因时因势调整工作着力点和应对举措，坚持常态化疫情防控与局部应急处置相结合，以严防输入为重点严防反弹，疫情防控决定性成果进一步巩固拓展。5月1日，湖北省新冠肺炎疫情防控工作指挥部召开新闻发布会宣布，自5月2日零时起，将突发公共卫生事件一级响应调整为二级响应，并相应调整防控策略。6月12日，湖北省新型冠状病毒肺炎疫情防控指挥部举行新闻发布会，自6月13日零时起，将湖北突发公共卫生应急响应级别由二级调整降低至三级，并相应调整优化有关防控措施，标志着疫情防控成果进一步巩固。7月17日，国务院联防联控机制联络组离鄂返京。9月21日上午，湖北省抗击新冠肺炎疫情表彰大会在武汉国际会议中心举行，1164名先进个人、436个先进集体和160名优秀共产党员、130个先进基层党组织受到表彰。

【健康扶贫攻坚战胜利收官】 因病致贫因病返贫问题基本解决。有序推进健康扶贫和定点扶贫、驻村帮扶等工作，完成中央巡视“回头看”和脱贫攻坚成效考核反馈问题整改，贫困人口大病救治率、慢病签约率均达到99%，住院费用报销率87%，门诊大病、特殊慢病报销率86%，2020年将膀胱癌、卵巢癌、肾癌、重性精神疾病及风湿性心脏病5个病种纳入农村贫困人口大病专项救治范围，分类救治13万多贫困大病患者，189.6万因病致贫返贫户全部达到脱贫标准。贫困人口全面纳入基本医疗保障范围。将贫困人口全部纳入基本医疗保险、大病保险和医疗救助的保障范围，对贫困人口参保所需个人缴费部分，实行差异化补贴政策，6类特殊群体个人缴费部分由政府全额补贴，其余贫困人口参保个人缴费部分由政府实行定额补贴。贫困人口有地方看病、有政策看病目标基本实现。全面落实“基本医保＋大病保险＋医疗救助＋补充医疗保险”四位一体“985”政策（农村贫困人口在区内住院的，合规医疗费用报销率达到90%；大病、特殊慢性病合规医疗费用报销率达80%，单独一个病人合规年医疗费个人负担部分不超过5000元。严禁自行降低5000元的兜底保障控制线；农村贫困人口按照规定办理转诊手续，到区外指定医疗机构就医的，执行区内就医政策），扎实推进“三个一批”（大病集中救治一批、慢病签约服务管理一批、重病兜底保障一批），持续深化“健康扶贫荆楚行”活动，如期完成贫困群众有地方看病、有医生看病、有制度保障看病的任务；如期实现每个贫困县至少有1家公立医院，每个乡镇和每个行政村有一个卫生院和卫生室并配备合格医生的目标。“先诊疗后付费”和“一站式”即时结算全面落实。农村贫困人口在县域内定点医疗机构住院，无需缴纳住院押金，出院时“一站式”即时结算，只需结算个人自付部分。加强监管提升工作质效。会同省直相关部门，建立了健康扶贫会商制度，实施健康扶贫督查制度。围绕规范医疗机构服务行为和贫困人口就医行为，严格加强监管，建立医疗费用控制机制、县域外转诊定点救治机制、政策范围外医疗费用控制机制、过度医疗劝诫机制。

【湖北公共卫生体系建设样板打造工程】 6月17日，《中共湖北省委、湖北省人民政府关于推进疾病预防控制体系改革和公共卫生体系建设的意见》正式印发，提出建立4大体系（改革完善疾病预防控制体系、建立完善应急医疗救治体系、巩固完善基层医疗卫生服务体系、健全公共卫生应急物资保障体系)、8个机制(完善应急指挥机制,健全监测预警机制,优化应急响应机制,建立健全分级、分层、分流的重大疫情救治机制,健全科学研究、疾病控制、临床治疗有效协同机制,强化联防联控机制,夯实群防群控机制,创新舆论引导工作机制)以及增强8种能力(提高公共卫生法律法规和预案建设能力、提高基层公共卫生社会治理能力、提高信息化服务能力、提高科技支撑能力、提高健康产业发展能力、提高公共卫生人才队伍专业能力、提高综合激励政策保障能力、提高重大疾病医疗保险和救助能力),努力打造疾控体系改革、公共卫生体系建设的“湖北样板”。

9月,省政府办公厅印发《湖北省疫后重振补短板强功能公共卫生体系补短板工程三年行动实施方案(2020－2022年)》,聚焦公共卫生体系等重点领域,围绕“四体系一平台”(疾病预防控制体系、医疗救治体系、院前急救体系、基层防控体系、重大疫情信息平台),重点推进“一中心四基地”(同济医院国家突发公共卫生事件医疗学中心,武汉、襄阳、宜昌、黄冈重大疫情救治基地)建设,统筹安排2020年抗疫特别国债197.7亿元,用于疾控体系补短板强基层。谋划项目2247个,规划总投资2545亿元,截至年底,开工建设项目1037个,规划总投资1125亿元,省卫生健康委牵头起草了《关于改革完善疾病预防控制体系的实施意见》《关于进一步加强基层卫生服务体系和公共卫生应急能力建设的实施意见》《关于进一步加强院前急救体系建设的实施意见》《关于进一步加强公共卫生人才队伍建设的实施意见》4个配套文件,走在全国前列,被评为全国医改十大创新举措。

2020年8月18日,全省在第三个中国医师节主题活动上,省卫健委副主任张定宇带领新入职医师,庄严宣读《中国医师宣言》

【健康湖北建设】 印发《健康湖北行动(2020－2030年)》,全面实施15个专项行动;持续推进职业病、地方病三年攻坚行动,实施扩大免疫规划。深入推进爱国卫生运动“十大行动”、“五进活动”,持续推进职业病、地方病三年攻坚行动,实施扩大免疫规划,17个厅局联合开展“健康进万家”行动,引导群众养成良好卫生健康习惯,城乡居民健康素养水平提升到22.22%,创建国家卫生乡镇179个。国家卫健委在湖北省召开新闻发布会推介健康湖北建设经验。组织对市州健康指标进行考核,向健康中国推进委选送典型案例。聚焦心脑血管疾病、癌症、慢性呼吸系统疾病3类重大疾病,高血压、糖尿病2个基础性疾病,出生缺陷、儿童青少年近视防控、精神卫生3个群众普遍关注的健康问题,将323健康问题攻坚行动作为关系健康湖北建设全局的战略任务,构建防治体系,综合施策,合力攻坚,推进重点健康问题治理。

疾病预防控制

【新冠肺炎疫情阻击战中的疾控工作】 在新冠肺炎疫情防控阻击战中,湖北疾控人员和国家卫健委从全国选派近千名优秀公共卫生、社区卫生和检测人员组成的36支防疫队做实做细排查、管控、流调等重点工作,及时发现和隔离感染者,将防控关口前移,开展环境卫生整治与消毒,普及防护知识等。全面落实发热门诊筛查、流行病学调查、密接人员管理、重点人群检测、全民测量体温等疫情防控措施,坚决遏制疫情扩散蔓延势头。4月14日,启动开展了社区居民新冠肺炎病毒血清流行病学调查,武汉市抽样调查13个行政区,抽样1.1万人。疾控工作者在丰富的实践基础上,6次修订疫情防控方案。进入疫情防控常态化阶段,组织基层每日开展外环境常态监测、每日对国内中高风险地区来鄂返鄂人员进行健康管理,每日分析研判发热病人、核酸检测和外环境监测数据,及时处置输入疫情和阳性产品,疫情防控决定性成果有效巩固。编写印制了《新型冠状病毒感染防治社区手册》《重点场所、重点单位和重点人群防控指南》《依法科学精准做好新冠肺炎防控工作技术方案》等培训工作手册,开展湖北省新冠肺炎疫情防控“疾控大培训”,提高基层疾控人员和社区工作人员的防控能力和水平。

【传染病防控】 加强医疗卫生机构法定传染病监测报告工作,加强部门协调配合,不断完善传染病会商、研判、预警机制,及时处置突发传染病疫情和突发公共卫生事件。坚持多病同防,建立疾控机构对综合性医院定期流行病学查房制度。坚持联防联控、群防群控、依法防控、科学防控。全省法定传染病报告发病率为547.14/10万,较上年同期下降37.50%(去掉新冠肺炎病例数 68149 例，下降 50.65%）；全省共报告一般级别及以上的突发公共卫生事件 66 起，其中报告 38 起新冠肺炎疫情、8 起水痘疫情、5 起流感疫情、1 起诺如病毒疫情。报告艾滋病病毒感染者和艾滋病患者 2682 例，结核病 32581 例，较上年同期分别下降 21.94%和 13.52%，疫情处于低流行水平。完成 1116 万剂次免疫规划疫苗应补种，采购供应流感疫苗 320 万剂次，是近三年供应总量的 1.6 倍。省市县三级疾控中心和 2578 个接种单位实现疫苗电子监管码全程追溯。

【疾控体系改革】 省委省政府印发《关于推进疾病预防控制体系改革和公共卫生体系建设的意见》，提出“建成疾控体系改革和公共卫生体系建设的湖北样板”，要求强化疾控机构行政管理职能，落实监督监管责任，疾控机构主要负责人兼任同级卫健部门班子成员，设立“首席公共卫生医师特设岗位”，允许疾控机构突破现行事业单位工资调控水平，允许在完成核定任务基础上提供医疗卫生技术服务，进一步激发疾控机构内生动力。2020 年组织省市县三级疾控中心实施公共卫生补短板建设项目 180 个，规划总投资 157 亿元。组织省疾控中心及有关单位制定了多点触发、精细化流行病学调查、新冠肺炎本土疫情应对处置、疾控机构上下联动分工协作机制等政策措施。

卫生应急

【疫情防控中的卫生应急工作】 1 月 22 日，湖北省政府网站发布《湖北省人民政府关于加强新型冠状病毒感染的肺炎防控工作的通告》，启动突发公共卫生事件 II 级应急响应，从严格实行属地管理制度、严格实施隔离措施、加强社会面防控、严格疫情报告制度、加强医疗机构管理、做好物资保障工作、维护社会稳定七个方面做出规定。1 月 24 日，湖北省新型冠状病毒感染的肺炎疫情防控指挥部发布通告，针对当前新型冠状病毒感染的肺炎疫情防控形势，决定启动湖北省重大突发公共卫生事件 I 级响应，并采取加强人员流动管理措施，最大限度阻断疫情传播扩散渠道。实施确诊患者、疑似患者、发热患者、密切接触者等 4 类人员分类集中收治隔离疫情防控出现好转。2 月 11 日武汉市所有住宅小区一律实施封闭管理。2 月 6 日、2 月 16 日，武汉市开展不落一户、不漏一人社区拉网式排查，边排查、边收治、边清零，2 月 19 日转运收治确诊患者存量清零。4 月 24 日，全省实现重症和危重症患者“清零”。4 月 26 日，武汉市在院新冠肺炎患者“清零”。5 月 2 日零时起，将突发公共卫生事件一级响应调整为二级响应，6 月 13 日零时起，湖北省新型冠状病毒感染的肺炎疫情防控指挥部将湖北突发公共卫生应急响应级别由二级调整降低至三级，并相应调整优化有关防控措施。疫情期间重点做好新冠肺炎疫情信息报送和发布等工作，编制 328 期《疫情快报》，完成全省新冠肺炎疫情数据分析工作。

【各类突发事件卫生应急处置】 湖北省 2020 年度共报告突发公共卫生事件 66 起，其中一般级别 61 起，较大级别 5 起，各类突发公共卫生事件均得到了及时妥善处置。

【优化公共卫生应急管理体系运行机制】《省委省政府关于推进疾病预防控制体系改革和公共卫生体系建设的意见》提出优化公共卫生应急管理体系运行机制，包括优化应急响应机制，健全突发公共卫生事件应急预案，细化分级标准，分区域、分等级明确防范重点和政策发力点，对可能造成疾病蔓延和影响社会稳定的突发公共卫生事件，按照相关法律法规要求先期处置、及时报告、快速响应；健全科学研究、疾病防控、临床治疗有效协同机制，把“四早”“四集中”要求制度化，促进多学科联合、多层次衔接、多环节协同，构建防治工作闭环；强化联防联控机制，巩固完善公共卫生事件部门和区域联防联控机制，明确职责分工，推进工作对接、信息互通、措施协同，建立监测、排查、预警和防控一体化制度，完善药品、医疗器械应急审批机制等。按照省人大立法工作计划，完成《湖北省公共卫生应急管理条例》和《湖北省突发公共卫生事件应急预案》（送审稿）起草工作。牵头负责国家卫生应急队伍提升工程项目，开展全省卫生应急体系调研活动。

【开展航空医疗救护联合试点】 联合民航湖北监管局在武汉、十堰两地开展航空医疗救护试点。全省已建成医疗机构专用停机坪 7 个，专用机库 3 个，长期备勤医疗构造直升机 3 架，武汉市试点审批 2 家空地救护站点。

血吸虫病防治

【血吸虫病阻断达标技术评估】 围绕血防阶段达标任务，坚持控制传染源和阻断传播途径并重的防治策略。针对洪涝灾害影响重、水淹钉螺面积大、传播风险高等问题，组织对 2310 个重点村、7168 处易感环境进行风险监测，及时消除隐患。11 月 22—27 日，国家卫生健康委疾控局组织专家对湖北省开展血吸虫病传播阻断达标技术评估工作，专家组根据分层随机抽样的原则，抽取武汉市东西湖区、荆州市荆州开发区、荆州市公安县作为湖北省血吸虫病传播阻断现场技术评估县（区）。经过各专家组严谨的现场评估工作，湖北省顺利通过国家传播阻断技术评估。

【血吸虫病消除达标现场技术评估】 省疾控中心于 11 月 30 日—12 月 4 日组织省农业、林业、水利、卫生等部门专业技术人员组成专家组，对宜昌市、襄阳市开展血吸虫病消除达标现场技术评估工作。专家组通过听取汇报、观看记录片、资料审核、监测能力评估，并现场察看血防治理综合项目等方面开展两市的血吸虫病消除达标现场评估工作，并按照每个市随即抽取1—2个县作为评估县的原则，现场抽取枝江市、当阳市、南漳县作为此次评估县。专家组严格按照评估方案和标准，详细审核了市、县两级的血吸虫病疫情和防治资料；实地对市、县两级血防预防控制机构设置、专业技术人员编制配备、实验室检测能力的方面进行了评估，同时对两市三县（市）的16名专业技术人员进行了血防知识测试。

【血吸虫病新监测技术培训】 2020年，国家下发了新的血吸虫病监测方案和操作手册，湖北省疾控中心血防所11月19—22日在武汉市召开了2020年湖北省血吸虫病新监测技术培训班。来自全省10个疫区市和63个疫区县（市、区）的疾控机构、血防机构和省血防专科医院的一百三十余名血防专业技术人员参与培训。

食品安全

【新冠疫情防控中的食品安全工作】 主动发挥营养健康指导作用，疫情防控期间，转发并解读国家《新冠肺炎疫情期间老年人群营养健康指导建议》、《新冠肺炎期间儿童青少年营养健康指导建议》，组织编写《湖北省新型冠状病毒肺炎医学营养诊疗专家共识（试行版）》。积极参与冷链食品相关应急监测工作，抽调人员常驻指挥部冷链专班，具体督促冷链防控各项监测措施的落实，做到采样全覆盖、样本全检测、包装全消杀、商品全追溯。

【食品安全风险监测】 完成2020年度国家及省食品安全风险监测任务。及时组织指导全省重大食源性疾病暴发事件的流调和处置工作。利用大数据动态监测食源性疾病事件，适时通过门户网站向公众发布健康预警提示10余篇。注重结果应用，规范做好食品安全风险会商交流。向省食药安办提交食品安全风险隐患报告3份，食源性疾病监测信息2份。积极开展党参等9种食药物质管理试点申报工作。9月，国家卫生健康委批复同意我省开展党参、灵芝、铁皮石斛3种食药物质的试点工作。

【食品安全标准管理】 积极开展国家标准跟踪评价工作。扎实开展食品安全地方标准制定和修订工作。发布湖北省食品安全地方标准《孝感米酒生产技术规范》（DBS42/012－2020）。组织制定的《糖桂花》《现制饮料加工操作规范》等3项和修订的《魔芋膳食纤维》《葛粉》等4项地方标准挂网公开征求意见。修订并发布了《湖北省食品安全企业标准备案实施办法》。

【营养健康工作】 突出营养健康工作，推进“健康湖北”建设。持续加强完善营养体系建设。制定印发了《湖北省营养指导员培训工作实施方案》。组建了湖北省区域性营养创新平台。组织开展了2项营养地方标准的研制工作。积极推进合理膳食行动，发布《疫情期间，居家的我们如何慧吃慧动》等科普文章和视频，录制食品安全与营养健康科普节目5期。组织开展各类营养主题宣传线上线下活动百余场次，活动直接受众累计近400万余人。联合团省委、健康报社，开展了“青春有我，健康生活”有奖征文活动。不断推进营养健康重点行动。联合省民政厅开展了养老机构营养健康状况调研。协调省教育厅、省奶协，积极推动学生奶工程，提高中小学生每日奶制品摄入量。组织制定了《湖北省医疗机构特殊医学用途配方食品临床应用管理规范》。联合省商务厅、市场监督局委托省餐饮协会组织开展营养健康餐厅建设创建工作。联合省教育厅指导中小学校开展健康食堂建设工作。

妇幼保健

【概况】 2020年，全省孕产妇死亡率、婴儿死亡率和5岁以下儿童死亡率三项核心指标总体平稳，分别为11.10/10万、2.87‰和3.71‰，均优于国家平均水平。制定出台了一系列新冠肺炎疫情期间孕产妇和儿童管理指导文件，及时确定一批疑似或确诊孕产妇和儿童救治定点医院，做到应收尽收，精准救治，全力保障妇女儿童健康。

【妇幼健康扶贫项目】 积极推进组织

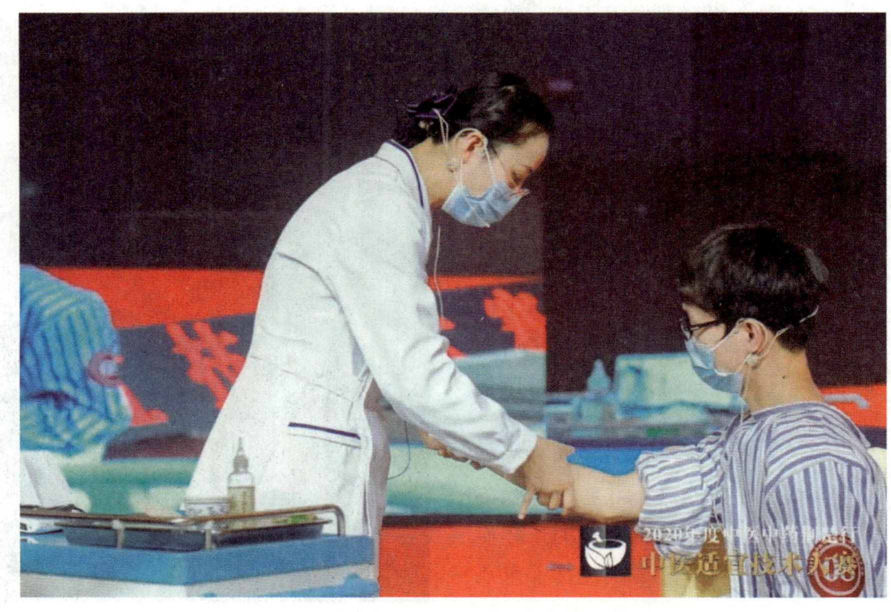

2020年，湖北中医中药荆楚行中医适宜技术大赛比赛现场

实施《湖北省妇女发展规划（2011－2020年）》和《湖北省儿童发展规划（2011－2020年）》，卫生健康领域指标均实现2020年终期目标要求。积极推进农村妇女两癌检查、贫困地区新生儿疾病筛查和儿童营养改善等妇幼健康扶贫项目。9月25日，省卫生健康委举办2020年全省妇幼健康扶贫项目管理视频培训班，通报了全省妇幼健康扶贫项目暗访情况，省级项目管理专家进行了专题培训。湖北省推进妇幼健康扶贫项目的做法得到国家卫生健康委妇幼司的充分肯定，在全国会议上交流发言。

【妇幼健康服务能力建设】 认真落实《湖北省出生医学证明管理办法》，督促各地规范出生医学证明的签发与管理。组织开展《湖北省出生缺陷防治办法》的起草和《湖北省托儿所幼儿园卫生保健管理实施办法》的修订，推进妇幼健康工作立法进程。加强基层产科医师和出生缺陷防治人才培养，加大孕产期、更年期、新生儿等国家级妇幼保健特色专科建设力度，组织开展国家级母婴安全优质服务单位的创建，推进妇幼保健机构等级评审工作。结合新冠肺炎疫情常态化防控，11月20日，省卫生健康委举办全省妇幼保健机构院感防控暨能力建设视频培训班，培训班邀请同济医院、省中西医结合医院和省妇幼保健院等相关专家对妇幼保健机构院内感染预防控制和安全生产、安全产房建设、基层产科医生培训、妇幼保健机构绩效考核及能力建设项目6个方面的内容进行了培训。

【妇幼健康依法管理】 妇幼健康工作依法行政、依法服务、依法管理进一步加强。11月4—6日，省卫生健康委员会综合监督局组织行政执法人员，对咸宁市中心医院、咸宁市妇幼保健院、赤壁市人民医院、赤壁市妇幼保健院、赤壁市血防专科医院的母婴保健技术相关工作开展情况进行了重点执法检查。

中医药管理

【中医药强省建设】 贯彻落实《中共中央 国务院关于促进中医药传承创新发展的意见》，12月，省人民政府印发了《湖北省推进中医药强省建设三年行动计划（2020－2022年）》，组织开展了《湖北省中医药条例》实施一周年学习宣传活动。湖北省推进中医药强省建设三年行动计划(2020－2022年)》提出，到2022年，全省促进中医药发展的法规、政策、管理与标准、评价体系更加健全，中医药服务体系更加完善，人才队伍结构更加合理，每千人口公立中医医院床位数达到0.85张，中医药多个学科专科创新能力进入全国先进行列，中医药防病治病的独特优势进一步增强。中医药一二三产业协调发展，现代化水平明显提高，全省中药工业主营业务收入达到1000亿元。打造中部地区“中医药服务高地”“中西医结合高地”和“中医药健康产业高地”，中医药强省建设迈上新台阶；部署开展基层中医药服务能力提升行动、中医药卫生应急能力提升行动、中医药防治疾病特色优势提升行动、中医药健康产业振兴行动、中医药教育和人才培养行动、中医药传承与开放创新行动。

【中医药参与新冠肺炎疫情防控】 疫情之初，湖北省中西医结合医院最早上报武汉出现的不明原因肺炎疫情，省中医药管理局立即向疾控部门报告并协调将患者转入金银潭医院诊治。及时发布并推广应用中医药诊疗方案，探索形成了覆盖预防、治疗、康复全过程的中医药防疫模式。在这次新冠肺炎救治中，让中医药早介入，坚持中西医结合，注重运用中医药救治、防控，发挥独特优势，收到明显救治成效。3月，湖北省新冠肺炎疫情防控指挥部医疗救治与疾控组组织相关专家编写了《湖北省新冠肺炎中西医结合康复诊疗方案（试行)》。方案围绕住院康复、门诊康复、居家康复，推广应用中、西医适宜诊疗方法等，主要内容包括新冠肺炎的功能障碍识别、康复评估、康复治疗和心理康复治疗、膳食指导和社区与居家康复等。3月18日，省卫生健康委发文推广湖北省中医院新冠肺炎康复门诊做法。3月23日，国务院新闻办公室在湖北武汉举行新闻发布会，介绍中医药在防治新冠肺炎中的作用。湖北有61449名患者使用了中医药，占90.6%。临床疗效观察显示，中医药总有效率达90%以上。4900余名中医药人员驰援

襄阳市中医医院加班加点生产新冠肺炎预防中药

湖北，约占援鄂医护人员总数的13%，其中院士3人，专家数百名。这次中医药援助队伍规模之大、力量之强前所未有。在疫后重振补短板和常态化疫情防控中，对中医医疗机构同步部署、同步建设、同步培训、同步督导。湖北省中医院和湖北省中西医结合医院分别申报成为国家中医药管理局中医疫病防治基地和应急救治基地。

【中医药改革工作】 进一步深化医改中医药工作。全省中医医院牵头建设县域医共体42个，国医堂覆盖率提高到95%。贫困县中医院和藏区中医院对口帮扶累计推广技术71项。将符合条件的中药配方颗粒纳入全省医保支付范围。

【中医药特色服务】 坚持突出中医药特色，完成21所三级中医医院等级评审。启动了中医医术确有专长人员考核工作。11月7日，国家中医药管理局、湖北省人民政府共同举办中医药文化传播行动启动仪式，采取线上线下相结合的方式，在北京直播间进行线上直播，同步在武汉市首义广场举行线下活动。在武汉线下活动现场，开展中医药主题表演，开设中医药抗疫、贯彻落实《中共中央国务院关于促进中医药传承创新发展的意见》和全国中医药大会精神、中医药扶贫等专题展览，为群众提供中医药健康咨询服务，发放中医药科普宣传品，普及中医药健康养生知识和文化理念。12月4日，第八届世界中西医结合大会在武汉开幕。本次大会以“中西医结合抗击疫情，守正创新开创未来”为主题，邀请了中西医结合相关领域的两院院士、国内外著名专家学者，就中西医结合抗击新冠疫情的理论、临床、实践、经验进行分享、交流和总结，促进中医药传承精华、守正创新，为全球抗疫贡献中国智慧和中国力量。

【中医药产业发展】 省卫生健康委协调配合省农业、经信等部门，开展中药材定制药园和生产基地建设，完善中药配方颗粒试点方案，推进中医药产业发展。完成了2021－2022年度中医药科研项目立项评审，1项研究成果获得2020年省科技进步一等奖。

医政管理

【新冠肺炎疫情医疗救治工作】 新冠肺炎疫情期间，全省54万医务工作者与4.26万援鄂医疗队员用实际行动诠释了“敬佑生命、救死扶伤、敢于奉献、大爱无疆”的崇高职业精神。全省各地按照集中患者、集中专家、集中资源、集中救治的“四集中”原则，分层救治新冠肺炎感染者，将重症患者集中到综合实力最强的医院进行救治，同时集中优势的资源和专家力量，按照“一人一策”的多学科、综合的个体化诊疗，着力做好重症患者的治疗工作，有效地降低病死率。2月16日，武汉市新增病例收治实现日清日结。在临床救治方面，着力提高临床救治的针对性、创造性和整体性，做到基础医学与临床实践、前方救治与后方支持、医疗与护理、医疗与管理、中医药与西医药等“五个结合”。同时，重视轻症患者的治疗，减少病毒载量，切断轻症向重症的转化途径。在全国各省、自治区、直辖市和解放军援鄂医疗队的支援下，2020年全省累计治愈出院新冠肺炎感染者63637例。严格落实院内感染防控措施，4万多名援鄂医务人员无一人感染。3月10日，国务院应对新冠肺炎疫情联防联控机制医疗救治组发文，在全省推广由同济医院与40支援鄂医疗队齐心协力取得的同济“光谷经验”。湖北省方舱医院建设规范、重症患者救治经验、核酸检测及混样检测技术、发热门诊和互联网医院建设及应用经验等在全国推广，成为抗击新冠肺炎疫情的湖北经验，医疗救治专班受到省委省政府表彰。组织开展“大培训、大练兵、大督查”，制作培训视频90余个、PPT课件80余个、分类考核题库2600余题，线上学习培训43.1万多人，线下培训实操300多场次，17个市州全覆盖，有效提升基层医疗单位诊疗救治能力、院感防控能力、甄别排查能力、应急应对能力。加强发热门诊能力建设和闭环管理。全省共设置二级以上综合医院发热门诊295家、定点医院93家，核酸检测机构317家。11月，全国秋冬季新冠肺炎疫情医疗救治工作会暨发热门诊和定点医院现场推进会在武汉召开，湖北省卫生健康委在会上作交流发言。

【改善医疗服务】 推进分级诊疗制度建设，按照“四个分开”原则，重点推进县域医共体建设。截止年底，全省成立医共体126个，远城区共计75个县（市、区）已实现全覆盖，县域内就诊率稳定在90%左右。积极开展互联网医院建设，先后审核了三批共27家互联网医院。搭建远程医疗服务与监管平台（中心），接入医疗单位4368家，把大医院技术传到基层、把大医院医生引到基层，促进优质医疗资源下沉基层。推进委省共建国家医学中心及区域医疗中心建设。签订《国家卫生健康委员会 湖北省人民政府共建国家区域医疗中心合作协议》，并获批同济医院国家重大公共卫生事业医学中心，报送9个专业申报材料，积极争取国家卫生健康委支持。在进一步改善医疗服务行动计划——第六季全国医院擂台赛中，湖北省获得金奖2个，铜奖4个，其他单项奖136个。医院评审、医疗废物管理、儿童医疗卫生服务，“平安医院”建设、扫黑除恶专项斗争、临床重点专科建设、戒毒医疗、康复医疗等工作也取得了进展，并先后在国家卫生健康委“十四五”医疗机构设置规划工作会、加强儿童医疗卫生服务改革与发展工作会、国家临床专科能力建设“十四五”规划研讨会等多个全国会议中做交流发言。

【加强服务能力建设】 结合疫情防控需要，突出加强院前急救体系建设。省委办公厅省政府办公厅印发《关于进一步加强院前急救体系建设的实施意见》，出台建设标准，有关经验做法在国家

2020 年 3 月 10 日，武昌方舱医院最后一批患者康复出院

《卫生健康工作交流》（第 185 期）刊发，并在全国相关会议上交流发言。截至 12 月底，湖北省每千人口执业（助理）医师数 2.6 人，注册护士数 3.2 人，床位数 6.65 张，均高于《全国医疗卫生服务体系规划纲要(2015—2020 年)》有关要求;流入湖北省三级医院就医患者数，位居全国第 7，占比 4.6%，流出患者数排全国第 14，占比 2.7%。

【医院对口帮扶和健康扶贫荆楚行】 深入开展三级医院对口帮扶贫困县县级医院工作。全省 22 家支援医院共派出了 160 余名医务人员在 34 家贫困县医院驻点帮扶，其中 31 人远赴西藏。完善农村贫困人口大病专项救治工作机制。湖北省大病专项救治病种数由 25 种增加至 30 种，救治覆盖率达 99.2%，有关工作情况在全国医疗管理工作会上发言。持续组织“健康扶贫荆楚行”。深入贫困县开展巡回医疗，共派出专家 1320 人次，累计开展手术带教指导 402 台次，会诊疑难病例 3021 人次，免费发放药品 210 万余元。

【医疗行业监管】 6 月，制定印发了《湖北省二级公立医院绩效考核实施方案》，自 2020 年开始，全省正式启动二级公立医院绩效考核工作，并组织第一批二级公立医院参加全国二级公立医院绩效考核。开展“荆楚卫健清风行动”，塑造风清气正的行业新形象。开展人体器官捐献和移植管理执法检查，印发专项整治方案，加强人体器官捐献全流程管理。10 月，在武汉市召开全国整治工作电视电话会议，湖北省在会上交流发言，国家组织联合调研活动在汉展开。

基层卫生

【基层卫生人员参与疫情防控工作】 全省 18 万余名基层卫生人员服从各级指挥部统一指挥，积极参与“防控”与“救治”工作、高危人员排查、健康状况监测、卡口防控、环境消毒、集中隔离点医疗服务、出院患者追踪与随访等，探索总结出基层卫生人员参与村（居）委会“网格化”防控的成功经验，为在疫情防控常态化背景下做好基层卫生工作奠定了基础。

【基层卫生服务体系和公共卫生应急能力建设】 针对疫情期间，基层卫生服务体系暴露的问题，省委常委会专题研究，省委办公厅、省政府办公厅印发了《关于进一步加强基层卫生服务体系和公共卫生应急能力建设的实施意见》，系统地提出了未来五年基层卫生事业发展目标、重点任务和保障措施。

【基本医疗卫生服务能力提升】 推动优质医疗资源合理扩容下沉和均衡布局，全力支持 13 个百万人口以上和经济百强县市建设三级甲等医院。大力开展临床重点专科建设。着力深化基层中医药服务能力提升工程。发力基层能力建设，为基层医疗卫生机构配置移动医疗卫生服务车，为村卫生室配备智能健康服务包。在疫情期间投资 9 个亿的基础上，按照“填平补齐”原则，为每所乡镇卫生院和社区卫生服务中心配齐 DR、彩超、心电图机、生化分析仪等数字化诊疗设备。全省拿出 1 万个事业编制，用于公开招聘基层医疗卫生专业技术人员。省财政安排 2.54 亿元实施定额补助村医、农村订单定向医学生、乡镇卫生院骨干人员特岗津贴等基层卫生人才培养项目。

老龄健康

【健全老龄健康政策】 经省政府批准，联合省直 6 部门印发《关于建立完善老年健康服务体系的实施意见》。研究起草了《关于深入推进医养结合发展的若干措施》。委托研究制定医养结合机构服务管理规范。

【老龄健康教育】 加强人口老龄化国情省情教育，在“敬老月”、老年健康宣传周等重要时段广泛组织开展宣传教育活动，将老年健康教育和预防保健工作贯穿全年，通过组织现场活动、发放宣传资料，发挥各类媒体主渠道宣传优势，教育引导老年人形成健康生活方式、增强预防保健意识、提升健康素养水平。联合湖北之声先后开办了“我是人口老龄化国情教育宣讲员”“老年健康长寿 36 计”专栏，并均登上学习强国湖北学习平台。联合省直 5 部门举办了以“讴歌社会主义好，万众一心战疫情”为主题的第十五届全省中老年人才艺大赛，并在武汉、襄阳、宜昌等7个城市举办优秀作品巡展。利用全国医养结合继续教育平台开展学习培训，每季度组织全省进行全国医养结合信息管理系统直报工作。

【老龄健康服务创新】 积极开展老龄健康服务试点示范工作。指导十堰、荆州等4个国家级安宁疗护试点城市提升服务能力。指导咸宁、随州等5个国家级、省级医养结合试点城市先行先试，争取我省5家医养结合机构纳入全国首批医养结合机构远程协同服务试点。湖北省5种医养结合经验做法入选全国医养结合典型经验名录。宜昌市医养结合工作在全国老龄委全体会议上作交流发言。联合省直相关部门推荐全省2家企业、7个街道、2个康养基地入选国家智慧健康养老示范企业、街道、基地，15种产品入选国家《智慧健康养老产品及服务推广目录》。继续推进武汉、襄阳、咸宁3市实施老年人心理关爱国家级试点项目。湖北省在国家老年人心理关爱项目培训班上交流经验。组织推荐国家命名表彰"敬老文明号"50个、"敬老助老模范人物"78名。遴选5个市州案例入选全国积极应对人口老龄化最佳实践案例。推进老年健康服务体系建设，全省110家二级及以上综合医院设立了老年病科(老年医学科)，占比42%；全省三级中医医院均设置了康复科。全省完成36万名国家大数据研判的失能高风险老年人的健康信息核查工作，并通过基本公卫服务、家庭医生签约服务，探索卫健系统做好重点老年人群的照护服务措施。

【老龄健康工作督办评估】 对全省"十三五"老龄事业发展和养老体系建设规划实施情况进行总结评估，协助完成积极应对人口老龄化中长期规划编制工作。推动落实老年人照顾服务项目，协调落实老年人免费乘坐公交优待，依法维护老年人合法权益。

（毛　旭）

人口与计划生育政策调整

【婴幼儿照护服务】 2月，省政府办公厅印发《关于促进3岁以下婴幼儿照护服务发展的实施意见》，经省政府同意，16个部门联合建立了部门联席会议制度。深入推进试点示范工作，争取国家确定107个中央预算投资项目，争取中央资金1.07亿元，新增托位1万多个，形成了一批具有示范效应的婴幼儿照护机构。全省累计开办婴幼儿照护服务机构462家，共设托位18459个。

【计划生育家庭权益保障】 认真做好2020年奖特扶对象资格确认、数据申报等工作，及时下发奖励扶助资金。我省计划生育失独人员、独生子女伤残人员总量较大，特别扶助对象共计70832人，在全国排第7位，且呈现逐年增加趋势。全省各级深入开展计划生育特殊家庭"三个全覆盖"专项行动，全力做好特殊家庭信访维稳工作。2020年，中央、省为全省67万个奖励扶助对象、7万个特别扶助对象，落实奖励扶助资金9.4亿余元。全省未出现失独人员集体进京上访情况。

【全面两孩配套政策实施】 全面两孩配套政策持续健全完善。提请省人大常委会再次修订《湖北省人口与计划生育条例》，进一步优化生育政策、奖励政策。加快推进母婴设施建设，全省各类公共场所和用人单位累计建设标准母婴室1610个。湖北省完善生育配套政策工作在全国会上作经验交流。

【人口监测工作】 加强对18个监测点人口监测统计和人口形势分析，在5个市县组织完成2500人生育养育成本抽样调查。加强信息化建设，开发全员人口数据比对核查系统，完善精准奖励扶助系统，发挥人口统计数据作用，服务地方经济社会发展。

职业安全健康管理

【疫情防控中的职业健康工作】 加强疫情防控中的职业健康工作，做到疫情防控和职业健康工作两促进。承接全省企业复工复产疫情防控工作，组织开展了全省企业复工复产期间疫情防控工作视频培训。开展企业职业卫生监督执法工作。截至5月6日，全省各级卫生监督机构共监督检查、排查复工企业61677家，累计下达监督意见书12419份，累计发现并整改问题8197家8599项。

【尘肺病防治攻坚行动】 经省政府同意，省职业病防治工作领导小组办公室印发了《2020年全省职业健康工作要点》，各项重点工作得到了有效落实，提前完成了省长王晓东与国家签订的尘肺病防治攻坚行动目标责任书目标任务。经各地自查，截至12月上旬，全省攻坚行动主要指标达到行动目标要求。纳入治理范围的用人单位粉尘危害申报率达到98%以上，粉尘浓度定期检测率达到95%以上，接尘劳动者在岗期间职业健康检查率达到96%以上，主要负责人、职业健康管理人员和劳动者培训率达到98%以上。煤矿、非煤矿山、冶金、建材等重点行业新增建设项目职业病防护设施"三同时"实施率达到100%，用人单位监督检查覆盖率达到100%。

【开展全省职业健康基础调查】 组织对全省职业病危害企业进行现状调查。国家下达湖北省任务数19180家，截止10月底，全省完成企业现状调查32586家，完成国家任务数的170%。组织对全省职业性尘肺病患者随访调查。全省累计报告职业性尘肺病24753例。截至8月20日，全省共随访到职业性尘肺病患者24280例，随访调查完成率达到98.1%，其中存活12079例。

民　政

社会救助

【概况】　截至 2020 年 12 月底，全省共有城市低保对象 30.7 万人，农村低保对象 144.6 万人，城乡特困人员 25.0 万人，实施临时救助 37.4 万人次，全年支出社会救助资金 136.6 亿元，困难群众基本生活得到有效保障，在民政部、财政部组织开展的 2020 年度困难群众基本生活救助绩效评价工作中全省被评为优秀等次。

【社会救助政策】　2020 年，全省城乡低保平均保障标准分别达到 664 元/人/月、5707 元/人/年，分别比上年增长 4.7%和 2.0%；城乡特困人员平均救助供养标准分别达到 15900 元/人/年、10764 元/人/年，分别比上年增长 4.2%和 4.6%。各地民政部门按照发改部门启动社会救助和保障标准与物价上涨联动机制的通知要求，及时向城乡低保对象、特困人员发放价格临时补贴，并全面落实 3－6 月民政服务对象的扩面和增发工作。截至 2020 年底，民政部门共发放价格临时补贴 20.7 亿元，惠及各类困难群众 1717.3 万人次。

【困难群众基本生活保障】　面对突如其来的新冠肺炎疫情，全省各级民政部门坚持“人民至上”“生命至上”，出台包括建立联系帮扶机制、暂缓低保对象动态退出、放宽户籍限制开展临时救助、集中安置救助等超常规政策措施，形成较为完备的应对突发公共卫生事件社会救助政策体系。疫情期间全省困难群众基本生活保障有关做法被《中国社会报》深度报道，武汉市应对新冠肺炎疫情的社会救助应急机制被民政部推荐收入中组部突发重大公共事件处置教学案例，省民政厅社会救助处处长韩华平、武汉市东西湖区低保中心主任张正标、天门市社会救助局局长康波涛 3 名社会救助机构负责同志被民政部表彰为全国民政系统抗击新冠肺炎疫情先进个人，荆州市社会救助服务中心被表彰为全国民政系统抗击新冠肺炎疫情先进集体。

【社会救助兜底脱贫】　2020 年，全省所有县（市、区）农村低保标准和特困供养标准均高于国家扶贫线，平均分别达到 5707 元/人/年、10764 元/人/年。全省共有 122.7 万建档立卡贫困人口纳入农村低保或特困人员救助供养范围，稳定实现“两不愁”。宜昌市民政局分管社会救助工作党组成员李万新被党中央、国务院表彰为全国脱贫攻坚先进个人，全省社会救助机构有 8 人被省委、省政府表彰为湖北省脱贫攻坚先进个人，省社会救助办公室被表彰为湖北省脱贫攻坚先进集体。

【社会救助试点示范】　加快推进社会救助制度改革完善工作，成功申报武汉市武昌区困难家庭救助帮扶综合评估机制建设和枝江市“党建+救助”为国家试点，组织 16 个市县分别开展支出型贫困家庭救助、特困人员照料护理、社会救助失信联合惩戒、社会救助容错机制等试点。其中，黄石市社会救助失信行为信用管理试点、潜江市实行社会救助尽职免责试点、秭归县通过签订协议落实分散供养特困人员照料服务等工作取得良好示范作用。

城乡居民最低生活保障

【概况】　截至 2020 年 12 月底，全省共有城市低保对象 30.7 万人，农村低保对象 144.6 万人，城乡低保平均保障标准分别达 664 元/人/月、5707 元人/年，分别比上年增长 4.7%和 2.0%。

【低保扩围】　省民政厅联合省财政厅、省人社厅印发《关于进一步做好困难群众基本生活保障工作的通知》（鄂民政发〔2020〕19 号），督促各地将低保范围扩大到低收入家庭中的重病、重残人员，及时将符合条件失业人员、困难企业职工、未就业大学毕业生、未参加失业保险且近三个月内登记失业的农民工、城市灵活就业人员、低保边缘人口等纳入低保或临时救助范围。督导 17 个市州全部出台低收入家庭认定实施办法，全力推进低保扩围政策落实。7－12 月，全省累计新纳入低保对象 58613 人。

【农村低保专项治理】　印发《2020 年全省农村低保专项治理工作要点》，细化专项治理工作任务和措施，将农村低保专项治理范围扩大到所有社会救助制度，保障和促进各项社会救助政策有效落实。加强日常监督管理工作，通过信息核对、实地抽查、信访举报核查等多种形式，督导各项制度措施落实。建立与“扶贫和民生领域政策落实监察系统”“一月一比对”机制，不断提升救助的精准度，对检出的问题线索，督促各地逐一核查。民政部《民政工作简报》编发了全省结合疫情防控扎实开展农村低保专项治理工作情况。

养老服务

【完善养老服务体系】 加快养老服务设施建设。省财政2020年安排养老服务体系建设资金2.29亿元，其中新增1亿元支持全省新建50个街道(中心)社区和100个贫困村社区养老服务设施，完成322所农村福利院“平安工程”建设，深化农村福利院“冬暖工程”，为1096所农村福利院安装冷暖空调2.4万台，实现全覆盖。争取中央预算内投资1.2亿元，支持22个城乡公办托底养老机构建设；下达城企联动普惠养老专项行动中央预算内投资8558万元，支持武汉、宜昌、黄石、鄂州、咸宁、天门等地推进普惠养老项目建设。将“养老服务设施”纳入城镇老旧小区公共服务设施改造内容，大力支持老旧小区配建社区养老服务设施。完善老年人福利制度。2020年，省级专项安排老年人补贴资金8000万元，实现经济困难高龄、失能老人补贴和高龄津贴制度全覆盖，全省享受养老服务和护理补贴老人达10.3万人，享受高龄津贴老人127.5万人。截至2020年底，全省共建有各类养老机构1825家，养老床位总数42万张，每千名老年人拥有养老床位35张；全省城乡社区居家养老服务设施覆盖率达到96%和67%。

【提升养老服务质量】 省民政厅联合省发改、财政、住建、卫健、应急管理、市场监管、消防救援等部门先后印发《湖北省2020年养老机构服务质量建设专项行动方案》，在全省连续第四年部署开展养老机构服务质量提升专项行动；印发《湖北省特困人员供养服务机构改造提升三年行动计划（2020—2022年）》；实施民办养老机构消防安全达标提升工程，开展养老机构消防安全专项整治；开展养老机构安全隐患排查整治，重点对无照经营和未经备案的养老机构进行全面摸底排查和彻底整治；开展养老机构非法集资风险专项排查整治，有效化解风险；成立了省民政服务标准化技术委员会养老服务标准化工作组；作为国家首批试点省份之一，开展了2020年全省养老机构国家标准等级评定，33家养老机构分别被评为3～5级。省民政厅、省人社厅成功举办了2020年“湖北工匠杯”养老护理员职业技能竞赛。

【深化养老改革试点】 2020年，争取民政部、财政部将襄阳、荆州、黄冈三市纳入国家第五批居家和社区养老服务改革试点城市，获批补助资金5496万元，全省累计9市先后获批改革试点城市。60多家公办养老机构开展运营机制改革试点，35个县（市、区）试点推进特困供养服务机构管理运营改革创新。宜昌市社会福利院、黄梅县社会福利中心改革经验入选国家公办养老机构改革优秀案例，武汉市“互联网+居家养老”服务模式受到国家有关领导和部门充分肯定。配合开展智慧健康养老应用试点示范，2020年新增1个示范企业、2个示范街道和1个示范基地纳入国家试点示范，5家企业的7种产品和服务入选国家《智慧健康养老产品及服务推广目录（2020年版）》。

2020年，武汉市新洲区特殊困难老年人居家适老化改造

儿童福利

【加大儿童福利服务对象保障】 全力做好疫情期间儿童福利服务对象保障帮扶工作。深入排查摸清底数。1月25日起，全省建立儿童福利领域疫情防控情况日报告、零报告制度，每周、每月汇总分析相关数据信息。各地上报因疫致困儿童364人，均得到妥善安置、关爱帮扶或监护照料，并及时分类建立台账。加强关爱帮扶保障。严格落实孤儿、事实无人抚养儿童3—6月阶段性临时价格补贴政策。对孤儿、留守儿童等特殊困难群体，按照城市人员不低于500元、农村人员不低于300元的标准，给予生活物资救助。全省71000名困难儿童得到了救助，全省合计发放资金2378万元。积极协调中国儿童少年基金会等社会慈善组织，为全省儿童福利机构以及孤儿、事实无人抚养儿童争取“健康防疫包”1万套（折合资金500万元）。

【儿童福利保障水平稳步提升】 督导各地推进孤儿养育标准自然增长，不断提升孤儿保障水平。2020年，全省集中供养和社会散居孤儿平均养育标准分别达到2107元/月和1310元/月，较上一年度分别增长4.51%和4.63%。持续推进以市州儿童福利机构为主体的区域性孤儿集中养育工作，将资金和项目向市州倾斜，促进市州儿童福利机构提档升级。助医助学项目有序推进。持续实施“福彩圆梦·孤儿助学工程”项目，2020年1120名成年大学生孤儿获得每人每年1万元的助学金。依托武汉民政职业学院，利用省级福彩公益金350万元实施适龄孤儿免费学历教育项目，2020年首次将生活能够自理、心理健康的应届初中毕业生中的事实无人抚养儿童纳入到该项目。大力开展“孤儿康复医疗明天计划”项目，投入28万元为部分孤儿开展了手术矫治和康复治疗，促进了他们健康成长。全面实施事实无人抚养儿童保障政策。截至2020年12月31日，全省各地上报已审核通过事实无人抚养儿童6897人。根据民政部、司法部的工作安排，对全省430名服刑人员、强制戒毒人员子女享受保障情况进行核实排查。

【儿童关爱保护体系日益完善】 部门联动协调机制持续加强。省、市、县三级“农村留守儿童关爱保护和困境儿童保障工作联席会议制度”全覆盖。未成年人救助保护能力稳步提升。武汉市、荆州市、孝感市及鄂州市4个地区积极开展全国未成年人救助保护热线试点工作，进一步畅通强制报告和儿童救助保护渠道。基层工作力量不断增强。认真开展“儿童福利信息动态管理精准化提升年”专项行动，分类建立完善人员信息台账，严格档案管理，坚持一人一档，将28万多名农村留守儿童、10万多名农村留守妇女和1500多名儿童督导员、2.9万多名儿童主任以及所有未成年人救助保护机构、儿童福利机构信息录入系统，提升了儿童福利服务对象以及机构的信息化管理水平。大力推进农村留守儿童和困境儿童关爱保护“政策宣讲进村（居）”活动，在大冶市、崇阳县举办了2场省民政厅实地宣讲活动，联合湖北经视进行现场网络直播，近250万人次线上观看了宣讲活动。政府购买服务投入逐步增加。积极争取中央财政资金180万元支持3个社会组织在武汉市、荆州市、黄冈市开展儿童关爱类服务项目，联合中国扶贫基金会共计投入695万元，在竹山县等11个县（市）开展“童伴妈妈”项目，在江陵县等10个县（市、区）开展“社区（村）儿童关爱”项目。

福利彩票

【概况】 截至2020年12月31日，全省8412个销售网点（其中兼营网点2400个）共销售福利彩票52.50亿元，销量排名位居全国第9位。全年共筹集福彩公益金16.70亿元（上缴中央8.15亿元，留存省本级8.55亿元），返奖奖金29.43亿元，代缴彩民中奖偶然所得税9683万元，为社会提供就业岗位1万多个。

2020年，全省福彩销售系统有序推进复工复产，助力市场快速恢复，积极应对政策调整，促进福利彩票健康发展。稳定市场方面，坚持以人为本、以站点生存为重的原则，争取民政部、中福彩中心和省财政厅支持，共投入4250万元补助资金，为市场主体纾困解难。通过实体投注站“退一个、布一个”的原则，保持了全省投注网点总数的增减平衡。按照国家有关政策调整，平稳有序地完成了全省“中福在线”游戏停销及后续工作，确保了全系统人员安全稳定、市场销售稳定。营销管理方面，全年共开展各票种营销促销回馈彩民活动10余次，支持各地结合自身实际开展自主营销，筹集更多公益金用于社会福利事业的发展。争取全国联销游戏“快乐8”在湖北试点，首批在武汉、宜昌、荆门、襄阳等地820个站点试点销售，丰富和补充了电脑票游戏品种。拓展销售渠道，加强与中福彩运营公司合作，顺利推进即开票线上直配、小包装销售和跨界跨业合作等销售模式落地实施。

社会事务

【完善残疾人“两项补贴”制度】 建立残疾人证核发与“两项补贴”发放衔接机制，加强“两项补贴”对象动态管理，做到应补尽补、发放及时。截至2020年底，全省残疾人“两项补贴”对象119.62万人，其中困难残疾人生活补贴对象50.2万人，重度残疾人护理补贴对象69.42万人，同时享受“两项补贴”对象32.15万人。省级财政落实专项补助资金3.6亿元。

【婚姻登记便民利民服务】 推动全省婚姻登记电子证照在政务服务平台上应用，探索跨区域办理婚姻登记工作。从2020年1月1日起，在全省范围内实施跨区域办理补发结婚证；10月1日，武汉市作为省试点单位，在全市实施跨区域办理婚姻登记。截至2020年12月31日，全省共办理结婚登记315161对，离婚登记172718对，补领婚姻登记证129361件；办理涉外涉港澳台婚姻结婚登记369对，离婚登记85对，补领婚姻登记证19件。办理总量为617713对（件）。

慈善社工

【推进《湖北省慈善条例》立法】 按照立法工作计划和程序要求，起草完成条例送审稿。省人大社建委会同省民政厅组成条例起草工作专班，进一步修改完善条例草案。2020年11月，湖北省第十三届人大常委会第十九次会议对条例草案进行了审议。

【社会工作专业人才与志愿者】 截至2020年底，全省社会工作专业人才超过5万人。全省在民政部门登记的社会工作服务机构达469家，近两年增长率达30%以上。制定出台了《社会工作低保核查服务与评估》《城市社区社会工作服务要求》，成为全省首批社会工作领域省级地方标准，填补了湖北省社会工作领域省级地方标准的空白。2020年，湖北省在全国志愿服务信息系统上注册的志愿者达909万人，占全省常住居民人口的15%。

（张文辉）

人民生活

城镇居民生活

【城镇居民收入状况和特点】 2020年，面对新冠肺炎疫情的严峻挑战，湖北落实中央一揽子支持政策，着力落实“六稳”、“六保”任务，密集采取多种举措统筹推进疫情防控和经济社会发展，城镇居民收入呈现稳步恢复向好态势。全年城镇居民人均可支配收入36706元，同比下降2.4%。分市州看，襄阳、鄂州、仙桃、神农架等地城镇居民人均可支配收入全年实现正增长。

全省经济运行稳步恢复，复工复产持续向好带动工资性收入稳步恢复。2020年，湖北地区生产总值43443.46亿元，按可比价格计算，比上年下降5.0%，降幅比一季度大幅收窄34.2个百分点，向好态势持续巩固。疫情防控常态化条件下全省各行各业复工复产继续向好，经济社会发展活力持续恢复，稳岗举措持续加力，为工资性收入增长奠定基础。全年人均工资性收入20071元，比上年下降739元，下降3.6%。

政策纾困扶企惠企，旅游及配套行业加快复苏带动经营净收入降幅收窄。2020年，省政府相继出台“促进经济社会发展30条”、“支持中小企业应对疫情18条”、“支持中小微企业稳定发展15条”、“数字经济13条”等系列政策，各地加快配套政策落实，有效助力企业复工复产、纾困解困。强化举措大力扶持地摊经济、夜间经济及电商经济发展，深化拓展灵活就业渠道及方式，持续推进职业技能提升行动，强化培训及就业权益保障。各地通过发放消费券、与电商平台合作、打折促销等方式有效激发消费潜力，带动餐饮、娱乐、旅游等相关行业需求回补；8月初启动“与爱同行惠游湖北”活动，全省旅游景区综合效益不断提升，带动餐饮、交通、住宿等配套行业复苏。全年人均经营净收入4728元，比上年下降613元，下降11.5%。

房地产市场回暖、理财渠道多元化促进财产净收入保持增长。随着房地产市场逐步回暖，城镇居民住房虚拟租金稳步增长，成为财产净收入增长的重要支撑。利息、红利收入提高以及理财渠道多元化发展，推动城镇居民财产净收入稳定增长。2020年，人均财产净收入3470元，比上年增加168元，增长5.1%。

密集出台“保民生、惠民生”举措落地生效带动转移净收入增长。继续上调养老金、实施失业补助金政策、提高特殊人群补贴标准、不断健全完善社会保障等“保民生”政策落实生效，从基本民生保障方面促进转移净收入增长。全年人均转移净收入8436元，比上年增加288元，增长3.5%。

工资性收入仍占主体地位。在城镇居民的收入构成中，人均工资性收入20071元，占城镇居民人均可支配收入的54.7%，比上年下降0.7个百分点，占比仍居首位；人均经营净收入4728元，占12.9%；人均财产净收入3470元，占9.5%；人均转移净收入8436元，占23.0%。

【城镇居民消费状况和特点】 2020年，湖北城镇居民人均生活消费支出22885元，比上年下降13.4%，低于全国平均水平9.6个百分点。

消费支出降幅逐季收窄。2020年，湖北城镇居民人均消费支出为22885元，下降13.4%，降幅分别比一季度、上半年、前三季度缩小2.6、5.0、2.5个百分点。八大项消费中，除生活用品及服务类降幅比前三季度扩大5.5个百分点外，其余七项降幅均有缩小。

刚性需求消费支出保持稳定。2020年，湖北城镇居民人均食品烟酒消费在八大项中降幅最小，下降3%。

网购消费支出大幅增加。在常态化疫情防控条件下，线上购物、直播带货、在线诊疗、在线教育等新型消费逆势上扬，新型消费快速发展。2020年，城镇居民通过互联网购买商品和服务金额增长43.2%。

表6—3　2020年分市州城镇居民人均可支配收入

单位：元、%

地区	2020年	2019年	增长
武汉市	50362	51706	-2.6
黄石市	37912	38725	-2.1
十堰市	32771	33577	-2.4

续表

地 区	2020 年	2019 年	增长
宜昌市	37232	38463	-3.2
襄阳市	37707	37297	1.1
鄂州市	35025	34541	1.4
荆门市	35958	36805	-2.3
孝感市	35374	35695	-0.9
荆州市	34474	35910	-4.0
黄冈市	30826	31812	-3.1
咸宁市	32394	33191	-2.4
随州市	30587	31961	-4.3
恩施州	30930	31561	-2.0
仙桃市	35750	34541	3.5
潜江市	33623	34627	-2.9
天门市	31308	31753	-1.4
神农架	32203	30728	4.8

表 6—4　2020 年全国及中部六省城镇居民收入及位次

单位：元、%

地区	人均可支配收入	收入位次		收入增长	增速位次	
		全国	中部		全国	中部
全国	43834	–	–	3.5	–	–
湖北	36706	21	4	-2.4	31	6
山西	34793	27	5	4.6	11	4
安徽	39442	14	2	5.1	5	2
江西	38556	15	3	5.5	3	1
河南	34750	28	6	1.6	26	5
湖南	41698	9	1	4.7	9	3

表 6—5　2020 年湖北城镇居民人均可支配收入统计表

单位：元、%

指标名称	2020 年	2019 年	增长
可支配收入	36706	37601	-2.4
一、工资性收入	20071	20811	-3.6
二、经营净收入	4728	5341	-11.5
三、财产净收入	3470	3302	5.1
四、转移净收入	8436	8148	3.5

表 6—6　2020 年湖北城镇居民人均生活消费支出统计表

单位：元、%

指标名称	2020 年	2019 年	增长
消费支出	22885	26422	-13.4
其中：食品烟酒	7112	7334	-3.0
衣着	1472	1887	-22.0
居住	5774	5929	-2.6
生活用品及服务	1316	1869	-29.6
交通通信	2852	3284	-13.1
教育文化娱乐	2041	2967	-31.2
医疗保健	1922	2471	-22.2
其他用品和服务	395	680	-42.0

农村居民生活

【农村居民收入状况和特点】　2020 年，湖北努力克服疫情汛情对农民生产生活带来的不利影响，坚持统筹推进常态化疫情防控和经济社会发展，着力做好防灾、减灾、救灾工作，扎实做好“六稳”工作，全面落实“六保”任务，持续加大脱贫攻坚工作力度，农民收入增长整体走势向好。全年农村居民人均可支配收入 16306 元，比上年下降 0.5%。分市州看，黄石、十堰、宜昌、荆州、黄冈、恩施州、仙桃、天门、神农架等地农村居民人均可支配收入增长均快于全省平均水平。

工资性收入稳步恢复。新冠肺炎疫情发生以来，政府相继出台金融、就业等各项政策措施，竭力保障农村经济社会运行发展。湖北贫困劳动力外出务工“6+1”（上海、广东、浙江、江苏、福建、山东+湖北）劳务协作行动、“稳就业 25 条”落细落地、疫情防控类公益岗位增加，为工资性收入的稳步恢复奠定基础。全年人均工资性收入 5272 元，比上年减少 81.3 元，下降 1.5%。全年降幅与一季度、上半年、前三季度相比分别缩小 8.7、8.4 和 3.5 个百分点。

第一产业获得好收益。2020 年，第一产业受疫情影响相对较小，并获得好收益成为推动农村居民收入恢复向好的“加速器”。一、粮食生产形势稳定。2020 年夏粮面积 1914.09 万亩，总产达 471.96 万吨，同比分别增长 1.8%和 3.3%。秋粮面积 4870.17 万亩，总产 2187.17 万吨，同比分别增长 1.1%和 0.2%。二、生猪生产加快恢复。2020 年生猪出栏降幅逐季缩小，生猪价格强势上涨并保持高位运行。据农产品生产者价格调查显示，2020 年生猪价格同比上涨 79.1%。三、淡水鱼价格明显上涨。全年淡水鱼价格上涨 12.5%。第一产业与第二、三产业相比受疫情影响较小，全年保持稳定增长，且占整个经营净收入比重最大，超过 60%，为农民增收奠定了坚实的基础。全年人均经营净收入为 6745 元，比上年下降 0.9%。

财产净收入增长为收入恢复添助力。随着经济社会的发展，农村居民理财意识逐步增强、利息收入大幅提高，为收入恢复增添助力。全年人均财产净收入 214 元，比上年增加 3.7 元，增长 1.8%。

政策性增收效果明显。疫情期间，各地对价格临时补贴再次提标扩围，

2020 年 10 月，改造提升后的江汉路步行街上市民游客络绎不绝，成为武汉旅游、休闲、消费的热门打卡地

使更多困难群体受惠。实施“提标扩围”以后，享受救助的人数增加、领取的补贴金额提高。为应对疫情引发的农村居民减收返贫，各地扶贫政策力度加大，保障农村居民基本生活。社会救济和补助、政策性生活补贴大幅增加，为疫情期间稳定农民收入发挥了重要作用。全年人均转移净收入为4075元，由一季度、上半年、前三季度分别下降7.9%、4.4%和3.4%转为增长1.4%。

农村居民收入恢复快于城镇。2020年，农村居民人均收入为16306元，比上年下降0.5%，降幅与一季度、上半年、前三季度相比分别缩小9.7、8.3和4.0个百分点，比城镇居民收入增速快1.9个百分点。城乡居民人均收入比由上年2.294∶1缩小至2.251∶1，农村居民收入呈明显恢复态势并好于城镇居民。

【农村居民消费状况和特点】 2020年，全省农村居民人均生活消费支出14472元，下降5.6%，较全国平均水平高759.1元。

消费水平稳步提升。随着农村基础设施不断完备，农民收入提升，生产生活条件改善，农民消费潜力不断释放，消费增速快于城镇。农村居民人均消费支出从2019年9803元增长至2020年14472元，增长47.6%，年均增长8.1%。

消费结构优化升级。从八大项消费情况看，农村居民在教育文化娱乐、交通通信、医疗保健方面的消费支出分别比2015年增长23.6%、38.6%和58.2%。从居民主要耐用消费品拥有量看，农村家庭百户耐用消费品拥有量明显增加，消费层次提档升级。2020年农村居民每百户汽车拥有量为25辆，比2019年增加2辆；每百户空调机拥有量为94台，比2019年增加6台。

消费方式多样化、新型化。在常态化疫情防控条件下，农村居民网购消费支出大幅增加，线上购物、直播带货、在线诊疗、在线教育等新型消费逆势上扬，新型消费在农村地区快速发展，2020年农村居民通过互联网购买商品和服务金额增长34.2%。

表6—7　2020年分市州农村居民人均可支配收入

单位：元、%

地区	2020年	2019年	增长
武汉市	24057	24776	−2.9
黄石市	16549	16516	0.2
十堰市	11731	11378	3.1
宜昌市	18515	18134	2.1
襄阳市	18422	18933	−2.7
鄂州市	18792	19313	−2.7
荆门市	19980	20556	−2.8
孝感市	17090	17510	−2.4
荆州市	18817	18893	−0.4
黄冈市	14693	14490	1.4
咸宁市	16359	16591	−1.4
随州市	17624	18094	−2.6
恩施州	11887	11620	2.3
仙桃市	20647	19891	3.8
潜江市	18948	19494	−2.8
天门市	18356	18138	1.2
神农架	11417	11171	2.2

表6—8 2020年湖北农村居民人均可支配收入及构成

单位：元、%

指标名称	2020年	2019年	增幅
可支配收入	16306	16391	-0.5
一、工资性收入	5272	5353	-1.5
二、经营净收入	6745	6808	-0.9
三、财产净收入	214	211	1.8
四、转移净收入	4075	4020	1.4

表6—9 2020年湖北农村居民人均生活消费支出统计表

单位：元、%

指 标 名 称	2020年	2019年	增幅(%)
消费支出	14472	15328	-5.6
其中:食品烟酒	4304	4164	3.4
衣着	780	826	-5.5
居住	3198	3278	-2.5
生活用品及服务	791	840	-5.8
交通通信	2175	2229	-2.4
教育文化娱乐	1382	1808	-23.5
医疗保健	1558	1922	-18.9
其他用品和服务	283	263	7.7

表6—10 2020年全国及中部六省农村居民收入及位次

单位：元、%

地区	人均可支配收入	收入位次		收入增长	增速位次	
		全国	中部		全国	中部
全国	17131	-	-	6.9	-	-
湖北	16306	16	4	-0.5	31	6
山西	13878	26	6	7.6	16	3
安徽	16620	11	2	7.8	12	1
江西	16981	10	1	7.5	17	4
河南	16108	19	5	6.2	26	5
湖南	16585	12	3	7.7	13	2

表 6—11　湖北农民家庭年人均生活消费支出

单位：元

指标	2012 年	2013 年	2014 年	2015 年	2016 年	2017 年	2018 年	2019 年	2020 年
全年总支出	8923.73	9477.33	16775.27	18257.83	19372.81	19739.32	23946.03	26484.28	24232.53
生活消费支出	5726.73	6279.52	8680.93	9803.15	10938.30	11632.51	13946.26	15328.02	14472.50
一、食品消费	2154.01	2308.45	2724.10	2952.69	3295.30	3332.38	3928.22	4163.70	4304.48
主食	350.86	334.10	440.21	446.36	466.19	486.50	478.65	501.05	534.12
副食	969.20	1037.53	1401.57	1539.65	1734.74	1663.16	1885.15	2004.27	2306.80
其他食品	542.32	514.98	691.15	744.25	828.79	862.39	947.36	1003.67	938.88
在外饮食	282.94	393.63	191.17	222.44	265.57	320.34	617.06	654.71	465.16
二、衣着消费	316.41	347.67	495.73	549.14	568.71	626.40	783.07	825.71	780.44
三、居住消费	1206.16	1415.73	1944.56	2150.27	2407.90	2512.27	2954.25	3277.95	3197.57
住房	973.60	1013.20	1523.05	1693.72	1931.67	2047.55	2516.83	2750.42	2638.05
电费	112.57	138.37	209.40	230.15	248.22	254.18	256.19	310.50	322.98
燃料	91.16	197.33	115.15	116.80	107.37	113.77	104.71	122.61	137.50
四、家庭设备用品及服务	397.86	425.00	574.31	599.92	669.01	706.20	852.22	839.58	790.90
耐用消费品	238.55	249.85	298.95	298.90	328.12	343.23	414.88	385.84	347.68
日用杂品	142.41	164.10	260.06	286.12	320.73	338.53	410.01	430.71	422.86
五、交通通讯消费	496.10	605.95	816.43	1218.42	1381.37	1384.68	1933.05	2228.83	2175.32
交通工具	235.85	324.51	378.07	743.70	835.55	826.12	1310.21	1592.14	847.85
通讯工具	39.84	45.85	76.43	89.87	94.07	116.12	136.61	118.35	146.52
交通、邮电服务费	220.41	235.48	361.94	384.85	451.76	442.44	486.24	518.35	1180.95
六、教育文化娱乐	394.63	407.42	1010.19	1118.15	1156.60	1330.67	1551.43	1807.64	1382.30
文教娱乐用品	107.87	104.20	122.61	156.33	145.88	164.33	205.32	222.93	202.64
学杂费	136.21	159.18	98.51	90.58	93.95	85.73	147.41	183.61	192.63
技术培训费	12.85	28.88	20.89	36.57	51.56	74.32	116.35	128.92	82.26
一揽子教育服务费	–	–	661.05	712.83	693.66	761.58	823.98	989.45	739.77
文体休闲娱乐费	23.05	35.58	62.47	78.67	76.99	102.87	111.71	110.78	53.76
七、医疗保健消费	591.87	624.40	907.33	985.09	1213.47	1438.32	1588.03	1921.78	1558.47
医疗保健用品	117.28	127.71	200.10	225.14	269.73	303.46	382.47	375.22	351.42
医疗保健服务费	474.59	496.69	707.22	759.94	943.74	1134.86	1205.57	1546.56	1207.05
八、其他商品和服务	169.68	144.90	208.28	229.48	245.94	301.59	355.99	262.83	283.01

（孙胜男　时明国）

湖 北 发 展 改 革 年 鉴

区 域 经 济

07

区域协调发展

武汉城市圈建设

【基础设施一体化】 "1 小时通勤圈"已形成。公路领域：汉洪、汉孝、汉麻、汉蔡、武英、青郑、和左 7 条武汉高速路出口以及互通的城市圈高速公路全部通车；武嘉高速、硚孝高速、汉孝大道建成，武汉至大悟高速、武汉至阳新高速开工建设；长途客运发往城市圈近 2000 班次/日、发运量 2.3 万人次；开通 3 条至鄂州城市城际公交。全长 560 公里的武汉城市圈环线高速正式贯通，武汉城市圈高速公路通车里程达到 3005 公里，占全省的 43.8%。铁路领域：武汉城市圈 4 条放射线型城际铁路（武汉—咸宁、武汉—孝感、武汉—黄石和武汉—黄冈）全长 270 公里，均正式通车，列车开行时速 200 公里以上。武汉轨道交通第四期建设规划获国家批复，11 号线东延至鄂州葛店，预留与鄂州城区接口；汉新欧班列已开通，货运辐射城市圈。水运领域：由武汉、鄂州、黄冈、咸宁 4 市港口岸线统一规划建设的武汉新港建设加快，2010 年成为长江中上游首个"亿吨大港"，2018 年集装箱吞吐量突破 156.02 万标箱，比 2017 年增长 15%。内河水运以武汉长江中游航运中心为建设目标，累计完成固定资产投资 132.3 亿元，长江"645"航道整治工程武汉至安庆段开工建设，汉江汉口至蔡甸段 2000 吨级航道整治工程基本建成，武汉、孝感、仙桃、潜江、荆门区域内汉江航道达到 2000 吨级标准。航空领域：启动实施了空公路转、空铁联运，在黄石、鄂州等地设立了 9 家异地城市候机楼。通讯领域：鄂州全域启用 027 号码，武汉城市圈通信一体化取得突破，升位并网让老百姓和企业享受到降费服务，统一区号推动了武汉城市圈一体化的进程。

【产业布局一体化】 通过援建、托管、股份合作、招商合作等模式推动共建产业园区。武汉在鄂州、孝感、咸宁、黄冈、潜江、仙桃、天门等地投资的工业项目达 550 个，投资总额 180 多亿元，设立了"中国光谷·孝感产业园"、"中国光谷·仙桃产业园"等 20 多个"园外园"。依托天河机场，武汉、孝感联合打造武汉临空产业经济区；依托鄂州机场，鄂州、黄石、黄冈联合发展航空物流、电子商务及配套产业，打造临空产业集群。一批武汉企业在圈内城市布局。光谷生物城企业禾元生物在仙桃新建了国内规模最大的植物源白蛋白产业基地，长飞光纤在潜江打造全球最大光纤预制棒生产基地，东湖开发区 40 多家企业在鄂州葛店高新区投资 30 多个项目。武汉传统产业积极向圈内城市转移，1300 余家武汉服装企业入驻汉川，武汉三环内的 127 家化工企业向应城、云梦聚集。黄石、鄂州、黄冈鄂东城市主动融入武汉，推进产业分工协作，促进产业发展一体化，打造"光谷科技创新大走廊"，强化关键共性技术跨区域联合攻关和转化。

【区域市场一体化】 汉口银行在鄂州、黄石设立分行，中信银行、长江期货、长江证券先后登陆鄂州，武汉鄂州两地金融系统基本形成"同城清算"体系。武商、中百、中商等武汉大型商贸企业在周边 8 市发展连锁经营网点 200 多个。武汉中粮、白沙洲等大型企业和集贸市场与周边 8 市多家企业建立了长期合作关系。组建了武汉城市圈名优农产品营销协会。《武汉城市圈旅游发展总体规划（2010—2030）》编制完成，武汉市与圈内 8 市全部签订了旅游合作协议，发行了"武汉城市圈全域旅游 e 卡通"。企业异地登记冠名已实施，武汉城市圈其他城市企业均可冠名"武汉"。

【城乡统筹一体化】 组建了武汉城市圈技术转移服务联盟。建立了城市圈劳务合作交流联盟，创建了城市圈人才资源信息库，就业信息、培训信息实现同步交换。开展部门结对互动、教师挂职锻炼、专家指导交流、新进教师招聘、科研资源共享等合作交流活动。武汉市中心城区与对口县市区开展校际之间合作交流，基础教育领域互派教师对口合作，义务教育县域均衡基本实现，圈内高校组建教育联盟。全面放开以个人身份参加企业职工养老保险，完善转移接续办法，适应流动性，建立圈内劳务交流与合作平台。武汉市优质医疗资源通过托管、医联体的形式，向其他 8 市输出品牌、人才、技术、管理理念和管理模式。互通血站血液采集和库存信息，9 市医疗紧急救援中心之间实现"120"急救信息互换和地理信息系统共享。9 市开展"双向转诊和院际会诊"，建立"一对一"对口协作机制；自 2011 年 7 月起，圈内各级各类医疗机构启动统一的"一本通"病历。开通了武汉城市圈图书馆联盟网站，推进图书通阅服务。

【环境保护与生态建设一体化】 联合

探索跨区域水生态修复与保护机制，建立了城市圈水质月报制度，加强信息交流。全国碳金融交易中心落户武汉，率先在全国开展碳排放权质押贷款和碳保险业务。成立武汉城市矿产交易所，推动城市圈循环经济规模化、规范化、便捷化发展。长江大保护工作走在全国前列，制定出台《关于共抓长江大保护的实施意见》，积极申报长江经济带绿色发展示范区，为圈内其他城市提供经验借鉴。

（朱道军）

长江经济带发展

【概况】 长江自全省巴东县入境，黄梅县出境，流经8市州48个县（市、区）。湖北是长江干流流经里程最长的省份，境内长江干流岸线1061公里，拥有流域面积一万平方公里以上的长江支流6条，百亩以上湖泊728个，是三峡工程库坝区和南水北调中线工程核心水源地。湖北经济总量居长江经济带第四、中游第一。

2020年，长江经济带地区生产总值达47.16万亿元，占全国的46.6%，比上年提高0.2个百分点，对全国经济增长的贡献率为46.7%，拉动全国GDP增长1.08个百分点，为全国经济稳定恢复提供了强力支撑。其中，一、二、三产业增加值分别为3.41万亿元、18.27万亿元、25.48万亿元，分别占全国的43.9%、47.5%、46.3%，分别比上年提高0.5、0.2和0.1个百分点。地方一般公共预算收入达4.49万亿元，占全国的44.8%，比上年提高0.2个百分点。除湖北外，长江经济带其他省市经济增速均由负转正，在全国经济增速最高的10个省市中，长江经济带占7个，其中贵州省地区生产总值增长4.5%，增速居全国第2。湖北省地区生产总值恢复到上年的95%以上。除上海、湖北外，9个省市经济增速均超过2.3%的全国平均水平。2020年，长江经济带新增就业超过800万人，占全国的2/3，超额完成预期目标。长江经济带各类市场主体6005.50万户，同比增长12.5%，其中，新发展市场主体961.10万户，增长12.6%。企业效益较快恢复，规模以上工业企业实现利润总额3.16万亿元，增长8.6%，增速比全国高4.5个百分点。

【强化组织保障】 省委书记应勇、省长王晓东担任省推动长江经济带发展和生态保护领导小组，审议出台《关于贯彻落实习近平总书记在全面推动长江经济带发展座谈会上重要讲话精神的实施方案》《湖北省长江经济带生态环境突出问题专项整治工作方案》《湖北省推动长江经济带发展2021年工作要点》，研究部署重点工作。下设长江经济带发展办公室、生态保护办公室、河湖长制办公室，分别由三部门主要负责同志兼任办公室主任。

2020年10月29日，长江经济带绿色发展十大战略性举措现场会在荆州召开

【推进长江大保护】 督办整改国家长江经济带生态环境警示片反映问题，组织暗访暗查，发函督办并约谈责任人，整改成效显著并得到国家长江办通报表扬。深入开展系列专项整治行动，协调推进长江大保护十大标志性战役实现阶段性目标，全力推进长江禁捕工作，沿江化工企业“关改搬转”、城镇生活污水垃圾处理、黑臭水体整治、农业面源污染治理、船舶污染治理、尾矿库污染防治、非法码头非法采砂整治、岸线整治复绿取得显著成效。

【增强绿色发展动能】 长江经济带绿色发展十大战略性举措58项重大事项有序推进，91项重大项目进展顺利；季度调度、年度量化评估分别在鄂州、荆州召开现场会。沿江高铁、武汉长江中游航运中心、长江中游“645”深水航道整治、国家存储器基地等一批重点工程项目加快实施。武汉国家长江经济带绿色发展示范完成阶段性任务，获国家长江办肯定。成功争取三峡地区绿色发展实施方案获国家长江办批复。襄阳减量化增长、鄂州生态价值工程、荆门循环经济等绿色发展模式。

【健全合作机制】 完善统筹协调机制。省长江办建立健全专题研究协调、调度督办、明察暗访、约谈通报等系列制度，实行“挂图作战、跑表计时、到点验收”，推动战略项目化、清单化、精准化落实。严格执行长江经济带“国家指南+湖北实施细则”的负面清单管理制度，推进生态保护红线评估优化。2018—2020年，协调推进国家开发银行、农业发展银行为长江经济带“双十”工程531个单体项目授信9628亿元，发放贷款4284亿元。服务推动三峡集团、中国节能环保集团落地长江大保护和绿色发展项目37个，总投资240亿元。

（顾梦秋）

长江中游城市群发展

【概况】 长江中游城市群以武汉、长沙、南昌三大城市为中心的超特大城市群组合，涵盖武汉城市圈、环长株潭城市群、环鄱阳湖城市群为主体形成的特大型城市群，是以浙赣线、长江中游交通走廊为主轴，依托沿江、沪昆和京广、京九、二广等重点轴线，呼应长江三角洲和珠江三角洲，打造的国家规划重点地区和全国区域发展新的增长极。占地面积约31.7万平方公里，是珠三角的5倍。规划范围包括：湖北省武汉市、黄石市、鄂州市、黄冈市、孝感市、咸宁市、仙桃市、潜江市、天门市、襄阳市、宜昌市、荆州市、荆门市；湖南省长沙市、株洲市、湘潭市、岳阳市、益阳市、常德市、衡阳市、娄底市；江西省南昌市、九江市、景德镇市、鹰潭市、新余市、宜春市、萍乡市、上饶市及抚州市、吉安市的部分县（区）。

【省际协商合作】 鄂湘赣三省共同签署《加快构建长江中游城市群战略合作框架协议》和《长江中游地区省际协商合作行动宣言》，建成跨省合作交流平台30多个，发改、交通、商务、旅游等部门签署合作协议20多个，12个城市的114家港航企业联合组建首个跨区域的长江中游航运企业联盟，全国第一个跨省市工商政务云平台正式投入使用。10月15日，长江中游城市群发展会商会在长沙召开，鄂湘赣三省发改委就推动长江中游城市群一体化发展纳入国家“十四五”规划有关事宜达成了共识。

【省会城市合作】 截至2020年底，长江中游城市群省会城市共举办了八届会商会，观察员城市数量达12家，四省会城市围绕基础设施联通、产业协同发展、生态文明共建、公共服务共享等重点领域，先后达成《武汉共识》《长沙宣言》《合肥纲要》《南昌行动》等框架协议和具体合作协议。

【毗邻地区合作】 洞庭湖生态经济区遵循生态优先、绿色发展理念，全面落实《洞庭湖生态经济区规划》，布局推进绿色产业、生态环保、现代农业和新能源等领域绿色技术创新，促进洞庭湖生态环境改善。龙凤经济协作示范区建设成效明显，两地已形成到张家界、吉首、恩施、黔江四个地级市1.5小时交通圈，共同规划建设龙凤新区和龙凤百亿产业园，城镇化建设和产业建设实现提质增效。“通平修”次区域合作示范区自2015年设立以来，成立了“通平修”次区域合作示范区建设委员会，建立定期会商、轮值举办的联席会议机制，签署了《通平修合作示范区建设共识》《“通平修”共建长江中游城市群次区域合作示范区框架协议》等协议，共同研究编制了《长江中游城市群通平修次区域合作示范区建设总体规划》《通平修次区域旅游发展行动计划》等规划，形成了“1+5”的规划实施体系与工作推进方案。小池与九江建立了互访及联席会议制度、常态化对接会商机制、责任清单制度等，为两市跨江合作奠定了坚实的基础，在两岸交通便利化、生态环境联防联控及深化农业、科技等领域合作顺利推进。

【区域发展战略合作】 2020年10月，三省发展改革部门联合向国家发展改革委报送将长江中游城市群一体化发展纳入国家“十四五”规划纲要的请示。11月26日，省长王晓东带队赴国家发改委商谈工作，恳请将长江中游城市群一体化发展纳入国家“十四五”规划纲要，国家发改委回复将“在‘十四五’规划《纲要》及有关专项规划中统筹考虑包括长江中游城市群在内的城市群发展”。12月2日，湖北省委十一届八次全会通过的《湖北省国民经济和社会发展第十四个五年规划和二〇三五年远景目标的建议》，将长江中游城市群一体化发展作为“十四五”时期湖北省推进区域协调发展的重点工作。

（朱道军）

洞庭湖生态经济区建设

【概况】 洞庭湖生态经济区范围包括湖南省岳阳市、常德市、岳阳市、长沙市望城区和湖北省荆州市，共33个县（市、区）。荆州市位于洞庭湖的上游，长江水流经荆南四河（松滋河、虎渡河、藕池河和调弦河），为洞庭湖补充水源。荆州市全境纳入国务院批复实施的《洞庭湖生态经济区规划（2014—2020年）》。

【水域生态修复】 一、落实供水安全保障工作。全年投入1.1亿元新建及改造供水管网132公里。主城区三个水厂主体工程改造基本完工，县（市、区）水厂扩容改造工作加紧实施。从检测数据上看，荆州城市供水水质合格率达到99%。全部城市生活污水处理厂出水均达到国家一级A标准。12座在运行城市生活污水处理厂设计处理总能力为46.5万立方米/日。新建及改造污水管网约56公里，中心城区污泥无害化处理处置率超过90%。按照黑臭水体治理系统方案，结合海绵城市专项规划，统筹推进城区水环境综合治理。二、推进流域环境综合整治。加快工业点源污染整治。开发区实施水环境综合治理项目3项，污水管网建设16公里。积极推进垃圾分类。对现有25个垃圾中转站进行升级改造，新增8座垃圾中转站，荆州中心城区共清运垃圾300746.3吨，焚烧处理300746.3吨，垃圾无害化处理率100%，城区垃圾日产日清。加快农村环境综合治理。乡村生活垃圾无害化处理率达到84.4%。在17个乡镇21个村9769户开展垃圾分类试点。104个新改建乡镇生活污水处理项目主次管网施工或改造完成并试运行，入户管整体完成率达到96.5%。改建农户无害化厕所12.64万座、农村公厕925座。开展农业面源污染治理，化肥农药减量增效明显。据匡算，荆州市2020年化肥使用量（折纯）30.1万吨，较上年减少1.3%；农药使用量2.22万吨，较2018年减少4.63%；畜禽养殖污染有效遏制，规模养殖场粪污处理设施装备配套率达到91.6%，畜禽粪污资源化综合利用率达到82.0%。三、强化水生态保护与修复。打击非法采砂，清理上岸57艘“三无”小型吸砂船，设置8处前线执法点24小时巡察。非法采砂基本“绝迹”，本地采砂工程船在9处点位得到集中有效监管。长江太平口航道疏浚砂综合利用（试点）圆满成功，实际利用疏浚砂380万吨。洪湖、长湖按期完成年度退垸还湖还湿任务。洪湖退垸50896亩（其中洪湖市31822亩、监利市19074亩），累计退垸147839亩，长湖退垸4127亩。坚持保障水安全，水利工程短板得到有效补齐。2020年完成水利投资13.86亿元。其中，洪湖东分块蓄洪工程完成投资4亿元，累计完成33.3亿元；荆江分洪近期重点工程完成投资1.57亿元，基本完成洪湖长湖湖堤加固、新增外排能力建设、小型水库除险加固等水利补短板工程3年建设任务。关停拆除长江干线码头340处，腾退岸线55公里，复绿造林31.5万亩。关改搬转沿江化工企业29家。14个地表水国家考核断面水质优良率、达标率分别达到85.7%、92.8%。县级以上集中式饮用水水源地水质达标率100%。排污权有偿使用和交易成交总额397万元开展老工业基地调整改造，关闭污染严重的“十小”企业14家，关停“散乱污”企业100家，清洁化改造印染造纸企业18家。

【区域发展合作】 四市一区搭建洞庭湖区域内政协主席联席会议平台，每年轮值选取水污染修复治理、交通互联互通、环保联防联治等主题，共商生态保护、绿色发展大计。荆州市与岳阳市进行互访交流。岳阳市市委书记王一鸥带队来荆州市调研交流，考察了法雷奥汽车空调、菲利华石英玻璃、华强方特园、荆州园博园等项目。荆州市委常委、常务副市长向斌带队到岳阳调研交流，考察了城陵矶综保区、南湖国际房车露营基地等项目。双方明确成立工作专班、联合向上争取支持、推进规划融合、建立沟通协调机制等措施，推动区域协同发展。项目方面，加强浩吉铁路客货两用、鄢铺大桥建设、航道疏浚、港口互动和文化旅游等领域的合作。深化在交通建设、河道治理、调弦河疏浚、大湖优质农产品加工、工业项目、文旅融合等方面的合作，共同在长江经济带和洞庭湖生态经济区建设中互惠共赢。

（朱道军）

扶贫开发

易地扶贫搬迁

【概况】 2020年，全省安置区已配套建成扶贫车间2173个，工业园95个，农牧业产业基地或园区2009个，商贸物流园区或冷链仓储基地61个，旅游产业发展项目358个。其中：扶贫车间带动搬迁人口就业43288人，周边基地、园区、龙头企业等带动就业49070人，公益岗位带动就业28757人，带动就业效果明显。全省搬迁户中有劳动力家庭为21.89万户，实现就业40.89万人，实现了每个有劳动力家庭至少有1人在外打工或就近就地就业，促进了搬迁群众持续增收。

2020年，全省10359个安置区的安全饮水、生活用电均已到户，硬化路均已通达，广播电视、通信网络、排污设施已实现全覆盖，安置区均已配建或共享学校、卫生室、室外活动场地等基础设施。

2020年，全省4220个满足条件的安置区党组织实现全覆盖。全省安置区融入安置地原有村（社区）自治组织管理，25个需要新设置群众自治单元的大中型安置区均已配齐了自治组织或临时管理机构，新成立13个社区（村）、958个村（居）民小组，3560个集中安置区所在村、社区的综合服务设施分别达到500平方米、1000

平方米以上。

（郝明钊）

武陵山龙山来凤经济协作示范区建设

【概况】龙凤示范区包括湖南省西北端的龙山县和湖北省西南端的来凤县，地处鄂湘渝三省交界，武陵山片区腹地，是湖北恩施、湖南吉首、张家界、重庆黔江四个片区中心城市的几何中心，国土面积4473平方公里，总人口92万，现有城区面积30平方公里，城区人口30万人以上，已初具中等城市规模。国务院批复的《武陵山片区区域发展与扶贫攻坚规划》赋予龙凤示范区的定位和发展目标为:到2020年，全面建成一体化发展体系，成为武陵山片区的重要城市和经济增长极。湖南、湖北两省联合批复的《武陵山龙山来凤经济协作示范区发展战略规划》赋予龙凤示范区的定位和发展目标为:截至2020年，全面建成一体化发展体系，在武陵山片区率先全面建成小康社会。建成全国贫困地区跨省经济协作示范区、全国贫困地区扶贫攻坚示范区、全国民族团结进步示范区、国内外知名生态文化旅游区。2020年，来凤县地区生产总值达82.08亿元。第一产业增加值17.04亿元，第二产业增加值11.85亿元，第三产业增加值53.19亿元。龙山县地区生产总值达98.86亿元。第一产业增加值25.96亿元，第二产业增加值19.13亿元，第三产业增加值53.77亿元。

规划编制。按照“一水双城、十个一体化”的基本思路，两县共同编制了龙凤示范区发展战略规划、城市空间布局规划和旅游发展规划及城镇建设、基础设施、产业发展等专项规划。共同编制了《龙凤城市建设总体规划》和《酉水河保护与利用规划》，共同推进湘鄂情大桥、龙凤城市第二水源点建设、龙凤酉水河综合治理、落水洞电站等协作共建重点项目建设，“一水双城”、50平方公里的中等城市建设框架和武陵山片区的重要城市初具雏形。

公交一体化。制定了《龙凤经济协作示范区交通一体化方案》，以统一龙凤城区公交线路，统一车辆标志和外型，统一运营时间及收费，统一营运管理为重点，规范线路布局、站台设计、组织形式、运营管理，实现龙凤城市及跨县乡镇公交一体化。

流域保护一体化。两县共同推进鄂、湘、渝、黔11县市开展酉水河保护立法工作，《酉水河保护条例》经湖北、湖南两省人大常委会表决通过，开创了跨区域协同立法的先例。两县围绕城区酉水河段的规划和建设坚持一体化规划和建设原则，协作共建龙凤双城酉水河景观带。

通讯和政务服务一体化。两县取消移动通讯长途费、漫游费，全年为龙凤示范区消费者节省通讯费1000万元以上。共同推进政务一体化工作，签订政务服务“跨省通办”合作协议，建立两地业务办理综合窗口，依托两省政务服务一体化平台建立“跨省通办”窗口。

（李晓训）

竹山县城关镇刘家山村生态茶园助农户脱贫

【大别山革命老区振兴发展】湖北大别山革命老区包含武汉、襄阳、孝感、黄冈、随州5市所辖黄陂区、新洲区、枣阳市、孝南区、安陆市、应城市、大悟县、孝昌县、云梦县、黄州区、麻城市、武穴市、团风县、浠水县、罗田县、英山县、蕲春县、黄梅县、红安县、曾都区、广水市、随县共22个县（市、区）。

2020年，区域常住人口城镇化率比2014年上升了7.19个百分点。县城以上城镇生活垃圾无害化日处理量比2014年提高了54.78%。林木蓄积量比2014年增长了27.63%。老区8个贫困县全部摘帽，1688个贫困村全部出列，163万贫困人口全部脱贫。11.6万人的易地扶贫搬迁任务全面完成。完成李先念故居、七里坪长胜街革命旧址群、鄂豫皖革命烈士纪念馆等一批重要革命遗址遗迹保护修缮工程，全国爱国主义教育示范基地和革命传统教育基地落户。

2020 年，全省积极争取中央预算内投资，整合省级各类扶持资金，支持老区基础设施建设、产业发展和民生改善。大别山红色旅游公路、黄鄂高速、麻阳高速、汉十高铁等项目建成通车，黄冈至黄梅铁路、京九客专阜阳经黄冈至九江铁路等项目进展顺利。革命老区实现县县通高速，黄冈市公路密度全省第一。农产品加工、纺织服装、汽车配件、建筑材料、医药化工五大产业加快发展。

（李晓训）

对口援助合作

援助新疆

【概况】 2020 年，湖北省坚持以习近平新时代中国特色社会主义思想、习近平总书记关于新疆工作的重要论述和新时代党的治疆方略为指导，结合湖北与博州、五师双河市以及全疆融合发展实际，既注重扩大基层、民生和产业项目实施取得的实绩，更注重扩大智力、文化、教育支援和促进民族交往交融等方面取得的重点突破，不断提升对口援疆工作成效。2020 年，共计实施援疆项目 68 个，投入援疆资金 38808 万元，涉及交往交流、民生、就业、教育、医疗、人才培训、基层建设 7 大领域。

【智力援疆】 坚持把干部人才智力支持作为支援新疆社会发展的重要举措，以增强受援地自我发展能力为出发点，采取双向挂职、两地培训、支教、支农、支医等方式，创新柔性引才模式，建立“传帮带培”机制，选派受援地最需要、湖北最优秀的干部人才到新疆基层支援，多措并举支持新疆干部人才队伍建设。同时，开展多层次、多形式、多领域干部人才培养培训活动，有效提升受援地干部人才能力素质。截止 2020 年底，在博州、五师双河市援疆的湖北教师达 250 人，分布在 24 个学校；134 家医疗机构与受援地 23 家医疗机构结对，选派了 305 名医疗卫生人才赴疆支援。

【产业援疆】 始终把作为增强受援地“造血”功能的重中之重，以“三大途径”（职业培训、供需对接、定向招聘）、“四个举措”（出台专项政策、打造产业园区、加强招商推介、优化投资服务）和“五种模式”（特色农副产品培育、线上线下销售、产供销、旅游援疆、多元营销）拓展工作思路，扩大工作实效，全力支持受援地特别是基层特色产业发展，“十三五”期间，共组织了 11 个国家级开发区与受援地工业园区结对共建，产业吸纳和承载能力进一步增强，群众就业渠道进一步拓宽。

【民生建设】 坚持把保障和改善民生作为助力受援地脱贫攻坚、全面建成小康社会的立足点，将援疆资金和项目重点向建档立卡贫困人口倾斜、向乡村一级倾斜，着力完善民生基础设施，改善农村环境面貌，提升医疗卫生服务水平，尽全力改善受援地基层群众生产生活和就医条件，帮助提前完成了脱贫攻坚任务，让受援地群众实实在在感受到对口援疆带来的获得感、幸福感和安全感。截至 2020 年底，已协调 11 个经济相对较强的县（市、区）与博州 23 个贫困村结对帮扶。

【“双层全覆盖”工作机制】 坚持把促进交往交流交融作为鄂疆两地“一家亲”的重要手段，依托“双层全覆盖”工作机制，积极搭建多层次、宽领域互动交流平台，着力在提升品牌、创新形式和扩大社会参与面上下功夫，持续拓展空间，促进两地各族干部群众广泛交往、全面交流、深度交融。深入推进教育援疆工程，支援贫困大学生补助、“万名教师支教计划”教师保障经费、中小学设施建设和科技艺术设施建设等，推动当地文化教育发展。截至 2020 年底，“十三五”期间两地各层级互访交流达 750 多批、5900 余人次。

【对口帮扶】 引导企业在阿拉山口综合保税区建设木材产业园等外向型产业园区，推动武汉临空港经济技术开发区与五师双河市荆楚工业园共建“丝路经济协同区”，结对帮扶五师双河市利用阿拉山口口岸规划、申报和建设综合保税区，扶持博州和五师双河市共同利用阿拉山口口岸资源发展外向型经济。围绕农村基础设施、卫生医疗、基层文化阵地等项目建设，充分考虑博州和五师双河市的城乡发展布局，尽可能地使博州、五师双河市基层群众就近受益、普遍受益。衔接博州、五师双河市联合推进州师全域旅游建设。

经济合作

【湖北—北欧论坛暨湖北新兴产业对接会在上海举办】 11月6日，2020中国湖北—北欧论坛暨湖北新兴产业对接会在上海举行，32个重大项目签约，涵盖食品、化工、汽车零部件、高端制造装备等领域。该论坛由省政府主办，已连续举办三届，旨在借助进博会平台，宣传展示全省经济社会发展成就和开放湖北形象，拓展贸易投资新领域。

2020年对口协作丹江口市龙山镇金丝皇菊产业项目

【全国对口支援三峡库区洽谈会在宜昌举行】 11月26日，2020年全国对口支援三峡库区经贸洽谈会（简称“支洽会”）在宜昌举行，共签约52个项目，签约金额达512.5亿元，其中28个项目落户湖北三峡库区，签约金额达209.2亿元。落户湖北的28个项目中，涵盖康养旅游、新能源开发、智慧医疗等领域，将有力促进库区产业发展与升级、生态保护与移民致富。

【荆门（杭州）经贸合作洽谈会在杭州举行】 11月3日，荆门市在浙江杭州举行经贸合作洽谈活动，与400余名来自长三角地区的商协会代表以及来自全国各地的企业家，共商发展大计，共话合作愿景。

（林永强）

开发区建设

综　述

【概况】 2020年，全省现有103家开发区，其中，国家级开发区22家、省级开发区81家，国家级开发区中经济技术开发区7家、高新技术产业开发区12家、海关特殊监管区域3家。全省开发区实际开发面积2862.12平方公里，同比增长3.8%；区内企业353340家，同比增长10.85%，规模以上工业企业10697个，高新技术企业7384个；从业人员461.06万人。实现地区生产总值19284.72亿元，规模以上工业增加值9169.6亿元，第三产业增加值6040.67亿元，工业总产值36377.25亿元，规模以上工业营业收入3.069263亿元，规模以上工业利润1869.24亿元，规模以上工业企业研发经费支出511.86亿元，高新技术产业增加值6029.25亿元，出口交货值1578.65亿元。

2020年，国家级开发区实际开发面积1344.67平方公里，高新技术企业5325个，地区生产总值10765.57亿元，规模以上工业增加值5458亿元，第三产业增加值6040.67亿元，工业总产值19985.57亿元，规模以上工业营业收入17977.63亿元，规模以上工业利润1135.11亿元，规模以上工业企业研发经费支出424.77亿元，高新技术产业增加值3991.87亿元，出口交货值1215.98亿元。

2020年，省级开发区实际开发面积1517.45平方公里，高新技术企业2059个，地区生产总值8519.15亿元，规模以上工业增加值3711.6亿元，第三产业增加值2287.41亿元，工业总产值16391.68亿元，规模以上工业营业收入12715亿元，规模以上工业利润734.13亿元，规模以上工业企业研发经费支出87.09亿元，高新技术产业增加值2037.38亿元，出口交货值362.67亿元。

【《湖北省开发区条例》实施】 2020年3月1日起，《湖北省开发区条例》正式实施。《条例》提出，建立市场化的开发区运营管理模式，鼓励和支持开发区在管理工作中，推行政企分开、政资分开，实行管理机构与运营企业分离的制度，管理机构负责开发区的政策制定、发展规划、行政审批、投资促进、企业服务等工作，专业运营企业负责开发区的区域开发、投融资、基础设施建设、招商引资、专业服务等工作。

重点领域改革

【创新体制机制】 武汉市积极探索开发区“大部制、扁平化、市场化”管理模式，剥离社会事务管理和开发运营职能。孝感市按照“小机构、大服务”推进开发区内设机构改革，黄冈高新区按照“大部制”思路，将原有的16个内设机构优化为9个，提升了运行效率。武汉东湖高新区、孝感高新区等积极推动人事、薪酬等方面的自主改革，打破人员身份界限，实行双向选择、全员聘任、考核激励，探索兼职兼薪、年薪制和协议工资制等多种分配方式引才留才，调动了开发区干部和各类人才干事创业的积极性和主动性。

【优化营商环境】 全面落实优化营商环境“黄金30条”（《省委 省政府关于更大力度优化营商环境激发市场活力的若干措施》鄂发〔2020〕6号），弘扬“店小二”精神，做到有呼必应、无事不扰。省级层面持续精简下放涉企经营许可，取消19项涉企经营许可审批事项，企业开办“210”服务目标（2个环节、1天时间、零费用刻制一套公章）基本实现。武汉市新洲区政府向阳逻开发区下放142个审批事项。西陵经济开发区设“首席服务官”“首席网格长”，为企业提供全链条、全周期服务保障。黄石市大力推进扩权强区改革，在开发区启动实施工业项目审批“一并三减四联”新机制，率先实现审批时间压缩至30个工作日和企业开办“一日办结”。

产业转型升级

【规划编制】 组织编制《湖北省开发区总体发展规划（2021—2025年）》，指导各市州编制本地开发区发展规划，引导各开发区构建共生互补、分工协作、错位竞争的产业生态体系。孝感市制定改造提升五大传统产业、加快发展五大战新产业的开发区产业布局。宜昌市制定开发区发展三大主导产业、培育六大重点产业、布局三大未来产业的“三六三”计划。11个市州完成开发区规划草案的编制工作。

【传统产业转型升级】 省政府印发《支持新一轮企业技术改造若干政策》，出台“技改13条”实施“万企上云赋智”工程，推进工业云及工业大数据在开发区创新应用。省发改委牵头实施产业园区提升工程，聚焦产业园区数字化、智能化改造和科技园区建设谋划316个项目，总投资2174亿元，2020年开工项目达278个，完成投资超过900亿元。各开发区相继启动一批重大技改项目，有效提升传统产业的数字化、智能化水平。武汉经开区、襄阳经开区2020年技改投资占工业投资比重40%，黄石市连续三年入选国家产业转型优秀示范区。

科技创新

【打造科技创新策源地】 以武汉东湖高新区为核心区，启动建设光谷科创大走廊，辐射带动“武鄂黄黄咸”，新组建湖北实验室和东湖实验室。脉冲强磁场、精密重力测量设施及武汉生物安全（P4）实验室等3个已建重大科技基础设施开放运行，生物医学成像、作物表型组学研究（神农设施）、磁阱型聚变中子源、第四代同步辐射光源（武汉光源）、农业微生物5个新建设施启动关键技术预研。

【完善高端创新平台】 2020年，全省开发区新增国家企业技术中心8家，新认定省工程研究中心33家、省企业技术中心61家，省级以上创新平台达260个。组织实施产业创新平台能力建设专项，提升开发区重点产业核心技术工程化研发能力，在集成电路、生物医药、航空航天、北斗导航等领域取得一批重大自主创新成果。

【优化创新创业环境】 2020年，襄阳、宜昌高新区成功升级为国家级双创示范基地，已有4个国家级双创示范基地落户开发区，6个开发区成为省级双创示范基地。枣阳、老河口等5个开发区完成扩区调区。25个产业研究院加速开发区科技成果转移转化，投贷联动、质押融资等科技金融新模式在开发区广泛应用，“中国武汉（汽车及零部件）知识产权快速维权中心”落户武汉经开区，襄阳、宜昌高新区自贸片区先后有5项制度创新成果在全国推广。

开放合作

【概况】 坚持把招商引资作为“一把

手”工程，聚焦补链强链稳链延链精准招商。霍尼韦尔新兴市场总部、华大制造研发基地、迈瑞医疗生产基地等 30 多家世界 500 强企业“第二总部”落户开发区，相继引进天马、G6、华为海思、东风云峰、吉利汽车等一批重大项目。2020 年，武汉市各开发区招商引资实际到位资金突破 9300 亿元，同比增长 6.7%。

【提升国际合作水平】 积极推进开发区优势产业参与国际产能合作，加快建设武汉长江中游航运中心，提升江海直达以及近洋航线服务水平。推进“关税保证保险”改革，建设跨境电子商务产业园，打造线上线下“一站式”对外贸易综合服务中心。宜昌综保区实现“当年获批、当年建成、当年验收”，已注册跨境电商企业 92 家，实现销售收入 6.23 亿元、进出口额突破 5000 万美元。外贸企业数、中欧班列发行量分别逆势增长 72%、35%。

【拓展对内开放空间】 提升产业转移承载能力，省发改委会同省自然资源、省生态环境等部门依法依规完成开发区调区扩区，对区位相邻相近、产业关联同质的产业园区进行资源整合，促进开发区扩容升级。扩大域内开发区合作共建，武汉经济技术开发区在洪湖市共建洪湖新滩产业园，五峰县在枝江市共建五峰民族工业园区，保康县在襄城区共建余家湖保康工业园，推动资源共享和优势互补，促进共同发展。

（秦健　岑幼明）

县域经济

综　述

【概况】 各地坚持以新发展理念为指引，以高质量发展为主题，着力补短板强弱项，全省县域经济综合实力明显增强、产业结构持续优化、转型步伐不断加快。2020 年，全省上下努力克服疫情、汛情叠加及外部环境影响，县域经济保持回稳向好发展态势，为全省“十三五”收官出了积极贡献。

综合实力不断增强。县域地区生产总值由 2015 年的 18182.9 亿元，相继迈上 2 万亿元和 2.5 万亿元台阶，2020 年达到 25547.7 亿元，较比上年下降 5.9%，但“十三五”期间年均增长仍然达到 4.8%。2020 年，县域 GDP 占全省的比重达到 58.8%，地方一般公共预算收入占全省的 37.6%，投资占全省的 64.5%。GDP 过 500 亿元的县（市、区）由 2015 年的 6 个增至 2020 年的 16 个。继大冶市、宜都市跻身“全国百强”后，仙桃、枣阳、潜江、汉川、枝江相继冲入“全国百强”，数量中部领先，位次前移，全国影响力不断扩大。

发展质效不断提升。一、产业结构不断优化，县域一、二、三次产业比例由上年的 16.6∶45.0∶38.4 调整为 15.6∶39.7∶44.7，其中第三产业占比累计提高 6.3 个百分点。二、主导产业改造提升。“互联网+”制造业融合发展持续深化，一批骨干企业实施数字化、网络化、智能化改造；滚动实施“万企万亿”技术改造工程，促

宜都县域经济高质量发展。图为宜都枝城镇仝城鑫精密锻造公司车间内，工人们正加紧赶制订单

进汽车零部件、食品、化工、纺织、建材等县域传统支柱产业改造升级、提质增效。三、农村一、二、三产业深化融合发展。县域农产品加工业年产值达到 8866.7 亿元，占全省的 81.7%；乡村旅游、休闲农业、健康养生、电子商务等新产业新业态发展迅速，利川、罗田、麻城等 30 多个县（市）积极培育农民网红，网红直播带货成为农村致富新亮点；大冶等 9 个县（市、区）建成“全国农村一、二、三产业融合发展先导区”，蕲春等 5 个县（市）入选全国电商百强县（市），“全国乡村旅游重点村”数量全国第一。四、财税质量持续改善，2015 年县域地方税收占一般预算收入的比重为 67.5%、2016 年为 66.4%、2017 年为 68.1%、2018 年为 74.2%、2019 年为 75.5%、2020 年达到 78.9%。

秭归屈姑国际农业集团生产脐橙饼等 30 多个产品，远销美国等 140 多个国家和地区

区域协同发展水平不断提高。一、武汉城市圈同城化发展加快。以城际铁路、高速公路等为主的“一小时通勤圈”基本形成，促进要素资源合理流动和高效集聚，圈内县（市、区）与武汉市经济链接更加紧密，城市圈梯度产业协同发展格局逐步形成。鄂州、黄石、黄冈主动对接光谷科创大走廊产业链，大冶湖高新区、武穴电子信息产业园、黄梅小池新材料产业园、浠水智能制造产业园等特色创新园加快建设；天门市积极对接武汉“光芯屏端网”产业集群招商，打造“一站式”全产业链半导体封测基地。2020 年，武汉城市圈县域 GDP、一般公共预算收入占全省县域的 51.5% 和 60.5%，比 2015 年提高了 1.2 个和 12.3 个百分点。二、“两翼”城市群产业联动发展，明确专业化分工协作方向，推进产业错位布局和特色化发展，加强产业链各环节的协同配套优势互补，打造较完整的产业链供应链，聚链成群。形成以襄十随汽车及零部件、宜荆荆磷化工、宜都生物医药、枣阳摩擦片等为代表的一批重点产业集群，2020 年“两翼”县域 GDP 占全省县域的 48.5%，GDP 过 300 亿元的县（市、区）发展到 19 个。三、城镇化水平显著提升。加快县城基础设施和公共服务设施建设，阳新、南漳、宜都、仙桃等 10 个县（市）推进全国县城新型城镇化示范建设，不断完善县城综合功能，引导农村人口向县城和集镇集聚，县域常住人口城镇化率由 2015 年的 47.8%提高至 2020 年的 52.7%，与全省的差距逐步缩小。扎实推进农村人居环境整治，加快美丽宜居村庄建设步伐，8 个县（市）入选“全国村庄清洁行动先进县”。

大力推进绿色发展、污染治理和生态建设，县域经济含绿量显著提升。一、节能减排和淘汰落后产能取得明显成效。淘汰落后产能任务全面超额完成，县域万元 GDP 能耗五年累计下降 16.37%。二、生态环境治理力度加大。长江大保护深入推进，“十三五”期间取缔长江干线各类码头 1211 个，生态复绿面积 856 万平方米，“关改搬转”沿江化工企业 405 家，搬迁改造危化品企业 144 家，破解“化工围江”的成效受国务院肯定。三、完善绿色制造体系。大力发展节能环保、清洁能源、循环经济和绿色产业，建成一批循环产业项目、生态工业园区。阳新依托黄石新港建设循环产业园，承接华新水泥“万吨线”、新兴管业绿色智能制造等重大项目。县域 16 家工厂、11 个产品、2 个园区纳入国家绿色制造体系示范名单。四、生态环境持续改善。县域空气质量优良天数比率保持在 89.5%以上，58.2%的县（市、区）地表水达到或好于Ⅲ类水体。恩施市、宜都市跻身“国家森林城市”，7 县（市）入围“国家生态文明建设示范市县”，5 个县（市）建成“国家文明城市”。

发展动能持续增强。一、创新动能增强。一批重点企业与高校院所深化合作，建成了一批企业技术中心、工程技术中心和院士工作站，促进产学研项目转化为现实生产力。县域省级企业技术中心达到 213 家，高新技术企业 3328 家，15 家企业入选首批省级技术创新示范企业。二、市场主体成长壮大。县域规模以上工业企业发展到 12320 家，93 家企业获评省级“隐形冠军”示范企业，49 家企业获评省级首批专精特新“小巨人”企业，9 家企业跻身“中国民营企业 500 强”；瀛通通讯、枝江澳美、长源东谷等一批骨干企业成功上市，武汉“四板”市场上形成了一批县（市）特色产业板块。三、招商引资和项目建设稳步推进。各地开展产业链招商，谋划引进建设了一批强链补链项目，恩施市、仙桃市、潜江市、麻城市入选“2020 全国投资潜力百强县（市）”。“十三五”累计引进内资30570亿元、外资188.06亿美元，仙桃非纺织布“两基地一中心”、潜江长飞光纤、枣阳啸创汽车公司、孝南维达纸业智能仓储、赤壁维达力等一批重大产业项目落地投产。四、持续深化“放管服”改革，非行政审批全部取消，全省政务服务实现“一网通办”，非公有制企业投诉服务中心建设形成“全省一张网、三级全覆盖”。推进“优化营商环境30条”、常态化走访企业、“十必须十不准”、减税降费等惠企政策落地见效，精准服务企业。

社会民生持续改善。一、居民收入持续增长。2020年，县域城镇、农村常住居民人均可支配收入分别达到33401元、16186元，“十三五”年均增长6.4%和7.0%，跑赢了经济增速。二、脱贫攻坚圆满收官，全省37个贫困县全部摘帽，4821个贫困村全部出列，581万建档立卡贫困人口全部脱贫。“十三五”以来贫困县的地方税收、城乡居民收入等指标增速均高出全省平均水平。三、农村基础设施建设加快。全省行政村光纤、4G网络覆盖率均达99%。全省累计建成乡镇电商服务站488个、村级电商服务网点7725个，行政村快递覆盖率达73.6%，生活便捷性大大提升。农村电网改造升级圆满完成，新改建乡镇污水处理厂828座，湖北省成为全国少数实现乡镇生活污水处理设施全覆盖的省份之一。四、基本公共服务覆盖面扩大。农村教育、医疗等公共服务设施建设加快，县乡公共法律服务中心（站）、农村养老保险实现全覆盖，县域就诊率稳定在90%左右，群众的幸福感、获得感、安全感显著提高。

县域经济考核与排名

【2019年度全省县域经济工作考核结果】 根据省委办公厅、省政府办公厅《关于进一步完善县域经济工作考核的意见》（鄂办发〔2019〕14号）规定，在认真组织分类考核评价的基础上，省委、省政府决定，对武汉市黄陂区等20个县域经济工作成绩突出的县（市、区）予以通报。

成绩突出单位（20个）

第一类县（市、区）：武汉市江夏区、襄阳市襄州区、荆门市东宝区、大冶市、仙桃市、宜昌市夷陵区、汉川市、枝江市

第二类县（市、区）：枣阳市、宜都市、钟祥市、京山市、宜城市、谷城县、老河口市。

第三类县（市、区）：南漳县、恩施市、保康县、丹江口市、麻城市。

进位显著单位（9个）

第一类县（市、区）：荆州市荆州区、武汉市新洲区、鄂州市华容区

第二类县（市、区）：松滋市、洪湖市、黄梅县

第三类县（市、区）：鹤峰县、罗田县、巴东县

【全国县域经济百强县】 2020年7月28日，工信部下属赛迪顾问股份有限公司在京发布“赛迪百强县(2020)”。湖北省7个县（市）入围“全国百强”，分别是大冶市（第72名）、宜都市（第77名）、仙桃市（第79名）、潜江市（第88名）、枣阳市（第94名）、汉川市（第97名）、枝江市（第99名）。其中，汉川市、枝江市首次入围“全国百强”。

2020年12月16日，北京中郡研究所发布《第二十届县域经济与县域发展监测评价报告》，湖北省5个县（市）入围县域经济基本竞争力前100名（即“百强县”），依次为：大冶市（第63名）、仙桃市（第83名）、枣阳市（第86名）、潜江市（第94名）、宜都市（第96名）。此外，有8个县（市）入围县域经济与县域综合发展前100名，依次为：大冶市（第44名）、仙桃市（第56名）、枣阳市（第59名）、潜江市（第63名）、宜都市（第65名）、汉川市（第73名）、天门市（第92名）、枝江市（第95名）。

【市县科技创新综合考评】 2020年湖北省市县科技创新综合考评结果表明，全省13个市州、22个中心城区、80个县（市、区）的高新技术产业增加值占GDP的比重均值分别达到15.93%、21.21%、11.73%。13个市州的规模以上工业企业R&D经费占主营业务收入比重与规模以上工业企业研发人员占企业从业的均值分别达到1.24%、6.28%，较上年分别增长12.7%、20.5%；22个中心城区规模以上工业企业R&D经费占主营业务收入比重与规模以上工业企业研发人员占企业从业人员比重的均值分别达到1.6%、7.12%；80个县（市、区）规模以上工业企业R&D经费占主营业务收入比重与规模以上工业企业研发人员占企业从业人员比重的均值分别达到1.37%、6.03%，较上年分别增长25.7%、30.2%。

全省涌现出了一批科技创新能力突出的市县。武汉市在科技创新方面贡献突出，宜昌市、襄阳市、黄石市、十堰市、荆门市5个市和武汉市洪山区、宜昌市猇亭区、武汉市青山区、十堰市张湾区、武汉市江夏区、武汉市蔡甸区、大冶市、远安县、枝江市、荆门市东宝区、宜都市、应城市、石首市、洪湖市、安陆市、宜昌市夷陵区、当阳市、襄阳市襄州区、谷城县、孝感市孝南区等20个县（市、区）表现优秀，鄂州市、武汉市硚口区、房县、嘉鱼县、蕲春县、竹溪县进位显著。26个考评先进的市州、县（市、区）和6个进位先进的市州、县（市、区）受到省委、省政府通报表彰。

（杨　爽）

湖 北 发 展 改 革 年 鉴

地区经济和社会发展

08

武汉市

综　述

【概况】 2020年，面对错综复杂的国际形势、艰巨繁重的改革发展稳定任务，特别是新冠肺炎疫情严重冲击，全市上下以习近平新时代中国特色社会主义思想为指导，深入学习贯彻习近平总书记视察湖北重要讲话精神，在省委省政府和市委的坚强领导下，统筹推进疫情防控和经济社会发展，扎实做好“六稳”“六保”工作，抗疫保卫战、防汛保卫战、疫后复苏保卫战“三战并举”，疫情防控武汉保卫战取得决定性成果，经济社会发展全面恢复，“十三五规划”总体实施顺利，决胜全面建成小康社会取得决定性成就，为“十四五”开局打下了坚实基础。

【全力抗疫保卫武汉，恢复经济发展】 疫情防控有力有效。全国人民全力支援，武汉人民全民动员，346支国家医疗队调集援汉、58.3万名医护人员投身抗疫、900万名武汉市市民居家隔离，累计治愈出院4.6万名新冠肺炎患者，治愈率达92.3%。持续巩固防疫成果，加强境外和国内重点地区返（来）汉人员闭环式管理，全市核酸大检测累计检测989.98万人，连续8个多月没有出现本土确诊病例。坚持常态化科学精准防控与应急处置有机结合，推进医疗设施改造升级和防护物资储备，为应对秋冬季疫情反弹做好准备。

【支持政策落地见效】 扎实推进中央一揽子支持政策落地，截至目前惠及武汉的30条政策中，27条已落实，3条跨年度持续推进。设立1000亿元企业纾困贷款资金、1000亿元产业投资基金、20亿元政府担保基金、20亿元中小微企业风险补偿资金，全年落实减税降费513.7亿元，帮助中小微企业、个体工商户获得纾困资金等贷款1018亿元。畅通产业、市场和经济社会循环，开展产供销、政银企等对接活动，深化央地合作，注册资本1346亿的长江沿岸铁路集团公司总部落户武汉。

【生产生活有序恢复】 全市“四上”及房地产开发企业实现“应复尽复”，亿元以上重大项目全面复工。市场主体达141.3万家，增长8.6%，物流景气指数连续9个月处于荣枯线以上，主要商圈客流量恢复正常。城市运转恢复常态，712条公交线路、9条轨道交通线路、出租车、网约车全部正常运营，87家二级以上医院全部恢复普通门诊和住院服务，9月1日中小学校（幼儿园）全面复课复学。

【经济运行全面回暖】 搏杀二季度，实现逆势反弹，单季微弱打平；冲刺三季度，实现强势转正，单季增长6.9%；决战四季度，实现大幅回升，单季增长9.3%。全年地区生产总值达15616.1亿元，下降4.7%，经济总量恢复到上年的96%以上，位居全国城市前十，稳住了经济基本盘。东湖高新区地区生产总值率先迈上2000亿元台阶。规模以上工业增加值、固定资产投资、社会消费品零售总额、地方一般公共预算收入等主要经济指标降幅逐月收窄、单月增速转正，全年招商引资实际到位资金达9328.6亿元。

【全力推动创新发展增强发展动能】 发展引擎不断优化。推动院士专家引领十大高端产业发展，谋划85个引爆项目，启动建设国家新一代人工智能创新发展试验区。五大产业基地全面推进，成功研制全球首款128层三维闪存芯片、全球首款新冠肺炎灭活疫苗，发布东风新能源汽车岚图品牌，航天科工火箭、卫星产业园全面建成，网安基地培训中心投用。成功举办世界大健康博览会、2020中国数字经济高峰论坛、中国北斗应用大会，习近平总书记向“2020中国5G+工业互联网”大会致贺信，签约落户浪潮华中总部、腾讯数字产业总部、中国电子云全球总部等35个总部项目。

创新活力不断激发。编制完成光谷科技创新大走廊规划，加快建设光谷科学岛，东湖实验室项目一期试验大楼竣工，脉冲强磁场中心、生物安全与技术四级实验室功能不断完善。新建氢能与燃料电池、数字建造、中科固废3家产业技术研究院，总数达到22家。获批国家新型工业化产业示范基地（湖北武汉·工业互联网）、国家重大公共卫生事件医学中心、国家现代农业产业科技创新中心。

创新资源不断集聚。举办大中小型科技成果转化专场对接活动99场，签约项目568项，签约金额53亿元。推行技术合同认定登记“无纸化”，全年技术合同成交金额942.3亿元，增长12%。全市专利申请量、专利授权总量均保持两位数增长，万人发明专利拥有量达51.9件。获批全国首个国家级科技保险创新示范区，知识产权质押贷款增长73%。高新技术企业净增1842家，创历史新高，总数达6259家。

【全力推动协调发展，提高发展质量】

转型升级加快发展。编制产业地图，着眼发展万亿级、五千亿级、千亿级产业集群，谋划推动16个重点产业集群、100个关键产业链。产业“优二进三”态势明显，高新技术产业增加值占GDP比重、数字经济占GDP比重、高技术制造业占工业比重持续提升。集成电路、新型显示器件、下一代信息网络、生物医药4个国家级战略性新兴产业集群初具规模，康宁玻璃基板建成投产，长江存储（二期）开工建设。数字经济、线上经济、“新基建”加快推动，累计建成2.5万个5G基站，实现三环内、远城区核心区域的5G网络覆盖。

扩大内需牵引发展。开展重点项目互观互学互评互促活动，全年市级重大项目完成投资3319.3亿元，完成年度目标的127.9%；新开工亿元以上项目570个，总投资超过1.1万亿元，创历史新高；制定疫后重振“十大工程”三年行动任务清单，储备项目524个，总投资近1.2万亿元。开展“武汉购”、直播带货等各类消费促进活动，“打卡大武汉”十大活动带动文旅产业复苏，实施汽车和家电消费补贴政策，“武汉消费券”拉动消费56.4亿元。入选首批“国家文化和旅游消费示范城市”，完成江汉路步行街升级改造，基本完成全市农贸市场标准化改造。

区域协调带动发展。对外合作交流实现新突破，全国首家“一带一路”主题世界馆正式开馆，中法生态示范城建设稳步推进，俄罗斯将在武汉增设总领事馆。长江中游城市群合作不断深化，制订《长江中游城市群省会城市会商会观察员城市工作章程》，共同签署《长江中游城市群建设2021年合作重点事项》《长江中游城市群省会城市与观察员城市2021年合作重点事项》。武汉城市圈建设向纵深推进，在基础设施、产业布局、区域市场、城乡统筹、环境保护与生态建设等一体化建设方面深入开展合作。

【全力推动绿色发展，改善生态环境】

加大环境治理力度。以“三湖三河”为示范启动流域水环境综合治理，完成65个黑臭水体整治，拆除全市湖泊渔业“三网”设施，推进156个农村村庄生活污水治理，纳入国家考核的地表水断面水质优良率达90.9%，无劣V类断面。发布《武汉市机动车和非道路移动机械排气污染防治条例》，建立移动源排气污染常态化联合执法机制，空气质量达到近年来最优水平，空气质量优良天数突破300天，优良天数率达到84.4%。推进区域性一般工业固体废物处置中心建设，开展危险废物专项整治三年行动。

改善城乡居住环境。实施城市景观“百千万”工程，长江灯光秀效果持续提升，初步形成6条一线串珠、集中连片的美丽乡村发展带。出台生活垃圾分类管理办法，阶段性分类覆盖率和回收利用率指标基本完成，城市生活垃圾无害化处理率达100%，医疗废物处置能力提升至110吨/日。积极创建国家生态园林城市、国际湿地城市，建成开放公园114个，新建绿道134.6公里，造林绿化2.8万亩，安山国家湿地公园入选《2020年国家重要湿地名录》。完成276个老旧小区改造。

强化生态安全屏障。全力做好防汛救灾，汛前建成重点防洪排涝工程61项，整改各类防汛安全隐患72处，实现了大水之年无大灾、大损。聚焦长江大保护，深入推进“双十工程”，编制生态文明建设示范市规划纲要、长江大保护滨江带规划，全面实施长江“十年禁渔”。守牢地质灾害安全底线，启动国土空间生态修复专项规划。实施一批土壤修复、港渠清淤、人工湿地等生态修复工程，原双虎涂料厂污染场地成功修复，成为全省首个移出省级建设用地土壤污染风险管控和修复名录的场地。

【全力推动开放发展，增强发展活力】

以改革创新促开放。积极推动国家第三批支持创新改革举措落地见效。分类推进国企国资改革，申报区域性国资国企综合改革试验区，32家市属国企重组为13家国企集团，加快市属企业与央企、优势民企战略合作。深化农村集体产权制度改革，1233个集体经济组织登记赋码，41个集体经济组织累计股份分红金额达6.6亿元。持续开展口岸管理改革，实施“提前申报、货到放行”改革，推进进口“船边直提”、出口“抵港直装”等通关模式，货机出入境手续办理时间缩短一半。

以环境优化促开放。出台《进一步优化营商环境的意见》，深化“放管服”改革，审批服务改革经验全面推

2020年10月10日，武汉高铁商务区城市展厅开放

广。深化政务服务“四办”改革，持续推进“五减五通”“一网通办、一城统管”，全市政务服务事项马上办、网上办、就近办、一次办事项比例分别达到76.2%、99.2%、90%、99.9%。实现全市“双随机、一公开”监管全覆盖，对市场主体按信用级别实施差别化监管。武汉市被列为国家发改委发布的《中国营商环境报告2020》15个标杆城市之一。

以贸易合作促开放。全年进出口总额增长10.8%，市场采购贸易出口额增长258%，跨境电商进出口额增长43%。成功举办“2020全球服务外包大会暨服务贸易创新发展武汉峰会”，跻身服务贸易创新发展新一轮试点城市。湖北自贸区武汉（片）区制度创新在全国43个自贸试验（片）区中总体排名第七，东湖、经开综合保税区进出口额分别增长52.6%、4118.6%。

以交通先行促开放。新开通国际货运航线6条，“客改货”航点覆盖36个主要国际货运枢纽城市，中欧班列（武汉）稳定运行，港口货物吞吐量增长17%，武汉城市圈大通道、阳逻国际港集装箱铁水联运二期、沿江高铁武汉至宜昌段等项目开工。亚洲最大城市地铁环线12号线全线开工，轨道交通8号线二期、11号线三期葛店段建成投用，地铁运营里程达360公里。四环线全线建成，汉口北客运枢纽建成投用，“两湖”隧道开工建设。

【全力推动共享发展，大力保障民生】 保障水平不断提升。制定出台稳就业及高校毕业生、农村劳动力、就业困难人员和贫困劳动力等系列就业政策，留汉来汉就业创业大学生突破30万人，城镇新增就业22.8万人，城镇登记失业率3.04%。全面实施城乡居民基本医疗保险市级统筹，落实减免返还社保费政策，全市社会保险净增参保96.5万人次，阶段性减免社会保险费296亿元，发放失业保险金5.7亿元。强化困难群众兜底保障，全年累计对210.1万人次发放4.27亿元价格临时补贴，城乡居民低保标准分别提高至每人每月830元、680元。加强社会治理，积极稳妥化解疫后综合症，着力提升应急处置能力，安全生产形势总体平稳。

服务供给持续优化。改扩建公益普惠幼儿园、中小学160所，稳步推动新中考、新高考改革。新建社区老年人服务中心226个、农村老年人互助照料中心（服务点）321个，养老床位突破10万张。加强公共卫生应急管理体系建设，完成发热门诊标准化改造62家，建成急救站80个，发热门诊网格化布局经验被全国推广。大力发展婴幼儿照护服务。举办琴台音乐节、国际戏剧演出季、姚基金篮球慈善赛等文体活动，大型原创抗疫话剧《逆行》登上国家大剧院舞台。

脱贫攻坚扎实推进。22220名建档立卡贫困人口全部纳入低保保障，为贫困人口报销住院医疗费和大病门诊费近1.1亿元、代缴城乡居民养老保险费1294.6万元、落实各级助学资金2.5亿元，帮扶就业困难人员就业3.1万人。补齐“两不愁三保障”短板，动态新增危房全部完成改造，农村贫困人口全部实现饮水安全。对口支援与帮扶省内六县一区、援疆援藏等工作持续推进。

（武汉市发改委）

江岸区

【概况】 2020年，江岸区抗疫保卫战、防汛保卫战、疫后复苏保卫战“三战并举”，“六稳”工作扎实推进，“六保”任务有效落实，疫情防控工作取得决定性成果，经济社会发展全面恢复。

地区生产总值完成1300亿元左右；服务业增加值完成1000亿元左右；现代服务业增加值完成700亿元左右；规模以上工业增加值下降17%；社会消费品零售总额完成464.11亿元；固定资产投资完成350亿元；实际利用外资完成4亿美元；高新技术产业产值增长3%；区级一般公共预算收入完成82.16亿元；

招商引资实际到位资金超拼搏目标完成695亿元引进投资30亿元以上现代服务业项目2个。

落实“六保”，经济运行企稳复苏。居民就业形势稳定。预计新增就业2.1万人，城镇登记失业率控制在3.2%以内，提供就业岗位近1.8万个。预计城镇居民人均可支配收入与经济发展保持同步。基本民生兜底保障。预计社会保险参保净增2.29万人次。保障性住房（棚户区改造住房）新开工建设3338套、基本建成3338套，治理D级危房18栋。新增中小学学位2430个、幼儿园学位1080个。医疗卫生机构总床位数12098张，千人常住人口床位数12.57张，每千名老年人口养老床位数50张。全区政府投资项目安排93项，总投资181.18亿元，当年计划投入资金43.19亿元，其中区财政资金3.87亿元。已完成区财政资金投入3.76亿元，达目标进度的97.2%，其中实施社会事业项目共82项，投入区财政资金0.80亿元；实施城建基础设施项目共11项，投入区财政资金2.96亿元。一元路片、西马片、红桥村三眼桥片、合作路、红桥集团工业园5个项目已经下达房屋征收决定，洞庭小路、汉口滨江国际商务区七期、上海际华物流、武汉华维中天等7个地块已基本完成下达房屋征收决定的前期准备工作。全年“三旧改造”征收拆迁完成签约面积近90万平方米，完成澳门路下陈家湖等10个项目的征收拆迁清零任务。市场主体平等保护。预计新增市场主体1.4万户。全年累计新增减税降费40.06亿元。核算疫情防控相关保供企业供电补贴三批185家，发放电费补贴579万元。减免区属国有房屋租金7754万元。粮食能源安全充足保供。落实粮食供应动态平衡管理，督促协调粮食企业增加成品粮油备货和稳定供应。加强市场监测和预警，确保粮油供应不脱销、不空档。疫情期间，协助武汉油库维持正常运转。开展安全生产专项整治三年行动，全面排查整改武信成品油管线风险点。产业链供应链保持畅通。推荐2154家中小微企业申报纾困专项

2020 年，江岸区文创谷天使街区一角

资金，对接融资需求总额近 106 亿元。推进总投资 3200 亿元的 77 个亿元以上重大项目的疫后快速复工，推动华讯科技金融城、楚商大厦、中诚信征信总部大厦等 14 个已供地未开工项目实现开工。全年累计新开工亿元以上项目 27 个，总投资 513.60 亿元，累计实现投资 102.10 亿元；南德天地壹号、武建光彩国际城、谌家矶四村还建房、汉铁高中二期等项目顺利纳统。全年累计新入库房地产及 5000 万元以上城镇投资项目 65 个，总投资 767.30 亿元。“十四五”重大项目库谋划项目 336 个，概算总投资近 8000 亿元，投资空间大幅增加。

基层运转有效保证。严格预算约束，压减一般性支出。通过压减一般性支出、利用债券资金替换预算建设项目资金等手段压减预算 6.82 亿元。持续深入推进党员干部下沉工作，充实社区力量。截至目前，174 家中央在汉、省、市、区直单位党组织到辖区对口联系社区报到，38288 名在职党员到居住地社区报到。

优化产业，新旧动能加快转换。优势产业持续发力。省级优良保险生态示范区总部集聚效应进一步加强，金融业总部及区域性总部机构超过 90 家，金融业增加值占地区生产总值比重达 25%以上。平和坊作为“汉口文创谷”示范项目全面启动，年内开街，打造武汉时尚文创产业集聚地。武汉设计之心项目顺利开工，创意设计产业增加值预计完成 150 亿元。科技服务市场壮大。深捷科技、千麦医学和武汉工控三家高新技术企业获得国家科技部立项，科技服务业对产业发展的支撑能力不断提升。高新技术企业数量近 300 家，高新技术产业增加值预计完成 206 亿元。商务商贸蓄势发展。汉口历史文化风貌区内，武汉天地、吉庆民俗街等地频频举办淘宝造物节、武汉啤酒节、仲夏消费季等活动，大力培育“商旅文融合发展”多元空间，促进旅游与文化、体育、商贸等产业深度融合。直播带货、云端办公等线上经济形态大量涌现，线上销售额突破 18 亿元，商务商贸领域数字化高端化发展步伐加快。

深化改革，改善营商环境。创新服务改革达效。制定《江岸区关于进一步优化营商环境的工作方案》，出台优化营商环境举措 30 条。成立江岸区优化营商环境咨询委员会，发挥委员决策参与职能。以商事登记、工程建设、不动产登记等重点领域为突破口提速改革，充分发挥“江岸经济开发区”“岱家山科技创业园”两个园区政务服务分中心的作用，实现 87 项事项现场办、121 项事项自助办、108 项事项提供帮办代办。优化营商环境月度考核多次排名全市第一。“一网通办”简政放权。落实城市信用状况监测预警制度，推进信息公示、联合奖惩、信用修复等事中事后监管，逐步健全以信用为基础的新型监管机制。在湖北省政务服务网，完成事项发布 18098 项；电子证照应配尽配、应调尽调、应归尽归，23 家单位 27 类电子证照完成电子签章申请，归集电子证照 13 万余件。政务服务实现“一网通办”5 个百分之百，即网办服务连通性 100%、按时办结率 100%、同源发布办事指南 100%、电子证照配置完成率和实时生成率 100%。

创新创业成效明显。发布《江岸区推进国家“双创”示范基地建设政策清单（2020 年修订版）》，增强双创政策指导性和实操性。出台《江岸区发展在线新经济实施方案》，促进金融、教育、设计、文创、新零售等行业发展线上业务，在线新经济成为转型升级“加速器”。全区院士研发机构 11 个，研发经费投入强度达 3.3%，每万人口发明专利拥有量达到 10.8 件。大学毕业生就业服务云招聘活动发布高薪岗位近 1.7 万个，建立大学生实习实训基地 132 家。“留学生创业园”3 个，创新创业空间规模达 150 万平方米，全年创业带动就业 11500 人。

补齐短板，攻坚战取得新进展。金融安全攻坚战全面提速。对 179 家企业开展金融风险隐患大排查，完成全区近百家类金融机构审计评级工作，提高新设小贷公司门槛，严格市场准入。推进扫黑除恶专项斗争，开展百场防非处非公益宣传活动。脱贫扶贫攻坚战全面提效。对口帮扶黄陂区 19 个贫困村，拨付帮扶资金 747 万元，建成 64 个产业扶贫项目，20 余个扶贫产品进入《市级扶贫产品及供应商目录》。认真落实省内帮扶和对口援疆工作，共计拨付援助资金 631 万元。生态环境攻坚战全面提质。推进长江大保护十大战役，年内建成 12 条微循环道路，完成张公堤绿道驿站建设，府河滩地环境整治加快推进。新建绿地10万平方米，建成区绿地率达42.1%，绿化覆盖率达46.5%，人均公园绿地面积为10.11平方米。建设项目环境影响评价文件审批率、节能评估审查率保持100%。单位地区生产总值能耗降低率控制在2.6%，主要污染物总量减排完成市定目标，空气质量优良天数持续增加。鲩子湖、塔子湖水质稳定Ⅳ类。江岸区生活垃圾分类大数据监管平台投入试运行。

（江岸区发改局）

江汉区

【概况】 2020年，受新冠肺炎疫情影响，江汉区地区生产总值实现1319.1亿元，同比下降8.1%；固定资产投资完成271.4亿元，同比下降13.9%；地方一般公共预算收入96.2亿元，同比下降26.3%；社会消费品零售总额823.96亿元，同比下降31.9%；居民人均可支配收入增幅高于经济增长；完成市下达节能减排任务。

打赢疫情防控保卫战。坚决落实习近平总书记关于疫情防控系列重要讲话精神，紧紧扭住救治和阻隔关键环节，内防扩散，外防输出，发动2.4万名党员骨干、志愿者等力量，封控管理681个居民小区，建成集中隔离点80个、方舱医院2个，完成55支援汉医疗队服务保障任务。加快补齐公共卫生服务短板，完成11家社区卫生服务中心发热门诊（诊室）改造，建成区疾控中心P2实验室、精武路急救站、区妇幼保健院、唐家墩街社区卫生服务中心并投入使用。江汉方舱医院临时党委等9名（个）个人、集体获全国表彰。抗击新冠肺炎疫情取得决定性胜利，为经济社会发展提供了坚实保障。

推进疫后重振。千方百计推动惠企政策落实落地，统筹安排区领导对口联系重点企业132家、重点楼宇33栋、重大项目47个，重点协调解决企业防疫和复工复产难点问题。减、免、返还企业税收4.32亿元，核准经营困难企业延期缴纳税款8.24亿元。免征三项社会保险费17.23亿元，减征职工医疗保险费4.12亿元，返还失业保险6514.82万元，惠及企业1.1万户。减免租金5032万元，惠及企业和个体工商户1055家。完成两批次81家疫情保供企业电费补贴423万元。先后组织四批共5524户中小微企业、个体户申报纾困专项资金，共获贷款2364户76.45亿元，获贷规模居全市中心城区第二位。及时制定《江汉区关于扩大就业支持企业稳定发展若干措施》，541家“四上”企业获得经营奖励资金3437.43万元。

培植经济发展新动能。建设全省首个5G应用试点示范区，在全市率先实现5G基站全覆盖，促进5G产业园加快落成。圈外数字创意产业园成功引入鑫湖股权、湖北宏泰海联等9家投资管理机构，深圳设计联盟武汉基地、中国联通云启智慧科技有限公司落户江汉。聚焦大数据、人工智能、区块链等新技术应用，湖北邮电规划设计公司入选全国第一批区块链信息服务商阵列，中贝通信信息增值服务产业化基地开工。在全市率先出台区块链产业创新发展方案和政策，引入华中区块链科技融合创新中心、区块链服务网络武汉节点等示范项目，武汉市区块链协会落户江汉。打造全国首条中心城区智能网联汽车开放式测试示范道路，推进新一代人工智能创新场景应用。战略性新兴产业引导基金成功运作，带动引进社会资本6.2亿元。创新发展文化创意产业，成功举办第九届武汉时装周。

推进重大项目建设。全年安排财政性资金2000万元以上重大项目23项，涉及教育、卫生、公安、消防、市政、园林、社会管理等方面，其中十九中改扩建等9项项目完工，完成投资8.51亿元，常青公园综合改造等12项项目在建，当年完成投资7.97亿元，大兴第一实验小学CBD校区、北湖正街综合整治工程因涉及军产、项目决策等原因未开工。已完工项目中，教育类项目2项，分别为汉口传奇规划中学（暂定名）新建项目、十九中改扩建项目，共完成投资2.2亿元；卫生类项目2项，分别为唐家墩街社区卫生服务中心搬迁改造项目、双虎涂料厂污染场地修复工程，共完成投资0.58亿元；市政类项目4项，分别为江汉路步行街综合整治工程、武汉外运复兴村仓库片基础设施建设工程、绿柳路道路排水工程、振兴路改造工程，共完成投资5.58亿元；社会管理类项目1项，为江汉区政务网络及机房改造建设项目，完成投资0.15亿元。

在建项目中，教育类项目2项，分别为汉口辅仁小学CBD校区、武汉第一初级中学CBD校区，进度为主体结构已完工；卫生类项目1项，红会医院（北区）扩建项目，进度为已完成试桩；公安类项目2项，分别为万松园消防站，已完成支护桩冠梁钢支撑施工，城市视频监控系统三期，已完成60%；环卫类项目1个，罗家嘴环卫车辆停保场工程，进度为主体结构已完工、正在进行装修及附属工程施工；园林类项目1个，常青公园综合改造提升，进度为水域湿地改造及停车场的建设；市政类项目5个，分别为精武中路道路排水工程，已完成项目进度50%，精武三路道路排水工程、马场角横路一期排水工程、建设大道下沉段正在施工，武汉220KV先锋输变电工程已完成场地平整。

重大项目投资和招商引资。强化重大项目支撑作用，越秀国际金融汇、绿地汉正中心等8个市级重大项目圆满完成全年计划投资，汉口客运中心、武汉中心书城等项目加速推进，武汉嘉里中心、武汉广电全媒体中心等12个市区重大项目实现开工。大力开展招商引资，招商引资总额达603.6亿元，实际利用外资达4.18亿美元。新引进亚太财险湖北分公司、广州期货湖北分公司，有序推进珠海华发集团“第二总部”和金融区域总部迁入。持续提升江汉路步行街街区商业业态，制定江汉路步行街业态优化方案及实施导则，出台《江汉区鼓励引进品牌首店奖励办法》，引进首店数量占全市31%。

提升城区功能品质。打好蓝天、白云、净土保卫战，单位地区生产总值能耗下降 2.79%，完成市下达目标。6 个重点湖泊重要水功能区水质达标率为 100%；空气质量持续改善，PM2.5 平均浓度持续下降，全年空气质量优良天数达 333 天；加强绿化建设，新建口袋、街心公园 16 个，新改建绿地 10 万平方米。新改建微循环道路 14 条，新增停车泊位 1.6 万个、充电桩 4363 个。启动老旧小区改造 42 个，完成改造 15 个；电影制片厂一期等 2 个项目房屋征收完毕，清芬片、楚宝片、紫竹巷三期等项目征收工作稳步推进，绍兴片、兴业路建材市场片等 7 个项目征收工作正式启动。

优化营商环境。着力打造最优营商环境城区，积极深化“四办”改革，深入发展“一网通办”。率先实现企业开办“一日零费用”，持续压缩企业登记环节和审批时限。新增市场主体 1.36 万户。深化工程建设项目改革，相关事项“一窗办理”，推行施工许可“告知承诺制”。不断深化“一件事情一次办成”的情景式套餐服务模式，全方位推进政务服务流程重塑。将跨部门、跨科室的多个事项整合成企业视角的“一件事”，编制事项清单，优化办理环节，打造高质量政务服务平台。

完善民生保障。全年民生支出 65.31 亿元，占地方一般公共预算支出 75.69%。实施就业优先战略，新增就业 1.64 万人，居民人均可支配收入与经济增长基本同步。继续推进国家面向养老机构远程医疗政策试点，获评第四批全国智慧健康养老示范基地，新建“互联网+居家养老”服务网点 6 个。开展“村社结对”精准扶贫，高质量完成对口帮扶 20 个贫困村脱贫攻坚任务。完善住房保障体系，建设筹集公租房 220 套，筹集大学毕业生租赁房 4.22 万平方米，发放公租房租赁补贴 1628 户。新建 3 所幼儿园，新增学位 810 个。大力推进“医联体”建设，全区“1+1+12”紧密型医联体基本定型。

（江汉区发改局）

硚口区

【概况】 2020 年，硚口区全力打好疫情防控、防汛排渍、疫后重振、社会稳定等大仗硬仗，统筹推进疫情防控和经济社会发展取得明显成效，经济社会发展呈现逆势反弹、持续恢复的良好态势。

表 8—1　2020 年硚口区国民经济和社会发展计划指标完成情况

序号	指标名称	2020 年目标（疫后调整目标）	预计完成情况	备注
1	地区生产总值增长	0.5%—0.8%	860 亿元（绝对额）	低于预期目标
2	服务业增加值增长	2%—4%	655 亿元（绝对额）	达到预期目标
3	全社会固定资产投资增长	14.5%—15.5%	−13%	低于预期目标 27.5 个百分点
4	社会消费品零售总额增长	1%—3%	−32%	低于预期目标 33 个百分点
5	区级一般公共预算收入增长	−20%—−13%	−20%	达到预期目标
6	城镇居民人均可支配收入增长	与经济增长同步	高于经济增长	超额完成目标任务
7	城镇新增就业	1.82 万人	2.1 万人	超额完成目标任务
8	城镇登记失业率	3.5%以内	3%	超额完成目标任务
9	单位 GDP 能源消耗降低率	1.6%	1.6%	达到目标要求

全力保障群众健康安全。千方百计救治患者。建立武汉体育馆等方舱医院、隔离点 63 个，储备床位 7556 张，对接 2675 名援汉医疗队员，9893 名医护人员一线奋战，为 6854 名患者提供医疗救治，用较短时间实现了新增疑似病例、新增确诊病例、危重症病例、重症病例、在院患者、新增死亡病例“六个清零”。全力以赴阻隔疫情。3155 名社区工作者、3247 名下沉党员、2700 余名民警辅警、1667 名志愿者投身抗疫一线。实行最严社区封控，全区 498 个小区和 395 个点位实行 24 小时值守，进行拉网式大排查，完成居民核酸检测 71.3 万人次，全域达到无疫情标准。竭尽全力保障物资。投入防疫资金 16.6 亿元，多方筹集防护物资，团购蔬菜、肉制品 50.6 万份、7379 万元，向全体居民免费发放活鱼 495 吨，实现物资从严重短缺到动态平衡再到足额保障的跃升，为阻击疫情提供有力支撑。慎终如始地抓好常态防控。坚持“人物地”同防，实现全覆盖全流程闭环管理，全面加强境外和国内中高风险地区来汉返汉人员健康监测，加强进口冷链食品核酸检测，发热门诊和隔离点全部改造。加强检测、流调、管控、救治四支队伍建设，救治力量、防疫物资、传染病床位储备充足，巩固了

2020年硚口区K11商场夜景

疫情防控成果。

全力恢复经济活力。复工复产有力有效。帮助企业留下来、活下来、强起来，减免税费41.2亿元、社保费用21.5亿元、国有资产租金5984万元，兑现电费补贴577.5万元，帮助2500余家企业获得纾困贷款45.7亿元。全区548家“四上”及房地产开发企业、16个重点楼宇、6个重点产业园区、41个亿元以上重大项目全部复工。工业、建筑业、商贸业等行业加快恢复，远大医药、普罗劳格等在营保供企业逆势增长，葛洲坝、交投科技等龙头企业三季度已恢复疫前水平。项目投资持续活跃。完成崇仁A片等项目征收拆迁60万平方米，建一路西片、一职教东片、地大片、汉正西物流片、万人宿舍片5宗、800亩土地实现供地，13个亿元以上项目竣工、20个亿元以上项目开工，开竣工产业面积达到118.5万平方米，获批各类专项债券共25.6亿元、抗疫特别国债5亿元。武汉恒隆广场写字楼招商率超过70%，新世界K11购物艺术中心开业，复星外滩中心国际化样板社区顺利开盘，一批时尚大气、品味高端的重大项目展现出城市新地标的高颜值。招商引资不断向好。高水平承办第二届世界大健康博览会健康金融馆，借力全市央企云招商、亚布力论坛等大型招商活动，与360、浪潮集团、和悦数字等55家“三类500强”企业密集洽谈合作，引进神州数码大数据赋能中心、妙健康武汉2030双总部等优质项目16个、总投资751.3亿元。新工厂等产业园集聚中科育成、海葵科技等企业105家。预计招商引资实际到位资金567亿元，实际利用外资5.7亿美元。消费市场逐步回暖。成功举办第四届中国汉正街服装服饰博览会暨首届中国汉正街电商直播节、汉江湾数字经济产业峰会，武汉跨境电商服务资源中心挂牌。疫后第一个“十一”黄金周消费强势反弹，7家影院观影人数达9.1万人次，荟聚、凯德西城日均人流量分别达到6.8万人次、3万人次，中百罗森省内新增门店80余家、海底捞省内新增门店20余家，新世界等星级酒店入住率均超过50%，园博园、汉口里接待游客60万人次，居民消费热情“超燃”。

推动改革创新，培育经济发展新动能。坚持向改革要动力、向创新要活力，更好地发挥政府在新动能培育中的作用，促进制度创新与技术创新融合互动、供给与需求有效衔接、新动能培育与传统动能改造提升协调互动。创新创业争创示范。省级以上工程研究中心、技术创新中心等创新平台达到47家，中国技术交易所医疗技术转化中心正式启动。烽火智慧等4家企业入选科技部“科技助力2020”重点专项，武汉维舜医药入围“创客中国”200强，旭日华科技获批省“隐形冠军”培育企业，普罗劳格创始人入选全国双创风采人物，全区高新技术企业同比增长42%。成功举办第九届武汉大学生“互联网+”创新创业项目大赛，全国90余所高校493个项目参赛，6个决赛入围项目落地入驻。硚口区获批国家大众创业万众创新示范基地和湖北省可持续发展实验区。营商环境持续优化。深化“放管服”改革，“马上办”“网上办”“就近办”“一次办”比例分别达70%、95%、70%、95%。企业开办实行“210”标准，70多个服务事项凭身份证即可办理。强化落地项目领办制、在建项目承诺制、服务项目专员制，形成服务项目“大合唱”。搭建供需对接平台，助力企业开拓市场，破解疫后订单少、产出不足的难题，当好服务企业“店小二”。新登记企业2887家，新增“四上”企业47家。深化改革扎实推进。较好完成98项年度重点改革任务，老工业区搬迁改造、电子商务示范基地等国家级改革试点不断深化，长江经济带绿色发展示范区获中央电视台《长江之歌》栏目专题报道。发布5亿元大健康产业基金，促进金融和产业融合发展。推动硚房集团改革，支持区国资公司发展壮大，提升硚口建投项目运营效率，增强国有资产保值增值能力。财政预算、政府采购、债务管理、风险防控等制度不断健全。

提升城区生态宜居水平。坚持“人民城市人民建、人民城市为人民”，加快补齐基础设施短板，持续改善人居环境，保障城市安全运行，城市形象更加靓丽，功能配套更加完善，生态底色更加厚实。基础设施稳步提升。城建投入67亿元、再创历史新高。地铁12号线硚口段启动征收，汉江湾桥主拱合龙，南泥湾大道高架开工建设，骨干路网更加完善。丰硕路等11条道路建成通车，城华路等16条道路加快建设，城市微循环更加畅通。“三清”行动深入开展，建成4.4平方公里海绵城市示范区，改造雨污分流点62处、二次供水42处，“河湖长制”工作被评为省级示范。新开通5G基站274个、累计达到600个。生态环境不断优化。空气质量优良率同比上升23.8个百分点，PM2.5、PM10分别下降21.4%、24%，创近年来最好水平。全面清查整治汉江干线港口码头。汉江宗关水源地和张毕湖、竹叶海水质稳步提升。1135片土壤修复一期通过验收，完成污染防治攻坚战阶段性目标。新增街头小景10处、口袋公园12个，公园绿地500米服务半径覆盖率达80.3%，汉江湾5万平方米花田花海成为市民“打卡地”。城市运行平稳有序。封城不封管理、不断供应，推行“油不断供、站不打烊”“网上充值、线下圈存”等便民服务措施，水电气等正常运转，清运垃圾5.2万吨，消毒消杀面积超过900万平方米，全力保障居民正常生活、城市安全运行。补齐城市管理短板，改造升级农贸市场20家、关停转13家，拆除违建13.8万平方米，消除卫生死角7000余处。打响长丰大道高架沿线环境综合整治攻坚战，建成长丰村控规绿地4.1万平方米。

全力增进民生福祉。民生保障坚实有力。全年民生支出达到55.9亿元，占区级一般公共预算支出的80.9%。新增社保参保1.7万人次，低保标准提高6.4%，发放救助资金1.1亿元，惠及困难群众10.2万人次。完成12个、启动50个老旧小区改造。强力推进城中村改造，还建房开工3300套、建成5912套。落实“援企稳岗扩就业”系列政策，新增就业2.1万人，扶持创业3898人。劳动保障监督执法力度不断加强，全区无重大欠薪案件发生。第七次全国人口普查顺利推进。“七五”普法通过验收。社会事业提质发展。建成P2实验室2个、专家工作室10个。创建国家高血压慢性病防控示范区，获评省医卫融合慢性病规范管理试点区，完成国家中医药示范区复审。武外英中分校等4所优质学校建成投用，新开办公办幼儿园4所，新增学位3780个。停课不停学，线上教育覆盖全学科、全学段，二十九中陈琪方同学获评全省唯一的全国新时代好少年。完成区老年大学改扩建，建成“互联网+居家养老”服务网点8个。省级双拥模范城区实现“七连冠”。圆满完成全国文明城市复检任务，荣获省级文明城区。建成社区足球场23个，举办“与冠军同行”等活动180余场，“雨过天晴”的硚口绽放出幸福表情。基层治理成效显著。开展社区党组织书记事业岗位管理试点，转任选聘社区工作者1907名，1.6万名党员下沉社区，社区工作者福利待遇提升，基层工作力量不断增强。丰富社区治理内容和形式，实现136个社区居民公约全覆盖，开展社区治理积分制试点，实施社区治理创新助力计划。建设平安硚口，警情连续五年下降，连续九年未发生较大以上安全事故。

（硚口区发改局）

汉阳区

【概况】 2020年，汉阳区努力克服疫情、汛情以及经济下行带来的不利影响，紧紧围绕区十五届人大五次会议确定的目标和任务，以最大决心、最快速度、最强合力，统筹推进疫情防控和经济社会发展，扎实做好“六稳”“六保”等各项工作，经济持续回暖向好，社会民生日益改善。

全力打赢疫情阻击战。围绕落实中央和省、市工作要求，区政府坚持全区“一盘棋”，55次召开专题会议研判疫情形势、研究工作，以战时速度，决战姿态，举全区之力打赢防疫保卫战。以最快速度建造3座方舱医院，确定4家定点救治医院，迅速扩容床位6000余张，较快实现“床等人”。成立中医药防治专班，累计发放治疗康复汤剂等27.05万袋。率先设立康复门诊，完成4061名康复对象的康复评估。全力提升核酸检测效率，成功完成全员核酸筛查“十天大会战”任务，实现核酸检测“应检尽检”“日清日结”。认真做好常态化防控，坚持每日对辖区内医疗机构、快递站点、农贸市场等重点场所及潜在风险环节全覆盖监管。强化日常医疗资源、人员队伍、隔离点储备工作。预计全年安排防疫资金8.66亿元，为疫情防控提供坚实的保障。全力保障群众正常生活。在全区设立426个“无接触投递接收点”，方便群众通过大型商超团购、电商平台网购、农业合作社直供等方式进行一键式采购，配送到家。加强政府兜底保障，重点保障“十元爱心菜”、储备肉、爱心鱼供给。疫情期间，救助外地滞汉人员741人次，发放救助资金215.85万元，集中安置233人；向5605名低保和2860名享受护理补贴的重度残疾人发放423万元生活物资补助。

推动复工复产。率先启动复工复

产，印发《汉阳区疫情期间企业复工复产主要扶持政策一表清》，严格落实各项稳企、惠企政策，全年累计减税降费22.1亿元。主动帮助企业寻求资金支持，全年发放纾困资金超过40亿元；针对不同市场主体，举办政企银专项对接会10场，积极服务九州通、汉商集团等上市公司发行疫情防控专项债。以“点对点”专车方式为苏泊尔、百威等企业接回返汉员工200余人次，办理辖区货车电子通行证654张。组织供需对接会、直播带货、“汉阳造”产品进社区等专题活动，为企业带来直接经济效益100余万元，帮助武汉健民药业集团等5家企业打开非洲市场，有效稳定经济基本面。

经济社会恢复加快。全区经济自二季度以来逐月好转。主要经济指标逐月收窄，疫情缺口逐月弥补。GDP三季度单季强势转正，收窄速度快于省市，经济发展显现出较强的韧性。规模以上工业增加值增速逐月回升；金融业主要指标逆势保持正增长；非营利性服务业增长速度较快，同比增速13.7%；工程设计类企业领跑其他营利性服务业增速，自8月起连续4个月保持正增长，累计增幅达21.4%；批发零售行业中，中医药流通板块保持稳定正增长，增速9.87%，汽车板块自7月份以来连续五个月实现单月正增长。投资动能强劲有力。全年完成固定资产投资总量438亿元，居全市中心城区第一。全年新开工亿元以上重大项目31个、总投资563.34亿元，预计累计完成投资74亿元。四新方岛、体育公园等项目实现“当年拿地、当年开工”。远洋、九州通健康城等62个续建项目完成投资320亿元。抢抓中央支持湖北一揽子政策机遇，成功申报政府债券项目13个。市场活力加速释放。重启会展经济，成功举办华中国际车展等各类展会27场。通过“首届知音汉阳·百威啤酒节”“博物馆奇妙夜”等系列文旅活动，激发新消费潜力，充分释放夜经济、假日经济新活力。全年新增市场主体8000余户，新进规进限企业共计85家，上市后备企业5家。贷款增速继续超过存款增速，存贷比达105%。市场回暖加速。

产业发展。深入实施“万企千亿”技改工程，实施技改项目8个。搭建产学研用一体化平台，助力67项科技成果就地转化，合同金额8286万元。全年净增高新技术企业58家，完成高新技术产值增加值51.72亿元，同比增长0.7%，与去年基本持平。举办“知音创客·大健康”创新创业大赛，吸引近200个海内外优秀人才（项目）集聚汉阳，12个获奖项目分享100万元大奖。43名人才（项目）获得“知音英才计划”462万元扶持奖励。全年专利申请总量达1169件，同比增长14.95%。产业能级不断提升。抢抓数字经济战略机遇，构建“1+6”现代产业体系，清单式一体化推进，有效促进数字化与实体经济深度融合。圆满完成479个5G站点建设任务，成功签约泽塔云、云天励飞等6个数字经济项目落地。大健康产业再上台阶，借力第二届健博会，推动世界大健康博览会线上交易平台正式上线运营，举办“龙阳湖论健论坛活动”“汉阳区健康产业精准招商对接会”，成功签约大健康产业项目10个，大健康产业营业收入突破1200亿元。工程设计与建造产业集聚效应进一步显现，省交投总部回迁汉阳，“新汉阳造”品牌实力进一步提升，综合收入突破590亿元。加速推进汽车运动小镇建设，该项目是武汉市唯一被湖北省政府正式批复的特色小镇。王家湾、大归元、国博等9大功能片区竞相发力，汉阳造创意园、健民叶开泰中医药文化创意产业园获批武汉市服务业集聚区。扬子江总统系列、恒信汽车以及“叶开泰中医药产业园”“汉阳造创意园”“高

表8—2　2020年全区经济和社会发展主要指标完成情况

序号	指标名称	年度计划	市级绩效目标		2020年完成（预计）	
			总量	增幅	总量	增幅
1	地区生产总值	7%左右	775亿	0.5%	700亿	-8%
2	规模以上工业增加值	正增长	—	0.3%	—	-16%
3	固定资产投资	8%	—	6.5%	438亿	-8.6%
4	社会消费品零售总额	8%	—	1%	486亿	-19%
5	地方一般公共预算收入	3%左右	80.84亿	-20%	75.3亿	-25.5%
6	人均可支配收入	与经济增长同步	—	—	基本完成	—
7	新增就业人数	1.8万人	1.5万人	1.5万人	1.7万人	—
8	单位GDP能耗降低率	达到省市下达目标	—	—	—	达到省市下达目标
9	空气质量、PM2.5、主要污染物减排	达到省市下达目标	—	—	达到省市下达目标	—

备注：表中年度计划为党的十五届人大五次会议确定的目标，为疫前目标；市级绩效目标为市政府下达的疫后目标。

龙非遗传承园”三个产业园区，分别被评为全省服务业“五个一百工程”重点品牌和示范园区。双招双引持续加力。创新“云招商”方式，搭建“云端会客厅”，推出汉阳招商云地图，签约落户世界500强金茂绿建华中总部、民营500强中农网华中总部等22个重点产业项目。全年招商引资实际到位资金预计完成635亿元，实际利用外资预计完成7.9亿美元，在全市率先完成年度目标。坚持“引进来”和“走出去”双向发力，成立“汉阳区招商招才展示中心”和全球17个招商招才联络处，引入钟南山团队、国家光学专家刘学锋等42名高层次人才。深入实施“大学生留汉工程”，服务学子近2万名。

营商环境。进一步深化经济体制、社会民生等重点领域改革，有序推进60项改革任务按进度完成。推动街道综合行政执法改革，下沉城管、市场监管、司法三支力量到街道，实现“街管”“街用”“街考”。深化“民呼我应”“企呼我应”改革，积极解决企业和群众诉求。推进节约型机关建设，围绕财政“紧平衡”策略，压减全区预算项目支出3.3亿元，优先保证稳企惠企政策兑现和民生兜底资金。全区服务创新实验区和创建节约型机关建设等改革经验被省、市报道推广。优化政务服务。持续推进“放管服”“四办”改革，进一步压缩企业开办、企业注销、工程建设项目、施工许可等多项审批流程及审批时间，共精简54个审批环节、22个申请材料、163.5个工作日的审批时限，实现“零成本”开办企业。完善“汉阳云政务”网上审批服务功能，推进“无接触”审批逐步形成常态，线上线下办件量共计70余万件，同比上年增长210%。提升“就近办”服务能级，进一步完善街道（园区）政务服务中心标准化建设，加大24小时自助服务机投放力度，提供房管、人社、医疗保障等部门共123项政务事项“一站式”服务。发布《法治助企白皮书》，为辖区企业提供更有针对性的司法服务。健全完善政务服务评价反馈机制，有效促进

2020年10月16日，汉阳区数字大健康产品加速平台暨呼吸感染创新与应用项目落户仪式举行

政务服务水平提升。创新提供“早晚弹性办”“午间延时办”“周六不休息”等各类延时服务，营造暖企便民的浓厚氛围。

城区建设。基础建设全面提速。2020年，全区城建投资超预期目标完成82.02亿元。建成洲头三路、墨水湖小路、朱家新港路等8条道路，完成四新大道西延线、汤山北路等6项海绵城市建设任务。建成停车泊位1.6万个，充电桩3200个，修建14块社区足球场。“三旧”改造有序推进。高效推进土地供应和房屋征收项目实施，完成四新方岛、体育公园、中国动漫、大归元建桥片、钢丝绳厂、知音大厦扩大片等10宗区级重点项目的供地工作，供地面积约2000亩。永丰西部城中村改造步伐加快，统筹推进黄金口、米粮、四台等3村统征改造。有序开展城建重点项目征地征收，全区承担10项市级城建重点工程征地征收目标任务全部完成，共征地735.91亩，征收3.61万平方米。老旧小区改造成效明显，累计实施改造的楼栋数达200余栋。开展堤防水毁修复工作和易渍水点治理，新建排水管网约50公里，完成管道疏浚1100公里，汛期封堵通道闸口45座。两江堤防超设防运行81天，超警戒运行31天，经历大到暴雨天气25场，总降雨量1067毫米，未出现大面积渍水，有效应对武汉历史第四高水位的汛情和本世纪以来最长梅雨季雨情，确保了人民群众生命财产安全和城市运行安全。生态环境持续改善。完成汉阳区流域水环境治理规划编制，扎实推进河湖长制，开展清源、清管、清流“三清”行动，实施夹河路、墨水湖北路西沿线等处管涵清淤，开展湖泊港渠水体提质攻坚行动，黑臭水体全面消除，湖泊水质显著提升，墨水湖、龙阳湖稳定到Ⅴ类水质标准。深入推进“扮靓江城”行动，新建绿地534亩、绿道5公里、口袋公园5个、打造花田花海10公顷，绿满汉阳成效显著。空气质量持续改善，优良率同比上升21.7个百分点。提升城市管理水平。疫情期间，日均消杀面积约2.85万平方米，处理生活（医疗）垃圾100余吨，废旧口罩约100公斤，确保疫情环境下城市环境整洁有序。实施道路、桥梁设施维护管理，累计修补主（次）干道车行路面10.35万平方米。实施“拆违飓风行动”累计拆除各类违规户外广告招牌727处，各类违法建设331处，面积10.7万平方米。提升市政设施品质形象，在具备条件的小区先行推广“互联网+智能分类”模式，打造具有汉阳特色的生活垃圾分类管理模式。全力推进农贸市场“标准化、智慧化、

商超化”改造，25家农贸市场完成提档升级。

社会事业。积极落实省、市制定的相关稳就业的各项补贴政策，及时审核发放各类就业创业补贴2036.08万元；主动做好就业困难人员就业援助，创新推行“云招聘”模式，打造疫情期间“家门口就业圈”，实现就业困难群体就地就近就业。全年开展线上线下招聘活动36场；组织企业参加招聘会740家次，提供就业岗位6.4万个，城镇新增就业1.7万人，城镇登记失业率控制在3.6%以内。完善医养体系。优化医疗资源布局，打造东中南西4个10分钟医疗急救圈。推动流行病学调查标准化培训，启动市五医院改扩建（一期）项目建设。提高应急医疗救治能力，组建家庭医生团队81个。延展社区居家养老服务，建成社区老年人服务中心（站）8个，“互联网+居家养老”服务网点13个，社区养老服务设施覆盖率达100%。投入约1600余万元，建成4家民办养老机构，新增养老床位6341张，千名老人床位数达到50.46张。稳步提升教育水平。坚持“五育并举”，落实教育根本任务。2020年全区高考一本率位居全市第二，中考普高率位居全市第三。持续加大教育投入，全年共投入16.84亿元用于教育事业发展，陶家岭小学等10所学校开工建设，认定公益普惠性民办园91所，普惠性幼儿园占比达到80%以上，分配市级普惠性民办幼儿园补助经费2600万元。申请学前教育专项债对20所幼儿园进行整体建设改造，年内已启动11所配套幼儿园改扩建项目，概算总投资为8936.92万元，利用债券资金2600万元。有力推进安居工程。不断改善低收入人群住房条件，棚改新开工4200套、基本建成完成3118套，筹集公租房完成507套，筹集大学毕业生租赁房3.62万平方米，发放城镇住房保障家庭租赁补贴744户。积极解决还建房办证问题，完成30个项目2.55万套还建房的登记办证工作。全力做好救助保障。发放基本养老金39.98亿元、失业保险3264.06万元，社会化发放率、按时足额发放率均达100%。社保扩面净增2.24万人次，扩面合格值116.55%。医疗救助工作顺利展开，共救助1.4万人次，救助金额784万元。全力做好退役军人各项服务保障工作，百分百落实各项优待抚恤政策，发放各类抚恤慰问、帮扶安置及特殊关怀资金7826万元。扎实推进双拥和谐共建，连续七次获评“省级双拥模范城”殊荣。丰富群众文化供给。围绕抗击疫情，创作一批文艺精品，开展线上展播活动10余期。组织实施“健康湖北·你我同行”湖北省全民健身战疫情线上活动，以体医融合助力战疫全面胜利。开展“2020爱你爱你·打卡汉阳创造101寻找最强锦鲤”大型文旅宣传活动，打造“博物荟萃、魅力汉阳”云游博物馆线上主题活动，推动地方特色文化、优秀传统文化与旅游、假日经济融合发展。

（汉阳区发改局）

武昌区

【概况】 2020年，全区取得疫情防控决定性成果，保护了人民生命安全和身体健康，保持了经济社会良好发展态势。预计全年地区生产总值同比增长0.5%、规模以上企业1550亿元，地区生产总值、服务业增加值、地方一般公共预算收入等指标规模居全市中心城区首位，主要经济指标完成情况保持全市前列（主要指标完成情况见下表）。

表8—3　2020年主要指标完成情况

指标名称	2020年预期目标（增速）	2020年完成情况（预计）	
		绝对值	增速
地区生产总值（简称“GDP”）	7.5%	1550亿元	0.5%
地方一般公共预算收入	不低于上年预算执行数	113.37亿元	较上年地方一般公共预算收入减少20%
全社会固定资产投资	15%	270亿元	-6.7%
实施重大项目	190项	201项	—
重大项目年度计划投资	260亿元	270亿元	—
城镇居民人均可支配收入	增长与经济增长基本同步	增长与经济增长基本同步	—
单位地区生产总值能耗降低率	完成市级下达目标	完成市级下达目标	—

说明：受新冠肺炎疫情影响，地区生产总值、地方一般公共预算收入、全社会固定资产投资三项指标预计无法完成预期目标。

全力以赴抗击疫情。建立新冠肺炎疫情防控战时指挥体系，改造扩容8家定点医院、4家民营医院、10家社卫中心，率先建成武昌方舱医院，设置各类隔离点96个，累计救治病人1.06万余人次、隔离人员1.5万余人次、排查发热人员3.78万余人次。组织2万余名省市区下沉干部、志愿者对全区768个小区实行封闭管理，实施全民核酸筛查109万人次。3月24日实现新增确诊患者及疑似患者清零，5月30日实现新增无症状感染者清零。后续坚持做好常态化防控和防反弹工作，强化对重点人群、重点场所、重点物品和重点行业的监测管理，全面提高医疗救治能力，区级应急救治床位达700张，核酸日检测能力达1万人次。夺取防汛排涝胜利。区防汛抗旱指挥部坚持一线指挥调度，强化战备值守，充足备齐物资，认真开展巡堤除险，封堵闸口33座，在长江干堤搭设哨棚21个，组织3万余人坚守大堤，16.7公里长江防线未出现重大险情。加强雨情水情研判，提前落实好应急准备，对21个易渍水点实施“一点一策”，全区未出现大面积长时间渍水情况。

2020年10月1日，武昌黄鹤楼公园开放夜间体验，《夜上黄鹤楼》行浸式光影演艺体验版亮相，进入试运营阶段

强化高质量发展。创新主体竞相发展。启动与华为（武汉）人工智能创新中心合作项目，引进思迅软件等战略性新兴企业。大力发展院士经济，首批对接7名院士、专家，梳理意向项目6个。全年净增国家高新技术企业80家，入选省级上市后备“金种子”“科创板种子”企业9家，数量为全市中心城区第一。创新载体提质提效。改革创孵载体考核体制机制，强化孵化成功率、落地率导向，武汉杨园教育科技创业园等4家基地获批2020年武汉市小型微型企业创业创新示范基地，数量为全市中心城区第一。全年举办科技成果转化活动6场，签约项目26个，在全市科技成果转化考核中排名前列。打造区域人才高地。健全联系服务专家制度，区级领导带队走访慰问25名高端人才。积极推动人才项目申报，推荐3人参评省、市有突出贡献中青年专家，3人参评享受市政府津贴，4家企业申报第四批武汉市“千企万人”支持计划。深化学子留汉工程，吸引大学生留武昌2.2万余人。

做强产业基础。总部经济不断提能。推进市、区两级总部经济政策落地实施，积极开展总部企业认定工作，推荐6家企业申报市级总部企业。坚持招大引强，长江沿岸铁路集团、中交集团智慧研究院BIM中心成功落户，引进30亿元以上现代服务业项目5个，预计实现招商引资实际到位资金686.8亿元。楼宇经济升级发展。深化楼宇企业“绿色通道”、“一站式”政务服务，推动建立商务楼宇星级评定制度，建设楼宇经济信息管理平台，全力提升楼宇企业服务水平，预计打造2栋“5亿元”楼宇。重点产业持续壮大。南洋商业银行武汉分行等6家优质金融机构落户，基金累计总规模达700亿元，金融业态和服务不断创新，华中金融城获评“湖北省服务业发展示范园区”。铁四院、中南电力设计院、中南建筑设计院等工程设计龙头企业逆势发展，营业收入规模保持较快增速，带动产业链上下游企业集聚发展。中影、后像设计、泛亚文旅等一批优质文旅企业成功落地，借助“惠游湖北”活动推动文旅消费市场强劲复苏，国庆期间黄鹤楼公园排名国内景区热度第一。举办六月“欢购节”等系列活动，引进品牌首店50家，武商梦时代广场主体结构封顶，预计实现消费品零售总额576亿元。

优化空间布局。坚持项目兴区。按照“三个一批”，大力推动201个区级重大项目落地。加快建设一批，绿地国际金融城、梦时代广场、铁投·碳汇大厦等61个在建项目加速推进，预计完成投资197.1亿元。新开工一批，武汉长江中心、长投生态中心等23个项目已实现开工，总投资924.4亿元。策划储备一批，加快筹备小洪山科学城产业园等66个前期项目和38个策划项目，力争尽快开工。纵深推进功能区建设。加快“三旧”改造，完成房屋征收总面积107.29万平方米，实现土地挂牌11宗、455亩。华中金融城省六建宿舍区等地块完成出让，平安幸福中心、融创中心K6项目开工，湖北金控大厦、襄阳大厦等项目建设全力推进，天风大厦竣工交付。滨江商务区核心区D2、337北地块完成出让，武汉长江中心建设顺利推进，阿里巴巴华中总部成功落户。武昌古城加快农讲所片、斗级营片土地储备，启动得胜桥千年古轴片、保安街二期片征收，基本完成县华林核心区整治修缮，高标准推进《关于持续推进武昌古城建设，构建“景区+街区+社区”发展模式的建议》政协一号建议案办理。杨园“设计之都”核心承载区全面启动铁四院片征收工作。白沙洲片正在进一步深化规划设计，同步推进武船二分厂等地块征收。加快完善基础设施。大力推进《关于加强推进微循环路建设，构建更加畅通路网体系的建议》政协二号建议案办理，建成武车一路、尚隆路等13条微循环道路，启动沙湖大桥匝道、杨园北街等20余条道路建设，启动滨江核心区地下空间环路（二期）项目建设。完成22000个停车泊位、4950个充电桩、3.73平方公里海绵城市建设改造。预计年底全面完成月亮湾城市阳台、和平大道南延工程等项目征收任务。完成38个老旧小区改造项目。实施二次供水整体改造120处、老旧小区加装电梯50部。

打造更优营商环境。提升政务服务品质。持续深化“四办”改革，全面推行“一网通办”“一事联办”和“就近办”，商事登记、工程建设、不动产登记等领域办理时间大幅压缩。坚持服务利企便民，探索实行告知承诺制，开展“主动提醒办”、微信指导、延时加班再延时、免费刻章等服务，全年办理各类审批服务事项117万余件，办结率100%，群众满意率95%以上。全面落实惠企政策。认真落实复工复产惠企政策，已累计减免企业税费48.30亿元，区属国有经营性房屋减免租金4322万元，帮助中小微企业和个体工商户获批纾困融资73.20亿元，对疫情防控相关企业实行电费补贴836万元。形成常态优化机制。刀刃向内查摆问题，圆满完成省营商环境评价工作。不断优化工作举措，高标准完成人大一号议案《关于打造全市营商环境最优城区的议案》办理。质量强区引领优势进一步增强。全面推进“数字政府”建设，2020年获评中国领军智慧城区。

改善人居环境。打好生态环境保卫战。推进环保督察反馈意见整改落实工作，完成销号备案15项。推进长江大保护“双十”工程和绿色发展工作，全面实施长江禁捕。全区水质保持稳定向好，外沙湖、水果湖、楚河水环境综合整治稳步推进。深入开展“三清”行动，对全区700处混错接点开展雨污分流和混错接改造。持续改善大气环境，全年空气质量优良率为84.7%。着力建设绿色武昌。积极创建国家生态园林城市和湿地城市，植树16.5万株，建设花田花海0.05平方公里，新改建绿地0.22平方公里，建设“三小绿地”8个。紫阳湖“大湖十”建设基本完成。启动白沙洲大道、沙湖环湖路等道路绿化提升工程，完成15个老旧小区绿化改造提升。持续提升城市管理水平。截至11月，城市综合管理考核成绩位列全市第一。垃圾分类设施实现全覆盖。完成白沙洲生活家具临时放置点工程、新生路转运站改造工程等项目。提升环卫机械化作业率，打造水果湖街精致环卫示范片区。美化市容立面，维修道路、桥梁和灯具，开展主次干道及背街小巷路名牌整治，拆除各类违法广告250块，确保景观照明设施正常运行达98%以上。

发展社会事业。千方百计稳岗就业。举办线上线下招聘会36场，实现城镇新增就业2.25万人，发放各类救助金1.41亿元，安排大学生实习实训1.43万余人，预计城镇登记失业率控制在3.2%以内。提升公共卫生服务水平。市七医院（区公共卫生服务中心）迁建项目开工建设，推进积玉桥街、中华路街社区卫生服务中心建设。做好妇女生殖健康、儿童保健惠民服务项目，珞珈山街社区卫生服务中心申报全市医养融合试点。推进公办托育机构建设。优化教育布局规划。以落实区人大二号议案《关于推进武昌教育高质量发展，增强武昌教育核心竞争力的议案》办理为抓手，进一步推动辖区教育优质均衡发展。新增普惠性幼儿园6所、学位1470个。实验中学东区建成并投入使用，复地东湖国际配建小学实现竣工。持续推进新高考改革，中高考成绩保持全省领先。提升社会保障服务。新建8个“互联网+居家养老”服务网点和10个社区老年人服务中心，每千名老年人口养老床位达到50张，在全市率先开展人工智能养老社会实验试点工作。社保扩面新增2.6万人次。发放低保金0.44亿元，各类救助金1.02亿元。基本建成棚户区改造住房3622套，建设筹集公共租赁住房656套、大学毕业生保障房4.8万平方米。对口帮扶的23个贫困村及其423户贫困户、1367名贫困对象全部稳定脱贫。基本完成全国第七次人口普查。广泛开展文体活动。创新开展大成武昌·“艺”心战“疫”系列网上活动，举办文化惠民活动200余场。推进全民健身，更换更新社区全民健身器材859件，开展线上线下全民健身活动80余场次，建成社区足球场27个。

维护社会和谐稳定。强化社会治理能力。完善基层社会治理体制机制，深入推进落实“三个全覆盖”。创新“民呼我应”工作机制，健全跨行业、跨部门问题协调解决路径。抓好全省社区治理和服务创新实验区创建工作，完成4个新建、5个续建“三微”改造项目。构建社区工作者“四岗十八级”职业体系、报酬体系，推动形成队伍稳定、素质优良的社区治理和基层建设专业力量。“双拥”创建工作取得新成效，连续七次荣获全省“双拥模范城”称号。深化平安武昌建设。创新推广“公安+司法+律师”调解模式，成功调解矛盾纠纷8164件，调解成功率100%。强化安全生产责任，挂牌整治隐患19处，全年未发生较大及以上安全生产责任事故。深化扫黑除恶专项斗争，共清结案件、线索12起，抓获逃犯2名，冻结黑财2.1亿元，全区刑事有效警情连续11年下降。加强食品、药械、特种设备等重点领域监管执法。

（武昌区发改局）

青山区（化工区）

【概况】 2020年，全区做好疫情防控各项工作，坚决打好经济重振保卫战。地区生产总值同比下降10%，规模以上工业增加值同比下降25%，服务业增加值预计同比下降1%，地方一般公共预算收入实现49.9亿元，同比下降20%；固定资产投资预计同比下降7.4%，招商引资总额实现610亿元，实现计划目标；实际利用外资预计同比下降85.5%，社会消费品零售总额预计同比下降27%，城镇登记失业率预计为3.03%，控制在3.2%以内，单位生产总值能耗降低率未完成市政府下达目标。

疫情防控。全力改造武钢二医院

定点医院一座，建设九医院东院、青山方舱医院、青山楠姆方舱医院等三座，新增收治床位2700张；征用、整合体育中心、宾馆、酒店、学校等，先后设置22个集中隔离点和12个康复驿站，建成床位3200张，实现密接人员、发热患者、治愈出院三类人员全部集中隔离。做好特殊场所防控，对全区养老机构、监所、精神专科医院等场所下达最严封控管理战令。充分发挥6支医疗队718名医护人员精锐作用，加强重症和危重症患者治疗。加强小区封控管理，118个物业小区和174个开放式老旧小区（村）实行封闭式管理，全区8000余名下沉干部、好样的工作队、志愿者扎根社区，青山区是全市第一个被评估为低风险区的中心城区，白玉山街是中心城区中第一个无疫情街道。做好流行病学调查，做到流调工作日清日结；严格发热门诊闭环管理，开展全员核酸筛查；坚持“内防扩散、外防输出”，实行最严格离汉通道交通管控措施。开展爱国卫生运动，加强社区、学校等重点部位清理消杀。强化常态化防控，落实进口冷链食物全覆盖检测。围绕“保基本、保兜底、保个性”目标，确保生活物资充足多样，开展民生商品“无接触”配送，免费发放鲜活鱼，投放“特价蔬菜包”“政府储备冻猪肉”，落实困难群体生活物资全覆盖。成立党建引领服务群众“好样的工作队”购药队，解决居民购药难问题。做好防疫交通保障，动员公务用车、公交车、出租车确保疫情防控运输高效。落实省市激励关爱政策，发放医务人员临时性工作补助和慰问金，做好基层干部、公安干警、社区工作者、志愿者等一线防疫人员慰问。青和居社区党总支获评全国抗击新冠肺炎疫情先进集体、全国先进基层党组织荣誉称号，社区党总支书记桂小妹作为全国先进基层党组织代表在人民大会堂作汇报发言。刘明瑜、孙明明、汪洋获评全国抗击新冠肺炎疫情先进个人称号。有序推进全面恢复。3226家企业复工复产和2.3万余人返汉复岗，全区403家规模以上企业实现应复尽复。做好企业帮扶工作，共减免社会保险费11亿元；服务中小微企业纾困，发放贷款799笔，融资金额35.5亿元；服务个体工商户，发放贷款422笔，融资金额1.4亿元。积极争取中央政策支持，炼化一体化等3个事项纳入全市“一揽子”政策支持事项，区疾控妇幼公共卫生大楼等5个项目争取抗疫特别国债资金4.52亿元。抓实安全生产，成立安全生产突击队、安全生产督导队和党员消防突击队，实地检查5000余次。做好学校复学复课，中高考顺利进行。

产业转型升级。全区规模以上工业总产值预计实现1240亿元，同比下降27.1%。中国宝武、中国石化与湖北省人民政府签署战略合作框架协议，加快实施81个扩能提质技改项目。按照“三不减、三提升”原则，实施武钢有限三年提升计划，推进武钢现代产业园建设，全力保生产，实施精品化战略，电机用取向硅钢、高速铁路用耐腐蚀钢轨两项新产品全球首发，全年预计实现产值716亿元，同比下降14.6%；中韩石化稳步生产，实施67天停产检修，全年预计实现产值290亿元，同比下降38.4%；积极谋划推进炼化一体化项目，成立由市政府主要领导任组长的推进炼化一体化项目工作领导小组。服务业稳步发展。大力发展数字经济，武钢大数据产业园二期开工建设，长江云通总部及其关联企业布局智慧城市、智慧出行；大力发展商贸商务，武汉联杰能源入选中国民营企业500强第471位，连续举办直播公益活动、仲夏消费季、金秋消费季等促销活动，全力提振消费人气。发展夜间经济，打造恩施街特色美食街区。推进房地产平稳发展，华侨城继续布局青山，66.6亿元摘牌15/17/18街地块。大力发展现代物流，服务武钢物流打造智慧运营平台，投资57亿元的武汉工业港项目正式启动。大力发展楼宇经济，8栋商务楼宇纳税总额近5亿元。推动数字文化产业集聚发展，创青谷获评省服务业发展示范园区。项目建设扎实推进。印发《关于大抓项目、大抓投资奋力完成2020年经济指标的若干措施》，对158个项目实行区领导包保制度，实现周调度、月排名，全年预计完成投资160亿元，占全区完成投资的93%；13个市级重大项目预计完成投资78亿元，占全区完成投资的46.4%。大华锦绣时代47街地块部分楼栋实现封顶，和纵盛滨江商务区启动区39街地块、招商13/14街项目主体结构工程顺利推进，华侨城7街坊、大华锦绣前城、白羊佳苑还建社区项目二期开工建设。中韩石化乙烯脱瓶颈改造、东风嘉实多润滑油、鲁华C9树脂新材料等项目加快推进，烽火锐拓光纤预制棒项目全面进入试生产，韩国东进、春笋加气混凝土项目建成投产。聚焦

2020年8月，青山中韩（武汉）石油化工有限公司开展乙烯脱瓶颈改造项目

产业加大招商。全力做好数字经济产业招商，青山数谷项目成功签约，长江云通集团有限公司、长江云通出行科技有限公司等11家相关企业落户青山，依托滨江商务区建设，积极引进字节跳动湖北总部等重点项目。强化重大项目招商，对接柏斯音乐集团，推动长江钢琴文创园项目落户。加大工业产业链招商，接洽湖北平安电工、辽宁三三工业、中国化学工程集团等大型工业企业。优化招商环境，兑现招商引资奖励资金1900万元。扩大招商资源，向13家境外驻汉机构推介青山。

改革创新。开展规划编制。完成青山区和化工区“十三五”规划评估，开展两区融合发展后的规划并轨编制工作。启动“十四五”规划纲要编制，开展重大前期课题研究，进一步谋划制定高质量发展指标体系，深化产业发展定位和产业空间布局研究，做好现代服务业、教育事业等26项专项规划编制。完成北湖产业生态新城空间发展规划方案，扎实推进第二阶段深化项目和规划环评工作。成立服务武钢转型发展领导小组及工作专班，对厂区土地实施集约利用、制定武钢现代产业园集约用地方案，启动武钢现代产业园空间规划及产业规划。推进创新创业。组建华开数科孵化器，新增孵化面积4000平方米，乐创互联孵化器、创享之星孵化器等7家孵化器申报市级双创平台，举办科技成果转化活动6场，完成技术合同登记额10亿元。全区净增高新技术企业38家。打造特色人才品牌，出台《青山英才计划》，评选8名产业领军人才、16名优秀青年人才、8名钢城工匠。集聚青年人才强基础，新增社保大学生15402人，新增落户大学生2733人。深化“放管服”改革，完成个体工商户登记、小餐饮经营许可等事项下放，深化“四办”服务，“马上办、就近办、一次办、网上办”比例分别达77%、87%、100%、97%。实现企业开办一天办结、工程建设项目全流程审批不超过45个工作日，推进不动产登记全流程网上办理。积极服务企业降本增效，全年新增减税降费17亿元。新增市场主体4642户，同比增长32%。加大知识产权保护力度，41家企业获批守合同重信用企业；加强社会诚信体系建设，公布414个失信执行人。

城区建设。生态整治持续推进。持续开展环保督查反馈意见整改，做好对标清查。扎实开展拥抱蓝天行动，1—11月，空气质量优良率达84.9%，提高22.9个百分点。加强水污染防治，推进北湖环境治理和修复项目建设，北湖闸港、北湖大港、严西湖北岸水环境整治等工程进展顺利。推进北湖片区雨污分流改造，完成武钢厂区雨污分流截污管网工程，北湖、严西湖、竹子湖等水质保持稳定，饮用水水源地水质达标；建立河湖管护机制，有序推进黑臭水体和劣V类湖泊治理；加强土壤污染治理，完成原青江化工厂地块土壤修复；全面整治“散乱污”企业，其中搬迁23家、停产50家。加强城市综合治理，拆除各类违法建设8万平方米，大城管综合考核成绩位列全市第二；推进沿江码头综合治理，船舶污染防治稳步推进。完成12家农贸市场综合改造。基础设施建设加快。完成区级城建投资81亿元，开工建设友谊大道快速化改造工程、矶头山公园海绵化改造工程，持续推进长江右岸大道、和平大道东延线前期工作；启动并完成水东路、红钢三街、建二侧路等11条重点路网建设。启动老旧小区改造项目和“三供一业”老旧小区改造项目，49个老旧小区改造完成工程形象进度63%，21个“三供一业”老旧小区完成工程形象进度39%；轨道交通5号线青山段建设已全部实现洞通、轨通，确保明年通车运行；完成13个停车点位，13968个停车泊位，2850个充电桩建设；完成武惠堤生态游园、铁珞山游园建设，建设绿道10公里。严西湖支路、康宁西路等道路完成海绵化改造。推进长江森林一期建设，完成四环线生态带一期建设，长江两岸绿化1500亩造林完成90%。“三旧”改造稳步推进。完成旧城改造征收34万平方米，供地440亩，沿江A地块、15/17/18街坊、35街坊还建房等地块实现供地。五粮仓库宿舍、武九铁路青山段、红港二村、阀门厂、23街坊、27街坊和31街坊等9个项目完成征收完毕确认；滨江红钢城5街坊、6街坊、3街坊、两河区域F地块、高铁沿线春笋集团及周边、高铁沿线建设十路延长线铁路南等15个项目下达征收决定；28街坊、轨道交通19号线、轨道交通12号线等项目作出征收决定书。完成城中村改造拆迁39万平方米，东部城中村改造签约5849户，签约面积157万平方米，完成五星村拟出让地块185.7亩拆迁工作，武东村还建房开工建设。

社会民生。民生保障持续增强。完成第四次全国经济普查和第七次全国人口普查，全面掌握经济和人口家底。举办“春风行动”“助力三必需企业”等招聘会17场，提供岗位3万个，全区城镇新增就业1.26万人，开展以工代训培训1.2万人。发放大学生一次性创业补贴、创业担保贷款等790余万元，发放灵活就业社保补贴3100万元。提高社会保障水平，“五险”扩面新增48820人，发放养老金77.5亿元，发放失业保险金5610万元。实施临时救助兜底，救助945人次，发放救助金205万元。6个“互联网+居家养老”服务网点开工建设。完成棚户区改造住房新开工2800套、基本建成1500套、发放住房租赁补贴3401户，筹集公租房378套、租赁住房2000套、大学毕业生保障房1.6万平方米。社会事业均衡发展。中高考成绩稳步提升，公办普高上线率和高考一本上线率持续超过50%；武钢三中国际部完成主体工程，武钢三中本部改扩建项目开始现场施工；完成1所小区配建幼儿园建设。弘扬志愿者精神，筛选3000名志愿者参与防疫志愿服务活动，华雨辰、刘景昊等先进典型被中央主流媒体报道，青和居社区获评全国文明单位。组织文艺爱好者深入抗疫一线，创作文艺作品120件。健全公共卫生预防体系，推进区疾控妇幼公共卫生大楼、市九医院平战结合大楼等项目建设，加强基层医疗服务能力建设，红钢城社区卫生服务中心获评湖北省级社区医院，14家基层医疗卫生机构组建88个家庭医生团队。提升计生服务能力，落实全面两孩政策。社会治理精细高效。推广青和居社区党建引领基层治理经验，做优“天天敲门组”“顺顺吧”“好样的工作队”等五大服务载体，实现整区全覆盖。打赢防汛排渍硬仗，全区2300余人持续34天24小时不间断巡查排险，确保大堤万无一失。加强社会治安综合治理，坚决推进扫黑除恶“六清”行动，打掉涉恶团伙8个，刑拘违法犯罪嫌疑人49人，破获刑事案件18件。依法保障农民工权益，加强依法维权宣传。扎实开展矛盾纠纷排查化解，受理各类纠纷4600件，调解成功率达100%。打造阳光信访、责任信访、法治信访，遏制信访矛盾上行工作位居全市前列。坚决整改各类安全隐患，全区安全生产形势总体平稳。

（青山区发改局）

洪山区

【概况】 2020年，洪山区全面统筹推进疫情防控和经济社会发展，全力做好“六稳”工作，落实“六保”任务，全力以赴推进疫后重振，全区经济社会呈现加快恢复态势和健康发展的良好局面。前三季度，全区地区生产总值完成697.32亿元，全市排名第7，同比增长-7.4%，全市排名第3，全年GDP完成1080亿元，同比增长0.5%；前三季度服务业增加值同比增长-9.8%，全市排名第7，全年服务业增加值同比增长2%。截至11月，地方一般公共预算收入总量达85.94亿元，全市排名第6，同比增长-16.1%，全市排名第3。全年地方一般公共预算收入完成92亿元，同比增长-15.9%。截止11月，规模以上工业增加值增速7.5%，全市排名第1。全年规模以上工业增加值完成73亿元，同比增长5%。截至11月，固定资产投资增速-14.2%，全市排名第8，其中，工业投资总额同比增长-42.8%。全年固定资产投资完成390亿元，同比增长-12%。截止11月，社会消费品零售总额完成440亿元，全市排名第6，同比增长-20.5%，全市排名第8。全年社会消费品零售总额完成480亿元。截至11月，招商引资实际到位资金602.8亿元。全年招商引资完成600亿元以上。全年实际利用外资完成2.1亿美元。

疫情防控取得成效。在全市率先启动隔离点建设，对高风险人群一律实行集中医学观察，先后征用辖区87家民营医院、酒店，建设各类隔离点71个，筹集床位近万个，真正实现了“床等人”。对隔离人员实施中药治疗，累计使用中药汤剂21万余袋。多渠道拓展医疗资源，改造完成672医院、荣军医院等医疗机构床位近600张，开辟就医绿色通道。及时建立三级病患转运工作专班，累计转运高风险人群2万余趟次，最大限度提高收治率和治愈率。经过全区上下艰苦奋战，洪山抗疫工作卓有成效。最大限度阻断传染源、降低感染率，全区792个小区全部实行封闭管理，对294个小区412个点位进行集中封堵，硬质隔离累计总长度超过15000米。坚决落实居民进出小区“四必”要求，每个小区只留一个出入口，引导居民非必要不外出、不聚集，提高居民健康卫生意识，严防发生社区疫情。全方位筹集防疫物资，累计筹集医用口罩470.3万个，防护服38.47万件，护目镜7.8万个，手套150.22万双，消毒液8.26万桶（瓶），酒精7.8万桶（瓶），药品5.57万箱（盒），生活食品类22.37万件。所有物资、资金均及时、足额调配到街道社区、隔离点等一线单位，有效保障了疫情防控工作需要。保障人民群众基本生活。组织运送活鱼138.7吨、组织团购85万余份，配送储备冻猪肉1053.4吨；480家药店正常营业，占全区药店总数的89%；白沙洲农副产品大市场蔬菜出库量日均2000余吨，确保了江南片区农产品供应充足、价格稳定；全力救助特殊困难群体，发放爱心蔬菜3.4万份，物资包1.2万份；安置滞汉外地人员、流浪乞讨人员792人，发放临时生活救助金1807人次、309.5万元；及时处置突发应急事件，累计投入网约车6.3万台次，接送居民及医护人员出行17.7万次；协调组织民兵5.2万余人，共同参与交通封控、物资运送、防疫消杀等行动，充分保障辖区居民基本生活需求。做好常态化疫情防控工作。面对国内外疫情防控形势变化，坚持“内防输入、外防反弹”，动态优化疫情防控举措，组织核酸检测大会战，组建800个核酸检测采样组，累计完成全员核酸采样检测108万人次。坚持常态化精准防控和局部应急相结合，严把输入关、检测关、哨卡关，全力防范和化解境内外疫情输入风险。

惠企政策落实落地。认真落实中央一揽子政策和省市惠企政策，着力稳定经济基本面。积极申报落实5家重点保供企业获得11.57亿元的贴息贷款。先后帮助1097家企业、496家个体工商户成功申报纾困资金；帮助4964家企业通过汉融通平台成功融资58.6亿元。用好区战略性新兴产业发展引导基金，已核准子基金项目7个。完成3批127家符合条件的在营保供商贸流通企业30%电费补贴审核发放工作，兑付金额636万元。为企业减免税收15.7亿元，减免社会保险费14.8亿元、房租近2亿元。发放工业企业就业奖补资金987.9万元，发放以工代训补贴1501.4万元。

市场主体稳步发展。深化“放管服”改革，树立“有呼必应、无事不扰”的“店小二”服务理念，优化营商环境，争创全市政务服务最优、营商环境最好城区。大力开展“送政策、听情况、交朋友、解难题、促平安”联系服务企业活动，累计走访企业4274

家，解决各类问题1321个。采取企业相亲会、直播带货、线上金融服务等多种方式，精准打好助企组合拳。“四上”及房地产企业复工率达到100%，复岗率达到101%。新增工业企业小进规21户，超额完成目标任务。

项目建设进度加快。全年完成签约亿元以上项目6个，签约总额328亿元。杨春湖高铁商务区华侨城欢乐天际等7个亿元以上项目全面开工，首开金茂府等续建项目进展顺利，前霖杨春湖项目高压线迁改已经完成。青菱高科技产业园在中心城区率先试行工程建设告知承诺制，今年武汉市土地市场成交的首宗地块“武汉智联创星中心”实现“3月底摘牌、6月份开工”，联东U谷等在建项目明显提速。抢抓武汉市亮点区块建设机遇，推动中央创智区项目落地，理工大孵化楼二期、三期及中建三局综合体、诚功大厦等项目顺利开工，湖工大马房山校区等项目全面启动。通过以商招商、以企引企，线上线下同步招大引强，白沙洲龙湖天街、中粮工科武汉研发中心、卓尔·华谊兄弟电影小镇3个30亿元以上服务业项目成功签约，湖北省文投集团总部等优质企业入驻洪山。强化区级领导“七个一”包保联系机制，每个区级领导结合挂点联系街道，保企业、包项目、督进度。5个市级新开工重大项目已全部开工，1个前期项目已提前开工，均达进度要求。截止2020年11月，全区亿元以上重大项目178个，总投资3289亿元，完成投资329亿元。今年以来，新开工亿元以上重大项目52个，总投资721亿元，涉及战略性新兴产业、先进制造业、现代服务业及基础设施建设等领域。民生补短板项目加速推进。武汉大学人民医院洪山院区、湖北省妇幼保健院洪山院区、洪山区人民医院、洪山区疾控中心、洪山区妇幼保健院5个医疗卫生项目相继开工建设；新建成中小学3所，开工2所。

要素集聚能力增强。以大学创新经济带为依托，加快推进创新要素集聚，着力培育壮大经济发展新动能。开展线上线下科技成果对接活动11场，签约项目67个，实现区域技术合同成交额75亿元。完成科技成果转化平台信息录入337条，完成科技型中小企业入库目标。完成高新技术企业申报数量346家，其中首次认定277家，重新认定69家。充分发挥洪山科教优势，积极推进湖北技术交易大市场建设工作，不断完善科技成果转化机制，建立技术转移交易体系。培训并认证技术经纪人25人，完成年度目标任务100%，培育市级技术转移示范机构2个，促成科技成果转化落地120项，完成年度目标任务109%。

生态建设有序推进。全面落实河湖长制，完成汤逊湖、黄家湖、青菱湖、野湖退垸还湖前期工作。南湖流域165个小区及单位雨污分流改造基本完工，74处市政管网混错接节点完成改造，509处排水管网Ⅳ级缺陷基本修复。积极推进国家生态园林城市和湿地城市创建，完成绿地建设71.1公顷，持续推进湿地保护修复，全区湿地保护率100%。系统推进“精致环卫”工作，清理转运生活垃圾约45万吨。开展生活垃圾分类试点，已开展试点社区34个、小区226个、单位604个，累计配置分类收集容器2.67万个。开展建筑工地环境整治，处理工地噪音、路面污染1.1万起，全区空气优良天数比去年同期增加79天。

社会保障持续改善。加大保就业保民生工作力度。突出高校毕业生、就业困难人员等重点群体，落实“稳就业、保就业”政策，通过发放稳岗奖补、就业补贴等举措，综合施策促就业。开展“大学之城就业节”系列活动，举办“网上春风行动”“空中人才市集”“复工复产企业专场招聘会”等各类线上线下招聘活动203场，组织招聘企业9680家（次），累计提供就业岗位逾10万个，线上关注、线下参与的求职者突破110万人次。城镇新增就业目标1.6万人，完成新就业2.3万人，其中新增大学生就业1.4万人，城镇登记失业率小于3.6%。发放一次性创业补贴191笔，共152.5万元。为4569名灵活就业人员享受社保补贴2750.3万元，为吸纳324名就业困难人员和大学毕业生的66家企业发放社保补贴89.8万元。全区退役军人工作取得了较好成效，我区被省委、省政府、省军区授予“双拥模范城”荣誉称号。加快养老和文教事业发展。新建、扩建2家养老机构，床位共233张，建成600张床位的省医养老康复示范项目。新建57个社区老年服务中心（站），已实现每千名老人50张床位的标准。新改扩建公益普惠性幼儿园5所，新改扩建并投入使用中小学3所。“四馆三场两中心”建设稳步推进，新扩建社区文体广场8个，辖区10余家博物馆全部对外开放。提升社会综合治理服务能力。治安形势平稳有序，全区有效刑事警情3772起、违法犯罪警情4.2万起，分别同比下降了19.5%、8.3%。决战决胜脱贫攻坚，投入资金1032.8万元，建设、引进扶贫产业项目19个，为扶贫对象办理实事61件，组织扶贫消费1300余万元，有效确保了已脱贫村及贫困人口持续稳固脱贫。

（洪山区发改局）

蔡甸区

【概况】 2020年，蔡甸区积极应对疫情对经济社会造成的冲击，全力以赴促发展、保民生，推进经济社会快速恢复常态。地区生产总值完成400亿元左右，与上年持平，低于年度计划，基本达到疫后市调整目标要求；固定资产投资完成380亿元，同比增长1.8%，低于年度计划，增速排名全市前列；工业投资完成95亿元，同比下降-18%，低于年度计划，增速排名全市前列；地方一般公共预算收入完成34亿元，同比下降-15.1%；规模以上工业增加值完成160亿元，同比下降-19%，低于年度计划；社会消费品零售总额完成138亿元，同比下降-6%，低于年度计划，增速排名全市前列；实际利用外资预计完成6.9亿美元，同比增长10.2%，超额完成计划任务；城乡居民人均可支配收入高于经济增长速度。全年新增市场主体13800家，同比增长19.8%，其中企业主体3200家；全年新增“四上”企业75家，其中规模以上工业55家、限额以上商贸业18家、规模以上服务业2家。企业上市工作成效明显，新增上市后备金、银种子企业各3家，东丰物流在“新三板”挂牌。

产业转型。工业结构持续优化，净增高新技术企业84家，高新技术企业产值占规模以上工业总产值的68%，较上年提高了4.5个百分点。服务业加快发展，深国际、韵达等项目开工建设，欧漫达高文化、弘金地体育等一批优质项目签约。农业都市化、融合化发展步伐加快，市农业集团蔡甸农产品加工园项目积极推进，全年预计农产品加工产值达105亿元；网络带货直播促进“农业+直播+电商”模式快速发展，全年农产品线上销售额达2.3亿元。

项目建设。全年180个亿元以上项目开工170个、开工率达94.4%，钢旭红阳、新晨汽车等8个工业项目投产。优化审批服务，探索推进编审同步、告知承诺等制度，持续深化工程建设审批改革，项目落地步伐不断加快。投资20亿元的中电光谷数字产业园实现当年签约、当年供地、当年开工，投资30亿元的优炫信息安全产业园、12亿元的京东亚洲一号、10亿元的牧野汽车等优质项目步入建设快车道。全力保障项目资金需求，争取各类专项资金55.09亿元，争取获批政府债券额度79.33亿元。全年完成基础设施及其他投资132亿元，同比增长33.7%。

重点区域建设。中法生态城大规模启动建设，中法半岛小镇规划正式发布，26家企业签署意向入驻协议；生态城大道、琴润大道及启动区路网道路建设进展顺利，中法企业中心、中建·中法之星等项目有序推进，全年完成投资93.6亿元，占全区的24.6%。中德产业园启动区七通一平基本完成，德国企业之家主体封顶，德国迪莫普斯、西门子等项目入驻，常

2020年4月16日，武汉市农村商业银行蔡甸支行与武汉市高湖生态景观工程有限公司签订意向授信协议，支持企业复工复产

寿大道西延、九年一贯制学校等基础配套项目快速推进，全年完成投资138亿元，占全区的36.3%。嵩阳大道乡村振兴示范带初现成果，花博汇成功创建4A景区，十里莲华·养心谷开门迎客，黄虎村引进各类文艺工作室11个，累计建成九如鲤、炉房景中村等市级美丽乡村45个，形成了一批亮点示范区域。

生态建设。全区新增绿地面积35公顷以上。功能短板不断补齐，完成建新花园、广场花园等8个老旧小区改造，索河街“擦亮小城镇”行动试点等一批街乡市政基础设施建成；新建停车位6000个、充电桩2200个，建成5G基站495个。城乡环境卫生统筹推进，农村生活垃圾分类覆盖率达95%，城乡生活垃圾无害化处理率超过95%。生态保护成效明显。沉湖湿地累计退养还湖（湿）427户，严格实施汉江（蔡甸段）禁捕，植树造林1900余亩。生态保护管护常态化，沉湖湿地10.7万亩退养区域实现统一管理，全面推行河湖长制，巡查力度不断加强。环境治理持续深化，东部区域清水入江、什湖及周边环境整治、村湾污水治理、劣V类湖泊整治等工程加快实施，后官湖水质提升攻坚工程进展顺利。绿色低碳全面践行。中法生态城加速推进长江经济带绿色发展示范区建设，农作物秸秆综合利用率达95%；批复自建分布式光伏发电项目125个；免费发放节水器具200余套，引导居民形成节约节水生活习惯。资源综合利用效率不断提升，蔡甸经济开发区积极推进省级循环经济示范园区改造，千子山循环经济产业园有序推进建设，新增市级节能低碳管理系统介入点位2处，锦瑞技术完成清洁生产审核验收，全年单位地区生产总值能耗下降3.1%。

社会民生。脱贫攻坚取得决定性成果，建档立卡贫困人口全部销号。社会保障体系更加健全，社保综合覆盖率稳定在98%以上，社会保险净增参保12000人次。困难群体的基本生活需求得到有效保障，统筹发放社会救助资金1.7亿元。棚户区改造住房开工1000套、筹集租赁住房5000套。公共卫生体系加速完善。迅速动员、全员上阵，较早被列为全市低风险区，打赢了疫情防控阻击战。针对性推进补短板工作，2家发热门诊、22家发热诊室建成投用，区人民医院感染性

疾病大楼投入使用，武汉常福医院、区中医院医疗综合楼主体结构封顶。医疗服务水平不断提升，区人民医院成功通过三级综合医院评审，5个区级临床重点专科通过市级评审。各项事业持续加强。城镇新增就业8350人，城镇登记失业率3.5%，“稳就业”工作获央视新闻联播报道。教育资源布局更趋均衡，蔡甸实验学校、中法城一初等项目进展顺利，新招聘教师的66%分配到农村学校。文体事业繁荣发展，三位一体的公共文化服务体系全面优化，新建社区足球场12个。21个农贸市场标准化改造达标工作全面完成。

（蔡甸区发改局）

2020年9月19日，武汉市庆祝中国农民丰收节开幕式在江夏区乌龙泉街举办

江夏区

【概况】 2020年，江夏区完成地区生产总值900亿元左右；完成全社会固定资产投资480亿元，同比下降16.45%，降幅较一季度收窄50.35个百分点，其中完成工业投资195亿元，同比下降26.6%，降幅较一季度收窄70.2个百分点；完成规模以上工业增加值240.45亿元，同比下降22.61%，降幅较一季度收窄48.89个百分点；社会消费品零售总额301.32亿元，同比下降17%，降幅较一季度收窄25.9个百分点；地方一般公共财政预算收入64.76亿元，同比下降29.5%，降幅较一季度收窄6.3个百分点；城镇居民人均可支配收入达3.8万元；农村居民人均可支配收入达2.4万元。单位地区生产总值能耗下降和主要污染物排放削减量完成市下达目标。

疫情防控。全市行政区确诊人数最少、感染率为1‰。医院建设用最快速度，保障雷神山医院12天完工交付使用、6天改造完成大花山方舱医院、5天让普安山康复驿站整旧如新，率先实现“床等人”，确保“应收尽收、应治尽治”。医疗救治探出多条新路，在全国率先探索血浆疗法、干细胞疗法等先进疗法，“血浆疗法”得到总书记“点赞”；大花山方舱医院率先推行中西医结合治疗模式，收治病人“无一例转重”。抓好康复病人复诊、家庭医生签约和心理疏导，为新冠肺炎患者康复提供了全面服务。疫情常态化防控有效有力。组织开展核酸检测“十天大会战”，全区共合计采样69.2万人次，为疫情科学防控提供了决策依据。严格落实落细“外防输入、内防反弹”，在小区防控、高风险地区输入管控等方面常抓不懈，确保“疫情一日不除，防控一刻不松”。加强对全区农贸市场、超市、海产品、冷冻品等进行采样监测，做到问题尽早发现、尽早解决。

工业经济。支持企业复工复产，坚持一企一策，推出“救企贷”“救急贷”“黄金十条”等政策举措，减税降费多措并举，推动企业复工复产和达产达效。全年为185家企业争取纾困资金16.7亿元，累计减税降费13.6亿元，为258家企业发放贷款24.2亿元。开通江夏区名优地产品采购管理系统，支持中小微企业渡过难关。全年规模以上工业总产值完成1050亿元，规模以上企业总数达到267家。支持企业转型升级，全年新增规模以上企业33家，上“云”企业33家，进库技改管理项目90家，落实企业技改、专项补贴资金1.1亿元。支持发展智造经济，推动汽车及零部件等支柱产业提智扩能，擦亮“江夏造”品牌，上汽通用新能源汽车年产突破2万辆，全省首台5G+智能移动式核酸检测车交付使用。完善“新两园”基础设施，新建和改造5G通信基站823个，不断提升企业5G网络应用水平。

农业发展。全年完成农业总产值168亿元，同比增长1.2%；预计完成农产品加工业产值145亿元，同比增长3.6%；预计完成农业固定资产投资1.26亿元，同比增长129%。现代农业持续推进，累计推广农业“三新”技术25项，新增各类农机具1960台，新建高标准农田1.9万亩，新增“二品一标”认证产品12个，实施10万头生猪绿色发展项目5家，圆满完成1583万公斤稻谷收购任务。

现代服务业。2020年，全区服务业增加值完成447亿元，同比增长2.1%。数字经济加快发展，BAT、华为等龙头企业发挥技术、平台和资源优势，推动互联网、人工智能、大数据等产业逆势上扬，全年产值增长30%。全区金融机构各项存款余额776.6亿元，增长5.71%；金融机构各项贷款余额606.76亿元，同比增长18.13%。8家企业成功挂牌“新三板”，在全市新城区中排名第一；四板挂牌企业总数达到53家，上市后备企业总数达到67家。百捷科技园获评省级服务业示范园区，童周岭上榜全国乡村旅游重点村，新华网“云赏春”走进五里界田园乡村，关注点赞数超 500 万人次。

项目建设。198 个区级（含市级）重大项目开工建设，完成投资 375 亿元。其中：续建项目 108 个，完成投资 273 亿元；新开工项目 83 个，完成投资 102 亿元；前期项目 7 个，总投资 68 亿元。抢抓中央一揽子政策机遇，加快推动疫后重振，累计发行新增政府债券 62.2 亿元，争取防疫政策性补助资金 41.5 亿元。创新招商引资方式，引进坤鼎智能医疗、深圳盛钻、泰瑞思健康产业园等重大项目 17 个，签约金额 520.6 亿元，其中工业项目 13 个，签约个数占总数的 76.47%，签约金额占总金额的 23.05%。加快推进光谷南大健康产业园建设，武汉生物所病毒疫苗新生产车间竣工，华润、武汉地产等一批康养项目主体工程封顶，中生武汉生物实验室及生产车间、东湖高新国际健康城、光谷南大健康产业园研发中心等重大工程建设顺利推进。

改革创新。重点改革扎实推进。创新社会治理模式，聚焦群众关切突出问题，推进基层“社小联治”“法治联盟”“民呼我应”“最多访一次”等系列改革举措。国家级残疾预防综合试验区创建试点先后 4 次在全国范围通报表扬，“金口管家”做法入选“首届湖北社会治理创新十大案例”，利用集体建设用地建设租赁住房试点项目在全市率先封顶。营商环境不断优化。落实“1+1+3”重大项目服务机制和“3+6”重大项目推进机制，当好金牌“店小二”；探索推进“开工备案制”“承诺即开工”“零跑腿不见面审批”等改革，工业项目全环节审批时限压缩至 50 个工作日以内。持续优化政务服务环境，实现区街村“一网通办”全覆盖。率先在全省搭建“智慧江夏企业一键开办”平台，将企业设立时间压缩在 1 个工作日以内；进一步规范涉企收费，梳理公布《区级行政审批中介服务事项清单》；整合打造“民呼我应”平台，实现企业群众诉求“一网打尽”。推进“双随机一公开”全覆盖。实行行政指导非强制性执法，慎用查封扣押冻结措施。创新驱动持续增强。全年高新技术产值突破 1000 亿元。新增瞪羚企业、高新技术企业 100 家。全年组织四场科技成果转化活动，签约金额 1.76 亿元，第二季度全区科技成果转化工作考核位列全市第一。培育支持 18 家企业获得国家两化融合贯标认证，1 家获评国家级双创平台；5 家企业获认定第四批省隐形冠军企业，30 家企业获认定科技“小巨人”企业，认定 8 家科技特派员工作站。全年新增留汉创业就业大学生 1.02 万人。

城区设施建设。基础设施不断完善。新增停车泊位 6231 个、充电桩 2200 个，充电站 12 座。投资 97 亿元实施城建攻坚计划，纸贺线道路提档升级主体工程基本完工，G107 贺站铁路桥改造工程顺利通车，郑店供水加压站、纸坊城区雨污分流、五里界污水提升泵站等 16 个重点市政工程加快推进。全面启动南部街道集镇污水处理厂及配套管网建设，1721 个村湾生活污水实现全收集、全处理。巩固省级“四好农村路”示范县成果，投资 4000 余万元全面完成村道生命防护工程建设；启动国内首条 500KV 超高压线路入廊工程，谭鑫培路城市地下综合管廊全面开工。

脱贫攻坚。全年投入扶贫项目资金 9833 万元，实施产业扶贫项目 190 个，累计带动贫困户 3300 余户、6000 余人。发放扶贫小额贷款 96.99 万元，完成危房改造 402 户。举办就业扶贫专场招聘活动 46 场，开发公益岗位 550 个，助力贫困劳动力就业创业。贫困人口养老保险参保率 100%，农村低保和特困对象保障标准分别达到 680 元/人/月和 1280 元/人/月。在全省率先实行“一站式服务、一票制结算”，“985”医疗救助和健康扶贫签约服务分别惠及贫困户 2000 余人次、1.6 万余人次。贫困村集体经济收入稳定 20 万元左右，贫困户人均纯收入 2 万元。

城乡协调发展。扎实开展文明创建、“扮靓江城迎国庆”活动，全域加强环境整治，社区、行政村生活垃圾分类覆盖率达 85%，拆除各类违法建设 402 处、7.8 万平方米，农贸市场标准化改造初见成效，市容市貌全面提升。新增“三乡工程”行政村 73 个，吸纳社会投资 22 亿元，建设共享农庄 306 户；美丽乡村项目持续推进，64 个区级创建美丽村湾项目全面完工，农村人居环境不断改善。稳步推进智慧城市建设，智慧江夏运营管理中心建成投用。南部公交一体化开通运营，开通“微公交”线路 9 条。

生态建设。持续推进大气治理，PM10、PM2.5 等主要大气污染指数指标全市排名靠前。全面落实河湖长制，加快推进梁子湖、汤逊湖、鲁湖等湖泊治理，加大“7 湖 2 港”等污染水体整治力度，黑臭水体治理形成常态化，消除劣 V 类水体 7 个。持续整治农业面源污染，退渔还湖 872 户、7.2 万亩。长江江夏段、金水河新河口（上游）水质综合评价为Ⅱ类，梁子湖、斧头湖水质均达到水环境功能区划要求，全区集中式饮用水水源地水质全达标。认真做好中央第四生态环保督察组“回头看”及长江保护相关问题整改。生态建设有序推进。坚决落实长江流域“禁渔令”，全区禁捕水域 322 艘渔船全部上岸回收。积极开展生态示范创建，推进矿山整治和山体复绿，建成 33 公里环山绿道、80 公里环汤逊湖绿道，完成林荫道改造 10 条、14.3 公里，完成人工造林 2107 亩，实施森林抚育 3 万亩，完成四旁植树 20.5 万株；新建、改建各类公园 12 个，新增绿地 59 公顷。创建省级生态乡镇 2 个、省级生态村 11 个。加快推进金口二泵站、金水河 12 座泵站等水利“补短板”工程建设，有力提升排洪泄洪能力。

社会事业。加大医疗卫生补短板。投资近 50 亿元高标准推进“平战结合”的云景山医院、区疾控中心、区中医院、协和江南医院南楼等项目建设，完成区妇幼保健院迁建，全面推进社区卫生服务中心和“12 分钟急救圈”建设，加强医疗卫生人才队伍培养，基层公共卫生防护网进一步完善。完善社会保障体系。全年新增城镇就业 11143 人，城镇登记失业率控制在

3.6%以内；新增农村劳动力转移就业1180人，完成就业创业培训2510人。城乡居民养老保险参保覆盖率达99.34%，率先实现全市社保经办“四统一”。城镇常住人口保障性住房覆盖率提升至11.51%。全年累计为11933名城乡低保发放低保金1.1亿元，为920名城乡特困对象发放供养资金1700余万元，为2817名优抚对象发放抚恤资金1945.61万元，为571名义务兵发放家庭优待金2742.23万元。新冠疫情期间，向优抚对象发放临时补贴512.52万元。建成各类养老服务设施263处。文化教育事业均衡发展。统筹城乡教育发展，扩大优质教育资源供给，新增学位2110个。实施18所中小学新改建项目，碧桂园幼儿园、古驿路小学、花山小学等重点项目加速推进，五里界中学迁建项目年内主体结构封顶，新增公益性普惠幼儿园新改扩建工程、义务教育薄弱环节改善与能力提升工程等前期项目4个，启动全区中小学“护眼工程”，对全区公办中小学校2326个教室和功能室实施照明设施改造。探索与武汉小学等名校合作办学模式，联合华中师范大学、腾讯教育科技有限公司等举办未来教育2020峰会，推动打造未来教育产业园（城），让教育资源更加均衡优质充分。成功举办“炫动江夏”运动文化节等大型公益文化活动10场。社会治理不断创新。推动机关企事业单位党员干部常态化下沉社区，注册志愿者人数达12.7万人，居新城区第一。建成区街村（社区）三级综治中心310个，创建星级平安村（社区）134个，持续开展信访积案化解，越级上访明显下降，基层社会治理水平不断提升。

（江夏区发改局）

临空港经开区（东西湖区）

【概况】 2020年，东西湖区全力以赴抗击新冠肺炎疫情，统筹推进复工复产和防汛抗洪，经济秩序复苏步伐逐渐加快。

全区地区生产总值同比下降0.2%；服务业增加值同比增长6.3%；规模以上工业增加值同比增长0.1%；全社会固定资产投资同比下降28.5%；工业投资预计同比下降56.5%；招商引资实际到位资金同比下降2.1%；实际利用外资同比增长4.4%；社会消费品零售总额同比下降10.9%；进出口同比增长3.3%；地方一般公共预算收入同比下降17.9%；城乡居民人均可支配收入跑赢GDP。

增长潜力持续蓄积。投资增速企稳回升。全区投资在背负较高基数且一季度陷入停滞的不利局面下，奋力追赶，房地产和政府投资双双发力，顺利促使投资总量继续维持在全市前列，且同比降幅大幅收窄，呈现“深V”反弹。全年完成固定资产投资613.37亿元，同比下降28.5%，降幅较一季度收窄64.3个百分点。其中：政府投资完成120亿元，占固定资产投资的比重由去年的15%提升至今年的19.5%，关键性支撑作用日益增强；房地产投资完成224.6亿元，同比增长53.2%，占固定资产投资的比重超过36%，发挥了投资顶梁柱作用。消费和市场逐步复苏。消费市场回暖态势不断巩固，同比降幅年内持续收窄，全年社会消费品零售总额速度在全市排名第2位，总量完成425.6亿元，消费市场恢复到2019年的90%。成功举办2020武汉啤酒节，金银湖商业综合广场（万达广场）盛大开业。市场活跃度持续提升，1—12月，全区市场主体新增数量1.62万户，其中新增企业10096户，数量在全市位列第2；全区各类市场主体突破13万户。良品铺子、回盛生物成功上市，全区新增2家上市公司。外资外贸平稳运行。持续推进口岸建设，推动跨境电商项目落地，引进京东、九米跨境电商重点项目，完成首票操作；新增建铁路口岸线束项目，投产后铁路集装箱中心场站运输能力将提高2.5倍；推动国际快件监管中心升级迁至综保区内，周转效率持续提升，实现保税加工“零突破”。全年完成进出口总额188.9亿元；实际利用外资完成12.13亿美元。

扎实推进复工复产。续建项目加快建设。顺利推进京东方、康宁产能提升，中金数据华中大数据中心、航达航空产业园厂房、顺丰电商产业园、蒙牛低温乳品厂一期等33个亿元以上重大产业项目投产运营，不断创造新的经济增长点。开工项目顺利推进。在疫情暴发、企业投资意愿大幅下降的形势下，顶住重重压力，全年顺利推进48个项目开工，协议总投资650亿元，迪马科技产业园、名创优品、江丰电子、中轻世嘉动漫城等项目已进入建设阶段，为经济复苏增强韧性、蓄积后劲。工业迅速复工复产。自3月10日武汉最后一家方舱医院休舱以来，全区迅速推进企业复工复产复岗，3月30日全区规模以上工业企业复工率达到100%；4月8日武汉“解封”当天全区规模以上工业企业员工复岗率达到76%。全区341家规模以上工业企业亏损面较一季度收窄32.8个百分点。全年规模以上工业增加值实现同比增长，速度在全市位居前列。服务业稳步恢复回升。全区228家规模以上服务业企业全部实现复岗复业。积极帮扶131家服务业中小微企业纾困，总贷款金额达到5.1亿元。九州通现代物流园区获评省级现代服务示范园，德邦物流成功入围省服务业企业100强。全年重点推进服务业项目80个，协议总投资1724亿元。启迪网安基地孵化器一期、天融信网络安全创新园等项目主体结构封顶。全区服务业增加值率先实现当季扭负转正，从二季度单季下降7.1%，迅速回升至三季度单季增长11.4%，单季回升高达18.5个百分点，实现了两位数的高速增长。初步核算，全年服务业增加值实现累计增长6.3%，有力拉动GDP上行，服务业占GDP的比重由2019年的40.5%提升至44.8%。农业运行启稳回升。全区农林牧渔业总产值圆满完成市级目标，顺利实现转正。打造农业产业发展新模式，引导农民专业合作社实施订单化生产，农产品品牌影响力不断提升。盒马授牌强鑫合作社“盒马合作基地”，成为武汉唯一"盒马村"。农民丰收节、"丰收乐趣购"线上直播活动、金秋百花展、柏泉茶园秋季采茶节、文艺家农场乡村旅游节等活动成功举办，带动乡村经济社会发展。周黑鸭、皇冠、金色惠农、旭东、绿蔬园、源香6个农业龙头企业和41个合作社产品入选市级扶贫产品。都市田园综合体加快建设。启动高标农田建设规划编制工作。

改革创新提质增效。创新驱动取得成效。"中国网谷"的知名度和影响力不断提升。国家级网络安全与人才创新基地带动区域经济发展的"头羊"作用不断增强。网安学院顺利开学。网络安全、大数据和信息技术服务等产业项目纷至沓来。航天科工智能运筹与信息安全研究院、华中新世纪人才培训及服务平台等项目成功签约落户。科技成果转化取得新进展，全年累计承接科技成果298项，合同成交金额8.6亿元。市级及以上企业技术中心和工程中心不断增加，由最初6家，增长到22家，其中国家级的4个。组织指导回盛生物、凌云科技、电建集团等7家重点高新技术企业申报国家自主创新示范企业。目前，全区建有各类研发中心75家，其中省级以上研发中心18家；建有院士工作站2个，市级科技特派员工作站5个，国家级孵化器1家、省级众创空间2家。全区高新技术企业达到314家，比上年净增115家，创历史新高。"放管服"改革持续提效。进一步深化重点领域改革，完善商事制度改革。采取"宽进、快办、便民、公开"的服务模式，将企业开办时间压缩至1个工作日。开设"一事联办"窗口，整合民政、文化教育、税务、人社等9个平台信息，与省市大数据共享平台对接，实现80%的民生服务事项"一证通办"。深化工程建设领域审批改革，减化施工许可流程，取消施工合同备案、资金证明、建筑节能设计审查备案等证明要求，针对重点项目，精简申报材料，采取"承诺可开工"模式。"四办"改革进一步提升。"一次办""网上办""马上办""就近办"事项占比均高于全市水平。政务服务效能明显提升，群众满意度和获得感进一步增强。惠企政策落地见效。对承租国有资产类经营用房的中小企业（个体工商户）实行3个月房租免收、6个月房租减半政策，截至年底，为788家中小企业减免租金4067万元。对1200家个体户和企业用户优惠水费、减免污水费；对所有工商业用户优惠电费7300万元；向202家疫情防控期间参与疫情防控相关生产以及保供企业兑现30%电费补贴资金3656万元。组织3批共计25家企业申报中央财政贷款贴息，为辖区企业争取中央财政贷款贴息资金1590万元。通过动产抵押，促进"银企对接"，企业获得融资共计16.78亿元。积极争取中央一揽子政策支持，已争取到位债券资金37.85亿元；申报中央预算内投资项目7个，申报中央预算内资金2.14亿元，已下达中央预算内资金868万元。省预算内已下达计划支持我区项目6个，安排资金3363万元。推送特别国债项目12个，总投资33.6亿元，申请特别国债资金7亿元，区人民医院三期及区公共卫生服务中心、区第二人民医院、常青花园综合医院等7个项目均已进场施工。惠企政策不断落实，为全区经济的强劲复苏奠定坚实基础。

2020年8月15日，"激情惠聚 全城嗨啤"2020年武汉啤酒节在东西湖区码头潭文化遗址公园的主会场启动

深入推进新型城镇化。"十三五"规划圆满收官，"十四五"规划纲要、"十四五"产业项目库高水平编制，区域发展思路、空间和产业布局更加科学可控。为未来发展储备空间，完成储备土地28宗，总面积212公顷；启动全区控制性详细规划评估及控规优化工作，加强"五线"控制，增加公共服务设施用地。编制东西湖区金银湖"大湖+"实施性规划，重点研究环湖路、金山大道、联通路围合的区域，规划总用地面积约1236公顷。编制完成《非集建区规划》，探索形成一条特大城市近郊非集建区由"农业生态地区"向"魅力田园地区"转变的特色发展路径。不断完善基础设施。大力完善信息基础设施，全区首批581个5G基站、第二批187个基站全部建成。五环体育中心、轻工大学、武烟厂区、东西湖协和医院、机场高速等重要区域已实现5G覆盖。全面推进交通基础设施项目，古田二路至金银湖路改造工程、将军四路连接塔子湖西路、金银潭大道连接三环线项目已经纳入全市城建计划，规划方案编制工作基本完成。107国道东西湖段路面整治提升工程竣工，对外道路联通条件大幅改善；环湖中路改造、吴新干线（金山大道至新径线）、滨河北路临空港大道至张柏路段新建工程等区内经济干线、10条微循环道路年内完

工，区内网进一步完善。网安学院项目以及配套工程全面建成投入使用，1400名师生顺利入驻。中金数据110KV输变电工程，大屋岗220KV输变电工程主体完工，东流岗、三店、大港河、塔西路等输变电项目开工建设。有序推进城乡更新。旧城改造有序推进，海口村片、兆丰花园片、新琪安片签约完毕；吴家山村片已拟定征收补偿方案，准备征求公众意见；严家渡小区片、何家庙片签约率分别达到80%、98%；捷龙物流片、三江汇物流片、三秀路东片已完成基础设施落后认定工作。完成13个老旧小区综合改造提升。建成30万平米还建房，新开工60万平方米还建房。积极引导农民自建住房，农村社区建设试点工作取得新进展，新沟镇街、东山街自建房及相关市政基础配套设施已完工；辛安渡街自建房已完工，市政基础配套正在施工。慈惠街11个村人居环境综合整治项目持续推进。

城乡环境宜居宜业。疫情防控生态环境保护工作扎实推进，武汉客厅方舱医疗废物实现专人管理、实时收集、当日处置，避免了运输过程中产生的风险，在全市率先实现医疗废物清零，助力武汉客厅方舱圆满完成抗击疫情使命。顺利推进建华建材、金鼎食品、双汇食品、娃哈哈等单位燃气锅炉低氮改造工作，推动全区重点行业单位开展VOCs治理。建成工业污水处理能力全国排名前十的临空港污水处理厂。肖家教、龙王沟、山西晒等湖泊清理工作进入收尾阶段，劣V类湖泊消除加快。健全空气质量工作长效机制，空气巡查工作严格落实。1—12月，东西湖区吴家山国控点空气质量优良率达到82.2%，PM10、PM2.5、NO_2浓度均值较去年同期分别下降26.6%、19.6%、28.3%。提升居住品质。园林绿化力度继续加大，新（改）建绿地200公顷，植树12.7万株。加快新一轮公园建设，建成黄狮海公园，黄塘湖公园建设加速；大力开展口袋公园建设，闵家湖游园改造提升完工，金银潭地铁站等6处口袋公园推进提速；投放健身器材100套，新（改）建14片社区足球场，建成张柏公路绿地、金山大道绿地、七雄路11号地块景观工程地等区域9片足球场。年内完工11个街道35条市政道路路灯改造提升工程。区文化中心项目中，文化馆、博科馆、档案服务中心、市民阅读中心已封顶，文化创意产业中心、演艺中心主体施工加快推进，临空港特色不断彰显。

城市管理精细智能。进一步优化“大城管”工作机制，推进“十大提升行动”，全区大城管成绩在新城区排名前列。大力推进违建专项整治，拆除违法建设近13万平方米。充分发挥智慧管理优势，搭建燃气钢瓶流转二维码追溯系统；在转运站、厕所加装臭气监测设备，实现线上数据监控；全区260余个景观亮化点位纳入区级景观智能管理平台。新（改）建公厕15座。基本完成生活垃圾分类居民区全覆盖。

全面发展社会事业。疫情防抗阻击有力。年初疫情爆发后，全区迅速进入战时状态，6500名党员干部、志愿者昼夜严防死守，创建501个无疫情小区、社区（大队），实现疫情数据归零；征用新建成的区人民医院B栋、3家街道卫生院和2家民营医院作为新冠肺炎定点收治医院，开放床位715张；仅用时3天建成全市首批规模最大的武汉客厅方舱医院，提供床位1452张；在全市率先组织开展全员核酸检测，77.5万份检测10天内完成。全面脱贫成效明显。对城乡低保、特困人员、孤儿等对象增发一个月低保金、供养金，充分发挥社会救助在精准脱贫攻坚战中的兜底保障作用。保障疫情期间困难群众生活，扩大临时救助覆盖面，对新冠肺炎确诊的低保和精准扶贫对象等按照低保标准的6倍给予临时救助。切实减轻贫困人口看病就医负担，全区享受医保待遇倾斜的建档立卡贫困人口1533人，参保覆盖率100%，贫困人口住院1718人次，医保总计支付467万元。社会政策保稳兜底。认真落实省市支持企业复工复产31条和21条措施，通过“免、降、缓、返、补”等政策，帮助企业尽快复工复产，提供岗位，稳定就业。为1.2万家企业减免养老、失业、工伤保险社保费近12亿元；为4500余家企业发放稳岗返还资金4800余万元；为36家企业发放稳就业奖补资金1021万元；为192家吸纳就业困难人员企业发放社保补贴426万元。城镇新增就业1.3万人，就业培训1.68万人，创业带动就业4956人，城镇登记失业率控制在3.04%。养老、失业、工伤三险共净增5.6万人（次），社保覆盖率达99%。成功创建武汉市人力资源服务产业园。第七次全国人口普查工作高质量推进，工作进度及质量保持在全市前列。民生工程扎实推进。415套保障性住房基本建成，筹集租赁住房6042套。区妇幼保健院、区中医医院、金银湖街第二社区卫生服务中心等项目已建成并开始试运行，区人民医院三期、区公共卫生服务中心已开工，0—3岁托育机构项目建设加速进行。新开设金银湖尚美、尚品等13所公办幼儿园，新增公办幼儿学位3780个，位列全市第一；新开办金银湖第二小学、东西湖区愿景小学；新开工莲花湖小学等7所学校；加快建设黄狮海学校等4所学校。新建社区老年人服务中心（站）17个，农村老年人互助照料中心6个。兴建老年幸福食堂3个。

（东西湖发改局）

黄陂区

【概况】 2020年，黄陂区地区生产总值实现转正，保持千亿水平；全社会固定资产投资实现正增长，达到555亿元；规模以上工业增加值完成226亿左右，同比下降11.5%；社会消费品零售总额完成531亿元，同比下降18.8%；地方一般公共预算收入完成50亿元，同比下降27.1%；城乡居民人均可支配收入29580元，增长1%；单位生产总值能耗下降和主要污染物排放削减量完成市下达目标；城镇登记失业率在3.6%以内。

疫后重振。积极主动对接中央一揽子支持政策，争取国债及各类补助资金120亿元。多途径帮助企业解决资金难题，累计为中小微企业及个体工商户争取纾困资金78.9亿元，办理延期还本付息120.4亿元，减税降费12亿元。给予33家企业电费补贴235.9万元。为武湖电线电缆、天河建设等企业争取到1亿多元的市级融资应急资金支持。为19家企业争取贷款贴息资金459.8万元。

产业发展。先进制造业突破性发展。围绕打造武汉第六个国家级产业基地的目标，规划建设武汉轨道交通装备创新基地，引进江苏今创、江苏新誉等重点企业入驻，山河智能、中企重科等一批项目落地开工。中日产业园提档升级，积极申报国家级中日地方发展合作示范区，周大福二期、翰宇药业二期加快建设，程力汽车二期竣工投产。华夏幸福现代产业园规划建设取得实质性突破，核心区建设用地控制性详规获批，江林高科、香雪制药、达安基因等项目成功签约。预计全年完成工业总产值970亿，同比下降9.5%；完成工业投资170亿元，同比下降23.8%。新增规模以上工业企业33家。现代服务业持续健康发展。实施汉口北提档升级工程，着力打造武汉国际贸易城，启动了众邦金融港、新武汉展览馆等12个项目开工建设。汉口北市场交易额突破800亿元。启动武汉空港国际商务城重点项目建设，其中天河国际会展中心开工建设，空港国际体育中心加快推进。临空物流园、汉口北物流园加快建设，菜鸟二期、越海一期、兴业广地冷链物流等项目建成运营，物流运营企业达437家。旅游业提档升级，成功入围“荆楚文旅名县”，甘露山文旅城开工建设，木兰花乡成功创建国家4A级旅游景区，预计全年接待游客2300万人次，实现旅游综合收入126亿元。金融业稳步发展，“政银企”对接累计签约金额1100亿元，银行类金融机构余额存贷比107.6%。现代农业提质增效。新增高标准农田4.9万亩，蔬菜大棚5.5万亩，建设精致农业示范点10个。培育家庭农场等新型农业经营主体94家，新增市级农业龙头企业13家。通过全国农产品质量安全县（市）复核。建设村级电商综合服务站70个，发展电商专业示范村6家，完成农村电商创业培训1.5万人。“农业+旅游”深度融合，新增共享农庄709家、精品旅游民宿36家。

改革创新。重点领域改革持续推进。积极推进街道管理体制改革、街乡财税管理体制改革，进一步简政放权，调动基层工作积极性和创造性。综合行政执法改革、经营类事业单位改革、区属国企改革深入推进。农业农村改革取得新突破，农村土地承包经营权有偿退出改革顺利通过农业农村部验收，完成了437个村农村集体产权制度改革股权登记颁证。持续优化营商环境，深化“四办”改革，推进183个事项“五减”，通过“一网通办”平台办理政务服务事项7.2万件，实现上网率100%。创新发展能力不断提升。加快培育创新主体，新增科技“小巨人”30家、高新技术企业46家。成功开展科技成果转化对接活动7场，完成技术合同登记额16亿元。维尔福生物科技、卓尔信科、武新电气获科技部“科技助力经济2020”重点专项立项。攀升电脑成功入选国家信息技术自主研发创新目录。大力实施招才引智，7个人才项目入选“武汉黄鹤英才”计划，组织“院士专家企业行”解决企业技术难题。

对外开放。国家级临空经济示范区、国家级中日地方（武汉）发展合作示范区申报工作取得实质性进展。招商引资实现重大突破，预计全年招商引资实际到位资金完成583亿元，实际利用外资完成7.21亿美元，均超额完成全年拼搏目标任务。天河机场恢复和新开国际全货机航线5条。天河机场B型保税物流中心验收批复。成功举办2020全球数字贸易大会暨第十一届汉交会，外贸项目签约金额230.8亿美元。“卓贸通”平台已开通了11条国际物流线路和67条空运线路，自建或共建海外仓100个。预计全年进出口总额达到175.6亿元，同比增长1.1%。

城乡建设。基础设施建设力度加大。全力保障机场三跑道、武大高速、北四环线、武汉都市区环线等市级重点项目建设。轨道交通前川线全线推进。完成姚塔公路、S116姚集至蔡店公路、熊许公路等重点项目建设，木兰大道二期、横天公路、前陈公路等重点道路建设加快推进。基本

2020年，黄陂区盘龙城临空新城夜景

完成引院入川补源工程，扩建前川水厂和新武湖水厂，引进市水务集团为盘龙城提供10万吨/天新水源。投入1.4亿元加强配电网建设。汉口北客运中心建成投入运营。新建停车场17处，新增停车泊位7482个。新增天然气用户1.4万户。高标准完成32个农贸市场升级改造。城市管理水平提升。建成城市管理信息中心、前川城区网格化管理平台。推进环卫作业市场化改革，市场化作业面积达918万平方米。持续开展市容环境专项整治，逐步消除城乡环卫死角和盲区。开展农村人居环境三年行动百日攻坚，实现农村生活垃圾收运体系行政村全覆盖。夯实公路、铁路沿线环境长效管理机制。严格巡查管控新增违法建设，拆除存量违法建设198处、12.7万平方米。

生态文明建设。坚决打好污染防治攻坚战。狠抓大气污染综合治理，PM10和PM2.5平均浓度同比分别下降20%、13.9%。持续加强水体保护，15个集中式饮用水源地、7座大中型水库、21个重点湖泊水质保持稳定。深入推进污水治理，前川及盘龙城污水处理厂扩建工程、污泥处置厂新建项目正加快推进，新建街乡污水处理厂12座，敷设污水收集管网242公里。全面完成土壤污染防治任务。按期完成长江干流黄陂段水域禁捕和渔民转产安置。加大绿色生态建设力度。完成人工造林1.4万亩、四旁植树210万株、封山育林3万亩、森林抚育提质5.6万亩。完成长江两岸造林3004亩、四环线黄陂段绿化950亩。新建前川5个街心游园。新增省级美丽乡村示范村15个、市级美丽乡村12个。省级生态文明建设示范区创建工作通过市级预验收。

社会民生。脱贫攻坚成果不断巩固。投入扶贫专项资金1.9亿元，实施扶贫项目860个。促进建档立卡贫困劳动力就业7165人。投入960万元实施“防贫保”。继续推进消费扶贫、健康扶贫、教育扶贫等多层次多领域扶贫工作。全区无一户一人因疫因灾返贫致贫。社会保障水平不断提升。城镇新增就业8300人，下岗失业人员再就业2009人，新转移农村富余劳动力8692人，创业带动就业2875人。社保扩面净增1.1万人，基本养老保险续保27.7万人，医疗保险参保93.3万人。城乡低保、特困人员保障标准进一步提高。新建还建房5072套，筹集公租房3227套、廉租房5234套。发放退役军人优抚安置资金1.6亿元。社会事业全面发展。创建现代化学校20所，盘龙城外国语学校等5所学校建设加快推进，新增公益普惠性幼儿园8所。高考成绩实现新突破，应届生纯文理一批上线首次超过800人。开工建设平战结合三甲综合医院、市第一医院盘龙院区，提档升级区疾控中心实验室，改造区人民医院、区中医院和中心卫生院发热门诊，实施王家河等街乡卫生院新改扩建工程。开展免费惠民文艺演出770场。成功举办第十一届木兰山登山节、第八届全民健身运动会等活动。提升社会治理水平。深入推进“平安黄陂”专项行动，扫黑除恶专项斗争成效明显。强化基层社会治理，落实社区“双报到”制度。常态化开展文明城市创建，王家河街胜天村、长轩岭街东风村获评全国文明村镇。扎实开展安全生产三年专项整治行动，安全生产形势总体稳定。有效防范化解各类重大社会风险，社会保持和谐稳定。

（黄陂区发改局）

新洲区

【概况】 2020年，新洲区实现生产总值888.57亿元，同比下降8.2%；地方一般公共预算收入44.54亿元，同比下降7.7%；全社会固定资产投资492.99亿元，同比下降6%；社会消费品零售总额531亿元，同比下降11.4%；城镇居民人均收入、农村居民人均纯收入分别达到34856元、21488元，同比下降1.6%和2.8%；城镇新增就业11053人；城镇登记失业率控制在3.2%以内；万元生产总值综合能耗降低率、万元生产总值二氧化碳排放降低率、主要污染物减排降低率达标。

疫情防控。坚持“应收尽收、应治尽治”，在全市第一个实现确诊“清零”；全区14个社区、297个村零疫情，养老机构、精神病院、看守所等32家特殊场所全部零感染、零疫情，成为全市第一批低风险城区。以协卓、稳健为代表的一批医疗防护用品生产企业增资扩产，在疫情防控最紧张的时期累计生产防护服超100万件。实施新冠肺炎确诊患者免费救治，结算医保费用1198万元。妥善安置滞留新洲外地人员，发放各类救助金824.1万元，惠及3085人。确定保供企业146家，出台药品、粮油、蔬菜等生活物资配送指南，全区累计团购117.3万单，9794.5万元。疫后重振快速推进。按下疫后经济复苏“快进键”，全区737家“四上企业”赶工补产动力不断增强、44家农业龙头企业、亿元以上重点项目全复工。累计组织复工复产专场招聘会30余场，达成就业4000余人。率先在全市建立惠企政策首席联络员制度。水电气累计优惠2600万元，各类惠企减税降费总额达到11亿元，失业保险基金稳岗返还1410万元。政银企担合作对接会签约金额46.5亿元，通过“汉融通”平台对接企业、个体工商户3286家，成功融资64.93亿元，全区中小微企业平均获贷率全市排名第三，个体工商户放款笔数全市排名第二。市场主体信心增强。千方百计保各类市场主体，全区新登记市场主体户数9211个，完成目标163.3%，位居全市第三。全年增值税发票累计开户量为9078户，较上年增长30.9%，企业经营活跃度为120.1%。全区金融机构各项存款余额601.1亿元，较同期增长15.6%，贷款余额527.6亿元，较同期增长14.5%，存贷比87.8%，支持实体经济力度不断增强。产业结构持续优化。借力中央支持湖北、武汉的契机和武汉市争取中央一揽子支持政策的机遇，将政策优势转化为发展优势。坚定稳增长、调结构，产业结构进一步优化，三次产业比调整为10∶48∶42。

全区主要计划指标降幅大幅收窄，经济实现恢复性增长，呈现企稳态势，11项市级考核指标中进出口总额、招商引资、实际利用外资3项指标实现正增长。全年新增“个转企”80家、商贸业“小进限”28家、服务业“小进规”6家，工业“小进规”19家，建筑业资质以上7家。

重点项目。G347江北快速路东延线、武汉同济航天城医院、铁水联运二期等14个省市重点跟踪项目全部开工建设，全年新开工亿元以上项目34个，总投资496.65亿元。区本级投资项目119个，投资总额92.0亿元，完成投资25.6亿元。开辟抗疫特别国债和专项债券项目“绿色通道”，争取上级各类专项债券资金59.83亿元。以“十四五”规划编制为契机，谋划各类项目731个，计划总投资9028.6亿元。全年完成投资490亿元，连续6个月同比单月转正。招大引强亮点频出。创新“云招商”“云评审”等招商方式，全年招商引资实际到位资金600亿元，引进正威电子信息新材料产业基地与华中金融及供应链总部、人防设备智能制造产业园、广州鼎甲武汉研发试验基地等各类产业项目31个，签约总额1080亿元，产业链招商总额431亿元。世界500强企业正威集团落户新洲，实现百亿元以上重大工业项目招商历史性突破。稳健医疗第二总部落户新洲区，中电光谷、宝龙城项目签约供地并开工；总投资500亿元万达文旅小镇项目、90亿元伟光汇通邾城文化旅游综合开发项目即将签约。

重点区域建设。以阳逻港为核心的港口物流枢纽建设城市成功获批，港航服务功能全面提升，开通长江中上游地区第一艘近洋直航线，实现集装箱吞吐量170万标箱。全年完成进出口总额56.3亿元人民币，同比增长3%。电商线上销售额实现1.1亿元。依托“百星·百亿助力武汉”、“武汉仲夏（金秋）消费季”系列活动，全力释放消费新潜力，打造夜间经济消费品牌，实现销售额1800万元。航天新城建设步伐加快。全年完成公基建投资20.9亿元，产业项目投资16亿元。签约产业项目12个，投资250亿元。具备年产20发“快舟”系商业运载火箭总装测试及试验能力的火箭总装总调中心（一期）完成验收，卫星产业园年产能120颗商业卫星生产线正在加紧建设。“行云工程”（天基物联网）运营测运控中心（一期）项目投入运行，行云二号01和02星在轨运行状态实现在线监测，卫星运行轨迹模拟图清晰可见。强英、纳米新材料等项目实现竣工投产，建成电磁防护材料项目。阳逻之心基础设施建设完成投资21.5亿元。全年实现征收拆迁面积超50万平方米，退地超3600亩。施岗路、七架路等9条续建道路建成，金台大道、阳靠南路等5条新建主干道路基和地下管网铺设完成，链接阳逻新老城区的拥军路道路骨架已经成型。洪家路、玉华路、观湖路3条配建道路建设启动。蓝玉项链公园和柴泊大道DN800主供水管道建设完成。启动35KV高机线迁改，完成军用输油管道迁改新建管道施工和国防光缆临时迁改部分建设。阳逻国家级医疗防护装备制造基地等19个工业产业项目启动建设，武汉物联商务区（一期）、万达广场商业综合体项目主体工程封顶，招商活动有序开展。问津新城建设稳步推进。建成新洲城市规划馆，启动“图书馆、文化馆”两馆合一项目前期，问津新城范围内古城大道等6条主次干道实现全通行，雨污管道敷设加紧施工，新城路网建设初步形成；紧扣“现代服务业、大健康、智能智造”产业方向招商，签约项目总投资22.3亿元，天有云问津小镇·武汉育才美术高中主体结构完工，北方能源项目一期即将调试投产，无人机智能装备制造、佳海大健康产业园启动建设。

城区基础设施建设。基础设施短板加快补齐。一批涉新基建项目稳步实施，积极推进城市一流电网建设，航天变电站、邾城第二变电站、凤凰变电站前期工作不断加快；建成5G宏基站442个；陕西到湖北特高压武汉换流站项目进展顺利。新港高速（双柳大桥）和武英高速连接线、G230阳福公路改扩建、邾城客运站等一批便利群众快捷出行的交通项目开工或竣工。长江干堤险段加固、涨渡湖围渍加固、举倒沙水毁加固、武湖三泵站、挖沟大泵站、古龙污水处理厂及其尾排、阳逻水厂取水口迁移等一批事关加强水利工程、防范洪渍涝灾害、保证饮用水绝对安全的民生工程相继实施。

乡村振兴。以“三城十镇百村”全域规划为引领，聚力打造五条乡村振兴示范带，仓埠街获批国家级都市田园综合体，紫薇都市田园二期列入市级重大项目；凤娃古寨晋级4A景区；红色旅游线二期建成通车。村湾集并工作有序开展，建设示范样板村10个。农业农村污染防治攻坚战全面展开，农村人居环境整治加快推进，投入1.67亿元启动村湾污水处理。“三乡工程”吸引社会投资48亿元。脱贫攻坚成效显著。统筹整合涉农资金16.9亿元，抓好产业扶贫、就业扶贫、消费扶贫，落实“两不愁三保障”。投入4.6亿元，建成扶贫产业项目336个，实现贫困劳动力就业7046人。88个贫困村全部脱贫出列，6846户贫困人口全部脱贫销号，累计支持983户建档立卡贫困户实施农村危房改造。坚决落实“四摘四不摘”，加大后续产业扶持和就业帮扶力度，定点帮扶等工作有力推进。农业供给侧改革推进有序。全年完成农业总产值143亿元。严格落实粮食安全行政首长负责制，抓好粮食生产，全年粮食产量2.3亿公斤。落实国家粮食最低收购政策，保障市区储备和农民利益。持续加强农田水利建设，新增高标农田3.4万亩，节水灌溉面积1.5万亩。集约化用地开展生猪养殖，新农源实现投产，超拓开工建设，全年实现生猪出栏30万头。

改革创新。贯彻落实《湖北省开发区条例》，推进阳逻开发区实体运行、规划建设等4个方面23项任务要求逐一落实，141项委托、派驻、派员办理事项列入行政审批赋权改革清单，托管移交工作全面完成。街道管理体制改革按照“依法下放、宜放则放”原则，实现资源服务管理下沉，构建了服务群众、简约高效的基层治理平台。农村各项改革纵深推进，清查核实农村集体经济组织各类资源、资产、资金，完成清产清人分类工作。启动双柳滨湖、仓埠项山、潘塘罗杨农村宅基地“三权分置”改革试点，建成村湾集并中心村示范点4个，集并村湾38个。优化营商环境。研究出台了优化营商环境《实施方案》《责任清单》和《改革清单》，突出“四办改革”和“诉求反馈”工作重心。在阳逻开发区、双柳航天产业基地集中实施环评、能评、水土保持和防洪等区域性评价，降低企业制度性交易成本，阳逻开发区产业园区32家企业受益。先后在徐古、旧街、辛冲、仓埠、阳逻开发区、武生院等街镇、园区和大学校园，提供类似孵化器集中注册地或办公地，探索为初创企业提供集中注册地址，降低企业开办成本。

绿色发展。加快推进长江大保护。高质量完成长江禁捕工作。扎实推进中央、省生态环保督察反馈意见整改，鄢家湖黑臭水体整治和水质提升一期工程顺利通过考核验收，完成港口和船舶污染物接收转运处置设施三年建设任务，“两化搬改”工作任务有效完成。农村面源污染治理有效，全区重点工业企业污染物达标排放抽检合格率100%。配套完善污水收集管网252公里。长江两岸造林绿化2184亩，建成磨盘山国家级水保示范园区，完成水保治理工程15平方公里，减少水土流失20万吨。争取生态补偿金17182.2万元。全力推进节能减排，广泛开展节能宣传，降低能源消费，建成充电桩2307个，充电站10个。

社会民生。基本公共服务加快完善。落实常态化疫情防控，全区261所学校（幼儿园）有序复学开学。完成20项新改扩建学校目标任务，有效遏制“大班额”，“清凉考场”惠及近万中高考生。新建社区足球场、运动场40个，全区人均体育场地面积达到1.48平方米。三大发热门诊投入使用，疾病防控、爱卫行动取得实质成效。建成街镇级农村老年人互助照料中心15所。成功引入社会资本760万元推进辛冲街全国养老服务业综合改革试点，实现农村福利院“公办民营”。社会保障力度加快提升。全面完成70.5万城乡居民医保参保登记，确保医保基金平衡支付。累计减免养老保险单位缴费2.53亿元，发放失业保险金620.16万元，缴纳失业人员医保194.79万元。实施“我选湖北”计划和“百万大学生留汉创业就业工程”，发布岗位信息近2万个，推荐高校毕业生9000余人次。发挥区、街、社区三级退役军人服务体系作用，拓宽就业渠道，落实优抚政策。强化物价监管，做好重点民生商品稳价保供等工作，落实发放价格临时补贴1496.1万元。防范潜在风险。加大社会矛盾纠纷调处力度，积极化解疫后综合症。发挥民调作用，调解各类纠纷3524件，成功率99.9%。开展“法援惠民生 助力农民工”专项活动，办理各类法律援助案件2100余件，累计追讨欠薪428万。“打非治违”和安全生产专项整治有序开展。城市架空管线容貌整治、问题管线应急处置到位。垃圾无害化处理率达到98%。加强汛期、雨情和极端天气的监测预警防范，为生产生活提供保障。

（新洲区发改局）

东湖高新区

【概况】 2020年，东湖高新区经济复苏重振持续提速。认真落实好中央一揽子政策，全力以赴抗疫情、战汛情，牢牢稳住经济发展基本盘，重点企业加快复苏，防疫相关企业、非接触经济逆势增长，全区经济呈低开稳走、稳中向好的“V”型反转态势，经济重回较快增长轨道。高新区GDP跨过2000亿元大关，总量和增量均居全市各区之首，多项主要经济指标排名全市第一。

疫情防控。疫情爆发后，东湖高新区迅速建立战时指挥体系，在最短的时间内建成光谷科技会展中心方舱及日海方舱，7天时间完成省妇幼保健院光谷院区改造并投入使用；强化交通管控、社区封控，严格发热门诊闭环管理，全面开展全员核酸检测，常态化开展体温检测，严防境外输入；加强医疗、生活物资供应保障；3位“光谷人”因贡献突出受到国家表彰；稳步推进复工复产复市复学，已保障9批次共1372名外籍专家包机来汉，包机批次、人数居全市第一。

科技创新成果。“1133”创新空间布局建设全面加速，《光谷科技创新大走廊核心承载区总体规划》经市委、市政府审议通过，并印发实施。加快推进光谷科学岛建设，首开区东湖实验室项目用地已全部平整完成并交付，9.7万方建筑结构封顶；起步区首批入驻项目光电工研院、智能装备院、数字化设计与制造创新中心已建成投用，首个重大科创平台武汉光源正在筹备开工。中科院东湖科学中心、空天信息实验室等重大创新平台加快建设。武汉数字建造产业技术研究院等“四不像”型研发机构建设注册落地。新增医疗器械创新中心等国家众创空间10家、国家专业化众创空间2家。长江鲲鹏生态创新中心、华科—华为新型存储技术创新中心在光谷启用；获批首个国家级科技保险创新示范区，武汉国家人工智能创新发展试验区人工智能计算中心落户光谷；涌现出128层3D NAND闪存芯片、全球首款混合集成型25G可调谐发射光器件、国内首个400G硅光模块等重大自主创新成果，其中，128层3D NAND闪存芯片成功研发，创造了三项业界之最，填补了国内技术空白。

重大产业项目。国家存储器项目一期总部研发大楼投入使用，项目二期6月20日开工，10月21日完成桩基施工，开始基础施工；华星t4第6代柔性AMOLED产线一期满产满销，二期三期加快推进，预计明年达产；天马G6项目二期正在进行收尾，预计年底开始试生产；联影医疗项目即将完工投用；华为海思光工厂开始设备调试。迈瑞医疗全球第二总部签约并开工建设。抢时间抓招商，成功举办亚布力论坛2020武汉特别峰会、中国生物产业大会、国际显示技术大会、中国北斗应用大会等各类重大活动，一批知名企业家、院士专家齐聚光谷，坚定看好光谷的发展，并把一批项目落户光谷。新签约霍尼韦尔新兴市场总部暨创新中心、猿辅导第二总部、华大智造研发基地、中国信科5G产业化项目等一批重点项目，特别是5月19日，霍尼韦尔新兴市场总部暨创新中心在光谷揭牌成立，李克强总理亲自发来贺信。

改革创新。持续推进自贸区建设，“股权转让登记远程确认服务”在全国自贸试验区复制推广，《自贸区武汉片区关于促进对外贸易创新发展的若干措施》即将印发实施；发扬“店小二”精神，进一步优化政务服务，出台“光谷项目建设全流程提速十条”，探索“拿地即开工”审批模式，全流程时间压缩近一半；推出了“我要开店”一事联办窗口、“潮汐窗口”，代办跑腿上门、周六开放办理，推进服务提质。出台“加快发展在线新经济20条”“光谷互联网+教育十条”等产业政策，发展活力加快释放。小药药等4家企业入选“中国独角兽企业”榜单，新增高企超800家，新认定瞪羚企业453家，新增上市公司4家、总数达49家。

城市功能完善。高新大道综合改造工程按期完工通车。光谷生态大走廊建设取得实质性进展，“水道”“绿道”完成贯通，“空轨”计划明年5月建成。光谷火车站（武汉东站）正在进行收尾工作，即将投入使用。加快推进地铁19号线、光谷大道快速化改造、光谷大道南延线、光谷中心城综合管廊。光谷大悦城综合体正在进行主体结构施工，预计11月结构封顶。国家重大公共卫生事件医学中心和同济儿童医院开工建设。光谷第十四小学建设项目完工，明年正式投用，还有4所学校、幼儿园即将建成。加快推进新基建，建成5G基站1400个（全市第一）；工业互联网标识体系加快完善，接入顶级节点的二级节点10个，标识注册量超过16亿；共计建成充电桩2073根；1座加氢站即将投入运营，另两座处于规划选址阶段。

（东湖高新区发改局）

武汉经开区（汉南区）

【概况】 2020年，全区经济呈现强劲复苏态势，大部分指标超过全市平均水平，保持全市第一方阵，综合经济排名持续保持全市第2，稳住了武汉经济“底盘”。地区生产总值实现1700亿元，同比增长2%，比预期目标低5.5个百分点，高出市下达的拼搏目标1.2个百分点，比全市完成情况高5.5个百分点，综合排名位于全市第一方阵；地方一般公共预算收入完成122.65亿元，同比增长-23.4%，比预期目标低29.4个百分点，2020年1—10月减税降费政策减免全口径税收超过12亿元，对应地方一般公共预算收入超过7亿元；全社会固定资产投资完成733.2亿元，同比增长-6%，比预期目标低17个百分点，比全市完成情况高5个百分点，综合排名保持全市第一；规模以上工业增加值同比增长-3.5%，比预期目标低6.5个百分点，比全市完成情况高4.6个百分点，综合排名位于全市第一方阵；社会消费品零售总额完成127亿元，同比增长-15%，比预期目标低23.5个百分点，比全市完成情况高7个百分点。

疫情防控和经济复苏统筹推进。强力落实疫情防控措施。建立六级防控组织体系，整合在职党员干部2100余人下沉社区（村、队），发动各方力量3580余人参与一线防控，全员进驻280个小区和583个网格，社区防控工作成效明显，辖区感染人数、常住人口感染率均处于全市低位。选派600余名干部参与19个隔离点、2家方舱医院的保障运行，组建18个专班服务2253名援汉医疗人员，为疫情防控取得决定性成果做出应有贡献。持续做好疫情防控新常态，健全应急预案，明细处置流程，并加强重点行业核查，强化冷链食品工作专项排查整治、溯源管理和检验检疫核查工作。全力推进经济复苏。疫情防控形势缓解后，在全市率先成立复工复产协调组，建立“日调度、日通报”机制，紧抓企业应复尽复、安全经营双落实。创新采取全产业链复工的模式，推动东风系3家整车厂及其500余家配套企业在全市首批复工达产。强化各大行业调研摸底、重点企业上门服务，统筹协调解决企业面临的困难和问题。积极对接国家“一揽子”政策，重点围绕医疗补短板体系建设、国家级通用航空产业基地、综合保税区扩建、国家氢能源示范基地项目4个项目，向上对接相关部委争取国家支持。用好用实省、市、区各级纾困惠企政策，组织企业申报纾困资金，落实疫情防控减免税新政策。综合利用网上办、容缺审批等举措，精简政务服务流程和时间。

现代经济体系优化升级。汽车产业转型加速。东风云峰项目年底试投产、吉利汽车项目有序推进、东风岚图高端电动汽车在我区首发，三大整车项目充实了全区汽车品牌高端板块。引进胜华波零部件、日立化成零部件等项目，进一步提高汽车产业零整比。智能网联和新能源双轮驱动，推动东风领航、图达通激光雷达等智能传感、自动驾驶项目和国电投华中氢能产业基地、魔方新能源燃料电池项目、东风电子科技电驱动项目等新能源项目落地建设。国家新能源与智能网联汽车基地累计建成106公里5G全覆盖的车路协同自动驾驶开放测试道路，预计年内完成第二批开放测试道路智能化改造。正通汽车后市场、东风物流等高质量汽车后市场类项目落户我区。产业结构优化升级。“三车三机”稳住工业底盘，4月份开始全区规模以上工业总产值保持每月正增长。美的集团家用中央空调武汉工厂致力于打造成工业互联网的智能化工厂。大力推动装配式建筑产业发展，协调推进中建科技、远大住工、福星精工三大装配式建筑产业园建设。现代服务业保持良好发展势头。聚焦总部经济、研发设计、商贸物流等现代服务业，引进了中国城乡集团总部、融创文旅产城总部、康明斯东亚研发新技术中心、中衡设计华中总部研发中心等项目，新成立东风物流集团。国家级检验检测集聚区建设稳步推进，达安检测拟筹建“国家燃料电池汽车产品质量监督检测中心”。现代农业稳步发展，恒大高科农业基地首期10万平米智能温室年底将试运营，“互联网+农业”迅速发展，农村电商服务站实现全覆盖，京东·中国特产·汉南农特产馆开馆运行，蔬品荟公司全面聚集全区特色品牌农产品。外向型经济发展后劲充足。新增外资企业（含内转外）注册资本达20.05亿元，同比增长267.08%；投资总额达37.84亿元，同比增长236.9%。外贸进出口总额完成全年绩效目标238亿元。推广应用“楚贸展”外贸数字化平台，对接各类境内外商会和投资促进机构，动员60余家企业参加第三届进口博览会，摸底意向成交额达2090万美元。菜鸟国际跨境电商项目在武汉经开综合保税区正式试单，单量爬坡至日均4000单左右。华世达、寿康医药等企业进入医疗物资出口“白名单”，入驻省医疗防护用品进出口服务平台，推动特色产品出口。供需对接畅通内循环。积极组织制造业“双线发展”系列活动，线上打造“开发区工业品牌集合活动”和“开发区工业产品直播节”，对全区知名工业产品进行集中版块宣传，推出京东、抖音、快手多平台为期30场的工业推广直播活动；线下举办“开发区工业产品展销会”，齐聚汽车、空调、家电、鸭脖、饮料、热干面等30多项制造名品，构建多元化消费场景打造爆点效应，累计传播量超3500万，销售额破2800万元。大力促进市场消费复苏，制定出台扩大餐饮零售消费促进经济增长若干政策，举办“六月欢购节”“仲夏消费季”和“2020武汉啤酒节”等主题消费季活动，组织永旺、万达等重点商圈和相关品牌企业开展夜游、夜娱、夜食、夜购等特色夜经济消费活动，累计促进实现销售额1100万元。

创新改革迸发强大动能。数字经济新动能加快提升。积极打造数字经济产业集群，推动中国电子华中数字产业园、浪潮华中总部、京东云华中总部、科大讯飞等项目落地建设。大力发展工业互联网赋能制造业数字化升级，工业互联网平台工程实训基地项目成功中标工信部2020年度工业互联网创新发展工程。热翼智能、华为智能网联创新实验室等一批在关键传感器、芯片、人工智能领域具有行业引爆力的企业落户武汉经济开发区。科技创新资源加速汇集。成立刘经南院士工作站及中国移动、大唐高鸿、华砺智行等13个联合创新实验室，围绕智能汽车与智慧城市的协同发展，从高精度地图、车联网、智慧交通和智慧城市模型的搭建及智能网联汽车行业标准等开展科技攻关。积极对接名校资源，引进武汉大学“三院”、华科大人工智能院、武汉理工大学“三院”、哈工大机器人华中总部、深圳先进院等。东风公司与全球知名产业创新平台PNP联合成立的产业创新平台、中国科技开发院孵化器、科大讯飞产业加速中心落户，进一步丰富本地科创生态圈。新增高新技术企业162家，再创历史新高。认定瞪羚企业33家，科技型中小企业入库51家，举办科技成果转化对接活动5场，完成技术交易金额12亿元。人才资源不断集聚。精心组织实施2020“车谷英才”项目122个，拟兑现项目资助资金2809万元。积极组织申报省、市级人才计划，获评2019年度“武汉黄鹤英才”计划共计40人，湖北省人才计划拟推荐申报专家6人。深入开展“百万校友资智回汉工程”，通过引进Auto X、深圳先进院系列、哈工大系列、中开院孵化器等众多科创类项目，集聚新兴产业方向人才。深入实施“学子留汉工程”，共吸纳大学生来区实习实训1000余人，新增大学生就业15643人。营商环境持续改善。建立优化营商环境拼搏赶超调度机制，顺利完成向街道园区放权赋权、全省营商环境评价等专项工作。持续深化“四办”改革，推动实现企业开办“210”标准、企业工程建设项目“承诺可开工”、消防验收在全市率先全程网办、出口退税平均办结时间提速至2.43个工作日。主动提升用电服务，对中小微企业的电力接入工程实行告知承诺备案制，推进“一证办电”，实行企业报装一窗受理和“掌上电力”可查，探索实行1250千伏安及以下小微企业“零费用”接入。国家级知识产权快速维权中心顺利通过正式验收。设立全区首家知识产权保护工作站，启迪协信武汉科创园成功申报首家省级知识产权双创服务基地。

提升城区功能品质。道路交通基础设施日益完善。地铁16号线、经开至汉南交通一体化建设快速推进，军纱大道、硃山路下穿汉洪高速通道等9条市政道路建设完成，川江池三路、川江池公园景观等国家PPP项目建设完工，左岸大道启动建设。大力推进配套基础设施建设，创新服务中心基本建成，汉洪高速东西两侧明渠二期、通顺大道和檀军公路供水主干管等民生工程完工。城市更新有力有效。推进沿江区域城市设计编制工作。“三旧改造”加快推进，启动金纱轩、银纱轩等八个片区、郭徐岭片区和汉纸老生活区改造项目，推进沌口六村城中村综合改造和纱帽街八个村整村集并项目。新型智慧城市建设加快推进，开展“数字开发区”一期城市大脑、智慧园区、美丽社区等项目的方案设计工作和数据资源平台建设。生态环境治理有效实施。开发区片区空气质量优良率88.6%，汉南片区优良率90.2%。河流湖泊水质总体向好，26个湖泊中，劣V类湖泊和2019年相比，由4个减少至1个，III类湖泊增加6个。实施坛山岛人工湿地、沌口第二污水处理厂、纱帽第二污水处理厂工程，完成新合堤绿化、川江池龙湖综合整治等环境提升品质工程。全面推进长江造林、增绿提质、武湖湿地保护管理工作，植树造林1040亩。

保障社会民生事业。精准帮扶积极有为。实施精准识别动态管理，建立产业、教育、医疗、就业长效机制，小康建设帮困人口1242户2843人已达到“两不愁、三保障”的标准。通过出台实施大棚设施、农家乐、农作物种植、水产养殖等奖补政策以及企业和项目带动，积极实施产业扶贫，结对帮扶贫困户进行农业技术培训。文教卫事业协调发展。推进10所中小学校、幼儿园建设，其中7所明年可投入使用，提供中小学学位6840个、幼儿学位1350个。建成全区教育城域网，加快“智慧教学云平台”“校园人工智能安防”等智慧校园应用。推进武汉大学重离子肿瘤中心、同济医院国际康复医疗中心、武汉经开区综合公共卫生服务中心等一批重大项目建设，打造15分钟医疗卫生服务圈。稳步推进区级公益文化馆、图书馆、博物馆改造，图书馆达到国家一级馆标准，完成58个基层社区综合文化服务中心达标建设。大力推进汉南全民健身中心改扩建项目，更新安装健身器材1881件，新增多功能运动场4片，新改建社区足球场25片。民生保障巩固提升。全年养老、失业、工伤三项险种净增参保24630人次，完成全年总目标任务的130.32%。通过线上、线下等多种招聘形式，努力实现高质量和充分就业，城镇登记失业率控制在3.4 %以内(目标为3.6 %)。探索“互联网+居家养老”，薛峰社区中心辐射式网点和碧湖社区嵌入式网点开工建设。建立全省首个全区域智慧监管系统—“明厨亮灶”智慧食安监控平台，基本实现了对全区所有公、民办学校（幼儿园）食堂、所有养老机构食堂、大型及以上餐饮企业等六个全覆盖。社会治理深入推进。培育孵化和指导各类社区社会组织729个。稳妥推进街道管理体制改革，为全区1079名社区工作者定岗定级。推进社区志愿服务以及党员干部下沉社区工作常态化制度化，全区注册志愿者5.29万人，集中选派52名机关企事业单位优秀党员干部担任社区“第一书记”，选派53名党外干部和统战成员挂职社区“主任助理”，4522名在职党员到居住地社区报到。探索推进小区精细化治理，完善“社区党委—小区（片区）党支部—栋楼党小组—党员中心户”四级组织架构，成立小区党支部171个、党小组117个，推选党员中心户493名。

（武汉经开区发改局）

东湖生态旅游风景区

【概况】 2020年，东湖生态旅游风景区统筹推进疫情防控和经济社会发展。面对历史罕见的重大突发公共卫生事件，把疫情防控作为首要政治任务和头等大事来抓，全力以赴救治生命、阻隔疫情。在全市医疗资源极度紧张、自身医疗资源几乎为零的情况下，通过整合部属梨园医院、市属东湖医院、民营厚德康医院等资源，快速构建医疗救治体系；通过征用酒店、学校，设立7个隔离点和白马方舱医院，在全市率先实现“病床等人”；通过发放爱心菜、配送平价菜、订购团购包、配发爱心包等行动，用心用情做好居民基本生活保障，实现群众不出门、物资送上门、服务不断档。全力开展“大排查、大检测、大收治”集中行动，做到“四应四尽”，辖区养老机构实现“零感染”，全区新冠肺炎疫情感染率、病亡率大大低于中心城区和全市平均水平，收治率、治愈率等关键指标在全市排名靠前，成为全市首个无疫情城区，为武汉保卫战取得决定性成果贡献了东湖力量。全力支持陈薇院士团队开展新冠疫苗研发，为疫苗在东湖开展临床试验开辟绿色通道，助其成为全球首个进入临床试验的新冠疫苗。慎终如始地抓好常态化疫情防控各项工作，巩固疫情防控的决定性成果。

疫后重振。面对文旅产业受疫情严重冲击的不利形势，着力优化营商环境，用力落实纾困惠企政策，全年减免企业税费和租金1.8亿元。抢抓中央支持湖北一揽子政策，成功发行30亿元30年期“东湖绿心生态保护与综合提升”专项债，首期12亿资金于6月中旬到位。全力抓好专项债项目落地，策划实施山体修复、湿地保护、中国花谷、绿道综合功能提升等工程，加快两湖隧道、省博三期、东湖水环境治理、华侨城生态艺术半岛、碧波宾馆改造等重大工程项目建设，努力将疫情影响降到最低。积极探索疫后景区运营新模式，充分发挥“惠游湖北”活动带动作用，东湖旅游从“动起来”到“暖起来”再到“火起来”。8月中旬，武汉玛雅公园水上千人派对盛况在国际主流媒体引发热潮，向世界展示了武汉疫后快速恢复的生机与活力。10月，武汉欢乐谷登陆《华尔街日报》，再次向全世界展现武汉经济复苏新面貌。全年接待旅游总人数1386.79万人次、实现旅游收入25.41亿元，完成地方一般公共预算收入9.7亿元、固定资产投资17.6亿元，分别完成全年目标的165.5%、150.3%，104.2%、101.7%。

生态保护。全力抓好全国示范河湖创建，高分通过水利部验收，东湖成为“河畅、水清、岸绿、景美、人和”的国家级示范样本。全力打赢防汛排渍保卫战，抢抓汛前窗口期，完成新沟渠节制闸、湖溪河排水通道、九峰连通渠7三大水利主体工程，让东湖流域的水系调度、防洪调蓄、水位调控更加科学精准，确保特大汛期“道路不断交、小区不渍水、景区不关闭、城区不看海”。坚决打好污染防治攻坚战，从严从实抓好中央环保督察“回头看”整改，PM10、PM2.5浓度同比下降18.5%、13.3%，空气质量优良率达84%，同比上升13.3%。

改善民生。争取抗疫特别国债资金1亿元，完成梨园医院发热门诊改造，开工建设区公共卫生服务中心，补齐公共卫生短板；总结推广东湖新城社区抗疫经验，扎实抓好党员干部常态化下沉，构建“平时服务、战时应急”党员服务队，打造平战结合的社区治理体系，补齐社区治理短板；加快东湖实验学校建设，推进东湖小学、张家铺学校标准化改造，补齐基础教育短板。安排960万元帮扶资金，对口扶贫村全部脱贫摘帽。加快推进湖光、先锋、新武东3个景中村拆迁工作，全年完成拆迁33.89万平方米。积极推进滨湖村和桥梁村逾期还建房建设，桥梁村一期还建房主体结构封顶，滨湖村三期还建房开工建设。全力化解疫后综合症，扎实开展“化积案、解民忧、促和谐”活动，市委交办的信访积案结案率、化解率均为100%。统筹发展和安全，严格落实安全生产和保密工作责任制，坚决打赢扫黑除恶收官战，“一感一度一率一评价”继续保持全市前列，居民幸福指数进一步增强。

（东湖风景区经发局）

黄石市

综 述

【概况】 2020年，黄石市面对新冠肺炎疫情、洪涝灾害等前所未有的严峻挑战，持续推进“五大转型”“五城建设”，全面落实“六稳”“六保”任务，全市经济社会发展呈现企稳向好、加快回升的良好态势。全市地区生产总值完成1641.32亿元，同比下降5.9%；规模以上工业增加值同比下降5%；固定资产投资同比下降18.4%；社会消费品零售总额完成758.81亿元，同比下降26.1%；地方公共财政预算收入完成88.23亿元，同比下降26.2%；外贸出口总额完成17.3亿美元，同比下降15.3%；居民消费价格指数上涨2.3%；城镇新增就业3.11万人；城镇登记失业率为3.85%；城乡常住居民人均可支配收入同比持平；主要污染物减排完成省定目标任务。

2020年，抗击新冠肺炎疫情取得阶段性胜利，全市累计新增确诊病例1015例、治愈976例，62天实现所有确诊病例“清零”。战胜“98+”特大洪涝灾害，主要江河湖库塘基本安澜，及时转移安置受灾群众2.88万人次，改种补种农作物10.4万亩，修复各类水毁工程365处，最大程度减轻灾害损失。积极落实中央、省惠企纾困政策，出台强“六稳”“黄金33条”，新增减税降费21.58亿元，免征社保费10.98亿元。全市198个亿元以上续建项目在全省率先复工，“四上”企业复工率达到99%。工业生产自5月起由负转正、恢复到上年同期水平；投资增速降幅持续收窄，增速居全省第3位；消费复苏回暖。全市争取中央和省预算内资金14.59亿元，同比增长140%，其中争取保障房配套设施中央预算内资金8.01亿元，占全省六分之一。黄石获批国家跨境电商试验区，综保区建设获海关总署同意，大冶市纳入全国电子商务进农村综合示范县，阳新县获批国家新型城镇化建设示范县城，远大医药、博大生物等11家企业获国家科技部“科技助力经济2020”重点专项立项。

【产业转型升级】 创新驱动引领发展。高新技术增加值占GDP比重23%左右，居全省第2位，连续10年蝉联全省“科技创新先进市”。建成黄石（武汉）离岸科创中心，黄石科技城科创中心一期封顶。全市净增高新技术企业81家、新增省级创新平台21家，省级及以上工程研究中心达到11家，规模以上制造业企业研发机构覆盖率达76.4%。工业加快转型升级。国家产业转型升级示范区考核获“三连冠”，高技术制造业增加值增长35.1%，电子信息、装备制造等新兴产业逆势增长。成功举办中国（黄石）工业互联网创新发展大会，全市开通5G基站1100多个。华新绿色建材产业园、宏和电子一期、华晨仿古新型铝材等项目建成投产，大冶有色40万吨阴极铜、优科精密制造、华新亿吨机制砂等项目开工建设，广合电路、LVG晶圆再生、光大（黄石）静脉产业园、新冶钢综合环保技改等重大项目加快推进。东贝B转A股成功上市。服务业提质增效。服务业增加值占GDP的比重达到43.8%，疫情催生的“宅经济”“云生活”等新业态新模式蓬勃发展，全市软件信息服务业营收增长3.5%。实施园博园二期、恒大御景商贸综合体、下陆万达广场、居然之家商业广场等155个服务业重点项目。成功举办第四届中国（黄石）地矿科普大会。“惠游湖北·畅行黄石”接待游客近262万人次。

【重大项目建设】 省市重点项目进展顺利。聚焦“6个10”重大项目，落实领导包保高位推进工作机制，先后组织召开2次项目建设推进会，开展4次集中开工、1次项目拉练、9期省级重点项目“红黑榜”。全市实施亿元以上项目439个，其中新开工亿元以上项目155个，竣工投产亿元以上项目158个。32个省级重点项目全部进场施工，3个省委省政府督办的重大产业项目、107个中央预算内投资项目全部开工建设。重大项目前期工作加快推进。对全市500个重大前期推进项目实行“ABC”分类管理，实行“一周一督办”“十天一通报”制度，确保项目快速落地开工。全市315个A类重大前期推进项目中，已取得施工图设计审查合格书、施工许可证、完成招投标手续或签订施工合同的项目有258个，前期推进阶段任务完成率达到82%。项目要素保障有力。实施项目快速组织报审、快速实施审批、快速落实资金、快速落地开工等“四快”措施，全市33个省级重点项目2.8万亩用地指标已纳入省里统筹解决。市本级设立3000万元、县（市、区）设立8200万元的重点项目前期推进工作专项经费，保障项目建设加快推进。

【城乡基础设施建设】 开发区·铁山区产城融合加快推进，大冶湖核心区教育城、卫生健康城、文旅城、科技城“四城”全面动工。大冶湖高新区产业升级扎实推进，劲牌白酒产业园、楚天香妆等项目进展顺利。新港园区新材料产业园加快发展，落户新兴管业绿色铸造、海天集团黄石新材料等重点项目。黄石临空经济区总体方案即将获省政府批准，黄石临空产业园、黄石临港产业园和黄石临空跨境电商产业园等特色园区建设全面启动。城市基础设施和配套设施加快完善。有轨电车、沿江大道全线开工，实施团城山路网改造等城建补短板项目54个，建成天津路、武汉路人行天桥，新增智慧停车泊位1.2万个。新改建污水管网39.4公里，全市10个黑臭水体基本消除。磁湖湿地公园建成开放，新增打鼓墩、青龙阁等城市口袋公园14个。实施老旧小区改造89个，开工各类棚改7674套，基本建成5516套。重大交通水利工程加快推进。棋盘洲、武穴两座长江大桥建成即将通车，蕲嘉高速（黄石段）、鄂咸高速大冶段、新港大道北延、海洲大道建成通车，武九铁路阳新高铁站即将投入使用，武阳高速黄石段、黄颡口砂石集并中心码头等重大项目开工建设，新改建“四好农村路”261公里。大冶湖、富河流域综合治理工程启动实施，网湖隔堤加固等水利补短板项目开工建设。

【推进改革开放】 营商环境不断优化。“十必须十不准”全面落实，“放管服”改革深入推进，市民之家95%的事项可实现“一次办好”，全程网办“零跑路”事项达90%以上。“双随机一公开”地方监管标准等典型经验在全省交流推广，在全省率先开展进一步规范和加强公共信用信息核查应用。黄石市作为四个城市之一代表湖北参加全国营商环境评价。重点领域改革实现突破。国有企业“三供一业”分离移交进入收官，退休人员社会化管理工作完成99.5%，国有企业混改上市、市属投融资平台公司市场化改革向纵深推进。疾控体系改革和公共卫生体系建设全面启动，组建4家区级疾病预防控制中心。教师“县管校聘”改革全面实施。农村集体产权、土地“三权分置”等农业农村改革深入推进。对外开放水平稳步提升。棋盘洲港区二期建成、三期开工，山南铁路适应性改造工程开工，黄石新港公共物流信息服务平台启动建设。开展云上招商、产业投资推介活动47场，全市新签约重点项目290个、新注册重点项目203个，实际利用外资2亿美元。

【三大攻坚战】 脱贫攻坚圆满收官。贫困人口全部脱贫出列，开工扶贫项目1048个，新安置农村贫困劳动力1344人。40家供应商、248个扶贫产品通过省级“832”平台认定，累计销售扶贫农产品1.69亿元。推进脱贫攻坚与乡村振兴有机衔接，新增农业产业化市级龙头企业7个，全市组建“十大产业联盟”（13），阳新县获评国家农村产业融合发展示范园。污染防治扎实推进。“碧水、绿岸、洁产、畅流”行动深入实施，总投资201亿元的长江综合整治“六大工程”全面推进。全市国控、省控考核断面水质以及县级以上集中式饮用水水源地水质达标率为100%，全市环境空气质量优良天数比例达到92.0%，完成5个土壤治理项目。严格落实长江十年禁渔，736名退捕渔民全部妥善安置。“四个三”重大生态工程任务圆满完成，餐厨废弃物资源化利用和无害化处理试点通过国家验收。重大风险防范有力。政府债务风险总体可控，全市未发生区域性、系统性金融风险，一批疫后“综合症”及涉房涉企等遗留问题得到有效化解，安全生产形势持续稳定，实现“一无两降”，社会大局总体平稳。

【社会事业稳步发展】 就业和社会保障体系更加完善。新增高校毕业生就业实习近1万人，帮助重点企业招工4.2万人，发放就业补助资金1.05亿元。为养老保险参保户困难群众发放各类社会救助资金5.2亿元，芳华老年养护院等6个项目纳入城企联动普惠养老专项行动国家试点，社会福利中心建成启用，市福利院、儿童福利院、救助管理站完成搬迁入住。教育质量和水平稳步提高。完成配套幼儿园治理项目48个，增加公办园学位2000个，普惠性幼儿园覆盖率达到81.2%。基础教育“大班额”基本消除，新建和续建磁湖北岸学校、黄石十八中等项目92个，湖北工程职业技术学院新校区、黄石美联实验学校等项目加快推进。筹集6.15亿元提高义务教育教师工资待遇。医疗健康迈出新步伐。黄石市中心医院黄金山院区（可转换院区）、黄石市疾病预防控制中心P2实验室等122个重点项目加快推进，开通“江苏—黄石远程医疗服务平台”，全市医疗健康大数据中心和全民健康信息平台升级工程启动，4 家社区卫生服务中心的国医堂通过省验收。

（黄石市发改委）

大冶市

【概况】 2020 年，大冶市实现地区生产总值 647 亿元，比上年下降 4.9%；规模以上工业增加值下降 3.9%；固定资产投资下降 18.3%；社会消费品零售总额 263.93 亿元，比上年下降 26.6%；地方财政总收入 47.09 亿元，比上年下降 36.4%；地方一般公共预算收入 27.03 亿元，比上年下降 37.2%；城镇常住居民人均可支配收入 41829 元，比上年下降 2.3%；农村常住居民人均可支配收入 21553 元，比上年增长 0.1%。

疫情防控。疫情发生以来，全市各行各业 1.6 万余名志愿者参与疫情防控工作，构筑起了联防联控、群防群控的严密防线。在江苏援冶医疗队和黄石专家帮助下，534 名医护人员参与新冠肺炎确诊及疑似病例医疗救治，设立隔离治疗专区 3 个、备用病房 226 间、病床 542 张，确保"应收尽收"，救治效果明显。住院确诊及疑似病例在黄石地区率先清零，全市累计隔离治疗新冠肺炎确诊及疑似病例 325 例，其中确诊出院 214 例、转黄石市治疗 1 例、死亡 5 例、疑似排除 105 例，累计收治重症 17 例。重症率为 7.72%，死亡率为 2.27%，均低于全国水平。

疫后重振经济。制定《大冶市关于强服务、解难题、稳增长、促发展的若干政策措施》及其补充通知，从加大财税支持力度、加大金融支持力度、努力扩大有效需求、切实减轻企业负担、加大稳岗就业支持力度、加强政策落实督导六个方面，形成了 33 条惠企政策举措，为企业纾困解难。全面开展"双千"活动。市"四大家"领导、各包保部门、各乡镇及服务专班积极进企走访帮扶，累计走访重点企业 435 家，实现走访全覆盖。针对企业提出的问题 701 个，已解决化解问题 690 个，问题化解率达 98%。全市 708 家"四上"企业短期内实现全部复工复产、达产达效。落实各项金融优惠政策，全市银行机构降低利率贷款 1063 笔，减少企业利息支出 6700 万元；落实延期还本贷款 1986 笔，延期付息 2.31 亿元，较好地缓解了企业资金周转困难。积极开展"金融早春行"银企对接服务，加大信贷投放力度，全市 15 家银行已累计对各企业发放新增贷款 51 亿元。创新"春风贷"业务，各合作银行已对 213 家企业发放到位 3.1 亿元。积极推进企业上市，推荐 9 家省级种子企业。积极向上争取项目资金。抢抓国家、省加大对疫情受灾地区扶持的政策机遇，成立市向上争取工作领导小组，全力以赴争取上级政策和资金支持。着力优化营商环境。出台《着力打造更优营商环境的实施意见》和《弘扬"店小二"精神严格优化营商环境"十必须十不准"工作方案》，不断打造优质营商环境。

产业转型升级。全市 312 家规模以上工业企业全部复工复产，新增规模以上工业企业 28 家，进规企业总量和新增量在黄石各县市区均排名第一。东贝铸造、屹丰机械等 5 家企业荣获 2019 年湖北省信息化和工业化融合试点示范企业。推进企业上"云"，上"云"企业 100 家左右。成功入选荆楚文旅名县创建单位，获评"2020 中国县域旅游发展潜力百强县市"。保安镇沼山村获称"湖北旅游名村""第二批全国乡村旅游重点村"。A 级景区参加"与爱同行 惠游湖北"活动，全年累计预约游客 126 万人次，累计入园 206 万人次。举办龙凤山第五届乡土"年货节"、大冶市农民丰收节暨大箕铺镇首届文化旅游节、第三届大冶殷祖南山头红色文化旅游节等 10 多个大型文旅主题宣传活动。加快推进国家农村一二三产业融合发展先导区、国家农业绿色发展先行区创建，农业实现稳产保供。59 家规模以上农产品加工企业预计实现产值 160 亿元。新增高标准农田 2.94 万亩。获评"湖北省农产品质量安全县(市)"。以国家创新型县（市）建设为抓手，实施高新技术企业倍增计划，新增高新技术企业 43 家，科技型中小企业 132 家，获批全省市县科技创新综合考评优秀县市。融通高科企业技术中心获评省级企业技术中心，黄石市 2020 年独此一家。科技成果转化加快，完成成果转化 16 项，登记技术合同交易额 10 亿元。全年完成新开工项目 93 个，投产项目 86 个。

三大攻坚战。精准脱贫成效显著。聚焦"两不愁三保障"，坚持精准施策，大力开展"送岗位、送订单、送政策、稳项目"行动。公益性岗位安置贫困劳动力 1669 人。贫困人口兜底保障实现"应保尽保、应养尽养、应救尽救"，"两不愁"问题得到解决。贫困人口基本养老保险实现全覆盖，建档立卡贫困人口城乡居民基本医疗保险参保率和慢性病签约服务率均实

2020 年，大冶有色 40 万吨项目建设现场

现100%。实现春秋季学期教育资助、雨露计划资助、冶商扶贫助学基金资助共计8016人次，金额755万元。实现贫困户住房安全保障率、饮水安全有保障比例、“三留守”人员社会关爱服务比例达到100%。剩余32户、104名贫困人口完成脱贫，全市8438户、17717名建档立卡贫困人口全部实现稳定脱贫。重大风险有效防控。安排专项资金10余万元进行防范非法集资宣传教育，开展涉嫌非法集资等金融风险广告资讯信息排查清理行动，全面排查全市金融、证券、理财投资、房地产等领域企业，加大陈案化解力度，严控类金融机构风险增量。加强应急管理工作，全市安全生产形势总体稳定。全面防控社会风险，扫黑除恶专项斗争、食品卫生安全监管等工作扎实推进。污染防治力度加大。全力打好“蓝天、碧水、净土”保卫战，空气质量优良率达85%，较2019年上升13.2%。完成全市“百吨千人”饮水水源地保护区划定和高桥河龙潭村水质自动监测站升级改造，红星湖水环境综合整治二期工程完成建设并投入试运行，省控跨界断面高桥河为Ⅱ类，好于规划的Ⅲ类水质。完成44家重点企业环境应急预案备案，将18座在用或未闭库尾矿库纳入污染防治整治范围，36个开山塘口生态修复治理项目已完成30个。“四个三”重大生态工程进入验收阶段，2.3万户厕改造完成，9座乡镇污水处理厂及配套管网建成投运，完成植树造林1.6万亩，城乡垃圾无害化处理实现全达标。劲牌有限公司荣获“2018—2019绿色中国年度人物”提名奖。第二次全国污染源普查圆满收官，主要污染物总量减排名列全省第一。

社会民生事业。坚持就业优先，全年城镇新增就业6421人，失业人员再就业2204人，困难人员就业1487人，农村劳动力转移就业4461人，享受公益性岗位补贴1259人，城镇登记失业率3.22%。新增扶持创业857人，带动就业2562人。发放创业担保贷款3859万元，新增返乡创业431人，为57人发放一次性创业补贴，为698家符合条件企业落实稳岗补贴1073万元。着力提升社会保障水平。完善社会保障体系，新建城乡老年人互助照料活动中心15个，为近1.5万名老人发放高龄津贴1300万元。有序推进失能半失能老人养护中心建设，居家和社区养老服务改革试点工作稳步进行。全年发放救助资金1.74亿元，其中，救助受疫情影响导致基本生活出现暂时性困难群众22万人次，发放疫情临时救助资金4376.75万元，生活物资近20万斤。扎实推进慈善助学、助医济困、赈灾救灾、扶农公益、“幸福家园”五大工程，投入慈善资金1520万元。大力发展教育卫生事业。着力消除疫情影响，平稳有序复学复课，14万余名学生平安返校。教育质量稳步提升，2020年高考黄石文理科状元花落一中。教育投入持续加强，新建七里界、金桥、熊家洲等学校，改扩建实验高中新校区、大冶一中学生宿舍，新增学位超过1万，消除了城区学校“大班额”。加快推动卫生健康事业发展。出台《大冶市关于推进疾病预防控制体系改革和公共卫生体系建设的实施意见》，进一步改革完善疾病预防控制体系，形成“1+5+1”政策方案框架。在全省率先开展城乡居民健康体检，受益人群5.9万人。积极发展文化体育事业。全面完成2614祠堂转化文化活动阵地，新建保安镇沼山村、殷祖镇花市村等6个基层文体广场，实现全市所有镇级综合文化服务中心全部达到省级标准，村（社区）基本达标。全年共开展送戏下乡、文化村村行等文化惠民活动300余场次，惠及群众3万余人次。创编的舞蹈《农场美》在“文化力量民间精彩”湖北省第五届群众广场舞展演活动荣获二等奖，《我的美丽村庄》参加第四届湖北省地方戏曲艺术节、第二届荆楚名团聚江城展演活动。新建大冶湖高新区运动健身中心（大冶市篮球主题公园）、伍桥社区运动健身中心、五星村文体广场、张谦村文体广场等公共体育设施。

（大冶市发改局）

阳新县

【概况】 2020年，阳新县实现地区生产总值273亿元，同比下降7.9%；规模以上工业增加值下降21.3%；固定资产投资下降20%；财政总收入22.54亿元，同比下降18.5%；地方公共财政预算收入14.92亿元，同比下降17.9%；社会消费品零售总额103亿元，同比下降29%；城镇、农村常住居民人均可支配收入均与上年基本持平，中部地区县域经济百强排名前移3位。

产业转型升级。工业产业提档升级。持续实施“万企万亿”技改工程，发放省、县两级转型升级专项奖补资金780万元，全年完成工业技改投资20亿元。深入实施“双百”活动，为企业排忧解难。持续实施中小企业成长工程，建立进规培育企业储备库，新增宏光新能源、泰鑫科技、泰鑫化工等规模以上工业企业7家。新认定高新技术企业7家。富博化工、远大富驰、可兴鞋业、巨鹏厨具等企业被推荐为湖北省支柱产业细分领域隐形冠军企业。华新水泥、娲石水泥被工信部授予“绿色工厂”荣誉称号。工业和创新项目中，爱骑士、洪南机械、汇通建材等15个续建项目已建成投产，兆元数控、骏霖汽车、尚川固废等8个项目正常推进；华新亿吨机制砂、娲石绿色建材产业园等5个新开工项目正常推进；华新“万吨线”项目、朗天新特药等4个技改项目已建成投产。特色农业提质增效。全县完成粮棉油春夏播种面积约79.74万亩，蔬菜播种面积22万亩，新发展“果、麻、茶、药、桑”特色产业面积4万余亩；生猪存栏22.6万头，家禽存笼467.56万只；出栏生猪41.75万头，家禽483.52万只；肉类总产量3.98万吨，禽蛋产量2.8万吨；水产养殖总面积46.73万亩，全年水产品产量12.2万吨。新增市级农业龙头企业5家。新建高标准农田5万亩。阳新柑桔通过国家农产品地理标志专家评审。全县有效期内“二品一标”产品26个，产品抽检合格率达到100%。成功入列第二批国家农村产业融合发展示范园。第三产业提速发展。全县48家规模以上服务业企业，实现营业收入12.08亿元，同比下降1.04%。交通运输及仓储业15家，完成营业收入3.61亿元，下降13.9%；其他营利性服务业20家，实现营业收入7.47亿元，同比增长6.7%。西商冷链物流和天空之城成功申报2020年省服务业“五个一百工程”重点项目。阳新县被评为2020年度“全省服务业发展贡献单位”，获奖励补助资金150万元。仙岛湖重新获评4A级景区。天空之城荣获2020年博鳌国际旅游奖年度精品目的地大奖。王英镇被湖北省人民政府命名为“湖北旅游名镇”。全县7家A以上景区参与“与爱同行、惠游湖北”活动，游客接待人数和旅游综合收入大幅增长，推动了旅游业恢复，带动阳新经济发展。南市村入选第二批全国乡村旅游重点村。维也纳酒店、红星美凯龙等一批商业体投入运营。金融存贷比首次突破60%，金融对实体经济的支持效果显著提升。

项目建设。2020年，全县共有省级重点项目15个，计划总投资436.6亿元，完成年度投资25.2亿元；市级重点项目24个，计划总投资560.4亿元，已完成年度投资25.5亿元。全县共获批中央和省预算内投资、中央抗疫特别国债、新增专项债券等“三类”项目共计83个，总投资74.4亿元、争取到位资金8.9亿元。其中：中央和省预算内投资项目60个，总投资9.7亿元，已争取到位资金2.6亿元；中央抗疫特别国债项目11个，总投资18.9亿元，已到位资金3.5亿元；新增专项债券项目12个，总投资45.8亿元，已到位资金2.8亿元。全县共举办项目集中开工活动4批次，重点项目37个、计划总投资195.9亿元，全年完成投资20.2亿元。全年新签约重点项目88个，完成市定目标任务（56个）的157.1%；全年新注册重点项目62个，完成市定目标任务（40个）的155%；新开工重点项目39个，完成市定目标任务（33个）的118.2%；新投产重点项目25个，完成市定目标任务（24个）的104.2%；实际到位内资187亿元，完成市定目标任务（170亿元）的110%；其中省外资金125亿元，完成市定目标任务（120亿元）的104.2%。

城乡建设。新老城区基础设施提档升级。持续推进《阳新县城市总体规划（2014—2030）》。投资1.2亿元的阳新县老城区雨污分流一期工程（截污干管）已开工建设，投资0.9亿元的2020年老旧小区改造项目已完成总工程量55%。在建交通重点项目17个，计划总投资158.98亿元，今年完成投资20.28亿元。建成5G基站62个，168个正在有序推进中。武阳高速、203省道等重点项目快速推进。棋盘洲长江大桥、武穴（阳新）长江大桥建成。县城高铁站及配套设施即将投入使用。富河航道工程、富河二期综合治理工程均开工建设。推进新型城镇化示范县建设。5月29日阳新县入选国家新型城镇化示范县城，7月16日入选国家新型城镇化返乡创业试点名录，9月15日被国家发改委列为直接联系点，是全省10个示范县城唯一的联系点。围绕县城补短板强弱项4大领域17项建设任务，共谋划重点建设项目194个、计划总投资713亿元。乡村振兴战略深入实施。印发《阳新县乡村振兴战略规划（2018—2022年）》、《阳新县2020年持续巩固农业产业扶贫成效政策性补贴实施方案》，安排落实产业扶贫奖补资金4400万元，支持新发展特色扶贫种养殖业6.2万亩，建成柑桔基地8983.7亩。成功申报2020年省级美丽乡村建设示范村16个、整治村58个。港下村被评为全省“十大美丽乡村”。宝塔村入围全国乡村特色产业亿元村名单。

2020年，富河下游干流（阳新段）防洪二期工程

生态建设。深入推进长江阳新段综合治理，21处沿江开山塘口实现生态修复，13家列入关改搬转任务清单的化工企业已全部按时序完成，长江禁渔有力推进。网湖完成《湖北网湖自然保护区水生态环境保护规划（2019—2039年）》报批工作。全县19镇区全部获得市级以上生态镇命名，其中王英镇获得国家级生态镇命名，枫林镇、城东新区、三溪镇获得省级生态镇命名。扎实开展省级生态文明建设示范县创建验收工作，年初通过了省环保厅组织的专家验收评估。全年县城环境空气质量优良率为90.40%，同比上升25.03%，PM10、PM2.5分别同比下降28.12%、27.5%，三项考核指标均位于全市前列。三年累计完成新建和改造各类厕所5.5万座，占总任务55684座的98.77%。累计完成精准灭荒12.89万亩，占总任务11.08万亩的116.34%。新建13个污水处理厂，均已建成通水运行，在线监测均已完成安装并接入，并通过省级验收。主干管网已累计完成125.8Km，三四级接户管网累计完成179.9Km，已连接16762户。新建、改建城乡垃圾中转站15座，均已建成投入运营。

营商环境。政府服务更加优化。

大力推进政务服务“一网、一门、一次”改革，电子政务外网从省到村五级联通。“先建后验”试点有序推进。市民之家共进驻独立窗口21家、综合窗口8家、公共服务窗口3家、中介服务机构4家，共进驻行政审批和公共服务事项911项，进驻窗口工作人员200余人。16个工业建设项目开展“联合审批、挂图作战”“一对一”包保服务，全程代办各类证照，共解决项目建设过程的审批难题7个，清理规范性文件2份，清理和保留证明事项5条。加强政务信息归集公示，共上报相关数据3294条，其中信用信息数据2277条、联合奖惩数据852条、信用承诺数据165条。诚信工作更加透明公开。研究出台《关于进一步加强营商环境建设激发市场活力的实施方案》等文件，全力护航企业高质量发展。动态调整《阳新县实行政府定价的收费标准清单》和《阳新县实行政府定价的涉企收费标准清单》，公开公示收费标准清单。黄石市2020年第一次信用“红黑名单”新闻发布会、市公共信用信息平台、县市民之家税务局窗口等地方公开曝光企业纳税信用D级名单477个、失信被执行人40人。黄石市第一次红黑名单发布会共发布全县A级纳税人413人次。项目审批更加便捷高效。共受理办理审批、核准、备案事项449件，计划总投资451.2亿元，其中：审批280件，计划总投资177.4亿元；核准事项13件，计划总投资30.8亿元；企业固定资产投资备案事项156件，计划总投资243亿元。疫情期间，容缺办理222个项目，网上办理308个项目。灾后重建项目基本实现当日审批当日办结。

社会民生。脱贫成果更加巩固。顺利通过国家脱贫攻坚普查，党政扶贫考核排名全省第十。白沙镇被评为全国易地扶贫搬迁有担当有作为集体。统筹整合各类财政专项资金8亿元，其中产业资金2.2亿元，发展产业项目331个。免费为贫困户提供杂柑苗53.9万株、麻苗1200万株。建成柑橘基地8983.7亩。完成了2020年度8个班次、448名高素质新型职业农民的培训任务，共培训了600多名农村实用人才。认真开展“三送一稳”、消费扶贫等八项行动，年度消费扶贫交易额近2亿元。社会事业不断发展。全县城镇新增就业9305人，发放创业担保贷款3520万元，完成就业创业培训15866人，城镇登记失业率3.6%。发放支持企业复工复产贷款10.25亿元，惠及企业及个人2341户。全县城镇职工养老保险累计参保14.5万人。大力实施残疾人“两项补贴”政策，发放全年补贴1051.6万元。县人民医院新院区全面启用，县中医院新院区主体工程基本完工。城区3所新建小学有序推进。阳新一中荣获全市高中教学质量突出贡献奖。新冠肺炎治疗使用的药品和诊疗项目纳入医保支付范围，减轻个人自付费用负担。

（阳新县发改局）

黄石港区

【概况】 2020年，黄石港区完成地区生产总值198.32亿元；规模以上工业增加值同比下降16.3%，降幅较上半年收窄1.4个百分点；固定资产投资完成60.2亿元，同比下降18.8%，降幅较上半年收窄40个百分点；社会消费品零售总额完成125.22亿元，同比下降24%，降幅较上半年收窄15个百分点；地方公共财政预算收入完成6.11亿元；城镇常住居民人均可支配收入完成43625元；单位生产总值能耗和主要污染物减排完成市定目标任务。

抗疫战洪。严格落实常态化疫情防控，区级疾控中心正式成立，13类重点人群10035人实现核酸应检尽检，确诊病例“清零”后，无新增确诊病例及新发现无症状感染者等情况发生。全面落实减税降费政策，累计减税降费3.5亿元，办理出口退税1.19亿元，减免国有资产房租939万元，兑现各类惠企奖励政策、补助资金2150.86万元，惠及企业235家。最大限度稳企稳岗，通过“点对点”形式输送外出务工人员3.2万人，累计接回5200余人返岗复工，全区“四上”企业除负面清单以外于4月份全部复工复产。防汛抗洪工作取得了决定性的胜利，设立长江干堤、内湖、工地等重点区域哨所24个，妥善处理风险隐患疑似点40余处，紧急转移安置受灾群众776人。

服务业发展。2020年，服务业增加值占GDP比重已达79.8%，在全省仅次于武汉江汉区。连续两年荣获全省服务业发展突出贡献奖。制定实施《关于大力促进“互联网+服务业”发展若干政策措施》，环磁湖新经济产业园、互联网平台经济产业园、华新文创产业园等“四新”园区取得实质性发展，华新物流、金划算集团等一批互联网项目上缴税收1.2亿元，成为全区经济新的增长点。传统商贸业加速转型升级，金花大酒店、联海集团、三五轩饮食集团等企业借力互联网，效率型提升。全年新增规模以上（限额以上）服务业企业42家，超额完成市定目标任务。鄂东人力资源服务产业园升级为省级人力资源服务产业园。黄石港临空智造产业园聚集效应不断增强，发网物流科技产业园顺利开工，有效促进互联网+物流业+制造业的深度融合；湖北卓冠将打造成为华中地区最大的交通安防设施制造基地；恒基物流与顺丰物流深度合作，投产3个月完成产值2000万元；首家港资企业中咨保盛顺利落地。

招商引资与投资。全年累计接待客商来访256次，完成新签约项目43个，新注册项目31个，新开工项目12个，新投产项目9个，新设外资企业2家，外商直接投资520.3万美元，实际到位内资69.76亿元，其中省外资金30.22亿元。项目谋划储备力度加大。围绕长江经济带绿色发展、“四新”经济、临空经济等关键领域谋划储备了总投资453亿元的92个事关全局和长远发展重大项目，投资额较去年增长18.7%。全年共举行项目集中开工和拉练活动5次，总投资41.6亿元的19个亿元以上重点项目全部开工，45个总投资5000万元以上项目稳步推进。投资结构不断优化。产业投资比重进一步加大。全年服务业（不含房地产）项目完成投资37.8亿元，占总投资比重55%；房地产项目完成投资19.38亿元，占总投资比重28.5%。对上争取实现历史性突破。共争取“三类项目”63个，获资金3.74亿元。

“放管服”改革。700平方米新政务服务中心投入使用，做实政务服务“一网通办”，1223个政务服务事项可全程网办，网办率100%；财税管理更加科学精细，区税务局在全国纳税人满意度调查中，跻身全国45名、全省第一。企业帮扶“双千”行动成效显著，帮助企业解决难题190余个。深化政银企合作，支持中小微企业融资发展，帮助辖区企业融资12.89亿元临空发展智力支撑强劲。与华南理工大学深入开展技术合作，与市城发集团签订战略合作协议，为园区建设提供强大要素支撑。高起点规划编制全域临空规划、产业园核心区规划和起步区规划。信用体系“双公示”居全市前列。按照“全覆盖、零遗漏”的要求，信用信息常态化归集工作稳步推进，累计报送“双公示”信息2232条，上报数据量居各城区之首。科技实力进一步增强。科技进步综合评价连续保持在全省前列，荣获“全国科普示范城区”、“国家知识产权强县工程试点区优秀组织单位”。多家企业被评选为湖北省创新企业试点单位、湖北省农业科技创新示范基地；网安科技等8家企业被省知识产权局确认为省级知识产权优势示范企业，卫材药业、天华智能被评为国家级知识产权优势试点企业。创新活力不断提升。积极协调“产学研”对接，开展“科技副总”院士专家企业行活动，10余名专家到企业开展技术指导，协助天海航运、永辉智能等企业建成6个创新平台。全年新增省级企校联合创新中心2家，市级企校联合创新中心3家，新增科技型企业113家。成功注册商标314件，授权专利申请341件。深入开展政校企合作，与湖北工程职业学院签订战略合作协议，共建产业人才学院，推进企业核心技术攻关。全年新增规模以上工业企业4家，净增高新技术企业6家。

城市创建。加大旧城改造，房屋征收工作提速，完成签约307户，放款2.7亿元，倒房腾地649.2亩。启动文化宫、天桥等7个社区改造工程，惠及1.05万户。供电小区代司里、王家里等10个小区实现旧貌换新颜。城市基础设施不断完善。实施了城市美化、亮化、绿化、净化工程，黄石大道北延工程、有轨电车、沿江大道开工建设，武汉路天津路两座过街通道顺利打通，完成五羊巷、师院路等5条道路改造工程，建设打鼓墩区级公园1个、口袋公园4个，累计完成污水管网建设20公里。补划机动车位1755个，非机动车位17983米。妥善处置突发地质灾害隐患23起。物业服务管理全覆盖试点全面推进，33个社区已成立红色物业。狠抓市容环境卫生条例贯彻实施，开展“严管重罚”专项行动，处罚乱停乱放、乱贴乱画等违规行为4000余起，拆除违建219处，共计1.9万平方米。垃圾分类试点工作稳步推进，金地小区、天虹小区等一批精品示范小区脱颖而出，餐饮行业垃圾分类成为全市标杆。全面完成国家卫生城市复检各项工作。

三大攻坚战。扎实推进产业扶贫、消费扶贫、就业扶贫。持续跟踪20个扶贫产业项目生产经营，组织爱心消费扶贫，组织开展“送岗位、助脱贫”专场招聘会，促成225人达成就业意向。坚决打好污染防治攻坚战，完成上级交办整改任务145项，生态环境面貌持续改善。聚力“碧水保卫战”，河湖长制向纵深推进，荣获全省河湖长示范单位。强化餐饮油烟、建筑工地及道路扬尘专项整治，全年空气质量优良率为90.2%，空气质量明显改善。重点企业土壤污染排查整治实现全覆盖，严控建设用地环境风险。严格落实长江禁捕工作任务，依法打击违法犯罪行为2起。厕所革命“三年计划”顺利完成，新建改建公厕72座。重大风险有效防控。全力保基层运转，合理安排扶贫、教育、社保、疫情防控等关系群众切身利益支出，政府隐性债务风险等级评定为绿色，负债率在可控范围内。全力保金融稳定，开展金融风险排查和专项整治，积极化解非法集资历史积案，有序化解涉房、涉企、涉农民工等群体领域突出矛盾问题，坚决守住不发生系统性金融风险底线。

社会民生。教育改革取得新突破。老虎头小学荣获全国文明校园，花湖小学、十四中等中小学改扩建工程加快实施，中山小学一期改扩建工程已竣工，十八中改扩建工程已投入使用。“大班额”问题全面消除，网上阳光招生深入实施。小区配套幼儿园治理工作积极推进，9家幼儿园已完成“转普”治理。“师德锻造”等四大教师培养工程全面展开，教师队伍素质得到明显增强。全额拨付义务教育“比较绩效工资”近五千万元，教师工资保障水平大幅提升。文化体育旅游建设取得明显成效。基本公共文化服务不断强化，区文化馆建设有序推进，全民阅读活动蓬勃开展，区图书馆年总流通量达10万人次。庆祝黄石建市70周年“文化力量·民间精彩”广场舞等大型展演活动蓬勃开展，成功举办第九届磁湖文化节。大力发展全民健身事业，全国第五次国民体质监测顺利完成，全民健身“五项五进”顺利举行，第五届大众山登山节等活动成功举办。文物保护有序推进，完成了华新水泥博物馆首批湖北文化遗址公园评定工作，积极协助工业遗产中心完成国家级文物保护资金立项。医疗保障体系不断完善。抓住公共卫生补短板的有利政策机遇，对上争取新开行贷款及抗疫特别国债资金5733万元，加快推进花湖、江北等处社区卫生中心新建及改扩建项目。开展片区医生下沉行动，125名“片医”加入家庭医生团队。启动职业病危害现状调查与职业健康监测，对138家单位开展职业病危害因素监测，对12家重点单位进行工作环境检测。积极推动医养融合发展，与市医养集团开展深度合作，探索提供智慧化养老服务。就业和社保力度不断加大。深入推进“新黄石人”计划，开展春风行动等线上线下专场招聘会为近600家企业发布招工招才信息，帮助近4000人达成求职意向。完成城镇新增就业6400人、扶持创业755人，登记失业率控制在4.5%的低位水平。社会救助力度不断夯实，为在册低保对象1670人发放低保金及各类救助资金1900余万元。认定低收入家庭143户、342人，全部纳入社会保障体系。启动国有企业退休人员社会化管理改革工作，共接收52家企业11589人。进一步完善退役军人服务保障体系，严格落实各项优抚安置政策，积极打造退役军人之家。深入开展“农民工工资治欠保支”等四大专项行动，为农民工追讨欠薪款3600余万元，惠及劳动者2628人。社会治理全面加强。不断完善共建共治共享的区域治理体系，完成街道“四办三中心”挂牌和城管、市场监督等执法力量全部下沉，完成430名社区工作者人员转任、薪酬套改。高质量完成第七次人口普查。

（黄石港区发改局）

2020年，经开区晶芯半导体再生项目

黄石经济技术开发区（铁山区）

【概况】 2020年，黄石经济技术开发区（铁山区）地区生产总值、规模以上工业增加值、服务业增加值和外贸出口总额增速在全市率先转正，分别增长1%、2%、0.5%、6%，全社会固定资产投资、地方一般公共预算收入、社会消费品零售总额分别下降18%、12.4%、23%，降幅全市最低，实现了疫情防控和经济社会发展“双胜利”。

经济运行提振回升。纾困惠企共渡难关。疫情期间，成立企业工作组指导企业抓防控，帮助企业保供应，保障劲牌持正堂等14家停不得企业持续生产。出台惠企“暖心十条”支持企业复工复产，规模以上企业复工复产率达100%。深入开展“双千”活动，解决企业难题151个，积极对上争取政策，为企业减税降费3.6亿元，减免租金700余万元，协调落实贷款8.32亿元，招工1.6万人。招商引资逆势而上。聚焦主导产业强链补链，抢抓疫后风口，创新云招商、离岸招商，发挥驻外招商、口碑招商、基金招商优势，先后在苏州、深圳等地举办专题招商推介会5次，全年新签约项目71个，总投资额356.7亿元，分别增长42%、25%，其中5亿元以上项目16个、10亿元以上项目8个，12个项目实现当年签约、当年注册、当年开工。项目建设合力攻坚。成立“1+10”指挥部，落实“724”包保制，开展“一赛两评”擂台赛，推进项目能开则开、能早则早、能多则多、能快则快。全年谋划实施项目246个，举办重大项目集中开工投产活动3次，建成投产宏和电子玻纤纱、华盛新人造板、铁流离合器等工业项目33个。争取中央特别国债、中央预算内投资和地方政府专项债券资金8.46亿元，创对上争资历史新高。政策资金全面突破。国家环境污染第三方治理园区即将获批，国家重点采煤沉陷区综合治理工程完成专家评审；产业转型升级示范区、铁山独立工矿区实施方案完成修编上报；随着这些政策的到位，将会带来更多项目资金的支持。在全市争取国家资金的“百日”攻坚行动中，我区在项目谋划、前期要素保障等方面积极行动，连续4期在全市排名第一。争取三类资金8.46亿元，其中中央（省）预算内项目20个、资金2亿元，政府专项债券项目5个、资金6.34亿元，中央抗疫特别国债项目8个、资金0.12亿元。

推进改革创新。营商环境明显优化。以“一赛两评”擂台赛为抓手，在“先建后验”基础上升级推行“四零”改革，简化审批流程、强化过程监管、开展联合验收、开办企业一日办结，审批效能进一步提升。线上线下审批加速融合，“一网通办”“一窗通办”顺利实施，承诺件办理时限缩减50%，企业、群众办事更加便捷。投融资改革进一步深化。推进融资平台转型改革，磁湖公司成功升为市级平台，组织架构更加科学，顺利通过ISO 9001国际质量体系认证，全年营收增长55.3%，创近5年最佳水平；铁山城投重组基本完成，主营业务有效拓展。实施上市公司倍增计划，新增“金种子”“银种子”企业5家，新增A股上市公司1家。创新驱动进一步加快。坚持技改升级与研发创新双向发力。实施东贝机电、欣益兴等重点技改项目15个，总投资15.2亿元。全区规模以上企业研发中心覆盖率达到79%，省级以上研发平台总数居全市第一。国家级孵化器考评获得良好等次，省级高新区考核全省第一，“黄菁汇”品牌成功打响。全年认定“四高人才”80名，发放补贴500万元，人才工作力度加大。创新能力显著增强。新增省级及以上研发平台3家、累计21家，新增高新技术企业29家、累计109家，三环离合器、三丰智能入选国家第二批专精特新“小巨人”企业，规模以上制造业企业研发平台覆盖率达到79%，创新后劲十足。全洋科技打破国外技术垄断、突破解决柔性屏薄膜封装难题，宏和电子超细电子级玻璃纤维纱线实现稳定量产替代进口，创新成果丰硕。国家级孵化器考评获得良好等次，省级高新区考核全省第一，省级大众创业万众创新示范基地通过省发改委的考核。国有企业改革初见成效。实施国有企业监督管理暂行办法、绩效考核管理办法，进一步规范国有企业管理。磁湖公司体制机制改革深入推进，组织架构更加完善，成功升为市级平台，顺利通过ISO 9001国际质量体系认证，全年营收增长55.3%，创近5年最佳水平。铁山城投重组基本完成，主营业务有效拓展。社会领域改革稳步推进。“一体两翼”社会治理体系改革全面破局，城乡治理防控基础明显筑牢。区级疾控中心在四棵卫生院挂牌成立，突发疫情处置能力明显提升。实施街道管理体制改革，街道统筹协调能力明显增强。中小学“区管校聘”机制改革顺利完成，师资急缺问题基本解决。启动教师职称改革，教师工作积极性大幅提高。

完善城市功能。新区建设全面加速，园博园大道西延建成通车，汪仁镇区外环路等8条道路完工，大棋路改造项目加快推进，新增和改造城市绿化面积6.15公顷，新装路灯1169盏，城市形象得到进一步提升。百花商业街、维也纳酒店盛大开业，麦当劳、小米生活、中影烽禾影城等商业品牌成功落户，产城融合步伐进一步加快。科创中心、卫生健康城、园博园提档升级、湖北工程职院新校区等一大批项目开工建设，“四城”建设全面铺开。绿地、恒大、保利、湖山新城和华侨城等大型综合体稳步推进，人气大幅提升，全年新增人口约1.1万人。旧城改造全面提升。工模具产业园三期、福星铝业扩规等15个工业项目落地开工，建设如火如荼；老旧小区改造、木栏高粱湾还建楼等17个社会民生项目进展快速；西区交通路网、铁金港治理等30个城建、环保项目顺利推进，成效明显；东方山水库游步道、轮滑极限运动营地等3个旅游项目全面启动。不断完善养老、医疗、教育、购物、交通、健身休闲等功能和设施，着力打造5分钟便民生活服务圈。坚持“四化”工作法，市容卫生考核全市排名第一，垃圾分类工作全市领先。新建污水管网约6公里，城区基本实现雨污分流，“三个更加一个确保”取得了新成效。生态环境全面改善。坚持打好污染防治攻坚战，全力推进水、大气、噪声、固废医废和土壤防治，全年空气质量优良天数超过300天；PM10平均浓度64.5微克/立方米，低于市定目标5.5微克/立方米；PM2.5平均浓度36.5微克/立方米，低于市定目标5.5微克/立方米。大冶湖外湖（磊山湖心）水质达到三类，与去年同期相比明显好转。危废依法处置率100%，23处开山塘口修复治理工程全面启动，7处废弃工业场地土壤修复及铁山工矿废弃地、洪山溪尾矿库生态治理全面完成，铁山获批全国绿色矿业示范区，山更青、土更净。大力度完善园区配套。全区国土空间总体规划编制完成，铁山临空经济产业园、太子生命健康产业园控制性规划编制形成初步成果。全年报批土地4400亩，处置闲置低效用地2000余亩。金山、汪仁等镇街完成园区拆迁4780户、腾地6500亩。汪仁电子信息产业园新增净地1000亩，园区承载力进一步增强。钟山大道华新段、新315省道、铁山西区路网等70个交通项目顺利实施，章山新材料产业园路网基本形成，铁山工模具产业园二期全面完工，铁山临空经济产业园挂牌运行。

打好三大攻坚战。重大风险有效化解。严格实施债务预算管理和限额管理，政府债务额度控制在合理区间。深入开展金融领域非法集资治理，全年未发生一起较大金融风险事件。积极推进平安建设，深入开展扫黑除恶“六清行动”，破获涉恶案件73起，摸排矛盾纠纷395件，化解269件，安全、稳定底线进一步筑牢。脱贫攻坚决战决胜。脱贫攻坚“四个不摘”要求全面落实，“三送一稳”深入推进，顺利通过国家、省两级摘帽考评，现行标准下全区15440名贫困人口全部脱贫、12个贫困村全部出列。乡村振兴持续推进，“一区三带”建设初见成效，成功签约金贝观光牧场、父子山田园综合体等4个现代农业项目，成功打造白茶、油茶、香椿等177个特色农业基地，建成省级示范农场、示范社9家。31个水利补短板工程开工建设，农业生产设施基础明显夯实。污染防治强力推进。着力开展“六治”行动，整治“散乱污”企业21家。全面落实“河湖长”制，推进小微水体整治，黑臭水体基本消除，湖库港水质持续改善。严格土地卫片执法，基本农田面积不减、质量不变。23个矿山生态修复治理项目全面启动，7处废弃工业场地土壤修复及铁山工矿废弃地、洪山溪尾矿库生态治理全面完成，铁山获批全国绿色矿业示范区。

改善民生福祉。坚持就业优先，把稳就业摆在更加突出位置，帮助区内44家重点企业招工1.6万人，完成全年目标任务107.4%；电子信息企业员工月流失率同比下降1.8个百分点，企业员工更加稳定。全年城镇新增就业8954人，完成全年目标任务的223.8%；城镇登记失业率4.22%。汪仁福利院一期项目主体工程完成竣工验收；铁山芳华养护院顺利投入使用。社区居家养老社会化运营试点加快推进，启动了四棵社区、金山社区居家养老服务中心建设，推进曹家林社区养老服务设施改造。发放困难群众基本生活保障金8354万元、被征地农民养老金6410万元。完成棚改4498户，启动新建安置房源3100套、续建3600套。公共事业全面提升。2020年中考再创佳绩，鹏程中学连续五年、铁山一中连续两年进入全市中考第一方阵。全区普惠性幼儿园覆盖率达90%，超过省定标准。开工建设湖师附属初中、四棵中学等4所学校，实施大路小学、中庄中学等11所学校改扩建，引进并开工建设美联实验学校、黄石外国语学校等优质民办学校，办学条件进一步改善。全力推进公共卫生补短板建设，争取资金4000余万元，购置了医用X光机等医疗设备90余台套；规范设置发热门诊，完成了镇街卫生院发热诊室（门诊）改造及污水处理设施建设，新增床位357张。推进基本公共卫生服务均等化，优化家庭医生签约服务，落实“片区医生”制，医疗卫生健康服务能力进一步提高。建立电子健康档案18万份，建档率、合格率均为83%，慢病患者签约率100%，疾病预防能力不断提高。发挥文化阵地作用，利用“村村响”平台，加大“战疫”宣传力度，及时发布权威信息，打通应急宣传的“最后一公里”，创作抗击疫情文艺作品近百首。加快完善文体设施，金山综合文化服务中心、钟山村运动健身中心等6个健身项目完工。积极推进金寨村等7个文物点保护，王贵武龙灯入选国家级非物质文化遗产。开展全民健身“五项五进”等文体活动，丰富了群众文化、体育生活。成功举办第四届中国（黄石）地矿科普大会，积极开展“与爱同行 惠游湖北”等活动，铁山旅游知名度进一步提高。 加强社会治理。实施街道管理体制改革，158名社区干部完成转任。积极推进“一居一警、一村一辅”，深入推进扫黑除恶“六清活动”，全力做好综治维稳工作，平安建设进一步加强。文明创建取得新实效，汪仁镇刘铺村获评全国文明村。城市社区实现红色物业全覆盖。严格落实安全生产责任制，全年安全生产事故同比下降50%。建立三级食品药品监管网格，食药监管效能持续提高。群众获得感、幸福感、安全感明显提升。

（黄石经开区（铁山区）发改局）

西塞山区

【概况】 2020年，西塞山区实现地区生产总值、固定资产投资、规模以上工业增加值、社会消费品零售总额、地方公共财政预算收入分别下降9%、18.6%、7.9%、28%和26%左右。

推进复工复产复商复市。积极解决物流、人流问题，有序恢复对外、对内交通，及时解除交通管控点，“点对点”帮助外地务工人员返岗。各有关部门在做好疫情防控和安全生产的前提下，精简审批流程，下沉指导服务，帮助企业打通堵点，破解要素瓶颈制约，确保“五个到位”，加快推进企业复产和项目复工。新冶钢、西塞电厂、振华化学等重点保供企业疫情期间实现顺利生产并成功，其他停产企业规范有序复工复产，辖区学校、商超、企业正常复学复市。出台“暖企35条”，在财政、税费、金融、稳岗等方面为企业复工复产提供政策支持。加大精准援企惠企力度，为辖区企业减免增值税增量留底退税2.1亿元，为16家企业申请复工复产贷款9350万元，帮助160余家企业融资14.1亿元以上，兑现2019年度企业奖励政策852.5万元。协调企事业单位为武商黄石购物中心等单位减免房租、水电费2700万元。发放困难群体救助资金共计2024.8万元。

产业转型升级。坚持把制造业转型升级作为推动西塞高质量发展的“定海神针”，2020年，全国产业转型升级示范区建设方案修编，成功将西塞山区工业园区纳入产业转型重点园区。连续三年荣获“湖北省科技创新先进县（市、区）”称号，获批“国家火炬特钢特色产业基地”“湖北省科技创新驱动发展良好区”。黄石科创模具技术研究院被评为全市首家省级产业研究院，浙楚联盟企业港被评为“湖北省小型微型企业创业创新示范基地”。西塞山工业园区化工园被确认为省级合规化工园区。全年新增高新技术企业4家，科技创业企业12家，均完成市定目标任务的100%。服务业加快复苏。以西塞山区总部1号经济大楼为载体，形成以区域龙头为示范、重点楼宇为载体、品牌企业为带动的总部经济发展新格局，经过努力，总部1号入驻企业12家，入驻率达80%，其中，年销售额亿元以上的企业有3家，有效的提升了楼宇品质，促进楼宇经济发展。组织40家商贸业企业在大上海广场开展西塞山区“六月欢购节活动”。活动共设摊位50个，实现零售额13.56万元；社零总额增速逐渐收窄，预计截至12月份，社零总额增速与2月份相比累计收窄了19.3个百分点。文旅事业蓬勃发展。围绕全域沿山环湖旅游一体化发展思路，制定《西塞山区全域旅游实施方案》。西塞山区“端午习俗展示馆”启动设计规划，理顺了西塞山风景区管理体制，西塞山风景区游客服务中心启动建设。非物质文化遗产保护传承工作获得国家和省级授牌。卓尔文旅城项目成功签约，项目一期启动建设。

项目建设。成立区招商办和长三角、珠三角、京津冀等5个招商分局，抽调20名年轻干部组建专班，在全市率先启动外出驻点招商，参与和举办2020（第二届）中国特钢高质量发展标准化论坛等6场招商推介会，新签约重点项目20个，总投资额379.4亿元，其中投资10亿元以上重大项目3个，投资额345亿元。卓其汽车零部件等11个在建项目加快建设，浚山光电二期等10个项目竣工投产。全区推进实施“双百双千”项目攻坚行动，推行“总指挥部+分指挥部+专班”工作模式，持续开展项目建设“比晒亮”活动，评选出“骏马奖”12个，“蜗牛奖”5个。组织开展4次省、市项目集中开工活动、2次区级项目拉练活动，配合市发改委开展1次市重点项目拉练活动，共实施“双百双千”攻坚项目150个，按计划推进项目133个，同步率88.7%，累计入库项目75个，入库率50%，已竣工项目30个。全年共发6期情况通报、11期工作简报、23期重点工作交办函、16期重点工作清单。“三库”建设进展顺利，储备库增长率、转化率均高于全市平均水平。荣获全市推进项目攻坚行动促进全国产业转型升级示范区建设“先进集体”。抢抓政策机遇窗口期，全力对上争政策、争项目、争资金，制定了西塞山区对接中央支持湖北一揽子政策的87条事项清单，积极对接国家、省、市级业务主管部门，把向上争取资金工作作为疫后经济重振的重要抓手有效缓解了财政收支压力，为抓好“六稳”工作、落实“六保”任务提供了资金保障，策划“三类资金”项目78个。全年共争取中央、省预算内资金、债券资金和转移支付资金8.9亿元，同比增加436.2%。谋划“疫后重振十大工程”项目141个，总投资184.8亿元；申报2021年中央预算内资金项目43个，总投资36.93亿元。

营商环境。深入实施《优化营商环境条例》，严格贯彻落实省“30条”、市“35条”相关文件精神，以市场评价为第一评价、以企业感受为第一感受，大力弘扬服务市场主体“有呼必应、无事不扰”的“店小二”精神。已出台《关于更大力度打造一流营商环境的实施方案》，全面推行推进“先建后验”审批改革，缩减审批时限，实施个体户申请营业执照容缺受理、“立申立办”，深入推进“一门一网一次”改革、区域性统一评价等重点任务落实，成立项目服务办，积极推进“不见面审批”，助推项目建设跑出“加速度”。

“三大攻坚战”。脱贫攻坚成效显著。对口帮扶的王英镇六个村累计减贫593户1930人，脱贫率100%，贫困发生率从2017年的12.8%下降至零，“九有”“两不愁三保障”目标全面实现。深入开展水污染防治行动，持续推进夏浴湖生态环境突出问题整改，流域生态修复和综合治理成效得到省政府有关部门肯定，环保整治“回头看”问题整改率96.6%。打赢蓝天保卫战，全区环境空气优良率达92.2%，排名全市第一。实施净水计划，投资3.4亿元，实施治水护岸项目11个。实施土壤污染防治行动，火车西站地块土壤修复项目获中央专项资金3500万元，6处沿江开山塘口全部完成整治，全区土壤环境质量总体良好。积极防范化解财政和金融风险，稳妥化解隐性债务存量，短期高息债务总量不断下降，债务结构不断优化，债务风险等级由橙色下调为最低的绿色。支持创发集团做大做强，新增资产30亿元以上，资产负债率同比下降29%。

城乡建设。实施老旧小区改造“金湾工程”，首批实施改造项目18个，大智路片、牧羊湖片等7个项目已完工，改造面积98万平方米。持续推进背街小巷改造，对太子湾路、快活岭路等7条道路完成改造。大力推进“秀带工程”，黄思湾“十里秀带”拆违65处1572平方米。投入1480万元，建成上窑码头公园、青龙阁山地公园（一期）和3处口袋公园。临港产业园概念性规划和总规评审已完成，正在完善控规初稿。先后组织五轮征迁攻坚行动，已完成签约房屋440户14.2万平方米，征地2220余亩。总长5.6公里的315省道河口段、大棋路河口段、张志和大道河口段等5条道路全线动工。河口二三四期、西塞五六期等5个还建楼项目全面启动。黄石二中滨江校区正在进行土地平整。10月30日，在全市“N园”中率先举行集中开工暨项目签约仪式，盐田港长江总部等9个项目集中签约，建材产业园项目等10个项目集中开工，临港产业园主干路网和重点项目全面铺开推进美丽乡村建设。投入资金1048万元，连片规划新港村等5个沿江村庄，实施沿江美丽村湾绿化景观提升工程，完成生态林建设400余亩。持续开展“三清三园（源）”活动，清运生活垃圾940余吨，设置果皮箱300余个，引导农户以户为单位包卫生、包秩序、包绿化，村庄内基本实现无乱搭乱建、乱堆乱放。深入推进长江沿线禁捕禁渔工作，发放有证渔船渔民补贴351万元，禁捕退捕工作进度全市靠前。“厕所革命”圆满完成，累计新建改造城市公厕79座，改建农村户厕934座，建成旅游厕所6座。

社会民生。就业优先政策深入实施，积极帮助困难群体、大中专毕业生、城镇失业人员等重点群体就业，指导协调628家经济实体争取稳岗等就业创业政策资金1249万元，全市城区排名第一。发放住房补贴220户21.5万元，31户家庭实现实物配租。公共文体基础设施短板进一步补齐，月亮山文体广场和澄月文体广场完工并投入使用，冶钢315运动健身中心项目进入施工收尾阶段快活岭运动健身中心完成招标。落实义务教育教师“比较绩效工资”3692万元。城区教育布局不断优化，完成黄石十六中改扩建、大上海幼儿园项目，新增学位480个。黄石十中校园升级改造等4个项目加快推进，龚家巷小学成功创建为省级数字化校园示范校。落实双向转诊制度，优化转诊流程，分级诊疗及转诊流程不断完善，群众看病远看病难问题进一步缓解。投入600万元配置医疗设备494台（套），国医堂建设实现全覆盖。5家基层医疗机构发热门诊（发热诊室）改造完成，区疾控中心挂牌运营，基层医疗卫生单位设备配置项目已完成招投标。医联体一体化更趋顺畅。6家卫生服务中心、1家卫生院开设国医堂并配置中医综合服务区。公开招聘基层教师和医疗人才68人，基层专业人员紧缺现状有效缓解。大力推进社会救助领域改革创新，完成低保审批权下放街道，累计发放各类社会救助资金5686万元。

（西塞山区发改局）

下陆区

【概况】 2020年，下陆区地区生产总值累计完成269.3亿元，同比下降5.5%，增速全市第二。其中：第三产业（服务业）增加值114.01亿元，同比下降1.5%，增速全市排名第一。固定资产投资同比下降18.1%，增速全市排名第一。规模以上工业增加值同比下降2.2%，增速全市排名第二。高新技术增加值累计完成146.37亿元，同比增长3%，增速全市排名第二。社会消费品零售额总额完成107.3亿元，同比下降25.5%；地方公共财政预算收入累计完成5亿元，同比下降35.7%，城镇常住居民人均可支配收入恢复到上年水平；城镇登记失业率为3.3%，控制在4.5%以内。

疫后重振。全区坚持人民至上、生命至上，强化源头防控、属地防控、联防联控，为团城山中医院、有色医院等黄石新冠肺炎救治医院的医疗救治提供坚实保障，3.4万余名党员干部和志愿者下沉社区投身疫情防控，做好居民生活必需品的供应保障。3月1日后无新增确诊病例，3月24日最后一名确诊病例康复出院，实现确诊、疑似、密切接触者全部“清零”，疫情防控取得决定性成果。全区坚持一手抓疫情防控，一手抓复工复产。3月11日，在全市率先成立了复工复产企业服务组，指导企业做好复工前防疫准备。3月13日，在全市发布复工复产公告当日，通过简化手续、线上办理，承诺审批、容缺办理，全区向27家企业下达复工复产通知书，以最快速度实现全区企业应复尽复。强化复工复产要素保障，为防疫重点企业争取贴息贷款4.08亿元，为辖区企业落实国有资产租金减免237.8万元，为21家参与疫情防控保障的企业争取到电费补贴181.4万元，为70家服务业企业发放疫后恢复发展专项资金292万元。

产业发展。各项产能恢复迅速，全区规模以上工业企业累计完成工业总产值480亿元，其中有色金属冶炼及压延加工产业实现总产值329亿元，占规模以上工业总产值的68.4%，优势铜产业引领工业加快复苏。工业技改和后备力量培育力度持续加强，全年实施500万以上技改项目14个，完成工业技改投资10.9亿元，新增规模以上工业企业5家。持续推动“三去一降一补”，开展涉钢企业专项检查活动，扶持整改企业转型转产。宝钢启动“退城入园”，部分生产线已搬迁。加大减税降费力度，全年减税降费1.99亿元。积极防范化解政府隐性债务，全区被省政府评定为债务风险绿色等级。金融资源向促进实体经济恢复倾斜，辖区各大银行对中小微企业信贷平均利率4.35%—5.65%，较上年同期下降2.35%—2.65%。光大（黄石）静脉产业园、湖北绿邦再生资源利用等项目加快建设，长投工业固废资源化利用等项目相继入园，长乐山循环经济产业园实现项目满园、企业满园，国家级大宗固废基地“金字招牌”愈发亮眼。黄石临空跨境电商产业园落户下陆区，引领现代服务业新业态新模式。下陆万达广场、居然之家、宏泰广场项目建设进展有序，团城山地区商业综合体布局初见雏形，消费潜力加速释放。

重点项目。专班推进全区在建项目复工复产，3月底17个在建重大项目全部实现复工。全年谋划实施项目106个，计划总投资608亿元；举办和参加项目集中开工活动6次，集中开工项目26个，总投资137亿元，举行项目集中拉练活动2次。加快园区化、产业链化发展，成立黄石临空跨境电商、循环经济、高端装备制造、东方大健康、磁湖西高端商务、城市更新文创六大产业园区建设指挥部，深度融入全市“四区N园”战略定位。全区成立5大招商分局，克服疫情影响，以“云上招商”、平台招商等新模式推动项目签约落地。新签约重点项目26个，完成市定目标16个的163%；新注册重点项目20个，完成市定目标12个的166.67%；新开工重点项目12个，完成市定目标9个的133.33%；新投产重点项目8个，完成市定目标7个的114.29%。到位内资48.73亿元，完成市定目标45亿元的108.29%；其中，省外资金30.17亿元，完成市定目标30亿元的100.57%。我区争取到位中央和省预算内项目资金共计1.07亿元，争取抗疫特别国债974万元，一般新增债券2073万元，新开行防疫援助贷款6000万元。黄石临空跨境电商产业园、东方大健康产业园等黄石重大战略项目纷纷落户下陆，争政策争资金的劲头更为强劲。

改革创新。全区高新技术产业增加值完成146.37亿元，同比增长3%。7家企业申报黄石市企业工程技术研究中心，黄石磁湖汇众创空间获批国家级小型微型企业创业创新示范基地，理工慧谷众创空间荣获全国高校创新创业50强、省级3A众创空间、小微型企业创新创业示范基地。推进信用体系建设，建立红黑榜，实施联合惩戒，社会信用意识不断提高。加快城市管理体制改革，进一步提升城管精细化水平；大力推行“双随机一公开”，形成科学高效的执法监管体系。印发《关于最大力度优化营商环境，打造营商环境首善城区的实施方案》，构建起区委区政府统一领导、各部门齐抓共管的工作格局。深化“五个一”领导工程，做实“双千”活动品牌，实现问题销号率100%，举办6轮“银企对接”活动，创新开设“金融超市”强化金融保障，为全区112家企业融资27亿元。积极推进“一网通办、一事联办”，实现开办企业“零见面、零跑腿”。培养一支专业的“先建后验”代办服务队伍，协助湖北绿邦再生资源循环利用项目和龙翔科技产业园项目办理了“先建后验”，让政府多跑路、企业少跑路。

城市建设。现代有轨电车、大广高速黄石西改造、苏州路西延等重大交通项目开工建设，扬州路、新区四路、大畈路和白马路等道路升级改造全面完工，交通路网品质不断提升；团城山片污水管网工程项目累计完成管网铺设12.5公里，新下陆片、老下陆片污水管网改造工程于12月上旬开工建设，管网短板持续补齐。全区11个老旧小区改造已全部开工，当年完成投资约1亿元。积极推进饶家垄片区棚改、现代有轨电车项目房屋征收、严家坳地块房屋拆迁工作，完成签约460余户。结合创建全国文明城市，大力开展“牛皮癣”“八乱”等专项整治750余次；加大违法建筑高压态势，拆除违法建设200处、14129平方米；对不达标农贸市场乱搭乱建、停车难、“牛皮癣”等问题开展集中整治。“厕所革命”2020年三年任务全面完成。

环境保护。全面宣传绿色低碳生产生活方式，组织辖区居民、企业、单位参加“节能宣传周”活动，做好公共机构能耗统计工作。强化辖区重点用能单位监管，督促5家企业建设在线能耗监测系统，引导企业建立健全节能监管制度。中央、省、市环保督察“回头看”交办问题整改有力推进，黑臭水体已全面脱黑，空气优良天数占比持续提高，PM10、PM2.5累计浓度持续下降，臭氧改善幅度全市排名第一。长乐山南麓开山塘口治理项目完工，武铁采石场、江洋采石场治理开工建设。东方山梨花峪小流域治理项目开工，青龙山、黄荆山环境综合治理项目前期设计完成，东钢土壤污染治理二期等生态工程加速推进，“山水林田湖草”综合环境质量明显改善。

社会民生。教育资源进一步优化，白马山小学、团城山小学和袁家畈小学等6所学校扩建工程完工，共计新增学位2570个。墨斗山学校、下陆小学安全隐患整改工程、陆家铺小学教学楼等项目稳步推进，硬件设施不断完善。疫情期间积极探索课堂教学与信息技术深度融合，通过“腾讯课堂”“智慧校园”平台和QQ群、微信等方式，搭建师生空中课堂通道，做到“离校不离教、停课不停学”。编制《下陆区全域旅游发展规划》，整合下陆旅游优势资源、打造集古典与现代、自然与人文、又有区域特色的工业与民俗协调融合的旅游目的地，为未来下陆城区旅游构建大格局奠定基础。东方山“山上山下”旅游资源加快整合，南门广场、东方兰亭等重点项目快速推进，东方山大健康产业园呼之欲出。在全市率先成立区级疾控中心，打造区级突发公共卫生事件应急响应前哨。区医保服务中心正式运行。针对疫情凸显的公共卫生服务短板，全面启动5家社区卫生服务中心升级改造。在全市率先试点“片区医生”制度，89个团队的151名“片区医生”下沉基层，变“坐堂行医”为“上门服务”，打通医疗服务“最后一公里”。运用网站、微信公众号投放就业招聘信息，创新举办云招聘活动8场，线下招聘会8场，累计提供就业岗位12725个，新增就业6500人，失业人员再就业3454人。社会保障体系不断完善，城镇职工养老保险新增扩面3286人；全年累计发放低保金1519.3万元，为低保户与特困供养人员发放临时物价补贴527.2万元，发放临时救助资金104.4万元，发放低保对象疫情补贴154.4万元。扫黑除恶专项斗争向纵深推进，社会治安防控体系不断健全，司法调解工作获司法部表彰。东方山、长乐山应急水源项目顺利实施，森林防火能力大幅提升。排查企业重点隐患152条，下达整改指令92份，约谈企业负责人7人，停产整改企业4家，持续压实安全生产责任，严厉打击非法生产经营行为。

（下陆区发改局）

十堰市

综　述

【概况】 2020年，十堰市地区生产总值下降4.9%；规模以上工业增加值下降3.8%；固定资产投资下降21.1%；社会消费品零售总额下降18.4%；地方一般公共预算收入下降25.5%；外贸出口下降17.7%；使用外资下降17%；城镇常住居民人均可支配收入下降2.4%，农村常住居民人均可支配收入增长3.1%；城镇新增就业4.29万人，再就业1.95万人，城镇登记失业率3.77%；居民消费价格指数、单位GDP能耗降低率及二氧化碳排放降低率控制在省定目标以内。

【脱贫攻坚】 聚焦“两不愁三保障”，坚持“四个不摘”，健全防止返贫监测和帮扶机制，全面补齐短板。建改特色产业基地31万亩，种植香菇1.3亿棒，补栏生猪51万头，新增扶贫小额贷款10.1亿元。采取“点对点”劳务输出、鼓励本地企业吸纳等措施，帮助32.6万贫困人口稳定就业。开展兜底保障扩面提标，低保和特困供养对象达20.5万人，临时救助5万余人次。通过线上线下平台销售扶贫产品30亿元，13个村获评“全省村级集体经济发展进步村”。对4022个集中安置点配套建设附属设施，易迁对象实现产业就业全覆盖。全市83.4万贫困人口、456个贫困村、8个贫困县（市、区）全部脱贫出列摘帽。

【产业转型升级】 准确把握疫情形势变化，推动汽车产业率先复工达产，工业发展质效位居全省前列。东风商用车年产突破20万辆，东风小康乘用车、吉神智能房车建成投产，新增规模以上企业91家，“隐形冠军”企业、工业设计中心分别达到61家、16家。持续推进产业融合，两化融合示范企业达88家，1600余家企业上云，城区重点区域基本实现5G信号覆盖。充分发挥科技创新引领作用，高新技术企业达367家，高新技术产业增加值占GDP比重19%，规模以上工业企业研究与开发经费占地区生产总值比重达2%，技术合同交易额超70亿元。新增省级众创空间7家、星创天地11家，十堰经济技术开发区获批国家中小企业创新创业特色载体，郧西县纳入省创新县建设名单。农业生产稳中有进，粮食、油料总产分别同比增长1.7%、0.6%。持续发展“61”产业，食用菌、茶叶产量同比增长10%以上，农产品加工产值达600亿元。“武当蜜桔”荣获中国特色农产品优势区，“房县香菇”“房县黑木耳”入选中欧地理标志协定保护名录，郧阳区入选国家农村产业融合发展示范园名单，竹溪县创成省农产品质量安全县。多措并举促进服务业回暖，组织企业发放消费优惠券9800万元，开展“消费促进季”活动77场，成交额2.8亿元。培育壮大消费新模式新业态，举办首届秦巴地区主播大赛、十堰市网红大赛，创建省级电子商务示范企业5家、示范基地2家，“十堰商农网”上线运行。推进家政服务业提质扩容。全年接待游客8000万人次，实现旅游综合收入800亿元，同比分别增长6%、3%。73家景区参与惠游湖北活动，新增4A级景区2家、3A级景区14家、省级全域旅游示范区2家。

【投资项目】 坚持采取集中开工、项目拉练、三督一促等措施，在全省率先实现预算内投资未开工项目“清零”目标。3个省督办、18个省重点、172个市重点项目全部完成年度投资计划，民间投资、工业投资、房地产投资增速位居全省前列。争取中央、省预算内项目304个，资金20.7亿元，新引进规模项目275个。汉江白河、孤山航电枢纽工程水电站并网发电，十堰至卧龙500千伏输电线路、东风康明斯国六排放处理系统、西关印象、快乐谷二期建成投产，东风智能装备产业园、正和高端车身、十巫高速中段、十淅高速、百二河生态修复工程、中心城区水资源配置工程、汉水九歌、欢乐世界加速推进。十堰市连续三年获得全省投资项目建设突出贡献奖。抢抓中央支持湖北发展一揽子政策机遇，争取一揽子政策直达资金84.4亿元，新增政府债券60.4亿元、企业债券33.5亿元。围绕中央预算内投资、特别国债、政府专项债，谋划储备项目1108个，总投资2768亿元。围绕“两新一重”建设和疫后重振补短板强功能“十大工程”，谋划储备项目2940个，总投资1.3万亿元。

【改革开放】 全面深化“放管服”改革，持续优化营商环境。全域推进相对集中行政许可权改革，市级行政审批事项减幅达73%。在全省首推企业开办“2半0”标准，企业设立登记网办率达96%。工程建设项目审批事项、时间低于省定目标。出台“首违不罚”清单。大力推进“一网通办、一事联办”，建成全市首个“24小时不打烊”自助服务大厅，政务服务可网办率达99.4%。建设十堰市电子证照库，办理全省首张国标版不动产电子证照。十堰荣获“中国营商环境质量十佳城市”。全面推行投资项目“首席服务官”，开展帮办代办3100余次。深入开展“双千”活动，办结企业诉求2302件。首创“土保姆”活动，完成年度“增存挂钩”任务。创新退税服务，节约企业时间50%以上，推广非接触式办税缴费，户均降低成本1000元。全年减税降费达47.7亿元，惠及70余万户纳税人缴费人。金融机构本外币贷款余额比年初增加200亿元，增长13.2%，再贷款余额达47.3亿元，比年初增加28亿元，累计再贴现8.8亿元。1641家小微企业获得银行首贷支持，贷款余额达27.4亿元，为生产经营遇到困难的中小微企业办理延期还本163.9亿元，延迟付息30.4亿元。稳步推进农村各项改革，深入推进财政事权和支出责任改革，进一步理顺城区土地出让收支管理体制，推动教育管理体制下划和市区环卫体制改革。新批外商投资企业5家，增资项目2个，十堰经济技术开发区获批国家外贸转型升级基地。融入“一带一路”，新增非金融类对外投资529万美元，同比增长19.9%。积极开展对口协作，争取北京社会各界捐赠资金、物资达4313万元，北京“十堰农产品品牌周”销售农产品1.3亿元。建立十堰与广西对口合作关系。

【生态文明建设】 坚决打好污染防治攻坚战，地表水考核断面实现全达标，神定河、泗河水质稳定消除劣V类，五河治理取得决定性胜利；空气质量达到国家二级标准，创监测数据以来最好水平；土壤污染风险有效防控。丹江口市成功创建“两山”实践创新

2020年12月13日投资33亿元的孤山航电枢纽工程3台机组并网发电

基地。积极践行绿色发展理念，完成危化品生产企业搬迁改造和沿江化工企业关改搬转任务，东风商用车车辆工厂入选国家绿色工厂。完成30家企业排污权交易。农村新增清洁能源入户2000户，新增农作物秸秆消纳能力6万吨。“厕所革命”全面完成，三年累计建改厕所20.7万座，是任务数的1.2倍。完成精准灭荒12.2万亩，竹山县荣获全国森林旅游示范县。长江经济带生态环境国家、省警示片7个问题整改完成6个，退捕禁捕取得阶段性成果。提前两年完成“十三五”能耗强度下降目标，十堰荣获全省节能减排突出贡献单位。

【社会民生】 成功创建全国文明城市。开展失业保险费稳岗返还，稳定就业岗位15.5万个。发放创业担保贷款5.2亿元，扶持创业3087人、带动就业1.1万人。新增返乡创业2499人。开展职业技能培训8.3万人次，补贴8532万元。养老、工伤参保249.5万人次，持续提高养老待遇，惠及18万名退休人员。基本医疗保险参保率稳定在95%以上。持续推进老旧小区改造，城区23个片区全部开工。推动解决非4类重点对象危房改造48249户。启动在建道路15条、桥梁40座、隧道12座，火箭路、北京路综合改造、江苏路延长线、希望路、江苏路跨火箭路立交桥等市政工程投入使用。兜牢特困群众民生底线，兑现落实社会救助资金11.9亿元。每千名老人养老床位数达40张，高于全省平均水平。开创深度贫困山区殡葬改革新模式。大力推进医联体建设和县域医共体提质工程，市妇幼保健院新院区投入使用，十堰市被列为国家航空医疗救援联合试点城市。普惠性幼儿园覆盖率、义务教育巩固率分别达80.6%、99.5%，高中学科教学、职业教育、民办教育发展水平走在全省前列。文体公共设施更加完善，建成10个乡镇健身中心、13个文体广场。成功承办全国体育传统学校篮球联赛、全省传统武术大赛。

（十堰市发改委）

丹江口市

【概况】 2020年，丹江口市实现地区生产总值270亿元，同比下降7.3%，完成年度计划的86.5%；农业总产值60.3亿元，同比增长0.9%，完成年度计划的106%；规模以上工业增加值88.7亿元，同比下降9.5%，完成年度计划的82.1%；固定资产投资93.7亿元，同比下降49.4%，完成年度计划的38.6%；社会消费品零售总额85.7亿元，同比下降25.1%，完成年度计划的68.6%；外贸出口3080万美元，同比下降42%，完成年度计划的59.8%；地方公共预算收入9.1亿元，同比下降27.1%，完成年度计划的68.9%；城镇常住居民可支配收入完成31221元，同比下降2.5%；农村常住居民可支配收入完成13078元，同比增长4%。

农业农村。全年精准帮扶723户脱贫不稳定户和1100户边缘易致贫户，及时消除返贫致贫风险。存量贫困人口7户13人全部脱贫。积极搭建就业平台，转移就业贫困劳动力32880人。加强易迁后续扶持，规范安置区公共服务。新发展特色产业2.3万余亩，养殖畜禽52.9万余头（只），带动贫困户2.5万余户。认定扶贫产品188个，线上、线下销售额4.07亿元。推动837个扶贫项目实施，总投资9.5亿元。圆满完成脱贫攻坚普查工作，面访率92.2%，十堰市最高。保障疫情期间农业生产，调运种子35.5万公斤、农膜150吨、肥料1.5万吨。粮食生产基本保持稳定，播种面积33.2万亩，产量9.1万吨，建成高标准农田1.77万亩。新建、改造高标准桔园1万亩，丹江口市被农业农村部认定为“武当蜜桔中国特色农产品优势区”。

工业经济。面对疫情严重冲击，严格落实援企稳岗各项政策，全力稳定工业经济基本盘。统筹财政资金2000万元助力企业复工复产，降低企业用能成本2934万元，对企业实行延期还款、付息912笔，减免税费4.09亿元，8月起工业经济实现正增长。绿色转型成效显现，水资源及农产品加工、新经济新能源新材料、生物医药等产业产值占全市工业比重达32%。金霸龙、纳科科技等16个项目建成投产，中汉动力扩能、农夫山泉新城等10个技改项目完工。经济开发区完成扩区调区和区域性统一评价，“一区三园”

2020年，丹江口市的十淅高速丹江口特大桥建设项目

起步区和东环工业新区建设加快推进，四季青工业园主体完工。预计全年完成工业投资38亿元，技改投资15亿元。启动省级创新型县市创建，发布实施《促进5G产业发展行动计划（2020—2022年）》，新认定高新技术企业9家，总量达29家，产值占全部工业比重24.6%。新增规模以上企业11家。

消费旅游。疫情期间，设置63个生活必需品供应点，大力推广“线上下单、线下配送”无接触式电商物资配送，日均销售各类生活物资10余吨。优化商业网点布局，支持大型商超宣传促销，挖掘市场消费潜力。开展市长、局长带货直播活动，拉动消费市场持续活跃。突出旅游产业优势地位，创建全域旅游示范区。推出3条旅游精品路线，创建省、市旅游名镇名村和旅游扶贫重点村10个。争取“与爱同行 惠游湖北”活动补贴资金941万元，预计全年接待游客1156万人次，实现旅游收入76.2亿元。市文体中心主体工程、武当大明峰续建、南水北调中线工程纪念园基本完工。

污染防治。持续打好蓝天、碧水、净土保卫战。划定城区高污染燃料禁燃区，推进农村黑臭水体排查，完成重点行业企业用地土壤污染状况调查。城区空气优良天数比例达90.4%，全市9个考核断面水质稳定达标，城市集中式饮用水源水质达标率100%。强化重点行业企业环境监管，大力整治环境突出问题。重点工业企业污染物达标排放率、危险废物安全处理率均达100%，工业固体废物综合利用率达到99%。巩固库区拆围成果，全面完成禁捕退捕，5288只锁定船只上岸，拆解处置到位。推进全域绿化，完成营造林15万亩，封山育林4万亩。被授予“国家第四批‘绿水青山就是金山银山’实践创新基地”称号，是全省第一个获此殊荣县（市）。

项目建设。牵牢项目建设“牛鼻子”，抢抓中央支持湖北一揽子政策机遇和“十四五”规划编制窗口期，争取中央和省级资金19亿元、抗疫特别国债资金1.63亿元、地方政府债券资金9.96亿元。向上级推送“十四五”规划50亿元以上项目17个、疫后重振补短板强功能“十大工程”项目161个。严格落实“首席服务官”包联项目制度，28名市领导包联服务项目30个，实施重大项目96个。开展“百日攻坚”行动，成功举办二季度全省重大项目十堰分会场和四季度工业项目集中开工投产活动。开工建设右岸新城客运站，汉十高铁丹江口南站、武当山西站配套建设完工。十淅高速进展迅速，279省道全线贯通。加大招商引资力度，开展小分队和网络招商，新引进项目76个，总投资88.53亿元。新投产项目21个，利用省外境内资金36.1亿元。

改革开放。深化“放管服”改革，加快推进“互联网+政务服务”，优化完善“一张网”服务功能，推进“一网一门一次”改革，网上受理办理各类业务8.9万余件。发布“一件事、一次办”事项969项，最多跑一次和零跑腿事项1642项。推进商事制度改革，企业开办审批时间降至半个工作日。开通“5612345”市民服务热线，解决企业和群众诉求5400余件。推进行政综合执法体制改革，全面完成街道管理体制改革，加强社区工作者队伍和小区党组织建设，建立党员干部下沉社区“双报到、双报告”制度。公立医疗机构综合改革、中小学教师“县管校聘”管理等各专项改革深入推进。坚持把打造最佳营商环境摆上突出位置，作为“一把手工程”来抓，全面贯彻落实省、十堰市优化营商环境政策精神，成立工作专班，建立联席会议制度，制定创优营商环境20条措施，开展《百姓问政》和暗访督察，完成省营商环境第三方评价。深入开展“百名干部进百企、服务产业促发展”活动，帮助企业解决问题271个。加强信用体系建设，建立诚信“红黑榜”发布制度，311家企业列入诚信“红榜”，3家企业列入失信“黑榜”。深化南水北调对口协作，争取协作资金2250万元，支持丹江口市化工园区污水处理厂等4个项目建设。

城乡建设。成功创建全国文明城市、国家卫生城市，深入推进“十大惠民工程”，城市整体形象不断提升。改造老旧小区12个，“一江两岸”景观带左岸景观向下游延伸1.3公里。完成麻纺厂游园、武当大道景怡园、金岗山公园二期等10个游园建设。实施沙沟河沿线管网建设，完成沙沟河入口处整治。改造供水主管道12公里，实施雨污分流工程8.3公里。汉江集团“三供一业”移交管理全面完成。深入开展“擦亮小城镇”行动，整治镇容镇貌、环境卫生、城镇秩序。扎实推进第二批美丽乡村建设31个整治村、8个示范村示范创建工作。开展“五清一改”村庄清洁行动，集中解决“脏、乱、差”问题，累计建成农村户厕3.2万座。巩固提升“四个三重大生态工程”成果，补齐农村基础设施短板。

民生福祉。做好疫情期间粮油、蔬菜、禽肉、药品等物资保供稳价工作。统筹推进新冠肺炎紧急救治场所和隔离留观点建设工作，设置床位254张，隔离留观点42个，隔离房间960间。扎实做好高校毕业生、农民工等重点群体就业工作，新增就业4868人，失业率2.78%。扶持创业360人，发放创业担保贷款1.2亿元，获评全省返乡创业示范县（市）。三项社保参保达11.08万人次，社会保障卡持卡人数达39.36万人。提高城乡低保标准，发放各类救助资金1.61亿元。抓好中小学校师生疫情防控，稳步推进城区中小学校布局优化调整，实施教育薄弱环节改善与能力提升项目67个。华师附中建成招生。整体谋划研究推进医药卫生体制、疾病预防体系建设。市妇幼保健院新院峻工，公共卫生补短板项目全面推进。加快建设健康丹江口，全面开展爱国卫生运动，开展卫生应急演练。

（丹江口市发改局）

郧西县

【概况】 2020年，郧西县实现地区生产总值95.15亿元，同比下降3.1%。

规模以上工业总产值 26.22 亿元，同比增长 10.31%。规模以上工业增加值 7.3 亿元，同比增长 6.1%。财政收入 5.89 亿元，同比下降 16.8%。地方一般公共预算收入 3.8 亿元，同比下降 24.6%。固定资产投资 104.35 亿元，同比下降 10.3%。城镇常住居民人均可支配收入 28346 元，同比下降 2.6%。农村常住居民人均可支配收入 11421 元，同比增长 4.2%。

疫后重振。对标 108 项政策，持续加强与国家和省市对接，积极争取惠民惠企政策，支持中小微企业复工复产、扩大产能、提升效益。全年到位减收综合财力补助 15840 万元，疫情增支补助 14517 万元，抗疫特别国债 26280 万元。争取地方政府债券资金 158642 万元，全年到位各类财政专项资金 140373 万元，支持水利基础设施、生态环境、公共卫生、棚户区改造等重大民生项目建设。全年到位北京对口协作 2164 万元、武汉对口帮扶资金 2454 万元、中国人寿帮扶资金 1725 万元。支持企业“过桥”资金 7370 万元，为企业办理“农担抗疫信用贷”19393 万元，办理展期续贷 2.08 亿元、延期还本 2.25 亿元、延期付息 12.29 亿元。

项目投资。抢抓中央支持湖北发展利好政策和省推进疫后重振“十大工程”机遇，结合“十四五”规划编制策划包装项目，纳入省“三库”项目 885 个，总投资 4595.2 亿元；其中储备库 685 个，总投资 3788.5 亿元；储备转建设库转化率 56.1%，建设库转达效库转化率 55.1%，均超过省定目标。到位老城区污水管网改造、排水防涝、农村人居环境综合整治等中央省预算内项目 35 个、资金 1.7 亿元。完成基础设施 PPP、现代农业示范园等项目融资 34.2 亿元。招商引资天道新能源汽车整车制造、新耐力新能源锂离子电池等项目 46 个、协议资金 145.6 亿元。聚焦基础设施、全域旅游、城镇化补短板等重点领域，开工建设 131 个重点项目，完成投资 126 亿元，增长 24.1%。十西高铁、十巫高速启动建设，天河口汉江公路大桥、

2020 年，郧西县湖北天道新能源汽车

老观庙大桥建设提速，河夹扶贫产业园、棚户区改造等项目快速推进，夹河羊尾段避险搬迁工程基本完工，兰滩口大桥、羊夹路、关牛路建成通车，水石门水库下闸蓄水。

三大攻坚战。精准脱贫决战决胜。对标“两不愁三保障”标准，聚焦“三率一度”，补短板强弱项，建档立卡群众实现了“一有两不愁三保障”，生活水平明显提高，50136 户 144775 人全部脱贫，84 个贫困村全部出列，如期实现整县摘帽。污染防治成效明显。打好长江大保护十大战役，沿汉江化工企业一律关改搬转，汉江流域全面禁捕退捕，289 艘船舶全部无条件上岸、集中封存管理。持续推进“四个三重大生态工程”，新改建六类厕所 3 万余座。“绿满郧西”成效明显，森林覆盖率达 56.12%。空气质量优良率达 88%以上，水环境质量 100%达标，土壤环境达到监测标准。风险防控扎实有效。坚持底线思维、增强忧患意识，采取宣传教育、矛盾化解、联动配合、定期会商等方式，着力防范化解重大风险，积极稳妥化解债务存量，扎实开展非法集资和互联网金融秩序整治，金融市场运行平稳有序。全县存款余额 266.85 亿元，同比增长 15%；贷款余额 110.95 亿元，同比增长 15.67%。

工业经济。建立部门联动服务机制，落实服务企业“特派员”制度，强力推动工业经济发展。能源产业初具规模。总装机 22 万千瓦的光伏电站全部并网发电，孤山航电枢纽工程、夹河关水电站 6 台机组发电运行，全县清洁能源电站总装机容量达 71 万千瓦。生态工业持续向好。鄂西北绿色板材生产基地完成厂房建设 19 栋，入驻豪泰、天河汽配等企业 9 家。新耐力锂离子产业园、天河创业园二期建设稳步推进。天道新能源汽车产业园项目总装车间建成投产，焊装车间、自制件车间、涂装车间正在建设推进。高新技术力度加大。合力工贸、猛狮新能源已通过高新技术企业认定，神风公司、五龙河食品公司通过复审，新培育高新技术储备企业已达 5 家。

现代农业。夯实产业发展基础，构建现代农业体系，确保“脱贫摘帽”与“乡村振兴”有效衔接。粮油生产稳定向好。严格落实粮食安全行政首长责任制，狠抓“米袋子”“菜篮子”工程，稳定粮油播种总面积 75 万亩、产量 14 万吨；新建蔬菜基地 5.6 万亩、产值 1.21 亿元。特色产业品种丰富。新建茶叶 5000 亩、管护茶园 3 万亩，实现产值 1.22 亿元；巩固桑蚕基地 4000 亩；发展小水果 1000 亩、烟叶 5900 亩，冷水稻 3000 亩、水产养殖 2.7 万亩、订单种植基地 4.3 万亩；增建配套香菇基地外棚 19.8 万平米，上棒香菇 2000 万棒，收购香菇 3810.76 吨，实现产值 2 亿元。产业链条逐步

延伸。推进农产品深加工，依托诚友公司等龙头企业，建成香菇、红薯粉条等农产品加工外贸基地，规模以上农产品加工产值11.62亿元，同比增长36.4%。

第三产业。畅通“内循环”，发力需求侧改革，抢抓“惠游湖北”政策机遇，加快服务业提档升级，推动旅游、电商等优势行业持续健康发展。旅游经济恢复增长。以全域旅游推动三产融合发展，特色文化点上辐射、乡村旅游线上延伸、消费扶贫深层带动。牧羊山庄、水韵广场、王家坪红色旅游扶贫示范点相继开放，上津古镇、关防沙沟、涧池淘宝第一村、观音双石沟民俗村节会活动不断，五龙河、天河、龙潭河等景区游客接待量超过去年同期水平。年接待游客646万人次，实现旅游收入44.2亿元，同比分别增长19%、10%。社会消费恢复正常。商贸流通、现代服务、建筑房产等企业营业收入9月份恢复去年同期水平，全年实现社会消费品零售总额87.31亿元，同比下降16%。电子商务恢复繁荣。县、乡、村三级电商服务体系基本建成，新建乡村电商服务站点236个，累计培训农村电商人员150人，从业人员2万人，年交易额29亿元。积极搭建平台，强化产销对接，引导企业在“中国社会扶贫网”“扶贫832平台”注册网店，拓展农产品销售渠道，通过认定的287种重点农产品上线多家电商平台，实现销售收入5.41亿元。

营商环境。认真贯彻落实省优化营商环境“30条”和“十必须十不准”要求，出台《关于更大力度优化营商环境激发市场活力的若干措施》，在政务环境、市场环境、法治环境上持续发力，打造一流营商环境。行政审批高效快捷。深入推进行政体制改革，持续深化“放管服”改革，改革范围内审批事项100%实现网上办理。强化部门并联审批，实现“一事一流程”向“多事一流程”转变，全面优化用水、用电、用气、纳税、缴费等服务，拓宽服务范围、提升服务效能。政务服务一网通办。加快政务数据互通共享，实现电子政务网五级贯通，34个县直单位已发布事项3833项，乡村两级已发布事项34529项，网上可办率达到100%。监管体系更加完善。推进“互联网+监管”，累计报送社会信用信息70.3万条，“双公示”信息4770条；扩大信用信息应用范围，已公开评选发布信用“红黑名单”451个，对560名失信被执行人实施联合惩戒，限制高消费1006条，限制乘坐火车飞机出行2265人次。

民生保障。县文化体育中心主体结构完成过半，郧西长征文化公园项目获批立项。马安教育小镇、职教园区二期、观音镇初级中学、上津镇九年一贯制学校迁建、县一中学生食堂新建和功能室改造等重点项目建设加快推进；天河英才学校二期、教师研训基地等项目竣工并投入使用，办学环境持续改善。县中医医院西院区主体已完工，县疾控中心业务楼、夹河镇中心卫生院新院区投入使用，医疗条件持续改善。社会保障能力提升，低保、五保、残补和高龄补贴按时足额发放。城镇失业人员再就业4064人，城镇登记失业率4.16%。粮食保障安全有序，物价监测稳控及时，食品药品监管有效。“平安郧西”创建和扫黑除恶专项斗争深入推进，社会大局和谐稳定。

（郧西县发改局）

房　县

【概况】 2020年，房县完成地区生产总值120.5亿元，同比增长-4.4%；完成三产业增加值55.64亿元，同比增长-4.3%；固定资产投资125亿元，同比增长-22%；规模以上工业增加值同比增长-0.5%；工业用电量同比增长11.9%；财政总收入8.5亿元，同比增长-17.8%；地方一般公共预算收入5.87亿元，同比增长-20.7%；社会消费品零售总额85.67亿元，同比增长-15.5%；城镇居民人均可支配收入29746元，同比增长-1.70%；农村居民人均可支配收入11498元，同比增长3.5%；万元GDP综合能耗控制在省定范围。

产业结构。加快推进复工复产、复学复市，经济社会秩序加快恢复，产业结构持续优化。农业生产扎实有序。坚持务工不足农业补、种植业不足养殖业补、养猪不足养鸡（兔）补、农业不足林业补，播种粮油作物63.3万亩、总产15.7万吨，巩固发展“八大特色产业”，新发展产业基地32万亩。特色产业吸纳11.8万人实现就近务工增收。全年新发展农民专业合作社132家、家庭农场32家，专业大户200家，有效使用“三品一标”20个，全县农业总产值达96亿元。工业发展量增质优。扎实开展“双千”活动，

房县西关印象

有序推动复工复产，全力纾困解难，助推企业轻装上阵。世沣电子、联迈袜业等32个工业项目竣工投产，循环经济、纺织服装、智能厨卫等特色园区快速推进，新建标准化厂房33万平方米，新增忠和酒业、神武绿源、力芯半导体等19家规模以上企业，全年实现规模以上工业总产值80亿元，增长5.4%。第三产业活力持续释放。“惠游湖北”有力拉动旅游经济，成功举办第四届诗经黄酒文化节暨西关街开街系列活动，打响了“千里房县·诗酒远方”文化旅游品牌，全年接待游客852万人次，实现旅游综合收入64亿元。全县电商企业达到81家，建成村级电商示范点140个，网店、微店达9118家，电商交易额达2.8亿元。鄂西北物流集疏配送中心、电商产业园投入使用，县乡村三级配送体系基本建立，“全国电子商务进农村示范县”项目考评获得优秀等次。

项目建设。积极对接中央支持湖北一揽子政策，抢抓新增专项、“两新一重”、疫后重振机遇，超前谋划储备项目、做实项目前期，全年对上争取项目180个，到位资金50亿元，同比增长5.3%，其中千万元以上项目53个，占争取资金总量的95.58%。坚持招商引资“一号工程”，持续开展以商招商、专班招商和“云招商”，四大家领导分批次带队外出考察招商29次，招商小分队外出15次，促成新希望集团、正邦集团、九牧集团等一批行业龙头企业考察投资，签约项目48个，协议资金95.3亿元，新入库企业法人单位38个，新入库在建项目40个、新投产项目34个，资金到位率75%。4个省级监测项目快速推进，完成投资14.1亿元。19个市级重点项目全部开工，完成年度投资41.2亿元。实施县级重点项目141个，完成投资135亿元，占年度投资计划的103.8%，创历史新高。十房一级路、县一中迁建、纺织产业园、循环经济产业园、城区5G网络建设等一批基础设施项目快速推进，行知学校投入使用，西关印象开街运营。

城乡人居环境。一、交通格局基本形成。十房一级路、梅五路等交通项目快速推进，万盐路、九义路建成通车，高客站、乡镇物流客运站建成运营。全县建成农村公路2035公里，完成农村公路生命安全防护工程1654公里，创建美丽农村路326公里，创建省级“四好农村路”示范乡镇2个。基本实现了100%乡镇通二级以上等级公路，100%乡镇建成一条以上4.5米通村主干道，100%撤并前行政村、20户以上自然村通水泥路的“三个100%”要求。二、城乡建设明显改善。52个老旧小区改造项目全面开工，全面完成西关印象PPP改造和市政基础设施配套EPC项目，1.4万户居住环境得到了改善，荣获“全省棚户区改造成效明显县”。铺设供水管网180公里，建成雨污分流管网64公里，天然气城网32公里，新增城市绿地18.5万平方米，新建城区道路19条，方家畈水库下闸蓄水，农网动力电实现全覆盖。持续开展“四好”创建，加强农村人居环境整治，实现村庄清洁行动全覆盖，20个集镇全部实现集中供水、安全供水。城乡面貌持续提升，城镇化率达到45.1%。三、生态环境不断优化。统筹推进“四个三”重大生态工程，坚决打好污染防治攻坚战。持续推进水土保持、水源地保护、生态育林、农村河湖生态修复等污染防治，建改厕所3.2万座，精准灭荒4735亩，新建垃圾中转站28座、垃圾填埋场4座，20个乡镇生活污水治理项目建成运行。全面落实河长制，切实抓好禁捕退捕工作，全县环境空气质量达到国家二级标准，空气质量优良率达94.3%，全县集中式饮用水水源地水质达标率100%，地表水考核断面水质稳定达到Ⅱ类标准，森林覆盖率达78.5%，成功创建“全国节水型社会达标建设县”“省级生态文明建设示范县”。

改革开放。一、发展环境不断优化。全力优化营商环境，深入推进“放管服”改革，1054项政务服务“一窗办结”，821项政务服务“最多跑一次”，县、乡、村政务服务事项网办率分别达99.7%、87.3%、84.6%，企业开办、不动产登记、工程建设项目审批效率大幅提升。建立健全以信用为基础的新型监管机制，信用信息平台汇集总量达到9.98万条，累计发布失信被执行人联合惩戒信息2296条。重手整治违法失信行为，营造了公平诚信的政务环境和市场环境。二、市场活力不断激发。积极对接中央支持湖北一揽子政策，落实减税降费、融资贷款等政策，落实普惠小微贷、支小再贷款、担保贷、抗疫专项贷等各项金融贷款61.11亿元，落实各类税收减免2.63亿元，减少企业水电气、房租、用工成本近千万元，有力保障企业疫后复苏。精简办事程序，加快市场主体培育，企业开办全程电子化登记申报，零费用1天办结，新增市场主体2.3万家，限额以上商贸企业达到77家，服务业企业24家，收购盘活僵尸企业不良资产7处。三、创新驱动不断增强。加快产业融合发展，培育了土城黄酒村、姚坪樱花岛等一批产业融合发展典型。全面启动省级创新型县创建工作，申报省级校企联合创新中心4家，省级乡村振兴创新示范基地1家，省级星创基地2家，新增科技型中小企业58家，发明专利120件，科技成果转化31个，壹徕科技、诚玺电子等5家企业进入高新技术企业行列，房县被省委、省政府表彰为“全省科技创新进位优秀县”。

社会事业。一、脱贫攻坚深入推进。坚持“四个不摘”，制定巩固脱贫成果“十条意见”，支持企业复工复产、产业发展、务工就业。推进“11211”产业到户政策措施，实现地里种满、圈里养满、劳力用满，帮助5.47万贫困群众实现稳定就业。开展消费扶贫，全年线上线下累计完成农副产品交易额5.1亿元，实现贫困人口持续增收。完成易地扶贫搬迁6.7万人，危改2.4万户，69个重点贫困村全部出列，贫困县顺利摘帽。二、民生保障持续加强。优化就业创业服务，拓宽就业渠道，开发公益性岗位，稳定转移劳动力12万人。深入开展“我选湖北·圆梦房县”大学生实习实训，新增创业带动就业2000人，发放创业担保贷

4500 万元，失业率控制在 4.5%以内，逐步实现社会保险全覆盖。农村福利院改扩建全部完成，建成区域性综合养老服务中心、村级老人儿童幸福家园 207 个，发放低保、五保、孤儿、残疾人、高龄、价格补贴 2.37 亿元。三、科教文卫巩固提升。加快补齐医疗卫生服务短板，县医院传染病楼、县中医院门诊综合业务用房、县疾控中心迁建、乡镇卫生院发热门诊等公共卫生补短板项目开工建设，公共卫生应急体系建设步伐不断加快，公共卫生服务能力和应急保障水平进一步提升。县一中迁建、职业技术学校扩建项目快速推进，新博物馆、图书馆、罗国士艺术博物馆、非遗馆、古南河湿地公园科普宣教馆顺利开馆。全域推进新时代文明实践中心创建，社会文明程度大幅提升。

（房县发改局）

竹山县

【概况】 2020 年，竹山县实现地区生产总值 117.1 亿元，增长-3.1%；地方公共财政预算收入 4.95 亿元；固定资产投资增长-13.3%；规模以上工业增加值增长 9.3%；社会消费品零售总额 77.1 亿元，下降增长-22.1%；城镇常住居民人均可支配收入 28659 元，同比增长 0.1%；农村常住居民人均可支配收入 11504 元，增长 3.2%；万元 GDP 综合能耗、二氧化碳和主要污染物排放完成目标任务。

疫情防控。1 月 24 日起全面“封城”，全县 276 个交通卡点昼夜值守，设置 146 个确诊病例救治床位、70 个疑似病例治疗病室、15 个 876 间集中医学观察场所，投入医务人员 2054 人，组建 15 人医疗救治专家组、5 支 50 人医疗专家队和 2 支 8 人乡村医疗巡回指导组，同时间赛跑、与病魔较量，累计确诊的 35 例患者全部治愈出院，感染范围和人员得到有效控制。3 月 4 日起在全市率先实现“三清两无”目标，率先降为全省低风险等级，疫情

2020 年，竹山县四好公路潘口乡路段

防控取得了决定性胜利，进入常态化防控。同时，统筹推进疫情防控和经济社会发展，抓紧复工复产复市复业，恢复生产生活秩序，用行动践行了初心使命。

产业结构。生态农业提质增效。全年粮油种植总面积 90 万亩，总产 20 万吨以上，实现农产品加工产值 95 亿元。茶叶、食用菌、烟叶、中药材等产业发展态势良好，高标准管护幼龄茶园 12.2 万亩，改造低老茶园 1 万亩，年产干茶 7200 吨以上，综合产值达到 24 亿元；发展食用菌 2500 万袋，种植烟叶 2.5 万亩，新建道地中药材基地 1 万亩；新改建小水果基地 2200 亩，生猪出栏 16 万头；新发展林特基地 5000 亩；光伏发电 5860 万度，产值 5267 万元；有序推进 1.9 万亩高标准农田建设。农业机械化水平显著提高。工业经济稳中有进。规模以上工业增加值增幅 9.3%，全市第一。新增规模工业企业 7 家。秦巴钡盐、绿谷科技、星梦茶业 3 家企业纳入全市“双百企业”培优计划，2 家企业申报省级两化融合示范企业。园区功能日趋完善，融资 7.1 亿元用于鱼岭生态工业园厂房及配套基础设施建设等项目。消费市场持续回暖。全年实现社会消费品零售总额 77.1 亿元。旅游业发展势头较好，举办“惠游湖北·相约竹山”旅游等直播活动，全年实现旅游综合收入 32.1 亿元；整合旅游资源，理顺体制机制，成立文旅投资公司；绿松石文化旅游区国家 3A 级、太和梅花谷 4A 级旅游景区创建工作顺利推进，太和村被评为“湖北旅游名村”。上庸镇创建省级全域旅游示范区。电商销售持续火爆，抖音直播基地落户竹山，县物流中心建成运营，全年实现电商交易额 30 亿元。“交通运输+邮政快递”服务品牌入选全国首批 25 个农村物流示范品牌。住房、家政、养老、餐饮等服务业发展壮大，获评全省服务业发展贡献单位。科技创新培育发展新动能。实施质量强县、品牌强县战略。泰璞电子、星梦茶业纳入国家高新技术企业，全县完成高新技术产业增加值 4.6 亿元。

项目投资。统筹抓好企业复工复产和经济社会发展工作，年度计划推进的 200 个千万元以上重点项目，在建 130 个，完工 30 个，全社会固定资产投资完成 128 亿元。全年组织四次重大项目集中开工活动，集中开工项目 68 个，总投资 211 亿元。全市第三季度项目拉练综合排名第 3，获奖励资金 30 万元。获全省固定资产投资及重大项目建设突出贡献奖。根据国家政策投向，谋划包装新增专项项目 165 个，全部推送至国家重大项目库，已有 113 个项目通过国家和省级审定，总投资 67 亿元，申请专项资金 32.72 亿元。围绕湖北省疫后重振补短板强功能“十大工程”政策，谋划公共卫生

体系、交通、水利、能源、新型基础设施、冷链物流和应急储备设施、城市、产业园区提升、新一轮高标准农田建设、生态环境等十大领域，共谋划项目159个，总投资208亿元，拟申报专项资金137亿元。上下齐心争取资金。抢抓中央支持湖北一揽子政策等重大政策窗口期，县主要领导亲自带队赴省、市对接，县传染病防治能力提升、老旧小区改造等30个项目纳入国家、省投资计划，争取到位中央、省预算内项目资金2.16亿元，争取一揽子政策资金19亿元，特别国债1.91亿元。

城乡融合。以乡村振兴为中心，坚持“1+3”计划和“5+1”行动，开展“擦亮小城镇”美丽乡村建设行动。核心城区引领作用大幅提升。核心城区34个项目有序推进，完成人民路综合整治及西关大市场改造，杜家沟公租房交付使用，城市棚户区及66个老旧小区改造有序设施。乡村振兴加快推进。巩固脱贫攻坚成果，全年统筹扶贫资金12.49亿元用于产业发展、基础设施建设等项目，现行标准下农村贫困人口全部脱贫，贫困县摘帽。有序推进“五大振兴”，产业、绿化、卫生、洁净、亮化、素质提升“5+1”工程全域推进。宝丰、秦古、官渡三个区域中心镇建设稳步推进，充分发挥辐射带动作用。城关刘家山至轻土坪、溢水至宝丰、宝丰双丰、擂鼓、西西片、双台至楼台、上庸官渡柳林为主的乡村振兴示范片区加快建设。乡村治理水平显著提升。基础设施不断夯实。十巫高速（鲍溢段）即将通车。启动通用机场、得胜至罐子口省道改线、潘口河至五房沟段一级路建设，加快推进城关至上庸一级公路、沧浪大桥、上庸至峪口改建工程等项目，堵河廊桥、东坡湾及悬鼓洲道路建成通车，完成国省道大中修80公里，县道大修50公里，改造危桥11座，擂鼓换乘中心投入使用，实现村村通客车。“全国城乡运输一体化示范县”创建通过交通运输部验收。完成县城水源地霍河水库安全保障达标、得胜段水毁修复、迎丰生态清洁小流域治理工程建设，有序推进谭家河防洪治理；建设生态河道1.6公里，加固提防护岸3.2公里，综合治理水土流失面积32.34平方公里；开展小型水库除险加固，新建和巩固提升饮水工程51处，实现农村饮水安全全覆盖。加强电网建设，完成官渡35千伏线路改造、楼台35千伏配电化变电站新建工程。

改革开放。营商环境持续优化。出台了优化营商环境32条，聚焦经济发展中的堵点、难点，全力深化“放管服”改革，在全市率先实现企业开办“2半0”、不动产登记两个环节（申请受理、交费领证）、不见面审批等服务模式，服务事项“一窗受理”率达91.8%。扎实开展“双千”活动，企业困难得到及时有效解决，发放企业贷款29.2亿元，减税降费2.9亿元。全面深化改革，农村综合改革、集体林权制度改革、林业投融资改革等重点领域改革纵深推进。招商引资招大引强，通过“云招商”、驻点招商、小分队招商、以商招商等多种形式对接洽谈项目近百个，新引进项目32个，开工10个，涵盖汽配、卫浴、电动车、智能音箱、文旅康养等多个方面。特别是宝丰卫浴产业园引进丰泉铜业等卫浴、汽配关联企业64家、投产36家，项目从引进到投产用时不到2个月。全年实现外贸出口6.9亿元，利用外资51万美元。对口协作情深意切，石景山在物资极度紧缺的情况下，援助抗疫资金300余万元，捐助心肺复苏仪一台。

生态建设。践行“两山”理念，抓好生态保护和环境修复，全年地表水水质达标率100%，空气优良天数比例94%以上，万元GDP综合能耗、二氧化碳和主要污染物排放完成目标任务。落实堵河流域禁捕退捕工作，实现“四清四无”目标，退捕渔民得到妥善安置。落实野生动物禁食禁养处置工作。大力开展植树造林，累计栽植大径竹1.5万亩，实现林业总产值27.8亿元，精准灭荒造林合格面积在全省县（区）中排名第一。常态化开展河（湖）长制，持续开展水质提升、空间管控、小微水体整治、能力提升行动。推广使用清洁能源。九华山林场、圣水湖入选第六批全国森林康养基地建设试点。获评全省“绿水青山就是金山银山”示范县创建单位。实现乡镇生活垃圾污水无害化处理全覆盖。稳步推进54个省级美丽乡村示范村和整治村建设，城西社区、南坝村、东川村作为首批垃圾分类试点村，城乡人居环境持续改善。

民生福祉。全年民生投入45.23亿元，同比增长17%，城乡常住居民人均可支配收入分别达到28659元、11504元。稳就业，新增城镇就业5302人，再就业1879人，城镇登记失业率2.9%。积极扶持创业，办理创业担保贷款4670万元。全数落实企业稳岗补贴返还政策。筑牢社会保障体系，发放城乡居民、机关企事业单位退休人员养老金6.17亿元，落实特困群众生活补贴1.53亿元，发放残疾人“两项补贴”1700万元，县残疾人康复中心投入使用。社会事业均衡发展。大力发展教育事业，教育布局不断优化，全年教育支出6.22亿元，义务教育稳步发展，行知学校、南山五福堂外国语学校投入使用，新（改扩）建教学及辅助用房1.57万平方米、运动场4.8万平方米。完成农村危房改造718户，农房改造6265户。举办第三届圣水湖国际路亚舟钓大赛。公民科学素质建设不断加强。信用体系建设稳步发展。完成第七次全国人口普查。创建国家无障碍环境县。独山村被授予中国传统村落。

（竹山县发改局）

竹溪县

【概况】 2020年，竹溪县完成地区生产总值87.7亿元，同比下降1.9%；完成规模以上工业增加值7.1亿元，同比增长1.6%；完成固定资产投资84.8亿元，同比下降13.3%；完成社会消费品零售总额59.8亿元，同比下降21.4%;完成地方公共财政预算收入3.9

亿元，同比下降26.2%；完成城镇常住居民人均可支配收入28331元，同比增长0.3%；完成农村常住居民人均可支配收入11342元，同比增长2.7%；万元生产总值综合能耗、二氧化碳排放、主要污染物排放等约束指标控制在省市定目标内。

脱贫攻坚。整县推进“十个到村到户”，做实做细户户走到、扶贫车间、安幼养老、强基固本、环境整治“五项重点工作”。紧扣“两不愁三保障”标准，扎实开展“全员普查保成果”活动，全面查补短板弱项。积极开展消费扶贫，全县共认定扶贫产品425个，在“扶贫832”平台、线上线下销售金额达6.8亿元。外出务工人员交通补贴、生活补贴全部落实到位。光伏扶贫电站规范有效运转。顺利通过国家脱贫攻坚普查抽查验收。扎实推进中央脱贫攻坚专项巡视及“回头看”反馈意见、国家和省脱贫攻坚成效考核等检查中发现的问题整改，各类问题已全部整改到位。全县3.6万户11.1万人贫困人口全部脱贫，73个贫困村全部出列，经省政府批准竹溪县实现脱贫摘帽。

产业发展。现代农业稳步发展。农业总产值超过50亿元，同比增长4.4%。农业实现稳产增收，粮油总面积分别达到58.2、21.3万亩，总产量分别达到14.6、2.77万吨。新发展特色产业基地17.7万亩，建设有机产业基地6万亩，发展食用菌4000万棒。新增14家有机认证市场主体。猪牛羊禽出栏量分别达到18万头、1.45万头、5.8万只、125万只。新增规模畜禽养殖场121个。荣获“湖北省农产品质量安全县”称号。工业经济恢复向好。全县上下克服疫情影响，着力强化企业生产水、电、气等要素保障，推动企业复工复产。实施“工业强县”战略，培育农产品加工、饮用水产业、电子信息、医药化工等主导产业。初步建成医药化工园、电子产业园、VOSS水产业园。华兴医药生产、百草堂医药加工等一批工业项目加快推进。金铜岭化工园区被确认为合格化工园区。服务业逆势上扬。旅游重点项目稳步实施，桃花岛夯土小镇投入运营，成功创建龙王垭4A景区，山泉溪舍国际森林康养项目签订正式协议并开展前期建设，龙王溪、黄花沟等项目顺利推进。启动文旅名县创建工作。电子商务示范县创建工作有序推进。全县服务业增加值达到44.55亿元，同比增长6.1%，在全县经济总量中的比重达到51.4%。再次荣获“全省服务业发展贡献单位”称号。全年累计减免税1.96亿元，减免水电气费641万元，减免房租300余万元，减征社会保险费3484万元。

2020年，竹溪县大力实施光伏扶贫项目

项目投资。围绕中央支持湖北一揽子政策措施，组织谋划储备项目599个，总投资1040亿元；谋划申报地方政府债券项目15个，总投资45.98亿元；谋划储备疫后重振建设项目357个，总投资608亿元；谋划储备“十四五”规划项目1257个，总投资3325亿元。抢抓中央支持湖北一揽子政策机遇，积极加强与省市汇报对接，全年共争取到位各类支持资金54.1亿元，其中，到位扶持资金32.8亿元，债券资金10.9亿元，专项贷款10.4亿元。实施重点建设项目138个，开工复工率达93.5%，拉动全县累计完成固定资产投资88亿元。钰邦电解电容研发生产、雅敕高端碳黑新材料生产、红色记忆综合体等一批生产经营项目建设投产，桃瓦路、新胜水厂等一批项目有序推进。第三次荣获“全省投资和项目建设工作贡献单位”。全年签约招商项目41个，协议引资115.2亿元；新引进注册规模项目25个，项目总投资29.6亿元；亿元以上双入库项目20个，总投资42.5亿元。推进对口协作，开展交流对接活动4次，推进实施对口协作项目3个；北京市密云区及相关乡镇和部门捐赠资金437万元，捐赠防疫物资价值72.5万元。

财税金融。从严加强预算管理，大力压缩一般性支出和非刚性支出，主动消化收支缺口，兜牢“三保”底线。完成全县财政总收入5.6亿元，其中地方公共预算收入3.9亿元。围绕服务实体经济、防控金融风险，持续做好信贷投放、普惠金融等金融服务，助力竹溪经济发展。全县各项存款余额达到180亿元，比年初净增21.9亿元；贷款余额达到90亿元，比年初净增14.8亿元。积极应对疫情影响，全力维护金融市场平稳运行。开通应急贷款绿色通道，减化流程，支持企业复工复产。对受疫情影响较大的企业、个体工商户和农户，严格落实“不抽贷、不断贷、不压贷”信贷政策，支持企业、个体经营者及农户战胜疫情灾害困难、恢复农业生产活动。

城乡建设。规划引领作用凸显。高质量地编制完成了《竹溪县国民经济和社会发展“十四五”规划纲要（草案）》《竹溪县城乡总体规划修编（2016—2030）》《竹溪县国土空间规划（多规合一）》《竹溪县乡村振兴战略规划纲要》等规划，以规划引领全县经济社会发展。重点工程进展顺利。红光片区老旧小区路面黑色化改造、牛头山绿森大道等重点项目相继投入使用，西关街南岸棚户区基础设施建设、东城新区南岸综合改造等项目加快推进。城区公共配套服务设施日趋完善。全县城镇化率达到45%。水坪桃花岛夯土民居、中峰甘家岭等特色农房示范建成，成功申报全省农村住房建设试点县。基础设施全面提质。鄂坪调水、“十巫”高速竹溪段、通航机场等重点工程前期工作取得实质性进展。完成一、二级公路65.6公里，452省道长龙路、318省道天泉路等项目全部完工。229省道古峰岭隧道、432省道鄂坪至双河口公路、乡镇三级客运站等工程扎实推进。城市管理日趋规范。环境卫生治理和路灯管护持续加强，园林绿化全面提档升级，城乡生活垃圾治理和垃圾分类工作稳步推进。成立了竹溪亨运出租汽车公司，投放城区出租汽车150台。“六城联创”扎实推进。国家生态文明示范县通过考核验收；国家卫生县城通过复审；国家园林县城通过验收授牌；国家森林县城创建总体规划进入评审；省级食品安全示范县通过验收授牌；国家文明县城提名城市正全力冲刺。

生态环境。生态建设不断加强。完成精准灭荒造林4.3万亩、新建山桐子3万亩、新建漆树基地2万亩，完成精准灭荒16.46万亩抚育任务；稳步推进城区、龙湖大道、一河两岸护绿补绿工作。污染防治全域推进。积极推进土壤污染治理和修复，强化固体废物污染防治，转移处置医疗废物共计42吨；县城污水处理厂提标升级及一期配套管网建设全面完成，县河、天宝两个垃圾处理场接近完工，县城污水处理厂配套管网二期工程、东城污水处理厂二期工程、竹溪河流域水环境综合治理项目开工建设。污水治理能力和治理水平大幅提升。生态环境不断改善。全县空气质量优良天数达标率98%。国控、省控水质断面达标率100%；县级和乡镇级饮用水源地水质达标率均达到100%。荣获“中国天然氧吧”称号。人居环境明显改善。全力推进“厕所革命”工程，建改完成农村户厕4908户、各类公厕137座。全力推进311个生态宜居村庄、13个美丽乡村、10个片区建设。持续开展了绿色社区、机关、企事业、校园、庭院等系列创建活动。

改革开放。持续优化营商环境。成立了优化营商环境工作领导小组，出台了优化营商环境激发市场活力的若干措施，制定支持实体经济发展十条措施，扎实开展优化营商环境“十大行动”“五进大厅”，深入开展“双百”活动。全县30个部门进驻县政务服务大厅，进驻事项1528项。持续深化“互联网+放管服”、推行“一网通办、一窗通办”，县、乡、村三级电子政务网络全面贯通。顺利完成了省优化营商环境第三方评估工作。大力推动重点领域改革，“互联网+政务服务”、落实“河长制”、新时代文明实践、深化“协商在一线”等一批改革项目全面推进。纵深推进供给侧改革。严把产业准入关，着力淘汰落后产能，优化房地产市场环境，完善金融服务体系，加强政府债务和金融风险管控。

民生保障。社会保障不断完善。新增城镇就业3700人，开展就业创业培训5364人，城镇登记失业率为4.0%。新增公益性岗位5000多个，“点对点”输送返岗务工人员3.8万人。五项基本保险应保尽保，大病保险政策全面落实。教育事业加快发展。密云小学、蒋家堰中学、民办外国语学校等一批教育重点项目先后投入使用。城关镇三堰幼儿园、实验中学改扩建、向坝乡双桥幼儿园等项目加快推进。荣获“全国义务教育发展基本均衡县”“湖北省县域义务教育发展基本均衡示范县”。公共卫生体系建设加强。全面推进“健康竹溪”建设，医疗质量持续提升。县妇幼保健院新院区、县直三家医院PCR核酸检测实验室等项目投入使用；县中医院医技楼基本竣工。县人民医院传染病区和15个乡镇卫生院发热门诊改造任务完成。坚决打好疫情防控阻击战，实现了确诊病例治愈率100%、医护零感染的目标。文体事业扎实推进。综合文化服务中心实现全覆盖，《山茶花》入选湖北艺术展演剧目。建成新全民健身运动中心（场）示范工程项目6个。民政事业有序推进。殡葬改革持续实施，农村互助式日间照料中心、殡仪馆迁建等项目稳步推进。社会救助兜底工作全面展开。“安幼养老”力度持续加大，建成标准化“安幼养老服务中心”20个。

（竹溪县发改局）

茅箭区

【概况】 2020年，茅箭区经济先降后升，实现地区生产总值417亿元；规模工业增加值89.2亿元；固定资产投资预计208亿元，社会消费品零售总额预计299.6亿元；一般公共预算收入预计9.6亿元；城镇居民可支配收入预计37570元。

疫情防控。年初迅速打响疫情防控阻击战，疫情防控坚持“四早”“四集中”原则，推行“分级、分类管理和治疗”方法，建场所、保供给、勇担当。确诊病例280例，治愈率99.29%，高于全省水平。在疫情取得阶段性成效后，迅速按下经济恢复快进键，实行企业复工复产前疫情防控“五个到位”，打通复工复产“快车道”，项目建设“加速度”。3月底，全区亿元以上重大项目复工率达97%。抢抓时机服务东风商用车防疫车生产，提前20天全线复工复产。组织80家企业申报贷款资金总计16.6亿元。全面复工复产后毫不松懈地筑牢疫情防控底线，积极克服疫情影响，抢抓中央一揽子政策红利，争取补助资金2.97亿元，债券资金2.36亿元，生产需求持续回升，经济运行持续稳定。

工业生产。工业经济恢复较快，龙头企业支撑有力，22家产值过亿元企业中，6家增速超过30%，其中震科增长384.5%、东风专汽增长39.6%，拉动作用明显。服务辖区企业，保产业链稳定，将正和、坤钰等企业纳入东风商用车供应链，增强企业稳定发展基础，促进产业链健康发展。解决企业困难，保市场主体。开展"双千"活动，走访企业178家，解决问题141个。落实援岗稳企政策，率先开展"金融特别行"政银企对接，企业授信总额12.29亿元，减少各项税费7.68亿元。一批企业订单不减反增，东风车辆工厂创下日单产830辆历史最高纪录，全年突破20万辆大关。大力培育新的经济增长点。新增规模以上工业企业15家，高新技术工业企业116家，实现产值30亿元。

现代服务业。全区服务业持续稳增长，规模以上服务业企业59家实现营业收入35.8亿元，增长3.1%。市场销售持续改善，批发、零售、住宿、餐饮四大行业快速回暖，全区102家限额以上商贸企业已实现恢复性增长。制定了《茅箭区支持服务业疫后恢复生产专项补贴实施方案》，指导企业在"双循环"上做文章，落实各项政策促增长。举办优惠嗨购季、直播带货季、文娱消费季等活动150余场，提升服务业市场活力。参与"湖北重启抖来助力一抖音援鄂复苏计划"等直播活动，帮助线上销售滞销农产品，实现销售收入近500余万元，多措并举提振消费。网络消费、电子商务、网络教育、远程诊疗等新业态蓬勃发展，抢抓"援鄂助农"机遇，以小蜜蜂、武当道茶、源水缘电商为代表的17家71个产品全年累计销售7828万元，新经济新业态成为经济增长极。

项目建设。认真执行"项目五制"，全面实行"月考工作制"，坚持月调度、季拉练、年结账，全员参与、专班推进，全区103个重点项目，省级重点项目4个，总投资47亿元，年度计划投资12亿元，全年完成投资19.7亿元，占年度计划投资的164%，全部启动建设。19个市级重点（含4个省重点）建设项目总投资209.5亿元，年度计划投资37.55亿元，目前已全部开工（含4个省重点），完成投资45.88亿元，占年度计划投资的122.18%。东风商用车联合新工厂、迅捷安应急装备产业园、东风康明斯国六排放处理系统、汇通金港义乌精品城等项目建成投产；驰田金钢智慧新工厂、正和高端重卡车身生产基地、月星环球港、云仓电商产业园等项目加快推进；武当路复线、林荫大道、G209、S446等道路交通工程快速推进；5G基站、老旧小区改造、教育医疗卫生、水环境综合治理等社会民生项目全面铺开。重点建设项目的快速推进，有力拉动了全区固定资产投资的较快增长。

改革开放。出台《茅箭区高质量发展三十条意见》及《茅箭区疫后补短板三年行动方案》等文件，助推疫后经济复苏。实施扩大内需战略，畅通经济循环，大力招商引资，成功引进信诚陶瓷基板、华兴空天激光陀螺仪、耐鼎机器人、沃森油箱等项目22个，总投资120亿元。精选一秒通、泛亚等21家外贸出口企业实施"走出去"战略。优化营商环境，更好服务市场主体。通过推出25条新政，实施企业开办"2半0"标准，实现"双千"全覆盖，建立三级代办"店小二"和"云上选地"等活动，实现652项事项"一网通办"。不断激发市场主体活力，防范化解经济风险平稳有序，非法集资立案数同比下降75%。

美丽乡村建设。全面实施乡村振兴。统筹100个农业项目全面建设，聘请产业技术员提升产品产量及品质，建成特色扶贫车间20个。累计创建省级美丽乡村示范村7个、整治村19个，覆盖率居全市前列。农村生活垃圾无害化处理、建制村通客车均率达100%，农村无害化厕所实现全覆盖。实施"文化旅游+"融合发展工程，优化"三纵一横"环线旅游基础设施，开发东沟等景区乡村旅游精品线路，打造"茅箭好物"文旅品牌，全年累计旅游人次达750万、收入达139.7亿元。指导秦巴植物园申报3A景区，完成卡子村古盐道、体验油坊等建设项目，文旅融合发展助脱贫攻坚。

生态建设。生态环境持续改善，扎实推进"河湖长制"，车站沟等污水处理工程通过环保竣工验收。徐家沟、驼鞍沟等污水管网延伸工程全面完工。泗河流域8条不达标支沟治理项目全面推进。全区52个易地扶贫搬迁安置区生活污水治理通过验收，"三水分治"模式在全省推广。开展餐饮油烟专项整治、建筑施工扬尘治理等8个专项执法"雷霆行动"。中央环保督察交办件和省市交办突出环境问题全部整改到位。

社会事业。全面推进教育改革，克服疫情期间"停课不停学"的困难，推进天津路二小、东方伊顿学校等项目建设。积极推动基层公共卫生体系补短板，推进"健康茅箭2030"行动，区人民医院开工建设，改扩建茅塔乡、鸳鸯乡等17个乡镇卫生院、社区卫生服务中心。"全民健身""书香茅箭"等活动有序开展，举行文化下乡活动30余场。全区贫困人口参保率达100%，城镇新增就业3753人，城镇失业人员再就业1722人，困难人员再就业708人，城镇登记失业率1.63%。社会保障更加完善，持续推进养老服务体系建设，发放社会救助资金1034万元。进一步健全安全生产责任体系，全年无重大特大安全事故发生。省级食品安全示范区创建成效明显，社会治理得到新提升。区社会治理中心建成投入运行，"时间银行"在全市推广。意识形态、信用体系建设、扫黑除恶专项斗争、七五普法、人才、档案等各项工作稳步推进。

（茅箭区发改局）

张湾区

【概况】 2020年，张湾区完成地区生产总值538亿元，同比下降6%；规模以上工业增加值同比增长1.4%；固定资产投资221亿元，同比下降13.2%；

社会消费品零售总额146亿元，同比下降15.8%；地方一般公共预算收入9.1亿元，同比下降24%；城镇居民人均可支配收入37550元，同比下降1.4%。

工业经济。全年完成规模工业总产值803亿元，增长3.1%。疫后工业投资增长相对强劲，全年完成工业投资项目84亿元，其中工业技改投资项目64个，完成工业技改投资45亿元。东科克诺尔、东风装备产业园、天钢循环经济产业园，伊克斯达废旧轮胎裂解等工业项目相继开工建设，美瑞特汽车空调、东风辉门、东风汽车零部件新厂区等项目竣工投产。新增规模以上工业企业19家，9家企业申报第四批全省支柱产业细分领域隐形冠军企业，申报新增高新技术企业30家，复审企业17家；完成科技成果转化9个，完成技术合同成交额9.8亿元，获批省级“两化融合”试点示范企业13家。荣获“全省科技创新综合考评优秀区”。

现代服务业。全年实现第三产业增加值215亿元。限额以上住宿餐饮业在疫情后逐渐恢复，完成营业额1.3亿元。汉江现代服务业示范区申报成功，正式获省政府授牌，房地产业投资兴旺，国瑞府、国宾府、卓尔城市客厅、龙记檀府，恒大御府等房地产投资项目相继开工建设，建安总部经济园、食品产业加工园等项目加快建设。服务业和制造业加快融合发展，申报两化融合单位3家。荣获“全省服务业发展突出贡献单位”。

文旅农融合。全年实现接待游客1216.3万人次，全年实现综合旅游收入190.14亿元。唱响“幸福十堰从张湾出发”品牌，先后举办西沟创意生活节、白马山民俗文化节、花果百龙潭纳凉节、黄龙荷花节等活动，农村消费人气增强。先后投入资金2815万元扶持发展农业产业项目34个。老母荒云雾剑茶叶专业合作社申报的“云雾龙井”等4个茶叶产品通过中国绿色食品发展中心认证，被认定为绿色食品A级。打造蔬菜、茶叶、猕猴桃、樱桃、草莓、蓝莓、百合、天麻、食用菌等“一村一品”特色产业示范村40个，农旅融合收入达1.2亿元以上。建成农村电子商务销售平台和实体经营门店62个，实体电商覆盖率达85%以上。持续推进15个美丽乡村示范点，6个乡村振兴示范村建设。

三大攻坚战。巩固脱贫成果，统筹财政资金1.57亿元，安排扶贫项目148个。增设扶贫公益岗位288个，安排资金332万元，重点解决困难家庭就业问题。加大兜底保障力度，安排680万元解决失能、半失能和无劳动能力贫困户的生活保障问题。建设特色产业基地2.45万亩，培植产业脱贫示范村40个，顺利通过省市扶贫各项考核验收评估，张湾区荣获“全省易地扶贫搬迁工作先进集体”。扎实推进蓝天、碧水、绿地环保行动，加快实施神定河支沟、岩洞沟水环境治理等河流治理工程，全区空气优良天数比例为95.1%，4个考核断面水质优于考核目标，土壤污染防治全面推进，工业、医疗废物得到合法处置；有效防范各类风险，坚持党建引领基层社会治理，落实“一包50户”网格工作机制。累计排查不稳定因素1578件，化解1504件，化解率95.31%。一般生产安全事故同期下降62.5%；非法集资、金融、房地产、政府债务、社会领域等方面风险进一步降低，辖区社会安全持续保持稳定。

项目建设。全区坚持“项目为王、产业第一”理念，推进重点项目建设。抢抓中央支持湖北一揽子政策机遇，围绕公共卫生应急领域补短板、老工业区改造、老旧小区改造等中央新增专项，谋划项目47个，总投资34.6亿元。积极研究对接国家重大政策，申报工业新区国家级先进制造业、现代服务业两业融合示范区、湖北一键通中欧班列信息平台示范工程产业园、鄂西北粮食物流储备产业园四大新园区。认真谋划“十四五”规划项目805个，总投资3123亿元。其中5000万元以上项目550个，总投资3069亿元；5000万元以下项目255个，总投资54亿元。按行业六大类划分：先进制造业类项目247个，总投资859亿元；现代服务业类项目115个，总投资1280亿元；基础设施类项目185个，总投资633亿元；生态环境建设类项目61个，总投资66亿元；农业水利类项目41个，总投资30亿元；社会发展类项目156个，总投资256亿元。强化项目服务，建设一批项目。全年全区共实施在建项目共244个，计划总投资973亿元。对重点项目实行首席服务官制度，实行县级领导包联，一个项目一个专班，全程服务项目建设，在疫后经济重振中，全区把推进项目作为重要抓手，新开工项目210个，为全区经济企稳回升提供了强有力支撑。强化项目前期，争取一批项目。精准对接中央支持湖北一揽子优惠信贷等政策，将国家、省、中央预算内投向8大领域66个专项建设措施项目化、清单化，申报争取中央、省预算内投资项目42个，到位资金2.72亿元。争取中央特别国债资金2亿元。申报32个政府专项债券项目，到位资金1.54亿元。

社会事业。全年城镇新增就业5087人，城镇登记失业率控制在3.5%以内。发放城乡低保37327人次1522.37万元、临时救助2141人次345.81万元、精准扶贫兜底保障资金2395人次450.56万元。发放养老金1564.14万元，基础养老金发放率达100%。出台提升教育教学质量的若干硬核举措。中考升入省级示范高中743人。完成辖区东风义务教育学校的承接工作，全面改善教育设施，完成区实验中学综合楼等项目建设；文化事业繁荣发展。完成9个乡镇街道综合文化站改造升级和106个社区综合文化中心建设，柏林草把灯笼登上央视舞台。加快卫生领域补短板，区人民医院、区疾控中心等项目快速推进。大力推进“厕所革命”，新建、改造各类厕所1227座。全面完成第七次人口普查和“七五”普法宣传工作。审计、档案、史志、物价等工作有序推进，城镇登记失业率、计划生育率、安全生产等指标控制在市定目标以内。成功创建全国文明城市。

（张湾区发改局）

郧阳区

【概况】 2020年，郧阳区实现地区生产总值167.99亿元，同比下降2%；规模以上工业总产值达到280.32亿元，同比增长4.3%；规模以上工业增加值达到69.72亿元，同比增长3.0%；地方一般公共预算收入实现7.76亿元，同比下降25.4%；固定资产投资完成182.25亿元，同比下降10.5%；社会消费品零售总额达到113.92亿元，同比下降16%；城镇常住居民人均可支配收入达到29818元，同比下降2.4%；农村常住居民人均可支配收入达11786元，同比增长3.7%。

产业发展。加快发展先进制造业。实施“工业强区”战略，推进“双百”“万企万亿技改”工程，初步形成“三新两业”（新能源智能制造业、新技术食品药品健康业、新业态现代农业，以特专用车产业为主导的先进制造业、以生态康养产业为驱动的现代服务业）发展体系。2020年规模以上工业企业达173家，农副产品加工业、医药制造业、汽车制造业总产值分别达76.62亿元、10.65亿元、90.49亿元。稳步发展特色农业。深化农业供给侧结构性改革，创建国家和省现代农业示范区，实施“91”行动计划，粮食生产喜获“十七联丰”，特色产业基地累计达80万亩，高标准农田建设累计达20.6万亩，累计改良土壤8.4万亩，标准园（场）累计达64个，“三品一标”品牌达110个，郧阳香菇被授予“中国好香菇”称号。引进新希望集团200万头生猪养殖项目。全年农产品加工产值实现76.62亿元，同比增长6.9%。加速发展现代服务业。加快建设汉水九歌、旅游集散中心、大成殿等项目，新增全国乡村旅游重点村2个、3A级景区3个、湖北旅游名镇1个。成功举办“郧县人”头骨化石发现30周年学术研讨会、“惠游郧阳”“郧阳心·马拉松”等活动。发展电商企业（个体）4150家、村级电商341家，从业人员近万人，农产品线上销售额达5亿元，成功创建“国家级电子商务进农村示范县”。持续推动科技创新。全力推进国家高新区创建，加快培育高新技术企业，不断提升科技创新水平，到2020年底，全区拥有市级以上科技创新平台42家、高新技术企业40家，高新技术产业增加值实现45亿元，占GDP的比重达26.83%。

重大项目。牵牢项目建设“牛鼻子”，率先在全市建设重大项目视频调度系统，持续落实重大项目“首席服务官”制度，全力推进项目建设。4月21日，在湖北省2020年重大项目集中开工郧阳分会场上，汉水九歌等17个项目集中开工。上半年，计划实施的重大项目复（开）工率达100%。11月23日，新希望200万头生猪养殖等32个项目集中开工。全年累计建设重点项目227个，完成投资182.25亿元。其中：1个省重点项目完成投资5亿元，18个市级重点项目完成投资37亿元。启动建设湖北宝腾环保新材料、十堰三才汽车轻量化、新经济产业园、青龙泉九年一贯学校、武当粮食现代物流产业园、区医院重大疫情救治基地、谭家湾水库除险加固等重大项目，快速推进神河新能源、郧十高速郧阳北互通、献珍路延长线、秦巴片区产业扶贫示范园等项目，滨江尚都、中医院业务楼主体封顶。共争取中央、省预算内投资项目35个，到位专项资金2.87亿元，抗疫特别国债项目8个，到位疫情特别国债3.14亿元。

城乡发展。大力推进城乡规划编制。加快编制全区国土空间总体规划和乡镇国土空间总体规划，完成修编环郧阳湖片区控制性详细规划和镇区控制性详细规划，启动编制（修编）新一轮村庄规划。城区建设品质日益提升。改造老旧小区181个、背街小巷31条、排污管沟25条，粉刷墙面27万平方米，硬化维修地面13500平方米，建成城区道路181.63公里、绿地163.26公顷、公园11个，施划停车位1020个，城区日清扫保洁面积230万平方米，亮灯率98%。农村基础设施逐步增强。建成五将路、虎啸滩旅游公路、马纵岭大桥等项目，加快推进堵河大桥、谭梅路等重点项目，建成通村公路1258公里，升级农村公路1067公里、安防工程1748.9公里，新增客车155辆，20户以上自然村全部实现路面硬化、客车通达。实施农村饮水安全巩固提升工程，实现全区饮水安全全覆盖。

三大攻坚战。全力打好风险防控攻坚战。持续开展扫黑除恶专项斗争，打掉涉恶犯罪团伙23个，破获涉嫌涉黑涉恶类刑事案件93起，查封、扣押、冻结涉黑涉恶财物折合资金约4.8亿元，查处涉黑涉恶、“保护伞”、失职失责等问题17件、66人。化解非法集资陈案积案5起，取缔3家互联网金融企业。稳妥化解债务存量，严格控制债务增量，政府性债务风险总体可控。全力打好脱贫攻坚战，聚焦聚力“两不愁三保障”，夯实“1+2+N”扶贫产业基础，拓宽务工增收渠道。建成通信基站1090余座，340个贫困村实现宽带、广播电视、4G信号全覆盖，健康扶贫“985”政策全面落实。建成易地扶贫搬迁安置点354个，妥善安置21912户63495人，青龙泉社区成为全省最大的易迁单体项目，基本实现“危房不住人、人不住危房”。全区实现脱贫摘帽，荣获“全国‘十三五’易地扶贫搬迁工作成效明显县”称号，在全国扶贫日易地扶贫搬迁工作论坛推广“郧阳经验”。全力打好污染防治攻坚战。全面开展长江（汉江）大保护，统筹推进“五河”治理，全区主要河流水质总体达到Ⅱ类标准，神定河水质总体达到Ⅳ类标准，2个县级以上集中式饮用水水源地水质达标率100%。大力开展汉江、堵河水域退捕禁捕，全区3000余艘涉渔及其他船舶全部上岸拆解。开展涉气重点污染源和挥发性有机污染物深度治理，城区年均优良天数321天。开展土壤污染防治行动，土壤环境质量综合评价为“清洁”等次。深入实施农村人居环境整治三年行动，建改农户无害化厕所4.8万座、改水11.4万户，建设饮水安全工程290处。新建和扩容污水处理厂15座，新建垃圾填埋场6座，农村污水处理率达

70%以上，生活垃圾无害化处理率达80%以上。

重点领域改革。营商环境持续优化。率先在全省将优化营商环境领导小组办公室设为常设机构，深入推进“放管服”改革，政务服务事项网办率实现100%。不动产一般登记压缩至2个工作日内，企业开办全面实施“2半0送5”。工程建设项目实现并联审批，审批事项由81项减少到39项，申请材料由400多件减少到120件。公布工程建设项目告知承诺制审批事项6项，容缺材料22项，对郧阳区中小学生研学实践教育基地等项目实施容缺受理，对十堰楚跃工贸新建车间实施“先建后验”，缩短了审批时间。农村改革深入推进。成立新型农民股权制经济合作社，发展农民专业合作社1204家，培育家庭农场174个、专业大户959个，贫困村农民专业合作社覆盖率100%，全面消除村级集体经济空壳村。国企转型进展顺利。大力推进聚鑫公司、城投公司及其下属公司转型发展，支持企业做实做大做强。招商引资成效明显。全年招商引资总额实现153.2亿元，同比增长17.2%。

社会事业。公共服务水平稳步提升。扩充学前普惠资源，认定普惠性民办幼儿园102所；推进义务教育一体化发展，适龄儿童少年入学率达100%；实施义务教育薄弱环节改善与能力提升等教育补短板项目。科学应对新冠肺炎疫情等突发传染病公共卫生事件，累计报告确诊病例33例、无症状感染病例6例、疑似病例33例，收治率和治愈率100%。加快建设后山片区重点村、扶贫重点村文化设施，公共文化服务体系得到提升。民生保障能力持续增强。打好“援企、减负、稳岗”政策组合拳，输送务工人员7905人，对222家企业稳岗返还354.85万元，助力企业复产复工。城镇新增就业2600人，城镇失业人员再就业469人，城镇登记失业率控制在4%以内。加快建设退役军人服务保障体系，发放各类优待抚恤资金3000余万元。引导社会力量参与养老服务业，新增养老机构1家、养老床位300张。向城乡低保、特困供养对象、临时困难家庭等救助对象发放救助金1.87亿元。基层治理体系不断完善。推进“平安郧阳”建设，建立“三员三长”基层社会治理体系。加快律所、公证、司法所、人民调解等法律服务资源整合，持续扩大法律援助覆盖面，实现“应援尽援”。加强法治阵地建设，开展特色法治宣传教育主题活动，“七五”普法工作顺利通过市级考核验收。夯实安全生产“大预防”基础，统筹抓好复工复产疫情防控和安全生产“双防控”，完善食品安全“党政同责”长效机制。实施质量强区战略，组织企业开展质量提升行动。深入开展精神文明创建，全方位推进爱国卫生运动。

（郧阳区发改局）

经济技术开发区

【概况】 2020年，十堰经济技术开发区实现地区生产总值102.04亿元，同比下降10.4%；完成规模以上工业总产值202.3亿元，同比下降11.8%；完成规模以上工业增加值45亿元，同比下降9%；完成固定资产投资23亿元，同比下降46.9%；新增规模以上企业8家。

复工复产。开展疫情防控“大起底、大排查”，摸排83家企业9867名员工，对开发区境内11名重点人员进行全面体检。自1月31起谋划复工复产工作，于2月14日启动倍力管业公司复工审批，在1个月内顺利完成东风商用车防疫车辆配套商和东风小康防疫车辆生产班组复工复产工作，企业复工复产率和产能提升率稳居全市前列。出台了《十堰经济技术开发区关于应对新型冠状病毒感染的肺炎疫情支持中小企业共渡难关的十条政策意见》，先后筹措医用口罩4万余个，水银体温计1万余只，消毒物资3吨，鸡蛋1百余箱，免费发放至企业一线；对开发区境内医院原价230元/人的肺部CT，经政府补贴后，企业仅需承担100元/人；鼓励企业开展中药防治，开发区给予每人每副药剂5元补贴；对46家企业227名滞留省外员工及时办理返堰手续；对滞留县市区企业员工，按照“点对点”接车方式，集中派车200台次，接回员工4000余名；为东风小康定制交通，赴乡镇接返员工。编印了《中央、省、市、区疫情期间惠企政策及转型升级支持政策100条（摘录）》，由主要领导及包联干部在全区开展政策宣讲，详细了解政策知晓程度和在全区落实情况。对企业反映突出的水费减免未落实等问题予以督办。为13家疫情防控重点保障等服务业企业争取省服务业疫后恢复发展专项补助资金191万元；为15家疫情防控重点保障企业争取首批电费补贴22.88万元。

项目建设。全年完工项目43个、开工项目59个、前期规划项目30个。省重点项目东风小康汽车有限公司十堰基地迁建项目于8月29日正式投产；省重点项目十堰市吉神汽车有限公司年产1万辆智能房车生产基地项目于11月6日投产；中科院智能农机、东风车身智能化改造等重点项目已建成达效；新经济产业园、新能源产业园二期、龙门五路二期等项目已全面开工；生产型物流产业园及铁路专用线项目、汉江技师学院等项目已进入实质性阶段。编制经开区国民经济和社会发展第十四个五年规划纲要，谋划“十四五”时期重大项目197个，计划总投资1270亿元。2020年，成功申报中央预算项目11个、省预算项目1个，补助资金8981万元。与2019年相比，项目争取个数同比增长140%，争取资金量同比增长11%；与2015年相比，项目争取个数翻两番，争取资金量增长17倍。重点水流域治理和老旧小区中央资金领域首次申报并获得成功。针对性解决省市重大项目建设中产生的问题。将全区210家重点企业和75个重大产业类项目分解到121名副科级及以上干部，共协调解决问题266个。有效化解车仪电子公司消防手续办理，劲驰公司免招投标手续办理等历史遗留问题；帮助67家企业办理延期贷款6.9亿元，为29家企业解决融资1.3423亿元；新增吸纳就业2000余人；引进源久、適甲、续航等重点项目，盘活洪昌、显隆华等闲置资产。

转型升级。成功申报国家大中小企业融通型中小企业创新创业特色载体，已争取首期资金2500万元。认真落实《十堰经济技术开发区支持工业企业高质量发展十条意见》，为35家企业发放奖励资金272.77万元。组织35家企业申报2019年市级工业转型升级奖励，争取资金763万元。组织东风小康、吉神房车等7家企业申报省级制造业高质量发展专项资金，保底可争取资金100万元。湖北帕菲特工程机械有限公司成果获评为国家专精特新“小巨人”企业。帮助澳贝、帕菲特、巨迪、倍力4家企业上报“院士专家企业行”企业技术（专家）需求；积极为万联达、先锋模具对接企业“科技副总”需求；组织东风液压和大旗液压2家企业申报2020年度省级工业设计中心；组织森鑫、园均、高周波等10家企业申报省级专精特新“小巨人”企业；组织华阳、东风管业等15家企业申报全省第四批支柱产业细分领域隐形冠军企业；组织东风小康、帕菲特2家企业申报省级智能智造示范企业；组织东风小康申报省级技术创新示范企业。推荐东风特汽（十堰）客车有限公司森防运兵系列技术改造项目申报2020年湖北省军民融合发展专项资金，拟争取资金100万元。组织申报了十堰经济技术开发区绿色产业示范基地、湖北省第二批省级大众创业万众创新示范基地、十堰经济技术开发区现代服务业与先进制造业深度融合试点园区。抓新型基础设施建设。率先在全市启动5G建设，打造“5G+智慧经开区”系列数字经济项目，在林安物流园率先打造5G制造业应用示范场景，建设汽车汽配线上线下、内贸外贸融合智慧园区。

对口协作。积极承接京津冀地区产业转移。先后赴雄安新区、天津、山东、河北等地拜访对接意向企业，洽谈投资事项，深入推进智能农机、国素生态等对口协作项目投产达效。向市委、市政府、市对口协作办沟通支持对口协作产业示范园建设事宜，拟争取资金1000万元。

（经济技术开发区经发局）

武当山特区

【概况】 2020年，武当山特区实现地区生产总值16.4亿元，同比下降11.5%。规模以上工业增加值1.1亿元，同比增长0.5%。地方一般公共预算收入1.7亿元，同比下降44.3%。固定资产投资5.76亿元，同比下降33.3%。社会消费品零售总额11.9亿元，同比下降25.3%。

旅游业。高标准完成了快乐谷二期项目、元和观民宿一期工程；全面推进南岩片区提档升级，实施美化亮化工程，配套完善吃、住、游、参与体验等服务项目，开启武当夜游消费新模式。启动实施榔梅溪谷、八仙观、金沙坪等9个乡村旅游示范区规划建设。加快推进元和观民宿示范区二期、龙王沟、五龙森林康养等重点民宿项目建设，培育形成了太和紫隐、福地居等90多家精品民宿，促进了全域旅游向纵深发展。

乡村振兴。累计整合资金3.6亿元用于农村产业发展、民宿改造及基础设施建设，兑付奖扶资金1035万元，实施农房改造1360户，新建产业基地11个近3300亩；完成了高速互通改扩建、枫土路、土武一级路、100公里“四好”农村旅游公路等重点交通项目；实施了覆盖城郊14个村的农村自来水管网延伸工程，全面启动全区电网改造工程，农村面貌得到全面改善。

三大攻坚战。污染防治全面发力，大气、水、土壤环境持续改善，金花湖水源地和剑河水质持续稳定达标，节能减排始终位居全市前列。重大风险防控有力，累计调处各类矛盾纠纷1800余件次，化解群体性信访积案1起，化解重点信访案件43件；始终保持扫黑除恶高压态势，侦破涉恶犯罪团伙13个。精准实施“五个一批”工程，扎实推进“户户走到、扶贫作坊、安幼养老、强基固本”四项重点工作，1255户4169名建档立卡贫困户全部脱贫。

项目建设。太和医院武当山院区、福银高速武当山互通改建、武当山客运换乘中心等建成运营；实施了“玄岳之光”“菊世无双”等武当“夜游”项目；太极湖水上游、太极剧场“梦幻武当”重启开放；榔梅溪谷、武当国际名酒庄、南岩片区综合改造及系列文物保护工程稳步推进。大批项目加速实施，释放了增长潜力，增添了发展动力。

招商引资。累计接待投资考察160余批次，特区领导带队外出招商63批次，累计签约项目11个59亿元，在谈项目12个126亿元。华强方特集团、祥源集团、北京华夏双农集团、香港湖北社团总会、湖北森洲旅游投资公司、北京恒观远方投资公司等企业先后落户武当山，投资开发中华传统文化园、国际红酒庄等重大旅游发展项目，为旅游发展汇聚了强大动能。

改革创新。先后出台了《关于加快推进乡村振兴的通知》《特区农房改造和产业发展奖励实施办法》《武当山风景区旅游优惠暂行办法》《支持工业经济高质量发展实施意见》《财政周转金使用办法》《加快竹产业发展奖励措施》《招商引资奖励扶持政策》等一系列政策措施，激发了全社会支持发展、服务发展、参与发展的积极性、主动性、创造性。全区29个行政机构，8个事业单位改革全部到位，干部下沉社区综合治理工作成效显著，选拔了一大批优秀干部走向领导岗位，全面激发了干部干事创业的热情，一大批想干事、能干事、干成事的干部脱颖而出。

社会民生。财政用于民生支出占一般公共预算总支出的80%。实施了太极湖学校滑坡治理、杨家畈小学运动场建设项目；义务教育阶段入学率、巩固率、完成率均达到100%，切实保障教师待遇，基本实现教师工资收入不低于公务员收入水平。太和医院武当山院区建成运营，争取抗疫特别国债3000万元新建特区疾控中心，完成了29个村卫生室提档升级。基本医疗和养老保险实现全覆盖，城乡低保实现应保尽保。殡葬改革稳步推进，“禁鞭”工作得到全社会支持。

（武当山特区发改局）

襄阳市

综　述

【概况】 2020年，襄阳市实现地区生产总值4601.97亿元，同比下降5.3%，降幅较一季度收窄35.6个百分点，经济总量居全国第49位。规模以上工业增加值、固定资产投资、社会消费品零售总额、地方一般公共预算收入、实际利用外资同比分别下降6.1%、20.6%、19.8%、46.7%、13.2%，降幅较一季度分别收窄44.1个、61.6个、24.2个、16.1个、86.8个百分点；出口同比增长0.4%，较一季度回升47.2个百分点。三次产业结构为11.2∶45.7∶43.1。

【疫情防控】 2020年，襄阳市迅速采取严格、全面、彻底的防控举措，全力以赴打好疫情防控阻击战。从1月24日发布第一例确诊病例，到2月24日新增病例清“零”，用1个多月时间有效控制了疫情蔓延。不惜一切代价救治患者，全市新冠肺炎治愈率为96.6%。疫情管控期间，城市公交和水电气保障有力，生活必需品供应充足，创造性运用“移动菜篮子”为千家万户配送生活物资，为城镇低保户配送免费“爱心大礼包”，为困难群众、孤儿、留守老人等六类对象发放物资或补助资金5000余万元，向13.5万余名救助对象发放救助资金3.63亿元。从3月9日在全省率先成为全域低风险区，3月底全市生产生活秩序基本恢复后，毫不放松抓好常态化疫情防控，没有出现新增确诊病例，疫情防控决定性成果持续巩固，有力维护了人民群众生命安全和身体健康。

【农业经济】 2020年襄阳市第一产业增加值同比增长2.3%。粮食生产实现面积、单产、总产“三增”，全年粮食产量达到94.5亿斤，较上年增加1.1亿斤。生猪产能快速恢复，截至年底生猪存栏量达到250万头，同比增长24%。稻虾共作基地总面积达到30万亩，注册小龙虾及虾稻米商标19件，“襄江清水小龙虾”区域公用品牌成功获批。新改建茶园基地3.8万亩，襄茶集团、保茶集团成功组建。“中国有机谷”区域有机证书达到198个，新增认证面积4.6万亩。大力支持新型农业经营主体和服务主体发展，截至目前每个乡镇至少建有一个“六有”合作社和一个“六有”家庭农场试点。成功举办第六届汉江流域（襄阳）农业博览会。

【工业经济】 2020年襄阳市工业经济持续恢复，全市规模以上工业总产值同比下降7%，降幅较一季度收窄43.6个百分点。企业智能化改造稳步推进，入选省级智能制造示范企业6家，美利信、新火炬、三环锻造3家企业获得国家智能制造新模式专项资金支持。绿色制造加快推进，出台实施《关于支持磷石膏综合利用的实施细则》，骆驼集团襄阳蓄电池、新金洋等5家企业成功获评“绿色工厂”，世阳电机、际华三五四二的三件产品获得“绿色设计产品”称号。企业培育成效明显，全市规模以上工业企业净增88家，达到1722家；长源东谷成功在上交所挂牌上市，共同药业、博亚精工在创业板上市申请获得批准。积极推进开发区扩区调区，枣阳、老河口开发区扩区调区已获得省政府批复，襄阳市成为目前全省获得开发区扩区调区批准个数最多的市州。老工业基地调整改造扎实推进，襄阳市获得国务院通报表彰。

【现代服务业】 全年服务业增加值达到1984.83亿元，恢复到上年同期的95.5%。消费活力逐步恢复，限额以上批发零售业销售额从7月份开始由负转正；城乡消费逐步回暖，全市城镇和乡村社会消费品零售总额分别恢复到上年同期的80.3%、79.4%。电子商务蓬勃发展，谷城中国有机谷电商产业园、枣阳电商产业园、襄阳大学科技园获批省级电子商务示范基地，淘大集、湖北楚大鸭业等6家企业获批省级电子商务示范企业，高新区成功创建国家级电商示范基地，谷城县成为国家级电子商务进农村综合示范县。现代物流加快发展，新增A级物流企业8家，全市A级物流企业总量达到121家；传化公路港一期建成运营，襄阳保税物流中心、小河临港物流园等项目加快推进；完成2个一级物流园区、4个二级配送中心、440多个三级末端配送网点的建设任务，襄阳市成为全国绿色货运配送示范城市。文化旅游业加快恢复，全力推进23个重点文化旅游项目建设，华侨城奇梦海滩水公园等重点文旅项目投入运营；成功创建全国旅游标准化城市，旅游业服务水平进一步提升；新增4A级景区1家、3A级景区3家、省级旅游度假区1家、省级全域旅游示范区1家，南漳县入围“荆楚文旅名县”；抢抓“惠游湖北”活动机遇，全市A级景区全年接待游客898万人次，唐城“十一黄金周”接待游客数量超过武当山和三峡，跻身全省十大文化产业品牌。金融服务业支撑有力，全市各项存款余额4288亿元、同比增长12.9%，贷款余额2822亿元、同比增长12.6%，存贷款综合增幅12.8%，高于全省平均水平0.15个百分点。

【固定资产投资】 全年固定资产投资同比下降20.6%，降幅较一季度收窄62个百分点。分产业看，第一产业投资下降18.9%，第二产业投资下降30.3%，第三产业投资下降11%。分领域看，基础设施投资下降19%，高于全省平均水平3.8个百分点；工业投资下降30.3%，降幅比一季度收窄52.2个百分点；房地产开发投资增长7.7%，比一季度回升83.5个百分点。新兴领域加快发展，高技术制造业投资增长0.8%，比一季度回升67.1个百分点。

【消费需求】 全年社会消费品零售总额达到1567.3亿元，同比下降19.8%，高于全省平均水平1个百分点。分区域看，城镇消费品市场实现零售额1460.6亿元，同比下降19.7%；乡村消费品市场实现零售额106.7亿元，同比下降20.6%。消费价格涨幅回落，全市居民消费价格指数比上年上涨2.9%。

【对外开放】 全年进出口总额达到218.1亿元，同比下降6.5%。其中，出口总额197.9亿元，同比增长0.4%；进口总额20.3亿美元，同比下降32.9%。实际外商直接投资8.3亿美元，同比下降13.2%。持续引进和培育外贸主体，全市新增出口备案企业220家。扎实推进省级服务外包示范城市建设，在“商务部业务系统统一平台”新增登记入库企业12家，累计达到188家。襄阳自贸片区2项制度创新成果初步入选全国自贸区第四批“最佳实践案例”，24项入选湖北自贸区第五批制度创新成果，综合保税区申报工作取得突破，有望近期获批，国际贸易“单一窗口”应用率达到100%，出口加工区一期10万方建成运营，襄阳市成为全国“跨境电商零售进口试点城市”。新开通南京、银川等6个城市航线，襄阳机场通达航点数、城市数分别增至36个和34个。

【财政金融】 全年完成财政总收入314.7亿元，比上年下降34%。其中，地方一般公共预算收入160亿元，同比下降46.7%。地方一般公共预算收入中，税收收入124.2亿元，比上年下降38.4%，占地方一般公共预算收入的比重为78%，比上年提高11个百分点。金融机构本外币存款余额达到4287.7亿元，比年初增加490.5亿元。其中，住户存款余额2977.9亿元，比年初增加337.1亿元。金融机构本外币贷款余额达到2822亿元，比年初增加315.4亿元。其中企（事）业单位贷款余额1813.2亿元，比年初增加134.7亿元。

【创新发展】 全年规模以上高新技术产业增加值达到999.1亿元，同比下降3.3%，占地区生产总值比重为21.7%。加大创新创业主体培育力度，全市748家企业进入科技部科技型中小企业库，新增入孵企业410家；新增高新技术企业105家，高新技术企业总数达到641家；新登记市场主体6.96万户，累计达到53.48万户、同比增长6.9%，其中新注册企业类市场主体1.86万户，累计达到11.14万户、同比增长4.15%。积极培育建设技术创新平台，高新区获批国家“双创”示范基地，新增国家级企业技术中心2家、技术创新示范企业1家，北航

襄阳综保区一期出口加工区

襄阳航空研究院获批为湖北航空装备产业技术研究院，华中科技大学先进制造工程研究院获批省级成果转化中试研究基地，新认定省级工程研究中心2家、工业设计中心1家、制造业创新中心1家、乡村振兴科技示范基地2家、企校联合创新中心26家，新增市级重点实验室22家。加强科技企业孵化器建设，新增省级孵化器1家、省级星创天地6家、市级孵化器6家、市级众创空间11家、市级星创天地14家。加大人才引进力度，全年引进高层次创新创业团队62个。加速科技成果转化，完成技术合同登记额136亿元，荣获湖北省科学技术进步奖12项。成功举办第五届汉江创客英雄汇。

【生态环境】 全年单位生产总值能耗下降、二氧化碳、化学需氧量、氨氮、二氧化硫、氮氧化物排放量全面完成省定目标。坚持不懈改善空气质量，推动283家企业完成挥发性有机物治理、233家企业完成无组织排放整治，夯实禁燃及秸秆禁烧工作，抓好餐饮油烟污染防治及扬尘治理，全市空气优良天数达到274天、优良率74.9%，PM10、PM2.5浓度均值分别为68微克/立方米、52微克/立方米。深入推进水污染防治攻坚，水环境质量保持稳定，襄阳市纳入省“水十条”考核的9个断面Ⅲ类及以上优良水体比例达标率88.9%，7个县级集中式饮用水源地水质达标率100%。加快推进主要污染物总量减排，完成减排项目339个。坚持抓好节能降耗，襄阳市在全省能源消耗总量和强度“双控”目标考核中排名第一。狠抓土壤污染管控和修复，纳入省考核土壤指标任务全面完成。扎实推进沿江化工企业关改搬转，累计完成27家化工企业的搬迁、关闭及验收销号工作。坚决打赢汉江禁捕退捕硬仗，全市1114艘有证船舶、2575艘“三无”船舶已全部上岸拆解处理完毕，江中非法渔具全部得到清理。

【基础设施建设】 全年基础设施建设进展有序。郑万高铁襄阳以南段建设加快推进，呼南高铁襄阳至荆门段襄阳东站引入工程正式开工。老谷、枣潜南公路建成通车，保神高速全线贯通，枣潜北、河谷汉江大桥、宜城汉江二桥等项目加快建设，绕城南高速公路汉江特大桥主桥合龙，东西轴线、内环提速改造工程快速推进，新建改建一二级公路175公里。雅口枢纽船闸通航并具备蓄水条件，新集水电站开工建设，与盐田港合作开发建设襄阳新港取得实质性进展。华电樊城燃机一期热电联产项目进展顺利，协鑫燃气分布式能源项目开工建设。湖北能源襄阳（宜城）2×1000MW超临界燃煤机组工程获得省发改委核准，为“十四五”襄阳成为全省煤电基地奠定了坚实基础。城市面貌更加靓丽，完成64条背街小巷和200个老旧小区的改造，新增口袋公园15个、绿地面积176.5万平方米。城市交通更加通畅，凤雏大桥建成通车，中心城区优化调整公交线路34条，新开通中心城区至襄阳东站的公交专线3条，新建改造港湾式站台50个，规范建设公交专用道37公里，改造卧龙大道、襄隆路等“搓板路”，打通片区微循环道路7条，疏通城市堵点5处。市政功能加快提升，新建泵站5个，消除积水点6处，新建改建污水管网4处，公共机构和居民小区垃圾分类设施覆盖率分别达到100%和80%以上，城市集中供暖新增4000户、达到2.4万户。

【美丽乡村建设】 全年抢抓政策窗口机遇期，美丽乡村补短板强弱项建设项目获批贷款68亿元，第一批570个村已基本完成项目建设，第二批928个村正陆续启动，樊城区花园村被评为“中国美丽休闲乡村”。聚焦“五清三建两管一改”，扎实开展村庄清洁行动。新建改建提档升级农村公路2886公里，南漳成为全国农村公路管养改革试点县，巡检镇、刘猴镇、吴店镇、洪山嘴镇、程河镇成为全省“四好农村路”示范。积极推进数字技术在农业农村的应用，宜城市成为国家首批数字乡村试点。

【脱贫攻坚】 全年如期完成脱贫攻坚目标任务，现行标准下农村绝对贫困问题全部得到解决，3个贫困县全部“摘帽”，346个贫困村全部出列，37.5万建档立卡贫困人口全部脱贫，全面建成小康社会农村贫困人口脱贫率刚性约束指标圆满完成。产业扶贫提质增效，全市7.1万户有劳动能力贫困户实现特色产业全覆盖，1.1万户经营主体参与带贫益贫，带动有劳动能力贫困户比率达到95%以上。在全面完成“十三五”易地扶贫搬迁任务的基础上，深入推进后续扶持工作，全市56545名搬迁群众均通过不同方式获得稳定收入，襄阳市蝉联“全省易地扶贫搬迁工作先进集体”，保康县荣获“全国‘十三五’搬迁工作成效明显县”。出台《关于建立防止返贫监测和帮扶机制的实施方案》，不稳定脱贫户638户1756人和易致贫边缘户790户2233人全部落实“三个一”帮扶机制，“两类户”致贫返贫风险基本消除。在全省脱贫攻坚成效考核中，襄阳市获得第三名，保康县在37个贫困县中获得第二名，枣阳市在56个非贫困县中获得第一名。

【民生改善】 全年城镇常住居民人均可支配收入37707元，同比增长1.1%；农村常住居民人均可支配收入18422元，同比下降2.7%。坚定不移加大民生事业投入力度，民生支出占全市一般公共预算支出比例达到75.5%以上。全市城镇新增就业7.06万人，城镇登记失业率3.59%。加强社会保障升级扩面，全市城镇职工基本养老、失业、工伤保险参保人数累计分别达125.7万人、43.8万人、64.5万人。落实社会救助和保障标准与物价上涨挂钩联动机制，累计发放价格临时补贴2.89亿元，惠及困难群众18万人。做实城乡居民基本医疗保险基金市级统筹，公立医疗机构医用耗材加成全面取消。全国居家和社区养老服务改革试点建设扎实推进，新增各类养老床位2374张。

【公共服务】 全年新改扩建普惠性幼

儿园17所，增加学位2925个；新改扩建义务教育学校20所，增加学位22820个；襄阳四中新校区投入使用；湖北文理学院新校区有序推进，武汉理工大学专业学位研究生培养模式改革示范区开工建设，华中农业大学襄阳校区前期工作扎实推进。加快发展卫生健康事业，襄州区医院、谷城县中医院晋升为三级医院，5家医院获得中国胸痛中心认证，全市建设高级卒中中心2家，卒中防治中心7家；大力推进县域医共体和城市医联体建设，全市共组建医联体38个，县域就诊率达到96.36%，居全省前列；全面推进现代医院管理制度改革试点，枣阳市公立医院综合改革获得国务院表彰；鄂西北（襄阳）重大疫情救治基地、市一医院高新院区、市中医医院东津院区等项目开工建设；深入推进爱国卫生运动，国家卫生县城实现市域全覆盖。大力发展公共文化事业，市图书馆新馆顺利开馆，全市首家城市书房、古城墙博物馆、唐城景区“非遗”馆正式对外开放，市文化艺术中心、市博物馆新馆进入装修布展阶段，襄阳古城内文物保护单位修缮工程完工，全市28个新全民健身示范工程全部建成；“云上”运动会、云端图书馆、网上展厅、网络文艺展演如火如荼、亮点频现；成功举办第十届诸葛亮文化旅游节。

【社会治理】 全年制定全国市域社会治理现代化试点城市三年行动方案，出台深化社区治理改革“1+8”方案，对43个社区规模进行调整优化，56个“插花地”小区全部实行属地管理；扎实推进乡村治理，谷城县“百户长”制荣获首届湖北社会治理创新十佳案例；强化基层党组织的引领保障功能，成立各类“双报到”党组织2387个，15万余名下沉党员干部帮助群众解决问题2.6万件，突出社会矛盾和“疫后综合症”得到及时有效化解，襄阳市成为全国首批市域社会治理现代化试点城市。扎实推进法治政府建设，公共法律服务水平全面提升。织牢社会安全、食品药品安全、生产安全“三张网”，扫黑除恶专项斗争纵深掘进，“一居一警”“一村一辅警”全部配备完成，社会治安持续好转；保康、谷城、老河口、襄州成为湖北省食品安全示范县（市、区），襄州、枣阳成为湖北省农产品质量安全县（市、区）；生产安全事故和死亡人数大幅下降。深入开展“三安行动”，现役、退役军人服务和保障机制进一步完善，襄阳市蝉联“全国双拥模范城”四连冠，谷城县再次获评“全国双拥模范县”。第七次全国人口普查登记工作全面完成。

（襄阳发改委）

枣阳市

【概况】 2020年，枣阳市实现地区生产总值654.98亿元，同比减少4.1%，降幅分别比一季度、上半年、前三季度收窄34.7、14.7、3.7个百分点；实现农业总产值187.1亿元，增长2.5%；规模以上工业企业达250家，实现总产值765.9亿元，比上年同期下降3.2%，降幅分别比一季度、上半年、前三季度收窄44.2、18.6、6.2个百分点；全市固定资产投资同比下降20.3%，降幅分别比一季度、上半年、前三季度收窄62、35.5、18.2个百分点；实现社会消费品零售总额220.6亿元，同比下降19.4%，降幅分别比一季度、上半年、前三季度收窄21.8、12.2、6个百分点。连续五年跻身“全国县域经济百强”，由2016年的100位升至2020年第86位。

疫情防控。坚持把人民生命安全和身体健康放在第一位，抓紧抓实抓细各项防控工作。严防死守阻断传播，3万多名党员干部“双报到”，2700多名村（社区）干部封控值守，全市人民自觉居家隔离。千方百计筹措物资，投入各类防控救治资金4.77亿元，接收各界捐赠3648万元，筹集防疫物资358万件。全力以赴救治患者，先后启用9家定点医院，增设床位1049张，4200多名医务工作者不畏牺牲、战在“疫”线，全市累计收治患者590人，确诊病例194例，治愈190例，治愈率97.9%，医护人员和抗疫一线工作者实现“零感染”。采取多种方式保供稳价，发放补贴1500多万元，确保了群众基本生活需求。3月3日评定为低风险县市，枣阳人民的生命安全和身体健康最大限度得到保障。

复工复产。落实各项惠企惠民政策，累计减税降费2.97亿元，减免租金2065万元、补贴租金2562万元，兑现招商优惠政策5.18亿元。全力推进招商引资、项目建设，投资40亿元

2020年7月1日上午，枣阳始发到北京的高铁正式开通运营

的湖北中电汽车项目、投资30亿元的枣阳高铁小镇项目成功签约，投资8亿元的湖北港利制冷配件生产等项目开工建设。在襄阳市2020年三次项目拉练中，枣阳市两次夺得第一名。

统筹城乡发展。大力实施朝阳东路、兴隆路等49项市政工程，完成113公里一二级公路提档升级。枣潜高速北段工程快速推进，蔡阳大道、浕水大桥建成通车，城市东西轴线全面贯通，市三水厂、新汽车客运中心站等一批城市配套项目稳步推进，顺利完成玉龙建材棚改征迁和57个老旧小区改造任务。扎实推进228个美丽乡村建设，投资3亿元贯穿13个镇的美丽乡村循环线快速推进，兴隆至刘升彩虹公路刷爆微信朋友圈，枣阳市"四好农村路"建设成效获省政府通报表彰。在全省推进乡村振兴战略实绩考核中，枣阳名列46个一类县市第一名，经验在全省推广。建立推行"三场（厂）长"制度，重金奖励环境违法举报，沙河流域城市水环境综合治理、城区雨污分流等项目进展顺利，南城办事处探索的"三二一"污水治理模式在全国推广。

脱贫攻坚。全市"两不愁三保障"突出问题全面清零，完成剩余477户1062人脱贫任务，全市77个贫困村、52676名贫困人口全部脱贫出列。2020年，在全省市县党委和政府扶贫开发成效考核中，枣阳市位列56个"插花贫困县"第一名。枣阳市跻身"2020年中国县级市全面小康指数前100名"。

社会民生。统筹各类资金，压减一般性支出和非急需、非刚性支出6520万元，调减"三公"经费预算1197万元，发放救助、养老、优抚等各类社保资金11.3亿元，实现了"保工资、保运转、保基本民生"的目标。民生"十件实事"全面完成，中兴学校顺利招生，中医院新病房大楼投入使用，枣阳成为全省唯一一个公立医院综合改革获国务院表彰的县（市）。扎实推进党员"双报到"工作常态化、制度化，构建社区治理"同心圆"。

（枣阳市发改局）

宜城市

【概况】 2020年，宜城市完成地区生产总值355.79亿元，同比下降5.2%；一般公共预算收入8.61亿元，同比下降50.2%；规模以上工业增加值同比下降3.2%；固定资产投资129.8亿元，增长34.7%；社会消费品零售总额119.55亿元，同比下降19.8%；外贸出口2.83亿美元；实际利用外资9343万美元；城镇居民人均可支配收入35184元，同比增长1.0%，农村居民人均可支配收入19711元，同比下降2.2%。连续七年获评全省县域经济发展先进县市，连续五年入榜全国投资潜力百强县市。

高质量发展经济。抢抓机遇争资引资。贯彻落实中央支持湖北一揽子政策，全年争取各类债券资金14.22亿元，其中抗疫特别国债24491万元。针对疫情策划申报防疫卫生、医疗救助、民生保障、社会救助、应急管理、物流仓储、交通运输等补短板强弱项项目，全年全口径争取项目资金51.29亿元，增长4.25%。新引进路口电站、华润风电二期等78个项目，签约投资额344.8亿元。重大项目建设稳步推进。汉江二桥、小河新港等项目有序推进；襄常高铁宜城站完成项目选址。雅口航运枢纽、中农联农产品交易中心等9个省市重点项目完成投资30.2亿元。组织项目"三集中"活动5次，累计签约项目43个，签约资金229亿元；开工项目42个，总投资206亿元；竣工项目32个，总投资105亿元。参与襄阳市项目拉练，三季度在襄阳排第3。科学谋划"十四五"项目库。科学编制宜城"十四五"规划纲要，同步推进27个专项规划；加强"十四五"重点项目谋划，围绕国家、省"十四五"重点支持的8大领域49个专项，谋划项目672个，总投资4100亿元。

优化营商环境。政务环境更加便利，优化政务服务大厅布局，创新推行前台综合受理、后台分类审批、统一窗口出件"一窗通办"工作模式，推广"一事联办"；设置首席专员，添置自助服务设备，实行政务服务节假日"不打烊"制度。全市湖北政务服务网注册率达20%，首批605项政务服务事项实现"一窗通办"。加快镇村两级电子政务外网建设，覆盖率达100%。市场环境更加高效，设立企业开办专区，将企业登记、印章制作、申领发票整合到一个区域，形成企业开办"一条龙"服务。全市新增市场主体4958户，比去年年底增长14.9%。市公共资源交易中心开标、评标实现全流程电子化招标投标。工业项目46个工作日内取得施工许可，工程建设

宜城汉江二桥项目建设现场

项目全流程审批时间压减至80个工作日内。法治环境持续完善，保障企业合法权益，受理各类商事合同纠纷案件4040件，结案率86%。积极保护中小投资者，网上立案1000余件，全力保障特殊环境下群众司法诉求。依托“互联网+监管”系统，加强公共信用信息、市场信用信息、投诉举报信息和互联网及第三方信息的归集共享和关联整合。

城乡发展步伐加快。城区22条道路综合改造开建18条，紫阳观中路、皇城街、九龙路、育才大道等13条道路已竣工。滨汉小区、雷河和平、七里、窑湾桥头还建房等棚改项目建设稳步推进。“四馆两中心”项目启动建设。城市功能进一步优化。实施农村客运公交化改造，宜城至郑集、火车站、精细工业园、上大堰线路开通运营。实现供水公司一、二期供水工程并网供水，日供水能力提至10万吨。细化市政设施维护管理，建立市政道路维护应急机制。建成投用4个城区生态智能停车场。楚都公园二期及相关配套供水工程即将完工。乡村振兴战略取得新进展。持续推进耕地质量提升行动，整建高标准农田5.94万亩。探索农业有机废弃物处理模式，粪污资源化利用率100%。提升农业机械化服务水平，成立57家农机专业合作社。完成美丽乡村示范村、整治村建设46个。刘猴镇获评全省“四好农村路”示范镇。宜城获批国家数字乡村试点县市，镇、村两级数字化治理平台搭建完成。

三大攻坚战。加大重点污染源整治力度，PM2.5均值、PM10均值分别下降28.9%、27.3%；空气质量优良天数308天，较上年增加60天；优良率87.7%，增加19个百分点。实施汉江、蛮河禁捕和退捕渔民安置保障工作，汉江稳定保持二类水质，蛮河达到三类水质标准，集中式饮用水源地水质达标率100%。全力打赢脱贫攻坚收官战。紧盯“两不愁、三保障”，全市29个建档立卡贫困村、9544户28590名贫困户全部脱贫出列。建立防止返贫监测和帮扶机制，巩固脱贫成果。聚焦疫情影响，帮助贫困户销售滞销农产品6.6万公斤。132家扶贫企业、450个扶贫产品纳入“湖北扶贫产品目录”。积极防范化解重大风险。加强金融风险监测防控，努力优化金融生态环境，全市银行业机构不良贷款率1.66%。严格执行商品住宅政府指导价，房地产市场保持平稳健康发展。深化网上斗争，严格落实7×24小时网络巡查。强化重点领域安全监管，未发生较大以上安全生产事故。

社会事业发展。疫情防控扎实有效的在襄阳市率先实现确诊病例、疑似病例、确诊和疑似病例的密切接触者“四个清零”。采取坚决果断措施，强化重点地区返宜人员健康管理，持续做好校园、公共场所等特殊单位的疫情防控，“内防反弹”“外防输入”疫情防控屏障全面筑牢。社会保障基石更加牢固，全力稳住就业基本盘，全市新增就业6100人，城镇登记失业率控制在2.72%以内。实施惠企补贴政策，为177家企业发放稳岗资金近500万元。落实高龄老人生活补贴、残疾人两补、孤儿养育等政策，发放各类补贴2143.92万元。市、镇、村退役军人服务站全部挂牌成立。教育事业稳步推进，全面完成“市管校聘”，交流比例达18%。实施小规模学校整合，29所农村小规模学校整合全面完成。努力改善办学条件，宋玉小学项目建设有序推进；完成38所学校塑胶运动场建设，实施校园校舍项目13个。医疗卫生服务持续改善，加强发热门诊、院感防控管理，建立市人民医院、中医院、疾控中心PCR实验室。市人民医院内科大楼、市妇幼保健院业务综合楼投入使用，市人民医院发热门诊及感染性疾病科综合楼开工建设。小河镇中心卫生院国医堂、王集镇中心卫生院国医堂被授予湖北省“示范国医堂”。文体惠民工程深入实施，文化综合场馆建设步伐加快推进。启动图书馆、文化馆总馆模式建设，在镇（办）设置分馆，实现优质文化资源共建共享。大力开展文化惠民活动，开展送戏下乡55场、送电影1880场、送流动图书10次。平安建设全面强化，织牢“立体防范科技网”，实现重点区域视频监控全覆盖。圆满完成全国“两会”、“五一”等重大节点维稳安保任务，未发生涉政治安全案件和较大以上群体性事件。聚焦“六清”目标任务，坚决打好扫黑除恶专项斗争收官之战。

（宜城市发改局）

老河口市

【概况】 2020年，老河口市地区生产总值为342.4亿元，同比下降14.9%；地方公共预算收入8.95亿元，同比下降56.3%；固定资产投资同比下降20.2%；规模以上工业增加值同比下降28.5%；社会消费品零售总额134亿元，同比下降21.6%；外贸出口额28173万美元，同比下降11.7%；利用外资5370万美元，同比下降54.1%；存款余额263.8亿元，同比增长12.4%，贷款余额205亿元，同比增长14.58%；城镇常住居民人均可支配收入38075元，同比增长1.4%；农村常住居民人均可支配收入19895元，同比下降2.8%。2020年度较好的完成全省固定资产投资及重点建设项目目标情况，被省人民政府办公厅评为“全省投资和重点项目建设贡献市县”之一。

统筹疫情防控与经济社会发展。把人民群众的身体健康和生命安全放在第一位，坚决打赢新冠肺炎疫情防控阻击战。全市累计报告确诊病例41例，治愈出院41例，感染率0.008%，收治率100%，治愈率100%，是全省首批被列入低风险等级的11个县（市、区）之一，自2月11日起无新增确诊病例，自2月29日起无新增疑似病例。千方百计复工复产。成立107个包保专班，开展“百名干部进百企”活动，迅速出台支持中小微企业疫后重振21条措施，3月底复工复产率达到97%以上。投入4.3亿元支持产业发展，兑现复工复产优惠政策资金3400万元，减税降费1.43亿元，免征社保费7537万元，为企业展期续贷、延期还款付息近30亿元。抢抓中央支持湖北一揽子政策机遇，谋划重大项目260个，总投资630亿元，向上争取资金38亿元，同比增长15%以上。

产业升级步伐加快。国家级高新区创建工作正式启动。制定出台《关于支持老河口高新技术产业园区创建国家高新技术产业开发区的实施意见》，围绕“一城三院一中心”建设，推动实施高新区建设“十大工程”。战略性新兴产业厚积薄发。湖北海亿公司产品获得工信部公告，并进入新能源汽车推广目录，与东风公司联合研发全球首台氢燃料抑尘车；华润集团全国第二座加氢站在老河口市建成，襄阳市首条氢燃料公交示范线在老河口市运营，为湖北省申报全国首批氢燃料汽车推广示范试点城市贡献了老河口力量。襄阳智能网联汽车测试区老河口分区开测，老河口市5G智能汽车大数据中心落成，老河口市成为中国移动湖北省首个5G与战略性新兴产业融合的县级示范基地，智能网联项目入选湖北省“5G+工业互联网”十大标杆案例。3D打印、光电产业取得较快发展。工业调速提质。全年新进规模以上工业企业23家，超过过去两年新增之和。工业增值税同比增长9.68%。预计五大产业完成产值295亿元，占工业总产值66.3%，创历史新高。东风创普更名后重新入规，顺博合金一期、长源朗弘国六发动机核心零部件、楚凯二期、和远气体二期等重点工业项目建成投产。木业、光电两大产业加速集聚，分别新引进企业12家、7家。支持汉粮楚果等项目技改扩能完成投资20亿元。农业扩规增效。粮食油料稳定增长，全市粮食总产7.02亿斤，同比增长2.2%。畜禽水产强劲增长，肉牛养殖年出栏预计突破8万头；牧原公司生猪出栏能力达100万头；炳记行蛋鸡养殖达100万羽；特色水产产品产量达到3.6万吨，“稻渔共作”经营主体34家，种养规模5万亩。半夏、金银花等中药材面积从零星到上规模，种植面积突破2万亩。服务业业态多元。生产性服务业不断完善。襄阳颐高国际电子商务产业园综合物流中心、中国供销鄂西北农特产品电商物流商贸城等大型物流项目建成运营。生活性服务业不断创新。短视频、直播带货等新业态迅速涌现；完成江山工业遗址旅游示范基地总体规划；举办首届老河口“五月的鲜花”文化旅游推广月；西关奇石村、七彩徐家滩、森林村庄茹湾、王府洲生态绿岛等乡村旅游特色纷呈。

持续扩大有效投资。全年固定资产投资项目入库160个以上，新增投资超过200亿元。项目引进质效提升。全年签约项目142个，协议总投资额近270亿元，其中，五大产业项目65个，协议总投资额111亿元。引进亿元以上工业项目63个，新增世界500强和上市公司投资项目4个。出台《提升招商引资工作质效十条意见》。成功举办老河口市2020年汽车产业链招商推介会、氢燃料汽车产业链供应链招商推介会、佛山木业家居推介会等重大招商活动50余场次。全国首家刨花板上市公司鼎丰木业项目、牧原200万头屠宰加工项目等顺利签约落地。开展东风板块近地化招商活动53次，签约项目12个，东风创普智能制造产业园项目取得积极进展。省长投集团老河口农业有机废物资源化利用项目顺利开工。项目建设争分夺秒。全市纳入路线图管理的项目160个，其中，工业项目66个，“三集中”新签约重点项目32个；新开工53个，同比增长26.2%；竣工44个，同比增长91.3%，总投资81.91亿元，同比增长96.7%。光电产业园三期、木业家居产业园三期、河谷大桥、328国道等项目快速推进。项目策划主动超前。完成《老河口市国民经济和社会发展第十四个五年规划和二〇三五远景目标纲要(草案)》编制，谋划亿元以上项目753个，总投资近6000亿元。

创建文明城市。秉承“创建为民、创建惠民”工作理念，持续开展创建全国文明城市工作，城市品质、城市环境、文明程度得到显著改善，获得省级文明城市称号。在省测群众满意度调查中满意率达到98%，居全省前列。城市交通更加便捷。310省道、农村公路大循环线改扩建、环梨花湖旅游公路、国防公路等项目建设顺利推进。完成桫椤东路、襄阳路等道路建设，城南新区路网进一步完善，滨江大道南段全线建成，老城区“微循环”进一步畅通。城市功能更加完备。集图书馆、博物馆、科技馆、档案馆、少年儿童活动中心为一体的公共服务综合功能区即将交付使用；翔鹤楼等项目全面启动；完成50个老旧小区、50条背街小巷改造；建成2处公共停车场及1处便民停车场，新增停车位近400个；改造交通渠化岛6处。城市管理更加高效。国土空间规划编制有序推进。利用“智慧老河口”开展动态信息服务，在主城区利用遥感影像比对技术查违治违329起。洪城门路口行人、非机动车闯红灯自动识别抓拍系统及语音提示系统运行。启动电动车整治上牌，累计上牌8万余台。新增5条公交线路。安装交通护栏3000米，施划交通标志线2万余平方米，城市交通秩序有效改善。6个临时马路市场清理规范，中农批市场全部入市经营。推进市区“门前三保”责任制管理。爱国卫生运动持续开展。集中整治城区养犬，办理养犬证2010个，纠正违规行为1661起。

三大攻坚战。精准脱贫大幅进位，在全省“插花县市”精准脱贫考核中位列第27名，较上一年度进位20名。污染防治攻坚提速。共完成25个涉气工业污染源治理项目，“蓝天卫士”监控系统不断优化，空气优良率80%，同比提升9.6个百分点。实施五大截污工程，李河生活污水处理厂提标工程完成，达到一级A排放标准，陈埠污水处理厂日处理能力由1万吨提标扩能至2.5万吨，新建日处理能力4万吨的城南污水处理厂，完成雨污分流12.4公里。禁捕退捕工作取得阶段性成果，投入3566万元，243艘有证捕捞渔船和226艘“三无”船只全部清理上岸，486名退捕渔民基本实现转产安置，汉江老河口段视频监控系统上线运行。完成原新景公司、油脂化工总厂等污染地块治理工作。防范化解重大风险稳步推进。化解不良贷款3亿元，不良率控制在1.51%，低于省、襄阳市平均水平。政府隐性债务风险逐步化解，偿还政府性债务3.2亿元。主动化解历史遗留问题，偿还工程款3亿元。市属国有投融资公司还本付息近20亿元。打掉黑社会性质犯罪组织5个、涉恶犯罪集团1个、恶势力犯罪团伙19个。持之以恒抓好安全生产和食品安全工作，全年未发生较大及以上生产安全事故。

实施乡村振兴。完成10个示范村“多规合一”编制规划，64个整治村指引性规划。李家染坊村、洪山嘴村、张沟村上榜全国第一批国家森林乡村名单。国家农村集体产权制度改革试点不断深化。新型农业经营主体培育提升工作稳步推进，全市注册登记的家庭农场总数达426家、农民合作社805家，其中“六有”家庭农场258家。全年累计完成农村户厕建改27272户，新建农村公厕222座，城市公厕160座，乡镇公共厕所31座，交通公厕5座，旅游公厕31座。完成“精准灭荒”2805亩，植树30万株的任务。11个乡镇污水收集处理厂（站）建成运营。开展城乡垃圾“清零行动”，城区实现垃圾分类设施全覆盖。

持续优化营商环境。“放管服”改革深入推进。1573个事项进驻服务大厅，187个高频事项即时办理，实现70%以上服务事项网上秒办，80%事项“一窗通办”，90%事项可网办，“区域通办”“一网通办”“一事联办”“跨省通办”“不见面审批”成效显现，区域性统一评价成果应用机制常态运用。新登记市场主体3107户。社会信用体系建设日臻完善。维护诚实守信的社会经济秩序。水西门汉江商业广场等4家企业被授予2020年度“诚信示范企业”荣誉称号；发布失信被执行人893人次，限制高消费1048人次。着力打造法治公平的竞争环境。金融服务创新开展。与省高新投、襄阳汉江国投共同成立的老河口市新动能产业基金，顺利投资第一批工业项目。信贷投放逆势上扬突破200亿元大关，新增25.37亿元，增幅14.06%。新增首贷795家，为216家企业进行了无还本续贷，为614家企业提供纳税信用贷2.6亿元，为779家企业48.4亿元贷款进行延期还本付息，银政合作债务置换减少利息支出5000余万元。卫冕省金融信用县市。

民生保障不断加强。就业形势平稳，城镇新增就业8176人，城镇登记失业率3.41%。基本民生保障大幅提高，共发放1.64亿元各类困难群众生活保障及救助资金，城市、农村低保标准分别提升至690元/月、490元/月。养老服务能力显著改善，千名老人拥有床位超过35张。投入5000余万元提高教师、公安辅警、环卫工人相关待遇。全年审批发放住房公积金贷款1.62亿元。教育事业均衡发展。新建、改扩建王岗、白莲等5所农村幼儿园，范冲、半店等6所小学，薛集、张集等6所中学。高考过一本重点线276人，较上年增加71人，实现六连增。市职业技术学校招收新生达823人，超过过去三年招生人数总和。开展“疫情好课堂活动”，组织近700名教师志愿者将5.5万套教科书及时发放至学生手中。卫生事业再补短板。积极谋划公共卫生补短板项目13个，总投资12.28亿元，新一医院开工建设。不断提升突发公共卫生事件应急处置能力。启动国家卫生城市创建。荣获全国第五届万步有约活动“全国银牌健走示范区”“全国健走示范城市”荣誉。文化事业持续繁荣。完成全域文物普查工作，启动全国工业旅游示范区建设。《板凳舞》参加中国农民春节联欢会，《秋光》参加全省展演荣获一等奖，《生死一票》入选全国“百年百项”小型作品创作计划重点扶持作品。

（老河口市发改局）

南漳县

【概况】 2020年，南漳县地区生产总值达293.35亿元，同比下降3.3%；规模以上工业增加值、固定资产投资同比分别下降2.4%、25.3%；地方公共财政预算收入完成7.2亿元，同比下降37.3%；社会消费品零售总额达到119.2亿元，同比下降19.5%；外贸出口实现37649万美元，同比增长12.8%；实际外商直接投资4560万美元，同比增长9.9%；城镇常住居民人均可支配收入34874元，同比增长0.7%；农村常住居民人均可支配收入17360元，同比下降0.4%。成功获批为“全国县城新型城镇化建设示范县”，成功创建全省文明县城。

农业经济。粮食生产根基牢固。全年落实粮食生产面积117.6万亩，粮食总产89311万斤。南漳县成功入选“农业农村部互联网+农产品出村进城工程试点县”。特色产业亮点纷呈。持续推进中国有机谷省级战略，全县有机基地达到12.9万亩，有机认证和有机转换认证达到116张。食用菌规模达到2.1亿袋，桑蚕面积5.2万亩，中药材面积4万亩，茶园新建4470亩，稻虾共作稳定在2.4万亩。全县猪、牛、羊、禽出栏（笼）分别达到84万头、5万头、25万只、650万羽，分别比上年同期增长24%、7%、6%、7.8%。

工业经济。全县102家规模以上企业完成工业总产值144.2亿元，累计同比下降9.6%，较上半年收窄11.7个百分点；规模以上企业培育累计新进企业14家，超市下达目标（8家）的6家；工业用电量0.96亿千瓦时，累计8.2亿千瓦时，同比增长4.8%，增幅高于全市平均水平（−7.6%）12.4个百分点，全市排名第三位；工业增值税完成3.8亿元，同比下降5%，降幅好于全市平均水平（−10.6%）5.6个百分点，全市排名第三位；11月中旬，在省委、省政府公布的2019年全省县域经济工作考核结果中，南漳县在31个三类县（市、区）中居第1位，已连续两年蝉联第一名。

现代服务业。大力推进电子商务进农村省级示范工程，建设县级电商运营中心9个，镇级电商运营服务中心5个，村级电商服务站135个，村级物流暨电子商务示范网点50家。顺利入围“荆楚文旅名县”创建单位，“一镇一品”稳步推进，东巩镇被评为“湖北省旅游名镇”，板桥九龙观村被评为“湖北旅游名村”，巡检漫云村被评为“湖北省特色文化村”。“心氧氧、去南漳”品牌深入人心，成功举办醉美乡村半程马拉松赛、中国·襄阳（南漳）首届库钓大赛和“与爱同行·惠游湖北·乐在南漳”等大型文旅活动和体育赛事。全县共接待游客435万人次，实现旅游综合收入24亿元。

投资和项目建设。由于受疫情影响，1—12月，全县完成固定资产投资157.95亿元，同比下降25.3%，三次产业占比为6%∶39.8%∶54.2%。抢抓国家支持湖北疫后经济建设一揽子政策等机遇，科学谋划了44个新增专项项目，总投资29.55亿元，拟申请投资12.22亿元；围绕新型城镇化建设补短板强弱项4大领域和17个专项，共谋划项目184个，项目总投资672.88亿元；围绕国家、省、市“十四五”重点支持的8大领域49个专项，谋划重大项目361个，项目总投资4659亿元。全县新签约正式合同项目81个，合同投资总额225亿元；完成实到投资额189亿元，其中工业项目实际到位资金132亿元。5亿元以上重大项目10个、中国500强及上市公司3个。完成省市重点建设项目5个，项目总投资38.99亿元。全年共举办3次“三集中”活动仪式，共计32个项目。其中，签约项目13个，合同投资额72.1亿元；开工项目13个，计划投资总额46.4亿元；竣工投产项目6个，投资总额12.6亿元。精心筛选了9个新竣工投产项目参加全市项目拉练活动，较好展示了南漳县招商引资、项目建设成果。

营商环境。“坚持把优化营商环境作为应对经济下行、对冲疫情影响、实现“六保”“六稳”的关键举措，对标“省优化营商环境30条”，聚焦政务环境、市场环境和法治环境，出台了《南漳县进一步优化营商环境工作实施方案》，抓实“百名干部进百企”和惠企政策兑现，当好市场主体“有呼必应、无事不扰”的“店小二”。在市政府二季度优化营商环境专题督查中，南漳县取得第一名的好成绩。全县政务服务“一网办”事项达80.5%、“一门办”集中率达80.3%、“一次办”即时办结率达75%，审批时限压缩30%以上。特别是对工业项目比照区域环境评价，在全县范围内一律实行先建后验、拿地即开工。截止目前，全县共为1355户企业减免税额5594.09万元，为144家企业发放稳岗就业补贴327.03万元，为433家企业减免社保费3424万元，为中小微企业减免房租、水费、污水处理费、电费、天然气费1249.16万元；为217家企业续贷9.14亿元，为450家企业发放新的贷款4.95亿元，为168家企业5.78亿元贷款本金延期。

三大攻坚战。聚焦“两不愁三保障”，出台了《南漳县巩固扶贫成果防止边缘户、脱贫监测户返贫实施方案》，务实做好建档立卡贫困户就业、生活救助，顺利通过全省扶贫成效年度考核，被授予2019年度全省财政资金统筹整合考核A等次、全省易地扶贫搬迁工作先进单位。坚持把生态环境作为最普惠的民生，从严落实“长江十年禁渔”行动，全面打击河道非法采砂，“四个三”重大生态工程顺利收官，空气质量优良天数对比上年大幅提升，保持全市先进位次。落实支持金融机构化解不良贷款措施，完成市下达化解任务；强化地方类金融机构监管，加强日常风险排查，对涉嫌非法集资企业依法依规处置。

城乡建设。全年完成交通建设投资6.85亿元，累计建成一、二级公路路基、路面14公里，新建村级公路55公里、“美丽农村路”100公里，完成县乡道改造44.74公里、村道提档升级187公里、生命安防工程300公里。开展多次三大秩序（经营、卫生、交通）综合整治，有效促进市容环境整治；扎实开展农村乱占耕地建房问题专项整治，在规定时间内完成国家、省下发的摸排核查任务；认真开展“飞扬撒漏”专项整治，巩固非法采砂洗砂专项整治行动成果，关闭非法采洗砂场5处，制止非法采砂点4处。结合爱国卫生运动，扎实开展农村人居环境整治，村容村貌有效提升，改造、建设农村户厕45981座、公厕432座，分别完成三年总任务的102.95%、103.35%。

社会民生。深入推进农民工治欠保支工作，扫黑除恶专项斗争取得新进展，社会治安、安全生产和食品药品安全形势保持稳定。坚持把稳就业作为全年工作之首，年初针对务工人员走不出去的实际，组织专车180车（次）、专列1车（次），“点对点、一站式”帮助5637名务工人员有序返岗，开发公益性岗位安置困难人员和贫困劳动力就业981人；全县城镇新增就业5.9万人，城镇登记失业率为3.8%。社会保障力度加大，城镇职工基本养老保险扩面新增4209人，城乡居保参保率为99.1%。教育事业实现新发展，城区中小学“大班额”化解取得新进展，高考开创近十年最好成绩。文化服务体系进一步完善，文化惠民送戏下乡280场次。卫生健康工作得到加强，争取国家抗疫特别国债启动了7大类项目建设。

（南漳县发改局）

保康县

【概况】 2020年，保康县统筹推进疫情防控和经济社会发展。全年完成生产总值132.9亿元，同比下降6.4%（可比价），占年计划89.8%。

脱贫攻坚圆满收官。全县安排易地扶贫搬迁后扶产业项目37个，总投资2.04亿元，推动农业产业提质增效。新建茶园1.2万亩，新增中药材面积0.67万亩，烟叶面积稳定在3.6万亩，高山蔬菜面积稳定在11万亩。新增农民专业合作社68个，新增家庭农场41个。完成沮河西坪段、桂河贺家湾段、陈家河中游段防洪治理工程及沮河重阳段、马良段中小河流治理工程。寺坪蒋峪河水毁恢复、白蜡河山洪沟治理、望粮山水土保持、寺坪二级电站上游堤防建设等工程完工。开展农村环境综合整治，农村人居环境持续改善。全县乡村振兴高起点起步，15个试点村及6条示范线快速推进。

工业发展取得新进展。认真贯彻落实中央支持湖北一揽子政策，深入开展“百名干部进百企”活动，工业逐步摆脱疫情影响步入正轨。余家湖保康工业园泰山石膏、亚克、凯裕、劲牛、万丰、布拉德等公司项目建设有了新进展，神力车桥、晨峰壁纸、施尔佳等公司实现嫁接合作，华磷磷石膏综合利用转化ECP装配式高强板项目落地开工。城关工业园楚烽化工黄磷清洁生产技术改造、尧治河酒业公司浓香型窖池改造、荆楚水泥公司粉磨生产线提档升级项目竣工投入运营。推进全县磷矿资源整合，楚磷、龙蟒、楚烽等企业上马采选矿设备，绿色矿山建设取得新进展。建立“小升规”重点企业培育库，引导企业向“专精特新”发展，新增规模以上企业5家。精心组织矿业复工复产，磷矿石销售量实现恢复性增长，全年运销磷矿石471万吨。竹园沟、桥沟、堰边上磷矿正在申报探转采。全年工业增加值同比下降6.3%。

重点景区建设快速推进。尧治河景区游客中心、矿洞旅游、游步道延伸等项目建设快速推进。蜡梅谷景区和正堂、蜡梅艺术酒店、食疗馆主体工程完工。黄龙观景区“清凉山居”投入运营。横冲景区完成度假木屋、太空舱、森林漫步等配套设施建设。龙坪南顶草原旅游公路、歇马合作云锦杜鹃景区千家坪公路连接线完工，凤凰山至车峰坪公路新建工程完成路基建设。央视网“云游美丽中国”景区大型直播栏目组走进九路寨景区进行现场直播，县政府与神农架林区政府签订旅游区域合作框架协议。

财贸经济平稳运行。建立税费征管联动机制，加强涉税信息平台建设和运用，确保各项收入足额入库。全年完成地方一般公共预算收入5.25亿元，占预算调整后的105%。其中税收收入完成4.11亿元，税收收入占一般公共预算收入的比重为78.1%。全年完成出口总额14982万美元，同比增长12.6%，占年计划104.3%；完成实际外商直接投资2959万美元，同比增长8.3%，占年计划100.2%。实现城镇常住居民人均可支配收入31408元，增长0.9%，占年计划92.6%；实现农村常住居民人均可支配收入13106元，同比下降0.2%，占年计划91.6%。

重点项目建设扎实推进。实施500万元以上重点项目228个，其中新建项目132个、续建项目55个。全县举行4批次项目建设“三集中”活动，其中集中签约项目13个、集中开工项目36个、集中竣工项目19个。改扩建国省干线公路37.9公里，新建和改扩建农村公路362.1公里，新建和改造桥梁3座174延米，建设公路安防工程333.7公里。郑万高铁加快建设，保神高速即将通车，远安至保康货运铁路线路方案已初步选定，保康通用机场建设项目正在申请飞行空域。全年完成固定资产投资115.6亿元，同比下降20.6%，占年计划71.5%。加大招商引资力度，进一步增强发展后劲，全县共签约项目37个，总投资89.91亿元，实际到位资金156亿元。发挥中央、省预算内资金争取主渠道作用，紧盯中央支持湖北一揽子政策，加大项目策划申报力度，全年争取到位各类政策资金40.6亿元。

民生保障不断增强。城镇新增就业4300人，城镇登记失业率控制在3.2%以内。五险新增扩面4606人次，综合参保率达99%，累计发放各类群众养老金5.02亿元。认真落实援企稳岗各项政策，为205家企业拨付失业保险费稳岗返还资金248.12万元，为453家企业累计减免社保费4807.12万元。面向基层事业单位岗位招聘工作人员430人，成功举办保康县首届职业技能大赛。熊绎小学建设项目完成征迁，中职学校土门校区扩建项目完成3栋楼房建设，后坪集镇学校迁建项目校舍工程即将封顶。22个卫生领域“补短板、强弱项”特别国债项目全部开工建设，已完成70%工程量。城乡居民医疗保险市级统筹稳步推进，群众医保参保率进一步提升，全面推行医保基金总额预付支付方式改革。贫困人口住院报销比例进一步提高。全面落实农村低保、特困供养、临时救助政策。完成13所农村福利院“冬暖工程”建设。农村“三留守”对象全部纳入团体意外伤害保险和“女性特定疾病保险”。开展退役军人服务中心（站）星级创建工作，完成359名退役军人社保接续补缴。完成“新三馆”精装修工程。启动县城全民健身走廊、2个乡镇文化站、6个非标足球场建设。市民之家项目建设快速推进。

2020年，保康县马良镇陈家湾村田园综合体

县城南关街、河西、窑湾 3 个片区棚户区改造启动，原外贸老旧小区完成改造。完成 4 类重点对象农村危房改造 238 户、非贫困户“非硬伤户”农村危房改造 227 户。新建县城区天然气管网 5 公里，马桥、歇马集镇天然气工程取得新进展。

（保康县发改局）

谷城县

【概况】 2020 年，谷城县完成地区生产总值 400 亿元，同比下降 2%，降幅较三季度收窄 8.2 个百分点；工业增加值增幅下降 4%，降幅较三季度收窄 8.6 个百分点；固定资产投资同比下降 10%，降幅较三季度收窄 23.7 个百分点；招商引资 255 亿元，同比增长 8%；一般公共预算收入 8.25 亿元，为调整预算的 100%；社会消费品零售总额 140 亿元，同比下降 8%，降幅较三季度收窄 18.7 个百分点；外贸出口完成 25120 万美元，同比增长 8%；利用外资完成 5184 万美元，同比增长 8%；城镇居民人均可支配收入 35867 元，增长 0.29%；农民人均纯收入 18129 元，增长 1.26%；高新技术产业增加值占 GDP 比重 17%。节能降耗、二氧化硫排放量、化学需氧量等约束性指标均完成了省市下达的目标任务。

疫情防控有力有序有效。第一时间成立指挥部，第一时间出台“一级响应”方案，第一时间规范建立 22 个集中隔离观察点，形成了“三级书记抓”的防控指挥和工作体系。全县复工复产复学科学、快速、有效推进，疫情防控人民战、总体战、阻击战取得了决定性成果。

项目建设与有效投资持续扩大。充分发挥项目的引擎作用，全力推进 119 个亿元以上重点项目加快建设，12 个省市重点项目预计全年完成投资 30.5 亿元，占年度计划的 130%。全年新签约项目 145 个，新注册项目 96 个，新开工项目 131 个，引进亿元以上项目 110 个，投资过 5 亿元以上项目 26 个，世界 500 强、中国 500 强及上市公司 4 家。紧盯企业发展困境，在外出招商的同时带领企业走出去，帮助企业拉订单、跑项目，确保产业供需平衡，破解企业订单难题。加大金融支持力度，为 167 家企业发放银行贷款 11.35 亿元，缓解企业资金难题。

工业经济逆势上扬。坚持疫情防控和复工复产两手抓，全力开展“百名干部进百企”活动，一企一策帮助企业渡难关、谋发展。三环锻造荣获全省科技进步一等奖、入选湖北省工业质量标杆企业名单和湖北省创新产品应用示范推荐目录，骆驼集团荣获湖北省第八届长江质量奖提名奖，三环锻造、骆驼华中蓄电池、新金洋股份 3 家企业入选国家绿色工厂制造名单，5 家企业入围 2020 年湖北省民营企业制造业 100 强，5 家企业成为省支柱产业细分领域隐形冠军企业，8 家企业入选 2020 年襄阳工业企业百强榜，谷城县被评为全省科技创新优秀单位，汽车零部件产业集群连续 14 年被确定为全省重点成长型产业集群。

农业产业结构持续优化。深化农业供给侧结构性改革，加快推进特色种植业、生态养殖业、山区林特业、精深加工业、休闲农业和乡村旅游业等特色产业发展。全县夏粮种植 28.29 万亩，总产量 8.34 万吨，同比增长 5.02%。新建茶园 1 万亩，总面积达 15.8 万亩。持续抓好茶叶、稻虾、蔬菜、食用菌、生态养殖、乡村旅游等农业特色产业，新增“二品一标”认证 11 个，新申报襄阳市级农业产业化重点龙头企业 9 家。坚持把美丽乡村建设作为乡村振兴的重要抓手，按照“一个坚持”“四篇文章”“六个避免”“十大原则”的工作思路，完成全县 12 个乡镇（开发区）11 个美丽乡村试点规划编制，241 个一般村村庄规划编制。紫金镇花园村入选农业农村部第十批全国“一村一品”示范村镇名单，五山镇入围 2020 年国家农业产业强镇建设名单，南河镇温坪村等 6 个村荣获襄阳市 2020 年产业发展进步奖，冷集镇小墨山村等 3 个村荣获襄阳市 2020 年产业发展突出奖。

现代服务业健康发展。电商产业稳步发展，预计全年实现线上交易额 12.9 亿元，其中农产品线上交易额 3.87 亿元。聚焦大数据、人工智能、数字科技等新业态发展，迅速建成中国有机谷互联网产业园，全年实现产值过亿元，经过近五年的统筹规划、整体布局、分布实施，已形成集商贸、物流、融资、软件开发、网络技术、直播带货、3D 打印等多功能、多业态于一体的互联网产业聚集区，“一芯主导、五极融合、多点支持、全域覆盖”的发展格局进一步提升。坚持以旅游发展助力乡村振兴，五山镇堰河村成为全国第二批乡村旅游重点村，并顺利通过国家 4A 级景区评审。

营商环境日益优化。深入推进“放管服”改革，政务服务“一张网”五级联通，“零跑动、不见面、无纸化”成效显现。“双随机、一公开”全面推行，工程建设项目审批时间持续压减，企业登记注册实现“无人值守、智能审批”，企业开办时间压缩至 1 个工作日以内，实体经济不动产登记 3 日内办结。坚持用足用活中央支持湖北经济社会发展一揽子政策和省委、省政府优化营商环境“黄金 30 条”，及时成立谷城县优化营商环境领导小组，做到疫情防控力度不减，招商引资节奏不停，项目建设进度不落、营商环境标准不降。对落户企业提供“保姆式”服务，乐当“店小二”，争做“跑堂儿”，建立“一个项目、一名领导、一套班子、一套方案、一抓到底”的“五个一”服务机制，推行“三办”（帮办手续、交办事项、督办落实），推进重点项目早落地、早实施、早投产。

生态环境明显改善。坚持走“生态优先、绿色发展”的道路，牢固树立“共抓大保护、不搞大开发”的理念，全面落实河湖长制、山林长制、生态环境保护责任制，打好打赢水、大气、土壤污染防治“三大攻坚战”，河湖“清四乱”专项行动扎实开展，禁捕退捕政策全面落实，重金属土壤污染防治积极推进。全县优良天数达同比上升 16.6%，汉江谷城段、南北河水质达到Ⅱ类标准，城关镇全域国土综合整治项目被评为省级试点项目，2 家河湖长制办公室被评为湖北省河湖长示范单位，7 人评为省级示范人物。“绿满谷城”成效显著，完成工程造林面积 1.53 万亩、中幼林抚育 10 万亩、矿山复绿面积 2710 亩，完成率达 124.6%，8 个村获“国家森林乡村”称号，72 个村获“湖北省绿色示范村”称号。谷城汉江湿地成为全省首批、全市首家“双国牌”湿地公园。野生动植物保护管理有序，完成以食用为目的的陆生野生动物养殖户退出处置工作。

社会事业协调发展。脱贫成效稳固提升，实现 18947 户 48997 人贫困人口脱贫，连续 3 年获得全省扶贫成效考核优秀等次，连续 4 年被评为“全省易地扶贫搬迁工作先进集体”。稳就业保民生全面加强，城镇登记失业率 2.88%，低于 5.5%的控制目标。人口普查有序推进，县情家底全面掌握。民生工程全面展开。城区地下空间开发、老旧小区改造、断头路打通、人行道修复、垃圾处理终端等惠民项目全面竣工。安全饮水、防洪治理、谷一中迁建、烈士陵园及配套设施建设、公共体育场改建、河谷江汉大桥及接线工程、高铁新区市政配套等工程有序推进。“四好农村路”三年攻坚扎实开展，完成“建养一体化”工程 47 公里、农村公路提档升级工程 150 公里、通村公路 100 公里、安防工程 150 公里、危桥改造 120 延米。公共服务持续优化。文化、教育、医疗、卫生、养老助残、社会救助、三留守关爱等服务能力进一步提升，县管校聘、“三医联动”、供销社综合改革等改革事项有序推进，县供销社被评为全省唯一“全国百强县级社”。社会治理扎实稳健，严密防范化解重大风险，食品药品安全监管进一步夯实，安全生产形势总体平稳，扫黑除恶专项斗争纵深掘进，矛盾化解成效突出。《“百户长”制夯实社会治理》被评选为“楚治·首届湖北社会治理创新十大案例”；《“三联一办”常态化服务群众实打实》《“三项制度”倒逼社区治理能力提升》等社会治理服务的工作经验被人民网、湖北日报、荆楚网等媒体推广。

（谷城县发改局）

襄州区

【概况】 2020 年，襄州区实现地区生产总值 728.22 亿元，同比下降 2.9%；完成地方公共财政预算收入 13.1 亿元，同比下降 49%；全社会固定资产投资同比下降 18.9%；社会消费品零售额 226.65 亿元，同比下降 19.3%；实际利用外资 17685 万美元，同比增长 12.7%；外贸出口额 55451 万美元，同比下降 15.5%；城镇常住居民人均可支配收入 35503 元，同比增长 2.1%；农村常住居民人均可支配收入 20290 元，同比下降 1.4%。连续九年获评“全省县域经济工作成绩突出（先进）单位”，跻身全省高质量发展重点县（市、区），荣膺“全国综合实力百强区”。2020 年度全省县域经济排名一类县（市、区）第三位。

农业经济。全区农林牧渔业总产值 1947095 万元，增速 2.4%；农林牧渔业增加值 1192787 万元，增速 2%；农产品加工产值 2935088.5 万元；农产品加工产值与农林牧渔总产值比为 1.51。粮食产量稳中有增，2020 年襄州区粮食总产量 25.314 亿斤，全年粮食播种面积 312.27 万亩，粮食总产和播种面积稳居全省第一。夏粮总产同比增长 5.19%，秋粮总产同比增长 3.5%，生态农业扎实推进，畜禽粪污资源化利用率达到 93.4%，农作物秸秆综合利用率达到 99%，被命名为“湖北省农产品质量安全县”。高标准农田建设稳步实施，完成高标准农田建设投资 1.57 亿元。

工业经济。215 家规模以上工业企业累计实现产值 921.7 亿元，降幅从一季度的下降 55.7%收窄到 3.4%，收窄了 52.3 个百分点，新增规模以上工业企业 19 家。全区农产品加工、汽车及零部件、装备制造、纺织服装四大支柱产业完成产值 815.99 亿元，同比下降 3.02%，占全区规模以上工业总产值 89%。其中：农产品加工业完成产值 228.43 亿元，同比下降 3.02%。汽车及零部件业完成产值 266.92 亿元，同比增长 2.99%。装备制造业完成产值 254.27 亿元，同比下降 10.1%。纺织服装业完成产值 66.37 亿元，同比下降 13.85%。疫情期间，围绕卫材产业开展“链式招商”，成功打造一条包含 10 个项目，投资总额 28.1 亿元的卫材产业链，实现卫材产业从“无中生有”到“枝繁叶茂”的蝶变；东风井关入选全国第三批绿色制造体系示范企业；古襄阳、湖北盈乐等企业被评为省级“两化融合”示范企业；长源东谷在上交所成功上市，是近十年来全市首家在主板上市的企业，实现了襄州区上市公司“零”的突破；正大食品公司被评定为省级智能化工厂；10 家企业上榜“全市工业企业百强”。

现代服务业。全区社会消费品零售额达到 226.65 亿元，同比下降 19.3%。大力开展村级电商服务网点建设，初步确定了 33 个村级电商网点。紧紧抓住应对新冠肺炎疫情电商“无接触服务”，积极对接京东、淘宝、邮乐网等多家电商平台，组织企业参与直播带货活动，助力襄州复工复产。组织企业参加“搭把手、拉一把”助力湖北县长大联播活动，推介了湖北卧龙神厨的锅巴、小麻花，襄阳三珍食品的炒香黑芝麻、赛奥食品的襄故里牛肉面，三家企业当天销售 20 万多元；组织电商扶贫助农直播，开播 10 分钟，售出 2000 余单，累计观看量达 3021.3 万。

创新创业。全区高新技术企业 56 家，当年新增高新技术企业 12 家，其中有效期内整体迁移至襄州高新技术企业 1 家；高新技术产业增加值 71.32 亿元，同期增长 5.72%；完成转化科技成果 30 项；完成科技成果登记 15 件，完成技术合同登记 11.67 亿元；襄州区新增入孵企业 51 家，2020 年襄州区荣获“2019 年全省科技创新先进单位”称号。打造 30 万方重资产园区，促进主导优势产业和“四新经济”优势互补、集聚发展，截至2020年底，5万平方米电子信息和智能制造重资产园区已实现满园，10万平方米重资产招商园区实现了建成即满园，恒川激光、火乐电子等一批湾区产业转移项目快速入驻，实现了承接湾区产业转移新突破。利用风电、光伏发电等新能源开发利用势头强劲，积极对接、引进丰华能源、协合风电、中广核新能源、中国电建等产业领军企业，着力打造全省绿色新能源基地。

投资和项目建设。全区固定资产投资增幅同比下降18.9%。2020年，全区完成正式签约项目112个。其中，引进投资亿元以上项目97个；引进投资亿元以上工业项目75个，完成全年目标67个的115.38%；引进投资5亿元以上工业项目18个，完成全年目标18个的100%；引进世界500强、中国500强及上市公司5个，完成全年目标4个的125%；引进投资亿元以上战略性新兴产业项目23个，完成全年目标18个的127.78%。正式签约项目合同投资额同比增长8.03%。其中，工业项目合同投资额同比增长10.31%；招商引资实际到位资金同比增长10.17%。其中，工业项目实际到位资金同比增长13.77%。完成招商引资利用省外资金212.35亿元，排名全省第二、全市第一。

深化改革。持续优化营商环境，深化“放管服”改革，积极推进“一网通办”“一窗通办”“一事联办”“跨省联办”，大力弘扬“有呼必应、无事不扰”的“店小二”精神，在2020年度县（市、区）优化营商环境专项考核中，位居第一。诚信建设日益完善，深入推进信用信息归集应用及诚信建设制度化，完善守信激励和失信惩戒机制，开展行业领域企业分级分类监管；全年全区共上报信用数据47.68万条，实际录入数据库9.05万条，其中“双公示”数据0.74万条；归集企业信用信息10万余条，其中政府监管信息4万余条。应急能力明显提升，全区疾病预防控制体系、疫情监测预警和应急响应体系、重大疫情应急救治体系、公共卫生风险防控保障体系等四大体系初步搭建，传染病重大疫情等重大突发公共卫生事件应急处置能力、传染性疾病检验检测能力、应急救治能力明显提升。减税降费力度更大，全面落实各项减税降费优惠政策，全年共为纳税人减免各项税费34231万元，减免和发放房租补贴2792万元，为466家企业发放稳岗补贴622万元，为13家商贸企业发放保供补贴436万元，为1.3万多家市场主体减免电费684万元。

城乡建设。持续开展文明城市创建，市民素质和社会文明程度显著提升。改造主次干道4条，打通断头路5条，整治背街小巷20条，改造老旧小区23个，新增中心城区公共停车泊位638个。持续推进“城市公园”向“公园城市”转变，投资44.34亿元的“一江两河”项目全面开工。完成小张湾沟等4条城市水系治理。新建园林路街心公园，新增城市绿地20.3万平方米，城市绿地率达到33.5%。建成“四好农村路”286公里，程河镇被评为全省“四好农村路”示范镇。建设污水处理设施306处，铺设管网391公里。完成137处机井（泵站）电力设施配套建设。实施农村饮水安全巩固提升工程，25个村2.1万人饮水质量得到改善。龙王镇被评为全国乡村特色产业十亿元镇，黄集镇毛岗村、龙王镇荣获第六届“全国文明村镇”称号，双沟镇刘大湾村被评为“全国文明示范村”“全国乡村治理示范村”，龙王镇、古驿镇获评“国家卫生乡镇”。农村人居环境整治三年行动通过省级验收。

三大攻坚战。襄州区20787户、58951名建档立卡贫困人口全部实现脱贫，64个贫困村全部出列，顺利通过国家和省级验收，在全省插花贫困县（市、区）脱贫成效考核中，位居全省第五。狠抓重大风险防范化解，化解不良贷款1.3亿元，不良占比1.43%，低于省定3%的控制目标。狠抓污染防治。中央和省生态环保督察反馈问题年度整改任务全面完成，主要大气污染源得到有效治理，生态环境持续改善。新造林1.55万亩，空气质量优良天数比上年同期增加35天。禁捕退捕有效落实，124艘禁捕渔船全部拆解，“三无”涉砂船舶全部取缔，非法砂场全部拆除。畜禽粪污综合利用率达到93.4%。投资3亿元建设中小河流整治及水系连通试点项目、17个乡镇污水处理厂全面建成，荣获“湖北省河湖长制示范单位”称号。

民生保障。9大类26项民生实事全部如期完成。新建公办幼儿园4所，建成襄州八中，开建襄州五中、襄州一中附属学校。华中师范大学襄州学校正式揭牌。区中医院双沟院区、区疾控中心P2实验室、区公立精神专科医院建成使用。区人民医院晋级国家三级综合医院。建设新全民健身示范工程8处。新增省级综合性文化服务中心示范点3个。协助务工人员返岗10.69万人，开展就业创业培训4213人次，新增城镇就业7463人，城镇登记失业率控制在3.25%。新增养老床位350张，城乡社区居民养老服务设施覆盖率分别达到90%和70%。襄州区政府残疾人工作委员会荣获“全省残疾人工作先进集体”称号。办理涉黑案件和恶势力犯罪案件9件，被评为全省扫黑除恶专项斗争先进单位。创新开展“三基”工程，扎实开展矛盾纠纷排查和信访积案化解，信访办理率100%、结案率98%。严格落实安全生产责任制。完成食品安全抽测3620批次，上榜第二批“湖北省食品安全示范县（市、区）”。荣获“湖北省农产品质量安全县（市、区）”称号。全面完成第七次全国人口普查。积极开展“双拥”工作和国防教育月活动，人民武装、民兵预备役和国防动员建设再上新台阶。

（襄州区发改局）

襄城区

【概况】 2020年，襄城区完成地区生产总值374.82亿元，同比下降2.8%。其中第一产业增加值22.82亿元，同比增长 2.6%；第二产业增加值 78.75 亿元，同比下降 14.60%；第三产业增加值 273.25 亿元，同比增长 1.70%；三次产业比重为 6.1∶21.0∶72.9。固定资产投资同比下降 19.4%。规模以上工业增加值同比下降 17.60%。地方一般公共预算收入完成 10.87 亿元，同比下降 31%。社会消费品零售总额实现 165.94 亿元，同比下降 18.90%。城镇常住居民人均可支配收入 40993 元，同比增长 2.6%。农村常住居民人均可支配收入 19068 元，同比下降 2.90%。外贸出口 5667 万美元，同比增长 16.7%。利用外资 3590 万美元，同比增长 15.8%。城镇登记失业率、人口出生政策符合率、单位生产总值能耗及空气质量优良率等主要控制约束性指标均在预期目标范围以内。襄城区政府被襄阳市委、市政府表彰为全市高质量发展先进集体；襄城区被湖北省人民政府办公厅表彰为全省投资和重点项目建设贡献市县。

疫情防控。把群众生命安全和身体健康放在第一位，以坚决的态度、深入的排查、彻底的隔离、贴心的服务，打响疫情防控阻击战。2 月 19 日，襄城区新增确诊病例首次清零，2 月 27 日，在襄阳市率先实现“四个清零”（确诊和疑似病例清零、密切接触者清零、医务人员零感染、确诊病例零死亡）目标，最大限度保护了人民生命安全和身体健康。在疫情防控进入常态化后，襄城区坚持“晴天带伞”“撑伞避雨”“打伞干活”“修伞补强”有备无患举措，压紧压实“四方责任”（属地责任、行业部门责任、单位责任、个人和家庭责任），抓实抓细学校、医院、农贸市场等重点场所防控，狠抓高风险地区人员和进口冷链食品排查管控，全域开展爱国卫生运动，堵住一切可能导致疫情反弹的窟窿和漏洞，疫情防控成果不断巩固。

农业农村经济发展。完成农业总产值 42.54 亿元，同比增长 3.3%；实现增加值 23.79 亿元，同比增长 2.7%。全年粮食总面积共 38.08 万亩，同比增长 0.3%；粮食总产量共 16.78 万吨，同比增长 3.0%。全区生猪出栏 15.70 万头，同比增长 3.6%，生猪存栏 7.64 万头，同比下降 9.3%；羊出栏 2.33 万只，同比下降 21.4%，羊存栏 1.30 万只，同比下降 8.9%；家禽出栏 258.32 万只，同比增长 8.1%，家禽存笼 104.16 万只，同比下降 9.2%。

工业经济。全区新增规模以上工业企业 6 家，新引进产业项目 12 个，航鹏化动、雅本化学等一批项目开工建设，湖北三环车灯等一批项目建成投产；襄阳金达成、湖北荆洪生物等 23 家企业对低端产品、落后工艺进行迭代升级，建设数字车间 1 个、智能化生产线 4 条；关停 5 家不符合园区产业定位的企业，湖北凌晟药业和湖北荆洪生物进入上市辅导期；湖北卫东化工股份有限公司、湖北台基半导体股份有限公司等 10 家企业入选襄阳市工业企业百强，湖北华电襄阳发电有限公司、东风电驱动系统有限公司等 10 家企业入选全市纳税百强。探索航天化学产业园、中化集团产业园、华中药业产业园和湖北凌晟药业产业园等特色“园中园”发展模式，推进园区优势产业集群发展。

全域旅游业发展。2020 年，襄城区春季文化旅游节与襄阳市电视台动力 890 合作，采取“云”直播方式，线上带网友“云游襄阳”，吸引 24.2 万网友在线观看，为襄城区文化旅游行业的快速复苏营造“暖场曲”。创新推出“襄城八点半”特色晚间消费经济品牌，举办襄城北街八点半及北街非遗文创集市、檀溪八点半、603 文创园八点半、襄阳唐城景区八点半等系列直播活动，打造一批有影响力的夜晚经济集聚区，催生一批新业态，提振消费信心，激发市场活力，推动襄城区经济复苏。开展“与爱同行、惠游湖北”活动，襄阳唐城景区接待游客量位列湖北省第三，夜游项目得到中共湖北省委主要领导的高度关注和批示。襄阳古隆中晋级 5A 级旅游景区，实现襄阳 5A 景区零突破；建成襄阳古城、九天玄女、福恩牡丹园游客中心，辖区重点 A 级景区旅游标识系统全面升级；襄阳文化产业园二期岘山生态天桥、田园春晓、摩崖石刻建设工程竣工，岘首山景区完成亮化工程，洄湖水乡商业街结构封顶；襄城区被湖北省服务业领导小组授予“2019 年全省服务业突出贡献单位”，襄城文化旅游产业园被湖北省服务业领导小组授予“全省五个一百工程文化旅游示范区”。当年全域接待游客 1202 万人次，旅游综合接待收入 116.3 亿元，旅游强区基础稳步筑牢。

营商环境。用心当好金牌“店小二”，出台优化营商环境“黄金十条”。在襄阳市率先举办“企业复工复产政银企对接会”，14 家银行向襄城区 22 家企业授信 40 亿元，贷款 3.4 亿元，第一时间为企业解决复工复产中的资金困难。狠抓惠企政策兑现落实，为各类市场主体减免税费 4.2 亿元，为 9 家企业争取重点保障企业低息贴息贷款 3.9 亿元，贷款贴息 440 万元。开展“百名干部进百企”活动，帮助企业解决用工、用电、融资、审批、物流等方面问题 300 多个，为企业疫后重振扫除障碍。全面推行“一网通办”“一窗通办”“一事联办”，在襄阳市各县（市、区）率先启用智能审批自助服务系统，个体工商户登记实现“秒办秒批、即办即批”，方便企业和群众办事；全面推广先建后验、容缺办理、区域统一评价、全程代办等模式，“拿地即开工”成为常态，航鹏化动生产基地项目创下土地摘牌 6 天即开工的“襄城速度”。

项目建设。实施重点项目 73 个，总投资 390 亿元，航鹏汽车安全气囊气体发生器、湖北凌晟口服头孢原料药等 45 个重大项目开工建设，湖北三环车灯、603 文创园一期等一批项目竣工投产，为襄城区疫后重振提供有力支撑。抢抓国家支持湖北发展一揽子政策和省、市两级相关政策红利带来的机遇，向上申报 62 个项目进入国家项目库，总投资达到 205 亿元。探索与疫情防控形势相适应的招商举措，开展网络招商、线上招商、敲门招商，成功举办“2020 年襄城区现代服务业专题招商引资网络推介会”，好邻居商贸综合体、岘山芯生态文化休闲旅游综合体、襄城区电商产业园等 27 个重大项目成功签约，签约总额94.1亿元；新引进5亿元以上工业项目10个，占年度目标任务的143%，引进世界500强、中国500强及上市公司5个，占年度目标任务的167%。

城市建设。推进棚户区改造和重大项目征迁，共签约4702户，倒房2495户，实现8个片区倒房清零，当年共腾出净地211.67公顷。推进老旧小区改造，共改造老旧小区65个，同步成立业主委员会、引入物业公司，解决了老旧小区污水横流、屋顶漏水、停车困难和消防生命通道不畅等问题，惠及居民4.1万人。凤雏家园小区、灯具厂小区等老旧小区改造工作经验得到湖北省住建厅肯定，并在全省范围内进行推广。推进城市道路提升改造，打通华大路，改善恒大片区微循环，完成19条背街小巷改造。推进绿色生态城区建设，当年完成补绿增绿点位128个，建设口袋公园和节点景观改造8处，新增绿化带5000米，新增绿化面积3.5万平方米，擦亮群众幸福生活底色。推进城市精细化管理，开展全国文明城市创建活动，建立襄城区主次干道、背街小巷、农贸市场等沿线及周边实行保洁包保制度，开展大件垃圾清理、“三车”乱停放、道路大清扫及“牛皮癣”小广告清理等专项整治行动，提升城市管理精细化水平。全面落实襄城区“厕所革命”三年攻坚行动任务，完成全区农户无害化厕所建设23581座，农村公厕建设122座，新建乡镇公厕8座，城市公厕建改89座，新建交通厕所1座，旅游厕所建改20座的3年任务，并保质保量通过检查验收。

民生保障。全区新增就业6617人，城镇登记失业率稳定控制在4%以内。发放城乡最低保障生活资金6268万元，救助困难对象1.15万人次，实现“应保尽保、应救尽救”。落实精准扶贫政策，襄城区168户相对贫困人口全部脱贫。办好人民满意的教育，投入4000万元完成襄阳市第十中学、襄阳市第二十三中学、襄阳市第四十中学、襄阳市第二十六中学4所中小学校改扩建工程、14所农村薄弱学校改造，新组建卧龙中学、杨威中学、荆州街小学、襄阳市第四十中学4个教育集团，促进教育均衡发展。围绕“城市建设到哪里，公共卫生服务就跟进到哪里”，投入1.53亿元襄城区人民医院和0.8亿元的襄城区老年人养护中心项目开工建设，乡镇卫生院发热门诊和信息化建设正加快推进中，公共卫生防护网进一步织牢织密。实施农村福利院“冬暖工程”“平安工程”，卧龙镇第一福利院、欧庙镇康田福利院和袁洲福利院全面提档升级。

污染防治攻坚。开展工业废气防治、扬尘管控、臭氧污染防治、秸秆禁烧等专项行动，空气质量改善，PM10、PM2.5、空气优良天数等指标保持在襄阳市4个城区第一。打好碧水保卫战，襄水岸线生态修复提升工程全面开工建设，岘山片区和隆中片区黑臭水体整治全面展开，乡镇生活污水管网建设实现全覆盖，水体水质得到明显改善。汉江余家湖国控断面水质稳定在地表水Ⅱ类标准，集中式饮用水水源地水质为Ⅱ类标准，优于国家要求的考核标准。落实“十年禁渔令”，全域开展禁捕退捕专项行动，在襄阳市各县（市、区）率先完成渔民退捕安置任务，同步建立长效机制，实现禁渔常态化管理。打好净土保卫战，加强危险废物规范化管理，持续开展“清废”行动，全区重点行业企业用地土壤各项污染物含量均符合国家标准。从严从实抓好环保督察问题整改落实，有效解决了一批群众关切的环境问题。

推进基层治理。建立党建引领、“三治”（自治、法治、德治）融合、智能支撑的基层社会治理机制，全区31个项目纳入试点建设。凤雏家园、姚庵村被列为湖北省党建引领基层社会治理现场会参观点。建立“密防快反”机制，构建专群结合、联勤联控、合成作战的社会治安大巡防格局，辖区刑事发案同比下降22.4%，群众安全感指数提升。创新社会矛盾排查预警和调处化解机制，28件信访积案得到有效化解。开展扫黑除恶“六清”（线索清仓、逃犯清零、案件清结、伞网清除、黑财清底、行业清源）行动，摧毁黑社会性质犯罪组织1个、恶势力犯罪集团2个、恶势力性质犯罪团伙29个，打掉“保护伞”21个。建立防范化解金融风险“区乡村”三级联防联控机制，当年未新增一起非法集资、非法传销案件。落实安全生产、食品药品安全党政同责制，实现“三下降一遏制一杜绝”（事故起数、死亡人数、较大及以上事故起数三下降，坚决遏制较大事故的发生，坚决杜绝重特大事故的发生），襄城区安全生产形势持续稳定向好。

（襄城区发改局）

樊城区

【概况】 2020年，樊城区地区生产总值达到570亿元，固定资产投资178.4亿元，地方公共财政预算收入15.4亿元，规模以上工业增加值67亿元，社会消费品零售总额304亿元，城镇常住居民人均可支配收入39954元，农村常住居民人均可支配收入19155元，城镇登记失业率控制在2.98%，外贸出口14240万美元，实际直接利用外资5110万美元。共争取中央、省预算内资金、抗疫特别国债、地方债券等资金6.85亿元。襄江国投与汉江控股联合成立“樊城新动能产业基金”，助推战略性新兴产业发展和新型城镇化建设。

产业发展。农业生产总体平稳。农林牧渔业增加值比上年同期增长1.5%。粮食种植面积、蔬菜播种面积及其产量均保持相对稳定，完成高标准农田项目建设1.06万亩，建成莲藕、红薯、稻虾共作等特色产业基地7500多亩。依托农村“一号公路”，打造休闲农业与乡村旅游示范点17个。以绿色化、特色化、品牌化发展为导向，示范带动全区“一村一品”产业发展，蔬菜、水果等特色产业面积达11.8万亩。新型农业经营主体培育水平提升，认定“六有”省级示范家庭农场8家、省级

2020 年，湖北华电襄阳樊城燃机一期热电联产

示范合作社 2 家、国家级示范合作社 1 家。工业经济恢复加快。全区 121 家规模以上工业企业实现工业增加值降幅较一季度收窄 32.8 个百分点。11 月当月完成工业产值 23.3 亿元，环比连续实现正增长。亿元企业拉动明显，全区过亿元规模以上企业 43 家（占比 34.7%），完成工业产值 145.9 亿元（占比 81%）。全年新增规模以上企业 14 家，超额完成市政府下达任务 5 家。加大工业企业技改扶持力度，为 2 家企业申报战略性新兴产业固定资产投资补贴 2800 余万元。推荐 11 家企业申报清洁生产技术改造项目、4 家企业产品申报国家第五批绿色制造体系示范。全年完成工业技改投资 16.5 亿元，完成技改项目 18 个。服务业受疫情冲击较大。全区服务业实现增加值 370 亿元，占 GDP 比重达 65%。积极推进疫后重振，支持推广“互联网+商贸”、特色消费、“夜经济”等新业态、新模式，新消费品牌不断涌现。加快文化旅游发展，关圣古镇、酷娱等项目建设加速。着力引导专业园区争创示点示范，樊西现代商贸物流园正式被认定为省服务业“五个一百”工程示范园区。积极培育物流市场主体，13 家物流企业获得国家 2A 以上物流企业认证，10 家物流企业被认定为省级重点物流企业，物流增加值突破 85 亿元。

招商引资和项目建设。全年新签约各类项目 130 个，完成实际到位资金 345 亿元。其中：工业项目实际到位资金 185 亿元。新引进 5 亿元以上工业项目 10 个，引进世界 500 强、中国 500 强及上市公司 3 个，引进投资过亿元以上战略性新兴产业项目 16 个。项目建设加快推进。全区 83 个重点项目开工建设，年度投资额 125.71 亿元。其中金环绿色纤维生产项目、华电热电联产项目、航宇嘉泰民机座椅产业园等 13 个项目被列为省市重点项目，当年开工率达 100%，全年完成投资 35 亿元。味都健康食品产业园、楚商装备产业园、航宇精机汽车零部件、蓬达科技三维定位装置、新好农牧现代化生猪养殖等 18 个亿元以上项目开工建设，航宇嘉泰民机座椅产业园、腾辉电气软启动磁装置研发生产、航宇弹射座椅总装厂房、中通快递区域分拨中心等 15 个亿元以上重点项目竣工投产，发挥了项目投资在经济社会疫后重振、平稳运行中的“压舱石”作用。

优化营商环境。积极弘扬“有呼必应、无事不扰”的“店小二”精神，不断激发高质量发展的新活力。“一网通办”“一窗通办”“一事联办”全面扎实推进，政务服务效能大幅提升。工程建设项目区级审批时间压减至 50 个工作日以内。工业项目用地“拿地即开工”改革全面推行，区域性统一评价工作成果应用速度加快，享受区域性评价成果企业达到 12 家，数量位居全市第一。深化“多证合一”、“证照分离”等改革举措，企业开办时间压缩至 1 个工作日内。充分发挥“互联网+监管”服务优势，“双随机一公开”信用监管有序推进，企业和群众获得感进一步增强。

三大攻坚战。脱贫攻坚扎实推进。创新扶贫产业发展模式，依托农村“一号公路”积极谋划推进“一村一品”扶贫产业项目。加快公路、环保、文化等基础设施建设，推动基础设施提档升级。建立长效工作机制，形成返贫监测“常态化”管理。落实 28.33 万元资金开展健康扶贫。对 20 户危房改造进行了竣工验收，如期完成 4 类重点对象危房改造任务。广泛开展“以购代捐、以购代帮”消费扶贫活动，推动扶贫产品进批发市场、进商超，促进扶贫产品销售。加大污染防治。深入实施“蓝天碧水净土”工程。重点开展道路扬尘、餐饮油烟、露天喷漆、焚烧垃圾等突出问题整治，按照“一企一案”开展挥发性有机物治理，加强辖区工业企业无组织排放管控。持续做好“百吨千人”供水工程保护区划分工作，开展集中式饮用水源保护区巡查整治。严格落实“土十条”，完成农用地土壤污染状况详查样品采集。按照统一标准加强对辖区 4 家涉重金属企业的监管，实现达标排放。大力推进农村面源污染防治，化肥减量化施用已实现零增长。全年空气质量 PM2.5 为 50 微克/立方米，同比下降 15.2%；PM10 为 68 微克/每立方米，同比下降 18%；优良天数 268 天，优良率 76.1%，同比提升 14.3%；水环境质量保持稳定，汉江樊城段水质稳定保持在Ⅱ类，小清河樊城段水质达到了Ⅲ类标准，无劣Ⅴ类水体断面，集中式饮用水水源水质均达到或优于III类，达标比例达到100%；土壤环境质量总体良好。

加强重大风险管控。持续开展P2P互联网金融风险专项整治工作。樊城辖区3家在营P2P网贷机构全部签订“退出承诺”，三家平台累计兑付出借人资金4.3亿元。建立非法集资陈案化解“一案一策一专班”，实行四大家领导包保。集中开展了3次非法集资风险与广告资讯信息专项清理活动，共排查8个重点大型综合写字楼，约谈企业8家。

城区建设。改善基础设施。贯穿20个村、9个水库，全长50.7公里的农村“一号公路”建成通车，成为樊城美丽乡村建设新亮点。推动“四好农村路”建设提档升级47公里。服务樊西新区发展，畅通新区内外循环，邓城大道等3条道路配套工程全部建成，物流三路等3条断头路全面打通。太平店镇供水管网（一期）改造等项目全面完成。投入资金3.05亿元，推进108个老旧小区改造和20条背街小巷整治工作，落实50个点位的拆墙透绿项目建设任务。持续抓好清河片区（二期）等23个棚改项目，征收各类房屋面积达14.1万平方米。加强城市管理。开展“十佳十差”创优争先文明创建活动，整治“十小”不文明行为。重拳整治违法建设，结合重点项目保障实施、老旧小区改造升级、背街小巷环境整治、消防通道拆堵疏违等工作，共计拆除违法建设152起，面积43226平方米。设置4个惠民疏导点支持夜市经济发展，刺激了消费需求。稳步推进生活垃圾分类，全年完成2个示范街道、42个示范社区建设目标。每天“九洒三扫”，提升主次干道清洁质量。全力推进汉江樊城段禁捕退捕工作，取缔28个非法售卖汉江鱼游散摊点，取缔、清理非法打捞渔船、三无船只343艘。推动信息建设。继续深入推进“智慧城管”规范化、标准化建设工作，樊城区城管数字化平台共有效受理案件28547件，结案率100%。

乡村振兴。制定出台《樊城区全域推进美丽乡村补短板强弱项建设实施方案》及其配套制度。在全市率先争取“两基”建设资金6亿元，基本完成了2019年启动的14个省级示范村整治村污水管网建设、道路硬化等基础设施建设。按照每年1600万元的投入，基本实现70个行政村生活垃圾集中处理全覆盖，农村人居环境持续向好。实施绿满樊城再提升行动，以鄂北生态防护林和汉江两岸绿化为重点，完成国土绿化7340亩。实施“全域国土综合整治”项目，建设规模5.6万亩。稳步推进10家电子商务示范村（店）新建项目。继续深化农村土地“三权分置”改革，建立完善区、镇（办）、村三级土地承包纠纷调解仲裁体系。持续推进农村集体产权制度改革，持续推进农村集体产权制度改革，87个村已全面完成股份配置登记赋码发证工作。

民生保障。深入贯彻就业优先战略，多措并举促进稳就业。新增城镇就业人员7606人，失业人员再就业2812人，就业困难人员再就业1576人。城镇登记失业率控制在2.98%，在目标任务4.5%以内。全面实施全民参保计划，居民养老保险参保缴费52000人，发放养老金5778万元，发放率100%；全区城乡居民医保缴费292472人，基金支出2.14亿元。持续推进养老事业健康发展，2020年新增各类养老床位350张，总数达4400张。逐步提升低保标准，城市、农村低保标准分别由675元、480元调整为690元490元，城市、农村特困人员供养标准分别由1350元、815元调整为1380元、925元。社会救助体系不断完善。针对疫情防控中暴露出的短板，投入2800多万元为基层医疗机构进行了发热门诊的新建、改建和设备配备。加快推进15家村卫生室标准化建设，提升了基层公共卫生防控服务能力。积极开展基层医疗机构“国医堂”建设，全区所有乡镇卫生院和社区卫生服务中心国医堂设置完成率达到了100%。完善公共服务供给。积极推进民生实事工程。组织襄阳天下、襄阳新天地、昊天广场三个项目全面恢复施工、启动破产重整债权登记工作。新招聘高学历教师288名，进一步提升了教师队伍整体素质。新增普惠性幼儿园2所，新（改）建学校5所，新增学位3310个。全年累计完成农户无害化厕所21053座、农村公共厕所50座、城市公共厕所12座，全面完成了建设任务。启动农村基层综合文化服务阵地提档升级工程，投资200多万元为30个村（社区）配备个性化文化设施，对全区90家农家书屋更新图书5400册，补充报纸、期刊900份。聚力打造樊城文化活动品牌。开展了“全城齐悦读，最美读书人”、首届美术作品大赛、“百千万”系列线上群众体育竞赛等活动，重大节假日举办做香囊、包粽子、写春联、舞狮子、“戏曲进乡村”等各种形式的文化活动90余场，极大的丰富了群众文化生活。

（樊城区发改局）

高新区

【概况】 2020年，高新区统筹推进疫情防控和经济社会发展，全区经济社会发展各项工作取得新进展。

复工复产。率先出台支持企业复工复产九条措施，288名科级及以上干部包保300多家重点企业，驻企办公，落实11项工作职责，分类分批推进复工复产。从工业经济来看，一季度全面停滞，除8家“停不得”企业、25家“四必需”企业外其余全部停产；二季度加快恢复，3月10日正式启动，一周内所有规模以上工业企业全部复工复产；三季度逐渐回暖，7月份规模以上工业总产值增幅当月转正。兑现惠企政策10.5亿元，落实各项减税降费9.2亿元，办理各项政策性退税（不含出口退税）1.3亿元，协调16家银行为359家企业投放贷款28亿元。

招商引资。疫情期间，改“面对面”交流为“屏对屏”沟通，签约项目21个，总投资98.48亿元。疫情缓

2020 年，襄阳高新创意产业园

解后，外出招商 100 余次，伊顿—康明斯自动变速箱、深圳守正航空飞机座椅、上海重塑、武汉雄韬、上海华熵、东润、汉江港、中国邮政襄阳邮件处理中心、深兰科技人工智能研究院和智能制造基地、武汉光电研究院、百度大脑人工智能创新中心等一批大项目签约落地。全年新签约项目 100 个，总投资 439.5 亿元；实际到位资金 589.7 亿元；引进过亿元项目 69 个，过 5 亿元项目 22 个，世界 500 强、中国 500 强及上市公司 16 个。

项目建设。24 个省、市重点项目全部开工建设，84 个亿元以上项目集中开工、投产和签约，总投资 454.4 亿元。2020 年亿元以上项目开工率 32.14%，完成目标的 107%，4 个项目实现当年开工、当年投产。第三季度项目拉练夺得全市桂冠，前三个季度现场得分名列第一。已建成或基本建成 112.5 万平方米重资产招商平台，准备开建 91 万平方米。处置闲置土地 10 宗 1352 亩，盘活闲置厂房 40.02 万平方米，奥利斯二期、壹电航空、帝博等项目入驻。

科技创新。44.5 万方的科技城二期已有 15 个项目签订进区协议；北航襄阳航空研究院、湖北汽车工业学院智能汽车（襄阳）产业学院、深圳湾科创军民融合产业研究院已签约落地；英诺迪克北欧创新科技服务平台实现路演常态化。大力实施“车城英才计划”，落实“隆中人才支持计划”项目配套奖励 1800 万元；新引进人才团队 37 个，高层次人才 402 名。申报国家级企业技术中心 2 家，填补该领域近三年空白；申报高新技术企业 142 家，数量创历史新高；遴选 218 家企业进入国家科技型中小企业库，率先在全市启动瞪羚企业培育，培育瞪羚企业 25 家、潜在瞪羚企业 19 家。

改革开放。干部人事制度改革实质推进，市场化改革稳步启动，社区治理改革强力推进。自贸区改革步伐加快，8 项在全国推广，36 项在全省推广。政府职能转变指数在全国第三批 15 个片区中连续三年排名前三。“放管服”改革持续深化，政务外网实现“五级联通”，“一张网”办件完成率 100%。开放水平不断提升，9 条国际货运班列实现常态化运行，累计发运 7224 个标准箱，货值约 4.7 亿美金。

民生福祉。新建及改扩建 3 所学校、2 所幼儿园，新增学位 2350 个。新建及改建 18 座城区公厕，农村公厕、户厕改建任务全部完成。农村安全饮水、村村通水泥路、义务教育入学率达 100%。鄂北分水口配套工程即将开工，水系连通工程取得突破性进展。城镇新增就业 8564 人，登记失业率控制在 2.65%以内。

（高新区发改局）

东津新区（经开区）

【概况】 2020 年，东津新区实现地区生产总值 34 亿元，同比增长 35.18%；实现地方公共财政预算收入 10.5 亿元，同比增长 10.7%；固定资产投资完成 135.9 亿元；规模以上工业总产值完成 10.6 亿元，同比增加 66.1%，规模以上工业增加值完成 3.2 亿元，同比增长 65.7%。

产业发展。全年市场主体突破 5637 户，比上年末增长 17.44%，全年净增各类市场主体 937 户，同比增长 0.21%；规模以上工业企业净增 10 家，达到 12 家；竣工投产亿元以上工业项目 12 个。大湾区（襄阳）产业园一、二期约 20 万平方米已投入使用，入驻企业 22 家。国太阳科技产业园等重大工业项目陆续开工建设，项目总投资超 200 亿元。出台《关于应对新冠肺炎疫情支持工业企业共渡难关加快发展若干意见》，兑现 3 家企业 70 余万元的用工补贴，兑现 1 家企业 28 万元贴息奖励，兑付 1 家企业 300 万元纾困资金。

招商引资。新签约正式合同项目 49 个；工业项目正式合同投资额同比增长 137.06%；招商引资实际到位资金同比增长 0.5%；工业项目实际到位资金同比增长 8.6%；引进亿元以上工业项目 41 个；引进 5 亿以上工业项目 11 个；引进世界 500 强、中国 500 强及上市公司投资项目 3 个；引进投资亿元以上战略性新兴产业项目 24 个。

城乡建设。全区共建设 30 个市政项目，全年完成道路 52 公里。完成了内环线互联互通项目，实现了新区 9 个下穿通道与骨干路网的连通。核心区五条市政道路工程、华侨城次干道、市委党校配套市政道路、交投发展中心配套道路、国太阳配套的朝阳路、正威集团配套的红星路等正在施工。襄阳全民体育运动中心和襄阳东津云谷孵化中心已动工建设。全年新增绿地面积近 100 万平方米，其中核心区空间蓝绿比超过国家规定上限 5 个百分点。

社会民生。全面完成华侨城、省

交投、产业园项目用地拆迁工作，完成2290户拆迁，拆迁面积约20万平方米。总投资16亿元，总套数2455套，总面积37万平方米的南还建房已完成分房。南还建小区配套NH11地块中、小学校已完工，增加近4000个义务教育学位。农村安全饮用水工程16.9公里已全部完工，11座公厕已全部建设完成。完善和落实常态化疫情防控措施，加快东津人民医院建设进度。组织华侨城专场招聘会、“三安行动”招聘会、“退捕渔民”招聘会等7场次，为全区群众提供就业岗位8500个。发放各类社会救助、救济资金2072万元，惠及2200余名群众。制定《贯彻落实〈关于打击非法集资促进经济金融健康发展的实施意见〉任务清单》，推进非法集资陈案数继续下降50%、新发案件数持续下降。完成城市社区党组织书记事业岗位管理改革工作。

（东津新区发改局）

宜昌市

综　述

【概况】 2020年，宜昌市疫情防控取得决定性成果，经济恢复好于预期。全市实现地区生产总值4261.42亿元，同比下降4.7%；规模以上工业增加值同比下降5%；固定资产投资同比下降20.5%；社会消费品零售总额同比下降18.7%；外贸进出口总额同比下降6.5%；城镇居民人均可支配收入同比下降3.2%，农村居民人均可支配收入同比增长2.1%；城镇登记失业率3.47%；居民消费价格涨幅3.5%左右。

【疫情防控与疫后重振】 按照“坚定信心、同舟共济、科学防治、精准施策”总要求，坚持联防联控、群防群控、科学防控，坚决打赢疫情防控人民战争、总体战、阻击战，疫情防控取得决定性成果，在全省率先进入全域低风险区域，实现了“六个未发生”。经济运行全面复苏。统筹疫情防控和经济社会发展，全面推进复工复产、复商复市。规模以上工业增加值连续9个月保持单月正增长，规模以上工业企业利润总额同比增长8%，高于全国5.6、全省17.1个百分点。固定资产投资连续6个月保持单月两位数增长，降幅月均收窄5.3个百分点。限额以上批发业、零售业销售额和限额以上餐饮业营业额连续多月保持单月正增长。推动中央支持湖北一揽子政策落实落地。争取中央预算投资项目326个，到位资金30.23亿元，额度创历史新高。再获企业债券“直通车”奖励政策，获批企业债10只90.79亿元，居全省第二位。152家企业获中央财政贴息专项贷款215笔，共计60.53亿元，居全省第二。272家企业被纳入疫情防控重点保障物资生产企业名单，退税150笔共2.55亿元。

【项目建设与有效投资】 投资结构持续优化。民间投资增速高于固定资产投资增速0.6个百分点，占固定资产投资比重达73.1%。工业投资加速企稳，降幅较上半年收窄36个百分点。招商引资逆势突破。全年新签约重大项目1020个、协议投资1290亿元，实际到位资金1801亿元。全省疫后重振首个重大项目、招商引资暨长江大保护十大标志性战役现场会在宜昌召开。重大项目有序推进。举办全市重大项目集中开工活动9次，集中开工重大项目150个，总投资达959亿元。省、市重点项目开工率均达100%。疫后重振补短板强功能“十大工程”三年行动加速推进，开工项目444个，完成投资579亿元。宜昌至郑万高铁联络线、江南翻坝铁路、江南成品油翻坝管道、当远铁路、三峡机场二期改扩建、三峡翻坝江北高速公路、湖北航空学院等重大项目加快推进。

【产业结构与动能转换】 制造业加快转型。生物医药、装备制造、食品饮料、精细化工产业增加值连续多月保持单月正增长。工业技改三年行动圆满完成，累计完成工业技改投资1894.93亿元，总量位居全省同等市州第一，技改投资占工业投资比重61.6%，技改面81.3%。三宁乙二醇、东阳光仿制药及创新药等重大项目建成。和远气体、均瑶健康成功上市。新增规模以上工业企业130家。新增国家两化贯标企业3家、国家专精特新“小巨人”企业5家、省级智能制造示范试点企业5家。服务业稳步发展。全年实现服务业增加值1870亿元，同比下降6%。“惠游湖北”政策红利不断释放，全年旅游接待人数7752万人次，旅游收入695亿元，分别恢复到2019年的87%、70%。物流业持续恢复，全市社会物流总额9015.68亿元，恢复到2019年的91.88%，新增A级物流企业15家。消费信心持续提振。加速释放消费潜力，出台支持城区夜间经济发展8条措施，实施26个城区夜间经济重点项目，支持9处城区重点商圈开展外摆经济试点，发放消费券7000余万元，试行2.5天弹性休假制度，夷陵万达、兴发广场建成运营。宜昌被确定为首批国家级文化和旅游消费试点城市、全国体育消费试点城市。以电商为代表的新模式、新业态加快发展，全市电子商务交易额达2220亿元，同比增长20%，枝江市、五峰县获批国家电子商务进农村综合示范县。房地产市场平稳健康发展，新建商品住房价格指数连续9个月实现正增长。创新动能不断增强。全年高新技术产业实现增加值649.61亿元，占GDP比重15%，较同期提高1个百分点。全社会研发经费投入105.18亿元，占GDP比重2.36%，投入总量和占比均位居全省第二。新增国家级众创空间3家、省级研发平台6家，净增高新技术企业119家。宜昌高新区获批全国“双创”示范基地。三峡（宜昌）大数据产业园开园。五是建筑业健康发展。全年实现建筑业产值1150亿元，宜昌博物馆新馆入列“鲁班奖”，宜昌获评国家装配式建筑范例城市。

【乡村振兴】 脱贫成果更加巩固。农村最后337户676人全部脱贫，历史性消除绝对贫困，宜昌连续3年位居全省脱贫攻坚成效考核前列。农业生产保持稳定。全市农林牧渔业总产值725亿元，增长1.5%。全年粮食总产151.08万吨，与同期持平，柑橘、茶叶、蔬菜、水产品产量分别增长1.15%、1.3%、3%、1.7%。农产品加工业逐步恢复，产值超过1000亿元。特色产业不断发展。完成柑橘“三改”9.6万亩、高山蔬菜结构调整1.2万亩，新改建无性系茶园2.25万亩。完成25.37万亩高标准农田建设。成功创建省市级示范家庭农场51家、合作社110家。“宜昌宜红”获国家农产品地理标志登记保护，“宜昌蜜桔”“宜昌宜红”“秭归脐橙”被纳入央视“品牌强国工程”，“宜昌毛尖”区域公用品牌正式上线。

2020年，广汽传祺宜昌智能制造工厂全力推进复工复产

美丽乡村加快建设。新增省级美丽乡村示范村58个、农村环境综合整治村212个，枝江市被评为全国村庄清洁行动先进县、全国美好环境与幸福生活共同缔造活动第一批精选试点县，远安县、宜都市潘家湾乡等6地获评全省村庄清洁行动先进单位，枝江市问安镇等3个乡镇成为“擦亮小城镇”美丽城镇建设行动省级试点。成功举办2020年中国农民丰收节湖北主会场活动。宜昌获乡村振兴全省考核优秀等次。

【生态环境】 长江大保护全面发力。134家化工企业“关改搬转治绿”任务基本完成。枝江、宜都化工园入选国家第五批绿色制造工业园区。磷石膏治理取得新突破，新增磷石膏综合利用能力185万吨/年，全年磷石膏综合利用率达40%。全面落实长江禁捕要求，退捕渔船1878艘，安置渔民3678人。污染防治力度加大。大气质量持续改善。城区环境空气质量综合指数改善幅度连续两次排名全国第一，优良天数比例同比提高15.4个百分点，PM10、PM2.5累计平均浓度分别下降21.9%、21.2%。水环境质量不断提升。国、省考断面水质优良率稳定达到100%，16个县级以上集中式饮用水水源地水质达标率100%。全面完成291家“散乱污”企业、25家企业挥发性有机物、10家企业工业炉窑整治任务。宜昌获评“2020最具生态竞争力城市”。体制机制不断完善。建立柏临河流域生态补偿机制，制定控制断面流域范围内固定污染源清单，深化排污许可证制度改革，推进排污权有偿使用和交易，推广“净小宜”“船e行”系统，共抓大保护联合执法协作工作格局基本形成。

【营商环境】 “放管服”改革深入推进。“六多合一”改革经验全省推广，受国务院通报表扬。“标准地+告知承诺”改革全面实施，73项高频办理事项实行“容缺审批”，不动产抵押审批提速60%以上，工程项目审批从立项到验收时间压缩至74个工作日内。“一

2020 年，总投资 2.6 亿元的白洋港疏港铁路建设项目

网通办”加快推进，政务服务事项可网办率达 99.3%，最多跑一次事项达 99.8%。全市营商环境总体满意度 98.78%，宜昌在全国营商环境 200 强中排名第 99 位，综合信用指数排名全国地级市第 4 位。“双千”活动成效明显。“双千”服务平台覆盖 1427 家工业企业、1637 家服务业企业、445 家农业企业，累计办结企业诉求 2562 件。金融支撑不断增强。金融机构存贷款余额双双突破 4000 亿元，网上金融服务大厅被评为全国信用创新试点平台。设立金融应急中心，搭建“企业方舱”，促成 2.27 万家市场主体新增贷款 835 亿元。开放水平持续提升。自贸片区 2 项创新经验全国推介。宜昌综合保税区在全国率先以“线上方式”通过封关验收。跨境电商产业园注册企业 71 家，实现销售收入 4.1 亿元。三峡物流园市场采购贸易试点获批。全市外贸出口额 206.2 亿元，居全省第三位；利用外资 1.4 亿美元，居全省第四位；新增出口实绩企业 29 家。

民生福祉。基本民生保障有力。民生支出占一般公共预算支出比重 80%。社会救助兜底机制不断完善，新增低保对象 15092 人、特困供养对象 857 人，累计救助 11.38 万人次。养老、失业、工伤三项保险参保 423.3 万人次。就业形势基本稳定，城镇新增就业、城镇失业人员再就业、困难人员再就业、高校毕业生新增就业人数均完成年度目标的 170%以上。住房保障能力持续增强，新筹集公租房 2331 套，发放租赁补贴 2024 户，完成动态新增特殊贫困户危房改造 1213 户。城市品质加快提升。完成首批 409 个老旧小区改造国家试点项目，城区新、改建菜市场 16 个，棚改开工 2463 套、基本建成 3078 套，建成垃圾分类居民小区 1303 个，新增公共停车泊位 4023 个。奥体中心、峡州大道二期、三峡高速应急改善工程、沿江大道延伸段等全面完工，三峡高速合益路、西陵二路互通 6 条匝道投入使用，伍家岗长江大桥、港窑路、先锋路、宜长公路等加快建设，彻底打通白龙井路、东体路等老城区微循环。联棚河景观工程建成开放，卷桥河湿地公园开工建设。公共事业全面发展。实现全国文明城市、国家卫生城市“四连冠”，枝江市成功创建全国文明城市。公益普惠性幼儿园占比达 84%，义务教育起始年级大班额基本清零。健康宜昌深入推进，全民运动健身模范市加快创建，新建省级新全民健身示范工程项目 66 个。

（宜昌市发改委）

西陵区

【概况】 2020 年，西陵区实现地区生产总值 404.7 亿元，同比下降 6.5%，与年度计划目标值相差 14 个百分点；固定资产投资同比下降 17.2%，与年度计划目标值相差 27.7 个百分点；社会消费品零售总额 239.07 亿元，同比下降 19.6 %，与年度计划目标值相差 29.6 个百分点；外贸进出口总额 19.99 亿元，同比下降 12.1%，与年度计划目标值相差 18.1 个百分点；规模以上工业增加值同比下降 16.5%，与年度计划目标值相差 22.5 个百分点；一般公共预算收入 8.2 亿元，同比下降 53.5%，与年度计划目标值相差 55.5 个百分点；城镇居民人均可支配收入增速下降 3.9%，与年度计划目标值相差 11.4 个百分点。

疫情防控。坚持“全市最严”标准，在全市率先实施“小区封控、蔬菜配送、集中留观、中药防治、心理咨询”等防控措施，统筹调度市、区党员干部力量，实现了“小区管住、街面控住、社会稳住”。中医药抗疫、生活物资保供“无接触式配送”等战疫做法，得到了国家卫健委领导批示肯定，被央视、新华社、湖北日报等中省主要媒体多次报道。在全市率先探索出“八专四消三分类”的特殊有害垃圾收处工作模式，有效推动科学防疫工作。在全市率先发布《推动企业疫后重振加快产业升级的若干措施》，抢抓中央支持湖北一揽子支持政策的“黄金期”，积极向上争取各类无偿资金 1.7 亿元，专项债券 1.2 亿元，协调辖区金融机构为辖区 1052 家企业综合授信及贷款 93 亿元。发放产业扶持资金 4700 万元，减免税费 5.6 亿元，引导市场主体减免物业租金 2 亿元，为 12 家疫情防控重点企业争取专项优惠贷款 3.9 亿元。为宜昌人力资源服务产业园、科技企业创意研发中心、景深检验检测产业园等重点在建项目争取国家无偿补助资金 2000 多万元。全区首席服务官一对一帮助解决企业诉求，获得嘉奖令1387份。在全市率先推出“首席网格长”服务模式，建立健全“1+3”服务机制，为辖区中小微企业提供一对一精准服务，为企业发放《国家、省、市疫情期间稳产稳企稳业政策一表清》等各类宣传资料5000余份。

推进项目建设。全面构建六大产业体系，深入推进优二强三。不断加大工业技改力度，天美国际智能彩妆生产线、天奇力帝环保产业园、智慧消防远程监控管理系统升级等6个技改项目完成投资2.5亿元，新增规模以上工业企业2家。宜昌木兰花物业服务有限公司、湖北清朗物业管理有限公司被纳入国家级2020年家政服务业提质扩容“领跑者”行动领跑企业名单。聚焦消费新热点，开展“‘五’动西陵、开心‘一’夏”“黄金五月”大促销活动。在全市率先发展外摆位经济，共设置外摆位1000余个，“五一”期间“线上+线下”销售总额超1亿元。发展直播电商经济，成立西陵区网商协会，开展全民视频直播大赛，300余场网络直播带动销售额逾4000万元。新增限额以上商贸企业25家、规模以上服务业16家。荣获“全省服务业发展突出贡献奖”。100个区级重点项目完成投资96亿元，12个省、市重点项目全部开工，完成投资42.6亿元。景深检验检测产业园、启迪环境宜昌总部大楼、宜昌人力资源服务产业园3个项目成功纳入全省服务业“五个一百工程”重点项目建设计划。在全市率先开展“云签约”活动，集中签约项目28个，总投资额76.39亿元，全口径到位资金39.1亿元，新签约铁塔5G产业基地、云晖九天科技总部等5000万元以上项目61个，投资30亿元的吾悦广场、投资20亿元的CBD三期、投资8亿元的亚行贷款PPP养老综合服务、投资6亿元的民康生物产业园等一批过亿元产业项目顺利开工，被评为“全省投资和项目建设贡献单位”。全年实施征收项目52个，完成签约1178户，环城南路、听涛路等23个地块、1593亩净地完成交付。完成了桃花岭小学周边交通改善、和平路排水管网改造、白龙井路一期等5个交通微循环畅通工程。

优化营商环境。制定《西陵区2020年优化营商环境重点任务清单》，逐条落实省优化营商环境30条。印发《西陵区打造“全省一流、全市标杆”营商环境实施方案》，进一步转变政府职能、提高服务质效。新政务服务大厅投入运行，所有承担依申请事项的部门100%进驻办事大厅。全面实行“一窗通办”和“一网通办”，完成网办件7万多件，网办件办结率100%，无超期件。大力推行全程电子化，实行“一窗发放”和3枚公章发放“零收费”。不断优化服务，政务服务大厅实行无偿帮代办。全国首推电子证照“宜码通”，市场主体只需亮码经营，就能实现亮照（证）经营、网上办照（证）、资金收付等多项功能。全社会研究与开发经费占地区生产总值比重提高到4.03%，净增国家级高新技术企业8家，达到49家，新增工程技术研究中心1家、工程研究中心1家。104家企业纳入国家科技型中小企业评价信息库。“科技副总”帮助企业研发科技项目9项，协助企业申请发明专利、实用新型专利、软件著作权10项，12家企业在武汉股权交易中心科技板顺利挂牌。着力打造“全省一流、全市标杆”的营商环境，建立十项制度，聘请一线体验员20名、信息监督员60名。稳步推进国有企业职工家属区“三供一业”改造、国有企业退休人员社会化管理等工作。120个供水、供气、物业改造小区全部开工，葛洲坝片区113个小区，实现业委会组建100%，完成40家国有企业的4.1万名离退休人员社会化管理等改革任务，1万余名退休党员纳入辖区社区党组织管理。

加强生态建设。持续保护绿水蓝天。环境空气质量稳中向好，出台《2020年西陵区打赢蓝天保卫战实施方案》《西陵区蓝天保卫战预警提示和履责约谈暂行办法》。辖区PM10、PM2.5和优良天数比例分别为61、40微克/立方米和84.4%，环境空气质量改善幅度位居全国前列。全区地表水水质考核达标率为100%，野猪林微动力污水处理站项目建成投入使用。扎实推进生态治理。长江流域西陵段全面实行禁捕退捕，全面完成河湖“清四乱”年度任务。以第四届“生态市民日”为载体，推广中医药文化倡导健康生活方式。沿江大道景观复绿、改造、更新面积2万余平方米，新栽绿植870余株，增设景观石70组。全力推进垃圾分类，建成除“三供一业”和征收区域外生活垃圾分类示范社区72个，居民小区561个。不断提升城市面貌。130个老旧小区完成综合改造，同步完成新建、改造停车位700个，未封闭的129个老旧小区已全部完成改造。完成小街小巷整治63个，拆除积存违建5万余平方米，安装路灯54盏。西陵二路快速路沿线立面整治完工8栋、在建18栋。新建菜市场1家、标准化改造7家，以城区质量最高、速度最快完成全市菜市场提质惠民三年行动。

增进民生福祉。全年累计为28991人次发放各类社会救助资金3774.48万元，同比增长1.6倍。为8337名因疫致困群众发放临时救助资金400万元。区慈善协会累计接收捐赠资金3771.05万元。2020年城乡居民医保参保人数13.14万人，参保人数与资金增长率均在8%以上，全市排名第二。新增就业5323人，城镇失业登记率4.65%。机关事业养老保险参保5625人，居民养老保险累计7525人，社会保险扩面新增9597人。公共服务水平持续提升。9个学校新改扩建项目扎实推进。学前教育新增普惠性学位900个，义务教育质量明显提升，顺利通过“全国义务教育优质均衡发展区”省级评估。保障全区2000多名教师顺利完成线上教学。开展以“中医进万家 健康你我他”为主题的“生态市民日”活动，打造“15分钟健康教育宣传圈”深受群众好评。社会治理不断创新。“横向+纵向”城市基层治理经验在全国、全省推介，相关做法写入省、市“1+1+11”制度体系中。完成社会组织等级评价工作。全市率先开展“诉调对接”矛盾化解工作机制，调解各类纠纷1226件，成功率达98%以上；受理各类法律援助案件 378 件，办理法律事项 2168 次，受理劳动监察类案件 145 件，结案率 98%，督促落实工资及社保待遇 230 万元。受理劳动人事争议案件 95 件，结案率 100%。纵深掘进扫黑除恶专项斗争，深入推进“打击整治电信网络诈骗专项行动”。非法集资陈案化解成果成效显著，“打早打小”“扫楼扫街”经验在省市予以推广，全年通过行政约谈，为辖区老百姓挽回经济损失近 3500 万元。全区安全生产形势保持总体稳定态势。

（西陵区发改局）

伍家岗区

【概况】 2020 年，伍家岗区全年实现地区生产总值 295 亿元，同比下降 10%；一般公共预算收入同比下降 44.1%；规模以上工业增加值增速下降 0.3%；固定资产投资同比下降 20%；社会消费品零售总额同比下降 25%；外贸进出口总额下降 20.8%。

疫情防控与疫后重振。全面加强疫情防控工作的领导，认真落实重大突发公共事件一级响应的具体要求，第一时间安排区直机关单位党员干部以“战时状态”迅速投入疫情防控主战场，率先在全市开展小区封闭管理，实施“无接触式”生活必需品配送。自 3 月 30 日全区实现“六个清零”以来，已连续 9 个多月无新增确诊病例、疑似病例、无症状感染者报告，守护了全区人民群众的生命安全和身体健康。惠企惠民政策落实到位。印发《国家、省、市关于金融支持企业复工复产政策》《国家、省、市疫情期间稳产稳企稳业政策一表清》，当好政策落实和精准服务“店小二”。推动中央支持湖北一揽子政策落地见效，争取上级补助资金 12 亿元，政府债券资金 2 亿元，抗疫特别国债资金 3128 万元，争取托育、老旧小区改造、灾后重建等 23 个项目中央预算内补助资金 3500 万元。67 家企业纳入国家、省重点保障企业名单。多渠道搭建融资平台，落实多项信贷政策，为企业累计投放贷款 111.24 亿元，切实为企业纾困解难。“双千”“双百”活动成效初显。印发《2020 年伍家岗区“百名干部进百企”服务活动工作方案》，全区 365 名联企干部深入企业，开展送政策、送服务活动，累计帮助企业协调、解决问题 253 项，协调问题数及办结率均居全市前列。

经济运行。“双轮驱动”持续发力，工业企稳回升。规模以上工业产值增长 1.8 %，全年增速由负转正，其中 5 月份当月实现正增长后，连续 4 个月实现两位数以上增长。规模以上工业企业利润总额达到 11.6 亿元，同比增长 14.8%。产业转型升级取得新成就。生物食品、先进装备制造、新型绿色建筑三大产业完成产值 77.8 亿元，占规模以上工业产值的 88.3 %，其中生物食品产业内销带动有力，拉动规模以上工业产值增幅 8 个百分点。净增规模以上工业企业 4 家，当年申报“隐形冠军”企业 8 家。中南橡胶集团有限公司、湖北红旗电缆有限责任公司、宜昌市五环钻机具有限责任公司等 21 家企业成为省工业企业品牌培育试点。工业企业技术改造取得新突破。深入对接省市工业技改三年行动，为辖区各类中小企业提供资金支持 1388.25 万元。安琪酵母细胞源（酵母）营养健康食品数字化车间实现生产全程数字化、智能化；燕狮科技全球首套炉前自动化作业系统在行业市场得到广泛运用。高新技术产业培育取得新成效。高新技术产业增加值占GDP比重 8%，同比提高 2.7 个百分点。全年新增 11 家高新技术企业，36 家高新技术企业成功申报省级科技型中小企业。安琪酵母股份有限公司、中南冶金研究所等 5 家企事业单位获得国家级科技创新专项资金支持。宜昌经纬纺机有限公司、宜昌市燕狮科技开发有限责任公司、宜昌神达科技有限公司 3 家企业被认定为省级企校联合创新中心。宜昌绿源饮品科技有限公司、宜昌市恒昌标准件有限责任公司等 3 家企业被认定为市级工程技术中心。宜昌市统领傢俬有限公司、湖北集防科技有限公司等 4 家企业挂牌“科技板”。

现代服务业加快复苏。全年服务业增加值增速下降 10%，比三季度收窄 5 个百分点。58 家规模以上服务业企业全部复工复产，营业收入降幅逐月收窄。2021 年净增规模以上服务业企业 15 家，净增“小进限”企业 33 家。物流产业提质增效。抢抓宜昌建设港口型国家枢纽承载城市机遇，实施“园区带动+企业升级+模式创新”发展路径，助推物流产业发展。全区拥有国家 A 级物流企业 24 家，位居全市 A 级物流企业总数第一，其中当年新增 A 级物流企业 6 家。三峡物流园获批国家市场采购贸易方式试点，12 月 25 日试运行“首单”出口。湖北宜昌交运集团股份有限责任公司、宜昌三峡物流园有限责任公司等 4 家企业确定为全省服务业“五个一百工程”重点企业。商圈经济效应明显。继续引导九码头、中南路、五一广场“三大商圈”消费升级和提档升级，万达广场在华中区域 A 类广场综合体恢复率中排前三；中南路片区新华广场、三峡环球港、兴发广场相继投入运营；长江国际文化广场、天悦广场和宜昌国际广场招商中；九歌里 4A 级文化休闲旅游区项目加快推进，着力打造华中首座大型文旅商综合体。夜间经济引领新消费。围绕“夜游、夜娱、夜食、夜购、夜宿”等消费元素，首创“商圈+展会”“白+黑”模式，政企联动打造“伍家夜宴”夜间经济品牌。开展“万市大集”亮灯仪式、“九歌里”开街仪式、“惠购宜昌”汽车消费展、宜昌·德国科堡国际啤酒节、兴发广场盛大启幕等大型主题活动，拉动消费近 5.3 亿元；支持重点商圈、北山超市外摆经营，带动夜间客流量超 10 万人次，助推疫后经济复苏。电子商务发展迅猛。在后疫情时代，引入社会资源，创新培训模式，通过电商直播“双线”培训、三峡物流园线下电商专场培训等方式，助力商家拓展电子商务线上业务。茶博士、三峡购物电商获评湖北省 2020—2021 年度电子商务示范企业，赛亚电商获评市级 2020—2021 年度电子商务示范企业。

推进重大项目。落实《区级领导联系推进11个重大项目清单》，扎实推进“四位一体”推进机制，实行项目从签订招商协议到投产运营13项节点全周期服务。13个省市重点项目开工率100%，投资完成率108%。招商引资和重点项目建设在同类县市区考核中位居前列。三峡（宜昌）大数据产业园顺利开园、安琪企业技术中心创新能力建设项目竣工投产；中燃三峡区域总部、共联滨江片区开发等项目有序推进。加大招商引资工作力度，疫情期间创新开展“云推介”“云洽谈”“云签约”，“屏端签约”44个项目，中燃三峡区域总部项目成为全市的第一个“云招商”在线签约项目。中电安智、都市电竞综合体等相关产业链项目成功落户。全年新签约招商引资项目75个，协议总投资365亿元。招商引资在建项目42个，实际到位资金62亿元。全年完成12个国有土地征收项目，净地交付469亩；集体土地征迁供地2500亩。对鄂西南应急物资保障中心、郑万高铁联络线伍家岗区段、白沙路延伸段及共联滨江片区等重大项目用地予以优先保障，为城市经济发展提供承载空间。

优化营商环境。开通涉企案件“绿色通道”，审慎办理各类涉企案件，涉企案件办理周期明显缩短。全面推动诉讼服务指导中心信息平台建设，在全市法院率先打造“伍家样板”。派驻工业园区法律服务站，“零距离”开展法律服务，打造“工厂门口的法律服务站”。制定《伍家岗区市场首次轻微违法经营行为免罚清单》，对市场主体首次轻微违法经营行为及时纠正的免予行政处罚，保护和激发市场主体活力。优化政务环境。“一网通办”实现数据多跑路。在全省率先实施“新生儿证件”一事联办，“我要开诊所”“我要开面包店” 等13件一事联办事项线下工作机制全部打通，有效解决群众办事重复提交材料、审批流程繁冗的问题。实现企业投资项目备案“不见面秒批”。组建全市首支工程建设项目“金牌代办队”，提供从企业登记、项目报建、招投标衔接到竣工验收等全菜单免费服务。降低市场环境运营成本。“免见面、免申请、免资料”简化退税工作，全年累计减税降费5.12亿元。在全市率先启动“证照分离”改革全覆盖试点，实现照后减证和简政便民。持续放宽市场准入，开展限制竞争政策措施的存量清理、增量严审，增强“清单之外无审批”的刚性约束。全区新增市场主体6961家，市场主体总量、增量和增长率均居城区首位。不断健全完善涉企收费治理长效机制，坚决预防和制止涉企违规收费行为发生。

统筹推进城乡建设。启动胜利一路、八宝塔、宝联三大片区57个老旧小区改造，受益群众1.9万人。新建和改造公厕29座，“厕所革命”三年行动圆满收官。打造4个生活垃圾分类示范片区，374个小区生活垃圾分类基础设施投放到位，生活垃圾分类走向全域覆盖。47部既有住宅加装电梯已通过审查，其中4部已投入使用、7部正在施工，城市基础设施“旧貌换新颜”。沿江大道延伸段建成通车，沈家店路、江临路、沈白路竣工通车，香城路、东风路、花宜路等项目加快建设。伍家岗小学过街人行天桥、仁和医院港湾式车站改造、博物馆、规划展览馆及秋雨台小区公交车站港湾式改造等一批畅通工程项目前期工作有序推进。生态环境质量持续改善。坚决打好长江大保护十大标志性战役，全面推进山水林田湖草生态修复试点项目，加快推进南湾村污水整治管道工程、码头修复，加大“一江两河六库”全面禁养力度，落实国家长江十年禁渔措施。常态化落实“河库长制”“山长制”，组织开展植树造林、湿地恢复等活动，加快“花园城市”建设步伐。完成荒山生态修复428亩，全域生态复绿240亩。高标准推动中央、省环保督查反馈意见整改落实，全力推进柏临河水质治理达标。环境质量持续改善，全年空气优良天数比例84%，PM10、PM2.5平均浓度分别下降22.5%、20.4%。

完善民生保障。全年民生投入占财政支出比重达到82.3%。坚持把就业作为最大的民生，通过招聘“点对点”、技术培训再就业、高校优质人才就业等方式稳就业，实现城镇新增就业4772人，城镇登记失业率4.65%。严格落实最低生活保障制度，扩大救助范围，基本实现救助政策“无盲区”、救助对象“全覆盖”，全年为11.64万人次发放各类社会救助资金3585.19万元，同比增长1.2倍。新建社区居家养老服务中心（站）和农村老年人互助照料中心10个。大力推进退役军人就业创业，做好军转干部、复退军人解“四难”工作。全面推动药品和医用耗材集中带量采购工作，逐步减轻群众医药负担。社会事业均衡发展。推进健康伍家建设，完善公共卫生服务体系，补齐卫生短板。白沙路社区卫生服务中心改扩建、区公共卫生应急指挥中心项目进入施工阶段；5个发热诊室规范化改造、基层公共卫生防控体系建设项目按期完成。城东社区卫生服务中心医养结合项目纳入全市试点，并投入运营。伍家岗区被授予国家慢性病综合防控示范区和全国健康促进区称号。不断加大教育项目投入，教育事业持续健康发展。联合中小学、李家湖小学、实验小学北山校区改扩建项目稳步推进中。民欣、共谊2所幼儿园秋季开园，19所小区配套幼儿园治理全部完成。伍家岗区入选国家级信息化教学实验区和全国青少年校园足球试点区。文化体育事业蓬勃发展，大公桥街道、宝塔河街道综合文化服务中心投入使用，东辰体育公园综合馆有序推进。积极创建省级公共文化服务体系示范区。成功承办“最忆是宜昌”非遗赶集会。长盛川青砖茶制作技艺入选国家级非遗项目。组织开展全国第七次人口普查。

（伍家岗区发改局）

点军区

【概况】 2020年，点军区统筹推进疫情防控和经济社会发展各项工作，全区经济运行逐步恢复，民生事业健康发展，社会大局和谐稳定，较好完成全年各项目标任务。

产业结构持续优化。园区建设加快推进。健全园区开发模式，明确投资主体，多渠道筹措资金，加快园区建设步伐。东土科技、龙腾红旗等重点企业快速发展，新型物联网仪表、江南科创园、智慧型精密空调制造等重点项目开工建设。园区首宗工业"标准地"顺利出让，完成鑫耀达、江南科创园、百联慧谷三期等5个项目280亩土地挂牌出让。新签约城市建筑材料循环利用、智能环保电力变压器等产业项目12个，总投资30亿元的中电宜昌产业园项目签约落地。加快传统产业技术改造，完成技改投资1.1亿元。现代服务业突破发展，卓尔集团三峡客厅选址敲定，锦瑟时光二期、车溪夜未央夜游等重点项目开工建设，书香府邸酒店、汇豪国际酒店等正式营业。都市农业稳步推进，农业生产基本稳定，牛扎坪田园综合体、楠木溪生态农业综合体等一批农旅项目顺利开工，精品采摘线路初具雏形。

项目建设逆势突破。全年开工建设重点项目130个，7个省市级重点项目开工率100%，完成投资14.11亿元，湖北航空学院一期工程主体封顶，翻坝疏港铁路、翻坝综合输油管道工程等一批重大项目推进顺利。制定《点军区2020年"三新"项目和"四上"企业培育专项考核办法》，建立"月督办、季通报、年考评"的推进机制。全年新签约投资5000万元以上重点产业项目34个、新开工项目15个、新投产项目16个，"三新"项目总数同比增加18个，增长38.3%，在全市三季度招商引资和重点产业项目建设专项考核中取得城区第二的历史最好成绩。新注册总部企业83家，注册资本11.22亿元。主动对接落实中央支持湖北发展一揽子政策，积极组织申报重点项目，共到位中央预算内投资资金6069万元，抗疫特别国债资金2145万元。

加快推进新区建设。伍家岗长江大桥开始桥面吊装作业，将军路、江南二路、南站路、点军路、牌坊坡路基本建成。大力实施安居工程。建成双福家园、阳光花苑等安置房8043套，完成分房2826套。全力推进征地搬迁，全年征收集体土地3091亩，拆除房屋883户，确保了宜长公路、卷桥河湿地保护修复工程等重点项目顺利开工。加快推进老旧小区改造，完成教工小区改造项目，启动杨家湾小区改造项目。扎实推进菜市场提质惠民工程，江南URD菜市场投入使用，佳和家园、白马溪、磨基山旅游综合体菜市场主体工程基本完工。

脱贫攻坚成效显著。全区7个省级建档立卡贫困村全部脱贫出列，8126名建档立卡贫困人口稳定脱贫，贫困户人均收入从3977元提升到12770元。实施扶贫项目98个，总投资1.9亿元。发放产业到户到人奖补资金789万元，贫困学生补助192万元，光伏收益229.4万元，完成消费扶贫近5000万元。建立完善防止返贫动态监测和帮扶机制，推进脱贫攻坚与乡村振兴有效衔接。稳步推进农村基础设施建设，新建农村路网68.9公里，新建、改造危病桥4座。加快推进城乡供水一体化，投资5600万元建成白云山、天王寺片区等9个安全饮水工程，农村供水公司化改革进展顺利，基本实现农村饮水公司化运营。农村电网改造升级和"智慧农村"建设加快推进，实现光纤和4G网络村村通。深入推进农村土地"三权"分置和集体产权制度改革，积极发展壮大村级集体经济，化解村级债务625.97万元，全区村级集体经济收入达到1689万元。

巩固生态优势。坚决打好长江大保护十大标志性战役，三峡集团共抓大保护长江南岸岸坡整治项目顺利推进。完成长江岸线造林绿化785亩。坚决落实长江"禁渔"政策，长江点军段303艘渔船退捕上岸。不断强化"河长制"，桥边河、联棚河、紫阳河水体稳定达标。精心实施山水林田湖草生态保护修复，卷桥河湿地生态修复工程开工建设，联棚河流域综合整治项目加快推进。持续开展"绿满点军""花漾点军"行动，严格落实"山长制"，累计恢复林地面积63.5亩，美化面积60万平方米。"四个三重大生态工程"基本完成，村庄清洁专项行动扎实推进，人居环境明显改善。

推进改革创新。高标准推进"十四五"规划编制，科学绘就发展蓝图。全面优化营商环境，制定《点军区2020年优化营商环境工作任务清单》，积极推进"放管服"改革，网办实现率达到100%，97%以上审批服务事项实现"最多跑一次"。深入开展"双千"活动，积极组织开展银政企融资担保对接，企业活力不断增强。全力推动惠企援企政策落地见效，全面落实减税降费政策，多举措助力企业加快复苏。

增进民生福祉。全力打赢疫情防控阻击战，强化"外防输入、内防扩散"各项措施，全区疫情防控取得重大成果。艾家镇表彰为全省无疫乡镇，区卫生健康局荣获省"抗疫先进集体"称号，魏海同志、望慧蓉同志荣获省"抗疫先进个人"称号。加快推进公共卫生应急管理体系建设，争取鄂西南（宜昌）重大疫情救治基地等重大医疗项目落户点军。全力以赴做好防汛救灾，妥善安置受灾群众，将灾害影响降到最低。坚持抓好稳岗就业，全区新增城镇就业2970人，失业人员再就业892人，政策补贴覆盖4218人，发放创业担保贷款293人5860万元，城镇登记失业率4.6%。城乡居民医保参保率98.6%，"四位一体"待遇保障水平稳步提升。不断提升教育环境，深入推进"区管校聘"体制改革，持续优化教师队伍，五龙小学正式投入使用。加强基层卫生服务体系建设，完善分级诊疗体系，加快推进家庭医生签约服务。大力开展爱国卫生运动和全国文明城市"四连冠"创建活动，成功举办宜昌市第35届菊花展，顺利举办宜昌市首届美丽乡村健康跑、宜昌市首届三峡关越野挑战赛等赛事活动。扫黑除恶专项斗争扎实开展，安全生产形势总体稳定。第七次全国人口普查工作稳步推进。国防动员、退役军人、人防消防、民族宗教、妇女儿童等工作全面进步。

（点军区发改局）

猇亭区

【概况】 2020年，猇亭区地区生产总值同比增长0.1%；规模以上工业总产值完成246.5亿元；规模以上工业增加值同比增速0.2%；全社会固定资产投资91.8亿元；社会消费品零售总额15.6亿元；外贸进出口总额31.7亿元，同比增长2%；一般公共预算收入5.01亿元；城镇、农村常住居民人均可支配收入同比分别增长0.2%、0.4%。全面完成市政府下达的节能减排和环境保护任务。

疫情防控。全面筑牢疫情防线，坚决打赢疫情防控的人民战争、总体战、阻击战。区委、区政府团结带领广大干部群众主动应对疫情大考，充分发挥基层党组织的战斗堡垒和党员的先锋模范作用，组织动员一线医护人员、公安干警、民兵预备役、社区工作者和广大志愿者、各级机关干部，主动当好疫情防控的“排头兵”，连续70多天奋战疫情防控一线，较短时间内实现本地确诊病例“清零”。全区累计发现确诊病例18例、疑似病例18例、治愈出院18例，在全市城区中实现确诊病例最少、治愈率最高、首个清零。创新推行“十户联防”“一队十员”工作机制，避免人员聚集。扎实做好医疗防护物资、生活必需品应急保供工作。快速复工复产。率先建立企业复工应急机制，精准推动复工复产，以最快速度打通产业链、供应链、服务链，经济社会发展从“暂停键”向“快进键”转变，重点企业在2月15日前实现正常生产，3月20日“四上”企业基本实现复工复产。

项目建设。全区坚持以“第一力度”推进“一号工程”。项目招引成效显著。围绕区内重点产业发展方向，大力开展专业招商、以商招商、产业链招商。2020年，全区新招引安琪生物科技产业园、卓尔航空城、佳海钢贸物流园、起帆电缆产业园等63个优质项目落户猇亭。重点项目推进有力。两次承办全市重大项目集中开工活动，2020年6月三峡国际博览中心等总投资70.1亿元的15个重点项目集中开工，2020年12月安琪生物科技产业园等总投资73.8亿元的12个重点项目集中开工。全年新开工5000万元以上产业项目80个、新投产项目54个。全年争取上级资金17.69亿元，其中无偿资金3.42亿元。37家企业纳入国家、省级重点保障企业，11家企业获得市级金融扶持，10家企业获得财政贴息专项再贷款6.6亿元，5家企业获得新增授信1.05亿元。

产业培育。紧盯汽车及装备制造、精细化工及新材料、生物医药、现代服务等产业，形成支撑经济快速发展的新格局。汽车产业稳步提升。出台广汽传祺地产车消费者购车补贴政策，争取广汽乘用车宜昌产能指标，推动广乘宜昌分公司加大生产力度，实现高峰日产近300台，全年产销突破3万台。广汽车身等零部件企业成长为规模以上工业企业，汽车零部件配套产业快速发展。化工产业转型提质。完成化工产业“关改搬转”年度任务。按照控制总量、减少面积、优化布局的原则，调整猇亭化工园空间布局获市政府批复。以兴发集团宜昌新材料产业园为依托，化工产业向微电子新材料、有机硅新材料产业链延伸取得较大突破。生物医药有新突破。三峡制药硫酸新霉素产业基地投产运行，安琪集团落户猇亭，计划投资19.4亿元建设安琪生物科技产业园，推动生物医药产业快速发展。现代服务业加快发展。努力克服三产疫后恢复慢、信心不足问题，着力实施服务业暖企行动，持续推动服务业倍增行动，荣获全省首批、宜昌唯一先进制造业和现代服务业融合发展示范区申报资格。预计2020年全区规模以上（限额以上）服务业企业总数达到70家，三产增加值占GDP比重较上年提升1.9个百分点。提振生活性服务业发展，开展“吃喝游购娱，猇亭等你来”等活动，商业三街和三峡奇石文化广场商圈地摊经济阶段性效果显著，电商产业逆势增长，楚昌百通等企业成功入驻，带动作用明显。三峡机场航线开发取得新进展，新增两条国内航线，城市通航点达42个。

优化营商环境。推进标准地出让，实现拿地即开工。制定《猇亭区2020年优化营商环境重点任务清单》，将省“黄金30条”、市级重点任务进一步细化明确为100条量化目标、193条具体举措，明确到区级责任领导、牵头单位和责任部门，确保省、市各项任务落实落细。每月明确重点工作任务，印发月度重点任务清单，推动工作落实。强化巡察督查，成立市区联动巡察组，开展联动巡察并对营商环境工作情况进行通报。全面完成猇亭产业园内13.51平方公里环境影响、节能等区域综合评价，部分综合能耗5000吨以下项目不再开展项目能评；对地形图测绘（含放验线）、施工图审查、消防审查等中介服务事项由政府购买服务；开展招商引资项目全程代办服务，从项目签约到项目投产，提供全流程、精细化、标准化、贴身式代办服务；常态化开展区领导和区直部门主要负责人“当好‘店小二’，换位跑审批”体验活动，及时发现并解决痛点堵点问题，项目备案实现“即来即办、急事急办、全面网办、15分钟办结”。

环境治理。打好污染防治攻坚战。第一轮中央环保督察任务全部整改到位，并顺利销号；省级环保督察17项任务、中央生态环境保护督察“回头看”15项整改任务达到整改要求。全区5套大气监测预警站实现环境空气质量实时监控。空气质量持续改善，优良天数比例达到85.6%。在虎牙滩砂石场和云池港开展长江流域水质在线监测，考核断面长江（云池左）达标率100%，善溪冲水源地水质达标率100%；磷石膏等固体废料堆场管理进一步规范，固体废物污染有效遏制。生态治理成效显著。加快推动与三峡集团合作总投资9.6亿元的宜昌市主城区污水厂网、生态水网共建项目一期PPP工程建设。成功举行“百日攻坚”行动抢抓建设节点，桐岭路改造、织布街江滩综合整治、全通码头段生态修复等3个项目基本完工，金猇路及猇亭大道古老背路—江峡路段、猇亭污水处理厂改扩建工程、高马河流域综合整治等7个子项加快建设。加速推进山水林田湖草生态保护修复工程，福善场水源地保护、三峡后续河道整治二期等项目抓紧实施。

城乡建设。按照国家和省市产业政策，结合全区发展战略和发展目标，确定1+11+X规划编制体系，统筹推进规划纲要和专项规划编制。精心谋划、梳理全区“十四五”时期重大工程项目、重大政策、重大改革举措等“三个重大”事项清单。围绕基础设施、社会公建、产业发展等领域谋划项目496个，计划总投资3680亿元。城乡发展深度融合。农业特色产业发展加快，农村人居环境持续好转。千亩荷花池、柑橘园、四季小水果采摘园初见成效。修编《猇亭区农村公路建设养护管理办法》，农村公路养护机制进一步完善。有序推动《猇亭区2020年城市重点基础设施建设计划》实施。统筹推进沿江大道延伸段、峡州大道（猇亭段）建设，安猇路（猇亭段）建成通车。完成3.06公里通村公路建设、13.57公里农村公路生命防护工程和14座农村公路危桥排查，组织开展123.12公里农村公路养护。加快补齐交通短板。协调推进宜昌公交集团公交停保场项目开工，计划2021年投入使用；六泉湖首末站正式投入运营。出租车投放获市委、市政府批复。组织实施金猇一路（实验小学）段贯通工程及镇中巷道路改造综合市政工程；推进猇亭大道（磨盘—古战场、虎牙—包家溪路、古老背路—江峡路）等13项雨污管网工程建设。

改革创新。科技创新取得新成效。培育省级细分领域隐形冠军企业12家，国家级专精特新“小巨人”企业1家。新增省级科技创新平台2个，市级工程技术研究中心1个，市级重点实验室3个，全区科技创新平台达到55个、高新技术企业48家。兴发集团芯片用超高纯电子级磷酸及高选择性蚀刻液生产关键技术获国家科技进步二等奖，中润纳米高性能石墨烯特种防腐涂料制备及产业化项目获评科技部“科技助力经济2020”重点专项项目。供给侧改革不断深化。全面落实减税降费政策，为区内各类企业减免税费7.9亿元。为209户承租国有资产类经营用房的中小微企业和个体工商户减免房租530万元。编制猇亭区存量土地招商地图，及时精准保障土地供应。多举措消化存量土地2362.72亩，盘活闲置土地644.86亩。街道社区管理体制改革纵深推进。优化社区设置，将22个社区优化设置为18个。加强社区综合服务设施建设，在各街道、社区建设集党群服务中心、便民服务中心、卫生服务中心等多功能于一体的社区综合服务中心。实现城市社区综合服务设施全覆盖。

民生保障。全年城镇累计新增就业4100人，城镇登记失业率控制在4.64%以内，城镇失业人员再就业1539人，其中就业困难人员再就业657人，吸纳大学生实习实训1868人，吸引大学生就业创业2068人。举办“‘春风行动’暨就业援助月”等各类招聘会61场，提供就业岗位2465个，达成就业意向2232人。基本养老保险扩面新增969人，城区养老保险参保率达到92%以上。扎实推进居民医保托底，为408人次提供医疗救助费70万元。在疫情期间为7000多名困难群众发放救助资金126万元。及时落实城乡低保调标政策，为714名城乡低保对象发放低保金398.7万元。为360人实施临时救助、慈善救助179.93万元，发放残疾人两项补贴68.47万元。卫生健康事业质效提升。纵深推进爱国卫生运动，深入推进全区环境卫生综合整治，成功创建省级健康促进区。全面推进家庭医生签约服务，共签约居民26863人，签约率39.45%。切实加强重点学科建设，5个继续医学教育项目入选市级项目库。全面推进疾病预防控制体系改革和公共卫生体系建设，4个项目获抗疫特别国债支持，并全部开工建设。教育文体事业全面发展。扎实做好复学复课，确保“停课不停教、停课不停学、停课不停育”，开展小学教育质量综合评价监测工作。猇亭区21名教师分别获得杰出校长、宜昌名师、学科带头人等市级荣誉，逐步形成青年名师领跑、卓越教师领航、教育专家领军的名师全覆盖良好局面。开展“五项五进”活动16场次。承办2020年湖北省青少年女子排球锦标赛。组织“猇亭三国传说”非遗项目传承人走进猇亭古战场风景区，成功申报“猇亭三国文化非遗主题旅游路线”为宜昌市十佳非遗文化主题旅游线路。在织布街挂牌成立武昌艺术专科学校抗日时期旧址。深入推行公共体育场馆免费、低收费向市民开放。全区人均体育设施场地面积达到2.5平方米。食品药品安全全面保障。明确食品安全四级责任，开展猪肉市场专项整治，实施小餐饮、小作坊提档升级行动。发放免费公筷1万双，公益宣传抽纸盒3000个，新建阳光厨房23家。完成食品药品监督抽检197批次、冷冻食品及从业人员新冠检测836批次，开展各类专项整治50余次。民生事业贴心惠民。推动社会治理现代化各项工作。持续开展“民心工程推进月”活动。扎实开展农村人居环境整治三年行动。全面完成农村、交通、旅游厕所建改任务，“厕所革命”三年目标圆满完成。

（猇亭区发改局）

夷陵区

【概况】 2020年，夷陵区完成地区生产总值531.66亿元，同比下降4.1%；规模以上工业总产值297.25亿元，同比下降5.2%；规模以上工业增加值增速同比下降3.1%；固定资产投资333.04亿元，同比下降14.4%；社会消费品零售总额159.66亿元，同比下降15.4%；地方财政总收入35.48亿元，同比下降20.9%；一般公共预算收入18.02亿元，同比下降25.3%；外贸进出口总额4.09亿元，同比下降59.5%；城镇、农村常住居民人均可支配收入分别同比下降2.1%、增长2.6%。全省县域经济考核表彰位列一类县（市、区）第4位。

疫情防控科学有效。始终保持大战状态、大考作风，科学应对疫情防控形势，动态优化完善防控体系，从严落实医疗机构疫情防控常态化管理，全区累计发现54例确诊病例，全部治愈出院，实现了医务人员零感染、确诊病例零死亡。全区生产生活物资储备充足，农资配运畅通，市场价格稳定。经济复苏步伐加快。在全市率先启动“点对点”包车助返岗行动，春茶生产在全省率先开园。全年规模以上工业企业主营业务收入利润率8.6%，规模以上工业企业亏损面5.6%。固定资产投资降幅逐月收窄。社会消费品零售总额较上半年收窄15.4个百分点，批发、零售、住宿、餐饮均连续4个月实现正增长。对上争取再创新高。推动中央支持湖北一揽子政策落实落地，减税降费4.82亿元，减免社保费2.06亿元、租金1855万元，争取特别国债、政府债券和中央直达资金24.6亿元。政银企对接到位资金20亿元。全区12家企业获得专项再贷款1.62亿元，利率低至1.6%以下。

有效投资稳定增长。投资结构持续优化。民间投资占固定资产投资比重达79.6%，技术改造投资占固定资产投资比重25%，工业投资占固定资产投资比重43%。产业项目支撑有力。全区共举办重大项目集中开工活动2次，集中开工重大项目27个，总投资122亿元。宝上铜业、喜立医用软管等一批重大项目落地开工，恒安药业中药材配方颗粒、振远同康、祥临科技热电联产等项目投产。2020年纳入省市考核的三峡卷烟厂易地搬迁技改和原料库、三峡翻坝江北高速公路等省重点项目4个，完成投资23.17亿元，占年度计划122%，夷陵万达广场、湖北腾创三峡研学教育产业园等市重点项目11个，完成投资48.74亿元，占年度计划130%。招商引资逆势推进。切实抓好招商引资“一号工程”的落实，实施补链、强链、延链精准招商，全面提升招商质效。全年新签约金宝乐器、宜牧食品、绿山墙产业园等重点产业项目154个，到位资金90.92亿元。重大基础设施建设进展顺利。三峡枢纽茅坪港疏港铁路、郑万高铁联络线项目全面启动。荆门至宜昌段沿江高铁、宜昌北站站场建设项目进展顺利。

产业结构调整。工业质效同步提升。新增规模以上以上工业企业20家。食品饮料、装备制造、生物医药等六大主导产业实现产值235.24亿元，占规模以上工业总产值的79.1%。恒安芙林等龙头企业高质量发展指标远远高于全区平均水平。均瑶大健康成功上市，稻花香酒业股份有限公司成为全区首家通过国家“两化融合”管理体系评定的企业。工业技改助推绿色发展。全区114个工业技改项目累计完成投资87.28亿元，占工业投资比重61.6%。赛德化工关停和昌泰民爆改造工作全面完成。磷石膏综合利用率42.8%。服务业持续恢复。全区实现服务业增加值259.71亿元，占GDP比重48.8%。新增限额贸易单位50家，规模以上服务业企业8家。“惠游湖北”释放政策红利，全年旅游接待人数2040.5万人次，综合收入189.5亿元，分别恢复到2019年的99.5%和84.9%。太平溪镇许家冲村获评“湖北省旅游名村”，许家冲村、青龙村入选第二批全国乡村旅游重点村。三峡大瀑布创5A通过省级预审，蓝之美生态乐园成功创建3A级景区。南岔湾石屋民宿、“809微度假小镇”成为新的网红打卡点。消费热点培育升级。壮大商业经济，点亮夜间经济，逐步释放消费潜力。万达广场、恒大酒店如期营业，三峡国际会展中心建成。商品房销售面积108.07万平方米，销售套数8254套，分别同比下降5.2%、12.4%。成功创建省级电子商务示范基地，全区电商交易额突破180亿元，同比增长20%。科技创新赋能产业升级。全年高新技术产业增加值占GDP比重达7.8%以上。R&D经费投入11.21亿元，占GDP比重2.07%，同比提高0.73个百分点。净增高新技术企业18家。醉三峡获批国家级“众创空间”，俏牛儿、众赢药业获批省级“星创天地”，西塞国、山里来等6家企业获批市级“星创天地”。晓曦红农业科技入围湖北省第一批乡村振兴科技创新示范基地。夷陵区被纳入全省第二批创新型县（市区）建设单位。

乡村振兴步伐加快。农业生产稳产提质。全年农林渔牧总产值113亿元，同比增长3%；全年粮食播种面积62.02万亩，粮食总产量20.26万吨，与去年基本持平；油料产量2.77万吨，同比上升0.7%；柑橘、茶叶、蔬菜总产量分别为75.2万吨、2.97万吨、85.36万吨，分别同比上升7%、基本持平、上升2.14%。生猪出栏48.01万头，家禽出笼440万羽，肉牛出栏0.3万头，肉羊出栏6.3万只。现代农业加快发展。建成标准化茶叶加工厂10个、高效生态茶园1万亩，新建精品桔园5000亩、生态桔园1万亩。恒大农牧现代柑桔产业园项目全力实施。樟村坪镇黄马河村高山蔬菜建设项目作为典型案例在全省推介。国家有机肥替代化肥项目实施取得良好成效。成功出具全省第一张电子动物检疫合格证明，荣获第二批“湖北省农产品质量安全县（市、区）”荣誉称号。美丽乡村建设加快推进。新增美丽乡村15个，农村饮水安全、垃圾清扫清运、公厕管护、硬化路、客车双通、农家书屋实现全覆盖，瓦窑坪村获评“省级美丽家园”。落实移民帮扶资金1.76亿元、移民直补资金1898万元。建立健全农村人居环境整治包保联系制度。“厕所革命”全面启动验收。建设“美丽宜道”23.8公里，硬化农村公路80公里，宋百路成网红打卡公路。扎实推进农村生活垃圾分类和资源化利用。鸦鹊岭、樟村坪、龙泉、太平溪获评国家卫生镇。统筹资金4.06亿元，实施扶贫项目376个，完成危房改造1963栋，发放扶贫小额贷款3541万元，农村3万多贫困人口全部脱贫。

城市功能日趋完善。主城融合全面突破。围绕主城融合攻坚，打通大动脉，畅通微循环。互联互通宜昌主城三路一匝项目全面竣工。发展大道改造全面启动。港窑路夷陵区段东方大道中桥通车。三峡江北翻坝、发展大道延伸段建设项目一期（南村坪段）具备通车条件。片区开发有序推进。

虾子沟片区三峡游轮中心、夷陵三巷、原市委老干部局地块等征收工作进展顺利。三峡专用公路“高改快”建设项目、小鸦路快速化改造工程、高铁北站、南采溪、月儿湾片区方案研究工作全面启动。基础设施建设提档升级。雾殷路、峡安线、竹大路改造完成，港窑路一期、赵沙路一期主体完工。马兰路（夷陵医院段）、体育广场及周边道路工程已开工。罗河路二期、平湖绿岛建成通车。住房保障全面提升，实施老旧小区改造27个。完成农村公路安防287公里，21座危桥改造项目已全部启动。

环境治理效能提升。污染防治力度加大，全区PM2.5、PM10平均浓度41微克/立方米、58微克/立方米，同比下降21.2%、18.3%。空气质量优良天数312天，同比上升21.9%。全年主要河流省控、市控断面考核达标率85.7%，官庄水库水质达标率100%。黄柏河东支流域11个生态补偿监测断面达到或优于Ⅱ类水质占比96.6%，同比提高1.11%。5个水功能区监测断面均稳定达标。河湖长制持续引领，夷陵区上榜省河湖长制示范县，黄柏河、暮阳溪等被评为“湖北省示范河湖”。郭家湾污水处理厂新建、城区污水处理厂改造、三环湾垃圾填埋场封场等项目全面启动。环保督察反馈问题整改持续推进。体制机制不断创新。持续推行“纪监+检察+审计”3+3监管体系，稳步推进玛瑙河流域生态补偿保证金、生态补水与水质断面考核双“挂钩”试点。率先在全省推行小微水体“分类”整治。“黄柏河流域保护经验”作为“宜昌经验”向外推介。长江大保护PPP项目全力推进，共抓大保护长效机制逐步建立。生态底色更趋鲜亮。完成长江两岸造林绿化490亩15.5万株。建设口袋公园10处，新增城市绿地40.2万平方米。扎实开展省级生态文明建设示范项目和环百里荒乡村振兴试验区创建“两山”实践创新基地。积极推进全区绿色矿业发展示范区建设，12家纳入全国绿色矿山名录库。全区森林覆盖率达到79.89%。

优化营商环境。深入推进“放管服”改革。争做企业“店小二”，积极打造“夷陵快办”品牌。深入推进行政审批事项改革，在全市率先实现消费维权“十线合一”，率先探索推行“一照通”“先证后核”改革。石牌旅游码头多年办证难题破解。营商环境评价排名位居全市第一。企业要素保障不断增强。全区存贷款余额分别为511亿元、466亿元，比年初分别增长11.6%、10.7%。扎实开展“双百”活动，为企业排忧解难。加强信贷纾困，累计贴息（含展期）13.89万元。新增创业担保贷款4.23亿元。32家企业被评为省级“守合同重信用”企业。开放水平不断提高。全年利用外资2626万美元，同比增长31.24%。到位对口支援资金9771万元，项目62个。开展网络直销、展销会、博览会等活动，线上线下销售农旅产品达550万元，签订销售协议2.1亿元。

民生保障持续增强。全年民生支出49.2亿元，占财政支出的83%。全年城镇新增就业8256人，登记失业率为2.5%。“圆梦夷陵”计划全面实施。先后接纳3538名在校大学生来夷实习实训。全力开展全民参保扩面专项行动，全区参保率达94%。全年共发放社会救助金2.9万人次1.39亿元，异地就医直接结算720人次，842.9万元，落实药品集中带量采购三批次，集采药品价格平均降幅58%。在全市率先启动5G建设，全区移动互联网宽带用户普及率79.83%。“快递进村”全覆盖。社会事业全面加强。“区管校聘”改革声名远播。学前教育普惠率达82%。东城小学主体结构完工，实验初中新校区建成，区域教育现代化先进学校创建全面完成，夷陵区被中央电教馆认定为全国在线教育应用创新项目区。积极构建“一主三副”血透网络布局。分级诊疗制度继续实施。夷陵区创建湖北省基层卫生综合改革联系点通过省级验收。全国“救急难”综合试点工作稳步推进。妇儿医院试运行。夷陵医院雾渡河镇分院业务综合楼建设项目开工建设。高铁新城人民医院规划编制全面启动。文化中心主体工程完工，足球公园建成开放，体育馆改建完成。综合治理精细高效。全区社会持续稳定。深入开展扫黑除恶专项斗争，荣获全省扫黑除恶专项斗争先进单位。“七五”普法工作顺利通过市级评估验收。第七次全国人口普查初战告捷。组织开展非法捕捞、野生动物、河道违建、食品药品、特种设备领域、非洲猪瘟防控等系列专项行动。应急救援、防震减灾救灾能力持续增强。智能化社区治理“夷陵样本”经验全省推介。

（夷陵区发改局）

宜都市

【概况】 2020年，宜都市实现地区生产总值640亿元；规模以上工业增加值同比下降12.3%；固定资产投资316.5亿元，同比下降23.5%；社会消费品零售总额127.9亿元，同比下降18.6%；外贸进出口总额27.36亿元，同比下降14.9%；实际利用外资3551万美元，同比下降41.6%；城镇居民人均可支配收入达39923元，下降1%；农村居民人均可支配收入23276元，增长2.3%。

疫情防控。全面打响疫情防控人民战争、总体战、阻击战。率先实行交通管制和小区封闭管理，率先启动隔离病区建设，以硬核举措外防输入、内防扩散，用9天实现确诊病例零新增、63天实现确诊和疑似病例双清零，成为全省首批11个低风险地区之一。统筹疫情防控和经济社会发展，全面推进复工复产、复商复市。创新推出“1＋1＋N＋K”模式，出台稳企惠企政策措施，安排助企纾困资金5000万元，“点对点、一站式”组织1.5万人返岗复工。经济运行全面复苏，跻身赛迪全国县域经济百强第77位。抢抓中央支持湖北一揽子政策机遇，争取55家企业纳入国家和省级重点保障、中央和省预算内投资2.05亿元。获批建设用地指标4442亩、林地指标2630亩。市国通公司发行企业债券2

支、规模25亿元。

项目建设。全年新签约重大项目206个，协议投资175.6亿元，实际到位资金280.7亿元。全省疫后重振重大项目、招商引资暨长江大保护十大标志性战役现场会首站参观宜都。新开工项目213个，新投产项目154个。9个省、市级重点项目开工率100%，完成投资33.4亿元，占年计划的120.1%。谋划实施疫后重振补短板强功能“十大工程”项目78个，完成投资23亿元。谋划实施县城城镇化补短板强弱项项目79个，完成投资35.5亿元。建成化工园区道路7.64公里。宋高路、橘园路建成投用，G318改扩建工程一标段全面完工，宜都长江大桥通车在即，三江收费站提前撤站。全年完成民间投资255.9亿元，同比下降23.8%，占固定资产投资比重达80.9%。完成工业投资188.1亿元，下降25.9%，降幅较上半年收窄29.1个百分点。实施工业技改项目215个，完成投资123.4亿元，占工业投资比重达65.6%。

产业发展。制造业加快转型。完成规模以上工业总产值769.3亿元，下降13.1%。化工转型升级取得决定性进展，新关停企业4家，拆除老厂6家，华阳化工、新洋丰、华昊新材料、星兴蓝天等项目即将建成。新增规模以上工业企业13家。3家企业上榜湖北民企百强，9家企业跻身湖北民企制造业百强。新增省“两化”融合试点示范企业4家、“隐形冠军”企业2家。现代服务业稳步发展。新增限额以上商贸企业15家、规模以上服务业企业9家。第三产业增加值占生产总值比重达40.5%。获批创建荆楚文旅名县。清江天龙湾获评4A景区。青林寺、全心畈村入选全国乡村旅游重点村。成功举办中国农民丰收节湖北主会场活动。“惠游湖北”政策红利不断释放，全年接待游客352.8万人次，实现旅游综合收入31.5亿元。现代农业高效发展。新建柑橘标准化基地2万亩、优质茶示范基地3000亩、品改示范园2000亩。生猪产能基本恢复。新增“两品一标”27个。宜都宜红茶入选首批中欧地理标志产品互认目录。

生态建设。积极推进污染整治攻坚。环保督察反馈问题整改不断深入。污染防治持续深化，环境质量有效改善。完成“散乱污”企业整治5家、挥发性有机物治理3家，PM2.5、PM10平均浓度分别下降17%、19.7%，空气质量优良率达85.8%。水污染防治行动扎实开展，完成19项河湖整治清“四乱”任务。贯子湖、南桩桥湖生态治理成效明显。“两江一河”退捕禁渔有效落实，退捕渔船349艘，安置渔民679名，1205艘“三无”船舶全部上岸。依法关闭矿山7家。生态修复工程加快实施。长江枝城段生态修复和环境治理全面完成。山水林田湖草生态保护修复工程加快实施，完成投资10.9亿元。建成规范性岸电桩47个。石柱垃圾转运码头建成投用。化工园入选国家绿色工业园区。磷石膏综合利用率提高到45.5%。枝城全域国土综合整治纳入省级试点。高坝洲污水处理厂改扩建、城东污水处理厂新建工程建成投用。新建高标准农田1.22万亩。新建美丽宜道100公里，建设省美丽乡村示范村5个、整治村20个，6个村被评为国家森林乡村。

优化营商环境。“放管服”改革纵深推进，分解落实优化营商环境工作任务32项，“科创贷”创新成果全省复制推广，跻身赛迪营商环境全国百强县第88位。开展“千名干部进千企”活动，制定稳企稳产稳岗政策“一表清”，277名“店小二”挂牌帮扶670家企业，解决难题529个，减税降费近7亿元。开展“金融稳保百千万”活动，搭建“企业方舱”，新增企业贷款16.8亿元，存贷比提升到76%。银行不良贷款率保持低位。“互联网+政务服务”加快推进，率先建成“多规合一”平台，政务服务事项可网办率超99%，“一窗通办”事项达100%，实现政务服务“好差评”全覆盖。重点领域改革持续深化。供给侧结构性改革深入推进。街道管理体制改革落地见效。农村乱占耕地建房清理整治有序推进，集体经济组织登记赋码颁证顺利完成。入选全国县城新型城镇化建设示范、全国农村公路管养体制改革试点。创新创业活力充分激发。高新技术产业增加值占生产总值比重18%。国家创新型县（市）建设深入推进，科技创新考核获全省优秀，入选全国“100+N”开放协同创新体系建设首批试点、全省可持续发展实验区。转化科技成果20项，净增高新技术企业17家。新增民营企业1156家、个体工商户5190家。

社会民生。决战决胜脱贫攻坚。坚决打赢打好精准脱贫攻坚战，“两不愁三保障”全面落实，18个贫困村全部出列，21729人稳定脱贫，绝对贫困成为历史。扶贫成效考核连续两年获全省优秀，代表湖北高标准通过2020年度国家脱贫攻坚成效省际交叉考核。全面小康指数居全省第1、全国第26位。基本民生保障有力。民生支出占公共财政预算支出比重达75%。新增城镇就业8194人，创业带动就业4742人。基本养老保险参保31.41万人，基本医疗保险参保37.05万人。健全社会救助、保障标准与物价上涨挂钩联动机制，发放价格临时补贴1829.1万元，惠及困难群众12.1万人。惠民工程加快推进。建成棚改安置房1517套，改造老旧小区3个，新增停车泊位550个。整治城市重要节点10处。改造提升“四好农村路”43公里。新增天然气用户5339户。建成5G基站96座。新建核酸检测实验室4个、规范化发热门诊8个，公共卫生补短板经验全省交流。小区配套幼儿园建设管理逐步规范，市一中南区教学楼建成，市职教中心实训楼、市二中地下通道启用。市民活动中心加快建设，宜都大剧院全面建成，会展中心、文化馆、图书馆即将开放。新时代文明实践中心建设有序推进。2个村级全民健身示范工程、1个社区运动场建成投用。社会事业全面发展。市中医医院成为三级中医医院。荣获全国计划生育优质服务先进单位。医护人员抗疫临时性工作补助政策全面落实。市文化馆获评全国服务农民服务基层文化建设先进集体。优先安排教育经费5.75亿元，切实保障义务教育阶段教师待遇。蝉联全国文明城市“两连冠”，被命名为国家卫生城市，五眼泉镇荣膺全国文明乡镇。社会保持和谐稳定。群众安全感指数稳居全省前列。

（宜都市发改局）

当阳市

【概况】 2020年，当阳市实现地区生产总值480亿元；产业结构不断优化，三次产业结构调整为17.5∶39.5∶43.0；完成固定资产投资277.2亿元，同比下降15%，高于宜昌市平均水平5.5个百分点；完成规模以上工业总产值625.9亿元；完成社会消费品零售总额144.33亿元，同比下降14.4%，高于宜昌市平均水平4.3个百分点；地方一般公共预算收入8.22亿元，税收占比81.6%。城乡居民人均可支配收入分别达37151元、23224元。保持经济社会发展总体向好的趋势，居“2020中国中部地区县域经济百强”第35位，再进13位，居“2020中国县级市全面小康指数百强”第77位，再进4位；获评“全省首批创新型县市”“全省科技创新综合考评先进县市”；蝉联三届“全国双拥模范城”。

疫情防控有力有效。始终坚持把人民生命安全和身体健康放在第一位。新冠肺炎疫情发生后，第一时间组建疫情防控指挥部，在全省第一批封城、率先实行“两联一包”机制，全市上下坚守战位，社会各方全力支持，取得了61例确诊病例治愈率100%、患者零病亡、医护人员零感染的决定性成果。因应疫情变化，持续抓好“外防输入、内防反弹”工作，抓实常态化疫情防控。

经济运行企稳回升。工业经济持续回暖。市场主体不断壮大，全市规模以上工业企业总数达229家。企业技改深入推进，完成工业技改投资116.33亿元。中国（当阳）绿色建材高质量发展论坛在当阳市成功举办。国家高新技术企业达37家，高新技术产业增加值占GDP比重预计达18%。新增宜昌市级科技企业孵化器1家，宜昌市工程技术研究中心3家，宜昌市企业重点实验室1家。宜昌新成石墨有限责任公司获评2020年度湖北省科技型中小企业创新奖。湖北东田微科技上市辅导备案获省证监局审核通过。

项目建设稳步推进。强化产业链招商，中材节能二期等209个项目成功签约，实际到位资金272.6亿元。落实落细中央一揽子政策，积极服务企业复工复产。投资5000万元以上在建项目295个，完成投资261.1亿元；182个项目建成投产。新建5G通信站点200个。环百里荒乡村振兴试验区当阳片区、玉和片区基础设施基本完工。引漳入城供水工程、土峡路改建等一批重点项目稳步实施。争取中央、省预算内资金及地方政府债券和抗疫特别国债44.04亿元，额度创历史新高。成功发行企业债券10亿元。谋划“十四五”重大项目1565个，总投资超万亿元。

农业生产保持稳定。成功应对60年一遇梅雨期持续降水。粮食生产喜获丰收，生猪生产加快恢复，老百姓的“米袋子”“菜篮子”“肉盘子”安全稳定供给。农业“两品一标”达53个。规模以上农产品加工企业达88家，完成农产品加工产值198.35亿元。农业机械化装备水平不断提升，农机总动力达到81.24万千瓦，荣获“全国主要农作物生产全程机械化示范县（市）”称号。特色农业高效发展。民天米业秋慕思田香米荣获“中国好粮油”称号。两河和坝陵打造特色蔬菜小镇成效初显。获农产品质量安全检测资质，检验检测水平持续提高。全国农村集体产权制度改革试点任务全面完成，顺利通过农业农村部验收。

服务业发展动力强劲。全市规模以上服务业企业总数达111家，限额以上商贸企业达214家，规模以上服务业企业营业收入增长12.1%，高于宜昌市平均水平12.9个百分点。玉泉山关陵景区5A创建扎实推进，“关雎河畔”“红林庄园”被纳入省“五个一百工程”重点服务业品牌；开心物流、万里运输被纳入省重点物流企业。对外贸易经营者备案登记企业达到80家，自营出口企业达到30家以上，外资企业达到25家以上。截至12月末，全市存贷款余额分别达340.38亿元、232.32亿元，分别增长14.12%、26.69%。

各项改革深入推进。营商环境不断改善，企业开办实现半天办结；不动产登记压缩至2个工作日。办电“321”、供水“321”、供气“310”服务有效推行。工程项目审批制度改革实现“74、53、20”目标。“标准地”出让改革有序推进。“微信视频通”帮办代办模式得到省评价组高度肯定。“双千”活动持续深化，摸排企业诉求357项，办结率100%。城市信用监测排名位居全国385个县级市第69名，居全省25个县级市第3名。区域节能报告编制完成。农业水价综合改革工作成效显著，全省农业水价综合改革现场会在当阳召开。河溶镇行政管理体制改革持续深化。街道管理体制改革全面完成。

民生福祉不断改善。脱贫攻坚成效显著。统筹财政资金1.32亿元助力脱贫攻坚，实施项目178个。为5857户贫困户发放产业扶贫奖补资金864.6万元。投入280万元实施“防贫保”，因病因意外致贫返贫风险根本消除。在省扶贫开发工作成效考核中，综合评价为“好”。民生保障不断提升。长江流域重点水域禁捕退捕工作扎实开展，48名渔民得到妥善安置。获评“全省返乡创业示范县”。社保卡持卡人数达47.08万。帮助1198名农民工追讨欠薪717万元。适时启动社会救助和保障标准与物价上涨挂钩联动机制，累计发放价格临时补贴2171.99万元。文明城市创建深入推进，入围第七批全国文明城市提名资格城市。社会事业协调发展。农村人居环境整治三年行动圆满完成。第七次全国人口普查顺利开展。玉阳中学迁建有序推进。"停课不停学"经验获省优秀案例一等奖。强化"双向转诊"，县域内就诊率达90%以上。公共安全全面加强。政府债务风险等级被省政府评定为绿色。安全生产专项整治三年行动扎实推进，安全生产形势持续稳定。扫黑除恶专项斗争深度掘进。矛盾纠纷"大排查、大整改"专项行动深入开展。基层治理扎实有效。市法律援助中心被评为"全国法律援助工作先进集体"。新时代文明实践志愿服务积极开展。照耀村入选"全国乡村治理示范村"。

（当阳市发改局）

枝江市

【概况】 2020年，枝江市实现地区生产总值564亿元，同比下降3.9%；规模以上工业增加值同比下降1.2%；全社会固定资产投资同比下降14.8%；社会消费品零售总额同比下降15%；外贸进出口增长9%；城镇常住居民人均可支配收入同比下降2.7%，农村常住居民人均可支配收入增长2%；城镇新增就业6989人；城镇登记失业率3.27%。

产业发展。全年新增规模以上工业企业14家，总数204家，累计实现工业总产值584.1亿元。"4+2"产业实现产值486.2亿元，占全市工业总产值比重达83.2%。全省首个5G智能工厂投入使用，三宁化工跃升至中国民营企业500强第394位。恒友化工连续两年入选中国精细化工百强。奥美医疗与国药集团联合，产值、利润大幅增长。枝江酒业与江苏综艺集团重组，打出"新政+新品"组合拳加速振兴。江宸公司与盟固利公司正式结盟，国有投资在锂电新能源领域取得关键成果。全市新增2家省级两化融合示范企业。三宁化工、奥美医疗通过国家两化融合贯标审定，奥美医疗医用敷料智能工厂项目被评为全省人工智能十大应用案例。深入推进化工企业"关改搬转治绿"后续任务，23家企业已通过宜昌市化转办验收销号，2家正在加快建设，中石化湖北化肥厂PGA项目加快推进。姚家港化工园成功入选全国第五批绿色工业园区、第三批中国智慧化工园区试点示范单位。第三产业逐渐回暖。全市服务业市场主体35362户，同比增长9.97%。"枝滋有味""东方年华"品牌被纳入省级"五个一百工程"重点品牌。全市共建成3个淘宝镇、15个淘宝村，获评全省唯一全国淘宝村百强县，获批全国电子商务进农村综合示范市、全国"互联网+"农产品出村进城工程试点市。枝江市电商产业园被评为全省电子商务示范基地、全省第四批现代服务业示范园区。三宁公司被认定为全省电子商务示范企业。组织开展"与爱同行·惠游湖北·相约枝江"活动，举办首届三峡农耕文化旅游节；东方年华、同心花海被评为3A级旅游景区。2020年接待游客216万人次，实现旅游综合收入15亿元，分别恢复到同期的83.1%和83.3%。安宁物流园、三峡农旅电商物流商贸城一期基本完工。成功引进顺丰集团，共建华中地区第一家县级电商智慧云仓。农业生产保持稳定。建设优质粮食基地20万亩、标准化水果基地8.5万亩、标准化蔬菜生产基地4万亩，获评全省"优质粮食工程"重点县，枝江"优质粮食工程"典型做法获央视新闻频道专题报道。整市推广肉牛养殖"3321"模式，发展示范户100户。枝江夷陵牛在首届中国牛·优质牛肉品鉴大会上获得"最具特色奖""最具效益奖"荣誉称号。成为全国首批农作物病虫害绿色防控示范县、农业农村部渔业健康养殖示范县。成功举办枝江玛瑙米迎丰收暨"粤鄂同心·感恩大湾区"现场会和第二届枝江脐橙开园节等农业品牌推介活动。仙女镇入选全国农业产业强镇建设名单，七星台镇入选全国乡村特色产业十亿元镇，百里洲砂梨荣获亚果会"最受欢迎的果品区域公用品牌100强"，百里洲镇三洲村入选第十批全国"一村一品"示范村。全市"三品一标"认证企业达到47个、农产品达到82个。

项目投资。有效投资持续增长。全市投资单月增幅自7月起由负转正，累计降幅逐月收窄，由2月份的−70%回升至12月份的−14.8%，全年完成投资278亿元。全市5000万元及以上产业项目投资216.3亿元，占比87.6%；工业项目投资173.7亿元，占比70.4%；工业技改项目投资127亿元，占工业项目投资比重65.8%。产业项目占比进一步提高，工业占比保持稳定，技改占比渐趋合理。圆满承办"石油和化工行业发展峰会暨中国化工报理事

2020年，湖北三宁公司乙二醇项目建设现场

会第十六次年会”，成功举办粤港澳大湾区“勇立潮头·资智兴枝”产业投资洽谈会等大型招商活动，全年新签约投资5000万元以上重点产业项目212个，全口径到位资金280亿元。全省重大项目、招商引资暨长江大保护十大标志性战役现场推进会参观枝江。项目建设有序推进。三宁化工60万吨乙二醇、恒友化工3000吨五氯吡啶、仁峰新材料10万吨塑料管材等项目竣工投产，新投产项目172个。联昌新材料6万吨医药中间体、奥美医疗疾控防护用品生产基地、汇伦药业高端原料药生产基地项目等重大项目开工，全年新开工投资5000万元以上产业项目127个。三宁化工酰胺及尼龙新材料、当枝松高速（含枝江百里洲长江大桥）、宝晟得药业年产2400吨酰氯类及5600吨硅烷类精细化工产品等重大项目前期工作加快，谋划储备项目166个、计划总投资803亿元。围绕中央重点支持领域和特别国债专项，向上申报项目242个、总额度117.6亿元。紧抓中央支持湖北一揽子政策，争取上级补助资金9.37亿元，争取省级转移支付资金28.23亿元，争取到位政府债券8.68亿元。向上争取增加信贷规模，全市各项贷款余额247亿元，同比增长14.83%，总量位居宜昌市第一。对22家防疫重点保供企业发放专项再贷款10.5亿元。发放支农支小再贷款10.29亿元。市国有担保公司提供贷款担保6.11亿元。

三大攻坚战。脱贫攻坚取得胜利。全市已累计完成10867户29502人减贫目标，所有贫困人口已全部脱贫销号，30个贫困村全部出列，“两不愁三保障”突出问题全部解决，绝对贫困现象基本消除。积极克服疫情影响，多途径抓好产业发展，不断推动稳岗就业，2020年贫困人口就业人数达到8947人，较上年增加14%。全面落实健康扶贫、金融扶贫、消费扶贫、兜底保障等帮扶政策，因人因户精准落实帮扶措施，建立防贫保障机制，全市脱贫不稳定户和边缘易致贫户397户1027人消除了返贫致贫风险。污染防治有力推进。聚焦污染防治，打好蓝天保卫战、碧水保卫战、净土保卫战。积极推进环保督察任务整改。全市空气环境质量PM10、PM2.5年均浓度分别同比下降17.7%、16.7%，优良天数比例91.8%，同比增加46天。严格实行河（湖库渠）长制，将全市“一江两河百湖”全部纳入监管范围。优化水质考核生态补偿奖惩机制。长江、沮漳河两个国（省）控断面平均水质达到Ⅱ类，全市8个重点湖泊消除劣Ⅴ水质，6个湖泊达到或优于Ⅳ类。两个城市集中式饮用水源地达标率100%。姚家港水上洗舱站建成投入试运行。严格实施禁渔退捕，禁渔工作经验获央视报道。推进农业面源污染治理，实施畜禽粪污资源化利用整县推进项目。重大风险有效化解。成功应对疫情挑战，用15天成功遏制疫情蔓延势头，25天新增病例清零，43天确诊病例清零，至今无新增确诊病例，疫情防控取得决定性成果。全力以赴抢复工、保主体，39名县级领导和349名服务秘书深入企业，及时送政策、送信心、送服务、解难题，不到一个月，全市585家“四上”企业和80个重点工程项目全部复工复产，员工返岗率达100%。有力推进政府债务风险化解，积极申报并获取政府再融资债券4.2亿元，加快推进隐性债务重组工作，达成两笔债务重组协议合同金额8.79亿元。有效防范化解金融风险。连续四年获得全省最佳金融信用县市称号。

营商环境。树立对标一流标准打造“12345”最优营商环境目标。深化“放管服”改革，打造枝江“知心办（枝心办）”政务服务品牌。创新开展营商环境“体验周”，聘请社会监督员，开展电视问政等活动。在全省率先探索建立“容缺快办”平台，实行市场监督领域申报承诺制、告知承诺制。全市税收营商环境及纳税人满意度首次步入“宜昌第一、全省十佳”行列。推开做实“六多合一”，“最多跑一次”事项比例达到97%，“减时限”事项比例达到70%，网办实现率100%。枝江成为省内首个实施区域节能评估县级市。推进经济发达镇安福寺镇试点扩权。再次入选中国营商环境百强县榜单，位居第93名，较上年上升6名。重点领域改革更加深入。深化农村土地“三权分置”改革，推进农村土地确权登记颁证成果应用，在全省率先建成农村土地确权应用平台。完善农村综合产权交易市场体系建设，推进农村综合产权抵押登记“一站式”服务改革，累计办理农村产权抵押贷款46笔4619万元。探索设立乡村振兴发展基金和特色产业发展基金，为农村经营主体担保贷款58笔3510万元。金润源集团发行债券19.5亿元。三宁化工发起成立第二支基金——瀚燊基金。创新动能更加强劲。我市被确定为全省首批创新型县（市）建设单位。“枝江市大学生创业中心”获国家众创空间认定，“东方年华田园综合体”“中化MAP智慧农业”获湖北省级星创天地认定。新增省级企校联合创新中心4家、省级乡村振兴科技创新示范基地1家、宜昌市级工程技术研究中心3家、宜昌市级企校联合创新中心12家、宜昌市级星创天地4家。华鑫光电获科技部“科技助力经济2020”项目支持，奥美医疗、三宁化工、恒友化工获科技部、财政部“百城百园”项目支持。全市研究与开发经费投入占GDP比重达到2.59%，位居东四县第一。有效注册商标总量2646件，位居宜昌第二。科技型中小企业达77家，净增高新技术企业18家，高新技术产业增加值占GDP比重达到18.4%。

城乡建设。以“三清一改一拆一绿一分类”为重点，全域推进农村环境整治，获评“全国村庄清洁行动先进县”。推进“一把扫帚扫城乡”，推行“一坑两桶三上门”垃圾分类新模式，按照“三棵树、五朵花、十平米菜园”标准发动农户美化自家庭院，形成了一批“小花园”“小菜园”。推行“景区+村落”发展模式，打造“一村一景”。完成县乡道路改造129公里。董市镇成功创建省级“四好农村路”示范乡镇。董市镇曹店村、安福寺镇秦家塝村分别获评全国文明村、中国美丽休闲乡村。城市建管达到新水平。新增城市道路 8.1 公里，新改建城市排水管网 24 公里。加快推进迎宾大道人行道改造、七星大道维护等工程，解决南岗路片区等雨季内涝渍水问题。推动长江生态廊道（枝江段）修复工程、老城区水环境改善工程（五柳湖）、城市污水提质增效项目等建设，精细化开展市政维护。全市依法拆除违建 2901 处 10.76 万平方米。新增城市绿地 45 万平方米。持续推进"厕所革命"、垃圾分类等工作，城乡生活垃圾无害化处理率达到 100%。智慧城市取得新进展。加强大数据应用，打造数据汇集交换共享中心，统一本级智慧应用平台。数字政府和智慧城市加快建设。建成政务云平台，加快推动政务数据整合，数据总量达到 4510 万条。有序推进智慧路灯、智慧交通、企业服务平台、政务督查平台等项目建设，"12345" 市民服务平台、公共交易不见面开标智慧小区等项目已完成规划设计评审。新建 5G 基站 372 个。

民生保障。双城创建首创首成。以全省第一的优异成绩一举创成全国文明城市，顺利创成国家卫生城市。累计改造老旧小区 124 个、背街小巷 127 条，新增停车位 3700 余个，对城区 16 条主次干道进行全面维修，新建城乡公厕 11 座，改造提升农贸市场 4 个，构建起"15 分钟生活圈"，新建滨江生态廊道 3.1 公里，实现了城市面貌大提升、文明素质大提升和干群关系大提升。社会保障全面覆盖。全市城镇新增就业 6989 人，失业人员再就业人数 5152 人，城镇登记失业率 3.27%。社会保险参保 40.18 万人次，社会保障卡发卡 42.69 万人。为全市用人单位免征社保费 15115 万元。新开工工程建设项目工伤保险参保率 100%。全市城乡居民医保参保人数 30.12 万人，实施医疗救助 29605 人次、1599.68 万元。降低及减免中小微企业水电气及通行费等 5100 万元。为 3841 名优抚对象发放抚恤补助资金 3193.5 万元。落实社会救助和保障标准与物价上涨联动机制，及时发放价格临时补贴 14.4 万人次、金额 2126.76 万元。第七次全国人口普查进展顺利。教育事业均衡发展。推动教育高质量发展，编制全市《学前教育、义务教育中期专项布局规划(2020—2030)》，引进中国基础教育国家教学成果一等奖"安吉游戏"幼教模式，在 7 所幼儿园落地推广；仙女小学试点未来学校教学改革，促进教师成长提升和学生全面发展。完成团结路幼儿园新建和 8 所幼儿园改扩建工程；实施义务教育薄弱学校提升工程，18 所中小学校办学条件明显改善。稳步推进中高考各项改革，全面完成湖北省新高考学生学业水平考试试点工作。健康枝江加快建设。深入实施"健康枝江建设三年行动计划"，完成市中医医院康养中心综合楼建设，启动市人民医院传染病楼、市疾病预防控制和检验检测中心、公立医院发热门诊等项目建设。加强医共体建设，枝江市被国家卫健委确定为紧密型县域医共体建设试点县。建立以市疾控中心为核心的疾病预防控制工作体系。全面开展养中办医、医中办养、医养融合、服务代管等形式医养结合服务。建成医养融合型康养机构 9 家，建成 1 个镇级运动健身中心和 20 个村级文化广场。社会治理持续提升。坚持党建引领，推行"14580"治理模式，建立健全"街道大工委—社区党组织—小区党支部—楼栋党小组—党员中心户"五级组织。顺利推进街道管理体制改革。落实"双报到、双报告"制度。深入推进法治枝江建设。深入贯彻总体国家安全观，抓实意识形态、民族宗教、经济金融、安全生产、食品药品、生态环保、交通安全、防汛抗旱等领域安全工作。

（枝江市发改局）

远安县

【概况】 2020 年，远安县完成地区生产总值 174.4 亿元，同比下降 4.7%；规模以上工业增加值增速 0.2%，高于全市 5.2 个百分点；全社会固定资产投资 139.33 亿元，同比下降 27.7%；社会消费品零售总额 52.58 亿元，同比下降 16.4%；外贸进出口总额 9.8762 亿元，同比增长 13.68%；地方一般公共预算收入 4.92 亿元，同比下降 49.8%；城镇居民人均可支配收入 35275 元，同比下降 3.7%；农村居民人均可支配收入 21127 元，增长 2.5%。

疫情防控。全县获评全省首批低风险地区且位列前三，后续动态评估稳定保持前五。金融风险整体可控，全县金融机构存款余额增长 8.1%，贷款余额增长 12.8%，存贷比增至 89.27%，不良贷款率降至 0.76%。政府债务风险防范得当，有效化解隐性债务 7%，足额完成全年化债任务。安全生产风险管控有力，全年未发生重大特大公共安全事故，生产安全事故起数、死亡人数同比均下降 55.6%。复工复产稳妥有序。及时出台"稳产稳企稳业"政策措施 87 条，全力支持复工复产、复业复市。吸纳方舱企业 30 家，"一企一策"纾困解难。累计为企发放贷款 89.7 亿元、办理周转金 4.81 亿元、减税 1 亿元以上、减免社保费 6187 万元。全年地区生产总值、固定资产投资、社会消费品零售总额降幅较一季度分别收窄 41.3、64.4、36 个百分点，规模以上工业增加值实现转正。要素保障有力。一般公共预算支出 29.55 亿元，增长 3.3%，民生支出占比 81.6%。争取到位抗疫特别国债资金 1.27 亿元。对上争取到位资金 14.54 亿元，同比增长 12.5%。5 个省市重点项目开工率、投资完成率均达 100%。当远支线铁路境内全面开工建设。"三新" 项目难中求进，新签约 5000 万元以上项目 40 个，协议投资总额 42.7 亿元。新开工 5000 万元以上项目 50 个、新投产 29 个，分别占年度任务 238%、242%。

污染防治。全年空气优良天数 339 天，优良率 92.9%。沮河国考省控小桂林断面水质达标率 100%，黄柏河出境市控断面水质达标率 100%，2 个县级和 7 个乡镇集中式饮用水水源地水质达标率 100%。土壤修复扎实推进，4 家关停化工企业完成"四清" 工作。全县医疗废物、有害垃圾实行日产日清，累计处理新冠医废27.33吨。

优化产业结构。新兴工业态势良好。全年实现规模以上工业总产值147.3亿元。远安航天动力材料产业园获市政府批复，商业航天动力总装基地项目成功落户“飞地”工业园，内外发展格局初步显现。新招引装备制造项目10个，协议投资5.63亿元，累计达到28个，产业聚集初具雏形。远安茅坪风电项目实现并网发电，页岩气勘探开发取得实质性突破，新能源应用形势喜人。传统产业提质增效。完成工业技改投资35.76亿元，超额完成省市目标任务。6家企业完成转型升级或转产。花林集团、荣建等企业绿色建材产品相继亮相。唐本草中药饮片项目建成完工。新增绿色矿山4家。闲置资产盘活迎新，5家企业顺利实现再生产。企业培育成效明显，净增“小进规”企业5家、高新技术企业11家，获评全省科技创新综合考评优秀县市。第三产业健康发展。商贸服务再添新丁，新增“小进限”企业18家，新培育规模以上服务业企业2家。电子商务持续发力，全年电商交易额82.7亿元、网络销售额7.93亿元，分别增长11.8%、14.9%。2家企业被评为湖北省电子商务示范企业。新增规模以上文化企业3家，实现营业收入7.32亿元，同比增长16.75%。远安县获评全省服务业发展贡献单位。

乡村振兴。脱贫成效巩固提升。全县贫困人口全部脱贫，累计脱贫9945户24006人。纳入脱贫攻坚项目库项目226个，统筹整合扶贫资金1.8亿元。奖补特色产业种养5867户691万元，3025名贫困劳动力实现临时性或兜底性就业。贫困人口政策内住院、门诊特殊慢性病报销比例分别达到94.9%、93.9%，贫困人口签约服务率、健康体检率达100%。消费扶贫采购金额合计2800余万元，农产品交易额达1.6亿元。农特产业持续壮大。瓦仓米基地扩大至3万亩，新建品种黄茶500亩、茶园绿色管理示范基地1900亩，种植秋栽香菇600万袋，珍稀菌类200亩。新发展特色水果1000亩，品种改良1700亩。新增国家级专业合作社示范社2家、省级示范社6家。远安农产品展销中心建成投用，“远来珍好”区域公共品牌持续推广。创成湖北省农产品质量安全县、湖北省食品安全示范县。2020年中国食用菌产业发展大会在远召开。美丽乡村加快建设。沿沮河乡村振兴示范带初设方案获批。水系连通及农村水系综合整治项目进展顺利，治河经验先后被国家、省级专题宣传。新增农村公共服务设施45处，完成植树45.82万株。超额完成三年厕改任务。新增省级美丽乡村示范村4个，入选住建部乡村建设评价试点县。人口梯次转移及农房建设工作成效和经验亮点被中新社等多家媒体报道。全域旅游纵深推进。成功创建国家全域旅游示范区。金家湾文旅小镇、九龙烟霞、太平顶旅游度假区等重点项目稳步推进。三峡龙隐谷通过国家4A级景区景观质量评审。乡村客栈、农家庄园、精品民宿多点开花。积极响应“惠游湖北”政策，全年旅游接待游客达658.15万人次，旅游综合收入47.03亿元，分别恢复到去年同期80.6%、76%。

城市建设。城市功能提档升级，南门路、振兴路、飞龙路完成改造，仓院巷农贸市场改扩建顺利完工，鸣凤城区清淤、快舟大道绿化工程相继完成。沮阳路停车场交付使用，城东花园一期、简家河安置小区完成交房643户。县一高、鸣凤中学空间拓展项目建成投用，“四馆一中心”逐步启用。全年完成绿色建筑项目19个，建设规模8.2万平方米，建筑节能设计标准执行率达100%。城市管理科学规范。依法拆除违法建设1.1万平方米，实现新增违建零增长、存量违建逐年消除。深化“以克论净”保洁模式。建成垃圾源头分类、中转运输、末端处置的全链条处理体系，环卫设施网络覆盖全县。市政数字化管理水平不断提高，城区4.7万个市政设施纳入数字化管理系统，管辖面积达13.8平方公里，数字城管平台全年处置各类城市问题2341个。基础设施日趋完善。襄宜高速稳步推进。盘棚一级公路一、二期建成通车，S224远当一级公路全路段完成大修。新建农村产业路51.2公里。“网红公路”北万路、花百路建成通车。成功创建全国交通一体化示范县。旧县镇获评全省“四好农村路”示范乡镇。新建、改造农村电网线路207公里。4G监控成效稳定，“两客一危”5类违章违规行为持续杜绝。

优化营商环境。严格落实省委“黄金30条”，实现县级政务服务事项可网办率达99%，办结时间压缩60%以上，近800个进驻事项基本实现“一窗通办”。企业开办1天办结，不动产登记、退税业务2个工作日内完成。政府投资项目全流程审批最长74个工作日完成，一般社会投资项目压缩至53个工作日。全流程电子招投标全面推行。全面实现用电、用水“321”服务，用气“310”服务。“放管服”改革深入推进。切实加强事中事后监管，规范“双随机一公开”监管行为。信用体系日趋完善，认定A级纳税人红名单企业98家、黑名单企业1家。税务、市场监管、公安、民政、卫健、银行等部门信息平台数据加速共享，数字化、信息化能力不断提升。“双百服务”扎实开展，为企业解决实际困难264个。重点改革成效明显。农业水价综合改革年度任务顺利完成。农村供水公司化改革全省领跑。农村产权制度改革任务如期完成。“县管校聘”教师管理体制改革走深走实。医疗、养老、殡葬等改革有序推进。“十四五”规划纲要科学编制，32个重大调研课题顺利完成，44个专项规划基本出炉。

社会民生。全县城乡低保标准同比分别提高4.41%、3.85%。“三留守”关爱持续巩固，孤儿、事实无人抚养儿童保障工作有力改善。基本医疗保险参保率位列全市首位。就业、社保、“治欠保支”等指数持续提升，新增城镇就业3395人、返乡创业157人，城镇登记失业率3.01%。累计发放优抚金、退役安置资金1500.79万元，涉及1400人。发放临时价格补贴1061.97万元、惠及73672人次。公共事业全面发展。普通高考高分层人数和技能高考上线人数、上线率再创新高。县人民医院完成整体搬迁，中医院康复中心投入使用。获评省级健康促进县。4个乡镇获评国家卫生乡镇。龙凤村、漳沐村获评省级特色文化村。非遗作品《皮影戏战疫情》、远安花鼓戏《吴大擦鞋》被学习强国推介，剧团节目《一钱不还》在人民视频网展播。鹿苑村获评“全国文明村”。易从梅家庭当选第二届“全国文明家庭”。社会治理取得成效。获评全省扫黑除恶专项斗争先进单位。群众安全感测评保持全省前列。交通事故预防“减量控大”行动、“一盔一带”专项整治深入推进，较大以上道路交通事故零发生。获评宜昌市第四批法治文化建设示范点4处。圆满完成全国“两会”期间及重大节假日信访维稳工作，继续保持全国信访工作“三无”县殊荣。

（远安县发改局）

兴山县

【概况】 2020年，兴山县实现地区生产总值123.98亿元，同比下降6.8%；规模以上工业增加值下降14.6%；地方一般公共预算收入4.24亿元，同比下降49%，税收占比达81%；社会消费品零售总额37.27亿元，同比下降17.7%；进出口总额37.9亿元，同比增长11%；全年完成固定资产投资45.22亿元，同比下降0.1%。

疫情防控。新冠肺炎疫情发生后，严格落实上级疫情防控要求，实行常委战区负责、24小时封闭管理的战时管理机制，严格落实“四早”要求，科学有效救治13名确诊患者，疫情得到有效防控，在全省率先实现治愈清零，被划定为首批低风险区域，实现了“六个未发生”。进入常态化防控后，慎终如始坚持外防输入内防反弹，加强重点场所重点单位重点人群和关键环节疫情防控，实现了防控与发展两不误。疫后重振加快推进。扎实做好“六稳”工作，全面落实“六保”任务，率先推进复工复产、复商复市。出台《关于应对新冠肺炎疫情支持中小微企业共渡难关的政策措施》，全力帮助中小微企业、个体工商户纾困解难，累计减免水、电、气、房租1320.7万元，落实贴息、补贴资金1406万元，减免社保9053万元，减税降费1.2亿元。抢抓中央支持湖北一揽子政策机遇，争取中央预算内投资、抗疫特别国债、地方专项债券和政策性优惠贷款项目39个，到位资金32.82亿元。多措并举刺激消费回补，开展“与爱同行·惠游湖北”活动，试行2.5天弹性休假制度，实施“三个500万”惠民政策，带动社会消费1180万元。

乡村振兴。脱贫攻坚成果持续巩固。统筹整合4.99亿元深入实施12项巩固提升工程。重点监测帮扶脱贫不稳定户和边缘易致贫户，严防返贫。出台克服疫情影响决战脱贫攻坚17条措施，加大稳岗就业和农产品产销对接力度。设置生态护林员、公益性岗位共计8174个，发放各类补贴性资金1488万元。落实贫困家庭学生资助10907人次965万元。发放扶贫小额信贷1995户8734.28万元。深入开展医疗保障查弱项补短板提质效行动，实现贫困人口应保尽保。全面落实易地扶贫搬迁后扶政策。县民政局、高桥乡党委书记龙景丽分别获得全国脱贫攻坚先进集体、先进个人表彰。农民增收更加夯实。农村居民人均可支配收入达到13952元，同比增长2.4%。全县农林牧渔增加值达到15.03亿元，同比增长3.2%。发展柑橘10万亩，产值3.98亿元；蔬菜13万亩，产值3.3亿元；烟叶产量3.75万担，产值1.6亿元。有效防控非洲猪瘟，出栏生猪23.94万头、山羊14.23万头、肉牛1412头、家禽40.33万羽，畜禽产值10.44亿元。通过电商平台及线上直播推介活动，助力农户增收1.2亿元。建设高标准农田1.18万亩、柑橘运输轨道7.5万米，农机总动力达到16.55万千瓦，主要农作物耕种收综合机械化水平达到38.47%。10个小水果示范基地、5个产业融合示范村、3个产业融合发展示范带加快建成。乡村人居环境持续改善。编制完成10个示范村的村庄规划。实施村庄清洁行动，清运农村生活垃圾1.3万余吨，清理河道沟渠2127公里，洁净农村庭院3.3万户，拆危、拆废、拆乱5991处，全面完成农户无害化厕所建改任务。建成2个市级、4个省级美丽乡村示范村，16个省级整治村。2020年，在省级农村人居环境整治监测评估中，全县位居全省三类县第7位。

产业结构优化。实体经济稳步发展。兴发集团稳中有进，实现营业收入405亿元，利税12亿元，出口创汇5.9亿美元，同比分别上升3.5%、18.4%、13.1%。工业技改三年行动计划顺利完成。卡乐尔色浆、众智铝膜包装生产线建成投产，雅邦密封胶项目进展迅速。全年新增规模以上工业企业4家、限额以上商贸企业5家、科技型中小企业17家、规模以上服务业企业2家。引进商贸企业11家，其中兴发下游企业3家、君邦配套商贸4家，支持君邦总部落户兴山。工业用电量同比增长12.1%，规模以上工业总利润同比增长42.52%，实体经济韧性和潜力不断彰显。两个平台加快建成。县内2万亩四季生态康养度假区加快开发，山上乡村振兴示范区清风岭酒店、乡村振兴展示馆、紫龙山林旅康养、集镇供水一期等项目建成发挥效益。山下南阳“双泉寨”高岚运动休闲特色小镇、昭君山庄二期等投入运营，“昭君上村”康养度假区开工建设。县外2万亩飞地园区发展平台加快建设，猇亭园区年产7万吨高性能有机硅、宜都园区星兴蓝天煤气化节能技改等一批项目加快推进。年产300万吨低品位胶磷矿选矿及深加工、PPA技改等项目建成达效。加快推进“飞地工业”向“飞地旅游”拓展，在五峰、秭归、神农架等地形成了7大景区。

生态环境改善。山水林田湖草系统治理成效显著，“六绿”工程加快推进。持续打好碧水、蓝天、净土保卫战。完成植树造林5704亩，森林覆盖率达到80.02%。空气质量优良率达到98.3%，同比上升4.1%，空气优良天数比例位居全市第一。深渡河污水处理厂投入试运行，继续实施小水电生态放流，集中式饮用水水源地水质、地表水功能区水质达标率100%。全面禁止野生动物捕杀交易，天然水域实行全面禁渔。荣获“中国天然氧吧、全国森林康养基地试点建设县”等国字品牌。成功创建省级生态文明建设示范县。

重点项目建设。成功举办2次重大项目集中开工活动并承办市级开工活动1次，集中开工项目26个，总投资223.6亿元，掀起复工复产后项目建设热潮。郑万高铁兴山段全线23个作业面已完成20个，宜兴高铁兴山段在全市率先开工，进入隧道主体施工阶段。站前广场及基础设施配套、县城污水及综合管网改造、三条绕城公路、“两站四桥”等省（市、县）三级重点项目进展迅速。香溪河流域生态治理、乡村振兴示范区、兴山通用机场纳入省级“十四五”规划项目库。全年5000万元以上重点产业项目新签约31个、新开工20个，新投产15个。实施古昭南“大县城”一体化发展战略。出台《关于推进古昭南“大县城”一体化发展的实施意见》，推进以古昭南“大县城”为核心的新型城镇化建设。谋划实施一批县城功能转型升级项目，总投资71.7亿元，目前在建31个，完工10个。实施县城老旧小区外立面改造、加装电梯、地下停车场、农贸市场等一批惠民工程。古洞口坝下生态修复、龙头寨山体公园、香溪大道和滨河公园及步游道、深渡河乡村振兴推广中心陆续向市民开放，高阳大道、香溪大道、丰邑大道等县城主干道完成改造升级，城市品质进一步提高。

优化营商环境。落实省委省政府优化营商环境“黄金30条”，出台兴山县优化营商环境工作方案，下发任务清单88项179条。持续深化“放管服”改革，全面推行政务服务“一网通办、一窗通办、一事联办”，简化政务流程。扎实推进“六多合一”和“1233+74”改革，实现政务服务事项70%以上现场办，80%以上一窗办，90%以上网上办。深入开展“双千”服务活动，落实县级领导包保责任和单位“一对一”帮扶责任，对117家企业实行“一企一策”常态化帮扶。市场主体逆势增长。全县新登记市场主体1731户，市场主体数量逆势增长达12552户，同比增长10.2%。市场主体注册总资金132.66亿元，同比增长16.97%，经济发展的活力竞相迸发。

社会民生改善。加大基本民生保障。集中财力保基本民生、保基层运转，压减一般性支出20%以上，民生支出占比提高到77.4%。大力实施“春风行动”等一系列稳岗就业措施，提供就业岗位4.55万个。城镇新增就业2200人，城镇登记失业率控制在3.09%以内。及时发放就业创业补贴、稳岗补贴、失业保险金4000余万元。为19307名外出务工人员发放交通补贴和生活补助231万元。建立城乡低保自然增长机制，发放社会救助金3976万元、残疾人“两项补贴”576万元。妥善做好退捕渔民补偿安置。落实粮食安全行政首长责任制，粮油保供能力大幅提升。物价水平保持总体稳定，CPI涨幅控制在2.7%。新增商品房供给9.72万平方米，乡镇棚户区改造即将完工，住房保障能力进一步提升。公共卫生应急体系逐渐完善。抢抓疫后医疗卫生补短板强弱项机遇，争取抗疫特别国债资金2.051亿元，实施疾病预防控制中心及实验室能力建设、县人民医院传染病区及医技楼、县基层医疗卫生机构防控体系能力建设等医疗卫生补短板工程，县人民医院业务综合大楼顺利投入使用。建立医疗救治后备医院、后备队伍和公共卫生应急处置队伍，深入开展医疗卫生体制改革和紧密型医共体建设。教育事业稳步发展。完成学前教育第二轮三年行动计划，全面推行“县管校聘”管理体制改革。特殊教育学校被人社部、教育部联合表彰为“全国教育系统先进集体”。峡口镇建阳坪幼儿园、昭君镇小河幼儿园加快建设。社会治理平稳有效。深入推进“三在”工程、“四双”行动，推动基层党建与基层社会治理深度融合。扎实开展安全生产“打非治违”专项行动，省级食品安全示范县、全国信访工作“三无县”成果得到巩固拓展。坚决打好扫黑除恶专项斗争收官战，群众安全感、公正执法满意率持续位居全省前列，社会大局和谐稳定。

（兴山县发改局）

秭归县

【概况】 2020年，秭归县地区生产总值达到157.5亿元，恢复到上年的95.8%，规模以上工业增加值恢复到51%，固定资产投资恢复到42%，社会消费品零售总额恢复到同期的79%，出口总额9.49亿元，同比增长13.3%，地方公共财政预算收入恢复到同期的49%。城镇居民人均可支配收入恢复到同期的97%，农村居民人均可支配收入逆势上扬，增长2.9%。奋力打好疫后重振经济发展战取得重要成果。

项目建设。全年完成县级审批、核准和备案项目424个，完成固定资产投资42亿元。年初确定的县级重点项目149个，其中续建项目26个，完成投资9.67亿元。新建项目90个，完成投资5.31亿元，33个前期推进项目正稳步推进。在已签约30个项目中，其中工业项目17个，协议投资额达14.19亿元，相比上年增长21%。共组织三次集中开工和两次项目拉练活动。金缸城健康产业园项目基础底板砼浇筑已全部竣工，疏港铁路先期开工段冀家坡隧道工程正在抓紧爆破前期工作，翻坝成品油管道项目正在进行管沟开挖作业，秭归港海关监管中转中心已建设完工，金曲路工程完成形象进度25%，芝茅公路工程完工并交付使用，童庄河大桥建成通车，两磨、杨云、大梅、郭文路改扩建项目路基总体完成60%，天然气综合利用工程门站场地平整已完成80%，茅坪河综合流域治理工程7个子项目全部开工建设，十宜、宜渝、巴张高速正积极推进前期工作，长输油管线已经确定管道路由，油库、码头正在进行选址征地等前期工作，增量配网正在开展供电区域划分，三峡大坝秭归换乘中心即将喜封金顶；争取三峡电站2020年增发电量配置额度3.68亿度，每度电补贴3分钱，高新技术企业预计最高能享受到每度电5.3分钱的电价补贴；争取到位中央、省预算内资金39507万元，涉及30个项目，其中茅坪港疏港铁路项目争取资金20500万元。争取特别国债1.88亿元，三峡后续资金5.08亿元。

产业发展。工业产值降幅逐月收窄，54家规模以上工业企业达复工率100%，累计完成税收1.35亿元。谋划工业技改项目14个，累计完成技改投资1.36亿元，纳入"小进规"重点培育企业12家，已完成小进规6家。加快推进新建工业项目，德重精线、兴耀包装实现当年投产。方晶无线动能开关已正式运营投产、百丽品牌加快时尚休闲转型。重点产能增长转正。百丽鞋业全年生产成品鞋180万双，同比增长13.9%；屈姑食品实现出口1.2亿元，同比增长59.3%；华新水泥经营情况正常，实现营业收入5.8亿元，贡献税收0.79亿元；泰和石化积极扩大市场和产能，累计实现销售收入5812万元，比上年翻了两番。解难纾困成效明显。全县专题研究21家困难企业解困事宜。将五家重点企业纳入方舱管理。匡通、帝元通过破产重整，恢复正常生产。金融机构投放复工复产信贷24.1亿元，其中对6家疫情防控重点保障企业提供信贷支持2241.8万元，对9家名单企业生产经营提供一般性商贷2800万元。投放支农、扶贫、支小再贷款6.65亿元，惠及2881家信贷主体。全面落实阶段性降低水电气价格政策。1—12月共计降低中小微企业水电气成本969.09万元，其中用电730万元，用水21.11万元，用气217.98万元；全面落实参与疫情防控企业电费财政补贴政策。为20家参与疫情防控企业落实电费补贴101.68万元；深入开展"双百"服务活动，落实"一对一"帮扶措施。农村经济稳中有增。全县农业生产总值33亿，占全县GDP总量的21%，增速2.27%。全县柑橘销售总额达30个亿，同比增长20%。粮食产量8.36万吨，同比增长0.5%，油料产量1.73万吨，与去年基本持平。全县农村居民存款增长10亿元，农业产业"压舱石"作用进一步显现。特色产业格局加快形成。全县柑橘品改新增18760亩，同比增长30%，早中晚熟面积比例为12∶53∶35。新冠肺炎疫情防控期间，在全市率先启动农资保供工作，有效保证了主要农牧产业发展未受到大的影响。前三季度，全县生猪存栏、家禽出栏较往年均有不同程度增长，柑橘花期估产总产量60.95万吨，较2019年增长0.71%；持续巩固核桃示范园10000亩，落实补助政策和管理措施，全县12个乡镇均建立了2处以上的高产示范园，产量预计突破6000吨；中药材面积3万亩，小水果面积超过3万亩，种植近20个品种，部分品种种植面积初具规模；全县蔬菜基地总面积已超过20万亩（含复种面积），总产量突破40万吨。特色产业种植规模不断增大，半高山地区产业"空心化"问题正在逐步得到解决。农业产业化体系更加完善。市场主体不断壮大，现有市级以上农产品加工农业龙头企业11家、省级7家，国家级农业龙头企业1家；全县成立农民合作社714家、家庭农场495家。品牌影响不断扩大，全县工商注册柑橘、茶叶商标105个，"秭归脐橙""秭归桃叶橙""秭归夏橙""屈乡丝绵茶"等4个区域农产品公用品牌，3个中国驰名商标，市场影响力评估价值达到46亿元；获得国家农产品地理标志4个，"两品一标"认证企业达到14家，认证产品20个，总面积超过30万亩；加强地理标志保护培育。秭归脐橙在第二届湖北地理标志大会暨品牌培育创新大赛中荣获金奖，并在大会上作经验交流发言；"新华·宜昌秭归脐橙电商价格指数"成为国内第一支脐橙价格指数、全省首支水果类指数，进一步提升了"秭归脐橙"品牌知名度和影响力。服务业发展稳中破局。企业复工复产有序推进。积极争取政策支持、金融贷款、文化产业补助资金等，7月22日随着电影院重新营业，标志着全县文旅体市场主体全部复工；屈原故里文化旅游区推出大型光影秀《楚骚秀·九歌大典》等夜游产品，累计收益1140万元；开展"与爱同行 惠游湖北 相约秭归"活动。全年共接待游客701.42万人次；秭归入围2020中国旅游产业影响力风云榜，"到秭归·看大坝·游三峡·拜屈原"自驾游线路入选全国百条精品主题旅游线路，在全省唯一获得中国文旅融合发展名县（区）的称号，屈原故里端午文化节也入围2020年度中国旅游影响力节庆活动；湖北省滑翔锦标赛暨首届"中国橙谷"全国滑翔邀请赛在水田坝乡举行；九畹溪镇、西陵峡村成功创建湖北旅游名镇、全国乡村旅游重点村，并纳入全省乡村旅游领域双创带动就业示范创建。翻坝物流运输体系成效彰显。三峡枢纽商品车"水—公—水"应急翻坝转运业务正式启动。秭归港通过"水—公"、"水—公—水"等方式累计完成商品车翻坝转运约12万辆，创造经济效益360余万元，商品车翻坝转运市场业态逐步形成；三峡枢纽集装箱"水—公—水"翻坝转运集装箱3.74万标箱。电商经济展现新业态。联合多个主流平台开展了书记、县长直播助农活动，开展直播活动50余场；组建秭归三农MCN机构，启动网红培育计划，邀请名人大V，打造百人直播矩阵，组织各类多样化电子商务培训10余期，秭归脐橙线上销量达到了80000余吨；开展系列促销费活动，同时深入推进电子商务进农村综合示范县"升级版"工作，升级改造镇、村快递物流配送站点100余家。在全国37个"快递服务现代农业金牌项目"中，秭归脐橙快递服务成为湖北省唯一项目。房地产市场健康平稳。2020年我县累计销售商品房895套，14.48万平方米，均价为3923元/平方米，商品住宅库存在合理区间，房地产市场运行总体平稳。

基础设施建设。提升城区污水处理能力。曲溪污水处理厂正式投入运行调试，西楚污水处理厂工程即将完工，县城污水处理厂扩建工程正在进行基坑开挖，污水处理厂提标升级实现了全覆盖；城区共新建公厕8座，提档升级改造公厕10座。提升城区干线畅通能力。完成丹阳路沿线的四处的交叉路口堵点改造。累计改造640米；完成长岭隧道入口至翻坝高速九里接线路黑化美化亮化工程。提升城区景观养护能力。精细养护公园广场、街道绿地、防护林等各类绿地，县城绿化覆盖率达到40.53%；及时检修城区道路路灯3789盏、景观灯2698盏，综合亮灯率达99.26%，维修率100%；秭归县天问岛休闲公园正式对外开放，为三峡库区再添一处旅游观光景点。提升老旧小区再生能力。共谋划争取老旧小区改造19处，分三期建设，涉及长宁、平湖、橘颂等9个小区，所有老旧小区改造项目已全部完成招标工作，一期已开工完成工程量42%以上，二期预计年内可完成50%以上，三期年内可开工建设；棚户区改造持续推进，续建1000套，总面积72100平方米，相关基础配套设施正在抓紧施工。提升违法建设打击能力。拆除新增违法建设21起；以服务全县重大项目建设为重点，拆除金缸城村违法建设52户；配合泄滩乡、水田坝乡政府等拆除违法建设总面积962.49平方米。美丽乡村加快推进。推进幸福村落治理。制定了《秭归县乡村治理试点县建设实施方案》，成立了城乡社区治理办公室，全面落实农民负担监管主体责任、减负工作机制和“五项制度”。以“幸福村落”建设经验入选了全国首批乡村治理20个典型案例之一，秭归入选全国乡村治理体系建设首批试点单位。实施农村基础设施补短板工程。下达农村饮水安全项目88个，计划投资4100万，已完工85个；建成4G补盲站点42个，6个偏远村的宽带；完成农村公路硬化204.2公里，窄路面加宽12.9公里，提档升级55.89公里，安防工程33.1公里，危桥改造6座。实施“四好农村路”改造9.2公里。续建完成363省道卡子湾路段、S255老林河段等多处地灾治理项目。完成2019年S255兴五线、G348武大线共38公里路面大修，完成S363太泄线归州集镇路段1.73公里水泥混凝土路面刷黑工程。开展农村生活垃圾治理。扎实开展农村环境卫生整治，累计清理农村生活垃圾12495吨，清理村内水塘864口，清理沟渠1590公里，清理畜禽养殖粪污等农业生产废弃物25945吨；强力推进农村“厕所革命”工作。累计建改农村户厕63457户、公厕187座，完成全部厕改任务。

推进三大攻坚战。脱贫攻坚成果巩固提升。加大项目资金投入。共安排财政专项扶贫项目171个，其中用于基础设施、产业发展、公共服务等项目159个，资金1.17亿元，全面加强了农村道路、饮水安全、易地扶贫搬迁等项目后期管护。完善防贫保障机制。全面开展“四类群体”摸排。对于964户脱贫不稳定户，622户边缘易致贫户，42户收入骤减或支出骤增户和年初1户未脱贫对象，分类建台帐，逐一落实个性化帮扶；统筹防贫保险、农村住房保险、产业保险等，购买人数达7万多人，进一步完善系列防贫保险机制。考核成效保持前列。在全省县市党委和政府2019年至2020年上半年全省扶贫开发成效考核中，全县以第五的成绩荣获“好”等次，在脱贫减贫类县（市、区）中排名第一，被评定为“优秀”等次，全省易地扶贫搬迁先进集体，全国“十三五”时期搬迁工作成效明显县。重大风险有效防控。制定并发布了《关于进一步健全秭归县国家安全重点领域工作协调机制的通知》，进一步明确了七大领域风险防控工作职责，制定了防范化解实施方案，出台了一系列风险防控举措，各类违法违规为得到有效遏制，全县风险防控体系也经受住了新冠肺炎疫情的“大考”。重点领域风险总体可控。生态环境持续改善。全年环境空气质量优良天数比例94.3%，3个市控断面地表水水质优良比例、集中式饮用水水源地水质达标率均为100%。推进农村生态环境整治。启动了农村污水治理规划，20个农村环境整治项目全部开工建设，争取2020年农村环境整治资金1200万元并完成项目规划设计，成功创建了8个市级生态村。推进臭氧污染防治。华星船务公司和9家机动车维修企业完成了挥发性有机物治理工作。515家企业完成了排污许可登记，27家企业核发了排污许可发证。对我县2家水泥企业及10台在用锅炉均实行特别排放限值管理。推进长江禁捕。全面完成512条渔船、1178条“三无”船舶和非法浮动设施的清收上岸工作，全面完成船舶污染治理3年行动计划任务。推进漂浮物清理。1—12月投入清漂船1680船次、人工4727个，打捞漂浮物28658立方米。

深化改革开放。深化财政体制改革。加强了预算管理制度改革，建立了全面规范、科学标准、约束有力的预算制度；完善了财政存量资金长效机制，盘活了财政资金。深化国资国企改革。积极推进党建工作融入企业规章制度当中，规范国有企业的重大决策行为；积极推进企业和资产整合，优化国有资本布局和集团化重组，充分发挥国有资产最大效益，提高企业市场竞争和抵御风险能力。深化集体产权制度改革。制发了《秭归县村级集体经济发展巩固提升三年计划（2020—2022年）》指导全县集体经济发展，不断提升村级集体经济质量，集体股份合作制改革任务基本完成；强化了光伏电站建设壮大村集体经济的典型经验，在全国光伏电站视频会议上代表湖北省进行交流发言；制发了《关于规范农村宅基地审批管理的通知》，优化调整了农村宅基地审批管理流程，农村宅基地审批管理改革稳妥推进。营商环境不断优化。启用“一照通”平台，全面实行企业开办“210”标准。深入推进政务服务“一网通办”，县级事项网办实现率达100%。进一步核实压减政务事项承诺时限，县直政务服务事项即办件率达47.8%。稳步推进“六多合一”改革，办理“多审合一”项目21个，“多验合一”项目8个。政务服务中心10月下旬完成整体搬迁后，行政许可事项百分百进驻市民中心。招商引资不断提质印发了

《秭归县2020年招商引资考核办法》，制定出台了《秭归县招商引资工作规则（试行）》，建立了县级领导牵头、单位负责、跟班服务的工作机制，进一步规范了招商引资工作流程。

社会民生改善。加大新冠肺炎疫情防控。共抽调1.8万多名党员干部和志愿者到街头、进社区开展防控工作，县人民医院、县中医医院建成核酸检测实验室，对重点人群核酸检测累计达2.2万人次。全县实现零死亡、治愈率100%，在全省被划为第一批疫情低风险地区，也是全市第一个双清零的县城。社会事业稳步提升。将原茅坪镇逸夫小学和县三峡工程希望小学进行集团化管理，实现优质教育资源共享，疫情防控期间，认真组织线上教学，确保所有学校及师生“停课不停学”。第三幼儿园已正式开工建设。高标准地完成了英语口语考试人机对话机房等项目建设；依托紧密型医共体建设，县人民医院在归州镇中心卫生院建立急救站，配置CT、救护车等设备，加入县120急救中心。磨坪、梅家河、水田坝三家新建发热门诊已开工，其他乡镇发热门诊已完工。县中医医院被省卫健委核定为“三级中医医院”，县妇幼保健院启动二级甲等妇幼保健院创建。人民医院金缸城院区门诊综合楼已完成主体工程的90%。传染病大楼项目今年可实现主体封顶；为各乡镇配备舞台灯光设备，为60个村配备拉杆音响；启动了“图书馆总分馆系统”，配发公共文化一体机和摄像机等数字设备共18台；首次采用现场+“云上”的方式成功举办2020届原故里端午文化节；组织全县书法家创作40余幅抗击疫情的书法作品开展网上艺术特展；统筹推进殡葬综合改革工作，开展活人墓拆除、降坟头、迁移散葬等一系列整改。目前全县规划选址公益性公墓52处，已建成3处，在建4处，同时确定在县殡葬所建设火葬设施，促进逐步养成文明殡葬、绿色祭祀的习惯。社会保障日臻完善。全县城镇新增就业人数5112人，安置就业困难人员就业1325人，发放失业保险金640万元。合力推进建档立卡贫困劳动力务工增收，农村劳动力转移就业104312人，建档立卡贫困户就业23249人，城镇登记失业率控制在2.26%以内。全县养老保险参保率达95%，医疗保险参保率达98%，社会保险参保率稳步提升。兜底保障落实。全县共有城市低保970户1309人，农村低保10298户15649人，城市特困51人，农村特困1897人，累计发放各类社会救助资金9456万元；养老水平提升。县政府办印发了《关于全面放开养老服务市场提升养老服务质量的实施意见》，引导社会力量参与养老服务工作，激发养老市场活力。启动了郭家坝镇农村福利院建设项目，支持茅坪镇滨湖社区、杨林桥镇响水洞村社区互助养老中心建设，为茅坪镇陈家坝村幸福院支持改扩建；通过采取公司与社区牵手合作，市场化运作，瞄准居家养老市场，线上线下同步开发，打造了全市首家“智慧养老”服务类型公司，开发了“诚家帮”智慧养老综合服务平台，让老年人只需要一部手机就可以享受到便利服务，开启居家养老新模式。其先进经验及做法获得了市民政局、市老龄办的充分肯定，并多次来秭调研。平安秭归加快创建。大力开展“铁头行动”，查处各类交通违法行为2万起。纵深推进扫黑除恶专项斗争，打掉涉恶犯罪团伙、犯罪集团20个，涉黑组织1个，全社会治安环境持续改善。食品安全常抓严管，秭归县获得全省食品安全示范县称号。

（秭归县发改局）

长阳土家族自治县

【概况】 2020年，长阳县生产总值增幅位居山区县第1位、全市第5位，规模以上工业增加值增幅位居山区县第1位、全市第2位；对上争取提前3个月实现全年目标，招商引资提前4个月实现全年目标。

疫情防控。2000多名医护人员投身防疫一线，1865名干部下沉社区，全面落实“1+1+N”防控机制，疫情防控成果显著。实现21天确诊新增病例“清零”，56天确诊病例全部治愈出院，自2月17日起连续12个月无新增。全县累计采集环境样本10970份，开展常规核酸检测8.5万人次，争取抗疫特别国债1.6亿元。高中、初中平稳复课，高考、中考平安有序的进行。火烧坪“党员服务队”和全国抗疫先进个人王宋珍等优秀典型走向全国。

脱贫攻坚。2020年4月，经县级申请、市级初审、省级专项评估检查后，省政府正式批准长阳县退出贫困县。持续巩固脱贫成果，严格落实“摘帽不摘责任、摘帽不摘政策、摘帽不摘帮扶、摘帽不摘监管”。保障住房安全。建档立卡贫困户完成住房安全有保障核验，1414户动态新增对象危房改造硬账硬结，农村危房改造被国务院通报表彰。保障基本医疗。全县86892名建档立卡户全部参保，落实参保补贴1494.6万元。贫困人口住院目录内报销比例达91.82%，严重慢性病门诊目录内报销比例达86.51%。保障义务教育。2020年春共资助家庭经济困难学生11348人次（其中建档立卡贫困家庭学生7613人次），落实资助资金965.15万元，并为7827名困难学生发放居家学习流量补贴70.81万元。保障饮水安全。全面完成2020年农村饮水安全建设任务。加快推进农村供水公司化改革，11个乡镇百人以上集中供水工程全部纳入公司管理，水费收缴处数、缴费率分别达到100%和95%。

产业发展。推进农业产业化。2020年，全县粮食播种面积43.65万亩，粮食产量达到10.65万吨，同比下降1.48%；蔬菜种植面积35.7万亩，同比增长1.1%，产量预计可以达到84万吨，同比增长3%；中药材种植面积12.5万亩，同比增长4%。全年生猪出栏接60万头，同比增长超过13%；扶持水产养殖企业转型上岸发展1200余亩；推进2020年高标准农田建设4.71万亩。成功申报获得“资丘独活”、“曲溪绿茶”农产品地理标志登记证书，

“枝柘坪大米”农产品地理标志登记通过省级审定。全县农民专业合作社达到1639家，家庭农场达到100家，市级以上农业产业化重点龙头企业达到32家。着力培育支柱产业。2020年，全县共有规模以上工业企业52家，高新技术企业22家；规模以上工业企业累计完成产值74.73亿元，同比下降5.91%，降幅较一季度末收窄55.22个百分点；规模以上工业企业增加值由一季度下降60%逐步收窄；实现工业销售产值71.21亿元，产销率95.29%，较同期提高0.7%。新型建材、食品健康产业：总投资28亿元的华新产业链环保工厂、新型墙体材料等8个项目成功签约，陶粒、商品砼等3个项目开工，骨料项目建成投产。碳酸钙产业：实现28家企业聚集产业链，全省第一条压延膜生产线在长阳落地，工业级碳酸钙产业链条基本成型，食品级碳酸钙产品正式投放市场，药品级碳酸钙有望今年建成投产，丰润生物、一致魔芋进入国家专精特新“小巨人”行列。清洁能源及绿色矿山产业：榔坪云台荒风电已申报进规，光伏扶贫电站实现收益1935.9万元，锰矿、铁矿等企业逐步提升。强化文旅产业带动，服务业逐步恢复。全力支持旅游业疫后重振，“与爱同行·惠游湖北”政策实施以来，县内A级景区接待游客同比增长1.59倍。全年第三产业增加值74.45亿元，同比下降3.7%，优于全市平均水平；第三产业占地区生产总值比重47.59%，增长了0.85个百分点；全县共有规模以上服务业企业31家，在5个山区县排名第2；全年规模以上服务业企业累计完成营业收入6.14亿元，同比增长5.86%，累计收入增速排名全市第3。

项目投资。抢抓国家支持湖北一揽子政策和省市对口支援政策机遇，全年争取落实各类政策项目资金43.59亿元，超额完成“保三争四”预期目标。清江抽水蓄能电站项目签订了正式合同，进入预可研；南沿江高铁确定经过长阳，正在进行预可研；争取了三峡集团长江大保护PPP项目；有效对接山川协作工程，与武汉经开区结成对子。按照“能开则开、能早则早、能多则多、能快则快”原则，大力开展全县重点项目建设“双提双抓”活动、“秋季攻势”行动及“三百”活动，每月通报协调服务情况，每月跟踪解决困难问题，瑞展二期、华新系列等31个项目开工建设，同济富饶食品钙、聿津生物等12个项目建成投产，5个市级重点项目完成全年投资目标的117.15%。全年完成固定资产投资73亿元，恢复至上年的84%，优于全市4.29个百分点。立足资源、产业、企业，赴武汉、长三角、福建等地开展“双招双引”活动，持续加大招商引资工作力度，全年新签约招商引资项目54个，协议投资额105.76亿元，到位资金38.34亿元。

营商环境。认真贯彻落实优化营商环境各项工作部署，推动“黄金30条”“重点任务清单”“十必须十不准”等政策措施落地实施，全县政务环境更加高效，市场环境更加有序，法制环境更加公平公正。竭力支持市场主体，全面落实援企惠企政策。全市率先研究出台支持企业发展10条措施，为63家企业减免担保费920万，为629家中小微企业和个体户减免国有资产类经营用房租金630万，为65家企业展期县级调度资金和产业发展资金5920万，全年累计退税减税降费2亿元。及时制定规范涉企收费实施方案，落实疫情期间天然气、自来水价格优惠政策，共计优惠工业用气99.85万立方米、工业用水38.57万立方米。积极争取金融机构支持，金融办、金融机构在政府大楼联合办公，新增85家企业109笔贷款9.05亿元。持续深化“放管服”改革，加快推进“一网通办”“一事联办”发布政务服务事项18277项，梳理县级高频事项372项，上线一事联办试点主题8项；积极推进“1233+74”提速提效，受理办结企业开办“一窗办”1043件、“工程建设项目审批”125件，发放“多证合一”执照7280份，全年各类市场主体增加4729户。

城乡建设。加快融入宜昌“半小时”经济圈，积极拓展城市骨架，“北联宜昌、南跨清江”即将实现。宜长快速通道长阳段主体工程即将完成，初步具备通车条件；清江特大桥实现主拱合龙，正在进行桥面施工；龙五一级路隧道工程即将开工建设。324省道鸭子口至资丘段、459省道火烧坪至鸭子口段建成通车；峡洞岩大桥、招徕河至盐池河、庄溪至麻池等一批联接城乡、群众期盼的重大项目开工建设；完成了4条国省干线“生态廊道”建设300公里、农村公路破损路面改造144.5公里、安防工程259公里；新建景观式停车区28处；方清路荣获“美丽宜道”评选推介第2名。土家源广场建成投入使用，宝塔山公园一期工程建成，完成老旧小区改造1977户及主城区宗家湾路、四冲湾路、南门街、龙门街4条通道综合整治，拆除违建1.6万平方米，新增公共停车位1219个、公益性广场面积1.5万平方米、园林绿化面积5万平方米。10个乡镇生活污水处理厂和14座乡镇垃圾中转压缩站投入使用；“厕所革命”三年攻坚任务全部完成并顺利通过省市验收；火烧坪乡成功创建第十批全国“一村一品”示范村镇；高家堰镇“景艺家园小镇”进入第三批省级特色小镇创建行列。生态环境持续向好。全面完成市政府下达的节能减排和环境保护任务；全年空气优良率达到91.8%，同比增长12.3%；省级生态乡（镇）达到4个、省级生态村达到27个、市级生态村达到62个；坚持推行“河湖长制”，清江长阳水域实现全面禁捕退捕，整体水质始终保持国家II类标准，清江获评全国“最美家乡河”，天池河、沿头溪被评为省级示范河流。

保障社会民生。社会事业长足进步。实施“县管校聘”教师管理体制改革；教育园区二期项目及清江民族初级中学改扩建项目加快推进；普通高考再创佳绩，一本上线674人，4人考取北大。加快补齐公共卫生安全短板。县人民医院急诊医技综合楼即将建成，县乡医疗机构发热门诊、县人民医院感染性疾病综合楼以及县疾病预防控制中心综合楼整体搬迁新建等项目抓紧建设。公共文化事业蓬勃发展。县文化馆综合大楼投入使用，11个乡镇综合文化站和室外活动广场全面完成；组织送戏下乡、云上展演等289场，惠民38万人次。稳步推进乡村振兴。以龙舟坪镇沿头溪流域为中心申报创建宜昌市乡村振兴区域示范点，打造全县乡村振兴试验示范典范；申报2020年度省级美丽乡村示范村6个、整治村24个，相关工作正在有序推进。社会事业不断进步。新增城镇就业4345人，就业创业培训5256人，失业人员再就业6279人，城镇登记失业率1.5%；发放社会兜底保障救助资金10219万元。“七五”普法通过验收；为期三年的扫黑除恶专项斗争圆满收官，群众安全感测评位居全省前列；防汛救灾、灾后重建等工作有序推进；全年安全生产事故起数、死亡人数分别同比下降60%和57.1%。

（长阳土家族自治县发改局）

五峰土家族自治县

【概况】 2020年，五峰土家族自治县实现地区生产总值80.76亿元；城镇、农村常住居民人均可支配收入分别达到28172元和11735元。

决胜脱贫攻坚。全面落实“四不摘”要求，重点瞄准未脱贫户、脱贫监测户、边缘户和因疫情或其他原因收入骤减或支出骤增户“四类对象”开展攻坚，141户283人未脱贫对象全部达到脱贫标准，598户脱贫监测户、587户边缘户有效消除风险，脱贫质效得到巩固提升，顺利通过脱贫攻坚普查验收。持续强化产业扶贫。全县贫困户发展特色产业覆盖率达到96.5%，新型经营主体带动贫困户发展产业比例达到84%，累计发放产业奖补资金2238万元，新增发放小额贷款4901.8万元。大力推进就业扶贫。出台支持贫困劳动力稳岗就业若干政策措施，外出务工贫困人口达到20441人；新开发公益性岗位2803个，农村公益性岗位就业人数达到5398人。创新推进消费扶贫。以推动茶叶等特色农产品销售为重点，通过举办“线上春茶节”“直播带货”“百圆惠”“爱心购”等活动，线上农副产品成交金额突破2500万元。全面落实各项政策。完成“四类重点对象”农村危房改造224户、完成消危减土3413户。全年资助学生9946人次、资金917.8万元。贫困人口医保参保率、健康体检率、家庭医生签约均达到100%，贫困对象医保住院合规医疗费用实际补偿率达到90%，慢性病门诊合规医疗费用实际补偿率达到80%。全县城乡低保人口9317人，发放低保金3044万元，发放物价补贴1202万元；城乡特困人口927人，发放供养金1068万元，发放临时补助和物价补贴313万元。

产业培育。农业生产形势稳定。农作物种植面积基本稳定，种植结构进一步优化。全县粮食播种面积43.3万亩；中药材面积34.8万亩（木本28.5万亩、草本6.3万亩），蔬菜种植面积16万亩。全县茶叶产量达到2.37万吨，茶农鲜叶收入达到4.98亿元，茶叶农业总产值达到10.01亿元，分别比2019年增长2.15%、3.11%和2.14%。湖北西南茶叶市场年交易量达到2.13万吨，销售额达到12.77亿元。全年生猪出栏26.95万头，肉牛出栏1153头，山羊出栏7.76万只，家禽出笼38.37万羽。工业经济总体向好。全县规模以上工业总产值达到39.3亿元，同比增长0.74%。培育新增规模以上工业企业7家。完成工业技改投资2.3亿元。赤诚生物、重泰研磨、睿赛新能源、碳六科技等一批企业产值增幅明显，赤诚生物被认定为国家级专精特新“小巨人”企业，重泰研磨被认定为省级支柱产业细分领域“隐性冠军”示范企业和省级“小巨人”企业。国药中联中医药全产业链、红旗中益电缆专用新型节能铜导体等项目建成投产。湖北重泰研磨公司成功申报认定市级工程技术研究中心，16家企业通过国家科技型中小企业评价，认定国家高新技术企业3家。全年实现国家高新技术产值26.87亿元。全县专利申请269件，同比增长124%，专利授权121件，同比增长181%。第三产业稳步发展。全县累计接待游客193.98万人次，实现旅游总收入17.3亿元。独岭旅游度假区项目建设加力，以夏季避暑、冬季滑雪为特色的“四季游”格局初步形成；柴埠溪“一区两镇”旅游总体规划编制及创建5A级景区工作启动，谷底公路改扩建工程开工建设；长生洞被评定为国家3A级景区；白岩坪村被评为“全国乡村旅游重点村”。全县实现社会消费品零售总额32.23亿元；培育新增限额以上商贸企业13家、规模以上服务业企业3家。

项目投资。全县完成全口径固定资产投资35.26亿元，同比增长4.6%，按照管理权限同比-3.2%，投资增速在全市排名第一。抢抓中央出台支持湖北疫后重振一揽子政策，以及实施补短板强功能三年行动计划、支持长江经济带绿色发展等重大机遇，结合开展“十四五”规划研究编制工作，加强项目谋划和前期工作推进，储备了一批重大项目。全力争取高铁过境五峰项目取得积极进展；重点推进与三峡基地公司合作总投资超过15亿元的PPP项目；谋划疫后补短板项目45个，其中29个项目进入国家和省级项目库；谋划“十四五”重大项目145个总投资1707亿元。新签约产业项目11个，协议投资总额15.52亿元，新签约5000万元以上项目8个，其中亿元以上项目5个。在项目建设方面，6个省市重点项目开工率100%。宜张高速渔洋关至湘鄂界段开工建设，351国道湾潭集镇段一级公路新建、沙子垭至北风垭段路面改造、高家坳至长湾段改扩建、升子坪至渔洋关段改扩建，241国道白果树至狗头井段改扩建及一批农村公路项目顺利推进。中节能南岭风电和牛庄风电、独岭旅游开发、宏盛新型建材、民族工业园生物医药产业园及科创园等项目加快建设。渔洋关曹松路、沿河路等市政道路、自然教育中心、五峰茗都、水云居等房地产项目建设全面推进，县殡仪馆及公墓投入使用。五峰镇市政道路及老旧小区改造启动。县人民医院门急诊楼及湾潭院区一期工程启动建设。全县完成农村“厕所革命”户厕建改3000户。

财税金融。受疫情对经济运行的冲击及减税政策落实等因素影响，财政收入面临巨大压力，全年完成地方公共财政预算收入1.84亿元，同比减收1.5亿元，下降45.5%；其中税收收入12573万元，占比68.3%。围绕落实减税降费政策,全县累计减税降费1.94亿元。为帮助市场主体应对疫情影响,国有企业对工业企业、各类商户租赁国有厂房和职工住房累计减免租金272.3万元，行政事业单位累计减免租金55.4万元。金融运行安全平稳，全县各金融机构年末存款余额为111.38亿元，比年初增加13.67亿元，增长15.3%；贷款余额为77.47亿元，比年初增加22.64亿元，增长41.3%；存贷款增幅均居全市第一位。充分利用货币政策支持实体经济发展，全县累计新增发放中央银行再贷款6.27亿元，其中支小再贷款2.04亿元、扶贫再贷款4.23亿元。发放防疫专项再贷款500万元，企业实际负担利率仅为1.525%。全县涉农贷款余额54.43亿元，比年初增加12.48亿元，增长29.8%；普惠小微企业贷款余额13.23亿元，比年初增加3.94亿元，增长39.7%。全面落实金融支持小微企业扶持政策，全县小微企业贷款净增10.96亿元，比年初增长85.4%，加权平均利率为4.92%，同比下降1.3个百分点，累计向小微企业让利超过1400万元。

茶叶病虫害绿色防控五峰县示范基地

优化营商环境。围绕优化政务环境，推行使用湖北政务服务网“一网通办”，县级共梳理认领政务服务事项1537个，网上可办率达100%，乡镇、村（社区）共梳理认领政务服务事项12246个，可网上申请办理率为75%；大力推行“一窗受理、部门联办”，房屋交易、企业开办、项目审批、民生服务、不动产登记等事项办理“只进一扇门、一事一次办”，实现企业开办“210”、不动产登记“0123”、用水用电“321”和用气“310”目标，企业开办全程电子化办理比率达100%；探索推行告知承诺制、“先建后验”、容缺先行受理等方式，实现政府投资房建类、城市基础设施线性工程类项目71个工作日、社会投资工业项目32个工作日审批完成。围绕优化市场环境，严格落实市场准入负面清单，切实做到非禁即入；优化招投标方式，推行全流程电子招投标，实现“不见面”开标；推进部门联合实行“双随机、一公开”监管全覆盖，对企业监督检查采取相对定时、联合集中方式进行，尽力减少对企业的干扰；健全信用信息公开公示和信用奖惩机制，全年公示信用信息1789条，35家企业获得纳税信用贷款。围绕优化法治环境，各部门严格、文明、公正执法，依法保障市场主体合法权益。全县新增各类市场主体2587户，总数达到14665户，同比增长21%。

社会事业。教育事业持续发展。深化与湖北师范大学、宜昌天问教育集团合作办学，争取对接武汉市20所优质中小学与县内中小学“一对一”结对帮扶，教育水平得到不断提升。高考一本上线率29.6%，本科上线率74.8%。就业创业稳步推进。全县新增城镇就业3373人，城镇失业人员再就业2251人，就业困难人员再就业2039人，城镇登记失业率2.29%。社会保障不断加强。全面完成全民参保扩面指标，养老保险参保人数达到148476人。医疗卫生稳步发展。推进县乡村三级医疗机构县域医共体建设，实现信息平台“一张网”互联互通；“四化”乡镇卫生院达标率达到75%；定向委培97名村医实现“大学生村医”全覆盖，“五化”村卫生室达标率达到100%；严格落实分级诊疗，基层医疗机构县域内就诊率达91.4%。严格医保基金监管和医保待遇保障，医保工作全面加强。文化体育成果丰富。央视“我们的中国梦 文化进万家”文化扶贫活动走进五峰，中国音协“金钟之星”艺术团送欢乐下基层赴五峰慰问演出；完成大型舞剧《古道茶人》创排；送戏下乡、戏曲进乡村（进校园）150余场。体育协会组织达到10个，健身站点达到35个，持证社会体育指导员达到495人，参加体育锻炼的群众达2万余人。

（五峰土家族自治县发改局）

荆州市

综　述

【概况】 2020年，荆州市实现地区生产总值2369.04亿元、同比下降5.9%；规模以上工业增加值比上年下降7.8%；全社会固定资产投资比上年下降22.4%；实现社会消费品零售总额1284.49亿元、比上年下降23.2%；地方一般公共预算收入完成105.41亿元，同比下降24.4%；完成进出口总额17.35亿美元、同比增长2.2%。城镇常住居民人均可支配收入34474元、下降4%；农村常住居民人均可支配收入18817元、同比下降0.4%。全市371个建档立卡贫困村、400524人全部脱贫出列。完成了省下达的节能减排任务。

【新冠疫情防控】 面对突如其来的新冠肺炎疫情，全市人民守望相助、命运与共，6256名本地医护人员和855名广东、海南援荆医疗队员逆行出征，31450名党员干部、12455名社区村组干部、36540名志愿者下沉社区、驻守基层。进入常态化疫情防控阶段，注重强化发热门诊等“哨点”作用，外防输入、内防反弹，坚持“人物地”同防，形成闭环管理。全力做好防控物资保障、紧急救治场所和公共卫生事件应对能力建设。口罩生产企业从3家发展到30家，产能从55万只/天提高到2300万只/天。积极向上争取资金45.9亿元，开工建设公共卫生补短板项目34个，建成具备新冠病毒核酸检测资质实验室24家。荆州市中心医院荆北新院、荆州第一人民医院门诊住院大楼等工程顺利完工并投入使用，全市县级医院、乡镇卫生院发热门诊建设任务基本完成。获得金砖国家新开发银行新冠肺炎疫情防控贷款14亿元，创全省利用外资单体数额最大、获批速度最快纪录。

【产业发展】 积极培育新动能。编制完成《荆州市承接产业转移示范区发展规划（2021—2025年）》，一二三产业协调发展。“新基建”稳步推进。出台《荆州市新型基础设施建设行动计划（2020—2022)》实施方案，纳入省“三库”平台亿元以上项目60个、总投资629.6亿元。全市“新基建”已开工项目30个、完成投资24.75亿元。完成5G投资8亿元，建设5G基站达2000个、居全省第二位。农业生产保持稳定。全市高标准农田建设面积48.29万亩、居全省第一位。农产品加工规模以上企业481家，农产品加工转化率近70%，接近全国平均水平。现代服务业升温回暖。自3月21日荆州古城等首批旅游景区恢复开放并免门票以来，全市累计接待游客1100万人次，实现旅游综合收入85亿元。积极培育线上消费、直播带货等新消费模式，网络零售交易额420亿元。成功打造“中国（荆州）小龙虾交易服务中心”线上销售平台。

【重大项目】 大力开展“全员招商和项目争取年”活动，投资支撑作用明显。市级八大关键项目成效明显。荆州沙市机场建成通航，荆荆高铁开工建设，洪湖东分块安转工程可研报告已完成水利部批复，李埠长江公铁大桥通航评审已通过，观音寺长江大桥完成投资人招投标，荆江绿色能化工产业园初具雏形，荆州综合保税区已提交国务院审批，荆州市公共卫生中心疾病预防控制检验中心、公共卫生及重大疾病预知预警应急体系项目进展顺利。资金争取再创新高。中央支持湖北一揽子政策到位资金411亿元。争取中央和省下达的预算内投资25.5亿元、增长20%。全年利用外资

2020年9月16日，荆门至荆州铁路项目在荆门沙洋县十里铺李河村开建

超6000万美元，同比增长20%以上。招商引资取得实效。与佛山市、东莞市和三亚市签订了友好城市、产业合作、人力资源合作等协议。新引进亿元以上项目452个，其中引进山鹰纸业二期、玖龙纸业、华鲁恒升现代煤化工和美的集团新产业园4个过百亿元的工业项目。

【营商环境】　加强营商环境建设，一批在全省领先的创新举措有效实施。政务环境更加规范高效。“一网通办”实现五级联通，市县两级可网办率达99%以上，在全省政务服务“一网通办”综合考核中保持前三。数字政府建设三年规划正式发布。监利市“跨省通办”事项作为第二批典型经验在全省推广。市场环境更加便利。全面落实“5210”标准，企业开办实现一表受理、一窗出件、一日办结，预计全年市场主体新增4.68万户、达40万户。荆州市网上金融服务平台正式上线，为210家企业实现授信39亿多元。发行企业债券32.9亿元、较去年增加11.4亿元。法治环境更加公平完善。全市公共法律服务实体平台有效运行，民营企业“法治体检”活动深入开展。清理涉及优化营商环境规范性文件61个。信用信息归集保持全省前三。

【绿色发展】　长江大保护十大标志性战役综合评估居全省第二，长江经济带绿色发展十大战略性举措综合评估居全省第一，省政府在荆州召开现场会。绿色发展加快升级。编制完成荆州开发区与沙市锣场工业园、荆江绿色能源化工产业园融合发展概念规划，新增省级合规化工园区2个、累计达9个。76家关改搬转化工企业今年完成25家、累计达61家。生态质效进一步提高。中心城区7个黑臭水体整治率达100%。环长湖湿地修复工程完成投资4.46亿元。全面实施长江禁捕，妥善安置移民上岸。植树造林新增24.8万亩、累计达230万亩。“四个三重大生态工程”成效明显。“六类”厕所基本完成三年目标任务，城市生活垃圾无害化处理率达100%，乡村生活垃圾无害化处理率达98%；新建、改建乡镇生活污水处理项目104个，已全部转入试运行，并通过省级验收。

【脱贫攻坚】　全年完成6280户、13227人年度减贫目标，44个深度贫困村全部摘帽。安排财政专项扶贫资金15.68亿元，实施扶贫项目1510个，落实产业奖补资金2.4亿元，实现贫困人口务工就业14.19万人。洪湖、监利、石首、松滋四地1010户建档立卡易地扶贫搬迁户“六个清零”进一步巩固，顺利通过“十三五”易地扶贫搬迁全面评估核查省级抽查。

【民生社会保障】　就业总体平稳。全市城镇新增就业4.6万人，城镇登记失业率3.82%。累计组织市外返岗务工76万人，稳定就业岗位21万个。社会保障机制逐步完善。养老保险、基本医疗保险参保率分别达到98%、97%。累计发放价格临时补贴2.42亿元，惠及优抚、城乡低保、特困、领取失业保险金人员177.93万人次。改造棚户区6860套，开工老旧小区226个。中心城区增加学位4900个。成功举办湖北省第十五届中学生运动会。荆州中心医院荆北新院、荆州一医门诊住院大楼投入使用。街道社区管理体制改革深入推进，城乡社会治理体系更加完善。

（荆州市发改委）

荆州区

【概况】　2020年，荆州区完成地区生产总值341.21亿元，同比下降4.5%，增幅在全市排名第2位，高于全市平均水平1.4个百分点。地方财政总收入完成23.8亿元，同比下降14%；一般预算收入完成13.9亿元，同比下降21.6%。2020年固定资产投资（含纪南文旅区、荆州高新区）完成205.7亿元，同比下降7.2%，全市排名第一；规模以上工业企业总产值完成207.33亿元，同比下降10.27%；规模以上工业企业增加值同比下降9.3%；城镇常住居民人均可支配收入完成38505元，同比下降3.9%，农村常住居民人均可支配收入完成20905元，同比下降0.8%；城镇登记失业率控制在目标任务以内。

产业发展。2020年，全区三产业结构比为14.1∶26.8∶59.1。农业经济有新举措。全年粮食播种面积69.78万亩，产量28.42万吨，蔬菜面积21万亩，总产量51.2万吨，油菜面积12.9万亩，总产量2.9万吨。再生稻面积5万亩，棉花面积4.5万亩。生猪存栏9.15万头，家禽存笼400.5万只，水产品11万吨，稻渔综合种养13万亩，产量1.55万吨。新增省级重点龙头企业1家，市级3家，帮助农业产业化企业申请贷款1.4亿元。完成2019年2.65万亩高标准农田建设项目。打造了荆州玫瑰园、铜岭岗蔬菜主题公园、金家窑·驿等一批美丽乡村典范。全区楚风特色小镇顺利纳入湖北省第三批省级特色小镇创建名单。工业经济稳步复苏。开展“百名干部进百企”活动。各首席代表累计走访企业700余次，帮助解难题、支新招。落实“企业金融服务方舱”政策，发放优惠贷款和政策性贷款6.7亿元；收集整理总投资966亿元各类项目120个向银行推介，达成贷款意向15.2亿元。新增市场主体4885家，规模以上工业企业9家，限额以上商贸企业16家；加强隐形冠军企业培育，申报重点培育企业5家；全面推动“万企上云”计划，新增上云企业27家。为全区10家隐形冠军企业发放奖励资金共60万元，为四机赛瓦、湖北宇兴、江汉建机争取区、市级切块项目奖励资金170万元。消费市场缓慢回升。2020年，社会消费品零售总额完成205.9亿元，增速同比下降22.5%。为江汉建机、江汉众力、顺辉汽车等外贸出口企业办理2019年度外经贸专项资金269.43万元。出口信用保险在我区外贸企业中实现了全覆盖。国家级石油机械外贸转型升级基地已获商务部审批。成功承办全市乡村旅游现场推进会，主办“生态乡愁美，健康荆州游”活动，开

2020 年，荆州区实验小学绿地校区建设项目

启荆州区乡村旅游元年，完成 15 批次共计 1160 人次体验团。建成国家 A 级旅游景区 7 家、星级民宿 20 家，建成乡村旅游项目 21 个，打造市级休闲农业示范点 3 个、采摘园 106 家、田园综合体 3 个。

项目建设。加大重点项目建设。完成 2016 年来棚改及重点建设项目征迁“清零”任务，北门片区、新风片区、荆堤片区、小北门片区、白荷片区全面清零，五台二期、白荷二期、新生、三红和太晖 5 个还建项目加紧建设，2020 年 23 个老旧小区改造完成开工前期工作，绿地二期、百盟等房地产和商贸项目建设正旺；灵均中学、北门中学、实验小学绿地校区等学校迁建项目建设顺利，东方红中学、实验小学城东校区等学校项目积极推进；楚王车马阵二期、荆州荆街、综合管廊工程、人民北路、天鑫路、郢西路、白荷东路、新港西路等城市基础设施项目如期开工；复兴大道建成通车；318 国道万城段、428 省道改扩建、荆江大道、农村公路建养一体化、里甲口二站新建、柳港泵站、长湖湖堤加固等交通水利项目建设全面推进；江汉建机、锐美智图、虎辉汽配、湖北链车、拓征实业、凤翎机械、华禹科技、吉昌电子、龙和农业等一大批工业项目相继复工建设。启动城南智慧制造产业园、城北产业园新经济产业平台等项目建设；网库湖北产业互联网总部投入运营。

供给侧结构性改革。整合闲置资产，盘活存量。支持造纸包装企业向高端环保产业转型。稳步开展县域金融工程。辖内各银行机构共发放各项贷款 257.96 亿元，贷款增量 50.53 亿元；发放实体经济企业贷款 1945 笔 68.61 亿元，同比增长 51.75%；展期 159 笔 35.42 亿元；续贷 2772 笔 30.26 亿元；发放市场主体优惠贷款和政策性贷款 704 笔 36.93 亿元。此外，区政府还出资 6000 万元设立复工复产调度资金，支持 30 家小微企业缓解生产性流动资金难题。建立了石油机械行业企业专题方舱，将中油科昊等 17 家企业统一纳入，由各银行结合行业特点开展精准化服务。银行累计对接入舱企业 683 次，提供金融支持企业 577 家 41.11 亿元。严格落实各项税费优惠政策。普惠性政策减免 5.87 亿元，疫情防控优惠政策减税降费共 1.75 亿元。

优化营商环境。出台《荆州区大力打造一流营商环境全面激发市场活力实施方案》32 条和实施细则。信用体系更加完善实用。实施失信联合惩戒，推行“一处失信，处处受限”，公布 134 件失信被执行人名单，督促 4 家失信企业进行信用修复。全面推进“一网通办”“一事联办”，全事项“应录尽录”“一件不落”；对全区 33 家行政审批服务职能单位进行督办检查，确保“三集中三到位”全覆盖；项目审批程序应减尽减，确保工业项目 50 个工作日开工建设，其他项目最长不超过 120 个工作日。企业开办全流程审批环节从 5 个减少到 1 个，提交资料从 33 份减到 6 份，审批时限从 5 个工作日减少到 1 个工作日。简易注销由原来公示 45 日压缩到 20 日，时间压缩 60%。合同执行效率显著提升，共受理执行案件 1467 件，法定期限执结率为 94.87%；受理无财产可供执行案件终结本次执行程序 349 件，终本合格率达 100%。

绿色发展。2020 年荆州区化学需氧量、氨氮等指标完成进度任务；环境空气优良率 86.9%；万元 GDP 能耗下降 3.75%，超额完成进度任务。污染防治攻坚战强力推进。完成《全区乡镇饮用水水源地保护规划》编制，全区地表水达到或好于Ⅲ类水体比例达标。巡查扬尘污染问题 943 个，整改完成 927 个，整改完成率 98.3%，印发扬尘污染防治专项整治告知书、承诺书 1100 份；秸秆禁烧工作持续开展；餐饮油烟专项整治持续推进。“四个三重大生态工程”有序实施。厕改任务按进度完成；乡镇生活污水管网覆盖率进一步提高；农村面源污染有效防治；城乡生活垃圾分类管理系统和收转运设施建设步伐加快，“保洁提质”行动实施，垃圾分类启动试点；农贸市场、“五沿”区域专项整治全面开展。河湖长制扎实推进。河湖库长全面履职，31 位区级河湖库长本人开展巡河 167 人次，委托联系部门巡河 32 人次，解决问题 303 个。荆州区被评为“湖北省河湖长制示范区”，太湖港渠（荆州区段）入选“湖北省幸福河湖示范”名单，3 家单位被评为“湖北省河湖长制示范单位”，8 名同志入选“湖北省河湖长制示范人物”，太湖港渠（荆州区段）河湖长制工作评为全国河湖长制工作典型案例。

社会事业。全民健身战疫活动积

2020 年，湖北铁水联运煤炭储配基地一期码头

极推进；4 所学校迁建有序推进，布局调整更加合理；“区管校聘”改革深入推进，优势师资更加平衡；义教招生改革规范推进，招生政策更加公平。坚持精准扶贫精准脱贫基本方略，累计投入财政资金 1.4 亿元，完成 237 个扶贫项目建设。驻村帮扶和结对帮扶实现全覆盖，全面实现了贫困对象“两不愁三保障”，现行标准下所有建档立卡贫困对象全部稳定脱贫出列，脱贫监测户和边缘易致贫户得到有效帮扶，脱贫攻坚取得决定性胜利。全区城镇新增就业 4868 人，实施职业技能提升行动，开办各专业技能培训班 49 期，培训学员 2695 人；社会保险落实到位；劳动保障维权到位；机关事业单位养老保险制度改革全面完成。疫情生活补助及时发放，儿童福利、流浪乞讨救助、残疾人补贴落实到位；“七人普”调查登记基本完成；地名普查有序推进，社区治理初见成效；退役军人服务“五有”体系、双拥优抚全面落实。卫健医保持续进步。医共体建设稳步推进，区人民医院 PCR 实验室（一期）投入运行，卫生医疗基础设施加速建设；深化医药卫生体制改革按步推进，爱国卫生运动常态化开展；疫情监测常态有效，医保事业更趋完善，医保政策落实有效。依法治区统筹推进，“七五普法”达到进度目标；疫情防控全面稳定，社会治安综合治理落实到位；扫黑除恶纵深推进，“禁毒宣传月”活动圆满完成。

（荆州区发改局）

沙市区

【概况】 2020 年，沙市区实现地区生产总值 492.77 亿元，同比下降 6.4%；三次产业结构比 4.04: 45.22: 50.74。农业总产值 34.49 亿元，同比增长 3.6%，规模以上工业产值 271.51 亿元，同比下降 10.6%。固定资产投资完成 143.46 亿元，同比下降 23.9%。社会消费品零售总额 264.70 亿元，同比下降 19%。地方一般公共预算收入 19.1 亿元，同比下降 22.7%。城乡居民人均可支配收入分别为 38826 元、21032 元，同比分别下降 3.8%、0.9%。

产业发展。出台区“支持中小微企业 20 条”“稳就业 15 条”等扶持政策，大力开展“领导干部走访服务企业”活动，落实各类惠企资金 20.6 亿元。“非禁即复”有序放开市场主体，批零住餐业统计单位全面复苏。吾悦广场开门营业，电商网购、直播带货蓬勃发展，“双十一”网络零售额突破 3 亿元。华中（荆州）物流园、荆州海洋世界三期等入选全省服务业“五个一百工程”。新增规模以上服务业企业 5 家、限额以上商贸业企业 18 家。落实农业生产奖补，开展农技推广服务，支持 294 家新型农业经营主体恢复生产。建设高标准农田 7600 亩。新组建农民专业合作社联合社 4 家、农产品直销店 3 家。

项目建设。在全市每季一次的重大项目建设和投资拉练活动中，先后获得总成绩第四和第二名各一次，其中荆州民用机场、省交投发展大厦和岑春针织企业城项目分别获评全市十佳项目。全年共策划向上争资项目 167 个，总投资达 140 亿元，拟争取中省资金 13.8 亿元；已通过国家发改委、省发改委初审项目 20 个，项目总投资 11.9 亿元，拟争取中省预算内资金 5.16 亿元。开展“全员招商和项目争取年”“招商引资双百竞赛”等活动，引进亿元以上项目 58 个，协议总投资 262 亿元。全年录入省投资“三库”平台项目 170 个，总投资 1333 亿元。其中，储备项目 65 个，项目计划总投资 558 亿元，在建项目 122 个，其中新开工项目 60 个，竣工项目 40 个，纳入省市区重点推进的 42 个重大项目中，荆州民用机场、金色童年小镇科创园等 5 个省级重点和带钢厂搬迁、荆襄物流配送中心等 9 个市级重点项目均已开工建设，市公共卫生中心、市疾控检验中心、荆州东服务区等项目服务有力，关沮路、红门路综合管廊等项目启动建设，复兴大道正式通车，荆州沙市机场即将通航。新认定高新技术企业 11 家，小胡鸭建成湖北省荆楚特色食品产业技术研究院。完成机电装备产业园区域性统一评价。关沮工业园启动搬迁。投资 18.7 亿元建设金色童年小镇·科创园，岑河镇入选第三批省级特色小镇创建名单。新增规模以上工业企业 25 家。申报沙市电商产业园、华中（荆州）物流产业示范区和沙市区文化旅游服务示范园区已成功纳入省现代服务业“五个一百示范园区”，获得省、市两级现代服务业发展引导资金 188 万元；获省级服务业发展奖励资金 300 万元，已依程序确定并全部拨付到相关企业。荆州市九菱科技有限公司成为全省第 26 批湖北省企业技术中心。

营商环境。出台区“优化营商环

境30条”，纵深推进“放管服”改革。2020年全年标准化配置区直部门政务服务事项1191项，乡镇（街道）、村（社区）两级政务服务事项11170项，所有依申请政务服务事项实现“一网通办”。“我要开物流公司（货运）”等一批主题套餐开发完成。新的沙市区政务服务中心建成运行良好，中心设有46个服务窗口、12个行政审批办公室和24小时自助服务区，90%以上进驻事项“减时限、减材料、减跑动次数”，实现了“一网、一门、一窗、一次”。政务数据共享交换平台、电子证照库等系统平台已经基本建设完成，政务数据交换机制初步建立。“证照分离”改革持续推进。证明事项清理完成。“项目秘书”服务到位，非公经济投诉服务作用明显，“好差评”“e”线民等平台成效显著。解决处理市营商办交办问题5件，办结率100%。全面实现企业注册“5210”，注销实现“最多跑一次”，新增市场主体7100户。出台《沙市区2020年度公平竞争审查工作实施方案》。工业“标准地”出让占园区新增工业用地32.2%。工程建设容缺受理手续更加细化。占道挖掘道路许可等环节一表申请、同步办理。一般水电气接入工程审批时限压缩至5个工作日以内，水电气抢修工程实现边施工边审批。推行“非接触式”办税，完成财产行为税一体化申报，纳税人年纳税次数不超过6次，正常出口退税压缩至5个工作日以内，一般退税压缩至10个工作日以内。全年共为1158家企业提供了金融支持，总计发放新增贷款29.22亿元，办理贷款展期涉及金额3.7亿元，利率下调涉及金额5.90亿元。财政贴息227万元，延期财政调度资金1.4亿元。大正担保公司为沙市区64家企业办理担保业务109笔，合计金额5.7亿元，担保费率为1%。落实国家《市场准入负面清单（2019年版）》，开展隐性壁垒进行清理排查。严格执行市级涉企收费清单，落实涉企降费政策。全年录入信用数据22万条，累计69万条。开展“双公示”专项治理，修正问题数据，指导各部门建立“双公示”台账，接受省信用办数据质量抽查。对公示超过1年的8条行政处罚信息，指导受处罚对象进行信用修复。配合区文明办对参加文明单位评选的150家单位进行信用查询，对重庆新东原物业出具信用情况说明。“互联网+监管”“双随机一公开”工作全面铺开。加大涉企案件执行和解力度，有财产可供执行案件法定期限内结案率达到95.51%，无财产可供执行案件终结本次执行程序合格达到100%。开展“百日攻坚”活动，一百天内结案3121件，年终结案7294件。稳妥推进2件破产清算案。扎实开展知识产权管理规范贯标认证工作，处理知识产权投诉8起，维护了企业合法权益。

生态建设。在全面完成禁燃区内78家高污染燃煤锅炉淘汰的基础上，对禁燃区外10家燃煤锅炉进行淘汰，以气、电、生物质等清洁能源替代。积极推广利用清洁能源，支持新能源和能源基础设施建设，投资7.5亿元的泥港湖通威高效水产养殖渔业产业园200兆瓦渔光互补光伏发电项目、投资3.9亿元的观音垱100兆瓦农业光伏项目启动建设。投资2亿元的荆门—荆州成品油管道改线工程进展顺利，彻底消除柳林洲油库对长江生态环境影响。严格划定长江生态保护红线，推动生态环境持续好转，严格产业政策，沿江1公里内禁止新建化工项目和重化工园区，沿江15公里范围内一律禁止在园区外新建化工项目。全面清理整顿选违规码头，辖区内所有的码头已全部关停，各码头的岸上机械设备已基本拆除。配合相关部门，划定家禽禁养、限养区域，对禁养区的养殖户限养关停或搬迁。结合文明城市创建、乡村振兴和农村人居环境整治，推动各类厕所建改，六类厕所建改三年攻坚任务均已全部完成。科学编制木垸、新阳等5个村庄规划，常态开展乡村振兴比点观摩，农村人居环境整治“六项攻坚”任务圆满完成，向湖村、桂花村生活污水联户工程投入使用，长湖村被评为全市首批十佳最美乡村。积极争取水利补短板项目35个，总投资210亿元。全面实施长江“十年禁渔”，渔船拆解和渔民上岸任务如期完成。长湖实现退垸还湖，野生动物保护“一法两决定”严格落实。

（沙市区发改局）

沙市沙北新区

江陵县

【概况】 2020年，江陵县实现地区生产总值109.5亿元，同比下降7.8%。完成固定资产投资44.2亿元，同比下降47.7%；社会消费品零售总额42.9亿元，同比下降32.0%；地方财政总收入5.65亿元，同比下降21.0%，地方一般公共预算收入3.76亿元，同比下降27.2%；出口总额2041万美元，同比增长47.3%；城镇居民可支配收

2020 年，江陵华港能源国强码头

入 30813 元、同比下降 4.2%，农村居民可支配收入 10716 元、同比增长 0.1%；城镇登记失业率 2%；城镇化率 44.5%；居民消费价格指数上涨 2.5%。

疫情防控。坚持群防群控，第一时间成立县、乡、村三级联防体系，6851 名党员干部下沉到村、到社区，筑牢了疫情防控“第一道防线”。坚持把人民群众生命安全和身体健康放在第一位，24 小时内完成 3 个隔离区、20 个隔离留观场所设置，仅用 7 天时间完成 2 个诊疗区改造。加强“六类人员”集中隔离、收治，始终保持感染率全市最低，实现了本籍人员零病亡、一线工作人员和医护人员零感染，成为全市第一个、全省第三个报道确诊病例和疑似病例“双清零”的县市。坚持细致入微做好群众工作，组建 2600 人的保供专班，农村服务到组、城区服务到楼，向城镇居民、困难群众发放免费蔬菜包 247.2 吨，社会大局和谐稳定。严格落实疫后常态化防控要求，外防输入、内防反弹，没有新增一例确诊病例和疑似病例，防控成果不断巩固拓展。

农业发展。全县实现粮食总产量 50.74 万吨、油料总产量 5.75 万吨。获评“荆楚好粮油”品牌 3 个。稻田养殖面积比上年增长 8%，食用菌栽培达 860 万棒，蔬菜种植面积 6 万亩，吊瓜种植面积 0.4 万亩，黄桃种植面积 2 万亩，西甜瓜等其他经济作物种植面积 5 万亩。全面完成 4.48 万亩高标准农田建设任务。抢抓国家实施“优质粮食工程”重要机遇，抓基地，上规模，强龙头，创名牌，上项目，搞技改，实施乡村振兴战略，促进农业稳定发展和农民增收。工业发展提质增效。工业技改投资完成 1.6 亿元，同比增长 3.9%。进规企业 12 家，进限企业 7 家。“两化融合”省级试点示范企业 3 家、市级试点示范企业 6 家。全县减税降费 1.2 亿元。兑现工业、商务奖励资金共计 1390.6 万元。积极搭建政银企对接平台，提供优惠贷款 12 亿元，延期还本付息 10.39 亿元。为 6 家企业申报中省外经贸专项资金 80.2 万元。引导 10 家企业转型生产防疫物资，新增产值 5 亿元。完成江陵经济开发区总体规划编制、开发区循环化改造方案编制。完成开发区 8 宗土地 438.18 亩供地，完成五条道路供水管网、沿江产业园一期供热管网及配套设施建设。现代服务业发展提速。出台《江陵县 2020 年电商扶贫实施方案》《江陵县 2020 年消费扶贫实施方案》等相关文件，兑现电商奖励资金 111.7 万元。全县建成村级服务站点 68 个，贫困户开办网店 149 户，年均增收 50 万元以上，“荆裕优选”入选全省服务业“五个一百工程”重点品牌。出口创汇稳步增长。房地产市场趋于平稳。房产交易办件 3140 件，城区新建商品住宅房销售 967 套，商业房销售 50 套。

脱贫攻坚。全县圆满完成剩余 17 户、28 人的脱贫任务，顺利通过国家脱贫攻坚普查和全省党政扶贫开发工作成效考核。2020 年统筹财政扶贫资金 1.3 亿元，拨付 1.14 亿元。探索推广“联村产业发展”模式，全县已形成了以稻虾、食用菌、吊瓜、黄桃、绿色果蔬等为主导的特色扶贫产业，产业带动率和新型经营主体带动率均达到 100%。教育资助、“雨露计划”补助比率 100%。全面宣传落实全健康扶贫“985”新政策，贫困患者住院费用政策范围内报销率 94.46%。30 个贫困村自来水普及率 100%，贫困人口饮水安全率 100%。县乡村三级书记综合遍访率 100%。通过五年来的努力，全县 10615 户、38301 名贫困人口全部脱贫，30 个贫困村全部出列。

营商环境。行政审批实行一窗综合服务。扎实做好“六稳”工作落实“六保”任务，坚持问题导向，在为群众解决实际问题上想办法、出实招，切实打通服务群众“最后一公里”。行政审批推动“一次办”向“网上办”、“掌上办”转变，实现政务服务质量和效益有效提升。全年受理办结政府投资项目 362 个，总投资 147 亿元；企业投资备案 108 个，总投资 201 亿元；办理粮食许可证 25 个。持续深化“放管服”改革。推动政府职能转变，建立健全优化营商环境长效机制，制定《江陵县全力优化营商环境全面激发市场活力实施方案》，着力打造高效、便捷、规范、法治的营商环境。做好“六稳”工作落实“六保”任务。加大信用体系建设力度，落实中央和省的各项助企纾困政策，采取务实管用措施，帮助企业解决实际困难，助推企业发展。全年归集信用数据 703409 条，超额完成全年目标任务。认真落实价格优惠政策，清理规范行政机关、事业单位、中介机构、涉企收费行为，做到清单之外无收费。疫情防控期间，全县 125 家中小微企业享受水电气价优惠补贴，优惠用水用气金额 107.9 万元，减免电费 426 万元。

生态建设。完成省市下达国土绿化任务 1.5 万亩。深入开展“1234”护江行动，取缔非法码头7处、清理泊位29个、腾退岸线5公里、腾退面积350亩。着力推进长江禁捕工作，全县83艘渔船全部上岸封存，发放渔民补助资金560万元。查处环境违法案件5起，关闭严重污染环境企业1家。县域空气优良天数达标率88.7%。"禁烧"工作形成常态。完成化工园区及5个乡镇的大气污染预警系统项目主体建设。农业面源污染治理扎实推进，全县畜禽规模养殖场污染防治设施配套率100%，粪污资源化利用率90.6%。县控河流断面水质达标率81.8%。开展碧水保卫战"示范创建"行动，江陵县被评为省级示范县，县水利和湖泊局、县自然资源和规划局被评为省级示范单位，县内十周河被评为省级示范河湖。

项目投资。全县向上争取资金23.72亿元，其中：中省预算内资金19.62亿元，抗疫特别国债1.475亿元，地方专项债券2.63亿元。煤炭储配基地一期投产试运营，累计完成投资28.98亿元。申达电气、中化生态科技、兴润码头等12个重大项目建成投产。中航物流、华港能源仓储物流园基本建成，分别完成投资4.4亿元、6.5亿元。煤炭储配基地二期、华电二期、21亿立方煤制气一期项目完成可行性研究报告、环评报告等编制工作。新引进亿元以上项目29个，合同投资额440.38亿元。一期投资115亿元的华鲁恒升荆州现代煤化工基地项目正式签约。引进外资1824万美元，实现了利用外资新的突破。

城市建设。新、改建供水管道2.42公里。铺设城区市政燃气主管2.97公里，燃气管道总长度达到89.04公里。城区生活污水、污泥处理能力大幅提升。完成郝穴小学十字路口改造、荆江大堤堤顶公路配套、楚江大道一沿江路配套和郝白渠引水等工程建设。县城人口突破6万人，城镇化率达到44.5%。城市路网由"五横五纵"扩展为"八横十纵"，供水能力提升到5万吨/日，年销气量提升到850万方。农村人居环境大幅改善。完成32个村庄环境综合整治工作。完成秦市乡永和村"荆楚派"美丽宜居村庄创建工作。东李村、颜闸村、青山村等13个村纳入省级美丽乡村建设示范村。建成以三观线、周马线等5条主干道为纽带的美丽乡村景观长廊。投入1500万元建设六合垸管理区、沙岗镇和秦市乡等"口子镇（乡）"，打造江陵"窗口"形象。完成春季植树造林45.8万株。7座乡镇污水处理厂全部进入运营阶段。

社会民生。全年累计完成民生支出23.94亿元，占总支出的80.08%。多渠道保稳岗促就业，帮助近6万人克服疫情汛情影响顺利实现就业，城镇新增就业3497人。新江陵一中加快建设，教育教学水平稳步提升。启动县人民医院传染病楼、县疾控中心应急楼和实验楼、县中医院、乡镇卫生院改扩建等项目建设，湖北省人民医院江陵医院正式揭牌，医疗卫生事业再上新台阶。临港小区、鹤城小区629套保障房基本建成，完成农村危房改造82户，群众住房需求得到有效保障。乡镇和村级综合文化中心全面建成，公共文化服务体系不断完善。强化食品药品安全监管，全年未发生较大安全事故，安全形势总体稳定向好。

（江陵县发改局）

松滋市

【概况】 2020年，松滋市地区生产总值实现330.46亿元，同比下降3.9%。其中，第一产业46.9亿元，同比增长1.1%，第二产业137.72亿元，同比下降8.8%，第三产业145.84亿元，同比增长0.4%，第二产业中工业完成增加值122.6亿元，同比下降9.9%。三次产业比达到14.2∶41.7∶44.1。

抗疫战洪。面对疫情灾情，坚持把人民生命安全和身体健康放在首位，坚决打赢疫情防控和防汛抗灾人民战争。共筛查报告新冠肺炎病例141例，治愈出院137例，在荆州市较早实现"双清零"；坚持常态化疫情防控，未有新增病例。防汛期间，共设防9轮51天，处置险情237处，转移群众6115人，确保"不溃一堤、不亡一人"。

产业发展。农业农村稳定发展。推进落实粮食安全行政首长责任制，全年粮食总产量50.90万吨，同比增加0.38万吨。恢复油菜面积23万亩。发展"双水双绿"面积10.6万亩，小龙虾产量达到8000吨。全面启动现代畜禽产业园创建，重点实施"331工程"，依托温氏、襄大、双胞胎3家公司，加快恢复生猪生产，出栏生猪100万头。以长江松滋段为重点的渔业禁捕全面推进。工业生产加快恢复。3月中旬以来，松滋市采取"点对点"接送员工、项目"先建后验"等方式加快复工复产；切实推动惠企政策落实落地，大力支持企业创新驱动发展。全年规模以上工业企业总产值303.36亿元，较上年下降10.8%；工业增加值完成122.6亿元，比上年下降9.9%。松滋规模以上工业企业27个大类行业中有8个行业到年底增速由负转正。白云边再次蝉联"鄂企百强"，丽源进入全省民营企业百强榜。服务业逐步回暖。出台《2020年推进松滋服务业发展工作要点》、《松滋市提振消费促进经济增长工作方案》。松滋全年实现社会消费品零售总额141.58亿元，同比下降26.7%。因疫情原因，主要经营医疗防护用品的海兴公司、美德林公司等规模企业出口额增长较快，稳定了松滋外贸发展的向好趋势。全年实现外贸出口1.8亿美元，比上年增长104.8%。共接待游客135万人次，实现旅游总收入1.13亿元，分别恢复到上年同期的85%和90%。口岸建设顺利通关，交通物流更加便捷。电子商务顺利发展，"线上直播带货""地摊经济"等新业态发展较快。

项目建设。全年固定资产投资完成181亿元，较上年下降11.7%。13个产业招商小组"走出去""请进来"，积极开展招商引资"百日攻坚战"活动。全年共签约项目58个，总投资额300.1亿元。其中工业项目53个，10亿元及以上项目6个。30个签约项目落地开工，21个签约项目正式投产。扎实开展"项目建设提速年"活动，通过"双百项目"集中开工、现场督办、观摩拉练等活动，加快推进项目实施，固定资产投资总量、增速逐月回升。截止12月底，已竣工投产和建成运行项目47个，已开工建设项目97个。按项目付款进度，已完成投资99.6亿元。出台《松滋市项目争取年活动实施方案》《松滋市新型基础设施建设三年行动方案（2020—2022）》。抢抓疫后中央新增预算内投资、政府专项债资金优先倾斜疫情重灾区窗口期，围绕补短板强弱项，加大项目谋划申报力度。全年申报2020年新增中央预算内投资、特别国债资金、新基建项目145个，申报2021年中、省预算内项目82个。争取中省预算内资金11亿元，其中发改口争取2.35亿元，到位资金超历史。

财政金融。全年完成财政总收入22.73亿元，同比下降27.2%。其中，地方一般公共预算收入12.7亿元，同比下降30.3%。金融市场运行平稳。各金融机构主动应对疫情冲击，逆周期加大信贷投放力度，贷款投放保持稳定增长。截至12月末，金融机构存款余额455.32亿元，同比增长12.1%；金融机构贷款余额210.03亿元，同比增长16.1%。存贷比为46%。

三大攻坚战。脱贫攻坚战取得完胜，36个省级贫困村全部出列，建档立卡贫困人口22556户55719人全部脱贫。其中，2020年实现1067户1643人脱贫，完成率100%。贫困户“两不愁三保障”问题彻底解决。2020年产业扶贫奖补资金增至3000万元，比2019年增长50%。洈水、刘家场、卸甲坪3个乡镇208户430人易地扶贫搬迁实现建设合格率、搬迁入住率、拆旧复绿率、产业就业帮扶率、脱贫率“5个100%”。污染防治有力推进。坚决打好蓝天、碧水、净土保卫战，坚持精准治污、科学治污、依法治污，加强中、省环保督查反馈问题整改，松滋生态环境质量保持总体稳定并持续向好。PM2.5、PM10浓度均值分别为33微克/立方米、52微克/立方米，分别较上年下降29.8%、30.7%，优良天数比率达到89.5%，较上年上升14.4%。重要水系达标率、饮用水环境质量达标率、水功能水质达标率分别达到90%、100%、83%。实施长江大保护，推进化工园区企业搬改关转，推进资源循环化改造，临港新区入选国家级资源循环利用基地。强化能源“双控”，积极推进节能降耗。金融风险防控有力。全力打好防范化解金融风险攻坚战，依法分类处置金融风险，优化信贷资产质量，加大对互联网金融、民间借贷、非法集资等行为的排查和整治力度，金融风险得以有效防控。

营商环境。聚焦“一网通办、不动产登记、市场准入、工程建设项目审批、水电气公共服务”五大改革任务，确定37项攻坚重点，落实107条改革措施。通过各项税费减免、奖励补贴发放、政府扶持采购、贷款财政贴息等方式，使企业受益3.89亿元；优化行政审批服务，严格执行投资项目备案、核准、审批制和负面清单承诺制，协调联审部门统一使用全省在线审批平台，实现“多审合一”；开通“12345”市长热线，畅通政民企互动渠道；政务服务国家级标准化试点通过验收，服务规范化水平进一步提升；加强社会信用体系建设和诚信政府建设，归集信用数据342739条。持续深化投融资体制改革。农业水价综合改革稳步推进。申报全省疫情重点保障企业优惠贷款和政策性贷款21家，7家企业获批为全省疫情重点保障企业；开展政银企对接活动，发放贷款9.95亿元；全力支持中小微企业抗疫纾困，减税15573万元，减免社保费7042万元、医保基金1530万元。行政事业性收费降标、暂停、免征1941.48万元；出台和执行水、电、气降价政策，企业直接受惠1434.5万元；支持金松集团成功发行私募公司债券5亿元、企业债券8.2亿元；发放疫情期间支持商贸流通业、粮食应急保供企业、服务业引导发展等补助资金1558万元。

城乡建设。推进美丽乡村建设。农村生活垃圾无害化达标治理覆盖率达到100%；17个生活污水处理厂入网5120户，建设配套污水管网190公里；农村“厕所革命”全域推进，建改农村无害化厕所62510户。牛食坡村、龟咀村、新星村入选国家“农村人居环境整治技术服务与提升试点村”，新星村入选“全省美丽乡村建设典型示范村”，樟木溪村获评“国家森林乡村”、入选“中国美丽休闲乡村”。我市获荆州市乡村振兴拉练“三连冠”。加快新型城镇化。实施沿江大道道路工程、言程路东片区污水管网等10个续建项目和楚城大道、贺炳炎大道人防通道工程等13个新建项目建设。完成13个小区660户老旧小区改造任务；完成2076户城市棚户区改造。出台《松滋市人民政府关于进一步鼓励松滋返乡进城就业创业推进农业转移人口市民化的实施意见（试行）》，积极推进农业转移人口市民化。城镇化率达到54.1%，比上年提高一个百分点。洈水运动休闲小镇等特色小镇发展进一步推进。稳步推进交通项目。洈水旅游快速通道建设加快推进，S253南河大桥至涴市段改建工程、荆州港松滋港区车阳河码头二期工程进展顺利。完成县乡公路改造工程19.4公里；完成村级通畅工程32公里；完成农村公路提档升级和路基加宽工程279公里；完成农村公路渡改桥9座；全面启动农村公路桥梁“三年消危行动”。当枝松高速公路项目松滋段、武松高速公路项目松滋段、松西河航道疏浚工程等重大项目前期工作进展顺利。

社会民生。就业形势基本稳定。疫情期间，分批次、多渠道组织开展一系列“点对点”劳务输出，积极落实稳岗就业政策。共完成省外务工输出74474人，务工人员在本地实现就业18798人。出台援企稳岗、扶贫帮困10条措施，通过线上线下开展叉车、电工、焊工等14个专业的技能培训，组织专场招聘会等多种方式，千方百计稳定就业。社会保障不断完善。深化养老保险制度改革，织密社会保障安全网。松滋新增“五险”参保29482人次，累计参保达到21.4万人次。社保、就业两项指标稳居荆州县市前列。加强社会救助，确保“托底有力”，累计发放城乡低保救助金7422.1万元、城乡特困救助金4007.6万元、临时救助金215万元。发放高龄补贴23619人、资金1481.2万元，发放残疾人生活补贴、护理补贴1213.19万元。教育亮点纷呈。教育信息化水平进一步提升，“钉钉教育”保障了疫情期间云端教学顺利实施。2020年高考再续辉煌，高考连续保持荆州市4连冠，松一中两学子荣膺荆州市理科状元、文科榜眼。中考各项评价指标位居荆州县市榜首。疫情防控扎实有效，无一所学校出现疫情、无一名师生感染。公共卫生服务全面加强。人民医院感染疾病大楼及配套工程已开工在建；妇保院新院区建设项目已进入施工阶段；疾控中心实验楼项目即将开工；市直医院与17家乡镇卫生院发热门诊加快建设，三医精神病新院区已投入使用。

（松滋市发改局）

公安县

【概况】 2020年，公安县实现地区生产总值311.12亿元，可比价格同比下降5.6%。其中，第一产业增加值71.41亿元，同比下降1.9%；第二产业增加值112.15亿元，同比下降8.5%；第三产业增加值127.56亿元，同比下降4.8%。实现农业总产值124.07亿元，可比价格下降1.7%。实现全口径工业增加值101.79亿元，同比下降9.0%。实现社会消费品零售总额164.33亿元，比上年下降22.4%。实现进出口总额17236万美元，其中出口额15595万美元，比上年增长56.8%；进口额1641万美元，比上年下降77.2%。固定资产投资比上年下降32.4%。其中，5000万元以上项目投资比上年下降41.9%，5000万元以下项目投资比上年下降63.2%。实现财政总收入14.03亿元，比上年下降32.3%，其中税收收入12.37亿元，比上年下降25.1%。一般公共预算收入8.80亿元，比上年下降36.1%。全县城镇居民人均可支配收入33569元，比上年下降2.3%；农村居民人均可支配收入19711元，比上年下降0.4%。全县能源消耗总量为118.05万吨标准煤，单位GDP能耗为0.4147吨标准煤。

2020年，主要经济指标降幅逐月收窄，工业用电量、工业产品销售、规模以上工业税金等指标位居全市前列。全面落实中省支持企业发展系列政策，出台支持中小微企业25条硬措施，累计减税降费3.5亿元，减免社保费8335万元。全县贷款余额新增35.4亿元，贷款总量、增量居荆州县市第一。积极对接中央支持湖北一揽子政策，争取中省预算内项目22个、资金2.32亿元，争取抗疫特别国债3.29亿元，发行政府专项债1.63亿元、一般债3.47亿元，城投公司发行企业债8亿元。

工业经济。荆州中粮、湖北车桥、新生源、金安纺织、万华板业等龙头企业产销逆势增长。山鹰纸业三条生产线建成投产，年产能达到127万吨。美灵宝出口订单突破2亿元。完成工业技改投资7.2亿元，新增规模以上工业企业21家，纳入高新企业培育库24家。签约亿元以上项目57个，协议引资250.6亿元，其中10亿元以上项目5个。山鹰国际追加投资100亿元扩大产能，金马能源拟投资50亿元能源项目有序推进。

农业发展。粮食生产喜获丰收，生猪生产加快恢复，新增市级以上产业化龙头企业5家、“两品一标”农产品13个。扩大消费服务，新增限额以上商贸单位15家，线上消费同比增长22%，烟草税收实现突破。黄山头风景名胜区、章庄铺凤凰山庄入选全省乡村旅游美景。

项目建设。沙公高速南延线、疏港公路即将全线贯通，207和351国道建设、城区油江大道、上海大道扩建快速推进，维修国省道45公里，新建和升级通村公路273公里、安防工程120公里，危桥改造43座，正按“一路一品一景”标准打造四条进城通道。文体中心开工建设，18个老旧小区改造及城南春天、锦绣孱陵、柳梓河新嘉苑等1500套安置房，实验中学、梅园中学、竹溪小学加快建设，城市运行指挥平台通过省级验收。水韵孱陵、雨污分流等项目有序实施，荆江公园即将竣工，柳浪湖公园北区、瓦池河公园春节前开园。新妇幼保健院正式启用，人民医院传染病诊疗中心、中医院门诊综合楼、县卫生应急仓储中心等项目进展顺利。政府投资项目开工117个，完成投资41.68亿元；辰桦智造谷、泰昇达光电等项目进度加快，长江源制药、嘉泰钟表、和格生物等企业即将投产；蝉联全市二三季度项目拉练评比第一名。从紧财政开支，压减15%一般性支出和30%非必需政府项目支出。

营商环境。全年完成126项营商环境改革任务，对1057项服务事项再清理，直减申请材料70%，审批事项压减40%。大力推进“1230+80”“三先三后”“三无三即”改革，创新开展食品经营许可“讲述式”办证。政府投资项目服务平台上线运行，实现项目全周期可视化管理。深化农村产权制度改革，处置问题合同1222份，收回侵占土地4085亩，追缴资金1531万元，村集体每年稳定增收1800万元，获评“全国土地确权颁证工作典型地区”，被推介为“全国农村创业创新典型县”。

生态建设。抓好长江大保护，落实河湖长制，严禁非法采砂，关停砂石码头38个，收回45个湖泊水库经营权，17处饮用水源地水质全部达标，消除11个重点湖泊劣V类水体，超额完成减排任务。加强环境治理，实施固废危废、黑臭水体等专项整治，升级改造瓦池、青吉污水处理厂，14座乡镇污水处理厂、垃圾发电厂建成运行，生活垃圾基本实现无害化处理，精准划分畜禽规模养殖“三区”，血吸虫病防治达到传播阻断标准。推进生态建设，累计造林绿化42.31万亩，森林覆盖率达到34.1%，积极创建省级森林城市，崇湖国家湿地公园正式挂牌，创建省级生态乡镇6个、生态村50个。85件环保督察反馈问题按时整改，主要污染物减排取得重大进展。累计征收房屋3099户，完成全域国土综合整治1.3万亩，新增建设用地1.62万亩，规范设置1万余间乡镇门面店招。实施重点水域全面禁捕，617 艘渔船依法拆解，988 名渔民全部转产。

社会民生。脱贫攻坚加快推进。贫困村特色产业带动率 99.5%，开发贫困户就业岗位 2045 个，四类重点对象危房全部清零，中央脱贫攻坚专项巡视“回头看”反馈问题全面整改。新增城镇就业 4997 人，城镇登记失业率控制在 4%以内，发放各类保障资金 11.77 亿元，住房公积金提取 4.9 亿元。在全省率先开展农村特困人员供养机构改革。优化教育资源配置，高考成绩主要指标保持全市领先。举办各类文体活动 200 余场，开展第二届“最美公安人”评选，弘扬新时代公安精神。化解重点风险案件 59 件，扫黑除恶“六清”行动成效位居全市前列，持续整治城区交通秩序，启动“一村一辅警”工作。开展全国自然灾害综合风险普查试点，推进安全生产专项整治三年行动，守住了安全发展的底线。

（公安县发改局）

石首市

【概况】 2020 年，石首市实现地区生产总值 208.86 亿元，按可比价格计算比上年下降 6.7%。其中第一产业增加值 46.2 亿元，同比增长 2.7%；第二产业增加值 69.95 亿元，同比下降 11.1%；第三产业增加值 92.71 亿元，同比下降 6.9%。三次产业结构比为 19: 36.3: 44.7。一般公共预算收入 8.96 亿元，比上年同期下降 28.8%，地方一般公共预算收入 5.88 亿元，同比下降 32%，社会消费品零售总额 115.7 亿元，同比下降 22.5%，城镇、农村常住居民人均可支配收入分别为 33635 元、18644 元，同比分别下降 4.3%、同比增长 0.2%。

工业经济。全年完成规模以上工业总产值 187.54 亿元，同比下降 12%，规模以上工业增加值完成 64 亿元，同比下降 10%，工业投资 71 亿元，同比下降 8%，预计完成出口创汇 7600 万美元。新进规模以上企业 18 家。高新技术成果丰硕。全市完成高新技术产值 65 亿元，完成技术合同交易额 5.1 亿元，科技型中小企业评价入库企业 43 家，完成任务的 107.5%。组织 9 家企业申报国家高新技术企业。积极组织湖北钱潮精密件有限公司申报科技部“科技助力经济 2020”重点专项、石首市天字号瓜蔬专业产销合作社申报湖北省科技重点研发项目。营商环境持续优化。制定全市优化营商环境方案，从提升企业办事便利度、提供规范高效的政务服务、营造规范透明的市场环境、提供公平完善的法治保障 4 个维度，提出了 29 条重点任务、51 项具体推进措施，在监督考核的基础上，狠抓全面落实。积极落实减税降费政策，惠及全市 125 家企业单位，扎实推进“百名干部进百企”活动，竭尽全力帮助企业解决实际困难和问题。信息化建设步伐加快。推进全市企业运用信息技术与技术创新，不断研发和改进自动化、智能化生产，将企业生产与信息化深度融合。目前，全市取得荆州市级“两化融合”管理体系贯标试点示范企业 13 家，新申报“两化融合”国家级贯标 4 家，荆州市级 3 家。加快信息化建设，全市已累计建设（改建）46 个 5G 基站站点。

农业经济。围绕“质量兴农”和“绿色发展”两大主题，坚持以推进农业供给侧结构性改革为核心，大力实施乡村振兴战略。全年实现农业总产值 77.07 亿元，同比下降 7%。农产品加工产值在 60 亿元左右。粮食种植面积 91.3 万亩，总产量 35.3 万吨，同比面积增加 12 万亩，总产增加 6 万吨。油菜收获面积 23.3 万亩，总产 4.2 万吨，同比面积增加 2.7 万亩，总产增加 0.6 万吨。蔬菜播种面积 15.1 万亩，总产 37.7 万吨，同比面积持平，总产同比减少 1.8 万吨。全市稳定精养鱼池面积 10.8 万亩，增殖渔业面积 10 万亩，水产品产量 11.5 万吨。全市生猪出栏达 55 万头，家禽出笼 600 万只，肉牛出栏 1 万头，肉羊出栏 1.5 万只，禽蛋产量 6.2 万吨，实现畜牧业生产总值 28.6 亿元。农业机械化水平成果突出，全市农机总动力达到 55.4 万千瓦，较上年增长 3%以上。完成机耕作业面积 125 万亩，机播面积 54 万亩，机收面积 100 万亩，主要农作物机械化综合作业水平达到 80%。以石首天字号瓜蔬专业产销合作社为载体建立的“天字号智慧农业星创天地”和以石首杨树研究所为载体建立的“石首杨树研究所星创天地”已申报省级农业创新平台，石首市天字号瓜蔬专业产销合作社还成功申报为湖北省首批农业科技创新示范基地。

第三产业。全年实现社会消费品零售总额 112.28 亿元，同比下降 20%。实现限额以上零售额完成 47.79 亿元，同比降幅 8%。新增对外贸易经营者备案企业 12 家，新增出口破零企业 4 家，实现外贸出口 6915 万美元，同比下降 12.98 %，其中美奂光电出口 300 万美元以上。全市电子商务交易额 38.12 亿元，同比增长 31%，快递收件量 248.32 万件，派件量 1503.87 万件，同比增长 27%、49%。积极组织 5 家企业参与“荆楚优品”和区域公用品牌申报，引导商贸企业开展了“6.18”“六月狂欢节”“消费促进月”等活动，以直播带货形式助力企业将线下销售拓展到线上。在城区指定范围鼓励发展“地摊经济”，延展消费时间和空间，推动消费升级和经济增长。

项目建设。抓实“六个工作机制”和“十个工作措施”，开展“半年大会战”，实行“双月晒评”拉练，力促项目快速推进，确保项目建设提质增效。2020 年确定的 94 个市重点项目已完成项目 34 个，其他项目正在有序推进，开工率达到 80%、建成率 30%。招商引资新签约项目共计 56 个，签约总投资额 280 亿元，其中 1 至 10 亿元项目 48 个，10 至 50 亿元项目 7 个，50 亿元以上项目 1 个，工业项目 48 个。2019 年签约工业项目开工率达 86%，投产率达 62%；

深化改革。推进城投公司市场化改革，成立投融资平台。全年石首农投公司完成产值 4200 万元，实现利税 420 万元；石首市建筑规划勘察设计院公司扭亏为盈，总收入 465 万元，盈利过百万；石首市博磊建筑材料公司采砂约50万吨，盈利1200万元；石首市博正物业管理有限公司营收119.4万元，新建枣石高速户外广告7座，社会停车场2处（老粮校停车场、碧玉街停车场）；石首市晶晨新能源有限公司发电186万度，按时向33个贫困村分红165万元；拍卖销售南岳新村等三个还建小区商铺售18套，营收617.99万元。新成立子公司5家。全年累计授信19.84亿元，到账资金15.34亿元，其中新增授信项目8个13.422亿元，提款8.92亿元，解除受限资金3.51亿元，展期到期应偿还本金2.5亿元。还建房及门面销售收入0.41亿元。全年累计支出16.7亿元，其中重点项目支付8.8亿元。推进财税体制改革。梳理并建立健全业务流程和制度规程，保证绩效目标设置和审核工作稳步推进；统筹推进预算项目绩效管理，组织绩效评价工作，进一步建立全过程预算绩效管理链条，加强绩效评价管理，实行“花钱必问效，无效必问责”。支持民营企业发展。创建湖北省创新型县市，组织5家企业申报第一批高新技术企业；省科技信息院、武汉理工大教授到石首深入楚源集团、吉象公司、鑫洲新材料、杨树研究所、鑫盛农牧科技公司、绿城体育、扬子江泵业、荆江源制药等公司调研考察，了解石首科技创新情况，申报创新新型县市，深入企业调研，宣传、引导、培育企业建立内部研发机构；湖北钱潮精密件公司申报科技部“科技助力经济2020”重点项目已立项，争取资金50万元。

生态建设。深入实施“四个三重大生态工程”，乡镇污水处理项目厂区工程全面完工并进入通水试运行阶段，2020年9月已顺利通过省住建厅验收。完成农村无害化户厕改造4010户，农村公厕36座。开展农村环境综合整治“五大行动”，全市长江两岸造林绿化10.45万亩，森林覆盖率达到28.7%，建成规模防护林基地29个、省级绿色示范乡村54个，全市通道绿化率、渠岸绿化率分别达到93.6%和92%。抓好典型示范创建，重点打造市区至乡镇“新农乡愁”等5条精品线，李花山村入选中国美丽休闲乡村，新港口、披甲湖等7个村入选省美丽乡村示范村，南洲子、小河口等29个村入选省美丽乡村建设整治村。全面落实中央和省级生态环境保护督察反馈问题的整改。第一轮中央环保督察35项整改任务，已完成31项，正在办理4项，交办的11件信访件已全部完成；省级环保督察“回头看”交办的13件信访件也已全部完成。中心城区PM2.5、PM10同比下降31.1%、21.9%；国家、省、荆州市地表水考核断面水质全部稳定达标，集中式饮用水水源地水质达标率100%。有力开展环保综合执法工作，全年共立案7起，处罚金额76.2万元，处理信访件669件，处理率99%。

基础设施建设。交通基础设施建设稳步推进。G234新厂至大垸段改建工程路面工程施工已完成，G234梅家咀至高基庙（鄂湘界）段改扩建工程完成货币工程量约1.5亿元，S221城区至桃花山段改扩建及配套工程完成货币工程量约2.23亿元。港产城初步规划已完成，项目建成后可实现“公铁水”路多式联运无缝对接，将对进一步优化完善城市综合交通运输体系发挥积极作用。加大“四好农村路”建设，在全市已经以全省第一名的成绩创建全省“四好农村路”示范县的基础上，2020年5月中旬顺利通过了省厅专家组对团山寺镇创建省级“四好农村路”示范乡镇的验收。园区建设日趋完善。金平工业园在建道路2条，其中创新路西延伸段已完成总工程量的55%，玉皇岗大道已完成总工程量的60%。新建道路1条，站后路东延（兴业路）开工建设，完成总工程量的约15%。续建项目金平污水管网一期工程已全部完工投入使用。35KV肖南线、平何陈线电力迁改已完成。新建金平消防站项目完成主体工程，精细化工污水处理厂完成主要功能区建设，金平污水处理厂人工湿地完成主体工程建设，楚天大道雨水管网建设完成，楚天大道污水管网完成总工程量的50%，化工园区安全生产和环境保护信息化平台完成采购手续。张城垸化工园区和金平化工园区顺利被荆州市政府批复确认为省级合规化工园区。加大城区设施建设。东区环路、锦绣大道、滨湖路已完成地下管网埋设95%，基础换填完成95%；环城北路雨污管网与环城路南端雨污管网已完成对接；中心城区水环境综合治理一期项目抓紧推进，黑桥子渠黑臭水体治理项目正在实施；紫荆苑、原纺织机械厂2个老旧小区改造已全部建成完工；城东污水处理厂正式投产运行；生活垃圾无害化卫生填埋场建设顺利推进；生活垃圾焚烧发电厂年底调试运行。

社会民生。脱贫攻坚取得决定性成果，41个贫困村出列，14497户42603人实现脱贫。为全市外出务工贫困人口15101人发放一次性交通补助244.52万元，一次性生活补助93.7万元。社会事业稳步发展。着力推进教育综合改革，启动12所新样态试点学校建设。强力抓好两考质量，全市大文大理一本上线516人，位居荆州各县市区前三。实验幼儿园陈家湖园区已开工建设，南岳高中改扩建工程建设序时推进。严格按政策落实各项医疗保障待遇，做到了“应保尽保、应报尽报”，全年城镇职工参保40099人，全年职工基本医疗支出16860万元。持续推进联影中心建设，开展远程诊断，优化区域内医学影像检查统一质量标准，不断满足群众日益增长的就医需求。市容市貌全面提升，国家卫生城市创建成功。社会治理和谐稳定。扫黑除恶斗争实现新突破。市扫黑办共收到中、省线索12件，已全部办结，现无新增中、省线索。市“六清”行动综合排名荆州第一，29件恶势力团伙案件22件已经一审判决，案件审结率85%。不断深化平安石首建设，确保市“一感一度一率一评价”在全省居于第一方阵。应急管理不断加强，突发公共事件应急防范和处置能力进一步提升，6月11日，湖北省2020年防汛抢险综合应急演练在石首笔架湾江滩开展，演练的成功举行获得省市领导和广大群众的高度肯定，在中央、省、市各级媒体举行广泛宣传。加大初信初访的处理力度，第一时间把初信初访问题解决在群众家门口，化解纸质信访件101件，网上信访件4023件，信访积案件16起，时限内办结率100%，获得群众一致好评。

（石首市发改局）

监利市

【概况】 2020年，监利市实现地区生产总值（GDP）288.75亿元，按可比价计算比上年同期下降7.3%，全市三产业结构比为36.8∶19.9∶43.3；固定资产投资同比下降30.9%；实现社会消费品零售总额170.5亿元，同比下降26.6%；完成财政总收入10.53亿元，同比下降23.2%，其中：地方一般公共预算收入6.92亿元，同比下降27.5%；完成地方财政支出106.72亿元，同比下降5.5%；城镇常住居民人均可支配收入30810元，同比下降3.7%；农村常住居民人均可支配收入18101元，同比下降1.2%。

产业结构升级。农业形势稳中向好。粮食生产基本平稳，畜牧业产能逐步恢复，水产业企稳向好。全市有效使用“三品一标”企业和单位达46家，“三品一标”总数133个；绿色食品企业19家，标志61个；有机食品企业1家，标志1个；农产品地理标志协会2家，标志3个。全年实现农林牧渔业总产值188.47亿元，从分行业看，农业完成70.8亿元；林业完成13.33亿元；畜牧25.16亿元%；渔业完成业完成69.29亿元，畜牧业降幅较大。完成粮食产量126.1万吨；完成水产品产量27.0万吨；完成油料产量13.77万吨。工业经济克难前行。新增规模以上企业22家；千方百计抢时间要素，组成60个工作队、214名干部下沉企业，开展“四下沉四服务”“百名干部进百企”活动，创造复工复产条件。第三产业升温回暖。外贸出口总额8682万美元，利用外资4690万美元，排名荆州县市第一。全市社会消费品零售总额170.5亿元，新增入限企业4家。明星带货、市长抖音、搭把手扶一把等多种形式推介监利产品走出去发挥了积极效果；启动国家电子商务进农村示范项目，完成23个镇级站点、197个村级站点选定工作；完成菜市场改造4家，搬迁1家；启动市级仓储物流园、“油电一体”智能化加油站、B型保税区物流中心、常安步行街升级改造等项目申报和建设，推进全市现代服务业发展。

重大项目建设。持续组织项目拉练活动，重点项目建设加快。以“新时代重大项目建设年”活动为抓手，完善项目建设协调推进机制，统筹有序推进重点项目复工复产，举办30个重大项目集中开工仪式，10家金融机构与92家企业签订24亿元的融资授信协议，列入2020年全市统一调度的117个重点项目加速推进。四大关键项目成效明显。全球造纸龙头企业玖龙纸业成功落户白螺临港工业园；医药化工产业园正式获批合规园区；仙桃至洪湖至监利铁路项目已完成可行性研究、规划选址、土地预审、环境影响评价等前期专题报告，线路走向及站场选址基本稳定；监利至华容公铁两用大桥预可研报告已编制完成，推荐的鄢铺桥位得到两地认同，大桥的28项专题报告及江北高速至大桥段高速公路工可报告编制工作有序展开。招商引资实现突破。围绕产业集聚和强链延链全力招商，签约引进亿元以上项目49个，协议引资218.6亿元。岩沛光电、佰善智能、晶正电子、卓辰科技、功钛合金、日威金属等一大批高质量项目签约落地、建成投产。编制申报2020年中央财政支持投资项目236个，总投资172.4亿元，共收到中央和省下达的预算内投资计划3.6亿元，争资位居荆州县市首位，超去年全年水平。

优化营商环境。着力打造最优营商环境，政务环境更加规范高效。通过设立“企业开办专窗”，实行事前“一口告知”、事中“一对一指导”、事后“点对点提醒”，全年企业开办全流程一日办结达635家。实施登记注册“全程电子化”，175家企业足不出户办理营业执照，实现了降低企业成本和提升行政效率“双赢”。实行“一窗联办”“互联网+”“掌上办”“最多跑一次”等服务措施，市场环境更加便利。全省率先启动“跨省通办”，实现58个高频事项“异地联办”，推出线上业务“全程网办”，线下业务“快捷通办”，对方业务“代收代办”，特殊业务“商量着办”等“四项办理”，有效提升企业群众异地办事便利水平。每季度召开一次政企银对接会，为9家重点企业发放专项贷款11750万元，对重点企业做到应贷尽贷。

新型城镇化建设。抢抓国家发改委批复监利市纳入“新型城镇化建设示范县城”名单的机遇，出台《湖北监利县城新型城镇化建设示范方案》，

2020年监利市20个重点项目集中开工，总投资近20亿元

围绕公共服务设施提标扩面、环境卫生设施和市政公用设施升级扩能、产业培育设施提质增效、流通设施补短板强弱项设施提标扩面等方面策划了《监利市县城城镇化补短板强弱项示范项目库》，启动了新型城镇化企业债券发行工作。城区市容市貌有效改善。完成棚改建设任务424套，启动2020年老旧小区（区内）改造项目53个，完成市政道路补板4700平方米，完成三水厂扩容及加压站建设，日供水量达15万吨。规范引导地摊经济，签订临时占道（店外）经营承诺书834份。建成民建游园、林长河中段等城市公园，增加公共停车位400个。城乡交通建设加速发展。S215省道仙监线分盐至毛市段及毛市大桥、彭柘线、朱石线、史新线桥年底建成通车，启动监华高速公路、海螺路南延、沙螺大道前期工作，完成农村生产道路244.1公里、窄路面加宽84.5公里。生态环境持续改善。工地扬尘、餐饮油烟、工业废气得到有效治理，强化秸秆禁烧和综合利用，空气质量持续向好，优良率达90.7%。加强水环境综合整治，21个乡镇污水处理厂进入商业试运行阶段，日处理量1.7万吨，扩建后的城区生活污水厂和园区工业污水处理厂日处理污水能力达8万吨，出水水质达一级A标准，水环境质量在荆州市考核排名第一。畜禽养殖污染状况得到好转，共排查养殖户120家，整治养殖户22家，其中关停7家，强制拆除7家，责令改正8家。农村人居环境进一步优化。实施红城中心水厂改扩建项目和汪桥、分盐、毛市3个乡镇的农村饮水安全巩固提升项目，解决近10万农村居民饮水水源置换问题。抓农村环境保洁，"户投放、村收集、镇转运、市处理"的垃圾收运处理模式和全覆盖治理、网格化管理、全天候保洁的农村保洁新格局基本形成。厕所革命扎实推进，建设无害化厕所22281户，整村推进25个村，新建农村小型污水集中收集处理项目15个，建设农村公厕77座。

改善社会民生。脱贫攻坚取得决定性成效。从产业扶持、就业稳岗、消费扶贫、社会兜底、防贫保险等方面出台了措施，进一步集中各行业部门力量，构建扶贫大格局。解决产业发展难题，帮助寻找产业发展门路，做到一户一策、因人施策，贫困户技术培训和农资需求服务达1120户。加大就业稳岗工作力度，提供就业岗位1万个，开发乡村公共服务类公益性岗位1139个。统筹财政资金5.6亿元，建成扶贫项目69个。全面启动低保扩面提标，共新增低保对象1641人，保障标准高于全荆州市平均水平。为全市脱贫不稳定户、边缘易致贫户4068人购买"防贫保"，确保不因疫因灾致贫返贫。公共卫生短板加快补齐。全力做好疫情防控工作，构建"五道防线"，为经济社会恢复赢得了宝贵的时间。抢抓公共卫生补"短板"政策机遇，利用抗疫专项国债、特别国债、中央和省级预算投资资金，谋划了传染病医院、发热门诊等一批项目并组织推进，加大了对市人民医院综合楼新建以及市二医院、市妇幼保健院整体搬迁等拟建和在建项目的督办推进。社会事业全面发展。城镇新增就业4685人，城镇失业人员再就业3914人，就业困难人员再就业111人，城镇登记失业率控制在4.5%以内。扩大社会保险覆盖面，累计征收社保基金23.4亿元。推进社会救助制度，累计发放各类救助资金2.8亿元。强化退役军人服务保障，发放各类抚恤补助94509人7369万元，落实转业安置18人。教育投入进一步加大，实施各类学校建设项目111个，大幅改善办学条件，教学质量明显提升，高考一本上线1118人，首次突破千人大关，2名学生被清华大学录取。

（监利市发改局）

洪湖市

【概况】 2020年，洪湖市实现地区生产总值286.81亿元，同比下降6.2%，增速分别比一季度、上半年和前三季度提升26.3、11.7和6.2个百分点，总量居荆州市第6位，增速居荆州市第4位。第一产业、第二产业和第三产业分别实现增加值85.43亿元、80.76亿元、120.62亿元，第一产业增长1.4%、第二产业和第三产业分别下降13.5%、5.3%。三次产业比由上年的27.2：32.0：40.8调整为29.8：28.2：42.0。全市城镇常住居民人均可支配收入32655元，同比下降2.4%，总量居荆州市第5位，增速居荆州市第2位。全市农村常住居民人均可支配收入18529元，同比下降0.3%，总量居荆州市6位，增速居荆州市第4位。

工业经济。全市124家规模以上工业企业完成工业总产值221.32亿元，同比下降9.0%。其中农产品加工企业完成产值140.84亿元，同比下降10.2%。规模以上工业企业增加值增速同比下降7.9%，居荆州市第2位。龙口工业总产值完成年初目标任务，新堤、小港、戴家场完成年初目标任务85%以上。全市工业用电量49429万千瓦时，同比增长16.2%，增速居荆州市第2位。全市累计实现销售收入164.58亿元，同比下降9.3%；实现利润12.37亿元，同比增长2.9%；入库税收3.88亿元，同比下降0.5%。

项目投资。全年共签约项目73个，协议引进资金150亿元，开工16个，投产5个，亿元以上工业项目上报省入统22个。全市90个开工建设类项目共开工53个，其中莲都生态、宗圣农业等9个工业项目开工，久胜机械、智普科技等8个工业项目竣工投产。完成固定资产投资128.63亿元，同比下降9.8%，增速居荆州市第2位，综合考核居荆州市第1位。其中工业性投资同比下降26.6%，居荆州市第4位；工业技改投资同比下降9.2%，居荆州市第4位；民间投资同比下降15.4%，居荆州市第3位。交通运输局、大沙、万全、汊河、螺山、大同、府场、乌林8家单位超额完成年初目标任务。全年共争取上级财政补助资金64.83亿元，同比增加10.87

2020 年，洪湖东分块蓄洪工程高潭口二站竣工并投入使用

亿元、同比增长 20%，其中政策性补助资金 26.84 亿元、专项补助资金 28.16 亿元、债券资金 9.83 亿元。纳入全市考核的项目资金争取到位 49.69 亿元，占年初计划 41.5 亿元的 119.7%。

消费。全市实现社会消费品零售总额 155.13 亿元，同比下降 22.0%，增速居荆州市第 2 位。其中限额以上单位（包括企业和大个体）实现零售额 40.78 亿元，同比下降 15.3%，增速居荆州市第 7 位；其他营利性服务业营业收入元至 11 月实际完成 1.97 亿元，同比增长 1.0%，增速居荆州市第 3 位；其他交通运输和仓储业元至 11 月实际完成 2.75 亿元，同比增长 2.0%，增速居荆州市第 3 位。大同、沙口、大沙、洪湖经济开发区、曹市、老湾、乌林 7 个乡镇完成年初目标任务 85%以上。

外贸出口。受疫情影响，纺织、水产、家具出口降幅大，全市外贸出口总额实现 6791.3 万美元，同比下降 30.8%。分企业看，诚丽盈贸易、博君润贸易、万农水产、建辉家居、威弘鞋业、品信棉织 6 家企业出口额较大，分别完成出口 1351.17 万美元、1327.17 万美元、817.35 万美元、731.27 万美元、669.35 万美元、610.49 万美元。

财政收入。全市地方财政总收入、地方一般公共预算收入分别完成 12.83 亿元、8.14 亿元，分别同比下降 19.0%、22.9%，增速分别居荆州市第 3 位和第 4 位。其中地方税收实现 6.54 亿元，同比下降 14.9%，地方税收占地方公共财政预算收入的比重为 80.34%，比上年同期提升 7.51 个百分点，居荆州市第 5 位。黄家口、小港、燕窝 3 个乡镇完成年初目标任务。全市非税收入完成 3.03 亿元，占年初计划 2.5 亿元的 121.2%。

金融运行。组织召开 4 次政银企对接会，对实体经济主体授信 28.6 亿元额度，发放各类再贷款 6.63 亿元，共惠及 535 家普惠小微企业。运用延期支持工具对 429 笔 17.41 亿元普惠小微贷款办理本金延期，运用信用贷款支持 124 户小微企业 1.38 亿元。全市金融机构各项存款余额 335.65 亿元，同比增长 5.1%，比年初增加 16.27 亿元。各项贷款余额 177.56 亿元，同比增长 11.72%，比年初增加 18.63 亿元。余额贷存比 52.90%，较年初提升 3.84 个百分点。新增贷存比 114.53%，较年初提升 32.64 个百分点。

（洪湖市发改局）

荆门市

综　述

【概况】 2000 年，荆门市实现地区生产总值 1906.4 亿元，同比下降 5%，恢复到 2019 年的 95%。规模以上工业企业增加值同比下降 6.2%；固定资产投资同比下降 21.3%；社会消费品零售总额 779.31 亿元，同比下降 15%；地方一般公共预算收入 79.8 亿元，同比下降 27.7%；实际利用外资 12507 万美元，同比下降 74.6%。进出口总额 86.4 亿元，同比下降 9%。城镇常住居民人均可支配收入 35958 元，同比下降 2.3%；农村常住居民人均可支配收入 19980 元，同比下降 2.8%。

【疫情防控】 严格落实“坚定信心、同舟共济、科学防治、精准施策”和“外防输入、内防扩散”总要求，打好疫情防控的人民战争、总体战、阻击战。全市新冠肺炎治愈率高于全省 0.77 个百分点，病亡率低于全省 0.33 个百分点，连续 10 个多月零疫情。

【脱贫攻坚】 “两不愁三保障”问题全面解决，贫困人口全部纳入医疗保障范围，健康扶贫补充医疗基金救助范围进一步扩大，贫困家庭学生教育资助政策实现全覆盖，易地搬迁、危房改造全面完成，贫困人口安全饮水问题全部解决。进一步夯实增收底盘，全力推进消费扶贫，特色产业带贫率达 97.7%，务工就业 75763 人，公益性岗位托底安置农村贫困劳动力 11654 人，实现应就业尽就业。存量 4693 名贫困人口减贫任务如期完成，全市 219953 名建档立卡贫困人口全部脱贫、210 个贫困村全部出列。

【复工复产】 分区分级、分类分时推进复工复产、复商复市。强化“健康码”推广使用，开展“点对点、一站式”精准输送，运送返岗员工 11.8 万人。出台贯彻落实中央支持湖北发展一揽子政策 90 项重点工作清单、促进经济社会加快发展 30 条等助企纾困政策，1800 多名机关干部积极开展“进解促”活动，包联“四上”企业 2797 家，协调解决建设生产各类问题，畅通人流、物流、资金流。全市市场主体达到 254568 户，同比增长 6.7%，其中企业类市场主体 49961 户，同比增长 11.3%。35 个工业大类 27 个行业增加值实现正增长，22 个限额以上商品零售类别 17 类销售额实现正增长，产值前 100 家重点工业企业 82 家产值实现正增长。

【重点项目建设】 出台《关于大抓实抓招商引资工作的意见》，新引进长城汽车等亿元以上项目 501 个，其中 10 亿元以上项目 48 个、上市公司 10 家。全市在建亿元以上项目 1008 个，完成投资 1230 亿元，其中，新开工入库亿元以上项目 370 个。亿纬动力第三产业园、心悦新材料、园博园等 77 个 10 亿元以上项目开工建设，润都制药、碾盘山水利水电枢纽等一批重大项目加快推进，玲珑轮胎一期等 424 个亿元以上项目竣工投产。荆荆高铁、襄荆高铁开工建设，沿江高铁武荆宜段已开工动员。实施 5000 万元以上技术改造项目 107 个，完成工业技改投资 251.4 亿元。全市高技术制造业增加值同比增长 6.9%，高于全市工业增速 13.1 个百分点。新认定高新技术企业 115 家（累计达到 308 家），完成科技成果转化 126 项。

【农业发展】 粮油生产丰收。2020 年，全市粮食、油料作物种植总面积分别达到 693.6 万亩、210.3 万亩，比上年分别增加 5.1 万亩、24.5 万亩；总产分别达到 286.8 万吨、37.2 万吨，比上年分别增加 0.33 万吨、5.5 万吨。生猪产能加快恢复，全市完成新建改扩建规模养殖项目 28 个，12 月末生猪存栏 191 万头，同比增长 65%。蔬菜、牛羊、水产、禽蛋等“菜篮子”产品产供稳定。推进八大重点农业产业振兴，实施荆门中心城区现代都市农业圈、荆钟荆京荆沙乡村振兴示范带“一圈三带”重点项目 66 个，完成投资 34.68 亿元。“荆门油菜”获农产品地理标志认证，“荆品名门”荣获 2020 全国区域公用品牌创新传播奖。

【消费市场】 出台释放消费潜力促进消费回补 10 条措施，免费发放“荆门消费券”1088.4 万元，引导企业开展疫后促销活动。发展“电商+直播”等新业态，积极开展线上直播带货。全市限额以上批发、零售、住宿、餐饮行业销售额从一季度断崖式下跌到全年恢复至 2019 年 89.6%、87%、78.3%、81.6%，实现快速回升。全市 48 个重点文旅项目加快建设，中天街改造提升工作稳步实施，主城区商圈“一主三副”建设布局进一步完善。荆门市入选首批国家体育消费试点城市，京山获评国家级电子商务进农村示范县，钟祥、京山跻身全国县域旅游发展潜力百强县行列。

【营商环境】 出台优化营商环境 38 条等政策措施，争取中央支持湖北“一揽子”政策资金 54.3 亿元，地方政府债券 70.5 亿元，上级转移支付资金 171.6 亿元，落实疫情政策及兑现惠企资金 272 亿元，推进“互联网+政务服务”、企业金融方舱、网上就业局、“标准地”出让等改革创新，大力弘扬“店小二”精神。全市金融机构新增贷款 172.2 亿元，贷款余额同比增长 13.7%。规模以上工业企业百元营业收入成本下降 0.23 元。荆门市被评为全省营商环境评价突出市，企业开办“营商路路通”改革在全省推广，入选国家信用示范候选城市。

【生态环境】 系统推进污染防治。大气环境质量改善幅度在全国 337 个重点城市中排名靠前，PM10、PM2.5 分别下降 24%、19.6%，优良天数 294 天，优良率 80.3%；水环境质量稳步好转，优良水体比例提高到 88.9%，竹皮河消除劣五类水质，天门河、长湖水质提升至Ⅲ类，漳河水质稳定保持一类；完成“胡双磷”地区土壤污染治理与修复试点项目。“四个三”重大生态工程圆满收官。

【民生保障】 民生投入持续加大，全年民生支出完成 259.4 亿元，占一般公共预算支出的 80.8%。出台疾控体系改革和公共卫生体系建设“1+7”、推进市域治理现代化“1+5”文件，谋划补短板项目 83 个，总投资 50.5 亿元。在全省率先出台做实城乡居民医保市级统筹办法，80%的医保业务可在前台办理。出台促进农民工和大学生就业 16 条及稳岗援企措施，全市新增城镇就业 3.8 万人。为 6.5 万名救助对象发放救助资金 4.5 亿元。中心城区新增学位 1.55 万个，改建乡村寄宿制学校 36 所。“三防警务”工作经验被中央政法委推介。荣膺第六届全国文明城市称号，在全省开创“首创首成”先河。

（荆门市发改委）

沙洋县

【概况】 2020年，沙洋县实现地区生产总值316.8亿元，同比下降4.4%；规模以上工业企业增加值下降3.8%；固定资产投资下降19.9%；社会消费品零售总额116亿元，同比下降6%；直接利用外资2800万美元，同比下降55%；进出口总额4.5亿元，同比下降36%；地方一般公共预算收入6.6亿元，同比下降34%。城镇和农村常住居民人均可支配收入与经济增长持平。

项目建设。全年纳入省、市重点项目13个，实施亿元以上项目106个，完成固定资产投资169.7亿元。其中，10亿元以上项目2个；轻量化玻璃、光大生物质发电等45个亿元以上项目竣工投产；S311省道沙洋城区至后港段改扩建工程等27个项目开工建设。40个项目纳入省疫后重振补短板强功能“十大工程”三年行动计划项目库，总投资49.2亿元。谋划271个重点项目，总投资2087亿元。抢抓中央支持湖北发展一揽子政策机遇，共争取各类资金46.3亿元，其中转移支付资金35.9亿元；地方政府新增债券资金7.78亿元；中央、省预算内补助和抗疫特别国债资金2.62亿元。投资和项目建设连续五年被省政府评为“全省投资和项目建设贡献单位”。

工业发展。突破性发展新材料、装备制造、绿色食品加工三大主导产业，全年新增规模以上工业企业10家，2020年年底规模以上工业企业达到168家，完成工业总产值427.17亿元。依托省级“万企万亿”技改行动，实施弘德轻量化玻璃器皿、万锦科技二期扩建、弘港科技LOW—E玻璃（二期）、丽康源循环经济产业化等15个重点技改项目。完成鑫汉源地毯有限公司、湖北万锦科技有限公司、湖北荆品油料有限公司对3家企业的兼并重组。构建起“科技型中小企业—科技创新‘小巨人’企业—高新技术企业”全链条培育体系，新培育认定科技型中小企业55家。通过实施成果转化工程，先后组织弘润建材等50家次企业参加了“科技成果对接会高校行活动”，完成技术合同交易额4.3亿元。

农业发展。全县粮食实现面积、单产、总产“三增”，全年粮食总产89.6万吨，同比增产15.6%。稻虾连作取得一定成效，全县优质稻种植面积占比达到90%以上，发展小龙虾扶贫产业55万亩，实现产值30亿元；依托十里铺花卉苗木城辐射效应，打造花卉苗木基地20余万亩，年交易额近10亿元。全县现有规模以上农产品加工企业79家，农产品加工年产值超200亿元，实现销售收入188亿元，利润4.4亿元。全县新认定市级农业产业化龙头企业5家，8家企业19类产品获得“荆品名门”区域公用品牌授权。以油菜花旅游为主线，一线串珠打造了岳飞城、油菜花海小镇、樱花部落等田园综合体，沿线美丽乡村星落点缀，逐步实现了产业示范带、乡村旅游示范带和美丽乡村示范带有效衔接。成功创建“湖北省食品安全示范县”。

服务业发展。沙洋凯达实业入选全省服务业“五个一百工程”重点企业；沙洋新港物流园、岳飞城田园综合体入选全市服务业“五个十工程”重点项目，荆门翼程科技有限公司入选全市服务业“五个十工程”重点企业。积极拓展网上销售平台，开设京东沙洋特色馆，上线10多家企业30余种产品，累计线上成交16万单，销售额1175万元。加快现代物流业发展，荆荆铁路开工建设、汉江沙洋港疏港铁路建设项目纳入国家发改委铁路专项规划，新港物流园一期项目建成投入试运营，全年累计完成散件杂货吞吐124.66万吨，集装箱1628标箱。文旅产业深入融合发展，以樱花部落为首的6个乡村休闲旅游示范点逐渐走向成熟，张池农耕文化体验园、油菜花海小镇、潘集湖国家湿地公园、岳飞城文化产业园等文旅园区已开园迎客。连续两年获评“全省服务业发展贡献单位”。

营商环境。2020年，全县共兑现各项惠企资金4.99亿元，其中兑现惠企资金2.57亿元，落实减税降费2.42亿元。启用了新政务服务中心，全县政务服务“一门通办”比例达到95%以上，“一网通办”开通比例达到96.7%，实现了市场主体开办“一表申请、一窗发放”和1个工作日、零收费的“210”改革目标。金融机构共向192个签约项目和企业发放贷款17.6亿元。实施产业奖补政策，全年落实产业奖补资金1453.7万元。协调相关部门发放价格临时补贴1668.3万元，涉及13.03万人次。落实疫后复工复产企业用水、用气价格下调10%政策，为中小微企业减负154.6万元。全年办理价格认定案件26起，涉案标的金额为46.59万元。扎实推进小额信贷，累计发放扶贫小额信贷7241笔35868万元。扎实推进信用体系建设，全县发布“双公示”信息28.9万条，发布红黑名单761个、联合奖惩案例281个。深入开展“进企业、解困难、促发展”活动，为121家企业解决各类问题326个。

扶贫攻坚。全县搬迁贫困户发展种养殖产业128户215人，务工就业174户339人，从事公益性岗位20人，后扶措施落实率达到100%。全面完成了安置点房屋不动产权登记，6个安置区全部组建了管理服务专班，建立完善了管理制度，确保了“有章理事，有人管事”。顺利通过“十三五”易地扶贫搬迁省级验收，高阳镇人民政府、官垱镇高桥易地搬迁获国家发改委全国表彰。

生态建设。推进重点行业大气污染减排，全县12家涉及有机废气排放的企业，共投入3000余万元完善和升级改造废气污染防治设施。全县中心城区空气质量实测有效天数316天，达标天数278天，达标率88%，较2016年（达标率83%）提高5%；PM10年均浓度为63微克/立方米，PM2.5年均浓度为35微克/立方米，分别较2016年下降22.22%、20.45%。全县5个地表水考核断面（汉江罗汉闸、竹皮河马良龚家湾、长湖后港、西荆河脉旺桥、拾桥河桥河村八组）水质累计均值全部达到水质目标考核要求。全县“千吨万人”集中式水源地水质全部达标。全力推进“厕所革命”，全县累计建改农村公厕、城市公厕等6类公厕396座，提前完成三年建设任务，累计完成农村户厕建改81691座，占总任务的98.4%。开展土壤治理，完成了315亩污染耕地农艺调控；开展固体废物专项整治，对全县54家工业企业废物产生情况进行排查，共监督转移危险废物345.5吨、医疗废物105.38吨、一般工业固体废物64755吨。

社会民生。全年累计完成核酸检测67532人次，采集从业人员及环境样品3992份，新冠肺炎患者康复出院161人。启动了县人民医院传染病大楼、120急诊中心、县中医院门诊楼、疾控中心实验室等9个公共卫生服务体系补短板项目。全县共选派机关干部394人组建了269支驻村工作组开展驻村帮扶。落实教育资助政策和“雨露计划”，累计资助6.1万余人次5300余万元。保障住房安全，累计改造贫困户危房3362户、边缘户危房12户，补助资金5100余万元。教育投入不断增加，职教中心新校区一期项目基本建成，外国语学校开工建设。全县城镇新增就业人员5036人，城镇失业人员再就业1262人，新增高校毕业生就业395人，通过政策扶持创业860人。

（沙洋县发改局）

钟祥市

2020年，钟祥市中农联·鄂中农特产品电商物流商贸城项目

【概况】 2020年，钟祥市完成地区生产总值526.54亿元，同比下降6%；规模以上工业企业增加值同比下降13.4%；固定资产投资304亿元，同比下降28.4%；社会消费品零售总额207.8亿元，同比下降15.5%。地方一般公共预算收入完成13.73亿元，同比下降33.6%。

产业发展。现代农业稳中有升。粮食播种面积270万亩，总产101.03万吨、同比增长6%。油料播种面积59.9万亩，总产10.26万吨、同比增长9.3%。生猪出栏116.22万头，超额完成全年计划。水产品产量14.5万吨。完成“中国好粮油”项目50个。湖北仙之灵食品荣获第21届中国绿色食品博览会“优秀奖”。工业经济逐步回暖。全年实现规模以上工业企业总产值836亿元，工业用电量16.78亿千瓦时。新增规模以上企业11家。胡集、双河、磷矿三个化工园区均通过合规确认。沿江18家化工企业关改搬转。钙镁磷肥企业完成整合重组。6个磷石膏综合利用项目抓紧建设，磷石膏综合利用率提高到36.2%。紫岗矿业一期年产1000万吨精品骨料生产线投产。第三产业全面恢复。全力推进明显陵创5A，入选“2020中国县域旅游发展潜力百强县市”，客店镇入选省级全域旅游示范区，马湾村、莫愁村分别入选“湖北名村”“湖北名街”，全年接待游客1280万人次、旅游综合收入90亿元，同比增长6.7%、3.4%。社零额持续回升，限额以上商贸企业、规模以上服务业企业分别新增30家、3家，服务业增加值占GDP比重37.5%。电子商务快速发展，各类电商企业达到40家、在平台注册的市场主体超过6000家，电商交易额突破20亿元、同比增长30%。

项目建设。围绕磷化工、装备制造、长寿食品、绿色建材、文旅大健康五大主导产业，以产业链招商为主攻方向，全市共签约亿元以上项目45个、实际到位资金130亿元，其中南京年余冷冻食品等8个项目投资过10亿元。全年举行5次项目集中开工仪式，台湾食品产业园等31个项目开工建设，总投资68.55亿元。严格落实重大项目市级领导包联责任制，紫岗矿业等19个项目竣工投产。碾盘山水利枢纽等18个省、市级重点项目加快建设，完成投资53.87亿元，均超进度完成年度投资计划。策划新基建、公共卫生、水利、交通、能源等中央及省预算内投资项目241个，获批项目64个，到位资金17.8亿元。扎实推进疫后重振补短板强功能“十大工程”，争取特别国债资金2.88亿元。

三大攻坚战。扶贫攻坚加快推进。2020年，全市1453户、2761名贫困对象全部脱贫。建设产业扶贫示范基地17个，扶贫车间36个，贫困村光伏扶贫全部并网发电。易地搬迁安置1151户4182人，改造危房6425户。大力推动消费扶贫，扶贫产品总销售额28亿元。贫困人口基本医疗保险参保率达到100%。为4403户发放产业奖补804万元。发放扶贫小额信贷7536笔4.62亿元。污染防治扎实推进。中央、省环保督察反馈的问题已整改销号81个。“两湖一河”治理扎实推进，护城河环境综合整治全面启动，汉江非法采砂得到有效遏制，9个市控以上考核断面均达到目标要求。乡镇生活污水治理实现全覆盖。大气优良天数达 300 多天，达标率为 90.3%，较去年同期上升 14.7 个百分点。金融风险防控加强。加大政府债务风险管控，政府隐性债务风险评定为绿色等级，债券余额控制在限额以内。全市银行业机构累计化解不良贷款 6.07 亿元，不良贷款余额 5.22 亿元，不良率 1.67%。4 起非法集资案件已全部审结，资产处置有序推进。

营商环境。综合改革纵深推进。全县 33 个部门，1027 项行政权力、399 项公共服务事项全部入驻政务服务大厅。落实“最多跑一次”清单，完成“跑一次”事项 214 项，“零跑腿”事项 1215 项，“零跑腿”事项占比达 85%。建成“鄂汇办·走进钟祥”版块，1000 多项服务事项实现指尖通办。惠企政策落地落实。全市减税降费惠及 4.01 万户（次）纳税人，减免税费 2.29 亿元。落实社保费减免政策，为企业免征养老、失业、工伤保险 1.13 亿元。发放疫情防控保障企业电费补贴 35 家 218 万元。金融机构各项贷款余额 296.39 亿元、增长 1.4%。推动金融服务“早春行”活动，向 281 家中小微企业授信 43.51 亿元，资金到位率 96%。向 2430 家企业发放支农支小再贷款 8.01 亿元。为企业办理应对疫情延期还本付息 985 笔、23.9 亿元，延期率达 83%，名列荆门市首位。

城乡建设。全面提升城市功能。嘉靖大道、安陆府二路、楚贤路建成通车，郊郢路、广源街改造即将完工。龙山一路、龙山二路、经二路开工建设。42 个老旧小区改造全面铺开。皇庄、镜月湖片区棚户区改造已累计签约 4903 户。世界寿乡展示中心建成迎客。公铁换乘站即将投入运营。大力推进乡村振兴。乡村生态宜居建设受到国务院通报表扬。洋梓镇大桥村获批全国第十批“一村一品”示范村。新布局获批国家级农业产业化龙头企业。精准灭荒 1.6 万亩。新建户厕 9452 座、各类公厕 27 座。新增美丽乡村示范村 20 个。基础建设加快推进。枣潜高速通车运营。重点交通工程加快建设，丰乐汉江公路大桥开工，347 国道加速推进并初具通车条件。扎实推进“四好农村路”省级示范市创建，完成农村公路提档升级 75 公里。

民生持续改善。全年开展招聘 90 余场次，帮助 7100 多人就业；“点对点”输送务工人员 2916 人；为 4547 名外出务工贫困人员发放交通补贴 196.39 万元；发放创业担保贷款 1.5 亿元；安置残疾人就业 335 人。全年新增就业 1 万人以上。为 2.7 万贫困人员发放价格补助 1180 万元。社会事业均衡发展。全年投资 2.7 亿元用于中小学新建和改扩建，龙山实验学校、大柴湖实验初中即将建成使用，新增学位 2966 个。疾控中心实验室已经完工。人民医院传染病区、中医院救治能力提升项目和妇幼保健院发热门诊正在加快建设。大力推进社区居家养老、农村互助养老服务中心建设，覆盖率分别达到 98.5%、64.6%。

（钟祥市发改局）

京山市

【概况】 2020 年，京山市实现地区生产总值 379.6 亿元，同比下降 4.7%；规模以上工业企业增加值同比下降 5.6%；固定资产投资同比下降 19.9%；社会消费品零售总额 140.5 亿元左右，同比下降 23.8%；实际外商直接投资 2500 万美元，同比下降 80.7%；进出口总额 8.6 亿元，同比下降 12.0%；地方一般公共预算收入 12.09 亿元，同比下降 27.8%；城镇常住居民人均可支配收入 34808 元左右，同比下降 2.2%；农村常住居民人均可支配收入 19952 元左右，同比下降 3.0%。

疫情防控。第一时间成立应对疫情工作领导小组和疫情防控指挥部，统筹协调指挥全市联防联控各项工作，用 52 天时间实现“四类人员”全部清零，崔靖、陈清山被追授全国疫情防控先进个人，马岭村党支部被授予全国抗击新冠肺炎疫情先进集体、全国先进基层党组织。定点服务保障供应。组派专班对京山城区 10 家超市粮油供应工作进行巡查监管，保障了疫情期间全市粮油等生活必需品的正常供应和价格稳定。帮助国宝、京和等企业疫情期间共向外省、市（区）供应销售大米 65208 吨、面粉 4476.75 吨，为保障粮食市场供应作出了“京山贡献”。全力补齐医疗卫生短板。系统重塑公共卫生服务体系，争取抗疫特别国债资金 2.138 亿元，全部用于公共卫生和重大疫情防控救助体系基础设施建设项目。谋划和推进公共卫生补短板项目 17 个，完成市疾控中心核酸检测实验室建设，19 家发热门诊（室）加快建设。县域内就诊率达到 93.16%，居荆门第一位。

三农发展。全年完成农林牧渔业总产值 83.74 亿元，同比增长 3.3%。“两夏”作物实现“三增”，生产面积增长 0.7%、单产增长 4.8%、总产增长 5.3%。生猪存栏 43 万头，占荆门市下达指标任务 101.7%。新增稻渔综合种养、鱼鳖混养、名特优养殖面积各 0.5 万亩，新建“山桐子+中药材”林业板块基地 1.3 万亩。策划申报“中国好粮油”行动计划项目 18 个，计划总投资 14320 万元，成功争取到位中央和省级财政补助资金 4250 万元。农村环境持续改善。推进美丽宜居乡村提档、扩面和升级，推动美丽宜居乡村由千村一面向差异化方向发展。新建美丽乡村 15 个，在全省农业农村工作电视电话会议上作交流发言，荆门市乡村振兴现场推进会在京山市召开。农民收入稳步提高。探索主体带动、资源资产入股合作的路径，通过发展产业、流转土地、企业务工和入股分红，户均年增收 5000 多元。全市粮食收购均价 1.07 元/斤，同比增长 1.9%，其中中晚稻收购均价 1.42 元/斤，同比增长 13.6%。

工业经济。全年新增规模以上工业企业 14 家，29 个行业大类中有 22 个行业增加值本月同比实现正增长，规模以上工业企业利润总额 36.62 亿元。京山市智能制造产业集群纳入湖北省重点成长型产业集群，荆门市工业经济领导小组印发《关于支持京山轻机集团打造智能制造装备百亿产业

2020 年，京山市网球特色小镇国际网球中心场馆建设项目

集群的实施办法》。转型发展加速推进。深入实施“机器换人”“企业上云”等工程，持续推进新旧动能转换，智能制造、农机装备制造、农产品精深加工等主导产业向高端化、智能化转型，形成了一批产业集群和特色产业。全年新增高新技术企业 15 家、科技型中小企业 78 家，完成技改投资 128.1 亿元，居荆门市第一。要素驱动保障有力。按照“1 家主体银行+9 家其他银行+N 家企业”的方式，每月组织一次政银企对接活动，为受疫情影响困难企业展期、续贷、调整还贷方式 1605 笔 49.43 亿元。开展“点对点”为 150 多家重点企业入职 2137 人，服务园区用工总数达 3805 人，同比增长 897 人。落实项目用地 2500 亩，保障了重点工业项目用地需求。3—9 月，全市工业用电量月均以 16.85%增速递增。

服务业发展。全年新增限额以上商贸企业 16 家。京山市农产品电子商务集聚区评为省服务业第四批重点示范园区；湖北太子山狩猎文化股份有限公司、京山绿之丰生态农业发展有限公司纳入荆门市服务业“五个十工程”推进计划的服务业重点企业。谋划“十四五”现代服务业谋划项目 76 个，总投资 591.57 亿元。线上线下销售同步推进。全年电商经营主体突破 1600 家，农产品网络零售额达到 10.8 亿元，建成京山电商公共服务中心、市级智能分拨中心、12 个镇级快递超市和 50 个社区末端综合服务站，荆门市、京山市两级政府主要领导分别在网络直播平台带货推广京山桥米。文旅发展逐步向好。全域旅游示范创建步伐加快，组织参与“与爱同行、惠游湖北”活动，全年接待旅游人数 1350 万人次，同比增长 8.0%，实现旅游综合收入 77 亿元，同比增长 6.9%。荷花堰村、文峰村等旅游地成为网红打卡点，绿林山景区提档升级、京山河改造、网球特色小镇等一批文旅项目加快建设。

项目建设。全年共签约项目 117 个。瞄准国家支持方向和建设重点，结合“十四五”规划纲要编制，谋划项目 987 个，估算总投资 6762.18 亿元。谋划疫后重振补短板强功能“十大工程”项目 301 个，估算总投资 770 亿元。按照项目分类，建立项目星级动态管理库。组织开展政府投资项目“百日攻坚”、三级重点项目提速提效、新开工亿元项目“比亮晒”三大专项行动。实施亿元以上项目 316 个，完成投资 276.6 亿元。全市储备项目累计开工转化率 33.48%，建设项目累计达效转化率 20.13%。4 个省级重点项目完成投资超时序进度 42.7 个百分点，26 个荆门市级重点项目完成投资超时序进度 24.7 个百分点。全市共向上争取各类转移支付资金 43.97 亿元。成功争取中央、省预算内投资项目 47 个，总投资 4.61 亿元，获得资金支持 1.67 亿元。全县连续 8 年获评湖北省固定资产投资贡献奖，连续 3 年评为全省固定资产投资贡献单位，连续 2 个季度位居荆门市投资和项目建设综合考核第 1 位。

营商环境。印发《帮扶企业复工复产政策汇编（摘要）》《京山市惠企政策（复工复产）兑现指南》2200 余份，帮助企业了解政策、用足政策、用活政策。落实省委、省政府优化营商环境“30 条”和荆门市“38 条”，兑现减税降费、项目支持等政策资金 7.05 亿元，落实金融支持 24.35 亿元。政务服务事项按时办结率达 100%，办理时间基本压缩 50%以上。网办实现率达到 98.3%，办件推送率 100%，网上注册量、办件量、使用量居荆门市前列。出台《京山市弘扬“店小二”精神“十必须十不准”》等相关文件，印发《关于开通“损害营商环境”举报直通车的通告》，建立形成强大监督受理反馈平台，帮助解决优化营商环境突出问题。在京山电视台开展“优化营商环境大家谈”专题节目，以“部门领导谈措施、代表委员谈建议、企业家代表谈感受”为主要内容的访谈活动，17 名人大代表、政协委员和单位负责人接受采访并在京山综合频道报道。深入包联服务 295 家重点企业、31 家农业产业化龙头企业、6 个行业协会，收集解决问题两百余件，组织专班及时回访，企业家满意率 100%。

改革创新。县妇联改革“京山经验”在全省推广。探索“1+4+6”乡村连片治理模式，被中国改革报宣传推广。完成“1+4+15”医共体“三通六统一”模式改革，所有成员单位实现一卡通，被纳入全国紧密型县域医共体建设试点县市。作为全省试点，自然资源资产负债表编制和领导干部自然资源资产离任审计纵深推进。“互联网+放管服”改革加快推进，“一网一门一次”改革成效明显，相对集中行政许可权改革稳步推进，公开行政审批权力目录清单，共精简行政审批事项367项。京山获全省唯一蝉联两届“湖北改革奖”的县市。

城市建设。成立“门前三包”责任制管理办公室，将全市29条道路由39个市直单位进行包联，城区路长制管理模式基本形成。全年立案行政案件300件，结案266件。清理各类破损广告、跨街广告940余处。清理社区、城郊村积存垃圾1800余吨，城区主次干道洒水抑尘频次提高至每日5遍，机械化洗扫作业率达到80%。文峰农贸市场和天恩标准化超市完成改造并开业营运，“门前三包”、露天烧烤整治、交通秩序整治等行动常态化开展，市容市貌、市场环境、交通秩序改善。污染治理扎实有力。PM2.5、PM10浓度分别下降幅度10.1%、12.7%，全市地表水水质均达到或优于Ⅲ类，集中式饮用水水源水质100%达标。新增绿色建筑面积53.69万平方米，占新建建筑面积的95.4%；城镇新建建筑全面执行低能耗标准，新增节能建筑面积36.89万平方米。

民生保障。教育均衡发展。全市中小学校达83所，各级各类幼儿园67所。高考上线率实现新突破，全市一本上线率为20.13%，同比提高3.34个百分点。安全生产形势保持稳定。未发生较大及以上安全生产事故，扫黑除恶圆满收官，其中线索清仓、逃犯清零、案件清结、伞网清除、黑财清底在荆门市率先实现。基本医保稳定发展。积极完善医保参保缴费政策，逐步建立稳定可持续的多渠道筹资、基本医保待遇动态调整机制。全市职工医保参保人数达54276人，城乡居民医保参保人数保持在53万人以上，占全市人口数98%以上。

（京山市发改局）

东宝区

【概况】 2020年，东宝区实现地区生产总值356.56亿元，同比下降4.2%。规模以上工业企业增加值、固定资产投资、社会消费品零售总额、直接利用外资、地方一般公共预算收入、城镇常住居民人均可支配收入、农村常住居民人均可支配收入分别下降2.7%、16.6%、15.5%、61.25%、19%、2.4%、0.5%。

产业发展。一、农业经济。全年粮食总产14.4万吨，油菜种植面积17.8万亩。生猪产能逐步回升，家禽饲养量增幅达10%。全面落实退捕保障政策，实现辖区禁捕退捕“四清四无”目标。扩大特色种养，新增稻田综合种养3000亩，新增中蜂养殖3500群。加大农业品牌创建，新增市级农业产业化龙头企业6家、“三品一标”农产品8个，5家农业企业获“荆品名门”品牌标识授权。推进农业科技创新，“东宝黑头羊”基地入选全省乡村振兴科技创新示范基地，永耕农业获批省级“星创天地”，成功创建全国“率先基本实现主要农作物生产全程机械化示范县”。二、工业经济。加强要素保障，促进113家规模以上工业企业迅速复工复产，全年规模以上工业企业完成总产值320亿元，同比下降4.3%。大力推进电子信息、绿色建材和装配式建筑两大主导产业“双百计划”实施，两大产业均入选全省重点成长型产业集群，产值同比分别增长18%、13%，万华板业、弘毅电子等绿色建材和电子产业产销两旺。新增规模以上工业企业10家、培育申报“隐形冠军”9家、“专精特新”“小巨人”10家。实施技改项目44个，完成技改投资32亿元，获批认证高新技术企业22家、科技型中小企业69家。三、第三产业。全年规模以上服务业实现营业收入34.3亿元，同比下降2.7%，新增规模以上服务业企业4家、限额以上商贸企业10家，规模以上服务业实现营业收入34.3亿元，同比下降2.7%，获得全省服务业发展突出贡献奖。圣境山旅游综合开发项目、汇通物流项目基本建成。新鸥鹏教育城项目、弘业现代仓储物流（二期）等项目相继开工。中天街改造工程纳入全省第一批步行街改造试点顺利开工。弘业物流、福寿居两家企业，“筱宴春”、“群艺积分制管理”两个重点品牌和牌楼现代商贸流通集聚区入选全省服务业“五个一百工程”。东方百货冷链物流中心、弘业现代物流产业园等重点项目，金城大厦、凯莱大酒店、锦秀湾农业等重点企业，“大王风”重点品牌入选荆门市“五个十工程”计划，重点项目和重点企业个数为全市之最。

项目建设。全年固定资产投资排名稳居全市第二，55个亿元以上项目竣工投产，78个亿元以上项目开工建设，16个省市重点项目超额完成年度投资计划，获得全省投资和项目建设贡献奖。争取中央预算内资金2.15亿元，同比增长43.3%，策划争取抗疫特别国债14516万元。合理制定“十四五”时期主要预期发展目标和指标体系，精准谋划“十四五”时期重大项目718个，投资总量超过7008亿元。

三大攻坚战。一、脱贫攻坚。全年实施扶贫产业项目77个，奖补资金1141万元。落实“一户两业”增收措施，贫困人口人均可支配收入达9000元以上。采购扶贫产品759.17万元、销售3.52亿元。资助贫困学生1753人114万元，发放“雨露计划”385人96万元。落实就业扶贫政策资金518万元，惠及贫困人口6077人次。23590人次享受健康扶贫政策，贫困人口参保率、资助率达100%。全面完成贫困户危房和土坯房改造，实现安全饮水、贫困村通组公路全覆盖。二、污染防治。推进大气污染防治精细化管理，实施18家矿山石料企业整合重组，持续开展“水洗荆城”、治超治抛等专项行动，分类处置“散乱污”企业20余家，空气质量优良率达80%以上，PM2.5、PM10浓度均值同比下降20%以上。推进水污染防治工程化治理，王林港河水质稳定达标，象河水质进一步改善。组织开展土壤污染现状详查，完成全区污染源普查。深化“二磷”整治，新建6个磷石膏利用项目，磷石膏综合利用率达42%。三、安全风险防范。全力防范化解安全生产风险隐患，安全形势持续向好。持续加强金融监管，严控银行业信用风险，全区不良贷款率1.96%。非法集资新发案件实现零增长，P2P网络贷款机构实现清零，重点企业债务风险总体可控，金融机构风险防控机制基本健全。积极化解政府债务风险、化解率达100%。

城乡建设。加大城市文明创建。全区48个城建项目开工建设，5条道路72个三无小区（背街小巷）7个农贸市场进行了基础设施改造升级。完成创城基础设施维修、立面改造、绿化补植等问题整治870个。持续开展占道经营、乱停乱放、露天烧烤、环境卫生等综合治理。扎实开展中心城区、镇（园区）、农贸市场周边秩序、房地产专项整治，稳步推进城乡生活垃圾分类，常态化规范马路市场，城市形象全面提升，为全市首创首成、夺取第六届全国文明城市桂冠作出了东宝贡献。推进美丽乡村建设。全年完成23个整治村建设，推进5个示范村建设。改造各类厕所1154座，三年累计改厕20499座，超额完成总体目标，农村厕所卫生普及率达94.2%。常态化开展“五清一改”村庄清洁行动，因地制宜推进生活垃圾转运和污水治理，马河镇被评为全省村庄清洁行动先进单位。不断延伸产业链、强化品牌创建，培育山缘香菇、碧鲜农业、道地药材等一批重点龙头企业。6个乡镇成为省级生态乡镇，86个行政村成为省级生态村、创建率达67%。

营商环境 。“放管服”改革纵深推进，制定实施优化营商环境“34条”，落实“一网通办”办件23092件，网办率达100%。实现水电气报装“321”和“310”服务，企业开办“210”标准。“证照分离”改革全面推进，实现“照后减证”和“准入”“准营”同步提速。落实各项惠企政策资金6.37亿元。大力发扬“店小二”精神，明确“项目秘书+驻点秘书+驻点专员”包联服务专班全程跟踪服务。建立“季度测评、季度通报、末位约谈”机制，将79家单位纳入测评范围。开展“进企业、解困难、促发展”活动，为企业解决难点、堵点、痛点问题300多个。

社会民生。全年城镇新增就业人数5800人，农村劳动力转移就业2509人，城镇登记失业率3.7%。落实各项就业创业政策资金2596万元。养老保险参保率94%，基本医疗保险参保完成目标任务数的101.5%，失业保险新增参保4115人。落实疫情防控“八类”人员临时性补贴892万元。发放退役军人各类抚恤和生活补助3584万元。全年投资9422万元改善办学条件，新建和改建教学楼、学生公寓、运动场地7.58万平方米，长宁实验学校主体工程完工，完成5所小区配建幼儿园整治。实施“区管校聘”改革，全区33所学校1800余名教师竞聘上岗。办学水平不断提升，实验小学跻身“全国文明校园”行列，象山小学、文峰中学被评为“全省文明校园”。圣境山滑翔基地和东宝文体中心项目基本竣工，东宝文体中心剧院、羽毛球馆建成并投入试运营，文化馆（含非遗馆）、图书馆、游泳馆全面建成，新建村级文体广场30个，实现了城区十五分钟健身圈、乡镇文体广场全覆盖。建立文化下乡“三进三结合”模式，开展“云健身”和线上线下全民阅读活动，成功举办湖北省“楚天羽王”羽毛球赛。推进医疗卫生体制改革，出台疾病预防与公共卫生实施意见及7个子文件，生育保险和职工医保合并实施。争取抗疫特别国债资金1.21亿元，建成子陵铺镇中心卫生院PCR实验室，区疾控中心实验室及8个基层机构发热门诊用房全面开工。东宝区被纳入基层卫生综合改革省级联系点、被指定为“医卫融合”慢性病规范管理试点地区。栗溪镇、马河镇、仙居乡被命名为国家卫生乡镇。

（东宝区发改局）

掇刀区

【概况】 2020年，掇刀区实现地区生产总值274.48亿元，同比下降4.9%；规模以上工业企业增加值增速实现正增长；固定资产投资同比下降17.01%；社会消费品零售总额90.5亿元，同比下降1.7%；一般公共预算收入13.67亿元，同比下降19%；进出口总额59亿元，同比增长3.4%；实际利用外资2854万美元，同比下降76.88%；城镇常住居民人均可支配收入38555元，同比下降2.4%；农村常住居民人均可支配收入20749元，同比下降2.8%。

复工复产。坚持疫情防控与复工复产“两手抓”，严格落实“五个到位”的要求，有序组织各市场主体复工复产、复商复市。指导55家企业成功纳入省发展改革委全省疫情防控重点保障企业名单，占全市总数的40.5%。协调12家银行与207家企业签订贷款协议63.28亿元，完成贷款发放61.13亿元。在全市率先开展大巴车“点对点”接送企业员工返岗行动，累计6725人次。通过多措并举，全区346家“四上”企业全部于3月底实现复工复产，速度全市最快。工业经济加快复苏，高技术制造业增加值、战略性新兴产业产值分别从5月、7月起实现当月正增长，生物医药产业被认定为省级重点成长型产业集群，动力电池与新能源汽车产业被认定为省级新型工业化产业示范基地，全年新增规模以上工业企业8家。现代服务业提档升级，温泉新城启动实施，国际内陆港加快建设，掇刀万达广场开业运营，全年新增规模以上服务业企业5家、限额以上商贸企业8家、4A级物流企业3家。农业生产总体稳定，全年粮食总产量13.39万吨，同比增长3.6%，成功举办荆门市2020“中国农民丰收节”暨湖北省花卉苗木博览会，被评为全国第五批率先基本实现主要农作物生产全程机械化示范区。

项目建设。全年实施亿元以上项目164个，完成投资223.29亿元，其中，21个省、市重点项目全部开工，完成投资93.06亿元，占年度计划的234.4%。在全市工业项目建设和招商引资拉练活动中，考评综合得分继续位居全市县（市、区）第一。续建项目加速复工，专班进驻、精细服务，润都药业高端原料药生产基地、君健新材料年产2万吨有机硅、固润科技

2020年，掇刀区长城汽车工业园

光固化材料（三期）等78个因疫情停工的亿元以上重点项目均于3月下旬实现复工复建。新建项目稳步开工，强化沙石料、混凝土等紧缺建筑材料供应，加快推进项目前期，亿纬动力第三产业园、汉瑞药业高端原料药生产基地、李宁物流园（二期）等50个亿元以上重点项目落地实施。在建项目加快推进，强化包联帮扶，追工期、赶进度，荆门石化重油催化裂化装置、科顺新材料高端防水材料（二期）、瑞孚信高端原料药等38个项目竣工投产。招商引资逆势突破，签约引进亿元以上项目119个，计划总投资436亿元，其中引进长城汽车、东元科技等10亿元以上项目10个。建立“十四五”规划、疫后重振补短板强功能“十大工程”重大项目储备库，纳入项目903个，计划总投资5265亿元。爱国环保废油泥及废油桶综合利用等45个项目成功获批中央、省预算内补助资金9579万元。

改革创新。大力实施创新驱动战略，统筹推进国家“双创”示范基地、国家创新型特色园区、国家知识产权试点园区建设，“动力储能电池产业关键技术”纳入国家科技部、国家财政部“百城百园”行动；光合生物挂牌全国第二家农膜污染防控重点实验室科研基地；中集宏图等4家企业获湖北省科学技术奖；百盟慧谷被认定为国家小型微型企业创业创新示范基地，华中农业被认定为省级“星创天地”，汇才众创空间被认定为省级众创空间。全力优化营商环境，紧紧围绕“全省一流、荆门领先”目标，深入推进政务、政策、金融、法治、人文环境建设。全年兑现惠企政策资金8.7亿元，规模以上工业企业每百元营业收入中的成本费用降低至78.15元，低于全国6.08元、全省5.36元；开展证照清理和流程再造，探索实行“容缺预审”“先办后补”、结果邮寄等服务，办理时限在法定时限基础上压减70%；帮扶亨迪药业等4家企业纳入湖北省上市后备“金种子”企业名单，占全市总数的80%；组建公共法律服务团队，上门为企业进行“法治体检”，提出风险防范建议70余条；发扬“有呼必应、无事不扰”的“店小二”精神，不断优化提升企业、项目包联服务。截止目前，全区实有市场主体42655户，较2019年年底净增4959户。

三大攻坚战。脱贫攻坚成果不断巩固。共筹资200万元建成运营全市首家扶贫超市，建立完善从“贫困户（农业经营主体）农产品”到“扶贫超市”再到“消费终端”的扶贫新机制。规范运营推进光伏扶贫，全年可分配收益200万元。对脱贫监测户41户108人、边缘户27户83人全部实行“一户一策”分类帮扶，1525户有劳动能力贫困户全部参与高油酸油菜等特色产业发展。全力打好污染防治攻坚战，持续开展燃煤散烧管控，取缔煤场堆场6家、煤炉柴炉厂1家，停用600余家商户燃炉970个，敦促21所学校及822家餐饮服务场所全部安装油烟净化装置。整治裸露菜地200余亩，覆盖裸土41处，大气污染防治“百日攻坚”以来交办的250个问题全部整改到位。基本消除城市黑臭水体，整治排水口39个。积极防范重大风险，化解不良贷款4.16亿元，政府和平台债务风险控制在合理区间。纵深掘进扫黑除恶专项斗争，打掉涉黑组织2个、恶势力犯罪团伙25个，依法查封扣押冻结资产1.55亿元，结清案件27件。严厉打击邪教势力，查获“全能神”窝点3个，抓获嫌疑人9名。

城乡建设。全力推进文明城市创建，筹资3400余万元，维修改造道路16条，整治背街小巷9条，改造房屋立面30万平方米。组织5万余名志愿者参与文明劝导、洁城清扫等志愿服务活动，助力荆门摘得“全国文明城市”桂冠。规范发展“地摊经济”，按照“便民不扰民、放开不放任”原则，设立9处临时经营点和3处小商品临时经营店，划定摊位168个。深入推进美丽乡村建设，实施农村人居环境整治三年行动百日攻坚行动，全域推进农村生活垃圾治理，完善了“户分类、组保洁、村收集、镇转运、区处理”的农村卫生保洁体系。建设“四好农村路”126公里，团林铺镇被评为全省“四好农村路”示范乡镇。新增火山、蔡院、赵庙3个省级美丽乡村示范村以及朱庙、官湾、阴山等11个省级美丽乡村整治村。全面完成“四个三重大生态工程”三年攻坚行动建设任务，全年建设、改造农村户厕896座、城市公厕3座、旅游厕所1座、加油站厕所12座，合星、麻城污水处理厂稳定达标运行，中心集镇配套管网实现全覆盖，22个村配套建设了微动力、无动力生活污水处理设施，启动城乡生活垃圾分类试点，城乡生活垃圾无害化处理率达到100%。

民生保障。始终坚持把人民群众生命安全和身体健康放在第一位，奋力抗击新冠肺炎疫情。在全市率先建立疫情防控期间52种主要居民消费品市场价格日监测数据向社会公众发布的机制，合理引导市场行为，居民消费价格指数涨幅回落至现阶段的3.5%。强化困难群众生活保障，向符合国家政策条件的困难群众发放价格临时补贴691万元，累计惠及4.46万人次。就业形势总体稳定，实施援企稳岗行动，举办招聘会36场次，帮助企业招聘员工8000余人，发放创业担保贷款2345万元，开展补贴性职业技能培训2800人，扶持创业150人。大力推进“全民参保”计划，六大社保参保净增5328人次，企业退休人员人均月养老金调增109.95元。巩固提升教育事业，投资5500万元，实施望兵石学校、名泉小学扩建工程，新增学位2640个，被教育部评为“全国十大新样态学校区域研究中心”。大力推进健康掇刀建设，争取抗疫特别国债资金1.31亿元，启动实施掇刀人民医院发热门诊、疾控中心业务用房及实验室等9个公共卫生类项目，顺利通过省级基层卫生综合改革联系点验收，团林铺镇、麻城镇被评为“国家卫生乡镇”。加强社会治理创新，建成法治文化教育基地8个、智慧平安小区20个、枫桥式派出所3个。

（掇刀区发改局）

漳河新区

【概况】 2020年，漳河新区实现地区生产总值28.93亿元，同比增长3%；完成固定资产投资66.5亿元、地方财政总收入6.78亿元、一般公共预算收入4.64亿元、社会消费品零售总额16.63亿元，四项指标同比降幅收窄位居全市前列；招商引资实际到位资金26.18亿元，同比增长4.8%。

疫情防控。及时响应市委决策部署，第一时间进入战时状态，坚持群防群控、精准防控，克服了人员流动性比例全市最高、防控体系全市最薄弱的现实困难，实现确诊病例全市最少、工作人员无一感染。全省突发公共卫生应急响应级别调整为三级后，坚持疫情防控机构不撤、人员不散、力量不减，毫不放松地抓好常态化疫情防控，坚持“人物地”同防、全覆盖全流程闭环管理，疫情防控决定性成果持续巩固。

三大攻坚战。严防严控重大风险，建立新区矛盾多元化解“三级实体平台”，化解矛盾纠纷500余起、信访积案55件；开展20家重点企业金融风险排查，化解不良贷款980万元；稳妥有序处置昕泰集团涉稳风险。决战决胜脱贫攻坚，坚持战疫、战贫“两手抓”，打好产业扶贫、就业扶贫、消费扶贫“组合拳”，一体整改国检、省考反馈问题54个，新区1294户3779名建档立卡贫困对象全部脱贫，脱贫质量不断提升。全域全面防治污染，综合整治漳河水库周边乱搭乱建钓鱼平台、船舶随意停靠、经济林种植无序开发、前锋社12户房屋拆迁等问题，确保漳河一库清水，漳河入选国家重要湿地名录，漳河水库被评为湖北省“幸福河湖”；常态管控建筑工地扬尘、秸秆露天焚烧、散乱污企业；接受全省自然资源资产管理和生态环境保护试点工作任中审计，审计结论为“较好”等次。

新城建设。全年实施103个城建项目和31个省、市、区重点项目，全面提升新区城市能级和品质。建设畅通城市，双喜大道、仙杨路、飞机场路建成通车；航空北路、尉迟恭路等市政道路配套不断完善；荆山大道上跨焦柳铁路等节点工程加快推进，“八横六纵一环”骨架路网不断完善。建设生态城市，建成杨柳湖公园、尉迟恭游园，园博园加快推进；完成凤袁路等6条主干道生态景观提升工程，“九园五带”生态系统加快构建。建设共享城市，市委党校新校区投入使用；荆门传媒中心、市博物馆、两馆两中心、市民中心等公共工程正在装饰装修，“十大公共公用工程”服务格局持续优化；推进全国文明城市创建，实施5大类151个创城项目，全面补齐城市基础设施、环境卫生、市民素质等短板，实现“首创首成”，营造良好的宜居宜业环境。

项目建设。新签约武汉体育学院凤凰湖水上训练基地、希望教育集团荆门城市职业学院等产业项目24个。抢抓中央支持湖北疫后重振“一揽子”政策机遇，成功争取中央抗疫特别国债、中央（省）预算内投资、专项债券等项目15个8.3亿元。AG600率先在漳河机场复工试验试飞，领雁AG50成功首飞并签约订单105架，省航管中心基地迁建项目落户新区，漳河机场被纳入全国37个应急救援航空场站（基地）；湖北明德区域细胞制备中心和综合细胞库揭牌；万达广场实现营业收入6亿元；三国文化创意产业园、飞行社区等30个省、市、区重点项目开工建设；科创社区、龙山中央商务区、飞扬大厦、国华汇金中心五星级酒店等城市“新地标”加快建设；极客公园人气复苏，接待研学旅游15万人次。出台“贯彻落实省、市优化营商环境政策31条”，整改销号市、区两级营商环境问题27个，落实惠企政策奖补资金6966万元；大力弘扬“店小二”精神，常态化抓好“进解促”活动，帮助36家重点企业解决困难120余条；成功承接市级食品卫生许可权限下放，受理各类审批事项4万余件。

乡村振兴。突出“精品农产、精细农作、精彩农旅”，高标准打造果冻橙基地4个、育种基地1个、清水小龙虾生态养殖基地4个；漳河果冻橙在全省品鉴大会上荣获一等奖，漳河清水小龙虾登录央视《谁知盘中餐》节目专题报道；可可田园文旅产业园、湖北群艺生态休闲农业园等一批农旅融合综合体加快建设。圆满完成“四个三重大生态工程”目标任务；全域开展“村庄清洁行动”和美丽乡村建设，建成2个省级示范村，完成8个省级整治村任务。深化农村产权制度改革，完成49个村和1个涉农社区清产核资、清人分类和集体经济组织建立；开展农村集体“三资”清理，规范整治低价承包、承包期限过长等突出问题90起。

社会民生。全年新增城镇就业、返乡创业286人。推进漳河新区中心医院、双喜社区卫生服务中心、凤凰湖社区卫生服务站等公共卫生服务补短板工程建设，培养5名“一村一名大学生村医”。创新“互助+自助”服务模式，建成4个村（社区）养老机构。启动“非四类重点对象”危房改造，完成棚户区改造775套，杨店、迎接等16个新社区加快建设。全力推进扫黑除恶“六清”行动。实施农村低保逐年提标工程，2020年达到每人每年8520元，为全市最高。在全市率先完成“县管校聘”改革，新建天鹅学校，招考18名义务教育学校教师，完成5所城镇小区配建幼儿园移交，完成义务教育薄弱环节改善与能力提升工程。成功举办2020环漳河自行车赛等文化惠民活动60场次，京河村苏池富荣获“湖北省2020年乡村文化和旅游能人”。全面落实安全生产主体责任，排查整改各类安全隐患275条，新区安全生产形势总体稳定。

（漳河新区经发局）

屈家岭管理区

【概况】 2020年，屈家岭管理区实现地区生产总值23.49亿元，企业增长-16.5%；规模以上工业企业增加值增长-37.5%；社会消费品零售总额13.94亿元，企业增长0.5%；一般公共预算收入0.54亿元，企业增长-57.3%；工业用电量7793万度，企业增长-8.26%。

疫情防控。疫情期间，组织1200余名党员干部、志愿者参与防控，投入5900余万元用于防疫管控与医疗救治，排查返乡人员9270人，救治确诊病例22人、无症状感染1人、疑似病例38人，建成传染病专科医院，开展6万人次的代购代买服务，疫情在全市率先清零。开展“大培训、大练兵、大督查”活动。组织大培训1890人次、大练兵5次，大督查20余次。落实核酸检测54个采样点、447名检测人员。实施冷链食品的采样、检测、消杀，累计抽检405人，检测结果全阴性。落实国内外高中风险地区返回的83人的闭环管理。对13类重点人群进行检测和新冠疫苗免费接种。认真落实省、市关于疾病预防控制体系改革和公共卫生体系建设的要求，争取项目资金2000万元启动疾控中心的建设，新招聘充实基层医疗机构5人，基层基础防疫工作得到进一步夯实。

三大攻坚战。全年统筹整合资金1.18亿元实施产业发展、基础设施配套等65个项目；“两有”贫困人口1784人全部务工就业；发放特色产业奖补资金、小额贷款等1400余万元，新型农业经营主体、特色产业的带贫率分别达到85.5%、100%；完成扶贫各类反馈问题的整改，并获得市人社局的脱贫攻坚记功奖励。用好1.43亿元政策资金，全面推进城区雨污分流管网建设、全域农村生活污水治理等5个重点项目，建成了污水管网16公里、入户管网28.6公里，完成15个集中式、239个分散式的农村污水处理设施项目，三个办事处的污水处理站全部实施市场化运营，顺利完成环保督察问题整改，汉北河张常台考核断面水质已达到地表水Ⅳ的标准。风险防范化解不断深入。以化解政府债务、金融风险、遗留问题等为突破口，农谷实业集团主动作为化解债务7.37亿元，区财政化解政府债务1.29亿元，压降不良贷款6000万元。采取一案一策一专班的切实举措，收回财政出借资金1373万元；奈美项目合作协议依法中止，土地无偿收回，存量资产有效盘活，相关权益得以有效维护；中新房融资代建项目的清算工作已完成，依法依规中止合作协议，历经三年的清算画上圆满的句号；盘活农博城项目，处置闲置土地180余亩，化解信访积案17件，社会大局保持和谐稳定。

项目建设。出台《招商引资年度目标任务分解方案》《主导产业招商地图及行动计划》等文件。签订大唐二期、金伯利农场、晟大网络等13个正式合同，总金额26.43亿元。落户一批华西能源公司（上市公司）重组安能生物电厂、煌上田（上市公司）鹿文化综合体、盛唐国际等项目。全年向上争取交通、农业、环保、文化等政策项目资金8亿元以上，缓解区财政压力。围绕“建设大基地、培育大企业、形成大产业”的思路建农谷，新增黄桃、蔬菜等特色种养基地1万余亩，新增市级及以上示范新型农业经营主体13家，建成了蔬菜、优质稻等4个千亩全程机械化示范点。投资0.7亿元加快了屈家岭国家考古遗址公园的项目建设和举办屈家岭文化IP全球征集活动；农谷世界科技体验园、金伯利农场（湖北示范区）、大唐农光互补二期、冠品源等重点产业项目快速推进。高虎泵站顺利竣工已试水排涝，长滩生态循环路顺利通车。东润科技二期顺利投产，万吨智能冷库已试运行，农博城已正常开业。深入开展机关干部“进企业、解困难、促发展”活动，帮助企业尽快恢复正常生产经营秩序，促进达产达效，共帮助企业解决用工、用能等问题31个，落实减税降费资金1876万元，41家重点企业全部实现复工复产，区市场主体数量同比增长16.5%，增幅全市第一。

营商环境。大力弘扬“有呼必应、无事不扰”的“店小二”精神，以政务、政策等“五个环境”建设为重点，兑现惠企资金1000万元，全区可网办率达到100%，实现企业开办2个环节、1天内办结、零费用，发放抗疫专项贷1600万元，协调金融机构为37家企业发放贷款1.57亿元，为合作社、家庭农场等新型农业经营主体累计担保贷款3600万元。推进“一网通办”改革，全区13个职能部门发布的1002项事项均实现“四办”（马上办、网上办、就近办、一次办”），全区4个办事处、17个村（社区）领取发布的2421项事项可网办率达到100%；推进工程建设项目审批制度改革，“马上办”事项74项，“一次办”事项38项，“网上办”事项134项；推进“互联网+监管”工作，全区监管事项主项数量943项已全部认领。积极促进企业开展产学研合作，新增省级企校联合创新中心3家，宝得瑞健康产业创新平台成功创建省级“星创天地”和乡村振兴科技创新示范基地；深入实施科技成果转化工程，完成技术合同总成交额为6051万元，登记重大科技成果转化 4 项。

民生福祉。全力保障社保、医保、低保等重点领域的基本民生支出，全区 17766 名机关企事业离退休人员按月足额领取退休养老金，发放低保、救助等资金 1000 余万元，切实保障群众居民医保和职工医保，全年基本民生支出达 5.7 亿元。继续提高教育质量，稳步推进“县管校聘”等改革，逐步提高教师待遇，成功举办全市中小学校长论坛活动；有序推进美丽宜居乡村建设，创建市级示范村 2 个，完成 6 个整治村整治；提升基础和公共服务设施建设水平，建成一级公路 27 公里、美丽农村路 19 公里、农村公路 15 公里，完成 568 座农村户厕、公厕改厕工作，启动殡仪服务中心建设，完成 9 条背街小巷硬化和亮化工程。深入推进扫黑除恶专项斗争，加强基层社会治理，破获各类刑事案件 83 起，社会治安进一步好转。严格落实安全生产责任制，排查整改各类隐患 544 起，未发生较大以上安全生产事故。

（屈家岭管理区发改局）

鄂州市

综　述

【概况】 2020 年，鄂州市地区生产总值、规模以上工业企业增加值、全社会固定资产投资、社会消费品零售总额和地方公共财政预算收入同比分别下降 9.8%、12.5%、17.2%、26.4%和 19.3%。

【提升经济质效】 坚持以质量和效益为中心，加快推进供给侧结构性改革，产业结构发生深层次变化，三次产业结构由 10.8∶51.6∶37.6（2015 年）调整为 9.9: 43.3: 46.8（2020 年）。创新驱动发展成效明显。光谷科技创新大走廊东延步伐加快，国家大科学装置沼山长基线原子干涉科学观测设施加快推进，市校合作共建华中科技大学鄂州工研院、华中师范大学鄂州研究院等创新平台，PET—CT、钙钛矿等一批科创成果先后落地，科技创新发展水平跻身全国百强，每万人发明专利拥有量增长到 5.7 件，是“十二五”末的 2.98 倍。新兴产业培育取得突破。三安光电、容百锂电、大数据云计算产业园等一批新兴产业项目落户，全球首条大规模 Mini/Micro LED 芯片生产线即将投产，实现全市高端半导体产业零的突破，华工法利莱在国家首台（套）装备上实现突破。葛店大健康产业园加快建设。建成 1 个国家级科技企业孵化器、1 个国家级生物医药产业化基地和 4 个省级高新技术产业化基地。全市高新技术企业达到 133 家，高新技术产业增加值占 GDP 比重提高到 16.39%。传统产业转型迸发活力。持续加大技术改造力度，累计完成技改投资约 300 亿元，冶金、建材、纺织等传统优势产业智能化、绿色化改造升级步伐加快。省内第 3 个建成工业互联网标识解析二级节点，鄂钢建成国内首家 5G 智能钢厂，入选湖北省“5G+工业互联网”十大标杆案例，每平方公里 5G 基站密度全省第 2。钢铁、水泥行业化解产能深入推进。服务业发展势头良好。华中万吨冷链港、富春网营物联鄂东南供应链运营中心等项目相继竣工投产，恒大文旅等重点项目加快建设，国家检验检测高技术服务业集聚区（湖北）、葛店国家级电子商务示范基地成功获批，全国第一的冷链物流基地、华中第一的电子商务基地正在崛起，服务业对 GDP 增长贡献率达到 60%。

【提高城市能级】 鄂州机场作为全国首个专业性货运枢纽机场与北上广深共同构建国家航空货运枢纽规划布局，成为构建国内国际“双循环”新发展格局的战略平台。作为武汉城市圈航空港经济综合实验区双核引领之一，与武汉共建空港型国家物流枢纽，成为湖北最具发展潜力的地区。产城融合持续加快。葛店开发区生物医药、光电子信息、电子商务、新能源新材料等主导产业发展壮大，在 218 家国家级开发区综合排名中升至 43 位。省级临空经济区正式成立，“五横六纵”发展骨架快速展开，智能制造、医疗健康、航空物流三大产业园加速推进。红莲湖、梧桐湖、花湖等区域产城一体化全面提速，三江港铁水联运效益显著。武鄂同城空前加速。在发展规划、基础设施、产业发展、公共服务、生态环境治理等方面与武汉开展深度对接，共建、共享、共赢的同城化发展格局初步形成。武汉地铁11号线葛店段通车运行，标志着鄂州正式接入武汉轨道交通网络，成为全省首个通地铁的地级市。鄂咸高速全线贯通，新港高速加快推进。武鄂区号统一全面实施，率先与武汉实现固话同网同号同价。

【统筹城乡发展】 坚持“全域鄂州、统筹发展”的思路，调整优化行政区划，理顺市、区（开发区）、乡镇（街道）管理机制，各具特色、优势互补的多极新城建设呈现新亮点，常住人口城镇化率达到66.3%，居全省第2。城市功能更加完善。凤凰大桥、市民中心、市图书馆、市美术馆、城市展示馆、综合客运枢纽站投入使用，市内首个500千伏智能变电站投产送电。“三横两纵两联”高速公路网布局加速形成，全市公路通车总里程达4181公里，公路网密度达到261.98公里/百平方公里，居全省第一。太和水厂迁建、雨台山水厂改扩建、城乡一体化供水管网延伸工程建成，有效提高城乡供水保障能力。城市品质不断提升。成功创建全国文明城市。吴都中央生态廊道、东洋澜湖湿地公园陆续建成开放，马鞍山地下综合管廊、老城区雨污分流改造等工程顺利实施。老旧小区改造“40工程”成效显著。城乡出行更加便捷，城乡20公里范围实现“公交全覆盖”，全省率先实现“村村通”客车。乡村振兴步伐加快。“三精农业”初具规模，建成花卉、蓝莓、胡柚等特色林果基地127个，新增国家级和省级示范社、示范场26家，培育过亿元龙头企业5家，南蹟湖牌生态米等11个农产品获第16届农博会农产品金奖。千秀谷生态园、四峰山风情园、杏福生态园入选湖北省休闲农业示范点，段店镇、涂家垴镇入选全省农村产业融合发展试点示范镇。城乡面貌大有改观。农村人居环境整治三年行动目标任务全面完成，改建农村户厕近10万座、农村公厕601座，建成“四好农村路”410公里，精准灭荒造林12550.4亩。建设省级美丽乡村示范村29个，万秀村、武圣村被省政府命名为湖北旅游名村，并入选第二批全国乡村旅游重点村，万秀村同时被授予“全国美丽宜居村庄”。国家园林城市通过复检，荣获全国绿化模范城市，建成区绿化覆盖率达43.21%。

【建设生态文明】 生态城建设深入推进。长江大保护卓有成效。严格落实长江“十年禁渔”。深入实施长江大保护和绿色发展“双十工程”，依法拆除长江干线非法码头108个，关停取缔“散乱污”企业368家，关改搬转沿江化工企业11家，生态修复矿山11处，腾退岸线10.85公里，长江岸线造林6994.8亩，樊口区域沿江路及江滩环境综合整治一期建成开放。湖泊生态修复成效明显。启动创建梁子湖国家级示范湖泊，在全省率先实施永久性退垸还湖，梁子湖水系连通工程加速推进，洋澜湖生态补水、樊口二站、花马湖二站等水生态保护工程建成使用。污染防治攻坚战阶段性目标顺利实现。空气优良天数比例达到87.4%，PM2.5平均浓度38微克/立方米，国控断面水质优良比例达到100%，鄂州电厂粉尘噪音和五丈港、新港（三水源）、余寿港、汀桥港4处城市黑臭水体等突出环境问题得到有效解决。绿色发展生活方式逐步形成。建成污水处理厂15座，基本实现城乡建成区生活污水收集处理全覆盖。生活垃圾分类全面启动，生活垃圾无害化处理率达100%。农业面源污染得到有效控制。能耗总量和强度“双控”目标超额完成，全市单位生产总值能耗累计下降20.1%。

【深化改革开放】 机构改革任务圆满完成。中央、省、市安排部署的6大类64项改革任务蹄疾步稳、有序推进。营商环境明显改善。“放管服”改革不断深化，大力实行“一窗受理·集成通办”，打造“88政务”新模式。推行“马上办、网上办、就近办、一次办”和“最多跑一次”改革，市级大数据中心和全市政务服务“一张网”建设统筹推进。营商环境评价在全省率先推开，商事制度改革被国务院点名表扬，“治庸、提能、问效”三年行动成效显著。试点示范成果丰硕。生态价值工程经验得到中央领导批示，入围改革开放40周年40案例。完成农村集体产权制度改革中央试点任务，“莲花模式”入选全国村级典型案例。鄂城区独立工矿区成功纳入国家政策支持范围。华容区入选首批国家数字乡村试点。梁子湖区获批首批“湖北省生态文明建设示范区”。对外开放持续深化。鄂州海关获批，鄂州空港综保区申报及口岸设施建设、湖北自贸区武汉片区向鄂州机场延伸等工作加速推进，三江港国家多式联运示范基地及国家一类水运口岸获批。积极融入“一带一路”，与全球125个国家和地区开展贸易往来。社会治理深入推进。加强法治政府建设，构建依法行政制度体系，制定实施《鄂州市物业管理办法》《鄂州市文明行为促进条例》，出台《关于新时代深化党建引领基层治理 构建共建共治共享新格局的意见》，逐步形成具有鄂州特色的“1+N”党建引领基层治理制度体系。

【社会事业发展】 始终坚持在发展中保障和改善民生，不断改善人民生活、增进人民福祉。脱贫攻坚取得决定性成效。全市5.2万贫困人口脱贫，47个贫困村出列，贫困村生产生活条件明显改善，绝对贫困问题即将得到历史性解决。就业质量稳步提高。城镇新增就业10.9万人，城镇登记失业率控制在3%左右，市就业社保中心投入使用。城乡居民人均可支配收入分别达到34541元和19313元。城乡教育环境明显改善。新建农村普惠性幼儿园38所，完成269所义务教育学校“全面改薄”工程。国家级示范性学生综合实践基地、市育才中学建成投用，市中专迁建完成，率先实现教育信息化城乡全覆盖。健康鄂州建设持续深化。成功创建国家卫生城市。在全省率先完成“四化”乡镇卫生院、“五化”村卫生室达标创建。家庭医生重点人群签约服务率达到六成以上，公立医院薪酬制度改革和健康校园建设工作经验全国推介。社会保障标准不断提升。城乡居民医保和城镇职工医保政策范围内报销比例分别提高到75%和80%，医疗保险在全省率先实现“市级统筹、城乡统筹、门诊统筹”。低保和社会救助补贴标准不断提高。平安鄂州建设再创佳绩。持续开展“霹雳行动”，强力推进“扫黑除恶”专项斗争，社会不安定因素明显减少。应急管理体系基本建成。战胜2016年和2020年两场大汛，有效应对干旱、雨雪冰冻、森林火灾等自然灾害，安全生产形势持续稳定。

（鄂州市发改委）

鄂城区

【概况】 2020年，鄂城区地区生产总值增速高出全市平均值2.3个百分点，工业增加值增速高于全市平均值4.4个百分点，社会消费品零售总额增速高于全市平均值0.3个百分点，一般公共预算收入增速高于全市3.4个百分点。实际利用外资1839万美元，城乡居民可支配收入分别为35088元、19689元，城镇登记失业率3.8%。万元GDP能耗下降率、主要污染物减排、空气质量和地表水质达到市定目标任务。

项目建设稳步推进。加大项目建设，金牛管业不锈钢、铠尔慷智能制造、普路福汽车零配件等一批项目开工建设，富春网营物联鄂东南供应链运营中心、众联物流仓储、天高特种熔接材料制造、亨大电力装备制造等重点项目已建成投产。总投资100亿元的科创物流大数据产业园项目纳入全省服务业“五个一百工程”，能耗指标得到省发改委批复，项目场平快速推进。总投资20亿元的中新开维年出栏60万头生猪养殖项目被确定为2020年省级重点项目，并于今年顺利开工建设。紧盯电子信息、智能制造、冷链物流、现代服务业等领域，坚定不移地抓招商引资和项目建设，全年新签约亿元项目15个，新开工项目11个，完成省外资金56.49亿元。围绕中央支持湖北一揽子政策，积极抢抓政策红利，争取公共卫生领域中央抗疫特别国债资金4000万元，争取服务业疫后恢复发展专项特别国债资金2015万元，争取老旧小区改造中央预算内资金3098万元。富春网营物联鄂东南供应链运营中心项目获得中央预算内服务业引导资金2000万元。

创新转型步伐加快。加速“鄂城制造”向“鄂城创造”转变，鄂钢打造首个5G应用的工业互联网钢厂。大力扶持技改项目，促进企业转型升级，开展“机器换人、设备换芯、生产换线”专项行动，推进兴欣科技年产5000吨熟料复合管材及管件、世纪新峰水泥粉磨系统技术改造等技改项目37个，项目总投资11.3亿元。引导企业走“专特新精”发展道路，全区有湖北省细分领域隐形冠军企业15家，2020年申报隐形冠军企业16家。着力推动企业技术创新平台建设。全区国际科技合作基地1家、国家实验室1家、院士专家工作站6家、省级专业研究所1家、省级工程技术研究中心2家、省级科技企业孵化器3家、省级众创空间2家。其中，兴方磨具与河南工业大学建立校企共建碾米砂轮（辊）研发中心，成为碾米砂辊行业标准的制订者。湖北富农食品工业园有限公司和湖北迪洁膜科技有限责任公司两家企业各获批2020年湖北省重点研发计划项目（第一批）资金200万元，改变了鄂城区近年来无省级以上重点科技项目的状况。

三大攻坚战顺利推进。持续防控债务风险，严格预算管理，硬化预算约束，在总量控制范围内积极申报债券资金，统筹用于棚户区改造、土地收储、环保、道路基础设施等民生项目，有效缓解财政支出压力，积极化解政府债务，鄂城区债务风险等级连续5年被评定为“绿色等级”。按照“六个精准”“五个一批”要求，紧扣“两不愁三保障”完善工作机制，实现19个省级贫困村全部出列，6033户14414名建档立卡贫困人口全部脱贫，141户脱贫监测户和边缘户通过政策措施帮扶，全部消除返贫致贫风险，在省对我区2019—2020年上半年扶贫开发工作成效考核综合评价为“好”等次。生态环境持续好转，空气质量明显改善，2020年完成197个重点行业企业大气污染物排放口特别排放限值改造，推进无组织排放整治项目63个、工业炉窑大气污染综合治理项目37个，空气平均优良天数比例达到90%以上。加强饮用水水源地保护，初步完成长江入河排污口分类工作，新建5座污水处理厂全部投入试运行，黑臭水体已基本消除。全区最后一家沿江化工关改搬转企业湖北浩然化工有限公司彻底完成全部生产设备、设施拆除和场地平整，完成省级关改搬转清单任务。

城镇品质加快提升。作为创文主战场，鄂城区党员干部勇带头，社会各界齐参与，投入资金9936.57万元进行全域全面创建，用文明之风重塑鄂城风貌，助力鄂州市荣获“第六届全国文明城市”称号。着力完善小区基础设施，安装充电桩360处，规范安设晾晒设施多处，逐一解决了小区公共照明问题。扎实开展“楼道革命”活动，实现小区楼道杂物、废弃非机动车辆能清尽清，立面、扶手干净整洁。集中整治沿街建筑立面破损、乱贴乱画、乱披乱挂、空中管线“蜘蛛网”等乱象，修整绿化带24.1万平方米，全面清理翻新脏破遮阳棚、灯箱、表箱等公共设施，配置分类垃圾桶，大街小巷面貌焕然一新。引导规范停车，各镇街施画停车位2.45万个，车辆停靠整齐有序。注重全域创建，修复破损路面共计7.2万平方米，交通面貌得到改善。“三馆两中心”已建设完工，新时代文明实践中心投入试运行。

社会事业全面进步。着力保障困难群众基本生活，全区享受农村低保2897户4817人；城市低保2238户3672人；特困供养对象899户899人（其中集中供养233人、分散供养666人）。学前教育高速发展，坚持“政府主导，社会参与”原则，投入1574万元新建2所标准化公办园，改扩建14所公办园，公办园增至29所，民办园增至129所。大力实施义务教育薄弱学校改造，花湖实验学校开工建设，主城区学校大班额现象有效好转，全区校园安保“三个100%”基本落实，教育信息化“三通两平台”实现全覆盖。全区学前三年毛入园率达到96%，义务教育小学适龄儿童入学率达100%，九年义务教育巩固率提升到98.4%。扎实推进公共卫生体系建设，区级公共卫生临床中心、疾病预防控制中心项目已开工建设，六个镇级卫生院规范化的发热门诊建成并投入使用。稳妥推进基层医疗卫生机构综合改革，财政投入力度进一步加大，为在岗乡村医生落实养老保险缴费补贴，为年满60周岁乡村医生落实生活补助。

（鄂城区发改局）

梁子湖区

【概况】 2020年，梁子湖区实现地区生产总值82.76亿元，“十三五”年均增长5.27%；财政收入6.32亿元，年均增长7.51%；全社会固定资产投资33.71亿元，年均增长27.96%。社会消费品零售总额21.17亿元，比2015年增长16.06%；农村常住居民人均可支配收入14553元，比2015年增长37.77%，城镇常住居民人均可支配收入26874元，比2015年增长41.97%。

产业发展。全区实现农业总产值11.69亿元，农业增加值7.4亿元。围绕“三区”创建，提升新型农业经营主体规模实力，新增新型农业经营主体63个，农民专业合作社380家，家庭农场40家；新增“二品一标”认证2个。实施创新强区战略，依托“光谷科技创新大走廊”向东延伸发展机遇，大力支持梧桐湖生态科学城建设。吸引了清洁能源、光电信息、智能制造等领域64个具有国际国内领先水平的科研创新团队和60个科技创新企业以及近1100名高科技人才创业就业。湖北锐世列入省知识产权局海外护航工程项目，“数字PET”获得市场准入和对外销售的资质，荣获第五届中国“互联网+”大赛金奖。支持万度光能度建成1万瓦太阳能示范电站，印刷介观钙钛矿太阳能电池项目荣获第47届日内瓦国际发明展金奖；支持中部医疗完成三条GMP生产线建设，已正式投入批量生产全区现有限额以上商贸企业8家，限额以上服务业企业8家，全区物流企业共11家，推进农村电商发展，争取服务业引导资金700万元。

项目建设。重点围绕科技创新、关键产业发展、基础设施、生态文明建设等方面着力谋划“十四五”项目342个，计划总投资1150.85亿元。其中科技创新方面共谋划项目15个，计划总投资97.86亿元；关键产业发展方面共谋划项目66个，计划总投资504.67亿元；基础设施类共谋划项目52个，计划总投资147.89亿元；生态文明建设类共谋划项目82个，计划总投资288.58亿元；社会民生类共谋划项目127个，计划总投资111.85亿元。争取中省项目19个。6个市级重点建设项目开工6个，预计完成投资4.7亿元，占年计划数的100%。全年全区完成省外资金31.268亿元，占市下达目标任务的104.2%；新签约亿元以上项目13个，占市下达目标任务的130%；新开工亿元项目8个，占年度目标任务的100%。

营商环境。全区网上政务服务能力持续提升，推行“88”政务，按照“八个一、八个办”的标准，整合市场监督管理局等7家单位，设置“企业和项目建设服务”“不动产登记”“公共服务”三种类型的“专办式”窗口。联合生态环境分局、自然资源和规划分局等18家单位，成立“通办式”窗口，加速推进“一窗通办”，优化简化审批流程，开展“不见面审批服务”。积极推进“多证合一”登记制度改革，全区新登记各类市场主体1407户。深化“证照分离”改革，共办理涉及“证照分离”改革登记业务1903件。全面落实金融支持企业复工复产政策措施，积极开展“双千”“银企对接”等活动。梁子湖区银行机构投放区中小微企业、普惠型小微企业贷款2.5亿元，占计划2.43亿元的102.88%；对48家企业在四批贷款贴息中共获贴息148笔，209.73万元；共办理普惠小微贷款延期245笔次，金额8094万元。

生态文明。积极申报国家生态文明建设示范区，通过国家生态环境部第四批国家生态文明建设示范区“云验收”核查。全力抓好梁子湖国家级示范湖泊创建工作，确定每月14日为“梁子湖区护湖（河）日”，开展全民护湖（河）活动，推进河湖“清四乱”常态化规范化全覆盖，全年各区级河湖长实地巡查河湖376次、镇级河湖长实地巡查河湖1050余次、村级河长实地巡查河湖8600余次。加强畜禽养殖、农业面源污染整治，对全区非禁养区整治不到位的29家畜禽养殖场实施关停，对全区34家养殖场畜禽粪污资源化利用进行整体提升。完成1882.7亩精准灭荒任务，推进农村垃圾分类全覆盖，集镇生活污水处理通过市级验收，四个污水处理厂全部安装进水、出水在线监控，与省乡镇生活污水治理信息平台联网。长江大保护十大标志性战役扎实推进，梁子湖省级自然保护区“绿盾2018专项行动”42处违规设施完成整改。

民生福祉。全面完成剩余19户43名贫困人口清零，确保高质量完成脱贫目标任务。开展2020年网上春风行动、春季专场招聘会、上岸渔民专场招聘会，达成区内就业意向300人以上。全区城镇新增就业330人，城镇登记失业率仅2%。发放城乡居保养老金3571.32万元，养老金发放率100%。已为1718名符合条件的被征地农民发放养老金3447.58万元，完成了梁子镇共计420名符合条件的鄂咸高速被征地农民养老金补偿工作。全区城乡低保3720人，特困供养6156人，发放保障资金4580.39万元。因新冠肺炎疫情影响，加大困难对象临时救助力度，救助788人，发放救助资金188.15万元。实施第三期学前教育三年行动计划，梁子镇中心幼儿园建成投入使用，全区实现乡镇公办中心幼儿园全覆盖。推进义务教育优质均衡发展，加强小规模学校和寄宿制学校建设，19所义务教育学校提升工程土建类项目已全部启动，已完成15个项目。

（梁子湖区发改局）

葛店开发区

【概况】 2020年，葛店开发区实现国内生产总值253亿元，同比下降10.04%；规模以上工业总产值514亿元，同比下降4.3%；固定资产投资180.54亿元，同比下降10.62%；实际利用外资4742万美元，同比增长7.8%；财政收入20.6亿元，同比下降12.69%；外贸出口完成4952万美元，同比下降24.6%。全社会用电量70436万度，同比增长2.7%。

项目建设全面提速。全年新签约亿元以上项目28个，总投资166.7亿元，占2020年目标任务的112%；其中，50亿元以上项目1个、10亿元以上项目5个、5亿元以上项目2个。三安光电、容百五期、地铁11号线葛店段、光谷联合科技城等重点项目加速推进。其中，全球最大高端动力锂电正极材料项目—容百锂电五期1号车间已完工，新增2万吨三元锂电正极材料产能；国内首个大规模微发光二极管芯片项目——三安光电项目建设加快，部分建筑已封顶。2020年全区新开工项目25个，总投资233.9亿元。其中，50亿元以上项目3个，5亿元以上项目1个。

动能转化成效显著。工业经济提质增效，2020年全区14家企业获评省级“隐形冠军”，3家企业获评国家“科技小巨人”，新增规模以上工业企业15家。现代服务业突破性发展，2020年全区电子商务基地获批“国家级电子商务示范基地”。科技创新成效显著，全区高新技术企业71家，开展技术合同登记15项，技术合同登记金额2.4亿元，6家企业创建省级校企合作创新中心。

城市能级全面提升。轨道交通方面，地铁11号线葛店段现已开通运营；文化教育方面，新葛店高中主体工程已完工，长江职院葛店校区10月10日正式开学，投资1.3亿的葛店实验小学项目已启动建设；医疗卫生方面，省中医院武东分院已于11月28日正式开业，公共卫生临床中心启动建设，葛店卫生院、大湾卫生院的硬件设施进一步提升；民生工程方面，张家湾、邓平、葛店新城一期、二期及陶塘二期主体工程已完工，同时还对全区老旧小区公共设施进行完善、改造升级。城市湿地公园建设，完成了25.8公顷的秀海湖公园。投资70亿元的华润城市综合体项目启动。文体公园—图书馆项目启动施工。

生态建设加快推进。全面落实“大气十条”“水十条”和“土十条”任务要求，持续打好“蓝天保卫战”、水污染防治战、土壤污染防治战。葛店开发区15家医化企业“关改搬转”工作正按照计划向前推进，其中武大有机硅、恒鑫化工厂区已于2020年年底前拆除完成。大健康产业园基础设施已初步成型，首批计划入园5家企业。全力推进污水管网补短板工程建设，投资2.94亿元建设污水处理厂三期项目，日污水总处理能力将提升至7万吨。

营商环境持续优化。严格落实“双千工程”。对全区140家重点企业复工复产跟踪包保服务，切实解决企业的急难愁盼问题，收集整理97家企业反映问题103个，及时开展现场办公，75家企业87个问题已完成销号。降低企业经营成本。降低税费成本，按政策减免全区企业养老、医保、税费等各项税费；降低要素成本，为企业减免水、电、气费用1614万元；降低融资成本，3月组织银企对接会，为区内企业授信贷款近20亿元，帮助全区11家企业纳入国家疫情重点保障名单，总贷款金额6.6亿元，平均贷款利率2.91%。

民生福祉不断提升。2020年，全区已脱贫建档立卡贫困户无一人返贫，所有脱贫不稳定户和边缘易致贫户的收入均在5000元以上，无致贫风险，农村常住居民人均可支配收入增长率9.73%。随着地铁11号线开通、葛店中学完全完工和省中医院武东分院开业，开发区基础设施不断完善，教育资源逐步优化，医疗服务能力有所提升，居民生活质量稳步提高。

（葛店开发区经发局）

华容区

【概况】 2020年，华容区实现地区生产总值119.43亿元；完成财政总收入9.35亿元，同比下降8.8%；完成规模以上工业企业产值223.95亿元，同比下降25.1%；规模以上工业企业增加值增速下降18.3%；完成固定资产投资60.47亿元，同比下降45.04%；完成限额以上社会消费品零售总额6871万元，同比下降29.4%。；全区外贸出口完成3620万美元，同比下降17.6%；外贸进口370万美元，同比下降24.6%。；引进省外资金46.461亿元，同比下降22.6%；全区招商引资亿元以上签约项目26个，其中10亿元以上项目8个，较去年同期增长73.3%；已开工亿元以上项目11个，其中10亿元以上开工项目2个。引进省外资金46.461亿元，同比下降22.6%。

华容区荣获首批全国数字乡村试点地区、全省县域经济工作进位显著单位、全省服务业发展贡献单位等称号。

工业转型。实施枫树线业、彤诺电子等技改项目14个，申报技改补贴资金1000余万元。枫树线业荣获国家“专精特新”“小巨人”荣誉称号，三和管桩、三和新构件、永祥建材、华恒景利等企业荣获“两化融合”示范企业称号。全年完成7家中小企业进规入库。

项目建设。以“百日会战”“百日攻坚”为抓手，推进红莲湖大数据云计算产业园、恒大文化旅游综合体等重大项目建设；开展重点项目拉练，对全区10个项目进行比学赶超，3个项目在市级重点项目拉练中获得第一名。

科技创新。高新技术企业认定7家企业，完成科技型中小企业评价入库27家，落实11家高新技术企业税收减免2400万元。杏福农业被认定为省级“星创天地”。完成技术合同登记额3.2亿元。

三大攻坚战。打好脱贫攻坚战，贫困人口11户28人全部脱贫。全面打好长江大保护十大标志性战役，关停9家环境违法企业，专项治理建材行业53家，持续巩固黑臭水体、畜禽养殖业整治成果。

营商环境。出台企业复工复产“黄金13条”、实体经济转型升级高质量发展“黄金18条”，支持中小微企业恢复发展。企业开办全面实行“210”标准；投资项目备案审批时间压缩为1个工作日以内；用水报装推行“四减一多”服务，落实办电“321”服务，用气“310”服务；不动产登记最长2天，部分事项即时办结。疫情期间延期缴纳税款11户1.2亿元，落实减税降费优惠政策减免2.22亿元；实行水电气“欠费不停供”，为3.5万户工商业客户减少电费支出1128.93万元，优惠天然气费用368.1万元，减免企业用水费用18余万元。

（华容区发改局）

孝感市

综　述

【概况】 2020年，孝感市实现地区生产总值2193.55亿元，同比增长-4.5%；规模以上工业增加值同比增长-5.3%；固定资产投资同比增长-20.8%；社会消费品零售总额同比增长-23.3%；地方一般公共预算收入同比增长-26.1%；外贸出口同比增长8.8%。城镇、农村常住居民人均可支配收入分别同比增长-0.9%和-2.4%。

【应对防控疫情】 全市相继对所有小区、村湾和公共区域实施全天候封闭管理，对发热病人、疑似病例、确诊病例密切接触者，落实“四早”、加强管控、集中隔离，筑牢“防火墙”“隔离墙”。出台中医药防治新冠肺炎工作方案，对重症、危重症患者“一人一策”、辨证施治，全市病亡率控制在3.67%，实现38天新增确诊病例归零，65天在院确诊病例“清零”。强化保供稳价，加强市场监测和物资调度，各项生活物资供应充足，价格总体稳定。积极争取省专项资金3500万元，用于25个紧急救治场所项目建设，全市救治场所床位数峰值达7495张、集中隔离留观点房间数峰值达24497间，始终在省定标准以上。建立常态化疫情防控工作机制，3月份以来，全市无一例新增确诊、疑似病例。

【经济回稳向好】 复工复产强力推进。3个月时间内，全市规模以上工业、服务业、批零住餐企业和资质以上建筑业等“四上”企业复工率达99.8%。2020年，全市主要经济指标在大战大考中稳步回升向好，地区生产总值增速由一季度-36.5%逐季回升至-6%左右，稳居全省前列，主要经

2020年，建设中的孝感高新区激光产业园

济指标逐月逐季向好，稳住了经济基本盘。上级政策全面实施。全面对接落实中央和省一揽子支持政策，共争取各类抗疫及财力补助资金超100亿元。305家企业纳入中省重点保障企业名单，110家企业获得金融机构优惠利率贷款29.6亿元，额度居全省第3位。500个项目纳入省委省政府疫后重振补短板强功能“十大工程”三年行动方案，项目总投资1250.3亿元。

整治后焕然一新的老澴河

【优化产业结构】 农业生产保持稳定。2020年，全市粮食总产量稳定在46亿斤以上。完成高标准农田建设32.17万亩，主要农作物耕种收综合机械化水平达77%。农产品加工业稳健发展，预计2020年规模以上农产品加工业产值达1600亿元。制造业转型升级提速。全市新增规模以上工业企业110家，达到1189家。1—11月，全市新开工工业技改项目93个，技改投资高于全省平均增速5.4个百分点。“两化”融合深入推进，孝感工业互联网标识解析二级节点上线试运行，5G基站建设完成1500个。云梦隔蒲潭工业园获省政府批复。高新技术产业加快发展。大力培育创新主体，全市新培育科技型企业256家，新申报高新技术企业163家、总数预计超360家，高新技术产业增加值突破300亿元。全市新建省级新型研发机构17个，新认定省级“星创天地”8家，汉川、云梦获批省级创新型县市。现代服务业提质增效。全市服务业增加值增速持续高于全省平均水平，孝感市荣获全省服务业发展突出贡献奖。“直播带货”“网红街”等新业态、新模式蓬勃发展，全市农产品网络销售额达2.8亿元，神霖麻糖米酒、云梦鱼面、神丹蛋品成为知名电商品牌。惠游湖北·相聚孝感激活人气，全市全年接待旅客2175万人次，实现营业收入136亿元。

【项目建设】 有效投资稳步回升。坚持“项目为王”，以“三网”支撑、“三库”接续，“四看四比”“五化”管理倒逼项目加快建设，全市32个省级重点项目提前2个月完成年度计划、超计划完成投资20%以上，全市固定资产投资增速稳居全省前6。G316、G346国道全线通车，鄂北水资源配置工程试通水，城站路地下空间一期建成运营，静脉产业园垃圾焚烧发电厂点火运营。招商引资彰显活力。适应疫情防控常态化新形势，创新开展“面对面”“屏对屏”招商，成功举办集中签约活动4次、网络推介会10余场次，全市新签约亿元项目320个、合同引资额2101亿元，其中工业项目246个、占比77%。立项争资成效显著。抢抓中央一揽子政策机遇，加强政策、项目、资金对接争取，全市共谋划“十四五”重大项目4456个、总投资规模3.3万亿，共争取上级竞争性资金超85亿元、国家和省级试点示范事项超70个。其中，老旧小区改造争取上级资金超4亿元。

【改革开放】 重点改革深入推进。45项市级重点改革事项落实落地，国企国资改革、事业单位改革、农业农村改革等重点领域改革加快推进。全国居家和社区养老试点、国家级电子商务进农村等一批中省试点通过验收或做好验收准备，安陆被确定为全国农村承包地确权登记颁证工作典型地区，大悟被列为全国县城新型城镇化建设示范县。开放水平不断提升。全市新增出口实绩企业37家，总数达323家。2020年向“一带一路”沿线国家出口5.2亿美元，其中医护物资累计出口4332万美元。省外贸综合服务中心孝感分中心在市高新区正式运营、为全市首家。全市实际利用外资2.8亿美元，居全省前列。营商环境持续优化。召开高规格营商环境建设大会，采取一系列务实举措，推进营商环境持续优化。取消行政许可和证明事项86项，工程建设项目审批实现“80、60、40”目标，企业开办“210”标准全面执行。及时落实惠企政策，新增减税降费16.5亿元，就业扶持减负1.8亿元。

【城乡建设】 城市功能不断完善。董永路立交桥、槐荫大道东延伸线、老澴河安置区配套18条道路、槐荫大道改造、长兴三路西延伸线等城市路网项目顺利实施，后湖片区交通西路、航空路雨污分流改造完成。全市纳入2020年中央预算内投资计划的143个老旧小区改造项目全部开工、完工60%以上，熊咀、严桥片区“双修”改造顺利推进。乡村振兴全面推进。全市乡村振兴规划和美丽乡村建设五年规划发布实施，农村人居环境整治三年行动目标任务基本完成。目前共创建国家级农业产业强镇4个，全国“一村一品”示范村镇11个。美丽乡村建设稳步推进，累计新（改）建“四好农村路”1474公里，村庄清洁行动累计投入6.8亿元。孝汉同城加速推进。全面推进孝汉深度融合，硚孝高速二期、武大高速大悟段加快推进，孝汉应高速开工建设。签约引进武汉客商投资亿元以上项目 109 个、合同引资额 840.23 亿元。争取院士专家 47 人、科技副总 12 人、博士服务团 13 人来孝挂职服务，引进 100 余项武汉科技成果在孝转化。

三大攻坚战。坚决打赢精准脱贫攻坚战。1170 户 2573 名存量贫困人口如期脱贫，成功实现 35.77 万人脱贫、503 个贫困村全部出列，大悟县、孝昌县退出国家贫困县行列。全市易地扶贫搬迁 12931 户、27199 人全部实现搬迁入住、拆旧复垦。中央巡视、国家考核督查反馈的 140 个问题全部整改到位。持续打好污染防治攻坚战。国家长江经济带生态环境警示片问题销号交账，争取中省专项资金 1.35 亿元。全市重点流域禁捕率、持证渔船拆解率、捕捞渔民上岸率均达到100%。全市空气优良天数比例 87.9%，国控地表水断面水质优良比例 87.5%，均达到省定标准。高标准完成全市农用地土壤污染状况详查，“河湖长制”工作走在全省前列。持续打好防范化解重大风险攻坚战。坚决遏制疫情风险与经济社会风险叠加，全市没有发生企业规模性倒闭、没有发生职工规模性失业、没有发生群众涉疫涉灾规模性上访，守牢了社会稳定底线。

社会事业发展。就业形势稳步向好。全市城镇新增就业 64986 人，失业人员再就业 13043 人，就业困难人员再就业 7511 人，城镇登记失业率控制在省定标准以内。社会保障更加有力。民生支出占地方一般公共预算支出比例在 75%以上。向受疫情影响困难群众发放临时救助资金 905 万元、价格临时补贴 1.51 亿元。“五项保险”参保达 838.15 万人次。建成各类棚改房 3815 套，发放租赁补贴惠及 3340 户。公共事业繁荣发展。澴川学校、黄香路小学、航天小学建成投入使用，投入 1.76 亿元实施义务教育学校“薄改”项目 373 个。深化医药卫生体制改革，全市组建县域医共体 13 个。2 个县级文体中心、21 个乡镇综合文化服务中心实现提档升级，18 个新全民健身工程建设完成。“云游孝感博物馆”“楚剧云演出”“歌唱祖国”快闪等文体活动成功举办。基层治理更加有效。党建引领基层治理深入推进，全市 750 多个党组织、5 万名在职党员干部下沉社区“双报到、双报告”。法治孝感、平安孝感建设纵深推进，“电诈”严打、毒品治理、扫黑除恶成效显著，群众安全感满意度不断提升，社会大局保持稳定。

（孝感市发改委）

孝南区

【概况】 2020 年，全区地区生产总值实现 300.38 亿元、同比增长−5.8%，规模以上工业企业总产值同比增长−2.6%，规模以上工业企业增加值同比增长−2.6%，固定资产投资同比增长−20.7%，社会消费品零售总额同比增长−23.5%，地方公共财政预算收入同比增长−14.2%，外贸进出口额同比增长 5.2%。三次产业比重优化调整为 13∶28.2∶58.8。

2020 年，面对突发疫情，全区共组织 1571 名领导干部包保网格和村组，派驻 5428 名党员干部下沉社区、村湾，召集 13254 名医护、民警、教师、网格员及志愿者协助作战，形成上下同心、众志成城强大合力，有效阻断疫情传播途径，全力协调物资配送，及时解决突发矛盾问题，同步建立特殊人群包保机制，夺取了疫情防控阶段性胜利。

产业发展。工业生产走势强劲。受疫情影响，2020 年第一季度规模以上工业企业总产值大幅下降，从 4 月份开始当月实现正增长，至 12 月份当月增幅已恢复到 19.7%，全年工业增加值增幅全市第二。新增规模以上工业企业 17 家，总数达到 169 家。丽邦、中顺扩能等项目不断建成投产，纸卫品集群不断壮大，纸制品产品质量提升入选全省“万千百”质量提升示范项目。农业农村经济形势稳中向好。全区农牧渔业总产值 71.0（现价）亿元，同比增加 2.4%，其中种植业产值 29.5 亿元、牧业产值 19.1 亿元、渔业产值 14 亿元。全年示范推广农业主推技术 19 项，新建村级科技示范户 225 户，新建区级种植、养殖科技示范基地 7 个，高素质农民培育 700 余人次。推广水稻“一种两收”、稻田综合种养、粮改饲等高效农业，应用面积达 5 万亩。完成农村公路建设 205 公里，农村公路安防 101 公里。服务业发展保持增速。全区服务业增加值预计完成 176.55 亿元，占 GDP 比重 58.8%，服务业固定资产投资占比达到 78%。新增市场主体 890 家，增长速度 14.3%，占全社会新增市场主体比例达到 56.95%。非特定“个转企”新增 9 个，新增入库“规模以上”服务业企业 7 家，新增入库“限额以上”商贸单位完成 60 家。目前，我区共有规模以上纳统服务业企业 32 家，限额以上商贸单位 214 家。

项目建设。筹划政府投资倍增计划，落实中央支持湖北发展一揽子政策、疫后重振补短板强功能“十大工程”三年行动，建立“十四五”重点项目库。完成了湖北省汉江堤防重点加固（府澴河段、汉北河孝南段）、杨店河综合治理等水利工程建设。316 国道孝南段改建工程、北京南路市政工程已建成通车，硚孝高速公路孝感连接线工程稳步推进。全年新签约项目 59 个（其中框架协议项目 7 个），引进合同资金 370 亿元，占全年计划（市目标任务 260 亿元）的 142.3%。59 个项目中，过亿元项目 40 个，过 10 亿元项目 5 个。2020 年，全区共争取中省支持资金 36.78 亿元，其中竞争性资金近 10 亿元。纳入省重点项目 5 个，全年完成投资 17.58 亿元，占年度计划的 152.8%。全年共立项 465 个，总投资 951.12 亿元。其中审批项目 231 个，总投资 515.66 亿元，备案项目 234 个，总投资 435.46 亿。共争取重大事项和改革试点共 20 个，其中获批国家级试点示范 5 个，省级试点示范 15 个。

三大攻坚战。脱贫攻坚目标如期完成。贫困户“两不愁三保障”和贫困村“十通十有”全面实现，61 个贫困村全部出列，7439 户 17531 名贫困人口全部脱贫；统筹整合财政资金 6.6

亿元，累计发放扶贫贷款 0.77 亿元，实施扶贫项目 1249 个，教育、健康、住房等14项脱贫兜底政策实现全覆盖，贫困村“十通十有”、贫困人口“两不愁三保障”全面实现。美丽乡村建设、“厕所革命”和农村人居环境整治扎实推进，村容村貌明显改善。蓝天、碧水、净土保卫战取得阶段性胜利。积极推进中央、省级环保督察反馈意见整改销号任务，全区纳入水行动计划3个地表水国控断面累计全部达标。1—12 月份全区环境空气质量优良天比例 87.9%，同比上升 13.4%；PM10 平均浓度为 56 微克/立方米，同比下降 23.3%；PM2.5 平均浓度为 35 微克/立方米，同比下降 18.6%。金融等领域重大风险得到有效防控。政府债务风险平稳可控，连续 11 次获评全省金融信用区。实现“两会”、党的十九届五中全会等敏感时期进京赴省“零上访”，未发生群体性事件和重大安全事故。

改革创新。重点改革任务全面推进。全国农民合作社质量提升整县推进试点、湖北省促进 3 岁以下婴幼儿照护服务发展示范试点任务持续深入。加快构建更加完善的要素市场化配置体制机制等 11 项商事改革任务成绩斐然，营商环境进一步优化。农村宅基地和集体建设用地房地一体确权登记等 6 项民事改革任务联动推进，居民权益得到进一步保障。事业单位改革等 23 项重点领域改革稳步推进，政府职能转变步伐进一步加快。营商环境持续优化。区便民中心建成运行，全区 46 个部门 1180 项行政服务事项集中办理，服务群众日均 1789 人，线下业务办理事项日均 2034 件，实现“三集中三到位”和“进一扇门、办所有事”的目标；聚集营商环境难点堵点，制定区 2020 年优化营商环境重点任务清单 77 条，深化审批流程再造，“减时限”事项 265 项，“减环节”事项 237 项，“减材料”事项 185 项，全区各部门极力当好“有呼必应，无事不扰”的“店小二”。创新创业创造活力不断增强。共获批国家高新技术企业 29 家，培育科技型企业 36 家，科技成果转化 16 项，技术合同登记交易额完成 7.8 亿元。加大孵化器、众创空间的建设力度，新增科技型中小企业 36 家，备案“全国科技型中小企业信息库”企业 66 家；已建成省级工程技术研究中心 3 家、省级校企共建研发中心 5 家，省级科技企业孵化器 3 家、省级众创空间 1 家、省级星创天地 5 家。中碧环保、三洋塑胶、先源电力列入国家科技部“科技助力经济 2020”重点专项立项项目清单。

社会民生。社会保障工作持续加强。全年社会保险各项指标均超额完成，通过断保人员、退役军人、农垦企业职工补缴方式弥补政策性减免基金缺口 1.38 亿元。教育事业蓬勃发展。南城学校等 6 个政府重点民生项目有序推进，毛陈董永学校等 3 所规划学校同步启动，新建的远大学校和接管的澴川、黄香学校在 2020 年秋季开学如期投入使用，大班额问题得到缓解。学校设施设备得到提档升级，安全管理责任与防范举措全面落实，实验中学的应用案例获评部级典型案例，实验小学、三里棚学校智慧云平台应用排名位居全市前列，实验二小等 11 所学校获评市级平安校园。公共卫生体系建设大力推进。8 个抗疫特别国债项目正在抓紧落实，其中孝南区乡镇卫生院发热门诊改扩建打包项目、孝感市第一人民医院发热门诊建设项目、孝感市中医医院服务能力建设（医疗设备投入）项目已完工。继续深化公立医院综合改革，实施大病专项救治，将膀胱癌、卵巢癌、肾癌、严重精神障碍及风湿性心脏病 5 个病种纳入农村贫困人口大病专项救治范围，大病专项救治病种增加到 30 种。文体事业欣欣向荣。组织开展文化培训下乡近 50 次，送戏下乡 137 场，电影放映 4000 余场。举办 2020 年中华垂钓大赛暨湖北“天问钓饵杯”钓鱼锦标赛，及第九届“龙王恨 · 天问钓饵杯”全国钓鱼大奖赛孝感分站赛，开展区内羽毛球、乒乓球等邀请赛，获得省青少年射击锦标赛 2 个项目冠军。随着“与爱同行 · 惠游湖北——2020 相约孝感”活动启动和 A 级旅游景区免门票开放的利好效应加速释放，全区参与的 A 级旅游景区共预约游客 76.16 万人次，实际入园游览 71.24 万人次，较上年同期增长 67.15%。平安建设扎实推进。成立孝南区社会矛盾纠纷调处化解中心，实行人民调解、行政调解、司法调解联动，将访调、诉调有效对接，实现一站式调处、一条龙服务，努力打造全市社会治理示范点。

（孝南区发改局）

汉川市

【概况】 2020 年，汉川市实现地区生产总值同比增长-3%左右，规模以上工业企业增加值同比增长-2.6%左右，全社会固定资产投资同比增长-20%，社会消费品零售总额同比增长-20%，财政收入同比增长-18.8%，公共预算收入同比增长-19.4%，外贸出口同比增长 0.6%，城镇居民人均可支配收入 35000 元，同比增长-4%，农村居民人均可支配收入 19490 元，同比增长-4%。

农业发展。认真贯彻落实中央“六稳六保”和支持湖北疫后稳产保供系列政策，积极支持引导涉农经营主体开展“抗疫信用贷”和“农信贷”，截止目前，全市共有 75 家涉农主体贷款，贷款总额 1.5 亿元。全面落实“藏粮于地”“藏粮于技”战略，大力开展优质高产创建，发展小麦高质高效 5 万亩。积极推进水产水稻产业“双水双绿”发展，稻田综合种养总面积达到 30.8 万亩。努力提升“双低”油菜生产水平，种植双低油菜“345”模式 3 万亩。有效推进蔬菜栽培技术创新，实施蔬菜“两减一增”25 万亩。大力推广高效生态新模式，发展名特优水产养殖 31.2 万亩。加强对生猪生产的预测预警，积极争猪场新建、改扩建、禁养区异地搬迁等扶持政策，促进生猪生产加快恢复，确保市场供应。扎实开展农产品质量安全监管，汉川市获评省级农产品质量安全市（县）。加大对农业产业化龙头企业扶持力度，积极培育地方特色优质品牌。

工业经济。抢抓中央支持湖北一

揽子政策机遇，从融资信贷、降本减负、稳岗就业、技改研发、立项争资等方面全力支持企业复工复产，全市11家金融机构共与44家企业签订5.22亿元信贷投放协议；先后有5批128家企业申报国家级、省级疫情防控重点保障企业；有13家企业纳入“经信中银湖北制造复元直通车”企业名单；有55家保供企业共获财政补助资金976万元；金融机构为小微企业发放支小再贷款2.25亿元，为48家纳入疫情防控国家、省重点企业办理授信11亿元，为20家重点保障企业办理再贷款6.43亿元。同时围绕主导优势企业，支持企业做大做强，全年新增规模以上工业企业51家，累计达到427家，新增数量跃居全省第3位。着力培育、扶持泛家居产业，先后招引好莱客、西克曼、杭加建材、拜尔地板等泛家居行业龙头企业，努力打造全市第七大支柱产业。

消费。认真做好金融纾困工作，全市共有26家外贸、商贸企业进入“金融方舱”，中燃燃气、吉源制罐、合兴包装3家外资企业获专项贷款额近1.5亿元。大力发展夜市经济、电商网红经济，通过组织召开电商网红大会、网络直播等形式，将汉川农副土特产品推向全国。精心组织“汉川商盟消费券”、地摊夜市、消费养老等活动，进一步激发群众消费积极性。

外贸出口。医护用品出口实现倍速增长，全市有3家医护用品企业进入商务部医疗用品出口企业“白名单”。环福塑料、鑫太阳、益途实业、复膜塑料、腾飞塑料等企业医疗防护用品出口超4000万美元，增幅达三位数。生物制品成功打入欧盟市场，天基生物实现出口2263美元，同比增长59.8%；福星生物实现出口1420万美元，同比增长60.7%。大力培育外贸主体，新增外贸企业10家，新增出口785万美元，其中新增童车出口企业4家，医保企业2家，纺织企业2家，新能源企业2家。

重点项目建设。紧密跟踪督办重点项目，全市6个省级重点项目总投资68.59亿元，年度计划投资14.5亿元，全年已完成投资14.7亿元，占年度计划的101%。狠抓立项争资，全年共争取中省试点示范和重大项目5个，争取中省竞争性资金11.3亿元，居孝感市前列。大力推进重大项目建设，汈汊湖湿地公园“三退”还建及生态旅游、孝汉应高速公路等项目正抓紧建设中，妇幼保健院整体搬迁、公共卫生应急救治中心建设、武天高速、沿江高铁、轨道交通等项目正顺利开展前期工作。创新方式广泛招商，全年共招引签约项目112个，总投资506.61亿元。

社会民生。坚持战“疫”战“贫”两手抓，严格落实市、乡、村三级书记抓脱贫攻坚责任制，全市86个贫困村出列，9820户21627名贫困人口稳定脱贫，考核中位居全省非贫困县市区第12位、孝感市非贫困县市区第1位。坚持把稳就业摆在首位，全市城镇新增就业6000人，失业人员再就业2000人；发放创业担保贷款4195万元、创业补贴194万元。健全完善社会保障体系，社保持卡人数达到100.6万人。城乡低保、农村五保、城乡居民基本养老金标准全面提高，城镇职工养老金实现16连增。住房保障稳步提升，启动61个老旧小区改造项目。

（汉川市发改局）

应城市

【概况】 2020年，应城市实现地区生产总值380.53亿元、同比增长-1.6%，规模以上工业企业增加值同比增长-7%，社会固定资产投资同比增长-20.5%，社会消费品零售总额同比增长-22.9%，财政收入同比增长-32.9%，公共预算收入同比增长-35.1%。

产业发展。农业生产稳中有进。全年粮食种植面积83.33万亩、总产36.12万吨，分别比上年增加6.9万亩、增产1.7万吨。油料总产3.02万吨，增长30.2%；蔬菜总产64.2万吨，增长1.4%。出栏生猪38.85万头，超额完成省政府下达的稳产保供任务。新建三合新好农牧公司50万头猪场、杨岭振鑫畜牧公司万头猪场。实施高标准农田建设、小龙虾集群发展、粪污资源化利用、养殖场治污设施新（改）建等农业项目。工业经济平稳发展。全市规模以上工业企业167家，新增10家。湖北研妆二期、中磐粮油二期、回盛泰万菌素、铸明生物、新都热电联产、好特家纺织等一批项目即将建成，乐华二期、盛泰源、回盛泰乐菌素等重点项目加速推进。招商引进新签约工业项目21个，总投资近50亿元。工业用电增幅持续位列孝感市前列。服务业支撑作用明显。全年社会消费品零售总额154亿元，增幅居孝感前列，金融业贡献力进一步提升，扶贫小额贷款、企业融资担保等工作健康运行。康养旅游业恢复向好，国内旅游人数达300万人次以上。文旅融合加快发展，服务业增加值占地区生产总值比重稳步提高。

项目投资。固定资产投资逐月回升。加强投资项目远程审批服务，坚持土地、资金等要素跟着项目走，及时帮助解决重大项目复工遇到的堵点难点问题，努力降低疫情影响。全市固定资产投资增幅逐月上升，好于孝感市平均水平。立项争资增质增量。争取中省竞争性资金8.5亿元，为落实“六稳”“六保”、推进重大项目建设提供了重要的财力保障；争取到中央第一批水系连通及农村水系综合整治试点县、湖北省第二批食品安全示范县、湖北省首批创新型县（市）、湖北省美丽乡村试点等重大事项及试点示范7项。重大项目建设提速增效。云图控股食品软包装和供热配套工程、丰华东岗风电场等省级重点项目进展顺利。人民医院盐矿院区（感染隔离区）、长荆大道东段拓宽改造、汉宜东线路肩提升养护工程、圈环高速应城段全线建成通车，汉宜西线改造、曹大立交桥、王桥路南延、中医院门诊综合楼等项目正抓紧建设。

城乡建设。中心城区加速发展。全面实施粮贸街、东大街等高标准示范街创建项目、文昌路东段改造项目、城区老旧小区改造、城乡环卫设施一体化项目、建筑垃圾资源化利用项目等城市建设项目，升级城市功能，补齐发展短板。交通出行便捷高效。八汤旅游公路西十段养护改建工程完工，185 公里乡村道农村公路提档升级工程即将完成，马堰畈二桥拆除重建工程春节前可开工，二桥至圈环高速西出口、16 座农村公路危桥改造等项目正在加紧建设。乡村振兴全面实施。黄滩卢庙、郎君知府、杨岭祝墩村等 6 个行政村列入省级美丽乡村试点。64 个村开展人居环境整治，累计完成农村户厕建改 7.47 万户、农村公厕 415 座、集镇公厕 74 座、城市公厕 47 座、交通公厕 6 座、旅游公厕 27 座，全面完成“厕所革命”三年行动目标总任务。

营商环境。全面深化“放管服”改革，大力实施“互联网+政务服务”，推行“一窗通办、一网通办、首席服务官办”，对接全国政务服务一体化平台和湖北政务服务网。落实中央、湖北省助企纾困各项政策，更大规模减税降费，市场活力逐渐恢复。扎实推进社会信用体系建设，全市涉政府产权纠纷问题专项治理行动落实见效，为经济社会持续健康发展营造良好环境。重点改革扎实推进。积极推进教育综合改革，杜绝“大班额”，全市公立医院取消药品和医用耗材加成，推行住院病人费用“一日清单制”和“单病限价制”。完成建制村合并改革，建制村总数在现有基础上缩减 34.3%。顺利推进楚天视讯、城投转型、经营性事业单位、综合执法等系列改革，建设工程项目审批制度改革有序推进。

环境保护。污染防治克难攻坚。水质国控跨界断面水环境质量达标率 100%，6 个地表水考核断面水环境质量达标率 100%，均完成孝感市下达指标；空气优良天数比例达 72%；集中式饮用水源地水质达标率 100%，达到国家重点生态功能区要求。出台河（湖库）长制“115”工作标准，禁养拆违，实现地表水环境功能区达标率 100%，中央和省环保督察、长江经济带生态环境整治反馈问题整改交账。生态建设持续推进。深入开展生态文明示范市、全省森林城市创建活动，生态镇、生态村达标率 80%以上，共完成造林 5.19 万亩，建设绿色示范村 105 个，新增 1 个省级森林乡镇、57 个省级绿色示范村和 82 个市级绿色示范村。全市森林覆盖率稳定在 12.3%以上。老观湖湿地公园通过方案评审，一期工程开工建设。河湖长制工作受到全国表彰。人居环境稳步提升。“四个三重大生态工程”建设孝感领先，“厕所革命”完成三年目标任务，乡镇生活污水治理走在全省前列。垃圾分类深入实施，生活垃圾末端处理设施配套收运体系基本建成，城乡生活垃圾无害化处理率 100%。城市“双综”与“爱卫”运动合力推进，常态化开展环境消杀和城乡环境整治，应城市位列孝感市城市管理工作考评前列。

社会民生。就业和收入双提高。全年城镇新增就业人数 7000 人，城镇失业人员再就业 2123 人，均超额完成全年任务。城镇登记失业率 4.07%。城镇居民人均可支配收入 35253 元，农村居民人均纯收入 19872 元。社会保障日趋完善。社保综合覆盖率持续稳定发展。城乡最低生活保障水平、特困供养对象标准均有所提高。实施水仙花园等 5 个老旧小区改造，实施棚户区改造 974 套。建成居家养老服务中心 17 个，老年人互助照料活动中心 141 个，农村幸福院 9 个，全年发放价格临时补贴 2510 万元。社会事业均衡发展。高考取得历史性突破，大文大理上一本线 377 人，比 2019 年净增 77 人。育才小学恢复办学、西河中学恢复寄宿制办学招生，本年度净回流学生 327 人。市特校、西城区九年一贯制学校、新河幼儿园等 24 所学校（园）改扩建及新建工程正加紧建设。杨河初中等 10 所学校获评国家级足球特色学校。医疗卫生条件进一步改善，市疾控中心加强型生物安全二级实验室改造、市人民医院核酸检测实验室已完工；市医学观察中心、120 急救中心正加紧施工。组织了第五次国民体质监测活动，成功举办“文化力量、民间精彩”全省群众广场舞展演，“全民健身—激情之夏”等体育赛事和全民健身活动。

（应城市发改局）

云梦县

【概况】 2020 年，云梦县实现地区生产总值 199.57 亿元、企业增长-8.2%，规模以上工业企业增加值增长-16.9%，固定资产投资增长-22%，社会消费品零售总额完成 117.46 亿元、同比增长-24.2%，地方一般预算收入完成 9.49 亿元、同比增长-32.8%，城镇居民人均可支配收入 34504 元，农村居民人均可支配收入 19405 元。

疫情防控阻击。自 1 月 23 日收治第一例新冠肺炎确诊病例并发布防控指挥部 1 号令，至 2 月 27 日新增确诊病例归零，3 月 21 日确诊患者、无症状感染者、确诊病例密切接触者全部清零，疫情防控工作取得决定性成果。坚持把防控作为压倒一切的头等大事。迅速动员一切可以动员的力量。广大党员干部站位一线，医务工作者冲锋在前，人民群众众志成城，各方力量齐心协力、守望相助，形成了联防联控的强大合力。始终把救治患者放在首位。组建由援云医疗队、县医疗救治专家等 32 人组成的专家团队，制定诊疗方案和应急预案，严格落实预检分诊和首诊负责制。强化分类救治，严格闭环管理。全县累计确诊病例 385 例，治愈出院 376 例，病亡 9 例。治愈率 97.66%，病亡率 2.34%。治愈率全市最高，病亡率全市最低。构筑起抗击疫情的坚固防线。第一时间进入战时状态，及时关闭云梦东站、火车站，封闭云梦县辖区内高速公路出入口，对进出云梦辖区的所有道路实施临时封闭，县内道路实施临时交通管制，全县农村 1308 个自然湾、城区 325 个小区实行封闭管理。严格实行发热病人、密接者、确诊治愈者、境外返云人员集中留观隔离，组建 3 个医疗巡诊专家组，每天对留观点进行医疗巡诊。先后组织开展五轮滚动拉网式大排查。对每一个确诊病例的活动轨迹进行全方位溯源。强化医疗与生活物资保障。3200 多名医护人员参与医治、护理、影像、药剂、消杀、流行病学调查、留观点和医疗物资保障运输等工作。建立医用物资供需直报、每日会商、统筹协调、精准调配、台账管理等机制，分级分类规范使用。在城乡全面实行生活物资配送制和代购制，做好水电油气、通信网络等保障服务、应急抢修，切实维护社会和谐稳定。

疫后重振经济发展。新发展市场主体2456户，期末总户数22855户，同比增长9.56%；新增注册资本31.21亿元，期末总资本322.55亿元，同比增长10.16%。新注册商标372件，累计注册总量达3038件。新签约项目42个，合同总投资额115亿元，其中总投资过10亿元项目1个，过5亿元项目2个，过亿元项目28个。金牌橱柜、诚辉达电子、合赢光电、福晨医药等17个项目建成投产。中合电力、正宏泰气体、宇水新材料、华隆纳米、易普乐生物等31个项目加快推进。全年获批中省各类资金22.4亿元。工业经济难中求进。新增“小进规”企业10家。中一科技、优尼科光电、开特电子、腾胜光电等高新技术企业产值实现较大幅度增长，产品供不应求。美林药业二期、华欣有机硅扩能、天宫制药、中极氢能源、金鸡化工等一批项目投产。农业生产趋于平稳。预计粮食总产24.3万吨，比上年增加0.1万吨；蔬菜累计播种面积29.2万亩，产量89.2万吨；生猪出栏13.08万头，存栏15.2万头，肉禽出笼850万只，肉类产量2.1万吨。渔业放养面积10.4万亩，水产品产量2.7万吨，比上年增长3.5%。69家农产品加工企业实现产值169.9亿元。“三品一标”农产品达到103个，“三品一标”企业达到34家。消费需求保持稳定。新增限额以上商贸企业4家、规模以上服务业企业2家；农产品线上交易额超过3亿元。成功创建全国电子商务示范县。

城乡建设。制定《云梦县疫后重振补短板强功能“十大工程”三年行动方案》，谋划实施项目199个。加快推进公共卫生补短板工程。建成医疗机构发热门诊、县疾控中心P2实验室、人民医院隔离病区改造、人民医院检验检测中心及重症ICU改扩建、人民医院传染病区等项目。加快推进交通补短板工程。建成云梦东站公交提升工程、S211路长制示范线续建工程；抓紧推进云梦东站核心区项目、新316国道农旅融合示范线水系修复工程、2020年路长制示范线曾南段项目、村级公路建设、农村危桥改造、凤栖东路、新316国道不停车检测系统。加快推进水利补短板工程。实施府南、府西两个重点中型灌区节水配套改造工程、橡胶坝通道工程、安全饮水巩固提升工程、下辛店梦南水厂改（扩）建工程、道桥中心水厂改（扩）建工程。加快推进能源提升工程。开工建设郑店110千伏输变电工程，启动沙河110千伏输变电工程站工程，实施直供小区火灾隐患治理工程。加快推进新基建工程。“雪亮工程”投入使用，建成电商创业园，建成5G基站19个。加快推进冷链物流设施补短板工程。开工建设粮食应急储备保障中心。加快推进城市补短板工程。实施28个老旧小区改造工程，完成东垣路、白布街等一批老城区道路改造工程以及东城区二期供水主管网、城区至倒店供水主管网工程、城北片区雨污分流工程，抓紧实施东城区一期污水主管网建设工程、曲阳河东2号路建设工程、曲阳河东路雨污管网工程等。加快推进产业园区提升工程。获批省级云梦隔蒲潭工业园，推进隔蒲潭工业园PPP项目，永红渠桥建成通车，园区管廊管架基本建成。加快推进新一轮高标准农田建设。完成3.2万亩年度建设任务。加快推进生态环境补短板工程。实施老县河水环境综合整治（曲阳河）工程、府河流域（环城区段）水环境清淤截污工程、57个美丽乡村建设工程。

三大攻坚战。全县脱贫目标任务全面完成，“两不愁，三保障”全面实现。财政代缴居民医保233.66万元，补充医疗保险278.6万元，增列基本医疗报销基金670万元，“四位一体”报销比例90%。资助建档立卡贫困学生3405人次231.25万元。落实“雨露计划”，428人补助30.4万元。改造完成动态新增45户住房，核发“住房安全有保障”认定标识牌5644块。全县贫困户饮水安全全部达标。发放建档立卡贫困户2307户4144人低保资金111.89万元、建档特困供养2154人资金2149.84万元，落实建档立卡人口临时救助163人次15.9万元，给符合条件的1588名贫困残疾人发放“两补”资金253.65万元。省级认定扶贫产品140个、供应商16家；41个贫困村培育致富带头人205人，带动贫困户1025户；累计投放扶贫小额信贷1721户8748.32万元，兑现产业奖补资金230万元。完成了脱贫攻坚国家普查。坚决打赢污染防治攻坚战。狠抓中省环保督察和长江经济带生态环境问题整改。西大渠、军港渠、县河、中大渠、女儿港综合治理工程完成年度任务，城市污水处理厂提标和污泥处置项目、乡镇污水处理厂项目、38公里污水收集管网工程全部建成。国控断面隔蒲桥和市控断面雷福闸、道桥桥下、朱前村4个断面均达标；桂花潭（备用）饮用水水源达标率100%；地下水环境质量基本稳定。加强联防联控，开展“控煤、抑尘、治烟、禁烧”五气同治，PM2.5年均浓度、PM10年均浓度、优良天数比例均达到年度目标值。土壤环境质量安全可控可靠。坚决防范化解重大风险。全县银行业存贷率37.37%，比年初上升0.82个百分点，不良率下降0.04个百分点。扫黑除恶专项斗争共打掉涉黑组织3个、涉恶集团3个、涉恶团伙32个、刑事拘留333人、移送起诉332人，查封冻结扣押资产近1.5亿。抓获电诈嫌疑人112人，冻结131个账户，冻结金额2340余万元。

优化发展环境。营商环境持续优化，100%政务服务清单内事项实现“网上可办”，99.3%以上的事项实现“最多跑一次”和“零跑腿”。减税降费落到实处。全年落实减税降费14355万元。准入环境更为宽松。实行“非禁即入”，除涉及高危、污染、安全生产等关系群众生命财产安全的领域，一律“先照后证”。试行企业住所申报承诺制。对与行业准营密切相关的资格资质类涉企行政审批事项，全面实现分类管理。442户新开办企业实现“一日办结”，企业登记网办率99.55%。免费赠送公章431套、2034枚，减免企业费用15.46万元。企业注销更加便利。将符合条件非上市股份公司、农民专业合作社纳入简易注销范围，减少注销提交材料40%以上，登记公告时间由45天压缩为20天，共办理123户。完成不动产登记改革并实现与水、电、气同步过户，全省自然资源确权登记现场会在云梦召开。

社会民生改善。保障人民生命安全，稳妥处理“8·10”火灾。开展安全生产“四大行动”，排查、整改各类安全隐患298处。抓好防汛抗灾，启动防汛Ⅲ级Ⅱ级应急响应，先后三次转移受暴雨洪水威胁区域人员群众。有效防范应对了入梅后的11轮集中降雨过程，抵御了汉北河长达34天、老府河长达29天堤防超警戒水位运行压力，经受了府澴河3次大流量、超警戒洪水过程。全县达到国家血吸虫病消除标准。获评“湖北省食品安全示范县”。提升公共服务水平。建立居民健康电子档案414015份，建档率77.88%。建成中职学校教学楼、云梦一中等3个标准化考点，完成吴铺中学、黄香小学等义务教育薄弱环节与能力提升工程，充实教师队伍119名，中考成绩获得孝感市综合评价第一名。城乡居民人均筹资额从2017年的630元提高到2020年830元。新建文化馆、图书馆、非遗展馆，改造县影剧院、体育场，云梦县被表彰为全省群众体育先进单位。完成第七次全国人口普查。完成1所福利院改扩建工程，截止目前已建成21个城镇社区居家养老服务中心、164个农村老年人互助照料中心、105个社区公共服务站、15个留守儿童关爱基地。

（云梦县发改局）

安陆市

【概况】 2020年，安陆市实现地区生产总值245.4亿元、同比下降6.4%，规模以上工业企业增加值同比下降13.1%，固定资产投资同比下降29.6%；实现社会消费品零售总额117.71亿元、同比下降23.1%；地方一般公共预算收入7.93亿元，同比下降31.7%；完成进出口总额11544万美元，同比增长15.2%；实现城镇常住居民人均可支配收入34973元，同比下降0.7%；实现农村常住居民人均可支配收入17131元，同比下降2.7%。

疫情防控。启动重大突发公共卫生事件一级响应，全面动员、全面部署、科学防控、精准施策，快速扩充收治床位，优先保障医用物资，全力救治感染患者。广大干群冲锋在前，医务工作者义无反顾，黑龙江医疗队无私驰援，社会各界捐款捐物，在较短时间里取得了疫情防控决定性胜利。按照“外防输入、内防反弹”防控要求，落实常态化疫情防控措施，健全长效防控机制，坚决遏制住了疫情反弹。打响了疫后经济重振战。在一季度按下“暂停键”的严峻形势下，全市上下万众一心，抢抓中央支持湖北一揽子政策机遇，全面推进复工复产，经济社会发展回升势头强劲。

农业生产。全年粮食总产45万吨，出栏生猪75.3万头，出笼家禽1400万只，水产品产量2.75万吨。工业生产逐步恢复。全面落实惠企政策，减税降费突破1.28亿元。大力降低企业用水、用电、用气成本，规模以上工业企业复工率达100%。大力实施企业培育，新增规模以上工业企业8家，累计达107家。服务业快速回暖。“规模以上”服务业企业达21家，“限额以上”商贸单位达73家。积极开展旅游品牌创建、线上推介、直播带货、“与爱同行·惠游湖北”活动，接待游客280万人次，实现旅游综合收入19.7亿元，分别增长11%和3%。烟店镇碧山村被评为全国乡村旅游重点村。

三大攻坚战。脱贫攻坚取得决定性胜利。57个贫困村全部出列，10065户、25562贫困人口全部脱贫。整合2.66亿元资金用于脱贫攻坚。全面落实饮水、教育、医疗、住房、救助等扶贫政策，“两不愁三保障”问题基本解决。认真落实产业奖补政策，全年奖补5078户、1483.2万元。组织消费扶贫，线上线下销售4000余万元。易迁任务全面完成，后扶措施扎实推进。积极探索保险扶贫新路径。污染防治成效明显。持续开展蓝天保卫战，全市环境质量优良天数达75.6%。持续开展碧水保卫战，河（湖）长制扎实推进，6家危化企业完成关改搬转。“厕所革命”超额完成省定目标任务，3个国省考核断面及饮用水水源地水质全部达标，获评全省节水型社会达标建设县市。持续开展净土保卫战。畜禽粪污资源化利用率达90%，秸秆综合利用率达88.7%，农村生活垃圾无害化处理率达100%。重大风险防控有力。加强金融生态环境建设，金融风险有效防控；严格政府债务限额管理，政府债务稳定可控；强化党建引领，党员干部下沉社区特色鲜明。畅通信访渠道，群众诉求回应及时。平安安陆建设扎实推进。安全生产、森林防火、人民调解等工作扎实有效，社会大局保持稳定。

项目投资。全年争取中省竞争性资金10.97亿元，争取抗疫特别国债2.02亿元，地方政府专项债券3.38亿元，为历史最高水平。围绕补短板、强弱项、提功能谋划疫后重振“十大工程”项目106个，总投资125.2亿元。招商引资成果明显。突出重点地区精准招商，组织开展三轮招商（云招商）集中签约，全年共签约项目57个，过亿元项目38个，合同投资总额224.6亿元。项目建设推进有力。49个工业项目进展顺利，其中鼎沃新材料、绿森林等11个工业项目竣工投产。省级重点项目西城新区基础设施、“引徐济安”超额完成省年度计划。“三库”建设扎实有效，储备库转建设库转化率达64.6%，建设库转达效库转化率达53.2%。

基础设施建设。普爱医院护国院

区道路、汉丹南路、碧涢路、解放大道改造等工程顺利完工。公路小区、邮电小区等老旧小区改造启动。巩固国家园林城市创建成果，城区公园、广场、道路等公共绿地日常养护管理力度加大。数字化城市管理信息系统落地运行。水利基础设施得到加强。府澴河防洪治理二期（安陆段）主体工程全面完工通过验收。“引徐济安”饮水工程建成通水。解放山水库除险加固如期开工。清水河泵站、金泉泵站改造项目开工建设。农村安全饮水工程有序推进。一批重大交通基础设施相继建成。武汉城市圈环线高速北段交工验收。安赵线主体工程完工。成功创建雷公至钱冲、博物馆至白兆山两条路长制示范线。辛榨乡成为湖北省“四好农村路”示范乡镇。新建农村公路164公里，安防工程68公里。巡店洪山客运站主体工程基本完工。

营商环境。全面落实企业开办“210”标准，最大化精简市场准入环节。优化不动产登记流程，一般登记办理时间压缩至5个工作日内，抵押登记压缩至3个工作日内，查封登记、异议登记即时办理。提高工程建设项目审批效能，政府投资项目从申报立项到竣工验收审批时限压缩至80个工作日内，一般社会投资项目压缩至60个工作日内，工业建设项目及带方案出让用地的社会投资项目压缩至40个工作日内。开发区区域性统一评价加快推进。90%政务服务事项“马上办”，239项高频便民服务事项“掌上办”，1157项政务服务事项“零超时”。营商环境持续优化激发了社会创新创业活力，新增高新技术企业9家达到43家，实现高新技术增加值28.8亿元。新增市场主体2572户，总数达到27871户，新增注册资本29.4亿元，总额达到367.5亿元。

社会民生。发放稳岗补贴、落实就业补助3792万元，组织2.15万务工人员返工返岗，全年新增城镇就业8201人，城镇登记失业率4.33%。101707人参加社保，征收保费4.8亿元，免征5853万元。完成农村危房改造（含无房户建房）75户，完成棚改区改造500套，住房租赁补贴应发尽发。初步建成了以居家为基础、社区为依托、机构为补充、医养结合的养老服务体系。低保救助、特困供养救助、困难群众临时救助、重度残疾护理补贴、孤儿基本生活费补助等应保尽保、应发尽发。发放特困群体生活物资救助金825.9万元，困难群众价格临时补贴3100万元。改扩建幼儿园5所，维修改造中小学47所，农村标准化学校累计达58所。“健康安陆”建设加快推进。深化医药卫生体制改革，提高了公共卫生和基本医疗服务水平。加强重大传染病预防控制，完善了突发公共卫生事件应急机制，普爱医院护国院区投入使用，妇幼保健院整体搬迁，中医院康复大楼主体工程封顶。文化公共服务水平不断提升，基本建成市、乡、村三级公共文化体系网络，建成村级综合文化服务中心397个。组织“红色文艺轻骑兵”进基层93场。利用各类数字平台，开展线上文化服务11场（次）。

（安陆市发改局）

大悟县

【概况】 2020年，大悟县实现地区生产总值171.34亿元、同比增长-8.2%；规模以上工业企业增加值同比增长-14.9%；固定资产投资同比增长-22%；地方一般公共预算收入完成8.14亿元、同比增长-27.8%；社会消费品零售总额93.75亿元，同比增长-22.5%。

产业发展。农业发展稳步推进。全县粮食种植面积62万亩，总产量31.5万吨。油料种植面积35.4万亩，总产量6.01万吨。全县秋播油菜8.3万亩，小麦16万亩。全力做好非洲猪瘟等重大动物疫病防控，生猪存栏15万头，其中能繁母猪存栏1.91万头，全年累计生猪出栏29.5万头。全县放养水面8.54万亩，投放苗种6430吨，水产品产量达到2.54万吨，同比增长2%。粮菜肉等重要农产品超预期完成稳产保供目标任务。工业经济不断壮大。复工复产安全有序，县“四大家”带头联系服务企业，切实解决企业实际困难。全县金融机构为49家重点企业发放贷款8.53亿元，免征社保费用5516万元。智珅针织袜业、睿奥智能充电设备、艾特斯环保处理设备、中弘手机、正邦饲料加工厂、皓润精密铜导线、特缆铜铝杆、乔健箱包等一大批项目建成投产；湖北铭源创新科技、鑫汇生物科技、红冶喷射钢等正在抓紧建设。服务业步入快车道。全域旅游串珠成链、连线成片，3A级景区达3家，4A级景区实现“零”突破。以宣化中原军区旧址为龙头的红色旅游、悟峰山十八潭为引领的绿色旅游、金岭美丽乡村示范村为核心的古色旅游交相辉映。鄂北国际商贸物流城、中农批综合批发城及电子商务示范区、亚泰中央商务区等商业综合体商气人气加速聚集。高铁科教文化产城融合区加速推进。全县新增规模以上服务业2家、限额以上服务业4家、个转企14家。社会消费品零售总额93.5亿元，同比增长-22.6%；外贸出口5800万元，同比增长1.1%。

项目建设。围绕抗疫国债、中省预算内投资以及中央支持湖北一揽子政策，争取澴河综合治理与生态修复、中医院康复楼等各类项目和资金39.37亿元，谋划“十四五”项目733个。成功争取全国县城新型城镇化建设示范、长江重点生态功能区等“金字招牌”和5个2020年度全省美丽乡村建设等一批试点示范项目。充分发挥四大投融资平台的职能作用，全年融资12.5亿元。积极对接全省疫后重振补短板强功能“十大工程”三年行动方案，精心谋划项目122个。大力实施水利补短板行动，争取重点中型灌区节水改造、山洪灾害防治工程等项目10个。重点项目有序推进。牢固树立“项目为王”理念，组建6个重点项目协调领导小组，切实为重点项目建设保驾护航。346国道建成通车，武大高速公路大悟段、中南家居产业园启动建设，市民之家、文化中心主体封顶，孝大天然气主管网铺设完成，绕城东路、泉水试验学校等项目正在抓紧建设，澴河四桥新建、澴河三桥改扩建、宏润冷链物流、府前社区徐家湾棚户区改造等即将动工建设。

城镇建设。城区配套新建污水主管网37公里，完成14个乡镇16个污水处理厂主体建设和设备安装调试，新建主管网141.36公里。启动9个老旧小区改造项目，开工建设“一河两岸”城区段升级改造项目；修补城区沥青道路4800平方米，清疏城区泄水孔3090处，修复排水沟1020米，改造供水管网37.8公里。坚决纠正和打击违建违占行为，依法查处各类违法建设94起，拆除违建面积10044平方米。实施了高畈步行街北街等19条背街小巷“亮化工程”。强力破解城建领域历史遗留问题8个。依法关停取缔兴华路夜宵城，启动滨河市场改造升级。按产城融合的思路统筹推进县城新型城镇化建设。绕城东路项目进入路面施工阶段，府前街社区徐家湾棚户区改造安置房摇号分配已完成，黄麦岭小区竣工销售，碧桂园二期、门户一号二期、鄂北医药物流中心等一批项目正在建设之中。宣化店旅游名镇建设PPP项目商贸大桥基础已经完工。河口中南家居产业园动工建设。美丽乡村持续推进。全县建成农旅养融合点75处，启动20个旅游乡村示范村建设。编制完成《大悟县乡村振兴示范区规划》，金岭康养中心等六个子项目已动工建设或即将动工建设。县高铁试验区碾盘山孔雀观光园正在进行道路及天鹅湖建设。城关镇百绿园田园综合体初具规模，四姑红叶景区二期开工建设。阳平镇中秋村等3个村入选第五批全国传统村落名录。较真碰硬完成违建别墅清查整治、农村乱占耕地建房清查整治任务。生态环境稳步改善。精准灭荒、矿山复绿扎实推进，实施绿化造林1.85万亩，完成复垦复绿面积18.67公顷。城乡一体化的生活垃圾无害化处理体系基本建立，保洁设施、保洁力量已覆盖所有乡镇村组。城乡污水处理厂稳定运行、达标排放。空气优良天数比例91.4%。推进砂石国控和治砂治石治超工作，取缔砂石非法盗采盗运源头和非法堆场220处，没收砂石料3万多方，办理案件243件。长江生态环境警示片反馈问题整改销号，成功获评省级园林县城和“全省绿水青山就是金山银山示范创建县”。

民生保障。脱贫攻坚全面完成，如期摘掉贫困县“帽子”。有序组织劳动力外出务工70890人，新增就业11076人，扶持创业828户、带动就业2398人；发放稳岗返还失业保险费314.93万元，稳定岗位10321个。全力保障困难群众基本生产生活，向困难群众发放价格临时补贴2829.4万元。健全完善“社区大党委—网格党支部—楼栋党小组—党员中心户”组织体系，全县94家机关企事业单位、3986名在职党员干部主动下沉到社区，实现社会治理共建共享。社会事业全面发展。着力提高教育教学质量，招聘教师148人，2020年高考一本上线449人。加快推进教育项目建设，争取资金6541万元，期盼多年的泉水实验学校动工建设。坚持人民至上、生命至上，取得疫情防控重大战略成果，在全市率先实现在院治疗确诊病例和疑似病例“双清零”。加快补齐公共卫生体系短板，投入5600余万元改善医疗硬件设施，投资3亿余元推进公共卫生补短板项目建设，高效完成19个乡镇（区）发热门诊规范化建设，鄂北医疗紧急救治中心、县疾控中心实验室、县人民医院感染楼、县妇幼保健院、方舱医院动工建设。持续保持违法犯罪“严打”高压态势，扎实推进“天网工程”“雪亮工程”，深入开展平安创建活动，初步形成了立体化信息化治安防控体系，全县“一感一度一率一平价”逐步提升。

（大悟县发改局）

孝昌县

【概况】 2020年，孝昌县实现地区生产总值137.9亿元、同比增长-6%，规模以上工业增加值同比增长-9.7%，固定资产投资同比增长-21.9%，社会消费品零售总额完成85.07亿元、同比增长-22%，地方一般公共预算收入完成7.36亿元、同比增长-31%。金融行业运行平稳，金融机构各项存款余额231.7亿元，较年初增加22亿元，增长10.5%；各项贷款余额105.9亿元，较年初增加14.1亿元，增长15.37%；发放小微企业贷款44.5亿元，有力的支撑了县域经济高质量发展。

农业经济平稳增长。2020年，全县围绕发展优质稻、苗木花卉、果药茶等特色产业，大力发展迷迭香、稻虾连作、小辣椒等“五大”特色产业基地，开展粮食科技周和世界粮食日宣传活动，积极组织孝昌“优质粮油”走出去，打造孝昌“太子米”金字招牌，孝昌获评全省“优质粮食工程示范县”。粮油持续稳产增收，优质稻板块稳定在40万亩以上。存栏生猪29.6万头、牛9.8万头、羊4.15万只、家禽533.8万只；出栏生猪46.15万头、牛4.55万头、羊4.13万只、家禽606.3万只；禽蛋产量3万吨，肉类总产5万吨；水产品产量2.02万吨。全县市级以上农业产业化龙头企业48家、家庭农场277家。全年农村常住居民人均可支配收入达到12192元，增长0.5%。

工业经济运行平稳。大力开展招商引资活动，实施“一号工程”，全年共新签约项目25个，协议引资112.22亿元，利用外资1262万美元。坚持新型工业主导，推进澴西工业园基础设施配套，倡导“店小二”精神，优化“两个窗口”，开展“三减”行动，政务服务“一张网”实现“五级联通”，企业开办时间缩短至1个工作日以内，创建“全省可持续发展实验区”。全成信精密电路、光大垃圾焚烧发电、恒昌电工、润昌新材料、圣爱科技、龙族百年等一批项目加快建设和先后投产。全县49家规模以上工业企业实现增加值12.5亿元，同比增长1%。实现外贸出口6400万美元，同比增长5.5%。

服务业活力增强。扎实开展观音湖景区4A复核迎检工作，推动韵鹤生态园创建3A级旅游景区，加快十里苗木长廊3A级景区创建专项规划编制，支持红悦谷创建市级农旅养融合示范点，加强宣传推介力度，开展移动大数据旅游宣传合作，“孝昌文旅”微信公众号累计推送宣传信息80余条，积极参加省体育博览会、“孝感天下、情润山水”等宣传推介活动，全年接待游客235万人次，实现旅游综合收入10.5亿元。出台服务业高质量发展奖励政策，全年“个转企”3家，新增规模以上服务业2家、限额以上商贸单位8家，服务业获省政府专项奖励300万元，实现社会消费品零售总额85亿元。

项目投资加快推进。着力抓好“立项争资”工作，争取中省预算内投资和财政专项资金，加快项目“三库”转化，全年争取竞争性资金9.6亿元、债券资金6.1亿元。推进各类项目建设，开展投资项目纳统，新增5000万元以上入库纳统项目20个；组织召开投资项目纳统工作专题会、协调会、推进会、联席会、培训会，继续实行重大项目包保责任制，常态化举办招商项目集中签约和重大项目集中开工活动，花园火车站改扩建、107国道境内一级公路、七里湖综合治理、孝昌县第一人民医院康复综合楼、疾病预防控制中心等一批重大项目加快推进，全年实现固定资产投资51亿元。

社会民生改善。统筹抓好疫情防控，启动县一医院感染楼、康复楼和疾控中心业务楼建设，34人获评国省市抗击新冠肺炎疫情先进个人，县一医院感染科获评“湖北最美医者抗疫集体”，取得了疫情防控阶段性胜利。大力开展脱贫攻坚，脱贫攻坚普查全面完成，孝昌正式退出国家扶贫开发工作重点县。积极促进就业创业，新增城镇就业6521人、失业再就业937人。实现全县城镇职工养老保险2.6万人、城乡居民养老保险30.78万人、失业保险1.2万人、工伤保险3.5万人、基本医疗保险58.3万人。教育资源配置更加优化，薄弱环节改善与能力提升工程全面推进，关王小学整体迁建并投入使用，中职学校进一步发展壮大，清溪实验学校招生规模进一步扩大，五四幼儿园建成并投入使用，孟宗国学堂项目完工。新建续建棚改项目3个，建筑面积25.3万平方米。新增住房公积金归集额2.27亿元。建改“六类厕所”55315座（户）。

（孝昌县发改局）

黄冈市

综 述

【概况】 2020年，黄冈市实现地区生产总值2169.55亿元，同比下降6.6%；规模以上工业增加值下降5.9%；固定资产投资下降21.9%；社会消费品零售总额1150.13亿元，同比下降21.8%；外贸进出口总额94667万美元，同比下降8.0%；实际利用外资5967万美元，同比增长2.1%；一般公共预算收入104亿元，同比下降26.5%；居民消费价格同比上涨2.6%；城镇常住居民人均可支配收入同比下降3.10%；农村常住居民人均可支配收入同比增长1.40%。

【疫后重振】 黄冈市全力以赴投入疫情防控阻击战，用1个多月时间初步遏制了疫情蔓延的势头，用2个月左右时间整体降为低风险地区，用3个月左右的时间取得了决定性成果，夺取疫情防控和经济社会发展“双胜利”。全力推动复工复产，疫情缓和后用1个月左右的时间，实现全市“四上”企业复工复岗率达98%以上、亿元以上项目复工开工率100%。抢抓中央支持湖北一揽子政策机遇，争取各类资金830亿元。开展“四进”攻坚，“一对一”帮助企业解决困难、恢复生产，减税降费33.18亿元。开展“最美逆行黄冈”网络招商、云上“一节一会”，签约亿元以上项目211个，协议投资1008亿元。出台促进消费“16条”，开展“乐游黄冈”“惠购优品”活动，推动消费加快回补。

【项目建设】 全年投资项目1593个，项目计划总投资3748.83亿元。在建项目1518个，同比下-降28.3%，其中本年新开工项目620个，同比下降37.9%；亿元以上项目754个，投资额775.47亿元，同比下降21.7%。工业投资项目686个，同比减少124个；工业新开工项目298个，同比减少138个。武穴长江大桥、麻竹高速公路黄冈段、沪蓉高速龟峰山支线、棋盘洲长江大桥、蕲太西高速建成通车；绿宇环保二期、鄂东（黄冈）重大疫情救治基地、恒大文化旅游康养城一期、712所氢氧燃料电池、遗爱湖水环境综合治理、燕矶长江大桥、黄黄高铁、合安九高铁加快推进。更大力度实施招商引资“一号工程”，确保新引进亿元项目400个以上，协议投资2000亿元以上，资金到位率40%以上。

【产业结构调整】 三次产业结构由2019年的17.35∶37.74∶44.91调整为20.20∶34.56∶45.24。现代农业加快发展，家庭农场4886家、农民专业合作社11720家；新签约能人回乡创业项目1132个，协议投资额800.04亿元；蕲春县成功创建2020年国家级现代农业产业园，麻城福白菊、罗田板栗入选国家级特色农产品优势区。工业提档升级。规模以上工业企业达1264家，实现产值1344亿元。黄冈高新区获批国家级高新区。实施“万企万亿”技改项目285个，培育省级“两化”融合示范企业95家、智能制造示范企业6家、“隐形冠军”示范企业8家、科技“小巨人”企业13家。科峰传动入选国家第二批专精特新“小巨人”。服务业提质增效，在全省率先开展服务业市场主体培育工作，新增服务业市场主体3.58万户，新进规重点服务业企业20家，居全省第三位；7个重点服务业项目列入省“五个一百工程”重点项目建设计划；荣获全省服务业发展突出贡献单位。全域旅游加快推进，全市游客接待人次和旅游综合收入连续12年保持20%以上增速，英山成功创建国家全域旅游示范区。李时珍中医药健康谷、中医药产业发展集聚区成功纳入湖北省大健康产业重点布局，“中国艾都”落户黄冈。

【改革创新】 一网通办、一事联办事项可网办率达95%，300个高频事项实现最多跑一次，在全省率先实现企业开办“210”目标，率先启动“智慧办”平台，率先试点“一照通”改革。规范政务服务事项，审批时间压缩60%以上，审批材料压减近30%。全面完成开发区区域性统一评价。全市新认定高新技术企业78家，高新技术企业总数达到391家。高新技术产业增加值达到242.25亿元，占GDP比重11.2%，技术合同成交额达到42亿元。建立新型研发机构112家。新引进科技副总（创新团队）80名，全市科技特派员总数达到476人，新建科技特派员示范基地31个，创办企业23家，建立经济合作组织36家。引进、推广农业新技术289项，新品种51个。《黄冈市临空经济区总体方案》获省政府批复，临空经济起步区建设拉开序幕。武汉新港唐家渡港区一类水运口岸开工建设，黄冈进出口服务中心启动建设。与潍坊市缔结友好城市，与山东省合作共建黄冈齐鲁产业园。

【城乡建设】 城市建设全面提速，城镇化率达到50.6%。管廊城市、海绵城市建设有序推进，遗爱湖公园全面建成开放，成功创建国家园林城市、国家卫生城市。“四好农村路”全域推进，公路安防“455”工程提前完成。全市光网覆盖率达100%，无线网络覆盖率达99%。农村人居环境整治全面推进，112个乡镇生活污水处理厂建成运行，4108个行政村生活垃圾治理实现“五有”。建改农户无害化厕所59.8万座、农村公厕6043座，黄州获评全国农村厕所革命示范区。红安入选国家新型城镇化建设示范名单，338个村入选省级美丽乡村建设示范村。环境保护和节能减排取得显著成效，大力实施化学需氧量减排项目191个，减排1809.03吨；实施二氧化硫减排项目15个，减排322.88吨，化学需氧量和二氧化硫排放量分别下降1.23%和2.09%，均完成省政府下达的年度控制目标。全市城镇集中式饮用水水源地水质达标率100%，市区环境空气质量优良天数324天，优良率达88.5%，均高于前两年水平。长江干支流10公里范围内废弃露天矿山修复完成。精准灭荒新增造林5.48万亩，森林公园和湿地公园35处，其中国家级14处。完成造林总面积26.74万亩，育苗0.51万亩，退化林修复5.26万亩。森林覆盖率43.12%，建成各级各类生态保护区61个。

【民生保障】 民生事务支出占一般公共预算支出的比重达83.12%，增长12.9%。6个重点贫困县全部摘帽，892个贫困村全部出列，102.8万贫困人口全部脱贫。实现城镇失业人员再就业1.61万人，就业困难人员就业1.40万人，组织农村劳动力转移就业115.38万人。推进爱国卫生运动，完成安饮巩固提升人口21万人。大别山区域医疗中心、市妇幼、疾控中心整体搬迁，医共体“黄州模式”全省推广。社会保障体系不断完善，城乡居民医疗保险参加人数571.01万人，城乡低保月补金分别达到507元和366.45元。新增幼儿园153所，新增义务教育学位1.6万个，全市建档立卡贫困家庭义务教育阶段失学辍学学生实现清零。全市新开工城市棚户区改造住房798套，基本建成530套。红安、麻城荣获全国美好环境与幸福生活共同缔造试点县。公共文化服务体系示范区创建通过国家验收，创作了电影《东坡》《青云之梦》、黄梅戏《传灯》等一批文艺精品。获评首批全国“十佳魅力城市”、中国东坡美食文化之乡。成功举办市五运会、“黄马”“挺进大别山”等系列赛事。退役军人四级服务体系全面建成，获全国双拥模范城“四连冠”。阳光信访、法治信访不断深化，平安黄冈、法治黄冈建设成效明显。罗田获“长安杯”。黄冈被确定为全省唯一的全国扫黑除恶重点培育市，入选全国首批市域社会治理现代化试点城市。

（黄冈市发改委）

黄州区

【概况】 2020年，黄州区实现生产总值同比增长−5.5%，规模以上工业增加值同比增长8.5%，全社会固定资产投资同比增长−25%，社会消费品零售总额156.21亿元，同比增长−26%，一般公共预算收入6.56亿元以上，同比增长-13.8%，外贸出口8102万美元，同比增长-23.1%，城镇居民人均可支配收入35424元，同比增长-2.52%，农村居民人均可支配收入17786元，同比增长1.32%，城镇居民登记失业率为2.81%，节能减排各项指标均完成省下达任务。

2020年，全区向上争取资金项目283个、争取项目资金和债券资金总额24.35亿元。其中，争取中央和省级资金19.9亿元，争取其他资金1.01亿元，争取抗疫特别国债和债券3.44亿元。区发改局从发改系统争取中央预算内资金18919万元，占全市份额的8.89%。争取老旧小区改造项目23个，争取资金8136万元，占全市老旧小区争资份额三分之一以上。

项目投资。2020年，全区固定资产投资总额同比增长-25%，从一季度断崖式下滑负增长-77%，到上半年增长-56.2%，再到三季度-40%，固定资产投资在艰难中持续增长。500—5000万城镇项目固定资产投资同比增长-23.6%；5000万以上城镇项目固定资产投资同比增长-40.4%；房地产项目投资同比增长-22.0%。坚持月调度、双月开工、季度拉练、半月结账、年终考试等措施，开展“百日攻坚”“清零行动”，重大项目建设持续推进。全区在建5000万元以上项目135个，其中亿元以上项目96个。全区先后开展七次集中开工活动，累计开工5000万以上项目56个，总投资287亿元，其中亿元以上项目46个。总投资达160亿元的TCL环保科技、中船锂电池等31个项目将进入建设的关键期，协议投资总额达128.5亿元的沃克豪斯建筑、无溶剂凹版印刷等47个自主招商的项目将陆续开工建设，燕矶长江大桥、临空经济区、黄州一类水运口岸等超大型项目将进入全面实施阶段。结合“十四五”规划编制、基础设施补短板十大工程、新基建、中央预算内项目资金申报等。全区谋划“十四五”重大项目568个，总投资6213.94亿元。其中，已纳入省“十四五”项目库亿元以上项目234个，总投资2856亿元。

产业发展。大力推进农业产业发展，全区新发展和提升沙柚、灵芝、金银花、硒米等特色产业基础38个。2020年省级美丽乡村建设5个示范村村庄规划编制已完成，并启动建设；19个整治村已全部完成建设清单任务。大力实施能人回乡、教授回乡，全区共签约项目52个，总投资总额56.99亿元；动工建设50个，投入资金14.64亿元。持续推进工业转型升级，大力发展高端制造业。新引进中船重工712新产业园等科技型企业3家，新申报黄冈晨鸣浆纸、湖北绿宇环保、黄冈凯伦新材料、湖北合创重工等高新技术企业12家，高新技术企业复审5家。积极推进现代服务业发展，将黄商农产品加工物流配送中心作为全省重大项目。组织申报鄂东国家骨干冷链物流基地、绿康农产品仓储冷链物流、硕源冷链物流配送中心、月果老冷链物流基地等一批冷链物流项目。加快补齐大健康产业短板，推进黄州大健康转型升级，培育壮大医药产业集群，推进医养融合发展。

营商环境优化。制定年度任务清单、责任清单，严格按照清单抓好工作落实。压实牵头部门责任，优化政务、市场、投资、税费、法治、监管等十个方面的营商环境。对标市级112项优化营商环境责任清单，区级层面推进93项工作任务落实。积极向省市推介政务服务就近办、优化纳税服务“六大行动”等典型经验。重点领域改革持续推进。充分发挥经济体制改革牵引作用，推进重点领域和关键环节改革事项落地落实。出台制定了《黄州区深化投融资体制改革实施意见》。

（黄州区发改局）

团风县

【概况】 2020年，团风县实现地区生产总值完成107.77亿元，同比下降8.2%；规模以上工业累计总产值77亿元，同比下降2.5%；全社会固定资产投资同比下降19%；公共财政预算收入4.6亿元，同比下降25.4%；社会消费品零售总额39亿元，同比下降27%；城镇居民人均可支配收入28063元，同比下降2.98%；农村居民人均可支配收入13740元，同比增长1.77%。

现代农业提质增效。2020年，全县农产品加工产值达到26.7亿元，同比增长0.95%。着力稳定粮食生产，落实粮食播种面积26.26万亩。生猪出栏6.3万头，存栏4.67万头。全县新增农业规模以上企业4家，新增地标种子企业5家，新增市级农业产业化重点龙头企业4家，全县市级以上农业产业化龙头企业21家，新增省级合示范社6家。工业经济逐步回暖。狠抓疫后经济重启，大力开展“护航行动”，扎实推进复工复产、复商复市，“先建后验”等工作，煜韩电商产业园、丰树团风综合产业园、林丰三力、灵通纵恒等一批重点项目相继落地；全县64家规模以上工业企业实现总产值77亿元，同比增长-2.5%，增速全市第8。

服务业逆势上扬。实施旅游交通设施建设改造工程，投入资金5.5亿元，新建涉旅重点交通项目2个、56.9公里，先后建成黄冈革命烈士陵园红色旅游公路、大崎山旅游公路等重点交通线路。2020年，发展集观光赏景、休闲娱乐、特色餐饮于一体的“农家乐”18家，全县服务业接待游客130万人次，综合旅游收入超10.85亿元。黄湖田园童话世界、神鹰山庄、旺福农庄、天勤葡萄庄园等创新型农旅、文旅、养旅融合型乡村旅游持续多样化、有序化发展。

项目建设加快推进。抢抓“十四五”规划编制和国家、省市层面实施新基建、“双循环”等重大机遇，积极谋划储备项目579个，估算总投资5460.83亿元。谋划省政府疫后重振补短板、强弱项、提功能“十大工程”项目163个，估算投资578亿元。谋划县域治理现代化、疾病预防控制体系改革和公共卫生领域补短板项目15个。开展“四进”攻坚行动，重点项目疫后复工率位居全市前列。开展集中开工活动4次，开工重点项目30个，计划总投资60.98亿元。开展重大项目“清零”行动，全县列入应开工项目42个全部开工。煜韩电商产业园及煜宠宠物用品生产基地、丰树团风综合产业园等8个市“双百”拟开工项目开工率100%，完成年度投资计划的223.75%。2020年，全县在建500万元以上项目76个，其中亿元项目43个。围绕全县产业转型主攻方向，创新招商引资方式，先后在深圳、武汉等地举办大型招商活动。团风文旅康养生态城、昆仑国际文旅生态城、居然之家新零售城市综合体等一批重大项目实现招商签约。全年共签约项目52个，总投资204亿元；实际开工项目22个，总投资49.59亿元。全年共争取各类建设资金23.76亿元。促成38家企业与各大商业银行达成融资意向，现场签约31.4亿元。促成全县企业享受各种惠企政策总额16.69亿元，有效缓解企业资金需求。

改革创新纵深推进。推进钢结构和建筑业深度有机融合发展、完善公共卫生应急管理和重大疫情防控工作机制。建立招商引资项目一企一策调度机制，完善招商引资项目全过程跟踪督办机制。深入开展优化营商环境专项行动，深化“互联网+政务服务”改革、加快政府投融资平台市场化改革并取得显著成效。深入开展“双联双进”活动、深入推进工会改革创新、组建团风县网红联盟、实施能人回乡“千人计划”、全力做好退捕渔民安置保障，退捕渔民转产转业率和养老保险参保率均为100%。

生态环境质量明显改善。推进长江大保护十大标志性战役，完成“四个三”重大生态工程，完成大崎山自然保护区整合优化工作，严格落实河湖库长制，建立小微水体治理责任体系。实施城乡道路绿化提升工程。开展废弃露天矿山生态修复。严格环境执法，深入开展“六乱”整治，严厉打击破坏生态环境行为。全县化肥农药使用量零增长，全县城乡垃圾无害化处理基本实现全覆盖，农作物秸秆综合利用率达到96%以上，规模养殖场畜禽粪污处理设备配套率100%，推进精准灭荒造林累计16834亩。完成117个美丽乡村建设，农村“厕所革命”完成市定目标。

社会民生明显改善。2020年，全县投入1.5亿元，加快建设公共卫生补短板项目，辖区疫情总体平稳、应急处置能力明显增强。全力以赴组织防汛抢险救灾，投入资金1.3亿元、抢险力量8.8万人次，守护了江河湖泊和群众财产安全，县防汛救灾工作获市委通报表扬。完善教育布局，全力推进城东学校、十力中学教学楼、贾庙实验幼儿园等项目建设，全县高考再创佳绩。家庭医生门诊服务全面推行，重点人群签约服务率达100%。启动县总医院、县域医共体信息化、精神病医院改扩建、乡镇卫生院发热门诊等一批医疗重点项目建设。组织开展团风县“红色文艺轻骑兵”《天仙配》《秦香莲》、“湖北大鼓抗疫专场线上直播”等活动，线上累计观众达20万余人次。创新推进“五治”融合，重点培育回龙山镇综治中心、总路咀镇多元调解中心、黄泥塘村“德治”基地等一批高标准示范基地。全面提升执法司法水平，狠抓纪律作风整训，营造风清气正司法环境。信访维稳工作不断加强，法治团风建设扎实推进，安全生产形势持续稳定。

（团风县发改局）

红安县

【概况】 2020年，红安县实现地区生产总值197.9亿元，同比增长0.2%；规模以上工业增加值增长2.4%；固定资产投资104.7亿元，同比下降17.6%；社会消费品零售总额86.15亿元，同比下降20.2%；一般公共预算收入10.56亿元，同比下降36.5%；金融机构存、贷款余额分别为267.78亿元、173.08亿元，同比增长8.8%、17.3%；居民就业和收入稳步增加，城镇和农村常住居民人均可支配收入分别达到28518元、12671元、同比下降3.11%、同比增长2.02%；万元地区生产总值能耗和主要污染物排放总量降低率预计完成市定目标。

统筹疫情防控与经济社会发展。坚持“外防输入、内防反弹”，在全市率先实行“六个举措”（定点收治医院，集中隔离点，县境通道管控，“五停”命令，“八严”禁令，平价蔬菜包），1970名医护人员（含湖南医疗救援队44人）白衣执甲、逆行出征，303名病例全部出院清零，成为全市第二个“清零”的县市。常态化疫情防控慎终如始，医务力量、物资药品储备保障有力，来红人员排查、重点场所防控流程不断完善。汛期出动人力2670余人次，成功处置各类险情129次，累计转移安置群众4698人，防汛救灾取得重大胜利。灾后迅速开展生产自救和恢复重建，防汛救灾取得全面胜利。惠企利民有力有效，全面落实减税降费、稳岗就业政策措施，积极对接中央支持湖北一揽子政策，制定86项任务清单。全县成立310个工作专班（组）推进“四进”攻坚行动，着力畅通产业循环、市场循环、经济社会循环。累计减免各类税费3亿元，受惠市场主体2.5万个；筹集疫情防控专项资金2.6亿元，金融机构扶持小微企业贷款25.5亿元。对上争取成效明显，全年到位全口径上级资金31亿元（不含债券资金），其中中央、省预算内资金1.81亿元。

工业经济效益彰显。2020年，全县新增规模以上工业企业14家，总数达到122家，累计实现产值82.95亿元。实现工业增加值21.41亿元，同比增长2.4%，累计实现工业用电量2.98亿千瓦时，同比增长3.95%。园区新增落户企业62家，总数达到557家，投产企业24家，总数达到343家，开工企业49家，共完成税收4.1亿元，同比增长36.8%，纳税过百万企业突破46家。现代农业提质增效，整合1.2亿元产业扶贫奖补资金支持农业产业发展，全县粮食种植面积达到56.7万亩，同比增长9%；粮食产量达到17.9万吨，同比增长4%。“两红两茶一菜一药”6大特色产业日益壮大，种植面积达76万亩，总产量达62.2万吨，基本建成老君眉茶文化产业园等九大示范基地。新引进能人回乡项目110个，协议投资额56亿元，完成投资额29.4亿元。服务业加快复苏。实现服务业增加值76.23亿元，占GDP比重38.5%。全县新增限额以上商贸企业4家，总数达到105家。华润希望小镇竣工运营，恒大文旅康养城、亮剑大别山军事文化旅游区等重大项目顺利开工，成功承办全省重大文旅项目建设工作推进会。电商事业加快发展，县级领导直播带货，签约项目28个，产销对接项目22个、采购额9.5亿元。荣获“全省服务业发展贡献单位”称号。

项目建设顺利推进。围绕“两新一重”、科技创新、新型基础设施、关键产业发展、传统基础设施、生态文明建设、社会民生、国家安全保障等重点领域组织开展项目谋划工作，共谋划“十四五”规划项目731个，总投资6987亿元；谋划县城新型城镇化示范建设项目162个，总投资280亿元；谋划疫后重振补短板、强弱项提功能“十大工程”项目322个，总投资572.4亿元。重大交通建设取得突破，京九客专经县城并设站取得重大进展，沿江高铁红安段、武汉城市圈大通道红安段成功落定，武红高速开工建设，麻竹高速开通运营。新引进项目40个，协议投资312亿元，其中10亿元以上重大项目8个。阳光集团、长园集团、雅居乐集团、绿色动力集团等世界500强企业和上市公司相继入驻。成功引进海通建设集团（特级资质）。成立县重大项目办，设立十个工作专班（组），以挂牌督战、项目清零为抓手强力推进重大项目建设。全县在库项目179个，其中新入库5000万以上项目（不含房地产）32个，总投资118.97亿元；10个市“双百”在建项目全部开工复工，完成投资8.9亿元，占年度计划的112%；13个10亿元以上项目快速推进。

改革创新不断加大。创优提升营商环境，“一窗通办、一事联办”、投资项目集中审批监管、无证明城市创建等改革试点初显成效，“一网通办”可网办率达到98%，高于全市3个百分点。“我要开药店”被认定为全省首个定标的“一事联办”事项。全面推行企业开办“210”标准、用气“310”政策，不动产一般登记和抵押登记时间分别压缩至4个、3个工作日内。重点改革取得实效，全市率先完成省级开发区扩区调区，园区总用地面积达到1181.87公顷。清理闲置土地、低效用地、低供地率17604余亩，消化闲置厂房55.9万平方米。推行“容缺预审”“先建后验”，共受理容缺申请单位192家，容缺资料368项，“先建后验”开工项目22个。扎实开展创新创业，与华农、农科院、中国林科院、中船重工701研究所等一批科研院所建立了县校合作关系，签订产学研合作协议14项。新认定省级企校联合创新中心6家，引进科技副总（创新团队）10个，授权发明专利83件，转化科技成果12项，全年新登记各类市场主体4600户，同比增长45%。

城乡建设成效明显。全面推进县城新型城镇化，红安县为全市唯一县（市、区）入选国家“县城新型城镇化建设示范名单”。持续推进“三城同创”暨人居环境整治。全年实施市政项目19个，完成投资1.06亿元，园艺河片区雨污分流改造工程基本建成，有序启动老旧小区改造项目201个，涉及住户23833户。建筑垃圾资源化利用项目、周家坳垃圾填埋场飞灰填埋升级改造项目、生活垃圾无害化处理项目有序推进。生态环保全面加强，全市第一家生活垃圾焚烧发电项目竣工投产，年处理生活垃圾25.6万吨，生活垃圾焚烧无害化处理全达标。城乡环境卫生全域市场化做法在全国人居环境网上登载推广。大气环境质量持续改善，水环境质量稳步提升，土壤污染防治稳步推进，深入开展长江大保护十大标志性战役，各级环保督察问题整改扎实推进，生态保护“雷霆行动”走在黄冈前列。乡村振兴全面加强，完成交通投资4.3亿元，新建“四好”农村路290公里、通村达组公路100公里。美好环境与幸福生活共同推进，荣获“全国农村公路养护体制改革试点县”。基本建成40个美丽乡村示范点。乡镇产业加快发展，华家河镇获批全国森林康养基地试点建设单位和全国“一村一品”示范村镇，觅儿寺镇、高桥镇被评为国家卫生乡镇，二程镇被农业农村部列为全国“农业产业强镇”建设试点。

社会民生持续提升。脱贫攻坚圆满收官，围绕脱贫攻坚21项重点任务和86项具体举措，精准补短板。开工扶贫项目962个，统筹整合精准扶贫资金5.6亿元。全力以赴帮助贫困人口返岗就业，安排就业扶贫43961人。深入开展消费扶贫，全力推进农副产品“十进”活动，进入全国扶贫产品目录市场主体11家，设立扶贫专柜33个。就业民生保障有力，养老、医疗、失业三大保险综合覆盖率进一步提高。全县城镇新增就业4809人，城镇登记失业率3.9%。扶持返乡创业408人，发放创业担保贷款203笔，801万元。落实稳岗返还政策金额达450万元。社会事业蓬勃发展，教育事业取得积极进展，竹林学校、基伟小学等一批教育项目扎实推进。疾控体系改革和公共卫生体系建设加快推进，人民医院新院区、中医院新院区、苏区医院建设进展顺利，县疾控中心PCR实验室投入使用。县、乡、村综合文化服务中心实现全覆盖。社会治理高效有序，“党建引领·幸福社区”“党建引领·活力乡村”建设在全市率先铺开。规范成立小区党支部257个、党小组787个，推选党员中心户842名，公开选聘“两长四员”4735名。第七次全国人口普查圆满完成。民族宗教和睦局面进一步巩固，“扫黑除恶”深入推进。

（红安县发改局）

麻城市

【概况】 2020年，麻城市实现全市地区生产总值340.35亿元，按可比价格计算，比上年下降7.9%；规模以上工业企业实现工业产值412.31亿元，同

2020年10月1日，麻竹高速黄冈段正式通车

比下降13.9%;全年新开工项目80个，全部施工项目达到148个，其中5000万元以上投资项目105个，全年固定资产投资额（不含农户）同比下降24.9%；全年社会消费品零售总额152.07亿元，同比下降20.2%；全年完成地方公共财政预算收入15.64亿元，同比下降24.9%；全年城镇常住居民人均可支配收入31868元，同比下降3.23%，农村常住居民人均可支配收入14276元，同比增长1.89%。市发改局先后被表彰为“湖北省文明单位”“全市先进基层党组织”“抗击新冠肺炎疫情先进集体”“争资争项工作突出单位”等荣誉，在黄冈各县市区争资争项工作评比中位居前列。

重大项目。谋划2020—2022年三年疫后重振补短板项目254个，总投资1262.48亿元。争取抗疫特别国债3.2亿元；通过国家发改委争取审批城发集团融资10亿元；争取到2020年度中央和省预算内投资项目55个，到位项目资金2.43亿元。狠抓前期工作推进重大项目。沪渝蓉高铁合肥至武汉段项目已纳入湖北省“十四五”规划重点项目库，大别山电厂二期项目3号、4号机组顺利完成并网运营，市人民医院完成整体搬迁并正式投入运营，黄土岗风电建成投产，石材铁路专运线项目正式开工建设，麻城中学、护城河及月亮湖综合整治等项目已完成主体工程，文体中心等一批重点项目加快推进。搞好项目储备，按照可准入、可落地、可申报、可持续的“四可”要求积极推进“十四五”重大项目库建设，全市谋划“十四五”项目库项目969个，总金额9274.8亿元，并及时择优上报省和黄冈市“十四五”项目库。

产业发展。农业平稳增长。全年粮食种植计划面积77.7万亩，比上年增加2.44万亩。年度完成高标准农田建设15.66万亩。黄土岗菊园成功申报国家级三产融合发展示范园。全市规模以上农业企业71家，市级以上龙头企业37家。工业经济不断增强。进一步发展壮大五大产业、五大园区，石材产业园区用电量突破10亿度，税收突破5亿元，工业产值占比超过40%，10家公司进驻高端石材园区。280家规模以上工业企业中，马勒三环等70多家企业累计产值超过去年同期水平。佳成生物等5家优秀企业申报黄冈地标优品工业类消费品目录；白云山药业等6家企业申报湖北省第四批支柱产业细分领域“隐形冠军”企业。现代服务业稳步复苏。持续推动公共文化示范区创建工作，稳步推进全域旅游示范区创建工作，持续推进龟峰山5A景区创建工作，龟峰山杜鹃花连续十年被央视报道。成功举办第九届菊花文化旅游节，成功申报“中国菊花美食地标城市”。率先实施“惠游麻城”活动，龟峰山、五脑山、菊香人家3家景区免费进入景点游览的游客达61.3万人次。商贸流通持续活跃，元至11月份全市网上交易额76.12亿元，同比增长5%；网上销售额30.91亿元，同比增长9%，其中农产品网上销售额累计实现11.18亿元，同比增长15%。三产融合深入推进，大健康产业加快发展，全市中药材种植面积达14万亩，年产值6.3亿元。“麻城福白菊”成功入选中欧地理标志协定保护名录；新开发菊花产品300余款，累计达800余款，品牌价值进一步凸显；高标准启动百里菊花画廊总体规划设计工作，国家级菊花三产融合发展示范园、福白菊小镇项目建设稳步推进；第九届菊花旅游节共接待游客120余万人，实现旅游综合收入600多万，三产融合正在不断深化。

改革创新。加大优化营商环境，按照省“黄金30条”，明确全市89项优化营商环境重点工作任务清单，深入开展五个突出问题专项治理工作。以28家骨干企业为重点深入了开展“护航行动”，各项务实举措有序推进。为全力服务企业复工复产，全市开辟绿色通道优化审批服务。全年完成固定资产投资项目审批、核准、备案共计580项，较上年增长50.8%。其中审批、核准类项目209个，备案类项目371个。有序开展开发区扩区调区，确定麻城市开发区扩区调区范围总规模为13.22平方公里。加快高新技术企业培育，实现新增高新技术企业22家，培育2021年高新技术后备企业8家。联合湖北工业大学成立菊花研究院，成功创建全国第一家专业的菊花检验检测机构（湖北省菊花产品质量检验中心），并与江汉大学、国家花卉工程技术研究中心三方共建的菊花创新中心。正式获批“湖北省天然石材产品质量检验中心”，成立石材研究院，初步确定了石材产品检测能力建设及科研方向。深入开展“千企联百校”活动，引进科技副总、创新团队5个，千企联百校签约9个项目。围绕菊花、油茶、新型建材、智能制造等主导产业加快科技项目申报，组织明钼科技等7家公司申报省科技厅项目总资金500余万元。全市新增返乡创业人数844人，全年共新签约能人回乡创业项目 121 个，到位资金 30.9 亿元。

社会民生。脱贫成果持续巩固，按照“数据质量提标、监测帮扶提效、特色产业提档”的要求持续做好精准扶贫工作。全力以赴帮助贫困人口返岗就业，通过“点对点”形式对外输送贫困劳动力 5.7 万人。深入开展消费扶贫，38 家企业的 216 款扶贫产品成功入驻扶贫“832”消费平台，53 家扶贫企业进入国家级贫困县重点产品供应商名录。紧盯“四类重点对象”精准施策，全市统筹资金 8.8 亿元巩固脱贫成效。民生福祉不断提升。养老、医疗、失业三大保险综合覆盖率进一步提高；全市城镇新增就业 7138 人，城镇失业人员再就业 2160 人，城镇登记失业率 2.8%。积极争取上级各项补助资金 7.17 亿元，三项社会保险征收 11.16 亿元，待遇发放 16.91 亿元。社会事业不断完善，一如既往坚持教育优先发展，麻城中学项目总工程量完成达 80%以上，城区 4 所学校扩容项目建设全部完成。深化医改取得新突破，市疾控中心和市精神病院整体搬迁项目启动建设。群众文化蓬勃发展，地域特色不断彰显，有效提升了城市文化软实力。一以贯之坚持体育全民发展，积极推进全民健身活动。社会治理不断加强，持续做好“七五”普法收官。“阳光信访”品牌效应显现。深入推进“扫黑除恶”专项斗争，群众安全感和满意度明显加强。

（麻城市发改局）

罗田县

【概况】 2020 年，罗田县实现地区生产总值 145.59 亿元，同比下降 9.9%；全口径地方财政总收入 22.18 亿元，同比下降 2%，其中地方公共财政预算收入 5.17 亿元，同比下降 35.9%；固定资产投资 79.8 亿元，同比下降 31.3%；外贸出口总额 5320 万美元，同比下降 11.3%；城镇居民人均可支配收入 28296 元，同比下降 3.4%，农村居民人均可支配收入 12208 元，同比增长 1.4%；年末金融机构各项存款余额 302.79 亿元、贷款余额 132.89 亿元，同比分别增长 11.6%、20.8%。

2020 年，罗田县疾控中心整体迁建及健康管理中心建设项目

复工复产。通过招聘推动、培训促进、政策扶持促进创业就业，全县城镇新增就业人员 4549 人，登记失业率为 2.66%，远低于控制目标。强化政策兜底，城乡低保、特困供养实现再提标，发放生活补助 1.1 亿元、疫情期间临时生活补贴 2511 万元，实施临时救助 945 人次、210 万元，发放残疾人“两项补贴”1464 万元。加大惠企政策落实，加强援企稳岗力度，累计免征社会保险费 5322 万元，减免水电气费 1780 余万元，减免中小企业租赁国有房屋租金 500 余万元，全县新增各类市场主体 3833 户，新登记注册企业 722 家。粮食能源安全稳定。较好落实粮食调控措施和购销政策，加强政策性粮食库存、仓储管理，加强粮食应急网点建设，提高粮食储备和应急保供能力，当年收购粮食 1.8 万吨。煤电油气供应保持稳定。企业全面复工复产。扎实开展“四进”攻坚行动，派驻专班为企业纾困解难，重点在用工、融资、原材料供给、物流运输、行政审批等方面加强保障，帮助企业稳定生产、渡过难关，确保产业链供应链稳定。加大供给兜牢底线。全年安排“三保”支出 4.01 亿元，占一般公共预算的 79.28%，有效保障预算单位人员工资、经费正常发放和政府重大民生项目资金需求，人均公共财政供给水平居全市前列，兜牢了“三保”底线。

三大攻坚战。脱贫攻坚决战决胜。以“五乡工程”“三转两结合”为重点，整合资金 7.06 亿元，安排项目 1204 个，着力补齐“两不愁三保障”短板弱项，重点支持 6 个片区、51 个村建设。存量贫困人口全部脱贫，脱贫不稳定户、边缘易致贫户风险点及时有效地消除。高质量完成脱贫攻坚普查并顺利接受国家质量抽查，代表全省成功接受国家第三方评估。光伏扶贫电站累计发电 1.027 亿度，直接收益过 1 亿元，发电效率居全省全市前列。消费扶贫产品销售额达 1.44 亿元。武钢新村获评全国易地扶贫搬迁示范安置点。燕儿谷产业扶贫模式入选全国产业扶贫典型案例。污染防治持续推进。扎实推进大气、水、土壤污染防治工作，较好完成城区高污染燃料禁燃区优化调整、非道路移动机械污染防治、饮用水水源地保护、土壤污染治理与修复相关工作，环保督察、违法排污企业整治、“绿盾”监督检查等反馈问题如期整改销号，化工集中区现场核查反馈问题整改完成顺利迎接省级验收。县级饮用水水源地达标率 100%，城区空气优良天数达标率 90.9%，同比上升 4.4 个百分点。重大风险防控有力。重点防范和化解政府债务、金融、社会稳定和房地产领域风险。加强债务动态监控，努力消化存量债务，控制新增债务，化解或有债务，确保政府债务风险总体可控。开展重点行业领域非法集资风险排查，及时处置风险苗头隐患，加强类金融机构监管，推进化解不良贷款风险，全县不良贷款率控制在 1.37%以内。

产业发展。农业经济提质增效。粮食生产喜获丰收，全年粮食产量达到 25.84 万吨，同比增长 2.86%。完成 8.45 万亩高标准农田建设，以农业生产托管为主要方式的农业社会化服务面积达 50 万亩次，荣获全国主要农作物生产全程机械化示范县。新增“罗田香露茶”国家地标产品，罗田板栗进入全国特色农产品优势示范区，大别山黑山羊被评为全省优质农产品区域公用品牌，弘福食品等 3 家企业进入“荆楚优品”名单，九资河入选全国“一村一品”示范镇。工业经济快速复苏。规模以上工业企业 82 家，完成总产值 54.5 亿元；工业产销率 96.9%，上升 1.5 个百分点；实现营业收入 52.35 亿元，利润总额 5.52 亿元。宏源药业实现税收 1.1 亿元、出口创汇 4200 万美元。新马电子、凯铭环保、飞扬丝绸、中启泡沫铝等新落户项目加快推进，华丽制衣、珍宝服饰、佳辰机械、文盛模具三期、国盛强力胶泥等在建项目进展顺利。中蓝宏源产业园、海成电子工业园更具规模。173 亩园区闲置低效土地实现“腾笼换鸟”，广源产业孵化园一期标准厂房如期建成。服务业实现蓬勃发展。第三产业占比增加至 53.07%。以生态体验、生态康养为主题的大别山国家级旅游度假区加快创建，卓尔凤山栗香小镇、蓝城大别山康养园、三里畈田园综合体、黄泥塘民俗文化村等重大项目开工建设，成功举办避暑节、漂流节、板栗文化美食节、甜柿节、红叶节等系列特色节会活动，新增潘家湾国家 3A 级景区，燕窝垸村、九资河街成功创建“荆楚文旅名村、名街”。疫情催生直播带货、节会推介等新业态、新模式，2020 年电子商务交易额达 20.1 亿元，同比增长 13%，其中农产品网络销售额 6.83 亿元，同比增长 19%。顺丰物流园项目已初步签订合作协议。消费活力不断释放，全年完成社会消费品零售总额 95.58 亿元。

项目建设。抢抓中央支持湖北一揽子政策机遇，全县共争取国家投资项目 231 个，全口径争取项目资金 25.86 亿元。其中，中央和省预算内项目资金 13.9 亿元，抗疫特别国债项目资金 3.159 亿元，一般债券项目资金 4.6 亿元，专项债券项目资金 4.2 亿元，争取项目个数和资金额居全市前列。招商质效不断提升。通过外出招商、网络招商、亲情招商、以商招商等方式，千方百计扩大招商引资。当年新签约项目 34 个，协议投资额 198.14 亿元，新开工入库项目 36 个，新投产项目 22 个。项目投资持续用力。先后组织重大项目开工活动 5 次，开工重大项目 39 个，总投资 63.4 亿元。8 个市“双百”拟开工项目全部开工，超额完成年度投资计划。重点项目加快推进。新实验高中、县医院内科楼、新疾控中心、318 国道改扩建、广源产业孵化园、地标优品提质增效等在建项目加快推进，万密斋医院整体迁建、武英高速石桥铺互通、九资河“三宝”小镇中药材产业园、大别山康养文旅综合体等前期项目即将动工。平坦原抽水蓄能电站项目正式进入国家选点规划并与湖北能源集团、三峡建设集团成功签约。武汉至安庆铁路、卓尔通用机场等重大项目上升为市级战略。谋划储备“十四五”重点项目 510 个、总投资 4042 亿元。

城乡建设。新建、续建城区重点项目 30 余个，卡口路打通、道路提档升级、公园游园、停车场等项目加快建成使用，城区六大片区功能配套工程加快实施，拨云尖公园三期主园路及景观工程建成开园，60 万平方米绿地精心管理养护，城市基础设施完好率保持在 95%以上。擦亮小镇示范推进。全县掀起“擦亮小城镇”建设新一轮热潮，大崎等小城镇实现“蝶变”，擦亮小城镇经验再次在全省交流。河铺、九资河荣获国家卫生镇，九资河、三里畈荣获国家文明镇，骆驼坳荣获省级森林城镇，燕窝湾获评全国文明村。整治美乡全面铺开。按照“新增、扩面、连线、成片”推进格局，安排奖补资金 3000 万元用于 6000 户院落整治。完成大地坳、付家庙、夏家铺等 60 多个村庄、节点绿化美化。投入 2000 万元支持燕窝垸、张家河、古楼冲、七道河、毛田 5 个村打造“美丽乡村”试点。基础建设不断夯实。国道县城至三里畈段改扩建工程加快推进，七娘山至鳡鱼嘴段改扩建全线完工，大河岸旅游公路主体工程完工，潘家湾至二郎庙、大雾山至八迪河等县乡公路及黄道山大道隧道项目加快实施，“四好农村路”示范县创建稳步推进，全年完成交通投资 4.2 亿元，再获省、市政府奖励 580 万元，蝉联全市第一，国省干线公路养护评比连续位居全市第一。各乡镇污水处理厂建成投入运营，污水处理和生活垃圾治理工作获省政府表彰奖励。巴河治理工程罗田段主体工程完工，凤凰关水库水源地保护二期工程建成使用，跨马墩、独珠河、大崎山、骑龙寺 4 座千吨水厂全部通水运行。

改革创新。重点领域改革持续深化。“放管服”改革纵深推进，紧盯“一门全办、一网通办、一事联办、一次办好”目标，集中行政职权和政务服务事项 1365 项，实现可网办率 98%，在全市率先落实企业开办“210”标准。扎实推进优化政务、市场、法治环境三大行动，细化落实政务服务、开办企业、办理建筑许可、获得水电气等 18 项指标、112 项重点清单任务取得初步成效。城投公司市场化改革稳步推进，新组建的广源集团机构人员已经到位，县自来水公司、国建黄砂公司、农村供水公司完成清产核资和资产移交，广源集团公司注册资本增至 30 亿元。创新驱动战略深入实施。新申报高新技术企业 9 家，签约产学研项目协议 5 项，聘用科技副总 3 个、科技创新团队 2 个。全县引进高层次急需紧缺人才 25 人，新增高技能人才 150 人。加快创新平台建设，新增入孵企业 26 家，新申报省级企校创新中心 2 家、市级 3 家。完成技术合同成效额认定登记 2.3 亿元，引进转化科技成果 6 项，兑现 2019 年年度科技奖励资金 189.3 万元。荣获全省返乡创业示范县。民营经济活力持续提升。全年发放各类贷款 23 亿元，减免各项税费 1.63 亿元，落实奖补资金 1000 余万元，安排县级担保、“过桥”资金 3.43 亿元，降低企业融资成本 500 余万元。出台政商交往正面清单，实施入企执法检查备案制度，努力构建“亲”“清”新型政商关系，全力护航民营经济发展。

社会民生。社会事业全面发展。优先预算教育经费 7.85 亿元，投入项目建设资金 1.7 亿元，新实验高中等重点项目加快推进，新建、改扩建公办幼儿园 3 所、义务教育学校 7 所，新招聘教师 296 人。发放教育助学资金 3209.6 万元，惠及学生 45274 人次。举全县之力抗击疫情，在全市率先进入低风险地区。拨付医疗救治、防疫资金 1.8 亿元，接受社会捐赠款物 9200 万元。医共体改革试点有序推进，妇幼门诊保健楼、疾控健康管理中心、九资河片区医疗等一批公共卫生补短板项目全面开工建设，县万密斋医院通过二级中医院复评，医疗卫生服务能力不断提升。县图书馆、文化馆总分馆加快建成并挂牌，骆驼坳等 4 个示范文化站改造启动实施。群众文化蓬勃发展，开展送戏下乡 38 场次，“云送戏”“云课堂”“云展览”等活动持续开展。首部以我县脱贫攻坚为题材和实地拍摄电影《青云之梦》成功试映。坚持体育全民发展，为 84 个村配发体育健身设施，积极推进“万步有约”等全民健身活动。民生福祉不断提升。社会保险制度改革深入推进，三大保险综合覆盖率进一步提高，征缴社保费 4.6 亿元，待遇发放率 100%。居住条件持续改善，宜居山庄公租房二期配套工程顺利完工，广电、农行、建行、教育安居工程等 16 个老旧小区改造全面推进。社会治理持续加强。“扫黑除恶”专项斗争成效显著，“雪亮工程”增点扩面，枫桥式公安派出所创建、一村一警一律等工作成效显著，“七五”普法顺利通过市级验收，被授予全国信访工作“三无”县。食品药品安全、道路交通安全、消防安全、校园安全不断加强，安全形势稳定向好，“党建引领、社区治理”模式得到群众认可，群众安全感和满意度不断提升。

（罗田县发改局）

英山县

【概况】 2020 年，英山县实现地区生产总值 107.16 亿元，同比下降 12.7%；全社会固定资产投资 54.49 亿元，同比下降 19.5%；规模以上工业增加值 8.18 亿元，同比下降 53.4%；社会消费品零售总额 44.67 亿元，同比下降 21.4%；公共财政预算收入 4.29 亿元，同比下降 20.6%；预计外贸出口总额 2000 万美元，同比下降 31.6%；预计城镇常住居民人均可支配收入和农村常住居民人均可支配收入分别为 27719 元和 12965 元，分别同比下降 2.0%和同比增长 0.5%；节能减排完成省定任务。

重大风险防范。英山县成为全市“确诊病例最少、治愈率最高、全面清零最早”的县市。县人民医院、县疾病预防控制中心分别荣获全国、湖北省抗击新冠肺炎疫情先进集体称号。筹措灾后恢复资金 9658 万元，灾后恢复重建工程顺利实施。地方政府举债融资机制进一步健全，从严控制新增政府性债务和一般性支出，确保了“三公”经费预算只减不增。非法集资、网络诈骗、互联网金融等专项治理工作强力推进，金融风险有效防范。严格落实粮食安全行政首长责任制，县粮油储备中心建设项目开工建设，超额完成省政府下达县级储备粮任务。组建综合应急救援队，严抓消防管理，保持森林防火高压态势，自然灾害监测预警系统建设不断加强，全年无大的森林火灾发生。安全生产防范能力进一步提升，有效遏制了生产安全事故的发生。强化质量安全监管，完成各类检验检测任务 3106 批次，检定校准仪器设备 9840 台件。社会信用体系建设深入推进。脱贫成效日益稳固，全县 14 户 38 人存量贫困人口如期脱贫。成功接受国家脱贫攻坚普查，代表湖北省接受国家脱贫攻坚大督查和国家财政专项扶贫资金绩效评价。家庭经营性收入和工资性收入占比不断上升，自主脱贫能力稳步提升。整合产业扶持资金 9804 万元，带动 3.06 万贫困户 9.52 万贫困人口稳定增收。做实光伏扶贫收益分配。扶贫车间奖补政策全面落实。新增公益岗位 100 个。易地扶贫搬迁产业后扶持续巩固提升，荣获国家发改委全国“十三五”时期易地扶贫搬迁工作成效明显县表彰。消费扶贫成效显著，累计销售 8961 万元。“‘农村物流+农村电商’助推脱贫攻坚”成功入选 2020 年全国消费扶贫典型案例名单。污染防治成效显著，深入推进中央和省级环保督察“回头看”、“四个三重大生态工程”和“雷霆行动”。打好蓝天碧水净土保卫战，严格落实减排、控车、抑尘、禁烧等举措。大力推进白莲河流域水环境综合治理，新建城区饮用水源保护区 9 参数水质自动监测站 1 座。土壤污染风险管控和治理修复扎实开展。全县生态环境质量持续改善，空气优良率达 93.3%，15 处集中式饮用水水源地水质达标率 100%。荣获“省级生态文明建设示范县”称号，争取到位国家重点生态功能区转移支付资金 8978 万元。

项目建设。扎实推进“四进”攻坚行动，推行重大项目进度“一张表”管理机制，大力开展重大项目集中开工“清零”行动和“护航行动”，新开工重大项目 39 个，总投资 76 亿元；10 个市“双百”项目全部开工；全县 89 个重点项目提速建设。争取各类项目资金 15.43 亿元。全年审核备项目 244 个，总投资 224.59 亿元。谋划疫后重振补短板强功能“十大工程”三年行动项目 223 个，总投资 409.31 亿元。招商引资精准发力，扎实推进招商引资“一号工程”“一把手工程”。

县四大家领导挂帅分局、联系乡镇，瞄准中医药、现代农业、5G、智能制造、汽车零部件等产业，精心谋划招商项目，编制招商地图。创新开展网络招商、云上签约。积极“走出去、请进来”，赴大湾区、长三角、京津、武汉等地招商，引进项目29个，协议投资额132.6亿元。南山集团、宏泰集团旅游康养项目落地建设，特色产业招商质效进一步提升。创新创业方兴未艾。全县新登记市场主体3885家，引进创业项目102个，实现投资16.6亿元。教授回乡“千人计划”正式启动。“能人回乡”“校企合作3.0”“招才引智”等工程深入推进。积极举办线上线下招聘会，为本地企业引进“三区”人才17人，科技副总12名。完善就业创业服务平台，发放免息贷款5509万元，扶持545人创业。县电子商务创业园孵化器新入孵创客团队11个，顺利通过了省级科技型孵化器复核。神峰山庄获评全省双创带动就业示范单位。

英山县大别茶访志顺金铺镇生态茶园

产业发展。农业生产总体稳定。新发展茶园2390亩，全县茶园总面积25.95万亩，总产值22.3亿元，荣获“2020中国茶业百强县”。英山云雾茶在第二届地理标志大会创新大赛中获得金奖，品牌价值达到21.99亿元；新增绿色食品认证2个，英山天麻被认定为农产品地理标志产品。茶叶、中药材种植保险试点工作稳步推进，全县茶叶、中药材产业抗风险能力明显提升。国家农村产业融合发展示范园创建工作进展顺利。工业经济提质增效，70家规模以上工业企业完成产值31.76亿元，新增规模以上工业企业3家，新认定高新技术企业7家。5000万以上工业技改项目累计完成投资5.57亿元。中药材、汽车配件等主导产业保持稳步发展势头。大别茶访创意产业园、大别山道地中药材战略储备中心、昇尚智能电力设备制造等重点项目开工建设。辰美中药配方颗粒生产线、湖北一泰虎杖提取、宏图苍术深加工等一批重点中医药工业项目相继竣工投产，成为全县工业经济增长的重要引擎。商贸服务业亮点纷呈，“全域旅游·康养度假”旅游新业态日趋丰富，“中国好空气·英山森呼吸”品牌影响力持续扩大，“五位一体”康养产业融合发展，“一区四带”全域旅游框架基本构成，西河十八湾、东河百里秀、南河水乡情生态游、红色游精品线路特色彰显。大别山毕昇康养旅游度假区、林冲康养度假村、桃花冲康养小镇等项目进度加快，第一批精品民宿相继落成并投入营运。成功入选第二批“国家全域旅游示范区”，四季花海获评4A景区。全年接待游客650万人次，创旅游综合收入48.3亿元。新增限额以上商贸企业15家。“直播带货”卓有成效，全县农副产品销售量与去年同期基本持平。中嘉国际商城二期、小米畈综合市场等项目提速建设，269家村级综合服务社提档升级。再次获得“全省服务业发展贡献单位”称号。

城乡建设。城镇建设提档升级，全县投入市政工程建设资金2.3亿元，完成7条背街小巷和老旧小区道路改造2.8公里，黑化道路面积1.5万平方米，安装维修路灯2200盏，修建排水管网10.4公里。发展大道、西汤河路、城中河改造、8座停车场工程加快施工；城区燃气普及率达92%；城市风貌整体提升EPC项目一期进展顺利，红山大道二期绿化项目建设完成。驿站公园、武英农庄立面改造、九龙大道绿化建设、小米畈路口改造全面启动。中央公园一期工程建设项目启动前期工作。美丽乡村建设固本强基，“三边三化”常态化开展，安全饮水“5211”工程稳步推进，水库整险、中小河流治理、国土整治、电力、网络、“气化乡镇”等一批农村基础设施建设顺利实施。推进农村人居环境整治，“厕所革命”、垃圾治理、生活污水治理、畜禽养殖污染治理和村容村貌整治等不断深化，城乡人居环境显著改善。城乡一体化提速发展，新型城镇化建设加快推进，环城一级路、红陶线、九龙大道、长冲大道等建成通车。新建“四好农村路”226公里，城乡交通体系日益健全。西河中心水厂试通水，陶河水厂完工通水，城乡一体化安全饮水工程稳步推进。

重点领域改革。供给侧结构性改革持续深化，“三去一降一补”任务有序落实，供给体系质量和效率稳步提升。产权保护、农业水价综合改革等重点改革不断推进。投融资体制改革全面提速，九昇城发集团实现多元发展，兴源担保公司担保费率降至1%。政银企对接活动积极开展，发放贷款47亿元。减税降费政策全面落实，减税降费6436万元。品牌质量强县战略大力实施，“英山云雾茶”产业集群质量提升项目被批准为全省2020年度“万千百”企业质量提升项目，“英山云雾茶”入选中欧地理标志协定第二批保护名录。营商环境进一步优化，深入开展优化营商环境十大行动，基本实现“一张网”省市县乡村五级联通，政务服务“一站式”服务质效显著提升。深入开展“护航行动”，企业开办实行“210”标准，实行“半月一清单”督办，“进企业”行动成效明显。严格落实市场准入负面清单制度，审批时限压缩65%，“证照分离”“多证合一”等改革举措全面落实，“先建后验”有序推进，新建“标准地”400亩。涉企收费项目目录清单管理和常态化公开进一步强化。以诚信为核心的新型市场监管体制加快建设。农村集体产权制度改革、户籍制度改革、农村土地制度改革深化推进。科技、教育、文化、卫生、体育等其他领域改革稳步进行。

社会民生。稳岗就业不断强化，全县城镇新增就业人员5007人，城镇失业人员再就业730人，就业困难人员实现就业400人，城镇登记失业率控制在3.3%以内。全县社会保险参保28.43万人次，发放各类养老保险待遇6.9亿元。全面完成城乡低保和特困供养对象的调标工作。健全完善“三留守”关爱服务体系，严格落实控辍保学“双线四包”，全面落实残疾人护理补贴和生活补贴。为15.56万人次困难群众发放价格临时补贴1838.18万元。深入推进农民工实名制等五项制度落实，累计为3200多名农民工清欠工资达3100多万元。成立退役军人服务中心（站）332个，在全市率先完成县、乡两级退役军人服务站挂牌组建工作，县退役军人服务中心被省委、省政府表彰为“退役军人工作先进单位”。社会事业蓬勃发展，学校布局持续优化，优质资源加快整合。大力实施校园能力提升工程、寄宿制和小规模学校建设工程、校园安全工程、信息化建设工程，办学条件提档升级。毕昇实验小学完成土地围栏，实小莲花校区、思源实验学校改扩建启动，坡儿垴小学、开发区幼儿园教学楼主体基本完工，博文实验学校建成投入使用，教育教学质量不断提升。县域医共体建设全面启动，县妇幼保健院整体迁建工程稳步推进，县公共卫生应急中心、中医院二期、人民医院紧急医疗救援提升改造工程等陆续开工建设。毕昇墓文物保护规划编制工作全面启动，四季花海入选“湖北省最具有成长型文化企业”，全县11个数字图书文化分馆和33个数字文化示范点建设完成，国家公共文化服务示范区创建通过中期评估验收。成立全省首家节地生态安葬服务中心，县乡村三级生态公墓建设稳步推进。治理能力全面加强。法治英山、平安英山建设不断向纵深推进，新形势下意识形态工作抓细抓实，县域治理体系和治理能力进一步提升。扫黑除恶专项斗争力度不减，社会风气、治安形势明显好转。国防宣传教育进一步加强，后备力量进一步充实。有效应对新冠肺炎疫情、洪涝、森林火灾等急难险重任务。安全生产、食品药品安全等专项整治工作扎实开展，学校食堂“明厨亮灶”工程建设三年计划目标任务提前完成，全县食品样品抽检合格率96.6%。交通管理联合惩戒力度不断加强，超限超载治理、重点车辆专项整治、城区路面净化等行动成效明显。市场价格监测巡查力度加大，应急保障能力不断提升，社会矛盾有效化解。第七次全国人口普查扎实推进。“七五”普法高标准通过省市验收。

（英山县发改局）

浠水县

【概况】 2020年，浠水县疫情防控取得决定性胜利；补短板、强弱项，打赢“三大攻坚战”；抓项目、兴产业、强实体，推动经济稳步复苏。全年地区生产总值同比下降8.5%，规模以上工业增加值同比增长1.4%，固定资产投资同比下降19.4%，一般公共预算收入同比下降29%，社会消费品零售总额同比下降20.8%，城镇和农村居民人均可支配收入基本保持上年同期水平。

疫情防控。疫情爆发后，迅速启动重大公共卫生应急响应，争取834张紧急救治床位改造和紧急救治设备购置费用4500万元，征集隔离点63个，隔离房间2443间。用49天时间实现“四类重点人员”清零，全县303名确诊病例治愈295例，治愈率97.4%，位居全市第二。打赢防汛抢险攻坚战，妥善处置汛期境内长江干支堤、水库溢洪、脱坡、管涌及地质灾害等险情，实现了“不溃一堤、不垮一坝、不亡一人”的防汛目标，积极开展灾后重建和生产自救取，夺取了防汛抢险工作的决定性成果，被市委、市政府嘉奖，记集体二等功，奖励200万元。

复工复产。加强对防疫重点企业的支持力度，向地方法人银行发放支小再贷款8.95亿元，发放7笔抗疫专项再贷款4780万元。落实延期还本付息政策，共计金额11.97亿元。落实减税降费金额2.5亿元，降低企业水电气成本1700万元，落实242家在营保供企业电费补贴资金346.7万元。组织37名县级领导、155名党员干部，组建80个“进企业”工作专班，下沉到全县104家规模以上企业进行全面包保服务，协调解决企业资金、用工、物资、设备配置、原材料供应等方面的实际困难，全要素支持企业复工复产。举办“春风行动”系列线上线下招聘会21场次，城镇新增就业5680人。加强外出务工服务，组织点对点输出外出务工人员返岗复工4批次、1507车、26110人。加强大众创业就业政策支持，争取国家和省级各项补贴3535万元，发放稳岗返还资金399.55万元、一次性吸纳就业补贴159.85万元、创业担保贷款3465万元，组织开展就业创业培训班59期次，培训各类人员5012人。

产业发展。农业生产总体平稳，粮食种植面积83.85万亩，同比增长6.24%，粮食产量42.14万吨，同比增长6.38%，蔬菜播种面积及其产量均保持相对稳定，完成高标准农田项目建设3.73万亩。发展“410”特色产业，建成猕猴桃种植面积9200亩、葛根种植面积10万亩、特色水产面积9.3万亩、油茶种植面积7.9万亩。培育农业产业化省级龙头企业2家，市

2020 年，浠水县楚城文旅康养一期项目

级龙头企业 23 家。新增绿色食品认证产品 7 个，“董河碧珍茶”获得国家农业农村部颁发的“农产品地理标志登记证书”。工业经济加快复苏，2020 年，全年新增规模以上工业企业 14 家，创历史新高。全县 106 家规模以上工业企业累计实现工业总产值 94.19 亿元，同比增长 0.85%，工业增速由年初-45.7%到年底的 1.4%，实现止跌转正，全市排名第 5 位。持续深化校企合作，拓展创新创业平台，形成“创业苗圃+孵化器+产业园”阶梯式创业孵化服务链条，全年入驻大学生创业企业 31 家，新增研发机构 15 家、省级星创天地 1 家、市级星创天地 2 家。深挖本地资源，大力搭建产业科技联盟，已成功创建机械制造业板块、智能制造板块、农产品深加工板块三大主打产业联盟，延伸组建模具制造产业联盟。目前已联盟企业达 56 家，落实合作项目 15 个，合作金额 1.3 亿元。县经济开发区获省级循环化改造重点支持园区，浠水县为全省大众创业万众创新基地。第三产业平稳恢复，2020 年实现社会消费品零售总额 145.43 亿元，居全市第 4 位。外贸进出口额完成 7727 万美元，居全市第 5 位。建设和完善浠水地标优品展示暨消费扶贫馆，已入驻企业 36 家，产品 150 款。充分发挥电商平台作用，组织企业积极参与“湖北重启，抖音助力，市长带货大联播”“黄冈市地标优品消费扶贫‘五一’县长大联播”等活动。进一步推进文旅产业 13 个乡镇“七个一”工程，推进卓尔团陂温泉小镇、卓尔·巴河诗意康城等项目建设加速。三角山品牌进入全省服务业“五个一百”重点品牌，湖北快活低温仓储基地进入全省服务业“五个一百”重点项目，获得全省服务业发展突出贡献单位表彰，奖励资金 300 万元。

项目建设。抢抓国家对湖北政策扶持窗口期，贯彻落实中央支持湖北发展一揽子政策，争取中央、省预算内资金、抗疫特别国债、政府债券等各类资金共计 70.15 亿元，其中竞争性资金 29.99 亿元，非竞争性资金 40.16 亿元，超额完成全年目标任务。招商引资成果丰硕，充分应用现代信息技术，创新招商模式，克服疫情带来的突出困难，“招大引强”有历史性突破。全年新引进项目 50 个，协议投资额 272.79 亿元，其中新签约 10 亿元以上重大项目 6 个，新开工重点项目 26 个，新投产项目 27 个，居全市第一方阵。项目建设加快推进，2020 年实施省重点项目 1 个、市“双百”项目 20 个、县重点及预算内项目 225 个，总计投资规模 723 亿元。按照一个项目一名县领导牵头、一个单位负责，包项目前期推进、包项目按节点开工、包项目建设协调、包项目统计入库的“四包”工作机制。实行周调度、周通报，掀起了项目建设比赶超的氛围。全年入库项目 128 个，资金 168.7 亿元，其中 5000 万元以上项目 62 个，超历史最好年份。

改革创新。实施创新驱动战略，培育高新技术企业，全年新增高新技术企业 20 家，比 2019 年净增 11 家。完成首批 11 家省级“专精特新”“小巨人”企业、4 家两化融合示范企业和 4 家“隐形冠军”企业申报工作。培育四板上市企业 2 家，威风公司开展主板上市前期准备。抢抓“光谷科创大走廊”机遇，推广 5G 在工业、农业、物流、医疗等领域应用，已建成 5G 基站 43 座，完成“万企上云”标杆企业 14 家。扎实开展“千企联百校”活动，组织小野科技、三行科技等新聘请科技副总、创新团队 13 个，组织长福米业、晨科农牧、津驰硅分别与华中农业大学、武汉轻工大学、湖南大学等签订 10 项产学研合作协议。组织 4 家企业成功改建省级企校联合创新中心、9 家企业成功改建市级企校联合创新中心。强力推进营商环境建设，投资近 3 亿元，占地面积 4.8 万平方米的市民之家投入使用。全县 36 家县直单位认领事项 1409 项，15 家乡镇（区、处）各认领事项 244 项，649 个村（社区）各认领事项 99 项（社区 88 项）。设立企业开办专区，提供从企业注册到银行开户一站式服务。开展“互联网+不动产登记”改革试点，推行不动产登记、税务、住建（房产）3 家单位“一窗联办”，全年共受理办结网上申请登记件 1857 件。创新工程审批制度改革，整合 12 家单位事项办理权，实行“一窗受理、一窗出件”。“区域性统一评价”“标准地”建设、“先建后验”等配套改革举措同步开展。充分发挥“互联网+监管”服务优势，“双随机一公开”信用监管有序推进。推进政务服务体系不完善、行政审批制度改革不到位、项目落地难、部门服务不佳、招投标领域突出问题等五大专项整治。在招投标领域整治中，破获串通投标案5起，打击处理17人，涉案金额1.4亿元，净化了市场秩序，此项工作在省优化营商环境简报第18期作为典型经验交流。县纪委监委重力“护航”，举办“关注民生护航发展”电视问政1期、电视专访24期，开展大规模监督检查4轮，下发交办函24份、监察建议书10份，问题通报3期，问责处理19人。

城乡建设。持续开展“五城同创”活动，荣获省级“文明城”称号。投资6470万元，绿化城市面积12.9万平方米，全面完成城区亮化任务。创新城市管理机制，城区环卫作业实现了从“人扫”到“机扫”的历史性跨越。建设丁司垱镇、翟港社区垃圾分类示范乡镇和示范社区。设置临时便民服务点，划设临时摊位300余个，规定经营时间、经营范围，引导3400余名摊贩入场规范经营。深入实施乡村振兴战略，2020年申报美丽乡村建设项目136个，其中示范村29个，整治村107个。争取省级下达资金3200万元，建设8个美丽乡村。28座乡镇垃圾中转站、12个乡镇13座污水处理厂及配套管网已建成运行。推动“四好农村路”全国示范县创建工作，完成农村公路洗桃线、郑余线、宝塔路提档升级；实施窄路面拼宽340公里、通村通组公路50公里、安防230公里，完成103座危桥改建，完成31座，在建24座。大力开展“以绿覆岸”工程，积极推进“以绿联镇”“以绿染城”“以绿环村”的“三绿”工程绿化提升行动，完成“三绿”工程村庄绿化近60个，植树120万余株，折合面积1.2万余亩。全面完成精准灭荒工程8.5万亩。

三大攻坚战。脱贫攻坚巩固提升。坚持“两不愁三保障”脱贫标准，投入资金2.94亿元，易地扶贫搬迁、安全饮水、教育扶贫、医疗扶贫年度工作全面完成。扎实推进“三乡工程”（市民下乡、能人回乡、企业兴乡），新引进能人回乡创业项目102个，引进和培育产业扶贫市场主体835家，认定县级带贫龙头企业64个，带动贫困户1.8万户。建成县级扶贫专馆1个，镇级扶贫专馆13个。截至2020年11月，实现所有贫困人口全部脱贫、贫困村全部出列。污染防治持续发力，县境空气优良天数比例、PM10（可吸入颗粒物）、PM2.5（细颗粒物）三项主要空气质量指标均达市定年度考核目标，保持基本稳定。三个国控断面和县级饮用水源地水质达标率连续两年达到100%。实施减排项目28个，顺利完成化学需氧量、氨氮、二氧化硫、氮氧化物四项主要污染物减排目标任务。严格落实固废危废排查治理，大力推进农村面源污染防治，完成138家养殖场污染治理工作。实施化肥农药零增长行动，主要农作物测土配方施肥技术覆盖率达到95%以上。持续推进长江大保护，2020年，投资2500万元打造9.7公里最美长江岸线，投入1500万元完成造林绿化3419.16亩。44.6公里长江段实现全面禁捕，投入资金4400万元，征收拆解捕捞渔船618条，安置渔民430人。投资3800万元，退田还湖3669亩。重大风险有效管控。开展安全大整治、治安大整顿、矛盾大排查、社会大稳控等专项行动，截至12月年底，金融机构不良贷款余额比年初减少3582.63万元，不良贷款率为2.24%，金融风险总体可控。

社会民生。深入贯彻就业优先战略，多措并举促进稳就业。新增城镇就业人员5680人，失业人员再就业2241人，就业困难人员再就业1318人。城镇登记失业率控制在2.37%，在目标任务4.5%以内。全面实施全民参保计划，居民养老保险参保缴费36.9万人，发放养老金2.19亿元。新建83个农村老年人互助照料活动中心。社会救助各项补助标准调整为农村低保4853元/年、城市低保586元/月、农村特困供养金为9710元/年、城市特困1172元/月。累计建改农户厕所54607户、农村公厕636座，新建城区公厕23座、旅游厕所24座、交通厕所4座，超额完成建设任务。成功举行2020中国大别山自行车超级联赛（黄冈浠水站）等活动，文昌公园建成开放，极大地丰富了群众文化生活。优先发展教育事业，坚持推进“县管校聘”改革，组建3个教育集团。新招聘教师255名。新增学位4050个，消除义务教育学校大班额，将起始年级班额严格控制在55人以下。全县各学段共发放助学金3720.3万元，资助贫困生53914人次。全力完善医疗体系，推进“昂首”“壮腰”“强基”和信息化四大工程，补齐公共卫生体系建设短板。大力推进县人民医院、妇幼保健院、疾控中心整体搬迁项目，县中医院、县精神病院改扩建项目建设。规范化建设村卫生室，投资1700万元建设85个空白村卫生室。总投资8000万元建设医共体信息化工程，基层医疗卫生一体化、电子健康卡、公共卫生功能拓展、疾控综合平台、区域妇幼平台、卫生应急指挥系统等已建成运行。

（浠水县发改局）

蕲春县

【概况】 2020年，蕲春县面对疫情、洪涝灾害和严峻的外部环境，坚持稳字当头，精准调度，确保经济在巨大的困难挑战面前实现复苏向好发展，主要经济指标稳步回升。生产总值达到247.64亿元，按可比价格计算，增速比上年下降7.4%，规模以上工业增加值增长1.8%，固定资产投资增速同比下降18.1%，社会消费品零售总额同比下降20.8%，外贸出口总额同比下降48.6%，一般公共预算收入同比下降27.5%，城镇常住居民人均可支配收入同比下降2.38%，农村常住居民人均可支配收入同比增长1.18%，城镇新增就业10671人，单位生产总值综合能耗和主要污染物排放量降低可完成市定目标。

复工复产。坚持一手抓防控、一手抓发展，迅速组织恢复生产经营，开展“四进”攻坚行动，全面落实惠企援企政策，疫后重振取得了明显成效。向111家规模以上工业企业派驻服务专班，建立企业复工复产清单，帮助企业纾困解难300多项，组织县内企业“点对点”复工返岗上班人员3378人，组织专场招聘会11场，提供本县企业用工岗位3697个，产能恢复率达108%。向53个重点项目派驻服务专班，建立项目复工开工清单，服务专班深入项目现场，积极协调解决项目建设的困难和问题。4月底，20个优先复工重点项目全部复工，上半年21个拟开工项目全部开工。稳定粮食生产，建设高标准农田4.35亩，新增中药材种植面积3万亩，其中蕲艾1.19万亩，新建改扩建畜禽养殖场44家，发放农业贷款3.5亿元。全力组织防汛抗灾，加快灾后恢复生产，实现稳产增效。对接中央支持湖北一揽子政策，细化重点工作清单，统筹推进86条清单任务和各项政策的落实，出台了“黄金十条”惠企政策，减免企业增值税和社保费、电费等税费4.8亿元，发放企业复工复产优惠贷款1.3亿元，为13家外贸企业申报落实出口奖补资金500余万元，有力地解决了企业恢复生产的困境，规模以上工业增加值同比增长1.8%，实现正增长。现代物流业和新兴产业加速发展，全县经济发展呈现加快恢复、持续向好态势。

项目建设。全县在建项目192个，其中在建亿元以上项目128个，新开工亿元以上项目38个，纳入省重点项目4个，完成投资27.5亿元，占年计划105.77%。市级重点项目8个，完成投资26.03亿元，占年计划115.69%。基础设施建设重点项目55个，交通重点建设项目17个，蕲太高速西段，棋盘洲长江大桥及连接线，沿江一级公路蕲春段，英黄线张塝至檀林段，下蕲复线杨林冲至瓮门段、横车至界岭段等重点工程全面推进，改造大田线、郑席线，开展公路桥梁消危行动，推进了县乡村交通网络建设。水利重点建设项目9个，实施蕲水系统治理、白莲干渠续建配套、狮桂灌区、株林河二期治理、农村饮水安全巩固提升工程等项目。城区重点推进城南路网、“四河”整治、老旧小区和背街小巷改造工程。大同、横车、蕲州、刘河、檀林等镇区改造升级，乡镇污水处理项目竣工运行，商品房新开工面积53.9万平方米，销售35万平方米。实施青石110千伏扩建增容，实现管窑110千伏变电站投产送电推进3个批次农网升级改造工程，开工建设两处光伏发电项目。全县向上争取政策性项目66个，争取各类债券资金和转移支付资金61.08亿元，其中竞争性资金24.09亿元。

改革创新。聚焦政务、法治、市场三大环境，建立了“128+6+3”（128项重点任务、6件关键事项、3项系列活动）的优化营商环境工作任务体系，深入开展优化环境“六大行动”，严格执行“十个必须十不准”，企业发展环境明显改善，优化审批服务事项，运用在线审批服务平台，推进“不见面”审批服务，92%的政务服务事项实现网上办理。大力推进政务服务、营商环境、社会保障、公共服务等重点领域改革。进一步深化供给侧结构性改革，深入推进“放管服”改革，加快实施“一网通办”“一窗通办”实现电子政务外网“三级联通”，投资服务平台网上办理项目645个，其中备案332个，18个工业项目实行“先建后验”，推进园区区域性统一评价工作。加快“标准地”出让改革，全县进场交易项目901个，交易额63.7亿元。积极推进李时珍医药工业园区扩区调区工作，园区发展不断拓展空间。实施用地制度改革，新增项目用地477亩，盘活存量项目用地299亩，拍卖出让土地403亩，获批用地面积162公顷。多渠道筹集建设资金29.8亿元，重点投入“五区”建设。37家企业通过科技型中小企业评价入库，新增新技术企业7家，投入技改资金7.2亿元。信息化建设不断加快，新建基站46个。成功入选2020年国家现代农业产业园创建单位，引进能人回乡创业，签约项目105个，开工建设项目96个。创建国内外质量认证出口品牌36个，新登记各类市场主体5462户，其中企业1250户，发展农民专业合作社169户，推动50多个特色农产品触网销售。

生态建设。全力打好污染防治攻坚战，深入实施大气、水、土壤污染防治三大行动，生态环境保护成效明显。积极推进长江经济带生态保护和绿色发展，实施精准灭荒22100亩，长江岸线造林1498亩，落实长江流域蕲春段和重点水域禁捕退捕工作，退捕渔民370人全部上岸安置就业。加快城乡环境设施建设，生态环境质量明显改善，主要污染物排放总量持续削减，推进了环保督察整改，生态环境指标逐步提高。统筹推进“四个三”重大生态工程，保质保量完成了3项中央、省环保督察反馈问题整改工作，超额完成省定“厕所革命”三年行动计划，并组织检查验收；加快实施长江经济带发展战略，落实长江经济带绿色发展十大战略性举措，集中精力抓好长江岸线、港口码头和化工污染专项整治三项重点任务，强化节能降耗，完成市定“双控”目标。

社会民生。脱贫攻坚取得决定性成效，共建设易地扶贫搬迁安置点302个，建成配套产业项目229个，实现了每个集中安置点有一个以上产业扶持项目，2020年10月，湖北卫视新闻在总结全省易地搬迁工作蕲春县做法为“湖北模板”。全县建档立卡贫困人口实现全部脱贫，如期实现脱贫摘帽，2020年全县小康指数预计达到91%。财政支出力度加大，不断推进社会事业发展。加大乡村学校“改薄”力度，积极改善办学条件，推进县第六实验小学、张塝中心小学、青石、狮子、刘河第二中心小学等义务教育学校，改造一批校舍设施，稳步推进教育信息化建设。积极争取抗疫特别国债项目，加大公共卫生服务体系建设，新建县传染病大楼，改扩建县精神卫生中心、横车镇卫生院，整体迁建张塝、青石、刘河、蕲州四家医院，不断补齐公共卫生服务短板，健全了疾病防控体系建设。继续完善公共文化服务体系，完成“三馆”续建工程及12个乡镇文化站升级改造，加快推进5个旅游示范基地和19个示范项目建设，打造乡村旅游示范点12个。不断完善社会救助体系，落实低保救助政策，加强养老服务设施建设，提升民生保障水平，实施退役士兵社会保障接续工作，积极解决退伍军人实际困难。大力推进就业创业，全力做好应急管理和安全生产工作，强化安全风险管控，加强食品药品监督管理，加大价格监测，强化城镇管理。全面推进依法治县，加强法制宣传和教育，推进乡村、社区、小区治理，调解社会各类矛盾纠纷1965件，处理重大突发事件49件，巩固扫黑除恶成果，打击各类非法活动，推进平安蕲春建设，维护了社会和谐稳定。

（蕲春县发改局）

武穴市

【概况】 2020年，武穴市实现地区生产总值310.6亿元；地方一般公共预算收入14.04亿元；规模以上工业实现产值210.8亿元；社会消费品零售总额148.8亿元；城镇新增就业8901人；城镇登记失业率为3.44%。

产业发展。武穴市经济开发区调区扩区方案初步通过省发改委评估。田镇马口化工园区、广药生物产业园进入全省合规化工园区目录。祥云集团入围全省民营企业和民营制造业企业“双百强”。广济药业两个产品通过仿制药质量和疗效一致性评价。江田化学、鑫楚达革业等6家企业在“四板”挂牌。铜锣湾广场、铺金九街十八巷顺利入围省服务业“五个一百工程”重点项目、重点品牌。保昌生态园成功创建省级四星级农家乐，全市星级农家乐达7家。特色农产品连片种植面积超过5000亩，232个村建成了不少于500亩的产业基地。成功入选国家“一县一业”油菜科技示范县。全市佛手山药标准化种植面积达到1.5万亩。新发展雷竹面积2500亩。

重点项目。2020年度4个省重点、10个黄冈市“双百”项目第一时间复工，超额完成年度投资计划。74个市级重点项目开工68个，开工率92%。全市在建项目217个，其中亿元以上126个，均居黄冈首位。全市在库、在建的PPP项目总共15个，总投资48.65亿元。

城乡建设。省级“四好农村路”示范县创建有条不紊地推进。G220大金至界岭段一级公路、一尖山国际禅修旅游路、官太线、花桥东河口防汛路建成通车。高标准组织实施市民生态公园、武穴南高速口景观工程等“八大公园”建设。城区新增绿化面积41.8万平方米。老城区十一条主干道维修改造。566户危房改造任务按期完成。16个老旧小区改造全部开工，江海小区、酱品厂小区改造完成。成功创建省级生态文明建设示范市。创建2个省级生态镇，7个省级生态村。省级生态镇共达5个，生态村64个。城区空气优良天数率提高到90%。全市累计新建、改建“六类”厕所36006座，整治城区黑臭水体3处。全市开通5G基站21个。

脱贫攻坚。46个贫困村全部出列，19683户贫困户已全部脱贫，948户边缘户、脱贫监测户风险点全部消除。2020年，已就业贫困劳动力2.0674万人。2020年，全市共资助建档立卡贫困家庭学生25689人次、1754.5865万元，发放“雨露计划”补助资金2299人次、344.85万元，排查2017—2019年“雨露计划”漏补学生1288人次，补发资金193.2万元。全力开展30种大病集中救治工作，全年救治贫困人口12408人次。38户农村危房全部改造入住，补助资金已全部拨付到位。强力推进拆旧复垦工作，拆旧率、复垦率100%；加大易迁后续扶持力度，在30个集中安置点屋顶实施建设光伏发电项目，安排易迁公益性岗位116个，大型集中安置点石牛社区扶贫车间已建成投产，带动贫困户50余人就业。2020年完成840户饮水安全提升任务。2020年共为19346人农村低保对象、4600人特困供养对象发放资金12282.72万元，发放生活物资救助、物价补贴、残疾人“两项补贴”、高龄补贴等共计5335.4万元。

社会民生。全年减免社会保险费9662.72万元，拨付失业保险费457.44万元，灵活就业人员缓交养老保险费5000余万元。实施全民社保覆盖工程，全市城镇职工参保人数达17.57万人。医疗保险基本实现应保尽保，参保基本医疗保险69.96万人。健康武穴建设有序推进，全市人口平均预期寿命达到77.52岁。积极推进爱国卫生运动，申报创建国家级、省级卫生乡镇4个。规范建设发热门诊16家，新建P2实验室4家，市妇幼保健院、市疾控中心整体搬迁。启动新建市人民医院传染病大楼、市中医院新院区。教育事业进一步发展。投入资金7114万元实施教育项目78个。大力创建国家

2020年10月27日，武穴长江大桥成功合龙

级公共文化服务体系示范区。深入开展扫黑除恶专项斗争，大力开展“2020飓风扫毒”行动，强力打击食品药品环境违法犯罪，全市安全生产形势总体平稳，社会环境安全稳定。

（武穴市发改局）

黄梅县

【概况】 2020年，黄梅县实现地区生产总值235.38亿元，增速-4.8%；规模以上工业增加值同比增长1.2%，实现扭负为正；固定资产投资增速-19.2%；社会消费品零售总额增速-19.8%；公共财政预算收入增速-25.5%；城镇居民人均收入3.15万元、农村居民人均收入1.64万元。

产业发展。全县开展“四进”攻坚行动，由40名县级领导牵头，派驻工作组81个，工作人员504名，联合进驻330家企业和项目，兑现惠企援企政策，动员企业满员到岗，满荷运转，满能生产，全县“四上”企业330家全部实现复工复产，复工率、返岗率100%。农业生产稳中有增。全县粮食总产42.31万吨；油料总产7.45万吨；棉花总产5908吨。蔬菜总产23.22万吨。出栏生猪35.62万头，肉产量9.7万吨；出笼家禽562万只，禽蛋产量40万吨；水产品总量9.38万吨，名特优品种覆盖面积69.1%。工业经济升温回暖。全县131家规模以上工业企业增加值增速同比增长1.2%，居全市第六位，高于全市平均水平4.6个百分点。新增规模以上工业企业7家，新认定高新技术企业9家。工业产值150.6亿元，同比下降3.9%。康宏粮油、科普达、宇星水钻、亿诺瑞等63家企业产值过亿元。全年完成工业技改投资10.2亿元，占工业总投资比重8.2%，居全市第四位，技改投资增速同比下降39.5%，居全市第六位。服务业复苏加快。全县实现社会消费品零售总额142.04亿元，增速居全市第二位。扎实开展地标优品消费扶贫行动，全县共有240余家基层工会16000余人次，采购地标优品。线上线下累计销售地标产品547.8万元，全年累计开展9期电商直播带货，销售地标优品2000余万元。谦益米业、康宏粮油、袁夫稻田等企业，利用电商平台销售农产品1.4亿元。积极组织参与黄冈云上“一节一会”“与爱同行，惠游湖北，乐游黄冈”活动，全媒体开展直播带货，旅游推介，旅游综合收入15亿元。

项目建设。深入开展“双百”行动、“百日攻坚”等项目建设专项行动，以省市县三级重点项目为引领，安九高铁、黄黄高铁、五祖景区东山小镇、宇星水钻三期、龙源石膏、汤荣精密铸造、邢绣娘生态旅游产业园、小池戏曲文化小镇等一批重大项目顺利推进。聚焦“两新一重”，结合“十四五”规划，谋划储备“十四五”项目936个，总投资8500亿元。谋划储备中央预算内专项214个，总投资580.5亿元。建设抗疫特别国债（卫生类）项目8个，总投资22亿元。分四次举行项目集中开工活动，全年新开工5000万元以上项目55个，新增入库5000万元以上项目60个。在全市二、三、四季度重点项目拉练考核中，分别荣获1次第一，2次第二。项目建设和固定资产投资工作稳居全市前列。全年共争取中央和省预算内资金30996万元，全市排名第一（除市本级外）。

惠企援企政策出台。抢抓中央支持湖北一揽子政策等历史性机遇，广泛开展兑现惠企援企政策，加快各项政策落地实施。强化金融纾困。2020年，全县各银行机构累计发放企业贷款843笔25.7亿元，担保贷款12.2亿元，贷款利率较疫情前平均下降2.45%，企业综合融资利率下降1.17%。各银行机构对16家省级防疫重点保障企业累计投放专项贷款2.42亿元，同时享受贷款利率50%的贴息。实化降本减负。严格执行企业税收减免、缓缴等政策，累计减免企业税费4.35亿元，兑现奖补资金1.53亿元。严格执行水电气“欠费不停供”政策，为企业减免电费800余万元，工业用水价格再下降10%，工商业用气价格下降25.7%。国有资产房屋对市场主体免收租金。落实新冠肺炎防护用品技改企业进行财政补贴的政策，中益纺织成为黄梅首家口罩生产企业。深化稳岗就业。采取“点对点、一对一”方式，累计输送13.1万农民工返岗就业。举行“网上春风行动”等招聘活动，达成就业意向1213人。发放失业保险稳岗返还资金285万元，社保费198户享受免费政策912万元，210户享受失业保险免费金额62.3万元，214户享受工伤保险免费金额41.09万元；减免政策共计129户次将享受到141万元退费优惠。141户享受城镇职工医疗保险减费213万元；返还2019年失业保险费132户，金额285万元。

三大攻坚战。脱贫攻坚成效显著。全县建立97个帮扶部门、106名第一书记、500个驻村工作队1560名驻村工作队员、9596名党员干部结对帮扶体系，实现贫困村、贫困户帮扶全覆盖。全县建档立卡贫困人口27512户、73273人，已经全部实现脱贫，其中2020年脱贫1757户2794人，贫困发生率由9.32%下降至零；72个建档立卡贫困村（其中深度贫困村4个）全部实现脱贫出列，一批批昔日贫困山村旧貌换新颜。重大风险有效防范。紧盯重点领域、重点行业、重点区域风险防范，积极化解存量政府债务，从严控制新上政府投资项目。坚持防打结合、标本兼治，严厉打击非法金融活动；污染防治成效明显。中央和省级环保督察年度整改任务全面完成，启动了打造长江“最美岸线”和龙感湖流域综合治理行动工程。绿化长江岸线6303亩，拆除沿江码头28个，彻底整治长江流域及龙感湖非法捕捞问题。县域生态环境得到明显改善，居民饮用水源地得到很好保护。全面推进“厕所革命”工程建设，坚持以五大发展理念为指导，采取因地制宜、分类指导，以点带面、精准发力的办法，完成农村无害化厕所65859座，农村公厕1062座，乡镇公厕47座，城市公厕38座，交通公厕2座，旅游公厕23座，均按上级要求超额完成任务数，排名全市第一。

营商环境。弘扬“店小二”精神，坚持问题导向，紧盯难点堵点，切实回应企业关切，围绕“五个着力”优化营商环境，取得明显成效。加强顶层设计，打造“机制最活”升级版，完善“三个机制”(1+6工作机制，日常工作运行机制，考核监督机制)；着力系统集成，打造“政策最优”升级版，实现“三个一”(政策一本通，管理一张图，落实一单清)；着力要素保障，打造“成本最低”升级版，着力解决企业“三难”(触资难，用地难，用工难)；着力提速增效，打造“办事最快”升级版，全面推进“四个一”(一门全办，一网通办，一事联办，一次办好)；着力惠企援企，打造“服务最优”升级版，推进三个“强化”，(挂企助企帮扶，市场主体培育，法治环境建设)。对标对表营商环境112个任务清单，积极主动配合全省第三方机构对全县优化营商环境的评估验收。深入推进供给侧结构性改革。巩固“三去一降一补”成果，积极稳妥去产能，有效推动去库存，切实化解过剩产能、淘汰落后产能。着力简化投资项目审批环节，为激发有效投资，为企业“减负”“放行”，多措并举，减审批、强监管、优服务，实行与相关审批在线并联办理。大幅取消和下放行政审批事项，打通投资项目开工前“最后一公里”。继续放宽市场准入。严格执行市场准入负面清单制度，统筹推进“多证合一”“证照联办”改革。继续推进“互联网+”监管，推动市场监管日常检查“双随机一公开”方式全覆盖。继续完善“互联网+政务服务”一体化平台。持续推进政务诚信、商务诚信、社会诚信和司法公信建设，提高全社会诚信意识和信用水平。

社会民生。全县城镇新增就业人数8850人，城镇登记失业率控制在2.53%以内。发放养老金12.5亿元、退役安置及优抚金6797万元。2020年城建投资1.83亿元，建设项目14个，道路21条。续建的凤凰路、烟草路刷黑、C11路、园区B3路管网，总里程2.74公里，已全部完工；新建项目中五祖大道刷黑（二期）已完工，高铁大道、高铁一路、晋梅大道延伸段等10条道路正在建设，东二路二期、C10路二期等6条道路开展了前期工作；地下管网20公里中，已完成约4公里的污水管网建设。扎实开展“四城同创”，中心城区全面禁鞭，查违治违行动有力，黄梅镇网格化推进城区环境整治，保畅通、保整洁、保文明取得实效。争取教育建设专项资金1.26亿元，在建教育项目28个，其中县实验中学、八角亭中学、滨河中学（杉木中学）等重点项目均已开工或主体完工；县第八小学、黄梅一中小池滨江学校、县城南幼儿园、县城西幼儿园等项目正在有序地推进，2021年9月1日可以投入使用；积极谋划高铁新区教育城项目。全面启动医共体建设，县中医院整体搬迁加快推进。市场监管落实“四个最严”。应急管理体系日益完善，安全生产形势总体平稳，动植物疫情防控有力。平安黄梅、法治黄梅建设扎实推进，扫黑除恶专项斗争成效显著。全面完成“线索清仓”“逃犯清零”“案件清结”“伞网清除”“黑财清底”“行业清源”六大方面任务。

（黄梅县发改局）

龙感湖管理区

【概况】 2020年，龙感湖管理区实现地区生产总值（GDP）15.36亿元，其中一、二、三产业增加值分别为3.92亿元、5.35亿元、6.09亿元，分别同比增长-12.05%、-48.1%、6.57%，一、二、三产业比重为25∶35∶40；农民人均纯收入22276元，同比增长9.99%。全年实现全口径财政收入1.686亿元，同比增长-0.03%。全年完成全社会固定资产投资总额6.17亿元。全区实现社会消费品零售总额12.37亿元，同比增长-7.35%；外贸出口额730万美元。

2020年，全区实现农、林、牧、渔业总产值10.89亿元。全区小麦收获面积66.7公顷，总产260000千克；油菜收获面积53.3公顷，总产104000千克；水稻种植面积4033.3公顷，总产33275000千克；蔬菜种植面积200公顷；杂作种植面积205公顷，虾稻共生面积4033.3公顷。出栏生猪1.95万头，奶牛存栏0.0306万头，家禽出笼28.34万羽，肉类总产量2427.3千克，禽蛋产量1311千克，牛奶产量720千克。全年精养水面1193.3公顷，水产品总产量20585000千克。小龙虾养殖面积4033.3公顷，“虾稻共生”占全区水稻面积的95%以上。全年全区拥有农业机械总动力14.67万千瓦。大田作物机械化作业率达98%，其中水稻、小麦耕整及收获机械化率达100%。

2020年，全区规模以上工业企业27家，实现规模以上工业总产值12亿元，工业用电量2.6亿度，工业投资2.1亿元，技改投资2.2亿元，保持了经济平稳运行。全年外贸实际完成出口创汇700万美元，全面完成外贸出口任务。全区新签约项目7个，合同投资总额15亿元，其中亿元以上项目5个，合同投资额12.5亿元；新开工亿元项目4个，合同投资额10.5亿元；新投产项目3个，合同投资额6亿元。

2020年，全区落实环保项目资金1500万元，利用项目资金启动实施生态修复工程1处。全区环境保护督察整改任务均已全部按时完成，其中，第一轮例行督察整改任务总数30个，第一轮“回头看”整改任务总数10个，省级环保督察整改任务总数21个。2017-2019年全区共涉及“绿盾”点位175个，其中115个为鱼池、稻田、道路等，无需整改类别，60个为需要整改的问题，均已整改销号，2020年10月20日通过省级现场核查验收。发证排污许可发证登记总任务数105家，其中33个行业清理整顿类6家（发证3家、登记3家），均属于禁发类型，91个行业类99家（发证48家，应发35家、登记51家，应发33家），按照发证登记工作要求，严格做到应发尽发、不漏一家，共计发证登记68家。

2020年，全区启动交通建设投资4.54亿元，完成主要工程项目10个，完成交通建设固定资产投资2.78亿元。

启动在建项目5个，交通建设项目规模4.54亿元。投资6000余万元，完成龙感湖S240黄小高速龙感湖出口至G105改建工程K0+000Z至K6+023龙感湖工程项目。投资48万元完成沙湖办事处下牛线改造加宽工程项目，投资265万元完成严家闸办事处黄邓线、严王线改建工程项目。争取扶贫项目补助资金173万元，建设扶贫路7公里，新建桥梁1座，改善贫困户13户和4个行政村道路通畅条件。疫情管控期间，设立交通联防联控检查点7个，隔离点2个，交通系统共参与防控人员2560人次，累计检查登记出入车辆6261辆，检测登记出入人员体温11275人次，放行登记应急物资和生活物资运输车辆1530台次，现场劝返违反防控规定车辆168台，劝返人员790人。消杀客运车辆1730台次，消杀公共场所1.35万平方米。共派出运输车辆100台次，抢运应急救援物资100多吨。及时开通“一站式、点对点”服务，发往专列30辆，安全运送复工复产务工人员980余人；开通安徽宿松、华阳河农场等地虾农专列21辆，安全运送虾农230余人。投资2000万元改造升级城区主要道路，包括雨污分流管网铺设、自来水管网更新、弱电入地、人行道铺装、路面加宽黑化、绿化、亮化等。对全区生产队范围内所有房屋进行排查登记录入，共排查录入农村住房4795户，覆盖率100%。

2020年，全区指导企业申报专利55件，新申请认定5家企业为高新技术企业。全年争取各类科技项目6项，争取科技项目资金80万元。签约科技副总、创新团队3个，校企合作2项，成果转化1项。积极组织参加第三届黄冈地标优品云上博览会暨东坡文化旅游节，首次将“水乡湿地候鸟天堂”龙感湖地标优品馆迁建云端，展示地标优品2个，发布招商项目7个、推介7大项优惠政策。疫情期间，创作民间文艺作品200件，其中文学作品100件、书画作品40件、歌曲5首、民间文艺10件。

2020年，全区职工参加养老保险实际缴费9194人，征收社保费7440万元，全区退休人员10436人，发放退休资金2.95亿元，新增退休503人，办理社保卡2172张，发放社保卡1860张。全年共争取民政项目资金1268.23万元，发放低保金547.3万元。为233名困难人员发放临时救助95.9万元。启动物价联动补贴10次，发放价格临时补贴173.8万元。开展疫情期间特殊困难群体救助，及时对全区1920个民政对象发放生活补贴96万元。落实残疾人救助政策，发放护理补贴77.59万元，生活补贴31.99万元。对929名符合代缴医保政策的残疾人进行全额资助。规范开展慈善捐赠，开设专户共接收抗疫捐款228.4万元。落实283名优抚对象待遇，发放抚恤金148.97万元、医疗救助1.14万元，为82名优抚对象代缴居民医保。

（龙感湖管理区发改局）

咸宁市

综　述

【概况】　2020年，咸宁市实现地区生产总值1524.67亿元，比上年下降4.9%。三次产业结构比为14.3∶41.2∶44.5。规模以上工业增加值同比下降5.5%；固定资产投资下降21.7%；社会消费品零售额604.04亿元，同比下降14.7%；进出口总值73.92亿元，同比增长17.7%；地方一般公共预算收入70.89亿元，同比下降25.1%；城镇新增就业人数4.74万人，比上年少增0.59万人；居民消费价格上涨2.5%，涨幅比上年回落0.2个百分点。

【疫情防控】　全面落实“四早”防控方针、“四集中”救治原则，在全省率先实现确诊病例和疑似病例“双清零”，万人感染率武汉城市圈最低，治愈率排名全省第三，医务人员“零”感染。抓好常态化疫情防控，坚持“人物地”同防，严防输入、严防反弹，不断巩固疫情防控决定性成果。在全省率先谋划推进复工复产。2月以来，按照“不安全、不生产”要求，支持符合条件的企业有序复工复产，3月底1040个三类项目全部开复工。9月底复工“四上”及房地产开发企业2017家，复工率99.3%；规模以上工业企业复工电力指数98，排全省第4。

咸宁高新区南玻光电玻璃有限公司生产线（产品广泛用于触摸电子显示、车载、智能家居、汽车等高科技领域）

【经济结构】 农业生产稳定发展。全市农林牧渔业实现增加值231.29亿元，比上年增长0.6%。稳住了“米袋子”“菜篮子”“肉盘子”，粮食总产量116.85万吨，比上年增长0.3%，其中，夏粮3.89万吨，秋粮112.94万吨；蔬菜及食用菌产量245.43万吨，与上年持平；肉类总产量15.92万吨。茶叶、油茶、桂花、蔬菜等11个特色产业加快发展，标准化基地总面积达到400万亩，嘉鱼甘蓝入选中国特色农产品优势区。新增全国“一村一品”示范村镇1个。新增市级农业产业化龙头企业30家，培育省级示范家庭农场42家，获批创建咸宁国家农业科技园区。工业生产稳步回升。规模以上工业企业992家，规模以上工业增加值连续8个月当月正增长。新增市级“隐形冠军”示范企业12家，国家绿色工厂5家，省级智能制造试点示范企业2家，“两化”融合发展试点示范企业5家。高新技术产业增加值252.94亿元，占GDP比重为16.6%，比上年提高1.6个百分点。六大高耗能行业增加值下降7.6%，增速比上年下降14.9个百分点，占规模以上工业的比重为37.0%，比上年下降0.2个百分点。服务业稳健恢复。第三产业增加值678.45亿元，下降2.7%；占GDP比重44.5%，比上年提高1.2个百分点。旅游业逐渐回暖，开展“咸宁人游咸宁”“乐享咸宁”等活动，A级以上旅游风景区38个，全年旅游总收入355.00亿元，比上年下降9.9%。全年接待旅游人数6840万人次，下降10.4%，降幅比年初均明显收窄。通山县获批国家全域旅游示范区，崇阳白崖山景区成功创建4A景区。举办金融“早春行”“特别行”等活动，17家银行授信401.64亿元。连续18年获批“金融信用市”。年末金融机构各项存款余额1797.12亿元，同比增长12.7%；贷款余额1288.8亿元，增长16.4%；余额贷存率71.7%。房地产业复苏势头明显好于预期。

【投资消费】 积极扩大有效投资。成立市政府主要领导任组长的推进重大项目建设工作领导小组，开展全民谋项目、全域谋项目、全员抓项目活动。继续落实重大项目领导联系包保制度。28个省级重点项目完成投资135.1亿元，占年度计划144.8%，位于全省第3位；3个省委省政府督办项目完成投资19.4亿元，占年度计划的161%；130个市级重点项目完成投资336.4亿元，占年度计划174.4%。落实“1+1+8”联系督导机制。累计争取中央和省预算内投资项目404个，争取下达资金14.5亿元。实现“一引一、一转一、一加一”招商，新签约项目712个，投资总额963亿元。组织四次项目集中开工活动，累计新开工项目447个，总投资1282.3亿元。新开工亿元以上项目159个，总投资881亿元；10亿元以上新开工项目21个，总投资406亿元。谋划一批进入国家、省规划盘子的大项目。“十四五”规划项目库经过四轮修改完善，共梳理项目3659个，总投资3.5万亿元。制定《咸宁市疫后重振补短板强功能“十大工程”三年行动方案》，建立疫后重振滚动项目库，梳理在建项目459个，总投资约757亿元。消费市场持续复苏。开展发放消费券、直播带货等促销活动。全市社会消费品零售额604.04亿元，比上年下降14.7%。其中，城市消费品零售额404.49亿元，比上年下降15.2%；农村消费品零售额199.55亿元，比上年下降13.8%。按消费类型统计，批发零售业491.49亿元，比上年下降14.0%；住宿餐饮业112.55亿元，比上年下降17.6%。全市限额以上商品零售额126.42亿元，比上年下降6.7%。消费新业态快速成长，全市通过公共网络实现的限额以上商品零售额3.64亿元，比上年增长43.4%。

【改革开放】 “科创中国”试点城市建设现场会、全省“双安双创”工作现场会、全省供销社改革发展现场会在咸召开，国家级政务服务和公共资源交易监管标准化试点、全国居家社区养老服务改革试点通过验收，全国财政支持深化民营和小微企业金融服务综合改革试点、全国城市绿色货运示范工程创建试点等重要领域改革扎实推进，咸宁城市信用评价位列全国第十三位，全省第一位。在全省率先开通“12345”营商环境投诉专线，政务服务24小时“不打烊”。企业开办推行“210”标准，新增市场主体增幅排名全省第一。积极推动三赢兴、平安电工、海威复合材料、维达力等企业上市。实施“南鄂英才”“招硕引博”计划，成功举行“南鄂杯高创赛”，引进高素质人才 279 名，签约高层次人才项目 28 个。对接中央支持湖北一揽子政策，争取上级资金 65.14 亿元。严格落实纾困惠企政策，降低企业成本 29.01 亿元。常态化开展领导干部联系服务企业活动，解决民营企业突出问题 469 个。普惠型小微企业贷款利率较年初下降 1.34 个百分点。进出口逆势增长。全市进出口总值 73.92 亿元，比上年增长 17.7%。其中，进口 8.14 亿元，比上年增长 17.8%；出口 65.78 亿元，比上年增长 17.7%。推进外贸“三项工程”，新增出口实绩企业 40 家。新批外商投资企业 4 家，全年引进合同外资 1077 万美元，实际利用外资 3750 万美元，比上年增长 1.4%。“一带一路”赤壁青砖茶产业发展大会成功举办，做好省政府向蒙古国捐赠 3 万块赤壁青砖茶的服务工作。新增国际友好城市 1 个。顺利举办全国农产品(幕阜山片区)产销对接扶贫行活动。

【城乡协调发展】 坚持城乡互促、全域推进，加快城乡融合发展。城市品质持续提升。创建全国文明城市深入推进，开展“万人洁城”“全民洗城”活动，提供清洁志愿服务 5 万余人次。主城区北部空间面貌日新月异，大洲湖湿地公园等重点项目顺利推进。城市管理实行月度综合评价奖惩机制。加快推进 89 个老旧小区改造项目。开展市容环境综合整治“百日攻坚”、市容环境综合整治月活动。建设 29 个垃圾分类示范小区，覆盖 3.8 万户，建成垃圾分类示范路 3 条、示范公园 1 个。赤壁市获批国家级新型城镇化建设示范市，通城砂布小镇入选第三批省级特色小镇。美丽乡村建设扎实开展。推进 82 个美丽乡村示范村、331 个整治村建设。开展农村人居环境整治“百日巩固”行动，清理垃圾 23.6 万吨。累计建改农户无害化厕所 20.11 万户。石门村入选中国美丽休闲乡村。基础设施建设加快推进。黄盖湖防洪治理工程、咸宁 500 千伏变电站扩建工程顺利建成，核电重件码头投入运营，赤壁长江公路大桥主体工程即将完工，106、107 国道改建、咸宁大道西延伸段工程扎实推进。普通公路桥梁三年消危行动全面启动。完成“咸宁风景道”道路改造工程 456.6 公里、骑行道 129.9 公里、景观提升工程 294 公里。赤壁市获批创建国家新型城镇化建设示范市。在全省乡村振兴实绩首考中综合排名第四，咸安区、崇阳县被评定为“优秀”等次。

【生态建设】 污染防治攻坚战深入推进。持续开展“蓝天、碧水、净土”保卫战，斧头湖治理外源截污、黑臭水体整治、淦河综合治理等 23 项重点任务有序推进，咸安区、通城县土壤污染修复治理试点顺利实施，继续打好长江大保护 15 个专项战役，沿江绿色生态廊道咸宁段港口岸电建设任务全面完成。长江禁捕退捕工作完成登记退捕渔船 1854 艘、拆解率 100%。生态修复取得积极进展。全面实行河湖长制，推进河湖“清四乱”工作常态化规范化。完成精准灭荒 22 万亩，长江沿岸造林 2.9 万亩，造林面积全省第一。通过国家森林城市复查。咸宁获批湖北省生态文明建设示范市，崇阳入选国家生态文明建设示范县和中国天然氧吧。全市生态环境状况指数为 73.82，生态环境质量等级为良。城市空气质量优良天数比例为 94.0%，比上年提高 15.4 个百分点。区域水环境总体水质状况为优，主要地表水体水质符合Ⅰ～Ⅲ类标准的断面、点位比例为 95.8%，比上年提高了 4.3 个百分点；断面、点位水质功能类别达标率为 91.5%，与上年度持平。城市集中式饮用水水源地水质达标率 100%。生态文明示范成效明显。成功创建省级生态文明建设示范市，崇阳县成功创建国家生态文明建设示范县。争创森林城镇 12 个，崇阳雨山公园获批国家石漠化公园。全国黑臭水体治理示范城市创建工作有序推进，长江生态环境污染治理“4+1”工程全面开工。

【民生福祉】 坚持以人民为中心的发展思想，民生支出占比 78.2%。脱贫攻坚取得决定性成果。38.3 万贫困人口稳定脱贫，192 个贫困村全部出列，3 个贫困县全部“摘帽”，33993 人易地扶贫搬迁任务全部完成，实现区域性整体脱贫。就业保持稳定。疫情期间，“点对点、一站式”输送外出就业人员 30.08 万人。公益性岗位安置就业困难人员 8026 人。长江退捕渔民 3595 名，退捕渔民社保安置率 100%。社会保障更加有力。不惜一切代价救治新冠肺炎患者，实施免费治疗政策。再次全面提高社会救助水平，城市低保、农村低保、农村特困人员人均保障标准比 2019 年提高 1.6%、5.1%、7.7%。连续 9 个月启动价格联动机制，累计发放物价补贴 1.34 亿元，惠及 124.5 万人次。社会事业不断发展。全国儿童青少年近视防控试验区项目全面启动。全市新增中小学学位 5.32 万个。湖北健康职业学院、武昌首义学院嘉鱼校区建成开学。市中心医院传染病区、鄂南重大疫情防控救治基地等项目加快建设。“一村一名大学生村医”计划顺利实施，523 名定向医学生在读。通过国家卫生城市复审。社会治理水平不断提高。实施市域治理现代化“1+7”方案。安全生产形势总体平稳。全面落实粮食安全行政首长责任制、菜篮子市长负责制，疫情期间粮油供应稳定。防范化解各领域重大风险取得实效，社会大局保持和谐稳定。亿元 GDP 生产事故死亡率 4.5%，比上年下降 1.3 个百分点。

（咸宁市发改委）

咸安区

【概况】 2020 年，咸安区实现地区生产总值 361.45 亿元，同比下降 5.5%。从三次产业来看，第一产业增加值 34.52 亿元，较“十二五”末同比增长 22.7%；第二产业增加值 158.65 亿元，较“十二五”末同比增长 57%；第三产业增加值 168.28 亿元，较“十二五”末同比增长 137.45%。一、二、三产业占生产总值比重由 2015 年的 14.1∶50.5∶35.4 调整到 2020 年的 9.55∶43.89∶46.56，第三产业比重继续上升，产业结构不断优化。2020 年全区农业总产值（现价）62.98 亿元，同比增长 3.78%，较“十二五”末同比增长 30.39%。159 家规模工业企业完成总产值 332.7 亿元，同比下降 12.2%。规模工业企业完成销售产值 320.1 亿元，同比下降 9.2%。社会消费品零售总额 150.73 亿元，同比下降 14.7%，较“十二五”末同比增长 43.5%。地方财政总收入 142505 万元，同比下降 25.5%，较“十二五”末同比增长 17.75%；地方公共财政预算收入 100303 万元，同比下降 27.4%。

疫情防控。始终把疫情防控作为头等大事来抓，第一时间启动重大突发公共卫生事件一级响应，改造定点救治医院，采取“硬核”管控措施，用一个月时间遏制疫情蔓延；用两个月时间稳定局势、扭转局面；用三个月时间基本恢复正常生产生活秩序。全区报告病例 311 例，治愈出院 307 人，治愈率 98.71%。咸宁市第一人民医院获全国抗疫先进集体荣誉。抓好常态化疫情防控，落实落细常态监测、“人物地”同防、多点触发等防控举措，持续巩固疫情防控成果。

经济发展。全年新增规模以上企业 12 家、上“云”企业 200 家、新四板挂牌企业 14 家。真奥药业获评国家绿色工厂，真奥金银花口服液纳入国家医保药品目录。粮食产量 22.04 万吨，蔬菜产量 40 万吨，生猪出栏 42.95 万头。积极对接中央支持湖北发展一揽子政策，争取上级转移支付补助收入 31.3 亿元。精准出台 6 条区级惠企政策，严格落实各项纾困惠企政策，新增减税降费 2 亿元，新发放企业贷款 16.36 亿元，延期、续贷、展期 22.2 亿元。向重点企业派驻 109 名驻企特派员。新组建政府性融资担保机构区经开融资担保公司。整合 2000 家商贸服务类企业、门店，组建桂乡商圈联盟，实行消费积分抵现，开展“与爱同行 惠游湖北”“咸宁人游咸安”“香城之夜直播”活动，促进消费回补。

项目投资。全年新签约项目 159 个，协议投资额 137.86 亿元。集中开工项目 64 个，总投资 199.5 亿元。25 个省、市重点项目完成投资 96 亿元，占年度计划的 185%。谋划实施疫后重振补短板强功能“十大工程”项目 256 个，总投资 1806.35 亿元。抢抓全省新一轮水利补短板机遇，策划 13 个防洪补短板项目，总投资 19.42 亿元，挤进省项目库纳入省级三年计划。

改革创新。深化“放管服”改革，取消区级许可事项 2 项、证明事项 83 项。人社、医保窗口成建制进驻区政务中心。“不动产登记+税务”“不动产登记+水电气”实现一窗通办、一次办好。区镇村三级政务服务体系建设地方标准，被省优化营商环境领导小组作为典型经验在全省推广。实行企业开办“210”标准，新增市场主体 8286 户。围绕赋权、明责、减负、增效，制定赋权承接、综合执法、双向派单等 13 个配套实施方案，积极稳妥推进街道管理体制改革。深化投融资体制改革，重启运作区交建投、凤凰投资。新认定高新技术企业 23 家，科技型中小企业 58 家。香城文创空间完成提档升级，入孵企业 94 家，获评省级众创空间和省级大学生创业孵化基地。创新食品安全监管模式，实现由传统人海战术向智慧化监管转变，在万达广场打造全市首家智慧监管示范商圈。盛通白水畈萝卜基地获评省级星创天地，向阳湖现代农业科技示范区获评国家农业科技园区。

城乡建设。坚持以创文固卫、城市管理月度综合评价为契机，秉持“精细、精致、精心”的理念，着力提升城乡功能品质。完成 65 个老旧小区改造、29 条背街小巷维修改造、10 个城区农贸市场升级改造。启动宏大农贸市场升级改造。新增机动车停车位 870 个、非机动车停车位 2650 个，缓解城区停车难问题。统一规划设计更换临街店招 319 处。新建 5G 基站 864 座。投入资金 4.27 亿元，推动 6 个交通项目建设，S356 横沟至黄沙铺公路改建工程一期顺利完工，中城路建成通车。投入资金 2.23 亿元，推动 8 个水利工程建设，斧头湖流域湖堤加固工程等项目顺利完工。筹措资金 1054 万元，完成重点水利工程水毁修复。实施乡村绿化项目 42 个，改造提升通道绿化 340 公里。投资 5.28 亿元的向阳湖奶牛场全域国土综合整治项目纳入省级第一批试点。启动大幕乡西山下村、贺胜桥镇黎首村等 6 个美丽乡村示范村和官埠桥镇张公庙村、马桥镇金桥村等 25 个整治村建设。

生态建设。深入实施长江大保护，严格落实长江流域重点水域禁捕退捕，608 艘退捕渔船完成拆解补偿，47 艘转为生产生活用船。156 名退捕渔民实现养老、医疗保险全覆盖，法定劳动年龄内退捕渔民全部转产就业安置。全面完成禁食野生动物退出工作。深入开展秸秆禁烧、非道路移动机械、扬尘综合管控、散乱污企业等专项整治，空气质量优良率 93.7%。开展碧水保卫战示范创建行动。落实河湖长制，常态化开展徒步巡查、河湖“清四乱”。聘请保洁员 113 人，实现区级河湖库保洁全覆盖。新增天然林保护面积 2 万亩。投入资金 2196 万元，完成第一期非煤矿山生态修复，关停 11 家非煤矿山。受污染耕地安全利用率 100%。省级生态文明示范区通过考核验收。

社会民生。开展“点对点、一站式”送工 3.2 万人，事业单位招聘规模扩大至 757 名，新增就业扶贫特岗 1000 个，发放创业担保贷款 1.09 亿元，城镇新增就业 5721 人，城镇登记失业率 2.78%，就业大局保持稳定。提高社会救助标准，发放困难群体救助金 1.3 亿元。继续实施城区义务教育三年行动计划，市第六小学等 4 所学校建成开学，新增学位 5280 个。制定教育系统比较绩效实施方案，增加预算资金 7787 万元，保障义务教育教师平均工资收入不低于公务员平均工资收入。投资 5.2 亿元的区文体中心项目一期封顶，建成群艺、图书分馆 27 个。区疾控中心整体搬迁、市第一人民医院传染病大楼新建等 12 个公共卫生补短板项目加快建设，完成乡镇卫生院、区中医院、区妇幼保健院发热门诊新建和改扩建。

（咸安区发改局）

嘉鱼县

【概况】 2020年，嘉鱼县地区生产总值275.39亿元，三次产业结构为17.1∶49.5∶33.4；地方财政总收入16.18亿元；一般公共财政预算收入9.85亿元，其中税收收入8.39亿元，占公共财政预算收入比重为85.2%；社会消费品零售总额79.79亿元；外贸出口额48465.3万元。金融机构存款余额189.14亿元，同比增长11.1%；城镇常住居民人均可支配收入32333元，农村常住居民人均可支配收入18540元。

产业转型。现代农业加快向融合化发展。全县蔬菜种植总面积达到58.7万亩，总产量172万吨；蔬菜绿色食品认证面积26.6万亩，认证产量120万吨。累计认定“三品一标”产品238个，农业产业化规模企业发展到87家，培育省、市级重点龙头企业31家，实现规模以上农产品加工产值227亿元；建成农产品批发市场13个，交易农产品200多万吨；建成特色休闲山庄、农家乐110家。制造业加快向高技术转变。完成工业产值566亿元，完成技改投资项目60个，技改投资60.2亿元。新增规模以上工业企业16家，全县规模以上工业企业达到206家。现代服务业加快向高品质迈进。成功获评全省首批“荆楚文旅名县”创建县，全年共接待游客560万人次，旅游总收入32亿元；建成镇级电商物流服务站点9家，农村淘宝村级服务站38家。举办企业融资银企对接会6场，惠及企业40家。

项目投资。省、市级重点项目累计完成投资84.23亿元，完成进度195.58%；134个县级重点建设项目，竣工项目15个，进度正常项目70个；全年新签约项目116个，总投资354亿元，其中亿元以上项目25个，顺乐钢铁、海翔新能源等7个超10亿元项目落户嘉鱼。争取2020年中央抗疫特别国债3.05亿元，争取中央和省预算内投资项目44个，到位资金3.27亿元，发行政府专项债券2.12亿元。

环境保护。生态环境改善明显。空气优良率达到91.5%，嘉鱼经济开发区污水处理厂和7个乡镇生活污水处理厂建成投入运行，清理河湖库及城乡生活垃圾8.6万吨，无害化处理率100%。岸线复绿5.24万亩，长江断面水质达标率100%，长江禁捕及配套工作取得显著成效，得到国务院副总理胡春华同志充分肯定。

城乡建设。提升城市品质。金虾湖大道、小湖大桥等城市干道陆续贯通；小雅公园、马鞍山公园等项目先后建成；数字化城管指挥中心等相继投入使用，整治各类违法行为1400余次，拆除有安全隐患的广告牌120块，清理“牛皮癣”700余处，拆除违建面积2万平方米。实施乡村振兴。全县2.2万座三年“厕所改造”任务全面完成，危房改造基本清零，农村生活垃圾无害化处理率达到95%，农村饮水巩固提升工程全面完成，全域供水、供气加快推进，4个美丽乡村示范村和20个整治村规划加快建设。完善基础设施。武深高速法泗连接线、G351、武赤线改造升级、潘家湾镇田园综合体等项目建设完成；农村公路提档升级工程完成100公里，官桥镇荣获“四好农村路”省级示范乡镇；S359、东吴大道陆八舒扶贫旅游公路、三环线延伸段等项目基本贯通。

武昌首义学院嘉鱼校区建设项目

社会民生。脱贫攻坚任务如期完成。10049户34644名农村贫困人口全部脱贫，12个贫困村全部出列；易地扶贫搬迁282户798人全部搬迁入住，房屋产权证办理完成。举办“春风行动”、巡回招聘等活动，2.7万人克服疫情影响成功就业。武昌首义学院嘉鱼校区如期开学，武汉东湖学院南校区启动建设；新县实验小学、县第一小学方庄校区建成开学。组建医共体2个，县妇幼保健院、新街卫生院、渡普卫生院、发热门诊完成提档改造，乡镇医养融合服务站实现全覆盖，人民医院传染病区、中医院、新县疾控中心快速推进；顺利通过国家卫生县城复审；陆溪镇、官桥镇获评国家卫生乡镇，新冠肺炎疫情阻击战和日常防控取得重大成果。组织乡村春晚、廉政文化下基层、文化惠民进景区等活动124场，开展新年音乐会，春节联欢晚会和第七届群众广场舞大展演等活动。全县养老保险、基本医疗保险实现应保尽保，建立特殊群体和困难家庭联系帮扶机制，基本生活需求得到保障。

（嘉鱼县发改局）

赤壁市

【概况】 2020年，赤壁市实现地区生产总值443.39亿元，三次产业结构由2019年的10.86∶44.85∶44.29调整为11.93∶41.85∶46.22。一般公共预算收入14.5亿元，其中税收收入11.37亿元，占一般公共预算收入比重达到78.4%。社会消费品零售总额达145.25亿元。进出口总额达25.59亿元，比上年增长13.9%。金融机构各项存贷款余额510.95亿元，比上年增长14.97%。城镇居民人均可支配收入33586元。农村居民人均可支配收入18347元。

产业发展。做优特色农业。青砖茶、猕猴桃、小龙虾三大产业发展势头迅猛。组建赤壁青砖茶研究院，建设区域茶叶交易中心，全市茶叶种植面积16.2万亩，全产业链产值47亿元，跻身全国百家重点产茶县（市）第6位。建成优质猕猴桃基地6.2万亩，打造猕猴桃等优势农产品出口基地。建成小龙虾良种繁育基地5000亩，稻虾共作综合种养面积超过25万亩。做强新型制造业。聚焦应急装备、电子信息、电力能源、纺织服装、大健康五大主导产业，组建运营高质量发展研究院、应急产业研究院，维达力实业（深圳）有限公司总部从深圳整体搬迁至我市，总投资60亿元的维达力一二期建成投产，三期部分投产。做大现代服务业。陆水湖风景区改造升级并顺利开园，卓尔·羊楼洞古镇项目加快建设。持续实施“金种子”“银种子”培育工程，荣获全省最佳金融信用县（市）。投资10亿元的天驰国际车城开工建设。西湖国际大型商业综合体投入运营。

招商引资。全年引进项目160个，其中，10亿元以上项目8个，招商引资到位资金270.75亿元。重点项目加快推进。全年争取到位项目资金11.63亿元，成功发行企业债券12亿元。全市481个重点项目开工374个，完成投资131.77亿元，万津实业、住方科技、辉源智慧科技、宏大新型建材、富祥盛铝膜等一批重大产业项目建成投产。列入省“三库”项目303个，总投资2139.57亿元。

三大攻坚战。脱贫攻坚取得决定性成果，23个贫困村9670户34256名建档立卡贫困人口全部脱贫出列。污染防治成效显著，长江非法码头全部取缔，18公里岸线全部复绿，城镇污水处理率100%，主要河流监测断面水质达标率和地表水环境达标率均为100%，城区空气优良率91.4%。经济金融领域风险管控有力，全市银行不良贷款率1.1%，政府性债务风险评定为绿色等级。

城乡建设。提升城市品质。谋划城镇化补短板、强弱项项目184个，总投资422.57亿元。生态新城路网框架拉开，北山路全线贯通，东洲人行桥建成通行，“一河两岸”全面治理，投资2.57亿元改造27个老旧小区，砂子岭公园开园，长江取水工程开工建设，城市公共停车场加快推进。实施乡村振兴。启动39个村庄规划编制工作，整合各类涉农资金3亿多元，实行“一村一策”“一体一策”，累计建成省级生态镇5个、省级生态村35个、省级宜居乡村11个、省级美丽乡村80个、省级绿色示范乡村39个。促进城乡融合。乡镇政务服务大厅和村（社区）便民服务室规范化建设全覆盖，市、镇、村三级政务服务体系纵向贯通。农村电网全面升级，加快城乡公交、供水一体化，开通县际公交线路3条、农村公交线路11条，投入新能源公交车137辆，乡镇水厂收购全面完成、实现同质同服务。

社会民生。补齐公共卫生短板。策划公共卫生服务体系补短板项目47个，总投资27.43亿元。建成市疾控中心，组建运营市医疗集团，市人民医院感染病区、市健康大数据中心、市集中医学隔离观察点等加快建设。补齐环境卫生短板。启动陆水工业污水处理厂和27个整治村污水处理项目，完成望山污水处理厂改扩建，升级改造垃圾中转站7座，餐厨垃圾终端处置项目试运行。补齐水利设施短板。黄盖湖防洪综合治理项目主体工程、陆水干流防洪治理项目（二期）主体工程、2019年水利设施补短板冬修项目已完工；新店河羊楼洞段治理工程、长江中下游嘉鱼段河道整治工程（赤壁部分）项目开工建设；11个项目已纳入省政府水利补短板三年行动方案，估算总投资6.29亿元。

（赤壁市发改局）

2020年，维达力实业（赤壁）有限公司——电子玻璃产业基地

通城县

【概况】 2020年，通城县地区生产总值162.27亿元，同比下降4.5%；实现规模工业增加值增速-2.6%；固定

资产投资同比增长-21.7%；社会消费品零售总额完成 83.3 亿元，同比增幅-14.8%；进出口总额 8.8 亿元，同比增长 1.2%；地方公共财政预算收入完成 6.13 亿元，同比增长-25.8%；城镇和农村常住居民人均可支配收入分别达到 30834 元和 16218 元，分别增长-2.3%和-0.9%，实现了主要指标稳步回升、重振加快的良好态势。

产业发展。工业加速回暖。全年新增规模以上企业 11 家，达到 103 家，超额完成市定目标任务；新增科技创业企业 18 家，超出计划 3 家；申报认定高新技术企业 13 家；完成科技成果登记 8 项，实现科技成果转化 15 项，技术合同成交额达到 5.04 亿元，均已超额完成市定目标任务。高端线材、涂附磨具等四大百亿产业加速聚集。农业稳步恢复。全年粮食播种面积 44.63 万亩，粮食总产量达 16.46 万吨；全年油料总产量达到 2.22 万吨，同比增产 0.62 万吨；蔬菜总产 15.51 万吨；生猪产能快速恢复，全年生猪存栏 31.8 万头，同比增长 40.6%，生猪出栏 54.58 万头，同比增长 21.5%。外向经济活跃。全县外贸进出口企业达到 68 家，进出口实绩企业 30 家。连续三年参加国际进口博览会，打造通城名片，发展外向型经济的经验做法被中央电视台、新华社等 30 多家中央、省市媒体争相报道。“游美丽乡村，购世界品牌”“喜游通城”活动强势打入武汉旅游市场。全年累计接待游客 480 万人次，旅游综合收入超过 28 亿元。

通城县龙潭水厂建成于 2020 年 11 月底，设计日供水规模 1.4 万吨，受益人口 14 万人

项目投资。加强项目策划。精准对接国家和省市战略，筛选 2020 年政府投资计划项目 143 个，申报中央特别国债和贷款项目 302 个，策划“十四五”规划项目 839 个，编制补短板强功能“十大工程”三年滚动项目 199 个，策划中医药产业园、砂布小镇、油茶产业三产融合示范、对接东部大通道四大百亿工程。全年新签约项目 129 个，到位资金 102.47 亿元。新引进亿元以上项目 20 个。永豪电业、泰汇科技、九楚膏剂、凯兴金属等一批新项目成功落地。开展项目“百日攻坚”“提速提效”与“比晒亮”行动，督促 44 个中央预算内投资项目全部开工，21 个省市重点项目和 61 个季度集中开工项目快速推进，140 个县“五联”项目中 91 个项目按计划开工或完工。中星商业广场、疾控中心、中医药健康产业园、老旧小区改造等项目建设取得明显成效。全县纳入省“三库”项目储备库和建设库累计转化率分别达到 43%和 35%以上，均超额完成目标任务。全年争取中央和省预算内投资项目 49 个，到位资金 1.8 亿元。帮助 8 家民营企业申请融资贷款 3.76 亿元。组织开发区扩区调区申报，拟将园区面积由 30.51 公顷申请扩区到 1457.82 公顷，化解项目用地紧张局面。

生态建设。全县建成省级绿色（示范）乡村 24 个、省级森林城镇 1 个、国家森林乡村 15 个。全年义务植树 617.5 万株，森林覆盖率达 54.18%，通城县被选定为全省“绿水青山就是金山银山”示范县创建单位。人居环境大幅改善。蓝天、碧水、净土三大保卫战成效明显。全面禁止秸秆露天焚烧，加强扬尘管控；全面实施水污染防治行动。岳姑林场被授予国家森林康养基地、黄袍林场被授予全国森林康养基地试点单位。美丽乡村异彩纷呈。建成高冲公社、九井峰茶文化品赏园等 17 个乡村振兴和美丽乡村示范点，其中 6 个评为 2A 级景点，内冲瑶族村景区获评 3A 级景区、全国康养基地和全省民族特色村，北港横冲村被评为全国乡村治理示范村。

基础设施建设。完成五里大道、沙堆至大溪湿地公园公路主要路段和庄前至药姑山公路建设，完成 G106 和 G353 国省干线大修，完成升级改造农村道路 401 公里，隽水大桥开建。鄂南农贸大市场、13 个片区城市更新全面启动；隽水农贸市场改造完工，铁柱河湿地公园建成开园。

重点领域改革。深化“放管服”改革。出台《通城县落实省委省政府优化营商环境“黄金 30 条”工作方案》和《损害营商环境责任追究办法》，完成了全省第一次营商环境第三方评价。政府投资项目审批由原来的 37 个工作日压缩至 9 个工作日，缩减了 76%，企业项目立项实行了“即报即办”和“零跑腿”；企业开办落实“210”模式。教育改革加大力度。严格控制管理人员职数，学校校长带头任课、教研员主讲示范课，开辟“校长论坛”；加强学校食堂、商店和财务管理，堵塞管理漏洞。特色改革成效明显。国家级油茶三产融合发展试点示范园创建方案已通过省发改委评审上报国家发改委。以涂附磨具为主业的砂布小镇被成功纳入湖北省第三批特色小镇创建名单。

社会民生。4月21日，省政府正式批准通城县退出贫困县序列。全年整合资金3.6亿元用于扶贫，全面落实“两免一补”“985”医疗报销等扶贫政策。突出产业扶贫、消费扶贫和就业扶贫，建设扶贫产业示范基地150个，带动6800余贫困户脱贫后稳定增效。易地扶贫搬迁工作获得国家级表彰。疫情防控阻击有效。通城在全市确诊病例总数最少、患者治愈出院最先实现“清零”，“2+3”流调队工作模式被省市作为经验推广。援企惠企稳岗稳业。严格落实国家税费社保用能“减、免、延、缓”政策，全年净增市场主体6546户，为各类市场主体减税降费1.55亿元；发放职业培训、生活补助、就业补贴等各类奖补金1963万元，发放各类社保基金71836万元；开展职业技能培训32班次共3394人，发放创业贷款及贴息289笔3990万元，城镇新增就业6505人，创业带动就业12557人。教育环境持续优化。成立通城尚信教育投资有限公司加大融资力度，教育“十大工程”加快推进，实验学校全面开学；去行政化、划片招生改革后，大班热、择校热等现象有效改善。医疗短板有力补齐。结合疫情防控实际，抢抓机遇谋划公共卫生体系建设项目10个，总投资8.13亿元，县医共体信息化、乡镇卫生院发热门诊、县中医院住院楼等5大项目基本完工。文体事业风生水起。“六馆一场一院”一期工程即将交付使用，通城体育公园即将开工；成功举办“咸宁人游咸宁”五一假期旅游促销活动、首届“平安电工杯”龙舟赛暨消费扶贫产品赶集活动。“十一”假期九井峰茶歌会与舞蹈展演再度登上央视，掀起全民健身热潮。社会大局平安稳定。落实185个村“一村一辅”，打掉黑社会性质组织3个、恶势力犯罪集团3个，破获涉黑恶刑事案件213起，刑拘352人，查处黑恶腐败“保护伞”44人。

（通城县发改局）

崇阳县

【概况】 2020年，崇阳县实现地区生产总值148.6亿元，同比下降5.2%；规模以上工业增加值下降2.6%；全社会固定资产投资同比下降21.7%；公共财政预算收入6.1亿元，同比下降27%；全社会消费品零售总额78.38亿元，同比下降14.9%；外贸进出口总额6.11亿元，同比增长30%，其中外贸出口6.01亿元，同比增长30%；城镇常住居民人均可支配收入29143元，同比下降1.9%；农村常住居民人均可支配收入15939元，同比增长0.3%。

产业结构调整。全县三次产业结构比21.16∶29.30∶49.54。农业农村生产总体平稳。以“两区”建设为契机，以“两茶”“两竹”、中药材、生猪养殖为主导产业，以水果、蔬菜、稻虾共养等为特色产业，推动重点产业向优势区聚集。粮油生产稳中有增，生猪产能率先恢复，确保了疫情期间保供和市场价格稳定；竹茶药等特色产业新增面积3.3万亩；“崇阳雷竹笋”“崇阳麻花”正式核准使用中国地理标志专用标志。工业新旧动能加快转换。全县规模以上工业总产值79.7亿元，同比下降8.0%。全县新增规模以上企业12家，规模以上企业总数达到104家。培育高新技术企业14家，高新技术产业增加值占GDP比重达到8.2%以上。培育美尔卫生用品股份有限公司为市级“隐形冠军”行业龙头企业，指导中健、稳健医疗等7家企业申报省级“隐形冠军”示范企业。服务业发展总体稳定。全县服务业增加值达到73.62亿元，同比下降3.6%，占GDP比重达49.54%。全域旅游有序恢复，全县旅游接待综合人数465.01万人次，同比下降8.7%；综合收入28.2亿元，同比下降8.9%，柃蜜小镇·白崖山景区获评4A级景区，浪口温泉获批省级旅游度假区。

项目建设。全县共谋划“十四五”规划项目1027个，总投资4753.26亿元；谋划“十大工程”三年行动项目263个，总投资962.07亿元；谋划2020—2021年中央、省预算内投资项目270个，总投资96亿元；谋划2021年县级重点项目328个，总投资656.85亿元。聚焦中央预算内投资、中央及部

2020年，崇阳县静脉产业园建设现场

委支持湖北一揽子政策、交通基础设施、长江经济带重大战略等谋划项目，向上申报项目324个，争取香山水库除险加固、老旧小区改造等中央、省预算内投资项目76个，争取资金1.62亿元；抗疫特别国债项目9个，资金3.32亿元；地方政府专项债券项目5个，资金8700万元。坚持“四联”工作责任制，开展政府投资项目“百日攻坚”和“六联组”项目一季一拉练活动，通过发放红黄旗倒逼工作进度，全县5个省级重点项目、18个市级重点项目进展顺利，312个县级重点项目全部开工3，开工率达100%，大集钢结构制造生产线、县中医院门急诊综合楼建设、文体中心一期等158个重点项目竣工投产，达产率50.6%。积极推进产业招商，着力打造优势产业链条生态圈。全县共引进各类项目116个，合同引进资金160亿元，到位资金123.92亿元，其中亿元以上项目21个，合同引进资金94.02亿元，总投资15亿元的信汇昌绿色光电照明产业园、总投资2.5亿元的麦鑫利食品保健品研发、生产及销售等项目成功签约。

城乡建设。城市品质持续提升，全年共实施重点城建项目48个，县文体中心建成投入使用，成为崇阳又一地标式建筑，结束了崇阳县无大型室内体育场馆的历史；青山引水复线建成通水，丰日大道、崇阳县一中、金城大道等景观工程改造完成。城市管道天然气项目顺利推进，覆盖居民用户17000户，安装完成10147户。中津洲碱水圳升级改造、文昌路南段工程、6个棚户区改造项目和14个老旧小区改造等项目积极推进。全县公共供水普及率达100%，城区污水日处理达3万吨，污水集中处理指标目标值达100%，燃气普及率达100%。建立了县、乡、村（社区）垃圾分类三级联动试点机制。全县城乡生活垃圾无害化处理全达标。乡村振兴持续推进，全县以创建乡村振兴先行县、打造美丽乡村崇阳版为目标，大力开展美丽乡村创建、人居环境整治。完成了2019年度8个精品村（省级示范村）、14个示范村、34个整治村创建。启动了2020年度8个精品村、21个县级示范村、34个整治村创建。持续开展人居环境整治，投入资金7亿元开展“三百行动”、村庄清洁行动、爱国卫生运动等行动，全县农村人居环境不断改善。2020年，乡村振兴在全省考核中被评为优秀，成为全省“十面红旗”之一，受到省委省政府的通报表扬，并荣获全省农村人居环境整治先进县、“村庄清洁行动”先进县，铜钟乡荣获全省环境保护政府奖。

生态建设。牢固树立“绿水青山就是金山银山”的工作理念，全县环境质量状况持续改善。全年完成国土绿化8万亩，其中精准灭荒6万亩，通道绿化200公里，村庄绿化80个。全县森林蓄积量363.45万立方米，森林覆盖率60.76%。全县6个地表水功能水质断面全达标，2个集中式饮用水水源地水质达标率100%。全县空气质量优良率97.7%，PM2.5平均浓度26微克/立方米。城市黑臭水体整治、农业面源污染整治、非法码头整治、河道非法采砂整治等11个方面的专项整治取得阶段性成效；产业转型绿色发展、循环发展引领行动、综合立体绿色交通走廊等10大战略加快推进。2020年，成功创建第四批国家生态文明建设示范县；获评2020年度“中国天然氧吧”称号；成功创建湖北崇阳雨山国家石漠公园。

营商环境。按照省市关于更大力度优化营商环境激发市场活力的工作精神，切实践行“有呼必应、无事不扰”的服务理念，全县市场环境、政务环境、法治环境持续向好。以深化改革为动力，坚持问题导向、需求导向，统筹协调相关部门形成齐抓共管合力，确保营商环境各项工作落到实处。狠抓重点环节，扎实有效地推进优化营商环境工作各项工作。提升利企便民的市场环境。全面落实省委省政府“新三十条”，推行企业开办“210”服务，推出个体工商户线下开办“110”模式等，实行“一窗通办、一事联办”。打造高效便捷的政务环境，最大限度压缩了审批流程、办事环节，实现事项管理全统一、业务系统全联通、业务受理全覆盖；推进“异地通办”，推行“全省通办”事项异地收件、远程受理。营造公平完善的法律环境，组织梳理并编制监管事项目录清单，将清单纳入“互联网+监管”系统动态管理。推进信用体系监管，建立健全政务失信记录和政务失信追责问责机制。推进法治监管，围绕营商环境评价指标，坚持目标导向、问题导向、结果导向，将优化营商环境与落实一揽子政策协调推进，为企业纾难解困、提升企业获得感，全力打造全省最优的营商环境。

社会民生。全县新增就业人数8330人，城镇失业登记率控制在2.96%。落实援企稳岗政策，向172家企业返还失业保险费520万元；向春节期间开工生产保障疫情防控急需物资的11家企业发放就业补贴133万元；免征2—9月份社会保险2698万元。积极服务因疫情受阻的外出务工人员，实行“点对点，一站式”集中运送，组织专车1145班次，专列1班次，共输送23578人返岗、上岗，其中省内8687人，省外14891人。教育事业均衡发展。“县管校聘”为全省七个“县管校聘”管理改革示范区之一，管理改革经验先后2次在全省作交流发言，集团化办学继续创新深化；校车改革走在前列，整合212辆国标校车，实行运营公司化、队伍专业化、设备智能化、监管常态化“四化”改革。公共卫生补短板加快推进，投资1.5亿元建设县人民医院传染病病区，投资1.2亿元对县疾病预防控制中心整体搬迁，全县新（改）建16个发热门诊投入使用。文化事业不断加强，全县“三馆一站”覆盖率为175%，县提琴戏传承发展中心将《灯笼记》《巧团圆》等经典剧目在抖音、快手等直播平台进行云上展演，改编《双合莲·相会》片段参加中央4台《中国地名大会》节目组演出。社会信用体系建设加快推进，信用平台运行机制不断完善，规范认定并落实信用黑名单制度，开展企业信用修复，开展应收账款融资业务及服务平台推广，盘活企业资产、降低企业融资成本，企业融资难、融资贵问题得到缓减。

（崇阳县发改局）

通山县

【概况】2020年，通山县实现地区生产总值133.57亿元，三次产业结构由2019年的15∶32∶52调整为16∶33∶51。一般公共预算收入4.5亿元，其中税收收入3.16亿元，占一般公共预算收入比重达到70%。社会消费品零售总额66.57亿元。进出口总额3.63亿元，比上年增长37.7%。金融机构各项存贷款余额194.03亿元，比上年增长12.21%。城镇居民人均可支配收入26910元。农村居民人均可支配收入12530元。

产业发展。农业逆势上扬。全县粮食作物播种面积35.3万亩，比2019年增加1.8万亩，夏粮增收增幅46.6%，油菜总产首次突破万吨大关，全县137个生猪规模养殖场出栏生猪24.1万头、年末存栏13.8万头以上。新建高标准农田2.21万亩，完成精准灭荒造林10万余亩、通道绿化100公里。工业结构调优。新增规模以上工业企业总数达86家。规模以上工业企业技术改造通过验收29家，完成投资额16亿元，增幅29.7%。新投产考核验收工业企业8家，完成投资28亿元。省级"隐形冠军"科技"小巨人"企业达到2家，市级"隐形冠军"科技"小巨人"企业达到3家。高新技术企业达到10家；科技型中小企业达到19家，高新技术企业增加值占GDP比重达7.5%，比去年提高1.3个百分点。商贸服务业后起发力。通过参与各类直播带货活动13场，现场销售80余万元，网络销售额5339万元，农村旅游服务网络销售额1.88亿元。对接"与爱同行惠游湖北"惠民行动，累计接待游客1589万人次，旅游综合收入43.35亿元。商品房销售面积28.9万平方米，同比分别增长4.48%。

项目投资。全年完成固定资产投资112.03亿元，虽然呈现负增长趋势，但降幅比上半年收窄29.4个百分点。全县新开工入库项目91个，其中亿元以上项目30个，5000万以上项目29个，5000万以下项目32个。谋划储备项目673个，总投资5259.55亿元。全年招引签约项目161个，建成投产工业企业23家，超额完成市定全年招商引资任务。

湖北九宫山茶业有限公司九宫山茶生产基地

重点领域改革。全年共谋划推进重点改革项目54项，43个项目已顺利结项，8个跨年度改革项目完成年度目标。疫情防治在全省率先实施以网报时间计算接触时间、中西药结合治疗、出院患者集中观察三项创新举措，成为咸宁市唯一无病亡病例的县市区、第一个进入疫情低风险的县市区。创建国家全域旅游示范区工作顺利通过省级验收，成功入选第二批国家全域旅游示范区名单。农村集体三资清理工作做法印发全市学习，转发全省学习借鉴。"一村一辅"工作经验在全市推广，全面提升了基层社会治理现代化水平，在全省率先推进创建三星级以上标准退役军人服务中心（站），工作经验被省委改革简报在全省推广。

城乡建设。城市功能形象持续提升。抢抓"全域旅游""园林城市""文明城市"创建契机，通羊四小、县一中、县中医院、汉林农贸市场、月亮湾农贸市场、西站等区域周边脏、乱、差问题得到有效解决，城区主干道占道经营设施全部拆除，城郊河流白色污染，城乡结合部垃圾围城、违建抢建等问题得到有效解决，城市面貌焕然一新。新增公园绿地8处、122.36公顷，绿化覆盖率从36.85%提高到38.8%，人均公园绿地面积从9.27平方米/人提高到11.06平方米/人。生态环境质量明显改善。全县空气质量优良率94.4%、可吸入颗粒物（PM10）浓度38微克/立方米（全市第一）、细颗粒物（PM2.5）浓度23微克/立方米（全市第二），富水湖水质达国家二类标准，通羊污水处理厂达到一级A排放标准，县经济开发区污水实现了园区污水达标排放，全域地表水和饮用水水源地质水达标率均为100%。基础设施建设加快推进。老广电小区配建学校棚改、老硅厂棚改等项目进程加快；开工改造老旧小区6个，完成洋都小河振兴巷环境整治和道路改造（一期）工程、通羊河段污水直排改造工程5.2公里，乡镇污水处理项目顺利通过省级验收，启动新桥大桥、月亮湾大桥、明水大桥、南门桥、犀港桥5座桥梁护栏升级改造，实施农村公路提档升级和路面加宽项目133个321公里，自然湾通畅工程项目52个63公里。

民生保障。全县城镇新增就业6294人，登记失业率3.19%，返还失业保险援企稳岗企业138家220.95万元，发放疫情防控期间开工企业一次性就业补贴179人35.8万元，减免217家企业阶段性社保费2283万元。组织外出务工人员返岗就业6.8万人，组织“点对点”专车输送205次4912人。城乡居民养老保险已参保110248人，征缴保费3913.19万元。兑现扶贫产业奖补32564户、2746.4万元，拨付专项扶贫资金8695万元。社会事业均衡发展。增加学位4375个，消除66人以上超大班额和起始年级大班额。完成6个小区的配套幼儿园治理工作，完成率达到85.71%。县人民医院住院大楼二期有序推进，应急感染病区年内投入使用；县中医院整体搬迁住院楼一期，门诊楼、医技楼二期年内可投入使用；县妇幼保健院整体搬迁顺利动工建设；县人民医院P2实验室、疾控中心PCR实验室已建成运行；通羊社区服务中心整体搬迁年内建成并投入使用；全县15家医疗机构规范设置发热门诊；174个村卫生室全面完成“五化”标准建设。社会治理精细高效。集感知、分析、服务、指挥、监察“五位一体”的数字城管机制成型壮实，实现18个部门、7个服务单位、6个社区信息资源共享。建立规范化、常态化县级领导干部值班接访、主动约访、带案下访制度，县级领导干部参与坐班接访348次，接待上访群众462批1846人次，及时化解信访事项158件，带案下访处置信访事项64件。诚信体系建设不断完善，社会信用意识广泛增强。安全生产督导巡查工作深入推进，全县安全生产形势保持总体平稳态势。

（通山县发改局）

随州市

综　述

【概况】 2020年，随州市实现地区生产总值1096.7亿元，总量恢复到上年的94.4%，同比下降5.3%。一、二、三产业分别实现增加值173.37亿元、477.32亿元、446.04亿元，分别达到上年的103%、91.6%、95.7%。完成固定资产投资570.57亿元，实现社会消费品零售总额519.53亿元，完成地方公共预算收入35.55亿元，分别恢复到上年的76.7%、79.4%、73.1%。城镇居民人均可支配收入30587元，农村居民人均可支配收入17624元，分别达到上年的95.7%、97.4%，居民消费价格总指数同比上涨1.9%。

【疫情防控】 全市累计报告新冠确诊病例1307例，治愈1262例，治愈率高于全省3.18个百分点。5.8万名党员冲锋在前，2.4万名网格员、物业人员、志愿者参与防控，织密防控网，及时遏制疫情蔓延势头。医疗救治力量不断增强。抢抓机遇，推动建设全市发热门诊项目48个，开工率100%。确定市、县两级新冠肺炎定点救治医院4家、后备定点医院8家。组建55支共378人的流调队伍和44支共178人的消杀队伍，设定医学隔离点17个。常态化防控扎实推进。严格执行疫情报告制度，加强对商超、学校、车站和景区等重点地区和人群的疫情监测管理，对国内高、中风险地区和境外返随人员严格落实数据信息闭环和全流程管理闭环，强化冷链企业和进口水产品、畜禽肉类等产品全链条、全要素管控。规范化管理发热门诊，全市二级以上公立医院、乡镇卫生院均设置预检分诊点、发热门诊或诊室，完善多点触发机制，通过社区主动搜索、零售药店主动发现、重点场所主动监测、社区居民主动报告，形成全覆盖的发热症状收治管理体系。

复工复产。出台促进经济社会发展70条、支持复工复产17条等系列政策措施，复工达产指数居全省前列。对接落实中央支持湖北一揽子政策，制定86项任务清单，争取到位减收增支财力补助29.5亿元、政府债券资金44.7亿元。着力畅通市场循环，推出“五百主题消费”，组织128场促销活动，推动120多种优质地产品进商超、进餐饮、进工地，吾悦广场开业运营，香菇企业与500多家中直机关企事业单位签单1.2亿元。企业走出去步伐加

随州白云湖水环境提升工程

快，犇星公司在马来西亚投资设厂，专汽产业成功搭建与中建三局、中国水电第十工程局的外经合作平台，在全省率先实现对接央企“一带一路”外经项目。着力纾困惠企，落实“五个一”包保机制，全年新增减税降费9亿元，新增贷款120亿元，同比增长15.6%。

【产业发展】 农业经济基础稳固。全年粮食呈现面积、总产双增态势，粮食播种面积323.97万亩，增长12.2%；粮食总产29.2亿斤，增长2.6%。生猪出栏166.3万头，增长12.9%。特色农业加快发展，香菇、香稻种植规模分别达到2.6亿袋、45万亩，“随州香菇”在全国农产品区域公用品牌评选中排名第12位，成功举办香菇产业博览会。工业经济提质增效。专汽、食品加工、风机等特色产业产值均实现正增长，专汽产量自5月份连续4个月保持20%以上的增速，创历史新高。新增专汽资质企业10家，湖北省应急产业技术研究中心建成运营，程力集团在湖北民企制造业百强排名升至第4位，齐星集团两项国家标准获批公布，三峰透平、江南专汽获评全国专精特新“小巨人”企业。品源现代香菇酱、裕国菇业调味香菇、香菇多糖提取液畅销海内外，香菇出口由初级加工品向精深加工品转变。风机产量突破万台，实现翻倍增长。服务业加速重振。交通运输业、居民服务业、批发零售业和住宿餐饮业等传统型服务业率先复苏回稳，金融业、网上服务业保持较快增长，文化旅游业加快回暖，随县田王寨成功创建4A景区，广水市桃源村、随州高新区龙王坳生态谷成为3A景区，“惠游湖北”活动显效，智慧旅游平台上线运行，全年接待游客1235万人次。

【项目建设】 加快项目推进。自3月中旬疫情解封以来，第一时间组建服务重点项目复工复产工作专班，开辟省、市重点项目复工审批“直通车”，推动省级重点项目如期推进，151个5000万元以上重点项目建设全面复工。紧盯项目落地狠抓集中开工，举办重大项目集中开工活动7次，开工项目223个，总投资404.9亿元，其中随州火电、城市公共活动中心综合体、随州中医院新院、鄂北水资源配置二期等109个亿元以上项目相继开工建设，全市在建亿元以上项目个数同比增长9.3%。狠抓项目保障。印发加强省市级重点项目保障服务17条，优化重点项目建设资金、用地、用林、能耗、污染物排放等资源要素配置，举行重点项目融资洽谈会、金融支持文旅项目建设政银企对接会等，有力纾解重点项目建设资金瓶颈。全市9个省级重点项目超计划完成年度目标，211个市级重点项目完成投资占全市固定资产投资总额的一半以上，支撑作用充分发挥。狠抓项目招引。举办2020年“中山·随州”招商引资推介会和“2020湖北·随州”土地专场推介会，吸引200余名知名企业家及商协会参加，成功对接一批意向投资项目。全年通过招商新签约项目200个，其中亿元以上项目82个、10亿元以上项目8个。

【三大攻坚战】 脱贫攻坚决战决胜。所有贫困村全部出列，最后6040名贫困人口全部脱贫。大力推行产业扶贫，发挥5259个新型经营主体、648名农村致富带头人的示范带动作用，发展特色产业20多个，带动3.94万户有劳动力的贫困户发展产业，带动率达到94.7%，户均增收5000元以上；积极推进就业扶贫，对接广东、武汉等地企业用工需求，5.7万名贫困劳动力实现外出就业，利用村级光伏扶贫收益科学设置公益性岗位6088个；全力开展消费扶贫，全市通过省级认定消费扶贫品种635个，筛选确定扶贫产品定点销售企业18家，开展“领导直播带货”“2020随州消费季”“随县油桃网销节”等系列消费扶贫活动，销售扶贫产品达28亿多元；“三保障”水平全面提升，对动态新增的107户危房全部完成改造，对294户实施安全饮水巩固提升工程，贫困户住房安全认定率和安全饮水达标率均为100%，义务教育、基本医疗实现全覆盖。污染防治持续推进。持续开展府澴河非法采砂和入河排污口综合整治、挥发性有机物污染治理、城市黑臭水体整治等十大攻坚行动，累计完成城市黑臭水体治理14条、畜禽养殖污染源治理322家、散乱污企业治理103家、专汽挥发性有机物污染治理项目12个。建成运行7座城市和园区污水处理厂、37座乡镇污水处理厂、37座乡镇垃圾中转站，完成和在建垃圾焚烧发电项目2个，建立“户分类、组保洁、村收集、镇转运、市处理”的城乡一体垃圾收转运体系，农村生活垃圾无害化处理率达到90%以上。“厕所革命”全面完成，农户厕所、农村厕所、乡镇公厕、城市公厕、交通厕所、旅游厕所六类厕所新建（改建）超额完成省定任务。全市3个城市集中式饮用水水源地水质达标率保持

100%，国考断面水质均值达标率为75%，达到省定目标，土壤环境污染状况保持在安全警戒线以内，空气质量持续改善，空气优良天数比例87.2%，为近十年最好水平。重大风险防范有效。严格控制政府债务，组织各市级平台公司制定政府隐性债务5—10年中长期化债计划。全市政府债务共158.3亿元，占省定债务限额174.3亿元的90.8%。进一步完善金融监管制度，提前做好预警防控措施，非法集资等金融乱象整治取得阶段性成效，金融市场总体平稳。

【营商环境】 出台全市优化营商环境35条政策措施和76项重点任务清单，印发《关于进一步改进服务弘扬“店小二”精神优化营商环境的通知》，在全市范围内开展服务环境“大排查、大整治、大提升”及督查暗访活动。推进改革突破。压缩工程项目审批时限，其中一般社会投资项目在试点的基础上再压减5个工作日；市区不动产登记办理时限在省定目标的基础上分别再压减40%和30%；全面推行政务大厅前台服务专业化外包、工业项目施工图审费和新开办企业刻制印章费用等三大服务政府“买单”行动；积极运用人脸识别技术，在全省率先实现办理公积金、不动产登记等业务“刷脸政务”，通过“人脸识别”实现共有人异地同步办理不动产登记。推行“标准地出让”和“带方案出让”等方式优化土地供给方式，切实提高项目落地效率。践行“有呼必应、无事不扰”的“店小二”精神工作理念，开展领导干部服务企业“五个一”包保活动。推进惠企便民。市级部门自建业务办理系统与市级政务服务平台、电子证照、数据共享“三大平台”基本实现网络通、数据通、业务通。市政务服务大厅前台受理人员服务实行整体专业外包，基本形成“前台综合受理、后台分类审批、统一窗口出件”的“一窗通办”模式。成立帮办代办服务中心，先后为136家企业提供帮办代办服务。实施“人社服务快办行动”试点，整合12项人社服务事项实现“一件事“打包办理。全市出口退税平均办理时间缩短至4.26个工作日，比省定时限缩短29%。市本级全部不动产登记类业务压缩至3个工作日以内办结，档案查询、查封登记、注销登记、异议登记、抵押登记实现即时办结，审批服务质效居全省前列。推进工程审批“805540”改革，推行工业建设项目“先建后验”，工业项目施工图审费用实现由政府买单，工程项目审批事项由128项精简到38项。整合18条服务热线到12345平台，在12345话务平台和微信公众号设置“营商环境专席”，按时办结率及群众满意度达到90%以上，获得全国政府服务热线年会“服务之星”殊荣。推进信用建设。积极开展企业信用修复工作，严格规范初审程序，协助93家企业完成一般行政处罚失信行为信用修复，修复总量超历年之和。推行联合惩戒工作机制，指导相关部门对严重失信企业认定黑名单，畅通联合奖惩案例归集通道，以A级纳税人、失信被执行人为主要联合奖惩对象，归集联合奖惩案例2000余例，归集各类信用信息突破1000万条。

【城乡建设】 城市品质不断提升。对全市30多个小区的违法建（构）筑物依法整治，拆除违法建设面积2.3万平方米；全面整治停车乱象，划定城区一、二类停车泊位区域，增加停车泊位供给9500余个；加快城市地下管廊和海绵城市建设，全面整治白云湖排污口，配套完善的雨污管网和收集系统正在形成；大力实施增绿补绿工程，中心城区新增绿地面积30万平方米以上。乡村振兴深入开展。美丽乡村建设扎实推进，35个省级美丽乡村示范村和144个整治村人居环境显著提升。全市887个村将农村人居环境整治内容纳入村规民约，占总数的97.26%；843个村建立人居环境整治村民参与机制，占总数的92.43%。农村集体产权制度改革加快推进，全市966个村（居、社区）完成农村集体产权制度改革，完成率100%。“三权分置”不断完善，农村土地制度改革进一步深化，土地流转面积达到104万亩，占到家庭承包确权面积的42.4%。新型农业经营主体加速培育，全市新增农业合作社463家、新增家庭农场219家。城乡融合加快推进。出台《关于推进农业转移人口市民化的实施意见》，充分保障农业转移人口原有权益以及进城后的政策享受，全年城镇户籍人口净增加3.8万人，户籍人口城镇化率达到45.19%，常住人口城镇化率超过54%，均创新高。开展全市“擦亮小城镇”行动，对6个省级试点镇和10个市级试点镇实施“六大提升行动”，推动全市小城镇品质不断提升。

2020年，随州市城市公共综合体

【社会民生】 就业形势总体稳定，职业技能培训3万人，新增城镇就业1.8万人，随县获评省返乡创业示范县，曾都区获评省技能强省示范县。社会保障得到加强，城乡居民基本医疗保险实现市级统筹，发放各类社会救助资金和优待抚恤金6亿元，100家“医养结合、两室联建”试点建设全面完成。公共卫生服务取得突破，制定“1+5”政策体系，全面推进医疗机构发热门诊规范化建设，市疾控中心检验检测大楼投入使用，市中西医结合肺科医院、中心医院传染病大楼等项目加快实施。提升公共检验检测能力，检测品种、项目、数量均居全省前列。教育文化事业再上台阶，中高考改革稳步推进，教育公平和质量继续改善，新建、改扩建幼儿园13所，五丰学校、鹿鹤小学顺利开学，市一中新教学楼建成使用。市博物馆晋升国家一级博物馆，枣树林墓地获评全国十大考古新发现。治理效能全面提升，街道管理体制改革扎实推进，社区工作者制度体系基本建立，落实“双报到双报告”制度，1.8万名党员干部下沉153个社区。平安随州建设成效明显，扫黑除恶纵深推进。防汛救灾取得胜利，安全生产形势平稳。精神文明建设广泛开展，连续五届获评省级文明城市，全国文明单位、文明村镇、文明校园达到19个。

（随州市发改委）

随 县

【概况】 2020年，随县完成地区生产总值257.68亿元，同比下降4.5%；规模以上工业增加值115.94亿元，同比下降6.2%；固定资产投资148.9亿元，同比下降17.8%；地方一般公共预算收入5.02亿元，同比下降34.0%；社会消费品零售总额77.73亿元，同比下降26.2%。

疫情防控。全民参与抗击疫情。县“四大家”领导、56个县直单位和20个镇场3000余名党员干部、4000名医疗卫生人员参与疫情防控，全县确诊病例187例、死亡病例5例。全力保障物资供应。全县各级财政拨付各类疫情防控资金3.05亿元，科学指导成品粮库存增储保供，实现成品粮库存最高可供保30天，获得省级增储补贴资金105万元。全力推进复工复产。出台《关于分类分时有序推进企业复工复产实施方案》《关于疫情期间对重点企业实行“四个一”包保服务的通知》等，全县373家“四上”企业中370家在3月27日实现复工复产。

产业发展。工业经济持续回暖。全年新增规模以上工业企业12家，总数达到255家，完成规模以上工业总产值454.47亿元。积极培育高新技术产业，全年高新技术产值112.84亿元，增加值32.65亿元，占GDP比重12.7%。服务业加快恢复。全年完成社会消费品零售总额77.73亿元，其中完成限额以上消费品零售额30.78亿元。深入落实“惠游湖北”活动，累计免费接待游客60万人。扎实推进神农部落、明月谷、八访涧、映天池长寿岛、东润紫海等一批重点文旅项目建设，累计完成投资6亿元。田王寨景区成功创建4A级景区，打破了全市五年来没有创4A景区的记录。随县入围第二批“荆楚文旅名县”创建单位、“省级全域旅游示范区”创建单位，并成功创建“湖北省第三批公共文化服务体系示范区”。农业生产平稳有序。全年完成农产品加工值185.07亿元，完成农产品外贸出口3.8亿美元，同比增长22.2%。严格落实粮食安全行政首长责任制，全年粮食面积达177.22万亩，总产81.93万吨，同比分别增长11%和4.9%。持续加大畜禽规模化养殖，随县连续11年被评为全国生猪调出大县。认真落实香菇产业三年实施方案，启动了香菇产业园一期香菇智慧交易城建设，成功举办了“2020湖北·随州香菇产业博览会”。

项目建设。重点项目建设推进有力。坚持“项目建设五比五看”和重大项目领导包保、重大项目集中开工等项目推进机制，3个省级重点项目全部实现开工，完成投资11.5亿余元；49个市级重点项目开工45个，完成投资46亿元。立项争资成效显著。抢抓长江经济带、汉江生态经济带、淮河生态经济带等重大战略机遇及国家和省针对疫情地区出台的一揽子政策支持机遇期和窗口期，超前谋划，主动对接，全年共争取立项争资项目311个，争取到中央、省无偿项目资金22.4亿元。

城乡建设。城镇基础设施不断优化。G240高城至小林段、封高线、城北一路和城北二路等项目顺利竣工并通车。S475草店至车云山公路、G240柳林至周家湾扩改建项目及厉山大道东侧延长线等项目正在抓紧施工。星旗社区还建房、灯塔还建房二期等项目正在进行前期准备工作。18个镇居民生活污水治理项目初步建成，并顺利投入营运，城镇基础设施不断优化。乡村面貌日益改善。持续开展农村人居环境整治行动，在383个行政村开展垃圾无害化处理工作，在19个镇（场、景区）103个村开展垃圾分类试点，在35个村启动了农户垃圾治理缴费。实行全县生活垃圾转运统筹服务外包，日均转运生活垃圾约320吨。通过新建一批、改建一批、提升一批，全县共完成农户无害化厕所46591户、农村公厕352座、乡镇公厕88座、交通沿线厕所4座、旅游公厕42座、县城公厕10座，均超额完成目标任务。2020年3月，随县被授予“全国村庄清洁行动先进县”荣誉称号。生态环境持续向好。坚持打好“蓝天、碧水、净土”保卫战，全年空气质量优良天数达286天，较上年同期上升47天；PM10年平均浓度52微克/立方米，较上年同期下降20.0%；PM2.5年平均浓度43微克/立方米，较上年同期下降8.5%。完成姜水河黑臭水体治理工程，实现3个断面水质达标率100%，县级以上集中式饮用水水源地水质达标率100%，乡镇集中式饮用水水源地中水质达标率77.8%。完成万和上儿畈金矿矿山地质环境恢复治理工作并通过初步验收。省长江经济带生态环境警示片交办问题线索3个全部整改完成。

改革开放。“放管服”改革持续深化。对全县225项行政审批事项再次精简调整，清理后的191项全部进驻行政服务大厅，实现了集中办公、并联审批。分散的128个工程建设项目事项精简整合为56个。一体化推进政务服务“一网一门一次一窗”改革，“五级联通”覆盖率达100%，1319项依申请类政务服务事项网上可办率达97%以上，即办事项691项，占比51%；最多跑一次事项1350项，占比99.7%。营商环境持续优化。进一步拓宽“一网通办”“容缺审批”“先建后验”等“绿色通道”，不断提高审批服务效率。深入落实市场准入负面清单制度，推动“非禁即入”普遍落实。对标中央决策部署和省市工作要求，出台了随县31条政策措施和69条重点任务清单，针对省委督查组调研的骏峰公司用水报装问题，责成县供水公司迅速对接，完成厂区供水。全力推进信用体系建设，共推送信息数据129万条，其中曝光失信被执行人43人次，移出经营异常名录企业103户等。中央支持湖北一揽子政策落实落地。认真落实各项金融信贷、税费减免、财政支持等政策，为10家重点保障企业获得银行贷款11240万，享受贴息金额169万；为46家受疫情影响、暂时困难的企业实施临时性延期还本付息安排，办理贷款延期29643万元；为14家2019年度挂牌企业发放奖励资金186万元；为各类企业减免税费7165万元；为1.084万户非高耗能一般工商业和大工业用户减免用电成本775.32万元；为194家商贸流通、物流运输、药品经营、电商平台等在营保供企业给予疫情防控补贴559万元；为29个行政事业单位涉及经营性用房减免租金198万元，财政补贴100万元。

社会民生。脱贫攻坚圆满完成。通过强化产业发展、政策兜底和结对帮扶，实现2020年年初存量贫困人口2011户3061名稳定脱贫并通过验收，全县贫困发生率从2014年的9.8%到2020年年底实现了消除绝对贫困。在全省脱贫攻坚工作成效考核中，随县在非贫困县中的排名由2018年的全省第10位上升到2020年的第5位。民生保障更加有力。稳步提升社会救助水平，城市、农村低保标准提高至500元/人/月和430元/人/月、特困标准提高至1000元/人/月和860元/人/月。全年共发放低保金5948.16万元，特困供养8402.57万元、临时救助金502.72万元。投入900余万元完成19所福利院冬暖工程、30所福利院消防平安工程。全面落实就业创业扶持政策，全年城镇新增就业4637人，失业人员实现再就业1869人，就业困难人员实现就业2217人，城镇登记失业率控制在5.5%以内。发放返乡创业补贴137人，补贴资金68.5万元。全面启动2021年度城乡居民医保参保征缴工作，目前医疗保险参保缴费654318人，占参保任务的89.88%。社会事业蓬勃发展。大力发展教育事业，投资9000余万元，基本解决了城镇学校超大班额、学前教育“入园难、入园贵”等问题。率先推进“县管校聘”改革，实现了教师县域内统管统用。高中教育质量稳步提升，2020年高考全县一本上线再次突破200人。启动全县分级诊疗工作，逐步完善“基层首诊、双向转诊、急慢分治、上下联动”的分级诊疗制度，建立起以县人民医院为龙头的医疗共同体，形成“小病在基层、大病到医院、康复转基层卫生院”的就医格局。

（随县发改局）

广水市

【概况】 2020年，广水市实现地区生产总值337.34亿元，同比下降4.9%；城乡常住居民人均可支配收入分别达到30475元和17439元，分别下降3.8%、2.7%；规模以上工业增加值、财政总收入、地方公共财政预算收入、社会消费品零售总额分别达到113.09亿元、23.65亿元、11.01亿元、133.30亿元，分别下降6.8%、8.5%、18.8%、19.4%；固定资产投资完成额恢复到2019年的81.5%。

疫情防控。全市累计确诊病例396例，治愈病例386例，治愈率高于全省4.1个百分点。积极对接中央支持湖北发展一揽子政策，争取抗疫特别国债2.24亿元、政府一般债券2.93亿元、专项债券1.25亿元，抢建了应急医院，对市一医院、中医院进行平战结合救治基地改造，相继实施了传染病大楼、发热门诊、核酸检验室建设等27个补短板、强功能项目，推进了市一医院专科综合大楼、市二医院业务用房、市中医院康复医院、市妇保院综合楼等项目建设，公共卫生应急能力不断提升，疾病预防控制体系逐步健全。

产业发展。新型工业不断壮大，全年完成工业技改投资35亿元，新增高新技术企业6家，高新技术产业增加值增长39.6%，全年工业税收2.6亿元。建筑企业稳定发展，一级资质企业发展到5家，建筑企业为广水贡献税收1.49亿元。现代农业加快发展，粮食、蔬菜、畜禽等主要农产品产量保持稳定，优质稻、猕猴桃、精品茶、胭脂红、食用菌种植分别达到45.2万亩、1万亩、3.8万亩、2.57万亩、5500万袋，小龙虾产量近5000吨；新增专业合作社242家、家庭农场118家、产业化龙头企业5家，全年农产品加工业产值170亿元。第三产业优化升级，培育限额以上电商企业2家，全年电商交易额17亿元，同比增长36%；新增规模以上服务业企业4家、限额以上商贸企业27家；三潭风景区通过4A级景区景观质量评审，桃源度假村获评3A级旅游景区；黄土关农文旅小镇入选全国第6批森林康养基地试点建设单位；房地产业稳定发展，去化周期降低至10个月以内。

三大攻坚战。脱贫成果达到预期。2715名建档立卡贫困人口实现脱贫，产业、就业、消费等扶贫举措协同发力，贫困群众“两不愁”质量水平明显提升，“三保障”突出问题得到解决，防止致贫返贫长效机制不断健全，易地扶贫搬迁安置房不动产权证办理经验全国推广，高标准通过国家脱贫攻坚普查验收。污染防治力度加大。

突出水环境综合治理，应山、广水污水处理厂一级A达标全面完成，13个镇级生活污水处理厂投入运行，新建5处应急污水处理设施，总投资3亿余元的马都司污水处理厂及广水城区雨污分流工程PPP项目加快推进；加强重点流域综合治理和饮用水源地保护，认真落实“河湖长制”，扎实开展长江流域重点水域禁捕退捕工作，严厉打击非法采砂行为，积极推进畜禽养殖粪污资源化利用，长胜河列入全省幸福河湖示范名单；空气环境质量不断改善，全面完成省定目标，全年优良天数比率为87.2%，较上年增加16.8个百分点，在城市规划区全面禁鞭，在应山城区禁用高污染燃料；精准灭荒3500亩，新改建各类厕所2万余座，镇级非正规垃圾填埋场生态修复步伐加快。各类风险平稳可控。政府债务管理不断加强，地方债务规模控制在合理水平；积极化解金融领域风险隐患，金融秩序稳定向好；建立健全矛盾纠纷排查化解机制，经济、社会等领域风险化解取得阶段性成效。

城乡建设。着力抓规划、重建管，城乡统筹发展迈出新步伐。城市功能不断完善，十里标准消防站和广办、城郊小型消防站投入使用，“四馆三中心”、广办中心客运站和火车站站前广场建设加快推进。城市交通堵点逐步打通，公园路建成通车，桐柏大道完成刷黑，新建、改建次干道11条，346国道十里至南门转盘段改造即将完工。数字化城市管理系统加快建设，城乡生活垃圾收转运处体系进一步完善，改造老旧小区16个。“擦亮小城镇”行动全面展开，公共环境综合整治力度加大，杨寨镇复评为全国文明镇，郝店镇获评全国卫生镇、省级文明镇，多肉艺术小镇加快建设，“迷彩飞客小镇”纳入全省第3批特色小镇创建名单。徐家河国家湿地公园试点建设有序推进，鄂北水资源配置广水配套工程、“引徐济安”工程进展顺利，飞沙河水厂、广水二水厂增容工程启动实施。新增“四好农村路”107公里。实施农网改造升级工程66个。农村人居环境持续改善，美丽乡村试点工作扎实有效，涌现出了楼坊、土门、铁城、芦花湾等一批美丽乡村，观音村获评全国文明村，八一、白龙、桃源等4个村获评省级文明村，丁湾、熊冲、梅庙、狮子岗、东湾等村获评国家森林乡村。

改革开放。各类改革不断深化。街道体制改革稳步推进，市场监管、文化旅游、农业农村、生态环保、交通综合执法队伍改革顺利完成。“放管服”改革持续深化，“一网通办、一窗通办、一事联办”取得进展，工程建设项目审批“805540”改革有序推进，工业“标准地”出让制度试点推行。政务服务事项标准化建设、“好差评”制度加快实施，以政府购买服务方式对政务服务大厅前台岗位服务实行整体外包，服务质效不断提高。大力推行“多规合一、多图联审、先建后验”，实现“一窗受理、全程代办”。农村集体产权制度改革基本完成。“房地一体”确权登记工作全国领先。认真落实“优化营商环境30条”“十必须十不准”要求，营商环境持续优化。开放合作取得成效。线上线下招商多头运行，全年引进资金100亿元，引进投资过亿元项目20个。校地校企合作更加广泛，与赣南医学院开展战略合作，毅兴智能与随州职业技术学院建立校企合作关系。区域融合发展力度加大，大别山试验区、淮河生态经济带城市间交流合作不断加强。政银企合作常态化开展，追加担保公司股本金2500万元，深化与省农担合作，融资担保成效放大提升，全年投放中小企业贷款15亿元。主动对接国家金融政策，国有平台公司全年争取贷款和债券8.62亿元。推进河砂尾矿国有经营，全年收益超5000万元。经济发展后劲增强。全年实施5000万元以上项目168个，新入库5000万元以上项目147个，37个市级项目完成投资60.7亿元。

民生保障。社会事业加快发展。教师队伍建设力度加大，新招聘教师186名，全面推行中小学教师“市管校聘”。永阳学校、致远学校开始招生，新增学位5000余个，高中教育、职业教育、普惠性学前教育稳步发展。公共文化服务体系不断健全，“三乡”文化、红色革命文化、杨涟勤廉文化、詹王美食文化等文化资源进一步挖掘。健身步道、文体广场等体育设施不断完善，各类群众性体育活动有声有色。退役军人保障政策落实到位，军民融合发展持续深化，双拥共建成果巩固扩大，连续5次获评全国双拥模范城。第3次全国国土调查全面完成。第7次全国人口普查有序推进。气象预警中心投入使用。民生保障更加有力。就业“春风行动”和职业技能提升行动扎实开展，城镇新增就业4950人，城镇登记失业率控制在4.5%以内。根治欠薪和保障农民工工资支付工作有序开展。黑虎冲、曾家湾等棚户区改造和杨寨、马都司安置区建设步伐加快，改造农村危房292户。药品带量采购持续推行，药品惠民力度加大。打击欺诈骗保专项行动深入开展，社会保障基金健康运行。治理体系完善提升。“平安广水”创建成效明显，“雪亮工程”全面完成，扫黑除恶专项斗争纵深掘进，“一核多元、协同共治”治理模式基本构建。“和谐寺观教堂”创建活动取得成效。食品药品安全等综合监管力度加大，安全生产形势总体平稳。创建“红色物业”小区19个，招聘城市社区专职工作者202人。

（广水市发改局）

曾都区

【概况】　2020年，曾都区实现地区生产总值501.7亿元，同比下降6%；规模以上工业增加值同比下降6.2%；固定资产投资同比下降33.4%；地方公共财政预算收入7.15亿元，同比下降28.3%；社会消费品零售总额252.74亿元，同比下降19.7%；城镇、农村居民人均可支配收入分别为33487元、18748元，同比下降4.4%、2.5%；城镇登记失业率控制在4.5%以内；全面完成节能减排、环境控制目标任务。

疫情防控。全区累计报告新冠肺

炎确诊病例619例，累计治愈出院病例591例，治愈率95.5%。自2月25日起无新增确诊病例，3月25日起住院病例清零。常态化防控科学精准。实施人物地同防、多病同防，实现防控不松懈、疫情不反弹、发展不停步。公卫体系建设扎实推进。卫生机构发热门诊规范化建设全部完工，曾都医院隔离病区、核酸检测实验室投入使用。

三大攻坚战。脱贫攻坚示范行动扎实开展，高质量通过省级扶贫成效考核。27884人如期脱贫、23个贫困村全部出列。“十三五”易地扶贫搬迁建设任务全面完成。统筹扶贫资金2.08亿元，新建扶贫项目281个，带动5950户贫困户自主发展产业。坚决贯彻“四个不摘”要求，教育扶贫、健康扶贫、安居扶贫、饮水扶贫、保障扶贫、文化扶贫等政策全部落实到位。153户脱贫监测户、179户贫困边缘户致贫返贫风险全部消除。脱贫攻坚与乡村振兴加快衔接。污染防治有力有效。大气污染源综合治理成效显著，PM2.5浓度下降12.2%，优良天数比例达到88.4%，同比上升10.7个百分点。河湖长制工作扎实有力，完成34条镇级河流、80座小型水库及灌区划界确权。取缔非法囤砂点10个，关闭非法排污企业14家。明珠渠、合溪河等5条黑臭水体治理完成。规范化建设千吨万人饮用水水源地7个。饮用水水源地水质全部达标。曾都区获评全省河湖长制示范区。农业面源污染持续改善。农村生活垃圾治理全面加强。完成精准灭荒1304亩、森林抚育3500亩，曾都区获批全省“绿水青山就是金山银山”示范县建设支持创建单位。省级生态文明建设示范区创建工作成效良好。重大风险可防可控。非法集资有效遏制。地方债务规模控制在合理水平。打掉涉黑涉恶组织（团伙）49个，“六清”任务圆满完成。组建乡镇综合救援队伍，南郊消防救援站投入使用。水旱灾害防御取得全面胜利。食品药品监管持续加强。安全生产形势平稳。社会大局和谐稳定。曾都区入选全省社区治理和服务创新实验区。

产业升级。特色产业优势放大。专汽及零部件产业发展逆势上扬，实现年产量10.7万辆，完成年产值214.3亿元，占规模以上工业总产值比重提高6个百分点。农产品加工业持续壮大，食用菌企业出口创下历史峰值。产业集群壮大。新增规模以上工业企业18家，纳入“中小企业成长工程培育梯队”企业30家。转型升级加快。新认定高新技术企业9家。实施工业技改项目23个、总投资12.5亿元。泰晶科技入选中国电子元件百强企业。创新实力增强。新增省级校企联合创新中心3个，国家“科技助力经济2020”重点专项立项4项，转化科技成果12项。

投资消费出口。投资底盘持续夯实。全年实施5000万元以上项目127个，完成投资122.2亿元。87个重点项目加快推进，程力三期、泰晶扩能、新兴全力技改等一批项目竣工投产，瑞力专汽、四通专汽、大自然米业等项目进展顺利。项目谋划换挡提速，谋划“十四五”项目756个、疫后重振补短板强功能“十大工程”项目182个。消费潜能加快释放。组织开展“百天夜市拉内需，全民消费活市场”“农超对接和直播带货”活动，举办促销活动8场，120多种优质地产品进商超、上随州网。新增限额以上商贸企业43家，吾悦广场开业运营。建成区电子公共服务中心及农产品展销中心，进驻企业30余家，建立电商网点15个。打造洛阳镇小岭冲村、何店镇白庙村乡村旅游示范点2个。千年银杏谷景区入选2020年全国森林康养基地试点建设单位。全区旅游市场基本恢复到疫前水平。外贸出口逆势上扬。新增出口备案企业17家，出口辐射120余个国家和地区，食用菌行业出口同比增长80%。

城乡建设。城镇建设加快。城管执法体制改革有效推进，城镇管理规范化、精细化、科学化水平提升。城北新区基础设施更加完善。明珠一路、星光五路等8个项目先后完工，六草屋铁路涵洞、城北片区道路亮化工程启动建设。环境整治示范行动深入实施，中心城区更加宜居。改造老旧小区96个、背街小巷14条。专项整治农贸市场13个，依法拆除违法建筑75处。主城区环卫作业市场化完成第二轮外包，迎宾大道、炎帝大道环境品质大幅提升。乡村振兴提档升级。大力开展乡村振兴示范行动，建成高标准农田3.36万亩、优质稻种植基地20万亩、香菇标准化示范基地5个，出栏生猪55万余头。新增农民专业合作社42家、家庭农场42家，培育新型职业农民694人。创建“荆楚好粮油”品牌2个、“三品一标”产品10个。何店镇纳入全国农业产业强镇建设。省级美丽乡村5个示范村、19个整治村加快建设，何店—洛阳—府河环千年银杏谷美丽乡村示范带建设成效明显。乡镇生活污水处理厂通过全省首批验收。统筹实施乡村振兴重点工程项目34个，府河大桥即将通车，新建通村公路50公里、提档升级80公里，新建、改造农村电网122公里。洛阳镇获评全省“四好农村路”示范乡镇。

营商环境。出台优化营商环境政策“32条”，深入推进“放管服”改革，全力当好服务企业“有呼必应、无事不扰”的“店小二”。大力减税降费纾困，为企业发放各类补贴1.16亿元，落实各类税费减免2.74亿元。“一网通办、一窗通办、一事联办”取得积极进展，审批事项办理时限减少76%，即办件比例达到30%。106项涉企行政审批事项改革落地，工程建设项目审批事项由138项精简至48项。企业开办“210”标准全面落实，新增市场主体8391家。区域性统一评价工作基本完成，“805540”改革走在全省前列。“互联网+监管”系统全面应用。社会信用信息系统累计归集数据达148万余条。

社会民生。就业形势总体稳定。举办“春风行动”等招聘会12场，提供就业岗位6500余个。发放创业担保贷款3330万元，新增城镇就业5284人。民生保障兜实兜牢。实施民生改善示范行动，全口径民生支出同比增长16.9%。社会保险扩面新增2.17万人次。企业退休人员基本养老金连续16年上调。发放低保金6400余万元、特困供养保障金2800余万元、临时价格补贴1835万元，惠及26.4万人次。2498名退役军人社保接续办理完毕。改造升级30所居家养老服务中心。农村饮水安全巩固提升，6.17万人受益。公共服务效能提升。投入义务教育薄改资金3065万元，惠及学校52所。新建、改建公办幼儿园3所，认定普惠性民办幼儿园51所。五丰学校、鹿鹤小学如期建成开学，实验中学改扩建项目完工，义务教育学校起始年级大班额问题得到有效解决。蒋家岗小学扩建和编钟学校新建项目启动实施。曾都一中、曾都二中学生公寓改造完成。深入实施“强班子、名教师、好学生”工程，招录义务教育学校教师213名。校园安防实现“三个100%”。健康曾都建设加快推进。区域内就诊率提高到93.7%，公立医院药占比下降2.8%。全区常住人口、重点人群家庭医生签约率分别为41%、71.5%。曾都区成功创建全省健康促进区。洛阳镇获评国家卫生乡镇。文体惠民工程持续深入，新建全民健身工程4处、农村综合文体广场39个。

（曾都区发改局）

恩施州

综　述

【概况】 2020年，恩施州实现地区生产总值1117.7亿元，同比下降4.2%，高于全省0.8个百分点，增幅居全省第1位；规模以上工业增加值增长9.7%，排名全省第1位；固定资产投资同比下降22.1%，居全省第11位；社会消费品零售总额562.59亿元，同比下降26.3%，居全省第15位；外贸进出口总额9436万美元，同比增长5.2%；地方一般公共预算收入57.65亿元，同比下降28.5%，排名全省第14位；城镇常住居民人均可支配收入30930元，同比下降2%，排名全省第7位；农村常住居民人均可支配收入11887元，同比增长2.3%，排名全省第3位。

【疫情防控】 坚持人民至上、生命至上，全力打好疫情防控阻击战，建立务实高效调度机制抓统筹，采取最严管控措施抓阻隔，集中优势医疗资源抓救治，多渠道筹集物资抓保障，天津市等省市千里驰援，全州各族人民群防群控，取得了“在全省感染率最低、确诊病例率先清零，病亡率低、治愈率高”的决定性成果。全面落实常态化防控措施，争取18.2亿元资金补强公共卫生短板，疾病预防控制体系不断完善，全州核酸检测实验室增至24家，各县市均已建成2家以上核酸检测实验室。科学精准实施“人物地”同防，全州自2020年2月29日起无新增确诊病例，为全省、全国疫情防控作出了恩施贡献。

【脱贫攻坚】 始终将脱贫攻坚作为重大政治任务，建立完善“331”稳定脱贫长效机制和“尖刀班”驻村工作机制，精准落实各项脱贫攻坚政策。易地扶贫搬迁圆满收官，全面完成7.28万户24.3万人易地扶贫搬迁任务。扎实开展消费扶贫，6县市进入“扶贫832”平台成交额全国前十名，农产品累计销售额突破155亿元。东西部扶贫协作实施项目278个，落实帮扶资金4.98亿元。中央单位定点帮扶、省直部门“616”对口帮扶持续加强。恩施、利川、建始、巴东、咸丰5县市通过脱贫验收，至此，全州实现现行标准下109万贫困人口脱贫、729个贫困村出列、8县市脱贫摘帽，全州区域性整体贫困和绝对贫困问题得到历史性解决。

【产业发展】 生态文化旅游业加快复苏，全年接待游客3499.24万人次，实现旅游综合收入202.16亿元。全域旅游发展步伐加快。利川市成功创建国家全域旅游示范区，建始花坪镇、利川白鹊山村分别成功创建湖北旅游名镇、湖北旅游名村，恩施盛家坝二官寨成为全国乡村旅游重点村，利川腾龙洞、宣恩狮子关分别成功创建5A、4A级景区。硒食品精深加工产业集群不断壮大。全州硒食品精深加工实现产值154.41亿元，新增“利川红”“恩施土豆”2件地理标志证明商标，新增涉硒地方标准10项。生物医药产业快速发展。湖北一正药业成功申报中药配方颗粒生产试点企业，千海兴龙公司中药饮片和保健食品（绞股蓝）等重点项目加速推进，国家中药材质量监督检验中心启动建设，医用防护物资生产企业从无到有，发展到10家。清洁能源产业加快发展。中石化湖北页岩气有限公司落户恩施，页岩气开发进入工业试采阶段，江坪河水电、板桥风电并网发电，鹤峰走马风电实现首台机组发电，峡口塘水电完成主体工程，姚家平水利枢纽被纳入国家2020—2022年新开工的150个重大水利工程，前期工作进展顺利。清洁能源全年新增装机50.36万千瓦，总装机达460万千瓦。新兴产业突破性发展。立讯精密、达翔电子等企业产能不断释放，全州电子信息制造业企业已超过60家。装备制造、现代物流等产业和行业加速壮大。

【项目建设】 持续开展“比、抓、强、促”工作，14个省级重点项目完成投资31.74亿元，160个州级重点项目完成投资273.04亿元，均超年度计划目标20个百分点。宜鹤高速、建恩高速建成通车，宜万铁路高坪站开通运营，郑万高铁巴东段建设加快，宜来高速鹤峰东段全线开工，宣咸高速控制性工程开工建设。一批重大项目争取取得突破性进展。沿江高铁宜昌至涪陵段进入项目勘察设计阶段，恩施机场迁建纳入国家民用运输机场建设“十四五”规划研究范围，巴东长江公路二桥纳入国家《长江干线过江通道布局规划（2020—2035年）》。积极对接中央支持湖北一揽子政策，全年共争取中省预算内资金16.96亿元、抗疫特别国债16.2亿元、新增政府专项债券17.78亿元，发行企业债券9.5亿元。招商引资实现突破，全年新签约亿元以上产业项目212个，新开工亿元以上产业项目115个，新投产亿元以上产业项目61个。围绕“十四五”规划及“两新一重”抓谋划，全州共谋划入库项目8537个、总投资3.17万亿元。

【城镇建设】 按照高起点规划、高标准建设、高质量管理要求，大力推动实施“洁、绿、亮、美、畅”“拆围透绿、裸土覆绿、见缝插绿”“城市配套功能补短板”等工程，积极推行州城重点项目州领导领衔制、重点路段路长制，城市功能品质和管理水平得到进一步提升，州城常住人口突破50万人，跻身中等城市行列。县城基础设施补短板强弱项项目加快推进。新开工棚户区改造2137套、改造城镇老旧小区138个。全州10个城区污水处理厂改扩建项目和大沙坝污水处理厂项目基本建成或通水试运行，77个乡镇生活污水处理设施和垃圾中转站投入使用。城镇公厕建设任务超额完成，启动城区垃圾分类试点，停车场建设步伐加快。

【营商环境】 聚焦“全国一流、全省领先”目标，大力实施优化营商环境十项行动，当好服务企业“有呼必应、无事不扰”的“店小二”。全面推行“一事联办”，工程建设项目审批“753”改革加快推进，审批事项由50项压减为35项。全面推行政务事项办理“及时预警、超时默认”，企业开办1日办结、不动产登记最多2日办结，用电、用水报装实现“321”服务，用气报装实现“310”服务。电子政务外网实现州、县、乡、村四级全覆盖，“智慧恩施”政务云平台、公共信用平台、互联网+不动产”网办大厅建成运行，全州实现522个政务事项“全程网办”、127个便民事项“掌上办”，州、县两级政务事项可网办率达到100%。公共资源交易权限全面下放，全流程电子化基本实现。出台中介机构管理办法，发布中介机构目录、中介事项清单和审查标准，入驻中介超市机构和在网办理项目数量均位居全省第一。在全省率先开展政府公开承诺，全面清理政府签订合同，全州政府性无分歧欠款全部结清。“一网通办”进入全省第一方阵，恩施州“一事联办”和建始县优化银行金融机构考核评价机制两个改革举措入选全省复制推广典型案例。精准落实中央支持湖北一揽子政策，为1088家企业发放贷款近30亿元，减税降费14亿元，一大批企业渡过难关，推动援企惠企政策落实，有力推动市场主体复工复产、复商复市。

【生态建设】 污染防治攻坚战卓有成效。严格落实“山长制”“河库长制”。单位GDP二氧化碳排放量、主要污染物排放总量持续下降，恩施城区环境空气质量居全省13个国考城市第一位。8个国家考核地表水断面达标率为100%。中央和省环保督察及“回头看”反馈问题整改进展有力有效。持续巩固生态文明创建成果，巴东县获得国家生态文明建设示范县命名，利川市、建始县、来凤县荣获“湖北省生态文明市（县)”称号。

防范化解重大风险。全面开展风险隐患排查化解“百日攻坚”行动，积极化解疫后综合症，社会大局和谐稳定。积极应对新冠肺炎疫情对金融安全的新挑战，化解不良贷款39.82亿元。完善金融风险监测和处置机制，加大陈案化解力度，严厉打击“非法校园贷”，政府债务控制在限额内，未发生区域性和系统性风险，类金融机构有效整治，金融形势总体稳定，连续12年获评“湖北省金融信用州”。有效应对恩施州城50年一遇、建始县100年一遇特大洪涝灾害，成功处置恩施市沙子坝地质滑坡灾害。全年未发生较大及以上生产安全事故。

【民生保障】 政府带头过“紧日子”，在年初预算基础上一般性支出再压减15%，增加民生支出12%。全面落实稳岗就业扶持政策，全州城镇新增就业3.8万人，城镇登记失业率为3.53%，“点对点、一站式”服务44.3万人返岗就业。推进教育公共服务保障。普惠性学前教育加快发展，义务教育入学率、初中三年巩固率、适龄残疾儿童少年义务教育入学安置率达到100%。顺利推进重点高中招生计划均衡分配到初中学校改革。职业教育加速发展。大力实施“健康恩施”全民行动，爱国卫生运动广泛开展，全民健康水平不断提高。精准落实各类保障和救助政策，上调城市低保、城乡特困人员救助供养保障标准，累计发放社会救助资金14.6亿元。养老事业加快发展，千名老人拥有床位数达35.4张。落实粮食、能源保供措施，执行社会救助和保障标准与物价上涨联动机制，发放困难群体价格临时补贴2.45亿元。文化事业蓬勃发展。启动武陵山区（鄂西南）土家族苗族文化生态保护实验区创建工作，以精准脱贫为题材的音乐剧《太阳照在屋顶上》列入“2020年湖北省文艺精品创作指导性目录”。村级综合文化服务中心建设加快，深化农家书屋改革，农村公共文化服务体系不断完善。州域社会治理现代化试点顺利推进，全面实施“1+4”联系包保和党员“双报到”制度，基层社会治理能力不断提高。决战决胜扫黑除恶专项斗争，全力做好矛盾纠纷化解，社会大局和谐稳定。

（恩施州发改委）

恩施市

【概况】2020年，恩施市实现地区生产总值356.99亿元，同比下降4.1%；固定资产投资同比下降16.5%；实现社会消费品零售总额163.82亿元，同比下降27.2%；完成一般公共预算收入14.2亿元，同比下降30.3%；规模以上工业增加值同比增长2.3%；服务业增加值同比下降2%。全年地区生产总值、固定资产投资、规模以上工业增加值、服务业增加值、社会消费品零售总额、地方公共财政预算收入降幅分别较一季度末收窄22.5、62.1、7.2、9.1、24.1个百分点。

抗疫抗洪。面对突如其来的新冠肺炎疫情，50年一遇的洪涝灾情及沙子坝特大滑坡险情，经科学调度，新冠肺炎疫情管控实现确诊病例零死亡、在院人员零院感，洪涝受灾群众得到了妥善安置，电力、供水、通讯、市政等基础设施基本恢复，沙子坝滑坡体风险总体可控。坚持将资金优先安排保障防疫和减灾，同时加大对上资金申报和争取力度，地方财政用于灾害防治及应急管理支出达到4288万元，同比增长62.7%，争取到位抗疫特别国债资金3.3亿元。开辟“绿色通道”，紧急启动乡镇卫生院发热门诊、卫生应急准备中心、市疾控中心改扩建等10个抗疫卫生项目，以及大龙潭应急抢险取水工程、四水厂主管网至三水厂3.5公里管网等4个城市供水应急抢险项目，14个项目已全部开工建设，部分项目已建成投用。

产业发展。三次产业结构比优化为8.1∶40.2∶51.7。工业引领实体经济发展的大趋势保持不变，规模以上工业增加值率先由负转正，工业总产值突破175亿元，规模以上工业企业达到73家。卷烟厂原料库、硒润食品加工、阀门生产制造等32个工业项目有序推进。生态文化旅游产业快速回暖，旅游接待946.99万人次，实现旅游综合收入75.77亿元，降幅分别较一季度收窄11.4、27.7个百分点。青云崖文化旅游、清江红花峡峰林、大峡谷5A+等重大旅游项目加快推进，交投康硒城、鹿苑坪景区二期等项目即将开工。硒产业总产值达到32亿元，硒食品规模以上加工企业达到26家。清洁能源产业总产值稳定在6亿元以上，板桥风电项目并网发电。创新能力不断增强。高新技术产业增加值占GDP比重达到5.4%，规模以上工业企业研究与试验发展经费（R&D）占企业主营业收入比例达到1.2%，研究与试验人员占比达到6%，建立研发机构的企业数量达到25%。高新技术企业培育初见成效，国家科技型中小企业入库45家，高新技术产业“小升高、高入统、统进规”的成长路径基本形成。华涛显示、锂泰新能源等项目加快推进。信息化建设进程加快，全市固定宽带普及率达到47%，4G网络覆盖率达95%以上。严格落实招商引资“一号工程”。充分运用中介招商、产业链招商、重点区域招商等方式，对接东部地区产业转移，龙漫星际谷、玉环密兴机械、茶多酚提取等一批科技含量高、市场效益好的高新技术企业签约落户。推进产业园区建设。完成七里坪产业园一期14.2万平方米标准厂房和2.8万平方米配套用房，以及白杨坪产业园6.8万平方米标准厂房和1.12万平方米配套用房建设，两个产业园公租房基本建成，园区路网基本成形。健全完善园区管理机制，重新修订园区管理办法。优化园区土地利用方案。梯次推进园区土地供应，确保招商企业及时落地。园区招商取得较大突破，全年22个项目完成签约，统领高端家具制造、魔芋深加工等15个亿元以上项目入驻园区。

项目投资。实施“比招商、抓项目、强产业、促进位”活动，全力推动高质量发展，充分发挥固定资产投资对经济社会发展疫后恢复重振的“定海神针”作用，投资对经济贡献率稳定在40%以上。做深项目前期，亿元以上审核备项目个数突破120个，项目管理平台作用有效提升。做实项目服务，明确市级领导包联112个重点推进和72个持续推进项目，按序时进度分解任务精准有效开展调度，21个省州级重点项目超额完成投资计划，市级重点项目完成投资80亿元以上。做优项目结构，财政资金对社会资本的“撬动”作用明显增强，民间投资占比提高到60%以上。做准项目申报，项目竞争力进一步提升，“中央一揽子政策”全面落实，争取到位预算内资金2.1亿元，各类债券资金15亿元。

财政金融。积极应对新冠肺炎疫情和洪涝灾害对财政收入带来的巨大冲击，千方百计筹措资金保基本民生、保工资、保运转。全年地方财政总收入、地方公共财政预算收入分别达到21.8亿元、14.1亿元。加大税收催报催缴力度，依法加强税收征管调度，全年本级税收收入达到11.3亿元。税收结构稳步改善，一二三产业税收结构调整为0.1∶30.7∶69.2。500万元以上的纳税企业达到85家，纳税比例达到68.5%。充分发挥财政资金杠杆作用，建立财政资金存放奖励机制，采取风险补偿、政府贴息等形式，畅通服务实体经济、民营企业、小微企业的血脉。严格规范政府举债融资行为，持续消化存量隐性债务，政府债务风险总体可控。全市各项存款余额

561.6 亿元，同比增长 7.9%；贷款余额 571.7 亿元，同比增长 9.1%。贷存比达到 101.8%，高于全州平均水平 24.4 个百分点。

农业农村。全市实现农林牧渔业总产值 63.09 亿元，同比增长 0.88%。特色产业基地稳定在 124 万亩，商品蔬菜实现产值 6.6 亿元，同比增长 13.5%。茶叶基地达到 38.1 万亩，总产量达到 2.5 万吨，“恩施玉露”品牌价值突破 23 亿元。全年生猪出栏 74.2 万头，同比增长 21.4%。全市发展特色产业（含务工）带动率达到 97.8%。新型农业经营主体链接贫困户总计 4.5 万户，链接比达到 82%。新型农业经营主体不断壮大，累计发展新型农业经营主体共计 2717 家。加快农村基础设施建设，启动莲花池、古场坝、马者、双河岭 4 个乡村振兴市级试点村和 8 个美丽乡村示范村建设。以“五清一改”为重点，农村人居环境整治三年行动目标任务基本完成。2.83 万亩高标准农田建设项目加快推进，屯堡、白果、白杨 3 个乡镇土壤改良完成 80%。“厕所革命”三年行动全面收官，累计新（改）建城乡公厕 311 座、户厕 4.3 万余座。全年分别实施农村通畅工程、安保工程 845 公里、397 公里。

城市建管。继续推进“治乱保净”“治堵保畅”“治噪保静”等专项行动，城市品质不断提升。以“三厂两廊一公园”为重点的城市配套设施更加完善。“五个三”重点项目加快推进，着力美化州城出口路，绿化城市路边带，畅通交通内循环；彰显城市特色的 465 栋城区房屋民族化改造工程全面启动；以“三个一批”为重点的农贸市场加快建设，全力服务市民生活需求；车坝河、喻家河、大龙潭三大水源地项目建设更加完善，有力确保城区用水安全；二水厂迁建、三水厂扩建、四水厂新建项目有序推进，强化州城用水保障。高旗大道项目建成投用，火车站站前广场、施州大道延伸段、旗峰大道、金龙大道南段北段、沙湾三孔桥片区规划一号二号路、209 绕城线 5 标 6 标、西湖大道等项目加快推进。

交通设施。许家坪机场迁建项目取得较大进展，完成选址地气象观测和地勘前期。重点交通道路工程全面延展，209 国道龙凤坝至谭家坝段改建、318 国道恩施吉心至虎岔口段改建、351 国道芭蕉至谢家土段改建、S233 省道恩施茆山至太山庙段改建等重点项目即将建成投用。462 省道改建、242 国道下云坝至宣恩晓关、351 国道椿木营至长潭河、232 省道沙地至三岔等 10 个项目前期工作加快推进。站场码头建设稳步实施，东升客运站即将投用，云坛口码头、桂花树公交停保场等项目加快建设。

脱贫攻坚。完成国家第三方入户退出专项评估调查。易地扶贫搬迁胜利收官，基本实现有劳动力的易迁群众产业、就业全覆盖，无劳动力的易迁家庭兜底保障全覆盖。全年安排资金 1.38 亿元继续实施产业以奖代补政策。教育扶贫资助贫困家庭学生 8.34 万人次，发放资助资金 6549.5 万元。贫困人口参保率达 100%，且未发生断保现象。突出抓好动态新增危房改造、住房安全有保障信息录入及现场核验三项重点工作。围绕“应保尽保”“应养尽养”“应救尽救”实施好各项兜底政策，累计发放农村低保、特困供养、临时救助孤儿生活补助资金共 1.96 亿元。

营商环境。对标省“优化营商环境 30 条”、州“十大专项行动”，在全面落实 100 条州交办事项的基础上，广泛征求市场主体和群众意见建议，形成 120 条具体事项的工作清单、责任清单、时限清单，层层压紧压实责任，逐条逐项抓好落实。服务事项实现“一网通办、一窗通办、一事联办、一次办好”，全市 1247 个事项实现“网上办”，占比 91%；1349 个事项实现“一次办”，占比 98%。建立非公有制企业投诉服务中心，21 家协会及 58 家企业完成注册，进一步畅通政企沟通渠道。从严落实“十必须十不准”要求，当好企业“有呼必应、无事不扰”的“店小二”。对产业项目实行“先建后验”承诺审批、区域性统一评价，探索工业用地“先租后让、租让结合”，支持企业在符合规划和安全要求、不改变用途的前提下，拓展地上地下空间。对不动产登记历史遗留问题，按照“尊重历史、容缺办理、查办分离”原则实行分类处置，39 个房地产项目、3.1 万户业主完成了不动产首次登记。对所有涉及市场准入的行政审批事项全部纳入“证照分离”改革范围，按照直接取消审批、审批改备案、实行告知承诺、优化准入服务四种方式，进行分类管理。严格落实支持疫情防控和复工复产的税费政策，持续扩大减税降费范围和力度，全年累计减免税费 5.36 亿元。深入开展“中梗阻”及“不担当、不作为、不落实”专项整治，严肃追责问责服务实体经济发展中不认真履职尽责的行为。

生态文明。坚持“绿水青山就是金山银山”理念，完善生态文明领域统筹协调机制，建设人与自然和谐共生的现代化。全面加强水环境治理，“河湖长制”实现全覆盖。病险水库除险加固、小农田水利、防洪、石漠化综合治理等重点专项加快推进。喻家河水库主体工程完工，杨柳溪水库工程启动建设。姚家平水利枢纽纳入全国 150 个重点水利枢纽工程和全省补短板强功能十大工程名录，前期工作取得实质性突破。“山长制”得到进一步落实，森林植被保护更加完善。全年完成营造林 18.5 万亩，森林火灾受害率控制在 0.9‰以内，森林覆盖率、城区绿地率分别达到 66%、42.1%。有序推进城乡垃圾分类和处置，城市垃圾焚烧发电项目开工建设，九岭岗生活垃圾填埋场封场整治基本完成，景泰、华新 2 个建筑垃圾资源化利用项目建成投用。着力打造燕子坝、南里渡、穿洞 3 个州级生活垃圾分类试点村。以改善环境质量为核心，全力打好污染防治攻坚战和长江保护十大标志性战役，中央、省环保督察交办问题已整改完成 256 个，剩余 14 个达到序时进度。全年 PM10、PM2.5 浓度得到有效管控，空气优良天数稳定在 94% 以上。清江大沙坝国控断面、长沙河省控断面水质均值全面达标，清江大龙潭集中式饮用水水源地水质达标率

100%。大沙坝污水处理厂建成通水，官坡污水处理厂提标改造主体完工。七里坪片区污水收集管网工程、方家坝—旗峰坝片区黑臭水体治理工程等项目加快推进。13座乡镇污水处理厂已投入运行。单位GDP能耗、化学需氧量、主要污染物排放量等约束性指标均达到省定标准。

就业保障。认真贯彻落实应对疫情惠企稳岗、人事人才等21项政策，为符合条件的企业兑现发放就业补贴资金和失业保险稳岗返还资金。更好地发挥政府支持就业的主观能动性，保障和扩大就业空间。整合州市域内用工信息，对接1393家企业提供就业岗位4130个。突出“一企一策一对一补”，着力保障重点企业用工，累计向立讯、达翔等重点企业输送劳动力1448人。完善外出务工保障机制措施，为外出务工人员提供“点对点、一站式”返岗就业服务，安排专项资金对疫情后外出务工人员给予30%的车费补贴，5.4万名务工人员及时返岗就业。积极为符合政策的市场主体提供创业担保贷款，有效解决其创业及经营过程中的资金难题。全年城镇新增就业人数完成目标任务的107.4%，帮扶城镇失业人员再就业1545人，帮扶就业困难人员实现就业794人，新增返乡创业人员918人。最大限度降低疫情对农户造成的务工损失。统筹财政资金，新增1000个贫困劳动力公益岗位和2750个选聘护林员。抢抓东西部扶贫协作机遇，组织1648名贫困劳动力赴浙江务工。安置建档立卡贫困人口650人从事道路养护、乡村保洁、社会辅助性服务等公益性岗位。全面落实生态补偿政策，向9.4万贫困人口兑现生态公益林补偿资金1.2亿元。选聘3676人次贫困人口担任生态护林员，兑现管护资金1411.9万元。

公共服务。新冠肺炎疫情防控取得决定性成果，重点行业、重点区域、重点人群应检尽检，严格落实国（境）外和中高风险地区来恩返恩人员防控措施，感染率仅0.59/万人。卫生健康综合能力不断增强，全市人均预期寿命达到80.8岁，高于全省平均水平（77.3岁），计划生育利益导向政策落实到位率100%。每千人常住人口执业（助理）医师、注册护士数、医疗机构床位数分别达到3.43人、4.91人、9.32张。稳定财政对医疗卫生领域的支出，占一般预算支出比重达到10.1%。市中心医院医技综合楼改扩建项目基本完成，行政村标准化卫生室实现全覆盖。全力保障教学和疫情防控结合，疫情期间做好线上教育教学，实现“停课不停教、不停学”，并按时复学复课。加大校园安全防控，155所义务教育学校实现安防设备全覆盖。增加普惠性幼儿园数量，学前教育普惠率达80%以上。桂花园小学建成投用，虎民路小学、中等职业技术学校扩建（PPP）、四维街小学改扩建等项目加快推进。公共文化服务体系基本形成，综合文化服务中心和文化活动室实现全覆盖。12个非物质文化遗产入选国家、省级“非遗”代表性项目名录。各类体育场地达1533片（块），人均占有全民健身体育场地达1.6平方米。

社会保障。千方百计保民生，确保财政对社会保障和就业支出只增不减，民生支出达73.1亿元，占财政总支出的84%。全年累计发放各类社会救助资金1.25亿元，其中城乡低保6785万元，残疾人生活补贴1845万元。养老保险、工伤保险、失业保险等各类社会保险参保人数达62.8万人次。城乡居民养老保险、医疗保险参保率分别达100%、97%。生育保险实现各类用人单位全覆盖。进一步扩大“三办一镇”中等偏下收入家庭、新就业无房职工、稳定就业的外来务工人员的住房租赁补贴发放范围。虎民路、八龙坪、中港城等棚户区改造项目加快推进。

（恩施市发改局）

利川市

【概况】 2020年，利川市实现地区生产总值199.15亿元，同比下降4.9%。其中，第一产业增加值41.26亿元，同比增长0.6%；第二产业增加值30.59亿元，同比下降5.6%；第三产业增加值127.3亿元，同比下降6.5%。三次产业结构比为20.72∶15.36∶63.92。实现社会消费品零售总额93.37亿元，同比下降27.2%。完成固定资产投资87.3亿元，同比下降17.1%。完成一般公共预算收入8.77亿元，同比下降26.6%；完成一般公共预算支出71.23亿元，同比下降1.9%。

项目建设。加快项目建设进度。坚持“三指三组”重点工作协同推进机制、“两联一包”述评制度，深入开展“比抓强促”。严格落实重点项目“红黄旗”考评机制。创新实施重点项目建设“店小二”挂牌服务，明确联系市领导、责任单位和具体负责人，将项目调度到环节、到时间，形成了全市项目建设工作“以点带面”的良好局面。18个省、州重点项目全部开复工，完成投资31.7亿元，年度目标完成率141%，项目建设年度排名全州第三。加大项目争取力度。武汉生物工程学院利川产学研用基地、利川市集萃高新生命科技产业园等项目加快推进；与中南民大、湖北大学等签订合作框架协议，校地合作成效明显。把握“两新一重”窗口机遇和中央支持湖北一揽子政策机遇，谋划中省投资、特别国债、专项债券项目139个、总投资123.4亿元，到位资金13.63亿元。加强项目谋划深度。坚持规划引领，努力做大发展底盘。谋划“十四五”项目8大类65项920个5269.85亿元，其中亿元以上项目469个。按照可准入、可落地、可申报、可持续要求编制项目投资计划，储备库转建设库转化率达55.56%，建设库转达效库转化率达45.31%。

产业建设。2020年全市粮食作物播种面积116.3万亩，同比基本持平，粮食总产量32.22万吨，同比增加0.28万吨。全年共计发放耕地地力保护补贴12923万元，惠及全市188172户农民，执行率100%。落实水稻种植奖补及稻谷补贴共计105.33万元，惠及全市41271户种植户。完成永恒粮食收购36900吨（国有粮食企业收购9632吨，非国有粮食加工企业收购27268吨），全市粮食收购市场平稳有序。针对全年政策性粮食收购、储存、销售出库环节开展监测，全年抽检送样146个，全市政策性粮食收购中未发现超标粮食。按照上级核定下达的储备计划储备粮食16800吨。疫情防控期间新增市级临时储备1590吨成品粮油，组织调运救助大米5850吨，惠及全市特殊困难群众8.3万人。完成年度储备粮油轮换任务，共计9632吨。全市共建立1个粮油应急配送中心、22个粮食应急供应网点、3个粮油应急加工企业，粮油应急供应网络覆盖全市所有乡镇（办）。开展全市粮食收获质量调查、品质测报和粮食质量安全监测工作，全市政策性粮食出入库检验率达100%。开展全市粮食食库存检查，共检查仓库9栋、配送中心1个，检查粮食14660吨，所有粮食帐实相符、质量良好、储存安全。落实军供应政策，适时推进军粮供应改革。成功创建国家全域旅游示范区，腾龙洞成功晋升为国家5A旅游景区，东城白鹊山村获评湖北旅游名村。全年共接待游客950万人次，实现旅游综合收入35亿元。成功举办2020年中国红茶高质量发展峰会，杨家坡有机茶园通过德米特认证，硒食品精深加工产业实现产值18亿元。新增中药材基地0.6万亩，推广中药材“三减三增”技术示范13万亩，“利川大黄”农产品地理标志通过部级专家评审，生物医药产业实现产值18.5亿元。红页1HF井于10月转入试产，枫1井正在进行试气，红页2井前期工作扎实推进。清洁能源产业实现产值18亿元。

城镇建设。成功申报2020年省级美丽乡村建设示范村23个、整治村87个，完成23个示范村村庄编制规划初稿。农村人居环境整治三年行动实绩突出，行政村生活垃圾处理率达100%。正式开通运营万州机场利川候机楼，完成南门大桥维修加固、龙船大道和滨江北路中段人行道改造。启用首台智能化垃圾分类设备，建成全州首个5G商用基站。启动4个小区老旧小区改造项目，总投资约5000万元。处置新增“三违”81起，拆除4970平方米。

改革开放。持续推进供给侧结构性改革。关停煤矿4家，化解煤炭产能30万吨。实现商品房销售6800余套，同比增长4%。减税降费累计减免7.85亿元，降低企业用电成本778.4万元。着力推动农业综合水价改革。建立农业水价综合改革领导小组成员单位联席会议制度，切实履行牵头抓总职责，超额完成年度农业水价综合改革任务面积。积极构建绿色技术创新体系。大力发展清洁能源，全市共建成风电场10个，总装机50万千瓦；建成水电站31座，装机总容量达30万千瓦，在建水电项目7个，装机规模达到13.37万千瓦；天然气年供气量11547.85万立方米；累计建设小型沼气工程60处，大中型沼气工程3处。积极推进诚信体系建设。全市94家企事业单位开展政务服公开承诺，开展政府机构失信问题专项治理，退出销号失信政府机构1家，实现政府失信治理100%。开展政府合同履约专项治理，实现政府合同履约100%。发布信用“红名单”2期、“黑名单”1期。协同推进项目审批“五多合一”。以生物医药产业园区推行项目建设区域评估工作为试点，探索开展“多评合一”，高度整合建设项目评估评审事项，采取“统一受理、同步评审、同步审批”，目前生物医药产业园10个区域评价报告完成评审。

民生保障。全力做好保供稳价。累计优惠天然气气量829.92万方，优惠金额183.44万元；为28449户居民减少电费1281.57万元，核实疫情防控临时电费补贴193.76万元，涉及102家保供企业；落实用水优惠25.83万吨，优惠金额8.22万元。疫情期间新增市级临时储备1590吨，全市政策性储备规模达18390吨，调运救助大米5850吨，惠及全市特殊困难群众8.3万人。扎实推进易迁后扶。出台《利川市易地扶贫搬迁后续扶持工作实施方案》，实施茶叶产业扶贫、民宿旅游扶贫、光伏扶贫，全地域、全要素、全产业链推动“四大产业集群”建设，谋划后续产业发展项目18个，投入资金6110万元。市人民政府被省易迁工作领导小组表彰为“全省易地扶贫搬迁工作先进集体”。持续抓好价格认证。全年完成价格认定事项94件，标的金额793.03万元，办结率100%，近六年实现零复核，被评为“2019—2020年度全国价格认定工作先进单位”。全年完成涉纪、涉黑恶案件财物价格认定5件，标的金额236.3万元。

（利川市发改局）

建始县

【概况】 2020年，建始县实现地区生产总值116.43亿元，同比下降5%；固定资产投资同比下降39.5%；规模以上工业增加值同比下降5.4%；社会消费品零售总额62.11亿元，同比下降19%；招商引资到位资金11.08亿元，同比下降53%；财政总收入完成9.94亿元，同比下降21%；地方财政一般公共预算收入完成4.93亿元，同比下降28%；城镇常住居民人均可支配收入为29229元，同比下降1.5%；农村常住居民人均可支配收入11806元，同比增长2.1%；城镇登记失业率为3.25%；全年实现旅游综合收入16.5亿元，接待游客330万人次。

产业发展。农业产业底盘进一步稳固。粮食总产量达20.1万吨，生猪出栏57.12万头，产粮产油及生猪调出大县地位得到巩固；农作物种植面积达115万余亩；新建农产品加工生产线5条、果蔬冷藏库1万平方米；通过开展农副产品产销对接活动，销售总额达10.9亿元；官店玉钿红茶喜获“红茶茶王”称号、马坡玉峰白毫毛尖喜获绿茶银奖；19家农业企业申报为州级产业化龙头企业；花坪镇漆潦智慧生态园建成投产；新希望集团百万头生猪养殖基地即将落户官店镇。工业经济实力进一步增强。规模以上工业总产值完成13.1亿元，福恩鞋业、建诚防护等5家工业企业进规，新增产值过亿元企业2家；通过实施老旧企业振兴计划，硒之泉、天天佳成功重启；旺泰集团新型建材项目加快推进，有望成为全县首家产值过10亿、税收过亿的企业；中溢达建材、节龙工贸沥青等新型建材项目建成投产，建材产业集群将逐步形成；特达系列阀门、鑫达阀门等阀门制造项目加快实施，阀门制造链群效应显现；黄土坎易迁配套产业园加速推进，落地平台得到有效保障。第三产业活力进一步激发。智慧旅游平台、游客集散中心加快实施；旅游公路、观景平台、旅游标识、旅游公厕加快完善；店子坪成功创建国家3A景区；开展“遇见建始· 一见倾心”“我为建始拼单”“建始印象”等系列营销活动；成功举办中国农民丰收节、摸秋大会、蓝莓采摘节、高山避暑文化旅游周、江钓大赛等节庆赛事活动；累计接待游客320万人次，实现旅游综合收入16.5亿元；建成200个农村电商服务站点，80个村级物流站点逐步投入运营；长耳山物流、浦润物流等物流项目启动建设，物流链条式发展初具雏形。

项目建设。“十四五”规划项目库收录项目1269个、概算总投资3469亿元；围绕疫后重振补短板“十大工程”谋划项目195个、概算总投资402亿元；谋划2021年5000万元以上重点项目123个、总投资258亿元。争取2020年中省投资项目85个，争取资金5.36亿元，争取额度位居全州前列；围绕中央支持湖北经济社会发展一揽子政策，组织申报抗疫特别国债项目61个，申报资金17.5亿元，下达卫生领域补短板资金1.63亿元；争取水利项目16个，估算投资4.7亿元；争取农村环境整治、基础设施建设、生态建设等项目17个，总投资超1.2亿元。实施5000万元以上重点项目80个，完成投资30亿元，其中21个州级重点项目完成投资22.2亿，完成州定计划目标120%。景阳水上运动中心、高坪火车站全面建成投运；青花田园综合体、金建大道、茨泉城市中心广场、黄土坎易地扶贫搬迁配套产业园等项目加速推进。先后签订冷链物流、生猪养殖、阀门制造等34个亿元以上产业项目；报废汽车回收拆解及加工、金达阀门制造等13个亿元以上项目启动建设；新城区供水、四汇新型建材等5个亿元以上项目建成投产。

城乡建设。基础设施加快推进。462省道建始高燎至赵家湾、339省道官店至鹤峰邬阳段、建巫线黑色化加快推进；高坪集镇黑色化、209国道茅田至龙坪大修工程、奇阳坝至马栏溪大修工程基本完工；339省道红岩寺至县城一级公路进入工可设计；金滩坪水库、蛇皮洞水库加快建设；投资2.1亿元实施农村饮水安全供水工程，46.75万农村居民饮水安全得到解决。城镇功能加快完善。棚户区改造片区加快规划建设；启动55个老旧小区改造项目，32个小区完工并通过验收；风雨廊桥建成投用；全民健身活动中心、气象公园等项目主体完工；花坪、龙坪、三里集镇改造全面完成；花坪绕镇大道建成通车；茅田率先完成集镇公益性公墓区建设；龙坪集镇率先实现弱电入地；龙七路延长线、松坝大道加速推进，城镇功能加快完善。城镇管理加快优化。投入1100万元购置城市垃圾清运设备；累计建成垃圾中转站11座；“两违”治理清理立案查处案件54起，拆除两违建筑273处；智能化停车系统加快推进，金城1号、璞玉岛、阳光时代豪庭、红岩泰安城4个智慧平安小区加快建设。乡村振兴加快实施。编制完成并发布《建始县实施乡村振兴战略五年规划》；青里坝村乡村振兴州级试点建设成功验收；投资1亿元打造三里马坡、花坪村坊、业州穿洞子林场、长梁火龙4个县级美丽乡村示范区；累积建成乡村旅游示范区10个，创建湖北旅游名村2个，建成特色村寨12个，自驾游基地2个，改造特色民居2500户，发展家庭旅馆和民宿农家乐300多家。

生态建设。环境保护全面加强。中央、省环保督察“回头看”反馈的51个督察问题，33个完成整改，18个达到序时进度；环境执法查处违法企业9家，处罚金34.93万元；秸秆焚烧得到有效控制，空气质量持续改善，空气优良天数达到342天，优良率达到98%，排名全省靠前。绿色发展全面提质。完成22600亩封山育林、4200亩人工造林、83.98万亩公益林更新；完成义务植树5000亩；畜禽养殖粪污综合利用项目加速推进，综合利用率达到85.5%以上，粪污处理设施配套率达100%。生态文明全面推进。成功创建省级生态文明建设示范县，业州镇、龙坪乡申报2020年省级生态乡镇；高燎村、三岔槽村等28个村申报创建2020年省级生态村；在20个行政村3个城市社区开展垃圾分类试点，无害化处理率进一步提升；农村无害化户厕累计完成52231座，累计建设公厕574座。治理修复全面实施。全县18个重点集中式饮用水水源地水质达标率为100%；兑现公益林补偿资金1050万元、兑现天然林停伐管护补助951万元；河库“清四乱”和“三无船舶”清理全力推进，762处小微水体被纳入河湖长制管理，全县1条示范河流、2个示范单位、9个示范人物入围“湖北省幸福河湖示范”公示名单。

营商环境。政务环境显著优化。市民之家建成投用，行政审批事项实现“应进必进”，大力推进“网上办”，县、乡、村三级网络技术平台全面贯通，事项网办率达100%；着力推进“一窗通办”，80件事项纳入综合受理平台，实行“一事联办”；研发“民生二维码”实现“扫码办”“掌上办”，推行容缺“兜底办”切实保障“群众办事只跑一次”。市场环境显著改善。全面清理中介机构，县内14家中介机构已全部入驻中介服务网；水电气报装、查询、缴费实现零跑腿、零材料、网上办；正式使用州县一体化政府采购全流程化电子平台、电商平台、监管平台，实现智慧化采购，率先实现“不见面”开标、远程评标等全流程电子化招投标。信用环境显著增强。全面实施政府合同履行情况清理行动，全县57个机关企事业单位政务诚信实行“应公开尽公开”；信用归集系统收录数据达48万余条；积极推进“互联网+监管”，监管部门认领填报916项监管事项，执法人员系统用户开通率100%；12345服务热线共接群众来电9600余次，受理并处理3800余件，回访满意率达96.9%。法治环境显著提升。聚焦源头、过程、结果等关键环节，将行政执法公示制度、执法全过程记录制度、重大执法决定法制审核制度等“三项制度”与权责清单、“双随机、一公开”监管、政府信息公开统筹衔接，法治环境得到有效提升。

社会民生。脱贫成效得到全面巩固。就业扶贫，全县累计组织贫困人口就业创业培训1.5万人次以上，向吸纳贫困人员就业企业发放就业补贴13.6万元；为60名建档立卡贫困人员发放灵活就业人员社保补贴27万元；开发行政事业单位、易迁安置点、生态护林员等公益岗性岗位2780个；消费扶贫，307家市场主体入驻“扶贫832平台”及社会扶贫网，实现平台销售1.32亿元；全县321个财政预算单位消费2071万元；东西部扶贫协作线上、线下销售金额9718万元；健康扶贫，贫困人口参保城乡居民基本医保率达到100%，四种重点慢性病签约服务达到9551户11637人，贫困人口县内医保住院报销比例达到90%，县域外医保住院报销比例达到85%；教育扶贫，为38052人次贫困生发放资助金2772万元；为4106人次普通高中贫困生免收学费311万元；为6150人次中职贫困生免收学费738万元；为687人办理大学生助学贷款567万元；为461人发放大学生路费补贴27.8万元。社会事业得到全面发展。教育事业取得可喜成绩，高考一本上线461人；抗击疫情取得全面胜利，47例确诊病例，2例无症状感染者全部治愈出院；县妇幼保健（儿童医院）、博德优抚病院、建始县中医医院、10个乡镇卫生院污水处理工程建成投用；文体设施得到全面改善，全县230个易迁小区、50个村级非遗传习点、10个东西部对口援建重点村配置安装了文体活动器材；村级全民健身工程、文体广场和健身游步道加快建设；乡镇综合文化服务中心提档升级工程全面推进；县图书馆、县文化馆总分馆建设加速推进，公共文化数字化平台加快建设。社会保障得到全面加强。基本养老、工伤、失业保险参保人数分别达到69118人、27030人、12166人，完成年度目标的100.32%、101.6%、114.77%；城乡居民养老保险参保275397人，签发电子社保卡19万张；为28692人拨付低保资金13295万元，为2590人发放特困资金3218万元；为9000人发放临时救助金1300万元；为15663人发放两项补贴1773万元；发放高龄津贴876万元；建成209个居家养老服务和老年人照料活动中心；“康乐养老院”“月亮湾养老院”两家社会化养老机构建成投运。社会稳定得到全面提升。大力开展“扫黑除恶”专项斗争，破获涉黑涉恶刑事案件71起；扎实开展矛盾纠纷排查化解百日攻坚行动，持续抓好信访积案化解、重信重访治理、“三访”就地吸附，信访形势持续向好；煤矿、非煤矿山、食品药品、道路交通、工程建设等领域强化安全生产意识，社会大局平安稳定。

（建始县发改局）

巴东县

【概况】 2020年，巴东县实现地区生产总值125.28亿元；实现规模工业增加值13.84亿元；固定资产投资同比下降18.1%，高于全州平均增速4个百分点；社会消费品零售总额63.24亿元；服务业增加值68.5亿元；完成公共财政预算收入4.7亿元；城镇、农村常住居民人均可支配收入分别达到29600元、11747元；城镇登记失业率控制在3.49%；居民消费价格指数涨幅为99.4%；金融机构存款余额达到183.64亿元，贷款余额达到95.09亿元；节能减排完成任务，环境状况保持良好。

疫情防控。面对突如其来的新冠肺炎疫情，坚持把人民群众生命安全和身体健康放在第一位，倾力投入疫情防控工作，全力救治患者，实施最严管控，保障了市场供应和社会稳定。在全县风险等级降为低风险，经济社会发展逐步恢复正常秩序后，认真落实和完善常态化疫情防控举措，做好国境外及国内中、高风险地区入（返）巴东人员管控工作。严格落实重点人群“应检尽检”要求，全面提升公共卫生应急储备准备，盯紧冷链物流管控，压实防控责任，确保了经济社会发展环境的健康稳定。

重点项目。全县实施500万元以上的重点项目260个。恩施绿葱坡滑雪及高山运动度假区等3个省级、库岸综合整治等20个州级重点项目超额完成年度目标任务。固定资产投资下降幅度持续收窄。“三库”建设转换率明显提升，储备库累计转至建设库转化率达到50%，建设库累计转至达效库转化率达到50.52%。争取到位中央、省预算内投资项目37个，资金2.23亿元，比去年净增6323万元；争取到位抗疫特别国债项目12个，资金1.85亿元；发行地方政府专项债券项目4个，资金2.2亿元；争取到农商行、湖北银行等6家金融机构“抗疫情稳增长补短板稳投资支持复工复产融资”贷款15笔，资金1亿元。谋划储备了投资总额3634亿元的“十四五”项目库，40.6亿元项目进入湖北省疫后重振补短板强功能“十大工程”三年行动方案（2020—2022年）项目库。获2020年度全省投资和重点项目建设突出贡献县荣誉。

特色产业。工业经济较快回升。持续优化发展环境，落实减税降费政策，创造性开展工业稳增长“一企一策”驻企服务。结合“千名干部进千企”活动，集中解决了乡野农业矿泉水生产线技改项目水源地拆迁等一批用工、融资、规划等发展难题。白酒、服装等传统产业加快技改升级；鄂龙工贸、新宇纺服饰等企业积极应对新冠肺炎疫情，转产医用防护物资，增强了市场竞争力。第二产业增加值达到31.51亿元，同比增长7.3%，在全州率先实现正增长。新增规模以上工业企业7家。深化燃煤锅炉治理，重点行业节能减排持续推进。服务业发展逐步恢复。出台促进文化旅游市场

华中地区规模最大滑雪场—巴东绿葱坡滑雪场

振兴“六条”意见、发展奖励办法，落实省级免门票补助资金兑现等政策，积极对接“惠游湖北”活动，强化宣传营销，跨区跨省合作，绿葱坡滑雪场开滑，掀起冬季旅游新热潮。野三关高山硒养旅游度假区、巫峡口景区建设推进顺利。成功举办第八届长江三峡（巴东）纤夫文化旅游节暨2020“畅游神农溪·横渡大三峡”冬泳邀请赛，带动了服务业逐步恢复，服务业降幅持续收窄。农村经济稳步发展。实现农林牧渔业增加值25.28亿元，同比增长0.6%。粮食产量20.1万吨，较上年下降0.7%。发展特色产业，茶叶面积达到16.05万亩、中药材面积19.34万亩、蔬菜播种面积24.61万亩。注册茶叶商标10个。完成1家绿色食品认证。引进东方希望集团，建设集养殖、加工、有机肥生产于一体的循环产业链；新增2家州级龙头企业。成功申报并启动牛洞坪村州级乡村振兴试点村建设，启动了罗溪坝社区等3个县级和溪丘湾村等12个乡镇级乡村振兴试点村建设。完成3.82万亩2019年高标准农田建设任务，启动了2020年高标准农田建设项目。

城乡建设。改善城乡环境，培育文明新风，成功创建湖北省文明城市。西壤坡小区（西五路）至绕城线连接线路面工程等项目建成投用。高铁新区城中村棚户区改造基本完成，启动了老区路、平阳大道等建设。神农新区江北农村物流园、集贸市场、停车场等项目推进顺利，影视文化中心内部装饰接近尾声，建成巴山夜雨等微公园。镇村道路、供水等条件逐步改善。实施了野三关镇集镇道路改造升级和市政基础设施提升；启动了野三关应急提水项目（二期），铺设大路坡至野三关集镇供水管网，提升了野三关集镇及周边村供水保障能力。完成绿葱坡、溪丘湾等应急提水项目，启动了溪丘湾三水厂二期及平阳坝高铁新区供水工程。田家坪水库项目开工建设，钟坝河、徐家咀等项目前期工作顺利推进。聚焦污染防治攻坚战和长江大保护十大标志性战役，开展绿化、秸秆焚烧等专项治理、落实长江、清江十年禁渔令、土壤酸化治理等行动，有序实施红花岭、茶店驿站、源梦小区等污水处理项目，启动了高铁新区垃圾中转站和餐厨垃圾处理站建设，实现了污水处理厂稳定达标排放、城乡生活垃圾无害化处理全达标。成功创建“国家生态文明建设示范县”。紧紧围绕库区交通枢纽建设，不断改善交通条件。郑万高铁完成巴东隧道、神农溪大桥等控制性工程，启动了巴东北站到发线建设。348国道巴东长江大桥至平阳坝一级公路等“建养一体化”项目顺利推进。完成国省道危桥加固、G348黄岩至马鹿池路面大修等工程。农村公路硬化水泥路730公里、砂石路107.58公里。

改革开放。巩固“去产能、去库存、去杠杆，降成本，补短板”改革成果，提升金融支持实体经济发展水平，增强微观主体活力，畅通经济循环。完善去产能后续工作，关闭16家煤矿，退出108万吨产能。新建商品房销售1586套，销售面积18.31万平方米，同比增长191.7%。稳妥处置一批风险贷款，对14家疫情防控重点保障企业发放贷款1.6亿元；启动“金融服务方舱”工作，为31家企业发放贷款1326万元。加强收费清单动态管理，减税降费、兑现补贴3.43亿元。注重技术创新。新增州级企校联合创新中心2家、州级重点创新团队1家、州级星创天地2家、省级星创天地1家；新增高新技术企业1家，完成5家科技型中小企业入库。新建5G基站77个，4G基站29个，4G网络综合覆盖率达到95%以上。累计上云企业近60家，制造业数字化转型步伐不断加快。新增市场主体4405户。新签约亿元以上产业项目15个；新开工亿元以上产业项目13个，其中工业项目6个；新投产亿元以上产业项目7个。利用外资实现近几年来零的突破；实现进出口总额1200万美元。

脱贫攻坚。全面解决“两不愁三保障”突出问题，推进薄弱村发展短板，脱贫成果不断巩固提升。实现了全县118个贫困村出列、56504户181806人全部脱贫，经批准正式退出国家级贫困县。“五个一批”政策精准落实。新发展特色产业基地3万亩，兑现市场主体奖补资金2306万元，支持17家茶叶企业贷款998万元，发放扶贫小额信贷1.36亿元，光伏发电收益3019.3万元。易地扶贫搬迁安置12964户43197人，建成集中安置点265个，搬迁入住率100%。落实各学段生活及免学费补助金额4788.38万元，惠及62273人次。落实社会兜底保障政策，发放保障金2.4亿元，惠及27840户56330人。

报销贫困人口医疗费用1.4亿元。选聘3000名贫困户为生态护林员，发放管护承包费1200万元，购买人身意外伤害保险30万元；兑现天然林停伐补助55.74万亩，惠及贫困户8323户389万元。扩大消费助力脱贫攻坚。出台《关于深入开展消费扶贫助力打赢脱贫攻坚战的十条措施》，积极组织供应商入驻扶贫“832”平台，开展“硒产品入杭”、工会福利、定点扶贫单位消费等工作，解决农产品销售难的问题。全县实现扶贫销售总额13.2亿元，扶贫832平台成交额1.16亿元。95家供应商323款产品进入国家扶贫产品目录，带动建档立卡贫困户7721户27024人，人均增收1536元。加强对口支援和扶贫协作，争取到北京市对口支援、杭州市东西部扶贫协作、国网定点扶贫、省内对口支援项目资金30.2亿元。

社会事业。不断改善办学条件。实施义务教育学校薄弱环节改善与能力提升计划、中小学校舍安全长效机制等项目，野三关特殊教育学校、溪丘湾黄大鹏小学综合楼建设进展顺利。“两免一补”和营养改善计划全面落实，中考高考改革平稳顺利。公共卫生服务能力全面提升。县人民医院P2实验室投入使用、传染病区主体建成，各乡镇卫生院规范化发热门诊项目基本完工；县乡医疗机构添置一大批医疗设备，硬件设施显著改善。关爱特殊计生家庭，计生奖扶政策精准落实。国家卫生县城顺利通过复审，沿渡河镇、官渡口镇被授予“国家卫生乡镇”荣誉称号。开展大病专项救治，惠及6768人次，报销4513.3万元。实施就业优先政策，落实外出务工人员免费体检、集中输送、给予交通费补助等13条措施，全年输送务工返岗达8万余人。开展退捕渔民转产就业安置，实现就业和社保政策全覆盖。发放创业担保贷款1650万元，城镇新增就业5590人。为受疫情影响的困难家庭发放救助资金1.87亿元。高标准建设县城居家养老活动中心，在两个大型易迁集中安置点建设农村老年人互助照料中心，养老条件进一步改善。弘扬老区革命精神和拥军爱民优良传统，荣获省“双拥模范县”表彰。文化基础设施建设日益完善，巴东体育中心、寇准文化公园等项目持续推进，公共文化服务网络基本健全，省级公共文化服务体系示范区通过验收。成功创建全国民族团结进步示范县。

（巴东县发改局）

宣恩县

【概况】 2020年，宣恩县实现地区生产总值79.73亿元，同比下降2.0%；固定资产投资同比下降11.7%；一般公共预算收入同比下降22.8%；地方税收收入同比下降24.2%；社会消费品零售总额同比下降25.0%；全社会用电量增长10.2%；年末金融机构各项存款余额108.66亿元，增长8.59%；贷款余额74.44亿元，增长9.81%。

脱贫攻坚圆满收官。紧扣“一摘四不摘”要求，统筹财政资金3.87亿元，累计投入扶贫领域5.34亿元，全县1814名驻村尖刀班干部坚持“岗位在村、工作在村、吃住在村”，中国铁塔公司等13家定点帮扶单位、9家616对口帮扶单位倾心帮助，宣恩县顺利通过全国脱贫攻坚普查、省级2019—2020年上半年脱贫攻坚成效考核和第三方评估，“三落实”全面实现，综合贫困发生率降至0.013%。全面小康基本实现。人均生产总值达到3972.87美元，超过全面小康标准32.43个百分点。城镇居民人均可支配收入27326元，农村居民人均可支配收入达到11225元，分别超过全面小康标准51.81、40.31个百分点。劳动人口平均受教育年限达到11.1年，超过全面小康标准2.78个百分点。经济发展、民主法制、文化建设、人民生活、资源环境等领域指标完成率基本达到100%。乡村振兴扎实推进。26个美丽乡村示范村、95个整治村建设进展顺利，设立9个易迁安置社区，完成70个农村社区试点和3个城中村村改居建设任务，乡风文明“五大行动”深入开展，农村婚丧礼俗改革持续深化，优秀乡村文化保护传承力度明显加强，自治、法治、德治相结合的乡村治理体系基本建立。56个易迁安置点成为乡村振兴示范区，安置点“1+6+N”配置助推农村基础设施补短板加快推进，获“全国易地扶贫搬迁工作成效明显县”称号。晓关乡成功申报“全国一村一品示范乡镇”，4家省级休闲农业示范点成功加入省休闲农业和乡村旅游精品工程项目库，培育科技示范户260户，完成2.06万亩高标准农田建设，22.5万亩绿色食品原料标准化生产基地入选省级“三品一标”标准化生产基地名单，现代农业产业园、农业产业强镇、优势

2020年7月16日，宣恩—鹤峰高速通车，恩施州实现“县县通高速”目标

特色产业集群初显成效。

项目投资。全面复工复产以来宣恩县连续 6 个月全州综合排名第一，全年“比抓强促”位居全州第二，其中项目工作单项全州第一。招商引资好于预期。全年新签约亿元以上产业项目 18 个，同比增长 50%，总投资额 27.17 亿元。新开工亿元以上产业项目 15 个，到位资金 5.48 亿元，同比分别增长 275%、356.39%；实际利用外资 387 万美元，完成年度计划的 117.27%。项目工作全力推进。争取中省预算内投资项目 24 个，到位国家投资资金 1.69 亿元，同比增长 121.98%；争取新增政府债券项目 20 个，到位资金 5.04 亿元，同比增长 168.81%；争取抗疫特别国债项目 11 个，到位资金 1.45 亿元；交通、水利、教育、卫健、城建等领域到位国家专项投资资金 8.33 亿元。申报 6 批次 55.63 亩建设用地，项目用地全面保障，30 个重点项目全面开复工。工业经济回稳向好。利用园区企业闲置资产推进二次招商，收购盘活天宇物流公司海关监管所，实现立翔工艺公司、兴朝恒合公司等企业闲置厂房嫁接利用。净增 5 家规模以上工业企业，全县规模以上工业企业总数达到 33 家，全年完成工业固定资产投资 6.11 亿元，规模以上工业累计用电量同比增长 13.3%，完成技改投资 3358 万元，同比增长 115.95%。

城乡建设。胶合板厂、茶麻公司和综合厂 3 个老旧小区改造试点迅速推进，22 个老旧小区改造项目纳入省项目库。围绕“景城一体、主客共享”理念，新建 332 个公共生态停车位及 245 个“潮汐”停车位，城市客厅、贡水半岛旅游港、生态环境综合提升工程高位推进，恩来、宣鹤高速建成通车，宣咸高速完成征地拆迁，209、351、242 国道及沙道沟、椒园旅游公路采用“建养一体化”模式全速建设，文体中心、全民健身公园、墨达楼相继建成，贡水河南岸一轴三环三横及北岸一轴二环二横道路交通网基本形成。“智慧宣恩”子项目“智慧景区”系统一期工程建成启用，精准投放 1.55 万张旅游消费券，实现景区及节庆活动高效引流，数字经济底座基础逐步夯实。累计投入 5.47 亿元开展污染防治，“厕所革命”及乡镇生活污水处理厂及配套管网工程超额完成任务。空气质量综合指数 2.14，同比下降 21.3%，空气质量优良天数比率 98.3%，县城建成区绿地率 37.5%。伍家台、狮子关、“仙山贡水”旅游区等全域旅游区全年累计接待游客 275.2 万人次，实现旅游综合收入 11.8 亿元。成功创建国家电子商务进农村综合示范县，以电子商务公共服务中心及 149 个标准化电商服务站点为依托，全年快递累计收发量达 840.08 万单，同比增长超 30%，扶贫 832 电商平台、阿里巴巴村播计划等线上消费平台累计销售扶贫产品 7.6 亿元。总面积 12.35 万平方米的创新创业（返乡创业）产业园北区、莲花坝企业孵化器、梦巢小镇电子商务孵化基地、电商公共服务中心等科技企业孵化器和众创空间先后建成，双创生态链逐渐完善，创新创业创造向纵深拓展，成功申报第二批省级大众创业万众创新区域示范基地。

营商环境。紧盯“全省一流、全州最优”和“四最”营商环境目标，建立“1+4”工作推进体系，主动谋划推出“50”条措施和“100”项任务，市场主体活力全面激发。政务环境更加规范高效。政务诚信“两个清零三个全覆盖”目标全面实现，“1 家 9 厅 340 室”县、乡、村三级便民服务体系全面建成，“一门一网一次”改革深入推进，梳理公布 138 项告知承诺制事项清单，行政许可和政务服务事项可网办率达 100%。市场环境更加宽松便利。推行企业开办“6511+5”服务，简化各项助企纾困政策办理手续，放宽小微企业、个体工商户登记经营场所限制，日均新增市场主体 78.22 户。严格执行涉企会议、检查报备制度，落实县领导驻点联系企业，常态化举办企业沙龙活动，“无事不扰、有呼必应”的全流程“保姆式”跟踪服务全面落实。全面实现工程建设项目审批“7525”和不动产登记“1221”服务目标，启动“标准地”出让制度推动项目“拿地即开工”，规范透明、便捷、高效、清廉的投资环境初步建成。全面落实中央支持湖北一揽子政策，累计减税降费 21845.46 万元，同比增长 212.08%。免征中小微企业基本养老保险、失业保险和工伤保险单位缴费 2352 万元，返还中小微企业失业保险稳岗补贴 181 万元。法制环境更加公平完善。成立民营企业矛盾纠纷调解委员会，建立健全跨部门、跨区域行政执法联动响应和协作机制和企业破产处置府院联动机制，全县有财产可供执行案件法定审限内执结率 95.76%，无财产可供执行案件终本合格率 100%。金融环境持续优化。筹资财政资金 1.69 亿元设立贡水融资担保公司，建立省再担保集团+县担保公司+承贷银行+地方政府 4∶3∶2∶1 的市场化风险分担机制和以扶贫风险基金、金融扶贫互助社为基础政策性融资增信平台，“五位一体”的信用金融保障机制初步建立。综合运用普遍降准、定向降准、再贷款再贴现、安排政策性银行信贷支持、延期还款等措施，全县金融机构降息减费让利 2213.28 万元，企业贷款平均利率同比下降 0.96 个百分点，市场主体融资成本大幅下降，享受金融服务的可获得性大幅提升。

民生保障。就业优先政策全面落实。加大失业保险稳岗返还、创业担保贷款等政策落实力度，发放稳岗补贴 342 万元，发放就业扶贫补助 550.78 万元，“点对点”输出外出务工人员 85320 人，其中贫困人口 37415 人，同比增长 5.36%。发放教育扶贫资金 3138.7 万元，惠及贫困人口 37797 人；发放社会保障资金 12127.09 万元，兜底保障困难群众 26445 人；发放生态扶贫资金 11223.89 万元，惠及贫困人口 21.97 万人次。城镇新增就业 3511 人，完成年度任务的 140%，城镇登记失业率 2.71%，低于全国平均水平 1.13 个百分点。公共卫生体系更加健全。民族医院及长潭河、李家河卫生院整体搬迁项目、院前急救体系及县人民医院急救中心综合大楼建设项目、疾病预防控制中心 P2 ＋实验室、中西医结合医院综合楼及传染病检测能力提升项目、县级医疗机构及乡镇卫生院发热门诊等一批公共卫生服务领域“补短板”项目建成并投入使用，全县医疗资源配置和医疗卫生事业空间布局进一步优化。义务教育均衡发展。第二民族实验小学、思源实验学校、松坪实验学校等学校建成投用，提供义务教育阶段优质学位 3000 余个，大班额全面化解。“县管校聘”改革平稳有序，农村小学集团化办学、教师交流轮岗等改革成效在全国推广。

（宣恩县发改局）

咸丰县

【概况】 2020 年，咸丰县实现地区生产总值 93.14 亿元，同比下降 5%；规模以上工业增加值同比下降 24.5%；固定资产投资同比下降 24.1%；社会消费品零售总额同比下降 24.1%；地方公共预算收入同比下降 40.8%；金融机构存贷款余额 241.4 亿元，同比增长 16.4%；金融机构存款余额 150.1 亿元，同比增长 18.1%；金融机构贷款余额 91.3 亿元，同比增长 13.6%；城镇常住居民人均可支配收入 29162 元，同比下降 1.4%；农村常住居民人均可支配收入 11720 元，同比增长 2.1%。

项目建设。重点项目有力推进，全年实施重点项目 148 个，固定资产投资完成额同比下降 24.1%。争取到位上级补助资金 35.32 亿元，同比增长 10.24%。高铁综合交通枢纽、太平沟农贸市场、新城人民医院、塘铺和凉水井安置区等一大批重点项目有序推进。招商质效持续增强，深化招商引资“一把手工程”，签约亿元以上重点招商项目 23 个，累计到位资金 17 亿元。

脱贫攻坚。全县贫困人口 43796 户 149357 人全部实现脱贫，66 个重点贫困村全部出列，顺利脱贫摘帽。消费扶贫效果明显，“832”平台采购额位居全国前列。扶贫成效考核位居全省 A 类，产业扶贫经验在国务院新闻发布会上推介。全面落实教育、医疗、社会保障等惠民政策，落实“四个不摘”要求，对未脱贫户、边缘监测户、因灾因病因疫返贫户实行监测，发放各类救助保障金 2.26 亿元，全面落实兜底保障政策，切实做到应保尽保；全县贫困劳动力外出务工 62377 人，增长 11.5%；服务保障能力有效提升，贫困人口城乡基本医疗保险参保率、贫困学生教育资助率、雨露计划覆盖率均达 100%。脱贫成效有效巩固，全县饮水安全覆盖率、拆旧复垦率、有劳动能力搬迁户就业率、200 人以上安置点产业覆盖率均达 100%，易地扶贫搬迁 6715 户 22706 人全部实现应搬尽搬，实施“四类对象”危房改造 7352 户，兑付补助资金 9249.25 万元，全县住房安全保障实现全覆盖。

产业发展。农业产业发展壮大。构建起以“三茶果药猪”为主导的农业产业格局，全县特色产业稳定在 110 万亩，是 2014 年的 2.36 倍，人均特色产业面积 4.2 亩，迈入恩施州第一方阵。建设绿色食品生产基地 32.5 万亩，有机食品示范基地 0.58 万亩，各类果园面积 24.01 万亩，发展蔬菜 28.02 万亩，生猪出栏 30.95 万头，全年加工干茶 11145 吨，实现综合产值 17.01 亿元。“唐崖茶”成为国家农产品地理标志登记保护产品，唐崖茶市、青龙集市投入运营，电子商务交易额近 3 亿元。工业经济实力增强。园区平台不断完善，建设标准厂房达到 16.5 万平方米。产业结构进一步优化，5 家阀门智能制造企业落地投产，年产 100 万吨氧化钙项目点火生产，全县实现工业增加值 6.6 亿元，规模以上工业企业 26 家，规模以上工业总产值达 7.34 亿元。全域旅游稳步推进。构建起以唐崖土司遗址、坪坝营原生态休闲旅游区、唐崖河景区 3 大景区为龙头，50 多个美丽乡村为支撑的全域旅游格局，生态游、文化游、乡村游竞相发力，全年实现旅游综合收入 27 亿元，接待人数 377.9 万人次，全域旅游带动住宿、餐饮、零售等服务业稳步增长。

城镇建设。新城建设稳步推进，老城改造紧锣密鼓。高铁站前广场、曲江中小学整体搬迁、县三水厂、凉水井和塘铺棚改、综合客运枢纽、新城道路等项目全力推进。老城区污水处理项目、“窄路密网”市政道路提升工程、太平沟农贸市场落地见效，6 大片区老旧小区改造高品质推进，东升未来城市、海玉公馆等一批房地产项目快速推进，人居环境明显改善。坪坝营、唐崖、黄金洞旅游竞争力大幅提升，忠堡、朝阳寺等乡镇工业发展进入快车道，全县城镇化率达到 45.4%。乡村振兴加快推进，全面推进“三拆三清三建”，全年拆除破旧房 15.46 万平方米，拆废养殖牛栏 1345 个，拆违章建筑 4537 平方米，清污水集中排放点 460 处，清垃圾杂物堆放点 1274 处，建卫生厕所 2415 个，建垃圾清运站 26 个，建花果庭院 3100 个，基本补齐农村水电路网房等基础设施和教育、医疗、社保等公共服务短板。

改革开放。统筹推进 110 项重点领域和关键环节改革，供给侧结构性改革、疾病预防控制和公共卫生体系改革等重点改革成效明显，农村土地承包经营权、农村集体建设用地、农村宅基地等确权登记发证基本完成。成功组建“4321”新型政银担合作模式的政府性融资担保公司。教育、医疗、文化等专项改革均取得积极进展。“放管服”改革持续推进，实现 650 个事项“全程网办”、194 个事项“掌上办”，“一事联办”成功入选全省典型推广经验，“跨省联办”走在全省前列。工程建设项目审批不断压缩，实现政府投资项目审批时间压缩至 60 个工作日以内，一般社会投资项目压缩至 40 个工作日以内，带方案出让地的社会投资项目及小型社会投资项目压缩至 20 个工作日内。企业开办实现“两个环节、半天办结、零费用”。用水、用气、用电全部实现网上办理。严格落实减税降费政策，为市场主体减免各类税费超过 3 亿元、落实贷款 12 亿元。

生态建设。生态环境持续改善。坚持污染防治攻坚战、长江大保护十大标志性战役、长江经济带绿色发展十大战略性举措、“四个三重大生态工程”一体推进，中央和省环保督察反馈问题整改有力有效。全县化肥和农药使用量保持负增长，秸秆综合利用率达88%以上，畜禽粪污资源化利用率达75%，养殖废弃物综合利用率达90%，完成土壤酸化治理4.5万亩，建成有机肥替代示范区2.32万亩。建改农村卫生厕所1.77万户、各类公厕76座，乡镇垃圾污水无害化处理设施实现全覆盖。垃圾分类稳步推进，地表水监测断面水质达标率、集中式饮用水水源地水质达标率均达到100%。

民生保障。全年新增就业5700人，城镇登记失业率持续降低，被评为“返乡创业示范县”。健康咸丰深入推进，抗疫特别国债1.68亿元全部用于补齐医疗卫生短板，完成医疗机构发热门诊、核酸检测实验室、传染病区建设，应对突发公共卫生事件能力增强，核酸检测能力达21600份/天。教育六年振兴计划深入实施，普惠性幼儿园覆盖率达96.7%，普通高考本科上线率达90.9%，义务教育阶段大班额比例控制在5%以内。精神文明建设成效明显，公共文化服务体系不断健全，人均公共文化收入达到329元，建成省级全民健身示范工程村级广场16个。

（咸丰县发改局）

来凤县

【概况】 2020年，来凤县实现地区生产总值82.08亿元，同比下降4.8%；固定资产投资同比下降15.2%；全社会消费品零售总额44.52亿元，同比下降27.6%；地方公共财政预算收入2.96亿元，同比下降30%；金融机构各项存贷款余额117.87亿元、88.14亿元，分别增长11.8%、11.2%；城镇常住居民人均可支配收入达到29715元，同比下降2%；农村常住居民人均可支配收入达到11639元，同比增长2.6%。

重点项目。研究国家和省政策，积极向上申报项目，全年下达中省预算投资项目33个，下达资金1.47亿元，争取抗疫国债项目1.12亿元、新增专项债券0.94亿元；“比抓强促”来凤现场拉练会通过全州检验，全年计划开（复）工项目132个，实际开（复）工90个，开（复）工率68.2%，州级重点项目开工率100%。

产业发展。粮食种植面积稳定在43.9万亩以上，总产量达11.65万吨，油茶12万亩，藤茶8万亩，绿茶4.54万亩，小水果8.85万亩；健全企业服务机制，开展领导服务企业专项活动，走访重点企业35家，收集问题70个并及时解决，严格落实疫情期间用电、用水、用气及融资等一系列惠企政策，降低企业运营、融资、交通等成本，重点培育9家规模以下企业，2家企业完成进规工作；积极开展消费扶贫，组织73家企业564个产品上架“832”平台，累计销售超过7000多万元，杨梅古寨成功举办第三届农民丰收节，推介来凤乡村旅游点及10条乡村旅游线路，推动旅游复苏。

城镇建设。城南片区、原烟厂片区、三官坪片区等棚户区改造项目加快实施，累计建成公（廉）租房1418套，城镇住房保障体系不断完善；242国道三胡至桂花树工业园段、公交总站、城区路灯节能改造及智能控制系统、车站站前综合交通枢纽、民政综合服务中心、西商冷链物流园等项目加快推进，城市功能加快完善；城区供水普及率99%以上，安全供气天数达98%以上，城市管理能力不断增强。

乡村振兴。明确县级乡村振兴试点村11个，打造县级乡村振兴示范片区1个；启动3.37万亩小型农田水利设施维修抢修项目，机耕面积达到2.28万公顷；16个村落被列入国家传统村落保护名录；实施农村无害化厕所建改、农村环境整治、中小型水库整治、高标准农田建设等建设，建成7座农村生活垃圾处理中转站，建立184个村垃圾分类管理运行机制，农村生活垃圾清运率、无害化处理率达到90%以上。

深化改革。根据国家及省州改革部署，制定2020年改革工作要点和改革措施，扎实推进疾病预防控制体制、要素市场化配置、社会保障制度、生态文明体制、社会治理创新、行政体制、社会主义民主法治、文化体制、党的建设制度等方面133项改革工作，并结合来凤实际，积极推进7项具有来凤特色的改革探索，各项改革任务成效显著。

营商环境。大力实施优化营商环境50条措施和100个工作任务，政府职能加快转变，市场活力不断激发；行政审批改革不断深化，服务效率显著提升，政务服务事项承诺办理时限在法定时限基础上缩减89%，“最多跑一次”事项比例达99.5%；减税降费相关政策严格落实，实体经济经营成本不断降低。

生态建设。持续开展污染防治攻坚战、长江大保护十大标志性战役等工作；加强水治理，严格落实《酉水河保护条例》，建立健全县、乡、村三级河长制体系，集中式饮用水水源地水质达标率100%，断面水质监测全年达到Ⅲ类水质标准；加强土壤治理，推进农业面源污染整治，开展耕地地力保护、土壤污染治理与修复；强化大气治理，城区油烟净化设施安装率93.75%。城区清扫保洁市场化面积达到180万平方米，道路清扫保洁率、垃圾日产日清率达100%，城区机械化清扫、洒水降尘率达85%以上。

民生保障。严格抓好疫情期间粮食保供稳价工作，落实好减税降费等政策，新冠肺炎疫情防控取得决定性胜利，转入疫情常态化防控阶段；综合贫困发生率降为0；医疗卫生体制改革持续深化，建立乡村医生管理制度，健全人才管理激励机制，建成基层卫生和基本公共卫生服务体系；教育事业均衡发展，全面实行划片区招生；坚持党建引领，提升基层治理能力；新增城镇就业人数2549人，新增高校毕业生就业312人，新增返乡创业428人，城镇登记失业率控制在4.5%以内；大力推进殡葬改革，加强依法救助，全面落实残疾人“两项”补贴政策，加强儿童福利与养老服务，提升粮食安全、能源供应、应急管理等保障能力。

（来凤县发改局）

鹤峰县

【概况】 2020年，鹤峰县实现地区生产总值64.91亿元，同比下降4.6%，三次产业结构由“十二五”期末的20.5∶42.4∶37.1调整为23.4∶16.4∶60.2；固定资产投资同比下降23.4%；规模以上工业增加值同比增长10.4%；社会消费品零售总额38.82亿元，同比下降23.8%；一般公共财政预算收入1.95亿元，同比下降37.7%；旅游综合收入3.47亿元，同比下降73.9%；城镇常住居民人均可支配收入29297元，同比下降2.1%；农村常住居民人均可支配收入12480元，同比增长2.7%。

疫情防控。第一时间封城封村，严防输入输出，整合力量，群防群治，落实防控措施，快速阻断了县境内疫情传播。常态化防控积极有效，强化境外和中高风险地区进鹤人员管控，对学校、医院等特殊场所封闭管理；全力以赴抓复工复产，聚焦“六稳”“六保”工作要求，在严把疫情防控的前提下，盘活经济社会发展，一手抓疫情防控、一手抓复工复产，3月底出境解封，全面复市复工；认真贯彻落实提振消费相关政策，助推企业摆脱困境，深入开展消费扶贫和旅游年卡活动，提振疫后消费，旅游业持续回暖；特色农产品销售额达6.88亿元，“扶贫832”平台成交额位居全国第五；抢抓疫后中央支持湖北一揽子政策机遇，补齐公共卫生服务短板，争取抗疫特别国债1.25亿元，实施补短板项目8个，县传染病区加紧建设，乡镇发热门诊规范化等建设全面完成，两家负压P2实验室建成投用。

项目建设。坚持以“比抓强促”为抓手，不断增强发展动能。宜鹤高速建成通车，江坪河水电站顺利蓄水发电，沪渝蓉高铁途经鹤峰设站大局已定。全县85个重点项目，开复工80个，开工率94.12%，其中15个省、州级重点项目全部开复工，宜来高速鹤峰东段、芭蕉河生态修复工程等项目全面开工建设，老水厂迁建、五里至瓦屋道路改扩建工程等52个项目完工投产；招商引资新签约项目29个，总投资95.3亿元，碧桂园溇水苑项目、凯荣公司走马镇产业振兴示范带项目快速推进，源龙大酒店竣工营业；向上争资有新成效，争取中省预算内资金过亿元，政府投资专项债券1.51亿元。

产业发展。茶叶“全域有机”建设持续推进，新增有机茶（转换）基地认证2.16万亩，取得有机认证（含转换）证书总面积达10.66万亩，欧盟有机转换认证3073亩，成功举办第三届茶商大会，茶叶实现产销两旺，产量3.7万吨，综合产值37亿元；蔬菜产业实现产值5.8亿元，同比增长16%，为农民提供现金收入2.6亿元，同比增长30%；规模以上工业增加值累计增速达10.4%，新增规模以上工业企业8家；完成外贸出口2200万美元，同比增长105%，实现省外到资12.53亿元，直接利用外资518万美元。

鹤峰江坪河水电站

脱贫攻坚。脱贫攻坚工作取得决定性成效，全县贫困发生率降至0.043%。采取就业创业、龙头企业带动、发展特色产业、消费扶贫、生态扶贫、金融扶贫等措施，应对疫情汛期多重影响，帮助贫困人口稳就业促增收。深入开展脱贫攻坚“回头看”，全面排查整改问题，补齐短板，脱贫成效持续巩固，高质量通过国家普查。

营商环境。紧盯“全州前列、全省一流”工作目标，扎实推进优化营商环境“十项行动”，深入践行“有呼必应、无事不扰”的“店小二”精神，全县营商环境明显优化；持续深化“放管服”改革，简政放权惠企便民，创新实施工改“753”“三办三不出”和“双十113”等工作机制，进一步提高审批效率和服务质量，有效解决办事难、办证难、融资难等问题，为各类企业解决历史遗留问题110余个、办理不动产证152本、发放贷款5.5亿元、减免税费7463万元、兑现奖励资金1531.7万元。

民生保障。义务教育阶段学校超大班额已全部消除，完善各乡镇公办学前教育机构，每个乡镇建成一所公办中心幼儿园；公共卫生基础进一步完善，投资1430万元新建县疾控中心综合楼及病毒检测实验室，投资4270万元用于9个乡镇卫生院及5个分院提升改造，规范发热门诊；落实社会保障兜底政策，发放各类救助资金4628万元，救助104201人次；就业形势总体稳定，城镇新增就业人数3571人，城镇登记失业率控制在4.25%以内；九龙广场、生资广场、满山红大道三个停车场建成投用，极大地解决了容美城区停车难的问题；持续推进平安创建，社会治安形势总体平安稳定。

（鹤峰县发改局）

仙桃市

综　述

【概况】 2020年，仙桃市地区生产总值完成827.91亿元，增幅-4.3%，增幅居全省第2位；城镇和农村居民人均可支配收入分别增长3.5%、3.8%，远高于经济增速，分别居全省第2和1位；规模以上工业增加值增幅-3.8%，居全省第2位；工业用电量全年完成20.6亿千瓦时，同比增长4%；固定资产投资增幅-37.2%，分别较一季度、上半年收窄45.8和21个百分点；社会消费品零售总额完成381.93亿元，增幅-14.2%，增幅居全省第2位；出口总额居全省第2位、增幅居全省第1位；地方一般公共预算收入完成31.98亿元，增幅-7.7%，增幅居全省第1位。

【疫情防控】 对全市救治床位、隔离点数量开展日监测、日调度、日报告；协调建设发热隔离点35个，房间数3241间；密接隔离点58个，房间数3094间；救治床位达1729张。疫情防控期间，按时兑现了日产3万件医用防护服的军令状。截至4月8日武汉解封之前，全市累计生产供应医用防护服370万件，N95口罩1100万只，平面口罩30亿片，为保障全省、服务全国作出了应有贡献，“小城市、大担当”的“仙桃故事”被中央电视台、人民日报报道。国家推动长江经济带发展领导小组办公室专题宣传我市疫情防控经验。全力做好保供稳价工作。对全市粮油肉蛋奶菜等生活必需品进行保供稳价，制定了对口罩和部分生活必用品的限价令；积极协调保障全市重要用户用电用气需要，确保能源供应稳定；针对价格异常波动情况，及时提出应对策略。

【复工复产】 坚持日调度、周汇总、月总结，建立《仙桃市企业复工复产问题台账》和《2020年仙桃市重大项目开工复工问题台账》“两本账”，全市各类生产经营主体基本实现复工复产，主要指标加速回升。全年新签约引进项目121个、总投资191亿元，其中亿元以上项目73个。汉宜铁路大福至仙桃城区支线项目顺利通车；健鼎高密度互连积层板和资源综合利用项目、沔阳文化旅游、荆楚云天旅游综合体等项目已超额完成年度投资计划。积极对接中央支持湖北一揽子政策，向上争取各类专项资金达75亿元，争取项目数及到位资金均超历史水平，其中仙桃市防护物资应急储备基地项目获批中央预算内投资1.05亿元，占全省获批资金的31.4%。企业债券发行总额达28.8亿元。申报各类疫情防控重点保障企业221家、贷款共计36.75亿元，居全省领先水平。

【产业平台建设】 全力打造非织造布特色小镇和仙桃国家高新区“两个平台”。14.7平方公里的非织造布特色小镇全面建设，彭场老集镇改造步伐加快，特色小镇控制性详规及交通、水安全等“一总七专”规划已完成，“四基地两中心”按照“边申报、边建设、边招商”的思路，均已开工建设，14家重点企业和25家上下游配套企业集中入园。仙桃国家高新区规划和行政体制改革基本完成，启动区内水、电、路等配套基础设施加快建设，首期1000亩的智能制造产业综合体和装备制造产业园两个重资产招商项目进展顺利，全康、进成等项目开工建设，上海竞衡、清控科创等项目即将签约落户。

【市域治理】 制定城区老旧小区改造、“擦亮小城镇”行动、美丽乡村建设3个“三年计划”，全方位推进美丽城市、美丽城镇、美丽乡村“三美”建

2020年，仙桃彭场镇非织造布特色小镇“四基地两中心”建设项目

设，仙桃市获批县城新型城镇化建设示范市、全国首批乡村治理体系建设试点市。深化城市精细治理。以全国文明城市创建为抓手，改造老旧小区59个，亮化美化背街小巷73条，提档升级集贸市场和便民市场52个，建成社区“15分钟生活服务圈”58个。开展擦亮小城镇行动。以“洁绿亮序美”为标准，启动15个美丽城镇建设，完成项目290个，建成示范街道54条，全省推进美丽城镇建设现场会在我市召开。推动美丽乡村建设。建成示范村40个、整治村90个，提档升级农村公路213公里，新建产业通道330公里。建设美丽生态环境。持续打好污染防治攻坚战，城市空气质量优良率达86.5 %，饮用水水源水质达标率100%。沿江化工企业关改搬转有序实施，重点水域禁渔退捕全面落实。全域开展植绿造绿，完成植树造林610万株，森林覆盖率提高0.21个百分点。

【优化营商环境】 政务服务不断提升。持续开展监管事项的认领和数据归集工作，认领率100%。建立了企业诉求“1个工作日签收、一般问题5个工作日办结、疑难问题15个工作日办结”工作机制；上线“仙桃评议”小程序，围绕整治政务环境、营商环境中的形式主义、官僚主义等突出问题，在全市范围内开展监督评议。市场活力不断迸发。积极贯彻落实中央和省各项惠企政策，出台“惠企18条”，累计减税降费10.2亿元，银企对接累计为287家企业提供银行信贷支持111.7亿元。全年各类市场主体达10.98万户，同比增长14.2%；企业类新登记5370户，同比增长34.5%。法治保障不断加强。聚焦“合同执行效率”和“破产办理质效”两大重点，出台30条硬措施，全年共受理涉企案件3536件，结案率96.7%，执行到位1.6亿元。仙桃市再次上榜全国县域营商环境百强第87位，较去年提升3位。

【社会民生保障】 坚持以人民为中心，守住民生保障底线，全年民生支出占比达77.9%，社会保障和就业支出增长29.2%。脱贫攻坚任务如期完成。有效克服疫情灾情对脱贫攻坚的影响，帮助销售农特产品6.8亿元，3万多贫困人口就地就近就业，剩余1125户2864名贫困人口全部脱贫，顺利接受国家脱贫攻坚成效考核第三方评估。社会保障逐步提升。全年新增城镇就业15824人，社会保险扩面5.3万人次，城乡低保、优抚安置持续提标，市社会福利院康养中心项目启动建设。公共服务不断改善。持续优化教育资源，新改扩建学校10所，新增学位7080个。市精神卫生康养中心开工建设，市妇幼保健计划生育服务中心整体搬迁运营，市第一人民医院传染病区改造完成，10家乡镇卫生院改造升级有序推进。新开工建设保障性住房930套，改造农村危房492户，完成村组光纤网络升级改造1000个。城北全民健身中心建设加快推进。荣获国家少数民族流动人口服务管理示范城市。全面加强风险防控，扎实开展安全生产集中专项整治，纵深推进扫黑除恶专项斗争，持续巩固“反诈禁毒”工作成效，积极有效化解各领域矛盾纠纷，严厉打击各类违法犯罪。

（仙桃市发改委）

天门市

综　述

【概况】 2020年，天门市实现地区生产总值617.49亿元，同比下降5.6%。其中：第一产业90.25亿元；第二产业273.85亿元；第三产业253.39亿元。三次产业结构比由上年的13.1∶47.2∶39.7调整为14.6∶44.3∶41.1。全年实现地方财政总收入23.21亿元，同比下降30.4%；实现地方公共财政预算收入14.23亿元、同比下降33.4%。全年完成固定资产投资同比下降26.8%。城镇居民、农村居民人均可支配收入3.13万元、1.84万元。

【优化产业结构】 工业经济运行稳定。强化对重点产业、重点企业的运行监测，及时解决企业发展中遇到的问题。全市工业增值税增速高于全省平均水平，工业用电量增速排名全省第五，稳健医疗、海大饲料等企业产值、销售额、税收均实现较快增长。26个技改扩规项目投产，技改投资增速排名全省第一；新增规模以上工业企业35家；新增“隐形冠军”企业5家。大力推进“两化融合”，新增金兴达汽车零部件、保乐药业等5家湖北省“两化融合”试点示范企业。加快实施智能化改造，天门纺机、优力维特电梯等10家试点企业进展顺利。现代农业提质增效。通过规模种植、典型示范、龙头带动，“天东双水双绿”“天西蔬菜药材”“天北四季瓜果”三大板块面积达到80万亩；张港镇入选全国乡村特色产业十亿元镇名单；新认证“两品一标”产品5个；红日子食品成功跻身农业产业化国家重点龙头企业。新建高标准农田10万亩，全市高标准农田建设连续4年获省政府奖励。主要农作物耕种收综合机械化水平达到87.8%。全省农机科技助力农业春耕生产现场会、秋冬农业开发暨农业农村重点工作现场会在天门市召开。天门市成功创建全省农产品质量安全市。第三产业发展壮大。新增限额以上商贸企业24家。培育农产品冷链物流企业21家。建成电商示范乡镇2个、电商特色村5个。落实银企对接资金140亿元，企业贷款总体执行年利率在4.55%以内，同比下降近2个百分点。举办了黄潭乡村文化旅游周、多宝萝卜丰收节等节会，吸引市内外游客15万余人次；茶经楼、方舟生态庄园等景点参与“与爱同行惠游湖北”活动，累计接待游客11万余人次；黄潭镇七屋岭村被评为全省乡村旅游重点村。

【扩大有效投资】 招商引资逆势而上。特色产业聚势迸发，引进了豪尔特机械、豪伟实业等12家智能家居产业龙头企业及配套企业落户。支柱产业积势赋能，围绕培植壮大机电汽配、医药化工、纺织服装、农副产品深加工四大支柱产业，引进了优普生物、卓尔医疗等一批关联性强、带动性大、成长性好的项目。新兴产业增势助力，引进了同跃电子、磨克科技等一批补链电子信息、装备制造类项目。全年新签协议项目210个，计划投资额510亿元；实际到位资金282亿元。亿元以上项目入库个数、资金到位率等五项指标综合排名全省第6。项目建设稳步推进。通过双周通报、每月调度、季度拉练等方式，推动项目加快建设。吉星生物、振宇科技等155个工业项目开工建设，润驰环保、徐工环保二期等89个工业项目竣工，芯创电子信息产业园一期、远景风电等省重点项目投产。按照全年谋划、滚动申报、做实前期的方式，促进政府投资类项目早日建成达效。汉北河防洪治理二期工程、汉江堤防加固重点工程等水利工程项目，二水厂扩建工程、高新园棚改工程等重大民生项目，天门河截污工程整改、医疗废物处理等生态环保类项目，均完成年度建设任务。

【推动改革创新】 创新能力不断提升。全年新增高新技术企业11家，完成高新技术企业增加值56.3亿元。积极探索政产学研用合作新机制，完成专利申请810件，实现专利授权429件；完成技术合同交易额9.2亿元。稳步推进创新平台建设，新建省级众创空间2家、省级星创天地5家；引进了华中科技大学、武汉理工大学等高校研发团队，打造现代装备制造产业技术研究院，聘请了5名专家担任企业科技副总；推动益泰药业与武汉大学、武汉病毒研究所合作，共建抗病毒药物产业技术研究院；与湖北师范大学合作，建设秸秆肥料化利用研究基地。开放力度不断加大。实际利用外资同比增长35.8%，增速排名全省第2。成立外贸综合服务中心，推动华世通医药、吉源农产品等39家外贸企业扩大对外出口，全年实现外贸出口1.6亿美元，同比增长1.8%。积极组织企业参加广交会、服贸会、进博会、华创会等活动，对外交流渠道进一步拓宽。成功举办知名民企湖北行“天门市长会客厅”、北京湖北企业商会2020年天门行等活动。营商环境不断优化。大力弘扬“有呼必应、无事不扰”的“店小二”精神，为市场主体和办事群众提供最及时、最有力、最温暖的服务。推广“一事联办”，11个主题已上线并成功办理事项2600余个。在全省率先实现工程审批“80、60、40”工作目标，率先实现企业开办“210”目标，率先实现水气安装市场化。开展政府失信专项治理行动，实现政府合同100%履约兑现。

【改善城乡面貌】 基础设施日益完善。沿江高铁在天门城区设站。新建一级、二级公路49.24公里，完成国省干线公路大修25公里、“四好农村路”建设377公里，黄潭镇成功创建省级“四好农村路”示范乡镇。开通城区至岳口、卢市、干驿3条公交线路。建设城市绿化工程49个，新增绿地面积20万平方米。投资1亿元，改造老旧小区50个，惠及居民2270户。新建城区停车场3个，新增停车位252个。投资4310万元，开展农村安全饮水巩固提升工程。投资1.4亿元，启动城区应急备用水源吴岭水库供水工程。完成乡镇污水收集管网建设545.8公里，20个乡镇生活污水厂日处理能力达2.55万吨。城市管理更加规范。深入开展文明城市创建，城市形象持续改善，市民素养不断提高。皂市镇泉堰村、小板镇被评为全国文明村镇，市发改委、市政务服务和大数据管理局、市财政局、中国银行天门竟陵支行被评为全国文明单位。大力开展市容秩序专项整治和环境卫生深度保洁行动，城市管理水平不断提升。持续开展城市环境综合管理专项考核，城市环境整体改善。加快推进垃圾末端处理设施建设，启动静脉产业园项目。在新城社区开展垃圾分类省级示范社区创建。美丽乡村建设有序推进。加快推进13个重点村、34个示范村、77个整治村的建设，掀起了美丽乡村建设热潮。在黄潭镇新华村、小板镇江台村等10个村开展农村垃圾分类试点。天门市在全省乡村振兴实绩考核中获得优秀等次。

【推进三大攻坚战】 脱贫攻坚顺利收官。全年投入资金8728万元，实施扶贫项目398个。全面完成农村危房改造，“四类对象”住房安全有保障比例达到100%。虾稻共作、精品蔬菜等特色产业带动贫困户8078户，户均增收

4000 元以上。发放就业扶贫资金 1560.76 万元，26851 名贫困劳动力实现就业。组织开展市长直播带货、消费扶贫赶集会等活动，实现销售金额 5.98 亿元。现行标准下农村贫困人口全部脱贫，未发生监测户返贫、边缘户致贫现象。污染防治成效明显。大力开展“四位一体”问题整改，第一轮中央环保督察反馈问题、长江经济带生态环境警示片反馈问题已全部完成整改并通过验收，其余问题整改均达到序时进度。完成 36 家挥发性有机物排放企业、186 家“散乱污”企业整改；空气优良天数比例为 89.6%，同比增加 14.1 个百分点。开展杨家新沟、龙嘴河、谌桥河、天门河拖市段面污染治理；完成渡桥湖、沉底湖、周古垱湖 3 个湖泊退垸还湖；加快推进汉江生态环境保护，“清四乱”、禁捕退捕等工作进展顺利；完成沿江化工企业关改搬转；开展了畜禽养殖污染综合治理“回头看”；完成诚鑫化工、成宇制药等 22 家重点排污企业污水明管高架、雨水明沟明渠改造；全市地表水考核断面达标率为 100%。扎实推进受污染耕地安全利用工作，安全利用率达到 90%。重大风险防范化解有力有效。通过科学预判、精准调度，在积极应对特大洪涝灾害的同时，争分夺秒地开展灾后农业生产自救，统筹兼顾防汛与排涝，既保证了全市范围内未溃一堤、未倒一坝、未损一闸，又最大程度的减少了农业损失。妥善处理存量债务，从严控制新增债务，政府隐性债务风险等级评定为绿色。大力整治非法集资、“非法校园贷”等非法金融行为，守住了不发生系统性区域性金融风险底线，天门市连续五年被省政府评为金融生态环境 A 级信用市。深入开展安全生产专项整治“三年行动”和防范化解社会风险“五大行动”，社会大局总体和谐稳定；食品药品安全形势稳中向好。

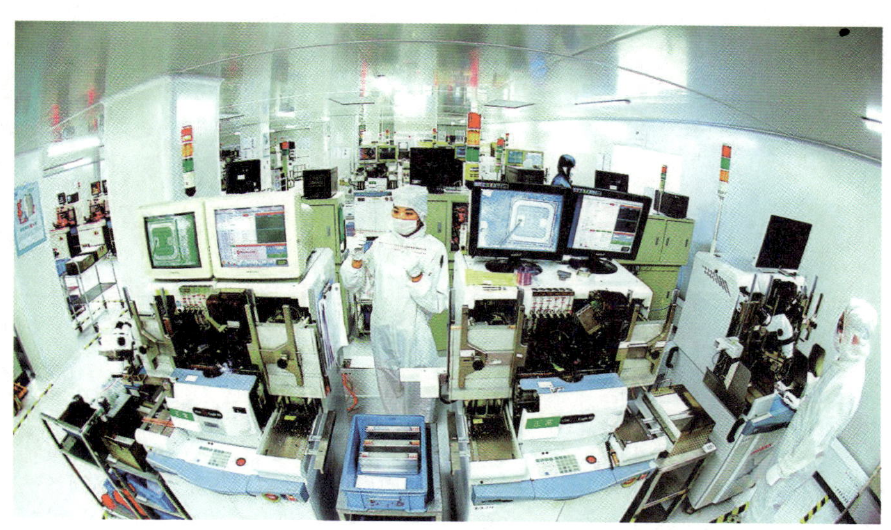

2020 年 12 月 25 日，. 天门芯创电子信息产业园一期建成投产。图为公司生产的第一批 300 万颗 5G 芯片封装测试产品下线，它们将通过物流专线发往北京、广东等地的小米、OPPO 终端客户

【社会民生改善】 就业形势稳定向好。就业创业补贴政策惠及 34528 人，覆盖率为 2.72%，高于全省平均水平。严格落实稳岗政策，发放稳岗补贴 408.9 万元。通过鼓励自主创业、开展技能培训、开发公益岗位等方式，帮助 2534 名失业人员、就业困难人员实现就业。城镇新增就业 10472 人，调查失业率为 3.54%，控制在省规定的 5.5%以下。持续开展拖欠农民工工资问题整治，帮助 845 人解决被拖欠工资 1455.35 万元。保障体系逐步完善。全市城镇职工基本养老保险、城乡居民养老保险、医疗保险参保人数分别达到 21.49 万人、83.96 万人、126.72 万人，合计新增 15.8 万人次。社会救助兜底政策全面落实，发放各类救助资金 3.47 亿元。加大临时救助力度，救助 4300 余人次，人均救助金额同比增长 31.3%。扩大价格临时补贴范围，向新冠肺炎患者、新冠肺炎罹难家庭、因疫情在家隔离困难群体发放价格补贴 4469.41 万元。完成棚改 4000 套。完善优抚制度，发放优抚资金 9337 万元，天门市获评湖北省双拥模范城。社会事业加快发展。投资 6000 万元，启动市疾控中心应急楼、市一医感染楼建设；投资 5.65 亿元，启动候口社区卫生服务中心、卢市中心卫生院等 12 个基层公共卫生补短板基础设施建设项目。岳口镇、皂市镇、汪场镇被评为国家卫生乡镇。争取资金 1.01 亿元，实施校舍建设、维修项目 71 个，新建幼儿园 3 所；投入 2.83 亿元，建成实验初级中学并投入使用；新增中小学学位 4800 个；投入 3340 万元，推动机械电子实训中心、茶产业和新业态实训中心等职业教育实训基地建设。石家河遗址作为长江流域唯一获选的遗址，被国家文物局列为 5 项重要考古成果之一。省级公共文化服务体系示范区创建通过验收，茶圣故里园景区被列入创建国家 4A 级景区名单，张家湖国家湿地公园通过验收，“天门渔鼓”入选第五批国家级“非遗”名录。成功承办湖北省第十二届龙舟大赛。社会治理更加高效。成立了社会治理综合服务中心，建立了“一站式”多元解纷和诉讼服务体系，矛盾纠纷调解网络实现全覆盖，调解成功率达 98%。扎实开展信访维稳工作，涉稳风险隐患得到有效化解。深入开展“平安天门”建设，建立了扫黑除恶专项斗争长效机制，吸毒贩毒、电信诈骗等突出问题得到有效整治。大力推行“一村一辅警”，建立法制民警分片负责制，在 528 个行政村聘请治安信息员 8480 名，全市刑事案件发案率同比下降 4.96%。全面推进依法治市，精编 28 个普法典型案例，在市、乡、村、组推送 9800 余次，受众近百万人次。岳口镇被评为全国乡村治理示范乡镇。

（天门市发改委）

潜江市

综　述

【概况】 2020年，潜江市地区生产总值完成765.23亿元，同比下降4.6%；规模以上工业增加值同比下降4.4%；固定资产投资同比下降23.3%；社会消费品零售总额完成248.9亿元左右，同比下降14.6%；进出口总额完成57.4亿元，同比下降26.4%。地方公共财政预算收入实际完成21.32亿元，同比下降22.5%。全市常住人口城镇化率达到58.6%，户籍人口城镇化率达到43.5%。全年研发经费投入占GDP比重0.9%左右；高新技术产业增加值占GDP比重达到16.6%。全年城镇常住居民人均可支配收入为33623元，同比下降2.9%；农村常住居民人均可支配收入为18948元，同比下降2.8%。城镇新增就业人数9500人左右；城镇登记失业率3.15%，控制在4.5%年度计划内。人口自然增长率0.64‰。“十三五”时期，累计减贫人口17883户共计53955人，51个贫困村全部出列，现行标准下农村贫困人口全部脱贫。

【产业发展】 出台《潜江市促进经济加快发展的实施意见》，明确37条政策措施促进经济发展。对接中央和省委一揽子政策，印发《潜江市贯彻落实中央支持湖北发展一揽子政策重点工作清单》，提振市场信心。争取抗疫特别国债、地方政府专项债、基本财力保障补贴等18亿元。用足用好减税降费政策，全年为全市大小企业减税降费4亿元，受益的纳税人、缴费人比例达98%以上。强化金融扶持，发放疫情期间中央专项再贷款1.285亿元。筹集企业税改等专项资金1100万元，鼓励企业改造升级。发放创业担保贷款262笔、3455万元。认真落实招商引资各项财政支持政策资金1.5亿元。设立企业发展专项资金2.4亿元、争取上级资金12亿元，支持“四大产业聚集区”和“四个千亿板块”建设。市域银行业金融机构支持实体经济的贷款余额229.77亿元；累计发放126.21亿元，占全部累放总额的84.24%。组建复工复产专班，推动工业、农业、商贸服务等企业和重大项目复工复产。全市应复工规模以上工业企业10日内复工率达到100%，推动利维高2天内转产生产防护服，日产能达到1万件以上；永安药业2天内全面复工复产，实现了在全省6家重点防疫用药企业中最先复工复产，创造“潜江速度”。江赫医疗、福好医疗成功申报商务部医护物资出口企业“白名单”，全市医护物资累计出口约9.1亿元，同比增长365%，成为出口逆势增长的主要动力来源。举办潜江“消费促进月”活动暨首届云展会，商超、餐饮、住宿等36家企业参展，刺激消费回补。组织晓飞歌、虾乡稻等12家企业参加第六届武汉国际电子商务暨“互联网+”产业博览会，积极开拓消费市场。疫情期间，共组织100多家企业参加了近20场直播带货活动，线上销售小龙虾等特色农产品超过4亿元。开展“引客入潜”，举办“与爱同行 惠游湖北”爱上潜江系列主题活动，全年接待游客200万人次，实现综合旅游收入16亿元，均比同期略有增长。

【项目建设】 制定《潜江市新型基础设施建设三年行动方案（2020—2022年）》，谋划重大项目64个，总投资194.17亿元。坚持高位推动重大项目开工复工，举行集中开工活动4次，开工项目66个、总投资280.63亿元；新开工亿元以上项目139个、总投资620.48亿元，其中10亿元项目12个。滚动调度工业项目122个，总投资315.7亿元；新开工建设工业项目60个，竣工投产项目65个。金澳科技、安井食品、忠华集团转移搬迁、卓尔文旅集团、中国虾谷、国电投风电场等重大项目建设情况良好。

【城乡建设】 交通设施不断完善。枣潜高速完工；兴盛路全线建成通车。潜江汉江大桥、318国道一级公路后湖至南湾段、234国道后湖至熊口段、247省道汉江大桥至渔洋一级公路、322省道一级公路总口至熊口段、枣潜高速连接线等市级交通重点项目加快推进。城东物流疏港公路工程—泽口大道、351省道东延线工程—广泽大道、村组道路连通等工程项目加快建设。潜江市公路桥梁消危行动作为全省公路危桥改造示范试点，已全面开工建设。城市管理水平不断提升。紫月湖公园建成，成为市民休闲的打卡点。新增绿化面积4.92万平方米。完成潜阳路东延景观提升工程，完成泰丰路、南浦路、潜阳西路街头景点等四处口袋公园建设。垃圾焚烧发电项目建成运营，完成全省最大的可再生能源应用项目—江汉油田矿区供暖热源改造。印发《潜江市2020年度城乡生活垃圾分类工作实施方案》，垃圾专线分类收运处置工作有序进行。积极推进“擦亮小城镇”行动，城镇功能一期（美丽乡镇）建设的6个区镇工程项目已基本完成。广华污水处理厂加快建设，启动总干渠沿线农村污水治理项目。产城融合不断加快。争取成为全国新型城镇化补短板强弱项示范县（市），编制形成《潜江市县城城镇化补短板强弱项实施方案》，开展环境卫生、市政公用、公共服务、产业配套等领域补短板强弱项，谋划储备项目 110 个，总投资 620 亿元。以潜江国家高新区、油田广华城区、光纤小镇、龙虾小镇和虾谷小镇为重点，加快智能制造产业孵化园、智慧化工园区、生态循环产业园、虾稻田园综合体项目等产业配套设施建设。

【改革创新】 优化营商环境成效明显。印发《关于更大力度优化营商环境激发市场活力的实施方案》《2020 年全市优化营商环境重点任务清单和工作方案》，细化出台 34 项 100 条落实措施。发布《潜江市弘扬“店小二”精神 落实“十必须十不准”公开承诺》，推动全市营商环境再优化、再升级。全市基本构建一个总体方案、一项任务清单、一份公开承诺、若干单项任务工作方案的“1+1+1+N”的营商环境政策体系。推行“一网通办”，发布“四办”清单事项 2037 个，认领政务服务事项 46763 项，同一事项实现无差别受理、标准化办理。推动工程建设项目审批改革，综合运用“多规合一”“区域评估”“标准地出让”成果，将审批事项由改革前的 125 项精简整合为 39 项，压缩率为 68.8%。重点领域改革不断深化。创新建立健全与疫情防控相适应的经济秩序改革，助推经济社会发展。深化财政改革，完善政府预算体系，打通四本预算，实行“统筹、统编、统批、统管”。加强国有资产资本监督管理。“潜江龙虾”区域公用品牌价值达到 227.9 亿元、再次位列全国榜首，潜江改革得到上级高度肯定，被农业农村部评为第二批全国农村集体产权制度改革经验交流典型单位和 2020 全国县域数字农业农村发展先进县，并作为全省唯一国务院典型激励市被商务部评为 2020 年电子商务进农村综合示范县。四家供销合作社被评为“全国标杆基层社”和“全国农民合作社示范社”。外贸新业态加快发展。建设潜江市对外贸易综合服务中心，潜江市成为全省继武汉、襄阳、宜昌自贸区以后第二批外贸新业态落户地方。推广并完成楚贸通平台注册的企业 52 家，新增新开口企业 8 家。

【三大攻坚战】 污染防治力度加大。序时推进中央、省级环境保护督察反馈意见整改。环境优良率达到 90.7%，同比提高 10.5%；PM10、PM2.5 平均浓度分别为 56 微克/立方米，30 微克/立方米。纳入国家考核的东荆河潜江大桥、东荆河新刘家台、四湖总干渠新河村等 3 个地表水考核断面达标率 100%。纳入省考核的总干渠新河村、东荆河新刘家台、东荆河姚嘴王岭村、通顺河郑场游潭村 4 个跨界考核断面综合达标率 97.7%。汉江红旗码头、泽口码头两个县级以上集中式饮用水源地达标率均为 100%。全市农用地土壤环境质量状况良好，符合国家相关规定。精准脱贫成效明显。对 507 户 1262 人剩余脱贫人口开展重点攻坚，逐一入户核查，确保全面脱贫。统筹安排扶贫资金 4.6 亿元，全面落实各项扶贫政策，共向家庭经济困难学生发放助学金和免除学费 25925 人次 2046.6 万元；贫困人口医疗费用实际报销比例为 89.23%，贫困人口大病、特殊慢性病门诊报销比例达到 74.10%；完成危房改造 122 户，发放补助资金 263.5 万元。发放贫困户特色种植养殖补贴 9020 户 1335.4 万元，发放扶贫小额信贷 772 笔 3556 万元，贴息 1336 笔 428.71 万元。风险防控更加有力。落实隐性债务化解计划，支持融资平台公司防范化解到期隐性债务风险，确保隐性债务只减不增。辖内九家银行业金融机构不良贷款率 2.31%、商业性不良贷款率 1.53%，均控制在 3%以内，没有发生系统性、区域性风险。我市连续 4 年无较大以上生产安全事故，各类事故指标持续下降。加强食品药品监管，认真做好信访维稳工作，深入推进扫黑除恶专项斗争，社会大局保持稳定。

【民生保障】 就业和社会保障体系持续完善。着力保障重点人群就业，开展城乡劳动力就业创业 154 期，培训 6989 人；发放高校毕业生一次性求职创业补贴 1880 人，拨付资金 207.552 万元。全市有劳动能力和就业意愿的建档立卡退捕上岸渔民 236 人，已全部实现就业。城镇新增就业 9484 人，新增高校毕业生就业创业 1043 人，下岗失业人员再就业 2721 人。落实减费政策，为 1110 家参保企业减免社保 2.4 亿元。教育和医疗资源配置加速优化。新引进教师 306 名，重点本科和研究生占比达 42%以上。全面开展“市管校聘”管理改革工作，参与改革教师 5320 名，累计交流 304 人。组建 24 个

2020 年，汉江大桥建设项目

教育集团，全市集团化办学覆盖率达到60%以上。高新区小学、曹禺小学和市职教中心整体搬迁项目稳步推进。出台《关于加强疾病预防控制体系改革和公共卫生体系建设的实施意见(草案)》，提出3年投资30个亿，全面提高市域医疗救治能力，打造全省疾病预防控制体系改革和公共卫生体系建设的“潜江样板”。谋划推进公共卫生体系建设项目34个，市人民医院（市公共卫生医疗中心)、市中医院周潭院区一期项目加快建设，21家标准化发热门诊新建项目进入施工阶段。文化和体育事业繁荣发展。文化中心完成主体建设。成功举办第四届中国（潜江）曹禺文化周，世博湖北馆新馆、曹禺纪念馆新馆对外开放。编制完成《龙湾国家考古遗址公园规划》，龙湾国家考古遗址公园、曹禺文化旅游城成功创建国家3A级景区，实现全市A级景区零的突破。生态龙虾城入选湖北旅游名街。新建镇级健身中心、村级文体广场等全民健身场地29处。返湾湖自驾旅游线路入选国家体育总局、文旅部“2020年国庆黄金周体育旅游精品线路”，是全省唯一上榜的线路，旅游品牌形象进一步彰显。开展“健康潜江、你我同行”战疫情等线上活动，举办首届钓虾赛等多项具有潜江特色的群众体育活动，丰富人民群众生活。

（潜江市发改委）

神农架林区

综　述

【概况】 2020年，神农架林区实现地区生产总值30.1亿元，同比下降8.5%；地方一般公共预算收入3.8亿元，同比下降26.8%；固定资产投资同比下降24.4%；社会消费品零售总额15.4亿元，同比下降25.9%；金融机构存款余额69.18亿元，同比增长2.8%；各项贷款余额31.58亿元，同比增长18.45%；接待游客1558万人次，同比恢复85.2%，实现旅游经济总收入60亿元，同比恢复88.76%；城镇、农村常住居民人均可支配收入分别达到32418元、11428元，分别增长5.5%、2.3%；新增就业899人；主要污染物排放总量控制在省定目标范围内。

【疫情防控】 在全省较早实现确诊、疑似“双清零”，医务人员“零感染”，11例确诊病例全部治愈，疫情防控阻击战取得了决定性胜利。筑牢安全防线。第一时间启动应急响应，严格实行出入区管制，全覆盖排查返乡人员和旅居人员，第一时间构筑起“外防输入”的严密防线。坚持全民动员、群防群控，制定13项措施加强农村防控和社区封闭管理，实现人员流动四级隔断，社区和社会面得到有效管控。开展患者救治。关口前移、提前介入，拉网式筛查甄别“四类人员”，同步开展流调、核酸检测、分类隔离收治，实现不漏一户、不落一人。切实把医疗救治摆在首位，优化医疗力量和资源配置，顶格满足患者救治需求，最大限度增加传染病房床位和备用床位，有效保障“床等人”，不让“人等床”。充分发挥神农架中医药优势，坚持中西医结合、中西医并重，对确诊患者“一人一策”，自2月29日最后一例确诊病例治愈出院，持续保持零增长。加大防疫物资供应。突出急事急办，坚持需求导向，积极争取捐赠，规范物资使用，全力做好物资保障工作。通过河北对口支援神农架医疗队等渠道，多批次补充N95口罩、医用防护服、医疗药品等应急物资，以最短时间扭转了医疗物资紧缺的困难局面。畅通宜昌、襄阳、十堰等主要货源供应渠道，粮油、蔬菜、猪肉等主要生活物资保障充足，有力支援了疫情防控“正面战场”。多措并举推动复工复产复市复学。分区分级、分类分时，精准推进经济社会秩序恢复。深入开展爱国卫生运动，全面落实“一米线”“健康码”“测体温”等管控措施，严格实行景区“限量、预约、错峰”管理。3月11日，商户开始恢复营业。3月16日，恢复主要交通班线。3月25日，旅游景区恢复对外开放。5月6日和20日，高三和初三毕业生复课，9月初，中小学非毕业班全面开学，全区各行各业全面恢复了正常生产生活秩序。

【农业农村发展】 打好精准脱贫收官

战。积极应对疫情影响，出台27项促进脱贫户稳收增收硬措施。统筹资金推动脱贫产业发展，细化13项举措促进消费扶贫，消费扶贫销售额突破8600万元。实施“返乡创业”计划，落实一次性创业补贴政策，帮助40余家企业解决创业资金短缺问题。积极引导区内重大项目、市场主体增加灵活就业岗位，累计开辟生态护林员、光伏发电扶贫岗等2500余个公益岗位。全年完成1415户4024人易地扶贫搬迁任务。顺利通过全省脱贫攻坚普查验收，验收反馈满意率99%以上。大力发展“六种四养”特色产业。出台《关于创新服务体系，加快培育“六种四养”特色产业集群的实施方案》，细化全年任务目标。新建茶叶基地750亩、草本药材4800亩、鲜果基地1180亩，落实精细蔬菜种植4885亩、红高粱5490亩，种植土豆2万亩，茶叶、草本药材总面积分别达1.66万亩（可采摘1.2万亩）和1.61万亩，发展中蜂25628群、森林鸡28.5万羽，精养鱼池面积达250亩。实施“科技兴农”战略。以校区合作提升技术服务，与华中农业大学、湖北省农业科学院签订区校战略合作协议、科技合作共建协议。围绕“六种四养”十大特色产业发展深度研发，组建“神农架科技创新中心”，引进资丘飞鸡、智敏果业等农林企业开展合作。与武汉泛华美好家园公司签订三方战略合作框架协议，加速推进林区珍稀菌类产业发展。打造美丽乡村。出台《美丽乡村建设五年行动方案》，积极申报2020年创建省级美丽乡村示范村4个，省级整治村11个，建成南溪、木瓜园、板桥河、桃花谷、廻龙坪等一批乡村旅游点和精品民宿。完成“十二五”以来的高标准农田上图入库工作和7500亩高标准农田建设项目规划设计。

【生态文明建设】 国家公园体制试点扎实推进。13项试点改革任务全部完成，24项指标通过第三方专家组评估验收，“神农架经验”全国推广。全面开展规范高效管理、生物安全预警、生态补偿三项机制创建，深化实施《神农架国家公园保护条例》，依法依规推进生态资源保护利用，自然生态系统的原真性、完整性得到有效保障。“三大战役”纵深推进。扎实推进蓝天、碧水、净土保卫战，深入实施河湖长制，扎实开展“水质提升、空间管控、小微水体整治、能力建设”四大攻坚行动，依法严厉打击河湖“四乱”，基本实现水清、岸绿、景美，水源地水质达标率100%。全面加强水生生物保护，对全区所有河流、库区和湖泊实施为期10年的禁捕。全面实现污水处理厂标准化建设和乡镇污水收集管网全覆盖。完成小水电清理整顿收尾工作。城乡垃圾治理“三年行动”扎实推进，垃圾分类试点全面推进，农村人居环境明显改善。生态环境持续向好。大力推进资源管护信息化、数据化建设，组建国家兰科植物种质资源保护神农架监测中心，建成湿地与水环境监测网络。持续加强森林病虫害防治，有效防范化解生物安全风险。强化道地中药材种质资源保护与利用，出版发行《神农架药用植物资源与基因鉴定》，400余种药用植物获得“基因身份证”。扎实推进生态工程建设，完成国土绿化1万亩，天然林保护362.9万亩，退化林修复4.84万亩，植树造林2.1万株，森林覆盖率保持在91%以上。开展砂石厂专项治理行动。严格落实护林防火责任制，全区连续40年实现“三无”目标。

【旅游经济复苏】 激活旅游市场。积极融入并参与“与爱同行·惠游湖北”活动，系统研究制定“门票、换乘、酒店、消费、年卡”营销政策，“一次打卡，全年免费”“武汉第四镇·神农架”的邀请、周边县市“好邻居卡”“十元”年卡等众多优惠政策成效显著。大力实施“旅游业保增稳增强信心计划”，落实支持旅游实体经济发展措施，支持旅行社、精品酒店、特色民宿等再贷款、再贴息。实施旅行社振兴计划，有针对性的制定激励让利政策，返还旅行社80%保证金。鼓励引导景区、酒店让利游客，推出“返、免、奖、补”等消费优惠措施，把利益更多让给市场，最大限度吸引游客、激活市场。大力开发旅游产品。加快开发新景区新景点，神秘踪峡、炎帝大剧院、远山儿童村等核心项目顺利完成年度建设任务。加强点上游、纵深游产品培育，开展云游神农架等直播活动，廻龙坪、木瓜园成为乡村旅游热门目的地，“盐道往事”文化情景剧、民俗文化盐道水街等成为新亮点，神农架造物、星空帐篷营地、大九湖天空之镜等成为网红打卡地。着力培育二次消费新增长点，建成神农架购展销中心，“神农四宝”入选全省“一县一品”产业联盟，“酒、水、蜜、菜、药、茶”实现逆势突围。成功举办首届汉服文化旅游节、第十五届冰雪节。加强品牌创建。坚持特色化、品质化、国际化“三大标准”，统筹景区、城镇、乡村“三大空间”布局，推动解决产品供给、区域布局、淡旺季“三大平衡”问题，重塑产品体系、优化营销体系，成功入选第二批国家全域旅游示范区，国家级旅游度假区创建通过省级评审。加大与鄂旅投、稻花香集团、汇仁康养中心等实力企业合作力度，60亿元冰雪产业、13.4亿元红花风情小镇、10亿元汇仁康养示范项目等一批文旅项目成功签约。

【重大项目建设】 大力开展“重大项目集中开工月”活动，第一时间推动一批重大项目复工。强化重大项目领导分包责任制、在建项目问题协调解决机制和每月例会项目调度制度，加强项目建设要素保障，“郑万”高铁神农架路段初步具备铺轨条件。“保神”高速全线贯通，杜阳线、宋徐线全面完工。慢城中心花园、陶家沟水库、新能源汽车充电站、高标准农田建设等项目取得实质性进展。神农架学院、创新学校建成投入使用。松柏客运站、松柏游泳馆、茨八线、阳观线、5G基站等项目完成年度任务。

【推动复工复产】 实施“一企一策”帮扶机制，“点对点”帮助企业解决原材料运输、用工招聘、资金短缺等实际困难，全区65家“四上”企业，23个亿元以上项目在六月底前全部复工、复产。强化支持中小微企业共渡难关，全面落实稳定就业奖补、减税降费等政策，累计降费3320万元、减税3617万元，落实过桥资金贷款2.5亿元，工业用水用气价格下调10%，参与疫情防控相关生产企业用电补贴30%。强化金融支持，为困难企业落实贷款利率贴息政策、办理贷款展期，累计发放贷款同比增长58.6%，净投放同比增长25.7%。坚持线上线下双向发力，全力抓好积压农产品推广销售，线下组织区内特色农林产品直供武汉。线上充分运用“直播带货+电商”模式，区级领导带头直播带货，176款农特产品上架“京东扶贫馆”“拼多多”、国网商城、“832扶贫”等销售平台，电子商务交易额突破4.5亿元。

【优化营商环境】 建立党委领导、政府负责、发改牵头、部门协作、专题推进的工作机制，多措并举落实落细各项任务，全社会齐抓共管营商环境工作机制逐步优化，“神农架快办”营商环境品牌逐渐形成。政务环境不断优化。取消下放、委托、调整省级政务服务事项30项。全区37个部门共发布依申请事项2343项，承诺时限均小于法定时限一半以上，即办件比例达到67.3%。规范基层政务服务标准化建设，全区8个乡镇、69个村（社区）共认领20个部门下放的政务服务事项7924项。稳步推进“一事联办”，大力推行“高频事项综窗（专窗）联办+低频事项统一代办”服务模式。推进不动产补充测绘和数据整合建库，完成历史房屋登记数据的重建和整合。实现水电气外线接入并联审批一事联办，一网通办。对全区重点项目用地“灵活选址”，允许“先建后补”、容缺审批。工程建设项目基本实现“80、60、40”审批要求。采取“点线面”三位一体举措提升纳税便利度，实现所有涉税业务“一门办税”“网上缴税”。市场环境不断优化。集中力量推行企业开办“210”标准。企业开办时间压缩至1天。免费赠送企业一套4枚公章。400多家企业通过线上办证拿到电子证照。在全省范围内率先取消部分食品经营和小餐饮许可证的现场核查环节。实现用水“321”服务、用气“310服务”及“不见面”服务。城乡居民户均配电容量提升至3.4千伏安/户，远高于全省平均水平，供电可靠率99.80%，综合电压合格率99.84%。全面推广新型政银担“721”合作模式，支农支小再贷款发放优惠利率贷款3.64亿元，增速居全省第一位。法治环境不断优化。有财产可供执行案件结案率为100%，无财产可供执行案件终结本次执行程序合格率为100%。持续加强“互联网+监管”工作，录入行政检查1.22万条，行政处罚数据122条，行政强制数据27条。推进法律援助“绿色通道”，为企业员工、少数投资者等提供免费法律咨询。与十堰、房县、随州等地完成远程异地评标项目10个。依法必须招标项目全部实现全流程电子交易，电子化率100%。

【深化各项改革】 2020年，神农架林区改革重点工作73项，党政主要领导领衔重大改革项目15项，承接中央改革试点项目1项（神农架国家公园体制试点）、省级改革要点项目42项，谋划30个项目作为区级自选改革项目，分生态文明、政府职能转变和经济、农业农村、政法与社会治理、民生保障和社会服务、文化、党的建设等七个专项改革领域系统推进。

【社会民生改善】 提升卫生健康水平。扎实推进疾病预防控制体系改革和公共卫生体系建设，“一中心三基地”医疗救治体系完善布局。第二人民医院、红坪中心卫生院迁建项目开工建设。完成疾控中心P2实验室改扩建、人民医院PCR实验室建设，单日最大核酸检测量增至1000人次。医疗机构管理信息系统、公共卫生管理系统等信息平台上线运行。人民医院新增核磁共振、数字血管造影仪等大型医疗设备。持续更新全自动生化分析仪、彩超、呼吸机、负压救护车等医疗设备，基层卫生院医疗服务能力大幅提升。落实重大疫情医疗救治医保支付等医保政策，畅通互联网服务平台支付渠道，保障群众先救治、后结算。引进创新教育模式。成功引进北师大教育研究院办学团队，九年一贯制创新实验学校顺利招生开学。全学段素质教育扎实推进，“双特”教育形成体系。高考本科达线率、优等生数量再创历史新高。薄弱学科建设成效显著，中考五门重点学科与毗邻县域教学质量达到同一水平。实验小学上榜第二届全国文明校园。学前教育全面进步。强化教育信息化建设，充分运用“湖北教育云”开展教学实践，疫情期间所有中小学生线上教学实现全覆盖。改善人民居住条件。全面实施棚户区改造三年攻坚，累计征收松柏城区37个老旧小区，惠及棚户区困难家庭1106户2800余人。棚户改造区基础设施老旧、卫生条件差、消防安全隐患等问题逐步缓解。制定完善物业管理相关制度，小区物业服务和管理逐步提升。提升社会保障水平。加大就业创业培训服务力度，新增就业500人，城镇登记失业率控制在4.5%以内。发放物价补贴、疫情补助、运营补贴420.37万元，惠及1.49万人次。低保、特困、孤儿、残疾人等救助标准进一步提高，困难群众基本生活得到有效保障。开设农民工工资专用账户制度，农民工工资支付有效保障。强化生活必需品保供调度，“米袋子”“菜篮子”“油瓶子”供应充足、物价稳定。丰富群众精神文化生活。创作抗击疫情主题相关花锣鼓歌7首，新编民歌2首，皮影戏1部，堂戏1部，制作“一城山水一首歌”感恩援鄂医疗队MV。开展非遗传承·健康生活2020年“文化和自然遗产日”线上宣传展示活动，“云上端午·书香阳日”神农架2020端午线上祭祀屈原活动。开展全民健身“五项五进”系列活动、银保杯男子职工篮球赛等系列活动10余次。开展“e海阅读·宅家看书”“你选书、我买单”等活动，推动“书香神农架”建设。

（神农架林区发改委）

企业改革与发展

09

国有资产管理

概　述

【概况】 截至2020年12月31日，省政府国资委监管的18户省属国有企业（以下简称省出资企业）资产总额12,542.75亿元、负债总额8,648.16亿元、所有者权益总额3,894.59亿元，分别同比增长8.53%、11.47%、2.54%，资产负债率68.95%，同比上升1.82个百分点；省文资办监管的省属文化企业（以下简称省文化企业）资产总额496.51亿元、负债总额305.13亿元、所有者权益总额191.38亿元，资产负债率61.45%；地市国有企业资产总额51,021.50亿元（含武汉市文化及金融企业）、负债总额35,213.74亿元、所有者权益总额15,807.76亿元，分别同比增长16.51%、15.18%、19.57%，资产负债率69.02，同比下降0.79个百分点。汇总省本级和地市情况，2020年底，全省国有企业资产总额64,060.76亿元、负债总额44,167.03亿元、所有者权益总额19,893.73亿元，分别同比增长14.57%、14.21%、15.39%；资产负债率68.95%，同比下降0.22个百分点。从主要指标看，全省国有企业新增资产8,148.63亿元，新增所有者权益2,653.98亿元。

2020年，18户省出资企业全年累计实现营业收入1,260.17亿元，同比增长11.34%；亏损2.05亿元；上缴税费74.41亿元，同比下降4.63亿元；省文化企业全年累计实现营业收入223.09亿元，亏损10.4亿元，实际上交税费3.65亿元；地市国有企业全年累计实现营业收入3,684.32亿元、利润总额307.36亿元、上缴税费174.01亿元，分别同比下降1.35%、18.36%、15.35%。汇总省本级和地市情况，全省国有企业全年累计实现营业收入5,167.58亿元、利润总额294.91亿元、上缴税费252.07亿元，分别同比下降2.03%、170.49%、61.1%。

【重大项目建设】 2020年，省交投集团续建和新开工"4桥20路"902公里，建成武穴长江大桥、棋盘洲长江大桥、翻坝江北高速、荆州港洪湖新堤港区综合码头等一批重大项目。湖北铁投集团开通运营全国首条EPC模式建设的武仙城际铁路，主导建设的荆门至荆州铁路、呼南高铁襄阳至荆门段顺利开工。鄂州花湖机场主体工程建设全面推进，累计完成投资66.5亿元。武汉天河机场建成航空物流服务中心、新建国际库等项目，初步形成现代化航空物流园区。

国有大型企业改组

【推进重组整合】 组建省农垦集团，由省政府国资委履行出资人职责。指导省交投集团完成全省综合交通运输体制改革，实现资产、人员平稳移交。推动湖北省域合资铁路公司重组整合。武汉市将32家市属国有企业重组整合为13家，打造一批专业化产业集团。

【混合所有制改革】 截至2020年底，1244户省属各级企业混改比例达67.2%。鄂旅股份已获得中国证监会许可受理，金旭农发进入上市辅导期，被列入省上市后备金种子名单。省高投集团投资参股3家企业实现IPO上市，1家企业入选新三板精选层。宏泰集团新增一户上市公司，成为华塑

2020年6月3日，国务院国资委和省委省政府共同召开中央企业助力湖北疫后重振发展视频会议

控股控股股东。联投集团引入山东高速增资联交投公司，实现优势互补。湖北工建与民企开展股权合作，共同探索打造湖北工程总承包服务平台。清能集团与联东集团深化合作，布局专业产业园区运营。

国资国企监管

【概况】 2020 年，全省“三供一业”分离移交基本完成完成，共涉及供水 69.91 万户、供电 44.08 万户、供气 44.03 万户、物业 44.01 万户。全省国有企业退休人员社会化管理主体移交任务全面完成，共接收退休人员 97.25 万人。

编制湖北省国有经济布局优化和结构调整“十四五”规划，推动省市国资国企上下贯通、协调联动、形成合力。启动全省国资国企在线监管系统建设。强化省出资企业事中事后监管。推动构建覆盖省出资企业和全省各级国资委的追责制度体系和工作体系，完善重大问题线索移交核查机制。健全指导监督工作组织架构，搭建沟通协作平台，完善培训交流机制。

【完善国资监管体制】 积极参与全省国有金融资本管理体制改革工作，明确省出资企业出资形成的国有金融资本继续维持现有管理体制。长江财险由省政府国资委履行监管职责。深入推进授权经营体制改革，在省交投集团、兴楚国资公司开展两类公司试点。武汉市调整汉口银行、武汉农商行监管模式，明确由市财政局作为出资人，委托市国资委履行监管职责。继续加强经营性国有资产集中统一监管，将省信息中心所属湖北 CA 公司、省检察院九宫山招待所资产分别划转至省联投集团、湖北文旅集团。鄂州市整合全市教育系统经营性国有资产组建教育集团，荆门市将粮食系统企业全部纳入国资监管，随州市将 16 家企业纳入国资委集中统一监管。

【产权管理】 截至 2020 年 12 月 31 日，登记的湖北省国家出资企业总户数为 3926 户，同比增长 2.53%；实收资本合计 6381.43 亿元，同比增长 6.05%。其中：省本级登记企业户数为 1244 户，同比增长 2.30%；实收资本合计 2120.95 亿元，同比增长 4.19%。市州登记企业户数 2682 户，同比增长 2.64%；实收资本合计 4260.48 亿元，同比增长 7.01%。完善产权管理制度体系，修订企业国有资产评估管理和公示办法，实行资产评估项目公示制度，全面规范国有资产交易管理。截至 2020 年 12 月，全省国有产权进场交易 631 宗，成交金额 106.65 亿元。落实国有资本收益权，组织省出资企业上缴国有资本收益 3.15 亿元。

【财务监督和投资风险管控】 通过“两重点一加强”深化企业经济运行监测，发布 24 期省出资企业及市州经济运行分析报告。设立资产负债率预警红线，指导支持省出资企业通过贷款展期续贷、市场化债转股等方式降低负债率。省交投集团以“融资再安排”重组 1200 亿元存量债务，节省利息支出 172 亿元。省高投集团设立总规模 20 亿元的湖北债转股投资基金。做好债券发行和余额监测工作，加强负债规模与资产负债率双重约束，全年累计审核省出资企业发债事项 6 项，涉及金额 407 亿元。

（刘明　周亚娇）

民营经济

概　述

【概况】 2020 年，湖北民营经济实现增加值 22944.65 亿元，占 GDP 比重 52.8%。根据省工商联与中南财经政法大学联合调查发布数据显示，2020 年 14 季度，湖北民营经济景气指数分别为 31.2%、42.3%、50.7%、50.9%，呈现逐季回升态势，到三季度已恢复至景气状态，回升态势进一步显现。全省民间投资降幅明显收窄。2020 年 1－12 月，全省民间投资同比下降 21.3%，降幅较一季度收窄 61.3 个百分点。

2020 年 1－12 月，全省民营经济贡献税收 2560.22 亿元，同比减少 25.44%，占税收总额的 60.65%。2020 年 1－12 月，全省民营企业进出口 2554.7 亿元，增长 20.9%，占全省外贸总值的 59.5%，成为稳外贸的重要力

2020 年 8 月 11 日，全国“知名民企湖北行”实地行大会在武汉举行

量。截至 2020 年底，全省个体私营经济从业人员 1792 万人，占全省从业人员数 91.01%。

截至 2020 年 12 月底，全省民营市场主体 563.01 万户，占全部市场主体的 98.5%。其中，私营企业 137.21 万户，同比增长 12.7%，占企业类市场主体的 94.3%；个体工商户 415.34 万户，同比增长 4.8%；农民专业合作社 10.46 万户，同比增长 4.2%。截至 2020 年底，全省规模以上民营工业企业达到 15047 家，占全省规上工业企业总数的 95.4%，增加值占比 71%，营业收入占比 74.6%，利润总额占比 70.2%。疫情推动线上教育、线上医疗、线上办公等“云模式”业务出现井喷式发展。互联网教育方面，光谷集聚在线教育服务企业 110 多家，从业人员超过 2 万人。

【民营企业上市】 2020 年，湖北新增 9 家境内上市公司，其中，兴图新科、和远气体、良品铺子、长源东谷、均瑶健康、回盛生物、科前生物、路德环境 8 家首发上市，另有中小板上市公司凯瑞德新迁入湖北。全省境内上市公司总数达到 115 家。

【民营百强企业】 2020 年，全省民营企业 100 强入围门槛 29.17 亿元，较 2015 年增长 76.6%；民营企业 100 强营业收入总额超过 100 亿元的企业有 33 家，比上年增加 6 家；营业收入总额在 50 亿元至 100 亿元之间的企业有 32 家，比上年增加 7 家。19 家民营企业进入中国民营企业 500 强，位列全国第 7、中部第 1。

【中小微企业创新】 截至 2020 年底，湖北入选国家科技型中小企业库 7439 家，较上年增长 97%；全省 6 家企业获评国家单项冠军企业，为历年最多，累计拥有国家单项冠军企业 22 家；全省 9 家企业入围工信部首批专精特新“小巨人”企业名单，48 家企业入围第二批专精特新“小巨人”企业，位居中部第一；116 家企业获评湖北省专精特新“小巨人”企业，引领示范作用显著。

【民营企业战疫战贫】 面对突如其来的新冠肺炎疫情，广大楚商民企全力以赴投入到疫情防控，累计捐赠款物达 15.88 亿元。楚商联合会、泰康同济（武汉）医院、卓尔控股党委、稳健医疗（黄冈）等楚商民企被授予“全国抗击新冠肺炎疫情先进集体”称号；陈东升、阎志、刘宝林、郧剑刚、王均豪、张革华等民营企业家被中央统战部、工信部、市场监管总局、全国工商联表彰为“全国抗击新冠肺炎疫情民营经济先进个人”。九州通、高德红外、劲牌公司等 19 家楚商民企被授予“湖北省抗击新冠肺炎疫情先进集体”称号。湖北省安徽商会等 36 个所属商会、北京湖北企业商会等 40 个省外湖北商会被全国工商联授予抗击新冠肺炎疫情先进商会组织。在全国脱贫攻坚总结表彰大会上，阎志、肖凯旋、周志专、龚万祥、姚峰、黄晖、向辉、张平安等 8 名湖北民营企业家荣获“全国脱贫攻坚先进个人”称号，劲牌公司、汉家刘氏茶业、杏福农业、黄袍山绿色产品、利川星斗山红茶、华山科技、海亮集团等 7 家湖北民营企业荣获“全国脱贫攻坚先进集体”称号。在全国“万企帮万村”精准扶贫行动现场交流会暨先进民营企业表彰会上，平安电工、梨花村贸易、宜昌人福药业、华山科技、程力专用车、京山轻机等 6 家湖北民营企业荣获全国“万企帮万村”行动先进民营企业称号；省工商联经济部、省扶贫办社会扶贫处、麻城市工商联、竹溪县扶贫办、中国农发行罗田县支行等 5 个单位荣获“万企帮万村”行动组织工作先进集体。

民营经济政策

【概况】 加强涉企违规收费整治，重点针对涉企行政事业性和经营服务性收费、社会中介机构和协会商会收费、港口和铁公路等物流收费、银行等金融机构收费以及水电气等公用事业和转供电收费等 5 个重点领域和关键环节开展检查。全省涉企收费检查发现涉嫌违规案件 239 件，涉嫌违规金额 5259.29 万元，共查处涉企收费违法案件 182 件，涉案金额 6110.19 万元。扎实推进清欠民企账款工作，截至 2020 年 11 月底，全省共梳理上报政府部门和大型国有企业拖欠民营企业、中小企业账款 14.51 亿元，已清偿账款 12.51 亿元，清偿进度 86.2%；无分歧欠款 12.15 亿元，已全部清零。推进“企业金融服务方舱”建设全覆盖，截至 2020 年 11 月底，全省 17 个市州共建立各类企业金融服务方舱 113 个，入舱企业 24412 个，对入舱企业新增资金供给 1331.42 亿元，金融纾困金额达到 2044.62 亿元。

【印发《应对新型冠状病毒肺炎疫情支持中小微企业共渡难关有关政策措施的通知》】 2 月 8 日，省政府办公厅印发《应对新型冠状病毒肺炎疫情支持中小微企业共渡难关有关政策措施的通知》，从减轻企业负担、强化金融支持、加大财税支持、加大稳岗支持四方面出台 18 项措施，支持中小微企业应对新冠肺炎疫情影响，共渡难关。相关政策即日起施行，有效期暂定 6 个月。

【印发《支持中小微企业共渡难关稳定发展的若干措施》】 5 月 18 日，省人民政府办公厅印发《支持中小微企业共渡难关稳定发展若干措施》，从加大资金支持、促进降本减负、优化服务环境三大方面出台 15 条具体措施。

【修订《中小企业促进法》】 9 月 24 日，湖北省第十三届人民代表大会常务委员会第十八次会议修订《中小企业促进法》。

【出台《湖北省营商环境问题投诉联动处理办法》】 建立营商环境问题投诉联动处理机制，将省非公有制企业投诉服务平台纳入到全省统一的营商环境投诉平台。2020 年，投诉服务平台注册用户 12.01 万户，其中，认证企业 11 万家，认证商协会 706 家，认证律师 391 名，认证律所 165 家，注册量、点击率稳步提升。

【建立全省非公有制企业投诉服务中心】 2020 年 7 月 1 日，正式上线湖北省非公有制企业投诉服务平台(APP 联企 e 站)，形成了惠企政策、诉求反映、法律服务等 15 个功能模块、60 个功能应用，切实满足各类企业和商协会的服务需求。

表 9—1　2020 湖北民营企业 100 强名单

序号	企业名称	序号	企业名称
1	九州通医药集团股份有限公司	20	奥山集团
2	卓尔控股有限公司	21	合众人寿保险股份有限公司
3	恒信汽车集团股份有限公司	22	三环集团有限公司
4	稻花香集团	23	武汉德成控股集团有限公司
5	天茂实业集团股份有限公司	24	武汉物易云通网络科技有限公司
6	山河控股集团有限公司	25	荆门市格林美新材料有限公司
7	金澳科技(湖北)化工有限公司	26	武汉华星光电技术有限公司
8	福星集团控股有限公司	27	美的集团武汉制冷设备有限公司
9	武汉当代科技产业集团股份有限公司	28	湖北金盛兰冶金科技有限公司
10	新八建设集团有限公司	29	湖北三宁化工股份有限公司
11	武汉市金马凯旋家具投资有限公司	30	熠丰(武汉)能源有限公司
12	新七建设集团有限公司	31	小米科技(武汉)有限公司
13	新十建设集团有限公司	32	劲牌有限公司
14	程力汽车集团股份有限公司	33	湖北长安建设集团股份有限公司
15	湖北碧桂园房地产开发有限公司	34	湖北凯乐科技股份有限公司
16	宝业湖北建工集团有限公司	35	新洋丰农业科技股份有限公司
17	骆驼集团股份有限公司	36	楚安建设集团有限公司
18	人福医药集团股份公司	37	湖北东贝机电集团股份有限公司
19	武汉联杰能源有限公司	38	民发实业集团有限公司

续表

序号	企业名称	序号	企业名称
39	高品建设集团有限公司	70	湖北国宝桥米有限公司
40	盛隆电气集团有限公司	71	天马建设集团有限公司
41	湖北纳杰人力资源有限公司	72	武汉恒生光电产业有限公司
42	民族建设集团有限公司	73	武汉常博建设集团有限公司
43	湖北中阳建设集团有限公司	74	湖北土老憨生态农业集团
44	良品铺子股份有限公司	75	南京医药湖北有限公司
45	武汉瓯越网视有限公司	76	泰康在线财产保险股份有限公司
46	软通动力技术服务有限公司	77	湖北圆通汽车集团有限公司
47	华强化工集团股份有限公司	78	利和集团有限公司
48	楚源高新科技集团股份有限公司	79	湖北寿康永乐商贸集团有限公司
49	湖北美亚达集团有限公司	80	宜昌人福药业有限责任公司
50	武汉伟鹏控股有限公司	81	湖北禾丰粮油集团有限公司
51	宜昌东阳光长江药业股份有限公司	82	湖北凌志科技集团
52	TCL 空调器(武汉)有限公司	83	红牛维他命饮料(湖北)有限公司
53	湖北国贸大厦集团有限公司	84	武汉苏泊尔炊具有限公司
54	湖北祥云(集团)化工股份有限公司	85	武汉中央商务区股份有限公司
55	远大医药(中国)有限公司	86	中兴能源(湖北)有限公司
56	武汉市盘龙明达建筑有限公司	87	湖北玉环建筑工程有限公司
57	赤东建设集团有限公司	88	武汉金坊建设集团有限公司
58	新力建设集团有限公司	89	娲石水泥集团有限公司
59	湖北恒泰天纵控股集团有限公司	90	湖北海厦建设有限公司
60	武汉工贸有限公司	91	湖北富迪实业股份限公司
61	湖北国创高新材料股份有限公司	92	宜城市富民建材有限公司
62	武汉东方建设集团有限公司	93	马应龙药业集团股份有限公司
63	湖北立晋钢铁集团有限公司	94	襄阳世纪城投资有限责任公司
64	周大福珠宝文化产业园(武汉)有限公司	95	湖北周黑鸭企业发展有限公司
65	湖北宏泰联合国际贸易有限公司	96	武汉金牛经济发展有限公司
66	富德生命人寿保险股份有限公司湖北分公司	97	宜都东阳光化成箔有限公司
67	湖北白云边酒业股份有限公司	98	湖北大明金属科技有限公司
68	武汉顺乐不锈钢有限公司	99	湖北建科国际工程有限公司
69	武汉斗鱼鱼乐网络科技有限公司	100	武汉华显光电技术有限公司

表 9—2　2020 湖北民营企业制造业 100 强名单

序号	企业名称	序号	企业名称
1	稻花香集团	32	南京医药湖北有限公司
2	金澳科技(湖北)化工有限公司	33	宜昌人福药业有限责任公司
3	武汉当代科技产业集团股份有限公司	34	湖北禾丰粮油集团有限公司
4	程力汽车集团股份有限公司	35	红牛维他命饮料(湖北)有限公司
5	骆驼集团股份有限公司	36	武汉苏泊尔炊具有限公司
6	人福医药集团股份公司	37	中兴能源(湖北)有限公司
7	三环集团有限公司	38	娲石水泥集团有限公司
8	荆门市格林美新材料有限公司	39	宜城市富民建材有限公司
9	武汉华星光电技术有限公司	40	马应龙药业集团股份有限公司
10	美的集团武汉制冷设备有限公司	41	湖北周黑鸭企业发展有限公司
11	湖北金盛兰冶金科技有限公司	42	武汉金牛经济发展有限公司
12	湖北三宁化工股份有限公司	43	宜都东阳光化成箔有限公司
13	劲牌有限公司	44	湖北大明金属科技有限公司
14	湖北凯乐科技股份有限公司	45	武汉华显光电技术有限公司
15	新洋丰农业科技股份有限公司	46	湖北景天棉花产业集团有限公司
16	湖北东贝机电集团股份有限公司	47	黄石山力兴冶薄板有限公司
17	盛隆电气集团有限公司	48	迪斯科化工集团股份有限公司
18	华强化工集团股份有限公司	49	武汉长利玻璃(汉南)有限公司
19	楚源高新科技集团股份有限公司	50	湖北孝棉实业集团有限责任公司
20	湖北美亚达集团有限公司	51	大冶市新冶特钢有限责任公司
21	宜昌东阳光长江药业股份有限公司	52	湖北东峻实业集团有限公司
22	TCL 空调器(武汉)有限公司	53	宜昌阿波罗肥业有限公司
23	湖北祥云(集团)化工股份有限公司	54	奥美医疗用品股份有限公司
24	远大医药(中国)有限公司	55	湖北长江电气有限公司
25	湖北立晋钢铁集团有限公司	56	宜昌东阳光药业股份有限公司
26	周大福珠宝文化产业园(武汉)有限公司	57	湖北六国化工股份有限公司
27	湖北白云边酒业股份有限公司	58	湖北金银丰食品有限公司
28	武汉顺乐不锈钢有限公司	59	鄂州鸿泰钢铁有限公司
29	湖北国宝桥米有限公司	60	健民药业集团股份有限公司
30	武汉恒生光电产业有限公司	61	维达力实业(赤壁)有限公司
31	湖北土老憨生态农业集团	62	武汉有机实业有限公司

续表

序号	企业名称	序号	企业名称
63	武汉第二电线电缆有限公司	82	湖北宏凯工贸发展有限公司
64	武汉精测电子集团股份有限公司	83	湖北精华纺织集团有限公司
65	三丰智能装备集团股份有限公司	84	谷城东兴铸造有限公司
66	湖北鑫隆冶金科技发展有限公司	85	湖北新蓝天新材料股份有限公司
67	荆州市群力金属制品有限公司	86	宜都市明远工贸有限公司
68	湖北回天新材料股份有限公司	87	武汉金凤凰纸业有限公司
69	襄阳龙蟒钛业有限公司	88	湖北神丹健康食品有限公司
70	湖北大江环保科技股份有限公司	89	葵花药业集团(襄阳)隆中有限公司
71	湖北奥瑞金制罐有限公司	90	湖北世纪新峰雷山水泥有限公司
72	湖北美洋化肥科技有限公司	91	嘉施利(宜城)化肥有限公司
73	荆州市江汉精细化工有限公司	92	湖北东圣化工集团有限公司
74	湖北丽源科技股份有限公司	93	瀛通通讯股份有限公司
75	湖北潜江金华润化肥有限公司	94	乐星红旗电缆(湖北)有限公司
76	湖北振华化学股份有限公司	95	华新水泥(襄阳)有限公司
77	宜都市仝鑫精密锻造有限公司	96	钟祥市第二化工农药厂
78	宜昌鄂中生态工程有限公司	97	谷城钜沣陶瓷有限公司
79	湖北新生源生物工程有限公司	98	湖北金安纺织集团股份有限公司
80	湖北楚凯冶金有限公司	99	襄阳聚力新材料科技有限公司
81	湖北康欣新材料科技有限责任公司	100	伟嘉纺织集团有限公司

表9—3　2020湖北民营企业服务业20强名单

序号	企业名称	序号	企业名称
1	九州通医药集团股份有限公司	11	武汉德成控股集团有限公司
2	卓尔控股有限公司	12	武汉物易云通网络科技有限公司
3	恒信汽车集团股份有限公司	13	熠丰(武汉)能源有限公司
4	天茂实业集团股份有限公司	14	小米科技(武汉)有限公司
5	福星集团控股有限公司	15	民发实业集团有限公司
6	武汉市金马凯旋家具投资有限公司	16	湖北纳杰人力资源有限公司
7	湖北碧桂园房地产开发有限公司	17	良品铺子股份有限公司
8	武汉联杰能源有限公司	18	武汉瓯越网视有限公司
9	奥山集团	19	软通动力技术服务有限公司
10	合众人寿保险股份有限公司	20	武汉伟鹏控股有限公司

（陶　兴）

企业选介

武汉钢铁（集团）公司

【概况】 2020年，中国宝武武汉总部（湖北地区）实现营业收入1290.6亿元，利润63.6亿，上缴税费33.4亿，与2019年基本持平，继续保持在千亿级规模水平。铁、钢、材产量分别为1836万吨、2031万吨、1836万吨。全年生产铁矿石549万吨、铁精矿238万吨、球团矿432万吨，销售铁成品矿482万吨（其中球团矿441万吨、铁精矿41万吨）、熔剂矿253万吨、资源综合利用725万吨。

表9—4　武钢有限2017年—2019年主要产品产量

单位名称	营业收入(亿元)		利润（亿元）		上缴税费(亿元)	
	四季度	全年	四季度	全年	四季度	全年
武汉总部	390.8	1290.6	28.5	63.6	2.5	33.4
武钢集团	25.1	63.0	15.6	32.9	1.2	3.7
武钢有限	182.4	626.7	5.4	11.2	−1.1	16.0
鄂城钢铁	66.1	215.4	3.9	10.2	0.4	4.8
武钢资源	14.9	58.0	1.9	4.8	1.0	5.0

2020年，武钢有限公司全年生产铁1403万吨、钢1506万吨、材1319万吨。硅钢总产量达180万吨，超出年度目标计划10万吨。降本控费成效显著，全年成本削减预计16亿元，取向硅钢吨钢成本与宝山的差距成功实现逆转。科技创新持续发力，4项标志性技术由宝钢股份认定达到国际先进水平，2项新产品实现全球首发；持续融入国家创新体系，成功获得科技部国家高新技术企业认定，成为宝钢股份第二家高新技术企业。申请发明专利109项，获冶金行业、省级和中国宝武科技进步奖励16项。公司荣获武汉市模范和谐企业称号。

鄂城钢铁全年生产铁433万吨、钢525万吨、材517万吨，同比分别增长1.6%、7.1%、13.9%。公司荣获国家工信部“绿色工厂”、湖北省“五一劳动奖状”和“高新技术企业”、钢铁行业“清洁生产环境友好型企业”和鄂州市“园林单位”称号。

武汉耐材克服钢厂降价，国外疫情封锁等多种不利因素，通过市场化竞争新接1400万订单，有效弥补了疫情对收入的影响。

宝钢国际华中公司大力推进用户价值分级服务，全面提升用户满意度、忠诚度、客户服务整体质量；积极探索新业务模式，促进营销指标达成。2020年实现钢材销售量498万吨，超额完成预算计划。

【项目建设】 武汉市人民政府与中国宝武开展深度合作。为推动湖北省与中国宝武战略合作协议落实落地，2020年12月14日，武汉市印发《武汉市与中国宝武钢铁集团深度合作工作方案》。《方案》明确，按照“三不减、三提升”（产能、空间、能耗指标不减，技术、产品、产业提质升级）的原则，对标宝武集团宝山基地，全面提升宝武集团青山基地竞争力，推动产线提升、空间增效、产业升级，实现武汉市与宝武集团青山基地协调发展，将武汉市建设成为支柱产业精、产业结构优、创新资源多、辐射能力强的老工业基地转型发展示范区。同时，成立由武汉市人民政府常务副市长胡亚波、宝武集团党委常委魏尧为组长的武汉市服务武钢转型发展领导小组，建立工作协调机制，高效推进任务落实。

武钢集团积极推进主题园区建设，拟投资19.2亿元，策划培育10个开工开园项目，于2020年下半年至2021年上半年相继开工开园。江北阳逻新材料产业园二期9月开园即实现满园运营。武钢文化体育园经过整修翻新提档升级，9月揭牌开园。东湖网谷产业园二期提前竣备交付并实现出租率超30%年度目标。北湖产业生态新城首发项目加氢站、武钢光谷科技园项目、武钢宾馆提档升级改造项目于12月开工。子公司集中办公项目已投入运营。武钢现代产业园完成土地腾退方案，空间规划和产业规划均已上报市政府履行审批程序。

武钢有限围绕三化（绿色化、智慧化、精品化）发展，加速推进项目建设，全年计划开工项目41项，实际开工项目46项；计划交工验收项目97项，实际完成83项，固定资产投资完成25.50亿元。绿色化方面雨污分流一期工程、首个大型“矿进棚”项目陆续投入使用，新增绿地面积56万平方米，“城市森林钢厂”绿色园区景观综合体初见成效。智慧化方面大力推进机器人引进及现场作业智能化，智能巡检系统投用半年以来，人员效率提高15%，故障率降低70%。精品化方面项目累计接单量30.2万吨，产线专业化能力得到进一步拓展和提升。焦化公司焦炉煤气质量提升改造项目12月投产，项目投运后每立方米煤气中的硫化氢能降到20毫克以下，煤气质量大幅提升，满足后续煤气用户达到国家最新的超低排放要求。炼钢四分厂钢渣环保处理改造项目于12月22日全线热负荷试车成功，项目投运后，钢渣处理颗粒物排放浓度限值≤10mg/m³，废水排放满足《钢铁工业水污染物排放标准》直排限值。冷轧厂二冷轧重卷机组产能提升改造项目（简称“273项目”）、2180单元一号横切机组改重卷机组项目（简称“274项目”）12月投产，目前273机组具备生产2000级别高端汽车外板的能力，成材率大幅提升；274机组也具备了连续稳定生产的能力。

鄂城钢铁原料场封闭改造项目（一期）、富余煤气发电锅炉烟气脱硫脱硝改造项目已相继建成投产。超高温亚临界发电机组项目计划2021年4月建成投产，投产后年净增发电22259KWh/年。坯料热送辊道项目已于2020年9月完成热负荷试车。辊道输送辊道项目已完成投标单位踏勘、答疑、澄清工作。

武钢资源大冶铁矿-270m深部开采工程实现竣工验收；程潮矿业选厂迁建及尾矿库工程完成选厂交工验收、试生产正常，尾矿库工程处于收尾中；金山店矿业-500m阶段开采（变更）工程西区基本建成、已经试生产，东区完成采掘工程量的65%，同时尾矿管道工程已试生产并投入使用；程潮矿业-570m水平开拓工程改善施工排渣与通风问题，争分夺秒按网络计划推进中；乌龙泉矿业矿石加工环保改造及资源综合利用项目主体工程完成调整进度计划，管控中心及生产区道路在年内开工建设，各重点项目争分夺秒按网络计划推进中。

武钢物流武汉工业港项目于2020年12月15日正式启动，该项目主要服务于武钢有限、鄂钢、马钢等中国宝武体系钢厂和广大钢贸客户，是中国宝武沿长江经济带“弯弓搭箭”大物流格局的重要组成部分。该项目总规划面积约3269亩，总投资约57亿元，分三期建设，计划5年内建成。项目规划“五区两中心”，包含：码头作业区、智能仓配区、绿色散货堆存区、临港产业区、港城融合区，商品交易中心和物流交易中心。

宝钢股份黄石公司有序推进宝钢黄石新港（物流）工业园项目二期（退城环保搬迁改造）工程，现已高效完成项目工程立项、报建、技术交流、工程招标和签约等工作。110KV高压供电接入系统可研已经完成并通过审批，主厂房施工图设计工作已于9月份开始。

【环境保护】 中国宝武武汉总部认真贯彻国家绿色发展和长江大保护战略，严格按照中国宝武“三治四化”和“高于标准、优于城区、融入城市”要求，全力推进环境治理，加快绿色转型发展。2020年，中国宝武武汉总部主要单位均完成中国宝武下达的能源环保阶段性目标，未发生突发环境事件。

在中国宝武青山地区环境治理工作领导小组推动下，24项“三最”（最严重、最关注、最敏感）环境问题整改措施完成率达91.13%；湖北省环保驻点执法督察的94项问题，整改完成率达76.59%。武钢集团持续巩固北湖水体生态治理成果，建立完善确保稳定达标运行、维护、检查考核等制度。加强固废土壤整改和治理，13万吨含铁尘泥、43.65吨危废全部合规处置完毕。坚持合法合规经营，组织各单位申领排污许可证或完成排污登记，44家应办单位全部完成。武钢有限积极投身“长江大保护”行动，坚持不懈抓“三废治理”，主要污染物排放量同比下降18.2%，厂区降尘量同比下降6%，超低排放实现率（有组织、无组织）达35%，下半年优良天数首次多于青山区。节水减排工作不断发力，已达到清洁生产一级企业标准。利用钢厂独有高温密闭炉窑消纳废油漆桶、含重金属污泥等城市危废，累计处置市政污泥3.14万吨，超过年度计划值（2万吨），医疗污泥295.8吨，极大减轻城市痛点问题、缓解医疗污泥处理压力，推进了产城共融。鄂城钢铁大力推进超低排方放，完成烧结二次料场封闭大棚、转炉三次除尘、富余煤气发电烟气脱硫脱硝等重点治理项目；组织开展超低排放验收评估工作，制定针对性控制措施，强化无组织排放管控；落实清洁运输规划方案，完成水铁联运专线改造，实现矿石、煤等原料铁路进厂。落实固废不出厂要求，完成焦化脱硫废液与硫泡沫制酸项目改造，从源头消除了焦化煤气脱硫工序产生的硫膏和脱硫废液，并将其全部利用，增加附加值。武汉耐材北湖工业园区雨污分流工程被武汉市生态环保局选定为武汉市“散乱污”企业治理现场示范典型。

（李　渊）

东风汽车集团有限公司

【概况】 2020年，东风汽车集团有限公司（以下简称“东风公司”）全年销售汽车345.8万辆，销售收入达到5993亿元，同比增长3.2%。汽车工业总产值和营业收入同比实现正增长。

【疫情防控与复工复产】 在疫情防控阶段，东风公司严格防范措施“外防输入、内防反弹”，加强规范化管理，做好疫情防控工作。在复工复产过程中，统筹做好疫情防控、安全生产、质量管理和风险防范工作。在第一季度销量同比大幅下降 46.1%，营业收入下降 42.9%的不利形势下，全力打好疫情防控阻击战、复工复产破题战和生产经营及改革发展攻坚战，4 月份以来经营稳步回升，公司销量连续 9 个月实现正增长。

作为社会首批、汽车行业首家捐赠企业，东风公司携旗下 21 个单位向湖北省及 7 个地（市）捐赠款物近 1.05 亿元，33482 名党员自愿为抗疫捐款 371.83 万元，81227 名员工自愿捐款 524.15 万元。东风车城物流股份有限公司、风神物流有限公司、武汉东本储运有限公司紧急配送医用物资、救援物资，累计出动集装箱车辆 570 趟次、运输救援物资 14.1 万箱，保障武汉及湖北抗疫战场“物资生命线”畅通。东风畅行科技股份公司组建起千车千人规模的抗疫志愿车队，承担武汉市汉阳、硚口、江岸三区共 294 个社区的出行服务，抗疫 86 天，累计行驶 424 万千米以上，服务 35 万余人次，企业员工及网约车司机无一感染。在中国汽车企业社会责任暨中国汽车战“疫”英雄谱颁奖典礼上，东风公司被授予“优秀战‘疫’担当企业”和“战‘疫’特别贡献企业”称号。

2020 年 11 月 25 日，东风岚图汽车首款高端智能电动 SUV 预生产下线

【技术研发】 2020 年，东风公司围绕“五化+N”关键核心技术，加速推进国务院国资委“1025 专项”、东风公司“928 工程”和“8 大类 12 项”等技术项目，加大技术攻关力度，相关工作全部按计划完成。其中，轻量化实现 2GPa 级高强钢行业首次量产应用；电动化聚焦“三电”系统，掌握了 IGBT 并联驱动、电磁设计仿真等关键技术，形成 BMS 开发及高压系统 EMC 评价优化能力。

东风公司技术中心加快突破一批“卡脖子”技术难题，形成共性技术清单，统筹推进共性技术协同研发。“五化一车四网”产业化应用见效，累计实现 110 余项新技术搭载和应用。L2+级自主乘用车量产上市；与武汉经济技术开发区政府签订“自动驾驶领航项目”，助力打造武汉市自动驾驶产业集群，L4 级自动驾驶车型 Robotaxi 示范运行；完成 EEA3.0 电子架构研发，支持 5G 及 L3 级自动驾驶，5G 港口无人驾驶集卡投入运营，为智能化行业领先奠定良好基础。前瞻研究方面，燃电系统已具备小批量试制和示范运营能力，已与广东佛山仙湖试验室、东风汽车股份有限公司等签订氢燃料电池汽车示范运营合作协议。

【企业改革】 2020 年，东风公司制定发布《东风公司改革三年行动实施方案》，针对职能领域的 107 项和业务领域的 97 项改革任务加速展开。抓住资本市场深化改革重大机遇，推进公司 A 股创业板发行上市，回归 A 股，进一步打通融资渠道，为公司进一步规范治理奠定基础。

加大业务整合和战略重组。公司物流业务实现整合，东风零部件集团和装备公司实现战略重组，东风启辰品牌纳入东风日产发展。推动“双百行动”、“科改示范行动”和国家发改委试点的混改工作。积极探索新业务领域的混改路径，持续推进混合所有制改革，不断推动和深化超额利润分享、分红权激励、股权激励等激励机制。落实重大专项任务。“处僵治困”第一阶段收官，6 户重点亏损子企业扭亏，达成“压减”工作目标。剥离“两非”业务，主业进一步聚焦。积极稳妥降杠杆减负债。“两金”占用同比下降 4.4%，达成国资委管控目标；“非正常两金”同比降幅超过 50%。

（杨耀红）

中国建筑第三工程局有限公司

【概况】 中国建筑第三工程局有限公司（以下简称中建三局）是世界 500 强企业上市公司——中国建筑的重要全资子公司。1965 年经国务院批准在四川攀枝花成立，名为“建工部第三工程局”1966 年调迁贵州，1975 年调迁湖北。公司拥有行业全覆盖的房建施工总承包特级资质，市政公用工程施工总承包特级资质和公路工程施工总承包特级资质。主营业务包括勘察设计、工程建设、投资开发、持有运营等，具备全产业链、全生命周期投资建设能力。2020 年，公司合同额、营业收入分别为 5945 亿元、2765 亿元，同比分别增长 14%、2.3%，实现“十三五”圆满收官。企业综合实力达到世界 500 强 301 位、ENR 国际承包商 55 位和中国 500 强 35 位标准，连续 6 年位居湖北省百强企业第二名。

【抗疫防疫】 2020 年抗疫斗争中，中建三局牵头建设武汉火神山医院，独立承建武汉雷神山医院，分别于 10 天、12 天建成两所应急医院；在全国各地建设应急工程25个，累计投用床位2万余张；火速抢建3个集中医学观察点，支援新疆疫情防控；第一时间向巴基斯坦、印度、波黑、印尼、柬埔寨等国家捐赠防疫物资超300万元；援建马尔代夫防疫应急隔离点。加强全局疫情防控，保障全局境内外3万多名员工、30多万工友的生产生活；配合地方政府做好联防联控，安排近千名党员下沉社区，参与基层防控，服务社区治理。在全国抗疫表彰大会上，三局党委荣获“全国抗击新冠肺炎疫情先进集体”“全国先进基层党组织”称号。

【经营管理】 全年依托“两山”医院品牌优势，揽获湖北省50%以上医院项目，全年承接医疗卫生项目70余个，合同额超600亿元；公投项目占比67%，同比增长13个百分点；中标10亿元以上大项目147个，占总合同额比重逾50%。基础设施新签合同额1209.46亿元，同比增长12.19%。其中，轨道交通业务签约额超180亿元，再次承接地铁整线工程——成都轨道交通27号线（93.59亿元）；中标武汉两湖隧道东湖段项目（37.87亿元），填补中建集团在12米以上超大直径盾构隧道领域业绩空白。地产开发新获土地6宗，全年实现地产销售额260.7亿元；14个项目进入运营期，实现运营回款12.44亿元。武汉光谷中建科技产业园运营提速，中国建筑科技馆成功开馆。海外业务克服疫情冲击，签约柬埔寨金边新国际机场航站楼(42亿元）等32个项目，PKM高速公路圆满移交使用。承接襄阳连山湖生态公园EPC项目（35亿元）等水务环保项目76个，合同额319亿元；全年PC构件年产能超20万立方米。

【项目建设】 全年在鄂中标各类重点项目160余个，合同额836亿元，同比增长7%；承接了以东湖国家实验室、武汉两湖隧道、友谊大道快速化改造、武汉地铁19号线为代表的一大批关乎国计民生的重大项目。其中，牵头承接湖北补短板、强功能“十大工程”项目累计24个，合同额近200亿元。全年累计在湖北省内投资362亿元，新拓展投资项目9个，计划总投410亿元，全力支撑湖北经济重振。

【科技创新】 发布“百项新技术”及核心专利清单；“住宅造楼机”“循环施工电梯”等成功转化应用。“高海拔特种用房”“5G远控塔机”等重点课题取得突破。新冠肺炎应急医院快速建造关键技术等4项成果达国际领先水平。全年获詹天佑奖3项、华夏奖9项、中建集团科学技术奖9项。

【社会责任】 全年在鄂纳税27亿元，切实履行企业责任。发挥龙头企业作用，带动省内建筑产业链上下游中小微企业协同发展，保障参与抗疫建设的200余家中小型民营供应商支付。严格落实《保障农民工工资支付条例》，务实推行总包代发制度，累计代发54.36亿元，确保农民工工资支付到位。我们助力脱贫攻坚，向湖北团风捐款201万元，开展消费扶贫1150万元。持续加大高校毕业生、贫困地区劳动力等重点人群就业的吸纳力度，在湖北招聘高校毕业生1100余人，为省内10多万农民工提供就业岗位，有力服务“六稳”“六保”大局。

（陈卫国）

中铁十一局集团有限公司

【疫情防控】 面对突如其来的新冠肺炎疫情，中铁十一局向湖北省捐款1000万元，先后组织1.8万多人次、投入资金7000余万元，紧急驰援雷神山、火神山医院建设，抢建、改造武汉国际会展中心、长江新城、首义广场、蔡甸健康谷等10个“方舱医院”和隔离点，按时优质交付床位1万多张；踊跃捐款捐物，减免中小微企业租金，565名党员干部主动下沉到273个社区、村镇，参与志愿服务活动。公司的抗疫和援建工作，得到了国务院国资委、团中央，属地省市区各级党委政府和中国铁建股份有限公司的充分肯定，4个集体分别荣获国务院国资委、团中央和湖北省抗击新冠肺炎疫情先进集体称号，2名个人获省部级以上表彰。

【生产经营】 集团抢抓“四个窗口期”，审时度势作出“城市经营、属地经营、滚动经营”战略性调整，多渠道密切高层对接，多平台加强战略合作，多批次补充经营人员，全方位优化经营布局，实现了经营承揽的逆势增长。全年实现新签合同额1617亿元，同比增长50%；全年共实现企业总产值776亿元，同比增长10%；实现营业收入706亿元，同比增长9%。

【内部管理】 2020年，中铁十一局有序推进基础管理和全面建设，铁路、公路、城轨、市政、房建等主要板块实现均衡发展，工程承包、勘察设计、房地产开发、工业制造、物流贸易、投资和新兴产业“6+1”产业发展形态基本成型。加强工程公司建设，在地下空间建造、高速铁路、铺架工程、“四电”工程、中低速磁悬浮、城市轨道交通、装备制造等领域，培育专业优势。截止2020年12月，公司完成铁路铺轨27000余公里（约占建国后全国铁路营运总里程的1/5），完成城市轨道铺轨2600多单线公里（约占全国城市轨道铺轨总里程的1/3）。承建国内外各类桥梁2000余座，铁路、公路及城市地铁隧道3000余座，承建10公里以上隧道20余座，近年来每年承建隧道260余公里，桥梁230余公里。累计完成盾构掘进500多公里，产值规模与专业能力处于同行业前列。承（参）建了500米口径球面射电望远镜（FAST）、武汉光谷综合体（亚洲最大的市政交通综合体）、武汉动车段（世界上规模最大、技术水平最高、承担工作量最多的动车检修基地）、长沙磁悬浮（国内第一条自主设计、自主制造、自主施工、自主管理的中低速磁悬浮）、广州地铁18号线（160km/h的国内最快时速）、南沙港铁路跨西江特大桥(主跨600米，世界最大跨度铁路混合梁斜拉桥)、福厦高铁湄洲湾跨海大桥(我国首例40m箱梁高速铁路跨海大桥)、武汉常青路高架转体桥(刷新了转体最不平衡、转体桥面最宽、跨越特等站铁路股道数量最多三项转体桥世界纪录)等标志性工程。

【创新发展】 坚持实施创新驱动发展,推进理念创新、科技创新、管理创新、模式创新,进一步激发创新活力,培育企业持续发展的新动能。全年荣获鲁班奖2项、国家优质工程金奖3项、国家优质工程奖10项、詹天佑奖4项、省部级优质工程奖53项、省部级科技成果奖6项、专利授权279项,获批国家知识产权优势企业。

(吴清根)

中铁大桥局集团有限公司

【概况】 中铁大桥局集团有限公司(简称中铁大桥局)是中国中铁股份有限公司的全资子公司,位于武汉市汉阳区四新大道6号。2020年,中铁大桥局资产总额439.01亿元,较2019年增长4.18%。自有机械设备机械设备13969台(套),总原值49.87亿元,净值20.43亿元,总功率60.91万千瓦。技术装备率16.7万元/人,动力装备率49.8千瓦/人,主要设备完好率89%,利用率83%,机械化施工程度高。截至2020年底,中铁大桥局先后获国家科学技术奖33项,国际乔治?里查德森大奖7项、新中国成立60周年"百项经典暨精品工程"10项、中国建设工程鲁班奖40项、中国土木工程詹天佑大奖31项、拥有国内外专利1025项。从50年代援建越南河内铁路桥梁开始至今,先后在缅甸、孟加拉、印尼、南非、坦桑尼亚、安哥拉、摩洛哥等20多个国家和地区建设了一大批精品工程;入选美国《工程新闻记录》(ENR)评选的世界最大225家国际承包商,跻身"国际十大桥梁承包商"。

【业务拓展】 2020年,新签合同额1063.3亿元,中标常泰过江通道、燕矶长江大桥、川藏铁路大渡河特大桥、滨州乐安黄河公路大桥、巢马铁路马鞍山长江公铁两用大桥、黄茅海跨海通道等特大型桥梁工程。加大城市建设和新兴市场开发,推进"基建+房地产"开发模式,积极拓展海上风电等新能源市场。落实海外"双优"战略,海外经营连续三年超额完成年度目标任务。夯实经营基础,统筹要素建设,新取得各级各类资质41项。

【项目管控】 以施工进度为主线管控在建项目,不遗余力推进快速施工。全年完成企业营业额456亿元,超额完成中国中铁下达的年度目标。沪苏通大桥、芜湖长江三桥、平潭跨海大桥、五峰山长江大桥、青山长江大桥建成通车,江汉七桥、丽香铁路金沙江大桥、帕德玛大桥合龙,川藏铁路大渡河桥顺利开局。2020年,2项工程荣获中国建筑工程鲁班奖,1项工程荣获国家优质工程金奖,3项工程荣获国家优质工程奖。

【创新发展】 2020年,聚焦关键核心技术研发,强化国家重点实验室建设及人员力量,新增省、市级创新平台各1个;新增詹天佑奖1项,国际桥梁奖项5项,获省部级科学技术奖15项,省部级工法187项;技术成果获评国际领先水平13项,新增授权专利277项。推进信息化和工业化深度融合,通过国家工业和信息化部体系认证。BIM项目级管理平台在14个项目、6个子分公司推广使用。全面推进管理创新,荣获2020年度中国中铁管理创新成果一等奖2项、二等奖1项、三等奖1项;8家单位获"中国中铁管理实验室活动先进单位"称号,8人获"中国中铁管理实验室活动先进个人"称号,4项制度获"中国中铁管理实验室优秀管理制度"称号。

(冀传辉)

湖北能源集团股份有限公司

【概况】 湖北能源集团股份有限公司是主营能源项目投资、开发与运营的大型国有控股上市公司(股票代码:SZ000883),业务涵盖电力、天然气、煤炭、新能源、金融等领域。截至2020年底,公司资产总额604.93亿元,净资产351.65亿元,资产负债率41.87%;总装机1054.58万千瓦,是湖北省最大的综合发电企业。

2020年7月1日,由中铁大桥局承建的世界首座跨度超千米公铁两用斜拉桥沪苏通长江公铁大桥通车

2020年，公司完成发电量330亿千瓦时，同比增长26%；销售天然气20.57亿方，同比下降11%；煤炭销售量584.2万吨，同比下降17%。实现营业收入170.35亿元，同比增长8%；利润总额35.58亿元，同比增长45%；净利润27.51亿元，同比增长53%。发电量、营业收入、利润总额、净利润4项重要生产经营指标创历史新高。

2020年，完成基建投资27亿元，新增建设投产装机60.12万千瓦（不含并购项目）。江坪河水电站正式投产发电。荆州煤港一期工程开港运行。新能源老河口二期、鹤峰走马、远安茅坪等一批省内风电、光伏项目陆续投产。

面对突如其来的新冠肺炎疫情，2020年一季度，公司对湖北省累计供电49亿千瓦时，占全省发电量的13%；累计输送天然气5.5亿标方，约占全省用气量的三分之一，占武汉市的一半以上；向武汉市供热21.1万吨；向湖北省内发运煤炭102.41万吨，为打赢武汉保卫战、湖北保卫战提供了坚实的能源保障。

（郑　宇）

中国航天三江集团有限公司

【概况】 中国航天三江集团有限公司（以下简称“航天三江”）由原航天科工四院和原航天科工九院于2011年12月合并重组而成，隶属于中国航天科工集团有限公司（以下简称“集团公司”），是中国固体运载火箭研制生产的主体与技术抓总单位、国防科技工业的骨干力量，特种越野车及底盘研发生产主要单位。2020年，集团坚持疫情防控和复工复产“两手抓、两手硬”，利用信息化手段，创新工作组织方式，分区域、分步骤安全有序推进复工、复产、达产、超产，破解“任务时间不足，产业订单不够”瓶颈，提前完成多型应急任务，创造了交付时间最短、数量最多的记录。2020年主要经济指标在一季度负增长情况下，4月指标降幅快速收窄，5月增速转正，6月持续加速；7～12月保持两位数快速增长，全年经济运行总体稳中有进，实现收入同比大幅增长。“十三五”期间累计实现营业收入、利润总额，较“十二五”同期增长89.29%、78.46%，均超额完成规划目标；营收利润率、净资产收益率、总资产报酬率、资产负债率、“两金”占流动资产比重等经济绩效指标持续改善逐年优化；职工收入大幅增长，实现发展成果与职工共享；2016—2020年经营业绩在上级考核中连续5年获评优秀。

【项目建设】 一批重点项目建成投入使用。火箭产业园规划面积1500亩，采取“整体规划、分期建设”的形式。快舟系列运载火箭总装总调（一期）建设项目占地面积450亩，建筑面积4.2万平方米，主要包括总装测试厂房、综合厂房、综合楼、动力站等，于2017年10月启动建设，2020年7月投产使用，形成年产20发快舟固体运载火箭的总装测试能力。航天动力先进技术湖北省重点实验室正式揭牌运行。

行云卫星科技园征地91.95亩，主要为行云工程提供研制保障条件，包含卫星研制、运营、应用开发及生活配套等。2020年12月，行云工程研制保障条件（一期）建设项目动工建设，预计2021年12月底前竣工并具备投产条件。

持续加大激光装备能力建设力度，累计投入超14亿元，完成武汉光谷激光科技园一期建设，锐科公司泵浦源生产线、睿芯公司光纤生产线、量子公司微纳加工平台、激光院研发大楼陆续投入使用，为激光项目研发和产业化提供重要支撑平台。武汉东湖“激光科技园”，新征土地416亩，新增建筑面积78870㎡，初步建成航天三江激光产业核心研发平台，满足产品设计、研发、试验、生产及产业化的需要。

（王电鹤）

湖北省联合发展投资集团有限公司

【概况】 湖北省联合发展投资集团有限公司（以下简称联投集团）于2008年9月成立，由湖北省国资委、武汉城市圈九市国资委以及部分央企为出资人，担负的职责主要是推进城市圈重大基础设施、重大政策性项目和重大产业集群发展。经过十余年发展，联投集团从土地的一二级开发转向推进城市功能、城市服务和城市运营为主的三级开发，以及产业集群配套服务，全面打造“城市群战略投资运营商”，形成产业新城投资开发和城市数字化运营、城市更新和房地产开发、基础设施建设和新基建、产业金融和产业投资四大核心业务板块，并以数字产业作为培育业务板块。集团资产规模超2000亿元，旗下4家企业主体信用创AAA，集团员工总数逾10000名。

【经营情况】 2020年，集团克服疫情等不利因素，经营业绩逆势增长，实现收入271.19亿元，较上年增长27.21%；利润总额17.67亿元，较上年增长31.18%；税收贡献25.19亿元。旗下建投集团承建的武汉轨道交通6号线一期工程荣获国家优质工程金奖；东湖高新集团的科技园板块在“园区中国TOP10”中进入TOP5；楚天云负责的湖北网上政务服务能力指数评估进入第一方阵，成功纳入“科改示范企业”名单；融资担保集团助力县域经济发展担保业务新增400亿元，达历史峰值，位居省内第一。

【国企改革】 按照国企改革三年行动要求，成立集团国企改革工作领导小组，研究制定《联投集团改革转型三年行动实施方案（2020－2022年）》，将国企改革向纵深推进。系统推进股权多元化：旗下湖北联合交通投资开发有限公司以增资扩股方式，引入山东高速23亿元股权资金；联投置业与华润置地合作，引

2020 年 7 月 27 日，联投红莲湖大数据云计算产业园奠基

入约 50 亿元股权资金；城市运营公司与万科物业合作，全面提升城市管理服务能级；联投资本与中交融资租赁公司合作，引入 15 亿元战略投资；同时实现从“混资本”向“转机制”的切换。全面推进资产证券化：旗下东湖高新集团以 7 亿元的科技园区申报发行全国第一批公募 REITs，武汉花山、鄂州梧桐湖、咸宁梓山湖等新城资产通过上市公司进行定向增发，集团存量资产通过 ABS 融资进行发行。积极探索业务数据化：成立湖北省数字产业集团，为鄂州、孝感等地开发“城市大脑”；鄂州红莲湖大数据云计算产业园正式开工建设，已有近 20 家企业签约入驻。

（汤　韬）

湖北省文化旅游投资集团有限公司

【概况】 湖北省文化旅游投资集团有限公司前身为湖北省鄂西生态文化旅游圈投资有限公司，是湖北省实施“两圈一带”战略组建的省级旅游投融资平台，于 2009 年 5 月挂牌成立，由省政府和宜昌、襄阳、十堰、荆州、荆门、恩施、随州、神农架等 8 市（州、林区）政府以及三峡集团、中建三局、清能集团共同出资。2018 年 7 月，公司更名为湖北省文化旅游投资集团有限公司，简称“鄂旅投集团”。

鄂旅投集团自成立以来，积极履行“投资、融资、资本营运”三大职能，充分发挥“龙头引领、资源整合、资本放大、品质提升”四大作用，成为主业突出、资产优良、运转规范、核心竞争力较强、风险可控的大型国有控股旅游投资集团和全省旅游产业龙头企业。集团注册资本 36.59 亿元，形成了文化旅游、新型城镇建设、商贸物流、产业投资四大产业板块，下属 12 家全资子公司、18 家控股子公司、19 家参股子公司，其中控股、参股上市公司 4 家。文化旅游板块拥有 3000 平方公里优质旅游资源，形成景区、酒店、旅行社、交通、演艺、商品、电商、文化创意、规划设计九大业态，包括 32 家景区（其中 5A 级 4 家）、40 家宾馆酒店（其中五星级 2 家）。集团主体信用评级达到 AAA，综合实力跻身中国百强旅游投资企业第 11 位，连续三年入选全国旅游集团 20 强，连续两年入选全国最佳省级文旅集团，获评文旅投资机构典范、中国企业社会责任典范、中国旅游影响力社会责任企业，是世界旅游联盟首批成员单位。

2020 年，湖北省文化旅游投资集团有限公司（以下简称“鄂旅投集团”）资产规模突破 600 亿元，同比增长 22%；完成营收 136.4 亿元，同比增长 15%；实现利税 11.6 亿元，其中利润 6.5 亿元，在全国省级旅游集团中实现利润总额、经营性净现金流和主体信用评级排名“三个第一”，净资产排名第二，资产总额与营业收入排名“两个第三”。在省出资企业负责人年度经营业绩考核中连续 10 年获评 A 级。

疫情期间，鄂旅投集团为省疫情防控指挥部及广东、福建、安徽、内蒙古援鄂医疗队等提供了有力的驻地后勤保障，为武汉 1500 多个小区、30 多万个家庭供应放心肉、平价肉，在恩施市、宣恩县、利川市、长阳县和通山县投入资金 5.98 亿元，驻村帮扶的咸丰县黄家村村高质量脱贫，定点扶贫的咸丰县整县出列。被中共中央、国务院授予“全国脱贫攻坚先进集体”荣誉称号。抗疫工作受到省疫情防控指挥部和省委组织部表彰，上榜湖北战疫社会责任企业，获评中国旅游影响力社会责任企业。

（张文强）

大冶有色金属集团控股有限公司

【概况】 大冶有色金属集团控股有限公司（以下简称：大冶有色）系中国有色集团出资企业，位于湖北黄石。公司始创于 1953 年，是新中国最早建设的铜工业基地之一。经过六十多年的建设发展，公司已成长为集采矿、选矿、冶炼、加工、余热发电、综合回收、科研设计、建筑安装、动力运输等于一体的国有特大型铜工业联合企业。2020 年，大冶有色实现营业收入 662 亿元，净利润同比增长 536.56%。公司获国务院国有企业改革领导小组 2020 年“双百企业”三项制度改革专项评估 A 级企业。

【生产经营】 在疫情期间，公司精心组织冶化系统生产，实现阴极铜产能利用率 84%；竭力打通物流，确保 50 余万吨生产原料、药剂、产品顺利到位；针对下游企业停产硫酸滞销问题，积极打通硫酸销售“梗阻”，实现硫酸销售 16.2 万吨。组织停产的矿山、铜加工等二级单位，积极开展设备检修、安全整改、人员培训，复工复产走在前列。全年生产阴极铜 51 万吨，黄金 5.8 吨，白银 856 吨，硫酸 107.3 万吨，铁精矿 18.3 万吨。做好成本管控，全年主要产品单位现金成本和非税费等管理性支出，同比分别下降 1.70%和 4.75%。通过降低带息负债规模、争取优惠贷款等措施，财务费用同比降低 1.5 亿元。开展“两金”和“存贷双高”压降等专项行动，公司平均带息负债规模同比压降 12 亿元。抢抓政策窗口期，争取减免资金优惠政策 13 项，共优惠减免金额 1.18 亿元。坚持“全流程对标”，铜冶炼金属回收率比预算提高 0.16%。积极开展澳炉炉寿攻关，澳炉第八炉期稳定运行 26 个月，澳炉炉寿达到行业领先水平。

【企业改革】 顺利完成“三供一业”移交；完成公司厂办大集体改制工作；完成 18855 名退休人员社会化移交，成为黄石市首批移交协议签约单位；完成 12 户子企业清理退出；加大亏损企业治理，亏损户数同比下降 40%；完成公务车优化工作；加大债权清收、资产盘活处置等工作加快推进，全年实现清收 4 亿余元，盘活处置闲置资产实现资金收入 1 亿元。

【项目建设】 40 万吨高纯阴极铜清洁生产项目是湖北省打造千亿元有色金属产业的重点发展项目之一，2020 年 5 月 12 日，40 万吨项目破土动工。截至 12 月末，累计完成投资约 12.4 亿元，累计形象进度完成 30.1%。项目 104 个子项工程中熔炼、吹炼等 40 个子项已开工。已按时间进度完成 54 个单位工程的 169 项设计出图，出图完成率 59%。

【管理创新】 管理水平持续提升。安全环保稳中向好，实现安全“五为零”目标，实施冶化系统提标改造，圆满完成湖北省“十三五”重金属减排工作任务。大力推进信息化建设，建设 ERP 物资管理系统，实现材料备件计划、采购、仓储、结算全流程线上操作。全级次推广中国有色集团采购招标电子商务平台，招标采购更加公开透明。制定《公司制度管理办法》，完善制度流程建设，逐步实现制度流程化、流程表单化。

技术创新成果丰硕。取得专利授权 35 件。5 项成果获得省部级科技成果奖励，其中“铜精矿富氧顶吹熔炼协同规模处置废电路板关键技术及应用”等 3 项成果获省部级科技进步一等奖，《铜、铅、锌和镍精矿中砷量的测定》获湖北省科技进步二等奖，《阳极铜化学分析方法》获中国有色金属工业科学技术三等奖。

产业格局取得突破。积极推进铜山口矿露天南部境界优化、张家山排土场等非金属资源综合利用项目，提高金属资源回收率，实现创效 500 万元；践行“走出去”发展战略，加大海外业务开拓，刚果（金）STL、KM 两个项目利润同比增长 283 万美元；服务中方海外企业，筹建海外维保中心，为海外提供“一站式”维保服务。依托城市矿产示范基地，打造沿江涉稀贵金属及多基固废处置中心，2020 年共处理废旧线路板 7859 吨，澳炉协同处置废印制电路板项目获得有色金属协会科技进步一等奖，为后续发展奠定基础。开展绿色矿山建设，推动传统矿业转型升级，2020 年铜山口矿、丰山铜矿、新疆汇祥永金萨热克铜矿顺利通过绿色矿山遴选，取得授牌。

【扶贫抗疫】 落实中央、省市委扶贫工作部署，向竹山县文峪河村、阳新县坎下村共拨付扶贫资金 75 万余元，投入消费扶贫资金 243 万元。疫情期间，完成黄石市非定点医疗机构医疗垃圾处置，向地方捐赠抗疫资金和物资共计 94 万元。发挥群团作用，开展劳动竞赛、创新创效争先赛、“揭榜攻关”活动，激励职工追赶生产目标，20 项创新成果获中国有色集团奖励。为困难职工及其子女上学争取帮扶资金 375 万元，慰问因疫临时致困职工 600 余人。

（于冰新　倪罗斯　陶三保）

卓尔控股有限公司

【概况】 卓尔控股有限公司是一家先进制造业、现代服务业融合发展的综合型产业集团。旗下拥有卓尔智联、汉商集团、华中数控、中国通商集团、兰亭集势等 5 家上市公司，是湖北省唯一的民营银行——众邦银行的第一大股东。2020 年，卓尔智联总收入近 728 亿元，总资产逾 621 亿元，荣登 2020《财富》中国 500 强排行榜 139 位，位列“2020 年全球区块链发明专利排行榜”第 58 位，入围商务部“首批线上线下融合发展数字商务企业名单”。

【防疫抗疫】 新冠肺炎疫情发生后，卓尔组织包机，从全球各地采购超过 600 万件紧缺医疗物资运抵武汉；组织物资配送工作小组，将 1026 万件应急物资捐送至湖北 556 家医疗机构；10 天内发起设立 7 家应急医院；设立应急医护人员关爱基金，为战疫一线医护人员发放奖励慰问金；支持全球抗疫，向 16 个国家和地区捐赠医疗物资，主编出版应急医疗机构建设运营手册，向全球分享武汉战“疫”经验。2020 年 9 月，卓尔控股有限公司党委被授予“全国抗击新冠肺炎疫情先进集体”、“全国先进基层党组织”荣誉称号，是湖北省唯一同时获得该两项表彰的民营企业。

【复工复产】 在抓好精准防控的前提下，2020 年 3 月卓尔旗下各企业陆续复工复产。汉口北国际商品交易中心积极克服疫情影响，不断提升市场配套基础设施，发展消费新业态、新模式，于 2020 年 3 月 28 日全面复工复产，成为疫情后武汉市首个复工复市的大型商贸物流综合市场。积极推动实体消费转型升级，开创出线上线下协同、内外贸结合、批发与体验式消费结合的高质量发展方向和路径。

2020年，众邦银行完成增资扩股，注册资本金达40亿，服务实体经济能力进一步增强。推出“战疫云贷”“众商贷”等产品支持本地小微企业发展，助力激活区域产业经济活力。同时卓尔控股发起设立百亿众邦产业基金，支持湖北武汉战略性新兴产业发展。截止到2020年末，众邦银行资产规模约725亿元，综合实力进入全国民营银行第一梯队，普惠小微贷款等增幅位居湖北银行业第一位。

加快自身产业数字化进程。中农网、卓钢链、化塑汇等推出多款在线产品及服务，实现交易、物流等全面线上化。针对中小微企业“融资难”的痛点，各平台携手众多金融机构推出“抗疫复产专项金融支持计划”、“中链E贷”等供应链金融产品，为中小微企业及时“输血”。

高端制造业领域持续发力。2020年，卓尔智造生态圈在高端制造业领域持续发力，全年营业收入实现突破，较2019年增长45.95%。华数数控系统配套的“沈阳航空智能制造生产线”建成投产，为国内航空航天领域首条全部应用全国产高档数控设备生产线。抗疫期间火线成立卓尔医纺，产品通过国内及欧美多项认证，星期系列、雅致系列口罩套装等多款产品备受市场好评。卓尔信科三项目成功入选工信部“工业互联网创新发展工程”，并与湖北多个地市政府和企事业单位合作，通过信息技术助力新基建。卓尔宇航自主研发的“翼虎”物流无人机成功试飞，并自主研发新机型ZA800飞机。

汉商集团全面导入直播短视频平台等线上销售新模式，推动线上线下融合和经营品质提升，成为24小时不打烊的“潮百货”；成功策划“618直播狂欢节”“双11狂欢购物节”等线上线下活动，为武汉疫后重振发放1200万元汉商消费券，促进效益提升。2020年，汉商集团入主同济医学院生殖医学中心，收购迪康药业，推出“汉方一号”防疫植物饮品，大健康产业发展成效显著，形成大商业、大健康双主业发展格局，总体实现逆势反弹，年利润和市值均创历史新高。

通商集团旗下武汉阳逻港（一期）被列为武汉市民生保障、防疫物资接卸主要码头之一，从抗疫之初就快速复工，组织一线工作人员形成港区作业突击队封闭管理，在确保安全生产的前提下，采取驻港轮班工作方式进行24小时作业，确保码头服务不间断，确保重要防疫物资、外贸货物进出口作业通畅，成为保民生、保供应的重要水上交通干线。2020年，通商集团托管武汉经开港，全年集装箱转运量达83万标箱，再创历史新高，并实现长江中上游第一条国际水运航线“武汉—日本集装箱江海直航航线”班轮化运营，年收入同比增长26%。

【项目建设】 武汉—日本集装箱江海直航航线项目。作为长江中上游首条国际直达航线，该航线在疫情后2020年5月首航，并实现班轮化运营，助力武汉成为我国中西部走向世界的门户枢纽。同时，该航线已与中欧、中亚班列（武汉）对接，通过“海－江－铁”联运，构建联通日本－武汉－中东、中亚及欧洲地区的国际铁水联运大通道，促进国际直航合作。

全球数字贸易大会暨第十一届汉交会项目。2020全球数字贸易大会暨第十一届中国武汉（汉口北）商品交易会成功举办，吸引50多个国家商团及国内重要批发市场、互联网平台、企业代表参会参展，累计实现交易金额达3561亿元，成为疫后内陆最大综合性经贸展会，助力武汉打造“双循环”新发展格局下重要枢纽城市。

“卓尔购”项目。2020年第十一届汉交会期间，该平台迭代上线，依托多年产业积淀，卓尔购将赋能线下实体市场，围绕汉口北及相关市场，通过集采、尾货产品线提升批发市场客户销售能力；在线逐步打通各平台间底层数据和账户体系，利用自身数据链接能力，打造平台客户服务样板，通过金融服务杠杆，引入更多合作客户。

武汉国际贸易城项目。2020年，以汉口北为核心交易区的武汉国际贸易城投入建设，将精心建设跨境商品交易中心、新武汉展览馆、武汉国际贸易会议中心、世界T台、国际酒店群、国际学校及医院等重点项目，打造总面积1200万平方米、“中国最大、世界领先”的现代商贸物流平台。

成都迪康药业股份有限公司收购项目。卓尔旗下汉商集团收购成都迪康药业股份有限公司100%股份，于2020年10月完成交割，实现国内医药生产行业布局。医疗器械方面有可吸收医用膜、可吸收骨折内固定螺钉等主要产品，适用于产科、骨科等手术医疗器械；医美方面，其子公司迪康中科在聚乳酸材料领域具有全国领先的技术优势。

（李月媛）

卓尔汉口北国际商品交易中心

湖北普罗格科技股份有限公司

【概况】 普罗格科技股份有限公司是湖北武汉一家从事物流与供应链科技解决方案的高科技企业，聚焦于智慧物流的解决方案与落地。公司通过供应链咨询规划、物流信息系统与云平台物流解决方案、自动化设备调度算法与集成总包、第三方物流运营四个版块业务为客户提供从供应链规划到供应链运营的整体物流与供应链服务。

普罗格总部设于湖北武汉，在全国设有10余家分子公司，全国5大物流运营中心，2所科研基地，客户遍布全国各地超过500+，软件产品应用于500+物流中心，产品管理仓储面积1000万+，日均20万单，日处理订单峰值100万+，公司拥有大量专业技术人员，仅软件研发团队就超过300人+。公司现在发明、专利与软著共145项。

【防疫抗疫】 2020年，湖北省多地医疗物资紧缺，普罗格立即筹措物资，以最快的速度向相关应急单位捐赠。在湖北红会一线物资调度现场，普罗格志愿者通过每天8×8×8小时不间断工作，为作战指挥部提供支持，为现场作业有序高效运行提供保障。为更好地发挥技术优势支持抗疫救灾，疫情期间，普罗格为所有抗击疫情的医药医疗、生活物资生产流通相关企业提供免费的应急救灾物流管理系统，通过部署“无接触”云服务，帮助相关企业在最短时间内解决物流管理问题。2020年公司被评为抗疫先进企业。

【科技创新】 软件技术及研发板块。2020年，公司先后发布并投入应用了应急救灾物流管理系统、微服务报表工具、UPCloud for 订单管理 OMS 产品、UPCloud for 智能制造 WMS 产品、UPCloud Integration、UPCloud Solution 等一批既适应市场需求又体现技术含量的方案、工具和产品。其中应急救灾物流管理系统以其快速稳健易部署和极好的安全性，满足了疫情救灾的需求，获得好评；UPCloud Integration 则采用组件知识库设计，提供自定义接入能力，从技术上实现用户自建系统，自扩系统而不用重新编译、部署的便利；而 UPCloud Solution 充分发挥了公司的物流专家能力，将 OM，WM，TM，BM，FM，WFM 等服务有机结合在一个系统中，为客户提供一站式解决方案。只需拥有一个账号，可在平台上使用不同服务并共享所有服务数据。

普罗格为良品铺子打造的智慧物流中心

硬件技术及物联板块。按照年初工作布署，公司研发出具有核心竞争力人工智能产品：SAS 箱式两向车调度系统、SMS 箱式四向车调度系统、GCS 重型四向车调度系统、双伸位高速箱式四向穿梭车、伺服 GAS 翻盖拣选系统，以及5G工业互联网工控模组等。各产品、系统均获市场支持，在年内产生应用案例，其中 SMS 箱式四向车调度系统、双伸位高速箱式四向穿梭车经济效益良好。

建设物流科技大脑。基于5G物联网技术与自研“菠菜云”框架，着力打造“智芯”控制中台系统，链接机器人控制系统、智能自动化设备、物联网交互设备，并与 MES、OMS、WMS、ERP、SCM，实现一站式物流智控服务。

【项目合作】 2020年，公司签署了途虎养车、良品铺子、绝味鸭脖、香飘飘、仙桃国家级应急物流中心、一汽、三一重工等大型智慧物流项目，为各行业的智慧物流提供赋能建设。

（周志刚）

湖北发展改革年鉴

附录

10

国民经济统计资料

土地面积与行政区划

项 目	单 位	2000	2005	2010	2015	2018	2019	2020
常住人口	万人	5646	5710	5724	5852	5917	5927	5775
土地面积	万平方公里	—	—	18.59	18.59	18.59	18.59	18.59
耕地面积	千公顷	—	—	5312.28	5255	5235.4	—	—
行政区划	—	—	—	—	—	—	—	—
省辖市	个	12	12	12	12	12	12	12
自治州	个	1	1	1	1	1	1	1
林 区	个	1	1	1	1	1	1	1
县级市	个	24	24	24	24	25	25	26
省辖行政单位	个	3	3	3	3	3	3	3
县	个	41	39	40	39	38	38	37
乡政府	个	476	217	201	168	163	162	161
镇政府	个	853	737	742	761	762	760	761
办事处	个	145	163	211	304	310	327	329
村民委员会	个	32400	26678	26018	25343	23571	23202	22532
村民小组	个	259250	212587	209598	208546	205059	203005	208002

注：耕地面积数据来源于自然资源部门。

市、州行政区划

(2020年底)　　单位：个

地区	县级市	县	区	乡政府	镇政府	村民委员会	村民小组
全省	26	37	39	161	761	22532	208002
武汉市	—	—	13	3	1	1742	16345
黄石市	1	1	4	1	27	785	8310
十堰市	1	4	3	34	72	1801	10381
荆州市	4	2	2	12	88	1486	17472
宜昌市	3	5	5	19	67	1321	8399
襄阳市	3	3	3	4	74	2265	15400
鄂州市	—	—	3	3	18	305	3784
荆门市	2	1	2	2	48	1346	10321
孝感市	3	3	1	23	72	1983	22364
黄冈市	2	7	1	16	99	3879	37899
咸宁市	1	4	1	12	52	884	10177
恩施自治州	2	6	6	29	54	2304	23245
随州市	1	1	1	—	37	848	9290
仙桃市	1	—	—	—	15	654	4733
天门市	1	—	—	1	21	528	6567
潜江市	1	—	—	—	10	334	2984
神农架林区	—	—	—	2	6	67	331

从数字看2020年的湖北

湖北的地位	
地区生产总值43443.46亿元	占全国的4.28%
#第三产业22287.65亿元	占全国的4.02%
人均地区生产总值74440元	相当于全国的103.39%
社会消费品零售总额17984.87亿元	占全国的4.59%
进出口总额620.83亿美元	占全国的1.34%
#出口总额390.61亿美元	占全国的1.51%
实际外商直接投资103.52亿美元	占全国的7.17%
粮食产量2727.43万吨	占全国的4.07%
钢产量3649.11万吨	占全国的2.75%
发电量2911.35亿千瓦小时	占全国的3.74%
城镇居民人均可支配收入36706元	相当于全国的83.74%
农村居民人均可支配收入16306元	相当于全国的95.18%
湖北的人口	
常住人口	5775.26万人
从业人员	3261万人
#在岗职工人数	1023.41万人
出生人口	48.32万人
死亡人口	44.76万人
城镇人口	3632.04万人
乡村人口	2143.22万人
人口密度	311人/平方公里
湖北的经济发展	
	1979—2020年平均增长（%）
地区生产总值	10.0
第一产业	4.5
第二产业	11.6
第三产业	11.9
财政收入	11.0
货物运输量	6.8
社会消费品零售总额	14.6
出口总额	14.0
湖北的一天	
地区生产总值	118.70亿元
第一产业	11.29亿元
第二产业	46.51亿元
第三产业	60.90亿元
地方公共财政收入	6.86亿元
货物运输量	438.33万吨
竣工房屋面积	72.57万平方米
社会消费品零售总额	49.14亿元
出口总额	10672.35万美元
出版报纸	156.27万份
邮寄函件	8.47万件

湖北的一天

指　标	2000 年	2005 年	2010 年	2015 年	2019 年	2020 年
每天创造的财富	—	—	—	—	—	—
地区生产总值（亿元）	9.71	17.86	44.15	81.87	125.56	118.7
第一产业	1.81	2.96	5.88	9.07	10.44	11.29
第二产业	3.94	7.70	21.56	37.68	52.32	46.51
第三产业	3.96	7.20	16.71	35.12	62.8	60.9
地方公共财政预算收入（亿元）	0.59	1.03	2.77	8.23	9.28	6.86
粮食（万吨）	6.08	5.97	6.31	7.99	7.47	7.45
肉类产量（吨）	7429.86	9387.12	10506.3	12155.07	9567.12	8400
水产品（吨）	6420.27	8713.15	9671.23	12487.67	12864.11	12784.93
粗钢（万吨）	2.45	4.31	6.85	8	9.85	9.9
成品钢材（万吨）	2.22	4.34	7.93	9.37	10.33	9.97
发电量（亿千瓦小时）	1.47	3.44	5.56	6.31	7.94	7.95
水泥（万吨）	6.74	12.36	24.61	30.93	31.84	27.01
布（万米）	470.00	573.00	1270.69	2187.67	1565.78	1145.4
每天消费量	—	—	—	—	—	—
最终消费（亿元）	5.56	9.99	20.25	37.81	—	—
居民消费（亿元）	4.37	7.63	14.07	27.86	—	—
政府消费（亿元）	1.19	2.36	6.17	9.95	—	—
城镇居民每人消费性支出（元）	12.69	18.46	31.37	49.84	72.39	62.53
#食品消费	4.86	7.19	12.14	10.68	11.38	19.43
农村居民每人生活消费支出（元）	4.26	6.66	11.21	26.86	41.99	39.54
#食品消费	2.27	3.27	4.83	8.09	11.41	11.76
社会消费品零售总额（亿元）	4.90	8.12	18.41	38.37	62.25	49.14
每天其他经济活动	—	—	—	—	—	—
货物运输量（万吨）	112.19	136.78	265.77	439.43	515.46	438.33
旅客运输量（万人）	86.56	195.61	288.81	286.83	243.63	84.43
竣工房屋面积（万平方米）	8.63	18.90	35.11	73.49	92.9	72.57
出版报纸（万份）	367.67	536.16	497.8	423.39	201.89	156.27
函件（万件）	99.00	41.64	27.4	18.63	17.89	8.47
进出口总额（万美元）	879.45	2490.96	7097.81	12489.32	15651.64	16962.69
#出口	529.04	1219.18	3956.71	8003.84	9875.53	10672.35
实际外商直接投资（万美元）	258.63	598.63	1109.59	2451.51	3536.29	2828.39
每天人口变动和婚姻	—	—	—	—	—	—
出生人数（人）	1582	1441	1625	1716	1841	1320
死亡人数（人）	979	940	944	932	1149	1223
结婚对数（对）	969	1080	1564	1570	1067	862
离婚对数（对）	58	146	244	396	516	472

国民经济和社会发展总量与速度指标

指标	总量指标					
	1978年	1990年	2000年	2010年	2019年	2020年
人口与就业	—	—	—	—	—	—
人口（万人）	—	—	—	—	—	—
年末人口	4574.91	5439.29	5646.00	5723.77	5927.00	5775.26
城镇人口	690.23	1551.51	2285.11	2844.95	3615.47	3632.04
乡村人口	3884.68	3887.78	3360.89	2878.82	2311.53	2143.22
就业（万人）	—	—	—	—	—	—
就业人数	1910.40	3040.40	3384.90	3375.00	3375.00	3261.00
职工人数	457.34	698.55	677.96	685.21	1089.16	1023.41
#国有单位	371.56	524.12	506.11	277.60	221.51	215.32
宏观经济	—	—	—	—	—	—
国民核算（亿元）	—	—	—	—	—	—
地区生产总值	151.00	824.38	3545.39	16114.59	45828.31	43443.46
第一产业	61.11	289.45	662.30	2147.00	3809.09	4131.91
第二产业	63.71	313.39	1437.38	7869.02	19098.62	17023.90
第三产业	26.18	221.54	1445.71	6098.57	22920.60	22287.65
支出法地区生产总值	—	—	—	—	—	—
#最终消费	81.70	535.49	2030.07	7363.80	—	—
居民消费	74.70	434.62	1594.08	5136.78	—	—
政府消费	7.00	100.87	436.00	2227.02	—	—
资本形成总额	43.13	261.95	1882.47	8684.17	—	—
固定资本形成	31.40	147.13	1451.85	8373.40	—	—
存货增加	11.72	114.82	430.62	310.77	—	—
固定资产投资（亿元）	—	—	—	—	—	—
固定资产投资总额	33.58	144.44	1421.55	10802.69	—	—
#国有单位	33.19	100.35	857.01	3768.95	—	—
集体单位	0.39	15.59	128.32	602.80	—	—
财政（亿元）	—	—	—	—	—	—
地方一般公共预算收入	31.38	77.85	214.35	1011.23	3388.57	2511.52
地方一般公共预算支出	29.98	84.82	368.77	2501.40	7970.21	8439.04
物价（上年=100）	—	—	—	—	—	—
商品零售价格总指数	100.5	102.9	97.8	103.1	102.6	102.2
居民消费价格指数	100.3	104.2	99.0	102.9	103.1	102.7
利用外资（亿美元）	—	—	—	—	—	—
实际外商直接投资	—	0.29	9.44	40.50	129.07	141.69
产业	—	—	—	—	—	—
农业	—	—	—	—	—	—
农林牧渔业总产值（亿元）	84.46	402.23	1125.64	3407.64	6681.85	7303.64
主要农产品产量（万吨）	—	—	—	—	—	—
粮食	1725.60	2475.03	2218.49	2304.26	2724.98	2727.43
棉花	36.67	51.73	30.43	47.41	14.36	10.79
油料	23.71	95.75	269.98	302.28	313.95	344.45
糖料	8.73	34.66	101.66	28.37	27.90	28.15
蚕茧	0.47	0.79	1.22	0.68	0.38	0.11
肉类产量	64.00	146.85	271.19	383.48	349.20	307.44
水产品	11.00	70.98	234.34	353.00	469.54	467.93

注：1. 人口数除 1982 年、1990 年、2000 年、2010 年是以人口普查为基数推算外，1982 年及以后为人口抽样调查推算数。

2. 2000 年以前数据是总人口数，2001 年以后数据为常住人口数。

3. 2017 年地区生产总值数据根据第三次农业普查数据进行调整，历史数据未调整。

速度指标								
2020年比下列各年增长（%）					年平均增长（%）			
1978年	1990年	2000年	2010年	2019年	1979—2020年	1991—2020年	2001—2020年	2011—2020年
—	—	—	—	—	—	—	—	—
—	—	—	—	—	—	—	—	—
26.2	6.2	2.3	0.9	-2.6	0.6	0.2	0.1	0.1
426.2	134.1	58.9	27.7	0.5	4.0	2.9	2.3	2.5
-44.8	-44.9	-36.2	-25.6	-7.3	-1.4	-2.0	-2.2	-2.9
—	—	—	—	—	—	—	—	—
70.7	7.3	-3.7	-3.4	-3.4	1.3	0.2	-0.2	-0.3
123.8	46.5	51.0	49.4	-6.0	1.9	1.3	2.1	4.1
-42.1	-58.9	-57.5	-22.4	-2.8	-1.3	-2.9	-4.2	-2.5
—	—	—	—	—	—	—	—	—
—	—	—	—	—	—	—	—	—
5395.7	1763.2	563.3	113.2	-5.0	10.0	10.2	9.9	7.9
539.6	234.9	127.4	43.0	0.0	4.5	4.1	4.2	3.6
10083.8	2876.2	725.2	115.1	-7.4	11.6	12.0	11.1	8.0
10991.4	2394.8	628.2	131.0	-3.8	11.9	11.3	10.4	8.7
—	—	—	—	—	—	—	—	—
—	—	—	—	—	—	—	—	—
—	—	—	—	—	—	—	—	—
—	—	—	—	—	—	—	—	—
—	—	—	—	—	—	—	—	—
—	—	—	—	—	—	—	—	—
—	—	—	—	—	—	—	—	—
—	—	—	—	—	—	—	—	—
—	—	—	—	—	—	—	—	—
—	—	—	—	—	—	—	—	—
—	—	—	—	—	—	—	—	—
—	—	—	—	—	—	—	—	—
7903.6	3126.1	1071.7	148.4	-25.9	11.0	12.3	13.1	9.5
28048.9	9849.4	2188.4	237.4	5.9	14.4	16.6	16.9	12.9
—	—	—	—	—	—	—	—	—
1.7	-0.7	4.5	-0.9	-0.4	0.0	0.0	0.2	-0.1
2.4	-1.4	3.7	-0.2	-0.4	0.1	0.0	0.2	0.0
—	—	—	—	—	—	—	—	—
—	48758.7	1401.0	249.9	9.8	9.8	22.9	14.5	13.3
—	—	—	—	—	—	—	—	—
—	—	—	—	—	—	—	—	—
8547.5	1715.8	548.8	114.3	9.3	11.2	10.1	9.8	7.9
—	—	—	—	—	—	—	—	—
58.1	10.2	22.9	18.4	0.1	1.1	0.3	1.0	1.7
-70.6	-79.1	-64.5	-77.2	-24.9	-2.9	-5.1	-5.1	-13.8
1352.8	259.7	27.6	14.0	9.7	6.6	4.4	1.2	1.3
222.5	-18.8	-72.3	-0.8	0.9	2.8	-0.7	-6.2	-0.1
-76.8	-86.2	-91.1	-84.0	-71.3	-3.4	-6.4	-11.4	-16.7
380.4	109.4	13.4	-19.8	-12.0	3.8	2.5	0.6	-2.2
4153.9	559.2	99.7	32.6	-0.3	9.3	6.5	3.5	2.9

4. 从2016年，固定资产投资总额对2015年基数进行调整，且不再包含农户投资。

5. 根据第三次全国农业普查结果对农业相关数据进行了修订，其中水产数据修订到2012年，产值、增加值、粮食、畜牧、经济作物数据修订到2007年。

续表

指标	总量指标					
	1978 年	1990 年	2000 年	2010 年	2019 年	2020 年
工业	—	—	—	—	—	—
主要工业产品产量（万吨）	—	—	—	—	—	—
粗钢	307.97	629.25	895.92	2498.67	3594.73	3621.83
成品钢材	184.63	533.07	811.10	2894.72	3769.26	3649.11
发电量（亿千瓦小时）	91.64	340.39	538.11	2028.67	2896.40	2911.35
原煤	644.01	924.26	389.34	1291.71	38.53	40.27
农用氮、磷、钾化学肥料（折纯）	27.62	132.07	221.11	899.08	558.32	482.10
化学农药原药（折有效成分 100%）	2.97	1.07	5.18	19.71	18.48	14.91
水泥	328.65	987.00	2460.92	8982.87	11622.84	9886.77
化学纤维	0.48	2.48	9.82	11.66	26.52	32.54
布（亿米）	6.70	14.09	17.15	46.38	57.15	41.92
汽车（万辆）	0.80	11.38	19.57	172.29	223.97	210.53
建筑业	—	—	—	—	—	—
建筑业企业职工平均人数（万人）	25.94	41.88	82.76	170.71	251.25	214.55
建筑业总产值（亿元）	11.11	49.30	454.35	4344.39	16979.59	16136.10
施工房屋面积（万平方米）	596.00	1684.90	6256.50	25046.72	92042.23	85268.18
竣工房屋面积（万平方米）	297.40	785.90	3150.10	12813.44	33907.92	26559.53
交通运输	—	—	—	—	—	—
货运量（万吨）	10199.08	10916.10	40949.00	97006.94	188143.00	160427.50
#铁路	3513.00	3901.00	6558.00	10145.00	5480.00	5362.70
公路	3556.00	2941.00	27863.00	71020.00	143549.00	114345.95
水运	3130.00	3784.00	6270.00	15832.00	39105.00	40713.70
客运量（万人）	12009.20	32145.93	31593.00	105415.50	88926.43	30900.20
#铁路	2854.00	2107.00	3469.00	7281.30	17216.06	8148.04
公路	7429.00	27333.00	27184.00	96873.00	69584.36	21730.86
水运	1722.00	2693.00	679.00	375.80	631.63	232.90
港口货物吞吐量（万吨）	—	—	4113.46	18782.67	30660.74	37976.00
邮电通信业	—	—	—	—	—	—
邮电业务总量（亿元）	0.56	4.80	116.60	1028.09	3824.44	4676.68
函件（亿件）	1.18	2.39	3.62	1.00	0.65	0.31
年末移动电话用户（万户）	—	—	—	3454.70	5688.02	5681.07
国际互联网用户（万户）	—	—	—	459.40	1708.32	1870.16
国内商业	—	—	—	—	—	—
社会消费品零售总额（亿元）	59.84	326.36	1789.35	7013.90	22722.31	17984.87
对外经济贸易和旅游	—	—	—	—	—	—
进出口总额（亿美元）	1.73	11.90	32.10	259.07	571.28	620.83
进口	0.14	1.18	12.79	114.65	211.49	230.23
出口	1.59	10.72	19.31	144.42	359.80	390.61
入境旅游人数（万人次）	1.01	15.57	45.08	181.74	450.02	35.21
金融保险（亿元）	—	—	—	—	—	—
金融机构存款	42.16	406.56	3037.22	21568.31	59747.70	66355.69
金融机构贷款	96.78	732.77	3147.77	14136.58	50663.96	58478.81
国内保险保费收入	—	6.19	60.53	500.33	1728.57	1854.38

注：2017 年因铁路运输调整统计方法，货运量和客运量相关数据与前期不可比。

速 度 指 标								
2020年比下列各年增长（%）					年平均增长（%）			
1978年	1990年	2000年	2010年	2019年	1979—2020年	1991—2020年	2001—2020年	2011—2020年
—	—	—	—	—	—	—	—	—
—	—	—	—	—	—	—	—	—
1076.0	475.6	304.3	45.0	0.8	6.0	6.0	7.2	3.8
1876.4	584.5	349.9	26.1	-3.2	7.4	6.6	7.8	2.3
3076.9	755.3	441.0	43.5	0.5	8.6	7.4	8.8	3.7
-93.7	-95.6	-89.7	-96.9	4.5	-6.4	-9.9	-10.7	-29.3
1645.5	265.0	118.0	-46.4	-13.7	7.0	4.4	4.0	-6.0
402.2	1293.8	187.9	-24.3	-19.3	3.9	9.2	5.4	-2.7
2908.3	901.7	301.8	10.1	-14.9	8.4	8.0	7.2	1.0
6679.1	1212.1	231.4	179.1	22.7	10.6	9.0	6.2	10.8
525.7	197.5	144.4	-9.6	-26.6	4.5	3.7	4.6	-1.0
26216.9	1750.0	975.8	22.2	-6.0	14.2	10.2	12.6	2.0
—	—	—	—	—	—	—	—	—
727.1	412.3	159.2	25.7	-14.6	5.2	5.6	4.9	2.3
145139.4	32630.4	3451.5	271.4	-5.0	18.9	21.3	19.5	14.0
14206.7	4960.7	1262.9	240.4	-7.4	12.5	14.0	14.0	13.0
8830.6	3279.5	743.1	107.3	-21.7	11.3	12.5	11.2	7.6
—	—	—	—	—	—	—	—	—
1473.0	1369.6	291.8	65.4	-14.7	6.8	9.4	7.1	5.2
52.7	37.5	-18.2	-47.1	-2.1	1.0	1.1	-1.0	-6.2
3115.6	3788.0	310.4	61.0	-20.3	8.6	13.0	7.3	4.9
1200.8	975.9	549.3	157.2	4.1	6.3	8.2	9.8	9.9
157.3	-3.9	-2.2	-70.7	-65.3	2.3	-0.1	-0.1	-11.5
185.5	286.7	134.9	11.9	-52.7	2.5	4.6	4.4	1.1
192.5	-20.5	-20.1	-77.6	-68.8	2.6	-0.8	-1.1	-13.9
-86.5	-91.4	-65.7	-38.0	-63.1	-4.7	-7.8	-5.2	-4.7
—	—	823.2	102.2	23.9	23.9	23.9	11.8	7.3
—	—	—	—	—	—	—	—	—
835021.4	97330.8	3910.9	354.9	22.3	24.0	25.8	20.3	16.4
-73.7	-87.0	-91.4	-69.0	-52.3	-3.1	-6.6	-11.6	-11.1
—	—	—	64.4	-0.1	—	—	—	5.1
—	—	—	307.1	9.5	—	—	—	15.1
—	—	—	—	—	—	—	—	—
29954.9	5410.7	905.1	156.4	-20.8	14.6	14.3	12.2	9.9
—	—	—	—	—	—	—	—	—
35786.4	5117.1	1834.1	139.6	8.7	15.0	14.1	16.0	9.1
164347.4	19410.7	1700.1	100.8	8.9	19.3	19.2	15.5	7.2
24466.5	3543.7	1922.8	170.5	8.6	14.0	12.7	16.2	10.5
3386.3	126.2	-21.9	-80.6	-92.2	8.8	2.8	-1.2	-15.1
—	—	—	—	—	—	—	—	—
157290.2	16221.3	2084.8	207.7	11.1	19.2	18.5	16.7	11.9
60324.5	7880.5	1757.8	313.7	15.4	16.5	15.7	15.7	15.3
—	29857.7	2963.6	270.6	7.3	7.3	20.9	18.7	14.0

续表

指标	总量指标					
	1978年	1990年	2000年	2010年	2019年	2020年
教育、科技、文化	—	—	—	—	—	—
教育	—	—	—	—	—	—
高等学校本专科在校学生（万人）	4.94	13.04	34.66	129.69	149.81	161.37
中等专业学校在校学生（万人）	5.36	1458.00	27.86	90.38	39.19	42.03
普通中学在校学生（万人）	372.38	211.56	350.93	341.83	250.59	260.00
小学在校学生（万人）	765.73	623.06	667.74	365.55	376.48	380.85
文化	—	—	—	—	—	—
图书出版量（亿册）	1.62	4.02	2.88	2.75	3.17	2.96
杂志出版量（亿册）	0.09	0.73	2.20	3.01	1.05	0.71
报纸出版量（亿份）	1.97	6.24	13.42	18.17	7.37	5.72
家庭、生活、环境	—	—	—	—	—	—
家庭	—	—	—	—	—	—
城镇居民平均每户家庭人口（人）	4.32	3.47	3.14	2.93	3.01	3.03
农村居民平均每户常住人口（人）	6.02	4.67	4.11	3.98	3.08	3.10
居住	—	—	—	—	—	—
城镇居民人均住房建筑面积（平方米）	—	9.80	13.90	33.20	46.3	43.08
农村居民人均住房面积（平方米）	—	25.73	30.11	40.99	58.68	57.79
生活	—	—	—	—	—	—
城镇居民人均可支配收入（元）	325.00	1427.20	5524.50	16058.00	37601.36	36705.74
农村居民人均可支配收入（元）	110.52	670.80	2268.50	5832.00	16390.86	16305.91
居民储蓄存款余额（亿元）	6.96	244.38	1908.80	9851.00	29804.55	33968.87
工资	—	—	—	—	—	—
工资总额（亿元）	25.89	131.24	405.34	1870.51	6944.45	7130.27
职工平均工资（元）	581	1903	7565	28092	64661	71110
卫生	—	—	—	—	—	—
卫生机构数（个）	5940	10472	11065	34269	35479	35445
#医院	1817	2024	2041	602	1034	1048
床位数（万张）	11.52	16.34	14.96	20.04	40.65	41.14
#医院	10.34	13.16	12.99	13.50	29.12	29.66
卫生技术人员数（万人）	14.06	20.92	23.88	25.58	41.95	42.90
#执业（助理）医师	5.82	8.68	10.30	9.95	15.50	16
环境	—	—	—	—	—	—
污染治理项目本年完成投资（亿元）	—	1.81	8.52	27.74	13.39	—
本年施工污染治理项目数（个）	—	1545	851	226	179	—
工业废水排放量（亿吨）	—	16.23	10.67	9.46	5.71	—

注：卫生机构数从2009年起包含村卫生室数量。

速度指标								
2020年比下列各年增长（%）					年平均增长（%）			
1978	1990	2000	2010	2019	1979—2020	1991—2020	2001—2020	2011—2020
—	—	—	—	—	—	—	—	—
—	—	—	—	—	—	—	—	—
3166.6	1137.5	365.6	24.4	7.7	8.7	8.7	8.0	2.2
684.2	-97.1	50.9	-53.5	7.3	5.0	-11.1	2.1	-7.4
-30.2	22.9	-25.9	-23.9	3.8	-0.9	0.7	-1.5	-2.7
-50.3	-38.9	-43.0	4.2	1.2	-1.6	-1.6	-2.8	0.4
—	—	—	—	—	—	—	—	—
82.5	-26.5	2.6	7.5	-6.7	1.4	-1.0	0.1	0.7
683.5	-3.4	-67.9	-76.6	-32.8	5.0	-0.1	-5.5	-13.5
190.3	-8.3	-57.4	-68.5	-22.4	2.6	-0.3	-4.2	-10.9
—	—	—	—	—	—	—	—	—
—	—	—	—	—	—	—	—	—
-29.8	-12.7	-3.5	3.4	0.7	-0.8	-0.5	-0.2	0.3
-48.5	-33.6	-24.6	-22.1	0.6	-1.6	-1.4	-1.4	-2.5
—	—	—	—	—	—	—	—	—
—	339.6	209.9	29.8	-7.0	-7.0	5.1	5.8	2.6
—	124.6	91.9	41.0	-1.5	-1.5	2.7	3.3	3.5
—	—	—	—	—	—	—	—	—
11194.1	2471.9	564.4	128.6	-2.4	11.9	11.4	9.9	8.6
14653.8	2330.8	618.8	179.6	-0.5	12.6	11.2	10.4	10.8
487958.5	13800.0	1679.6	244.8	14.0	22.4	17.9	15.5	13.2
—	—	—	—	—	—	—	—	—
27440.6	5333.0	1659.1	281.2	2.7	14.3	14.2	15.4	14.3
12139.2	3636.7	840.0	153.1	10.0	12.1	12.8	11.9	9.7
—	—	—	—	—	—	—	—	—
496.7	238.5	220.3	3.4	-0.1	4.3	4.1	6.0	0.3
-42.3	-48.2	-48.7	74.1	1.4	-1.3	-2.2	-3.3	5.7
257.1	151.8	175.0	105.3	1.2	3.1	3.1	5.2	7.5
186.8	125.4	128.3	119.7	1.9	2.5	2.7	4.2	8.2
205.1	105.1	79.6	67.7	2.3	2.7	2.4	3.0	5.3
174.9	84.3	55.3	60.8	3.2	2.4	2.1	2.2	4.9
—	—	—	—	—	—	—	—	—
—	—	—	—	—	—	—	—	—
—	—	—	—	—	—	—	—	—
—	—	—	—	—	—	—	—	—

全省法人、产业活动单位数（2020年）

指标名称	法人单位数（个）	规模、资质或限额以上单位	产业活动单位数（个）
总计	1183265	41965	1304976
一、按地区分组	1183265	41965	1304976
武汉市	383631	11905	411277
黄石市	49718	1860	54763
十堰市	63957	2320	73255
宜昌市	91037	4055	100833
襄阳市	108729	4098	117318
鄂州市	23182	886	25494
荆门市	50300	2240	56298
孝感市	59076	2163	68720
荆州市	73774	2964	81517
黄冈市	78486	2871	90378
咸宁市	48866	2030	53524
随州市	30918	1391	34906
恩施州	66736	1149	76302
仙桃市	20106	871	21682
潜江市	13600	469	15464
天门市	18355	626	19945
神农架	2794	67	3300
二、按国民经济行业门类分组	1183265	41965	1304976
农、林、牧、渔业	83408	—	84287
采矿业	2977	366	3179
制造业	114737	14805	117239
电力、热力、燃气及水生产和供应业	5826	462	8441
建筑业	102993	4875	110561
批发和零售业	314974	8600	348059
交通运输、仓储和邮政业	30590	1336	38174
住宿和餐饮业	19944	2306	24320
信息传输、软件和信息技术服务业	64252	673	69711
金融业	3305	—	14322
房地产业	39805	4786	45080
租赁和商务服务业	146105	1276	155747
科学研究和技术服务业	71496	887	77400
水利、环境和公共设施管理业	11806	209	13106
居民服务、修理和其他服务业	23830	270	25399
教育	30650	239	33766
卫生和社会工作	13404	272	20483
文化、体育和娱乐业	26551	603	27878
公共管理、社会保障和社会组织	76612	—	87824

续表

指标名称	法人单位数（个）	规模、资质或限额以上单位	产业活动单位数（个）
总计	1183265	41965	1304976
三、按登记注册类型分组	1183265	41965	1304976
内资	1179070	40735	1294098
国有	62386	793	84013
集体	10235	171	14708
股份合作	480	33	680
联营	1192	22	1412
国有联营	78	9	126
集体联营	621	4	724
国有与集体联营	69	5	83
其他联营	424	4	479
有限责任公司	49919	9697	67063
国有独资公司	1897	596	4641
其他有限责任公司	48022	9101	62422
股份有限公司	3475	1060	14992
私营	909026	28660	961654
私营独资	82428	960	84367
私营合伙	11212	164	11594
私营有限责任公司	810889	26327	859119
私营股份有限公司	4497	1209	6574
其他内资	142357	299	149576
港澳台商投资	1811	518	4165
与港澳台商合资经营	614	162	656
与港澳台商合作经营	24	7	29
港澳台商独资	1131	322	3371
港澳台商投资股份有限公司	24	16	57
其他港、澳、台商投资	18	11	52
外商投资	2384	712	6713
中外合资经营	807	302	944
中外合作经营	17	6	23
外资企业	1358	363	4705
外商投资股份有限公司	142	19	933
其他外商投资	60	22	108
四、按机构类型分组	1183265	41965	1304976
企业	968729	41595	1065147
事业单位	42109	36	55817
机关	10381	—	15420
社会团体	15574	—	15613
民办非企业单位	21978	199	21825
基金会	163	—	163
居委会	5234	—	5393
村委会	25429	—	25648
农民专业合作社	86887	115	87243
其他组织机构	6781	20	12707

注：规模、资质或限额以上单位不包括省属重点服务业和投资专业法人单位。

国民经济和社会发展结构指标

单位：%

指　标	1978 年	2000 年	2005 年	2010 年	2018 年	2019 年	2020 年
人口与就业	—	—	—	—	—	—	—
人　口	—	—	—	—	—	—	—
城乡结构	—	—	—	—	—	—	—
城镇	14.6	40.5	43.2	49.7	60.3	61.0	62.9
乡村	85.4	59.5	56.8	50.3	39.7	39.0	37.1
性别结构	—	—	—	—	—	—	—
男	51.3	52.1	51.8	51.4	50.8	50.8	51.4
女	48.7	47.9	48.2	48.6	49.2	49.2	48.6
就　业	—	—	—	—	—	—	—
产业结构	—	—	—	—	—	—	—
第一产业	77.0	48.0	47.7	46.4	34.0	32.8	27.5
第二产业	14.1	20.8	20.5	20.7	23.4	23.7	26.3
第三产业	8.9	31.2	31.8	32.9	42.6	43.5	46.2
经济类型结构	—	—	—	—	—	—	—
城镇单位从业人员	—	—	—	—	—	—	—
国有单位	81.2	74.7	62.1	40.4	37.8	36.3	21.3
城镇集体单位	18.8	14.3	8.0	3.1	1.7	1.7	0.7
其他单位	—	11.0	29.9	56.5	60.5	62.0	78.0
宏观经济	—	—	—	—	—	—	—
国民核算	—	—	—	—	—	—	—
地区生产总值产业结构	—	—	—	—	—	—	—
第一产业	40.5	18.7	16.3	13.3	9.0	8.3	9.5
第二产业	42.2	40.5	43.4	48.8	43.4	41.7	39.2
第三产业	17.3	40.8	40.3	37.9	47.6	50.0	51.3
地区生产总值支出结构	—	—	—	—	—	—	—
最终消费	54.0	54.0	54.6	45.7	—	—	—
居民消费	49.4	42.4	42.0	31.9	—	—	—
政府消费	4.6	11.6	12.6	13.8	—	—	—
资本形成总额	28.5	50.1	45.3	53.9	—	—	—
固定资本	20.8	38.6	43.2	52.0	—	—	—
存货增加	7.7	11.5	2.1	1.9	—	—	—
净出口	17.4	-4.0	0	0.4	—	—	—
投　资	—	—	—	—	—	—	—
经济类型结构	—	—	—	—	—	—	—
国有经济	98.8	60.3	38.7	34.9	20.6	19.5	17.7
集体经济	1.2	9.0	2.8	5.6	0.4	0.4	0.2
其他	—	30.7	58.5	59.5	79.0	80.1	82.1
资金来源结构	—	—	—	—	—	—	—
国家预算资金	77.2	10.0	9.0	8.0	6.1	5.4	6.3
国内贷款	0.4	17.2	16.7	16.4	11.3	10.5	11.1
利用外资	8#	2.0	2.5	1.4	0.2	0.4	0.6
自筹资金	18.0	54.9	52.7	62.1	61.2	62.4	61.3
其他投资	4.3	15.9	19.1	12.2	21.2	21.3	20.7

续表

指　标	1978 年	2000 年	2005 年	2010 年	2018 年	2019 年	2020 年
财 政	—	—	—	—	—	—	—
地方公共支出结构	—	—	—	—	—	—	—
#一般公共服务	—	—	—	12.6	10.2	10.0	9.2
教育	—	—	—	14.7	14.7	14.4	14.1
社会保障和就业	—	—	—	14.7	16.1	15.9	16.8
利用外资	—	—	—	—	—	—	—
实际外商直接投资结构	—	—	—	—	—	—	—
合资经营企业	—	63.4	40.8	35.3	33.7	38.7	28.9
合作经营企业	—	3.0	4.8	1.6	0.5	1.1	0.4
独资经营企业	—	33.6	34.5	63.1	60.6	55.1	69.3
外商投资股份制企业	—	—	0.9	0.9	3.8	2.6	1.2
产业经济	—	—	—	—	—	—	—
农 业	—	—	—	—	—	—	—
农林牧渔业产值结构	—	—	—	—	—	—	—
农业	77.3	54.7	52.5	55.3	48.9	48.7	47.8
林业	4.9	3.6	2.1	1.9	3.8	3.9	3.4
牧业	12.8	30.1	30.7	25.9	22.3	22.8	25.5
渔业	0.8	11.6	13.3	13.5	17.8	17.2	15.8
农林牧渔服务业	—	—	1.4	3.4	7.2	7.4	7.5
工 业	—	—	—	—	—	—	—
工业产值按经济类型分	—	—	—	—	—	—	—
#国有企业	77.3	35.3	25.3	21.0	3.0	3.4	3.9
集体企业	22.7	18.4	1.8	0.9	0.2	0.2	0.1
港澳台商投资企业	—	4.2	4.3	5.1	4.2	4.4	4.0
外商投资企业	—	6.8	18.3	15.0	11.6	11.4	12.8
工业产值按轻重分	—	—	—	—	—	—	—
轻工业	47.1	38.4	24.8	27.5	34.6	34.4	33.6
重工业	52.9	61.6	75.2	72.5	65.4	65.6	66.4
建筑业	—	—	—	—	—	—	—
建筑业总产值结构	—	—	—	—	—	—	—
国有经济	88.6	58.6	57.6	52.6	44.5	47.5	54.3
地方	42.8	23.5	19.9	9.5	8.0	10.1	21.1
中央	45.6	35.1	37.7	43.1	36.6	37.4	43.8
其他经济	—	14.3	37.3	45.9	55.5	52.5	35.1
运输业	—	—	—	—	—	—	—
货运量结构	—	—	—	—	—	—	—
铁路	34.4	16.0	16.9	10.5	2.0	2.9	3.3
公路	34.9	68.0	66.5	73.2	80.1	76.3	71.3
水运	30.7	15.3	15.8	16.3	17.9	20.8	25.4

续表

指 标	1978年	2000年	2005年	2018年	2019年	2020年
国内商业	—	—	—	—	—	—
社会消费品零售总额结构	—	—	—	—	—	—
商品零售额	—	—	—	89.8	87.6	87.8
餐饮收入额	—	—	—	10.2	12.4	12.2
对外经济贸易和国际旅游	—	—	—	—	—	—
进出口总额	—	—	—	—	—	—
#出口	8.1	39.8	51.1	64.6	63.0	62.9
进口	91.9	60.2	48.9	35.4	37.0	37.1
海外旅游人数结构	—	—	—	—	—	—
外国人	47.3	79.3	75.9	75.8	77.8	—
港澳台同胞	52.7	20.7	24.1	24.2	22.2	—
教育、科技、文化	—	—	—	—	—	—
教 育	—	—	—	—	—	—
在校学生结构	—	—	—	—	—	—
大学生	0.4	3.3	10.4	19.1	19.2	20.1
中学生	32.6	33.3	45.7	32.1	32.3	32.4
小学生	67.0	63.4	43.9	48.8	48.5	47.5
专任教师结构	—	—	—	—	—	—
大学	2.9	11.9	17.5	17.3	17.3	17.7
中学	39.6	38.9	44.5	40.5	40.5	40.5
小学	57.5	49.2	38.0	42.2	42.2	41.8
科 技	—	—	—	—	—	—
R&D经费支出结构	—	—	—	—	—	—
基础研究	—	—	4.6	3.7	4.5	4.5
应用研究	—	—	20.0	13.2	12.5	12.2
实验发展	—	—	71.3	83.1	83.0	83.3
生活、环境	—	—	—	—	—	—
生 活	—	—	—	—	—	—
城镇居民消费结构	—	—	—	—	—	—
食品	—	38.3	39.0	28.1	27.8	31.1
衣着	—	11.4	12.0	7.3	7.1	6.4
居住	—	14.1	10.2	22.5	22.4	25.2
其他	—	36.2	38.8	42.2	42.7	37.3
农村居民消费结构	—	—	—	—	—	—
食品	70.8	53.2	49.1	28.2	27.2	29.7
衣着	12.0	4.8	5.1	5.6	5.4	5.4
居住	8.9	11.5	12.8	21.2	21.3	22.1
其他	8.3	30.5	33.0	45.0	46.1	42.8

注：2020年因受新冠疫情影响，文化和旅游部未布置开展入境游客花费抽样调查工作，故相关数据缺失。

全省人均国民经济主要指标

指　标	1990年	2000年	2005年	2010年	2015年	2018年	2019年	2020年
地区生产总值（元）	1541.00	6293.00	11554.00	28163.01	51224.05	66615.70	77386.54	74440.47
第一产业	541.00	1164.00	1897.00	3752.25	5673.61	6003.06	6432.10	7080.039577
第二产业	586.00	2525.00	4926.00	13752.46	23575.28	28917.76	32250.28	29170.50
第三产业	414.00	2540.00	4607.00	10658.30	21975.16	31694.88	38704.15	38189.93575
地方公共财政预算收入（元）	145.54	376.61	658.36	1767.30	5151.97	5596.21	5722.00	4303.49
地方财政支出（元）	158.57	1647.93	1368.21	4371.64	10446.47	12282.38	13458.64	14460.31169
社会消费品零售额（元）	610.00	3144.00	5197.00	11743.40	24003.84	31023.94	38369.32	30817.11772
进出口总额（美元）	22.24	56.40	159.40	452.77	781.42	893.52	964.68	1063.80
#出口	20.04	33.93	78.02	252.40	500.78	576.85	607.56	669.31
农村居民可支配收入（元）	671.00	2268.00	3099.00	5832.27	11843.89	14977.82	16390.86	16305.90918
城镇居民可支配收入（元）	1427.00	5524.00	8786.00	16058.37	27051.47	34454.63	37601.36	36705.74219
居民储蓄存款（元）	455.00	3209.00	7929.00	17211.00	33539.49	44531.00	50328.52	58205.74023
在校大学生数（人/万人）	24.38	60.89	177.54	226.66	241.48	242.99	252.97	276.51
医院病床数（张/万人）	24.60	22.42	17.00	23.59	42.27	47.63	49.13	50.82
卫生技术人员数（人/万人）	39.11	41.96	37.69	44.71	63.01	69.51	70.78	73.51
#职业（助理）医师	16.22	17.40	14.90	17.39	23.20	69.51	26.15	27.42
主要工农业产品产量（千克）	—	—	—	—	—	—	—	—
粮食	467.10	372.92	382.00	402.71	499.64	480.49	460.15	467.35
棉花	9.76	5.12	6.26	8.25	5.16	2.53	2.42	1.85
油料	18.07	45.38	51.50	52.83	54.29	51.19	53.01	59.02
钢材	100.60	136.34	278.04	505.90	586.45	623.05	635.95	625.28
原煤	174.43	64.45	83.80	225.75	130.00	9.89	6.51	6.90
发电量（千瓦小时）	639.62	904.54	2204.00	3545.46	3944.98	4660.34	4890.92	4988.61

注：2010年之后农产品产量根据第三次农业普查数据进行调整。

湖北国民经济占全国的比重（2020）

指　标	全　国	湖北	湖北占全国的比重（%）
土地面积（万平方公里）	960.00	18.59	1.94
年末常住人口（万人）	141178	5775	4.09
地区生产总值（亿元）	1015986.2	43443.46	4.28
第一产业	77754.1	4131.91	5.31
第二产业	384255.3	17023.90	4.43
第三产业	553976.8	22287.65	4.02
人均地区生产总值（元）	72000	74440	相当于全国 103.39％
投资（亿元）	—	—	—
#房地产开发	141442.95	4888.87	3.46
地方公共财政收入（亿元）	100123.84	2511.52	2.51
社会消费品零售总额（亿元）	391980.60	17984.87	4.59
进出口总额（亿美元）	46462.57	620.83	1.34
#出口	25906.46	390.61	1.51
实际外商直接投资（亿美元）	1443.70	103.52	7.17
普通高等学校（万人）	3285.29	161.37	4.91
本专科在校生	—	—	—
医院卫生机构床位数（万张）	911.30	41.14	4.51
卫生技术人员（万人）	1067.1	42.90	4.02
#执业（助理）医师	408.20	16.00	3.92
在岗职工平均工资（元）	97379	71110	相当于全国 73.02%
城镇居民人均可支配收入（元）	43834	36706	相当于全国 83.74%
农村居民人均可支配收入（元）	17131	16306	相当于全国 95.18％
工农业主要产品产量（万吨）	—	—	—
粮食	66949.0	2727.4	4.07
棉花	591.0	10.8	1.83
油料	3586.4	344.5	9.60
粗钢	106476.7	3621.8	3.40
钢材	132489.2	3649.1	2.75
发电量（亿千瓦小时）	77790.6	2911.4	3.74
原煤	390157.7	40.3	0.01
农用氮、磷、钾化学肥料（折纯）	5496.0	482.1	8.77
水泥	239483.7	9886.8	4.13
生铁	88752.4	2727.4	3.07
布（亿米）	460.3	41.9	9.11
汽车（万辆）	2532.5	210.5	8.31

注：全国数据来源于《中国统计摘要》。

地区生产总值

（本表按当年价格计算）

年 份	地区生产总值(亿元)	第一产业	第二产业			第三产业			人均地区生产总值(元)	人均地区生产总值(美元)
				工业	建筑业		#金融业	#房地产业		
1952	24.51	13.90	3.82	3.17	0.66	6.79	—	—	90.13	34.44
1955	34.05	18.14	7.43	6.25	1.20	8.48	—	—	117.88	47.88
1957	48.86	24.33	11.56	9.03	2.56	12.97	—	—	162.17	65.87
1962	52.13	29.30	10.60	9.10	1.53	12.23	—	—	161.47	65.59
1965	72.43	37.74	21.10	17.36	3.80	13.59	—	—	209.26	85.00
1970	88.15	44.41	26.82	21.79	5.11	16.92	—	—	221.78	90.09
1975	120.10	53.71	45.36	32.68	12.80	21.03	—	—	274.30	139.50
1978	151.00	61.11	63.52	52.17	11.54	26.37	4.54	1.42	332.03	210.53
1980	199.38	71.22	91.39	75.63	16.04	36.77	5.51	2.83	427.98	279.67
1985	396.26	144.44	173.78	152.88	21.47	78.04	10.71	4.61	808.11	275.19
1986	442.04	163.61	187.35	164.93	23.03	91.08	13.68	5.97	885.96	256.59
1987	517.77	183.99	223.79	197.66	26.87	109.99	17.09	7.39	1018.42	273.61
1988	626.52	214.66	270.34	244.17	27.08	141.52	20.82	8.88	1215.93	326.68
1989	717.08	239.07	299.43	276.47	23.99	178.58	28.14	9.18	1373.22	364.72
1990	824.38	289.45	312.33	284.15	29.24	222.60	33.77	11.36	1541.17	322.20
1991	913.38	279.30	358.64	327.50	32.36	275.44	40.30	13.61	1668.03	313.34
1992	1088.39	303.00	443.11	402.59	42.02	342.28	48.07	17.22	1962.45	355.86
1993	1325.83	346.39	535.83	475.44	62.16	443.61	52.22	25.63	2360.53	409.67
1994	1700.92	501.44	655.47	580.80	76.83	544.01	56.83	37.85	2991.34	347.07
1995	2109.38	619.77	777.64	680.92	99.26	711.97	60.86	42.07	3671.40	439.64
1996	2499.77	716.34	920.68	805.53	118.15	862.75	65.37	62.23	4310.99	811.22
1997	2856.47	767.92	1068.40	929.91	141.95	1020.15	69.68	69.65	4883.80	589.13
1998	3114.02	778.22	1195.20	1041.20	157.88	1140.60	74.14	81.78	5287.04	638.60
1999	3229.29	653.99	1310.20	1139.52	174.92	1265.10	78.81	85.01	5452.46	658.65
2000	3545.39	662.30	1432.75	1243.24	194.14	1450.34	81.49	99.40	6121.17	739.41
2001	3880.53	692.17	1569.33	1360.10	214.29	1619.03	88.48	122.49	6865.76	829.50
2002	4212.82	707.00	1704.41	1473.00	236.89	1801.41	96.95	145.17	7436.58	898.46
2003	4757.45	798.35	1949.76	1682.16	273.86	2009.34	107.31	176.80	8378.00	1012.20
2004	5546.78	1008.87	2273.53	1955.61	325.21	2264.38	115.85	199.62	9745.73	1177.48
2005	6469.66	1069.81	2758.83	2410.42	357.39	2641.02	118.52	235.26	11342.32	1384.61
2006	7531.80	1125.52	3270.80	2863.47	418.00	3135.48	161.79	333.55	13210.21	1691.73
2007	9451.39	1331.44	4128.89	3597.37	544.92	3991.06	316.57	495.05	16593.03	2206.08
2008	11497.46	1716.03	5066.19	4406.90	675.70	4715.24	364.38	661.46	20153.30	2902.09
2009	13192.14	1717.32	6035.52	5212.66	842.27	5439.30	439.41	713.42	23081.34	3376.39
2010	16226.94	2043.20	7748.26	6750.66	1022.73	6435.48	508.50	766.12	28359.43	4189.30
2011	19942.45	2469.20	9766.13	8551.19	1246.78	7707.12	602.70	893.63	34718.75	5375.42
2012	22590.89	2674.82	11152.55	9771.03	1417.91	8763.52	769.06	1014.77	39148.93	6201.81
2013	25378.01	2883.73	11846.30	10227.36	1657.03	10647.98	1033.11	1484.94	43834.55	7078.31
2014	28242.13	3001.59	13007.91	11174.22	1875.40	12232.63	1196.39	1698.70	48634.63	7917.34
2015	30344.00	3109.93	13569.49	11677.26	1957.78	13664.58	1588.78	1879.93	52021.26	8352.27
2016	33353.00	3406.46	14527.01	12480.47	2109.18	15419.53	1975.11	2231.70	56843.63	8557.82
2017	37235.00	3528.96	15713.86	13431.59	2342.51	17992.18	2255.19	2794.30	63169.06	9355.88
2018	42021.95	3548.17	17573.87	14849.55	2781.41	20899.91	2554.00	3320.08	71097.12	10743.97
2019	45428.96	3809.41	18723.05	15707.64	3073.13	22896.50	2783.57	3455.34	76712.19	11120.13
2020	43443.46	4131.91	17023.90	14249.78	2827.95	22287.65	3027.37	3308.51	74440.47	10793.48

注：1. 2020 年为快报数。　2. 2011 年以来人均地区生产总值根据人口数进行了修订。

地区生产总值指数

（按可比价计算，上年=100）　　单位：%

年 份	地区生产总值（%）	第一产业	第二产业	工业	建筑业	第三产业	#金融业	#房地产业	人均地区生产总值（%）
1953	114.0	107.4	129.4	141.0	93.3	122.7	—	—	111.6
1955	127.1	135.5	104.9	100.2	139.2	127.1	—	—	124.8
1957	107.4	106.4	115.3	109.5	146.0	102.6	—	—	104.7
1962	100.9	112.3	84.0	92.7	50.5	94.0	—	—	99.0
1965	118.1	111.5	132.5	124.5	196.4	114.9	—	—	115.5
1970	126.9	112.2	161.2	151.2	222.0	111.3	—	—	123.4
1975	111.4	94.5	139.0	135.2	152.5	116.0	—	—	110.0
1978	113.5	103.4	128.4	131.9	112.2	107.4	—	—	112.1
1980	106.4	86.9	123.5	126.7	107.0	111.0	97.4	160.6	105.1
1985	116.2	108.3	124.7	124.7	124.3	79.8	112.4	112.3	115.1
1986	105.5	103.3	105.2	103.9	116.8	155.2	120.5	122.2	103.7
1987	108.4	103.1	111.3	112.9	99.0	110.7	114.5	113.4	106.4
1988	107.8	94.9	113.7	115.1	101.5	114.3	107.0	105.6	106.4
1989	104.5	105.2	102.1	104.2	81.3	109.3	121.8	93.2	103.1
1990	105.0	107.5	99.0	99.5	92.8	114.8	108.9	109.7	102.5
1991	106.6	95.1	111.1	111.6	106.1	115.4	114.4	114.7	104.1
1992	114.1	108.2	116.6	117.5	107.5	116.9	111.5	117.8	112.7
1993	113.0	105.8	116.7	116.1	123.3	115.2	112.0	119.4	111.6
1994	113.7	107.1	119.0	119.2	117.6	112.4	107.7	127.3	112.3
1995	113.2	108.9	116.3	116.0	118.5	112.5	107.3	121.0	112.0
1996	111.6	104.5	115.8	115.7	116.6	111.3	107.3	116.5	110.6
1997	111.9	106.9	113.4	113.5	112.3	113.5	103.4	110.3	110.9
1998	108.6	99.4	111.1	110.9	113.9	111.5	107.0	117.9	107.8
1999	107.8	101.9	108.3	108.3	107.5	111.0	103.7	106.1	107.2
2000	108.6	102.5	109.1	109.0	110.7	111.5	105.6	116.8	111.0
2001	108.9	102.5	109.9	110.2	108.5	110.8	107.4	122.1	111.6
2002	109.2	102.0	110.1	110.0	110.5	111.4	108.4	114.5	108.9
2003	109.7	105.8	110.1	110.1	110.6	110.8	110.1	119.0	109.4
2004	110.8	107.6	113.5	113.5	113.4	109.4	105.2	113.2	110.5
2005	112.1	104.1	115.0	115.9	109.6	112.2	104.1	108.5	111.9
2006	113.3	105.1	116.1	116.5	113.7	113.6	135.1	129.4	113.3
2007	114.6	104.7	116.3	115.4	122.9	116.4	166.8	131.6	114.7
2008	113.4	106.0	116.7	117.0	114.8	112.5	110.8	117.4	113.3
2009	113.7	105.2	116.9	115.7	124.6	112.9	122.5	114.6	113.5
2010	114.7	104.6	119.8	121.0	112.6	111.8	110.0	109.7	114.6
2011	114.1	104.4	117.9	119.1	109.9	112.6	112.8	104.4	113.7
2012	111.2	104.7	113.4	113.6	111.4	110.4	126.1	105.0	110.7
2013	110.2	105.3	110.6	110.9	111.6	111.1	115.3	109.9	109.8
2014	109.7	104.8	110.2	110.2	110.9	110.3	114.7	106.6	109.4
2015	108.6	104.5	108.3	108.6	106.1	110.1	130.7	106.5	108.1
2016	108.1	103.9	107.8	107.7	107.8	109.5	123.6	108.1	107.5
2017	107.8	103.6	107.1	107.2	106.2	109.5	109.0	113.3	107.4
2018	107.8	102.9	106.8	107.1	104.2	109.9	105.0	106.3	107.6
2019	107.3	102.4	106.7	106.8	105.8	108.7	107.1	102.5	107.0
2020	95.0	100.0	92.6	92.6	92.1	96.2	106.3	91.3	96.4

注：1. 2020 年为快报数。　2. 2011 年以来人均地区生产总值根据人口数进行了修订。

地区生产总值指数

（按可比价计算，1952=100）

单位：%

年 份	地区生产总值(%)	第一产业	第二产业			第三产业			人均地区生产总值(%)
				工业	建筑业		#金融业	#房地产业	
1953	114.0	107.4	129.4	141.0	93.3	122.7	—	—	111.6
1955	121.6	115.7	152.3	168.4	102.2	118.2	—	—	114.4
1957	169.5	143.7	280.1	295.2	233.2	172.0	—	—	153.0
1962	141.6	129.9	223.7	257.9	116.2	124.2	—	—	119.2
1965	205.6	161.3	490.0	538.8	339.3	161.1	—	—	161.5
1970	242.8	158.4	705.8	745.7	581.7	202.1	—	—	166.1
1975	320.1	185.0	1126.0	1165.0	998.6	258.7	—	—	198.8
1978	398.9	204.4	1615.6	1857.3	928.0	313.6	—	—	238.5
1980	490.6	211.1	2256.6	2637.9	1175.6	398.2	110.8	179.8	286.4
1985	869.8	341.6	4108.2	5129.6	1386.7	565.8	186.6	253.4	482.4
1986	917.7	352.8	4321.8	5329.7	1619.7	878.2	224.8	309.7	500.2
1987	994.7	363.8	4810.2	6017.2	1603.5	972.1	257.4	351.2	532.1
1988	1072.3	345.2	5469.2	6925.8	1627.6	1111.1	275.4	370.8	565.9
1989	1120.6	363.2	5584.0	7216.7	1323.2	1214.5	335.4	345.6	583.6
1990	1176.6	390.4	5528.2	7180.6	1227.9	1394.2	365.3	379.2	598.2
1991	1254.3	371.3	6141.8	8013.5	1302.9	1608.9	417.9	434.9	622.9
1992	1431.1	401.7	7161.3	9415.9	1400.6	1880.8	466.0	512.3	701.7
1993	1617.2	425.0	8357.3	10931.8	1726.9	2166.7	521.9	611.7	783.1
1994	1838.7	455.2	9945.2	13030.7	2030.8	2435.4	562.1	778.7	879.4
1995	2081.5	495.7	11566.2	15115.7	2406.5	2739.8	603.1	942.2	985.0
1996	2322.9	518.0	13393.7	17488.8	2806.0	3049.4	647.1	1097.7	1089.4
1997	2599.3	553.7	15188.5	19849.8	3151.2	3461.1	669.1	1210.7	1208.1
1998	2822.9	550.4	16874.4	22013.4	3589.2	3859.1	716.0	1427.4	1302.4
1999	3043.1	560.9	18274.9	23840.6	3858.4	4283.6	742.5	1514.5	1396.1
2000	3304.8	574.9	19938.0	25986.2	4271.2	4776.2	784.0	1769.0	1549.7
2001	3598.9	589.3	21911.8	28636.8	4634.3	5292.1	842.1	2159.9	1729.5
2002	3930.0	601.1	24124.9	31500.5	5120.9	5895.4	912.8	2473.1	1883.4
2003	4311.2	635.9	26561.5	34682.0	5663.7	6532.1	1005.0	2943.0	2060.4
2004	4776.8	684.3	30147.3	39364.1	6422.6	7146.1	1057.2	3331.4	2276.8
2005	5354.8	712.3	34669.4	45623.0	7039.2	8017.9	1100.6	3614.6	2547.7
2006	6067.0	748.6	40251.2	53150.8	8003.5	9108.3	1486.9	4677.3	2886.6
2007	6952.7	783.8	46812.2	61336.0	9836.3	10602.1	2480.1	6155.3	3310.9
2008	7884.4	830.8	54629.8	71763.2	11292.1	11927.4	2748.0	7226.4	3751.2
2009	8964.6	874.1	63862.3	83030.0	14070.0	13466.0	3366.3	8281.4	4257.7
2010	10282.4	914.3	76507.0	100466.3	15842.8	15055.0	3702.9	9084.7	4879.3
2011	11732.2	954.5	90201.7	119655.3	17411.2	16951.9	4176.9	9484.4	5547.7
2012	13046.2	999.3	102288.8	135928.5	19396.1	18714.9	5267.0	9958.7	6141.4
2013	14376.9	1052.3	113131.4	150744.7	21646.1	20792.3	6072.9	10944.6	6743.2
2014	15771.4	1102.8	124670.8	166120.6	24005.5	22933.9	6965.6	11666.9	7377.1
2015	17127.8	1152.5	135018.4	180407.0	25469.8	25250.2	9104.0	12425.3	7974.6
2016	18515.1	1197.4	145549.9	194298.3	27456.5	27649.0	11252.6	13431.7	8572.7
2017	19959.3	1240.5	155883.9	208287.8	29158.8	30275.7	12265.3	15218.1	9207.1
2018	21516.2	1276.5	166484.0	223076.2	30383.4	33272.9	12878.6	16176.9	9906.8
2019	23076.1	1307.4	177677.7	238350.2	32145.7	36156.4	13793.0	16576.7	10600.3
2020	21922.3	1307.4	164529.6	220712.3	29606.2	34782.5	14661.9	15134.5	10218.7

注：金融业、房地产业指数以 1978 年为 100。

地区生产总值构成

（本表按当年价格计算）

单位：%

年份	地区生产总值（%）	第一产业	第二产业			第三产业		
				工业	建筑业		#金融业	#房地产业
1952	100	56.7	15.6	12.9	2.7	27.7	—	—
1955	100	53.3	21.8	18.4	3.5	24.9	—	—
1957	100	49.8	23.7	18.5	5.2	26.5	—	—
1962	100	56.2	20.3	17.5	2.9	23.5	—	—
1965	100	52.1	29.1	24.0	5.2	18.8	—	—
1970	100	50.4	30.4	24.7	5.8	19.2	—	—
1975	100	44.7	37.8	27.2	10.7	17.5	—	—
1978	100	40.5	42.1	34.5	7.6	17.4	3.0	0.9
1980	100	35.7	45.8	37.9	8.0	18.5	2.8	1.4
1985	100	36.4	43.9	38.6	5.4	19.7	2.7	1.2
1986	100	37.0	42.4	37.3	5.2	20.6	3.1	1.4
1987	100	35.5	43.2	38.2	5.2	21.3	3.3	1.4
1988	100	34.3	43.1	39.0	4.3	22.6	3.3	1.4
1989	100	33.3	41.8	38.6	3.3	24.9	3.9	1.3
1990	100	35.1	37.9	34.5	3.5	27.0	4.1	1.4
1991	100	30.6	39.3	35.9	3.5	30.1	4.4	1.5
1992	100	27.8	40.7	37.0	3.9	31.5	4.4	1.6
1993	100	26.1	40.4	35.9	4.7	33.5	3.9	1.9
1994	100	29.5	38.5	34.1	4.5	32.0	3.3	2.2
1995	100	29.4	36.9	32.3	4.7	33.7	2.9	2.0
1996	100	28.7	36.8	32.2	4.7	34.5	2.6	2.5
1997	100	26.9	37.4	32.6	5.0	35.7	2.4	2.4
1998	100	25.0	38.4	33.4	5.1	36.6	2.4	2.6
1999	100	20.2	40.6	35.3	5.4	39.2	2.4	2.6
2000	100	18.7	40.4	35.1	5.5	40.9	2.3	2.8
2001	100	17.8	40.5	35.0	5.5	41.7	2.3	3.2
2002	100	16.8	40.4	35.0	5.6	42.8	2.3	3.4
2003	100	16.8	41.0	35.4	5.8	42.2	2.3	3.7
2004	100	18.2	41.0	35.3	5.9	40.8	2.1	3.6
2005	100	16.5	42.7	37.3	5.5	40.8	1.8	3.6
2006	100	15.0	43.4	38.0	5.5	41.6	2.1	4.4
2007	100	14.1	43.7	38.1	5.8	42.2	3.3	5.2
2008	100	14.9	44.1	38.3	5.9	41.0	3.2	5.8
2009	100	13.0	45.8	39.5	6.4	41.2	3.3	5.4
2010	100	12.6	47.7	41.6	6.3	39.7	3.1	4.7
2011	100	12.4	49.0	42.9	6.3	38.6	3.0	4.5
2012	100	11.8	49.4	43.3	6.3	38.8	3.4	4.5
2013	100	11.4	46.7	40.3	6.5	41.9	4.1	5.9
2014	100	10.6	46.1	39.6	6.6	43.3	4.2	6.0
2015	100	10.3	44.7	38.5	6.5	45.0	5.2	6.2
2016	100	10.2	43.6	37.4	6.3	46.2	5.9	6.7
2017	100	9.5	42.2	36.1	6.3	48.3	6.1	7.5
2018	100	8.5	41.8	35.3	6.6	49.7	6.1	7.9
2019	100	8.4	41.2	34.6	6.8	50.4	6.1	7.6
2020	100	9.5	39.2	32.8	6.5	51.3	7.0	7.6

注：2018年四经普后，所有历史数据按最新产业、行业分类进行了修订。

三次产业贡献率

（本表按可比价格计算）　　单位：%

年份	地区生产总值	第一产业	第二产业	#工业	第三产业
1992	100	18.2	46.5	44.8	35.3
1993	100	13.2	51.7	45.9	35.1
1994	100	14.4	57.9	53.4	27.7
1995	100	17.7	53.7	48.6	28.6
1996	100	9.8	60.9	55.5	29.3
1997	100	13.7	52.4	48.3	33.9
1998	100	-1.6	61.0	54.5	40.6
1999	100	5.0	51.1	47.1	43.9
2000	100	5.7	51.5	46.3	42.8
2001	100	5.2	45.1	40.0	49.7
2002	100	3.8	44.6	38.5	51.6
2003	100	9.8	42.9	37.0	47.3
2004	100	11.1	51.4	44.7	37.5
2005	100	5.2	52.4	48.0	42.4
2006	100	6.4	51.8	46.3	41.8
2007	100	5.0	49.0	40.4	46.0
2008	100	6.3	55.0	48.7	38.7
2009	100	5.0	56.2	45.6	38.8
2010	100	3.8	63.3	57.8	32.9
2011	100	3.9	60.6	56.4	35.5
2012	100	4.8	59.0	52.9	36.2
2013	100	5.6	52.3	47.5	42.1
2014	100	5.1	53.1	46.8	41.8
2015	100	5.2	48.8	44.8	46.0
2016	100	4.9	42.8	36.5	52.3
2017	100	4.5	40.5	35.4	55.0
2018	100	3.6	38.3	34.7	58.1
2019	100	3.0	40.7	35.8	56.3
2020	100	—	—	—	—

三次产业拉动率

（本表按可比价格计算） 单位：%

年份	地区生产总值	第一产业	第二产业		第三产业
				#工业	
1992	14.1	2.5	6.8	6.5	4.8
1993	13.0	1.7	6.7	6.0	4.6
1994	13.7	2.0	7.9	7.3	3.8
1995	13.2	2.3	7.1	6.4	3.8
1996	11.6	1.1	7.1	6.4	3.4
1997	11.9	1.6	6.2	5.7	4.1
1998	8.6	-0.1	5.2	4.7	3.5
1999	7.8	0.4	4.0	3.7	3.4
2000	8.6	0.5	4.4	4.0	3.7
2001	8.9	0.5	4.0	3.6	4.4
2002	9.2	0.4	4.1	3.5	4.7
2003	9.7	1.0	4.2	3.6	4.5
2004	10.8	1.2	5.6	4.8	4.0
2005	12.1	0.6	6.3	5.8	5.2
2006	13.3	0.8	6.9	6.2	5.6
2007	14.6	0.7	7.2	5.9	6.7
2008	13.4	0.8	7.4	6.5	5.2
2009	13.7	0.7	7.7	6.2	5.3
2010	14.7	0.6	9.3	8.5	4.8
2011	14.1	0.6	8.5	8.0	5.0
2012	11.2	0.5	6.6	5.9	4.1
2013	10.2	0.6	5.3	4.8	4.3
2014	9.7	0.5	5.2	4.5	4.0
2015	8.6	0.4	4.2	3.8	4.0
2016	8.1	0.4	3.5	3.0	4.2
2017	7.8	0.4	3.2	2.8	4.2
2018	7.8	0.3	3.0	2.7	4.5
2019	7.3	0.2	3.0	2.6	4.1
2020	-5.0	—	—	—	—

市、州生产总值（2020）

单位：亿元

地　区	地区生产总值	第一产业	第二产业	第三产业
武汉市	15616.06	402.18	5557.47	9656.41
黄石市	1641.32	115.79	797.80	727.73
十堰市	1915.07	190.25	793.18	931.64
宜昌市	4261.42	459.68	1828.46	1973.28
襄阳市	4601.97	513.01	2104.13	1984.83
鄂州市	1005.23	99.20	435.03	471.00
荆门市	1906.41	251.49	848.97	805.95
孝感市	2193.55	343.14	860.66	989.75
荆州市	2369.04	453.02	806.24	1109.78
黄冈市	2169.55	438.29	749.83	981.43
咸宁市	1524.67	217.49	628.72	678.46
随州市	1096.72	173.37	477.31	446.04
恩施自治州	1117.70	202.39	252.28	663.03
仙桃市	827.91	96.50	358.02	373.39
潜江市	765.23	83.45	367.81	313.97
天门市	617.49	90.25	273.85	253.39
神农架林区	30.73	2.41	9.13	19.19

市、州生产总值指数（2020）

上年=100　单位：%

地　区	地区生产总值	第一产业	第二产业	第三产业
武汉市	95.3	96.2	92.7	96.9
黄石市	94.1	100.5	92.1	95.7
十堰市	95.1	100.7	93.2	96.1
宜昌市	95.3	102.3	92.4	97.1
襄阳市	94.7	102.3	92.7	95.5
鄂州市	90.2	97.2	83.0	97.6
荆门市	95.0	101.1	92.2	96.6
孝感市	95.5	101.4	91.6	97.8
荆州市	94.1	100.2	90.0	95.4
黄冈市	93.4	99.6	90.6	93.3
咸宁市	95.1	100.0	91.7	97.3
随州市	94.7	103.0	91.6	95.7
恩施自治州	95.8	100.6	91.9	96.3
仙桃市	95.7	98.6	93.1	98.1
潜江市	95.4	100.1	94.2	95.7
天门市	94.4	98.2	92.5	95.4
神农架林区	93.1	99.5	95.2	91.2

市、州民营经济增加值（2020）

地　区	增加值（亿元）		占地区生产总值比重（%）	
	2019 年	2020 年	2019 年	2020 年
全　省	24820.54	22944.65	54.6	52.8
武汉市	6963.61	6294.31	42.9	40.3
黄石市	1017.36	935.54	57.6	57.0
十堰市	1048.81	933.42	52.1	48.7
宜昌市	2825.89	2623.99	63.3	61.6
襄阳市	2544.85	2411.44	52.9	52.4
鄂州市	799.21	673.31	70.1	67.0
荆门市	1276.77	1181.81	62.8	62.0
孝感市	1500.84	1399.49	65.2	63.8
荆州市	1289.23	1205.17	51.2	50.9
黄冈市	1693.97	1517.74	72.9	70.0
咸宁市	1058.84	983.30	66.4	64.5
随州市	786.58	713.16	67.7	65.0
恩施自治州	510.35	481.24	44.0	43.1
仙桃市	632.16	591.96	72.8	71.5
潜江市	601.75	549.40	74.0	71.8
天门市	472.86	437.12	72.7	70.8
神农架林区	15.65	12.23	47.6	39.8

县域经济主要指标 1（2020）

地　区	地区生产总值（亿元）	地　区	地区生产总值（亿元）
蔡甸区	371.34	安陆市	245.44
江夏区	842.04	汉川市	645.66
黄陂区	1013.28	荆州区	341.21
新洲区	888.57	江陵县	109.05
阳新县	281.82	公安县	311.12
大冶市	647.18	监利市	288.75
郧阳区	167.99	石首市	208.86
郧西县	95.15	洪湖市	286.81
竹山县	117.12	松滋市	330.46
竹溪县	87.68	黄州区	241.10
房　县	120.46	团风县	107.77
丹江口市	270.07	红安县	197.93
夷陵区	531.66	罗田县	145.59
远安县	174.44	英山县	107.16
兴山县	123.98	浠水县	236.03
秭归县	157.55	蕲春县	247.64
长阳县	156.44	黄梅县	235.38
五峰县	80.76	麻城市	340.35
宜都市	643.02	武穴市	310.60
当阳市	493.35	咸安区	361.45
枝江市	564.00	嘉鱼县	275.39
襄州区	728.22	通城县	162.27
南漳县	293.35	崇阳县	148.60
谷城县	385.86	通山县	133.57
保康县	132.94	赤壁市	443.39
老河口市	342.44	曾都区	501.70
枣阳市	654.98	随　县	257.68
宜城市	355.79	广水市	337.34
梁子湖区	82.76	恩施市	356.99
华容区	372.02	利川市	199.15
鄂城区	550.46	建始县	116.43
东宝区	385.49	巴东县	125.28
京山市	403.12	宣恩县	79.73
沙洋县	316.80	咸丰县	93.14
钟祥市	526.54	来凤县	82.08
孝南区	413.09	鹤峰县	64.91
孝昌县	137.90	仙桃市	827.91
大悟县	171.34	潜江市	765.23
云梦县	199.57	天门市	617.49
应城市	380.53	—	—

县域经济主要指标 2（2020）

地　区	固定资产投资增速（%）	社会消费品零售总额（亿元）	地方一般公共预算收入（万元）	地　区	固定资产投资增速（%）	社会消费品零售总额（亿元）	地方一般公共预算收入（万元）
蔡甸区	-5.2	138.35	347931	安陆市	-29.6	117.71	81969
江夏区	-14.6	306.13	671227	汉川市	-21.9	218.48	213798
黄陂区	-5.9	552.38	513784	荆州区	-7.2	205.94	138864
新洲区	-6.0	531.00	456394	江陵县	-47.7	42.90	37578
阳新县	-18.6	138.35	153366	公安县	-32.4	164.33	88902
大冶市	-18.3	297.88	347130	监利市	-30.9	170.50	71696
郧阳区	-10.5	113.91	80737	石首市	-32.4	115.76	61308
郧西县	-10.3	87.31	39131	洪湖市	-9.8	155.13	83129
竹山县	-13.3	77.07	50490	松滋市	-11.7	141.58	128728
竹溪县	-13.3	59.83	39743	黄州区	-25.0	156.21	46866
房　县	-22.0	85.67	59862	团风县	-19.0	39.00	46972
丹江口市	-57.3	85.72	93735	红安县	-17.6	86.15	108393
夷陵区	-16.0	159.66	188174	罗田县	-31.3	95.58	53596
远安县	-27.7	52.58	50291	英山县	-19.5	44.67	43895
兴山县	-0.1	37.27	44322	浠水县	-19.4	145.43	75069
秭归县	-55.6	66.77	40666	蕲春县	-18.1	140.16	105483
长阳县	-16.2	60.92	39592	黄梅县	-19.2	142.04	83169
五峰县	4.6	32.23	18844	麻城市	-24.9	152.07	160019
宜都市	-24.2	127.87	153768	武穴市	-20.8	148.83	144065
当阳市	-15.0	144.33	85784	咸安区	-19.7	150.73	159667
枝江市	-14.8	157.39	109346	嘉鱼县	-18.7	79.79	101218
襄州区	-18.9	226.65	240503	通城县	-20.3	83.31	62542
南漳县	-25.3	119.20	74586	崇阳县	-23.5	78.38	62430
谷城县	-20.2	131.55	85354	通山县	-29.4	66.57	46445
保康县	-20.6	59.29	53689	赤壁市	-21.9	145.25	148699
老河口市	-20.2	133.97	92555	曾都区	-29.5	308.50	111498
枣阳市	-20.3	220.58	164916	随　县	-17.8	77.73	51234
宜城市	-19.7	119.55	87780	广水市	-18.5	133.30	113092
梁子湖区	-36.9	21.17	39931	恩施市	-22.1	163.82	165892
华容区	-25.1	165.81	57532	利川市	-17.1	93.37	89870
鄂城区	-6.2	139.59	141464	建始县	-39.5	62.11	50593
东宝区	-13.4	220.00	147282	巴东县	-18.1	63.24	48261
京山市	-18.7	154.50	128585	宣恩县	-11.7	47.17	31310
沙洋县	-21.0	106.50	64422	咸丰县	-24.1	49.54	28821
钟祥市	-28.4	207.80	139262	来凤县	-15.2	44.52	30447
孝南区	-14.1	194.80	171208	鹤峰县	-24.8	38.82	20006
孝昌县	-21.9	85.07	76246	仙桃市	-37.2	381.93	326834
大悟县	-22.0	93.75	84325	潜江市	-23.3	248.90	220314
云梦县	-22.0	117.46	98160	天门市	-26.8	289.76	146706
应城市	-20.5	153.97	114774	—	—	—	—

县域经济主要指标3（2020）

地区	外贸出口（亿元）	城镇常住居民人均可支配收入（元）	农村常住居民人均可支配收入（元）	地区	外贸出口（亿元）	城镇常住居民人均可支配收入（元）	农村常住居民人均可支配收入（元）
蔡甸区	43.85	37359	22371	安陆市	7.91	34973	17131
江夏区	15.28	37382	23602	汉川市	32.59	36180	19829
黄陂区	188.15	38673	22662	荆州区	5.41	38508	20905
新洲区	42.71	34856	21488	江陵县	1.46	30813	17016
阳新县	7.56	29205	13397	公安县	10.79	33569	19711
大冶市	36.27	41829	21553	监利市	5.97	30810	18101
郧阳区	6.46	29818	11786	石首市	5.27	32205	18674
郧西县	7.48	28346	11421	洪湖市	4.70	32655	18529
竹山县	6.94	28659	11504	松滋市	12.58	32972	19006
竹溪县	1.90	28331	11342	黄州区	5.74	35242	17786
房县	5.52	29746	11498	团风县	1.40	28063	13740
丹江口市	2.16	31221	13078	红安县	1.04	28518	12671
夷陵区	3.52	39475	22725	罗田县	3.70	28296	12208
远安县	9.87	35275	21127	英山县	1.37	27306	13024
兴山县	37.11	30536	13952	浠水县	3.95	30193	15345
秭归县	9.44	29601	11932	蕲春县	5.32	30046	15144
长阳县	3.77	30563	11986	黄梅县	8.62	31502	16449
五峰县	1.98	28172	11735	麻城市	4.91	31868	14276
宜都市	23.16	39923	23276	武穴市	23.16	33560	17126
当阳市	2.80	37151	23224	咸安区	6.63	36585	17904
枝江市	21.67	36064	23544	嘉鱼县	4.85	32333	18540
襄州区	37.95	35503	20290	通城县	7.53	30834	16218
南漳县	26.26	34874	17360	崇阳县	6.63	29143	15939
谷城县	21.19	36409	17850	通山县	3.59	26910	12530
保康县	10.32	31408	13106	赤壁市	20.46	33586	18347
老河口市	19.70	38075	19895	曾都区	24.27	33487	18748
枣阳市	13.80	39431	19625	随县	25.85	27993	17782
宜城市	19.60	35184	19711	广水市	4.39	30475	17439
梁子湖区	0.16	26874	14553	恩施市	1.06	33696	12327
华容区	5.92	31437	19951	利川市	1.00	30892	11791
鄂城区	5.01	36779	20149	建始县	0.20	29229	11806
东宝区	7.23	38555	20694	巴东县	0.80	29600	11747
京山市	8.35	34808	19952	宣恩县	0.89	28825	11684
沙洋县	5.42	34584	20123	咸丰县	0.78	29162	11720
钟祥市	3.88	34823	20510	来凤县	0.03	29715	11639
孝南区	8.08	37872	19719	鹤峰县	1.71	29297	12480
孝昌县	4.76	30734	12096	仙桃市	225.50	35750	20647
大悟县	4.93	31014	12423	潜江市	22.10	33623	18948
云梦县	21.07	36175	20044	天门市	10.10	31308	18356
应城市	5.85	36723	20416	—	—	—	—

县域经济主要指标 4（2020）

地　区	农业总产值（亿元）	粮食产量（万吨）	油料产量（万吨）	猪肉产量（万吨）	地　区	农业总产值（亿元）	粮食产量（万吨）	油料产量（万吨）	猪肉产量（万吨）
蔡甸区	83.21	11.49	0.96	1.06	应城市	99.54	34.59	3.03	1.81
江夏区	179.13	20.01	2.96	4.09	安陆市	75.51	43.79	2.52	3.54
黄陂区	217.50	31.57	5.63	1.75	汉川市	142.15	52.11	3.57	3.01
新洲区	147.52	22.71	4.01	1.34	荆州区	85.23	28.42	3.18	1.74
汉南区	26.67	1.40	0.04	0.36	江陵县	52.63	50.74	5.75	1.40
阳新县	107.02	26.29	5.72	2.73	公安县	124.07	87.55	10.69	1.59
大冶市	89.35	24.61	5.82	2.32	监利市	188.47	126.12	13.77	2.45
郧阳区	57.58	20.28	2.35	3.64	石首市	83.33	29.92	4.23	2.40
郧西县	44.04	12.17	1.97	1.00	洪湖市	155.14	63.82	8.14	1.72
竹山县	55.89	14.90	5.32	0.88	松滋市	82.86	50.90	3.93	4.74
竹溪县	44.83	14.87	2.90	1.08	黄州区	27.07	3.14	0.55	0.24
房　县	63.43	10.76	2.48	1.21	团风县	31.24	10.98	1.44	0.38
丹江口市	60.34	9.11	1.33	1.04	红安县	48.30	17.93	8.50	2.15
夷陵区	127.57	20.26	2.78	3.72	罗田县	54.74	25.84	3.59	0.74
远安县	38.93	8.00	1.50	1.80	英山县	62.18	10.54	1.74	0.70
兴山县	26.90	5.24	0.92	1.89	浠水县	122.99	41.09	7.16	2.85
秭归县	53.94	8.35	1.74	3.50	蕲春县	100.06	45.18	5.54	2.59
长阳县	79.16	10.65	1.38	3.92	黄梅县	104.75	45.64	7.50	2.78
五峰县	42.86	9.45	0.37	1.91	麻城市	118.29	36.10	10.32	3.52
宜都市	92.91	9.71	2.19	3.16	武穴市	103.52	32.65	6.66	4.07
当阳市	160.06	46.27	6.26	3.57	咸安区	62.98	22.11	5.66	2.48
枝江市	160.08	31.77	4.66	3.99	嘉鱼县	84.22	17.61	1.74	0.45
襄州区	194.71	126.57	13.27	3.41	通城县	53.28	16.46	2.22	2.87
南漳县	102.44	43.92	1.66	4.29	崇阳县	55.63	21.47	2.80	2.83
谷城县	81.96	26.96	1.98	3.85	通山县	47.66	11.63	1.58	1.46
保康县	47.85	13.48	1.58	2.10	赤壁市	84.85	27.55	4.81	0.90
老河口市	107.61	35.09	1.76	5.65	曾都区	67.72	26.43	1.39	2.91
枣阳市	187.13	126.29	7.18	3.96	随　县	136.37	81.93	3.29	3.86
宜城市	111.69	66.21	7.04	4.54	广水市	110.37	37.81	5.61	3.84
梁子湖区	55.76	8.68	1.47	—	恩施市	63.09	20.56	2.09	4.91
华容区	47.98	7.52	1.55	—	利川市	74.21	31.34	1.49	3.37
鄂城区	68.02	8.35	1.32	—	建始县	47.99	20.42	1.76	3.36
东宝区	40.00	18.34	2.88	—	巴东县	46.79	20.10	2.53	3.44
京山市	118.68	65.05	5.18	4.45	宣恩县	38.82	11.77	0.69	2.49
沙洋县	123.69	77.95	13.13	4.00	咸丰县	40.68	19.82	1.87	2.51
钟祥市	144.72	95.45	10.60	6.60	来凤县	31.13	13.06	0.98	1.01
孝南区	71.01	23.83	3.93	1.13	鹤峰县	27.87	7.05	0.51	1.03
孝昌县	71.06	25.33	4.92	1.83	仙桃市	164.21	69.74	13.21	2.82
大悟县	76.66	28.72	6.07	1.62	潜江市	147.30	59.00	4.19	2.87
云梦县	73.85	24.35	2.59	1.67	天门市	159.78	80.06	12.49	2.73

注：1. 粮食产量和猪肉产量数据由国家统计局湖北调查总队提供；
2. 国家统计局湖北调查总队未提供鄂州市所辖梁子湖区、华容区、鄂城区猪肉产量数据；
3. 国家统计局湖北调查总队未提供荆门市所辖东宝区、掇刀区猪肉产量数据。

全国地区生产总值（2020）

单位：亿元

地区	地区生产总值	三次产业增加值			地区生产总值指数（上年=100）	人均地区生产总值（元）	人均地区生产总值指数（上年=100）
		第一产业	第二产业	第三产业			
北京	36102.6	107.6	5716.4	30278.6	101.2	164889	101.2
天津	14083.7	210.2	4804.1	9069.5	101.5	101614	101.3
河北	36206.9	3880.1	13597.2	18729.5	103.9	48564	103.6
山西	17651.9	946.7	7675.4	9029.8	103.6	50528	103.7
内蒙古	17359.8	2025.1	6868.0	8466.7	100.2	72062	100.5
辽宁	25115.0	2284.6	9400.9	13429.4	100.6	58872	101.1
吉林	12311.3	1553.0	4326.2	6432.1	102.4	50800	104.1
黑龙江	13698.5	3438.3	3483.5	6776.7	101.0	42635	103.4
上海	38700.6	103.6	10289.5	28307.5	101.7	155768	101.4
江苏	102719.0	4536.7	44226.4	53955.8	103.7	121231	103.5
浙江	64613.3	2169.2	26413.0	36031.2	103.6	100620	102.0
安徽	38680.6	3184.7	15671.7	19824.3	103.9	63426	103.6
福建	43903.9	2732.3	20328.8	20842.8	103.3	105818	102.5
江西	25691.5	2241.6	11084.8	12365.1	103.8	56871	103.8
山东	73129.0	5363.8	28612.2	39153.0	103.6	72151	103.1
河南	54997.1	5353.7	22875.3	26768.0	101.3	55435	100.9
湖北	43443.5	4131.9	17023.9	22287.6	95.0	74440	96.4
湖南	41781.5	4240.4	15937.7	21603.4	103.8	62900	103.7
广东	110760.9	4770.0	43450.2	62540.8	102.3	88210	101.1
广西	22156.7	3555.8	7108.5	11492.4	103.7	44309	102.9
海南	5532.4	1136.0	1055.3	3341.2	103.5	55131	102.0
重庆	25002.8	1803.3	9992.2	13207.3	103.9	78170	103.1
四川	48598.8	5556.6	17571.1	25471.1	103.8	58126	103.4
贵州	17826.6	2539.9	6211.6	9075.1	104.5	46267	104.0
云南	24521.9	3598.9	8287.5	12635.5	104.0	51975	103.7
西藏	1902.7	150.6	798.3	953.8	107.8	52345	106.1
陕西	26181.9	2267.5	11362.6	12551.7	102.2	66292	101.9
甘肃	9016.7	1198.1	2852.0	4966.5	103.9	35995	104.2
青海	3005.9	334.3	1143.6	1528.1	101.5	50819	101.0
宁夏	3920.5	338.0	1609.0	1973.6	103.9	54528	103.1
新疆	13797.6	1981.3	4744.5	7071.8	103.4	53593	102.0

注：1. 表中数据为初步核算数。　2. 本表绝对数按当年价格计算，指数按不变价格计算。

全国地区生产总值（2020）

单位：亿元

地 区	批发和零售业	交通运输、仓储和邮政业	住宿和餐饮业	金融业	房地产业	其 他	人均地区生产总值（元）
北 京	2758.88	836.52	391.07	7187.97	2644.23	16417.55	164889
天 津	1246.22	815.55	132.04	2056.73	1302.51	3404.66	101614
河 北	2887.90	2890.65	341.82	2599.55	2642.99	7097.72	48564
山 西	1333.17	1068.18	187.49	1207.68	1183.77	3985.04	50528
内蒙古	1359.96	1163.07	305.00	888.90	921.31	3797.31	72062
辽 宁	2002.83	1239.01	275.23	2103.11	1583.61	6063.25	58872
吉 林	733.49	582.11	159.98	901.24	809.37	3179.79	50800
黑龙江	984.03	501.71	186.90	1052.94	757.03	3132.64	42635
上 海	4869.89	1474.82	369.14	7166.26	3393.40	10940.76	155768
江 苏	11108.67	3239.92	1427.38	8405.79	8944.94	20449.00	121231
浙 江	7502.42	1967.85	1019.18	5590.60	5053.47	14788.66	100620
安 徽	3516.69	1970.77	698.07	2553.94	3100.88	7792.00	63426
福 建	4667.60	1497.31	614.44	3418.36	2904.80	7568.37	105818
江 西	2176.24	1104.89	429.14	1808.63	1925.09	4827.98	56871
山 东	9751.16	3553.15	1102.45	4567.36	4298.02	15379.81	72151
河 南	4106.25	3052.62	1068.89	2955.87	3532.67	11725.64	55435
湖 北	2824.00	1780.67	916.35	3027.37	3308.51	10150.13	74440
湖 南	4054.43	1561.04	827.40	2126.44	2902.37	9899.19	62900
广 东	10634.94	3360.13	1605.14	9906.99	10625.65	26156.67	88210
广 西	1820.31	908.81	338.80	1598.00	1923.65	4777.80	44309
海 南	653.34	244.08	221.81	397.91	526.02	1251.94	55131
重 庆	2319.80	952.87	488.91	2212.80	1577.55	5621.87	78170
四 川	4273.50	1472.28	1064.08	3375.75	3498.75	11507.34	58126
贵 州	1369.48	725.39	397.33	1141.71	730.64	4570.22	46267
云 南	2456.70	1109.77	534.89	1500.41	1503.67	5461.23	51975
西 藏	100.23	45.72	36.05	138.56	57.09	572.01	52345
陕 西	1834.26	1135.82	376.25	1820.90	1538.72	5634.36	66292
甘 肃	659.34	420.20	144.69	897.52	497.28	2298.76	35995
青 海	165.85	120.16	43.08	263.67	147.48	783.40	50819
宁 夏	194.34	181.88	50.13	321.07	175.86	1030.63	54528
新 疆	682.20	613.39	142.89	1086.45	536.35	3807.73	53593

全国地区生产总值（2020）

单位：亿元

地 区	构 成（地区生产总值=100）			指 数 （上年=100）				
	第一产业	第二产业	第三产业	地区生产总值	第一产业	第二产业	第三产业	人均地区生产总值
北 京	0.3	15.8	83.9	101.2	91.5	102.1	101.0	101.2
天 津	1.5	34.1	64.4	101.5	99.4	101.6	101.4	101.3
河 北	10.7	37.6	51.7	103.9	103.2	104.8	103.3	103.6
山 西	5.4	43.5	51.2	103.6	103.6	105.5	102.1	103.7
内蒙古	11.7	39.6	48.8	100.2	101.7	101.0	99.1	100.5
辽 宁	9.1	37.4	53.5	100.6	103.2	101.8	99.3	101.1
吉 林	12.6	35.1	52.2	102.4	101.3	105.7	100.1	104.1
黑龙江	25.1	25.4	49.5	101.0	102.9	102.6	99.0	103.4
上 海	0.3	26.6	73.1	101.7	91.8	101.3	101.8	101.4
江 苏	4.4	43.1	52.5	103.7	101.7	103.7	103.8	103.5
浙 江	3.4	40.9	55.8	103.6	101.3	103.1	104.1	102.0
安 徽	8.2	40.5	51.3	103.9	102.2	105.2	102.8	103.6
福 建	6.2	46.3	47.5	103.3	103.1	102.5	104.1	102.5
江 西	8.7	43.1	48.1	103.8	102.2	104.0	104.0	103.8
山 东	7.3	39.1	53.5	103.6	102.7	103.3	103.9	103.1
河 南	9.7	41.6	48.7	101.3	102.2	100.7	101.6	100.9
湖 北	9.5	39.2	51.3	95.0	100.0	92.6	96.2	96.4
湖 南	10.1	38.1	51.7	103.8	103.7	104.7	102.9	103.7
广 东	4.3	39.2	56.5	102.3	103.8	101.8	102.5	101.1
广 西	16.0	32.1	51.9	103.7	105.0	102.2	104.2	102.9
海 南	20.5	19.1	60.4	103.5	102.0	98.8	105.7	102.0
重 庆	7.2	40.0	52.8	103.9	104.7	104.9	102.9	103.1
四 川	11.4	36.2	52.4	103.8	105.2	103.8	103.4	103.4
贵 州	14.2	34.8	50.9	104.5	106.3	104.3	104.1	104.0
云 南	14.7	33.8	51.5	104.0	105.7	103.6	103.8	103.7
西 藏	7.9	42.0	50.1	107.8	107.7	118.3	101.4	106.1
陕 西	8.7	43.4	47.9	102.2	103.3	101.4	102.8	101.9
甘 肃	13.3	31.6	55.1	103.9	105.4	105.9	102.2	104.2
青 海	11.1	38.0	50.8	101.5	104.5	102.7	100.1	101.0
宁 夏	8.6	41.0	50.3	103.9	103.3	104.0	103.9	103.1
新 疆	14.4	34.4	51.3	103.4	104.3	107.8	100.2	102.0

经济法规

湖北省汉江流域水环境保护条例

（2020 年 7 月 24 日湖北省第十三届人民代表大会常务委员会第十七次会议通过）

目 录

第一章 总则

第一条 为了保护和改善汉江流域水环境，防治水污染，保障饮用水安全和公众健康，促进绿色发展和高质量发展，推进生态文明建设，根据《中华人民共和国环境保护法》《中华人民共和国水污染防治法》等有关法律、行政法规，结合本省实际，制定本条例。

第二条 本条例适用于本省行政区域内汉江流域水污染防治、水生态修复和水资源保护等活动。

本条例所称汉江流域，是指本省行政区域内十堰市、神农架林区、襄阳市、荆门市、随州市、孝感市、潜江市、天门市、仙桃市、武汉市境内汉江干流及其支流汇水面积内的水域和陆域。

第三条 汉江流域水环境保护应当坚持保护优先、防治结合、综合治理、协同联动、公众参与、损害担责的原则。

第四条 省和汉江流域县级以上人民政府应当将汉江流域水环境保护工作纳入国民经济和社会发展规划，制定汉江流域水环境保护目标和年度计划，将政府投入汉江流域水环境保护的资金列入同级财政预算，并建立健全汉江流域水环境保护工作机制，支持水环境保护的科学技术研究和先进适用技术的推广应用。

乡镇人民政府、街道办事处应当在职责范围内开展汉江流域水环境保护工作，进行日常巡查，发现问题及时报告并协调督促处理。

村（居）民委员会应当协助开展汉江流域水环境保护工作。

第五条 省和汉江流域县级以上人民政府生态环境主管部门对本行政区域内汉江流域水环境保护工作实施统一监督管理。

发展改革、经济和信息化、公安、财政、自然资源、住房和城乡建设、交通运输、水行政、农业农村、文化和旅游、卫生健康、市场监督管理等主管部门在各自的职责范围内，负责汉江流域水环境保护的监督管理工作。

第六条 省人民政府对汉江流域水环境质量负总责，汉江流域各级人民政府对本行政区域内汉江流域水环境质量负责。

汉江流域水环境保护实行目标责任制和考核评价制度，将水环境质量状况、饮用水水源地建设及保护、水功能区水质、地表水考核断面水质、重点水污染物总量控制、生态流量等纳入目标考核内容。

第七条 汉江流域实行河（湖）长制。各级河（湖）长负责组织领导、统筹协调本行政区域内河湖的水资源保护、水域岸线管理、水污染防治、水环境治理、水生态修复等工作。

上级河（湖）长负责组织对相应河湖下一级河（湖）长履职情况进行指导和检查。

第八条 省人民政府建立汉江流域水环境保护联席会议制度，协调解决汉江流域水污染防治规划、国土空间用途管制、自然资源资产管理、水资源调度和配置、生态保护补偿等重大问题。联席会议日常工作由省人民政府生态环境主管部门承担。

省人民政府生态环境主管部门应当会同水行政等主管部门和汉江流域县级以上人民政府建立水环境保护的联防联控协调机制，实行统一规划、统一标准、统一监测、统一防治。

第九条 省人民政府及其生态环境、水行政等主管部门应当加强汉江流域省际水环境保护的协调合作，建立健全与汉江流域相关省级人民政府及其有关部门、流域管理机构的联动工作机制，加强水环境信息共享，开展水环境监测、执法、应急等合作，共同应对和处理跨省突发水环境事件以及水污染纠纷。

第十条 任何单位和个人都应当遵守水环境保护有关法律法规，提高环境保护意识，养成绿色、低碳、环保的生产生活方式。

第二章 规划和标准

第十一条 省人民政府应当组织发展改革、水行政、自然资源、生态环境等主管部门并会同有关流域管理机构，根据国家汉江流域水资源综合规划及有关规定，编制、修订本省汉江流域水资源规划，合理配置和统一调度汉江流域水资源，加强取用水总量控制和消耗强度控制管理，保障生活、生产经营和生态环境用水。

省人民政府应当依法确定汉江流域水资源利用上线和各地取用水总量控制指标。取用水总量达到或者超过取用水总量控制指标的，停止审批建设项目新增取水；取用水总量接近取用水总量控制指标的，限制审批建设项目新增取水。

第十二条 省人民政府生态环境主管部门应当划定汉江干流和主要支流的水功能区，报省人民政府批准后实施。汉江流域设区的市级人民政府划定本行政区域内汉江其他支流水功能区，报省人民政府批准后实施。

汉江流域水功能区应当定期评估，根据水环境保护需要和国家有关要求进行调整，并报省人民政府批准后实施。

水功能区的划定、调整应当科学论证，并公开征求意见。

汉江流域严格执行省人民政府批准的水功能区类别及相应的水环境质量标准。

第十三条 省人民政府生态环境主管部门应当会同有关部门以及汉江流域县级以上人民政府，编制汉江流域水污染防治规划，报省人民政府批准后实施。

汉江流域水污染防治规划的编制应当严格遵守生态保护红线、环境质量底线、资源利用上线和环境准入清单，符合国土空间规划、生态环境保护规划和水功能区划。

经批准的汉江流域水污染防治规划应当严格执行，不得擅自变更或者调整；确需变更或者调整的，应当按照编制程序报请批准。

第十四条 省人民政府生态环境、住房和城乡建设、农业农村、交通运输等主管部门应当按照各自职责，根据汉江流域水污染防治规划编制饮用水水源保护、城乡污水处理、黑臭水体治理、磷污染防治、船舶污染防治、农业农村污染防治、抗生素和内分泌干扰物的监测及污染防治等专项规划或者实施方案。

汉江流域县级以上人民政府应当按照水污染防治规划和专项规划、实施方案要求，制定本行政区域水污染防治计划、不达标水体限期达标规划或者实施方案，报上一级人民政府备案后实施。

第十五条 汉江流域水污染物排放应当符合国家和本省汉江流域水污染物排放标准。

省人民政府应当根据汉江流域不同区域的水环境质量标准和经济、技术条件，分别制定严于国家标准的水污染物排放标准，定期对水污染物排放标准执行情况进行评估，并根据水环境保护需要进行修订。

鼓励和支持排污单位执行严于国家和本省规定的水污染物排放标准。

第十六条 汉江流域实行水污染物排放总量控制。

省人民政府生态环境主管部门应当确定汉江流域重点水污染物和其他水污染物的总量控制指标、排放削减量、削减时限和重点控制区域的控制计划，报省人民政府批准后执行；汉江流域县级以上人民政府生态环境主管部门应当制定本行政区域的实施方案，报同级人民政府批准后执行。

汉江流域县级以上人民政府应当根据本行政区域水污染物排放总量控制指标的要求，将水污染物排放总量控制指标分解落实到排污单位。

第三章 水污染防治

第一节 一般规定

第十七条 省人民政府应当根据水功能区划、水污染防治规划、国家产业发展规划等，合理规划汉江流域产业布局，调整产业结构，科学制定汉江流域发展负面清单，并向社会公开。负面清单应当包含下列内容：

（一）国家明令淘汰、禁止建设以及不符合国家产业政策的项目；

（二）禁止在饮用水水源保护区从事的活动；

（三）禁止在丹江口库区及上游水域从事的活动；

（四）禁止在国家公园、地质公园、风景名胜区、自然保护区、森林公园、湿地公园以及蓄滞洪区从事的活动；

（五）法律法规规定的其他禁止性活动。

禁止在汉江流域新建、扩建纳入发展负面清单的项目。已经建成或者正在建设的，县级以上人民政府应当制定限期整治方案，依法予以改造、转产、搬迁或者关闭。

第十八条 汉江流域工业集聚区应当配套建设污水集中处理设施及管网，安装自动监测设备，保证监测设备正常运行，并与生态环境主管部门的监测系统联网。

向汉江流域工业集聚区污水集中处理设施管网排放工业废水的单位，应当采取有效措施保证其进入集中处理设施管网的水质达到国家和本省规定的纳管标准。

第十九条 汉江流域县级以上人民政府生态环境主管部门应当会同有关部门对排污口进行排查整治，实施分类管理，建立辖区内排污口的统计制度和档案制度，组织开展排污口监测和溯源，明确排污口的责任者，对违法设置的排污口依法予以处置。

第二十条 水污染物排放单位应当按照国家和本省的规定设置、监测、管理排污口，在排污口安装标注排污单位名称和排放污染物的种类、浓度及数量要求等内容的标志牌，并建立污水排放台账。

重点排污单位应当依法安装水污染物排放自动监测设备，与生态环境主管部门的监控设备联网，并保证监测设备正常运行。

禁止未依法取得排污许可或者违反排污许可规定排放水污染物。

第二十一条 汉江流域县级以上人民政府应当制定城乡污水处理设施建设规划或者实施方案，按期完成污水集中处理设施及配套管网的建设和改造，并实行雨污分流。

污水管网应当与污水集中处理设施同时设计、同时施工、同时投入使用，并及时维护，保证污水集中处理设施正常运行、污染物达标排放。

鼓励和支持建设分散式污水处理设施或者采用无动力、低能耗污水处理技术对分散式农村生活污水进行处理，并建立长效运行管护机制。

第二十二条 汉江流域城乡污水处理设施维护运营单位、污泥处理处置单位应当按照国家规定和标准，对污泥进行减量化、资源化、无害化处理处置，规范污泥管理台账，对污泥去向、用途、用量等进行跟踪、记录，不得随意倾倒、堆放、丢弃或者遗撒。属于危险废物的，应当委托有资质的单位处置。

第二十三条 汉江流域县级以上人民政府及其有关部门应当建立健全城乡生活垃圾分类投放、收集、运输和处理体系，实行城乡生活垃圾减量化、资源化、无害化处理。

禁止任何单位或者个人向汉江流域水体及其堤坝或者岸坡、最高水位线以下的滩地或者沙洲倾倒、堆放或者贮存工业废渣、生活垃圾、农业投入品包装物、农作物秸秆和其他废弃物。

汉江流域县级以上人民政府应当组织有关部门加强对非法倾倒、堆放或者贮存废弃物的治理。

第二十四条 汉江流域医疗机构产生的含病原体、抗生素的废水以及医疗废物应当严格按照医疗机构水污染物排放标准和医疗废物集中处理技术规范进行无害化处理。

汉江流域县级以上人民政府生态环境、卫生健康等主管部门应当加强对医疗机构废水和医疗废物收集、贮存、运输、处置等活动的监督检查。

第二十五条 省人民政府及其农业农村等主管部门应当制定以绿色生态为导向的农业支持政策，完善农业生态补偿机制；制定汉江流域农业投入品禁用限用目录以及养殖业抗生素使用规范。

汉江流域县级以上人民政府应当按照农业农村污染防治专项规划，组织开展农业面源污染治理，推进农药与化肥减量施用、农作物秸秆与畜禽养殖废弃物资源化利用、废旧农膜与农药包装回收处理，净化农田排水及地表径流。

禁止在汉江流域销售和使用剧毒、高毒、高残留农药（含除草剂）及其混剂。

第二十六条 汉江流域县级以上人民政府应当按照国家和本省有关规定，根据区域水环境承载力、土地消纳粪污能力以及畜禽养殖污染防治要求，划定本行政区域畜禽养殖的禁养区、限养区，科学确定畜禽养殖的品种、规模、总量。禁养区、限养区的划定应当报上一级人民政府备案，并向社会公布。

第二十七条 畜禽养殖场、养殖小区应当根据养殖规模、国家以及本省水污染防治要求，建设相应的雨污分流、粪污贮存、废弃物综合利用和无害化处理配套设施，实现达标排放。

省人民政府应当制定畜禽规模以下养殖污染防治办法，根据畜禽养殖数量确定畜禽规模以下养殖污染防治的标准和要求，实施分类管理。汉江流域县级、乡镇人民政府应当在畜禽养殖散养密集区实行畜禽粪污分户收集、集中处理利用。

染疫畜禽及其排泄物和产品、病死或者死因不明的畜禽尸体应当根据国家和本省规定进行无害化处理，不得随意处置。

第二十八条 省人民政府应当组织制定水产养殖水污染防治技术规范、水产养殖尾水排放标准，明确投入品及抗生素使用、养殖尾水处理等要求。汉江流域县级以上人民政府应当组织有关部门，划定水产养殖禁养区、限养区，并按照相关规范和标准要求，指导、监督水产养殖活动。

禁止将不达标水产养殖尾水直接排放。禁止在江河、湖泊、水库、水渠、运河、塘堰养殖珍珠；禁止在江河、湖泊、水库、水渠、运河围栏围网（含网箱）养殖、投肥（粪）养殖。

第二十九条 汉江流域各类船舶应当按照国家和本省有关规定，持有合法有效的防止水域环境污染的证书和文书，配备船舶污染物、废弃物的收集或者处理设施，实现污染物、废弃物船内封闭、收集上岸，不向水体排放。达不到要求的船舶，不得进入河道航行，县级以上人民政府交通运输主管部门和有关船闸管理单位不得放行。

省和汉江流域县级以上人民政府交通运输主管部门应当会同生态环境、水行政等主管部门，根据汉江流域水环境质量状况和承载力，对船舶实行总量控制、分类管理；建立船舶污染防治联合执法机制，加强对船舶排放污染物的监管。

鼓励和支持汉江流域船舶采用或者升级改造为环保型动力，限期淘汰不能达到污染物排放标准的船舶。

第三十条 汉江流域港口、码头、装卸站和船舶修造厂所在地县级以上人民政府应当统筹规划建设船舶污染物、废弃物的接收、转运及处理处置设施，组织生态环境、交通运输、住房和城乡建设等主管部门建立船舶污染物、废弃物转运处置的联动机制。

汉江流域港口、码头、装卸站和船舶修造厂应当按照国家和本省有关规范及标准配备船舶污染物、废弃物的接收贮存设施、设备。

第三十一条 省人民政府生态环境主管部门应当会同有关部门制定汉江流域总磷污染控制计划及总磷逐年削减方案，并组织实施。

汉江流域磷矿、磷化工、磷石膏库和其他涉磷生产经营者，应当加强资源化综合利用，按照排污许可要求控制总磷排放，并对排污口、周边环境和地下水进行总磷监测，依法公开监测信息。

禁止在汉江流域生产、销售、使用含磷洗衣粉、洗涤剂、清洁剂等洗涤用品。

第三十二条 省和汉江流域县级以上人民政府交通运输主管部门应当加强对危险化学品运输的监管。

禁止在汉江流域水上运输剧毒危险化学品和国家禁止通过内河运输的其他危险化学品。

第三十三条 汉江流域县级以上人民政府进行旅游业发展布局规划，应当组织生态环境等主管部门根据本行政区域水环境承载力进行论证评估。旅游项目、景点、线路等的确定和设施设备建设应当符合生态环境保护和水污染防治要求。

汉江流域经营餐饮、娱乐、住宿等服务行业的企业和个人，应当采用节能、节水、节材和有利于保护生态环境的技术、设施和设备，禁止将未经处理或者处理后仍不达标的污水排入水体。

任何单位和个人不得在汉江水域利用船舶或者浮动设施提供除成品快餐之外的餐饮服务。

第三十四条 汉江流域县级以上人民政府应当加强地下水监测和开采管理；在地下水超采地区，划定地下水禁止开采区或者限制开采区。禁止在地下水禁采区取用地下水。

化学品生产企业以及工业集聚区、矿山开采区、尾矿库、危险废物处置场、垃圾填埋场等的经营管理单位，应当采用防渗、防漏等措施，防止地下水污染；建设地下水水质监测站点和网络，定期监测、预警地下水水质情况。

禁止利用渗井、渗坑、裂隙、溶洞以及私设暗管等方式向地下水排放污染物。

第二节 饮用水水源保护特别规定

第三十五条 汉江流域县级以上人民政府应当合理规划布局饮用水水源地及取水口，制定并公布饮用水水源地名录；依法划定饮用水水源保护区，并根据有关规定在饮用水水源保护区的边界设立明确的地理界标、警示标志和隔离设施，公示保护区内禁止从事的行为及处罚。

任何单位和个人不得擅自改变、破坏饮用水水源保护区地理界标、警示标志和隔离设施。

第三十六条 单一水源供水的城镇应当按照国家和本省规定建设备用水源或者应急水源，依法划定保护区。

汉江流域各级人民政府应当加强农村饮用水水源保护，做好水源选择、水质检测和卫生防护等工作，保障农村饮用水安全。

第三十七条 汉江流域县级以上人民政府在本行政区域外设置饮用水取水口的，其饮用水水源保护区的划定及保护，由有关人民政府协商提出方案，报省人民政府批准；协商不成的，由省人民政府生态环境主管部门会同水行政、自然资源、卫生健康、住房和城乡建设等主管部门提出方案，征求有关部门的意见后，报省人民政府批准。

第三十八条 在饮用水水源保护区内，任何单位和个人不得实施有关法律法规禁止的行为，不得设置排污口或者建设有关法律法规禁止的项目；已经建成的排污口和建设项目，由县级以上人民政府依法责令拆除或者关闭。

第三十九条 汉江流域县级以上人民政府应当对饮用水水源进行实时监控和自动预警，定期对持久性有机污染物、藻毒素、抗生素和内分泌干扰物等影响水质的因素进行监测，并将监测结果及时向社会公开；对饮用水水源保护区及供水周边区域的环境状况和污染风险进行调查评估。

汉江流域县级以上人民政府应当制定饮用水水源突发事件应急预案，饮用水水源受到污染、威胁饮用水安全时，立即启动应急预案，保证供水安全。

第四十条 在丹江口水库及其水源保护区内，除适用法律法规和本条例关于水污染防治、饮用水水源保护等规定外，省和相关县级以上人民政府根据水源保护的需要，依法制定、实施更加严格的管理制度和保护措施，确保丹江口水库水质长期稳定在国家确定的标准以上，并持续改善。

第四十一条 县级以上人民政府应当在丹江口水库及其水源保护区范围内划定禁止或者限制采伐、开垦、种植、养殖的区域；建设生态隔离带，保护环库森林生态系统，推进水土保持，增强水源涵养能力，组织开展消落区生态治理，加强风险管控，保障供水安全和库区安全。

依照有关法律法规的规定，对丹江口水库及其水源保护区实行生态保护补偿。

第四章 水生态修复

第四十二条 省和汉江流域县级以上人民政府应当统筹流域山水林田湖草系统保护修复工作，建立健全水生态修复的长效机制，促进水生态功能的保护与修复。

省和汉江流域县级以上人民政府应当加强水源涵养林建设与保护，开展湿地保护与修复，加大退耕还林、还草、还湿力度，防止湿地面积减少和生态功能退化。

禁止侵占自然湿地等水源涵养空间，已侵占的应当限期予以恢复。

第四十三条 省和汉江流域县级以上人民政府及其有关部门应当根据《中华人民共和国森林法》《湖北省天然林保护条例》等法律法规的规定，对汉江流域天然林应保尽保，依法在重点生态功能区、生态环境敏感区和脆弱区划定公益林，并实行严格保护。

任何单位和个人不得在天然林保护范围内从事非法建设活动和其他破坏行为。

第四十四条 省人民政府应当组织有关部门并会同有关流域管理机构，依法划定汉江流域河道、湖泊等水域岸线保护范围，合理确定岸线修复目标，保障自然岸线保有率；统筹集约利用汉江岸线资源，严格分区管理和用途管制。

汉江流域县级以上人民政府及其有关部门应当根据职责分工，按照岸线修复目标要求，制定并实施修复计划，清退非法利用、占用的岸线，恢复岸线生态功能。

第四十五条 省和汉江流域县级以上人民政府及其有关部门应当按照水功能区划和水污染防治规划要求，加强对江河、湖泊、运河、渠道、水库等水域的堤坝、岸坡以及最高水位线以下的滩地、沙洲的用途管制和水生态保护；加强河道红线管控和蓄滞洪区管理，整治违法农业种植养殖和违法建设。

第四十六条 汉江流域实行河道采砂许可制度、采砂规划制度和采砂总量控制制度。

省和汉江流域县级以上人民政府河道采砂主管部门制定河道采砂规划时，应当评估河道采砂对鱼类、鸟类等野生动物及其栖息地的影响，并征求同级生态环境、渔业、林业等主管部门和河道周边公众的意见。

省和汉江流域县级以上人民政府河道采砂主管部门应当根据河道采砂规划严格控制本行政区域内可采区的年度采砂总量。

汉江流域县级以上人民政府应当组织有关部门，控制采砂船舶总量，开展联合执法，严厉打击非法采砂。

第四十七条 省人民政府及其水行政等主管部门应当会同有关流域管理机构及有关县级以上人民政府，综合考虑生活、生产经营和生态环境用水需要，科学核定汉江流域水电站、水库等水利工程的最小下泄流量；对全流域流量进行实时监控和动态调度，保证生态流量不低于本河段多年平均径流流量的20%。国家对汉江流域生态流量有更高标准的，从其规定。

汉江流域水电站、水库等水利工程经营管理单位应当严格执行流域水量调度方案，合理安排下泄流量和时段，并接受有关水行政主管部门、流域管理机构的统一调度和监督检查。

第四十八条 开展跨区域调水应当考虑受影响地区的水资源状况和水环境承载力，进行环境影响综合评估；动态监测水质情况和清水下泄对河道及生态环境的影响，科学核定调水量；完善生态保护补偿机制，支持受影响地区开展环境治理和修复。

省人民政府及其有关部门应当加强引江济汉等补水工程运行管理和水量调度，保障运行经费投入，确保达到规划流量。

第四十九条 汉江流域严格控制新建、扩建水电站或者拦水坝。

省人民政府生态环境主管部门应当会同发展改革、水行政等主管部门组织对汉江流域水电站、拦水坝进行生态环境影响评估。对不符合国家和本省有关规定的，责令限期整改或者退出，同步开展生态修复。

汉江流域水电站、拦水坝的经营管理单位应当依法履行对水生生物的保护义务；对渔业资源有影响的，应当建设渔业资源增殖放流站、洄游通道或者采取其他补救措施。

第五十条 省人民政府渔业主管部门应当定期对汉江流域水生物种资源状况进行调查，评估汉江流域水生态系统和水生生物总体状况，制定并实施水生生物多样性保护方案。

禁止违反国家和本省规定在汉江干流和水生生物保护区等重点水域进行渔业生产性捕捞。禁止使用电鱼、毒鱼、炸鱼或者密眼网具等法律法规禁用的捕捞方法、渔具进行捕捞。

第五十一条 汉江流域县级以上人民政府生态环境主管部门应当加强对汉江水体藻类的监测和水华预警、预报；发现异常的，及时报告省人民政府生态环境主管部门，并通报同级人民政府。

省人民政府生态环境主管部门应当会同有关部门建立汉江水华应急预案，发生水华影响供水安全时，立即启动应急预案。

第五十二条 汉江水域水电站、水库等水利工程坝址前的漂浮物和影响水环境的水生植物，由水利工程经营管理单位负责打捞。

汉江水域港口、码头作业范围内的漂浮物和影响水环境的水生植物，由港口、码头的经营管理单位负责打捞。

汉江水域其他范围内的漂浮物和影响水环境的水生植物，由所在地县级人民政府负责组织打捞。

打捞的漂浮物、水生植物等应当运送至所在地县级人民政府指定的场所进行无害化处理。

第五章 保障和监督管理

第五十三条 省人民政府应当加大水环境保护的投入力度，建立水环境保护专项资金整合机制，支持汉江流域水环境保护工作。

建立政府引导、市场运作、社会参与的多元化投融资机制，鼓励和引导社会力量参与汉江流域水环境保护工作。

第五十四条 省人民政府应当协调国家有关部门支持在汉江流域开展生态保护补偿，制定补偿办法，落实补偿资金；支持汉江流域各市县开展横向生态保护补偿。

加大对汉江流域的重点生态功能区、农产品主产区、受南水北调影响较大地区以及困难地区的财政转移支付。

第五十五条 省人民政府生态环境主管部门应当会同水行政主管部门，建立汉江流域水质水量动态监测预警体系和信息平台，统一监测标准和方法、统一布设监测站点和网络、统一发布监测预警信息。

第五十六条 省和汉江流域各级人民政府应当建立汉江流域水环境信息通报制度。

需要通过跨行政区控制性闸坝进行蓄水、泄洪、排涝时，闸坝所在地人民政府水行政、交通运输、生态环境等主管部门应当提前通报下游或者其他可能受到影响地区的有关部门，协同开展水环境保护。

第五十七条 省和汉江流域县级以上人民政府及其有关部门应当组织开展跨行政区域水环境的联合监测、联合检查和联合执法，建立健全重大建设项目环境影响评价会商、突发水环境事件应急预警和联动机制，加强水污染联合防治。

跨行政区域的水污染纠纷，可以由有关人民政府协商解决，或者由其共同的上级人民政府协调解决。

第五十八条 对汉江流域水环境保护不力的地区，省人民政府生态环境主管部门应当会同有关部门约谈所在地人民政府主要负责人，并将约谈情况向社会公开，具体包含下列情形：

（一）水环境质量明显恶化的；

（二）未完成水环境质量改善目标及水污染防治重点任务的；

（三）对饮用水水源保护不力的；

（四）对突出水环境问题未有效解决或者整改不到位的；

（五）对突发水环境事件处置不力或者整改不到位的；

（六）法律法规规定的其他应当约谈的情形。

第五十九条 省和汉江流域县级以上人民政府应当每年向本级人民代表大会或者其常务委员会报告汉江流域水环境保护情况，具体包含下列内容：

（一）水环境保护法律法规贯彻执行情况；

（二）水环境保护相关规划编制和实施情况；

（三）水污染防治、水生态修复总体情况；

（四）饮用水水源保护情况；

（五）流量监控和动态调度情况；

（六）水环境监测以及水污染防治执法情况；

（七）法律法规规定的其他应当报告的内容。

对重大水环境事件的发生和处理情况应当及时向本级人民代表大会常务委员会报告，依法接受监督。

第六十条 对污染汉江流域水环境、造成生态环境损害的行为，支持有关人民政府及其指定的部门或者机构，依法开展生态环境损害赔偿工作；支持法律规定的机关和有关社会组织依法提起公益诉讼。

第六章 信息公开和公众参与

第六十一条 省和汉江流域各级人民政府及生态环境等主管部门应当健全水环境保护信息公开制度，完善公众参与机制，为公众参与和监督水环境保护提供便利；在进行规划编制、环境影响评价、预防和修复治理等与公众密切相关的活动时，应当充分听取公众的意见。

第六十二条 省和汉江流域县级以上人民政府生态环境等主管部门应当依法公开下列信息：

（一）水环境保护相关规划、水功能区划及相应的水环境质量标准、水污染物排放标准及总量控制指标；

（二）饮用水水源监测情况；

（三）水质水量监测点位分布及监测预警信息；

（四）排污口设置情况；

（五）重点排污单位水污染物监测情况；

（六）突发水环境事件及应对情况；

（七）水环境质量目标责任和考核评价情况；

（八）法律法规规定的其他应当公开的信息。

第六十三条 生态环境主管部门应当会同有关部门建立排污单位环保诚信档案，记载其遵守环境保护法律法规和承担环境保护社会责任等情况，并纳入社会信用信息平台。

第六十四条 任何单位和个人可以对汉江流域水环境保护的决策活动提出意见和建议。

任何单位和个人有权对破坏汉江流域水环境的行为进行举报；有处理权限的部门接到举报后，应当及时核查、处理。

第六十五条 省和汉江流域各级人民政府及有关部门应当加强水环境保护的宣传教育。

学校和其他教育机构应当开展水环境保护宣传教育。

广播、电视、报刊、网络等媒体应当加强水环境保护的宣传引导，加强舆论监督。

第六十六条 鼓励和支持公众、环保志愿者和社会组织开展水环境保护法律法规和相关科学知识的宣传，参与汉江流域水环境保护和监督。

省和汉江流域各级人民政府及有关部门对在汉江流域水环境保护工作中做出显著成绩的单位和个人给予表彰和奖励。

第七章 法律责任

第六十七条 违反本条例，法律、法规有规定的，从其规定。

第六十八条 违反本条例第二十条第三款规定，未依法取得排污许可或者违反排污许可规定排放水污染物的，由生态环境主管部门责令改正或者责令限制生产、停产整治，并处10万元以上100万元以下罚款；情节严重的，报经有批准权的人民政府批准，责令停业、关闭。

第六十九条 违反本条例第二十三条第二款规定，向汉江流域水体及其堤坝或者岸坡、最高水位线以下的滩地或者沙洲倾倒、堆放或者贮存工业废渣、生活垃圾、农业投入品包装物、农作物秸秆和其他废弃物的，由生态环境主管部门责令停止违法行为，限期采取治理措施，消除污染，处2万元以上10万元以下罚款；情节严重的，处10万元以上20万元以下罚款；逾期不采取治理措施的，生态环境主管部门可以指定有治理能力的单位代为治理，所需费用由违法者承担。

第七十条 违反本条例第二十五条第三款规定，在汉江流域销售剧毒、高毒、高残留农药（含除草剂）及其混剂的，由农业农村主管部门责令停止销售，没收违法所得和违法经营的农药以及用于违法经营的工具、设备等，违法销售的农药货值金额不足1万元的，并处5千元以上5万元以下罚款；货值金额1万元以上的，并处货值金额五倍以上十倍以下罚款。

使用剧毒、高毒、高残留农药（含除草剂）及其混剂，使用者为单位的，处5万元以上10万元以下罚款；使用者为个人的，处500元以上2千元以下罚款，情节严重的，处2千元以上

1万元以下罚款。

第七十一条　违反本条例第二十八条第二款规定，将不达标水产养殖尾水直接排放的，由生态环境主管部门予以警告，责令改正；拒不改正的，处1万元以上5万元以下罚款。

第七十二条　违反本条例第三十一条第三款规定，在汉江流域生产、销售含磷洗涤用品的，由市场监督管理部门责令停止生产、销售，没收违法所得和违法生产、销售的产品，并处违法生产、销售产品货值金额等值以上三倍以下罚款。

服务业经营者以及工业企业使用含磷洗涤用品的，由生态环境主管部门予以警告，责令停止使用，处2千元以上1万元以下罚款；情节严重的，处1万元以上3万元以下罚款。

第七十三条　违反本条例第三十二条第二款规定，在汉江流域水上运输剧毒危险化学品和国家禁止通过内河运输的其他危险化学品的，由交通运输主管部门责令改正，处10万元以上20万元以下罚款，有违法所得的，没收违法所得；拒不改正的，责令停产停业。

第七十四条　违反本条例第三十三条第三款规定，在汉江水域利用船舶或者浮动设施提供除成品快餐之外的餐饮服务的，由市场监督管理部门责令停止违法行为，处5千元以上2万元以下罚款。

第七十五条　国家机关及其工作人员在汉江流域水环境保护工作中滥用职权、玩忽职守、徇私舞弊的，由其主管机关或者监察机关对直接负责的主管人员和其他直接责任人员依法给予处分；构成犯罪的，依法追究刑事责任。

第八章　附则

第七十六条　本条例自2020年12月1日起施行。1999年11月27日湖北省第九届人民代表大会常务委员会第十三次会议通过的《湖北省汉江流域水污染防治条例》同时废止。

湖北省乡村振兴促进条例

湖北省第十三届人民代表大会第三次会议公告（第二号）

《湖北省乡村振兴促进条例》已由湖北省第十三届人民代表大会第三次会议于2020年1月17日通过，现予公布，自2020年5月1日起施行。

湖北省第十三届人民代表大会第三次会议主席团

2020年1月17日

目　录

第一章　总则

第一条　为了实施乡村振兴战略，推进农业农村现代化，增进乡村居民福祉，根据国家有关法律法规和方针政策，结合本省实际，制定本条例。

第二条　本条例适用于本省行政区域内乡村振兴战略的实施、保障及监督等工作。

第三条　实施乡村振兴战略，必须坚持中国共产党的领导，坚持农业农村优先发展、农民主体地位，坚持城乡融合发展、人与自然和谐共生，坚持改革创新、激发活力，坚持因地制宜、循序渐进，按照产业兴旺、生态宜居、乡风文明、治理有效、生活富裕的总要求，促进乡村产业振兴、人才振兴、文化振兴、生态振兴、组织振兴。

第四条　建立乡村振兴工作领导责任制，实行省负总责、市县乡抓落实的工作机制。

省人民政府负责全省乡村振兴工作，将乡村振兴工作纳入国民经济和社会发展规划，建立健全城乡融合发展体制机制和政策体系，建立联席会议制度，研究解决乡村振兴工作中的重大问题，统筹推进乡村振兴战略的实施。

市（州）、县（市、区）人民政府组织实施本行政区域内乡村振兴工作。

乡镇人民政府、街道办事处根据法律法规规定和上级人民政府的要求，结合本地区实际组织开展乡村振兴工作。

村（居）民委员会在乡镇人民政府、街道办事处的指导下，组织、动员乡村居民积极参与乡村振兴。

第五条 县级以上人民政府农业农村主管部门负责本行政区域内乡村振兴的协调指导、推动落实和监督检查等具体工作；其他相关部门按照职责分工共同做好乡村振兴工作。

第六条 发挥乡村居民在乡村振兴中的积极性、主动性、创造性，尊重乡村居民意愿，保障和维护乡村居民合法权益。

鼓励、支持和引导企业事业单位、人民团体、社会组织和个人参与、服务乡村振兴，建立政府、市场、社会协同推进的机制。

各级人民政府及有关部门和媒体应当加强对乡村振兴战略及政策措施的宣传，引导社会广泛参与。

第七条 各级人民政府应当做好脱贫攻坚与乡村振兴的有机衔接，巩固脱贫攻坚成果，建立解决相对贫困、防止返贫的长效机制，持续推动经济社会协调发展和乡村居民增收致富。

第二章 规划引领

第八条 省人民政府编制全省乡村振兴总体规划。

省人民政府有关部门编制乡村振兴产业发展、生态环境保护、人居环境整治、基本公共服务等专项规划。

市（州）、县（市、区）人民政府及其有关部门编制乡村振兴地方规划。

第九条 乡村振兴规划的编制，应当与国土空间规划相衔接，符合本地实际，统筹城乡产业发展、基础设施、基本公共服务、资源能源、生态环境保护等布局，推动城乡生产生活要素自由流动、平等交换和公共资源合理配置，形成城乡融合、区域一体、多规合一的规划体系。

第十条 县（市、区）人民政府编制村庄布局规划，指导乡镇人民政府编制村庄规划。

村庄布局规划和村庄规划的编制，应当体现地方特色，符合乡村振兴规划要求，统筹村庄基础设施和公共服务设施建设、产业发展空间、耕地和永久基本农田保护、生态环境保护与修复、人居环境整治、历史文化传承与保护、防灾减灾措施。

省人民政府自然资源、住房和城乡建设主管部门按照职责分工，制定村庄规划编制导则、农村住房设计导则和村庄整治导则，加强对村庄规划、农村住房设计和人居环境整治的指导。

第十一条 乡村振兴规划的编制和修改，应当征求乡村居民、专家以及其他利益相关方的意见，并经本级人民代表大会常务委员会讨论后，依照法定程序批准实施。未经法定程序，不得擅自修改。

建立监督检查评估机制，推进乡村振兴规划的执行。

乡村振兴规划及其执行情况依法向社会公开，接受社会监督。

第三章 产业发展

第十二条 坚持新发展理念，以市场为导向，推进农业供给侧结构性改革，构建现代农业产业体系、生产体系、经营体系，提高农业创新力、竞争力和全要素生产率，实现农业高质量发展。

培育农村新产业、新业态、新模式，推动一二三产业融合发展，突出优势特色，发展壮大乡村产业。

第十三条 各级人民政府应当依法保护耕地和永久基本农田，加强农村土地综合整治和高标准农田建设，探索实行耕地轮作休耕制度，建立健全耕地质量保护与提升长效机制。

统筹推进大中型灌区续建配套节水改造与现代化建设，以及小型农田水利设施达标提质，完善农村水利基础设施网络，提高节水供水和防汛抗旱能力。

第十四条 县级以上人民政府应当加强粮食生产、收购、储备和流通能力建设，完善粮食生产功能区、重要农产品生产保护区支持政策，实施藏粮于地、藏粮于技战略，确保粮食安全；支持粮食重点企业发展，依托粮食主产区、特色粮油产区和关键粮食物流节点，建设优势粮食产业集群，推进粮食产业化。

第十五条 县级以上人民政府应当调整优化农业生产力布局，推进农业绿色化、优质化、特色化、品牌化，重点培育壮大农业全产业链，促进农业结构优化升级。

推进国有农场、林场规划建设和改革，发挥其在乡村振兴中的作用。

第十六条 县级以上人民政府应当推进农业全程标准化，完善农产品质量安全标准体系，健全农产品质量安全监管体系、监测检测体系、追溯体系，落实生产经营主体责任，提高农产品质量，推进质量兴农。

省人民政府应当支持开展绿色食品、有机农产品和农产品地理标志认证，建立地理标志产品重点支持和保护清单，支持创建农业区域公用品牌、企业品牌、大宗农产品品牌、特色农产品品牌，建立健全品牌运营、管理和保护机制，推进品牌强农。

第十七条 县级以上人民政府应当推进农产品产地初加工、精深加工和副产品综合利用，培育农产品加工产业集群和龙头企业，建设主导产业突出的农产品加工园、农产品专业村镇和加工强县。

第十八条 县级以上人民政府应当支持农产品批发市场、综合加工配送中心、产地集中配送中心建设，健全农产品冷链仓储物流体系，建立农产品销售公共服务平台。

加强乡村电子商务人才培养和平台建设，培育和壮大乡村电子商务市场，推进乡村电子商务综合示范，发展线上线下融合的现代乡村商品流通和服务网络，实现城乡生产与消费多层次对接。

第十九条 各级人民政府应当保护、利用乡村生态环境、自然景观、传统文化和乡俗风情等特色资源，丰富乡村旅游产品，提高服务管理水平，提升乡村旅游发展质量和综合效益。

支持适应城乡居民需求的休闲农业、餐饮民宿、文化体验、健康养生、养老服务等产业发展。

第二十条 各级人民政府应当引导乡村特色文化产业发展，建设特色鲜明、优势突出的农耕文化产业展示区、特色文化产业乡镇、特色文化产业村，支持培育传统工艺产品和民间技艺项目，促进乡村文化产品适应现代消费需求。

第二十一条 省人民政府应当培育支撑现代农业发展的创新主体，加强农业科技创新中心、创新基地和创新联盟建设，完善现代农业科技创新体系和产业技术体系，促进农业关键核心技术创新发展。

建设农业高新技术产业示范区、农业科技园区、现代农业产业园，培育国际领先的农业高新技术企业，形成具有国际竞争力的农业高新技术产业。

支持大专院校、科研院所、农业技术推广机构、新型农业经营主体围绕优势和特色产业开展适用技术研究和应用，建设农业科技成果转化基地，发挥示范带动作用。

加强农业种质资源保护利用，支持种业科技创新，加快发展现代种业。

第二十二条 县级以上人民政府应当加强基层农业技术推广机构和队伍建设，健全基层农业技术推广体系，创新服务方式，支持社会力量参与农业技术推广，实施农业技术推广服务特聘计划，加强农业重大技术协同推广应用。

第二十三条 县级以上人民政府应当支持先进适用农业机械装备的研发、推广应用，促进作物品种、栽培技术和机械装备集成配套，建立农机农艺融合的机械化生产技术体系，实施农机补贴政策，推进主要作物生产全程机械化，提高农业机械化水平。

第二十四条 县级以上人民政府应当推进农业农村信息化和智能化，加强信息化基础设施建设，健全农业信息监测预警、发布机制，推动物联网、大数据、云计算、区块链、人工智能等现代信息技术在农业各环节和农村各领域的应用，发展智慧农业。

第二十五条 各级人民政府应当推进专业大户、家庭农场、农民合作社、农业产业化龙头企业等新型农业经营主体与小农户建立利益联结机制，完善面向小农户的社会化服务体系，促进小农户和现代农业发展有机衔接。

组织和引导小农户发展地方优势特色产业，开展标准化生产、专业化经营；扶持小农户发展生态农业、设施农业、体验农业、定制农业，提高产品档次和附加值；支持小农户在家庭种养基础上发展特色手工和乡村旅游，实现家庭生产的多业经营、综合创收。

支持新型农业经营主体通过订单收购、保底分红、股份合作等多种形式带动小农户共同发展，保障小农户共享全产业链增值收益。建立绩效评价机制，将新型农业经营主体带动小农户数量和成效作为政府项目扶持、资金支持的重要依据。

第二十六条 县级以上人民政府应当支持特色农产品和高附加值农产品出口，加强农业国际合作，提高农业对外合作水平。

第四章 生态宜居

第二十七条 各级人民政府应当坚持节约优先、保护优先、自然恢复为主的方针，统筹山水林田湖草系统治理，加强乡村生态环境保护，推行绿色生产生活方式，改善乡村人居环境，建设美丽宜居乡村。

第二十八条 开展生态系统保护和修复，加强河湖、湿地、天然林保护和水土保持，实施退耕还林还草、退田还湖还湿、退圩退垸还湖，统筹生态清洁小流域建设，全面推行河湖（库）长制、林长制。

加强乡村饮用水水源地保护，推进乡村饮水安全巩固提升工程，健全农业用水安全监测和管理机制；加强乡村土壤污染监测、风险管控和修复治理；全面实施农作物秸秆露天禁烧和综合利用。

支持依法开展生态环境公益诉讼，对污染乡村生态环境、破坏自然资源等行为进行监督；实施生态环境损害赔偿制度。

省人民政府应当建立生态保护补偿机制，加大对重点生态功能区补偿力度。具体办法由省人民政府制定。

第二十九条 各级人民政府应当鼓励发展生态循环农业，防治农业面源污染，支持农业生产经营主体采用先进种植养殖技术、设备和模式，推动投入品减量化、生产清洁化、废弃物资源化、产业模式生态化。

推进农业有害生物绿色防控、有机肥替代化肥、畜禽粪污无害化处理和资源化利用、废旧农膜和包装废弃物回收处理。

农产品生产经营中禁止使用国家和省禁用的农药（含除草剂）、兽药等禁用物质或者其他有毒有害物质，禁止违反农产品质量安全标准超剂量、超范围使用农药（含除草剂）、兽药、肥料、饲料和饲料添加剂等农业投入品。

省人民政府农业农村主管部门应当制定禁用限用农业投入品目录，适时调整，并及时向社会公布。

第三十条 县级以上人民政府应当建立工业和城镇污染向农业农村转移的防控机制。禁止将破坏生态、污染环境的产业、企业向农村转移；禁止将城镇垃圾和未经达标处理的城镇污水等违法向农村转移或者排放。

第三十一条 各级人民政府应当加强乡村生活垃圾治理，推行垃圾源头减量、分类和资源化利用，建立健全符合乡村实际、方式多样的生活垃圾收运处置体系，鼓励运用垃圾处理新技术。

统筹推进乡村生活污水治理，因地制宜实行集中与分散相结合的乡村污水处理方式和运行维护模式，推进城镇污水管网向周边村庄延伸覆盖。

建设经济适用、维护方便、生态环保的无害化厕所，加强改厕与乡村生活污水处理的有效衔接，推进厕所粪污无害化处理和资源化利用。

第三十二条　农民一户只能拥有一处宅基地。乡镇人民政府应当依法规范乡村宅基地审批和建房规划许可管理，整治违法建设。禁止非法买卖宅基地。

加强村庄公共照明设施建设，推进村庄绿化，提升村容村貌。

建立以乡村居民为主体、政府引导、社会参与的乡村人居环境治理和管护长效机制，推行环境治理依效付费制度，健全服务绩效评价考核机制。

第五章　乡风文明

第三十三条　各级人民政府应当坚持以社会主义核心价值观为引领，传承和发展中华优秀传统文化，加强乡村思想道德建设和公共文化服务，培育文明乡风、良好家风、淳朴民风，提升乡村社会文明程度。

第三十四条　各级人民政府应当加强乡村精神文明建设，建立新时代文明实践中心，丰富乡村居民精神文化生活，倡导科学健康的生产生活方式。

支持乡村开展群众性精神文明创建活动，开展文明村镇、文明家庭等评选表彰活动。

加强家庭教育，倡导尊老爱幼。推动全民阅读，开展科普活动，抵制封建迷信。

推进移风易俗，遏制大操大办、天价彩礼、厚葬薄养等陈规陋习。

第三十五条　各级人民政府应当健全乡村公共文化服务体系，加强乡村公共文化体育设施和综合性文化服务中心规划、建设，推进乡、村两级公共文化服务全覆盖，丰富乡村公共文化产品供给，满足乡村居民基本文化需求。

加强基层文化队伍建设，培养专兼职相结合的乡村文化工作队伍，培育乡村文化本土人才，发展乡村文艺团队。开展文化结对帮扶，引导社会力量参与乡村文化建设。

第三十六条　各级人民政府应当完善乡村文化体育扶持机制，支持开展形式多样、健康向上的文化体育活动，推进全民健身。

鼓励开展乡村群众性节日民俗活动，传承和发展民族民间传统文化和体育。

繁荣乡村文化市场，丰富乡村文化业态，加强乡村文化市场监管。

第三十七条　各级人民政府应当挖掘、保护、传承和发展荆楚传统文化中的优秀思想观念、人文精神、道德规范。

保护古镇、古建筑、古树名木、传统村落、民族村寨、文物古迹、农业遗迹等。

完善乡村传统戏曲、音乐、舞蹈、美术、技艺、民俗、医药等非物质文化遗产保护制度，推进乡村非物质文化遗产传承和发展。

第六章　乡村治理

第三十八条　建立健全党委领导、政府负责、民主协商、社会协同、公众参与、法治保障、科技支撑的乡村治理体制，完善自治、法治、德治相结合的乡村治理体系，推动社会治理和服务重心向基层下移，提高乡村治理效能，实现共建共治共享。

第三十九条　加强乡村基层组织建设，健全组织领导、宣传教育、服务群众、民主管理、推动发展等工作体系。选派优秀干部到软弱涣散村（社区）和集体经济薄弱村（社区）担任负责人。

支持从本村（社区）致富能手、外出务工经商返乡能人、回乡大中专毕业生、退役军人等人员中培养、选任村（社区）干部。

健全从优秀村（社区）干部中选拔乡镇领导干部、考录乡镇公务员、招聘乡镇事业编制人员机制。

健全村（社区）后备干部培养、储备机制，采取本土人才回引、院校定向培养、县乡统筹招聘等方式，培养、储备村（社区）后备干部。

第四十条　县（市、区）、乡镇人民政府和街道办事处应当加强农村群众性自治组织建设，完善民主选举、民主协商、民主决策、民主管理、民主监督制度，发挥自治章程、村规民约和公序良俗在乡村治理中的作用，引导村民有序参与村务管理和乡村建设。

依托村民会议、村民代表会议、村民议事会、村民理事会、村民监事会等，创新民事民提、民事民议、民事民办、民事民评的多层次基层议事协商形式。

全面建立健全村务监督委员会，健全村务监督机制，推行和规范村务公开。

第四十一条　省人民政府应当统筹机构编制资源，依法推进乡镇整合行政执法、公共服务相关职能，设立综合性机构，提高乡村治理能力和服务水平。

第四十二条　县级以上人民政府应当支持乡村推动政务平台建设与政务公开，推进乡村政务服务事项一窗式办理、信息系统一平台整合、社会服务管理大数据一口径汇集，提高乡村治理智能化、便民化水平。

第四十三条　加强乡村干部队伍建设，建立和完善乡村干部培养、配备、管理、使用、评价和激励机制。

省人民政府应当统筹县乡工作人员待遇标准，提高乡镇工作补贴标准，保障乡镇工作人员收入高于县级机关同职级人员水平；按照规定合理确定并落实村干部基本报酬，保障正常离任村干部生活补贴。具体办法由省人民政府制定。

第四十四条　各级人民政府应当加大乡村法治宣传教育，培育法治文化，增强基层干部法治观念、法治意识、法治思维，引导乡村居民尊法学法守法用法。

推进综合行政执法改革向基层延伸，整合执法队伍，创新监管方式，提高基层执法能力和水平。

健全乡村公共法律服务体系，整合法律服务资源，加强法律援助和司法救助。

完善人民调解、行政调解、司法调解联动工作体系，推动调解、仲裁、行政裁决、行政复议、诉讼等有机衔接，健全社会矛盾纠纷多元预防调处化解综合机制。

第四十五条　各级人民政府应当健全乡村社会治安防控体系和公共安全体制机制，加强乡村警务工作，推进乡村公共安全视频监控等技防系统建设，加强乡村公路安全防护设施建设，完善乡村网格化服务管理机制，强化乡村安全生产、防灾减灾救灾、食品、药品、交通、消防等安全管理责任，建设平安乡村。

依法惩治乡村黑恶势力、黄赌毒盗拐骗以及乡村非法宗教活动、邪教活动等违法犯罪。依法治理乡村乱建寺观教堂、滥塑宗教造像等。

第四十六条　各级人民政府应当加强社会公德、职业道德、家庭美德、个人品德教育，建立乡村道德激励约束机制，强化德治在乡村治理中的作用。

加强乡村诚信建设，开展诚信教育，培育诚信文化，建立健全覆盖乡村的信用信息系统，规范信用信息使用，完善守信激励与失信惩戒机制。

第七章　民生保障

第四十七条　县级以上人民政府应当加强乡村基础设施建设，统筹布局道路交通、供水、供电、供气、信息网络、广播电视、垃圾和污水处理等设施，推进城乡基础设施统一规划、统一建设、统一管护。

第四十八条　县级以上人民政府应当健全城乡一体、全民覆盖、均衡发展、普惠共享的基本公共服务体系，推进教育、医疗卫生、社会保障等资源向乡村倾斜，促进城乡基本公共服务均等化，保障和改善民生。

第四十九条　县级以上人民政府应当优先发展乡村教育事业，推进城乡教育资源优质均衡配置，统筹规划、合理调整乡村学校布局，推行义务教育学校标准化建设，加强寄宿制学校建设，加强学校安全管理，推进教育信息化发展，全面改善薄弱学校办学条件。

实施乡村教师支持计划，建立完善省级统筹的乡村义务教育学校教师补充机制和教师待遇保障机制，提升乡村教师队伍素质。

发展乡村学前教育，提高高中阶段教育普及水平，发展面向乡村的职业教育和继续教育，加强乡村特殊教育。

第五十条　县级以上人民政府应当完善乡村医疗卫生服务体系，健全乡村医疗卫生服务网络，稳步提高人均基本公共卫生服务经费补助标准，加强乡镇卫生院和村卫生室标准化、信息化建设，保障基本药物的供给和及时配送，推进县域医疗卫生共同体和乡村远程医疗系统建设。

鼓励和支持乡村医疗卫生人才引进，加强全科医生培养，提高乡村医疗卫生人员待遇，提高乡镇卫生院骨干人员特岗津贴和大学生招聘补贴标准。1

推进健康乡村行动，建立健全乡村健康服务体系，加强健康教育、健康干预，加强疾病预防，倡导科学文明健康的生活方式。

第五十一条　省人民政府应当健全覆盖城乡居民的养老保险制度，建立完善城乡居民基本养老保险待遇确定和基础养老金正常调整机制。

完善统一的城乡居民基本医疗保险制度，逐步提高城乡居民基本医疗保险个人缴费和财政补助标准，完善城乡居民大病保险制度，开展重特大疾病救助工作。

健全医疗救助与城乡居民基本医疗保险、大病保险以及相关保障制度的衔接机制，推进城乡居民医保异地就医联网直接结算。

第五十二条　县级以上人民政府应当建立多元化乡村养老服务体系，统筹规划建设养老服务设施，与乡村基本公共服务、乡村特困供养服务、乡村互助养老服务相互配合，形成乡村基本养老服务网络。

第五十三条　县级以上人民政府应当完善乡村最低生活保障、特困人员救助供养、医疗救助、临时救助等社会救助制度，健全标准动态调整机制，推进城乡统筹。

各级人民政府可以通过购买服务、设置基层公共管理和社会服务岗位、引入社会工作者和志愿者等方式，为乡村留守儿童和妇女、老年人以及残疾人、困境儿童等提供关爱服务。发展乡村托幼服务。

第五十四条　县级以上人民政府应当实施就业优先政策，健全城乡一体的公共就业创业服务体系，实施促进乡村居民就业创业的扶持政策，完善就业创业培训指导、就业援助、劳动维权工作机制。

第五十五条　依法保障进城落户农民土地承包权、宅基地使用权、集体收益分配权。取得城镇居住证的农民依法享受城镇基本公共服务。

省人民政府应当完善农业转移人口市民化财政支持政策，实施城镇建设用地增加规模与吸纳农业转移人口落户数量挂钩政策。

第八章　支持措施

第五十六条　县级以上人民政府应当建立健全乡村振兴财政投入优先保障和稳定增长机制，其增长幅度高于财政经常性收入的增长幅度。

省人民政府应当设立乡村振兴专项资金或者发展基金，发挥农业领域政府投资基金对社会资本的引导作用；加强对相对贫困地区、少数民族地区、革命老区乡村振兴的财政支持力度；建立乡村振兴资金统筹机制，支持县（市、区）人民政府整合相关项目和资金，提高资金使用效益。

第五十七条　鼓励和支持金融机构面向小农户、新型农业经营主体、中小企业等开展小微普惠金融服务。

完善涉农主体的融资增信机制，建立健全政府性融资担保和风险分担机制，支持和推动农业信贷担保机构降低担保门槛、扩大担保覆盖面，发挥农业信贷担保体系作用。

支持农业保险发展，扩大农业政策性保险的品种和范围，适当提高赔付比例和标准。

第五十八条　各级人民政府应当加强对村级的财政投入力度，推进农村集体产权制度改革，支持开展多种形式的股份合作，发展新型农村集体经济。

健全农村集体经济组织资产登记、交易、监督等各项管理制度，发挥农村集体经济组织在管理集体资产、合理开发集体资源、服务集体成员等方面的作用。

第五十九条　保持农村土地承包关系稳定并长久不变。完善农村承包地“三权分置”制度，在依法保护集体土地所有权和农户承包权前提下，平等保护土地经营权。

农村承包土地经营权可以依法向金融机构融资担保、入股从事农业产业化经营。

第六十条　探索农村宅基地“三权分置”，落实宅基地集体所有权，保障宅基地农户资格权和农民房屋财产权，适度放活宅基地和农民房屋使用权。

进城落户的农民可以依法自愿有偿退出宅基地，鼓励农村集体经济组织及其成员依法利用闲置宅基地和闲置住宅。

鼓励依法利用闲置住宅发展休闲农业、乡村旅游、餐饮民宿、文化体验、电子商务等新产业新业态，以及农产品冷链、初加工、仓储等一二三产业融合发展项目。

第六十一条　土地利用总体规划、城乡规划确定为工业、商业等经营性用途，并经依法登记的集体经营性建设用地，土地所有权人可以依法通过出让、出租等方式交由单位或者个人使用。

农村集体经济组织在农民自愿前提下，可以依法将有偿收回的闲置宅基地、废弃的集体公益性建设用地转变为集体经营性建设用地入市。

第六十二条　在符合土地利用总体规划前提下，县（市、区）人民政府可以依法通过村土地利用规划调整优化村庄用地布局，有效利用农村零星分散的存量建设用地。

对利用收储农村闲置建设用地发展农村新产业新业态的，给予新增建设用地指标奖励。

第六十三条　建立被征地农民多元化保障机制，征收土地应当给予公平、合理的补偿。

依法征收集体土地的，可以在符合规划用地条件下预留被征地面积一定比例的土地，作为被征地集体经济组织建设用地，发展二三产业。

第六十四条　县级以上人民政府应当统筹农业农村各项土地利用活动，乡镇土地利用总体规划可以预留一定比例的规划建设用地指标，用于农业农村发展。

在符合国土空间规划前提下，通过村庄整治、土地整理等方式节余的农村集体建设用地优先用于发展乡村产业项目。

第六十五条　县级以上人民政府应当建立高素质农民教育体系，培育新型农业经营主体骨干、现代青年农场主、农村实用人才带头人、农业职业经理人等高素质农民。

支持农民通过弹性学制参加中高等农业职业教育，支持符合条件的农民参加职业技能鉴定和专业职称评定，支持农民合作社、专业技术协会、龙头企业等主体参与和承担培训。

第六十六条　县级以上人民政府应当加强乡村专业人才队伍建设，建立县域专业人才统筹使用制度和乡村专业人才定向委托培养制度，提升乡村专业人才待遇。

建立城乡、区域、校地之间人才培养合作与交流机制，支持国家工作人员和城市教师、医生、科技人员等专业人才到乡村挂职和定期服务、退休后服务乡村。

第六十七条　各级人民政府应当加强农业科研、技术推广人才和农村生产型、经营型、技能服务型人才队伍建设，推行科技特派员制度，提高农业生产经营服务保障能力。

推进农业技术人才职称制度改革，建立健全农村实用人才评价认定体系。

第六十八条　各级人民政府应当鼓励和支持市民下乡、能人回乡、企业兴乡，引导社会力量通过下乡担任志愿者、投资兴业、结对帮扶、行医办学、捐资捐物、法律服务以及其他方式参与和服务乡村振兴。

第九章　监督考核

第六十九条　省人民政府应当建立实施乡村振兴战略的目标责任制，制定考核办法，建立完善考核评价指标体系。

县级以上人民政府应当定期对所属有关部门和下级人民政府落实乡村振兴政策、开展乡村振兴工作情况进行考核。考核结果作为有关领导干部综合考核、选拔任用的重要依据。

第七十条　县级以上人民政府应当定期向本级人民代表大会或者其常务委员会报告乡村振兴战略实施情况，并接受监督。

第七十一条　县级以上人民政府及其财政、审计部门应当对乡村振兴资金管理、使用和绩效等情况进行监督检查，对发现的问题依法予以处理。

第七十二条　建立和实施乡村振兴激励机制和容错机制，鼓励和支持担当作为、改革创新。

对在乡村振兴工作中做出突出贡献或者显著成绩的单位和个人，给予表彰和奖励。

第十章　法律责任

第七十三条　违反本条例，法律、法规有规定的，从其规定。

第七十四条　国家机关及其工作人员有下列行为之一的，由其上级机关或者主管部门责令改正，对负有责任的领导人员和直接责任人员依法给予处理；构成犯罪的，依法追究刑事责任：

（一）未按照规定编制、修改乡村振兴规划的；

（二）未按照规定拨付乡村振兴相关财政资金的；

（三）截留、挪用、侵占和套取乡村振兴相关专项资金、基金或者补贴资金的；

（四）虚报、瞒报、拒报或者伪造、篡改乡村振兴战略实施情况以及相关数据的；

（五）其他滥用职权、玩忽职守、徇私舞弊的行为。

第七十五条 村民委员会及其成员有下列行为之一的，由乡镇人民政府或者有关主管部门责令改正，对直接负责的主管人员和其他直接责任人员依法给予处理；构成犯罪的，依法追究刑事责任：

（一）侵占、挪用、贪污农村集体资产或者政府拨付、社会捐赠的乡村振兴资金、物资的；

（二）强迫或者阻碍农民流转土地经营权的；

（三）其他未按照规定履行相关职责的行为。

第七十六条 任何组织和个人侵害农民、农村集体经济组织、新型农业经营主体合法权益的，依法承担民事责任；构成犯罪的，依法追究刑事责任。

第十一章 附则

第七十七条 本条例自2020年5月1日起施行。

湖北省优化营商环境办法

《湖北省优化营商环境办法》已经2020年8月17日省人民政府常务会议审议通过，现予公布，自2020年10月1日起施行。

省长 王晓东

2020年8月24日

湖北省优化营商环境办法

第一章 总则

第一条 为了持续优化营商环境，激发市场活力和社会创造力，推进政府治理体系和治理能力现代化，推动经济高质量发展，根据《优化营商环境条例》，结合本省实际，制定本办法。

第二条 本办法所称营商环境，是指企业等市场主体在市场准入、生产经营、市场退出等市场经济活动中所涉及的体制机制性因素和条件。

第三条 优化营商环境应当坚持市场化、法治化、国际化原则，以市场主体需求为导向，以政府职能转变为核心，持续深化简政放权、放管结合、优化服务，持续优化市场环境、政务环境、法治环境，践行“有呼必应、无事不扰”的服务理念，对标国际国内先进水平，以打造贸易投资便利、行政效率高效、政务服务规范、法治体系完善的国内一流营商环境为目标，为市场主体投资兴业营造稳定、公平、透明、可预期的发展环境。

第四条 各级人民政府应当加强优化营商环境工作的组织领导，坚持问题导向、目标导向、需求导向、结果导向，按照优化营商环境的原则和要求，建立健全优化营商环境统筹推进工作机制，完善服务市场主体联席会议机制，及时协调、解决优化营商环境工作中的重大问题。各级人民政府主要负责人是优化营商环境工作的第一责任人。

省人民政府发展改革部门是本省优化营商环境工作的主管部门，负责指导、组织、协调优化营商环境日常工作。设区的市、县级人民政府确定的工作部门具体负责组织、协调优化营商环境的日常工作。有关部门按照各自职责做好优化营商环境的相关工作。

第五条 县级以上人民政府应当将优化营商环境工作纳入政府绩效考核内容，实现营商环境评价制度化、常态化。

负责优化营商环境工作的主管部门应当建立营商环境评价制度，按照国家统一的营商环境评价体系，通过委托第三方评估等方式，组织开展营商环境状况测评，并将测评结果向社会公布。

各级人民政府和有关部门应当根据营商环境评价结果，及时调整完善优化营商环境的政策措施。

第六条 各级人民政府和有关部门应当加强优化营商环境的法律、法规、规章和其他政策文件的宣传，推广典型经验，支持新闻媒体、社会监督员客观公正地监督营商环境，营造良好舆论氛围。

优化营商环境是全社会的共同责任，公民、法人和其他组织有权利和义务维护本地区的营商环境。

第七条 县级以上人民政府应当对在优化营商环境工作中做出显著成绩的单位和个人，按照国家有关规定给予表彰和奖励。

第二章 市场环境

第八条 县级以上人民政府及其有关部门应当充分发挥市场在资源配置中的决定性作用，构建覆盖市场主体全生命周期的服务体系，在市场准入、融资信贷、公平竞争、市场退出、市场主体保护等方面持续优化营商环境。

第九条 各级人民政府和有关部门应当依法保护市场主体的经营自主权、财产权和其他合法权益，保护生产经营者人身和财产安全。

任何单位和个人不得干预应当由市场主体依法自主决策的定价、内部治理、经营模式等事项，不得对市场主体实施任何形式的摊派，不得非法实施行政强制或者侵犯市场主体及其经营者合法权益的其他行为。

第十条 各级人民政府和有关部门应当完善中小投资者权益保护机制，保障中小投资者知情权、参与权和监督权，为中小投资者维护合法权益提供便利。

第十一条 县级以上人民政府及其有关部门应当推进统一市场主体登记注册业务规范、数据标准和服务平台建设，优化企业开办流程，缩短企业开办时间，实现企业开办一表申请、一窗发放、一天办结和零费用，提升企业开办便利度。

第十二条 县级以上人民政府及其有关部门应当深入推进“证照分离”改革，对所有涉及市场准入的行政审批事项全部纳入“证照分离”改革范围，实现“照后减证”或者“准入”“准营”同步办理。

县级以上人民政府及其有关部门应当推进“一照多址”“一址多照”改革，简化企业设立分支机构的登记手续，放宽小微企业、个体工商户等市场主体登记经营场所限制，规范经营范围，降低经营成本。

第十三条 县级以上人民政府及其有关部门应当持续放宽市场准入，执行全国统一的市场准入负面清单制度，落实外商投资准入前国民待遇加负面清单管理制度，全面清理违反市场准入管理规定的政策文件。

省政务管理主管部门应当会同有关行政主管部门确定行政许可事项清单，实行动态调整并定期向社会公布。在行政许可事项清单之外，不得违法设定或者以其他任何形式变相设定、实施行政许可。

第十四条 县级以上人民政府应当建立健全政府宏观调控、市场公平竞争、单位自主用人、个人自主择业、人力资源服务机构诚信服务的人力资源流动配置机制，促进人力资源自由有序流动。

人力资源社会保障主管部门应当建立统一开放、竞争有序的人力资源市场体系，健全人力资源开发机制，激发人力资源创新创造创业活力，促进人力资源市场繁荣发展。

第十五条 公共资源交易主管部门应当会同有关行政主管部门建立健全公共资源交易平台，优化交易服务流程，依法公开公共资源交易规则、流程、结果、监管和信用等信息，推行在线招标、投标、开标和远程异地评标，实现招投标全流程电子化。

公共资源交易不得在企业股权结构、经营年限、经营规模、注册资金、财务指标、非强制资质认证、特定区域或者特定行业业绩等方面违规增加企业负担、限制市场竞争。

第十六条 县级以上人民政府及其有关部门应当严格落实国家规定的各项减税降费政策和本省涉企降费减负政策，及时修订收费标准目录清单，确保清单之外无政府定价收费。任何单位和个人不得擅自扩大收费范围、提高收费标准。

第十七条 县级以上人民政府及其有关部门应当支持金融业发展，强化政银企信息互通，构建以市场主体信用为核心的信息服务体系，为金融机构服务市场主体提供良好环境。

鼓励金融机构创新金融产品，完善金融服务，更好适应市场主体需求，促进中小微企业融资规模显著增长，融资结构更加优化，融资成本持续降低。鼓励商业银行加强金融服务电子化，开通线上、线下多种融资渠道，优化信贷流程，提升市场主体获得金融服务的便利度。

第十八条 县级以上人民政府应当鼓励支持符合条件的民营企业、中小企业依法发行股票、债券以及其他融资工具，拓宽直接融资渠道，对符合条件的上市企业、发债企业给予奖励。

省地方金融监管部门应当支持各地区规范发展政府性融资担保机构，增强政府性融资担保机构抗风险和可持续经营服务能力。各级地方金融监管、财政等有关部门应当推广新型“政银担”合作模式，为小微企业和“三农”等实体经济提供融资担保增信服务。

第十九条 发展改革、经济信息化、住房城乡建设、生态环境等有关部门应当加强对供水、供电、供气、供热、排水与污水处理等公用企事业单位运营的监督管理，督促公用企事业按规定向社会公开服务标准、服务流程、办理时限、资费标准等信息，为市场主体提供安全、便捷、稳定和价格合理的服务，不得实施滥用市场支配地位的行为。

公用企事业单位可以依托省政务服务网、鄂汇办APP等平台，开设专题服务，实施网上办理业务。有关部门应当予以支持并提供便利。

第二十条 市场监督管理、税务等有关部门应当优化企业注销办理流程，提高清税、社保、商务等环节办理速度，为企业退出市场提供便利。

适用简易程序注销的企业，简易注销公告期满无异议的，即时注销。对有债权债务的企业，在债权债务依法解决后及时办理注销。

第三章 政务环境

第二十一条 各级人民政府和有关部门应当推进政务服务标准化建设，统一政务服务场所名称标识、功能区域、服务范围、业务流程等事项；同一政务服务事项的编码、名称、类型和依据，实现全省无差别受理、同标准办理。

政务服务大厅全面推行“一窗通办”，推广“一事联办”，对涉及多部门的审批事项应当做到“一号申请、提交一套材料、一个窗口取件”。

第二十二条 各级人民政府和有关部门应当按照国家有关规定管理政务服务事项清单，细化量化政务服务标准，编制办事指南，明确事项办理条件、所需材料、办理流程和时限、容缺受理等内容。

第二十三条 省政务管理主管部门应当按照全国一体化政务服务平台建设要求，建设完善系统功能，推进政务服务事项在全省范围“一网通办”、跨市县通办；完善鄂汇办APP功能，实现高频便民服务事项“掌上办”。

各级人民政府和有关部门应当推动政务服务大厅和政务服务窗口全面接入一体化政务服务平台，除法律、法规另有规定或者涉及国家秘密等情形外，可网办政务服务事项应当纳入一体化政务服务平台办理。

市场主体有权自主选择政务服务办理渠道，不得以已开通线上办理渠道为由拒绝市场主体采用线下办理方式。除法律、法规另有规定外，已在线收取规范化电子材料的，不得要求申请人再提供纸质材料。

第二十四条 各级人民政府应当推进政务服务信息化基础设施建设和数据资源共享利用，与政务服务平台对接，实现政务信息系统整合共享。

各级人民政府和有关部门应当加强政务服务信息和数据的管理，确保信息数据安全，防止信息泄露、毁损、丢失。

第二十五条 符合法律规定的电子证照、电子证件、电子证明、电子印章、电子签名、企业电子登记档案与纸质版本具有同等法律效力，跨部门、跨地区互认共享，可以作为市场主体申请办理政务服务事项、取得相关资格的合法依据或者凭证。

各级人民政府和有关部门签发的电子证照应当向全省统一的电子证照库实时归集，确保数据完整、准确。申请人申办有关事项时，审批工作人员可以通过全省统一的电子证照库调用业务办理所需要的电子证照。

第二十六条 县级以上人民政府应当对涉企经营许可事项依法实行分类管理，直接取消审批的，市场主体办理营业执照后即可开展相关经营活动；审批改为备案的，市场主体报送材料后即可开展相关经营活动，有关部门不再进行审批；实行告知承诺的，市场主体承诺符合审批条件并提交有关材料的，当场办理审批。

第二十七条 县级以上人民政府有关部门对审批条件难以事先核实、能够通过事中事后监管纠正且风险可控的行政审批事项，可以采取告知承诺方式实施审批，但直接涉及国家安全、公共安全、生态环保和直接关系人身健康、生命财产安全的审批事项除外。

申请人书面承诺符合审批条件的，审批部门应当直接作出审批决定。申请人未履行承诺的，审批部门应当责令其限期整改，整改后仍未达到条件的应当撤销办理决定；申请人作出虚假承诺的，审批部门应当直接撤销办理决定。申请人未履行承诺或者作出虚假承诺的，按照有关规定纳入省社会信用信息服务平台公示，并依法追究相应责任。

第二十八条 县级以上人民政府及其有关部门应当按照国家有关规定优化工程建设项目（除特殊工程和交通、水利、能源等领域的重大工程外）审批、监管、验收工作流程，实施工程建设项目“一网通办”，联合会审、联合监督检查和综合竣工验收“一站式”服务；工程建设项目审批涉及的行政许可、备案、评估评审、中介服务、市政公用服务等纳入线上平台，公开办理标准和费用。

住房城乡建设、交通运输、水利、能源等有关部门应当加强工程建设项目风险分级分类审批和监管，制定各类工程建设项目风险划分标准和风险等级，并会同有关行政主管部门实行差异化审批和监管。对社会投资的小型低风险新建、改扩建项目，企业取得用地、满足开工条件后作出相关承诺的，有关行政主管部门应当发放相关证书，项目即可开工。

自然资源、住房城乡建设、政务管理、城管执法等有关部门应当推行供水、供电、燃气、热力、排水、通信、广电网络等接入外线工程并联审批，整合优化报装外线施工办理程序，形成接入外线工程规划许可、城市绿化用地许可、古树古木迁移许可、城市道路路政许可和占掘路许可等环节一表申请、并联审批、同步办理。

第二十九条 自然资源、住房城乡建设等有关部门应当统筹各类空间性规划，推进相关规划数据衔接和整合，统一测绘技术标准和规则，在用地、规划、施工、验收、不动产登记等各阶段，实现测绘成果共享互认，避免重复测绘。

第三十条 发展改革主管部门应当会同有关行政主管部门编制行政审批中介服务事项清单，并向社会公布。有关行政主管部门不得将清单以外的中介服务事项作为办理行政审批的条件。

有关行政主管部门应当制定完善行政审批中介服务的规范和标准，指导监督行政审批中介服务机构建立服务承诺、限时办结、执业公示、一次性告知、执业记录等制度。行政审批中介服务机构应当明确并公布办理时限、工作流程、申报条件、收费标准等信息。

第三十一条 商务、交通运输、市场监督管理等有关部门应当依托湖北国际贸易“单一窗口”平台，优化通关业务流程，清理规范口岸收费，降低企业通关成本，提高整体通关效率。

第三十二条 税务、人力资源社会保障等有关部门应当精简税费办理资料和流程，公开涉税事项办理时限，推广使用电子发票，推进全程网上办税，持续提升纳税便利度。

第三十三条 自然资源、住房城乡建设、政务管理等有关部门应当推进不动产登记信息平台建设，加强不动产登记信息共享。

不动产登记机构应当与住房城乡建设、税务等有关主管部门加强协作，实现一窗受理、集中服务。手续齐全的小微企业登记即来即办，对抵押注销、查封、更正、异议、换证等登记即时办结，实现不动产登记全城通办、水电气过户一体化。

第三十四条 各级人民政府和有关部门办理的政务服务事项，应当通过一体化政务服务平台“好差评”系统进行评价，全面汇集市场主体和社会组织评价信息，并建立差评办件反馈、整改、监督和复核、追评全流程闭环工作机制。

第四章 法治环境

第三十五条 县级以上人民政府及其有关部门应当编制监管事项目录清单，明确监管主体、监管对象、监管措施、处理方式等内容，实行动态管理并定期向社会公布。

有关行政主管部门应当执行国家统一的监管规则和标准，严格按照管理标准、技术标准、安全标准、质量标准依法对市场主体进行监管。

第三十六条 县级以上人民政府应当依法建立守信联合激励和失信联合惩戒协同机制，完善激励和惩戒措施清单、信用红黑名单等制度，依托省社会信用信息服务平台和企业信用信息公示平台联合奖惩系统，推行信用分级分类监管，将红黑名单和奖惩规则融入各政府部门的审批、监管、服务等业务流程。

发展改革、市场监督管理等有关部门应当规范市场主体信用公示，强化跨行业、跨领域、跨部门失信联合惩戒，对失信主体在行业准入、项目审批、获得信贷、发票领用、出口退税、出入境、高消费等方面依法予以限制。

第三十七条 承担市场监管职能的有关行政主管部门应当依法实施“双随机、一公开”监管，除直接涉及公共安全和人民群众生命健康安全等特殊行业、重点领域外，市场监管领域的行政检查通过随机抽取检查对象、随机选派执法检查人员和抽查事项及查处结果及时通过国家企业信用信息公示系统等平台向社会公开的方式进行。针对同一检查对象的多个检查事项，应当尽可能合并或者纳入跨部门联合抽查范围。

有关行政主管部门应当对涉企检查事项实行清单管理，并归口报经同级人民政府批准。对食品药品安全、公共安全、安全生产、生态环保等直接涉及公共安全和人民群众生命健康安全等特殊行业、重点领域，有关行政主管部门应当依法依规实行重点监管，并严格规范监管程序。

第三十八条 县级以上人民政府应当推进“互联网+监管”执法工作机制，以省“互联网+监管”系统为枢纽，实现监管事项全统一、监管数据全共享、监管系统全联通、监管业务全覆盖，提升监管规范化、精准化、智能化水平。

承担市场监管职能的有关行政主管部门应当推行远程监管、移动监管、联合监管、预警防控等非现场监管，减少重复检查、多头执法和涉企现场检查，实现行政检查、行政处罚、行政强制等监管网上流转、全程留痕、闭环管理。

第三十九条 行政执法部门应当全面落实行政执法公示、执法全过程记录和重大执法决定法制审核制度，严格规范公正文明执法，为市场主体营造更加公开透明、规范有序、公平高效的法治环境。

行政执法部门实施行政强制，应当遵循合法、适当、教育与强制相结合的原则，对采用非强制性手段能够达到行政管理目的的，不得实施行政强制；对违法行为情节轻微或者社会危害较小的，可以不实施行政强制；确需实施行政强制的，应当限定在所必需的范围内，尽可能减少对市场主体正常生产经营活动的影响。

行政执法部门开展清理整顿、专项整治等活动，应当严格依法进行，除涉及人民群众生命安全、发生重特大事故或者举办国家重大活动，并报经有权机关批准外，不得在相关区域采取要求相关行业、领域的市场主体普遍停产、停业的措施。经批准采取普遍停产、停业等措施的，应当提前书面通知市场主体或者向社会公告，法律、法规另有规定的除外。

第四十条 省人民政府有关部门应当按照国家有关规定，规范适用行政执法裁量基准，细化量化裁量标准，合理确定裁量范围、种类和幅度，规范行政执法自由裁量权的行使。行政执法裁量基准依据法律、法规、规章的制定、修订、废止情况及行政执法实践，实行动态调整并予以公示。

第四十一条 起草或者制定涉及市场主体经济活动的地方性法规、政府规章、行政规范性文件，应当按照国家有关规定进行合法性审核和公平竞争审查，经审核或者审查不合法的，不得提交集体审议。

起草或者制定涉及市场主体经济活动的地方性法规、政府规章、行政规范性文件，应当充分听取市场主体和行业协会、商会的意见；除依法需要保密外，应当通过便于公众知晓的方式向社会公开征求意见，向社会公开征求意见的期限一般不少于30日。

第四十二条 县级以上人民政府及其有关部门应当落实“谁执法谁普法”责任制，组织开展适合市场主体的法治宣传教育，引导市场主体合法经营、依法维护自身合法权益，增强全社会的法治意识，营造法治化营商环境。

第四十三条 各级人民政府和有关部门应当推动建立健全调解、仲裁、行政裁决、行政复议、诉讼等有机衔接、相互协调的多元化纠纷解决机制，支持行业性、专业性人民调解组织和商事仲裁机构、商事调解机构建设发展，为市场主体提供高效、便捷的纠纷解决途径。

公安、市场监督管理、城管执法、不动产登记机构、银行业金融机构等有关部门和单位应当加强与人民法院执行工作的配合与协作，完善涉及市场主体案件执法联动机制，协助打击破产逃债、拖欠民营企业和中小企业账款、恶意讨薪等行为，平等保护各类市场主体的合法权益。

县级以上人民政府及其有关部门应当建立政府部门、工会、企业、劳动者四方参与的劳动关系协商机制，完善劳动监察执法手段，预防和依法处理劳动争议，维护劳资双方合法权益。

第四十四条 各级人民政府和有关部门应当在项目投资、政府采购、招标投标、社会管理等重点领域，建立“政府承诺+社会监督+失信问责”机制，全面履行对市场主体依法作出的行政行为。不得以政府换届、相关责任人更替等理由不履行、不完全履行或者延迟履行约定。

因国家利益、公共利益或者其他法定事由需要征收征用、变更或者撤销已经生效的行政许可、合同或者承诺的，应当依照法定权限和程序进行，并依法补偿市场主体损失。

第四十五条　省、设区的市人民政府及其有关部门应当加强知识产权保护工作，推进知识产权保护中心建设，实施高价值知识产权培育、知识产权运用示范等工程，培育具有自主知识产权和核心竞争力的创新型企业。

知识产权、金融监督管理等有关部门应当加强专利权、商标专用权、著作权等知识产权质押风险管控，提高知识产权质押、商标权质押等无形资产贷款比重，为商业银行和市场主体借贷提供支持。

知识产权部门应当简化专利权、商标专用权、著作权等知识产权质押、评估、登记流程，完善知识产权流转机制，为市场主体适用知识产权融资提供支持。

第四十六条　各级人民政府和有关部门应当建立健全政企沟通机制和营商环境投诉维权机制，公布投诉举报电话和电子邮箱，充分运用“12345”服务热线、“好差评”系统、非公有制企业投诉服务平台，畅通市场主体诉求和权益保护的反映渠道。

市场主体可以通过“12345”服务热线、鄂汇办APP、非公有制企业投诉服务平台、部门电话、政府网站、政务新媒体等渠道，投诉、举报涉嫌违反上位法规定的政策措施或者有损市场公平和营商环境的行为。

接到举报、投诉的有关部门应当按规定时限办理和答复；无法解决的，应当及时告知并说明情况，并为举报人、投诉人保密。对非公有制企业投诉服务机构转办的企业诉求事项，有关部门应当及时办理和答复。

行业协会、商会等社会组织应当加强行业指导和自律管理，反映市场主体诉求，为维护市场主体权益提供服务和帮助。

第四十七条　县级以上人民政府应当建立优化营商环境检查通报、问题整改工作机制，对本行政区域内优化营商环境、办理企业诉求等情况进行监督检查，通过月调度、季督办、年评价等方式落实责任，形成发现问题、整改落实、成效检验的工作闭环。

第四十八条　本省建立优化营商环境容错纠错机制，鼓励各地区、各部门结合实际情况，在法治框架内积极探索原创性、差异化的优化营商环境具体措施，对探索中出现失误或者偏差，符合规定条件的，可以予以免责或者减轻责任。

第四十九条　各级人民政府和有关部门及其工作人员未按照本办法规定依法履行职责或者侵犯市场主体合法权益的，依法追究相应责任。

第五章　附则

第五十条　本办法自2020年10月1日起施行。

省人民政府关于加快推进重大项目建设着力扩大有效投资的若干意见

各市、州、县人民政府，省政府各部门:

为深入贯彻习近平总书记在湖北考察新冠肺炎疫情防控工作时的重要讲话精神，认真落实党中央、国务院关于统筹推进疫情防控和经济社会发展工作的决策部署，千方百计抢时间、抢机遇、抢要素，优服务、优管理、优环境，全力以赴加快推进重大项目建设，充分发挥有效投资在稳增长中的关键作用，力争把疫情造成的损失降到最低限度，奋力夺取疫情防控和经济社会发展“双胜利”，现提出如下意见。

一、抢抓政策机遇谋划重大项目

各地各有关部门要坚定不移贯彻新发展理念，针对疫情暴露出的短板，抢抓政策红利“窗口期”，坚持当前与长远、微观与宏观相结合，善于危中寻机、化危为机，及时谋划疫后恢复发展的重点项目，以及具有全局性、标志性的重大工程项目。

（一）围绕中央投资方向谋项目。要精准把握国家政策，加大项目谋划储备力度，争取更多中央政策、项目和资金支持。围绕政府专项债券支持的11大类投向，谋划筛选更多前期手续完备、建设条件成熟的项目纳入国家重大建设项目库，争取更多新增债券额度支持。围绕中央预算内投资支持的8个领域66个专项，中央特别国债支持的4个领域32个专项，特别是应急医疗救治能力、疾病预防控制体系、县级医疗诊治能力、以县城为主要载体的新型城镇化基础设施、城镇老旧小区改造、医废危废和污水垃圾处理设施、应急物资储备体系建设等短板弱项，按可准入、可落地、可申报、可持续的“四可”要求编制三年滚动投资计划，及时推送国家重大建设项目库。

（二）围绕“十四五”规划谋项目。按照国家关于“项目跟着规划走，要素跟着项目走”的要求，坚持规划引领，全力做好“十四五”规划重大工程项目研究工作。要聚焦科技创新领域，紧盯“科技创新2030”重大工程，研究谋划新的重大科技项目，建设国家实验室、国家科学中心等重大创新平台，争取一批重大科技基础设施项目进入国家规划；要聚焦新型基础设施领域，谋划一批5G移动宽带、大数据中心、人工智能超算中心、工业互联网、物联网等项目；要聚焦关键产业发展领域，围绕突破关键核心技术，推进关键元器件、重大技术装备和重点材料自主化，谋划一批“芯屏端网”项目；要聚焦传统基础设施国家投资重点领域，谋划一批重大交通、能源、水利基础设施项目；要聚焦生态文明建设领域，谋划一批环境基础设施提标改造、市政基础设施建设和资源循环化利用项目；要聚焦社会民生领域，谋划一批就业、教育、医疗、文化、社区、养老、托育项目，重点谋划推进县域医疗服务提升和国家医学中心、区域医疗中心建设；要聚焦国家安全保障领域，谋划粮食、能源、网络等领域安全保障能力提升项目。

（三）围绕行业领域发展前沿、新经济谋项目。聚焦强龙头、补链条、创品牌，大力谋划提升产业基础能力和产业链水平的战略性新兴产业和转型升级项目；聚焦新冠肺炎疫情催生的“宅经济”、在线教育、无人零售、智能配送、智慧医疗等新技术、新产业、新业态、新模式，谋划一批新经济项目。

二、坚持问题导向做实前期工作

前期工作事关项目的申报争取和落地建设，是当前我省抓项目、扩投资的明显短板。各地各有关部门要牢牢抓住夯实项目前期工作这个关键环节，抓紧做好各项前期准备，明确重点，分类推进。

（一）主动完成前期工作要件。遵循项目提出、项目可行性研究、项目设计、开工准备四个步骤，分阶段做好项目建议书（预可研）、可行性研究报告（项目申请报告）、初步设计、施工图设计的编制、论证、审核，以及发展规划、建设用地、环境影响评价、节能评估、资金筹措等开工前的各个环节前期准备。

（二）快速达到前期工作深度。对以政府投资为主的审批类项目，要在初步论证基础上尽快立项，同步开展规划选址、用地预审、节能评价手续后，及时报批可行性研究和初步设计，涉及报建审批的阶段实行并联审批;对核准类项目，要提前办理规划选址、用地预审，切实优化流程，对规划、用地、环评、节能等前期工作实行并联审批；对备案类项目，涉及的审批事项均实行并联办理，要盯紧办理环节，实行清单管理、对口服务、逐项完成。

（三）加强前期工作精细管理。制定项目前期工作计划，明确任务事项、时间节点、责任单位和责任人。项目业主或筹建机构负责研究提出重大项目建设方案，组织完成可行性研究报告（项目申请报告）、初步设计、施工图设计等编制、论证和申报等工作，落实建设条件。各地负责研究编制本地区重大项目规划，落实土地、资金等建设条件，做好协调服务，营造良好的投资环境。行业主管部门负责研究编制行业建设专项规划，对重大项目提出初审或审核意见，督促落实项目法人或筹建机构，主动向上级部门汇报争取支持。

（四）加大前期工作经费投入。各地每年要安排一定的重大项目前期工作经费，确保各类重大项目前期工作顺利开展。各项目单位、行业主管部门要筹集前期经费，专项用于重大项目的规划设计、评估论证等工作，列入部门预算和项目投资总概算。

三、实行挂图作战推动项目建设

各地各有关部门要组织开展专项行动，对重大项目实行挂图作战、分级负责、精准调度，在严格工程质量管理和严守安全生产底线的基础上，加快项目建设进度，确保按照时间节点完成目标任务。

（一）政府投资项目“百日攻坚”专项行动。125个2019年以来中央预算内投资未开工项目，2020年6月底前必须全部开工；2020年中央预算内投资和中央特别国债、政府专项债券项目，2020年8月15日前必须全部开工，尽快形成实物工作量，发挥政府投资效益。对前期工作无实质性进展、建设资金不落实、按照时间节点难以开工或建设进度严重滞后的项目，要依照有关规定及时调整收回资金，在全省统筹安排使用。

（二）省级重点项目提速提效专项行动。充分发挥省级重点项目的示范带动作用，出台要素保障倾斜性政策，优先安排建设进度快的地方、部门和项目。2020年4月20日前，省发展改革委要组织各地补充谋划一批重点项目，对其中的优质项目纳入2020年省级重点项目清单。对各市（州）省级重点项目个数占比、投资总量占比、每月投资量环比等情况进行排名，推动项目提速提效，力争前100天补缺口、后100天冲刺赶上去年进度。

（三）新开工项目“比晒亮”专项行动。各地要通过集中开工、现场办公、进度晾晒、拉练观摩等方式，加快推进项目落地，形成项目开工建设接续有力的良好态势。省人民政府分别于上半年、下半年选择新项目多、质量高、进展快的地方召开现场推进会。省发展改革委要依托全省“三库”项目管理平台和省直部门重大项目谋划平台，建立全省投资项目谋划工作台账，每月通报各地各部门亿元以上新开工项目情况。

（四）“四督四促”专项行动。对2020年全省亿元以上重大项目，从储备、审批、开工、竣工、达产全生命周期进行分级分类督查督办，全力促进项目建设提速。督项目转化促开工建设，依托全省“三库”项目管理平台、省直部门重大项目谋划平台，督开工转化，全力促进项目尽早开工。督续建项目促建设进度，对照2020年亿元以上续建项目年度计划目标，督项目进展，尽快形成更多实物工作量。督项目竣工促达产达效，将当年计划竣工、竣工后未达产或达产不足的重大项目纳入督查清单，推动项目及时发挥效益。督要素保障促环境优化，将项目审批和用地、资金、环境容量等要素保障政策落实情况纳入省政府季度督查范围，推动各项政策措施落实落地。

四、优化资源配置建立“要素跟着项目走”机制

大力破除重大项目建设面临的制度瓶颈，按照“资金跟着项目走、土地跟着项目走、资源跟着项目走”的导向，高质量推进重大项目建设。

（一）改革土地供给方式。新增建设用地指标重点保障全省重点项目建设，优先支持省级重点项目。鼓励推行“标准地”出让方式，各地要研究提出主导产业、项目方向、投资强度等相关指标，一次性公示出让条件，推动项目“拿地即开工”。2020年底前，国家级开发区新增工业用地按照“标准地”出让的比例，武汉市不低于20%，襄阳市、宜昌市不低于10%，其他市（州）不低于5%；省级开发区、省级产业集聚区新增工业用地按照“标准地”出让的比例不低于5%。2021年，国家级开发区、省级开发区、省级产业集聚区、其他工业园区、产业功能区全面推行新增工业用地“标准地”出让制度。

（二）完善能耗使用机制。优化能耗总量控制指标分解方式，保障2020年新开工和投产项目合理用能；对国家和省布局建设的“十四五”重大项目，项目能耗需求在指标分解时予以优先安排；在保障各地民生用能的基础上，主要根据重大项目能耗需求分解全省能耗总量控制指标。2020年新建并于“十四五”时期投产的重大项目，按照国家产业布局规划、开工投产计划批准建设，可不受能耗总量指标约束。2020年投产的重大项目所产生的能耗量，待“十三五”规划执行结束后，结合全省能耗强度目标完成情况统筹处理。深化用能权交易试点，引导各地深入推进重点领域节能，引导重点用能单位开展技术改造和落后产能退出，为新上项目腾出空间。各市（州）要建立收储机制，通过收储关停并转产能削减的煤炭消费指标，做实本地区新上耗煤项目的减量替代来源。探索建立省级煤炭消费指标交易平台。各市（州）要继续做好降低能耗强度工作，合理使用省级分解下达的用能指标，做到存量指标稳中有降、增量指标集中用于支持重大项目建设，科学安排项目建设、投产时序，统筹兼顾所辖区域协调发展的能耗需求。

（三）统筹使用污染物排放总量指标。各地确定统筹使用污染物排放总量替代指标支持项目建设的方式，区分项目建设轻重缓急，确保辖区内环境质量持续改善；坚持减量替代是常态、等量替代是例外，压减腾退指标优先用于重点项目；鼓励企业实施污染物减排措施，采取减排措施并发挥减排效益的单位，形成的可替代总量指标可优先用于本单位新建项目。

（四）提高资金使用效益。加强各级政府投资年度计划与本级预算的衔接，加强地方政府专项债券资金和中央预算内投资使用管理，在资金安排上重点向手续完备、前期工作准备充分的项目倾斜。建立政银企项目合作新机制，省发展改革委要充分发挥与省级金融机构建立的补短板稳投资对接工作机制作用，每月申报推荐项目，每年举办2次省重点项目投融资对接会，建立重大项目“白名单”制度，鼓励引导金融机构在有效控制风险和商业可持续的前提下，对“白名单”项目保持信贷支持连续性。发挥好500亿元新旧动能转换基金的引导作用，完善省、市、县三级引导基金纵向联动机制，建立完善公开、动态的基金投资项目库，吸引民间资本加大对新旧动能转换重点项目的投资力度。

五、利用各方资源大力开展招商引资

（一）开展新型招商引资活动。坚持把招商引资作为“一把手”工程，充分运用远程在线对接、云招商等方式，主动与世界500强企业、跨国公司以及国内知名企业视频连线，推动重大项目开工复工和引进扩大投资。发挥商协会、驻外招商办事处或代表处、投资促进顾问等招商中介机构的作用，加强驻外招商和异地招商。积极开展面向疫情防控对口支援省份的招商引资活动。

（二）办好重点经贸活动。举办“最美逆行湖北”专题招商推介，鼓励湖北校友、武汉校友、楚商企业家开展“资智回荆楚”行动。开展“风雨共济、携手同行”专题投资促进活动。筹备组织好长江经济带对话粤港澳大湾区、世界500强对话湖北、中国—北欧经贸合作论坛、中部国际产能合作论坛、中国生物产业大会、楚商大会、台湾周等重点经贸活动。

（三）发挥自贸试验区引领作用。开展自贸试验区主导产业全产业链制度创新，加大对跨国公司及行业领先企业招引力度。

六、坚持高位推动优化投资环境

（一）加强组织保障。成立湖北省推进重大项目建设做好稳投资工作领导小组，由省政府主要领导任组长，省政府分管领导任副组长，加强对全省稳投资和重大项目建设工作的组织领导、统筹协调。领导小组办公室设在省发展改革委，抽调相关部门人员成立工作专班，实行集中办公。各市（州）要建立相应的领导体制和工作机制。将投资和重大项目建设纳入省政府督查范围。制定全省投资和重大项目专项评价方案和评分细则，对评价前3名的市（州），给予前期经费、用地指标、能耗指标、中央预算内投资和省预算内投资申报等奖励倾斜；对后3名的市（州），由省政府领导约谈市（州）政府主要负责同志。

（二）提高审批效率。进一步规范、精简审批环节和事项，加快完善政务大数据服务体系，优化一体化政务服务平台，大力推行行政审批事项一网通办、一窗通办、一事联办。运用好区域性统一评价成果，审批事项结果互认，推行承诺审批制、“先建后验”，最大限度压缩项目审批时间。开展清理投资堵点问题专项行动，实时跟踪解决项目审批堵点、难点问题。

（三）优化信用环境。各地要坚持守信践诺，强化政府诚信建设，坚决防止出现“新官不理旧账”问题。定期对招商引资项目开展诚信履约“回头看”，督促各地认真落实合同约定事项，对于不履行合同、逾期不开工、占而未建、慢建久拖项目进行跟踪督办。

（四）提振社会信心。加大对投资政策的宣传解读和贯彻落实力度，引导社会预期，增强投资信心。通过新闻媒体等平台开辟专栏，大力宣传报道重点区域、重点行业、重点企业推动投资和重大项目建设的好经验好做法，营造稳投资的浓厚社会氛围。

各地各有关部门要充分认识加快推进重大项目建设、扩大有效投资的重大意义，以等不起的紧迫感、慢不得的危机感、坐不住的责任感，扑下身子扎实干，深入一线抓落实，迅速掀起重大项目建设新高潮，为实现决胜全面建成小康社会、决战脱贫攻坚目标任务提供有力支撑。

附件：湖北省推进重大项目建设做好稳投资工作领导小组成员名单

2020年4月12日

省人民政府关于推进开发区创新提升打造改革开放新高地的实施意见

各市、州、县人民政府，省政府各部门：

为贯彻落实《国务院关于推进国家级经济技术开发区创新提升打造改革开放新高地的意见》（国发〔2019〕11号）精神，统筹推进新冠肺炎疫情防控和经济社会发展，着力构建全省开发区开放发展新体制，形成开放引领、创新驱动新优势，制定如下实施意见。

一、放活改革自主权

（一）激发管理体制活力。鼓励和支持开发区推行政企分开、政资分开，实行管理机构与运营企业分离的制度，管理机构负责开发区的政策制定、发展规划、行政审批、投资促进、企业服务等工作，专业运营企业负责开发区的区域开发、投融资、基础设施建设、招商引资、专业服务等工作。支持开发区管理机构按照机构编制管理相关规定，在核定的机构总数内自主设置内设机构，推进机构设置和职能配置优化、协同、高效。支持开发区管理机构根据干部人事政策和发展需要，在核定的用人额度内，创新选人用人机制。支持开发区管理机构探索实行兼职兼薪、年薪制、协议工资制等多种分配方式。（责任单位：省委组织部、省委编办、省人社厅、省财政厅，各市、州、县人民政府）

（二）创新开发建设和运营机制。支持地方人民政府对所辖开发区开发建设主体进行资产重组、股权结构调优，大力引进外来资本开发运营特色产业园区。允许国内外先进园区通过援建、托管、合管、股份合作等模式与省内开发区合作共建产业园区。支持有条件的开发区开发建设主体申请首次公开发行股票并上市。（责任单位：省商务厅、省住建厅、省市场监管局、省地方金融监管局、湖北证监局，各市、州、县人民政府）

（三）持续优化营商环境。严格实施市场准入负面清单制度，持续推进行政审批"多证合一""证照分离"和"照后减证"等改革，切实解决"准入不准营"难题。压减工程建设项目审批时间，从申报立项到竣工验收，三类项目审批时间分别压缩至80、60、40个工作日。全面推进政务服务"一网通办""一窗通办""一件事一次办"，实行"不见面"审批。推进省级经济管理审批权限最大程度下放。深化投资项目审批改革，推行容缺审批、告知承诺制、"先建后验"、区域性统一评价、"标准地"供地方式等改革。在全省开发区复制推广中国（湖北）自贸试验区、东湖国家自主创新示范区等试点经验，鼓励开发区主动开展创新改革试点。协调解决企业在投资、生产、经营中遇到的实际问题，协调落实助企纾困支持政策，搭建企业诉求快速反馈平台，做好安商、稳商、扶商工作。（责任单位：省政务办、省发改委、省住建厅、省商务厅、省自然资源厅、省市场监管局，各市、州、县人民政府）

二、加快构建现代产业体系

（四）优化产业规划布局。认真落实"一芯两带三区"区域和产业发展战略布局，研究制定开发区总体发展规划，引导开发区培育壮大比较优势明显、竞争力较强、产业链完整的主导产业，加快形成共生互补、分工协作、错位竞争的产业生态体系。（责任单位：省发改委，各市、州、县人民政府）

（五）加快传统产业转型升级。按照高质量发展要求，推进新一轮技术改造，支持开发区传统制造业企业设备更新改造，承担智能制造试点示范项目。完善工业互联网基础设施，加快工业云平台建设，提高制造业数字化、网络化、智能化发展水平。支持有条件的开发区积极创建国家、省级新型工业化产业示范基地，培育先进制造业集群，全面提升产业能级和供给水平，加速新旧动能接续转换。（责任单位：省发改委、省经信厅，各市、州、县人民政府）

（六）培育战略性新兴产业集群。以市场化为导向，对接国家产业规划，大力实施战略性新兴产业倍增计划。深化5G、人工智能、工业互联网等新一代信息技术与制造业融合发展，进一步发展壮大高端装备、生物、新材料、绿色低碳、数字创意等新兴产业，培育一批领军企业、千亿规模企业，推动形成“领军企业+国家级创新中心+国家级产业基地+产业基金”的集群发展模式。（责任单位：省发改委、省科技厅、省经信厅，各市、州、县人民政府）

（七）推进现代服务业提档升级。大力推动“互联网+”、平台经济、共享经济、电子商务、文化创意，以及线上消费、远程医疗、线上教育、无接触配送等“宅经济”“云生活”新业态、新模式快速发展。推动开发区内现代物流、金融服务、研发设计和科技服务、软件和信息技术服务、检验检测、现代商务等生产性服务业向价值链高端延伸。统筹推进重点龙头企业和产业链配套企业复工复产，确保重点产业链和供应链稳定。（责任单位：省发改委、省商务厅、省科技厅、省经信厅，各市、州、县人民政府）

（八）加强绿色园区建设。加快开发区循环化改造升级，促进资源能源高效利用、废弃物资源化利用。落实开发区规划环境影响评价和“生态保护红线、环境质量底线、资源利用上线和环境准入负面清单”。加强开发区环境质量监测，石化、化工园区在2020年底前形成环境空气VOCs自动监测能力。支持入园企业采用先进清洁生产工艺技术，确保污染物达标排放，各类主要污染物排放满足总量控制要求。加强园区集中污水处理、环境风险防范和事故应急等设施建设。2020年底前，全省开发区污水管网实现全覆盖，污水集中处理设施稳定达标运行。（责任单位：省生态环境厅、省发改委、省住建厅、省应急厅，各市、州、县人民政府）

三、提升开放型经济质量和水平

（九）推动招商引资提质增效。强化招商引资“一把手”工程，支持开发区在法定权限内制定招商引资优惠政策，聚焦补链强链延链和龙头企业培育，开展平台招商、以商招商、资本招商、回归招商、校友招商，引进一批世界500强、行业领先和国内知名企业，不断提升招商引资质量效益。认真落实外商投资准入前国民待遇和负面清单管理制度，对重点外资项目实行专人跟踪、全程服务，在项目选址（用地预审）、工程建设、生产许可等方面给予支持。吸引跨国公司在开发区设立地区总部及区域性功能机构，鼓励外资以参股并购等方式参与开发区内企业改组改造和兼并重组，实现存量企业资源优化配置。健全外资企业投诉处理机制，清理不合理的政策规定，保障外商投资者的合法权益。（责任单位：省商务厅，各市、州、县人民政府）

（十）提升对外贸易质量。支持有条件的开发区申请设立综合保税区、保税物流中心等海关特殊监管区域。在全省推进“关税保证保险”改革，推动关税多元化担保，推广“关税保证保险”应用。推进外贸基地和外贸公共服务平台建设，支持开发区外贸基地企业拓展“一带一路”沿线国家、拉美等新兴市场，开展国际化经营。支持开发区建设跨境电子商务产业园，打造线上线下“一站式”对外贸易综合服务中心，为企业提供进出口相关资质申领、退税、报关、信保等服务，降低企业成本。突出开发区对外开放导向，将外贸外资发展列入开发区综合考评指标，促进开发区在稳外贸、稳外资工作中发挥更大作用。（责任单位：省商务厅、武汉海关，各市、州、县人民政府）

（十一）提高国际合作水平。支持开发区优势产业参与国际产能合作，引导通信、建材、电子信息、汽车及零部件、医药、农业等产业在“一带一路”沿线国家和地区布局。支持开发区参与中国—新加坡（重庆）战略性互联互通示范项目“国际陆海贸易新通道”建设。大力发展江海联运，加快建设武汉长江中游航运中心，提升江海直达以及近洋航线服务水平。推进“一带一路”沿线国家经贸合作项目库建设，加强与丝路基金、东盟基金、中非基金等的对接，争取将开发区企业境外投资合作项目纳入支持范围。（责任单位：省商务厅、省交通运输厅，各市、州、县人民政府）

（十二）拓展对内开放空间。支持开发区增强产业转移承载能力，开展项目对接。支持开发区依法依规扩展面积范围，鼓励发展较好的开发区发挥产业、资本、人才、管理等优势，对区位相邻相近、产业关联同质的产业园区进行空间整合、资源整合和产业整合，促进开发区扩容升级。扩大与外省市开发区和大企业的合作，联合创建产业园区，推动资源共享、优势互补，实现合作共赢。（责任单位：省发改委、省科技厅、省自然资源厅、省商务厅，各市、州、县人民政府）

四、增强创新驱动发展能力

（十三）提升产业创新能力。突出企业创新主体地位，支持企业开展技术研发和产品试制生产，加快引进一批高端、高质、高新产业项目，促进高端产业集聚发展。完善开发区科技综合服务体系，支持开发区企业创建数字产业创新中心、智能工厂、智能车间等。加大省预算内投资对开发区创新能力建设的支持力度。支持开发区在科技成果转化、科技金融创新、科研机构绩效激励、知识产权保护等方面探索试验。鼓励各类资本在开发区投资建设新型基础设施。（责任单位：省发改委、省科技厅、省经信厅，各市、州、县人民政府）

（十四）加强创新平台建设共享。支持开发区积极参与国家重大科技基础设施建设，统筹建设一批工程研究中心、企业技术中心、制造业创新中心、产业创新中心等高水平创新平台。支持开发区统筹高校院所、领军企业、行业联盟等共建一批产业创新和共性技术研发服务平台。鼓励地方人民政府向开发区开放共享的各类创新平台、实验室提供奖补资金。（责任单位：省发改委、省科技厅、省经信厅、省教育厅，各市、州、县人民政府）

（十五）优化创新创业环境。支持开发区细化落实“双创”支撑平台建设、创业投资发展等政策措施，着力打造“双创”升级版。鼓励地方人民政府对开发区与高校、职业院校（含技工院校）共建的人才培养基地、创业孵化基地等给予资金支持。开发区内依法批准设立的非营利性研究机构，从职务科技成果转化收入中给予科技人员的现金奖励，可减按50%计入科技人员当月工资、薪金所得，依法缴纳个人所得税。支持开发区建立健全知识产权公共服务体系。鼓励有条件的开发区开展资本项目收入结汇支付便利化、不动产投资信托基金等试点示范。（责任单位：省发改委、省科技厅、省人社厅、省财政厅、省税务局、省市场监管局、人行武汉分行、湖北证监局、省知识产权局，各市、州、县人民政府）

五、加强要素保障

（十六）加强人才保障。支持开发区引进高水平研发机构和创新团队，聚焦“高、精、尖、缺”人才，力争在某一领域实现人才聚集效应。开发区事业单位可采取公开考核的方式择优引进高层次紧缺人才，单位无相应空岗的可通过特设岗位予以聘用。允许事业单位设置流动岗位，用于建立“产、学、研”创新平台，吸引具有创新实践经验的企业家、科技人员兼职。畅通海外科学家引进工作通道，设立“招才引智”公共服务窗口，建立人才专员制度，研究制定人才“一卡通”办法，为急需人才提供户籍办理、出入境、子女入学、医疗保险、创新创业投资等“一站式”服务。加快推进国家移民管理局12条移民出入境政策在开发区复制实施。各类专家及高层次人才选拔培养向开发区倾斜，支持开发区高新技术企业申报博士后工作站和创新实践基地，加强职业技能培训，通过产教融合、校企合作等方式培养高素质技术人才和职业技能人才。（责任单位：省委组织部、省人社厅、省公安厅、省教育厅、省医保局，各市、州、县人民政府）

（十七）节约集约用地。落实开发区闲置土地和批而未供用地奖惩办法，提高土地利用效率。支持开发区落实产业用地政策，引导企业实施“零地技改”加快转型升级，原出让或划拨的存量工业用地，在符合国土空间规划和不改变用途的前提下，经批准在原用地范围内进行技术改造、建设多层厂房、实施厂房改造加层或开发利用的地下空间而提高容积率的，不再收取土地出让价款。严禁擅自改变土地用途，严禁变相进行房地产开发。（责任单位：省自然资源厅，各市、州、县人民政府）

（十八）加大金融支持。拓宽开发区产业集群的投融资渠道，建立完善开发区银企对接、银保对接等信息交流机制，降低企业贷款成本。鼓励金融机构开展动产融资业务，推广知识产权质押贷款、供应链贷款、银税互动等新型融资模式。深入实施“百万千亿金惠工程”，扶持开发区小微企业发展壮大。支持开发区企业申报上市后备企业“金种子”“银种子”“科创板种子”计划，优先支持疫情防控重点保障企业，推动更多入园企业上市融资。推动区域金融租赁公司、担保公司和小额贷款公司等金融服务机构在开发区集聚，形成具有湖北特色的科技金融园区发展模式。加大对医用防护物资、诊疗检测等防疫重点企业的财政金融支持，促进企业降本减负，加快发展。（责任单位：省地方金融监管局、人行武汉分行、湖北银保监局、湖北证监局，各市、州、县人民政府）

（十九）降低用能成本。优化电力交易环境和电力市场结构，丰富交易品种，支持开发区企业集体与发电企业直接交易，降低企业用电成本。支持开发区开展非居民用天然气价格市场化改革，加大天然气输配价格监管力度，切实降低开发区用气成本。（责任单位：省发改委、省能源局，各市、州、县人民政府）

（二十）促进产城融合。将开发区基础设施纳入城市基础设施统一规划、统一建设，加快绿色园区、智慧园区建设，推动开发区基础设施提档升级。支持开发区完善医疗、教育、文化、体育等设施，建设集生活区、商务区、办公区等城市功能于一体，宜居宜业宜游的高品质开发区。（责任单位：省住建厅、省教育厅、省卫健委、省文旅厅、省体育局，各市、州、县人民政府）

2020年6月16日

省人民政府关于印发促进湖北高新技术产业开发区高质量发展若干措施的通知

各市、州、县人民政府，省政府各部门：

现将《促进湖北高新技术产业开发区高质量发展若干措施》印发给你们，请结合实际，认真组织实施。

2020年12月31日

促进湖北高新技术产业开发区高质量发展若干措施

为贯彻落实《国务院关于促进国家高新技术产业开发区高质量发展的若干意见》(国发〔2020〕7号),进一步促进湖北高新技术产业开发区(以下简称高新区)高质量发展,现制定如下措施。

一、把握发展要求,构建全域发展新优势

(一)突出高质量发展目标。坚持“发展高科技、实现产业化”的方向,把握“高”和“新”的定位,围绕产业链部署创新链,围绕创新链布局产业链,着力提升自主创新能力,将高新区建设成为全省创新驱动发展示范区、高质量发展先行区。到2025年,全省国家高新区达到14家、省级高新区超过30家,高新区生产总值超过2.3万亿元,高新技术产业增加值超过8000亿元,高新技术企业超过1万家,企业研发经费投入占园区生产总值的比重达7%左右,每万名从业人员当年专利申请量超过300件,产业基础高级化、产业链现代化水平明显提高,引领带动能力显著增强。(责任单位:省科技厅)

(二)强化自创区创新引领。推动东湖国家自主创新示范区深化体制机制改革创新,强化与中国(湖北)自由贸易试验区联动发展,大胆开展政策先行先试,实现自创区与自贸区改革举措的深度叠加、改革创新功能的有机融合,加快探索具有湖北特色的创新驱动发展路径,加快建设武汉东湖综合性国家科学中心,支撑武汉创建有全国影响力的科技创新中心。推动襄阳、宜昌创建国家自主创新示范区。(责任单位:省科技厅、省商务厅)

(三)优化高新区结构布局。围绕“一主引领、两翼驱动、全域协同”区域发展战略布局,充分发挥东湖高新区龙头带动作用,增强襄阳、宜昌高新区辐射带动能力,提升省内全国百强高新区的发展能级,推动更多高新区进入全国百强。坚持“以升促建”,加快实现国家高新区市州全覆盖,鼓励和引导经济开发区、工业园区通过创建省级高新区加快创新驱动发展。(责任单位:省发改委、省科技厅、省自然资源厅)

二、强化科技支撑,打造自主创新新高地

(四)建设重大科技创新平台。聚焦区域、集聚要素,支持东湖高新区围绕创建武汉东湖综合性国家科学中心,高起点规划建设东湖科学城,集中布局建设重大科技基础设施和重大科技创新平台。各高新区要深化与高校院所的合作,积极申报国家、省级重点实验室、技术创新中心、产业创新中心、制造业创新中心等创新平台。支持高新区以骨干企业为主体,联合高校院所建设市场化运行的新型研发机构,鼓励探索团队持股、综合预算管理、自主职称评审等改革。对新获批的国家级创新平台择优给予不低于500万元支持,对新获批的省级创新平台择优给予不低于100万元支持。(责任单位:省发改委、省科技厅、省经信厅、省财政厅、省人社厅)

(五)加快突破关键核心技术。围绕主导产业,加大基础研究和应用研究投入,组织开展关键共性技术攻关,增强技术供给与技术支撑能力。面向全省重点领域关键核心技术和产业发展急需的科技成果,实施科技项目揭榜制。支持企业积极参与国家重大科技创新项目。对当年度高新区内企业牵头承担的国家科技重大专项、国家重点研发计划项目等,高新区所在地政府可按照当年度实际到位资金的10%给予最高500万元资金配套支持。同等条件下,优先支持高新区内企业承担省级科技计划项目。(责任单位:省科技厅、省经信厅、省财政厅)

(六)促进重大科技成果转化。深入实施科技成果大转化工程,支持高新区利用湖北技术交易大市场、国家技术转移中部中心等平台,开展成果转化对接活动。支持高新区建设科技成果转化中试基地,推动一批重大创新成果在高新区落地转化,省科技厅对符合条件的科技成果转化中试基地给予资金支持。探索职务科技成果所有权改革,推动高新区集聚发展一批专业化技术转移服务机构,加强专业技术经纪人培养。高新区可根据实际技术合同成交额对区内技术转移机构及人员进行奖补。(责任单位:省教育厅、省科技厅)

(七)完善科技创新综合服务。着力推进现有技术研发中心、成果转化平台、知识产权机构、创业孵化载体等资源整合、错位发展,打造一批创新资源配置优、协同创新能力强、开放服务水平高的科技创新公共服务综合体,提供检验检测、标准信息、成果推广、创业孵化、国际合作、人才培训等公共服务。大力支持高新区建设主导产业公共技术服务平台,完善科技创新服务体系。(责任单位:省科技厅、省市场监管局)

三、激发企业活力,培育经济发展新动能

(八)强化企业创新主体地位。面向企业创新需求,按照“项目来自企业、平台建在企业、成果对接企业、人才服务企业”的要求,加快创新要素向企业聚集。注重发挥企业特别是头部创新型企业的引领作用,支持企业牵头承担国家和省重大科技专项。高新区要建立财政科技资金稳步增长机制,引导企业加大研发投入,建立研发机构,提升企业核心竞争力。完善高新技术企业奖补政策,抓好高新技术企业税收优惠政策落实。(责任单位:省科技厅、省经信厅、省财政厅、省税务局)

（九）建立企业梯度培育体系。鼓励高校院所科研人员和企业科技人员在高新区创办科技型企业。优化高新技术企业认定与服务，推进高新技术企业和科技型中小企业数量倍增、规模升级与能力提升，培育更多细分领域“小巨人”企业、“隐形冠军”企业和行业龙头企业。加大企业总部、第二总部引聚力度。（责任单位：省科技厅、省经信厅）

（十）提升企业孵化育成质量。加快建设科技企业孵化器、众创空间、大学科技园等孵化载体，实施科技创业孵化载体提质增效工程，在高新区培育高水平科创空间。推动省级以上大学科技园享受孵化器的同等政策待遇。支持高新区举办具有全国影响力的创新创业品牌活动。（责任单位：省发改委、省教育厅、省科技厅）

四、壮大产业集群，构筑现代产业新体系

（十一）做大做强特色主导产业。编制全省高新区产业地图，引导高新区立足资源禀赋和产业基础，因地制宜、因园施策，形成“一园一特色”的发展格局。高新区要聚焦优势产业，率先提升产业基础高级化和产业链现代化水平。支持东湖高新区打造世界级光电子信息产业，支持国家高新区围绕智能制造、生物医药、汽车零部件、新材料等产业，优先布局相关重大产业项目。（责任单位：省发改委、省科技厅、省经信厅）

（十二）积极打造新兴产业集群。推动武汉城市圈及光谷科技创新大走廊、襄十随神城市群、宜荆荆恩城市群科技与产业统筹布局，大力发展“光芯屏端网”、生命健康、智能制造等战略性新兴产业，积极发展脑科学、量子信息、基因工程、人工智能、区块链等具有引领带动作用的未来产业，争创有影响力的国家级战略性新兴产业集群、国家火炬特色产业基地，加快形成战略性新兴产业引领、先进制造业主导、现代服务业驱动的现代产业体系，聚集一批千亿、百亿级特色产业。（责任单位：省发改委、省科技厅、省经信厅）

五、优化资源配置，营造活力开放新生态

（十三）加快高端人才集聚。实施多层次人才引进培育计划，重点引进硬科技创业者、科学家创业者、高层次人才、企业家和投资人等高端创业人才。完善人才跨国界、跨地区、跨体制流动机制，对外籍人才提供出入境、停居留、工作、创新创业许可便利，为非本地高端人才提供户籍居民同等待遇。鼓励企业或创业孵化载体采取离岸模式引进海外人才和智力，鼓励科研人员在高校院所和企业之间双向流动，探索企业家职称评审直通车制度。（责任单位：省委组织部，省科技厅、省公安厅、省人社厅）

（十四）强化知识产权保护。支持高新区加强知识产权创造，探索以运用为导向、以专利导航为手段的高价值专利培育机制，发展知识产权代理、转让、登记、分析、评估、认证、咨询及相关投融资服务，构建全链条知识产权服务体系。支持高新区加强知识产权金融创新，鼓励高新区对企业开展知识产权质押融资、保证保险等业务的予以利息或保费补贴。支持有条件的高新区设置商标受理窗口，开通注册商标专用权质权登记受理业务。引导高新区建立特色知识产权保护工作体系，支持企业开展知识产权海外布局。（责任单位：省地方金融监管局、省知识产权局）

（十五）创新科技金融支撑。鼓励商业银行在高新区设立科技支行，支持金融机构在高新区开展产品与服务创新。鼓励有条件的高新区设立创业投资引导基金、天使投资引导基金、科技成果转化基金。支持高新区内符合条件的企业在境内外多层次资本市场挂牌上市融资。支持高新区引进市场化股权投资基金，对注册且资金托管账户设在区内的，可按其完成投资金额的一定比例给予奖励。（责任单位：省科技厅、省财政厅、省地方金融监管局，湖北银保监局、湖北证监局）

（十六）保障土地资源供给。支持符合条件的高新区申请扩大区域范围和面积。地方政府在安排年度新增建设用地指标时对高新区给予倾斜。引导高新区强化建设用地开发利用强度、投资强度、人均用地指标整体控制，促进园区空间集聚、土地集约发展。深入推进用地再开发，鼓励以业态调整、“腾笼换鸟”等方式盘活存量土地和低效用地，引导企业实施“零增地”技改，原出让或划拨的存量工业用地，在符合国土空间规划和不改变用途的前提下，经批准在原用地范围内进行技术改造、建设多层厂房、实施厂房改造加层或开发利用的地下空间而提高容积率的，不再收取土地出让价款，重点技改项目容积率可提升至 2.0 以上。鼓励高新区探索新型产业用地（M0）模式，各地可结合当地实际情况，制定具体实施办法，按照国家统一部署依法依规利用集体经营性建设用地建设创新创业载体，统筹规划产业、创新、城市等功能，坚持产城融合协调发展。（责任单位：省发改委、省自然资源厅、省生态环境厅、省住建厅）

六、扩大开放合作，构建区域协同发展新模式

（十七）探索“三区”联动发展。支持具有较强科研实力的高校在高新区布局建设大学科技园，支持高新区充分利用城市社区的存量建筑、闲置空间、生活配套功能，建设技术攻关、人才培养、创新创业的平台载体，探索多样化、特色化的“三区”融合联动发展模式，打造良性循环的科创集聚区。（责任单位：省教育厅、省科技厅、省住建厅）

（十八）加快促进园区协同发展。加强与先进地区高新区交流合作，高质量承接成果转化与产业转移。鼓励高新区发展“飞地经济”“一区多园”，完善共建园区生产总值核算、财政收入分成制度。鼓励有条件的高新区整合或托管区位相邻、产业互补的各类产业园区和镇街，被整合或托管的产业园区和镇街的生产总值、市县级财政收入等可按双方协商方案进行分成。深化光谷科技创新大走廊协同机制创新，以东湖高新区为核心承载区，引

领带动鄂州、黄石、黄冈、咸宁等高新区高质量发展。（责任单位：省科技厅、省财政厅、省税务局）

（十九）加快融入全球创新体系。鼓励高新区探索与国际科技产业高地共建海外创新中心、海外创业基地和国际合作园区，支持国际科技产业园区与省内高新区共建产业园区。支持高新区引进外资研发机构，支持高新区龙头企业“走出去”到海外设立或并购研发机构、孵化载体。支持高新区与“一带一路”沿线国家开展人才交流、技术合作和产能协作，积极参与中非创新合作中心建设。（责任单位：省发改委、省科技厅、省商务厅）

七、深化改革创新，探索园区治理新机制

（二十）凝聚发展合力。坚持党对高新区工作的统一领导。坚持省科技厅业务指导、高新区所在地政府主导推进，共同支持高新区创新发展。坚持全省“一盘棋”，加强对高新区规划建设、产业发展、创新资源配置的统筹，增强高新区对全省经济的辐射带动作用，推进全省全域自主创新。高新区所在地政府要切实承担高新区建设的主体责任，落实支持高新区发展的政策措施。（责任单位：省委组织部，省发改委、省科技厅）

（二十一）深化体制改革。建立授权事项清单制度，按照应放尽放原则，最大程度下放省、市级经济管理权限。支持高新区探索建设、运营、招商和园区服务的市场化模式。支持符合条件的高新区开发建设主体发行债券、首次公开发行股票或者重组上市。支持高新区所在地党政领导成员兼任高新区管理机构主要领导。高新区可在核定的机构和人员编制总数内，自主设置内设机构，探索员额和岗位管理制度，自主决定高新区的行政和事业单位工作人员的调配、管理、福利待遇、任免和奖惩。拓宽选人用人渠道，经组织人事部门审核批准后，可对急需人才实行特岗特薪、特职特聘。（责任单位：省委组织部、省委编办，省人社厅、省市场监管局、省地方金融监管局，湖北证监局）

（二十二）优化营商环境。全面对标一流营商环境，持续放宽市场准入，加快投资项目和工程建设项目审批改革，提升企业开办、注销、办税缴费便利度，深化“不见面审批”、投资贸易自由化便利化改革。探索省级部门直通车制度，推动国家高新区与省直部门建立跨层级、跨部门统筹协调机制，围绕项目申报、财政补助、用地报批、证照发放、信息获取等方面建立直通车事项清单。按照确有需要又能有效承接的原则，将试点赋予中国（湖北）自由贸易试验区的省级经济管理权限有序下放至高新区。加强高新区创新创业文化建设，弘扬科学家精神和企业家精神，营造鼓励创新、崇尚成功、宽容失败的良好氛围。（责任单位：省发改委、省科技厅、省自然资源厅、省住建厅、省商务厅、省市场监管局、省税务局、省政务办）

（二十三）规范创建流程。省科技厅要依据有关法律法规规定，制定省级高新区管理办法，明确申请认定条件和管理要求等。创建国家、省级高新区，由所在市州政府向省政府提出申请，按程序征求省直相关部门意见，由省科技厅综合提出审核办理意见报省政府。创建国家高新区按照规定由省政府向国务院请示，省级高新区由省政府批复。（责任单位：省发改委、省科技厅、省自然资源厅）

（二十四）加强评价监测。完善全省高新区高质量发展评价指标体系和统计体系，定期开展高新区高质量发展考核评价，以省政府名义对考核评价结果予以通报。高新区所在地党委、政府对高新区考核评价应与行政区有所区别和侧重。探索建立省级高新区动态管理与退出机制。（责任单位：省科技厅、省财政厅、省统计局）

各市（州）政府要制定具体政策措施，认真抓好落实，促进高新区提档升级、争先进位，引领带动本地区高质量发展。每年1月底前将本行政区域内高新区发展情况报告省政府。

省人民政府关于印发湖北省促进经济社会加快发展若干政策措施的通知

各市、州、县人民政府，省政府各部门：

现将《湖北省促进经济社会加快发展若干政策措施》印发给你们，请结合实际，认真贯彻落实。

2020年3月12日

湖北省促进经济社会加快发展若干政策措施

为深入贯彻习近平总书记关于统筹推进新冠肺炎疫情防控和经济社会发展工作以及在我省考察疫情防控工作时的重要讲话精神，全面落实党中央、国务院决策部署，在加强疫情防控的前提下，采取差异化策略启动分区分级分类分时有条件复工复产，有针对性地开展援企、稳岗、扩就业工作，强化“六稳”举措，促进经济社会加快发展，确保全面建成小康社会、决战决胜脱贫攻坚和“十三五”规划任务顺利收官，现制定如下政策措施。

一、加大财政金融支持力度

（一）加强对防疫重点企业的财税支持。对疫情防控重点物资生产企业为扩大产能新购置的相关设备，允许一次性计入当期成本费用在企业所得税税前扣除，并可按月申请全额退还增值税增量留抵税额。对承担疫情防控运输任务以及为居民提供必需生活物资快递收派服务取得的收入，免征增值税。对纳入工信部支持新冠肺炎防护用品（具）技术改造设备购置补贴的重点企业，省财政给予设备购置费中央补贴后的剩余配套补贴；对纳入省级支持的企业，省财政全额补贴设备购置费用。在疫情防控调度任务结束后，对省疫情防控指挥部统一征用调配的重点企业已生产的库存产品，以及省定的医药物流企业已按指令采购的剩余产品，全部由政府兜底采购收储，省财政负责按分级负担原则落实资金。（责任单位：省财政厅、省经信厅、省税务局等，各市、州、县人民政府）

（二）加强对防疫重点企业专项金融信贷支持。积极争取将我省防疫重点企业纳入国家疫情防控重点保障企业支持名单，建立省级疫情防控重点保障企业名录，争取中央专项再贷款资金支持。对获得中央专项优惠贷款支持的企业，省级财政统筹按企业实际获得贷款利率的50%进行贴息，贴息期限不超过1年。对未能纳入疫情防控重点保障企业名单，但在支持我省疫情防控工作中作用突出的卫生防疫、医药产品、医用器材、医废处置、商贸流通等企业2020年新增贷款（1000万元以内），省级财政按照市场报价利率的30%给予贴息。（责任单位：省发展改革委、省经信厅、省财政厅、人行武汉分行等，各市、州、县人民政府）

（三）加强信贷纾困。各金融机构不得盲目抽贷、断贷、压贷，确保企业不因资金问题影响复工复产。2020年，全省普惠型小微企业贷款增速要高于各项贷款平均增速，小微企业贷款余额和新增贷款规模不低于去年水平，其中国有大银行上半年普惠型小微贷款余额同比增速力争不低于30%，全年增速不低于20%。提高金融机构存款准备金考核和中小企业信用贷款不良率的容忍度。免收企业应收账款质押登记、变更登记、异议登记费。各金融机构应按照市场化、法治化原则，对受疫情影响、暂时遇到困难的各类企业2020年1月25日以来到期的贷款，实施临时性延期还本付息安排，最长可延至2020年6月30日，免收罚息。6月30日后，银企双方可自主协商、合理确定后续的还本付息计划。各金融机构应对接好人民银行再贷款再贴现专用额度政策，加大对复工复产、春耕备耕等领域涉农、小微企业信贷支持力度，相关贷款利率不高于最近一年期贷款市场报价利率加50个基点。各金融机构应通过配备专项信贷规模、实施内部资金转移定价优惠、采取差异化绩效考核办法等措施，提升湖北地区的金融供给能力。各政策性银行要主动对接3500亿元专项信贷额度，对制造业、外贸、春耕备耕和生猪生产产业链上的中小微企业加大信贷支持力度。继续开展小微企业“百万千亿金惠工程”“首贷专项行动”和“百行进万企”融资对接活动，力争2020年普惠型小微企业综合融资成本较上年降低1个百分点以上。引导金融机构定向发放低息贷款支持个体工商户。丰富融资产品，探索推行应急订单贷、技改支持贷、应急资金循环贷等多种灵活适时的金融产品。（责任单位：省地方金融监管局、人行武汉分行、湖北银保监局等，各市、州、县人民政府）

（四）支持企业直接融资。上市公司受疫情影响，难以按期披露业绩预告、业绩快报、2019年年报及2020年一季报的，可向证券交易所申请延期办理。新三板挂牌公司受疫情影响，难以在原预约日期披露2019年年报的，可向全国股转公司申请延期披露。国家、省级疫情防控重点保障企业，有上市意向的，优先纳入我省上市后备“金种子”“银种子”“科创板种子”企业名单，进行重点辅导培育。防疫物资重点生产企业拟在沪深证券交易所上市、“新三板”挂牌的，省及市县财政积极落实好分阶段奖励扶持政策。（责任单位：省地方金融监管局、省财政厅、湖北证监局等，各市、州、县人民政府）

（五）加强融资担保支持。政府性融资担保再担保机构对服务疫情防控的相关企业免收担保费、再担保费；对受疫情影响严重的小微企业，担保费率降至1%以下，再担保费减半征收。政府采购中标的中小企业可以凭政府采购合同直接向合作金融机构申请贷款，无需提供任何形式担保，合作金融机构提供利率优惠和绿色通道。建立完善政银担风险分担机制，对单户1000万元以内或国家规定的政策性融资担保业务，省再担保集团、政府性融资担保机构、贷款银行和地方政府按规定比例分担风险。省内保险机构积极推出面向复工复产市场主体的疫情防控保障类保险产品。（责任单位：省地方金融监管局、省财政厅、省国资委、湖北银保监局等，各市、州、县人民政府）

（六）对扩大融资的金融机构给予激励支持。对省级金融机构疫情防控期间实施无还本续贷情况进行统计审核，对排名靠前的给予适当奖励；对企业发行债务融资工具提供主承销服务的金融机构，根据年度发行和贡献情况给予适当奖励。（责任单位：省地方金融监管局、省财政厅、人行武汉分行、湖北证监局等，各市、州、县人民政府）

二、切实为市场主体降本减负

（七）阶段性减免税负。自2020年3月1日至5月31日，免征全省小规模纳税人适用3%征收率征收的增值税。纳税人因疫情影响不能按期缴纳税款的，经税务机关批准，可延期缴纳，最长不超过3个月。因疫情影响遭受重大损失，纳税人缴纳2020年度城镇土地使用税、房产税确有困难的，经税务机关核准，可依法减征或者免征。受疫情影响较大的困难行业企业2020年度发生的亏损，最长结转年限由5年延长至8年。对符合条件的企业加快出口退税进度。自2020年1月1日至3月31日，对捐赠用于疫情防控的进口物资免征进口关税和进口环节增值税、消费税。（责任单位：省财政厅、省税务局、武汉海关等，各市、州、县人民政府）

（八）降低用工成本。自2020年2月至6月，免征全省各类参保企业养老、失业、工伤保险单位缴费，已缴纳的按程序退抵；按规定执行减半征收职工基本医疗保险单位缴费政策。受疫情影响生产经营出现严重困难的企业，可申请缓缴不超过6个月的社会保险费，缓缴期间免收滞纳金。自3月1日起，中小微企业可连续6个月按3%的标准缴纳住房公积金；6月30日前，企业可申请缓缴住房公积金，缓缴期间缴存时间连续计算，不影响职工个人正常提取和申请住房公积金贷款。（责任单位：省人社厅、省财政厅、省住建厅、省医保局、省税务局等，各市、州、县人民政府）

（九）降低用电用气用水成本。自2020年2月1日至6月30日，执行支持性两部制电价政策，对疫情防控期间暂不能正常开工的企业，放宽容（需）量电价计费方式变更周期和减容（暂停）期限；除高耗能行业外，阶段性降低企业用电价格5%。为疫情防控直接服务的医疗等场所新建、扩建用电需求，免收高可靠性供电费。6月30日前，中小微企业工业用水、用天然气价格按基准价下调10%。对中小微企业以及疫情防控物资生产企业生产经营所需的用电、用气、用水等，实行“欠费不停供”政策，企业于疫情结束之后3个月内补缴缓缴的各项费用免收滞纳金。（责任单位：省发展改革委、省住建厅、省能源局、省电力公司等，各市、州、县人民政府）

（十）降低物流成本。疫情防控期间到疫情结束，收费公路免收车辆通行费。疫情结束到2020年底，在原优惠政策基础上，对二类ETC货车给予应交通行费22%的优惠，对三类ETC货车给予应交通行费14%的优惠。6月30日前，减半收取铁路保价、集装箱延期使用、货车滞留等费用。（责任单位：省交通运输厅、中国铁路武汉局集团有限公司等，各市、州、县人民政府）

（十一）减免市场主体房屋租金。对承租国有资产类经营用房的中小微企业免收3个月租金，再减半征收6个月房租。鼓励疫情期间各类市场主体发展载体减免承租企业房租。疫情期间为个体工商户减免租金的大型商务楼宇、商场、市场和产业园区等出租方，当年缴纳房产税、城镇土地使用税确有困难的，可申请减免。（责任单位：省国资委、省财政厅、省税务局等，各市、州、县人民政府）

三、千方百计促进稳岗就业

（十二）加强省内就业服务。开展“网上春风行动”，引导农民工、应届毕业生等重点就业群体安全有序流动，原则上不得限制健康的返岗务工人员出行，推动解除疫情地区人员返岗务工。开展网络招聘专项活动，所有市场主体、求职者均可在公共就业人才服务机构网站上免费发布招聘求职信息，支持推广视频招聘、远程面试、网上签约报到等新型招聘模式。（责任单位：省人社厅、省公安厅、省交通运输厅等，各市、州、县人民政府）

（十三）加强外出务工服务。加强与长三角、珠三角、京津冀等重要劳务输入地区的密切联系，提供“点对点、一站式”服务，帮助务工者有序返岗。驻外劳务机构应主动加强与用工地方有关主管部门和就业中介对接沟通，及时掌握当地人力资源市场供求状况和变化趋势，为我省外出务工人员提供政策咨询、就业帮助和维权服务。（责任单位：省人社厅等，各市、州、县人民政府）

（十四）加强大众创业支持。对受疫情影响暂时失去收入来源的个人和小微企业，在申请创业担保贷款时优先给予支持。对符合条件的、贷款额度不超过300万元的小微企业创业担保贷款，财政部门按照贷款合同签订日贷款基础利率的50%给予贴息。对已发放创业担保贷款展期期限不超过1年的，由财政部门继续给予贴息支持。对返乡创业人员首次创业办理注册登记、正常经营6个月及以上、带动就业3人及以上的，给予5000元一次性扶持创业补贴。（责任单位：省人社厅、省财政厅、人行武汉分行等，各市、州、县人民政府）

（十五）创造更多就业岗位。统筹使用事业单位编制，公开招聘一批乡村教师、医生、社会工作者充实基层服务力量，继续组织实施好“三支一扶”和“西部计划”等基层就业项目。鼓励各地设立乡村保洁员、水管员、护路员、生态护林员、灾害信息员等公益性岗位，对从事公益性岗位政策期满仍未实现稳定就业的就业困难人员，政策享受期限可延长1年。2020年光伏扶贫发电收益的80%用于贫困人口承担公益岗位任务和参加村级公益事业建设的劳务费用支出。充分发挥楚商和其他商会组织以及湖北校友企业提供就业岗位、吸纳就业人员的作用。企业吸纳登记失业半年以上人员或就业困难人员就业且签订1年以上劳动合同并按规定缴纳社会保险费的，可给予1000元／人一次性吸纳就业补贴。（责任单位：省人社厅、省教

育厅、省卫生健康委、省能源局、省工商联等，各市、州、县人民政府）

（十六）加大援企稳岗力度。企业裁员（减员）率不高于5.5%的，返还其上年度实际缴纳失业保险费的70%；对参保职工500人以下的企业可直接按上年度实际缴纳失业保险费的50%予以返还。困难企业稳岗返还政策延续实施至2020年底。对受疫情影响坚持不裁员且正常发放工资的中小微企业，其正在享受的社会保险补贴在复工复产后继续延长6个月。企业吸纳就业困难人员、零就业家庭成员就业并开展以工代训的，经人社部门审核后，给予企业每人每月500元的培训补贴，补贴期限不超过6个月。（责任单位：省人社厅、省财政厅等，各市、州、县人民政府）

四、加快畅通经济循环

（十七）抓好稳链补链强链。统筹推进重点企业和产业链配套企业复工复产，帮助解决原材料供应、上下游协作等问题。加强各级各类政府出资产业基金统筹，围绕重点产业建立救助机制，加大传统产业技改升级力度，防止产业萎缩或产业链迁移。围绕疫情催生的新需求，支持大数据、物联网、5G、人工智能等新业态、新技术企业在社会治理、疫情防控、无人物流、远程办公等领域集成创新和发展壮大。针对疫情防控期间暴露的产业链短板，支持医用防护物资、诊疗检测等行业加快发展。各地对今年产业稳链补链强链重大项目列出具体目标，实行量化考核，优先纳入省及各地重点项目推进计划。对新进规企业实施奖励政策。（责任单位：省发展改革委、省经信厅、省财政厅等，各市、州、县人民政府）

（十八）大力提振消费。“危中寻机”大力推动线上消费，大力支持发展生鲜电商、在线诊疗、线上教育、网络视频、数字娱乐、无接触配送等“宅经济”“云生活”消费新模式。协调网络通信运营商及楚天云、长江云等云平台为企业提供3—6个月的免费云上办公服务和提速服务。对经营规范、信誉良好的旅行社，暂时退还80%旅游服务质量保证金。稳定汽车大宗消费，鼓励各地出台在充电电费、停车费以及自用充电桩建设等使用环节支持个人购买新能源汽车的综合性补贴政策。调整服务业专项引导资金投向。各地要因地制宜制定激励政策，有序组织推动住宿餐饮、商贸零售、住房租赁、旅游景区、出租车等受影响较大的消费领域企业有序恢复经营。（责任单位：省发展改革委、省经信厅、省财政厅、省住建厅、省交通运输厅、省商务厅、省文化和旅游厅、湖北广播电视台、省通信管理局等，各市、州、县人民政府）

（十九）稳定外经贸发展。对受疫情影响引发的国际贸易、海外投资和工程承包、劳务派遣等合同纠纷，积极组织有关部门、机构、中介组织为相关企业提供商事法律支援，开通贸易投资促进等公共服务绿色通道，协助外经贸企业办理“不可抗力事实证明”和其他商事文件认证。各地要结合实际制定鼓励医疗卫生防疫、医药产品、医用器材等领域外贸企业加快生产的具体政策，扩大出口规模。统筹现有相关外经贸专项资金，对企业“走出去”项目保险费用给予支持。（责任单位：省商务厅、省经信厅、省贸促会等，各市、州、县人民政府）

五、精准扩大有效投资

（二十）加大投资力度补短板。建立重大项目周调度机制，加快推进上半年875个拟新开工亿元以上重大项目、195个10亿元以上重大项目有序开工。及时制定新开工重大项目三个月滚动计划，制定在建项目复工、新项目开工推进方案。加强公共卫生服务、应急物资保障、防灾减灾、老旧小区改造、交通物流、5G网络、数据中心、医废处置等基础设施补短板项目的谋划建设，建立三年滚动建设项目库。抓紧物资储备体系和应急管理体系建设，在鄂西北、鄂东南、鄂西南建设3个省级应急救援基地。对2020年省重点项目投资计划进行调整，新增相关领域100个补短板项目。（责任单位：省发展改革委、省经信厅、省生态环境厅、省住建厅、省交通运输厅、省卫生健康委、省应急管理厅、省通信管理局等，各市、州、县人民政府）

（二十一）加大资金投入和要素保障。抢抓中央新增预算内投资及调整既有预算计划机遇，全力争取国家对我省增加专项转移支付，提高项目投资国家补助比例及专项切块下达份额。积极争取扩大我省地方政府专项债券资金规模。全年争取发行300亿元企业债券。与国开行、农发行建立补短板稳投资专项融资机制。鼓励信用优良企业发行小微企业增信集合债券。存量工业用地经批准提高容积率和增加地下空间的，不再增收土地价款。对受疫情影响，未能按出让合同缴付土地价款的，免收滞纳金和违约金。省委、省政府督办的重大产业项目和省重点项目可于疫情结束后3个月内延期补缴土地出让金。对省级重点项目和新建非营利性医疗场所，所需建设用地计划由省级统筹解决。（责任单位：省发展改革委、省财政厅、省自然资源厅、国开行湖北省分行、农发行湖北省分行等，各市、州、县人民政府）

（二十二）全力扩大招商引资。针对疫情暴露的短板和促进发展的需要，广泛开展“最美逆行湖北”招商引资活动，鼓励湖北校友、武汉校友、楚商企业家开展“资智回荆楚”行动。大力推行网上招商，积极推广网上洽谈、视频会议、在线签约等网上招商方式，推动尽快签约。各地要用好用足省高质量发展激励资金，制定招商引资奖励政策，加大对重大产业项目落地的奖励力度。（责任单位：省商务厅、省工商联等，各市、州、县人民政府）

六、抓好春耕和农业生产

（二十三）做好农资农机服务保障。抓好种子、农药、化肥、农膜等农资生产，引导种养大户、农民专业合作社等各类经营主体与农资生产企业和经销商“点对点”对接，开展配方施肥、病虫统防统治等服务。有针对性提前做好农机跨区作业衔接，保证春耕需求。确保2020年粮食播种面

积和产量保持基本稳定。(责任单位:省农业农村厅等,各市、州、县人民政府)

(二十四)抓好重点农产品生产供应。对农业产业化龙头企业、家庭农场、农民合作社加大支农信贷投放力度,积极争取纳入国家和省级重点保障企业名单,投放总量高于去年同期水平。落实好人民银行关于专项再贷款、支农支小再贴现政策,支农支小再贷款利率下调至2.5%。推广“农担信用贷”,对于农业新型经营主体300万元以内、省级及省级以上龙头企业500万元以内贷款项目,实行免抵押信用贷款,降低担保费率至0.5%。加快恢复生猪生产,将养殖场户贷款贴息补助范围由年出栏5000头以上调整为500头以上。省财政安排2000万元专项资金,补助企业鲜蛋收储。对损失较大的家禽养殖场户给予延长还贷期限、放宽贷款担保等政策支持。统筹涉农资金,优先用于扶持“菜篮子”产品主产区的经营主体恢复生产。通过农业生产发展资金,对家庭农场和农民合作社开展农产品冷藏保鲜、冷链物流设施建设给予支持。落实好蔬菜和部分鲜活肉蛋品流通环节免征增值税政策。(责任单位:省农业农村厅、省财政厅、省税务局、人行武汉分行等,各市、州、县人民政府)

七、保障和改善民生

(二十五)打赢精准脱贫攻坚战。对因疫情影响导致生活困难的人员,采取“先帮扶、后认定”方式,落实落细低保、医保、特困人员救助供养等社会保障政策,防止因疫致贫返贫。对出现还款困难的扶贫小额信贷,可延长贷款期限6个月。对努力克服疫情影响积极带动贫困户发展的扶贫龙头企业和合作社等主体,各地可给予一次性生产补贴和贷款贴息支持。鼓励省内易地扶贫搬迁补短板配套项目、以工代赈项目建设工地和增设的公益性岗位优先吸纳贫困人员就业。(责任单位:省扶贫办、省发展改革委、省民政厅、省财政厅、省人社厅、省医保局等,各市、州、县人民政府)

(二十六)加强群众基本生活保障。落实“米袋子”省长负责制和“菜篮子”市长负责制,加强价格监测和产品质量安全监管,对粮油、蔬菜、肉蛋奶等重要生活物资运输开辟绿色通道,确保市场不脱档、不断供,确保重要民生商品价格水平稳中有降。及时将符合社会救助条件的困难家庭和特殊群体,按规定纳入相应救助范围。优先安排低保对象就业。6月30日前,对全省所有水、电、气居民用户实行“欠费不停供”政策。对因离鄂通道管控滞留湖北的生活困难的外地人员继续实施兜底保障。加快落实价格临时补贴政策,建立迅速发放机制。(责任单位:省发展改革委、省民政厅、省人社厅、省住建厅、省交通运输厅、省农业农村厅、省商务厅、省市场监管局、省粮食局、省电力公司等,各市、州、县人民政府)

八、优化营商环境

(二十七)加强企业精准帮扶。加强党对有序复工复产和“六稳”工作的领导,实行省领导分片包市(州)、市州领导分片包县(市、区)的服务企业机制。开展“万名干部进万企下万村”活动,各地要组织服务企业工作队,网格化、全覆盖地宣传政策、了解情况、解决困难,增强企业信心。各地各部门要及时协调落实税费减免、金融支持、贷款贴息、用工补贴等支持政策,及时解决春耕生产和用工、用地、交通、原材料、设备、资金等问题,对确保疫情防控物资和生产生活物资的运输车辆,不停车、不检查、不收费、优先通行。依托各级政务服务网,搭建问题诉求反映和快速反馈平台。(责任单位:省政府各部门,各市、州、县人民政府)

(二十八)优化审批服务。全面实行企业复工复产申请“一口受理、一网通办”,线上在各级政务服务网开辟复工复产审批专栏,线下在各级政务服务中心或指定地点设置综合窗口,统一受理申请、一次性收取材料、审批结果统一反馈。严禁向企业收取复工复产保证金等。依托投资项目在线审批监管平台,大力推进“不见面”审批服务,立项、规划许可、施工许可、能评等审批事项,可结合区域性统一评价成果实行承诺审批制、先建后验。对于涉及保障疫情防控必需、公共事业运行必需、群众生活必需、农业生产必需以及其他涉及重要国计民生急需的项目特事特办,建立招投标特别通道服务机制。(责任单位:省发展改革委、省生态环境厅、省自然资源厅、省住建厅、省公共资源交易监管局、省政务管理办等,各市、州、县人民政府)

(二十九)实施包容审慎监管。适当放宽企业资质维持期限,对企业资质有效期满、因疫情原因未能办理维持手续的,自动延期至疫情结束;需继续办理生产经营许可事项的,准予其在疫情结束后3个月内办理延期手续。完善企业信用修复机制,对受疫情影响生产订单未完成或者产品交付不及时的企业,采取便利信用修复流程,规避失信风险;对受疫情影响暂时失去收入来源的企业,可依调整后的还款安排,报送信用记录。(责任单位:省发展改革委、省市场监管局、人行武汉分行等,各市、州、县人民政府)

(三十)加强经济运行监测调控。抓紧创新和完善省内经济调控机制,密切监测疫情对经济社会发展的影响,特别是对就业、房地产、金融、财政、中小微企业的影响,积极实施逆周期调节政策。加强政策措施的预研储备、督办落实和效果评估。(责任单位:省发展改革委、省经信厅、省财政厅、省人社厅、省住建厅、省统计局、省地方金融监管局、人行武汉分行、湖北银保监局、湖北证监局等,各市、州、县人民政府)

国家出台的其他支持企业发展的政策,各地各部门要抓好落实。省政府有关部门要制定发布本行业、本领域的具体政策措施。各地可结合实际出台具体实施办法。本政策措施自印发之日起施行,有效期至2020年12月31日(国家和省有关文件对具体政策措施明确执行期限的,从其规定)。

省人民政府关于印发湖北省新一代人工智能发展总体规划（2020—2030年）的通知

各市、州、县人民政府，省政府各部门：

现将《湖北省新一代人工智能发展总体规划（2020—2030年）》印发给你们，请认真贯彻执行。

2020年8月25日

湖北省新一代人工智能发展总体规划（2020—2030年）

人工智能已经成为新一轮科技革命和产业变革的引领性力量，是推动科技跨越发展、产业优化升级、生产力整体跃升的核心驱动力。为贯彻落实国务院有关文件精神，加速推进人工智能与我省经济社会发展深度融合，培育人工智能产业，构建人工智能创新生态体系，制定本规划。

一、总体要求

（一）指导思想。坚持以习近平新时代中国特色社会主义思想为指导，全面贯彻党的十九大和十九届二中、三中、四中全会精神，深入落实习近平总书记视察湖北重要讲话精神，落实党中央、国务院决策部署，充分发挥湖北实际应用场景广、产业生态体系全、研发基础能力强的独特优势，加快湖北人工智能的前瞻性布局。以创建国家新一代人工智能创新发展试验区为契机，以新冠肺炎疫情防控催生的新技术、新业态、新模式为引领，坚持人工智能产业培育、开放创新、环境支撑、全面融合“四位一体”统筹推进，将湖北打造成为全国重要的人工智能技术创新和应用示范新高地，为构建智能化和现代化社会提供坚实基础和强大支撑。

（二）基本原则。政府推动。加强政府协调推动，积极发挥规划引导和政策支持作用。健全发展环境支撑，谋划推动相关基础设施迭代升级，加强重大项目和创新平台建设，加快引导优质资源集聚。

市场主导。充分发挥市场配置资源的决定性作用，更加突出市场化创新主体的作用，发挥领军企业的示范效应和带动能力，支持中小企业开展各类创新开发与应用，加快创新资源汇聚，形成技术和产业竞争优势。

应用驱动。促进人工智能在实体经济、民生保障以及社会管理中的深度应用，扎实推进典型行业应用示范，形成特色人工智能落地应用场景。

产业引领。把握人工智能发展趋势，加强前沿基础理论研究，推动关键核心技术实现突破。支持重点领域人工智能产品研发，加快产业化落地。开放创新。倡导开放共享理念，推动创新及行业服务平台建设，促进产学研用各创新主体共创共享，加快推动数据资源开放共享，积极融入全球人工智能科技创新网络，夯实创新发展人才基础。

（三）发展目标。

近期目标。到2022年，人工智能发展环境和基础设施不断完善，人工智能产业规模、技术创新能力和应用示范处于全国第一方阵，初步形成具有国内影响力的人工智能创新应用先导区及产业集聚区。

——关键技术实现多点突破。深度学习、语音识别、计算机视觉、自然语言处理、智能传感器、神经网络芯片等关键核心技术取得重要突破，获得一批标志性科研成果。培育一批人工智能领军人才和创新团队，形成创新生态体系，将武汉打造成为全国人工智能创新引领区。

——重点应用场景取得重要进展。在智能制造、智能教育、智能环保、智慧城市、智能政务等重点领域形成特色应用，实施100个以上人工智能应用示范项目，培育一批专注深度应用场景的创新型企业，形成10家以上国内有影响力的人工智能企业。

——人工智能成为经济新增长点。人工智能对经济社会发展的带动能力快速提升，成为经济增长新动能。人工智能核心产业规模超过200亿元，带动相关产业规模达到1500亿元。初步形成人工智能服务和引领全省经济高质量发展格局。

中期目标。到2025年，人工智能创新发展生态体系渐趋完善，在人工智能基础前沿理论、核心技术、支撑平台、创新应用和产业发展等方面均取得显著进展，人工智能总体技术与产业发展水平全国领先。

——理论和技术实现重大突破。深度学习、类脑智能、群体智能理论、跨媒体感知、跨媒体分析推理、自主无人智能等前沿基础研究和关键技术实现重大突破，取得一批在国际上具有影响力的引领性研究成果。

——形成人工智能深度应用发展格局。新一代人工智能技术得到广泛应用，在工业生产、民生保障、社会治理等诸多领域形成深度融合发展局面。培育一批具有国际影响力的人工智能领军人才和创新团队，创新生态体系更趋完善。打造若干全国领先的人工智能示范应用产业集群，形成30家以上国内有影响力的人工智能企业。

——经济增长引擎作用不断提升。人工智能产业规模及经济带动作用不断增强，成为引领产业转型升级的核心动力。人工智能核心产业规模超过600亿元，带动相关产业规模达到6000亿元。

远期目标。到2030年，构建成熟的人工智能发展环境，形成关键技术领先、特色应用引领、软件硬件均衡发展的产业体系。新一代人工智能总体技术和应用达到世界先进水平，在若干人工智能融合应用重点领域涌现一批国际知名企业，产业集群吸引创新资源集聚效应明显，成为具有全球影响力的区域人工智能创新中心。人工智能对经济社会发展的支撑作用明显，成为湖北新的经济支柱产业。人工智能核心产业规模达到1800亿元，带动相关产业规模达到1.2万亿元，形成50家以上国内有影响力的人工智能企业。

二、拓展人工智能融合应用场景

发挥好人工智能溢出带动性强的“头雁”效应，聚焦在经济生产、群众生活、政务服务等领域的十大重点应用场景，形成无时不有、无处不在的智能化环境，全面提升全省社会生产效率和民生保障水平。

（一）加速融合助力供给侧改革。促进人工智能与生产生活融合创新，将人工智能与实体经济融合发展作为推进经济发展方式转变和产业结构调整的重要新突破口。

1. 智能制造。推动省内工业企业开展数字化、网络化、智能化改造，鼓励企业通过设施设备上云、管理系统上云、业务应用上云等多种方式加快进行数字化改造，形成智能化发展基础能力。大力促进人工智能在产品研发设计、生产流程优化、远程运维服务、企业资源规划与供应链管理等环节广泛应用，形成动态化管理、柔性化生产、预测性维护的生产局面，进一步激发数据资源要素潜力。

专栏1 工业智能化转型工程

依托湖北省智能制造试点示范项目、“两化融合”试点示范项目、“万企万亿技改工程”项目，推广高档数控机床与工业机器人、增材制造装备、智能传感与控制装备、智能检测与装配装备、智能物流与仓储装备等关键技术装备应用，加快工业互联网创新应用，形成“数字工厂”“无人工厂”“智慧工厂”等先进智能制造模式。加快建立和发展基于新一代人工智能技术的汽车、船舶、钢铁、建材、食品、医药、服装等制造业现代化生产体系，加速智能化转型升级，推进制造业全生命周期智能化改造。

2. 智能农业。推广农业智能传感与控制系统、智能化农业装备、农机田间作业自主系统等，提升农业生产精准化、智能化水平。建立完善天空地一体化智能农业信息遥感监测网络，通过病虫害智能探测、气象灾害智能识别预警等，减少农产品生产灾害损失。应用大数据、物联网等先进技术，推动农产品生产、加工、仓储、质量追溯等全流程数字化。围绕湖北龙虾、柑橘、香菇、茶叶、蔬菜、畜禽等特色产业链和“菜篮子”产品生产供应链，开展智能农场、智能畜禽养殖场、智能渔场、智能果园、农产品加工智能车间、农产品绿色智能供应链等集成应用示范。支持湖北省农业农村大数据中心建设。利用大数据智能分析系统、数字化技术助力农业信息化及精准扶贫。

3. 智能商务。鼓励跨媒体分析与推理、知识计算引擎与知识服务等新技术在商务领域应用，推广基于人工智能的新型商务服务与决策系统。积极支持各类特色商务云平台、电子商务服务平台发展，推进商务信用信息综合平台建设，加快推动企业及平台数字化、智能化转型。拓展商务大数据采集和分析应用，加快精准营销、智能配送、供应链管理等新型商贸服务发展，支持人工智能技术在现代商务全流程的示范应用及创新。

专栏2 商贸流通智能化转型升级工程

建立商贸大数据平台。通过智能化数据分析，提高大宗商品交易、跨境贸易的效率。

探索智慧零售新模式。发展“无人售货商店”，打造智能化线上线下零售场景，优化升级消费体验。鼓励企业采用深度学习、大数据、云计算等技术，对销售数据、消费行为数据进行分析，推进精准营销、智能配送等新型商贸服务。针对重点商贸企业开展智能化改造应用示范项目，大幅提高全行业智能销售业务收入占比，降低营销及推广成本。

（二）广泛应用改善民生保障。利用人工智能技术，创新智能服务体系，着力破解民生领域的突出矛盾和难点问题。

1. 智能健康。加快建设医疗健康大数据中心，利用人工智能核心技术，推动人工智能诊疗新模式，建立快速精准的智能医疗和健康服务体系。利用图像识别、认知计算和深度学习等技术，提升诊疗辅助、健康管理服务能力。搭建由人工智能驱动的公共卫生健康监控平台，建立传染病人工智能预警及监测机制。运用人工智能技术，提高远程诊断准确率并缩短诊疗时间，开展远程临床会诊、远程影像诊断、远程病理诊断和远程医学教育等远程医疗和培训服务。加强群体智能健康管理，利用大数据、物联网等关键技术，研发医疗级及健康管理可穿戴设备和家庭智能健康监测设备。建设智能养老社区和机构，推动智能陪护机器人、智能健康设备等广泛应用。围绕国家人工智能条件下养老社会实验试点城市建设，大力推行“互联网+智能居家养老”新模式。

专栏3 智慧医院建设工程

研发推广普及人机协同的手术机器人、智能诊疗助手，研发柔性可穿戴、生物兼容的生理监测系统等，推动人机协同临床诊疗方案智能制定、智能影像识别、病理分型和智能多学科会诊加快投入应用。支持华中科技大学同济医学院附属同济医院、协和医院，省人民医院等高水平三甲医院率先开展智慧医院建设，建立和完善人工智能辅助诊疗中心，推动先进智能医疗设备开发应用，提升医疗服务能力和群众获得感。

2. 智能文旅。研发引领文化和旅游消费新趋势的可穿戴设备、智能硬件、沉浸式体验平台、应用软件及辅助工具。推动人工智能技术在游戏开发、影视动漫、文学创作、主题乐园及全域旅游等领域开展行业示范应用，提高省博物馆、荆州博物馆等博物馆以及各类图书馆、美术馆、文化馆等文化场所的数字化、智能化水平。鼓励文化娱乐和工业设计企业加强人工智能技术应用，推动智能设计与产品创新设计的融合发展。构建神农架、武当山、黄鹤楼、武汉东湖、三峡大坝、恩施大峡谷等著名文化与旅游资源三维模型资源库，结合预判式自动推荐、模拟服务系统等技术，提升文化旅游智能化水平。利用人工智能、大数据技术提升夜间文化娱乐和旅游等消费场景体验，促进夜间经济发展。

3. 智能教育。积极推进基于教育大数据的智能产品与服务在教育教学、教育管理、教育评价、生活服务等方面的全流程应用，推动教育模式变革和生态重构。推进智慧校园建设，构建以学习者为中心的智能化教育教学环境。推进虚拟仿真实验教学，加快建设在线智能教室、智能实验室、虚拟工厂（医院）等智能学习空间。推进基于人工智能的精准化教学和个性化学习，推动智能教学助手和智能学伴应用，提高教与学的效率。开展智慧教育示范区创建和智能教育试点示范学校建设，支持武汉市建设国家智慧教育示范区。

专栏4　智慧教育平台建设工程

推进基于大数据的全省学校数字校园超市建设，构建智能化教育信息系统认证、选用、采购、推送、应用和反馈体系，加快实现数字校园建设全覆盖。在高校和职业学校，面向高精尖设备操作、危化品使用、复杂工艺流程等专业教学需要，建设100个基于5G的增强现实/虚拟现实（AR/VR）实训共享平台。推进基于人工智能的个性化精准化教学平台和终端建设，利用教学评价系统、学习终端和可穿戴设备，对教与学的全过程进行跟踪监测和过程化数据采集，在100所学校开展个性化精准化教学试验。

4. 智能环保。基于环保大数据平台体系，完善涵盖大气、水、危废等领域的智能环境监测网络和服务平台。研发资源能源消耗、环境污染物排放智能预测模型方法和预警方案，建立环境监测预警数据库和信息技术平台，强化污染源追踪与解析，加快提升环境质量自动监控和预警能力。建设突发环境事件智能防控体系，服务重点区域环境保护工作。

专栏5　智慧长江大保护工程

充分运用物联网、大数据和人工智能等技术，开展智慧长江大保护工程，打造长江利益共同体，实现长江大保护和长江经济带绿色发展。大力布局智能感知传感器，实现对长江流域大气、水、砂、生物、工程、船舶、航道等智能感知，构建长江感知库。形成长江大保护大数据平台，为更高效率推动长江流域生态保护和可持续发展提供数据基础，通过各种数据挖掘分析，实现长江生态环境管理智慧化。

（三）强化提升促进政务增效。围绕行政管理、城市管理、交通治理等社会治理的热点难点领域，促进人工智能技术的研发与应用，以人工智能技术助推社会治理现代化。

1. 智能政务。以“大数据+人工智能+政务服务”为突破口，基于全省一体化政务服务平台和“互联网+监管”平台，搭建适于政府服务与决策的智能化政务服务平台，提升政务信息资源整合、公共需求精准预测和智慧化服务水平。推动多维度数据分析、感情识别等在公共需求预测、社会舆情分析中的应用，推进人工智能技术在政策评估、风险预警、应急处置等方面的应用示范，支撑政府科学化决策。推动自然语言处理、服务机器人在网上办事大厅、鄂汇办APP、政府热线、门户网站、服务窗口的应用，提升政府公共服务效能。支持武汉市民之家、楚天云作为试点开展智能政务服务，大幅提高政务服务智能化水平以及政府信息资源开放共享程度。

2. 智慧城市。利用新一代人工智能技术创新城市管理，打造以人为本、数据驱动、精准治理、惠及全民的新型智慧城市系统。搭建适应新一代人工智能技术应用的城市管理平台，加快推进大数据、云计算与社会治理深度融合，聚焦城市重点领域，开展人工智能支持城市规划决策、综合运行管理、基础设施建设与运行维护、人居环境与生态监测、智能建造与智能家居等城市智能化应用的普及。构建智慧城市核心系统、关键技术和应用体系，推动形成智能化城市生态。

专栏6　智慧城市建设升级工程

以武汉、襄阳、宜昌等国家智慧城市试点为基础，进一步推动智慧城市试点示范建设。打造城市基础数据资源、城市智能基础设施、智能公共服务平台，构建并推进智慧医疗、智慧社区、智慧教育、智慧供热、智能交通、智慧住建、智慧旅游、智慧文化的全面发展。积极推动新一代人工智能技术在城市综合治理、政务服务、生态环保、城市规划设计、地下管廊建设、建筑施工管理以及工程质量控制等方面的应用。

3. 智能交通。搭建复杂场景下的多维交通信息综合大数据应用平台，推动各部门业务数据共建共享，发展交通智能监控、智能调度和智能协同系统，实现综合交通的智能化控制、诱导与协同。开展人工智能技术应用于车联网与交通路网协同优化研究，开展城市及高速交通道路的智能感知、预测、区域控制和疏导等应用，建立拥堵模型，实现路况预测、交通引导系统、道路管控等智能化。发挥湖北在测绘、高精度地图、卫星导航等领域的优势，研究建立基于5G的车辆自动驾驶与车路协同技术体系。开展智能驾驶、智慧路网、绿色用车、便捷停车、交通状态智慧管理等智能交通应用示范，促进省内智能交通领域创新企业快速成长。

三、加快推动人工智能核心产业发展

以市场需求为牵引，坚持人工智能研发攻关、产品应用、产业培育和空间布局全面推进，强化创新链和产业链深度融合、技术供给和市场需求互动演进，以技术突破推动领域应用和产业升级，以产业集群促进资源配置和产业生态优化。

（一）突破关键核心技术。

1.强化应用与前沿基础理论研究。突破应用基础理论瓶颈，加强大数据智能、跨媒体感知计算、人机混合智能、群体智能、自主协同与决策等基础理论研究；前瞻布局高级机器学习、类脑智能计算、量子智能计算等跨领域基础理论研究；开展跨学科探索性研究，推动人工智能与机械、电气、光电子、测绘遥感、认知科学、心理学、经济学、社会学等相关基础学科的交叉融合，加强支撑人工智能发展的数学基础理论研究，积极开展人工智能法律伦理的基础理论问题研究，在基础研究领域形成一批原创性成果。

2. 突破一批重点关键技术瓶颈。推进人工智能关键技术研发部署，以算法为核心，以数据和硬件为基础，重点提升感知识别、知识计算、认知推理、运动执行、人机交互能力，形成湖北特色优势关键技术体系。加强人工智能芯片、智能传感器等硬件技术以及操作系统研发，加强机器视觉、计算引擎与知识服务技术、自然语言处理及语音识别技术、虚拟现实智能建模技术、跨媒体分析推理技术、群体智能技术、混合增强智能新架构与新技术、智能自主无人系统等核心共性技术攻关。

（二）培育发展智能产品。加快人工智能关键技术转化和产业化，促进技术集成和商业模式创新。

1. 发展智能控制产品。依托机械自动化技术积累与产业基础，加快突破关键技术，研发并应用具备复杂环境感知、智能人机交互、灵活精准控制等特征的智能化设备，重点聚焦无人机、无人船、智能网联汽车、数控装置、机器人等优势领域，满足高可用、高可靠、高安全等要求，提升设备处理复杂、突发、极端情况的能力。

2. 突破智能芯片产品。充分发挥湖北芯片优势，围绕国家存储器基地构建存储器产品设计、技术研发、晶圆制造与测试为一体的人工智能硬件支撑，通过叠加地理信息、自动控制等湖北特色优势技术，开发基于新业态、新应用的信息处理、传感器、新型存储等关键芯片。

3. 打造智能制造产品。充分利用湖北汽车、船舶、电力、食品等优势产业基础，纵向拓展智能产品应用场景，丰富适用于优势制造业应用场景的各类人工智能产品，提高智能服务水平，促进应用场景智能化、人性化升级。重点推动智能辅助驾驶、复杂环境感知、车载智能设备等智能网联汽车相关产品研发生产；突破无人船智能驾驶、辅助驾驶、航行决策、智能操控等技术，丰富水文收集、航道巡查、旅游观光等领域的场景应用；开发智能储能设施、智能用电设施，推动能源供需信息的实时匹配和智能化响应；围绕食品分类、预警等级、食品安全隐患及评估等，研发便捷快速的检测技术与设备，强化人工智能对食品安全的保障。

4. 丰富智能家居产品。推动图像识别、语音识别、自然语言处理、智能搜索、自动控制等技术在智能家居产品的广泛应用。利用传感器和通讯设备对人居环境监测形成的数据流，通过云计算和深度学习建立相应模型，依托物联网对智能家电设备乃至整个建筑的实时控制，提升家居产品个性化、智能化服务水平。打造智能家居行业标准化体系，推动云端接口标准化，实现智能家居产品的互联互通。鼓励围绕家庭安全、环境监测、儿童陪护、智能管理等领域开发智能家居创新应用产品。

5. 培育智能建造产品。发挥湖北在道路、桥隧等建筑领域的领先优势，加快推进建筑信息模型（BIM）、地理信息系统（GIS）等重点技术的突破与应用，推动创新型产品与服务的开发，加快发展智能建筑和智能城市基础设施。加强建筑领域先进智能传感产品与全过程信息管理服务的应用推广，鼓励研发可以感知环境、感知状态，具有自适应、自修复功能的智能型建造装配产品，加快可远程操控的智能建造设备产业化，加快智能建造、绿色建造、安全建造的实现，为全生命周期管理提供支持。

（三）加快企业体系形成。聚集一批人工智能领域领军企业，坚持培养和引进相结合，深化人工智能领域创业企业培育，积极推动高端要素集聚。

1. 支持优势企业发展。开展人工智能企业树标提质行动，集中力量在智能控制、图像识别、智能机器人、智能网联汽车等湖北优势企业集中的领域，加快打造一批人工智能优势企业和特色品牌。对人工智能领域优势企业实行“一企一策”，精准服务企业发展需求，支持企业加快成长为具有国际影响力的龙头企业。加大在研发平台建设、重大技术攻关应用、高端人才引进培育等方面的支持力度，促进优势企业实现跨越式发展，进一步发挥行业优势企业的辐射带动作用。

2. 深化创业企业培育。以双创示范基地为载体，充分发挥人工智能对创新创业的引领带动作用，依托武汉大学、华中科技大学等高校和科研院所的技术力量，引进一批国内外创业孵化资源，搭建人工智能领域新型创业服务机构，建设一批低成本、便利化、全要素、开放式的人工智能众创空间。引导创新创业载体推进人工智能科技成果转移转化，聚焦自动化控制、地理空间信息等优势领域，孵化培育和发展人工智能创业企业。实施独角兽企业培育计划，促进人工智能企业发展。

3. 加快领军企业引进。充分发挥湖北高等院校众多、人才资源丰富、发展空间大等优势，利用世界人工智能大会等平台，提高湖北在人工智能领域的影响力与知名度，吸引领军企业来湖北发展。支持全球人工智能龙头企业在湖北设立研发机构，重点跟踪国内外计算机视觉、智能算法、智能芯片、机器人、智能医疗诊断等领域龙头企业，推动企业在湖北建立区域总部、创新中心、孵化基地和“双创”平台。坚持省市联合、部门联动，协同推进重点项目签约落地。

专栏 7　新一代人工智能企业培

育发展工程

1. 推动优势资源集聚，以武汉东湖新技术开发区为中心，积极培育引进领军企业。充分发挥东湖新技术开发区科教优势，支持领军企业在人工智能产业布局、基础设施建设、标准体系构建、知识产权交易等方面积极探索。以行业领军企业为核心，着力建设行业联合创新基地，发挥领军企业技术引领与集聚联动效应，带动产业链上下游创新企业共同成长。

2. 以国家级高新区、开发区为中心，加快优势企业的培育与引进。加大在研发平台建设、重大技术攻关应用、高端人才引进培育等方面的支持力度。推动特色创新，着力打造湖北人工智能特色品牌，不断推动人工智能在数字内容、创意、数字教育等产业的融合应用与跨越发展，形成一批特色企业。

3. 依托国家及省“双创”示范基地，充分发挥创投资本、技术核心的引领作用，高质量推进创业企业培育工作，营造创新创业包容开放氛围。鼓励省内领军企业率先开放资源，探索面向人工智能应用的创新合作模式，支持提供研发设计、数据训练、科技金融等综合创新服务。

（四）优化产业空间布局。按照人工智能应用领域分类布局，围绕人工智能产业链和创新链广聚发展资源，打造产业集群新高地。

1. 布局产业发展空间。紧密结合湖北现有区域和产业发展布局，构建以武汉为中心、襄阳和宜昌为副中心的湖北人工智能产业发展辐射圈。打造武汉人工智能创新中心，依托武汉国家新一代人工智能创新发展试验区、国家智慧教育示范区、国家网络安全人才与创新基地等试点示范区，开展人工智能前沿技术研究和重大科技任务攻关，推动武汉成为人工智能技术策源地和领军企业集聚地。发挥襄阳和宜昌的副中心作用，做好武汉创新成果的落地承接工作，充分利用襄阳装备工业优势以及宜昌在旅游、生物医药等领域的基础，加快布局人工智能创新应用试点示范。推动其他市（州）成为人工智能特色发展的重要节点，着力打造一批创新型产业集群，构建特色突出、产业互补、区域协同、共创共享的人工智能发展新业态。

2. 打造光谷龙头基地。依托东湖新技术开发区在光电子信息、生物健康、智能产业等主导产业的先发优势以及人才、技术、资本、企业等要素资源密集优势，通过招引国内外人工智能领军企业、联合共建高水平人工智能研发机构等方式，重点围绕信息、健康等优势产业推进人工智能技术转化，着力将光谷建设成为集前沿研究、成果转化、创业孵化、融合发展于一体，具有国内一流竞争力的新一代人工智能产业集聚发展基地。依托东湖新技术开发区高等院校和重点企业研究力量，进一步整合现有资源，加强紧密协作，重点推进人工智能在自动驾驶、人机交互、医疗诊断等领域的融合应用，组织开展创新试验，形成示范效应，培育具有国际竞争力的人工智能产业集群。

3. 构建创新引领示范园。布局人工智能特色产业集群，支持襄阳智能网联汽车示范园建设，支持各市（州）基于大数据、云计算、车联网、自动驾驶、智能机器人等产业基础和特色优势，建设一批人工智能特色示范园区。广泛开展人工智能与各行业融合创新，在制造、农业、物流、金融、商务、教育、家居、网络安全、智慧养老等重点行业和领域开展人工智能应用试点示范，形成可复制可推广的机制路径，推动人工智能成果转化、重大产品集成创新和示范应用。在示范园区内积极培育人工智能优秀企业，集聚高端人才等创新要素，发挥示范园区引领带动产业发展的作用。

四、营造开放创新发展生态

整体提升人工智能行业创新支撑能力，有效降低中小微企业研发成本，支持企业联合高校、科研院所建设产学研用协同创新研发平台，搭建数据开放平台、开源开放共性技术平台，鼓励各类创新主体建设行业公共服务平台，促进人才要素等创新资源集聚。

（一）建设协同创新研发平台。重点支持高校、科研院所联合人工智能企业建立有利于协同创新和成果转化的新型研发机构、概念验证实验室等技术研发平台，支持高校、企业申报国家级科研平台，促进人工智能前沿核心技术和应用技术开发研究。面向全球精准引进一批人工智能领域世界先进水平科研中心、实验室等国际高端研发机构。抢抓一批高科技龙头企业第二总部落户武汉的机遇，建设人工智能国际科技合作基地、联合研究中心等平台载体，积极承担人工智能重大项目，形成产业技术创新高地。鼓励建设人工智能领域国家级检验检测平台。

专栏8 人工智能技术创新突破工程

1. 面向人工智能在自动驾驶、人机交互、工业制造、金融商贸、医疗诊断等领域应用的算法瓶颈，以及芯片、软件框架等关键基础技术，支持以人工智能企业为主体，集聚产业链上下游、高校院所等创新资源，联合组建以开放协同为鲜明特色的人工智能技术创新中心、制造业创新中心、产业创新中心、产业技术研究院、联合实验室、产业技术基础公共服务平台、新型研发机构等。

2. 抢抓小米、科大讯飞、中兴通讯、海康威视、依图科技、旷视科技等企业第二总部落户武汉的重要机遇，以龙头企业为牵引，建设一批人工智能国际科技合作基地、联合研究中心、产业创新联合体等平台载体，积极承担人工智能重大项目，支持建设面向智能家居、智能汽车等重点领域的检验检测平台，支持建立人工智能安全技术研发和检测平台。

（二）加快数据资源共享开放。针对制约人工智能产业发展的“数据孤岛”问题，探索建立数据资源开放共享机制。鼓励企业、高校、研究机构等单位开放自有数据、提供数据服务，引导形成安全、合规、高效的数据共享开放体系。联合骨干企业建立基础数据资源平台和重点领域数据资源共享平台。加快推进人工智能标准测试数据集和云服务平台建设，增加基础语音、视频图像、文本音频等公共训练数据量。统筹利用大数据基础设施，强化数据安全与隐私保护，探索建立数据安全流动认证体系，为人工智能研发和广泛应用提供海量数据支撑。支持研制重要数据和个人信息安全技术与标准，建立数据共享交换监管制度，在保障数据安全的前提下加快数据交换。

（三）建设开源共性技术生态。支持开源开发平台、开放技术网络和开源社区建设。建设面向人工智能的开源软硬件省级基础平台。探索利用“揭榜挂帅”机制，搭建技术供需对接平台，加强人工智能关键共性软件的技术攻关和硬件的研发。以龙头企业、高校和科研院所为牵引，构建人工智能开源共性技术体系、产业发展支撑体系和全方位服务体系。引导鼓励各类人工智能新技术、新产品在武汉“首发首秀”，支持在地标性区域建立人工智能创新产品展示体验中心。鼓励骨干龙头企业构建基于开源开放技术的软件、硬件、数据、应用协同的新型产业生态，支持企业针对不同应用场景建设强化学习技术研发平台，为新一代智能机器人、智能工厂、网络安全、人机交互等技术提供基础设施支撑。

专栏9 开源开放技术平台建设工程

1. 构建人工智能开源共性技术体系。依托行业龙头企业、高校和科研院所，围绕计算机视觉、生物特征识别、语音识别、自然语言理解、自主决策控制等共性关键技术搭建开放平台，面向无人驾驶、智能机器人、智能家居等细分领域搭建开源系统平台。

2. 搭建人工智能产业发展支撑体系。整合人工智能创新资源，促进多方参与布局建设群体智能服务平台、人工智能及机器人开放服务平台、人工智能基础数据与安全检测平台、新型多元智能传感器件与集成平台、基于人工智能硬件的新产品设计平台、基于人工智能的工业云算法平台等产业支撑平台。

3.创建人工智能全方位服务体系。支持龙头企业根据市场需求搭建知识图谱、算法训练、产品优化等共性服务的开放性云平台以及行业数据平台、智慧物流大数据平台。

（四）构建人工智能人才高地。引导和鼓励高校设立人工智能相关学科专业，支持高校人工智能学科建设。构建政产学研用联动的人才需求对接和定向培养机制，依托武汉大学、华中科技大学、武汉理工大学等高校以及中科院测量与地球物理研究所等科研院所科教资源，加大人工智能人才培养力度，构建面向产业发展前沿的多层次、高质量人才团队。鼓励校企合作，在人工智能重点发展领域培育一批具有发展潜力的青年领军人才和科学家。大力引进人工智能基础理论、关键技术等领域的高端紧缺人才和高水平创新团队。支持市场化培训机构、人才继续教育实训基地和高技能人才培养基地等，开展人工智能紧缺急需专业技术人才和高技能人才培训。鼓励人工智能企业通过长短期聘用、项目合作、技术咨询等柔性引才方式，灵活引进高端人才。向入选“楚才引领计划”的人工智能领域高端紧缺人才发放“楚才卡”，提供落户居留、子女就学、医疗保健、安居保障、出入境等“一卡通”专员服务。发挥股权激励专项基金、人才发展基金等作用，留住并激励人工智能高端人才。

专栏10 人工智能人才队伍打造工程

1. 实施青年人才扶持行动。围绕人工智能产业发展需求，依托重大科技专项、博士后科研流动站与工作站、博士后创新实践基地、院士工作站等重大人才平台和基地，在人工智能重点发展领域培育一批具有发展潜力的青年领军人才和科学家。

2. 实施梯队人才培育行动。鼓励校企联合培养人工智能人才，合作开设专业课程，建立人才实训基地。吸引相关专业毕业生在湖北创业就业。

3. 加快人才服务体系建设。推进实施“楚才卡”和各地人才“一卡通”服务，提高人才服务便捷性。采取出入境便利化、发放短期工作居留许可等方式，支持开展人工智能国际交流和技术合作。

（五）打造行业公共服务平台。构建“人工智能+X”行业融合服务平台，强化人工智能技术对教育、农业、制造业等领域发展的支撑。围绕人工智能产业发展需求，培育和引进一批检验评测、人员培训、知识产权等方面的专业服务机构，加快建设一批技术转移中心、知识产权服务中心等人工智能专业技术服务平台。在人工智能核心技术链优势方向、产业应用生态链优势领域，支持龙头企业、科研院所主导相关国家标准、行业标准制定。支持各类创新主体搭建行业对接交流平台，支持行业领军企业、高校、科研院所和行业用户联合湖北省人工智能产业技术联盟，加快推动产业链上下游各类创新主体加强产学研用合作。探索建立人工智能重点应用场景机会清单发布机制，实现从“给优惠”向“给机会”转变，加快推动重点应用场景落地，培育发展人工智能新产业、新业态、新模式。

（六）建立网络安全保障体系。注重人工智能网络安全技术研发，强化人工智能产品和系统网络安全防护。加强人工智能网络安全技术标准制定，支持有条件的企业积极参与人工智能通用安全技术标准制定，建立人工智能网络安全技术标准体系。建立人工智能应用安全测试制度，构建人工智能安全检测平台，形成人工智能算法与平台安全性测试评估的方法、技术、规范和工具集。推动人工智能安全认证，加强人工智能设计、产品和系统的复杂性、风险性及不确定性评估，建立人工智能产品和系统关键性能安全认证制度。

五、保障措施

（一）加强统筹协调。在湖北省战略性新兴产业发展领导小组的统筹下，建立由省发改委、省科技厅牵头的湖北省新一代人工智能发展厅际联席会议制度，负责制定支持人工智能产业发展的政策措施，协调解决人工智能创新发展中的重大问题，推进各项重点任务顺利实施。建设高水平人工智能智库，支持智库开展前瞻性、战略性重大问题研究，加强人工智能产业发展研究与形势研判，开展人工智能创新发展重大决策咨询评估，高水平规划和指导全省人工智能产业发展。

（二）强化政策支持。完善人工智能发展扶持政策，严格落实相关税收优惠政策，统筹利用各类财政资金，引导社会资本、人力资源等要素投向，加快建设开放、包容、多元的创新生态和资源高效流动的制度环境。组织实施一批人工智能科技重大专项，加强与国家“1+N”人工智能项目群的衔接。降低“人工智能＋”领域创新创业门槛，推动人工智能在重点领域的试点示范。对人工智能企业合法运用公共数据采取包容审慎监管。发挥政府投资基金的引导作用，支持人工智能领域企业和项目。支持各市（州）制定符合区域特色的人工智能专项扶持政策。运用“基地+基金”“产业+基金”等模式，完善股权、债权投资体系，支持不同发展阶段的人工智能企业加快发展；利用天使投资、风险投资、创业投资基金及资本市场融资等多种渠道，引导社会资本支持人工智能发展；鼓励金融机构在人工智能领域开展投贷联动业务；支持人工智能企业通过融资租赁、信用贷款、知识产权质押贷款、股权质押贷款、担保贷款、信用保险等方式融资。建立政府部门与重点企业、行业技术专家的定期联络机制，主动做好沟通服务。

（三）基础设施保障。大力推动人工智能新型基础设施建设，构建泛在、安全、高效的智能化基础设施体系。加快5G网络部署，分步建设5G基站，加快5G规模组网，推动实时协同的人工智能5G增强技术研发及应用。推动固定宽带和移动宽带均迈入千兆(G比特)时代，为高带宽应用创新和推广提供基础网络保障。建设工业互联网，提升标识解析国家顶级节点（武汉）服务能力，完善工业互联网标识解析体系，支持龙头企业搭建企业级工业互联网平台。打造新型物联网，围绕重点领域，规模化部署低功耗、高精度的智能化传感器，实现大规模“物物连接”，支撑智能化工业生产、民生服务以及社会治理。加强数据共享、开放平台等数据公共基础设施建设，支持公共服务、产业发展、技术研发等垂直领域基础数据库和企业级大数据中心建设。建设高效能计算基础设施，鼓励各类超算中心、分布式计算基础设施和云计算中心建设，提升计算能力对人工智能应用的服务支撑能力。

专栏11　人工智能新型基础设施建设工程

1. 构建新型通信网络基础设施。建设5G+工业互联网创新发展示范区，构建高质量5G网络，推动物联网示范应用，推动5G技术在人工智能各类融合应用场景的广泛应用，打造若干在全国有先行示范作用的融合发展项目。

2.构建新型数据及算力基础设施。依托国内顶尖的互联网企业，加强高标准数据中心建设，加强机制创新促进算力共享与数据共享，为人工智能加快发展提供海量数据资源和强大通用算力支撑。

3. 构建人工智能创新基础设施。鼓励人工智能创新发展基础设施建设，打造人工智能研用协同创新中心、基础研究科研平台，发挥重大科技基础设施对人工智能创新发展的支撑作用。

（四）深化开放合作。构建链接全球人工智能高端创新资源的合作网络，畅通与国内外知名创新中心、协会组织和行业机构的交流渠道，鼓励省内企业与国内外相关企业、高校及科研机构开展人工智能领域研发合作，促进产业和应用协同发展。鼓励跨国公司、国外机构、国内优势企业等在湖北建立区域总部或功能性机构、生产企业。利用产业基金支持人工智能产品和服务走出去，支持省内龙头企业加快全球布局，对外开展兼并收购、股权投资等活动，通过设立海外研发机构、离岸孵化器、技术转移中心等分支机构，积极参与国际科技重大合作项目、承接国际技术转移和促进原创技术海外推广。支持协会、园区、企业及各类机构组织开展人工智能人才交流、产品推介、项目招商等活动，推动企业与企业、企业与社会组织之间开展广泛交流，及时研究提出推动人工智能产业发展的对策、措施和建议，营造人工智能创新发展的良好氛围。依托重点高校开设人工智能讲坛，定期邀请专家学者举办专题讲座，支持举办具有国际影响力的人工智能创新创业大赛等高端活动，进一步强化开放创新氛围，吸引高端人才集聚。

省人民政府关于印发湖北省疫后重振补短板强功能“十大工程”三年行动方案（2020—2022年）的通知

各市、州、县人民政府，省政府各部门：

《湖北省疫后重振补短板强功能“十大工程”三年行动方案（2020—2022年）》已经省委、省政府同意，现印发给你们，请结合实际认真贯彻执行。

2020年8月11日

湖北省疫后重振补短板强功能“十大工程”三年行动方案（2020—2022年）

为认真贯彻落实习近平总书记关于统筹推进疫情防控和经济社会发展工作的重要讲话和重要指示批示精神，对接落实好中央支持湖北发展一揽子政策，抢抓机遇补短板、强功能，确保政策落实、项目落地，制定本行动方案。

一、总体要求

深入贯彻习近平总书记考察湖北、参加湖北代表团审议时的重要讲话精神，认真落实省委十一届七次全会部署，抢抓中央支持湖北发展重大政策机遇，切实把政策优势转化为发展优势，充分发挥中央预算内投资、中央抗疫特别国债和地方政府专项债券作用，集中力量办大事，聚焦公共卫生体系、交通、水利、能源、新型基础设施、冷链物流和应急储备设施、城市、产业园区提升、新一轮高标准农田建设、生态环境等十大领域，用三年时间实施一批打基础、补短板、强功能、利长远、惠民生的重大项目，充分发挥有效投资对稳增长的关键作用，推动湖北疫后重振和高质量发展。

二、实施“十大工程”

（一）公共卫生体系补短板工程（分管领导：王贺胜、杨云彦；牵头部门：省卫健委）。

1. 三年目标。二级及以上综合医院和乡镇卫生院设置规范的发热门诊，社区卫生服务中心设置规范的发热门诊或诊室；各级疾病预防控制中心具备传染病检验检测能力；承担传染病收治任务的医疗机构具备核酸检测能力；每个县（市）至少要有2家核酸检测实验室。完成医疗机构可转换病区、重症监护病区（ICU）和重大疫情救治基地建设，完善疾控中心和基层医疗卫生机构设备配置。完成院前急救体系建设和卫生健康信息化建设。

2. 主要任务。

（1）加强疾病预防控制体系建设。深化疾控体系改革，完善机构设置和功能定位，健全以省、市、县三级疾病预防控制中心和各类专科疾病防治机构为骨干、医疗机构为依托、基层医疗卫生机构为网底，全社会协同的疾病预防控制工作体系。重点推进疾控中心实验室建设，省、武汉市疾控中心分别对标国际先进、国内领先，重点提升传染病检测“一锤定音”能力和突发传染病防控快速响应能力；市（州）级疾控中心至少有1个达到生物安全二级（P2）水平的实验室，具备传染病病原体、健康危险因素和国家卫生标准实施所需的检验检测能力；县级疾控中心重点提升疫情发现和现场处置能力。

（2）加强医疗救治体系建设。提升疑难重症救治能力。重点抓好“一个中心、四个基地”建设，即高标准建设同济医院国家重大公共卫生事件医学中心，加快构建覆盖全国的国家重大公共卫生事件应急救治系统、国家重大公共卫生事件信息系统等；在武汉市、襄阳市、宜昌市、黄冈市建设区域性重大疫情救治基地，承担危重症患者集中救治和应急物资集中储备任务，能够在重大疫情发生时快速反应，有效提升危重症患者治愈率、降低病亡率。提升传染病救治能力。按照平战结合要求，重点加强医疗机构可转换病区和重症监护病区（ICU）建设，做好传染病隔离病区建设储备。部省属医疗机构原则上按编制床位的10%改扩建传染病救治可转换病区，武汉市按不低于1万张床位统筹设置可转换病区。其他市（州）依托1—2所区域内综合能力强的医疗机构、各县（市）选择1—2所县级医院（含中医院）按照国家标准建设可转换病区和重症监护病区（ICU）。通过建设，可转换病区床位从疫情前的不足5000张增加到3万张，重症监护病区（ICU）从疫情前的大约1000张增加到3000张以上，能够满足重大疫情发生时医疗救治任务。提升监测预警能力。重点加强医疗机构标准化发热门诊和实验室检测能力建设。二级以上综合医院和乡镇卫生院设置规范的发热门诊，社区卫生服务中心设置规范的发热门诊或诊室，满足疫情防控需求。承担传染病收治任务的医疗机构具备核酸检测能力，有条件的二级以上医疗机构建设独立的P2实验室，有条件的三级综合性医院建设负压P2实验室。

（3）加强院前急救体系建设。建立全省“水、陆、空”统一指挥调度和应急救援机制，打造航空医学救护“1小时急救圈”；完善院前急救系统，全省各市（州）中心城区打造“10分钟急救圈”，武汉市非中心城区打造“12分钟急救圈”，其他市（州）非中心城区打造“15分钟急救圈”，县（市）打造“30分钟急救圈”。市、县两级急救中心建立独立的“120”指挥中心，按照一定的服务半径建立直属急救站点，配置一定数量的救护车辆。

（4）加强基层防控体系建设。发挥城市医疗集团、紧密型县域医共体在突发公共卫生事件应对处置中统筹调配医疗卫生资源、实现信息共享、整合公共卫生和医疗救治服务等作用，当好城乡居民健康“守门人”。按照填平补齐的原则，为1506个乡镇卫生院和社区卫生服务中心配置移动医疗卫生服务车和远程视频终端、生化分析仪、胸片（DR）、彩超等常规医疗设备，强化预检分诊、隔离观察、协同转运、应急处置等功能。为24025个村卫生室和社区卫生服务站配备智能健康服务包。所有车载设备、医疗设备、智能服务包与县级医院联通，实现“乡村检查、县级诊断”，助力基层医疗卫生服务能力提升。加强中小学校及幼儿园卫生室建设。

（5）加强重大疫情信息平台建设。充分运用5G、区块链等技术，建设中部地区健康医疗大数据中心，构建重大疫情信息平台，推进与电子政务、公安、民政、人社、医保等部门的信息对接，实现全省医疗资源信息一屏知家底、疫情和特殊病情一网全监测、资源调配一个平台管全省、指挥调度指令一键达基层，织密织牢保障人民健康的信息“天网”。同时，通过规范发展互联网医院、加快建设远程医疗服务网等措施，力争让群众不出家门就能够享受到优质的医疗卫生服务。

3. 重大项目及投资测算。全省三年拟实施项目 1216 个，估算总投资 1783 亿元，2020 年估算投资 624 亿元。

（二）交通补短板工程（分管领导:曹广晶;牵头部门:省交通运输厅）。

1. 三年目标。新增高等级航道 110 公里，到 2022 年，全省高等级航道里程达 2150 公里。完善水港、铁港、路港、机场集疏运体系，建成 16 条疏港公路，打造多式联运物流园，建成 5 个以上国家多式联运枢纽。建成一级公路 1800 公里、二级公路 2700 公里，全省二级及以上公路里程突破 40000 公里，国省干道二级及以上公路比重达到 90%以上。新改建农村公路 3 万公里，完成农村公路生命安全防护工程 3 万公里、危桥改造 6108 座。建成高速公路 665 公里，全省高速公路里程达 7525 公里。全力构建运输机场“双枢纽、多支线”、通航服务广覆盖的机场布局体系，全省民航运输机场达到 8 个，通用机场达到 8 个。

2. 主要任务。

（1）水运发展。重点推进汉江雅口、孤山等枢纽项目建设，启动兴隆枢纽 2000 吨级二线船闸、王甫洲枢纽 1000 吨级二线船闸改造工程前期工作，协调推进碾盘山、新集等汉江枢纽项目建设，积极谋划实施松西河、唐白河等省际南北大通道建设，基本形成以长江、汉江、江汉运河为主通道，其他连通性区域骨干航道为支撑的航运体系。

（2）多式联运。重点推进 S203 黄石西塞至棋盘洲段改建工程、宜昌市猇亭区云池作业区至正大路连接线公路工程等疏港公路项目建设，加快国家粮食现代物流（武汉）基地粮食物流园、襄阳保税物流中心等物流园项目建设。加快推进多式联运示范工程建设，在多式联运基础设施互联互通、运输组织优化、信息资源共享等方面先行先试，形成一批能复制、可推广的典型成果和经验，并在省内有条件地区进行复制推广。

（3）干线公路。重点推进 G316 河谷汉江公路大桥及接线工程、G207 荆门市桃园至子陵段等干线公路项目，加快 G207 襄阳市襄州至宜城段新改建工程（一期）等干线公路项目前期工作，实施全省国省干线公路达标行动，构建“布局完善、安全高效、智慧绿色”的国省干线网。

（4）四好农村路。打造“覆盖广泛、结构合理、安全便捷”的农村公路基础网，基本实现补短提升、便捷畅通，推动交通与荆楚特色的乡村产业结合，支撑乡村振兴战略；实现桥梁基础资料数字化、危桥加固改造科学化、桥梁养护规范化，推动全省公路桥梁由应急管理转入常态管理。

（5）旅游交通。5A 级景区实现两种以上快速通达方式，4A 级以上景区通达二级及以上公路，其他景区通达等级以上公路。

（6）高速公路。加快推进呼和浩特至北海高速宜都至鄂湘界段、京港澳高速湖北北段改扩建、鄂州至咸宁、武汉至阳新、武汉至大悟、宜都至来凤、燕矶长江大桥等一批高速公路和过江通道项目建设，着力构建“扩容提质、内外相通”的高速公路网络体系。

（7）民航机场。全面建成湖北国际物流核心枢纽、荆州机场、宜昌机场改扩建、麻城通用机场等项目，加快推进武汉天河机场改扩建、襄阳机场飞行区改扩建、恩施机场迁建以及竹山、枝江等一批通用机场项目建设。

3. 重大项目及投资测算。全省三年拟实施项目 435 个，估算总投资约 3777 亿元，2020 年估算投资 884 亿元。

（三）水利补短板工程（分管领导：万勇；牵头部门：省水利厅）。

1. 三年目标。围绕全省防汛抗旱、农村饮水安全方面存在的短板，启动新一轮水利补短板工程，加固堤防 3100 公里，治理崩岸 268 公里，进一步完善长江、汉江防洪工程体系，确保重点中小河流防洪标准达到 10—30 年一遇，主要湖泊防洪标准达到 10—50 年一遇；新增供水能力 9.7 亿立方米，不断优化全省水资源配置格局；增加排涝流量 1215 立方米每秒，进一步增强重点易涝地区排涝能力，改善、新增和恢复灌溉面积 500 万亩，提高灌区现代化水平；新增或改善农村供水人口 1000 万人，提高农村供水保障水平。

2. 主要任务。

（1）防洪提升工程。实施碾盘山、姚家平等 2 个水利水电枢纽工程；推进洪湖东分块、杜家台、华阳河等重点蓄滞洪区建设；开展汉江、府澴河、富水等 12 个主要支流和 53 个中小河流防洪治理；实施长江崩岸治理项目 19 个；对长湖、白潭湖、菱角湖等 25 个面积 10 平方公里以上的主要湖泊实施防洪达标工程建设；对 48 个大中型病险水库和 38 条重点山洪沟进行加固治理。

（2）骨干水源工程。推进引江补汉工程、鄂北地区水资源配置二期、汉江生态经济带建设引隆补水等工程开工建设，实施十堰中心城区水资源配置工程、竹溪县南北水系连通工程等一批重点骨干引调水工程；在主要干旱缺水地区新建一批中小型水库工程（总库容 21445 余万立方米，年供水量 18060 余万立方米）。

（3）灌排提升工程。启动蕲水灌区、浮桥河灌区、太湖港灌区新建扩建工程；开展漳河、宜昌东风渠、襄阳引丹等 3 个大型灌区续建配套与现代化改造；实施 110 处重点中型灌区节水配套改造；对 59 处重点大中型泵站进行更新改造、增效扩容；对新洲龙口闸、应城龙赛湖闸等 50 座大中型病险水闸进行除险加固；推进 4 个河湖水系综合整治项目。

（4）农村供水工程。启动 79 个城乡供水一体化和区域供水规模化工程。

3. 重大项目及投资测算。全省三年拟实施项目 127 个，估算总投资 1731 亿元，2020 年估算投资 485 亿元。

（四）能源提升工程（分管领导：

黄楚平；牵头部门：省发改委、省能源局）。

1. 三年目标。武汉市城市电网初步达到国际领先水平，襄阳、宜昌城市电网向国内同等城市先进水平迈进，其他城市电网供电水平明显提升；构建“四纵三横”天然气输送通道，储气设施能力迈上新台阶，新增油气管道里程378公里、储气能力1.6亿立方米；建成“两湖一江”煤炭物流枢纽，新增煤炭储备能力658万吨。全省能源基础设施和保障能力显著提升，能源瓶颈制约得到有效缓解。

2. 主要任务。

（1）加快电源点建设。围绕负荷中心，推进大别山电厂二期工程、仙桃电厂、随州电厂、荆州热电二期、襄阳燃机等大型高效电源项目建设。推进江坪河、白河、淋溪河等水电开发，积极支持平价风电和光伏发电项目建设，新增风电200万千瓦、光伏发电400万千瓦，提高可再生能源电力消纳比重。

（2）推进“两线一点”实施。建成陕北至湖北±800千伏特高压直流输电工程，同步协调推进陕西黄陵、富县等5个特高压配套电源项目建设；争取第二条特高压输电工程落点湖北并尽快开工建设；争取提高三峡电能湖北消纳比例，2020年从18%提升至22%，“十四五”期间进一步提升。

（3）城市供电能力提升工程。围绕外电疏散、三峡留存、电源接入、断面卡口、网间联络，推进一批500千伏、220千伏主网工程建设，形成鄂西、鄂西北、鄂东分区分片的保供体系；围绕工业园区、重大项目用电需求和城市老旧小区改造，推进配套供电设施建设，加快配电网提档升级。新增变电容量2600万千伏安、各电压等级线路3000公里，着力解决“卡脖子”“低电压”问题。

（4）油气基础设施建设。积极争取西气东输三线湖北段开工建设，推进天然气管道互联互通。建成监利—潜江输油管道、三峡翻坝运输成品油管道项目。统筹推进储气设施集约化、规模化建设运营，沿主干管道和长江布局，构建以地下盐穴储气库、大中型液化天然气（LNG）储罐为主，地方小型应急储气设施为辅的储气体系，重点建设潜江地下盐穴储气库，武汉安山、白浒山和黄冈、宜昌等地LNG储气库，黄石LNG罐箱基地，形成潜江、武汉、鄂东三大储气基地。

（5）煤炭储配基地建设。推进“浩吉铁路+长江水运”煤炭输送体系建设。建设以荆州江陵为重点，集交易、存储、混配、物流等功能的大型煤炭储配基地。在武汉、襄阳、宜昌、荆门等地，依托重点用煤企业建设中小型煤炭储配基地。

3. 重大项目及投资测算。全省三年拟实施项目共29个，估算总投资1176亿元，2020年估算投资260亿元。

（五）新基建工程（分管领导：黄楚平；牵头部门：省发改委）。

1. 三年目标。全省建成6万个5G基站，市（州）主城区5G网络全覆盖，5G网络覆盖率和建设水平领先中部。力争新增1—2个国家重点实验室、5个湖北实验室。加快推进全省“四纵四横四斜”高铁骨架网和武汉通达10个方向的高铁通道项目谋划建设，全省高铁新增运营里程440公里，达到2060公里。武汉市城市轨道交通新增运营里程167公里，达到500公里（包括有轨电车）。新型基础设施规模进入全国第一方阵，提供数字转型、智能升级、融合创新等服务的新型基础设施体系初步形成。

2. 主要任务。

（1）推进信息基础设施建设。主要是以5G、工业互联网、物联网为代表的通信网络基础设施，以数据中心、智能计算中心为代表的算力基础设施。包括加快部署5G网络、推进信息网络升级、建设高标准数据中心、打造互联网服务平台、实现广电与5G一体化发展等。

（2）推进融合基础设施建设。主要是深度应用互联网、大数据、人工智能等技术，支撑传统基础设施升级的基础设施。包括智慧能源、智慧市政设施、智慧医疗教育、智慧交通、智慧旅游、智慧广电等。

（3）推进创新基础设施建设。主要是支撑科学研究、技术开发、产品研制，具有公益属性的基础设施。包括布局重大科技基础设施、推进重点实验室体系建设、建设高水平创新平台等。

（4）高速铁路和城市轨道交通。重点推进郑州至万州高铁湖北段、安庆至九江高铁湖北段、黄冈至黄梅高铁、宜昌至郑万高铁联络线、西安至十堰高铁、沿江高铁武汉至宜昌段、襄阳至荆门高铁、荆门至荆州铁路以及沿江高铁武汉至合肥段、武汉枢纽直通线等项目建设。加快实施武汉市城市轨道交通第四期建设规划项目，有序推进宜昌市城市轨道交通发展。

（5）交通新基建。开展基于新一代信息技术的智慧交通新型基础设施建设，升级扩容交通数据中心，提升交通云数据中心的运行承载能力、数据分析处理能力及行业服务能力，打造危化码头港口智能监管平台和省级高速公路视频云平台，推进网络货运信息监测系统和部省治超联网管理信息系统建设，实施船员远程培训点和船员远程培训考场建设。

（6）智慧城市建设。着力解决传统基础设施比重过高、信息化技术应用不足、城市管理智能化水平不高，以及投资主体多元、建设周期较长造成的地下基础设施底数不清等问题，推动传统基础设施智能化信息化改造、智慧网联汽车基础设施和智慧管网、智慧水务、智慧市政、智慧城管等方面的重点项目建设。

3. 重大项目及投资测算。全省三年拟实施项目595个，估算总投资7731亿元，2020年估算投资2165亿元。

（六）冷链物流和应急储备设施补短板工程（分管领导：黄楚平、曹广晶；牵头部门：省发改委、省应急厅）。

1. 三年目标。打造3个国家级骨干冷链物流基地；有序推进骨干冷链物流基地储备建设工程；补齐县域冷链物流设施短板，逐步建成布局合理、设施先进、功能完善、管理规范的农产品冷链物流服务体系。提升应急物资储备能力，优化区域布局，构建满足突发事件应对需要、统一高效协同的应急物资保障体系。

2. 主要任务。

(1)打造国家骨干冷链物流基地。着眼满足消费者对农产品多样化、新鲜度和安全性等方面的高需求，促进消费升级，提高我省农产品国内外竞争力，以武汉、宜昌、鄂州为重点，着力打造3家国家骨干冷链物流基地，新增冷库库容70万吨。

(2)推进储备一批国家骨干冷链物流基地。积极培育和有序推进以黄石、黄冈、襄阳、荆州、荆门、孝感等市（州）为重点的骨干冷链物流基地储备建设，争创国家骨干冷链物流基地，新增冷库库容100万吨。

(3)补齐县域冷链物流设施短板。针对我省农产品流通大规模、长距离、反季节特点，因地制宜推进县域冷链物流设施建设，配建理货、分拣等冷链配送设施，保障农副产品全程冷链保存和运输。重点支持87个县域冷链物流设施项目建设，新增冷库库容150万吨。

(4)加强应急物资储备体系建设。在武汉建设国家区域应急救援中心华中区域中心（含应急物资储备库）、国家华中区域应急物资供应链中心和应急物流枢纽，在鄂东南（黄冈）、鄂西北（襄阳）、鄂西南（宜昌）建设3个省级区域性应急救援基地（含应急物资储备库），在黄石、咸宁、随州、荆门、荆州、十堰、恩施建设7座市级应急物资储备库。依托沿长江港口及多式联运场站、铁路专用线，结合我省短缺粮油品种需求，建设省级粮食应急保障中心和省级储备仓储设施、区域级及市级粮食应急保障中心、县级粮食应急保障中心。

3. 重大项目及投资测算。全省三年拟实施项目132个，估算总投资330亿元，2020年估算投资92亿元。

（七）城市补短板工程（分管领导：万勇；牵头部门：省住建厅）。

1. 三年目标。全省县以上城市生活污水处理厂全面达到一级A排放标准，污泥无害化处理处置率达99%以上；设区城市建成区基本无生活污水直排口，基本消除城中村、老旧城区和城乡结合部生活污水收集处理设施空白区，基本消除黑臭水体。县以上城市建成区黑臭水体整治完成率达到60%以上。全省城市生活垃圾无害化处理率达到100%；生活垃圾焚烧比例达70%以上；县以上城市全部具备厨余（餐厨）垃圾资源化处理能力；设区城市具备建筑垃圾资源化处理能力，建成区公共机构和相关企业生活垃圾分类全覆盖，至少1个区实现生活垃圾分类全覆盖；武汉、襄阳、宜昌建成区基本建成生活垃圾分类处理系统。县以上城市建成区平均道路密度达到8公里/平方公里。开工建设城市地下综合管廊150公里以上。全省设区城市建成区40%以上的面积达到海绵城市建设目标要求，其他城市30%以上的面积达到海绵城市建设要求，易涝点整治全部完成。老旧小区改造开工7500个以上，完工5000个以上。城市建成区人均公园绿地面积达到12平方米，城市建成区绿地率达到40%以上。全省城市供水普及率、燃气普及率分别达到99%和98%以上，城市供水管网漏损率控制在10%以下。

2. 主要任务。

(1) 补老旧城区短板。着力解决城市老旧小区脏乱差、基础设施不完善、背街小巷卫生环境、农贸市场和批发市场设施不配套管理不规范等问题，谋划推进城镇老旧小区改造及配套基础设施建设、背街小巷综合整治、园林绿化等方面的重点项目。

(2) 补排水防涝短板。着力解决城市排水防涝工程体系不完善，抽排能力不足、排水管道不健全、城市易涝点整治不到位等问题，谋划推进城市排水管网、排水泵站、调蓄设施、易涝点整治、海绵城市建设等方面的重点项目。城市新城新区以及新建道路、广场、公园绿地、河道整治等项目严格落实海绵城市建设理念和方法，老城区结合旧城改造、易涝片区整治和城市环境综合整治等项目逐步实施。

(3) 补污水收集处理短板。着力解决城市污水处理厂处理能力不足、配套管网不完善、雨污分流不到位、污泥处理处置缺失等问题，谋划推进城镇污水处理提质增效、配套管网建设、雨污分流改造、污泥处理处置、黑臭水体治理等方面的重点项目。

(4) 补齐生活垃圾收集处理短板。着力解决城市生活垃圾分类处理能力不足、收集转运体系不完善问题，谋划推进城市生活垃圾焚烧发电、垃圾分类收集转运体系、厨余（餐厨）垃圾资源化处理、建筑垃圾资源化利用、老旧填埋场整治和生态修复等方面的重点项目。

(5) 补供水供气短板。着力解决城市供水供气设施能力不足、管网老旧、供水管网漏损率高、备用水源地不足等问题，谋划推进城市供水厂改造、老旧供水供气管网改造、供水分区计量、备用水源地建设、城市燃气储备调峰设施、城市集中供暖及管网设施等方面的重点项目。

(6) 补地下综合管廊短板。着力解决城市地下综合管廊体系不完善、入廊率不高、管理机制不健全、马路拉链等问题，谋划推进城市地下综合管廊、综合管沟等重点项目。各类园区、成片开发区域的新建道路要同步建设综合管廊，对老城区管网进行综合改造。凡建有地下综合管廊的区域，各类管线必须全部入廊，管廊覆盖区域不得新建管线。管廊实行有偿使用，建立合理的收费机制。鼓励社会资本投资和运营地下综合管廊。

(7) 补道路交通短板。着力解决城市路网密度不足、微循环不畅通、主次干道断头路、公共停车设施和充电桩不足等问题，谋划推进城市道路建设、桥梁隧道、城市轨道交通、快速路、公共停车场等方面的重点项目。

(8) 补公共体育设施短板。安排不少于100个大型公共体育场馆新建和改扩建项目，使全省所有县（市、区）达到“一场两馆”（1个标准体育场、1个不少于3000座体育馆、1个游泳馆）的标准，提升全省公共体育设施水平。

3. 重大项目及投资测算。全省三年拟实施项目1423个，估算总投资2296亿元，2020年估算投资643亿元。

（八）产业园区提升工程（分管领导：黄楚平；牵头部门：省发改委）。

1. 三年目标。建设园区基础设施及配套设施改造升级项目13个、科技和双创园区项目9个、生态园区项目6个、园区智慧化改造项目32个；完成80个省级现代农业产业园、44家省级农产品加工（农业产业化）园区、14个农业产业强镇基础设施提档升级等一批重点项目，产业园区基础设施、智慧化水平、创新能力得到较大提升，产业发展、整体实力得到明显提高。

2. 主要任务。

（1）改造提升园区各类基础设施。进一步补齐产业园区基础设施薄弱和配套不足短板，完善产业园区信息基础设施、融合基础设施、创新基础设施建设，促进园区发展质量和效益整体提升。

（2）着力打造智慧科技生态园区。重点组织实施光谷精准医疗产业基地、生物创新园二期、武汉高科医疗器械园、国际生命健康园、国家抗病毒药物研究院超级孵化器、中国（湖北）网络视听产业园、智慧共享办公空间、科技馆、汉口文创谷、智慧化运营管理与服务中心、仿制药基地项目、仿制药技术公共服务中心、生物医药研发中心等项目建设，加快推进计量设施等园区公共服务平台建设，构建高层次、高水平的新型产业园区。

（3）提档升级乡村产业园。以基础设施建设为牵引，推进园区、镇区生产与加工、科技与创新、品牌与营销的有机融合。以园区水、电、路、气、通信等设施建设为基础，全面提升园区承载能力与综合实力，增强园区吸引力，集聚产业发展新动能，打造乡村产业振兴的主阵地和排头兵。

3. 重大项目及投资测算。全省三年拟实施项目195个，估算总投资2513亿元，2020年估算投资704亿元。

（九）新一轮高标准农田建设（分管领导：万勇；牵头部门：省农业农村厅）。

1. 三年目标。建设集中连片、旱涝保收、节水高效、稳产高产、生态友好的高标准农田1020万亩，每年建设340万亩，亩均粮食综合生产能力增加100公斤以上。

2. 主要任务。

（1）田。通过归并和平整土地、治理水土流失，实现连片田块规模适度，基础设施占地率降低，丘陵区梯田化率提高。

（2）土。通过土壤改良，改善土壤质地，增加农田耕作层厚度。

（3）水。通过大力加强农田水利设施建设、加快推广节水增效灌溉技术，增加有效灌溉面积，提高灌溉保证率、用水效率和农田防洪排涝标准。

（4）路。通过田间道（机耕路）和生产路建设、桥涵配套，解决农田“路差、路网布局不合理”问题，合理增加路面宽度，提高道路的荷载标准和通达度，满足农业机械通行要求。

（5）林。通过农田防护和生态环境保持工程建设，解决防护体系不完善、防护效能不高等问题，扩大农田防护面积，提高防御风蚀能力，减少水土流失，改善农田生态环境。

（6）电。结合农村电网改造等工程建设，通过完善农田电网、配备必要的输配电设施，满足现有机井、河道提水、农田排涝、喷微灌等设施应用的电力需求。

（7）技。通过加快推广农业良种良法、大力发展农业机械化，完善农技社会化服务体系，增强服务能力，提高良种覆盖率、肥料利用率、农林有害生物统防统治覆盖率和耕种收综合机械化水平。

（8）管。通过明确管护责任、完善管护机制、健全管护措施、落实管护资金，确保建成的高标准农田数量不减少、用途不改变、质量有提高。

3. 重大项目及投资测算。估算总投资204亿元，2020年估算投资68亿元。

（十）生态环境补短板工程（分管领导：赵海山；牵头部门：省生态环境厅）。

1. 三年目标。实现全省各县（市）建成医疗废物、危险废物收集转运处置体系，收运能力延伸到农村，健全全省医疗废物和危险废物的收集、转运、处置和利用体系。每年推进1000个村开展农村人居环境整治，加快补齐我省农村人居环境短板。完成沿江1公里范围内化工企业关改搬转，推进沿江1—15公里范围内的化工企业关改搬转。从生态系统的整体性和流域性着眼，系统开展生态环境保护修复治理，推进重点流域水环境综合治理。

2. 主要任务。

（1）医疗废物、危险废物收集处理补短板。推动现有医疗废物、危险废物处置利用扩能提质，加快推动医疗废物、危险废物集中收集和处置利用设施建设，积极鼓励跨县（市）建设医疗废物、危险废物集中处置设施。选择在全省80个县级市（包括部分人口数量较大的重点乡镇），建设医疗废物、危险废物的收集、转运设施，并配备充足的具备相关资质的车辆，补齐县级医疗废物、危险废物收集转运短板。对现有危险废物焚烧处置设施、生活垃圾焚烧处置设施和水泥窑处置设施进行改造，对新建危废工业焚烧炉预留医疗废物进料口等配套设施，形成充足的应急储备能力。

（2）沿江化工企业关改搬转。建立循环型全生命周期绿色产业链，实现资源高效、循环利用和废物“零排放”，提升园区绿色发展水平。加强园区安全管理的专业化水平，强化日常监管，提升应急响应能力，提升园区的本质安全。建立安全、环保、应急救援和公共服务一体化信息管理平台，建设智慧园区。推广应用高新技术，大力推进清洁生产技术改造，推动化工产业链向高端延伸。

（3）农村人居环境整治。建设农村生活垃圾阳光堆肥房和资源化处理站，推进农村生活垃圾治理。以开展农村生活污水处理和实施河塘沟渠清淤疏浚为重点，建设微动力或无动力农村生活污水处理设施和人工湿地等。对纳入城镇规划范围内或各类园区周边的村庄，全面开展污水管网建设，统一接入城镇污水管网或园区污水处理厂处理。对人口相对集中的村庄，建设收集管网、大三格和人工湿地。对分散居住的农户，以农户厕所三格式化粪池建设为基础，突出自然净化和循环利用进行处理。加强与农村生活污水治理、粪污资源化利用的有效衔接，建立“厕所革命”粪污收集处理体系。持续提档升级乡村道路通行条件，推动通村路面加宽改造，推进“美丽乡村路”建设工程。统筹抓好乡村亮化，着力解决农民群众夜间出行和公共区域亮化问题。结合农村“雪亮工程”，逐步实现村庄进出口、居民集聚区视频监控全覆盖。建设省级美丽乡村示范村。

（4）长江经济带生态环境保护修复。认真落实长江经济带共抓大保护工作推动新机制，坚持问题导向、目标导向，强化系统思维，突出源头治理。建立生态环境警示片突出问题整改清单，支持与问题整改直接相关的污染治理、生态修复等公共基础设施建设。探索长江经济带生态环境保护修复建设新模式，支持地方绿色发展、生态产品价值实现机制试点示范，实施区域性、流域性生态环境保护修复系统工程。

（5）重点流域水环境综合治理。以丹江口库区及上游水环境综合治理和水土保持、洞庭湖流域水环境治理、三峡库区水环境治理为重点，实施流域垃圾和污水综合治理、河流底泥清淤、岸线环境整治等，不断改善流域水体质量，确保一江清水东流、一库净水北送。

3. 重大项目及投资测算。全省三年拟实施项目419个，估算总投资1744亿元，2020年估算投资488亿元。

三、保障措施

（一）完善省级统筹机制。省推进重大项目建设扩大有效投资工作领导小组负责统筹推进疫后重振补短板强功能“十大工程”三年行动。省财政厅要会同各牵头部门，在统筹各类资金的基础上，分别提出“十大工程”的筹资方案。各牵头部门要按照本行动方案确定的三年目标、主要任务，结合工程实际和资金统筹安排情况，分别制定专项实施方案，进一步细化工作任务，建立滚动项目库，做实项目前期工作，积极向国家有关部委汇报争取支持，加快推进项目落地见效。

（二）完善分级落实机制。进一步明确项目实施责任主体，理顺项目实施级次。省级项目，由省有关部门负责落实；市县项目，由各市（州）、县（市、区）负责落实。各地要相应建立工作协调推进机制，制定项目清单、责任清单、时限清单，加强项目前期工作和建设实施的全过程服务，确保完成“十大工程”规定的目标任务。

（三）完善要素保障机制。各级财政部门要建立健全地方政府专项债券项目安排协调机制，加强与“十大工程”牵头部门的沟通衔接，在地方政府专项债券的申报、分配方面，重点保障“十大工程”资金需求；加大财政性资金支持力度，有效盘活财政存量资金，积极利用以往年度财政结余资金保障必要项目。省财政厅要加强地方政府债券和抗疫特别国债申报、使用、管理的培训和指导。省发改委要积极争取中央预算内资金支持，用好用活省预算内资金。省地方金融监管局、人行武汉分行、湖北银保监局、湖北证监局要积极引导金融机构加强对“十大工程”的融资支持，保障项目建设需求。各级自然资源部门要对“十大工程”项目用地给予重点支持，更大力度盘活存量土地，增加土地供给。各级项目审批部门要按照特事特办、急事急办的原则，建立项目审批“绿色通道”和快速反应机制，简化审批流程，创新服务方式，提高审批效率。

（四）完善督查通报机制。将“十大工程”推进情况纳入省政府督查范围，对推进不力的部门和市（州），实施约谈问责。省发改委、省财政厅要会同省有关部门，加强对“十大工程”和地方政府债券发行使用的跟踪督办，定期通报进展情况，及时研究解决问题，重大情况及时报告省委、省政府。

省人民政府关于印发提振消费促进经济稳定增长若干措施的通知

各市、州、县人民政府，省政府各部门：

现将《提振消费促进经济稳定增长若干措施》印发给你们，请结合实际，认真贯彻落实。

2020年5月22日

提振消费促进经济稳定增长若干措施

为深入贯彻习近平总书记关于统筹推进新冠肺炎疫情防控和经济社会发展以及在我省考察疫情防控工作时的重要讲话精神，全面落实党中央、国务院决策部署，在做好常态化疫情防控工作的前提下，千方百计释放消费需求，多措并举促进消费回升，有效对冲疫情影响，促进全省经济稳定增长，现制定以下措施。

一、扩大零售餐饮消费

（一）鼓励各地向普通居民发放普惠性消费券，向困难群体、特殊群体发放购物券，主要面向餐饮、零售、百货、文化、旅游等行业消费。（责任单位：各市、州、直管市及神农架林区人民政府）

（二）举办“六月欢购节”活动，组织重点商圈、特色商街、商业企业、品牌企业在六月份开展促销让利活动。（责任单位：省商务厅，各市、州、直管市及神农架林区人民政府）

（三）举办“荆楚之夜”夜经济主题消费季活动，在全省开展夜游、夜娱、夜食、夜购、夜宿、夜健等特色夜经济消费。在夜间消费场所增设临时停车位，对出于消费需要的临时性停车实施包容性管理。（责任单位：省商务厅、省公安厅、省文旅厅）

（四）支持中国食品博览会做大做强。支持武汉市创建国际消费中心城市。筹办首届湖北消费博览会，展示优质实物消费、服务消费，推介消费新模式新业态。（责任单位：省商务厅、省发改委，武汉市人民政府）

（五）对国内外知名品牌在我省开办首个店铺、举办首个展销、创办首个平台、首次发布或同步发布上市新品，省内主流媒体予以免费宣传。（责任单位：省商务厅、湖北日报传媒集团、湖北广播电视台）

（六）加快全省主要城市市内及空港免税店落地。在免税店设立国产商品区，销售推介省内品牌产品。（责任单位：省商务厅、省财政厅、武汉海关、省税务局）

二、释放大宗消费潜力

（七）落实新能源汽车购置补贴、免征车辆购置税政策延长2年和二手车销售增值税减免等优惠政策。组织开展汽车“以旧换新”“下乡惠农”活动。（责任单位：省经信厅、省发改委、省科技厅、省财政厅、省税务局）

（八）鼓励有条件的地方对2020年底前消费者转出、报废“国四”及以下排放标准的汽车和在本地注册的汽车销售公司购买符合要求的“国六”排放标准新车，给予一定补贴。（责任单位：省财政厅、省公安厅、省生态环境厅、省商务厅，各市、州、直管市及神农架林区人民政府）

（九）支持金融机构加快个人住房贷款审批发放，满足居民购房合理融资需求。鼓励家装企业开展促销活动，加快家装消费信贷产品创新。（责任单位：省地方金融监管局、省住建厅、人行武汉分行）

（十）支持省内重点家电生产及流通企业开展价格折扣优惠活动。（责任单位：省商务厅、省经信厅）

（十一）合理增加公共消费，提升公共服务供给能力，加大教育、医疗卫生和社会保障财政支出。（责任单位：省财政厅、省发改委、省教育厅、省人社厅、省卫健委）

三、促进文化旅游体育消费

（十二）开展“惠游湖北”等惠民旅游活动，鼓励旅游景区向游客发送免费入园券。鼓励景区、旅行社、酒店等采取产品打包、价格打捆方式推出“优惠套餐”和“大礼包”。（责任单位：省文旅厅，各市、州、直管市及神农架林区人民政府）

（十三）针对省内居民开发系列短程旅游产品，鼓励各地面向市民发放旅游消费券（卡），大力推动“湖北人游湖北”。（责任单位：省文旅厅，各市、州、直管市及神农架林区人民政府）

（十四）举办长江文化旅游博览会、荆楚乡村文化旅游节，集中拉动吃、住、行、游、购、娱等延伸消费。实施“文化成景区、文化进景区”行动计划和文旅融合助力乡村振兴三年行动计划，推出湖北文旅名县名镇名村等“十大示范品牌”。（责任单位：省文旅厅）

（十五）落实带薪休假制度，鼓励职工分段休假、错峰休假，倡导结合法定节假日安排旅游休假。（责任单位：省人社厅、省委组织部、省总工会，各市、州、直管市及神农架林区人民政府）

（十六）鼓励有条件的地方和机关企事业单位依法优化调整夏季作息安排，为职工周五下午与周末外出旅游创造有利条件。（责任单位：省政府办公厅、省文旅厅，各市、州、直管市及神农架林区人民政府）

（十七）各级工会组织劳模和职工在省内疗养休养，开展春秋主题游、夏季避暑游、冬季特色游等活动，使用工会会员会费为职工办理文旅年票。（责任单位：省总工会）

（十八）启动新型文旅商业消费聚集区配套设施建设，鼓励各地建设集合文创商店、特色书店、小剧场、文化娱乐场所等多种业态的消费集聚地。（责任单位：省发改委、省商务厅、省文旅厅）

（十九）向旅行社暂退80%的旅游服务质量保证金。（责任单位：省文旅厅）

（二十）积极扩大体育消费，引领新兴时尚运动，适时举办各类体育赛事，丰富体育消费产品。（责任单位：省体育局）

四、推动数字消费扩张

（二十一）加快发展“网上菜场”“网上餐厅”“网上超市”，培育一批在线经济示范平台，大力推广农产品“生鲜电子商务+冷链宅配”“中央厨房+食材冷链配送”等消费新模式。（责任单位：省商务厅、省农业农村厅）

（二十二）鼓励企业运用物联网、大数据、AR/VR（增强现实/虚拟现实）等科技手段，开启“云逛街”“云旅游”“云观展”“云阅读”等新模式，为用户提供线上线下融合、个性化、高效便捷的消费体验。（责任单位：省经信厅）

（二十三）实施5G“万站工程”，促进新型信息消费。省、市、县财政按1：2：2比例每年共安排2亿元资金，连续3年对新建5G宏基站给予补贴。安排政府专项债券支持5G基站建设。（责任单位：省经信厅、省财政厅、省通信管理局，各市、州、直管市及神农架林区人民政府）

（二十四）创建国家信息消费示范城市，积极筹划举办信息消费节、信息消费城市行、信息消费体验周等活动，营造数字消费氛围。对获评国家新型信息消费体验馆（体验中心）的，每年给予100万元的运营补贴；获评国家新型信息消费试点示范项目，以及参加全国新型信息消费大赛获奖的，每个项目给予一次性奖补50万元。（责任单位：省经信厅、省财政厅）

（二十五）实施新一轮宽带提速工程，深入推进“双G双提”行动计划，针对中小微企业发展需求，在2019年资费平均降低15%的基础上，推出带宽更高、更有针对性的优惠资费方案。鼓励电信基础运营商提供信息消费优惠活动。（责任单位：省通信管理局）

（二十六）组织电信基础运营商及云服务商为企业提供3—6个月的免费云上办公服务和提速服务，为推动线上消费新模式提供网络支持。持续推进“万企上云”工程，每年遴选50家左右上云标杆企业，每家企业一次性奖补20万元。（责任单位：省通信管理局、省经信厅、省财政厅）

五、实施消费扶贫行动

（二十七）组织各级预算单位通过优先采购、预留采购份额等方式，加大对省内贫困地区农副产品采购力度，采购贫困地区农副产品金额不低于本单位年消费农副产品总金额的25%。（责任单位：省财政厅、省扶贫办、省供销社，各市、州、直管市及神农架林区人民政府）

（二十八）各级工会组织开展职工爱心消费扶贫活动，优先通过中国社会扶贫网湖北特色馆、“扶贫832”等消费扶贫平台，采购扶贫目录产品及贫困户自产产品。（责任单位：省总工会）

（二十九）开展扶贫产品互联网促销活动，举办扶贫产品直播带货、电商消费扶贫等网络消费扶贫行动，提高扶贫产品网络销售规模。（责任单位：省扶贫办、省商务厅）

（三十）开展线下助农公益活动，组织“优选基地游、快乐乡村行”和“荆楚优品、垄上优选”进机关、进企业、进学校、进医院、进景区、进社区、进交易市场等展销活动，构建消费扶贫新模式。（责任单位：省广电局、湖北广播电视台）

省人民政府办公厅关于鼓励和支持多渠道灵活就业的实施意见

各市、州、县人民政府，省政府各部门：

为贯彻落实《国务院办公厅关于支持多渠道灵活就业的意见》（国办发〔2020〕27号）精神，全面做好稳就业工作，落实保居民就业任务，大力支持个体经营、非全日制以及新就业形态等灵活多样的就业方式，经省人民政府同意，现就鼓励和支持多渠道灵活就业提出如下实施意见。

一、鼓励多种形式的灵活就业

（一）促进个体经营发展。开展小店经济推进行动，支持各类特色小店发展，推动社区、批发市场、现代商圈、特色街区等各类小店集聚区建设。各地可探索设立灵活就业人员经营专区，支持灵活就业人员开办小微实体。进一步放宽住所（经营场所）登记条件，允许线上线下一体化经营的个体工商户以网址或实体经营场所作为住所（经营场所）登记。科学设置临时便民服务点，对占道、出店等经营形式规范包容管理，引导劳动者规范有序经营。（省住建厅、省商务厅、省市场监管局等按职责分工负责）

（二）扩大非全日制就业。落实财政、金融等针对性扶持政策，对非全日制劳动者较为集中的保洁绿化、批发零售、家政服务、建筑装修等行业，按规定实施普惠小微贷款阶段性延期还本付息，促进行业提质扩容。增强养老、托幼和心理疏导等服务领域的吸纳就业能力。支持住宿餐饮企业、A级旅游景区等扩大提供季节性就业岗位。支持社会工作服务机构承接政府部门购买的社会工作服务项目，吸纳社会工作人才就业。支持小店采用非全日制用工、招用兼职人员、共享用工等方式，增加就业机会。（省教育厅、省民政厅、省财政厅、省人社厅、省住建厅、省商务厅、省文旅厅、人行武汉分行等按职责分工负责）

（三）发展新就业形态。实施包容审慎监管，促进数字经济、平台经济健康发展，加快推动网络零售、移动出行、线上教育培训、互联网医疗、在线娱乐等行业发展，为劳动者平台就业、居家就业、远程办公、兼职就业创造条件。鼓励互联网平台企业、中介服务机构等降低服务费、加盟管理费等费用，创造更多灵活就业岗位。支持直播带货、社区团购、夜经济等新业态发展。实施社会服务创业带动就业示范行动，重点在家政服务、养老托育、乡村旅游、家电回收等领域加快培育一批带动性强、示范性好的平台企业，并依法规范平台企业发展。（省发改委、省教育厅、省经信厅、省民政厅、省人社厅、省商务厅、省文旅厅、省卫健委、省市场监管局等按职责分工负责）

二、支持自主创业

（四）优化灵活就业监管服务。缩

短企业开办时间，实行“210”标准（2个环节、1天内办结、0收费）。开通行业准入办理绿色通道，对需要办理相关行业准入许可的，实行多部门联合办公、一站式审批。对销售农副产品、日常生活用品或者个人利用自己的技能从事依法无须取得许可的便民劳务活动的经营者，特别是从事群众基本生活保障的零售业经营者，按照当地主管部门指定的经营场所和时间开展经营服务的，依法予以豁免登记。对从事食品经营的，实行告知承诺制，在2个月内可先经营后办理许可证、食品摊贩登记卡。在政府指定地点、规定时段开设的马路市场、小摊贩经营点、早市夜市、餐饮排档等便民消费服务点，不纳入无照经营查处范围。推动网约车合规化进程，优化审批流程，加快许可进度，规范网约车行业健康发展。（省交通运输厅、省市场监管局和各市、州、县人民政府按照职责分工负责）

（五）提供担保贷款支持。对符合条件的个人创业，可申请最高不超过20万元的创业担保贷款，合伙创业的可根据合伙创业人数适当提高贷款额度，最高不超过符合条件个人贷款总额度的10%，按规定给予财政贴息。新发放的10万元及以下的个人创业担保贷款，以及全国创业孵化示范基地或信用社区（乡村）推荐的创业项目，获得设区的市级以上荣誉称号的创业人员、创业项目、创业企业，经银行业金融机构评估认定的信用小微企业、商户、农户，经营稳定守信的二次创业者等特定群体，免除反担保要求。鼓励有条件的地方对其他创业担保贷款逐步降低或免除反担保要求。支持劳动者依托平台就业，平台就业人员购置生产经营必需工具的，可申请创业担保贷款并按规定给予财政贴息。（省财政厅、省人社厅、人行武汉分行等按职责分工负责）

（六）落实税费减免支持。自主就业退役士兵、建档立卡贫困人口、登记失业半年以上失业人员、毕业年度高校毕业生等从事个体经营的，自办理个体工商户登记当月起，在3年（36个月）内按每户每年14400元为限额依次扣减其当年实际应缴纳的增值税、城市维护建设税、教育费附加、地方教育附加和个人所得税，政策执行至2021年12月31日，纳税人在政策截止时享受税收优惠政策未满3年的，可继续享受至3年期满为止。个体工商户免征不动产登记费。取消涉及灵活就业的行政事业性收费，对经批准占道经营的免征城市道路占用费。建立公开投诉举报渠道，依法查处违规收费行为。（省财政厅、省人社厅、省自然资源厅、省住建厅、省退役军人厅、省市场监管局、省税务局等按职责分工负责）

（七）发放创业补贴。高校毕业生、就业困难人员从事个体经营，符合条件的按规定给予创业补贴。（省财政厅、省人社厅按职责分工负责）

（八）降低灵活就业场地成本。合理设定无固定经营场所摊贩管理模式，预留自由市场、摊点群等经营网点。落实阶段性减免国有房产租金政策，转租、分租国有房屋确保免租惠及最终承租人。政府投资开发的孵化基地等创业载体应安排一定比例场地，免费向高校毕业生、农民工等重点群体提供。加大创业载体奖补力度，支持创业孵化园区、示范基地降低或减免创业者场地租金等费用。有条件的地方可将社区综合服务设施闲置空间、非必要办公空间改造为免费经营场地，优先向下岗失业人员、高校毕业生、农民工、就业困难人员提供。（省发改委、省民政厅、省人社厅、省住建厅、省政府国资委、省市场监管局等按职责分工负责）

三、加强灵活就业服务

（九）实行承诺制登记。灵活就业人员可到就业地公共就业人才服务机构办理就业登记，灵活就业人员失业后可在户籍地、常住地、就业地或参保地办理失业登记，只需提供个人信息并书面承诺信息的真实性，无需提供就业或失业证明材料；公共就业人才服务机构应当通过比对社保登记、工商登记、纳税情况等信息核查登记信息，核查无误的，办理就业或失业登记手续。加强灵活就业统计监测。（省人社厅、省统计局、湖北调查总队等按职责分工负责）

（十）支持职业技能培训。将符合条件的灵活就业人员按规定纳入职业技能提升行动补贴范围。将有创业意愿的灵活就业人员纳入创业培训范围，组织开展开办店铺、市场分析、经营策略等方面的创业培训。支持各类院校、培训机构、互联网平台企业，更多组织开展养老、托幼、家政、餐饮、维修、美容美发等技能培训和新兴产业、先进制造业、现代服务业等领域新职业技能培训，按规定落实职业培训补贴和培训期间生活费补贴。支持自由职业者申报职称评审，由人事代理机构履行审核、公示、推荐等程序。在技能人才评选中适当扩大灵活就业比例，激励灵活就业人员岗位成才。（省教育厅、省民政厅、省财政厅、省人社厅、省卫健委等按职责分工负责）

（十一）优化人力资源服务。把灵活就业信息纳入公共就业服务范围，开设灵活就业专区专栏，免费发布供求信息，按需组织专场招聘。鼓励各类人力资源服务机构发布短工、零工、兼职等需求信息，为阶段性用工企业提供用工服务。人力资源服务机构为灵活就业人员提供规范有序的求职招聘、技能培训、人力资源外包等专业化服务的，按规定给予就业创业服务补助。对在促进灵活就业方面发挥作用突出的，在人力资源服务领军企业评选时，给予优先支持。推进流动人员人事档案信息互联，加快推行“一点存档、多点服务”。（省财政厅、省人社厅按职责分工负责）

（十二）鼓励设立零工市场。有条件的城市可在零工聚集地因地制宜规划设置零工市场，组织劳务对接洽谈，提供信息发布、遮阳避雨等便利服务，加强疫情防控、秩序维护和安全管理。（省人社厅和各市、州、县人民政府按职责分工负责）

（十三）加强灵活就业人员帮扶。对就业困难人员、离校2年内未就业高校毕业生从事灵活就业的，按规定给予社会保险补贴。对灵活就业人员家庭，在申请最低生活保障进行家庭收入核算时，可扣减必要的就业成本，符合条件的及时按规定纳入最低生活保障范围。对有灵活就业人员的低保家庭，在年度复核期间家庭收入略高于当地低保标准的，根据其收入变化情况明确延续一定保障时间，实施低保渐退。（省民政厅、省财政厅、省人社厅和各市、州、县人民政府按职责分工负责）

四、加大灵活就业保障力度

（十四）维护灵活就业劳动权益。探索网络化的集体协商方式，推动互联网平台企业、关联企业与职工进行集体协商、签订集体合同。畅通举报投诉渠道，运用网络化、网格化管理手段及时掌握和依法查处新业态平台企业劳动保障违法行为。积极探索新业态形势下劳动者职业伤害保障制度，鼓励有条件的统筹地区进行试点探索。探索发布新就业形态、灵活就业人员较为集中的职业（工种）市场工资价位。加大对拖欠劳动报酬行为监察执法力度。（省总工会、省财政厅、省人社厅、省卫健委、省应急厅等按职责分工负责）

（十五）支持灵活就业人员参加社会保险。鼓励和引导灵活就业人员参加企业职工基本养老保险，法定退休年龄内的灵活就业人员，可凭身份证在灵活就业地参加企业职工养老保险。灵活就业人员缴纳2020社保年度（2020年7月至2021年6月）企业职工养老保险费确有困难的，可在2021年12月底前补缴。稳步推进灵活就业人员参加失业保险。用人单位应当按照国家有关规定为建立劳动关系的非全日制劳动者缴纳工伤保险费，从事非全日制工作的劳动者发生工伤，依法享受工伤保险待遇。持续深入推进工程建设领域农民工按项目参加工伤保险，有针对性地做好工伤预防工作。（省财政厅、省人社厅、省住建厅、省税务局等按职责分工负责）

五、营造鼓励灵活就业的浓厚氛围

（十六）强化组织领导。各市、州、县人民政府要切实履行稳就业主体责任，把支持多渠道灵活就业作为就业工作重要内容，结合实际创新工作举措，加强规范引导，完善监督管理，促进灵活就业健康发展。要统筹用好就业补助资金和其他稳就业、保就业资金，保障灵活就业扶持政策落实。省有关部门要同向发力、分工合作，坚持问题导向，完善政策措施，共同破解工作难题。（省就业工作领导小组各成员单位和各市、州、县人民政府按职责分工负责）

（十七）强化政策激励。将支持多渠道灵活就业工作有关内容作为文明城市创建工作要求。对灵活就业政策落实好、发展环境优、工作成效显著的城市，优先纳入创业型城市创建范围。（省文明办、省人社厅和各市、州、县人民政府按职责分工负责）

（十八）强化宣传引导。充分利用各种宣传渠道和媒介，大力宣传自主就业创业、灵活就业典型和吸纳灵活就业示范企业，引导劳动者自谋职业、自主创业，主动回应各方面关切，营造支持灵活就业的浓厚氛围。（省就业工作领导小组各成员单位和各市、州、县人民政府按职责分工负责）

2020年12月28日

省人民政府办公厅关于深入开展消费扶贫助力打赢脱贫攻坚战的实施意见

各市、州、县人民政府，省政府各部门：

为贯彻落实《国务院办公厅关于深入开展消费扶贫助力打赢脱贫攻坚战的指导意见》（国办发〔2018〕129号）精神，动员社会各界扩大贫困地区产品和服务消费，促进我省贫困地区和贫困人口稳定脱贫增收，经省人民政府同意，提出如下实施意见。

一、总体要求

以习近平新时代中国特色社会主义思想为指导，全面贯彻党的十九大和十九届二中、三中、四中全会精神，深入落实习近平总书记关于扶贫工作的重要论述和视察湖北重要讲话精神，坚持政府引导、社会参与、市场运作、创新机制，倡导全社会参与消费扶贫，提升贫困地区农产品供应水平和质量，畅通贫困地区农产品流通和销售渠道，加快发展贫困地区休闲农业和乡村旅游，促进贫困人口稳定脱贫和贫困地区持续发展，为助力打赢脱贫攻坚战、推动实施乡村振兴战略作出积极贡献。

二、重点任务

（一）动员社会各界参与消费扶贫。

1. 推动机关和国有企事业单位带头参与消费扶贫。将消费扶贫纳入省直单位定点扶贫和各级驻村帮扶工作内容，列入帮扶年度计划。搭建贫困地区农旅产品供需对接平台，鼓励帮扶双方建立长期定向采购合作机制和直供直销对接关系，支持优先采购贫困地区产品，通过长期定向认购、临时团购、订单式生产认购、个人爱心认购等模式参与消费扶贫。鼓励各级工会按照有关规定组织职工到贫困地区开展工会活动，在同等条件下优先采购贫困地区产品。坚持地方所需与军队所能相结合，鼓励驻鄂部队参与消费扶贫。（省扶贫办、省总工会、省军区政治工作局、有定点扶贫和驻村帮扶任务的单位等，各市、州、县人民政府负责）

2. 完善消费扶贫区域协作机制。将消费扶贫纳入省内区域协作扶贫和浙鄂东西部扶贫协作内容。省内帮扶市县要优先采购受帮扶贫困县的农特产品。以“硒品入杭”为抓手，打通富硒农特产品线上线下协作销售路径；开展“杭情施意、恩施等你”旅游推介活动；在杭州设立劳务协作工作站，开展转移就业技能培训和定向职业培训。开展丹江口库区对口协作消费扶贫，以北京消费扶贫产业“双创”中心为平台，通过开展“双扶结亲”“思源十堰行”“春风行动”等活动，带动库区经济转型。（省扶贫办、省发展改革委、省人社厅、省商务厅、省文化和旅游厅等，有关市、州、县人民政府负责）

3. 鼓励社会力量广泛参与。将消费扶贫纳入“千企帮千村”精准扶贫行动，引导民营企业采购贫困地区农特产品和服务。鼓励社会团体、基金会、社会服务机构、宗教社团、爱心人士等参与消费扶贫。加大中国社会扶贫网推广运用力度，在国家扶贫日前后开展消费扶贫活动。（省工商联、省民政厅、省扶贫办、省民宗委、省总工会、团省委、省妇联、有定点扶贫和驻村帮扶任务的单位等，各市、州、县人民政府负责）

（二）提升贫困地区农产品供给水平和质量。

1. 加快农产品标准化体系建设。鼓励贫困地区制定特色农产品地方标准，在农业标准立项申报、示范创建、示范推广等方面给予重点支持，推动标准化生产。推广食用农产品安全控制规范和技术规程。鼓励和引导农业院校、科研院所、农技推广部门、龙头企业开展品种改良，培育和研发一批优质、高产、快繁新品种。加强种植养殖业、农产品精深加工等产业科技成果转化和推广应用。扩大国家农产品质量安全追溯平台覆盖面。指导贫困地区组织申报国家有机产品认证示范区创建，开辟绿色食品、有机食品、地理标志农产品认证或登记的绿色通道。（省农业农村厅、省教育厅、省科技厅、省市场监管局等，各市、州、县人民政府负责）

2. 推进农产品规模化供给。扩大茶叶、水果、蔬菜、玉米、薯类、小杂粮和油菜等优势农产品生产规模。鼓励选育、推广地方优良畜禽品种，建设畜禽养殖基地，扩大专业化养殖规模。探索推广资源循环利用，示范推广粮改饲、油改饲，推进种养结合。支持新型农业经营主体采取统一供种、订单销售等措施，推行单品种集中连片种植。实施农产品产地初加工项目，完善配套基础设施建设，提升初加工率，通过保鲜提质、错峰销售促进贫困户增收。（省农业农村厅、省商务厅等，各市、州、县人民政府负责）

3. 打造区域性特色农产品品牌。加快培育贫困地区农产品品牌，做大做强一批农产品区域公用品牌。结合特色农产品优势区创建，突出“大别山”“武陵山”“秦巴山”“幕阜山”等地域元素，着力打造地方特色农产品品牌。加大农产品品牌保护力度，强化涉企信息归集共享和失信联合惩戒。（省委宣传部、省农业农村厅、省商务厅、省发展改革委、省市场监管局等，有关市、州、县人民政府负责）

（三）畅通贫困地区农产品流通和销售渠道。

1. 健全市场供应体系。依托省内大型集散地批发市场、区域性农产品交易中心，推动贫困地区农产品市场融入以武汉城市圈、鄂西南、鄂西北三大区域为重点的农产品市场体系。引导邮政、快递、供销企业与超市、农资配送中心、专业大户、农村合作社等建立稳定业务关系，发展产运销一体化的物流供应链服务。建立健全贫困地区农产品冷链物流体系。（省商务厅、省发展改革委、省交通运输厅、省农业农村厅、省邮政管理局、省供销社等，各市、州、县人民政府负责）

2. 拓宽销售渠道。实施农村电商全覆盖工程，扩大电子商务进农村综合示范覆盖面，加快推进电子商务在贫困地区的应用和推广。推动特色和品牌农产品产地建仓、全网销售。鼓励大型电商企业设立扶贫专卖店、电商扶贫馆和扶贫频道，并给予流量等支持。引导粮食收储企业在贫困地区探索建立粮食收储基地，优先收购贫困地区的粮食。支持贫困地区农业企业“走出去”，参加国内外知名农业展会。支持贫困地区举办特色农产品展销活动。在有条件的商场超市、农贸市场、机场、火车站、汽车站、高速公路服务区、景区景点设立扶贫农产品专区，开展扶贫农产品展销活动。（省商务厅、省扶贫办、省交通运输厅、省农业农村厅、省文化和旅游厅、省粮食局、省通信管理局、中国铁路武汉局集团有限公司、省交投集团、湖北机场集团等，各市、州、县人民政府负责）

3. 完善流通服务网点。按照县、乡、村三级网络架构和“多站合一、资源共享”的模式推进农村物流节点体系建设。鼓励贫困地区新建或改建一批产地仓、气调库、冷藏冷冻保鲜库等设施。支持邮政企业拓展代理收费、税务、票务、农资分销等服务，打造邮政综合服务平台。鼓励有条件的贫困县建设快递物流园区，引导快递企业和相关产业集聚发展。（省商务厅、省发展改革委、省交通运输厅、省邮政管理局、省供销社等，各市、州、县人民政府负责）

（四）加快发展贫困地区休闲农业和乡村旅游。

1. 完善基础设施。加快实施县乡道改造、资源旅游路、美丽农村路、产业路和农村综合运输站等项目建设。扎实推进“厕所革命”、精准灭荒、乡镇生活污水治理、城乡生活垃圾无害化处理等“四个三重大生态工程”建设，实施贫困地区旅游扶贫重点村村容村貌整治，改善农村人居环境，提升休闲农业、乡村旅游基础设施和公共服务设施水平。（省发展改革委、省住建厅、省交通运输厅、省农业农村厅、省文化和旅游厅、省林业局等，各市、州、县人民政府负责）

2. 提升服务能力。统筹“农业公益服务、农村社会化服务”两类资源，整合“公益、便民、电子商务、培训体验”四类服务，建设覆盖全省的12316益农信息社网络体系，扩大信息进村入户工程试点范围。实施公共实训基地建设项目，组织开展人才培训，有针对性地做好产业结构调整和技术服务工作。分层分类培育发展农业电商主体，依托新型职业农民培育工程开展电商人才培训。指导做好农旅融合产品的挖掘、包装、宣传等工作，帮助打通销售环节，拓展产品消费市场。（省农业农村厅、省科技厅、省经信厅、省人社厅、省文化和旅游厅、省通信管理局等，各市、州、县人民政府负责）

3. 科学规划设计。深入挖掘原生态村居风貌、自然生态、红色文化、民族民俗特色、荆楚文化特色、传统农耕文化等资源，打造宜昌桔都茶乡、恩施民族风情、鄂东四季花木、鄂西北山地生态等乡村旅游片区，推广四季花香、水乡风情以及乡村观光、体验、度假、科普、文化、节庆八大系列旅游产品。支持恩施州、神农架林区等11个国家级全域旅游示范区，房县、郧西县等4个省级全域旅游示范区建设。支持建设中国美丽休闲乡村，加强乡村旅游各项创建与评优工作。鼓励和支持定点扶贫单位、旅游企业与乡村旅游扶贫重点村建立长期帮扶关系，在乡村旅游产品开发、项目策划、运营管理、宣传推广等方面提供智力支撑。（省文化和旅游厅、省民宗委、省农业农村厅等，各市、州、县人民政府负责）

4. 加强宣传推介。充分利用农业展会、产销对接会、产品发布会等营销促销平台，借助互联网、大数据、云计算等现代信息技术，增强湖北农产品影响力。支持贫困地区优质农产品品牌在报纸、广播、电视、新媒体等平台开展专题宣传推介。开展乡村采风、农民趣味运动会、蔬菜节等休闲农业和乡村旅游主题活动。大力发展“乡村旅游+互联网”模式，开展多种形式的旅游扶贫公益宣传，宣传推介我省贫困地区休闲农业和乡村旅游特色旅游景区及精品线路。推广农产品直播销售新模式，通过直播带动农产品上行。（省农业农村厅、省文化和旅游厅、省委宣传部、省商务厅、省广播电视局、湖北日报传媒集团、湖北广播电视台等，各市、州、县人民政府负责）

三、保障措施

（一）加强组织协调。各地各有关部门要将消费扶贫作为打赢脱贫攻坚战的重要抓手，明确目标任务，完善工作机制，细化配套政策，创新方式方法，强化宣传引导，动员机关和国有企事业单位带头、民营企业和社会力量广泛参与，营造全社会广泛参与消费扶贫的良好氛围。（省发展改革委、省扶贫办、省农业农村厅、省商务厅、省文化和旅游厅、省供销社、省财政厅等，各市、州、县人民政府负责）

（二）完善利益机制。发挥龙头企业、专业合作社、新型家庭农场、种植养殖园等经营主体示范带动作用，综合运用股份、订单、服务、劳务、租赁等多种利益联结方式，确定经营主体与贫困人口的权利、利益分配方式，加强监督管理、风险防控、纠纷调解，促使双方建立稳定、紧密、互利的利益联结关系。（省农业农村厅、省文化和旅游厅、省扶贫办、省商务厅、省市场监管局等，各市、州、县人民政府负责）

（三）加大政策支持。持续加大对贫困地区“三农”发展倾斜支持力度。统筹相关政策和资金，以供应链建设为重点，支持消费扶贫项目建设。对在贫困地区从事农产品加工、仓储物流和休闲农业、乡村旅游的企业，在金融、土地等方面给予政策倾斜。通过政府购买服务、担保贴息、以奖代补、风险补偿等措施，引导金融和社会资本投向消费扶贫领域。对参与消费扶贫有突出贡献的企业、社会组织和个人，采取适当方式给予奖励激励。探索建立消费扶贫台账，重点统计购买建档立卡贫困村、贫困户和带贫成效突出企业、合作社的产品相关数据，并作为政策支持、评先评优等重要依据。（省发展改革委、省财政厅、省自然资源厅、省农业农村厅、省商务厅、省文化和旅游厅、省地方金融监管局、省扶贫办、省税务局、人行武汉分行等，各市、州、县人民政府负责）

（四）强化督促落实。将消费扶贫纳入年度脱贫攻坚计划，作为考核脱贫攻坚工作的重要内容。建立健全消费扶贫工作动态管理和监督机制，及时跟踪进展情况，协调解决工作推进中的困难和问题。探索创新方式方法，加大工作力度，推动消费扶贫各项任务和政策落地。（省发展改革委、省扶贫办、省农业农村厅、省商务厅、省文化和旅游厅、省供销社、省财政厅、有定点扶贫和驻村帮扶任务的单位等，各市、州、县人民政府负责）

2020年1月10日

省人民政府办公厅关于印发城市、水利和高标准农田补短板强功能工程三年行动实施方案（2020—2022年）的通知

各市、州、县人民政府，省政府各部门：

《湖北省城市补短板强功能工程三年行动实施方案（2020—2022年）》《湖北省水利补短板强功能工程三年行动实施方案（2020—2022年）》《湖北省新一轮高标准农田建设三年行动实施方案（2020—2022年）》已经省政府同意，现印发给你们，请结合实际认真贯彻落实。

2020年8月28日

湖北省城市补短板强功能工程三年行动实施方案（2020—2022年）

为贯彻落实习近平总书记关于城市建设管理和经济社会发展的系列重要讲话精神，着力解决城市病等突出问题，不断提升城市环境治理、人民生活质量、城市竞争力，建设和谐宜居、富有活力、特色鲜明的现代化城市，根据《省人民政府关于印发湖北省疫后重振补短板强功能“十大工程”三年行动方案（2020—2022年）的通知》（鄂政发〔2020〕19号）要求，特制定本实施方案。

一、总体目标

（一）三年目标。

全省县以上城市生活污水处理厂全面达到一级A排放标准，污泥无害化处理处置率达99%以上；设区城市建成区基本无生活污水直排口，基本消除城中村、老旧城区和城乡结合部生活污水收集处理设施空白区，基本消除黑臭水体。县以上城市建成区黑臭水体整治完成率达到60%以上。全省城市生活垃圾无害化处理率达到100%；生活垃圾焚烧比例达70%以上；县以上城市全部具备厨余（餐厨）垃圾资源化处理能力；设区城市具备建筑垃圾资源化处理能力，建成区公共机构和相关企业生活垃圾分类全覆盖，至少1个区实现生活垃圾分类全覆盖；武汉、襄阳、宜昌建成区基本建成生活垃圾分类处理系统。县以上城市建成区平均道路密度达到8公里/平方公里。开工建设城市地下综合管廊150公里以上。全省设区城市建成区40%以上的面积达到海绵城市建设目标要求，其他城市30%以上的面积达到海绵城市建设要求，易涝点整治全部完成。老旧小区改造开工7500个以上，完工5000个以上。城市建成区人均公园绿地面积达到12平方米，城市建成区绿地率达到40%以上。全省城市供水普及率、燃气普及率分别达到99%和98%以上，城市供水管网漏损率控制在10%以下。

（二）分年度目标。

到2020年底，设区城市建成区基本消除黑臭水体；沿江设区城市建成区基本无生活污水直排口，基本消除城中村、老旧城区和城乡结合部生活污水收集处理设施空白区。县以上城市生活污水处理厂全面达到一级A排放标准，生活垃圾无害化处理率不低于95%；开工建设城市地下综合管廊50公里以上，开工老旧小区改造项目2530个。武汉市、宜昌市建成区基本建成生活垃圾分类处理系统。

到2021年底，全省设区城市建成区基本无生活污水直排口，基本消除城中村、老旧城区和城乡结合部生活污水收集处理设施空白区。城市生活垃圾无害化处理率不低于98%；生活垃圾焚烧比例达65%以上；全省开工建设城市地下综合管廊100公里以上，开工老旧小区改造项目5000个以上。

到2022年底，全省县以上城市污泥无害化处理处置率达99%以上，生活垃圾无害化处理率达到100%，生活垃圾焚烧比例达70%以上；县以上城市建成区平均道路密度达到8公里/平方公里。县以上城市建成区黑臭水体整治完成率达到60%以上。开工建设城市地下综合管廊150公里以上，老旧小区改造开工7500个以上，完工5000个以上。设区城市建成区40%以上的面积达到海绵城市建设目标要求，其他城市30%以上的面积达到海绵城市建设要求，易涝点整治全部完成。城市建成区人均公园绿地面积达到12平方米，城市建成区绿地率达到40%以上。城市供水普及率、燃气普及率分别达到99%和98%以上，城市供水管网漏损率控制在10%以下。县以上城市全部具备厨余（餐厨）垃圾资源化处理能力；设区城市具备建筑垃圾资源化处理能力，建成区公共机构和相关企业生活垃圾分类全覆盖，至少1个区实现生活垃圾分类全覆盖；襄阳市建成区基本建成生活垃圾分类处理系统。

二、重点任务及责任分工

（一）补老旧城区短板。着力解决城市老旧小区脏乱差、基础设施不完善、背街小巷卫生环境等问题，谋划推进城镇老旧小区改造及配套基础设施、背街小巷综合整治、园林绿化等

方面的重点项目。(牵头单位：省住建厅；责任单位：省发改委、省财政厅、省自然资源厅，市、县两级人民政府。以下均需市、县两级人民政府负责落实，不再列出)

(二)补排水防涝短板。着力解决城市排水防涝工程体系不完善，抽排能力不足、排水管道不健全、城市易涝点整治不到位等问题，谋划推进城市排水管网、排水泵站、调蓄设施、易涝点整治、海绵城市建设等方面的重点项目。城市新城新区以及新建道路、广场、公园绿地、河道整治等项目严格落实海绵城市建设理念和方法，老城区结合旧城改造、易涝片区整治和城市环境综合整治等项目逐步实施。(牵头单位：省住建厅；责任单位：省发改委、省财政厅、省自然资源厅、省水利厅、省应急厅)

(三)补污水收集处理短板。着力解决城市污水处理厂处理能力不足、配套管网不完善、雨污分流不到位、污泥处理处置缺失等问题，谋划推进城镇污水处理提质增效、配套管网建设、雨污分流改造、污泥处理处置、黑臭水体治理等方面的重点项目。(牵头单位：省住建厅；责任单位：省发改委、省财政厅、省自然资源厅、省生态环境厅)

(四)补齐生活垃圾收集处理短板。着力解决城市生活垃圾分类处理能力不足、收集转运体系不完善问题，谋划推进城市生活垃圾焚烧发电、垃圾分类收集转运体系、厨余(餐厨)垃圾资源化处理、建筑垃圾资源化利用、老旧填埋场整治和生态修复等方面的重点项目。(牵头单位：省住建厅；责任单位：省发改委、省财政厅、省自然资源厅、省生态环境厅)

(五)补供水供气短板。着力解决城市供水供气设施能力不足、管网老旧、供水管网漏损率高等问题，谋划推进城市供水厂改造、老旧供水供气管网改造、供水分区计量、城市燃气储备调峰设施、城市集中供暖及管网设施等方面的重点项目。(牵头单位：省住建厅；责任单位：省发改委、省财政厅、省自然资源厅)

(六)补地下综合管廊短板。着力解决城市地下综合管廊体系不完善、入廊率不高、管理机制不健全、马路拉链等问题，谋划推进城市地下综合管廊、综合管沟等重点项目。新区、各类园区、成片开发区域的新建道路要同步建设综合管廊，对老城区管网进行综合改造。凡建有地下综合管廊的区域，各类管线必须全部入廊，管廊覆盖区域不得新建管线。管廊实行有偿使用，建立合理的收费机制。鼓励社会资本投资和运营地下综合管廊。(牵头单位：省住建厅；责任单位：省发改委、省经信厅、省财政厅、省自然资源厅、省交通运输厅)

(七)补道路交通短板。着力解决城市路网密度不足、微循环不畅通、主次干道断头路、公共停车设施不足等问题，谋划推进城市道路建设、桥梁隧道、快速路、公共停车场等方面的重点项目。(牵头单位：省住建厅；责任单位：省发改委、省财政厅、省自然资源厅、省交通运输厅)

(八)补公共体育设施短板。谋划推进一批大型公共体育场馆新建和改扩建项目，使全省所有县(市、区)达到“一场两馆”(一个标准体育场、一个不少于3000座体育馆、一个游泳馆)的标准，提升全省公共体育设施水平。(牵头单位：省体育局；责任单位：省发改委、省财政厅)

三、实施步骤

(一)项目谋划阶段(2020年7月—9月)。指导各地根据工作目标和重点任务，结合地方实际，对重大项目进行再次梳理，按照债券资金使用要求，对一般债和专项债举债额度进行摸底确认，抓紧编制项目实施方案，为项目实施夯实前期工作基础。

(二)项目实施阶段(2020年9月—2022年9月)。各市县按照一般债和专项债的申报程序，对符合发行条件的项目抓紧组织申报，同时积极向国家和省申报有关预算投资和专项资金支持，加快项目建设，确保完成行动方案规定的目标任务。

(三)项目验收阶段(2022年9月—12月)。各市县对照行动方案开展自查，对标对表补短板，确保主要任务不漏项。组织完成项目验收，对行动方案实施情况开展绩效评价。

四、资金筹措安排

全省各地共谋划补短板项目1484个，估算总投资2409.81亿元(城市基础设施2295.96亿元，公共体育设施113.85亿元)，其中，老旧城区补短板项目396个，297.03亿元；排水防涝补短板项目209个，418.39亿元；污水收集处理补短板项目234个，537.49亿元；生活垃圾收集处理补短板项目68个，118.62亿元；供水供气补短板项目189个，344.11亿元；地下综合管廊补短板项目28个，121.63亿元；道路交通补短板项目299个，458.69亿元；公共体育设施补短板61个，113.85亿元。

五、保障措施

(一)加强组织领导。市、县人民政府要落实主体责任，确保各项政策措施落实到位。省住建厅要做好统筹协调工作，搭建城市补短板建设项目信息系统，建立项目谋划库、实施库、建成库，对入库项目实行月调度、季通报、年排名，排名结果全省通报。会同省直相关部门，结合工程建设项目行政审批制度改革，为入库项目提供绿色通道，采取并联审批、告知承诺等措施，提高审批效率。省直相关部门要加强指导，在资金、技术、政策上予以保障，形成工作合力。

(二)加大资金支持。省政府每年根据各地入库项目情况和项目实施进度，转贷债券资金提供支持。省直相关部门积极配合省发改委、省财政厅，对接国家相关部委争取中央专项资金支持，组织、指导各地申报、使用专项债券。充分运用市场机制，依托地方投融资平台，加强与社会资本的合作。积极利用基础设施信托投资基金和企业债券融资等直接融资的方式扩大融资渠道。

(三)加强项目统筹。各地要合理安排项目建设时序，加强不同类型项目之间的统筹协调。城市各类管网、管廊项目要与城市道路项目同步规划、同步实施、同步验收。各类管网建设项目要与城市地下综合管廊建设充分对接，能入尽入。各类地下工程项目要做好统筹安排，科学制定施工方案。鼓励城镇老旧小区改造项目成片打捆，与背街小巷改造和城市更新等项目统筹实施。

（四）加强督导考核。加强对入库项目实施情况的督查，采取暗访、调研、座谈等方式，结合信息化手段，及时了解各地项目谋划和实施推进情况。对项目谋划科学、项目推进有力的进行通报表扬，并在“以奖代补”政策，金融政策等方面给予倾斜支持。对项目谋划不积极，实施推进滞后的约谈问责。

（五）引导公众参与。各地要充分发动群众参与，搭建公众信息平台，广泛听取公众意见建议，凝聚社会共识。充分运用电视、广播、纸媒、网络、微博、微信等多种载体，加大舆论宣传引导力度，营造良好氛围。

湖北省水利补短板强功能工程三年行动实施方案（2020—2022年）

为贯彻落实习近平总书记提出的“节水优先、空间均衡、系统治理、两手发力”治水方针，着力解决防汛排涝、水资源配置、农村饮水安全等方面存在的短板，按照“除险保安、排灌结合、生态改善、功能提升”的原则，根据《省人民政府关于印发湖北省疫后重振补短板强功能“十大工程”三年行动方案（2020—2022年）的通知》（鄂政发〔2020〕19号）要求，特制定本实施方案。

一、总体目标

（一）三年总目标。结合省“十四五”规划编制，实施新一轮水利补短板工程，加固堤防3100公里，治理崩岸268公里，进一步完善长江、汉江防洪工程体系，确保重点中小河流防洪标准达到10－30年一遇，主要湖泊防洪标准达到10－50年一遇，重点易涝地区排涝标准达到10－20年一遇，大中型病险水库水闸安全隐患基本消除，山洪灾害防治能力进一步提高，全省洪涝灾害总体可防可控；重点推进鄂北二期等一批重大引调水和水源工程，逐步形成多元互补水资源配置格局，彻底解决鄂北地区“旱包子”问题；改善、新增和恢复灌溉面积500万亩，提高灌区现代化水平；新增或改善农村供水人口1000万人，提高农村供水保障水平。

（二）分年度目标。2020年，实施碾盘山水利水电枢纽工程、华阳河蓄滞洪区西隔堤加固工程、7个长江中下游崩岸治理工程、15条中小河流治理项目、12座大中型病险水库除险加固工程、11条重点山洪沟防洪治理，加固堤防500公里；实施十堰中心城区水资源配置工程，启动10座新建中小型水库建设；实施70个中型灌区节水配套改造工程，推进3个河湖水系综合整治工程，改善灌溉面积183万亩；实施11个农村饮水提标升级工程。

2021年，启动鄂北二期工程、姚家平水利水电枢纽工程、杜家台分蓄洪区蓄滞洪和安全建设工程、洪湖东分块蓄洪区安全建设工程和10个主要湖泊防洪达标工程建设，实施富水等6条支流、20条中小河流治理、7个长江中下游崩岸治理工程、15座大中型病险水库除险加固工程，13条重点山洪沟防洪治理及气象水文补短板项目，加固堤防1300公里；启动引江补汉工程、11座新建中小型水库建设，实施竹溪县南北水系连通工程；启动30处大中型泵站更新改造和29座大中型病险水闸除险加固，实施漳河、东风渠等灌区现代化改造和20个中型灌区节水配套改造，改善灌溉面积150万亩；实施40个农村饮水提标升级工程。

2022年，启动华阳河蓄滞洪区建设工程、12个主要湖泊防洪达标工程建设，实施7条支流、19条中小河流治理、5个长江中下游崩岸治理工程，17座大中型病险水库除险加固工程，14条重点山洪沟防洪治理，加固堤防1200公里；启动引隆补水工程、9座新建中小型水库建设；启动蕲水灌区、浮桥河灌区、太湖港灌区扩建工程、33处大中型泵站更新改造和20座大中型病险水闸除险加固工程建设，实施引丹等灌区现代化改造和20个中型灌区节水配套改造，改善灌溉面积167万亩；实施28个农村饮水提标升级工程。

二、重点任务及责任分工

水利补短板重点任务是加快推进我省纳入全国150项新开工重大水利工程实施方案的重大项目开工建设，重点实施完成洪涝灾害防御补短板工程，结合“十四五”规划统筹推进抗旱补短板工程等项目建设。重点项目主要包括防洪能力提升工程、引调水及骨干水源工程建设、排灌工程续建改造、农村饮水提标升级工程，具体分为四类：

（一）国家重大水利工程项目。主要包括：引江补汉工程、鄂北二期、杜家台分蓄洪区蓄滞洪区和安全建设工程、洪湖东分块安转工程、华阳河西隔堤加固、华阳河蓄滞洪区建设工程、姚家平水利枢纽工程、蕲水灌区扩建、大型灌区现代化改造9个已纳入2020—2022年全国新开工重大水利工程实施方案的项目，总投资约1050亿元。（牵头单位：省水利厅；责任单位：省发改委，省财政厅，相关市、州、县人民政府）

（二）抗旱补短板项目。主要包括：引调水及骨干水源工程（2个引调水工程、30个新建中小型水库）、中型灌区续建配套工程（110处重点中型灌区节水改造，3个农村水系综合整治）、3个灌溉泵站更新改造，33个农村饮水提标升级项目，总投资约146

亿元。（牵头单位：省水利厅；责任单位：省发改委、省财政厅，相关市、州、县人民政府）

（三）洪涝灾害防御补短板项目。主要包括：重点中小河流系统治理（含12条主要支流，54条中小河流，山洪沟治理及气象水文补短板项目），重要性控制性闸站改造（含60处大中型排涝泵站扩容改造，49座大中型病险水闸除险加固），主要湖泊防洪达标工程（22个主要湖泊加固），骨干防洪工程提升（44座大中型病险水库除险加固），总投资约271亿元。（牵头单位：省水利厅；责任单位：省发改委、省财政厅、省气象局，相关市、州、县人民政府）

（四）其他项目。主要包括：拟争取水利部“十四五”发展规划的项目、碾盘山水利水电枢纽、汉江堤防治理等其他57个项目，总投资约264亿元。（牵头单位：省水利厅；责任单位：省发改委、省财政厅，相关市、州、县人民政府）

三、实施步骤

（一）前期准备阶段（2020年7月至2021年6月）。各地按照省政府疫后重振补短板强功能的决策部署，进一步明确目标任务，梳理项目清单，加快推进项目前期工作，保障工程顺利开工建设。

（二）全面建设阶段（2020年11月至2022年11月）。各地对照目标任务，制定年度实施计划，积极筹措项目建设资金，加强统筹协调，保障工程顺利实施，精心组织，确保完成补短板工程建设任务。

（三）考核总结阶段（2022年11月至2022年12月）。采取县（市、区）自查，部门抽查的方式，对照目标任务查漏补缺，总结水利补短板项目三年建设成效和经验。

四、资金筹措安排

水利补短板项目共127项（其中打捆项目10个），估算总投资1731亿元，其中，国家重大水利项目9个1050亿元；抗旱补短板项目43个146亿元；洪涝灾害防御补短板项目18个271亿元；其他项目57个264亿元。水利补短板项目投资来源，除按照现有投资政策积极争取中央资金，省级给予适当补助外，其余部分由市县通过申请使用地方政府债券、银行贷款、社会资本融资等方式多渠道统筹落实，保障水利补短板工程建设。

五、保障措施

（一）加强组织领导。省水利厅组建工作专班，加强对水利补短板工作统筹指导。各地、各项目法人要切实落实主体责任，建立健全工作目标责任制、绩效评价制和问责制，加强组织实施，制定时间表、路线图和责任清单，层层传导压力，压实责任，确保按期保质完成水利补短板建设任务。

（二）谋划推动前期工作。水利补短板项目实行动态管理，各地要根据本地区水旱灾害防御薄弱环节，进一步梳理补短板任务目标，完善项目清单。做好项目前期论证，妥善解决好工程建设中的生态环境保护、移民征地、利益协调等问题。加大前期工作经费投入和工作力度，提高前期工作质量。省直有关部门要加强前期工作指导，加快项目审批进度，提高项目立项效率。

（三）积极筹措资金。各地要建立完善政府、企业、社会多元化投入机制，大力拓宽投融资渠道，保障项目建设资金需求。省水利厅要对接落实好中央支持湖北一揽子政策，积极跟踪国家“十四五”水利投资政策，会同省发改委、省财政厅争取国家对水利补短板项目中央补助资金。省发改委、省财政厅要支持指导市县申报使用地方政府债券，并将水利补短板项目纳入地方政府债券申报使用范围。

（四）加强工程建设管理。各地要严格实行项目法人制、招投标制、建设监理制、合同管理制度和竣工验收制，加强项目建设全过程管理，健全工程质量体系。严格落实工程建设安全生产管理规定。要强化水利补短板督促指导工作机制，定期召开工作调度会、推进会，及时掌握工程建设进度，对存在的问题及时分析原因、提出对策，帮助督促项目法人解决问题，保证工程建设进度。要切实管好用好项目建设资金，确保工程质量安全，提高资金使用效率和效益。

湖北省新一轮高标准农田建设三年行动实施方案（2020—2022年）

为加快高标准农田建设，切实提高农田防灾抗灾减灾能力和综合生产能力，根据《省人民政府关于印发湖北省疫后重振补短板强功能“十大工程”三年行动方案（2020—2022年）的通知》（鄂政发〔2020〕19号）要求，特制定本实施方案。

一、总体目标

围绕提升粮食产能，按照“国家到2020年建成8亿亩高标准农田，到2022年建成10亿亩高标准农田”的总体目标和《湖北省乡村振兴战略规划（2018—2022年）》到2022年底全省高标准农田面积达到4181万亩以上的目标，谋划我省三年目标任务。2020—2022年，全省每年计划新建高标准农田340万亩，共计1020万亩，亩均粮食综合生产能力提高100公斤以上，全省土地产出率、水土资源利用率进一步提升，带动农业机械化提档升级，农业绿色发展水平显著提高，农田生态环境明显改善。

二、重点任务及责任分工

（一）田块整治工程。按照平原区集中连片面积不低于3000亩、山丘区集中连片面积不低于1000亩进行整治。根据不同区域地形地貌、作物种类、机械作业和灌溉排水效率，合理划分和适度归并田块。项目建成后，农田土体厚度达到50厘米以上，水田耕作层厚度在20厘米左右，水浇地和旱地耕作层厚度在25厘米以上，丘陵区梯田化率高于90%。(牵头单位：省农业农村厅，责任单位：省发改委)

（二）土壤改良工程。通过工程、生物、化学等方法，治理过沙或过黏土壤、酸化土壤，提高耕地质量水平。根据不同区域生产条件，推广合理轮作模式，减轻连作障碍，改善土壤生态环境。实施测土配方施肥，促进土壤养分平衡。项目建成后，土壤有机质含量达到每公斤12克以上，土壤酸碱度在5.5~7.5。(牵头单位：省农业农村厅，责任单位：省生态环境厅、省自然资源厅)

（三）灌溉和排水工程。科学规划建设田间灌排工程，因地制宜配套小型水源工程，建设和改造灌排渠（管、沟）道及渠系建筑物，推广渠道防渗、管道输水灌溉和喷微灌等节水措施。项目建成后，灌溉保障率不低于75%，排水标准达到10年一遇，1~3日暴雨3~5日排至作物耐淹水深。(牵头单位：省农业农村厅，责任单位：省发改委、省水利厅)

（四）田间道路工程。按照生产需要和农业机械化要求，优化机耕路、生产路布局，整修田间道路。机耕路宽度3~6米，生产路宽度不超过3米，合理建设附属设施。项目建成后，田间道路直通田块数占田块总数的比例，平原区达到100%，山丘区达到90%以上，到2022年底全省主要农作物耕种收综合机械化水平达到72%以上。(牵头单位：省农业农村厅，责任单位：省交通运输厅)

（五）农田防护和生态环境保护工程。根据因害设防原则，对农田防护与生态环境保护工程进行合理布局，完善农田防护与生态环境保护体系，积极开展绿色农田建设试点。项目建成后，区域内受防护的农田面积比例高于90%。结合美丽乡村建设，优化村庄生态、生产、生活空间布局，对5000个美丽乡村建设示范村内农田，符合建设条件的地块全部进行高标准化改造，实现生态、生产和生活相协调。(牵头单位：省农业农村厅，责任单位：省生态环境厅、省住建厅、省林业局)

（六）农田输配电工程。重点建设10千伏以下的输配线路、变压器、配电箱等。对适宜电力灌排和信息化的农田，铺设高压和低压输电线路，为泵站、机井以及信息化工程等提供电力保障。配套建设有线宽带、5G通讯等信息基础设施，为智慧农业提供信息基础保障。(牵头单位：省农业农村厅，责任单位：省发改委（能源局）、省经信厅、国网湖北省电力公司、省通信管理局)

（七）科技服务工程。加强高标准农田耕地质量监测，跟踪监测耕地质量变化情况，推广免耕少耕等技术措施，保护和持续提升耕地质量。大力推进数字农业、良种良法良机、科学施肥、病虫害综合防治等农业科技应用。项目建成后，科学施肥施药技术基本全覆盖，良种覆盖率明显提高。(牵头单位：省农业农村厅，责任单位：省科技厅、省农科院、省农业发展中心)

（八）管护利用工程。对接全国农田建设综合监管系统，全面开展高标准农田建设项目信息统一上图入库。落实高标准农田管护主体和责任，引导新型经营主体参与高标准农田设施运行管护，健全管护制度，落实管护资金。及时修复损毁工程，确保建成的高标准农田持续发挥效益。(牵头单位：省农业农村厅，责任单位：省发改委、省自然资源厅、省财政厅)

三、实施步骤

（一）项目立项。省农业农村厅于当年3月前，将农业农村部下达我省的高标准农田年度建设任务，分解下达到各县（市、区）。各地根据任务指标，按照高标准农田建设的总体规划、相关技术规范和导则，因地制宜确定高标准农田建设地块和内容，于当年4—6月份编制完成项目初步设计方案。

（二）项目实施。县（市、区）根据市（州）批复的初步设计方案，强化项目建设管理，加快工程建设进度，于当年10月份动工实施当年立项的项目。

（三）项目竣工。次年5月份前完成上年度立项项目建设。6—9月份，按照“县市自验、市州验收、省级抽查”的工作流程，完成项目验收工作。县（市、区）按照上图入库的要求，于12月底前将验收合格项目的相关数据录入全国统一的监管系统。

（四）成果运用。省农业农村厅对各地项目建设情况开展日常监督，12月份至下年度2月份，根据年度立项项目的绩效评价奖优罚劣，督促各地履行好职责。

四、资金筹措安排

按照“每亩财政资金投入标准不低于2000元”的标准测算，完成2020—2022年全省新增高标准农田1020万亩的目标，三年共需资金投入204亿元，资金主要来源：

（一）中央财政资金。中央财政按照每亩1000元左右的标准补助，三年可争取中央财政资金102亿元（每年34亿元）。

（二）省级财政投入。根据2019年5月7日省政府高标准农田建设专题会议要求，在中央下拨农田建设补助资金基础上，省级财政每亩配套300元，三年共配套省级财政资金30.6亿元（每年10.2亿元）。

（三）市县财政投入。市、县财政按照每亩700元标准配套投入，三年共需71.4亿元（每年23.8亿元）。市、县财政资金配套有困难的，通过发行一般债或专项债解决或引导社会资金参与工程建设。

五、保障措施

（一）强化工作责任。按照“中央统筹、省负总责、市县抓落实、群众参与”的原则，建立健全高标准农田建设工作责任制，加强统筹协调，形成齐抓共管的合力。市（州）要加强项目前期、检查验收等工作指导，县（市、区）政府具体负责项目实施，调动农民参与高标准农田建设积极性，支持新型农业经营主体建设高标准农田。省级各部门按照各自工作职责，切实做好高标准农田建设项目管理、资金保障、监督检查等工作。农业农村部门全面履行农田建设集中统一管理职责，财政、发展改革等部门负责落实资金投入，自然资源等部门负责新增耕地核定，水利部门负责水资源利用和管理，人民银行、银保监等相关部门负责金融支持，林业、交通运输、电力等部门做好农田防护林网、田间机耕道路、农田输变电设施等基础设施配套工程建设。

（二）加强资金筹措。建立健全农田建设投入稳定增长机制，拓宽资金渠道。省农业农村厅、省财政厅要积极争取高标准农田建设中央财政补助资金向湖北倾斜，省发改委积极争取中央预算内高标准农田建设投资向湖北倾斜。省自然资源厅、省财政厅研究出台高标准农田建设新增耕地指标收益用于高标准农田建设投入和专项债偿还的具体办法。优化政策支持，创新建设方式，通过增加市县财政预算投入、利用地方政府转贷资金、整合其它涉农资金、有序引导金融和社会资本、支持农业新型经营主体参与高标准农田建设等，提高亩均投入标准。

（三）加强项目建管。建立健全高标准农田建设管理制度体系，强化项目事前、事中、事后监管，严格项目建设管理程序，规范项目招投标、工程监理、项目验收、档案管理等。加大基层工作人员专业知识培训力度，加强风险防控，提升行业主管人员的廉洁意识及业务水平，确保工程安全、质量安全、资金安全、建设优良廉洁工程。

（四）加强监督考核。落实市（州）、县（市、区）政府高标准农田建设的主体责任，将高标准农田建设纳入乡村振兴实绩考核和粮食安全责任制考核内容。完善高标准农田建设评价机制，强化评价结果运用，对完成任务好的地方予以倾斜支持，对未完成任务的进行通报约谈，项目未按期实施的，收回财政资金。

省人民政府办公厅关于印发湖北省“证照分离”改革全覆盖试点工作实施方案的通知

各市、州、县人民政府，省政府各部门：

《湖北省“证照分离”改革全覆盖试点工作实施方案》已经省人民政府同意，现印发给你们，请认真贯彻落实。

2020年10月30日

湖北省“证照分离”改革全覆盖试点工作实施方案

为贯彻落实习近平总书记关于深化“放管服”改革、优化营商环境的系列重要论述、指示批示精神和党中央、国务院决策部署，实施好《优化营商环境条例》，进一步破解“准入不准营”难题，有效降低企业制度性交易成本，充分激发市场主体活力，根据《国务院关于在自由贸易试验区开展“证照分离”改革全覆盖试点的通知》（国发〔2019〕25号）、《中共湖北省委湖北省人民政府印发〈关于更大力度优化营商环境激发市场活力的若干措施〉的通知》和《省人民政府办公厅关于印发进一步激发市场主体活力若干措施的通知》（鄂政办发〔2020〕35号）等文件精神，现就在全省范围开展“证照分离”改革全覆盖试点工作制定如下方案：

一、总体要求

（一）工作目标。以习近平新时代中国特色社会主义思想为指导，全面贯彻党的十九大和十九届二中、三中、四中、五中全会精神，认真践行新发展理念，深入实施《优化营商环境条例》，持续深化“放管服”改革，全面清理涉企经营许可事项，分类推进审批制度改革，扩大企业经营自主权，创新和加强事中事后监管，营造市场化、法治化、国际化的营商环境，努力做到审批更简、监管更强、服务更优，推动我省营商环境整体水平进入全国前列，助力我省疫后重振和高质量发展。

（二）实施范围和方式。自2020年11月1日起，在全省范围内开展“证照分离”改革全覆盖试点工作。对中央层面设定、审批权限在省级及以下的涉企经营许可事项（见附件1），以及省级层面设定的涉企经营许可事项（见附件2），按照直接取消审批、审批改为备案、实行告知承诺、优化审批服务四种方式分类进行改革，进一步提升市场准入便利化。对中央层面设定、审批权限尚未下放等涉企经营许可事项，各部门应做好对接，加强事中事后监管。

二、改革任务和工作举措

（一）建立清单动态管理机制。按照“证照分离”改革全覆盖要求，将涉企经营许可事项纳入清单管理。清单内逐项列明主管部门、事项名称、设定依据、审批层级和改革方式、具体改革举措、事中事后监管措施等内容，定期调整更新并同步向社会公布。清单之外不得违规限制企业（含个体工商户、农民专业合作社，下同）进入相关行业或领域，企业取得营业执照即可自主开展经营。

（二）分类推进审批制度改革。

1. 直接取消审批。对设定必要性已经不存在、市场机制能有效调节、行业组织或中介机构能够有效实现行业自律管理、通过事中事后监管能有效规范的涉企经营许可事项，直接取消审批，企业持营业执照即可开展经营。各取消事项的主管部门应同步调整和公布行政许可事项目录、政府权责清单，不得继续进行审批。直接取消审批后，有关主管部门仍对相关经营活动负有监管职责。各级市场监管部门（行政审批部门）应及时将企业信息推送至有关主管部门，有关主管部门应及时下载数据并将相关企业纳入监管范围，依法实施事中事后监管。

2. 审批改为备案。对可以取消审批的涉企经营许可事项，需要企业及时主动提供有关信息，以便有关主管部门有效实施行业管理、维护公共利益的，由审批改为备案。对审批改为备案的事项，原则上按照“多证合一”要求，在企业登记注册环节一并办理；对确需到有关主管部门办理备案的，应简化备案要素，强化信息共享，方便企业办事。有关主管部门应逐项制定备案管理办法，明确备案的条件、内容、程序、期限以及需要报送的全部材料目录和备案示范文本等，坚决防止以备案名义变相审批。企业备案后，有关主管部门应依法实施有效监管。

3. 实行告知承诺。对确需保留的涉企经营许可事项，企业就符合经营许可条件作出承诺，有关主管部门通过事中事后监管能纠正不符合经营许可条件行为、有效防范风险的，实行告知承诺。对实行告知承诺的事项，有关主管部门应依法准确列出可量化、可操作、不含兜底条款的经营许可条件，明确监管规则和违反承诺的后果，制定告知承诺书示范文本。对企业自愿作出承诺并按要求提交材料的，当场作出审批决定。企业承诺已具备经营许可条件的，领证后即可开展经营。企业尚不具备经营许可条件但承诺领证后一定期限内具备的，企业达到经营许可条件并按要求提交材料后，方可开展经营。主管部门应平等对待通过告知承诺领证的企业与通过一般审批程序领证的企业，根据风险状况加强事中事后监管。主管部门发现企业不符合承诺条件开展经营的，可根据情节轻重，依法撤销许可证件，或者责令限期整改；逾期不整改或整改后仍达不到要求的，依法撤销许可证件。因未按规定告知造成的损失，由有关主管部门承担，并追究相关人员责任；因虚假承诺或违反承诺造成的损失由企业承担。

4. 优化审批服务。对关系国家安全、公共安全、金融安全、生态安全和公众健康等重大公共利益的涉企经营许可事项，应当采取切实措施优化审批服务。对优化审批服务的事项，应逐项明确优化审批服务的具体措施，有关主管部门应针对企业关心的难点痛点问题，不断加大改革创新力度，提高审批服务效率。省级有关部门应按照能放尽放原则，将审批权下放或委托下级有关主管部门；对国务院有关部门审批的事项，要主动与其对接，积极争取试点，通过先行先试将更多事项审批权限下放至我省，最大程度实现企业就近办事。要进一步压减审批要件和环节，大幅精简经营许可条件和审批材料，优化办事流程，主动压减审批时限。对有数量限制的事项，应定期公布总量控制条件、布局规划、企业存量、申请企业排序等情况，方便企业自主决策。

三、配套政策措施

加快推动全省地方性法规、规章和行政规范性文件的立改废释工作。对已制定的规章、行政规范性文件作出相应调整，建立与“证照分离”改革全覆盖要求相适应的管理制度。同时做好以下保障工作：

（一）规范登记经营范围与申办经营许可的衔接。加快推进经营范围规范化登记，省市场监管局应按照国家市场监管总局经营范围规范表述目录，引导和服务企业使用经营范围规范表述办理登记。同时，会同相关主管部门，明确涉企经营许可事项与经营范围规范表述的对应关系，需要增加经营范围表述条目的，报国家市场监管总局纳入规范目录统一管理。企业办理登记业务时，市场监管部门（行政审批部门）应根据企业自主申报的经营范围，明确告知企业需要办理的经营许可事项，并将需要履行监管职责（包括直接取消审批、审批改为备案、实行告知承诺、优化审批服务）的企业信息，通过信息共享交换平台推送至有关主管部门；有关主管部门应及时下载企业相关信息，依照企业申请及时办理相关经营许可，并将办理结果通过信息共享交换平台推送至市场监管部门。

（二）强化涉企经营信息归集共享。将企业登记注册、经营许可、备案、执法检查、行政处罚等信息及时归集至全国一体化在线政务服务平台、湖北省信息共享交换平台、国家企业信用信息公示系统（湖北），除涉及国家秘密的信息外，实现涉及企业经营的政府信息集中共享。涉及部门垂直管理系统的，有关部门应抓紧出台便捷可行的信息归集共享实施方案。

（三）创新和加强事中事后监管。按照“谁审批、谁监管，谁主管、谁监管”的原则，结合“三定方案”明确的涉企经营许可事项审批部门和监管部门职责，加强审批与监管的衔接，制定加强事中事后监管的具体办法。全面梳理本部门监管职能范围内的涉企经营许可监管和行政检查事项，纳入省“互联网+监管”系统实行动态管理。健全跨区域、跨层级、跨部门协同监管机制。全面推进“双随机、一公开”监管，除特殊行业、重点领域外，原则上所有的日常涉企行政检查都应通过“双随机、一公开”的方式进行。将更多事项纳入跨部门联合抽查范围，依托“互联网+监管”系统，实现联合抽查全覆盖、常态化。对严重违法经营的企业及相关责任人员，依法撤销、吊销其有关证照，实施市场禁入措施。加强信用监管，依法查处虚假承诺、违规经营等行为并记入信用记录，实行失信联合惩戒。积极推行包容审慎监管，实施首次轻微违法行为容错清单制度，为企业发展提供更加良好的制度环境。不断强化社会监督，落实市场主体责任，提升行业自治水平，引导社会力量参与市场秩序治理，加快构建市场主体自律、政府监管、社会监督互为支撑的协同监管格局。

（四）提升审批服务质量。加快推进“互联网+政务服务”，加大数据共享应用力度，提高数据归集质量，推动涉企经营许可事项“一网通办”“一窗办理”，完善审批服务“好差评”制度。将“证照分离”改革全覆盖试点事项清单与本地区、本系统政务服务事项清单作对比梳理，明确对应关系，推动同一事项标准一致、服务一体，线上线下无差别办理。

四、工作要求

（一）加强组织领导。湖北省推进政府职能转变和“放管服”改革协调小组负责统筹领导全省“证照分离”改革全覆盖试点工作，省市场监管局、省政务办、省司法厅牵头负责协调推进改革。省市场监管局负责对使用湖北省市场主体信用信息共享交换平台组织培训，明确各级主管部门使用平台的分工和工作要求。

（二）狠抓责任落实。各市、州、直管市及神农架林区人民政府和相关省直部门要结合实际制定改革试点实施方案，分解目标任务，层层压实工作责任。要针对具体改革事项，细化改革全覆盖落地措施，明确加强事中事后监管的具体办法，确保高质量完成全省“证照分离”改革全覆盖试点工作。

（三）坚持依法改革。按照重大改革于法有据的要求，依法推进各项改革举措，规范执法程序，加强执法监督，确保改革任务落地实施。要根据法律、行政法规、国务院决定的调整情况，及时推动地方性法规、政府规章、规范性文件作相应调整，建立与试点要求相适应的管理制度；对试点证明行之有效的改革举措，要及时推动有关地方性法规和政府规章的立改废释工作，固化改革成果。

（四）做好宣传引导。要做好改革政策的培训和宣传解读，扩大政策知晓度，及时发布改革信息，回应社会关切，凝聚改革共识，形成全社会理解改革、支持改革、参与改革的良好氛围。要总结评估改革工作情况，及时研究问题、完善政策举措，注重总结和推广各地、各部门好做法好经验。

省人民政府办公厅关于印发湖北省实施山川协作工程促进区域协调发展试点方案的通知

各市、州、县人民政府，省政府各部门：

《湖北省实施山川协作工程促进区域协调发展试点方案》已经省人民政府同意，现印发给你们，请结合实际，认真组织实施。

2020年12月24日

湖北省实施山川协作工程促进区域协调发展试点方案

为实现巩固拓展脱贫攻坚成果同乡村振兴有效衔接，以产业协作促进省内区域交流合作和协调发展，制定本试点方案。

一、总体要求

（一）指导思想。以习近平新时代中国特色社会主义思想为指导，深入贯彻党的十九大和十九届二中、三中、四中、五中全会精神，按照高质量发展要求，坚持新发展理念，融入新发展格局，秉承生态优先、绿色发展，政府引导、市场运作，精准定位、科学规划，优势互补、协作共赢的原则，组织省内相对发达县（市、区）与欠发达县（市）开展产业协作，发挥各自比较优势，促进各类要素合理流动和高效集聚，增强欠发达县（市）“造血”功能和自我发展能力，在区域协作中逐步解决发展不平衡不充分问题，加快推进全省区域协调发展。

（二）主要目标。通过构建山川协作新机制，高水平建设一批绿色产业发展平台和项目，高标准建设一批城镇品质提升项目，高质量建设一批人才、科技、社会事业和群众增收合作项目，使欠发达县（市）经济发展水平和群众增收能力明显提高，基础设施和公共服务水平显著提升，脱贫攻坚成果持续巩固，区域协调发展新格局基本形成。在试点协作期内，欠发达县（市）地区生产总值、地方一般公共预算收入、城镇常住居民人均可支配收入、农村常住居民人均可支配收入四项指标年平均增幅高于全省平均水平。

二、实施方式

（三）实施时间。湖北省山川协作工程试点期为2021—2025年，与国民经济和社会发展第十四个五年规划同步实施。

（四）实施对象。参与山川协作工程的受援地从2019年底县域经济考核第三类县（市、区）排名靠后的县（市）中选择，支援地从全省经济较发达的县（市、区）中选择。试点期共选择22组结对县（市、区）（以下简称结对县）参与。

（五）结对方式。省发改委结合受援地和支援地结对意愿，以及各地“十四五”发展规划情况，在统筹考虑综合实力、产业布局、资源禀赋、空间距离后，确定结对建议名单，报省政府审定后正式发布。结对县签订五年结对协议，每年初签订年度工作任务书，报省发改委备案。

三、重点任务

（六）加强重大战略实施领域合作。抢抓国家实施“一带一路”、长江经济带、西部大开发、中部地区崛起等战略机遇，支持结对县参与实施重大战略举措的试点示范，共同承担创建任务。支持结对县共建省际合作开发开放平台，加强同京津冀、长三角、粤港澳、成渝等协作区域的对接，拓展对外开放广度和深度。完善污染防治区域联动机制，建立共抓长江大保护的长效机制，协同推进流域水资源保护和水污染防治。

（七）推进山川协作产业园区建设。支持结对县依托现有的各类开发区、现代服务业示范区、现代农业示范区等产业园区，共建山川协作产业园区。各产业园区要制定产业发展规划，明确主导产业、招商目标以及结对期内每年的基础设施建设资金投入计划。鼓励结对县采取股份合作形式成立山川协作产业园区开发公司，按照协作共赢原则，协商利益共享方式，约定分成损益比例，按比例分配产业园区新增税收地方留成部分。加大对产业园区基础设施建设投入。鼓励支援地向受援地转移合适产业，输送园区开发、建设、运营人才。支持山川协作产业园区建设省级承接产业转移示范区。

（八）加强产业分工协作。鼓励结对县每年联合开展招商引资活动，发展飞地经济，支援地帮助受援地围绕主导产业，突出横向配套和上下游关联产业引进，着力引进产业链重大项目和发达地区资本，培育生态型现代产业集群。鼓励结对县产业结构向协作双方特色产业聚焦，因地制宜打造一批在国内外有影响力和竞争力的特色产业基地。鼓励劳动密集型产业向受援地转移，支持受援地制造业和现代服务业融合发展，建设灵活多样的服务平台和配套加工平台。引导支援地企业通过收购、兼并、重组等形式在受援地改造升级一批产业项目。搭建企业协作平台，鼓励两地企业在产品研发设计、知识产权、营销渠道等方面深度合作，形成优势互补的产业布局。

（九）促进农业增效农民增收。支持受援地发展现代生态循环农业。支援地要引导企业、个人到受援地投资茶叶、食用菌、特色水果、中药材和经济林等特色种植业，建设特色农（林）产品深加工基地、特色农（林）业精品园，指导受援地加强农产品质量安全体系建设，发展农业信息、保险、信贷、流通等现代农业服务业。加快培育形成现代新型农业经营体系，加大家庭农场、农民专业合作社、农业龙头企业、农业社会化服务组织等新型主体培育力度，深化“公司+基地+农户”经营模式，让更多农民在参与农业产业链价值链中创造价值、分享红利。鼓励结对县利用大型展会、营销网络和互联网平台开展产销对接，帮助受援地绿色农产品开拓市场。深入推进农村电子商务服务网络建设，帮助受援地大力发展农村电子商务，建设农村电子商务创业园和产业基地。推动受援地农旅融合，利用现有的农林牧渔业资源、田园景观和农耕文化，共同建设开发生态文化旅游区。支援地要有针对性地组织强镇、企业结对帮扶受援地经济薄弱村镇，促进低收入农户增收致富，巩固脱贫攻坚成果。

（十）加强新型城镇化建设。以省级区域规划战略为切入点，优化山区空间开发和保护格局，推动受援地生态功能区与省内城市群产业发展深度融合。加快开展城镇化补短板强弱项工作，重点支持结对县在“两新一重”、农村生态环境设施建设领域开展合作，提升受援地基础设施水平。鼓励支援地引导本地企业参与受援地特色小镇和小城镇建设，有创建经验的支援地要帮助指导受援地培育特色鲜明、产业发展、绿色生态、美丽宜居的特色小镇。加强城镇基础设施智能化和城镇管理运营智慧化建设，共同探索数字城镇建设，共享城镇治理经验。

（十一）深化人才引育和技能实训合作。依托公共就业服务机构等搭建省内劳动力余缺调剂服务平台，及时梳理、发布支援地用工需求信息，有序引导受援地具有一定职业技能、适合企业用工需求的农业人口向支援地转移，逐步带动整户转移并转化为市民。支援地要发挥人才优势，帮助受援地建设异地引智机构，引进和培育高层次科技和创新人才。发挥支援地中职学校师资优势，共建山川协作职业技能实训基地，实行校校、校园（园区）、校企合作等灵活多样的双主体育人、双导师教学的现代学徒制培养模式，提升职业教育质量。帮助受援地建设或提升一批公共实训基地、农村电子商务孵化园等创业基地。实施“学历证书+若干职业技能等级证书”制度，开展订单式培训、定岗定向培训。

推进多层次人才交流，每年安排专家双向交流挂职，重点推进教育、医疗卫生等系统互派挂职。

（十二）深化教育、医疗等民生事业合作。支持结对县在推进学前教育普及普惠发展、义务教育优质均衡发展、高中阶段教育协调多样发展、职业教育融合融通发展、特殊教育特惠适合发展、教育信息化建设等方面开展交流合作，积极推进区域之间教师培养培训与交流，开展“校际结对帮扶”活动，促进受援地基础教育均衡发展。鼓励支援地依托人才、技术和医疗（康复）资源优势，在受援地开展专家会诊、医疗（康复）帮扶，支持建设一批医院分院或医疗（康复）分支机构；鼓励利用互联网技术，发展远程诊疗、康复服务。鼓励支援地帮助受援地推进基本公共文化服务标准化、均等化，实施图书馆、博物馆、文化馆（站）等文化设施建设项目，加强特色文化品牌建设，开展文化交流活动。鼓励结对县共建公益基金，引导支援地公益组织、企事业单位及其他社会力量参与受援地助学、助医、助孤、助困、助老、助残等公益项目和社会教育、医疗救助、抢险救灾、环境保护等公益服务。

四、加大政策支持力度

（十三）设立对口援建和奖补资金。设立省预算内山川协作专项资金，每年支持约50个山川协作工程结对共建项目。在确保各支援地对外帮扶力度不减的前提下，自2021年起，每年支援地向对口受援地安排不少于500万元援建资金，优先支持促进低收入群众增收、生态环境保护、基础设施建设等结对共建项目。

（十四）加大优惠政策支持力度。优先支持参与山川协作工程的县（市、区）申报国家及省级开展的各项试点示范。在财政性资金安排上向结对共建项目倾斜。加大对结对县的产业发展、基础设施、民生保障、公共安全、防灾减灾等项目支持力度。支持结对县在法律许可范围内共享彼此间的各项优惠政策。

（十五）加强要素保障。优化土地要素资源配置，实行“指标跟着项目走”，由当地政府统筹使用各类计划指标，保障山川协作产业园区建设；对纳入省级重点建设计划的产业项目，计划指标由省统筹保障。调整完善生态补偿机制，推进受援地生态功能区与周边省内城市生态受益区开展横向生态保护补偿。优化配置环境容量资源，在能源使用、主要污染物排放等指标方面，对受援地优先安排，鼓励结对县探索开展相互调剂。鼓励金融业务创新，在依法合规条件下，探索结对县共建产业发展基金。鼓励金融机构制定支持山川协作工程专项金融服务措施，组织开展银企对接活动，提供更多灵活便利的金融产品，加大对中小微企业金融支持力度。

五、保障措施

（十六）建立协调机制。成立湖北省山川协作工程领导小组，领导小组办公室设在省发改委。参加山川协作的县（市、区）可比照成立相应领导机构。建立健全工作推进机制，加强协调调度，定期检查督办。建立结对县领导互访制度，双方主要负责同志每年互访不少于2次，共同研究部署、协调推进山川协作各项工作。

（十七）完善考评机制。落实为基层减负要求，充分利用年度县域经济考核结果，采取目标责任制考核和分类考核相结合的方式，对山川协作工程进行考核。对受援地考核主要依据为年度县域经济考核结果及进位情况，对支援地重点考核合作体制机制执行、产业项目合作、援建资金落实等情况。考核细则由省山川协作工程领导小组另行制订。

（十八）健全激励机制。支持和鼓励省属国有企业积极参与山川协作工程，对围绕主业积极投资受援地的省属企业，在企业等级考评考核中予以适当加分奖励。鼓励其他非结对县社会团体、民主党派、基金会、企业单位参与山川协作工程，与受援地开展结对帮扶，推动区域经济协调发展。支持高等院校、科研院所积极参与山川协作工程，支持支援地各类平台、载体向受援地开放共享，加大产学研用协作力度，促进受援地创新发展提质增效。各级宣传部门要及时做好山川协作工程的宣传推广工作，吸引更多的社会主体关注、支持、参与山川协作工程。

附件：1、湖北省山川协作工程领导小组组成人员名单

2、湖北省山川协作工程试点名单

附件1

湖北省山川协作工程领导小组组成人员名单

组　长：王晓东省委副书记、省长

副组长：黄楚平省委常委、常务副省长

成　员：省政府秘书长、省政府分管副秘书长，省委组织部、省委宣传部、省委政研室（省委改革办、省委财经办）、省委编办、省工商联、省发改委、省教育厅、省科技厅、省经信厅、省公安厅、省财政厅、省人社厅、省自然资源厅、省生态环境厅、省住建厅、省交通运输厅、省水利厅、省农业农村厅、省商务厅、省文旅厅、省卫健委、省应急厅、省政府国资委、省市场监管局、省统计局、省政府研究室、省地方金融监管局、省林业局、省能源局、省税务局、人民银行武汉分行、湖北银保监局、湖北证监局，武汉市、襄阳市、宜昌市、黄石市、十堰市、荆州市、荆门市、鄂州市、孝感市、黄冈市、咸宁市、随州市、恩施州、仙桃市、天门市、潜江市、神农架林区人民政府主要负责同志（主要负责同志为省领导的，安排常务副职为领导小组成员）。

领导小组办公室设在省发改委，省发改委主任兼任办公室主任。

附件2

湖北省山川协作工程试点名单

一、受援地名单

竹溪县、五峰县、宣恩县、英山

县、竹山县、来凤县、郧西县、鹤峰县、巴东县、罗田县、孝昌县、建始县、咸丰县、浠水县、长阳县、通山县、秭归县、红安县、大悟县、利川市、房县、通城县（按照2019年度县域经济第三类县市区考核排名从后往前排列）。

二、支援地名单

武汉东湖新技术开发区、武汉经济技术开发区、武汉市武昌区、武汉市东西湖区、武汉市江岸区、武汉市江汉区、武汉市洪山区、武汉市黄陂区、仙桃市、潜江市、襄阳市襄州区、大冶市、宜都市、汉川市、枣阳市、天门市、襄阳市樊城区、枝江市、钟祥市、宜昌市夷陵区、荆州市沙市区、赤壁市（按照2019年地区生产总值排序排列）。

省人民政府办公厅关于印发湖北省推进政务服务“跨省通办”实施方案的通知

各市、州、县人民政府，省政府各部门：

《湖北省推进政务服务“跨省通办”实施方案》已经省政府同意，现印发给你们，请结合实际认真贯彻落实。

2020年12月24日

湖北省推进政务服务“跨省通办”实施方案

为贯彻落实《国务院办公厅关于加快推进政务服务“跨省通办”的指导意见》（国办发〔2020〕35号），进一步深化“放管服”改革，转变政府职能，优化营商环境，制定“跨省通办”实施方案。

一、工作目标

以满足企业和群众异地办事需求为导向，按照国务院统一安排部署，坚持“省际、省内”通办双着力，推进政务服务事项“四级四同”，审批业务流程重塑再造，系统数据证照互通互认，完成与国家“跨省通办”政务服务平台对逶，开辟省际间“跨省通办”新模式，建立“省内通办”新机制。分批承接国家发布的“跨省通办”事项落地，2021年底前实现与广东、江西等省高频事项“跨省通办”，实现“省内通办”事项线上线下深度融合，可异地受理，无差别办理。

二、主要措施

（一）对接落实全国“跨省通办”相关工作

1、推进“跨省通办”事项“四级四同”。按照国务院办公厅统一要求，分批逐步推动“跨省通办”事项的事项名称、编码、依据、类型等要素与国家标准统一。编制发布“跨省通办”事项服务指南全省通用模板，统一业务流程、办理环节、申请材料等要素，并与国家标准对接统一，实现同一事项在不同地域无差别受理、同标准办理。（责任单位：省有关部门，各市、州、县人民政府）

2、开通“跨省通办”网上服务专区。开通省一体化政务服务平台“跨省通办”服务专区，按照国家标准提供政务服务“跨省通办”事项办理入口，具备搜索服务、办件查询、咨询投诉建议、好差评等功能。（牵头单位：省政务办；责任单位：省有关部门，各市、州、县人民政府，完成时间：2020年12月底前）

3、推进政务服务办件汇聚。按照国家政务服务平台已实施的相关标准，全量实时将“跨省通办”事项办件数据汇聚至国家政务服务平台。用户在一体化政务服务平台用户中心可及时查看本人办件信息及进度。（责任单位：省有关部门，各市、州、县人民政府）

4、持续推进好差评数据汇聚。推动各地各部门“跨省通办”事项相关业务系统全面对接省政务服务“好差评”系统，并全量、实时汇聚评价数据至国家政务服务平台。（责任单位：省有关部门，各市、州、县人民政府）

（二）建立省际“跨省通办”和“省内通办”新模式

5、分级推进“跨省通办”“省内通办”。省级主要对标京津冀、粤港澳大湾区、长三角、成渝等先进合作典范，加强与招商引资、劳务输出、对口支援和省际毗邻地区合作，重点选取2—3个省市进行省际间“跨省通办”合作，并分步、分批推进“省内通办”。鼓励各市州根据实际探索推进与外省市“跨省通办”，与省内其他市州开展“省内通办”。（牵头单位：省政务办；责任单位：省有关部门，各市、州、县人民政府，完成时间：2021年底前）

6、梳理通办事项清单。基于省市县乡村五级依申请政务服务事项和公共服务事项清单，重点选取教育、就业、社保、医疗、养老、居住、婚育、出行、卫健、民政、市场、交通、住建、投资等涉企涉民的高频事项，梳理确认省际“跨省通办”合作事项清单和“省内通办”事项清单。（牵头单位：省政务办；责任单位：省有关部门，各市、州、县人民政府，完成时间：2021 年 6 月底前）

7、明确通办业务模式。对省际“跨省通办”合作事项清单和“省内通办”事项清单按照“全程网办”“异地代收代办”“多地联办”等类型分别明确业务审批或服务模式。“全程网办”事项应确保在省政务服务网可以全程网上办理，并与国家政务服务平台对接；“异地代收代办”事项应明确审批服务流程、环节和申请材料，并编写审查细则，建立常见问题解答知识库；“多地联办”事项应明确牵头单位，加强与外省和省内市县沟通，整合业务流程，统一申请材料，实现“一地申请、一张表单、一套材料、一次办理”。（责任单位：省有关部门，各市、州、县人民政府，完成时间：2021 年 6 月底前）

8、建立通办授信体系。对“异地代收代办”“多地联办”事项，应分别明确“跨省通办”“省内通办”授权范围，在保证信息完整、安全、准确、可用的前提下，授予异地办理单位收件受理权、形式审查权、原件核验权、一次性告知权、审批结果送达权等相关权力。（责任单位：省有关部门，各市、州、县人民政府，完成时间：2021 年 6 月底前）

9、制定通办操作规程。以“跨省通办”“省内通办”事项清单为基础，逐事项制定标准化工作运行和监督管理机制，明确事项办理流转程序，细化权责分工、资料传输、联动方式，对受理、审核、审批、发证、送达等环节全过程留痕管理。（责任单位：省有关部门，各市、州、县人民政府，完成时间：2021 年 6 月底前）

10、建立通办联动机制。按照通办操作规程，工作人员在线上或线下受理办件申请并对申请材料形式审查后，通过邮递或系统推送至业务属地部门进行实质审查，审批结果送达申请人并反馈受理单位。（责任单位：省有关部门，各市、州、县人民政府，完成时间：2021 年 6 月底前）

11、拓展通办网办深度。加强省内、省际间系统对接、数据共享力度，建立网上“跨省通办”“省内通办”审批专属模块，分阶段拓展通办网办深度。实现“跨省通办”“省内通办”事项线上或线下申报，资料文件、证照文书、审批结果邮递送达或线上传输、全程网办。（牵头单位：省政务办；责任单位：省有关部门，各市、州、县人民政府）

（三）建立完善“跨省通办”“省内通办”共性支撑

12、建设线上审批系统。依托国家一体化政务服务平台、省一体化政务服务平台，建设“跨省通办”“省内通办”线上审批系统，实现通办事项线上收件受理，远程传输审批，结果推送反馈。（牵头单位：省政务办；责任单位：省有关部门，各市、州、县人民政府，完成时间：2021 年 6 月底前）

13、推动证照通用共享。梳理汇聚“跨省通办”“省内通办”事项电子证照，依托省大数据能力平台和国家一体化政务服务平台实现通办事项电子证照共享共认，凡政府部门颁发的证照不再要求企业群众提供。（牵头单位：省政务办；责任单位：省有关部门，各市、州、县人民政府）

14、设置线下通办窗口。各级实体政务服务大厅设置“跨省通办”“省内通办”收件窗口，明确窗口进驻事项，编制“跨省通办”“省内通办”事项工作手册，建立通办事项常见问题解答知识库，组织开展窗口人员辅导培训，提升窗口人员办理通办事项的业务能力。（牵头单位：省政务办；责任单位：省有关部门，各市、州、县人民政府，完成时间：2021 年 6 月底前）

15、畅通邮政寄递渠道。各级政务服务大厅均应提供邮政寄递服务，方便企业群众寄递资料。深化政务服务与邮政速递业务融合，实行“跨省通办”“省内通办”业务邮递专档管理，保障寄递资料的通畅和安全。（牵头单位：省邮政管理局；责任单位：省有关部门，各市、州、县人民政府，完成时间：2021 年 6 月底前）

16、优化创新服务方式。各级实体政务服务大厅均应无偿提供帮办代办服务，有条件的地方可设置“24 小时不打烊”自助服务区，鼓励探索服务终端前移，在商业街道、小区、厂区、高校等人员密集场所或利用第三方资源部署自助服务终端，为企业群众提供触手可及的政务服务。（牵头单位：省政务办；责任单位：省有关部门，各市、州、县人民政府）

17、拓展提升掌上服务能力。全面升级“鄂汇办”APP，上线“跨省通办”、“省内通办”服务事项，提升办理复杂事项的能力。在“支付宝”“微信”开发“跨省通办”“省内通办”小程序，为企业群众办事提供更多办事选择。（牵头单位：省政务办；责任单位：省有关部门，各市、州、县人民政府，完成时间：2021 年 9 月底前）

三、工作要求

（一）加强组织领导。各地各部门要高度重视“跨省通办”工作，将其作为推进“放管服”改革优化营商环境的重要举措，层层压实责任，强化人、财、物保障力度。建立通办合作沟通机制，各级组建工作专班，建立省际、省内定期协商沟通机制。各级推进政府职能转变和“放管服”改革协调小组办公室要加强统筹协调，组织实施“跨省通办”、“省内通办”具体事宜，协调解决有关重大问题，确保改革任务尽快落地见效。

（二）强化责任落实。各地各部门要对照任务，建立工作台账，明确责任单位、时间表、路线图。牵头单位要切实发挥牵头管总作用，建立内外沟通协调机制，主动“走出去”对接落实相关通办任务。责任单位要立足职责分工，主动配合，切实做好相关工作。各地各部门要因地制宜大胆实践，形成各具特色经验做法，探索通办、联办新模式，拓展更多的政务服务事项“跨省通办”。

（三）加强宣传培训。充分运用各种形式，广泛宣传“跨省通办”“省内通办”功能成效，不断提升广大群众的知晓度。要加强业务培训，及时推介各地各部门的经验做法，不断提升各级政务服务水平。要通过一体化政务服务平台“好差评”系统、各地各部门门户网站、“12345”热线等倾听收集企业和群众意见建议，及时解答疑难问题。

省人民政府办公厅关于印发湖北省疫后重振补短板强功能交通补短板工程三年行动实施方案（2020—2022年）的通知

各市、州、县人民政府，省政府各部门：

《湖北省疫后重振补短板强功能交通补短板工程三年行动实施方案（2020－2022年）》已经省人民政府同意，现印发给你们，请认真贯彻执行。

2020年9月13日

湖北省疫后重振补短板强功能交通补短板工程三年行动实施方案（2020－2022年）

为认真贯彻落实习近平总书记关于统筹推进疫情防控和经济社会发展工作的重要讲话和重要指示批示精神，对接落实好中央支持湖北发展一揽子政策，按照《省人民政府关于印发湖北省疫后重振补短板强功能“十大工程”三年行动方案（2020－2022年）的通知》（鄂政发〔2020〕19号）要求，制定本实施方案。

一、总体目标

聚焦“两新一重”“五个根本解决”和交通强国湖北示范区建设，大力发展江海联运、水铁联运、水水直达、沿江捎带现代物流业，深入推进全省交通运输基础设施“加密、提质、互通”，努力在水运发展、多式联运、干线公路、“四好农村路”、高速公路、智慧交通、民航机场7个方面补短板、强功能，用三年时间实施一批打基础、管长远、利全局、惠民生的交通重大项目，充分发挥交通硬支撑作用。

（一）三年目标。

水运发展：新增高等级航道110公里，全省高等级航道里程达到2150公里，逐步形成全省高等级航道东西贯通、南北打通、水网连通的新格局。

多式联运：完善水港、铁港、空港、路港集疏运体系，建成13条疏港公路和5个以上国家多式联运枢纽，打造多式联运物流园，基本形成综合立体交通运输体系。

干线公路：实施国省干线公路“三年达标”行动，建成一、二级公路3600公里（其中：一级公路1440公里、二级公路2160公里），力争建成一、二级公路4500公里（其中：一级公路1800公里、二级公路2700公里），全省二级及以上公路里程突破40000公里。

四好农村路：深化“四好农村路”示范创建，新改建农村公路4万公里；实施全省公路桥梁“三年消危”行动，完成危桥改造6108座。

高速公路：建成高速公路665公里，全省高速公路里程达到7525公里。

智慧交通：实施智慧交通“四通工程”，建设2个管理系统、2个智慧交通平台、1个交通云数据中心等重点项目。

民航机场：全力构建运输机场“双枢纽、多支线”、通航服务广覆盖的机场布局体系，全省民航运输机场达到8个，通用机场达到8个。

（二）分年度目标。

2020年：完成交通补短板投资884亿元（其中公路水路822亿元）；新增千吨级航道里程50公里；建成一、二级公路1255公里（其中：一级公路455公里、二级公路800公里），力争建成一、二级公路1500公里；新改建农村公路1.5万公里，实施公路危桥改造1200座；力争建成高速公路370公里；全省民航运输机场达到7个，通用机场达到5个。

2021年：完成交通补短板投资887亿元（其中公路水路782亿元）；建成一、二级公路1200公里（其中：一级公路500公里、二级公路700公里），力争建成一、二级公路1500公里；新改建农村公路1.3万公里，实施公路危桥改造1800座；力争建成高速公路147公里；全省民航运输机场达到8个，通用机场达到6个。

2022年：完成交通补短板投资815亿元（其中公路水路765亿元）；新增千吨级航道里程60公里；建成一、二级公路1145公里（其中：一级公路485公里、二级公路660公里），力争建成一、二级公路1500公里；新改建农村公路1.2万公里，实施公路危桥改造3108座；力争建成高速公路148公里；全省民航运输机场达到8个，通用机场达到8个。

具体任务详见附表：湖北省疫后重振补短板强功能交通补短板工程三年行动实施方案（2020－2022年）项目清单。

二、重点任务、重大项目及责任分工

（一）水运发展：重点推进雅口、碾盘山、新集、孤山等汉江枢纽项目建设，谋划实施松西河、唐白河等南北大通道省际航道建设，积极开展蔡甸至兴隆2000吨级航道、兴隆枢纽2000吨级二线船闸、王甫洲枢纽1000吨级二线船闸改造工程前期工作，加速形成以长江、汉江、江汉运河为主通道，其他连通性区域骨干航道为支撑的航运体系。（责任单位：省交通运输厅、省发改委、省水利厅，各有关市、州、县人民政府）

（二）多式联运：重点推进武汉阳逻国际港铁水联运二期工程、汉口北国际多式联运物流港和国家粮食现代物流（武汉）基地粮食物流园等多式联运示范工程建设，积极推进顺丰武汉电商产业园和鄂州长江现代物流园等站场项目建设，加快S203黄石西塞至棋盘洲段改建工程、宜昌市猇亭区云池作业区至正大路连接线公路工程等疏港公路项目建设。力争在多式联运基础设施互联互通、运输组织优化、信息资源共享等方面先行先试，形成一批能复制、可推广的典型成果和经验。（责任单位：省交通运输厅、省发改委，各有关市、州、县人民政府）

（三）干线公路：重点推进G316河谷汉江公路大桥、G207荆门市桃园至子陵段、G207襄阳市襄州至宜城段、钟祥市丰乐汉江公路大桥等干线公路项目建设；有序推进通达景区公路建设，实现具备条件的5A级景区有2种及以上快速方式通达、4A级景区有1种及以上快速方式通达、其他景区通达等级以上公路，努力构建“布局完善、安全高效、智慧绿色”的干线公路网。（责任单位：省交通运输厅、省发改委、省文旅厅、省自然资源厅，各有关市、州、县人民政府）

（四）四好农村路：重点推进乡镇二通道和乡村骨干网建设，推动公路交通与荆楚特色的乡村产业结合，支持荆楚乡村绿道创建，支撑乡村振兴战略。推进桥梁基础管理数字化、危桥加固改造科学化、桥梁养护规范化，实现全省公路桥梁由应急管理转入常态管理。（责任单位：省交通运输厅、省发改委、省自然资源厅、省文旅厅，各有关市、州、县人民政府）

（五）高速公路：加快推进鄂州机场高速公路、呼北高速宜都至鄂湘界段、京港澳高速湖北北段改扩建、武汉至大悟、燕矶长江大桥等一批高速公路和过江通道项目建设，着力构建“扩容提质、内外相通”的高速公路网络体系。（责任单位：省交通运输厅、省发改委、省自然资源厅、省生态环境厅，各有关市、州、县人民政府，各项目投资建设主体）

（六）民航机场：全面建成湖北国际物流核心枢纽、荆州机场、宜昌机场改扩建、麻城通用机场等项目，加快推进武汉天河机场改扩建、襄阳机场飞行区改扩建以及竹山、枝江等一批通用机场项目建设。（责任单位：省发改委、省交通运输厅、省自然资源厅、省生态环境厅，各有关市、州、县人民政府）

三、实施步骤

（一）统筹谋划阶段。2020年7月至9月，各市、州、县对一般债和专项债举债额度进行摸底确认，按照本方案安排部署，结合实际，对重大项目进行梳理排序，进一步明确目标任务、工作措施、责任分工和工作要求。省交通运输厅会同省发改委、省财政厅等相关省直部门，指导地方做好申请一般债和专项债资金的有关工作，进一步对项目清单进行甄别，动态优化三年行动计划项目库。

（二）全面实施阶段。2020年10月至2022年10月，各市、州、县按照地方政府一般债和专项债的申报程序，对列入本行动方案且符合发行条件的项目，按照申报要求进行申报。省交通运输厅会同省发改委、省财政厅等相关省直部门，指导督促各地将各重大项目列出时间表、明确路线图，协调一般债和专项债资金申请到位，全面推动补短板项目建设。重点加快推进“十三五”续建项目，切实达到序时目标进度要求；精准谋划“十四五”规划项目，对具体条件的“十四五”规划项目，尽早启动各专项编制报批，推动项目尽快开工建设。

（三）总结验收阶段。2022年10月至12月，各市、州、县对照行动方案，对标对表交通补短板各项目标任务，开展自查、总结。省交通运输厅会同省发改委、省财政厅等相关省直部门，对使用一般债和专项债的项目开展绩效评价，对其他补短板项目进行总结验收。

四、资金筹措安排

全省三年拟实施项目435个、总投资约3777亿元（三年拟完成投资约2586亿元），拟申请地方政府专项债券287亿元（民航机场75亿元，公路水路212亿元）。其中，全省三年拟实施公路水路项目425个、总投资约3560亿元（三年完成投资约2369亿元），拟申请地方政府专项债券212亿元（2020年申请专项债券33.7亿元），拟申请中央补助资金290亿元，省级补助资金318亿元。

（一）水运发展：8个项目、总投资约109亿元。2020－2022年拟完成投资52亿元，拟申请地方政府专项债券6.25亿元（2020年申请专项债券3亿元）；拟申请中央补助资金24亿元，省级补助资金1.05亿元。

（二）多式联运：23个项目、总投资约130亿元。2020—2022年拟完成投资79亿元，拟申请中央补助资金13亿元，省级补助资金5344万元。其中：货运枢纽项目10个，总投资74亿元，2020—2022年拟完成投资58亿元，拟申请中央补助资金1.5亿元，省级补助资金4800万元；疏港公路项目13个，总投资56亿元，2020—2022年拟完成投资21亿元，拟申请中央补助资金11.4亿元，省级补助资金544万元。

（三）干线公路：357个项目、总投资约860亿元。2020—2022年拟完成投资860亿元，拟申请地方政府专项债券38亿元（2020年申请专项债券7.6亿元）；拟申请中央补助资金85亿元，省级补助资金170亿元。

（四）四好农村路：总投资约291亿元。2020—2022年拟完成投资291亿元，拟申请中央补助资金75亿元，省级补助资金146亿元。

（五）高速公路：34个项目、总投资约2152亿元。2020—2022年拟完成投资1082亿元，拟申请地方政府专项债券164亿元（2020年申请专项债券21亿元），拟申请中央补助资金94亿元。

（六）交通职业教育：1个项目、总投资约18亿元。2020—2022年拟完成投资3.8亿元，拟申请地方政府专项债券3.8亿元（2020年申请专项债券2亿元）。

（七）民航机场项目：10个项目、总投资217亿元。2020—2022年拟完成投资217亿元，拟申请地方政府专项债券75亿元。

五、保障措施

（一）加强统筹协调。在省委、省政府的领导下，省交通运输厅、省发改委、省财政厅负责组织推进实施疫后重振补短板强功能交通补短板工程三年行动；结合“十四五”综合交通规划，积极争取相关政策和资金支持，完善交通补短板工程项目库的动态调整机制，形成滚动实施、梯次推进的工作格局；积极争取国家相关部委政策指导和支持，帮助协调解决项目实施过程中存在的困难和问题，对各项工程推进实施情况开展督办，对工作落实不力的严肃问责，并及时向省委、省政府报告工程进展。

（二）压实主体责任。各市（州）、县（市、区）人民政府是项目推进、落实、督办的责任主体，要把交通补短板工作纳入重要议事日程，切实履行职责；要结合实际，制定具体实施方案，建立相应的工作推进机制，加大对重大项目的考核、督办力度，推动项目抓紧实施；对具有引领示范作用的重大项目，要成立重大项目专项指挥部，保障项目快速推进；要制定项目清单、责任清单、措施清单、时限清单，加强前期工作和建设实施全过程的服务；负责落实除中央和省级补助资金以外应承担的建设资金，并将其纳入同级政府财政预算和中期财政规划；要充分发挥政府投资的带动作用，创新交通基础设施投融资机制，引导各类资本积极参与交通补短板工程建设。

（三）加大服务保障。省有关部门和单位要深化“放管服”改革，加快推进交通补短板项目前期工作和审批核准进度，为项目建设营造良好环境；要积极争取中央投资，省、市、县各级政府要落实交通领域事权与支出责任，统筹安排各类资金推进交通补短板工程建设；要推动建立政银企对接机制，引导金融机构加大信贷支持力度；要指导各地按照地方政府专项债的申报程序，对列入交通补短板工程符合发行条件的项目，按照时间节点要求抓紧申报。

（四）加快项目推进。省有关部门和单位要切实加大对交通补短板项目的支持、服务力度，充分利用省重点项目有关政策，对交通补短板工程项目用地给予重点支持，建立项目审批“绿色通道”，在环保、防洪等专项审批方面积极指导，保障项目要素资源落实到位。各项目投资建设主体是项目实施、落地的责任主体，要建立项目前期工作、要素保障、建设实施的全过程推进机制，加强前期工作管理，配齐配强专班力量，提高前期工作质量，加强与相关部门沟通、衔接，及时研究解决前期工作中的重大问题，确保各项目尽快落实、落地，保障高质量完成各项目标任务。

省人民政府办公厅关于印发湖北省营商环境问题投诉联动处理办法的通知

各市、州、县人民政府，省政府各部门：

《湖北省营商环境问题投诉联动处理办法》已经省委、省政府同意，现印发给你们，请认真贯彻执行。

2020年12月31日

湖北省营商环境问题投诉联动处理办法

第一章　总则

第一条　为推动我省营商环境持续优化，进一步畅通市场主体反映问题渠道，规范办理程序，切实维护市场主体合法权益，制定本办法。

第二条　对发生在我省范围内的损害营商环境行为，各类市场主体提出投诉的，适用本办法。

本办法所称损害营商环境行为主要指各级机关或者具有公共服务职能的单位及其工作人员不履行或者不正确履行工作职责，导致市场主体合法权益受到损害，给营商环境造成不良影响的行为。

第三条　营商环境问题投诉联动处理工作遵循依法依规、规范高效、分级负责、属地管理、“谁主管谁负责”的原则。

省优化营商环境领导小组办公室负责全省营商环境问题投诉处理工作的统筹协调和监督检查。省政务办、省信访局、省工商联负责受理全省营商环境问题投诉(以下简称受理机构)。各市、州、县人民政府，各有关单位按照职责分工，建立投诉处理机制，做好营商环境问题投诉处理工作。

第二章　投诉受理

第四条　投诉人可以通过省政府门户网站营商环境投诉平台（网址：hubei.gov.cn）和湖北省非公有制企业投诉服务平台(网址：www.hbqytsfw.com.cn)网上投诉，或者通过邮寄信件方式投诉，邮寄地址由受理机构对外公布。

第五条　投诉人应当通过指定的投诉渠道，客观、真实地反映问题，提供必要的纸质或者电子版投诉材料，材料内容包括：

（一）明确的投诉对象；

（二）具体的问题、诉求和理由；

（三）必要的证据材料；

（四）投诉人姓名、详细地址、联系方式等基本信息；

（五）以单位名义投诉的，需加盖单位公章。

第六条　不予受理的范围。以下情形不予受理：

（一）市场主体之间的民事纠纷；

（二）投诉事项、投诉对象不属于本办法第二条第二款范围的；

（三）投诉人就投诉事项已申请行政复议，或者已提起行政诉讼，或者已向纪检监察机关举报并被受理的；

（四）投诉人已就投诉事项申请仲裁或者仲裁机构已依法对投诉事项作出仲裁决定的；

（五）依法终结的行政复议、诉讼案件；

（六）治安和刑事案件；

（七）因不可抗力造成的；

（八）对已办理终结的同一事项、以同一理由重复投诉的；

（九）法律法规已规定应当由其他机构受理的。

第七条　受理机构在收到投诉事项后，应当在3个工作日内对投诉材料进行审查，决定是否受理，对不予受理的，应当告知投诉人不予受理的原因，或者通知投诉人补正相关材料。

第三章　投诉办理

第八条　对已受理的投诉事项，受理机构按照投诉内容、职责分工，转交有关单位办理（以下简称办理单位)。对投诉事项涉及多个单位无法明确主体责任的，由受理机构指定一个牵头单位负责办理。

第九条　办理单位在对投诉事项调查核实的基础上，依据相关法律法规提出处理意见，并迅速采取整改措施。

第十条　办理单位自收到转办通知之日起，应当在15个工作日内将办理结果回复受理机构，因特殊原因需要延期回复的，需书面报告受理机构，但延长期限不得超过15个工作日。办理过程中需启动行政程序或者法律程序的，办理时限按照有关法律法规执行。

第十一条　投诉受理机构应当对办理结果进行核查，在收到办理结果5个工作日内，将结果反馈投诉人，并听取投诉人意见。投诉人对办理结果不满意，且能够提供新的证据和理由的，可发回办理单位重新办理，重新办理时限不得超过15个工作日。

第十二条　有下列情形之一的，投诉事项终止办理：

（一）投诉人和被投诉对象达成和解，撤回投诉的；

（二）投诉人就投诉事项申请仲裁、行政复议或者提起诉讼的；

（三）投诉人无正当理由不予配合调查的；

（四）投诉人存在弄虚作假行为，经调查核实，投诉事项与事实不符的。

投诉终止办理后，办理单位应当及时将有关情况反馈受理机构。

第十三条　有下列情形之一视为投诉事项办结：

（一）投诉人收到反馈结果并认可结果的；

（二）投诉人不认可办理结果，但无法提供新的证据、理由或者提供的证据、理由不充分的；

（三）重新办理后，办理程序和结果依法合理，但投诉人仍不满意的。

第十四条　受理机构在处理投诉过程中，应当建立工作台账，及时整理归档已办结的投诉事项。每月5日前应当对上月受理的投诉事项进行汇总，形成问题办理清单和问题分析报告报省优化营商环境领导小组办公室。

第四章　追责问责

第十五条　投诉受理机构、办理单位及其工作人员应当依据本办法规定认真处理投诉事项。对违反本办法规定，不履行或者不正确履行相关职责的，由县级以上人民政府优化营商环境领导小组办公室或者相关督办机关督促整改；拒不整改或者整改不到位的，由有权机关依规作出问责决定；涉嫌违纪或者职务违法、职务犯罪的，由纪检监察机关依职权处理。

第十六条　被投诉对象应当积极配合调查核实工作，按要求提供相关证据材料，并遵从投诉处理意见，执行处理决定。对拒不执行，或者威胁、刁难、打击报复投诉人的，由其行政主管部门或者纪检监察机关予以查处，对相关责任人按其情节轻重依规给予党纪政务处分。

第五章　附则

第十七条　本办法由湖北省优化营商环境领导小组办公室负责解释。

第十八条　本办法自印发之日起施行。

省人民政府办公厅关于印发加快推进科技创新促进经济稳定增长若干措施的通知

各市、州、县人民政府，省政府各部门：

《加快推进科技创新促进经济稳定增长若干措施》已经省人民政府同意，现印发给你们，请结合实际认真抓好贯彻落实。

2020年5月19日

加快推进科技创新促进经济稳定增长若干措施

为统筹推进疫情防控和经济社会发展，充分发挥科技创新的引领支撑作用，着力加强应用技术研究和成果转化，促进创新链与产业链双向融合，推动高新技术企业、产业、园区加快发展，促进全省经济稳定增长，现制定以下措施。

一、强化创新项目带动，增强科技创新引领作用

（一）大力争取国家创新项目落地。紧盯国家“科技创新2030”重大项目、国家科技重大专项，争取支持“芯屏端网”等重点领域关键技术研发。积极承接“科技助力经济2020”重点专项，促进200项短期见效、带动明显的技术成果在我省转化。对接“百城百园”计划，在全省国家创新型城市、创新型县（市）、高新区、农业科技园区快速推广应用一批先进技术和产品，加快形成“一城一主题、一园一产业”格局。（责任单位：省科技厅、省发改委、省经信厅、省财政厅，各市、州、县人民政府）

（二）统筹实施省级科技创新项目。聚焦汽车制造、电子信息、新能源、新材料、生物医药、现代农业等支柱产业，统筹安排2.6亿元实施一批省级科技创新项目，推动产业链关键产品国产化替代。实施新一代人工智能、先进存储、光通信与5G网络、测绘遥感与导航、智能网联汽车、智能建造、激光、中药质控标准物质研制、大健康等重大科技专项，提升重点产业链的集成创新能力。面向产业、企业科技创新需求，通过悬赏揭榜方式，安排3000万元立项支持攻克一批制约产业发展的核心关键技术。（责任单位：省科技厅、省发改委、省经信厅、省财政厅、省农业农村厅）

（三）谋划推进重大科技基础设施建设。提升脉冲强磁场设施功能，加快精密重力测量设施建设，启动实施生物医学成像设施省部共建，加快推进农业微生物、作物表型组学、第四代同步辐射光源、磁阱型聚变中子源、沼山长基线原子干涉观测等设施预研预制，在光谷科学岛打造重大科技基础设施集群。（责任单位：省发改委、省科技厅、省经信厅、省财政厅）

二、强化企业创新主体地位，支持科技企业做大做强

（四）扶持科技型小微企业发展。实施孵化载体提质增效行动，全面落实科技企业孵化器、众创空间等孵化载体税收优惠政策，完善利用创新券、政府购买服务等方式，增强孵化产业化功能。采取绩效后补助的方式，鼓励孵化载体为在孵企业减免房租。支持龙头骨干企业发挥创新资源、市场渠道、供应链等优势，通过建设专业化众创空间等方式，带动产业链上下游科技型小微企业创新发展。安排1000万元大学生科技创业专项，扶持大学生创办的科技型小微企业。（责任单位：省科技厅、省教育厅、省财政厅、省税务局、团省委）

（五）促进企业提升技术创新能力。采取产学研合作、绩效评价激励等方式，推动规模以上工业企业建立研发机构，力争2020年覆盖率达到30%以上。加大对省属企业科技创新的引导，省出资企业的研发投入在年度经营业绩考核中视同利润。提升企业知识产权创造、运用、保护能力。实施高新技术企业成长培育行动计划，构建“初创科技企业—高新技术企业—领军型科技企业”的梯次培育链，优化认定工作机制，2020年新认定高新技术企业1000家以上。鼓励各市、州、县将高新技术企业的企业所得税（地方部分）增量用于扶持企业，增加企业研发投入，促进企业转型升级。（责任单位：省经信厅、省科技厅、省财政厅、省政府国资委、省知识产权局、省税务局，各市、州、县人民政府）

（六）加大科技金融支持力度。对受疫情影响、授信到期还款确有困难的科技型企业，银行机构要通过适当降低利率、减免逾期利息、调整还款期限等方式予以支持，相关逾期贷款不作逾期记录。综合运用信用融资、股权融资、知识产权质押融资、股权质押融资等工具，推进“政投贷担保”创新，为科技型企业提供增值增信和融资服务。用好用足中国证监会支持湖北企业IPO政策，推动符合条件的科技型企业在沪深交易所上市，利用新三板、四板等多层次资本市场挂牌融资。支持国有投资平台、引导社会基金等设立股权激励基金，鼓励核心专利持有人现金出资入股科技型企业。长江产业基金发起设立不低于15亿元的科技创新基金，支持科技型企业发展壮大，培育一批“瞪羚企业”。（责任单位：省地方金融监管局、省发改委、省科技厅、省财政厅、省政府国资委、省知识产权局、人行武汉分行、湖北银保监局）

（七）优先应用推广创新产品。加大对重大创新产品和服务、核心关键技术的政府采购力度。在满足基本需求的前提下，面向科技型中小微企业的政府采购比例不低于30%，其中预留给小微企业的比例不低于60%。编制《湖北省创新产品应用示范推荐目录》，推动装备首台套、材料首批次、软件首版次的采购应用。完善创新药物推荐目录，支持医疗创新产品优先进入三级医疗机构使用。（责任单位：省财政厅、省科技厅、省经信厅、省卫健委、省医保局、省公共资源交易中心，各市、州、县人民政府）

三、强化产业协同创新，推动高新技术产业集群发展

（八）加快建设产业创新平台。面向集成电路、智能建造、智慧物流、生物安全等重点领域，支持龙头企业创建国家级、省级产业创新中心、制造业创新中心、技术创新中心等科技创新平台，突破产业核心技术瓶颈，加快推进产业链现代化。聚焦光纤传感、北斗导航、飞秒光制造、光通信网络、基因诊断、免疫调节等方向，发挥院士领军作用，按照“科研团队+龙头企业+产业基金”模式，组建若干重大产业创新联合体，带动产业链上下游企业创新发展。加快发展市场化新型研发机构，着力提升产业技术研究院的公共服务功能，新建一批由骨干科技人员持股的专业型研究所（公司）和以企业为主体的企校联合创新中心。（责任单位：省科技厅、省发改委、省教育厅、省经信厅、省财政厅）

（九）做大做强光电子信息产业。加强武汉光电国家研究中心、国家信息光电子创新中心、国家先进存储产业创新中心等重大创新平台建设，强化光通信、集成电路等优势领跑地位。支持新型显示、新一代移动通信和下一代互联网、地球空间信息等重点领域技术创新，实现跨越式发展。实施一批龙头项目和关键配套项目，推动光电子信息产业向高端化、集群化、融合化发展，打造具有国际竞争力的“芯屏端网”万亿产业集群。（责任单位：省发改委、省科技厅、省经信厅）

（十）支持生物与健康产业创新发展。增强武汉生物技术研究院创新服务功能，推动武汉国家生物产业基地扩规升级。发挥我省在干细胞、免疫细胞等领域的优势，培育一批细胞产业龙头骨干企业。支持人用疫苗高等级病原微生物实验室建设，加快疫苗研发和产业化。支持建设中医药产业技术研究院，推动“产学研医用”一体化发展；开展中药质控标准物质研究，提高地方药材、饮片的标准和质量，促进中医药产业高质量发展。推动生物技术与仿制药技术创新公共服务平台建设。支持重大疾病创新药、改良型新药研发，布局开发专利即将到期的化学药大品种，加快开展仿制药质量疗效一致性评价。（责任单位：省科技厅、省发改委、省经信厅、省卫健委、省药监局）

（十一）培育壮大人工智能与数字经济。谋划部署5G网络、大数据中心、超算中心、工业互联网、新型物联网等新型基础设施建设项目。支持武汉市建设国家新一代人工智能创新发展试验区、人工智能创新应用先导区，重点围绕智能芯片、智能网联汽车、智能制造、网络安全等领域，加强技术开发和产品创新，面向应用场景，开展试点示范，促进人工智能与经济社会融合发展。围绕智慧医养、智慧农业、智慧教育、智慧旅游、智慧广电、智慧交通、智慧物流等领域，加快100项数字科技成果转化应用，培育一批数字科技型企业，支持建设数字科技创新示范园区，推动产业数字化、数字产业化。（责任单位：省经信厅、省发改委、省科技厅，武汉市人民政府）

（十二）助推脱贫攻坚和乡村振兴。加快农业科技园区发展，布局建设30个以上乡村振兴科技创新示范基地，强化新品种、新技术、新产品的集成示范。围绕农业标准化种养殖、农产品精深加工、农业生态建设等方面，重点向连片特困地区倾斜，推动一批先进适用技术成果转移转化。组织科技特派员、“三区”人才深入基层一线服务，实施特聘农技员计划。推动星创天地建设，吸纳返乡农民工、大学生、农业致富带头人创新创业。（责任单位：省科技厅、省教育厅、省农业农村厅、省政府扶贫办）

（十三）全面推动高新区提档升级。完善全省高新区综合考评体系，

重点评价增量增幅和质量效益，考评结果与新增建设用地指标、扩区调区升级、项目资金分配等挂钩。探索建立新型工业用地（M0）的支持制度，为融合研发、设计、检测、中试、新经济等新业态及相关配套服务的工业用地提供政策支持。对年度综合评估全国排名前50%的国家高新区、全省排名前5位的省级高新区，在科技项目立项、创新平台建设等方面给予综合性支持。推动十堰市、恩施州创建国家高新区。探索实行省级高新区退出机制。（责任单位：省科技厅、省发改委、省财政厅、省自然资源厅，各市、州、县人民政府）

四、强化科技服务对接，促进科技成果就地转移转化

（十四）加强科技成果供需信息共享。建立科技成果信息汇交工作机制，加强对科技成果的梳理、跟踪、挖掘与整理，建立科技成果项目库，编制发布《湖北省科技成果目录2020》和《湖北省企业科技需求目录2020》，并定期更新。依托行业组织、技术市场和知识产权运营平台等机构，促进科技成果供需信息公开化，实现成果信息互通和有效对接。（责任单位：省科技厅、省教育厅、省经信厅、省知识产权局，中科院武汉分院）

（十五）提升国家技术转移中部中心服务功能。推进湖北技术交易大市场建设，增强科技成果转化服务能力。建立技术转移人才培养体系，加强湖北技术转移学院建设，每年培养300名以上复合型技术经纪人，鼓励高校院所聘用技术经纪人开展技术转移服务。积极开展赋予科研人员职务科技成果所有权或长期使用权试点。加快技术转移服务机构专业化、市场化发展。创新开展“科惠行动”“科创投资沙龙”，每年组织30场以上高校行、市（州）行活动。联动省、市投资平台出资参与国家科技重大专项成果转化基金，对接组织好“疫后湖北行”活动。（责任单位：省科技厅、省发改委、省教育厅、省经信厅、省政府国资委、省地方金融监管局）

（十六）探索“校区+园区+社区”联动创新创业模式。将大学科技园创新发展纳入高校整体建设发展规划，加快高校创新资源和社会资源汇聚融合，深化科教融合、产教融合。组织省内高校与高新区、开发区等园区结对合作，推动高校联园区、院系进企业、创业到社区，推动园区积极承接和转化先进适用科技成果，鼓励高校3年内免费向园区内企业许可使用专利技术、开放科研仪器设备。对校地合作成效明显的高校，在“双一流”建设、科研项目等方面给予奖励支持。（责任单位：省教育厅、省发改委、省科技厅、省财政厅，各市、州、县人民政府）

五、强化人才评价激励，引导科技人才服务经济发展

（十七）改进人才评价方式。加大产业人才评价激励力度，增加企业工程技术人员每年职称评审频次。取得显著经济社会效益的企业家、经营管理人才和高层次创新创业人才，可放宽学历、资历、年限等申报条件，直接申报相应系列（专业）高级职称。对为企业发展作出特殊贡献的专业技术人才，实行特殊评审。（责任单位：省人社厅、省发改委、省经信厅、省政府国资委）

（十八）支持企业引育高层次人才。实施“楚才引领计划”，重点支持企业引进和培育一批核心技术人才、海外高层次人才、产业领军人才；建立“楚才卡”制度，为高层次人才提供落户居留、医疗保健、出入境等综合服务。加强科技领军人才引进培育，在全球范围引进200名以上急需科技领军人才，培育100名以上高层次科技人才和创新创业团队。探索以建设离岸创新基地、联合实验室等方式，柔性引进国内外高层次人才。（责任单位：省委人才办、省教育厅、省科技厅、省人社厅）

（十九）引导人才服务企业一线。开展“万名人才服务基层行动”，引导科技人员、高校青年教师和学会服务企业；面向园区和企业选派“科技专员”“科技副总”，精准开展创新服务。落实鼓励科技人员创新创业政策，科技人员兼职或离岗创新创业期间形成的科技成果以及取得的社会经济效益，可以纳入原单位相关工作业绩考核；取得的工作业绩和科技成果，在参与原单位职称评审和绩效评价时，原单位应予以无差别采纳。对贡献突出的科技人员，在职称评聘、项目申报上予以重点支持。（责任单位：省委人才办、省教育厅、省科技厅、省经信厅、省人社厅、省科协）

六、强化创新政策落实，进一步提升科技创新效能

（二十）赋予科研经费使用更大自主权。督促落实科研经费管理“松绑”的政策措施，赋予创新团队和领军人才更大的人财物支配权和技术路线决策权，开展项目经费使用“包干制”改革试点。鼓励高校、科研院所和科技型企业聘用高校毕业生担任科研助理或辅助人员，其劳务费用和有关社保补助按规定从科研项目中列支。（责任单位：省财政厅、省教育厅、省科技厅、省人社厅）

（二十一）提升科技创新服务效能。对科研项目申报和验收、高新技术企业认定、技术合同认定登记、科技型中小企业评价等服务事项实行“一网通办”。依托高新区、孵化器、科技中介机构等，组织专门人员对口联系企业，提供全方位科技创新服务。（责任单位：省科技厅、省政务办）

（二十二）推进政策落实落地。梳理高新技术企业税收减免、企业研发费加计扣除等普惠性财税政策，以及“科技创新20条”“自贸区人才创新创业6条”等科技创新政策，集成“政策工具包”向企业推送，加强宣传解读，并协调推动落实。（责任单位：省科技厅、省发改委、省经信厅、省财政厅、省人社厅、省商务厅、省税务局）

省人民政府办公厅关于印发进一步激发市场主体活力若干措施的通知

各市、州、县人民政府，省政府各部门：

经省人民政府同意，现将《进一步激发市场主体活力若干措施》印发给你们，请认真贯彻落实。

2020年6月24日

进一步激发市场主体活力若干措施

为深入贯彻习近平总书记关于统筹推进新冠肺炎疫情防控和经济社会发展的重要指示批示精神，落实党中央、国务院关于“六稳”“六保”的决策部署和省委、省政府工作要求，更大力度激发市场主体活力，保市场主体、保就业，让市场主体活下来、留下来、发展好，现制定如下措施。

一、扩大市场主体豁免登记许可范围，广开大众创业就业之门。在地方人民政府或政府有关部门划定的场所、时间，允许无需取得营业执照临时从事不违反国家禁止性规定的生产经营活动。从事食品经营的，实行告知承诺制，在2个月内可先经营后办理许可证、食品摊贩登记卡。允许各地结合自身实际，划定时间、地段开设马路市场、小摊贩经营点、早市夜市、餐饮排档等便民消费服务点，最大限度放宽市场主体准入，同时加强市场监管服务，引导规范经营，维护消费安全。（省住建厅、省市场监管局等相关部门和市、州、县人民政府按职责分工负责）

二、在全省推行“证照分离”改革试点，让更多市场主体持照即可经营。在湖北自由贸易试验区“证照分离”改革全覆盖试点基础上，推进全省全覆盖试点。将所有涉企经营许可审批事项纳入清单管理，依照《国务院关于在全国推开“证照分离”改革的通知》（国发〔2018〕35号），分别按照直接取消审批、审批改为备案、实行告知承诺、优化准入服务等方式实施“证照分离”改革，进一步清理压减许可审批事项，让更多市场主体持照即可经营。（省市场监管局、省政务办、省司法厅牵头，省政府相关部门和各市、州、县人民政府按职责分工负责）

三、深化住所（经营场所）登记改革，进一步释放住所资源。扩大市场主体住所（经营场所）信息申报承诺制改革范围，对不涉及前置审批及安全、环保者，办理设立、变更登记时，可提交“住所（经营场所）登记信息申报承诺书”作为证明，无需提交权属证明和租赁协议等场所证明材料。进一步放宽住所（经营场所）登记条件，允许线上线下一体化经营的市场主体以网址或实体经营场所作为住所（经营场所）登记。鼓励企业采取集群注册模式登记，以托管机构的住所（经营场所）地址，作为企业住所登记。（省市场监管局负责）

四、扩大告知承诺制适用范围，推行“先证后查”。对不直接涉及国家安全、公共安全和人民群众生命健康的行业、领域，全面推行政务服务事项办理告知承诺制。申请人承诺符合办理条件的，有关部门作出同意决定。对低风险食品生产许可、在省内已开办5家以上直营店的食品销售连锁企业新申请食品经营许可、单品特色小吃店和季节性餐饮许可、湖北自由贸易试验区检验检测机构资质认定等试行告知承诺制，当场发证，“先证后查”。（省市场监管局、省政务办、省司法厅牵头，省政府相关部门和各市、州、县人民政府按职责分工负责）

五、压缩许可审批办结时限，证照办理再提速。2020年8月底前，将企业开办设立登记、公章刻制、发票申领和社保登记等四个环节时间压缩至1个工作日内，全面落实企业开办“210”标准（一表申请、一窗发放，一天办结，零收费发放一套三枚公章）。适用告知承诺制核发食品经营许可证的，当场发证，其他食品经营许可证核发时限由法定的20个工作日，压缩至10个工作日内。药品生产许可证、经营许可证核发由法定45个工作日压缩至20个工作日内。化妆品生产许可证核发时限由法定30个工作日压缩至15个工作日内。商品条码办理时间从法定的10个工作日压缩到3个工作日内。（省市场监管局、省公安厅、省人社厅、省税务局、人行武汉分行、省药监局按职责分工负责）

六、全面推行线下“一窗通办、异地可办”、线上“一网通办、全程网办”。推动线下政务服务综合窗口建设“全覆盖”，推行“一窗接、并联办、限时结、立等取或快递送”，同城通办、异地可办。推进企业开办关联环节审批事项“一网通办”、全程“不见面”网上办。商标注册、专利申请全面实行网上办。推广个体工商户设立登记无人审批“智慧办”，试点并推广企业设立登记“智慧办”。扩大准入准营“一照通”改革试点行业和审批项目范围。将食品经营、特种设备、计量、重要工业产品、检验检测资质类许可和更多其他行政许可信息，与营业执照关联，逐步实现省内“一照通

行”。（省政务办牵头，省市场监管局、省知识产权局等相关部门和各市、州、县人民政府按职责分工负责）

七、推动电子证照和电子印章应用，实现证照互认通行。市场主体获准登记后，生成并下载电子营业执照或自行打印电子营业执照即可经营。与电子营业执照同步生成、免费发放一套五枚电子印章（企业法定名称章、财务专用章、发票专用章、合同专用章、法定代表人章）。电子证照作为企业合法生产经营凭证，与纸质证照具有同等法律效力。推动全省统一电子证照库建设，推进电子证照、电子印章在所有涉企服务领域应用，相关部门在监督检查、执法等过程中互认电子证照，实现“一次采集、一库管理、多方使用、互认通行”。（省政务办、省市场监管局、省公安厅、省税务局等相关单位按职责分工负责）

八、推进企业注销便利化，降低市场主体退出成本。企业领取营业执照后未开展生产经营活动、无债权债务或债权债务已清算完结的，可以申请简易注销。进一步拓宽简易注销改革试点范围，将符合条件的非上市股份有限公司和企业分支机构纳入简易注销范围。在全省开展压缩简易注销公告时间改革试点，简易注销公告时间由45天压缩至20天，企业可通过国家企业信用信息公示系统发布公告，公告期满无异议的，即到即办，即时注销。企业注销关联的人社、税务、商务、海关等部门相关注销事项，进入政务服务网“企业注销专区”一网通办、一事联办。（省政务办、省市场监管局、省人社厅、省税务局、省商务厅、武汉海关等相关单位按职责分工负责）

九、建立常态化联系服务机制，帮助市场主体纾困解难。健全政企沟通机制，建立民营企业家及中小微市场主体直接联系点，对困难主体实行“一户一策”帮扶。发布并动态更新“惠企政策清单”，加强政策解读和分类推送。建立动产抵押登记绿色通道，专人指导、专事预约、特事特办。设立专利、商标质押登记绿色通道，可通过网上或邮寄方式办理，发布专利商标质押登记网上办理操作指南，提供业务受理电话咨询服务，优化质押登记网上服务。开展首台（套）产品及重大技术装备检测认定工作，按规定落实相关经费保障和保险财政补贴等政策。建立市场监管社会督导员制度，从社会各界选聘社会督导员，加强对营商环境、生产和消费安全、市场监管服务的监督指导，推动问题整改和解决。对举报侵权违法等案件线索，经查证属实的，依照举报奖励有关规定给予奖励。（省发改委、省经信厅、省财政厅、省市场监管局、湖北银保监局、省工商联等相关部门和各市、州、县人民政府按职责分工负责）

十、开展质量提升行动，服务市场主体提质增效。深入开展“产品和服务质量提升行动”，以标准化、项目化方式，推动一批中小企业和重点产业集群质量提升，支持一批规模以上企业导入卓越绩效等先进质量管理模式，培育一批质量标杆企业。开展“口罩产业质量提升行动”，重点扶持企业19家、对标提质企业35家、联系服务企业136家，着力打造国家级医疗防护用品生产基地。开展“食品小作坊提升行动”，各市、州、直管市至少建设1个规范的食品小作坊集中加工区，促进传统小作坊孵化特色大产业。加强标准咨询及WTO/TBT（技术性贸易措施）通报服务，完善企业标准信息公共服务平台，指导企业对标达标，提升产品（服务）质量和经营管理水平。对全省涉及食品药品、特种设备和产品质量安全的重点企业负责人和安全管理人员进行相关法律法规、安全管理知识全覆盖培训，落实生产经营者主体责任、行业主管部门主管责任、监管部门监管责任和地方属地管理责任，确保生产安全、消费安全。（省发改委、省经信厅、省市场监管局等相关部门和各市、州、县人民政府按职责分工负责）

十一、加强“湖北名优”品牌建设，增强湖北制造、湖北服务竞争力。加大“湖北名优”品牌培育、营销和宣传力度，推进企业品牌、行业品牌、区域公共品牌发展。实施湖北品牌提升三年专项行动，开展知识产权“面对面”服务，举办地理标志大会暨品牌培育创新大赛，力争全省商标申请量年均增长不低于8%，有效注册总量突破80万件，地理标志总量和国际商标注册总量均达到500件，驰名商标总量突破400件。培育100个全国知名“湖北制造”、100个有影响力的农产品特色品牌和地理标志品牌、100个知名湖北服务业品牌，打造一批在全国具有较大影响力的医疗防护用品和中药材品牌。（省市场监管局、省知识产权局牵头，省发改委、省农业农村厅、省商务厅、省经信厅、省住建厅、省文旅厅、省教育厅、省卫健委、省药监局等相关部门按职责分工负责）

十二、实行公平竞争审查全覆盖，加强反垄断和反不正当竞争执法。对各级人民政府及其部门出台的政策措施全面实施公平竞争审查，及时纠正违反公平竞争审查制度的行为，坚决防止出台妨碍统一市场和公平竞争的政策措施。坚决依法查处市场垄断案件和滥用行政权力干预损害市场竞争行为，加大假冒侵权等混淆行为、侵犯商业秘密、虚假宣传等不正当竞争行为查处力度。保障各类市场主体公平使用生产要素，公平参与市场竞争。（省发改委、省市场监管局、省经信厅、省地方金融监管局等相关部门和各市、州、县人民政府按职责分工负责）

十三、强化违规收费治理，降低市场主体负担。加强各类涉及市场主体收费特别是收费优惠减免政策落实情况的检查，严格整治违规收费行为，推动降费减负政策落地。行业主管部门组织行业协会商会对收费情况进行全面自查，无法律规定的收费一律取消。组织开展行政审批中介服务收费检查，重点查处将应由政府部门承担的费用转嫁企业并收费，中介组织、协会商会等以代行政府职能或者利用行政资源乱收费，或以入会、赞助、培训、评比等为由强制收费行为。组织开展支持复工复产和扶持小微企业、个体工商户价费政策落实检查，对违法违规线索依法快查快处，对典型案例公开曝光。（省发改委、省民政厅、

省市场监管局及各相关行业主管部门按职责分工负责）

十四、全面实行部门联合“双随机、一公开”监管，提升监管效能。完善以“双随机、一公开”监管为基本手段，以信用监管为基础，以重点监管为补充的新型监管方式。实行部门联合“双随机、一公开”监管全覆盖、常态化，做到无法律依据不查、清单外不查、计划外不查。对同一市场主体的多个日常监管事项，按照能减尽减、能合尽合的原则，纳入部门联合“双随机、一公开”抽查，实施“守信联合激励、失信联合惩戒”。探索推行信用风险分类监管，对守信市场主体“无事不扰”。对直接涉及公共安全和人民群众生命健康等特殊行业、重点领域，依法依规实行重点监管，对通过投诉举报、转办交办、数据监测等发现的问题，及时核查处理。（省市场监管局牵头，省市场监管联席会议成员单位按职责分工负责）

十五、完善企业信用修复机制，优化信用管理分类指导。对一般失信行为的行政处罚信息，在国家企业信用信息公示系统公示满1年，且已改正违法行为的，撤销公示；对因列入经营异常名录满3年被列入严重违法失信企业名单满1年，主动履行相关义务的，可予移出。稳妥开展严重违法失信企业名单管理，清理核查列入经营异常名录将届满3年的企业，按照依法合规、分类处置的原则，激活唤醒一批、清理退出一批、限期吊销一批、简化移出一批、信用修复一批。（省市场监管局牵头，省市场监管联席会议成员单位按职责分工负责）

十六、全面推行包容审慎监管，营造鼓励创业创新的良好环境。发布、实施首次轻微违法行为容错清单。对新技术、新产业、新业态、新模式，可制定临时性、过渡性监管规则或措施，在确保质量和安全的前提下，留足发展空间。将2019年度企业和农民专业合作社年报时间延长3个月，至2020年9月底；个体工商户年报时间延长6个月，至2020年底。推进市场主体年报“多报合一”，将原需向人社、统计、海关、商务、外汇、市场监管等多个部门报送的年度信息，统一通过国家企业信用信息公示系统一次报送，多部门共享。（省发改委、省市场监管局、省经信厅、省商务厅、省人社厅、省统计局、武汉海关等相关单位按职责分工负责）

省人民政府办公厅关于印发能源提升、新基建、冷链物流和应急储备设施、产业园区提升补短板强功能工程三年行动实施方案（2020—2022年）的通知

各市、州、县人民政府，省政府各部门：

《湖北省疫后重振补短板强功能能源提升工程三年行动实施方案（2020—2022年）》《湖北省疫后重振补短板强功能新基建工程三年行动实施方案（2020—2022年）》《湖北省疫后重振补短板强功能冷链物流和应急储备设施工程三年行动实施方案（2020—2022年）》和《湖北省疫后重振补短板强功能产业园区提升工程三年行动实施方案（2020—2022年）》已经省人民政府同意，现印发给你们，请认真贯彻落实。

2020年9月5日

湖北省疫后重振补短板强功能能源提升工程三年行动实施方案（2020—2022年）

一、总体目标

到2022年底，全省能源基础设施和保障能力建设迈上新台阶。电力保障能力明显提升，武汉城市电网初步达到国际领先水平，襄阳、宜昌城市电网向国内同等城市先进水平迈进，其他城市电网供电水平明显提升，新增发电装机950万千瓦，接受外电输入能力800万千瓦以上；油气产供储销体系取得新进展，构建“四纵三横”天然气输送通道，新增油气管道里程378公里，新增储气能力1.6亿立方米，达到“地方政府3天、燃气企业5%”储气能力要求；煤炭储备能力显著增强，建成“两湖一江”煤炭物流枢纽，新增煤炭储备能力658万吨，达到煤炭年消费量10%的储备能力。三年预计完成总投资900亿元，其中

2020—2022年分别完成260亿元、320亿元、320亿元。

二、重点任务、重大项目及责任分工

（一）加快电源点建设。围绕负荷中心，推进大别山电厂二期工程、仙桃电厂、随州电厂、荆州热电二期、襄阳燃机等大型高效电源项目建设。推进江坪河、白河、淋溪河等水电开发，积极支持平价风电和光伏发电项目建设，新增风电200万千瓦、光伏发电400万千瓦，提高可再生能源电力消纳比重。（责任单位：省能源局，有关市、州、县人民政府）

（二）推进“两线一点”实施。建成陕北至湖北±800千伏特高压直流输电工程，同步协调推进陕西黄陵、富县等5个特高压配套电源项目建设；争取第二条特高压输电工程落点湖北并尽快开工建设；争取提高三峡电能湖北消纳比例，2020年从18%提升至22%，力争到2022年在现有基础上实现稳步提升。（责任单位：省能源局、国网省电力公司，有关市、州、县人民政府）

（三）实施城市供电能力提升工程。围绕外电疏散、三峡留存、电源接入、断面卡口、网间联络，建设一批500千伏、220千伏主网工程，形成鄂西、鄂西北、鄂东分区分片的保供体系；围绕工业园区、重大项目用电需求和城市老旧小区改造，推进配套供电设施建设，加快配电网提档升级。新增变电容量2600万千伏安、各电压等级线路3000公里，着力解决“卡脖子”“低电压”问题。（责任单位：省能源局、国网省电力公司，有关市、州、县人民政府）

（四）完善油气基础设施。争取西气东输三线湖北段开工建设，推进天然气管道互联互通。建设金澳科技监利—潜江输油管道、三峡翻坝运输成品油管道项目。统筹推进储气设施集约化、规模化建设运营，沿主干管道和长江布局，构建以地下盐穴储气库、大中型LNG储罐为主，地方小型应急储气设施为辅的储气体系，重点建设潜江地下盐穴储气库，武汉安山、白浒山和黄冈、宜昌等地LNG储气库，黄石LNG罐箱基地，形成潜江、武汉、鄂东三大储气基地。（责任单位：省能源局，有关市、州、县人民政府）

（五）建设煤炭储配基地。推进“浩吉铁路+长江水运”煤炭输送体系建设，建设以荆州江陵为重点的集交易、存储、混配、物流等功能的大型煤炭储备基地，在武汉、襄阳、宜昌、荆门等地，依托重点用煤企业建设中小型煤炭储配基地。（责任单位：省能源局，有关市、州、县人民政府）

三、实施步骤

2020年，建成投产大别山电厂二期、襄阳燃机、江坪河、白河等重点电源项目，开工建设随州电厂，新增发电装机320万千瓦。新增变电容量750万千伏安、各电压等级线路1000公里以上。建成宜昌力能、武汉安山储气库扩建工程，新增储气能力3300万立方米。建成荆州煤炭铁水联运储配基地一期工程、华港能源煤炭储备项目，新增煤炭储备能力413万吨。

2021年，开工建设荆州热电二期等重点电源项目，新增发电装机300万千瓦。建成陕北—湖北±800千伏特高压直流输电工程，新增变电容量900万千伏安、各电压等级线路1000公里以上。开工建设西气东输三线工程湖北段，建成金澳科技监利—潜江输油管道，新增油气管道长度128公里，潜江地下盐穴储气库一期部分建成，新增储气能力5000万立方米。建成枝城港煤炭储备项目，新增煤炭储备能力30万吨。

2022年，建成投产仙桃电厂，新增发电装机330万千瓦。新增变电容量950万千伏安、各电压等级线路1000公里以上。建成三峡翻坝运输成品油管道、西二线—忠武线联络工程，新增油气管道长度250公里，建成武汉白浒山LNG储配基地、黄冈LNG储气设施、黄石阳新LNG罐箱基地，新增储气能力8100万立方米。力争建成荆州煤炭铁水联运储配基地二期工程，新增煤炭储备能力215万吨。

四、资金筹措安排

能源提升工程计划实施项目共29个，项目估算总投资1176亿元（三年投资900亿元），其中：大型电源项目9个估算投资290亿元，风电项目估算投资120亿元，光伏发电项目估算投资130亿元，电网项目（含打包项目）2个估算投资410亿元，油气基础设施项目11个估算投资150亿元，煤炭储配项目5个估算投资76亿元。资金来源为：企业自筹300亿元，银行贷款876亿元，积极争取中央预算内资金、地方政府专项债券对城市电网、储气设施、油气管道、煤炭储备项目给予支持。

五、保障措施

（一）加强组织领导。根据省委、省政府统一部署，省能源局成立能源提升工程工作专班，组织做好三年行动方案总体推进、综合协调，制定工作时间表、路线图，确保方案顺利实施。

（二）强化项目调度。加强与各地各有关部门和项目单位联系沟通，建立“月监测、月调度、月报告”工作机制，全程跟踪推进，及时协调解决项目建设中面临的困难和问题。

（三）加大政策支持。落实“一网通办”“一事联办”要求，提高能源建设项目审批服务效能。积极为能源项目做好用地、路由、环评、资金协调和政策服务，争取纳入国家规划和年度建设计划，争取中央预算内资金、地方政府专项债券支持。

湖北省疫后重振补短板强功能新基建工程三年行动实施方案（2020—2022年）

一、总体目标

2020年，启动市（州）5G基站建设，新建5G宏基站1.9万个，武汉市实现三环以内全覆盖。新建5家国家级、60家省级创新平台。推进增强现实（AR）/虚拟现实（VR）技术应用，建设30个AR/VR远程课堂。科学谋划智慧交通行业通、部门通、区域通、社会通工程，建设智慧港区1个、智慧机场1个。建设城市智慧综合管廊100公里、智慧社区300个、智慧园区10个。加快全省“四纵四横四斜”高铁骨架网和武汉通达10个方向的高铁通道项目谋划建设，全省高铁新增里程18公里，达到1638公里；武汉市城市轨道交通新增里程22公里，达到409公里。

2021年，全面开展市（州）5G基站建设，新建5G宏基站2万个，武汉市区实现全覆盖，各市（州）主城区5G网络覆盖率达到80%，县级城区室外覆盖率不低于50%。新建5家国家级、70家省级创新平台。建设30个AR/VR远程课堂。建设智慧港区1个、智慧机场2个。建设城市智慧综合管廊150公里、智慧社区300个、智慧园区10个。全省高铁新增里程125公里，达到1763公里；武汉市城市轨道交通新增里程41公里，达到450公里。

到2022年，全省建成6万个以上5G宏基站，市（州）主城区5G网络全覆盖，县级城区室外覆盖率不低于80%，5G网络覆盖率和建设水平领先中部。在用数据中心机柜数达到22万架，数据中心电源使用效率（PUE）值不高于1.4。建设10个重大科技基础设施，力争新增1—2个国家重点实验室、5个湖北实验室，力争新建15个国家级、200个省级创新平台。建设100个AR/VR远程课堂。实现省、市、县、乡、村五级及全省3.6万家医疗机构全民健康信息网络覆盖。建设智慧高速公路180公里，智慧港区达到4个，智慧机场达到5个。全省城市智慧综合管廊达到400公里，智慧社区达到1000个，智慧园区达到30个。全省高铁新增运营里程440公里，达到2060公里。武汉市城市轨道交通新增运营里程113公里，达到500公里（包括有轨电车）。新型基础设施规模进入全国第一方阵，提供数字转型、智能升级、融合创新等服务的新型基础设施体系初步形成。

二、重点任务、重大项目及责任分工

（一）*5G网络建设*。加速推进5G基站建设，加快5G规模组网，优先覆盖大型交通枢纽、重要公共场所、重点产业园区、景区景点等区域。强化典型引领和场景建设，推动5G创新应用，促进广电与5G一体化发展，全域北斗高精度导航、无人机航片与5G深度融合应用。（责任单位：省经信厅、省通信管理局、省自然资源厅、省住建厅、省交通运输厅、省广电局、省政务办、中国电信湖北公司、中国移动湖北公司、中国联通湖北公司、中国铁塔湖北省分公司、省广电网络公司，各市、州、县人民政府）

（二）*信息网络升级*。加速光纤网络扩容，布局大容量光通信传输系统，推进千兆光纤入户、万兆光纤进楼。加快部署天基互联网、物联网系统，支持武汉航天产业基地“虹云”“行云”工程。推进典型应用的互联网协议第六版（IPv6）升级，推动网络、应用、终端全面支持IPv6。加快接入设施软件定义网络（SDN）、网络功能虚拟化（NFV）改造，建成智能、敏捷、安全的新一代网络。（责任单位：省通信管理局、省经信厅、省发改委、省科技厅、省政务办、中国电信湖北公司、中国移动湖北公司、中国联通湖北公司、省广电网络公司，有关市、州人民政府）

（三）*数据中心建设*。依托国内顶尖的互联网企业，加快推进长江云、中国电信中部大数据中心、武钢大数据中心、时空大数据平台、中金数谷武汉超算中心、襄阳云谷等大数据中心建设，提升云计算服务、数据存储能力，达到国内一流水平，积极争取纳入全国一体化大数据中心布局。建立完善人口、法人、自然资源、电子证照、营商环境、交通运输、环境治理、医疗健康、社会管理、时空数据等信息资源库。运用区块链等技术，推动跨部门、跨地域数据融合与协同。加快构建规模适度、共建共享、响应及时的边缘计算资源池节点布局。（责任单位：省经信厅、省通信管理局、省发改委、省自然资源厅、省生态环境厅、省政务办，有关市、州人民政府）

（四）*互联网服务平台*。建设工业互联网，提升标识解析国家顶级节点（武汉）服务能力，完善工业互联网标识解析体系。支持中信科、东风集团等龙头企业搭建20个左右企业级工业互联网平台，加快推进武汉沌口国家级智能网联汽车大数据“云控平台”和襄阳智能网联汽车综合试验平台建设。推进“万企上云”工程，开展工业云及工业大数据创新应用试点，推广钢铁、石化、航空航天等10个重点行业“5G+工业互联网”典型应用。打造新型物联网，围绕城市管理、民生保障、公共安全、医疗卫生等领域，规模化部署低功耗、高精度的智能化传感器，实现大规模物物连接。建立对接国家标准的物联网感知设施标识和编码标准规范，加强数字标识推广应用。探索区块链技术先行先试，打造区块链交易中心、检测中心、场景体验中心等公共平台，推动区块链和物联网、数字孪生等前沿技术融合应用。（责任单位：省经信厅、省发改委、省科技厅、省政务办、省通信管理局，各市、州人民政府）

（五）*高速铁路和城市轨道交通*。推进铁路设施智能升级，重点推进郑州至万州高铁、安庆至九江高铁、黄冈至黄梅高铁、宜昌至郑万高铁联络线、十堰至西安高铁、沿江高铁武汉至宜昌段、襄阳至荆门高铁、荆门至荆州铁路以及沿江高铁武汉至合肥段、武汉枢纽直通线等项目建设。加快实施武汉市城市轨道交通项目建设，有序推进宜昌市城市轨道交通发展。（责任单位：省发改委、省自然资源厅、中国铁路武汉局集团有限公司、省铁投集团，有关市、州、县人民政府）

（六）智慧交通。加快推进智慧交通行业通、部门通、区域通、社会通工程。开展基于新一代信息技术的智慧交通新型基础设施建设，升级扩容交通数据中心，提升交通云数据中心的运行承载能力、数据分析处理能力及行业服务能力，打造危化码头港口智能监管平台和省级高速公路视频云平台，推进网络货运信息监测系统和部省治超联网管理信息系统建设，实施船员远程培训点和船员远程培训考场建设。基于5G车联网，推动京港澳高速公路鄂豫界至军山段改扩建工程、鄂州机场高速公路等项目建设，加快建设智慧智能高速公路，提升“人、车、路、云”融合协同能力。以武汉新港为试点，实施长江绿色智能船舶研发工程，推进港区5G建设和应用，打造智能导引、精确停车、集装箱自动装卸的智能化无人码头，推动武汉、黄石、荆州、宜昌、襄阳智慧港口建设。以汉江航道为重点，推进电子航道图、电子航标、航道智能监测、智能船闸等内河航道智能化建设。以武汉天河国际机场、鄂州机场“客货双枢纽”为引领，加快建设人脸登机、行李自助托运、智慧旅检通道等智能服务项目，推进智能分拣、智慧运维管理等新技术运用。实施武汉阳逻港、鄂州三江港、黄石新港、宜昌三峡长江枢纽等多式联运工程，实现物流信息平台共享。（责任单位：省交通运输厅、省发改委、省自然资源厅、省通信管理局、武汉新港管委会、中国铁路武汉局集团有限公司、省交投集团、省铁投集团、湖北机场集团、湖北国际物流机场有限公司，有关市、州、县人民政府）

（七）智慧城市。推动传统基础设施智能化信息化改造、智慧网联汽车基础设施和智慧管网、智慧水务、智慧市政、智慧城管、智慧广电、智慧环保以及应急管理“智慧大脑”等方面的重点项目建设。实施武汉市城市智慧汽车基础设施和机制建设国家试点，推进道路设施智能化改造和智能停车场建设。加快武汉、十堰等地智慧综合管廊建设，推进供水、供气、污水处理等市政基础设施信息化改造。加快智慧社区建设，将5G、物联网、云计算等技术充分集成应用于智能楼宇、智能家居、家庭护理、个人健康、疫情防控、应急救援等领域，完善社区治理平台功能，推进网格化与信息化深度融合，利用APP、公众号、人脸识别等系统，探索“物联网+社区”治理模式，实现资源共建共享。加快重点园区信息化、智慧化建设，实现园区智慧管理、远程办公、移动安防、智能停车、高清视频等功能应用。由中国铁塔湖北省分公司牵头，成立智慧杆产业联盟，加快建设多功能杆、柱、桩等新型智能感知设施，整合利用路灯杆、信号杆、监控杆、电力杆（塔）、公交站台等市政设施，推进一杆多用。在武汉、襄阳、宜昌等地加快开展“多杆合一”建设。（责任单位：省住建厅、省经信厅、省发改委、省生态环境厅、省应急厅、省广电局、省通信管理局、中国铁塔湖北省分公司，有关市、州、县人民政府）

（八）智慧医疗教育。依托高校院所、医疗机构和重点企业，支持临床诊断、突发公共事件、流行性疾病防控、健康服务业发展等领域大数据开发应用。推动新一代人工智能、5G等新技术应用，促进区域远程医疗、互联网医院、家庭医生签约、智能辅助诊疗、智能养老等发展。大力推进数字校园建设，推动各类信息系统和资源在教育教学、教育管理、教育评价、教师培训等方面应用，教育信息化应用水平和师生信息素养普遍提高。（责任单位：省卫健委、省教育厅、省发改委、省公安厅、省民政厅、省政务办、省通信管理局，各市、州、县人民政府）

（九）智慧旅游。加快建设集旅游行业管理、信息服务、市场营销于一体的全域智慧旅游综合平台，努力实现“一部手机游湖北”。建立健全智慧旅游标准规范体系，大力开展智慧旅游市县、智慧旅游景区、智慧旅游乡村、智慧文化场馆、智慧旅游企业等建设。积极推广旅游一卡通，支持旅游景区利用网络直播、AR/VR等开展线上旅游，引导在线旅游企业开发更多符合市场需求的网络旅游套餐，提高旅游消费电子支付便捷化程度。推动现代科技在旅游景区预约服务、信息发布、流量管控、安全巡查等方面的应用，加强应急广播系统建设，提升应急处置能力，初步构建全域智慧旅游体系，全省旅游信息服务水平显著提高，在线营销能力全面提升，行业监管能力进一步增强。（责任单位：省文旅厅、省经信厅、省发改委、省公安厅、省财政厅、省交通运输厅、省商务厅、省广电局、省政务办、省通信管理局，各市、州、县人民政府）

（十）重大科技基础设施。加快建设“光谷科技创新大走廊”，将光谷科学岛打造成为重大科技基础设施集中承载区。提升脉冲强磁场设施和生物安全四级实验室（P4实验室）功能，加快精密重力测量设施建设，启动实施生物医学成像设施省部共建。加快推进农业微生物、作物表型组学、第四代同步辐射光源、磁阱型聚变中子源、沼山长基线原子干涉观测等设施预研预制，力争纳入国家“十四五”重大科技基础设施建设规划。（责任单位：省发改委、省科技厅、省财政厅、中科院武汉分院、武汉大学、华中科技大学、华中农业大学等，武汉市人民政府）

（十一）重点实验室体系。加快推进省东湖实验室、中科院东湖科学中心建设。创建生物安全大科学研究中心、国家临床试验基地、脑科学与类脑研究中心和人类遗传资源样本库，支持武汉大学、华中科技大学、华中农业大学等建设生物安全三级实验室（P3实验室），打造国家生物安全实验设施。积极争创国家实验室、国家重点实验室，在光电信息、空天信息、生物安全、智能制造、长江生态、现代农业、生命健康等领域谋划建设湖北实验室，优化提升省重点实验室。（责任单位：省科技厅、省发改委、省财政厅、省东湖实验室、中科院武汉分院、武汉大学、华中科技大学、华中农业大学等，武汉市人民政府）

（十二）高水平创新平台。推进国家先进存储产业创新中心、智能芯片技术创新中心、国家超算武汉中心、高端医学影像产业创新中心等重大创新平台建设。加快建设集成电路、新型显示器件、下一代信息网络、生物医药等4大战略性新兴产业集群支撑平台。聚焦重点产业领域，组建产业创新联合体和新型研发机构，统筹建设一批产业创新中心、制造业创新中心、技术创新中心、工程研究中心等创新平台。（责任单位：省发改委、省科技厅、省经信厅等，各市、州人民政府）

三、实施步骤

（一）前期准备阶段（2020年6月至9月）。谋划编制2020—2022年分年度新型基础设施重大项目库，按续建、新开工、谋划推进三类，明确任务、责任、时限，确保项目落实落地。

（二）组织实施阶段（2020年10月至2022年10月）。加快开展项目前期工作，推动项目尽快开工建设，形成实物工作量。组织各地谋划、储备一批新的重大项目，滚动调整项目库，推动形成“谋划一批、开工一批、建设一批”的项目建设格局。

（三）总结提升阶段（2022年11月至12月）。总结推广新型基础设施重大项目建设经验，建立推进新型基础设施重大项目长效机制，查找存在的短板弱项，有针对性地谋划和实施一批打基础、强功能、利长远的重大项目，构建提供数字转型、智能升级、融合创新等服务的新型基础设施体系。

四、资金筹措安排

全省三年拟实施新型基础设施建设项目595个，估算总投资7731亿元，2020年估算投资2165亿元。按照“政府引导、市场主体”原则筹措建设资金，其中，银行贷款4706亿元，项目业主自筹3025亿元（含争取中央预算内资金、地方政府专项债券等资金支持）。

五、保障措施

（一）加强组织领导。建立湖北省新型基础设施建设工作联席会议制度，协调推进全省新型基础设施建设。联席会议办公室设在省发改委，负责制定年度工作计划，会同有关方面研究解决新型基础设施项目开工、建设、谋划以及要素保障、政策落实中的困难和问题，推动新型基础设施项目加快建设。（责任单位：省发改委等，各市、州、县人民政府）

（二）推动多元投入。省有关部门要积极争取中央预算内投资、地方政府专项债券，统筹省级相关专项资金，支持新型基础设施项目建设。建立政银企对接机制，引导金融机构加大对新型基础设施项目的信贷支持力度。切实发挥政府投资基金引导作用，鼓励各类投资公司等社会资本参与新型基础设施建设。（责任单位：省财政厅、省发改委、省科技厅、省经信厅、省地方金融监管局、人行武汉分行等，各市、州、县人民政府）

（三）优化发展环境。各地、各单位要开放高铁、机场、高速公路等交通枢纽以及公共楼宇、党政机关、企事业单位等公共设施供5G建设使用，按规定免收基站租赁、资源占用等费用。各地要加大新型基础设施项目招商引资力度，降低落地门槛，积极引进社会资本参与投资，制定支持5G、大数据中心落户本地的用电补贴政策，降低企业用电成本。（责任单位：省发改委、省经信厅、省地方金融监管局、省能源局、省通信管理局、国网省电力公司等，各市、州、县人民政府）

（四）落实各方责任。全省各级自然资源部门要将新型基础设施项目纳入国土空间规划，优先保障用地指标。住建部门要将5G基站、机房及管线、电力等配套设施纳入市政基础设施规划。发改、自然资源、生态环境等相关部门要对新型基础设施项目规划、用地、环评、节能等前期工作采取并联审批，提高审批效率，推动项目尽快落地建设。各市（州）人民政府每年要安排一定额度的新型基础设施项目前期工作经费，推动新型基础设施项目前期工作顺利开展。（责任单位：省发改委、省自然资源厅、省生态环境厅、省住建厅等，各市、州人民政府）

湖北省疫后重振补短板强功能冷链物流和应急储备设施工程三年行动实施方案（2020—2022年）

一、总体目标

（一）冷链物流设施。在武汉、宜昌、鄂州打造3个国家级骨干冷链物流基地；有序推进以黄石、黄冈、襄阳、荆州、荆门、孝感等市为重点的骨干冷链物流基地储备建设工程；补齐县域冷链物流设施短板。通过建设一批效率高、规模大、冷链物流技术先进的区域性冷链物流基地，发展一批具备资源整合能力和核心竞争力的县域冷链物流企业，逐步建成布局合理、设施先进、功能完善、管理规范的农产品冷链物流服务体系。全省果蔬、肉类、水产品的冷链流通率分别达到27%、40%、45%，比2019年分别提高5个百分点以上，冷链物流信息化、自动化、智能化、标准化程度显著提高。

（二）应急储备设施。聚焦我省重特大突发事件应急物资保障体系方面的突出短板，按照集中管理、统一调拨、平时服务、灾时应急、采储结合、节约高效的原则，完善应急物资储备品种、规模、结构，创新完善储备方式，优化产能保障和区域布局。到2022年，构建起满足突发事件应对需要、统一高效协同的应急物资保障体系。整合现有资源，着力打造集应急储备、加工、物流、运输、配送、终端供应等功能于一体的省、市（区域）、县三级粮食应急保障中心体系，全面提升粮油应急保障能力，确保突发状态下粮油供应平稳有序。

二、重点任务、重大项目及责任分工

（一）冷链物流设施。

1. 打造国家骨干冷链物流基地。着眼满足当前居民对农产品多样化、新鲜度和安全性等方面的生活需求，以武汉市、宜昌市、鄂州市为重点，着力打造3家国家骨干冷链物流基地，新增冷库库容70万吨。（责任单位：省发改委、省财政厅，武汉市、宜昌市、鄂州市人民政府）

2. 推进储备一批国家骨干冷链物流基地。积极培育和有序推进以黄石、黄冈、襄阳、荆州、荆门、孝感等市为重点的骨干冷链物流基地储备建设工程，争创国家骨干冷链物流基地，新增冷库库容100万吨。（责任单位：省发改委、省财政厅，襄阳市、黄石市、荆州市、荆门市、孝感市、黄冈市人民政府）

3. 补齐县域冷链物流设施短板。针对我省农产品流通大规模、长距离、反季节特点，以县城为主体，因地制宜推进冷链物流设施建设，配建理货、分拣等冷链配送设施，保障农副产品全程冷链保存和运输，减少农产品产后损失，带动农产品跨季节均衡销售，促进农业可持续发展和农民稳定增收。重点支持118个县域冷链物流设施项目建设，新增冷库库容185万吨。（责任单位：省发改委、省财政厅，有关市、州、县人民政府）

（二）应急储备设施。

1. 建设国家华中区域应急救援中心。采取中央与地方联合投资建设的方式，建设“汉南主功能区+洪湖水上救援训练基地”。汉南主功能区位于武汉经济技术开发区通用航空及卫星产业园，规划用地面积446.7亩，打造集应急指挥协调、物资装备储备、航空保障投送、教学培训及基础训练等功能于一体的综合性功能区。水上救援训练基地位于洪湖市新滩镇，规划用地面积110亩，主要保障洪涝灾害综合实战演练及水域综合救援训练条件，设置陆地业务综合区及水域救援综合训练区两个子功能区。估算总投资15.66亿元，项目建设周期2年，2020年动工。（责任单位：省应急管理厅、省发改委、省财政厅，武汉市、荆州市人民政府）

2. 建设国家华中区域应急物资供应链中心及集配中心。按照“1+3+1”建设目标，打造一个高端应急装备物资集配（展示）中心，构建物资供需、物流仓群、综合运输三项保障能力，创新一套捐赠物资管理体系。项目规划占地面积约200亩，估算总投资8.04亿元，建设周期2年，2021年动工。（责任单位：省应急管理厅、省发改委、省财政厅，有关市、州、县人民政府）

3. 省级区域性应急救援基地。在鄂东南（黄冈）、鄂西北（襄阳）、鄂西南（宜昌）建设3个省级区域性应急救援基地。鄂东南应急救援基地建设内容主要包括“一个机构、四个中心”。“一个机构”即基地应急指挥部，负责区域应急救援指挥协调、资源调度等任务。“四个中心”即综合救援中心、物资储备中心、培训演练中心、航空保障中心。鄂西南和鄂西北应急救援基地在“一个机构、四个中心”的基础上，分别增加航空应急救援指挥调度分中心和航空水上训练救援分中心，其中航空应急救援指挥调度分中心主要建设指挥调度设施、航空保障设施、航空物资中转设施和航空救援训练设施；航空水上训练救援分中心主要建设水上救援设施、模拟训练设施、水上救援物资储运设施。估算总投资24亿元，建设周期2年，2021年动工。（责任单位：省应急管理厅，襄阳市、宜昌市、荆州市、荆门市、黄冈市人民政府）

4. 建设7座应急物资储备库。在黄石、咸宁、随州、荆门、荆州、十堰和恩施等市（州）建设7座市级应急物资储备库。估算总投资12亿元，建设周期3年，2020年动工。（责任单位：省应急管理厅，黄石市、十堰市、荆州市、荆门市、咸宁市、随州市、恩施州人民政府）

5.统筹建设县级应急物资储备库。在重点县（市、区）统筹规划建设医疗物资、救灾物资、救援装备等应急物资储备库。（责任单位：省应急管理厅、省发改委、省经信厅、省卫健委、省粮食局，有关县人民政府）

6. 建设省、市（区域）、县三级粮食应急保障中心。省级粮食应急保障中心主要依托沿长江港口及多式联运场站、铁路专用线，结合我省短缺粮油品种需求，重点支持中转储备设施、成品粮油仓储设施、散粮（油）接发能力和应急指挥调度能力建设。市级粮食应急保障中心由各市（州）组织实施，以市属企业或区域内龙头企业为载体，突出武汉市和鄂西北、鄂西南重点地区，着力加强成品粮油储存和交易、物流中转配送、粮油应急加工等能力建设，优先支持区域性粮食物流园区建设。县级粮食应急保障中心由各县（市、区）组织实施，结合自身实际，发挥资源优势，加强统筹利用，重点加强成品粮油储存设施、终端配送设施设备建设，完善应急加工配套，优先支持国有粮食购销企业、军供企业、大型商超、放心粮油市场体系、粮食现货交易市场和县域内重点龙头企业。（责任单位：省粮食局、省发改委、省财政厅，有关市、州、县人民政府）

三、实施步骤

按照统筹规划、有序推进、急用先行的原则，项目整体进度分为三个阶段：

第一阶段（2020 年 12 月 31 日前），对成熟或已开工的项目加强监管指导，尚未开工的项目加快完善项目前期工作包括可行性研究报告、初步设计报告立项、用地预审、环评、能评等。

第二阶段（2021 年 12 月 31 日前），落实建设条件，组织工程招标，取得施工许可证，尽早开工建设。

第三阶段（2022 年 12 月 31 日前），项目竣工验收，顺利投入使用。

四、资金筹措安排

（一）冷链物流设施。冷链物流设施项目 122 个，估算总投资 257.82 亿元，拟争取中央预算内投资 1 亿元，地方政府专项债券 89.88 亿元。其中：国家骨干冷链物流基地建设工程共 3 个，估算总投资 40.44 亿元，拟争取中央预算内投资 1 亿元，地方政府专项债券 12.05 亿元；国家骨干冷链物流基地储备打包项目 1 个，估算总投资 70 亿元，拟申请地方政府专项债券 21 亿元；县域冷链物流设施补短板项目共 118 个，估算总投资 147.38 亿元，拟申请地方政府专项债券 56.83 亿元。

（二）应急储备设施。按照分级保障原则，除争取中央预算内投资外，省级项目由省财政厅统筹资金解决，市（州）级项目由市（州）财政部门统筹资金解决。应急储备设施建设估算总投资 72.04 亿元，拟争取中央预算内投资 3 亿元，申请地方政府专项债券 42.12 亿元。

五、保障措施

（一）加强统筹协调。省发改委、省应急管理厅、省粮食局等牵头部门要充分发挥统筹作用，加强与省有关部门和项目所在市（州）政府的衔接，形成工作合力，协同解决项目审批、要素保障中的困难和问题，推动项目早开工、早落地。

（二）拓展融资渠道。各地要坚持“资金跟着项目走”，充分发挥财政和金融机构作用，支持冷链物流和应急储备设施补短板项目建设。对符合地方政府专项债券投向的项目，积极申报地方政府专项债券支持；对符合新型城镇化建设专项企业债券发行方向的项目，通过发行企业债券扩大直接融资。统筹研究建立市场化的金融资本与工商资本联动投入机制，鼓励社会资本加大投入，拓宽项目建设融资渠道。

（三）加强用地保障。各地要给合实际，加大对冷链物流和应急储备设施补短板项目合理用地需求的支持力度，优化新增建设用地计划指标和城乡建设用地增减挂钩指标分配，创新用地模式，整合盘活存量闲置土地资源，支持冷链物流和应急储备设施补短板项目建设。

（四）压实各方责任。各地各部门要高度重视冷链物流和应急储备设施补短板工作，科学制定工作实施方案，压实责任，明确任务和保障措施，加强项目检查督导。要注重总结提炼典型经验，强化示范带动，推动冷链物流和应急储备设施补短板工程建设稳步实施。

湖北省疫后重振补短板强功能
产业园区提升工程三年行动实施方案（2020—2022 年）

一、总体目标

针对县域经济转型升级和产业园区基础设施、公共服务、治理水平、产业发展、数字生态等方面存在的短板，利用大数据、人工智能、5G 等技术进行数字化、智慧化改造，实施全省产业园区三年提升工程，布局建设一批县级特色产业园区，推进重点产业园区智能化改造与产业协同发展，推动全省产业园区创新提升，实现高质量发展。分步实施全省产业园区提升行动，到 2022 年，基本完成产业园区提升工程项目建设，全省产业园区基础设施、智慧化水平、创新能力明显提升，产业发展、整体实力迈上新台阶。

2020 年，重点实施 10 个产业园区基础设施数字化改造，5 个科技园区、5 个生态园区、30 个现代农业产业园（包括农产品加工〈农业产业化〉园区、农业产业强镇，下同）类项目建设。

2021 年，重点实施 20 个产业园区基础设施数字化改造，10 个科技园区、10 个生态园区、30 个现代农业产业园类项目建设。

2022 年，重点实施 10 个产业园区基础设施数字化改造，10 个科技园区、10 个生态园区、30 个现代农业产业园类项目建设。

二、重点任务、重大项目及责任分工

（一）提升园区基础设施。加快补齐产业园区基础设施薄弱和配套不足短板，完善产业园区基础设施建设体系，加快交通、水电气热等数字终端系统改造。重点推进武汉东湖新技术开发区、武汉经开区基础设施升级和生态园区建设，完成光谷生态大走廊空中轨道建设、大冶湖生态环境检测中心等项目建设。（责任单位：省发改委、省经信厅、省财政厅、省住建厅、省交通运输厅、省通信管理局，各市、州、县人民政府）

（二）打造科技产业园区。在武

汉、襄阳、宜昌、荆州、荆门、随州等地实施一批科技园区项目，重点推进襄阳、宜昌科技园整体开发建设，实施光谷精准医疗产业基地、生物创新园二期、武汉高科医疗器械园、国际生命健康园、国家抗病毒药物研究院超级孵化器、中国（湖北）网络视听产业园、汉口文创谷、宜昌仿制药基地项目等19个重点项目建设。（责任单位：省发改委、省科技厅、省经信厅、省财政厅、省广电局、省药监局，有关市、州、县人民政府）

（三）推进园区智慧化改造。推进武汉、荆州、黄冈、天门等地产业园区智慧化改造，完善信息基础设施建设，推广数字化终端，建设数字化管理平台，进一步提升产业园区智慧化数字化水平。重点完成武汉经开区、随州高新区、长飞产业园、荆州经开区、荆门化工循环产业园等20个园区智慧化项目建设。（责任单位：省发改委、省科技厅、省经信厅、省财政厅，有关市、州、县人民政府）

（四）提档升级乡村产业园。因地制宜布局建设一批县域特色园区，承载县域“一业一品”“一县一品”特色产业发展，推动县域经济转型升级和块状经济加快发展。以园区水、电、路、气、通信等设施建设为基础，全面提升园区承载能力与综合实力，集聚产业发展新动能。重点实施省级现代农业产业园、省级农产品加工（农业产业化）园区、农业产业强镇基础设施提档升级等重点项目建设。（责任单位：省发改委、省农业农村厅、省科技厅、省财政厅，有关市、州、县人民政府）

三、实施步骤

产业园区提升工程自2020年至2022年分步实施，整体分为三个阶段：第一阶段（2020年12月31日前），按照开工一批、储备一批、谋划一批的步骤，分类编制产业园区提升工程三年项目库，协调推动2020年拟开工项目开工建设。

第二阶段（2021年12月31日前），加快完善储备项目前期工作，推动2021年拟开工项目开工建设，组织各市（州）新谋划、储备一批成熟项目，滚动调整项目库。

第三阶段（2022年12月31日前），推动2022年拟开工项目开工建设，对2022年前完工项目进行竣工验收，梳理总结经验做法，建立健全长效机制。

四、资金筹措安排

全省三年拟实施产业园区提升工程项目195个，估算总投资2513亿元，拟申请地方政府专项债券884亿元。其中：园区基础设施19个项目，估算总投资305亿元，拟申请地方政府专项债券112亿元；科技产业园区19个项目，估算总投资1709亿元，拟申请地方政府专项债券590亿元；园区智慧化改造23个项目，估算总投资15亿元，拟申请地方政府专项债券6亿元；乡村产业园提档升级134个项目，估算总投资484亿元，拟申请地方政府专项债券176亿元。同时，积极争取中央预算内投资和银行等金融机构对产业园区项目给予支持。

五、保障措施

（一）加强组织领导，健全工作机制。建立由省发改委牵头，省科技厅、省经信厅、省财政厅、省自然资源厅、省住建厅、省农业农村厅、省交通运输厅、省卫健委、省广电局、省通信管理局等单位共同参与的全省产业园区提升工作推进机制，研究制定年度工作计划，协调推进全省产业园区重点项目建设。（责任单位：省发改委、省科技厅、省经信厅、省财政厅、省自然资源厅、省住建厅、省农业农村厅、省交通运输厅、省卫健委、省广电局、省通信管理局，各市、州、县人民政府）

（二）拓宽融资渠道，强化资金支持。积极争取中央投资，统筹省级专项资金、政府债券支持产业园区项目建设。建立健全政银企对接机制，引导金融机构加大对产业园区项目的信贷支持力度。发挥政府投资基金引导作用，鼓励和支持社会资本参与产业园区项目建设。（责任单位：省财政厅、省发改委、省科技厅、省经信厅、省地方金融监管局、人行武汉分行等，各市、州、县人民政府）

（三）强化服务保障，优化营商环境。各地各部门要强化服务意识，当好服务企业的“店小二”，及时研究解决产业园区项目推进建设中面临的困难和问题。要加大产业园区提升工程项目招商引资力度，积极引进社会资本参与投资，构建政银企联动推进的工作格局。（责任单位：省发改委、省经信厅、省地方金融监管局、省通信管理局、国网省电力公司等，各市、州、县人民政府）

省人民政府办公厅关于印发稳定和扩大汽车消费若干措施的通知

各市、州、县人民政府，省政府各部门：

《稳定和扩大汽车消费若干措施》已经省人民政府同意，现印发给你们，请认真贯彻落实。

2020年9月26日

稳定和扩大汽车消费若干措施

为深入贯彻习近平总书记关于统筹推进疫情防控和经济社会发展工作的重要指示精神，落实国家发改委等部委《关于稳定和扩大汽车消费若干措施的通知》（发改产业〔2020〕684号）要求，进一步做好我省稳定和扩大汽车消费工作，促进全省汽车产业持续、健康发展，现就有关事项通知如下：

一、实施乘用车购置补贴。对消费者（含经营性单位）自2020年10月1日至2021年3月31日（机动车销售统一发票开票时间），购买省内企业生产并在省内销售、省内上牌落户的乘用车，按销售价格（机动车销售统一发票价格）的3%给予补贴，省级与汽车生产所在市县财政各分担一半。（责任单位：省财政厅、省经信厅，各市、州、县人民政府）

二、落实新能源汽车购置财税支持政策。新能源汽车购置补贴政策延续至2022年底，平缓2020年至2022年补贴退坡力度和节奏，及时拨付中央新能源汽车购置补贴资金。新能源汽车免征车辆购置税的优惠政策延续至2022年底。（责任单位：省财政厅、省发改委、省科技厅、省经信厅、省税务局）

三、加大营销促销力度。加强汽车整车、零部件产销衔接，组织企业积极参加国内国际展会，提升我省汽车及零部件的知名度和认可度。进一步扩大武汉汽车展会的规模和影响力。用好线上直播、云端平台等新媒体，开展多渠道营销促销。（责任单位：省经信厅、省商务厅、省广电局）

四、加大政府采购力度。依法依规将省内生产的公共服务领域用车纳入协议供货范围、加入各级政府采购电子卖场（电子商城、网上超市等）。相关企业生产的乘用车、小型客车、专用车辆、载货汽车（含自卸汽车）获得相关认证机构颁发的环境标识产品认证证书的，实施政府优先采购。（责任单位：省财政厅、省公共资源交易监管局、省公共资源交易中心（省政府采购中心）、省发改委、省经信厅，各市、州、县人民政府）

五、加快更新城市公共领域用车。推动城市公共领域车辆更新升级，加快推进城市建成区新增和更新的公交、环卫、邮政、出租、通勤、轻型物流配送车辆使用新能源或清洁能源汽车。鼓励各地加大新能源汽车运营支持力度，降低新能源汽车使用成本。（责任单位：省交通运输厅、省财政厅、省经信厅、省住建厅，各市、州、县人民政府）

六、加快淘汰报废老旧柴油货车。鼓励提前淘汰国三及以下排放标准的营运柴油货车，鼓励有条件的地方开展汽车“以旧换新”促销活动，并给予财政支持。（责任单位：省交通运输厅、省生态环境厅、省财政厅、省公安厅、省商务厅，各市、州、县人民政府）

七、落实调整国六排放标准实施有关要求。轻型汽车（总质量不超过3.5吨）国六排放标准颗粒物数量限值生产过渡期截止时间，由2020年7月1日前调整为2021年1月1日前；2020年7月1日前生产、进口的国五排放标准轻型汽车，2021年1月1日前允许在省内销售和注册登记。（责任单位：省生态环境厅、省经信厅、省公安厅，各市、州、县人民政府）

八、培育特色消费市场。积极探索住行一体化消费模式，统筹规划建设旅居车（房车）停车设施和营地，完善配套水电、通讯等设施，促进旅居车市场发展。鼓励发展长租、短租、分时租赁等多种租赁模式，构建多元化汽车消费体系。（责任单位：省文旅厅、省住建厅、省交通运输厅，各市、州、县人民政府）

九、简化购车交易环节。消费者在4S店直接办理机动车登记上牌业务，采取免填表、免复印、免提交、免拓印等“四个减免”措施，实施“一证办”“一窗办”。（责任单位：省商务厅、省公安厅、省税务局）

十、畅通二手车流通交易。合理布局二手车交易市场建设，建立二手车联网核查制度，提高二手车交易市场交易登记便利性。自2020年5月1日至2023年12月31日，对二手车经销企业销售旧车，减按销售额的0.5%征收增值税。（责任单位：省商务厅、省公安厅、省生态环境厅、省财政厅、省交通运输厅、省税务局，各市、州、县人民政府）

十一、优化城市停车管理。以数字化、智能化、网络化为重点，加快已有停车设施升级改造，推动立体停车设施建设，增加车位供给。在城市中心区的餐饮、商超等场所周边道路增加停车泊位，延长高峰时段允许停车时限。在不影响安全通行条件下，允许城市非严管路段夜间停放车辆（当日19时至次日7时）。鼓励机关和企事业单位与周边居民小区建立停车设施昼夜错峰使用调配机制，提高现有停车设施利用效率。（责任单位：省发改委、省科技厅、省经信厅、省公安厅、省住建厅、省交通运输厅，各市、州、县人民政府）

十二、用好汽车消费金融。鼓励金融机构加大对汽车经销企业的信贷支持，不得对汽车经销企业盲目抽贷、断贷、压贷。鼓励银行机构通过采取调整还款期限、展期续贷、减免逾期利息等措施，给予企业一定期限的临时性延期还本、延期付息安排。鼓励金融机构创新汽车金融产品和服务，适当下调首付比例、延长还款期限，简化汽车消费贷款办理流程。参考LPR定价（贷款市场报价利率），适当降低个人汽车消费贷款利率，促进汽车消费贷款市场发展。（责任单位：省地方金融监管局、人行武汉分行、湖北银保监局）

省人民政府办公厅关于印发支持新一轮企业技术改造若干政策的通知

各市、州、县人民政府，省政府各部门：

《支持新一轮企业技术改造若干政策》已经省委、省政府同意，现印发给你们，请认真贯彻执行。

2020年12月21日

支持新一轮企业技术改造若干政策

为贯彻党的十九届五中全会精神，落实省委十一届八次全会部署，把技改作为提升工业投入强度、推动制造业高质量发展的重要抓手，加快推进以智能化升级、集群化发展、服务化延伸、绿色化转型、安全化管控为重点的企业技术改造，不断提升产业能级，着力构建现代产业体系，特制定以下政策。

一、支持重点项目实施技改

实施“技改提能，制造焕新”三年行动，对符合智能化升级、集群化发展、服务化延伸、绿色化转型、安全化管控等支持方向且总投资2000万元及以上的项目，由市（州）推荐，采取全省竞争择优方式确定支持对象，按照项目设备购置额的8%给予补助，单个项目最高不超过1000万元。对总投资2000万元以下的项目，由市(州)、县（市）制定政策给予补助。(责任单位：省经信厅、省财政厅，各市、州、县人民政府)

二、支持首台（套）重大技术装备应用

对企业使用符合国家《首台（套）重大技术装备推广应用指导目录》且最近一年度审核认可的产品，按装备购置单价的1%给予奖励，最高不超过500万元。(责任单位：省经信厅、省财政厅)

三、支持企业技改做大做强

对实施技术改造后年营业收入首次突破1000亿元、500亿元、100亿元、50亿元的工业企业，分别一次性奖励企业1000万元、500万元、200万元、100万元，其中奖励给所在企业领导班子的资金占比不少于50%，奖励资金由省级和企业所在地地方财政各承担50%。(责任单位：省经信厅、省统计局，各市、州、县人民政府)

四、支持技改试点示范

对获得国家专精特新“小巨人”企业，给予一次性奖补50万元。对获得国家制造业单项冠军及国家智能制造、服务型制造、绿色工厂等试点示范的企业，给予一次性奖补100万元。对获得国家中小企业公共服务平台、国家新型工业化示范基地，给予一次性奖补500万元。对成功创建国家级制造业创新中心的企业，给予1000万元奖励。省级试点示范项目由企业所在地地方政府制定奖补政策。(责任单位：省经信厅，各市、州、县人民政府)

五、支持“零增地”技改

允许“零增地”技改项目先建后验，按需报审。在符合现有规划、产业政策、标准规范、投资强度、厂房结构安全、不改变工业用途的前提下，重点技改项目容积率可提升至2.0以上。对符合城乡规划审批要求、在原用地范围内的“零增地”技改项目，其增加建筑面积部分不再增收土地出让金、市政设施配套费。(责任单位：省自然资源厅、省住建厅，各市、州、县人民政府)

六、支持“进区入园”技改

支持现有骨干企业搬迁改造、提档升级，对进入开发区、工业园区、产业功能区实施迁建扩建的技改重大项目，地方政府可比照招商引资落实有关优惠政策。(责任单位：各市、州、县人民政府)

七、优化技改审批程序

列入技术改造的重点项目可通过“企业投资项目备案”平台即报即备。全面推行开发区、工业园区、产业功能区投资项目报建审批区域性统一评价工作，由属地政府部门统一开展环境影响评价、水土保持、矿产压覆、文物保护、地质灾害危险性、地震安全性、气候可行性、洪水影响8项评价评估事项，入驻区域内符合整体规划和功能定位、属于主导产业的投资项目可不再进行单独评价。完成规划环评的，按有关规定调整入区建设项目环境影响评价类别，简化建设项目环境影响评价内容，压缩审批时间。工业技改项目从取得规划设计条件到获取施工许可证，审批时间压缩至10个工作日以内。简化涉电行政审批流程，精简用电报装环节，降低企业用电成本。(责任单位：省发改委、省自然资源厅、省生态环境厅、省住建厅、省水利厅、省文化和旅游厅、省应急厅、省地震局、省气象局、省能源局，各市、州、县人民政府)

八、加大技改金融支持力度

加强对银行业金融机构支持企业技改情况的监测和考核，引导银行业金融机构加大技改信贷投放。建立技改项目“白名单”制度，鼓励金融机构对重点技改项目优先予以融资支持。加快发展融资租赁、供应链融资、贷款保证保险、政府性融资担保贷款等产品，积极满足技改企业多元化融资

需求。支持技改企业通过多层次资本市场融资，拓宽技改企业融资渠道。(责任单位：人行武汉分行、湖北银保监局、湖北证监局、省地方金融监督管理局、省经信厅)

九、加大技改智力支持力度

每年选派200名左右科技人才，对口担任中小微企业“科技副总”，指导企业技术改造和科技成果转化，促成转化的项目可按技术合同标额的一定比例享受地方资助。

鼓励搭建工业技术改造项目咨询诊断服务平台，遴选技改系统解决供应商，采取政府购买服务的方式，分区域、分行业免费提供诊断咨询服务，对不同规模、不同发展阶段的企业实施改造升级提出可行的解决方案。(责任单位：省委组织部、省经信厅，各市、州、县人民政府)

十、加大技改财政资金支持力度

省级制造业高质量发展专项增加至15亿元，主要用于支持技改项目。各市（州）、县（市）比照设立相关专项并聚焦支持技改项目。

对纳入国家重点支持、明确需地方配套资金的工业技改项目，原则上按国家确定的比例配套。

已经通过其他渠道获得省财政资金支持的技改项目，省级制造业高质量发展专项不再予以重复支持。(责任单位：省财政厅、省经信厅，各市、州、县人民政府)

十一、加大技改基金支持力度

争取国家制造业转型升级基金在我省设立专项投资基金或子基金。鼓励有条件的市（州）、国有平台公司及社会资本等，通过市场化方式设立技术改造投资基金，支持省内制造业技术改造。(责任单位：省经信厅，有关市、州人民政府)

十二、完善技改工作推进机制

湖北省制造强省建设领导小组负责统筹推进全省新一轮企业技术改造工作，健全联席会议制度，定期协商议事，解决问题。领导小组办公室（省经信厅）负责日常工作和综合协调。(责任单位：制造强省建设领导小组成员单位)

十三、加大技改绩效考核力度

定期通报各市（州）工业技改投资工作情况，并纳入年度市（州）党政领导班子推动高质量发展政绩考核。对完成工业技改投资年度目标任务且增幅居前的市（州），在年度考评中给予加分；对未完成年度目标任务且增幅靠后的市（州），在年度绩效考评中给予扣分。(责任单位：省委组织部、省发改委、省经信厅、省统计局)

本通知自2021年1月1日起施行，有效期暂定3年。省经信厅会同省财政厅等部门负责制定具体实施细则，确保操作简便快捷、公开透明、规范高效。

省人民政府办公厅印发关于应对新冠肺炎疫情影响全力以赴做好稳就业工作若干措施的通知

各市、州、县人民政府，省政府各部门：

《关于应对新冠肺炎疫情影响全力以赴做好稳就业工作的若干措施》已经省人民政府同意，现印发给你们，请结合实际，认真抓好组织实施。

2020年3月27日

关于应对新冠肺炎疫情影响全力以赴做好稳就业工作的若干措施

为深入贯彻习近平总书记关于统筹推进新冠肺炎疫情防控和经济社会发展工作的重要指示精神，落实党中央、国务院决策部署和中央赴湖北指导组工作要求，加快恢复和稳定就业，根据《国务院关于进一步做好稳就业工作的意见》(国发〔2019〕28号）和《国务院办公厅关于应对新冠肺炎疫情影响强化稳就业举措的实施意见》(国办发〔2020〕6号）精神，制定如下稳就业工作措施。

一、全力推动安全有序复工返岗

（一）*有序推动企业复工复产*。坚持分区分级、分类分时精准防控，提高复工复产服务便利度，取消不合理审批，坚决纠正限制劳动者返岗的不合理规定。加快推动制造业、建筑业、物流业、公共服务业以及农业生产等行业和低风险地区就业，循序渐进带动其他行业和地区就业。协调解决复工复产企业日常防护物资需求，督促其落实工作场所、食堂宿舍等防控措施。强化重点企业用工调度保障机制，对保障疫情防控、公共事业运行、群众生活必需以及其他涉及重要国计民生企业、重大工程项目，明确企业清单，设立服务专员，通过组建“用工联盟”、实施“共享员工”“调剂用工”等方式，指导企业进行劳动用工余缺调剂。对疫情防控期间，开工生产、配送疫情防控急需物资的企业，符合条件的可按2000元/人给予一次性吸纳就业补贴。（省发展改革委、省经信厅、省财政厅、省人社厅、省住建厅、省交通运输厅、省卫生健康委、省总工会按职责分工负责）

（二）加快推进精准输送返岗。强化外出务工人员安全有序返岗就业服务保障机制，推动我省“健康码”与其他省（区、市）互认，做好返岗复工人员的健康检测、防控防护和交通运输保障，提升对集中返岗劳动者的输送保障能力。加强与输入地劳务协作对接，及时收集发布用工信息，组织引导劳动者有序求职就业。对采取“点对点、一站式”包车、包厢、专列等方式，统一组织务工人员跨区域外出务工的，可给予一次性交通补贴。对人力资源服务机构、劳务经纪人开展跨区域有组织劳务输出的，给予就业创业服务补助。（省公安厅、省财政厅、省人社厅、省交通运输厅、省卫生健康委按职责分工负责）

二、全力支持企业减负稳岗

（三）降低企业用工成本。落实阶段性免征企业养老、失业、工伤保险单位缴费政策，按规定执行阶段性减半征收职工基本医疗保险单位缴费政策和企业缓缴住房公积金政策。阶段性降低失业保险费率、工伤保险费率的政策，实施期限延长至2021年4月30日。受疫情影响生产经营出现严重困难的企业，可申请缓缴不超过6个月的社会保险费，缓缴期间免收滞纳金。减免期间企业吸纳就业困难人员的社会保险补贴期限可顺延。（省财政厅、省人社厅、省住建厅、省医保局、省税务局按职责分工负责）

（四）加大稳岗返还力度。对裁员（减员）率不高于5.5%的企业，按企业及其职工上年度缴纳失业保险费的100%予以返还；对裁员（减员）率高于5.5%的企业，按70%予以返还；对参保职工500人（含）以下的企业，可直接按100%予以返还。对暂时生产经营困难且恢复有望、坚持不裁员或少裁员的参保企业，适当放宽其稳岗返还政策认定标准，重点向受疫情影响企业倾斜，返还标准可按不超过6个月的当地月人均失业保险金和参保职工人数确定。各地可结合实际和失业保险基金承受能力，将参与疫情防控的相关企业、医院纳入困难企业稳岗返还政策范围。加快稳岗返还实施进度，加快推进全程网上办理。（省发展改革委、省经信厅、省财政厅、省人社厅、省商务厅、省卫生健康委按职责分工负责）

（五）强化企业用工扶持。对受疫情影响坚持不裁员且正常发放工资的中小微企业，其正在享受的社会保险补贴在复工复产后，除按规定顺延外，继续延长6个月。切实落实企业吸纳重点群体就业的定额税收减免、担保贷款及贴息、就业补贴等政策。2020年6月底前，允许工程建设项目暂缓缴存农民工工资保证金，支付记录良好的企业可免缴。（省财政厅、省人社厅、省住建厅、省税务局、人行武汉分行按职责分工负责）

三、全力促进多渠道就业

（六）鼓励企业吸纳就业。企业吸纳登记失业半年以上人员或就业困难人员就业且签订1年以上劳动合同并按规定缴纳社会保险费的，可给予1000元/人一次性吸纳就业补贴。经营性人力资源服务机构组织下岗失业人员、高校毕业生等到企业就业的，可根据服务人数、成效和成本，给予就业创业服务补助，具体标准由各市（州）制定。（省财政厅、省人社厅按职责分工负责）

（七）支持就地就近就业。广泛收集和发布本地用工需求信息，充分挖掘当地产业园区和服务业带动就业潜力，开发一批就业岗位，重点做好滞留当地劳动力与急需用工企业的协调对接，引导就地就近就业。抓好春季农业生产，大力发展新型农业经营主体，鼓励吸纳农业专业技术人才，组织暂时无法外出的农民工投入春耕备耕，从事特色养殖、精深加工、生态旅游等行业。（省发展改革委、省人社厅、省农业农村厅、省商务厅、省文化和旅游厅按职责分工负责）

（八）支持灵活就业和新就业形态。支持劳动者通过临时性、非全日制、季节性、弹性工作等灵活多样形式实现就业。合理设定无固定经营场所摊贩管理模式，预留自由市场、摊点群等经营网点。支持劳动者依托平台就业，平台就业人员购置生产经营必需工具的，可申请创业担保贷款及贴息；引导平台企业放宽入驻条件、降低管理服务费，与平台就业人员就劳动报酬、工作时间、劳动保护等建立制度化、常态化沟通协调机制。对就业困难人员享受灵活就业社会保险补贴政策期满仍未实现稳定就业的，政策享受期限可延长1年，实施期限为2020年1月1日至12月31日。（省财政厅、省人社厅、省自然资源厅、省市场监管局、人行武汉分行按职责分工负责）

四、全力促进高校毕业生就业

（九）扩大企业吸纳规模。对中小微企业招用毕业年度高校毕业生且签订1年以上劳动合同并按规定缴纳社会保险费的，可给予1000元/人一次性吸纳就业补贴。2020年和2021年省属国有企业要连续扩大对湖北高校和湖北籍高校毕业生招聘规模，不得随意毁约，不得将本单位实习期限作为招聘入职的前提条件。积极争取中央企业特别是在鄂中央企业提高招收湖北高校和湖北籍高校毕业生比例。离校2年内未就业高校毕业生到小微企业就业或灵活就业并缴纳社会保险费的，按规定给予社会保险补贴。扩大就业见习规模，适当提高补贴标准，支持企业、政府投资项目、科研项目设立见习岗位。对因疫情影响见习暂时中断的，相应延长见习单位补贴期限。对见习期未满与高校毕业生签订劳动合同的，给予见习单位剩余期限见习补贴。（省发展改革委、省教育厅、省科技厅、省财政厅、省人社厅、省国资委、团省委按职责分工负责）

（十）扩大招录招聘规模。2020年全省公务员招录计划增加20%，选调生招录计划增加50%，事业单位招聘计划30000名以上，鼓励县乡机关积极吸纳优秀高校毕业生。除按规定需要优先录（聘）用的人员外，各级事业单位2020年和2021年空缺岗位主要用于专项招聘高校毕业生（含择业期内未落实工作单位的高校毕业生），可面向湖北高校及湖北籍高校毕业生开展专项招聘。公开招聘20000名基层教师、基层医疗卫生技术人员、社区（村）专职工作者等充实基层服务力量。扩大2020年硕士研究生招生和普通高校专升本招生规模。扩大大学生应征入伍规模，健全参军入伍激励政策，大力提高应届毕业生征集比例。扩大基层服务项目招募规模，2020年“三支一扶”计划招录2000名，大学生志愿服务西部计划招录800名，农村义务教育阶段教师特设岗位计划招录3600名。（省委组织部、省委编办、省教育厅、省民政厅、省财政厅、省人社厅、省农业农村厅、省卫生健康委、团省委、省军区动员局按职责分工负责）

（十一）加强就业帮扶。疫情防控期间，实行网上面试、网上签约、网上报到。疫情结束后，全面实施“我选湖北”计划，吸引更多大学生在鄂就业创业。对2020届湖北高校毕业生给予一次性求职创业补贴。引导用人单位延长招聘时间，推迟面试体检和签约录取时间。对延迟离校的应届毕业生，相应延长报到接收、档案转递、落户办理时限。对贫困家庭、身体残疾等毕业生实行“一对一”帮扶。落实离校未就业毕业生实名制帮扶。离校未就业毕业生可根据本人意愿，将户口、档案在学校保留2年或转入生源地公共就业人才服务机构，以应届毕业生身份参加用人单位考试、录用，落实工作单位后参照应届毕业生办理相关手续。组织实施“阳光自强支持行动”，对感染新冠肺炎青年给予就业帮扶。（省教育厅、省财政厅、省人社厅、省国资委、团省委按职责分工负责）

五、全力推进创业带就业

（十二）加大政策推进落实力度。对金融机构发放的普惠小微首次贷款，省级财政部门按首次发放贷款额度的0.5‰予以奖励。扩大创业担保贷款政策覆盖范围，加大贴息支持力度，优先支持受疫情影响暂时失去收入来源的个人和小微企业。降低小微企业创业担保贷款申请条件，小微企业当年新招用符合条件人员占现有职工比例20%（职工超过100人的占比10%），贷款额度不超过300万元的，按照基础利率的50%给予财政贴息。拓宽创业担保贷款增信渠道，建立信用乡村、信用园区、创业孵化示范载体推荐免担保机制，对优质创业项目免除反担保要求，充分发挥担保基金和各级政府性融资担保机构的作用，鼓励信用贷，逐步取消反担保。对已发放的个人、小微企业创业担保贷款，受疫情影响还款出现困难的，可向贷款银行申请临时性延期偿还，付息可延期到6月30日，并免收罚息。感染新冠肺炎的个人创业担保贷款可展期1年，继续享受财政贴息支持。推进创业担保贷款申请电子化审批。（省财政厅、省人社厅、人行武汉分行按职责分工负责）

（十三）优化自主创业环境。深化“证照分离”改革，推进“照后减证”和简化审批，简化住所（经营场所）登记手续，申请人提交场所合法使用证明即可登记。对带动就业能力强的创业投资企业予以引导基金扶持、政府项目对接等政策支持。深入推进“我兴楚乡、创在湖北”返乡创业行动。继续实施大学生创业扶持项目。深化“创业创新巾帼行动”。按规定对自主创业的给予一次性创业补贴。加大创业载体奖补力度，支持创业孵化园区、示范基地降低或减免创业者场地租金等费用，政府投资开发的孵化基地等创业载体应安排一定比例场地，免费向高校毕业生、农民工等重点群体提供。各类城市创优评先项目应将带动就业能力强的“小店经济”、步行街发展状况作为重要条件。（省发展改革委、省经信厅、省教育厅、省科技厅、省财政厅、省人社厅、省商务厅、省市场监管局、团省委、省妇联按职责分工负责）

六、全力实施就业扶贫

（十四）优先支持贫困劳动力就业。支持扶贫龙头企业、扶贫车间尽快复工，优先组织贫困劳动力返岗复工，优先支持企业吸纳贫困劳动力。鼓励重点企业和各类农资企业、农业经营主体招用符合条件的贫困劳动力，按规定给予2000元/人的一次性吸纳就业补贴。加强贫困劳动力跨区域劳务协作。在县城和中心镇建设一批城镇基础设施、公共服务设施，加强农业基础设施建设，实施农村人居环境改善工程，开展以工代赈工程建设，优先吸纳农村贫困劳动力和低收入群体就业。（省发展改革委、省财政厅、省人社厅、省住建厅、省交通运输厅、省农业农村厅、省卫生健康委、省扶贫办按职责分工负责）

（十五）优先对贫困劳动力托底安置。临时增设的防疫消杀、值守等岗位吸纳贫困劳动力的，可参照当地乡村公益性岗位补贴标准给予岗位补贴。开发的公益性岗位，优先对贫困劳动力托底安置。对疫情防控期间复工复产的扶贫车间和带贫益贫减贫企业、参与东西部劳务协作的扶贫企业，各地可依据吸纳贫困劳动力规模，给予一次性奖励。（省财政厅、省人社厅、省扶贫办按职责分工负责）

七、全力做好困难人员兜底保障

（十六）强化困难人员就业援助。动态调整就业困难人员认定标准，及时将受疫情影响人员纳入就业援助范围，确保零就业家庭动态清零。对暂时难以外出且有就业意愿的农民工，开发一批临时性公益岗位托底安置，可根据工作任务和工作时间，按照不高于当地最低工资标准给予补贴，补贴期限最长不超过6个月。对从事公益性岗位政策期满仍未实现稳定就业的就业困难人员，政策享受期限可延长1年，实施期限为2020年1月1日至12月31日。对补贴期满后仍然难以通过其他渠道实现就业的大龄就业困难人员、零就业家庭成员、重度残疾人等特殊困难人员，可再次按程序通过公益性岗位予以安置，岗位补贴和社会保险补贴期限重新计算，累计

安置次数原则上不超过2次。(省财政厅、省人社厅按职责分工负责)

(十七)保障失业人员基本生活。从2020年1月1日起,将失业保险金标准提高至各地月最低工资标准的90%。畅通失业保险金申领渠道,放宽申领期限,尽快实现网上申领。对领取失业保险金期满仍未就业且距离法定退休年龄不足1年的人员,可继续发放失业保险金直至法定退休年龄,实施时间自2019年12月起。对领取失业保险金期满仍未就业的失业人员、不符合领取失业保险金条件的参保失业人员,发放6个月的失业补助金,标准不高于当地失业保险金的80%。失业人员在领取失业保险金期间,经办机构以失业人员重新就业为由停发失业保险金时,可以用人单位是否为其缴纳社会保险费为标准确定是否重新就业。对超过法定退休年龄但尚未依法享受基本养老保险待遇的参保失业人员,应在其办理失业登记后,按规定发放失业保险金。对基本生活困难的失业人员及家庭,按规定及时纳入最低生活保障、临时救助等社会救助范围。(省民政厅、省财政厅、省人社厅按职责分工负责)

八、全力做实职业培训和就业服务

(十八)大规模开展职业技能培训。大力推进职业技能提升行动,加大失业人员、农民工等职业技能培训力度,实施农民工等重点群体专项培训。对企业组织职工参加线上线下培训,组织新招用农民工、高校毕业生参加岗前培训的,给予职业培训补贴。组织20岁以下有意愿的登记失业人员参加劳动预备制培训,按规定给予培训补贴,对其中的农村学员和困难家庭成员给予生活费补贴,实施期限为2020年1月1日至12月31日。疫情防控期间,参与、服务疫情防控正常生产企业对新招用、转岗职工采取以工代训方式开展培训的,可按每人每天100元的标准给予企业培训补贴,最长不超过30天。对建档立卡贫困劳动力、贫困家庭子女、农民工、离校2年内未就业高校毕业生、登记失业人员等重点群体参加各类培训取得相应证书的,可在现有职业培训补贴标准上提高20%。(省财政厅、省人社厅、省总工会按职责分工负责)

(十九)加大线上招聘力度。发挥公共就业服务机构、高校就业指导机构、经营性人力资源服务机构作用,加大岗位信息、职业指导、网上面试等服务供给。组织实施“百日千万网络招聘”专项行动、“千岗万校?就业有位来”线上招聘会等。持续开展线上“春风行动”,实施“就业服务不打烊、网上招聘不停歇”。低风险地区可有序开展小型专项供需对接活动。(省教育厅、省人社厅、团省委按职责分工负责)

(二十)优化就业服务。推进在线办理就业服务和补贴申领。加快开放线上失业登记。劳动年龄内、有劳动能力、有就业要求、处于失业状态的城乡劳动者可在常住地进行失业登记,申请享受基本公共就业服务。建立登记失业人员定期联系和分级分类服务制度。健全各级岗位信息公共发布平台,加快岗位信息向省级归集。加强重点企业跟踪服务,优化用工指导,鼓励困难企业与职工协商采取调整薪酬、轮岗轮休、灵活安排工作时间等方式稳定岗位,依法规范裁员行为。(省人社厅、省总工会按职责分工负责)

九、全力加强组织保障

(二十一)强化组织领导。各地各有关部门要在确保疫情防控到位的前提下,毫不放松抓紧抓实抓细稳就业各项工作。各市(州)、县(市、区)人民政府要切实履行稳就业主体责任,充分发挥就业工作领导小组作用,统筹推进本地区稳就业工作和规模性失业风险应对处置。省有关部门要同向发力,围绕稳就业需要,落实完善政策措施,形成工作合力。要健全公共就业服务体系,加强基层公共就业服务能力建设,实施经办能力提升计划,提升基本公共就业服务水平。(省有关部门,各市、州、县人民政府按职责分工负责)

(二十二)落实就业优先。实施重大产业就业影响评估,明确重要产业规划带动就业目标,优先投资就业带动能力强、有利于农村劳动力和高校毕业生就业的产业。对部分带动就业能力强、环境影响可控的项目,执行环评审批正面清单,加大环评“放管服”改革力度,审慎采取查封扣押、限产停产等措施。对可能造成规模性失业的,政策牵头部门应提前听取同级人社部门意见,制定应对措施,最大限度减小对就业的影响。(省发展改革委、省人社厅、省生态环境厅等有关部门按职责分工负责)

(二十三)加强资金保障。加大就业补助资金和稳岗补贴投入力度。统筹用好就业创业、失业保险基金、工业企业结构调整专项奖补资金等,用于企业稳定岗位、鼓励就业创业、保障基本生活等稳就业支出。有条件的地方可设立就业风险储备金,用于应对突发性、规模性失业风险。(省财政厅、省人社厅,各市、州、县人民政府按职责分工负责)

(二十四)强化表扬激励。持续开展就业工作表扬激励,研究制定激励办法,对落实稳就业政策措施工作力度大、促进重点群体就业创业等任务完成较好的地方,及时予以资金支持等方面的表扬激励。(省人社厅、省财政厅牵头,省有关部门和各市、州、县人民政府按职责分工负责)

(二十五)加强督促落实。在相关督查工作中将稳就业作为重要内容,重点督促政策服务落地及重点群体就业、资金保障落实等。对不履行促进就业职责,产生严重后果或造成恶劣社会影响的,依法依规严肃问责。完善劳动力调查,多维度开展重点区域、重点群体、重点行业、重点企业就业监测,加强就业形势分析研判,完善化解失业风险的政策储备和应对预案。(省人社厅、省统计局、湖北调查总队牵头,省有关部门和各市、州、县人民政府按职责分工负责)

上述新增补贴政策,未明确实施期限的,受理截止期限为2020年12月31日。各地各有关部门要抓紧政策实施,发挥政策最大效应,全力确保全省就业局势稳定。工作中遇到的重要情况和重大问题及时报告省人民政府。

省发改委关于印发《湖北省关于促进省级承接产业转移示范区发展的意见》的通知

各市、州、县人民政府，省政府有关部门:

经报省人民政府同意，现将《湖北省关于促进省级承接产业转移示范区发展的意见》印发给你们，请结合实际认真贯彻执行。

湖北省发展和改革委员会
2020 年 12 月 20 日

湖北省关于促进省级承接产业转移示范区发展的意见

为发挥湖北省承东启西区位优势和内陆市场中心优势，抢抓产能向内陆市场转移的重大机遇，推动湖北省加快融入双循环新发展格局，现就促进省级承接产业转移示范区发展提出如下意见。

（一）指导思想。以习近平新时代中国特色社会主义思想为指导，深入贯彻党的十九大和十九届二中、三中、四中、五中全会精神，坚持新发展理念，融入新发展格局，有力有序有效承接国内外产业转移，加快推进新旧动能转换和产业转型升级，大力发展战略性新兴产业，围绕优势产业打造全产业链，推动产业集群集聚发展，增强产业链供应链稳定性和竞争力，培育新形势新阶段下经济发展新引擎和开放合作新平台，把湖北省建设成为中部地区承接产业转移高地，打造国内大循化重要节点和国内国际双循环的战略链接。

（二）基本原则。

——坚持市场导向，改革创新开放发展。遵循市场规律，充分发挥市场资源配置的决定性作用；强化规划和政策引导，着力优化营商环境，完善公共服务；积极开展先行先试，增强创新驱动发展能力，不断推动全方位、深层次对外开放。

——坚持科学布局，产业集聚协调发展。立足各地比较优势，引导产业集聚，合理确定产业承接重点；推动承接产业转移示范区间产业科学布局、有序承接和错位发展，与周边地区良性竞争，实现互利共赢。

——坚持生态优先，节能环保绿色发展。严格按照区域生态功能定位，禁止承接不符合国家产业政策、国家明令淘汰的落后产能；加快传统产业改造升级，支持建设低碳循环园区，推进节能减排，促进资源节约集约利用，实现绿色发展。

——坚持区域联动，深化合作共享发展。加强产业转移政策与省际省内合作政策对接，与转出地建立长期战略合作伙伴关系，创新合作形式，完善利益分享机制，合作共建承接产业转移示范区，探索建立深度对接的产业协同发展机制。

（三）发展目标。力争在 3 到 5 年内，培育建成一批资源利用循环化、智能化的省级承接产业转移示范区。国内外知名企业在鄂设立区域总部、研发机构和制造基地的数量明显增多，主导产业突出、产业规模较大、产业链条较长、协作配套水平较高的产业集群基本形成。

（四）规范示范区申报设立。示范区应明确至少一个具有优势或潜力的主导产业，满足规模效益突出、创新能力显著、运行机制灵活、功能设施完善、绿色节能环保、带动就业明显等基本要求。示范区由各市（州）依托现有的各类开发区、现代服务业示范区、现代农业示范区等产业园区统筹下属县市区申报。优先支持基础较好、重点发展的县城，省内跨区域示范区申报可由所涉市（州）联合申报。拟申报示范区的市（州）政府向省发改委提交《湖北省级承接产业转移示范区申报表》（附件 1）、建设实施方案（附件 2）。省发改委组织省直相关部门和有关专家对各地提交的申报材料进行审查，可视情况对申报对象开展实地核查，形成审查意见。审查意见经省政府审议通过后，由省政府批复设立省级承接产业转移示范区，由省发改委印发实施方案。市（州）政府组织编制实施示范区产业规划。

（五）打造优势产业集群。积极挖掘地方资源优势，鼓励各市（州）引导下属县市区分别打造 1—2 个具有鲜明特色的主导产业。发挥县域经济强县现有重点产业、骨干企业的带动作用，大力引进行业龙头企业和上下游高端产业项目，争取实现承接产业链条整体转移和关联产业协同转移，提升产业配套能力，形成行业内相关企业集聚发展的新格局。对于整体产业底子薄，难以引入较完整产业链的地区，坚持立足资源禀赋，积极引导特色产业发展。鼓励省内发展较好地区主动将中心城区重化工业和工程机械、轻工食品、纺织服装等传统产业向具备承接能力的省内其他地区转移，实现产业在省内区域间的优化布局和聚集发展。

（六）推进产业创新升级。深入实施创新驱动发展战略，加强与沿海地区人才、技术、设备等创新要素对接，走“科创+产业”道路，促进创新链与产业链深度融合。积极引进具有较强创新能力的企业，支持转移企业加大研发投入，在承接地建设产品研发、技术创新基地，探索与当地资源融合的转型升级道路。支持产业链上下游企业共同组建技术创新中心，鼓励企业采取多种形式与高校、科研机构合作建立研发中心、设计中心和工程技术中心，探索协同攻关新模式。支持示范区内符合条件的企业承担国家和地方科技计划项目。支持龙头企业打造面向关键核心技术的生产应用示范平台、创新应用实验室、未来场景实验室，实施场景示范工程，推进重大创新成果在示范区落地转化并实现产品化、产业化。依托产业链核心企业建设公共技术服务平台、技术转移服务平台、公共实验室、产品设计中心和标准、检测认证中心、产业计量测试等公共服务平台，完善科技服务体系，提高面向全产业链的技术服务能力。

（七）完善示范区基础设施。支持符合条件的示范区所在园区扩区升级。深入实施“互联网+”行动，加快示范区智能化建设和改造升级，推动示范区由产业服务平台向创新发展平台延伸。省级主管部门要优先支持市、县完成国家级和省级承接产业转移示范区基础设施建设项目，突出抓好污水处理设施、保障性住房、产业服务平台、防灾减灾等基础设施及配套服务体系建设，推进标准厂房和智能化楼宇厂房建设，提高平台承载能力。推进人工智能、5G、云计算等新型基础设施建设，加强干线网络、基站等基础设施共建共享，加强示范区城市间重要信息基础设施的共享，为构建强大的供应链应急响应系统提供支撑。坚持产城融合，完善示范区内生活性服务业发展，支持发展条件较好的示范区向城市新区转型，实现工业化和新型城镇化融合发展。

（八）降低产业转移成本。推进示范区与高铁、机场、高速公路的联通项目建设；以重点物流园区、末端配送节点为载体，建设物流公共信息平台，加快建设智能高效、便捷畅通、绿色环保的现代物流体系；科学合理规划布局企业，优化生产工艺，强化产业链协同，尽量缩短或减少不必要的运输，降低企业综合物流成本。加快示范区配售电平台建设和电网、天然气管网建设、改造、升级，优化用能方式，提升用能质量，降低用能成本。全面落实无还本续贷、应急转贷等贷款政策，鼓励金融机构为转移企业提供融资垫资服务，降低融资成本。强化土地保障，坚持“要素跟着项目走”，注重盘活存量建设用地和低效土地，优先保障示范区内产业项目的合理用地需求。强化人力资源支撑，支持示范区与各高校、职业院校（含技工院校）合作办学，帮助企业培养实用型、操作型高技能人才。在转出地享受高技术税收优惠政策的企业，转入示范区后在原高新技术企业资格有效期内不需要重新认定，继续享受高技术税收优惠政策。

（九）创新示范区运营机制。示范区的管理应落实治理体系和治理能力现代化要求，依托现有园区、开发区或所在地方行政机关，探索创新管理模式。试行以行业或企业为主体的示范区开发模式，促进建设、招商、运营、管理和服务市场化模式，采取特许经营、投资补助、政府和社会资本合作（PPP）等方式吸引社会资本参与园区建设与运营。有条件的示范区，可以按市场运作方式成立具有独立法人资格的基础开发公司，实行综合开发，滚动增值，逐步建立起长期、稳定、规范的基础设施建设投融资机制。

（十）加强区域合作。持续加强与长三角、粤港澳大湾区、京津冀等经济发达区域的沟通对接，鼓励重点承接市、县探索与其合作发展“飞地”园区，建立与产业转出地间利益分享机制，提升与发达地区的经济融合度。深化与东部地区承接产业转移合作，提升鄂浙两省产业转移合作层次，支持湖北荆州承接产业转移示范区与中国（杭州）跨境电子商务综合试验区结对为重点示范项目，鼓励浙江省重点企业与荆州、荆门、仙桃、天门、潜江、鄂州等市开展合作。支持杭州市与恩施州、北京市与十堰市（神农架林区、巴东县）深化东西部扶贫协作，探索创新共建合作模式。密切与中西部地区合作，拓展与成渝城市群合作领域，促进示范区与中西部联动发展。支持各市（州）巩固深化与疫情防控对口支援省份合作，共建产业园区。鼓励各市（州）整合下属县市区产业园区，融合现有新区空间和资源共建示范区，建立产业转移统筹协调机制，统一招商政策，共享收益。

（十一）用好配套政策。利用好当前中央支持湖北产业转移示范区建设机遇，在土地、资金、环境容量指标等要素方面争取更多的支持。整合相关促进产业发展资金，设立省级承接产业转移示范区建设专项资金，按照《湖北省预算内投资补助项目管理办法》执行，主要支持省级承接产业转移示范区基础设施项目、公共服务平台项目、激励机制建设和鼓励类重大产业转移项目建设。鼓励地方政府根据财力状况设立产业转移发展基金，用足用好各级政策，支持本地省级承接产业转移示范区建设。在国家政策规定范围内减免承接鼓励类产业转移项目的各类规费。国家级承接产业转移示范区享受省级配套政策。

（十二）加强组织实施。建立省、市、县“三位一体”的承接产业转移联席会议制度。省直各有关部门要按照职能分工，密切配合，在政策实施、体制创新、要素保障、改革试点、对外开放等方面给予积极指导和支持，研究制定本部门支持产业转移示范区建设的政策措施。地方政府作为省级承接产业转移示范区建设的责任主体，应加强对示范区建设的组织引导，分阶段、分步骤有序推进相关项目实施，做好产业转移项目全流程服务。建立省级承接产业转移示范区年度评估通报机制，省发改委牵头对各地承接产业转移工作的年度目标任务（产业规划实施、重大项目引进、创新创业带动）、发展成效（经济发展、社会进步、节能减排）进行评估督促。评估结果排名靠前的市县优先安排省级承接产业转移示范区建设专项资金，优先推荐申报国家级承接产业转移示范区。

课题研究项目题录

2020 年度湖北省重大调研课题基金项目

序号	项目名称	项目单位
1	坚持“三不”一体推进，促进治理体系和治理能力现代化建设问题研究	省纪委监委
2	以党内监督为主导，推动各类监督有机贯通、相互协调问题研究	武汉大学、省委巡视办
3	组织部门应对突发事件工作机制问题研究	省委组织部
4	统一战线助力地方治理现代化具体路径探析	省委统战部
5	推进落实机关党建工作责任制问题研究	省委直属机关工委
6	两湖平原乡村“五治”融合治理体系实践探索与思考	长江大学
7	“十四五”时期湖北经济社会发展环境、发展阶段、发展目标和基本思路研究	省发改委
8	实施“湖北疫后重振计划”问题研究	省社科院
9	武汉建设国家中心城市、全国科创中心城市和国际化大都市问题研究	武汉市委政研室
10	武汉建设国际化大都市的研究	华中科技大学
11	打造武汉城市圈升级版、推进武汉城市圈一体化问题研究	黄石市委政研室
12	后疫情时代湖北产业嵌入全球供应链升级研究 ——基于新基建的机遇与全球供应链中断的挑战	中南财经政法大学
13	疫后湖北省小微企业“活下去、留下来、发展好”政策研究	武汉纺织大学
14	探索城市“全生命周期管理”路径研究	武汉科技大学
15	“十四五”时期湖北消费新业态新模式问题研究	随州市委政研室
16	“十四五”时期健全公共卫生应急物资保障体系问题研究	武汉商学院
17	“十四五”时期湖北集成电路产业生态圈建设问题研究	湖北省半导体行业协会
18	“十四五”时期湖北芯屏端网战略性新兴产业非对称发展问题研究	华中科技大学
19	校区、园区、社区融合下推进大学生就业创业服务经济发展研究	省教育厅
20	疫后湖北营商环境重构问题研究	武汉大学
21	推进“一业一品”、壮大块状经济问题研究——仙桃市打造区域性特色经济板块思路研究	仙桃市委政研室
22	江汉平原与洞庭湖平原经济发展比较研究——以荆州市、岳阳市为例	荆州市委政研室
23	湖北科技金融助力经济高质量发展问题研究	武汉纺织大学
24	健全优化湖北省全面深化改革第三方评估机制研究	湖北经济学院
25	弘扬“抗疫精神”、为湖北发展提供强大精神支撑问题研究	省委党校

续表

序号	项目名称	项目单位
26	“十四五”时期湖北文化产业发展问题研究	湖北睿明天规划设计有限公司、武汉商学院
27	突发公共事件的新闻应急处置和舆论引导问题研究	省委宣传部
28	新发展理念下湖北传媒产业发展模式研究	武汉体育学院
29	疫后旅游业振兴与全域旅游示范研究	华中师范大学
30	湖北健全重大疫情防控体制机制、构建系统完备的公共卫生应急管理体系问题研究	省卫健委
31	“十四五”时期加强社区建设、完善城乡基层治理体系问题研究	省人大办公厅
32	建设“城市大脑”、创新社会治理问题研究	潜江市委政研室
33	积极稳妥防范化解湖北社会治安“疫后综合症”问题研究	湖北警官学院
34	积极稳妥化解“疫后综合症”问题研究	省信访局
35	“十四五”时期加强社区建设、完善城乡基层治理体系问题研究	天门市委办公室
36	新时代退役军人在基层治理中的作用发挥机制研究	省退役军人事务厅
37	重大公共危机下社会心理援助机制问题研究	省社会心理学会
38	湖北推进市域社会治理现代化问题研究	省委政法委
39	推进乡村振兴与脱贫攻坚有效衔接问题研究	省农科院、湖北科技学院
40	湖北建立解决相对贫困长效机制问题研究	孝感市委政研室、中南财经政法大学
41	加快疫后湖北农业产业化发展问题研究	省供销合作总社、湖北经济学院
42	支持农户深度参与农业产业链、价值链，促进农民增收问题研究	襄阳市委政研室
43	深化集体经营性建设用地入市制度改革研究	中南民族大学、湖北省宏观经济研究所
44	推进农村集体土地高效开发利用对策研究	省农业农村厅
45	“十四五”时期湖北落实“两山”理论、推进美丽乡村建设问题研究	中南民族大学
46	建设南水北调中线水源区生态保护和绿色发展协作区战略研究	省生态环境厅、十堰市委办公室
47	实施湖北长江三峡地区山水林田湖草生态保护修复工程试点研究——以兴山香溪河流域水利综合治理项目为例	省水利经管办公室
48	实施湖北长江三峡地区山水林田湖草生态保护修复工程试点研究	宜昌市委政研室
49	大别山革命老区生态补偿机制及实施路径研究	中南财经政法大学、黄冈市委政研室

（张　利）

2020 年省政府智力成果采购项目

序号	委托项目	项目编号	负责人	单位
1	湖北中长期发展重大产业和功能性项目研究	HBWT-2020-01	张建华	华中科技大学
2	武汉城市圈差异化协同发展的新目标新举措	HBWT-2020-02	赵凌云	华中师范大学
3	推动襄十随城市群协同发展战略研究	HBWT-2020-03	温兴生	湖北经济学院
4	推动宜荆荆城市群协同发展战略研究	HBWT-2020-04	何伟军	三峡大学
5	湖北建设全国数据枢纽的路径研究	HBWT-2020-05	李建成	武汉大学
6	做大做强湖北现代金融业研究	HBWT-2020-06	钱远坤	省委政研室
7	湖北 2035 发展研究	HBWT-2020-07	邹 薇	武汉大学

序号	委托研究项目名称	编号	负责人	单位
1	激活湖北消费市场潜力研究	HBZD-2020-01	潘 峰	武汉科技大学
2	推进湖北“两新一重”建设好项目策划	HBWT-2020-02	李瑞清	湖北水利水电规划勘测设计院
3	加快修复湖北重点产业链供应链研究	HBZD-2020-03	谢高波	省发改委湖北省宏观经济研究所
4	推动湖北创新链产业链深度融合研究	HBZD-2020-04	张 静	湖北省社会科学院
5	培育壮大湖北农业产业化龙头企业研究	HBZD-2020-05	陈池波	中南财经政法大学
6	深化产教融合校企合作加快职业教育改革发展研究	HBZD-2020-06	刘志辉	武汉商学院

序号	重点研究项目名称	编号	负责人	单位
1	推进大数据与实体经济深度融合助推我省经济高质量发展研究	HBZZ-2020-01	颜慧超	湖北省科技信息研究院
2	乡村振兴战略目标下湖北乡村养老旅游产业融合发展路径研究	HBZZ-2020-02	袁心平	武汉科技大学
3	湖北省中小纺织企业经济转型升级的理论与实践研究——集群供应链视角	HBZZ-2020-03	李 明	武汉纺织大学
4	加速新技术与产业融合发展 补齐湖北农产品供应链短板	HBZZ-2020-04	高 刃	湖北经济学院
5	推进我省工业设计赋能制造业品牌创新战略研究	HBZZ-2020-05	曹 淮	华中科技大学
6	数字化助力湖北乡村文化旅游融合发展研究	HBZZ-2020-06	万小妹	湖北大学
7	湖北富民乡村产业高质量发展研究	HBZZ-2020-07	潘经韬	湖北工业大学
8	基于养教结合老年教育模式的湖北老年友好型社会构建研究	HBZZ-2020-08	刘 义	湖北开放大学
9	湖北省城镇居民消费潜力研究	HBZZ-2020-09	原惠群	湖北经济学院
10	加快提升湖北优势农产品产业链抗风险能力研究	HBZZ-2020-10	邢美华	湖北省农业科学院
11	湖北聚集重大科技创新人才的对策研究	HBZZ-2020-11	周勇涛	湖北大学
12	湖北省家庭农场经营管理问题研究	HBZZ-2020-12	柳鹏程	华中农业大学
13	湖北市域铁路建设投融资战略研究	HBZZ-2020-13	方 俊	武汉理工大学
14	打造幸福河“湖北模式”研究	HBZZ-2020-14	廖 炜	湖北省水利经济管理办公室
15	数字传播与推动湖北经济高质量发展研究	HBZZ-2020-15	张瑜烨	湖北大学
16	培育壮大湖北农业产业化龙头企业研究	HBZZ-2020-16	肖长惜	湖北省农业农村厅

（刘 军）

2020年省社科基金一般项目（后期资助项目）立项名单

序号	成果名称	作者姓名	作者单位	专题类别	成果类型
1	后疫情时代湖北省应对国际贸易摩擦问题的经济对策研究	曹子瑛	湖北师范大学	经济	著作
2	湖北省耕地资源安全评价研究	彭　婵	湖北工程学院	经济	著作
3	长江经济带之三峡库区重要支流环境综合治理研究	何家军	武汉工程大学	经济	著作
4	区域创新驱动发展的结构分析——智慧专业化视角	沈　婕	湖北经济学院	经济	著作
5	高质量打赢脱贫攻坚战的湖北实践与后续巩固提升对策研究	刘司可	湖北省社会科学院	经济	研究报告
6	农村集体经营性建设用地入市配套制度研究——基于全国试点探索与湖北省调研	谢　琼	湖北省社会科学院	经济	研究报告
7	基于改进FSI模型的农地转出绩效研究——以武汉城市圈为例	甘臣林	湖北经济学院	经济	著作
8	后疫情时期湖北民营企业“活下来、留得住、发展好”问题研究——基于对943家民营企业的调查分析	白　洁	湖北省社会科学院	经济	研究报告
9	流动人口发展路径的统计分析——从提升主观幸福感到社会融入的转变	夏　伦	湖北经济学院	经济	著作
10	长江经济带城市群生产性服务集聚的经济增长效应研究	程杰贤	江汉大学	经济	著作
11	长江经济带工业绿色技术创新效率的时空分异及湖北对策研究	闫华飞	武汉工程大学	经济	研究报告
12	湖北省中小企业风险免疫系统构建——基于生命周期视角	闵　剑	武汉理工大学	经济	研究报告
13	基本公共教育服务供给侧改革路径优化研究——基于湖北省的调查分析	孔凡敏	湖北第二师范学院	经济	著作
14	武汉旅游疫后复兴：基于旅游风险感知调查的研究	詹　丽	湖北经济学院	经济	研究报告
15	湖北省养老机构的空间配置及优化对策研究	梅　琳	华中师范大学	经济	研究报告
16	虾稻共作区农地整治对农户农地流转行为的影响研究	赵　微	华中农业大学	经济	研究报告
17	绿色发展制度压力与养猪户环境行为：影响机制及实证研究	左志平	黄冈师范学院	经济	著作
18	湖北省生态文明建设水平评价及影响因素研究	冯　银	湖北经济学院	经济	著作
19	新形势下湖北促进内外资技术循环研究：基于知识产权保护视角	刘　凯	中南财经政法大学	经济	研究报告
20	制造业企业联盟自主创新知识协同研究：来自湖北省的实证	胡春华	武汉商学院	经济	研究报告
21	长江经济带耕地利用绿色转型的动力机制、效率测度及提升路径研究	匡　兵	华中师范大学	经济	研究报告
22	“农业龙头企业+农户”渠道“复合治理的挤出效应”研究	黄梦思	湖北医药学院	经济	著作
23	高质量发展框架下长江经济带生态安全预警与协同治理研究	柯小玲	中国地质大学（武汉）	经济	著作
24	环境规制及其影响研究：基于湖北“长江经济带”和“汉江生态经济带”的分析	周　倩	中南财经政法大学	经济	著作
25	长江经济带跨区域水污染负荷优化分配及保障措施研究	安　敏	三峡大学	经济	研究报告
26	轨道交通与大城市集约化、可持续发展间的互动机制研究——基于时空经济视角	王晓荣	江汉大学	经济	著作
27	乡村振兴背景下湖北武陵山区民宿布局研究	王　通	华中科技大学	经济	著作
28	绿色发展背景下的湖北碳排放权交易试点情况及相关会计准则研究	谈多娇	湖北经济学院	经济	研究报告
29	地方财政竞争的产业结构升级效应研究	蒋　勇	武汉商学院	经济	著作
30	智慧城市治理：人本目标、制度逻辑、发展路径与优化建议	林　颖	华中科技大学	经济	研究报告

续表

序号	成果名称	作者姓名	作者单位	专题类别	成果类型
31	湖北推进区块链技术与实体经济深度融合研究	何美章	湖北第二师范学院	经济	研究报告
32	湖北科教优势转化为发展胜势的财政对策研究	陈莉莉	湖北省社会科学院	经济	研究报告
33	疫情时代湖北企业可持续发展研究 ——基于企业战略性人才管理视角	周　丹	湖北工程学院	经济	著作
34	为什么要旅游：本质、动机、游客健康与教育受益	程绍文	华中师范大学	经济	著作
35	新时期经济政策不确定性对中国投资的影响研究	王晓娟	湖北大学	经济	著作
36	高管团队特征、研发投入跳跃与组织绩效的关系研究	贾慧英	武汉纺织大学	经济	著作
37	缓贫视角下数字普惠金融助推湖北乡村振兴效应研究 ——基于湖北传统贫困地区的调研	谢升峰	湖北大学	经济	研究报告
38	技术创新驱动产业转型升级：来自于珠三角的实证研究与经验借鉴	文　超	湖北经济学院	经济	研究报告
39	长江中游城市群产业空间演化及环境效应研究--基于企业异质性的视角	魏　伟	华中师范大学	经济	著作
40	新时代金融科技助推现代金融监管生态体系重构研究	石璋铭	湖北理工学院	经济	著作
41	人口流动对我国居民社会信任的影响研究	朱明宝	中南财经政法大学	经济	著作
42	政府间义务教育事权与支出责任划分及优化研究	蒋祖存	黄冈师范学院	经济	著作
43	基于会计学公允价值的版权价值评估研究	陈潇婷	湖北大学	经济	著作
44	基于人工智能算法的县级国土空间规划决策支持系统研究:框架与实证	宋明洁	华中师范大学	经济	研究报告
45	湖北省医疗卫生财政制度优化研究 ——基于财政支出效率视角	薛　钢	中南财经政法大学	经济	研究报告
46	湖北省休闲农业发展：效率评价、出游行为与政策优化	田　云	中南财经政法大学	经济	著作
47	武汉市湖泊水环境管理困境评析及创新层次生态治理体系研究	李　飞	中南财经政法大学	经济	研究报告
48	农村家庭女性多维贫困：测度、动态性及扶贫对策	彭　燕	黄冈师范学院	经济	著作
49	湖北省特困片区旅游减贫绩效评价及 2020 年后包容性减贫对策研究	张大鹏	中南财经政法大学	经济	著作
50	中国农业科技政策执行效果评估及执行机制优化研究	李　平	湖北工业大学	经济	著作
51	“两山”理念下生态功能空间识别与管控对策研究	潘方杰	武汉工程大学	经济	著作
52	长江经济带：发展与保护	李世祥	中国地质大学(武汉)	经济	著作
53	培育+创新：湖北省家庭农场高质量发展对策研究——湖北省家庭农场高质量发展调研报告	杨孝伟	武汉轻工大学	经济	研究报告
54	长江中游城市群生态系统健康时空演变及其城镇化驱动机制研究	陈万旭	中国地质大学(武汉)	经济	著作
55	新时代江汉平原农村基础教育服务的可及性与均等化研究	汤鹏飞	湖北省社会科学院	经济	研究报告
56	全面小康背景下贫困治理战略与农业社会化服务优化策略	彭玮	湖北省社会科学院	经济	著作
57	数字化转型与业态创新：社群经济商业模式及其影响因素研究	周亚齐	湖北大学	经济	著作
58	乡村振兴战略下湖北省农村“文旅融合”发展路径与空间响应研究	徐迅	江汉大学	经济	研究报告
59	乡村创业助推乡村振兴：基于农业科技转化与扩散视角	张承龙	湖北工程学院	经济	著作
60	湖北省非营利组织参与扶贫的价值实现机理研究	杜兰英	华中科技大学	经济	研究报告

续表

序号	成果名称	作者姓名	作者单位	专题类别	成果类型
61	湖北省金融发展与贫困减缓研究——理论、实证和实务	吴义能	湖北工程学院	经济	著作
62	大数据时代数字造价管理创新研究——以武汉市工程造价信息管理平台建设为例	谢莎莎	武汉工程大学	经济	著作
63	后脱贫攻坚时代湖北驻村干部公共服务动机及其影响因素研究	朱　喆	武汉工程大学	经济	研究报告
64	湖北大力推进新兴制造业技术创新实现经济高质量发展研究	翟华云	中南民族大学	经济	研究报告
65	新冠肺炎疫情对武汉市民营企业的影响及对策建议研究——基于795份调查问卷的分析	李丹青	江汉大学	经济	研究报告
66	新时代组合式财政激励、企业创新与高质量发展研究	李佳颖	湖北科技学院	经济	著作
67	农村人口空心化对农村产业的影响研究	陈　涛	长江大学	经济	著作
68	新一轮农地确权对农地流转、农户福利影响研究——基于湖北的调查	关江华	黄冈师范学院	经济	著作
69	汉江生态经济带生态空间演化多情景模拟与预测	陈昆仑	中国地质大学(武汉)	经济	研究报告
70	劳动投入对家庭农场经营效益的影响研究	吴清华	湖北科技学院	经济	著作
71	基于群众感知的乡村振兴内涵认识、绩效评价与未来路径研究——来自鄂西北9县(区)2110个调查样本的启示	南瑞江	湖北汽车工业学院	经济	研究报告
72	中美贸易摩擦下湖北高技术产业发展的策略研究	占明珍	武汉纺织大学	经济	研究报告
73	农村老年人社会网络类型与健康及其行为关联机制研究：基于湖北省的调查	叶丽萍	华中师范大学	经济	著作
74	疫情冲击下湖北上市企业的生存状态及对策	杨　波	江汉大学	经济	研究报告
75	嵌入性视角下水利工程农村移民 非农就业支持的影响因素研究：基于2995户的调查	李晓涛	武汉轻工大学	经济	研究报告
76	后疫情时代企业-顾客互动对零售商品牌权益的影响研究—以苏宁为例	廖文虎	武汉工程大学	经济	著作
77	建设武汉内陆自由贸易港的可行性及海关监管制度研究	陈汉林	湖北大学	经济	研究报告
78	我国老年护理服务体系的构建、需求量及成本压力研究	曾　益	中南财经政法大学	经济	研究报告
79	滑坡灾害灾前人员疏散建模与仿真研究	黎金玲	武汉工程科技学院	经济	著作
80	创新要求对员工创造力的影响研究——基于湖北省先进制造业的实证分析	马迎霜	黄冈师范学院	经济	著作
81	基于卡尔曼滤波的制造业上市公司三维财务风险预警研究	彭　颖	江汉大学	经济	著作
82	长江经济带生态环境保护和绿色发展	曾　晨	华中农业大学	经济	著作
83	基于FTTM方法的金融市场指数模式预测模型及其应用研究	卫小璐	湖北大学	经济	著作
84	中国金融发展对OFDI的影响研究	杨　巧	黄冈师范学院	经济	著作
85	环保财政支出政策的环境效应及优化策略研究	田嘉莉	武汉工程大学	经济	著作
86	创新要素集聚与资源环境约束研究	郝汉舟	湖北科技学院	经济	研究报告
87	生态视角下平原河湖乡村韧性规划研究——基于湖北“村域”空间单元	曾毓隽	湖北工业大学	经济	研究报告

（武　静）

2020年度湖北省科技创新服务及人才专项软科学研究重点项目立项项目清单

序号	项目名称	承担单位
1	湖北科教优势转化为创新优势、发展胜势的路径及举措研究	湖北省科技信息研究院
2	武汉建设国家科技创新中心城市重大战略和实施路径研究	武汉理工大学
3	“光芯屏”、生物等重点高新技术产业卡脖子技术调查和突破路径研究	湖北省半导体行业协会
4	湖北省发展“数字科技”驱动经济社会转型升级战略路径研究	武汉大学
5	湖北乡村振兴科技创新服务体系建立与探索研究	湖北省科技信息研究院
6	湖北省科技成果转化现状调研及分析研究	武汉科技大学城市学院
7	湖北省科技政策实施效果调查与评估研究	湖北省社会科学院
8	湖北省创新要素市场化配置体制机制研究	武汉大学
9	湖北省科研机构绩效评价管理和改革重组研究	湖北省科技信息研究院
10	湖北省科技金融体系建设及模式创新研究	中国地质大学（武汉）
11	适应湖北高质量发展要求的科技创新人才高地建设举措研究	武汉理工大学
12	湖北省公共应急科技体制机制研究	中国地质大学（武汉）
13	湖北省科技领域风险排查评估及预警防控体系研究	湖北省科技信息研究院
14	湖北省科技计划管理体系和财政科技投入模式研究	武汉科技大学
15	湖北省“十四五”国际科技合作重点领域方向和国别政策研究	华中科技大学

（丘剑山）

2020年湖北经济大事记

1月

1日 通城县城市航站楼投入运营。

2日 武汉空域面积扩至10万平方公里。

同日 湖北省新增9家国家4A级旅游景区。至此，全省共有143家国家4A级旅游景区。

3日 十堰市郧西县、荆门市京山市、咸宁市嘉鱼县官桥镇、孝感市应城市汤池镇4家创建单位被认定为首批省级全域旅游示范区。

4日 湖北新增“欧邦智能家居（武汉）有限公司”等199家企业为信息化和工业化融合试点示范企业。

同日 襄阳东往返北京西始发开行的G1579/80次正式上线，全程4小时51分钟。

5日 全国首批燃料电池通勤客车在武汉开发区交付。

同日 全省布局新一批核心技术攻关产业项目，研究发布《湖北打造战略性新兴产业重点产业链行动方案》。

6日 湖北外贸综合服务平台“楚贸通”上线。

同日 中国信科虹信通信公司在武汉建立全国首个5G智慧工厂。

同日 武汉兴图新科电子股份有限公司在上海证券交易所科创板正式挂牌上市，成为湖北2020年首家挂牌上市企业，也是上交所2020年首家科创板挂牌上市企业。

同日 中证湖北新旧动能转换ETF指数在汉发布。

同日 鄂北水资源配置工程一期通水。

8日 湖北星晖新能源智能汽车生产基地竣工投产暨首台车下线仪式在黄冈举行。

同日 襄阳古隆中景区晋级为国家5A级旅游景区。至此，全省5A级景区增至12家。

9日 郑万高铁兴山段首座大桥合龙。

10日 全省新增7家国家企业技术中心，其中国家企业技术中心5家、分中心2家，新增总数居全国第六、中部第二。同日湖北国际物流核心枢纽综合交通规划出台，将实施快速集疏运、多式联运、智能交通等五大工程，总投资372.6亿元。

11日 硒产业技术与健康中国创新平台联盟在武汉成立。

12日 汉江雅口枢纽正式通航。

13日 赤壁高新技术产业园区入选第三批国家应急产业示范基地名单。至此，全省国家应急产业示范基地增至2处。

同日 襄阳市东西轴线项目鱼梁洲段东汊沉管隧道6节标准沉管全部完成浇筑，标志着汉江首条公路隧道、国内最大的内河沉管隧道将进入浮运安装阶段。

14日 武汉兰丁智能医学股份有限公司、湖北三丰机器人有限公司、湖北梦阳药业股份有限公司等116家企业被认定为首批“湖北省专精特新‘小巨人’企业”，有效期3年。

18日 省十三届人大三次会议审议通过《湖北省乡村振兴促进条例》。

19日 截至2019年底，全省已全面实现不动产一般登记、抵押登记5个工作日内办结，比国家提出的工作目标提前了一年。

29日 位于武汉蔡甸区的火神山医院项目和位于江夏区的雷神山医院项目建设快速推进。

31日 2019年长江干线货物通过量达29.3亿吨，继续位居世界内河首位。

2月

2日 湖北省已设置五大应急物资道路运输中转调运站，具体是：武汉市东西湖区捷利物流园、武汉市黄陂区武湖萃元冷链物流园（汉口北）、武汉市汉南区宝湾物流园、湖北省（鄂州）赤湾东方物流有限公司、襄阳市光彩国际物流基地，保障进鄂应急物资运输服务。

同日 武汉火神山医院完工交付。

3日 省政府办公厅印发《湖北省防控新型冠状病毒感染肺炎疫情财税支持政策》。

7日 省市场监管局制定了《关于加强新冠肺炎疫情防控期间食品安全监管的十条措施》。

8日 截至2月7日，全省主要的防护品生产企业复工率达100%。

16日 国家发展改革委紧急下达2.3亿元支持武汉方舱医院建设。

20日 省发改委发出通知，2020年1月1日至2020年6月30日，各地中小微企业工业用水价格、用天然气价格按基准价下调10%执行。非居民用天然气价格实行联动机制的，在此期间基准价不得上浮。

22日 湖北省出资企业将减免中小微企业房租。对于承租省出资企业及纳入合并报表范围内各级子企业经营用房的中小微企业，凡是从事生产经营活动的，将实行疫情期间3个月房租免收、6个月房租减半政策。

同日 在商务部支持下，湖北与8个省市区建立联保联供的协作机制。通过武汉周边5个省际运输中转站，实现无接触配送。

24日　武汉防疫保电智能平台投用。

29日　湖北省首批稳岗返还5.53亿元。

同日　财政部、国家税务总局明确增值税优惠政策，自2020年3月1日至5月31日，对湖北省增值税小规模纳税人，适用3%征收率的应税销售收入，免征增值税；适用3%预征率的预缴增值税项目，暂停预缴增值税。

3月

1日　《湖北省开发区条例》正式施行。

12日　湖北省人民政府印发《湖北省促进经济社会加快发展若干政策措施》，分为八大方面，共计30条具体措施。

同日　省政府印发《湖北省促进经济社会加快发展若干政策措施》。

13日　国内首个国家非织造布产品质检中心（湖北）获批，并在仙桃彭场镇筹建。

同日　省发改委联手国开行农发行设立2000亿元融资专项补短板稳投资。

同日　省发改委和中国银行湖北省分行共同开展“抗疫情 稳增长”专项融资工作，重点支持疫情防控重点保障企业、疫情防控重点保障物资生产企业、全省重点建设项目、新基建重点项目和公共医疗卫生重点项目。

16日—18日　湖北省路桥集团有限公司发行首单两期“疫情防控债”。

22日　由武汉市城投集团公司建设、中铁大桥局施工的江汉七桥正式复工，这是武汉市首个复工的桥梁工程。

同日　湖北省制定《关于促进湖北省医疗防护用品和农产品出口专项金融支持措施的通知》，出台21项举措助力医疗和农产品出口。

同日　武汉市发布《支持企业复工复产促进稳定发展若干政策措施》，包括加大资金支持力度、着力降低企业成本、强化金融支持力度和提升服务企业水平等四个方面，共21条。

同日　全省在建重大水利工程全部复工复产。5个项目总投资302亿元，复工率100%，到岗率100%。

26日　省发改委联合中国进出口银行湖北省分行设立规模为350亿元的信贷专项资金，支持全省重大项目建设和开放型经济发展。

27日　省政府办公厅印发《关于应对新冠肺炎疫情影响全力以赴做好稳就业工作的若干措施》。

28日　中欧班列（武汉）恢复常态化开行。

同日　29日起，湖北省襄阳、恩施、神农架、宜昌、十堰机场5家机场恢复国内客运航班(北京航线除外)，包括武汉天河机场在内所有机场恢复货运航线。

同日　武汉2号线地铁重启。

29日　湖北所有市、县、区全部恢复了公交车运营。

同日　全省37个“三个一批”（“扩产一批”、“转产一批”、“新建一批”）项目全部开建。

同日　省税务局启动“便民办税春风行动”，推出便民办税4类26项90条措施。

同日　湖北省与湘、赣、皖、豫、陕、渝“五省一市”省际通道全部打开。

30日　武汉地铁12号线武昌段在江楚大道站开工，标志着江城首条独立地铁环线正式开工。

4月

1日　截至3月31日，14个市州亿元以上项目复工率达到100%。

3日　湖北省服务业工作领导小组发布《2020年推进全省服务业发展工作要点》，将推进服务业“五个一百”工程，打造100个服务业重点品牌。

7日　东湖高新区首个千亿级产业园区建设项目复工。

12日　省政府出台《关于加快推进重大项目建设着力扩大有效投资的若干意见》。

13日　省发展改革委印发《关于支持全省服务业疫后恢复发展的若干意见》，提出19条政策意见。

同日　国家发展改革委正式批复同意新建西安至十堰高速铁路。

16日　中国石化荆门—荆州成品油管道（荆州锣场—观音寺段）改线工程正式开工建设，总投资2.18亿元。

22日　武汉经开港“汉—申线”集装箱班轮成功首航。

23日　全省新增22家众创空间获国家备案。至此，光谷众创空间总数达92家。

26日　国务院金融委办公室湖北协调机制成立。

27日　鄂西北最大的工业气体项目——湖北和远气体有限公司老河口分公司正式投运并进入全负荷生产。

同日　湖北省政府下发《关于做好中国（湖北）自由贸易试验区第四批改革试点经验复制推广工作的通知》，在省内复制推广湖北自贸试验区的17项改革试点经验。

28日　全省疫情后首座长江大桥——宜昌白洋大桥修通。

29日—30日　湖北自贸试验区举行云招商推介会，现场云签约14个重大合作项目，投资总金额169亿元，涉及生物医药、5G材料、高端设备制造、金融支付和物流仓储等多个领域。

30日　武汉市政府与华为公司签订“关于联合打造鲲鹏生态、发展鲲鹏计算产业”的战略合作协议。长江鲲鹏生态创新中心同日揭牌。

同日　省政府办公厅印发《加大金融支持助力实体经济发展若干措施》。

5月

1日　省政府公布了《支持文化旅游产业恢复振兴若干措施》。

6日　武汉市四环线龚家铺至中洲段、老河口至谷城两条高速公路正式开通。至此，湖北高速通车总里程超过6500公里。

同日 宜昌市成功获批国家跨境电商综合试验区。

8日 湖北省出台支持新型农业经营主体“纾困十条”。

同日 全省1400家小微农企获14亿元融资担保。

同日 华新百年复兴基地科技园投产。

9日 湖北省提前一年完成“十三五”时期31.84万户88.23万人的易地扶贫搬迁建设安置任务，99%以上的搬迁户实现了脱贫。

10日 武汉天河机场开通武汉至大阪定期货运航线。

同日 恩施东500千伏输变电工程投产送电。

同日 全省16项工作获国务院督查激励。

12日 《武汉市生活垃圾分类管理办法》获武汉市政府常务会审议通过，预计2020年7月1日起施行。

13日 襄阳、荆门、咸宁、随州四市全部顺利通过国家森林城市复检，继续保持“国家森林城市”荣誉称号。

同日 中国工商银行总行与湖北省政府签署《金融支持湖北复工复产暨推进经济社会高质量发展战略合作协议》。未来两年，工行将向全省重点领域提供总额不低于3000亿元的融资支持，涵盖“贷款+债券+股权+代理+租赁+顾问”等全口径投融资服务。

同日 湖北省印发《中共湖北省委省人民政府关于更大力度优化营商环境激发市场活力的若干措施》，出台优化营商环境“30条”。

14日 黄冈市与中国地质大学（武汉）签订市校合作暨格罗夫氢能汽车产业园项目协议。项目总投资88.6亿元，规划建设氢能汽车整车、氢能电池、制氢基地等。

16日 荆州全面启动5G商用，已建成并开通5G基站200个，覆盖中心城区的重要交通枢纽、大型商业区、重要制造业工厂和主要景点。

17日 湖北在全国率先实现的“银税互动”全覆盖，1月至4月为万余家企业贷款68.76亿元。

19日 霍尼韦尔公司新兴市场总部暨创新中心落户武汉光谷。

同日 鄂州首座500千伏输变电工程投产送电。

22日 由中铁科工集团自主研发设计的一公里空轨试验线，正式在江夏基地启动运行。这是全国第四条、全省首条空轨试验线。

29日 蕲春县现代农业产业园入围国家现代农业产业园。至此，全省增至4家，另外三家分别为潜江市现代农业产业园、宜昌市现代农业产业园和随县现代农业产业园。

30日 南洋商业银行武汉分行在武昌区成立。

31日 汉口北客运中心正式投入运营。

同日 武汉轨道交通前川县在黄陂区横店街正式开工，成为武汉地铁疫后开工建设的第二条新线路。

6月

1日 光谷ToF芯片设计公司聚芯微电子完成1.8亿元B轮融资。这是疫情后湖北芯片企业完成的最大一笔融资。

同日 《黄石港总体规划（2035年）》获交通部和湖北省政府联合批复。

2日 天河机场重启武汉至比利时列日全货运定期航线。该航线每周两班，暂定出港班期为周三、周六。

3日 阳新县、红安县、大悟县、南漳县、监利县、仙桃市、潜江市、天门市、赤壁市、宜都市十县市入选全国县城新型城镇化建设示范，数量居全国第一。

同日 国务院国资委和省委省政府共同召开中央企业助力湖北疫后重振发展视频会议，34家央企共与湖北省签约72个项目，投资总额3277.25亿元。

同日 湖北省出台《应对疫情影响进一步做好稳外贸稳外资工作若干措施》（简称“稳外贸稳外资20条”）。

4日 武汉新芯集成电路制造有限公司自主研发的50纳米浮栅式代码型闪存（SPI NOR Flash）芯片已全线量产。

同日 武铁投入3亿元对武汉北编组站上行系统扩能改造。

5日 武汉首个直播小镇——东湖直播小镇在武昌华中融媒体生态产业园揭牌。

同日 棋盘洲长江大桥合龙。

同日 湖北省首次修订中小企业促进法实施办法。

同日 湖北省政府印发《支持中小微企业共渡难关稳定发展若干措施》，全省将设立总额300亿元的中小微企业纾困专项贷款。

6日 国内首条空轨商业运营线恩施开建。

9日 武汉往返北京的客运航线正式复航。

同日 武汉东湖高新区出台“光谷加快发展在线新经济20条”实施计划。

同日 万州机场利川候机楼启用。

同日 国务院部署2万亿元资金直达市县。

13日 湖北省重大产业援藏项目落地山南。该项目拟在山南投资5亿元建设西藏规模最大的现代化、数字化藏鸡养殖企业。

16日 湖北省印发了《湖北省新型基础设施建设三年行动方案（2020—2022年）》。

同日 宜昌人福药业全球总部基地项目在宜昌高新区生物产业园开工建设。

19日 20日起，武铁管内117个办理客运业务的车站将全部实现电子客票全覆盖。

20日 国家存储器基地项目二期在武汉东湖高新区开工。

同日 迈瑞医疗武汉基地项目在光谷生物城开工，定位迈瑞全球第二总部基地。项目净用地总面积约271亩，总投资45亿元。

21日 武汉首个电网——220千伏金台变电站扩建一期工程建设复工复产工程完工送电。

23日　全国首艘千吨级纯电动客船“君旅号”在汉启航。

24日　襄阳凤雏大桥正式通车，这是疫情以来湖北通车的首座跨江大桥，也是汉江首座三塔式悬索桥。

26日　宜昌首开至成都沿江班列。

28日　6月1日，税费缴纳第三方支付功能在全省范围内正式开通。

29日　郑万高铁全线最高墩桥梁工程——保康县马桥镇两河口大桥主跨顺利合龙。

同日　京东集团与省供销合作总社签订战略合作协议。

30日　武汉地铁16号线首段隧道顺利贯通。

7月

2日　第八届长江质量奖揭晓，湖北省10家企业（组织）榜上有名。

3日　湖北获批交通强国建设试点。

6日　湖北省发布《关于推进开发区创新提升打造改革开放新高地的实施意见》，共提出了20项政策举措。

7日　湖北省启动国有资本投资运营公司改革试点，湖北省交通投资集团有限公司、湖北省兴楚国有资产经营管理有限公司成为首批改革试点。

同日　全省出台《关于加快湖北省大健康产业发展的若干意见》。

13日　武汉地铁11号线葛店段、8号线二期两条地铁线路全线盾构贯通。

同日　武汉东湖高新区入选“科创中国”首批试点，重点产业方向为光电子信息。

16日　宜鹤高速、建恩高速、枣潜高速襄阳南段和荆门北段4条高速路段正式通车。至此，全省高速公路通车里程达到6750公里。

同日　中科院与湖北省政府签署科技合作协议，共建东湖科学中心等一批重大园区和平台。

同日　三峡翻坝江北高速公路项目最后一座隧道——泰山庙隧道实现双幅贯通，标志着三峡翻坝江北高速公路全线贯通。

21日　湖北出台数字政府建设总体规划。

23日　2019－2020年度中国自由贸易试验区制度创新指数评比中，武汉自贸片区排名第七。

24日　国开行湖北省分行、建行湖北省分行将分别授信600亿元和400亿元支持湖北老旧小区改造。

27日　鄂州机场高速公路一期工程正式开工，这是湖北首条智慧高速公路。

同日　最新版财富500强名单公布，湖北7家企业上榜，分别是东风汽车集团股份有限公司（排名98）、九州通集团（排名100）、卓尔智联集团（排名139）、华新水泥（排名308）、烽火科技集团（排名370）、人福医药（排名424）、兴发集团（排名491）。

27日　省政府正式批复同意《黄冈市临空经济区总体方案》。

8月

1日　枣阳至潜江高速公路潜江至荆门段开通运营。

同日　武汉阳逻国际港铁水联运二期项目正式开工。

2日　黄石连续11年入选“中国外贸百强城市”。

7日　湖北企业开办审批实现“一日办结”。

10日　工信部公布2020年新型信息消费示范项目，其中入选鄂企项目有8个，数量居全国第二。

11日　武汉获批国家全面深化服务贸易创新发展试点，全面深化试点期限为3年。

12日　武汉两江游览游船复航。

同日　鄂东（黄冈）重大疫情防控救治基地动工，总投资11.6亿元，设计床位1100张。

13日　钟祥丰乐汉江公路大桥开工，成为荆门市第8座跨越汉江的桥梁工程。

16日　武汉—达拉斯—洛杉矶定期货运航线正式开通。这是武汉天河机场开通的第三条定期洲际货运航线，也是国内唯一飞往美国达拉斯的全货机航线。

18日　中国城市数字治理排名出炉，武汉位列全国第五。

同日　全省2019年服务贸易额775.9亿元，占货物贸易的19.69%，连续四年位居全国前列、中部第一。

同日　黄冈积极推进全省第三个一类水运口岸建设。

28日　武汉股权托管交易中心(四板）2020年首场企业挂牌仪式在汉举行，该中心“武昌民营经济板块”最新一批19家企业集体登陆湖北区域性股权市场。

同日　由深圳盐田港集团控股的襄阳新港公司，签约落户襄阳高新区并揭牌。

30日　武汉“2020武汉民营企业100强、民营制造业企业50强”榜单出炉，22家企业跻身百亿俱乐部。

同日　商务部增补鄂州葛店中部电子商务示范基地、宜昌和艺电子商务产业园为国家电子商务示范基地。至此，全省国家电子商务示范基地增至5家，数量位居中部第一。

9月

1日　湖北启动跨境电商B2B出口试点。

3日　武汉获批建设国家人工智能创新发展试验区。

4日　工业互联网标识解析二级节点（鄂州）上线，全省建成8个工业互联网标识解析二级节点。

同日　中国农业发展银行与湖北省签署战略合作协议，承诺未来三年向湖北省提供总额不低于3000亿元的融资支持。

5日　马来西亚跨拉让江特大桥建成通车。这座大桥横跨马来西亚最长河流（拉让江），由总部设在武汉的中铁大桥局承建。这是湖北建桥军团2020年以来建成的首个海外项目。

同日　枣阳市政府与浙江海卡飞宏航空技术有限公司成功签约“枣阳通用航空产业园”项目。该项目总投资100亿元，一期投资41亿元，总用地面积3500亩。

8日　省优化营商环境领导小组发出通知，在全省复制推广优化营商环境第一批典型经验16条。

同日　湖北省级“政采贷”平台上线。

同日　韩国德威航空波音737航班降落在武汉天河国际机场，成为新冠肺炎疫情爆发后全省恢复的首个国际客运航班。

9日　省政府办公厅印发《湖北省疫后重振补短板强功能公共卫生体系补短板工程三年行动实施方案(2020—2022年)》。

10日　湖北共有19家民营企业入围中国民企500强，比上年增加1家，上榜企业数量居全国第七，中部第一。

13日　湖北跨境电商首次搭乘武汉中欧班列。

同日　宜万铁路建始高坪火车站主体工程完工。

14日　竹溪、保康、英山、巴东和五峰土家族自治县5个全省深度贫困县全部脱贫摘帽。

15日　浪潮工业互联网平台落户湖北。

16日　荆荆（荆门—荆州）铁路项目在荆门市沙洋县十里铺李河村开工。

同日　由韩国德威航空公司执飞的波音B737—800客机降落武汉天河国际机场，这成为自新冠肺炎疫情发生以来湖北恢复的首条国际客运航线。

17日　湖北省省级政府采购合同融资系统平台正式上线运行。

同日　安琪健康食品数字化工厂投产。

18日　省联投集团与鄂州市政府签约，双方合作建设鄂州“城市大脑”项目正式启动。

同日　由人民银行武汉分行、外汇局湖北省分局、湖北省商务厅（省口岸办）、武汉海关等单位共同搭建的跨境电商数据共享平台正式上线，该平台为银行提供跨境电商清单自动核验服务。

19日　武汉市黄陂区民营企业投诉服务中心成立，这是武汉新城区首个民营企业投诉服务中心。

同日　襄阳东风轻卡五百种车型共线生产。

23日　中国北斗应用大会暨中国卫星导航与位置服务第九届年会在武汉光谷举行。

24日　光谷生物城成立全国首个前沿生物技术产业园。

同日　第十三届中国生物产业大会在武汉东湖国际会议中心举行。

25日　全省郧阳区、五峰县、麻城市、阳新县4地获批第二批国家农村产业融合发展示范园。

10月

9日　荆州港李埠港区一期综合码头通过竣工验收。

同日　全省启动国家湿地公园评估试点。

同日　武汉获批全国首个科技保险创新示范区。

同日　武汉新港江北铁路控制性工程倒水河特大桥跨阳大公路连续梁顺利合龙。

13日　保神高速最长隧道全线贯通。

14日　湖北已新建开通2万个以上5G宏基站，实现5G网络武汉市城区室外全覆盖，其他市州主城区室外连续覆盖，县城及乡镇重点区域覆盖。

15日　以“创新引领创业，创业带动就业”为主题的2020年第六届全国大众创业万众创新活动周启动。

同日　湖北国际物流核心枢纽项目（鄂州机场）的关键配套工程——燕矶长江大桥开工。

19—20日　第六届中国（国际）商业航天高峰论坛在汉举行。

20日　秭归童庄河大桥合龙。

21日　湖北省政府采购实现全程电子化。

同日　襄阳市在全省率先启动排污权二级市场交易试点。

22日　国家重大水利工程——杜家台分蓄洪区蓄滞洪和安全建设工程临建工程在武汉和仙桃两地同时开工。

23日　即日起，乘坐武咸、武石、武冈、武孝4条城际线路始发终到列车的旅客，可使用“铁路e卡通”扫码乘车。

同日　天门市茶圣故里园景区被省文化和旅游厅列入创建国家4A级旅游景区名单。

23日　长江新区起步区基础设施开始建设，项目总投资79.79亿元。

24日　老澴河综合治理二期工程启动，总投资48亿元。

26日　华大智造智能制造及研发基地在武汉光谷开工，这是华大智造在国内规模最大的生产基地，总投资约24亿元。

同日　总投资4.99亿元的湖北鄂东南（黄冈）应急救援基地率先开工。

同日　由中国农村技术开发中心、湖北省科技厅主办的“100+N”开放协同创新体系建设湖北推进会在武汉召开，湖北成为国家“100+N”开放协同创新体系首批建设试点省份。

同日　总投资4.99亿元的湖北鄂东南（黄冈）应急救援基地率先开工。

27日　武穴长江公路大桥成功合龙。

28日　第三届中国（黄石）工业互联网创新发展大会开幕。

11月

1日　武汉获批港口型国家物流枢纽建设城市。

同日　水利部、国家发展改革委公布三峡工程完成整体竣工验收全部程序。

同日　湖北省开通全国首条高铁货运专列。

2 日　阿里巴巴华中总部在武汉开工，总部选址武昌区徐东大街与友谊大道交会处。

同日　省发改委印发《湖北省推进现代服务业与先进制造业深度融合试点工作方案》。

3 日　国家小微双创示范基地名单公布，湖北 4 基地上榜。

同日　华鲁恒升现代煤化工基地落户荆州。

同日　首届“湖北文化企业十强”“湖北十大最具成长性文化企业”“湖北十大文化产业品牌”名单，30 个文化企业和品牌上榜。

4 日　武汉中科医疗科技工业技术研究院成功研制出中国首台超高场动物磁共振成像仪——uMR9.4T。

同日　武汉城市职业学院和武汉华中数控股份有限公司共同设立的“华数产业学院”正式挂牌。

同日　湖北首台移动式核酸检测车——武汉光谷核酸检测车成功下线。

同日　鄂州机场进入主体结构施工。

同日　恩施市探索集体林地承包经营权退出机制，入选国家第一批 16 个集体林业综合改革试验典型案例，是全省唯一入选的典型。

同日　国家电投在汉打造氢能产业基地。

5 日　湖北启动“证照分离”改革全覆盖试点，取消 19 项涉企经营许可审批。

9 日　第 11 座长江大桥——武汉青山长江大桥顺利通过验收。

同日　武汉江夏区试验基地首条“空轨”试验线实现无人驾驶。

10 日　联想武汉产业基地获评绿色工厂。

11 日　电投集团在武汉设立武汉绿动氢能能源技术有限公司，打造华中氢能产业基地。

同日　第二届世界大健康博览会在武汉国际博览中心开幕。

11—13 日　第十七届光博会将在中国光谷科技会展中心举行。

12 日　湖北省首批 7 家“公积金驿站”在鄂州开通运行。

13 日　仙桃、宜都、潜江、大冶、汉川上榜中国工业百强县市。

15 日　长江中游城市群发展会商会在湖南省长沙市召开，鄂湘赣三省共商长江中游城市群一体化发展。

同日　第六届全国大众创业万众创新活动周湖北会场启动。

16 日　黄石长江沿岸重点码头实现岸电全覆盖。

17 日　第 21 届中国国际机电产品博览会在汉开幕。

18 日　三峡（宜昌）大数据产业园开园运营。

同日　山鹰华中纸业扩建 120 万吨造纸项目在公安县正式开工，该项目投资 100 亿元。

同日　第七届“华创杯”创业大赛决赛在汉举行。

19 日　在 2020 中国“5G+”工业互联网大会湖北创新专题会议上，国家设立在武汉的 L 根镜像服务器上线开通。

同日　工信部发布第四批国家工业遗产拟认定名单，湖北 3 处工业遗产入选。至此，湖北国家工业遗产增至 8 处。此次入选名单为：位于宜昌市西陵区的葛洲坝水利枢纽、位于咸宁市赤壁市的二三四八蒲纺总厂和位于咸宁市赤壁市的湖北省赵李桥茶厂。

同日　荆州市政府在全省率先发布《荆州市数字政府建设总体规划（2020—2022）》。

20 日　襄阳市襄州区龙王镇、宜都市五眼泉镇等 89 个村镇入围第六届全国文明村镇名单，其中有 9 个乡镇，80 个村。

同日　十堰市、鄂州市、荆门市、枝江市、竹山县、丹江口市等 6 地荣获“全国文明城市”称号。经复查确认，武汉市、宜昌市、大冶市、宜都市继续保留“全国文明城市”荣誉称号。至此，全省“全国文明城市”增至 10 个。

同日　中国“5G+”工业互联网大会在武汉开幕。

同日　海外楚商联合会在汉成立揭牌。

同日　白鹤滩水电站右岸地下厂房封顶。

21 日　武汉市政府、武汉产业投资发展集团分别与华为公司签署合作协议，共建“武汉云”。

22 日　大别山（黄冈）国际博览中心开建。

同日　鳊鱼洲长江大桥北岸引桥合龙。

23 日　荆州开发区入选科技部 2020 年第二批国家火炬特色产业基地名单，获批“国家火炬荆州开发区汽车及零部件特色产业基地”称号。

同日　0.18 毫米电子玻璃在宜昌南玻光电玻璃有限公司达标量产。

26 日　武汉江汉七桥工程主拱顺利合龙。

27 日　湖北省黄石模具产业技术研究院在西塞山区挂牌成立，这是黄石市首家省级产业研究院。

同日　首届区块链服务网络（BSN）全球技术创新发展峰会暨湖北区块链技术创新大会在武汉举行。

同日　湖北首批 3 家小微企业获国担基金“总对总”融资支持。

28 日　2020 全球数字贸易大会在汉开幕。

30 日　由中国社会科学院生态文明研究所、湖北省社会科学院联合主办的推动长江经济带高质量发展研讨会在武汉举行。

12 月

1 日　省发改委对《湖北省实行政府定价的收费标准清单》《湖北省实行政府定价的涉企收费标准清单》中涉及收费标准调整的政策文件进行了更新。

同日　2021 年 1 月 1 日起，湖北省大工业用电电价每千瓦时将降低 0.005 元。

同日　全省 15 项工程入选国家优质工程奖。

6 日　2020 中国武汉（汉口北）商品交易会落幕，本届汉交会线上线下总交易金额达 3561 亿元，远超历届汉交会。

7日 水利部公布新一批节水型社会达标建设县（市区），武汉市黄陂区、大冶市、房县、宜都市、沙洋县、京山市、孝昌县、汉川市、松滋市、恩施市、天门市等11个县（市区）位列其中。

同日 武汉城市圈大通道启动项目——新港高速双柳长江大桥开工建设。

8日 湖北省发布《进一步优化高新技术企业认定服务的措施》。

同日 1－10月，高技术制造业增加值同比增长0.7%，今年来首次转正。

同日 武汉锐科光纤激光技术股份有限公司入选国家技术创新示范企业。

同日 全省新增9家国家重点农业产业化龙头企业，至此，湖北国家级农业产业化重点龙头企业共达71家。

9日 襄阳市所辖宜城与温州市鹿城区正式签订了“跨省通办”战略合作协议，这标志着政务服务跨省办理工作在襄阳正式落地。

10日 咸宁市、房县、英山县、利川市、建始县、来凤县获“湖北省生态文明建设示范市县”称号。

同日 全省发出首张 “鄂冷链”食品追溯码。

11日 2020年中国国际工业设计博览会在武汉开幕。

同日 中国（武汉）知识产权保护中心揭牌。

12日 全省户籍、居民身份证、居住证等15类148项业务已全部搬上网，项目覆盖率、全程网办率、限时办结率均位居全国第一。

15日 住建部初评出第十批（2020年）国家节水型城市名单，荆州市位列其中，成为全省第四个国家节水型城市。

同日 中国宝武集团在汉启动武汉工业港项目建设，项目总投资约57亿元。

16日 襄阳汉江新集水电站工程在樊城区太平店镇开工。项目总投资额达55.679亿元，建设施工总工期为40个月。

同日 湖北首个风光一体发电项目在广水投入运营。总投资8.8亿元，总装机容量91.6兆瓦。

18日 全省公布14个县（市、区）名单，正式启动“绿水青山就是金山银山”示范县创建工作。

同日 湖北华贵食品有限公司等9家企业入选国家级农业产业化重点龙头企业。至此，全省国家级农业产业化重点龙头企业共达71家。

同日 棋盘洲大桥交工验收。

20日 长江沿岸铁路集团股份有限公司在武汉揭牌。

21日 国产大飞机c919抵汉试飞。

同日 武汉航空仪表有限责任公司技术中心、人福普克药业（武汉）有限公司技术中心、湖北省楚天云有限公司技术中心等61家企业技术中心入选第26批全省企业技术中心名单。

同日 工信部发布第二批国家产融合作试点城市名单，湖北省荆州市入选第二批试点，宜昌市上榜第一批延续试点城市名单。

22日 湖北省发布《关于加快实施“三线一单”生态环境分区管控的意见》，“三线一单”，即生态保护红线、环境质量底线、资源利用上线和生态环境准入清单。

同日 省发改委印发《湖北省关于促进省级承接产业转移示范区发展的意见》。

同日 襄阳和河南省南阳两地市场监管局在南阳签订《市场主体登记注册“跨省通办”战略合作协议》，开启市场主体“跨省通办”新模式。

同日 黄冈至黄梅铁路3标大金一号隧道顺利贯通，至此，黄黄铁路全线15条隧道全部贯通。

同日 江汉六桥（古田桥）与杨泗港长江大桥的快速通道——武汉仙女山路通车，这条路被中国施工企业管理协会评为2020年工程建设项目绿色施工水平项目。

24日 房县、南漳县入选全国首批深化小型水库管理体制改革样板县（市、区）名单。

25日 宜昌综合保税区通过国家验收。

同日 东贝集团在上交所主板上市。

同日 武穴长江大桥交工验收。

26日 武（汉）仙（桃）城际铁路从仙桃开出首趟列车，标志着武仙城际铁路正式开通。

27日 湖北省建成长江首座智能化洗舱站。

同日 在武汉举行的首届区块链服务网络全球技术创新发展峰会暨湖北区块链技术创新大会宣布，正式启动建设湖北区块链服务网络主干网和政务专网。

同日 监利市、公安县、鹤峰县、云梦县、应城市获评2020年湖北省森林城市。

同日 黄石棋盘洲综合保税区在新港物流（工业）园区开工，项目计划总投资10.3亿元。

29日 黄冈LNG（液化天然气）储气设施项目开工建设，项目总投资33亿元。

同日 保康至神农架高速公路全线贯通。

30日 湖北三宁化工股份有限公司投资百亿元的乙二醇项目正式投入试生产。

31日 长江流域重点水域“十年禁渔”全面启动。

同日 全省发展和改革工作会议在武汉召开。

同日 鄂州机场顺丰航空基地开建。

2020年湖北省优化营商环境大事记

2020年，全省上下坚持以习近平新时代中国特色社会主义思想为指导，深入贯彻习近平总书记关于优化营商环境工作的重要论述，将优化营商环境作为疫后重振、推进高质量发展的重要突破口，全面落实优化营商环境“黄金30条”，大力弘扬“有呼必应、无事不扰”的“店小二”精神，点对点、实打实、硬碰硬，采取一系列“硬核”举措，推动全省营商环境持续改善。经梳理核实，将一批重要会议、文件、活动、改革成果等列入大事记。

湖北省优化营商环境领导小组办公室

4月

【观点】 28日，应勇与TCL创始人、董事长李东生一行座谈交流，在全省首次公开提出当好“有呼必应、无事不扰”的“店小二”。

5月

【文件】 13日，省委、省政府印发《关于更大力度优化营商环境激发市场活力的若干措施》的通知。

【会议】 14日，应勇出席全省推进营商环境建设大会并讲话。王晓东主持会议并讲话。黄楚平对《关于更大力度优化营商环境激发市场活力的若干措施》进行说明。

【会议】 同日，王晓东主持召开省政府党组（扩大）会议、省政府常务会议，传达学习全省推进营商环境建设大会精神。

【机构】 同日，省优化营商环境领导小组及办公室成立，省优化营商环境领导小组办公室设在省发改委。

【文件】 同日，《全省纪检监察机关进一步服务保障民营企业发展十条措施》印发执行。

【宣传】 15日，省新冠肺炎疫情防控指挥部召开第96场新闻发布会，省发改委相关负责人对省委省政府出台的《关于更大力度优化营商环境激发市场活力的若干措施》(简称“黄金30条”)作了解读，省发改委、省住建厅、省自然资源厅、省市场监管局相关负责人分别就如何贯彻落实“黄金30条”答记者问。

【会议】 19日，省口岸工作领导小组全体会议召开。赵海山出席会议并讲话。

【观点】 29日，应勇在接受新华社专访时表示，我省将把全力优化营商环境作为坚决打好疫后重振的民生保卫战、经济发展战的重要内容之一。

6月

【改革】 1日，襄阳市不动产登记网办大厅正式上线运行，并自助办理第一本不动产登记证书。

【讲座】 3日，省十三届人大常委会第十六次会议举行专题讲座，王玲、王建鸣、刘晓鸣、胡志强等听取《营商环境之“优”激市场主体之“活”》的专题辅导。

【会议】 4日，王晓东主持召开省优化营商环境领导小组第一次会议。

【会议】 10日，应勇在中共湖北省委十一届七次全体会议上强调，要以优化营商环境为抓手深化改革扩大开放，努力打造审批事项最少、办事效率最高、投资环境最优、综合成本最低、企业获得感最强的省份之一，当好“有呼必应、无事不扰”的“店小二”。

【改革】 12日，潜江市印发《关于实行市场主体登记注册住所（经营场所）信息申报承诺制的通知》，在全省率先推行全域范围内市场主体住所登记承诺制。

【文件】 14日，省委办公厅、省政府办公厅印发《弘扬“店小二”精神“十必须十不准”》。

【改革】 19日，十堰市启用全省首张国标版不动产电子证照。

【宣传】 22日，省新冠病毒肺炎疫情防控工作指挥部召开第112场新闻发布会，省发改委、省财政厅、省市场监督管理局、黄石市、武汉市介绍落实《弘扬“店小二”精神“十必须十不准”》的具体举措。

【文件】 23日，《湖北省优化营商环境2020年重点任务清单》及各牵头部门工作实施方案印发。

【宣传】 24日，省新冠病毒肺炎疫情防控工作指挥部召开第113场新闻发布会，省经信厅、省政务办、襄阳市、宜昌市、荆州市介绍落实《弘扬“店小二”精神“十必须十不准”》的具体举措。

【调研】 29日，应勇深入武汉市民之家、湖北自贸区武汉片区、东湖高新区和跨境贸易企业，调研优化营商环境工作。

【会议】 同日，省政协召开月度专题协商会，聚焦促进“两个健康”协商建言当好“有呼必应、无事不扰”的“店小二”。徐立全主持会议并讲话，尔肯江·吐拉洪出席会议并讲话。

【改革】 同日，鄂州市完成税费缴纳第三方支付功能试点工作，可在微信、支付宝、云闪付等第三方支付平台缴纳税费。

7月

【平台】 1日，湖北省非公有制企业投诉服务平台网上及移动应用端正式上线运行。

【宣传】 2日，省新冠病毒肺炎疫情防控工作指挥部召开第115场新闻发布会，十堰市、孝感市、随州市、潜江市介绍落实《弘扬“店小二”精神“十必须十不准”》的具体举措。

【批示】 8日，应勇对《省发改委关于湖北省营商环境问题网上问卷调查分析报告》作出批示。

【宣传】 同日，省新冠病毒肺炎疫情防控工作指挥部召开第119场新闻发布会，鄂州市、黄冈市、咸宁市、仙桃市介绍落实《弘扬“店小二”精神“十必须十不准”》的具体举措。

【调研】 9日，省人大常委会赴汉川就进一步优化营商环境，企业疫后重振面临的困难和问题调研。王玲参加活动。

【宣传】 10日，省新冠病毒肺炎疫情防控工作指挥部召开第120场新闻发布会，荆门市、恩施州、天门市、神农架林区介绍落实《弘扬“店小二”精神“十必须十不准”》的具体举措。

【改革】 同日，咸宁市通过国家级政务服务和公共资源交易监管标准化试点评估验收。

【会议】 14日，省政协召开“优化营商环境”专项民主监督工作启动会。张柏青出席会议并讲话。

【会议】 15日，王晓东出席省推进重大项目建设扩大有效投资暨优化营商环境领导小组会议并讲话。

【会议】 20日，省第十三届人民代表大会常务委员会第十七次会议听取省政府全省优化营商环境工作情况汇报。

【会议】 22日，省十三届人大常委会第十七次会议专题审议省政府关于全省优化营商环境工作的报告。

【改革】 29日，黄冈市麻城市成立全国首个县级企业破产清算援助协会。

8月

【改革】 11日，恩施州鹤峰县印发《关于深化工程建设项目审批制度改革工作实施方案的通知》，率先推行施工图审查“部分取消，部分容后”“容缺受理，承诺审批”，推行工程项目审批“753”改革。

【改革】 同日，宜昌市印发《宜昌市“证照分离”改革全覆盖工作实施方案》，在全省率先启动证照分离改革全覆盖工作。

【会议】 19日，王晓东出席省推进重大项目建设扩大有效投资暨优化营商环境领导小组第三次会议并讲话。

【法规】 24日，《湖北省优化营商环境办法》(湖北省人民政府令第412号)发布。

【督查】 27日，省委、省政府启动全省优化营商环境专项督查，组织13个督查组赴各地及省直有关单位开展督查。

9月

【改革】 1日，武汉市全面实施企业“一照多址”备案管理。

【文件】 2日，省高级人民法院印发《湖北省高级人民法院关于对涉企案件实行经济影响评估的暂行规定》。

【评价】 4日，全省营商环境县（市、区）评价工作正式启动。

【评价】 9日，全国营商环境评价工作正式启动，武汉市、襄阳市、宜昌市、黄石市代表我省参评。

【会议】 11日，王晓东召开会议贯彻落实全国深化“放管服”改革优化营商环境电视电话会议。

【改革】 同日，咸宁市咸安区完成全省首件“跨省通办”（湖北咸安—浙江玉环）政务服务事项办件。

【改革】 16日，全省优化营商环境第一批16条复制推广典型经验印发。

10 月

【改革】 1 日，恩施州在工程建设项目审批领域实行“超时默认、自动用印”。

【改革】 16 日，《中国营商环境报告 2020》发布暨全国优化营商环境工作推进会在北京召开，国家发展改革委党组成员、副主任林念修出席会议并讲话，武汉市被列入营商环境标杆城市，襄阳市区域性统一评价作为典型经验在全国复制推广。

【会议】 19 日，应勇出席省委优化营商环境专题会议并讲话。

【活动】 26 日，湖北省“线上银税互动”合作签约活动在洪山宾馆举行，省税务局与 9 家银行签署“线上银税互动”合作协议。赵海山出席活动并讲话。

【会议】 27 日，省委召开 2020 年第五次“双月座谈会”，就深化“放管服”改革构建市场化法治化国际化营商环境问计于各民主党派、工商联和无党派人士。黄楚平主持会议并讲话。

11 月

【会议】 3 日，省政协召开优化营商环境专项民主监督座谈会。徐立全出席并讲话。

【会议】 4 日，省政府召开全省“证照分离”改革全覆盖试点工作电视电话会议。张文兵出席会议并讲话。

【会议】 5 日，省政府召开重点建议提案办理工作座谈会，督办落实省政协委员关于打造优化营商环境“升级版”等提案的办理工作。黄楚平主持会议并讲话。

【会议】 11 日，省行政体制改革专项小组暨省推进政府职能转变和“放管服”改革协调小组会议召开。黄楚平出席会议并讲话。

【会议】 13 日，省委政法委召开全会，研究统筹发展和安全，营造法治化营商环境等工作。王艳玲主持会议并讲话，徐文海，游劝荣，王晋等出席会议并讲话。

【文件】 17 日，省高级人民法院出台《关于发挥行政审判职能优化营商环境指导意见》。

【会议】 20 日，工程建设项目审批制度改革协调会议召开。万勇主持并讲话。

【改革】 20 日，国务院办公厅印发《关于国务院第七次大督查发现有关地方典型经验做法情况的通报》，对宜昌市推行“六多合一”改革破解项目审批和企业开办难点堵点等 43 项典型经验做法予以表扬。

【督查】 27 日，省委启动“力戒形式主义，强力推动落实”综合督查，将优化营商环境作为督查内容之一，组织 7 个督查组赴 13 个市州开展督查。

【改革】 28 日，黄石海关在全省率先采用“抵港直装”作业模式出口货物，实现了通关“零等待”。

12 月

【会议】 2 日，省委十一届八次全体会议提出持续打造市场化、法治化、国际化的营商环境，围绕高效办成一件事，推进“一网通办、一窗通办、一事联办”集成改革提质增效，推进业务流程再造和系统重构，当好服务企业“有呼必应、无事不扰”的“店小二”。

【调研】 9 日，应勇来到浠水市民之家，了解行政审批服务改革和优化营商环境情况。

【改革】 27 日，全省优化营商环境第二批 15 条复制推广典型经验印发。

【文件】 31 日，省委常委会审议并通过《关于以市场主体需求为导向 打造一流营商环境的若干措施》。

【文件】 31 日，省人民政府办公厅印发《湖北省营商环境问题投诉联动处理办法》。

索　引

说　明

一、本索引采用主题分析法，按主题词首字汉语拼音（同音字按声调）顺序排列；首字相同，按第二字音序排列，依此类推。

二、主题词后的阿拉伯数字表示内容所在页码。

数字首

字母首

A

B

C

D

E

F

G

H

J

K

L

M

N

O

P

Q

R

S

T

W

X

Z

武汉市农业科学院

WU HAN SHI NONG YE KE XUE YUAN

国家“十三五”重点研发计划“十字花科蔬菜优质多抗适应性强新品种培育”课题武汉现场验收会

武汉市农业科学院是市属正局级事业单位，是全国最早成立的大中城市农业科研机构之一。主要职能为：开展蔬菜、畜牧兽医、作物、水产、林果、农机等农业科技的基础研究和应用研究；开展农业规划设计研究，农业生态安全、环境监测及技术研究，开展农产品质量安全检测及有关技术与标准研究；承担国家、省、市重大农业科研任务，开展农业发展战略、农业信息化、农业物联网等方面的相关研究；承担农业科技的创新、成果的转化和示范推广等工作，为农业和农村经济发展提供技术、人才和科研成果等方面支撑；开展农业专业技术人员继续教育及新型职业农民培训等工作；按规定做好国有资产的监管和保值增值，做好科技园区建设和管理等工作，为全市农业和农村经济发展提供科技支撑。

武汉市农业科学院秉承“科研立院、人才强院、转化兴院、创新办院”的方针，紧扣科技前沿和国家、省、市重大科技需求，大力开展科技创新与科研协作，努力探索现代院所建设之路，科技产出能力突飞猛进，科技平台建设爆发式增长，科研试验设施日益完善，人才实力与日俱增，成果转化屡创佳绩，打造了全国一流农业科技园区，体现了“敢为人先追求卓越”的武汉精神，科技经济综合实力居全国副省级城市农业科研院所领先地位。

在新的历史时期，面对国际国内农业科技的激烈竞争和现代农业发展的更大需求，武汉市农业科学院将全面实施创新驱动战略，持续推进生物农业和生命健康两大领域的创新，不断提升科技创新能力、成果转化能力和社会服务能力，为建成国家区域性都市农业科技创新中心而奋斗。

2020年武汉科博会场馆鸟瞰图

国家税务总局

2020年10月26日，全省"线上银税互动"合作签约活动在武汉举行，湖北省副省长赵海山出席活动并讲话。湖北省税务局与工商银行湖北省分行等9家银行签署了"线上银税互动"合作协议

2020年4月1日，湖北省税务局党委副书记、局长秦守成（右一）作客人民网湖北频道"局长在线访谈"栏目，介绍全省税务部门落实税费优惠政策和助力企业复工复产有关情况

2020年，湖北省税务系统坚持以习近平新时代中国特色社会主义思想为指导，坚决落实党中央、国务院决策部署和税务总局党委、省委省政府工作要求，统筹做好疫情防控和税收工作，为全省扎实做好"六稳""六保"，奋力夺取疫情防控和经济社会发展"双胜利"做出应有贡献。

在大战大考中交出合格答卷。面对突如其来的严重疫情，全省各级税务部门第一时间成立领导小组，统筹做好疫情防控和税收工作，保障税收工作正常运转和办税缴费服务，坚守疫情防控税务阵地，投身全省疫情防控总体战。全省2.89万名税务党员干部积极参与各地社区（村组）联防联控，主动缴纳特殊党费、自发捐款捐物687.5万元，涌现出以全国抗击新冠肺炎疫情先进集体武昌区税务局和全国优秀共产党员、全国抗击新冠肺炎疫情先进个人胡惠东同志为代表的一大批先进集体、先进个人。

服务疫后重振和经济恢复发展展现税务担当。连续三次延长申报期，积极反映和争取特定税费政策支持，不折不扣落实7批次28项税费优惠政策，全年新增减税降费超千亿元，办理出口退(免)税168亿元。研发搭建"湖北税务助力企业复工复产信息平台"，推动省内外企业成交项目7035个122.82亿元。依法依规组织各项收入6213.7亿元，同比下降16.4%。严守收入纪律，收入质量明显提升，为服务全省经济社会发展提供了财力保障。

2020年11月26-28日，全省税务系统党的十九届五中全会精神专题研讨班在武汉召开

2020年1月19日，国家税务总局湖北省税务局召开全省税务系统"不忘初心、牢记使命"主题教育总结会议

湖北省税务局

GUO JIA SHUI WU ZONG JU
HU BEI SHENG SHUI WU JU

2020 年 7 月 15 日，湖北省税务局党委书记、副局长胡立升（左四）在蔡甸区与该区消泗乡防汛指挥部工作人员交流汛情

2020 年 9 月 9 日，湖北省税务局表彰一批抗疫先进个人和先进集体

优化税收营商环境成效显著。统筹落实优化税收营商环境、纳税人满意度、便民办税春风行动，全省“非接触式办税”比率达 90% 以上，“网上办税为主、自助办税为辅、实体办税兜底”办税缴费新格局基本形成。全面推广电子普通发票，开票户数、份数、金额逆势大幅上扬，专票电子化推广开局平稳。深化银税互动，各金融机构为小微企业发放信用贷款 378.02 亿元。积极服务创新驱动，全省高新技术企业数量首次突破 1 万户，享受研发费加计扣除超 400 亿元。2020 年全国纳税人满意度调查中，湖北综合得分位居全国第一方阵，中部地区第一，增幅居全国第一。

税收现代化建设取得阶段性成果。全年累计受理个人所得税申报 386 万人、办理退税 189 万人，个税改革三步走圆满完成。以纳税服务、税源管理、风险管理三位一体为主要内容的转变征管方式试点工作，在 25 个县区税务局铺开并取得实质性成效。推送风险任务 19.7 万户次，查补入库收入 33.9 亿元。探索施行网络化远程集中分析新模式，完成全省 1586 户千户集团成员企业风险事项分析复核。完成自然人电子税务局上线、社保费信息系统优化升级、实名办税系统等重大信息化项目建设。形成以“轻松填”“减免清”“预警快”“票控全”为代表的增值税信息化管理服务体系。

党的建设得到全面加强。坚决将学习贯彻习近平新时代中国特色社会主义思想和习近平总书记重要讲话、重要指示批示精神作为全省各级税务局党委会议第一议题。深入开展主题教育，开展政治机关意识教育和“灯下黑”专项整治，认真落实党建和基层党组织工作规范，深入开展“实施双全工程，建设模范机关”活动，推进党建业务深度融合。以内控平台为抓手，围绕预算执行、扶贫资金、“三公”经费、资产管理、防疫款物等五个重点开展审计监督，并进行认真整改。

2020 年 5 月 20 日，湖北省税务局与广东省税务局联合举办“助力企业复工复产产业链智联平台”视频连线活动

十堰市房县

2020 年 3 月 30 日，房县举行重大项目集中开工仪式。总投资 64.4 亿元，涵盖交通、城建、工业、商贸、农业、社会事业等领域的 16 个项目

2020 年 3 月 16 日，县委书记蔡贤忠（右三）在县发改局长唐义明（右一）陪同下，检查督导疫情防控、复工复产和成品粮增储等工作落实情况

纺织产业园弘耀袜业投产

忠和酒业生产车间

2020 年房县发展和改革局坚持以习近平新时代中国特色社会主义思想为指导，全局上下克难奋进，担当作为，统筹推进经济社会发展取得了显著成绩。

项目引资迈上新台阶。凝心聚力谋项目。围绕短板弱项，谋划申报四大领域项目 77 个，总投资 69 亿元；申报中央债券项目 18 个，申请专项债 31 亿元。围绕“十大工程”谋划项目 109 个，总投资 237.9 亿元。围绕“十四五”谋划项目 1276 个，总投资 3732 亿元。全县“三库”项目达 142 个，总投资 898.9 亿元。抢抓机遇争项目。全年向上争取项目 180 个、到位资金 50 亿元，同比增长 5.3%。其中，争取中央、省预算内投资 3.04 亿元。超常服务推项目。实行“四个一批”，全力推进重点项目开工复工，实施 23 个省市重点项目和 141 个县级重点项目，完成投资 187.9 亿元，创历史新高。荣获全市争资工作先进单位、全省投资和重点项目建设贡献县等荣誉称号。

营商环境实现新提升。深入推进“放管服”“三集中三到位”改革，出台优化营商环境“硬措施”，建设企业服务中心，全力做好“快”审批、“减”程序、“升”环境、“通”堵点、“拉”一把“五篇文章”。深入推进“互联网＋监管”和“双随机一公开”，黄酒产业“大证管小证，一证管多坊”监管模式全省推广。

保供稳价展现新作为。粮食安全保障有力。多措并举抗稳粮安重任，县级地方储备轮换圆满完成，粮食应急供应有效保障。价格工作取得实效。收费目录

工业与民用建筑工程：中铁十一局集团承建的集轨道交通工程、市政工程、地下空间于一体的亚洲最大地下五线交汇综合体项目——武汉光谷广场综合体。

2020年2月5日，中铁十一局集团有限公司驰援武汉火神山医院，这是继武汉国际会展中心和武汉客厅“方舱医院”后，再次接到增援武汉客厅“方舱医院”施工通知。参建工人通宵奋战，圆满完成施工任务。

中铁十一局集团有限公司

ZHONGTIESHIYIJUJITUANYOUXIANGONGSI

中铁十一局集团及其二公司参建的世界最大单口径射电望远镜——中国“天眼”FAST项目主体工程获2020～2021年度第一批国家优质工程金质奖。

中铁十一局集团有限公司是世界500强企业——中国铁建股份有限公司控股的骨干企业，拥有59类272项资质，铁路、公路、建筑、市政公用等施工总承包特级7项及行业甲级设计资质7项；测绘甲级1项；测量工程乙级1项；岩土工程勘察乙级1项；水利水电、通信、机电等总承包及公路路基、公路路面、桥梁、隧道等专业承包一级129项；电力、矿山、冶金等总承包和钢结构、输变电、交通等专业承包二级及二级以下89项；军工涉密许可、检验检测认证、营业性爆破许可、房地产开发、物业管理、信息通信网络系统、特种设备制造许可、特种设备安装改造维修许可、对外援助成套项目总承包资格、土木工程（CW02)A1资质等其他类37项。是集施工、设计、科研、装备制造、资本运营、房地产开发、物资贸易于一体，拥有对外经营权的特大型企业集团。

1948年成立，前身为中国人民解放军铁道兵一师，1984年兵改工后改编为铁道部第十一工程局，1999年12月更名为中铁第十一工程局。2001年8月改制为中铁十一局集团有限公司。2008年3月随中国铁建整体上市。党委书记、董事长何义斌，党委副书记、总经理陈志明。职工18582人，注册资本61.62亿元。

2020年，先后获鲁班奖2项、国家优质工程奖13项，国家科技进步奖2项、詹天佑奖4项、省部级科技进步奖6项、专利授权279项，获批国家知识产权优势企业。

中铁十一局集团施工总承包，中铁十一局集团二公司承建的常青路（三环线至青年路）改造工程获2020～2021年度第一批国家优质工程奖。

中铁十一局集团一公司、三公司、桥梁公司参建的敦煌至格尔木铁路沙山沟特大桥工程获国家优质工程奖。

中铁十一局集团施工总承包，中铁十一局集团二公司、六公司和桥梁公司参建的新建济南至青岛高速铁路淄博特大桥工程获2020～2021年度第一批国家优质工程奖。

发展和改革局

2020 年 4 月 23 日，县委副书记、县长纪道清（中）在县发改局局长唐义明（右一）陪同下调研环保利用和处置项目建设

2020 年 11 月 30 日，全县召开营商环境推进会

管理制度严格落实。价格监测质量实现四个 100%。价格监测成效明显，居民消费品市场价格保持稳定。累计发放价格临时补贴 3323 万元，惠及低收入群体 40 万人次。价格监测获得国家发改委表彰。

服务业发展取得新突破。加快市场主体培育，新增服务业市场主体 780 家，限额以上批零住餐企业 11 家，服务业企业 5 家。全年接待游客 852 万人次，实现旅游综合收入 64 亿元。消费扶贫带动农副产品线上线下销售 5.1 亿元。房县花田酒溪康养中心被湖北省发改委授予“湖北社会服务领域创新创业示范单位”。“电子商务进农村综合示范县”创建工作考评获得优秀等次。

信用体系取得新进展。建立健全以信用为基础的新型监管机制，强化信用信息汇集和联合奖惩，汇集信息 9.98 万条，累计发布失信联合惩戒信息 2296 条，A 级纳税人联合激励信息 365 条、守合同重信用企业 14 家，评选认定诚信示范企业 97 家。重手整治涉政务失信、拖欠农民工工资、涉金融违法等重点领域违法失信行为，公平诚信蔚然成风。

建成的环城北路

房县西关印象夜景